Stefan Loose Travel Handbuch

Guatemala

2., vollständig überarbeitete Auflage

Frank Herrmann

Aktuelle Reisetipps auf 448 Seiten!

Guatemala
Stefan Loose Travel Handbücher

DuMont Reiseverlag, Ostfildern

2., vollständig überarbeitete Auflage

Die in diesem Buch enthaltenen Angaben wurden von den Autoren nach bestem Wissen erstellt und vom Lektorat im Verlag mit großer Sorgfalt auf ihre Richtigkeit überprüft. Trotzdem sind, wie der Verlag nach dem Produkthaftungsrecht betonen muss, inhaltliche und sachliche Fehler nicht vollständig auszuschließen. Deshalb erfolgen alle Angaben ohne Garantie des Verlags oder der Autoren. Der Verlag und die Autoren übernehmen keinerlei Verantwortung und Haftung für inhaltliche und sachliche Fehler. Alle Landkarten und Pläne in diesem Buch sind von den Autoren erstellt worden und werden ständig überarbeitet.

Gesamtredaktion und -herstellung:
Bintang Buchservice GmbH
Zossener Str. 55/2, 10961Berlin

Fotos: Bildnachweis s.S. 8

Karten: Anja Linda Dicke, Klaus Schindler

Lektorat: Dorit Aurich, lektorat plus

Layout und Herstellung: Gritta Deutschmann

Schlussredaktion: Sabine Bösz

Farbseitengestaltung: Matthias Grimm

Umschlaggestaltung: Gritta Deutschmann, Britta Dieterle

Printed in China

ISBN 978-3-7701-6104-1
ISBN 3-7701-6104-1

Beeindruckende Kontraste

Guatemala macht süchtig – besonders diejenigen, die nicht nur an der Oberfläche kratzen und Sehenswürdigkeiten abhaken. Wer Guatemala richtig kennen lernen möchte, der sollte in vollen Bussen und im Gedränge der Märkte Tuchfühlung mit den Einheimischen aufnehmen, sich bei Festen und Riten auf eine fremde Kultur einlassen, die oft mehr Fragen aufwirft, als Antworten bietet, sollte die reichhaltige Flora und Fauna genießen und sich auf den Spuren der Vergangenheit bewegen: sei es in durch Erdbeben zerstörten Klosterruinen oder auf den Tempeln jahrhundertealter Maya-Stätten – denn in Guatemala ist das Gestern lebendig und noch immer stark mit dem Heute verwoben.

Guatemala ist ein Land der Extreme und Gegensätze. Dieses trifft sicherlich auf die Topografie zu – die mächtigen Bergketten, tropischen Regenwälder und schwarzen Sandstrände –, aber auch auf das Klima, auf die brütende Hitze am Atlantik und Pazifik, während in der Hauptstadt frühlingshafte Temperaturen und auf den Gipfeln der höchsten Vulkane sogar Minusgrade herrschen. In erster Linie bezieht es sich jedoch auf die Bevölkerung: Hier leben Ladinos neben den Nachfahren der Maya, Karibikschwarze neben Weißen – aber auch Arm neben Reich.

Gemein ist den Menschen in Guatemala eines: Die meisten sind Fremden gegenüber unkompliziert, freundlich, hilfsbereit, manchmal auch neugierig und jederzeit zu einem Schwätzchen aufgelegt. Dies alles erfährt der Reisende heute einfacher und bequemer denn je. In weiten Teilen des Landes hat sich die Infrastruktur in den letzten Jahren sichtbar verbessert.

Das umfangreiche touristische Angebot zielt auf Besucher aller Einkommensklassen. Das „Land des ewigen Frühlings“, wie Guatemala aufgrund seines gesunden Hochlandklimas auch genannt wird, bietet etwas für jeden Geschmack – das ganze Jahr über.

Reisen in Guatemala ist eine besondere Erfahrung, die aufwühlt, begeistert und bei vielen Reisenden tiefe Eindrücke hinterlässt. Dem Autor dieses Reiseführers ging es in den vergangenen zwölf Jahren, die er überwiegend in Guatemala verbrachte, nicht anders. Doch noch immer zeigt ihm Guatemala neue Facetten – die schönsten und interessantesten stellt er in diesem Buch vor.

Bildnachweis

Umschlag
vorn: Jim Sim
innen: Frank Herrmann

Farbseiten
Frank Herrmann: Block I, S. 2–3 (5), S. 4 unten (2); Block II, S. 1-3 (6), S. 4 oben; Block III, S. 1 (2), S. 2 unten, Seite 3 (2); Block VI alle (6).
Jim Sim: Block I, S. 1, Block II, S. 4 unten.
David Unger: S. Block I, S. 4 oben links.
Klaus Hüttl: Block III, S. 2 oben.
Matthias Grimm: Block I: S. 4 unten links und Grafik hinten; Block III, S. 4 (alle 3 inkl. Grafik).

s/w-Fotos
Andreas M. Gross/via, München (mit freundlicher Genehmigung des Instituto Hondureño de Antropología e Historia, Ricardo Agurcia): S. 401
Frank Herrmann: S. 9, 29, 31, 35, 37, 57, 64, 75, 102, 118, 133, 137, 139, 141, 149, 153, 160, 215, 223, 243, 257, 279, 283, 289, 297, 311, 325, 329, 338, 351, 360, 363, 379, 382, 384, 394, 407, 412, 424
Volker Lehmann: S. 66, 73, 180
Thomas Richter: S. 121
David Unger: S. 304
Viaventure: S. 3, 176, 187, 420, 426

Reisevorbereitung

Ein- und Ausreiseformalitäten

Visa

Bürger aus Mitgliedstaaten der Europäischen Union sowie der Schweiz können sich ohne Visum mit einem mindestens sechs Monate gültigen Reisepass maximal 90 Tage im Land aufhalten. Dieser Zeitraum ist um drei Monate verlängerbar. Mit relativ geringem Aufwand lassen sich die Formalitäten bei der Zweigstelle der *Migración* im 2. Stock des guatemaltekischen Tourismusinstituts INGUAT in der Hauptstadt abwickeln (siehe auch S. 164; das Büro soll allerdings in der zweiten Jahreshälfte 2005 an die Plazuela España, Zone 9 verlegt werden, Info bei der ***Dirección General de Migración***, s.u.). Wer seinen Aufenthalt noch weiter ausdehnen möchte, sollte in ein Nachbarland ausreisen und sich dort mindestens 72 Stunden aufhalten (bei gut gelaunten Grenzbeamten geht es manchmal auch darunter). Nach der Wiedereinreise erhält man erneut eine Aufenthaltserlaubnis für 90 Tage.

Wer die Aufenthaltsdauer überschreitet, muss bei der Zweigstelle der *Migración* im INGUAT-Gebäude eine Strafe von 10 Quetzales pro Tag entrichten, sonst wird die Ausreise verweigert.

Zweigstelle der *Migración* im 2. Stock des INGUAT-Gebäudes
7. Avenida 1-17, Centro Cívico, Zone 4
Guatemala-Stadt
✆ 23618479
◷ Mo–Fr 8–16 Uhr (Passausgabe bis 13 Uhr)

Dirección General de Migración
4. Calle 4-37, Zone 9
Guatemala-Stadt
✆ 23602408, 23608544
◷ Mo–Fr 8–17 Uhr

Zoll

Bei der **Einreise** nach Guatemala per Flugzeug werden selten stichprobenartig Zollkontrollen durchgeführt. Offiziell dürfen zollfrei eingeführt werden: Zehn Foto- oder Diafilme, 3 l Alkohol und 400 g Tabakwaren. Auf Drogenschmuggel stehen auch für kleinste Mengen hohe Strafen. Bei Flügen aus Südamerika, besonders aus Kolumbien, warten Spürhunde auf die Ankommenden. Die **Ausfuhr** von archäologischen Fundstücken und Orchideen ist streng untersagt. Die Ausfuhr landestypischer Webarbeiten ist bis zu einer Menge von 10 kg gestattet. Weitere Informationen erhält man bei der Zollbehörde:

Aduana Central
Flughafen La Aurora, Zone 13
Guatemala-Stadt
✆ 23319373

Botschaften und Konsulate

Vertretungen Guatemalas in Europa

Botschaft in Deutschland
Joachim-Karnatz-Allee 47, 10557 Berlin
✆ 030/2064363, Fax 643659
◷ Mo–Fr 9–16 Uhr
✉ embaguate.alemania@t-online.de

Konsulate:
Esplanade 6, 20354 Hamburg
✆ 040/35017239, Fax 35017240
◷ Mo, Di, Do u. Fr 10–12.30 Uhr

Grafinger Str. 2, 81671 München
✆ 089/406214, Fax 4132200
◷ Di, Mi, Fr 9.30–12.30 Uhr

Achenbachstraße 43, 40237 Düsseldorf
✆ 0211/67064590, Fax 67064599
◷ Di, Do 9.30–12.30 Uhr

Botschaft in Österreich:
Landstraße Hauptstraße 21/Top 9, 1030 Wien
✆ 01/7143570, Fax 7143570-15
◷ Mo–Fr 9–12.30 Uhr

Generalkonsulat in der Schweiz:
Rue du Vieux-Collège 1204, 10 Bis
Genève Case Postale 3194, 1211 Genève 3
✆ 022/3119945, Fax 3117459

Vertretungen Guatemalas in den Nachbarländern

Botschaft in Mexiko:
Explanada 1025 Lomas de Chapultepec
11000 México, D.F.
✆ 55/407520, Fax 2021142

Konsulat:
3a. Av. Norte #85, Tapachula
✆/℻ 962/256380

Botschaft in Belize:
8 „A“ Street, POX 1771, Belice C.A.
✆ 02/33150, ℻ 35140

Botschaft in El Salvador:
15 Av. Norte No. 135, San Salvador
(Entre Arce y 1. Calle Poniente)
✆ 22712225, ℻ 22213019

Botschaft in Honduras:
Colonia Las Minitas
Tegucigalpa, D.C. Honduras
✆/℻ 325018

Konsulat:
12. C. y 24. Av, S.O, Colonia Trejo
San Pedro Sula, Honduras
✆ 5569550, ℻ 5569551

Ausländische Vertretungen in Guatemala

Deutsche Botschaft (Embajada Alemana)
20. Calle 6-20, Zone 10,
Edificio Plaza Maritima,
01010 Guatemala-Stadt
✆ 23466700, ℻ 23336906
Notfallnummer ✆ 57095004
Mo–Fr 9–12 Uhr
✉ embalemana@intelnet.net.gt
www.guatemala.diplo.de

Österreichische Botschaft (Embajada de Austria)
20. Calle 6-25, Zone 10,
Edificio Plaza Maritima, Nivel 4
01010 Guatemala-Stadt
✆ 23681134, ℻ 23336180
✉ guatemala-ob@bmaa.gv.at

Schweizer Botschaft (Embajada de Suiza)
16. Calle 0-55, Zone 10
Torre Internacional, Nivel 14
01010 Guatemala-Stadt
✆ 23675520, ℻ 23675811
✉ vertretung@gua.rep.admin.ch

Die Adressen weiterer Botschaften befinden sich im guatemaltekischen Telefonbuch *(Directorio Telefónico)* auf den blauen Seiten.

Informationen

Fremdenverkehrsämter

Das guatemaltekische Tourismusinstitut INGUAT *(Instituto Guatemalteco de Turismo)* unterhält eine Zweigstelle in Deutschland, die in der Botschaft in Berlin untergebracht ist. Dort kann man Prospektmaterial anfordern, das aber weder umfangreich noch besonders aussagekräftig ist. Die Zentrale des INGUAT befindet sich in Guatemala-Stadt. Ableger gibt es darüber hinaus in allen größeren Touristenzentren (Antigua, Panajachel, Flores, usw.).

INGUAT Hauptstelle in Guatemala
7. Avenida 1-17, Centro Cívico, Zone 4
✆ 24212800, ℻ 24212879
✉ inguat@guate.net
www.mayaspirit.com.gt
Touristeninfo in Guatemala: ✆ 1500 und 24212810

Sonstige Organisationen

Informationsstelle Lateinamerika
Heerstraße 205, 53111 Bonn
✆ 0228/658613, ℻ 0228/631226
✉ ila@ila-bonn.de
www.ila-bonn.de
Herausgeber der Zeitschrift *ila*, die zehnmal jährlich Berichte aus ganz Lateinamerika enthält.

Institut für Iberoamerikakunde
Alsterglacis 8, 20354 Hamburg
✆ 040/41478201, ℻ 41478241
✉ iik@iik.duei.de
www.duei.de/iik/show.php
Dem Verbund der Stiftung Deutsches Übersee-Institut angeschlossene Einrichtung, die Analysen, Daten und Dokumentationen zu Lateinamerika bereitstellt. Zweimonatlich erscheint das Infoblatt *Brennpunkt Lateinamerika*.

InWEnt gGmbH
Informationzentrum Entwicklungspolitik IZEP
Tulpenfeld 5, 53113 Bonn
✆ 0228/24345, ℻ 2434766

🖳 www.inwent.org
Informationstelle für deutsche und ausländische Literatur über Entwicklungsländer und Herausgeber der Zeitschrift *Entwicklung und Zusammenarbeit (E+Z).*
✆ 069/75014366, 📠 75014855
✉ euz.editor@fsd.de

Nachrichtenpool Lateinamerika e.V. (poonal)
Köpenicker Str. 187/188, 10997 Berlin
✆ 030/78991361, 📠 78991362
✉ poonal@npla.de
🖳 www.npla.de/poonal
Poonal *(Pool de Nuevas Agencias de América Latina)* ist ein wöchentlicher Pressedienst lateinamerikanischer Presseagenturen. Jeden Dienstag veröffentlichen sie aktuelle Nachrichten und Hintergrundberichte aus Lateinamerika in deutscher Sprache.

Auswärtiges Amt
Werderscher Markt 1, 10117 Berlin
✆ 030/5000-0, 📠 5000-51000
✆ Bürgerservice 030/5000-2000
✉ buergerservice@auswaertiges-amt.de
🖳 www.auswaertiges-amt.de
Gibt Sicherheitshinweise und Auskunft über Krisengebiete.

¡Fíjate!
Rahel-Varnhagen-Str.15, 79100 Freiburg
✉ fijate@web.de
14-tägig erscheinendes Nachrichtenheft zu Guatemala in deutscher Sprache, das vom Verein Solidarität mit Guatemala e.V. herausgegeben wird und per Abonnement zu beziehen ist.

Österreichisches Lateinamerika-Institut
Schlickgasse 1, 1090 Wien
✆ 01/3107465, 📠 310746521
✉ office@lai.at
🖳 www.lai.at
Veröffentlicht Publikationen zu Lateinamerika und besitzt die einzige Dokumentationsstelle Österreichs, die auf Lateinamerika spezialisiert ist.

Informationsgruppe Lateinamerika (IGLA)
Währingerstr. 59, 1090 Wien
✆/📠 01/4034755
Die Gruppe will die soziale Wirklichkeit und politische Entwicklung Lateinamerikas der Öffentlichkeit verständlich machen.

Guatemala im Internet

Allgemeines
🖳 www.inwent.org/v-ez/lis/gtm/index.htm,
Sehr ausführliche, deutschsprachige Webseite mit vielen Infos und Links zu allem, was mit Guatemala zu tun hat.
🖳 www.guatemala.de
Webauftritt der deutschsprachigen Guatemala Solidarität, Länderinfos und Kartenmaterial.
🖳 http://lanic.utexas.edu/la/ca/guatemala
Webseite des Latin American Network Information Center (LANIC) der Universität Texas, sehr umfangreiche Infos über Guatemala und Lateinamerika auf Englisch.

Fotos
🖳 www.guate360.com
Webseite mit vielen guten Fotos und guten Links (spanisch).
🖳 www.guatefotos.com
Fotos aus Guatemala.

Karten
🖳 www.guatemalaweb.com/mapas.html
Übersichtskarte des Landes und Länderinfos auf Englisch.
🖳 www.mapasdeguatemala.com
Touristengerecht aufbereitete Karten der wichtigsten Gegenden Guatemalas, die man sich herunterladen oder ausdrucken kann. Außerdem Links zu Tourismus in Guatemala.

Maya
🖳 www.mesoweb.com
Umfangreiche Informationen zu mesoamerikanischen Kulturen auf Englisch.

Medien
Die Internetseiten guatemaltekischer Tageszeitungen finden sich im Kapitel Medien oder unter 🖳 www.zonalatina.com.

Sprachschulen
🖳 www.guatemala365.com,
Sehr guter und informativer Überblick über Guate-

malas Sprachschulen.
🖳 www.larutamayaonline.com.

Tourismus
🖳 www.mayaspirit.com.gt
Die offizielle Seite des guatemaltekischen Tourismusinstituts (INGUAT) auf Englisch und Spanisch.
🖳 www.larutamayaonline.com
Reiseinfos auf Englisch und Spanisch.
🖳 www.guatemalaenvivo.com
Reiseinfos auf Englisch.

Wetter
🖳 http://weather.noaa.gov/weather/GT_cc.html
Detaillierte Wetterinfo.

Klima und Reisezeiten

Ein vielbemühter Slogan in Reisekatalogen lautet: „Guatemala, Land des ewigen Frühlings". Die Wahrheit ist wie immer etwas komplexer: Obwohl das Land ganzjährig zu bereisen ist, so hat doch jede geografische Region ihre klimatischen Besonderheiten. Nicht grundlos unterscheidet die offizielle Klimakarte des Nationalen Geographischen Instituts (IGN) mehr als 25 Klimazonen. So erreichen z.B. die Temperaturen an den Küsten und im Tiefland fast immer Tageswerte um 25–30 °C oder darüber, wohingegen die Temperaturen auf den höchsten Gipfeln der Vulkane (3700–4200 m) in klaren Nächten deutlich unter den Gefrierpunkt sinken.

Während es im karibischen Tiefland und in den angrenzenden Gebieten des Petén das ganze Jahr über regnen kann, gibt es im restlichen Land nur ca. sechs bis sieben niederschlagsreiche Monate. Der Grund hierfür ist der Nordwestpassat, der vom Atlantik her Feuchtigkeit mitführt, die vorwiegend über den östlichen Landesteilen abregnet. Da die Temperaturen eng mit der Höhe zusammenhängen, verschafft folgende Einteilung einen Überblick:

Heißes Land *(tierra caliente)*: 0–800 m; Durchschnittstemperatur: 25 °C (Pazifisches Tiefland, El Petén im Norden, Karibikküste und Provinz Izabal)
Gemäßigtes Land *(tierra templada)*: 800–2000 m; Durchschnittstemperatur: 17 °C (Boca Costa; Antigua, Atitlán-See, Guatemala-Stadt, Alta und Baja Verapaz, Oriente)
Kaltes Land *(tierra fria)*: über 2000 m; Durchschnittstemperatur: unter 10 °C (Quetzaltenango, Cuchumatanes-Berge, Vulkane westlich der Hauptstadt)

In Guatemala werden zwei Jahreszeiten unterschieden, die **Regenzeit** (Mai bis Oktober / November) wird von den Einheimischen als *invierno* (Winter) bezeichnet. In der Regel regnet es nachmittags und während der Nacht. Tagelange starke Niederschläge sind so gut wie unbekannt. Auch in der Karibik, wo über 5000 mm Niederschläge fallen können, beschränken sich die heftigen Regengüsse meist auf wenige Stunden. Die regenreichsten Monate sind der Juni und September. Im Juli/August legt die Regenzeit eine zwei- bis dreiwöchige Verschnaufpause ein, die *canícula* genannt wird. Während die Regenzeit relativ konstant im Monat Mai beginnt, ist das Ende nicht leicht zu bestimmen. In den vergangenen Jahren regnete es sogar noch im November. Auch die Schäden des Hurrikans Mitch, der Mittelamerika Anfang November 1998 heimsuchte, wurden weniger durch heftige Winde als durch tagelange, schwere Regenfälle hervorgerufen. Ob die Klimaverschiebung mit der Erderwärmung oder mit den Klima-Phänomenen *El Niño* und *La Niña* zusammenhängt, ist wissenschaftlich noch nicht eindeutig geklärt.

In der **Trockenzeit** (November bis April) kommt es vor allem im Hochland zu größeren Temperaturschwankungen als während der Regenzeit. Dort kann die Temperatur in sternenklaren Nächten auf unter 0 °C absinken. Dezember und Januar sind allgemein die kältesten Monate. Ab Februar steigen die Temperaturen erneut an und erreichen im April/Mai ihren Höchststand. Guatemalteken nennen die Monate von November bis April *verano* (Sommer).

Reisezeiten

Aufgrund vieler unterschiedlicher Klimazonen und Höhenlagen gibt es keine ideale Reisezeit. Jede Jahreszeit hat ihre Vor- und Nachteile:

Dezember und Januar

Kalte, klare Nächte; die Landschaft im Hochland beginnt allmählich wieder auszutrocknen; Beginn der Kaffeeernte; angenehmste Reisezeit für die hei-

Temperaturen in °C

Quelle: INSIVUMEH

	Guatemala-Stadt 1502m ü. NN min.	max.	Huehuetenango 1900m ü. NN min.	max.	Puerto Barrios 2m ü. NN min.	max.	Flores (Petén) 123m ü. NN min.	max.	Cobán 1323m ü. NN min.	max.
JAN	9,8	23,3	5,4	24,4	18,6	27,0	17,3	27,7	10,5	21,4
FEB	12,2	24,7	6,1	25,8	19,3	27,8	17,5	29,3	11,1	22,7
MÄR	13,3	26,3	7,7	28,1	20,5	29,7	18,6	32,4	11,3	25,3
APR	14,7	27,2	9,5	28,5	21,9	31,0	19,8	34,4	12,3	26,4
MAI	15,6	26,8	11,0	27,8	22,8	31,8	21,7	35,3	14,0	27,6
JUN	15,7	24,6	13,2	25,1	23,2	31,5	22,1	33,2	14,9	26,0
JUL	15,3	23,8	12,2	24,3	22,6	30,8	21,1	32,5	14,4	25,1
AUG	15,2	24,6	12,3	24,7	22,7	30,9	21,3	32,5	14,4	25,3
SEP	15,3	24,1	13,2	24,2	22,8	30,7	21,7	31,9	14,9	25,2
OKT	14,8	23,5	12,2	23,9	21,8	29,7	21,1	30,6	14,4	23,9
NOV	13,3	22,6	9,6	23,8	20,9	28,5	19,7	29,4	12,5	22,7
DEZ	12,3	22,9	6,5	23,8	19,8	27,2	18,2	28,1	11,8	21,9
∅	14,0	24,5	9,9	25,4	21,4	29,7	20,0	31,4	13,0	24,5

ßen Regionen; Weihnachtsfeierlichkeiten; Weihnachtsferien der Guatemalteken in der zweiten Dezemberhälfte.

Februar bis April

Steigende Temperaturen; besonders heiß an den Küsten und im Petén; im Hochland überwiegen Brauntöne; die Maisfelder sind abgeerntet; aufwirbelnder Staub und vom Pazifik herüberwehende Salzpartikel machen die Luft diesig; die Kaffeeernte ist im April beendet; Osterfeierlichkeiten, viel einheimischer Tourismus im ganzen Land.

Mai bis Juni

Im Mai und Juni weiterhin heiß; Beginn der Regenzeit und der neuen Aussaat für Bohnen und Mais, große Auswahl an exotischen Früchten.

Juli und August

Zwei- bis dreiwöchiges Zwischenhoch, das die Regenzeit unterbricht; sehr schöne Reisezeit; Tourismus-Hochsaison.

September bis November

Hohe Niederschläge und Hurrikangefahr; das Hochland präsentiert sich in saftigem Grün; doch ist es hier windig. Beginn der Zuckerrohrernte im pazifischen Tiefland.

Anreise

Aus Europa

Zurzeit gibt es keine Direktflüge von Deutschland nach Guatemala. *Iberia* fliegt dienstags, donnerstags und samstags ab Madrid direkt nach Guatemala-Stadt (an den anderen Tage nach San Jose/Costa Rica und von dort weiter mit *Taca* nach Guatemala), *Delta Airlines* fliegt ab Frankfurt über Atlanta, *United Airlines* ab Frankfurt über Los Angeles, *American Airlines* ab Frankfurt über Miami oder Dallas, *Continental Airlines* ab Frankfurt über Houston.

Neu sind die Flüge von *Continental Airlines* von Houston direkt nach Flores, im Norden Guatemalas.

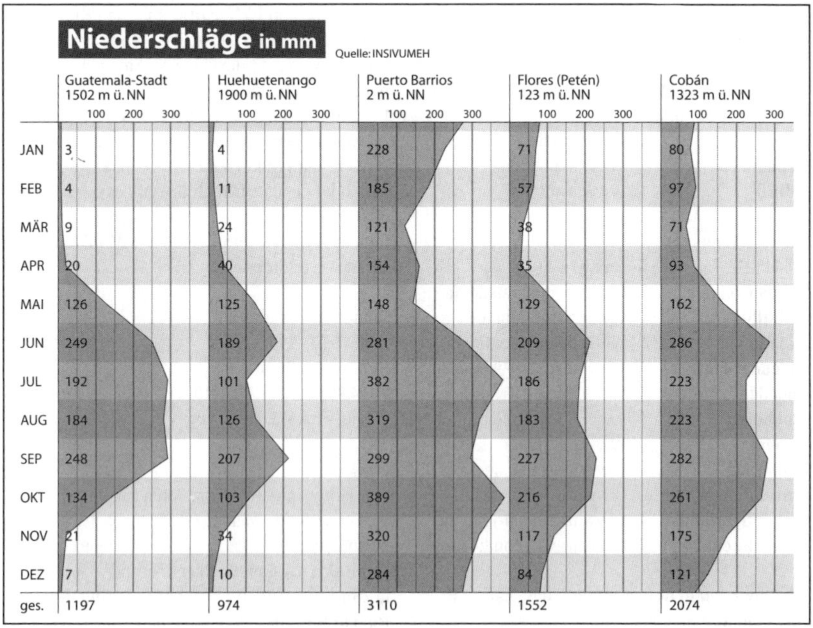

Die Preise liegen je nach Saison und Airline bei 750–1000 €.

Eine weitere Möglichkeit sind Flüge bis Mexiko-Stadt, Cancún oder Havanna und von dort weiter mit einer Partner-Fluglinie vor Ort. Nach **Mexiko-Stadt** fliegen alle oben genannten Airlines und auch die *Lufthansa*. Von Mexiko-Stadt nach Guatemala-Stadt gelangt man unter anderem mit *Taca* oder *Mexicana*. Nonstop-Flüge nach **Cancún** sind ab Deutschland mit *LTU* und *Condor* buchbar oder via Amsterdam mit *Martinair*. In der Nebensaison (Mai, Juni) sind Preise von 400–500 € möglich, im Europäischen Winter gleichen sich Charter- und Linienflugpreise an. Flüge von Cancún nach Guatemala-Stadt bieten unter anderem *Tikal Jet* (2x wöchentlich) und *TACA* (4x wöchentlich) via Flores an (einfache Strecke ca. 180 €, Rückflug ca. 250 €). Nach einem Flug mit Cubana, Iberia oder Air France nach **Havanna** (Kuba) geht es weiter mit Taca oder Tikal Jets.

Vermeiden sollte man kombinierte Flüge mit verschiedenen Airlines, die keine Abkommen miteinander haben, denn das Gepäck wird in der Regel nicht durchgecheckt und man läuft Gefahr, bei Verspätungen den Anschlussflug zu verpassen.

Eine Alternative ist die Anreise über Mexiko-Stadt oder Cancún und dann weiter über Land nach Guatemala (Näheres dazu siehe unten).

Der Rückflug sollte bis spätestens 72 Stunden vor der Abreise bestätigt werden. Wer Zeit hat und/oder noch weitere Länder in Mittel- bzw. Südamerika besuchen möchte, sollte über einen Gabelflug oder ein Rundflugticket nachdenken.

Die Reise per **Frachtschiff** ab Hamburg ist schwierig zu organisieren, außerdem lang und teurer als ein Flug. Die Preise liegen bei ca. 80 € pro Tag und Person in der Doppelkabine. Die Fahrtdauer beträgt je nach Route 15–20 Tage pro Richtung.

Flugbuchung im Internet

Um Flüge online zu buchen, muss man kein Reiseexperte sein. Am besten beschränkt man sich bei der Suche auf einige der etablierten Reiseportale. Auch die Seiten der Fluggesellschaften lohnen einen Blick, da es hier oft besondere Online-Tarife gibt. Man sollte darauf achten, dass Kreditkartendaten verschlüsselt übertragen werden.

Von der Stiftung Warentest (Heft 2/2004) geprüft und für gut befunden:

L'Tur	www.ltur.de
Expedia	www.expedia.de
AVIGO	www.avigo.de

Weitere Websites:

1A-FLY.DE	www.1a-fly.de
Billiger reisen	www.billiger-reisen.de
Billigflüge	www.billigfluege.de
Del Mundo	www.delmundo.de
Discount-Flug	www.discount-flug.de
Flug.de	www.flug.de
Flugbörse	www.flugboerse.de
Opodo	www.opodo.de
STA Travel	www.statravel.de
Travel Jungle	www.traveljungle.de
Travel Overland	www.traveloverland.de
Travel Scout 24	www.travelscout24.de

Wer noch einen **Reisepartner** sucht, kann z.B. folgende Seiten anklicken:

Globetrotter	www.globetrotter.de/de/forum
DZG	www.dzg.com/schwarzesbrett/reisepartner

Weiterreise in die Nachbarländer

Näheres dazu auch in den jeweiligen Ortskapiteln.

Mexiko

Nach Mexiko gelangt man per Bus oder Pkw über die Pazifikküste nach Tapachula in der mexikanischen Provinz Chiapas (Grenzübergänge **El Carmen** und weiter südlich **Tecún Umán**). Von hier geht es weiter ab Tapachula per Flugzeug oder in 24 Stunden im Bus nach Mexiko-Stadt. Weiter nördlich über Huehuetenango kommt man zum Grenzort **La Mesilla**, von wo aus man nach San Cristóbal de las Casas und Tuxtla Gutiérrez gelangt. Außerdem kann man über die Provinz Petén mit Bus und Boot nach Mexiko einreisen. Dabei muss in jedem Fall der Grenzfluss Usumacinta überquert werden. Ziel ist in fast allen Fällen die Mayastadt Palenque, die über drei verschiedene Routen zu erreichen ist: Von **El Naranjo** über den Río San Pedro und Tenosique (Mexiko), über **Bethel** und Frontera Corozal (Mexiko) oder **Sayxaché** und Benemérito (Mexiko). Von Flores aus gibt es zudem Direktbusse durch Belize bis nach Chetumal in der mexikanischen Provinz Quintana Roo. Von hier aus erreicht man in kurzer Zeit Tulum, Playa del Carmen oder Cancún. Direktflüge gibt es nur nach Mexiko-Stadt oder mit Zwischenstopp in Flores nach Cancún. Für die Einreise ist ein 6 Monate gültiger Reisepass erforderlich.

Botschaft von Mexiko
2. Av. 7-57, Z.10
Guatemala-Stadt
✆ 24203400, ℻ 24203410
Mo–Fr 8–13, 15–17 Uhr

Belize

Von Flores in der Provinz Petén gelangt man über die Grenzstation **Melchor de Mencos** nach San Ignacio, Belize-City und zu den vorgelagerten Koralleninseln (z.B. Caye Caulker). Nur per Boot ist Punta Gorda im Süden Belizes von **Livingston** oder **Puerto Barrios** aus zu erreichen. Von Punta Gorda aus erreicht man Placencia, das Jaguarreservat und die Hauptstadt Belmopán. Flüge gibt es lediglich von Guatemala-Stadt über Flores nach Belize-City, Einreise mit 6 Monate gültigem Reisepass. Aufenthaltsdauer max. 30 Tage (Verlängerung bis zu drei Monaten möglich). Schweizer benötigen vor der Einreise nach Belize ein Visum. Dies bekommt man im Konsulat von Belize in Genf, rue du Mont Blanc 7, 1201 Genève 17, ✆ 022/9068428, ℻ 9068429.

Botschaft von Belize
5. Av 5-55, Z.14
Europlaza Torre 2, Of. 1502
Guatemala-Stadt
✆ 23673883, ℻ 23673884

El Salvador

Zur Hauptstadt San Salvador verkehren täglich von Guatemala-Stadt aus mehrere Direktbusse (Näheres siehe dort). Auf guten Straßen passiert man die Grenze auf der CA2 bei **Ciudad Pedro de Alvarado**, auf der CA8 bei **Valle Nuevo** und auf der CA1 (Panamericana) bei **San Cristóbal**. Vom Grenzübergang **Anguiatú** weiter nordöstlich ist San Salvador via Metapán zu erreichen. Zudem gibt es Direktflüge. Für die Einreise benötigt man einen 6 Monate gültigen Reisepass.

Botschaft El Salvadors
5. Av. 8-15, Z.9
Guatemala-Stadt
✆ 23607660 ℻ 23607670
◷ Mo–Fr 8–14 Uhr

Honduras

Einreisemöglichkeiten nach Santa Rosa de Copán und Gracias Lempira (Nationalpark Celaque) bestehen über Esquipulas und den Grenzort **Agua Caliente**. Wer zur Mayastätte Copán will, nimmt den Grenzübergang bei **El Florido**. Dank der neuen Brücke über den Río Motagua ist nun die problemlose Grenzüberschreitung von Puerto Barrios aus Richtung Omoa und Puerto Cortés bei **Corinto** in Honduras möglich. Flüge von Guatemala-Stadt nach Tegucigalpa und San Pedro Sula legen oftmals einen Zwischenstopp in El Salvador ein. Einreise mit 6 Monate gültigem Reisepass.

Botschaft von Honduras
19 Av. „A" 20-19, Z.10
Guatemala-Stadt
✆ 23665640, ℻ 23635957

Gesundheit

Obwohl Guatemala zu den so genannten Entwicklungsländern zählt, sind die Standards im Bereich Hygiene und Gesundheit vor allem in der Hauptstadt und in touristischen Gebieten relativ hoch. Ratsam ist, gesundheitliche Risiken zu minimieren und nur versiegeltes oder lang genug abgekochtes Wasser zu trinken, Obst zu schälen, auf rohe bzw. nicht ausreichend gekochte oder gebratene Speisen zu verzichten und sich vor Mückenstichen zu schützen. Zudem sollte man seinen gesunden Menschenverstand walten lassen und angetaute Eiscreme, Pommes im Uraltfett und übel riechende Speisen liegen lassen. Ein Restrisiko bleibt. Wer jedoch ständig darüber grübelt, was man sich alles einfangen kann, vermiest sich seinen Urlaub nicht unerheblich. Schließlich lernt man ein neues Land und dessen Kultur auch über die Geschmackssinne kennen.

Impfungen

Zur Zeit gibt es keine Impfvorschriften für Guatemala. Jeder Reisende sollte aber seine Impfungen gegen Tetanus (Wundstarrkrampf), Polio und Diphterie auffrischen. Empfohlen werden darüber hinaus Impfungen gegen Hepatitis A und Gelbfieber (wer aus einem Gelbfiebergebiet einreist, muss eine Impfung nachweisen).

Tropenmedizinische Institute

Berlin	Spandauer Damm 130, Haus 10, 14050, ✆ 030/301166, 🖳 www.charite.de/tropenmedizin
Dresden	Friedrichstr. 39, 01067, ✆ 0351/480 3801
Düsseldorf	Moorenstr. 5, 40225, ✆ 0211/811 7031
Hamburg	Bernhard-Nocht-Str. 74, 20359, ✆ 040/4281 8805, ✉ rmz@gesundes-reisen.de, 🖳 www.gesundes-reisen.de
Heidelberg	Im Neuenheimer Feld 324, 69120, ✆ 06221/562925, Informationen vom Band über Lateinamerika ✆ 565635. 🖳 www.hyg.uni-heidelberg.de/ithoeg/Services/ambde.htm
Leipzig	Delitzscher Str. 141, 04129, ✆ 0341/9092614/-12, 🖳 www.mccl.de
München	Leopoldstr. 5, 80802, ✆ 089/218 013 500, Informationen vom Band über Lateinamerika ✆ 218 013 509. 🖳 www.tropinst.med.uni-muenchen.de
Rostock	Ernst-Heydemann-Str. 6, 18057, ✆ 0381/494 7583, 🖳 www-kim.med.uni-rostock.de/tropenmed.htm
Tübingen	Keplerstr. 15, 72074, ✆ 07071/298 2365, ✉ reisemedizin@med.uni-tuebingen.de 🖳 www.medizin.uni-tuebingen.de/~webitm/

Man sollte sich spätestens vier bis sechs Wochen vor Reiseantritt von den zuständigen Stellen (Tropeninstitute bzw. Fachärzte) beraten und ggf. impfen lassen (Impfpass auf die Reise mitnehmen!).

Gesundheitsrisiken

Aids

Die Immunschwächekrankheit hat auch vor den Toren der konservativen und religiösen Gesellschaft Guatemalas nicht Halt gemacht. Im Vergleich zu Afrika und Asien sind die Zahlen jedoch (noch) relativ niedrig (im Jahr 2003 rund 5000 Aidskranke und etwa 67 000 HIV-Infizierte – darunter ca. 5000 Kinder – bei einer geschätzten Dunkelziffer von 50%). Die meisten Infizierten werden in der Hauptstadt registriert, während ein Großteil der Landbevölkerung mit dem Begriff Aids (in Lateinamerika *SIDA* genannt) nicht allzu viel anzufangen weiß. Aber auch in Guatemala steigt die Zahl der Infizierten; Aufklärung und Prävention stecken dagegen noch in den Kinderschuhen. Ein Kondom zu benutzen wird als unmännlich betrachtet, und breite Bevölkerungsschichten können sich diese Art von „Luxus" ohnehin nicht leisten. Prostitution ist zwar offiziell verboten, wird aber geduldet und ist vor allem in der Hauptstadt anzutreffen.

Cholera

Die von starken Durchfällen begleitete Darminfektion tritt vor allem in dicht besiedelten Gebieten unter unhygienischen Bedingungen auf und wird meist von unreinem Trinkwasser ausgelöst. Die existierenden Impfstoffe sind in ihrer Wirkung umstritten und führen nicht selten zu unerwünschten Nebenwirkungen. Touristen kommen mit Cholera-Erregern nur unter extremen Bedingungen in Berührung. Cholera ist eine Krankheit der Armen, denen das Geld für eine medizinische Behandlung fehlt.

Wer sich dennoch infiziert, sollte darauf achten, den enormen Flüssigkeitsverlust aufgrund der ständigen Darmentleerungen aufzufangen (siehe auch Durchfallerkrankungen) und so schnell wie möglich einen Arzt aufzusuchen.

Dengue-Fieber

Die von einer Mücke übertragene Viruskrankheit ist in Mittelamerika wieder auf dem Vormarsch. In Guatemala gibt es indes nur vereinzelte Fälle, die vor allem in tiefer gelegenen Gebieten während der Regenzeit auftreten. Symptome sind plötzliche starke Fieberanfälle, Kopf- und Muskelschmerzen. Nach 3–5 Tagen breitet sich ein Hautausschlag über den ganzen Körper aus.

Während eine Erstinfektion in der Regel glimpflich verläuft und nach 1–2 Wochen abklingt, kann eine erneute Infektion gesundheitliche Komplikationen (u.a. innere und äußere Blutungen) mit sich bringen. Es gibt keine Impfung oder spezielle Behandlung. Schmerztabletten, Fieber senkende Mittel und kalte Wadenwickel lindern die Symptome.

Wie bei der Malaria sind ein Moskitonetz und der Schutz vor Mückenstichen (entsprechende Kleidung und Mückenspray) die beste Vorsorge.

Durchfallerkrankungen

So gut wie niemand bleibt bei einem Mittelamerika-Aufenthalt von „Montezumas Rache" oder *turista*, wie der Reisedurchfall auch scherzhaft genannt wird, verschont. Ursachen für den Durchfall sind oftmals verdorbene oder rohe Lebensmittel, ungeschältes Obst, Salate, unreines Trinkwasser sowie Eiscreme. Aber bereits ein Klimawechsel kann bei sensiblen Verdauungsorganen zu Störungen führen. Statt gleich panisch zu reagieren, ist es ratsam, ein paar Tage abzuwarten, sich etwas Ruhe zu gönnen und viel zu trinken. Meistens beruhigt sich der Darmtrakt dann wieder.

Bevor man zu Mitteln aus der Apotheke (z.B. *Elotrans*) greift, kann man sich eine Elektrolyt-Lösung, die verlorene Flüssigkeit und Salze ergänzt, selber herstellen: Man mische 1 l Wasser oder Fruchtsaft, 4 Teelöffel Zucker, 1/2 Teelöffel Salz. Dazu sollte man sich auf Reis, Bananen, Tee und Cola beschränken. Ohne schädliche Nebenwirkungen hilft *Perenterol* (Naturhefe). Vor längeren Fahrten und nur in absoluten Notfällen sollte auf *Imodium* (*Loperamid*) zurückgegriffen werden. Dieses Mittel legt die Darmtätigkeit lahm, bekämpft aber nur die Symptome. Wenn nach mehreren Tagen keine Besserung eingetreten ist oder sich Blut im Stuhl zeigt, sollte ein Arzt aufgesucht werden. Denn dann könnte es sich um eine bakterielle oder eine Amöben-**Ruhr** (Dysenterie) handeln.

Gegen **Verstopfungen** hilft der Verzehr von frischem Obst. Ideal sind z.B. Ananas, Avocados oder eine Portion Papaya (mit Kernen).

Erkältungen

Neben Durchfall immer noch eine der häufigsten Krankheiten in den Tropen. Meist entstehen Erkältungen durch plötzliche Temperaturwechsel, verursacht durch Klimaanlagen, Zugluft und durch starke Höhenunterschiede. Empfehlung: immer ein paar trockene Kleidungsstücke zum Wechseln greifbar haben.

Gelbsucht (Hepatitis)

Hepatitis A ist eine Vireninfektion, meist hervorgerufen durch mit Fäkalien verunreinigte Lebensmittel. Die Inkubationszeit beträgt ca. 4 Wochen, nach denen sich die Krankheit durch allgemeines Unwohlsein (Übelkeit, Erbrechen, Fieber etc.) bemerkbar macht. Wenige Tage später färben sich Augäpfel und Haut gelb, der Urin dunkel und der Stuhlgang hell. Wer befürchtet, an Hepatitis A erkrankt zu sein, sollte einen Bluttest in einem Labor machen lassen. Da die Krankheit in der Regel nach weiteren zwei bis vier Wochen abklingt, sollte man dem Körper viel Ruhe gönnen und Alkoholgenuss bis 6 Monate nach Abklingen der Symptome absolut vermeiden. In schweren Fällen ist ein Arztbesuch bzw. Krankenhausaufenthalt notwendig. Als Vorbeugung ist eine Immunisierung durch Impfung empfehlenswert. Sie garantiert einen Langzeitschutz für bis zu 10 Jahre. Durchaus sinnvoll ist ein Antikörpertest, um festzustellen, ob impfen überhaupt notwendig ist.

Wesentlich gefährlicher ist **Hepatitis B**, die durch Blut, Speichel oder Geschlechtsverkehr übertragen wird. Der Krankheitsverlauf ist ähnlich wie bei der Hepatitis A, dauert jedoch länger. Wenn man sich wie vor einer Infizierung durch das HIV-Virus schützt, gibt es kaum Ansteckungsgefahr. Gefährdete Personen (z.B. medizinisches Personal) können sich mit einem speziellen Impfstoff immunisieren. Weitere Hepatitis-Formen (C,D,E,G) kommen nur sehr selten vor.

Höhenkrankheit

Sie ist in Guatemala eigentlich nur für die Besteiger von Vulkanen ein Thema. Ab 2000 m können jedoch erste Anzeichen an Höhenbeschwerden auftreten, die sich ab Höhen von 3000 m häufen. Kopfschmerzen, Schwindel, Atemnot, Übelkeit, Schlafstörungen etc. sind die Symptome als Folge der Sauerstoffverarmung des Blutes. Bei anhaltenden Beschwerden ist der Abstieg auf eine niedrigere Höhe unumgänglich. Weitere Tipps: Viel Flüssigkeit zu sich nehmen, Alkohol vermeiden und eventuell leichte Schmerzmittel nehmen.

Kinderlähmung (Polio)

Der irreführende Name wiegt viele Erwachsene in einer trügerischen Sicherheit, denn auch als Erwachsener kann man sich mit Polio anstecken. Ähnlich wie bei Tetanus sollte die Immunisierung alle 10 Jahre per Schluckimpfung aufgefrischt werden. In Erprobung sind Injektionsimpfstoffe, die als Kombinationspräparate mit Diphterie und Tetanus angeboten werden.

Malaria

In Guatemala ist keine Malariaprophylaxe vorgeschrieben. In den Regionen folgender Provinzen, die **unter 1500 m** liegen, existiert ein **mittleres Malariarisiko**: Huehuetenango, Petén, und Quiché. Im pazifischen und karibischen Tiefland existiert ein geringes Risiko. Im Hochland ab Höhenlagen von ca. 1500 m gibt es keine Malaria mehr. Die gefährlichste Malariaform, die *Malaria tropica,* die vom Erreger *Plasmodium falsiparum* übertragen wird, kommt in Guatemala nur äußerst selten vor. Um sich vor dem Weibchen der Anopheles-Mücke zu schützen, das den Parasit überträgt, empfehlen sich folgende Maßnahmen: Ab Einbruch der Dämmerung bis zum Morgengrauen – dann sticht die nachtaktive Mücke – schützen helle Kleidung, langärmelige Hemden, lange Hosen, engmaschige Socken und ein Mücken abweisendes Mittel. Sinnvoll ist außerdem in gefährdeten Gebieten ein großes, lückenlos dichtes Moskitonetz über dem Bett, falls der Schlafraum nicht mückendicht ist (Löcher mit Klebeband abdichten!). Auch der Einsatz von Räucherspiralen mindert das Risiko. In den gefährdeten Gebieten wird zudem eine Malariaprophylaxe mit Chloroquin (Resochin) empfohlen. Diese wirkt jedoch nur, wenn es regelmäßig eingenommen wird: Beginn eine Woche vor der Reise und Einnahme der Tabletten bis vier Wochen nach der Ausreise aus dem gefährdeten Gebiet.

Wer sich dennoch infiziert hat, aber keinen Arzt in der Nähe findet, kann Resochin als Stand-by-Mittel nehmen. Als alternatives Stand-by-Mittel empfiehlt sich auch Mefloquin (Lariam), obwohl die Nebenwirkungen deutlich stärker sind. Die Dosierung ist vorher mit einem Facharzt abzusprechen, da sie von verschiedenen Faktoren, wie z.B. Körpergewicht und Alter, abhängig ist. Nach der Rückkehr können ungeklärte Symptome wie Fieber und Kopfschmerzen auch noch sechs bis zwölf Monate später auf eine Erkrankung durch Malaria hindeuten. Dem behandelnden Arzt vom Tropenaufenthalt berichten und einen Bluttest machen lassen!

Pilzinfektionen

Frauen sind im tropischen Klima häufiger von Pilzerkrankungen betroffen. Vor Reiseantritt sollten sie sich daher die entsprechenden Medikamente verschreiben lassen. Creme oder Kapseln sind hierbei Zäpfchen vorzuziehen, da Letztere bei der Hitze schmelzen. Stehende Gewässer, warme Quellen sowie ungepflegte Swimmingpools meiden!

Schlangen- oder Skorpionbiss

Schlangen kommen in fast allen Gebieten Mittelamerikas vor. Die größte Artenzahl befindet sich im tropischen Regenwald. Da es nur wenige giftige Arten gibt und Schlangen im Allgemeinen scheue Tiere sind, kommen Bisse selten vor. Meist beißen die Tiere in reiner Notwehr oder aber um ihren Nachwuchs zu verteidigen. Die gefährlichste Schlange Guatemalas ist die bräunliche, bis zu 2 m lange **Lanzenotter** *(Barba amarilla)*, eine Vipernart, die ein Eiweiß zersetzendes Gift absondert. Sie ist an ihrem pfeilartig geformten Kopf sowie rautenmusterartigen Körperrücken zu erkennen. Erste Regel bei einem Biss ist: Ruhe bewahren und sich das Aussehen der Schlange merken. Die betroffene Stelle sollte sofort oberhalb der Bissstelle abgebunden werden, muss aber alle 10–15 Minuten etwas gelockert werden. Falls in 15–30 Minuten kein Arzt/Krankenhaus erreicht werden kann, sollte der Körperteil mit der Bissstelle nicht mehr bewegt werden. Wichtig ist, viel Flüssigkeit aufzunehmen und Alkohol zu meiden. Von Auf-, Ausschneiden oder Aussaugen der Bisswunde (vor allem mit dem Mund) ist abzuraten.

Bei Touren im Regenwald, in hohem Schilfgras und Ruinenstätten sollte hohes, festes Schuhwerk getragen werden. Ein Stock kann hier nützliche Dienste leisten. Schuhe sollten vor dem Anziehen ausgeschüttelt und überprüft werden, da Schlangen gern in ihnen übernachten.

Skorpione sind vor allem in der Gegend des Atitlánsees verbreitet. Sie sind schwarz , bis zu 5 cm groß und zählen zu den harmloseren Vertretern ihrer Art. Ein Stich ist zwar äußerst schmerzhaft, aber nicht lebensbedrohlich. Vorsicht ist beim wesentlich seltener anzutreffenden weißen Skorpion geboten. Er ist um einiges größer als sein Verwandter vom Atitlánsee und sein Biss kann zu Lähmungserscheinungen und bei kleinen Kindern sogar zum Tod führen.

Wer gebissen wurde, sollte sich nicht bewegen, viel trinken und einen Arzt rufen. Wie auch bei Schlangen sind Kleidung und Schuhwerk vor dem Anziehen zu überprüfen.

Sonnenbrand und Hitze

Oftmals werden die Auswirkungen der tropischen Sonne unterschätzt. Wegen des steileren Strahleneinfalls und der geringeren atmosphärischen Filterung ist die Tropensonne viel intensiver als in unseren Breitengraden. Wer ein paar einfache Maßnahmen beherzigt, kann jedoch mit gesunder Haut aus dem Urlaub zurückkehren. Dazu gehört es, sich langsam an die starke Sonne zu gewöhnen, sich wenn möglich im Schatten aufzuhalten und eine dem Hauttyp entsprechende Schutzcreme aufzutragen. Besonders stark ist die Strahlung im Hochland, am Wasser und während der Mittagsstunden.

Eine der Hauptursachen für Unwohlsein während einer Auslandsreise ist in den meisten Fällen Flüssigkeitsmangel. Durch die neuen Eindrücke abgelenkt, vergessen viele Reisende, genügend zu trinken. Hinzu kommt, dass der Körper in tropischen Gegenden mehr schwitzt und daher mehr Flüssigkeit und Mineralien benötigt. Regelmäßiges Trinken ist daher unerlässlich.

Typhus/Paratyphus

Die Symptome dieser bakteriellen Darminfektion, die durch eine Salmonellenart verursacht wird, sind mehrere Tage andauerndes hohes Fieber sowie Kopf- und Gelenkschmerzen. Eine Immunisierung ist bei Reisen in Länder mit einem niedrigen Hygienestandard zu erwägen. Neue Impfstoffe, die oral eingenommen oder als Injektion verabreicht werden, haben eine Wirkungsdauer von ca. drei Jahren. Zur Polio-Schluckimpfung ist ein Abstand von zwei Wochen einzuhalten. Die Impfung sollte ca. 10 Tage vor Reisebeginn abgeschlossen sein, da ein Abstand von drei Tagen zur Malaria-Prophylaxe eingehalten werden sollte.

Wundstarrkrampf (Tetanus)

Da eine Verletzungsgefahr nie auszuschließen ist, sollte man in seinem Impfpass nachschauen und ggf. seinen Tetanusschutz aktualisieren. Nach einer Grundimmunisierung, die durch zwei Impfungen in ca. vierwöchigem Abstand erfolgt, genügt eine Auffrischung alle 10 Jahre.

Medizinische Versorgung in Guatemala

Apotheken und Medikamente

Apotheken (*farmacias*) gibt es in Guatemala wie Sand am Meer. In entlegenen Gegenden ist die Auswahl an Medikamenten allerdings begrenzt. In der Hauptstadt haben manche Apotheken 24 Stunden geöffnet und bieten einen Lieferdienst frei Haus. Bei leichteren Gesundheitsproblemen sind sie die erste Anlaufstelle. Man sollte sich möglichst vom Besitzer oder Geschäftsführer bedienen lassen, da diese über besseres Fachwissen als die nicht selten unqualifizierten Angestellten verfügen. Die Chance, dass sie ein paar Brocken Englisch sprechen oder einen guten Arzt empfehlen können, ist ebenfalls deutlich höher.

Im Allgemeinen sind gängige Arzneimittel, wie z.B. Schmerztabletten, um einiges billiger als in Deutschland, wogegen selten verkaufte Mittel und auch Antibiotika recht teuer sein können. (Wer spezielle Medikamente benötigt, sollte diese in ausreichender Menge für seine Reise von zu Hause mitbringen.) Beim Kauf auf das Verfallsdatum und die Unversehrtheit der Packung achten und den Inhalt auf Vollständigkeit prüfen. Gute Apotheken machen dies allerdings von sich aus.

Vorschlag für eine Reiseapotheke

Bitte bei den Medikamenten Gegenanzeigen und Wechselwirkungen beachten und sich vom Arzt oder Apotheker beraten lassen.

Verbandzeug
Verbandzeug (Heftpflaster, Leukoplast, Blasenpflaster, Mullbinden, elastische Binde, sterile Kompressen, Verbandpäckchen, Dreiecktuch, Schere, Pinzette)
Alkoholtupfer
Desinfektionsmittel (Hansamed Spray)
Pinzette

Schmerzen und Fieber
Fieberthermometer
Benuron, Dolormin
Buscopan (gegen Krämpfe)

Malaria-Prophylaxe
Chloroquin (z.B. Resochin*)
Lariam* als Stand-by-Mittel
Mückenschutz (Autan) oder direkt vor Ort

Magen- und Darmerkrankungen
Imodium (gegen Durchfall, v.a. vor längeren Fahrten)
Elotrans (zur Rückführung von Mineralien)
Talcid, Riopan (gegen Sodbrennen)

Hauterkrankungen
Soventol Hydrocortison Creme (bei starkem Juckreiz oder stärkerer Entzündung)
Bepanthen (Wund-/Heilsalbe)
Fungizid ratio, Canesten (Pilzinfektionen)
Berberil, Yxin (Bindehautentzündung des Auges)
Systralsalbe (Antihistaminicum)

Sonstiges
Korodin, Effortil (Kreislaufmittel)
Superpep Kaugummis, Vomex (Reisekrankheit)
Kondome (gibt es in jeder Apotheke vor Ort)
Sonnenschutzcreme
Sonnenschutzstift für die Lippen
Micropur (Wasserdesinfektion)
Einwegspritzen und -kanülen
Beipackzettel

** rezeptpflichtig in Deutschland*

Ärzte und Krankenhäuser

Wenn möglich, sollte man sich bei einem Notfall in der Hauptstadt behandeln lassen. Hier gibt es ausgezeichnete Privatkliniken und viele in den USA ausgebildete Ärzte. Der Standard ist im privaten Bereich durchaus auf deutschem Niveau. Die deutsche Botschaft in **Guatemala-Stadt** verfügt über eine Ärzteliste. Auch in den Touristenzentren wie **Antigua, Panajachel, Flores** und in größeren Städten ist die medizinische Versorgungslage noch zufriedenstellend. In entlegeneren Gebieten täuschen Provinzkrankenhäuser und Gesundheitsstationen *(puestos de salud)* über die prekäre Situation des Gesundheitswesens auf dem Lande hinweg. Oftmals fehlt es sogar an Verbandszeug oder Spritzen. Privatpraxen werden hier von z.T. dubiosen Quacksalbern geführt, denen der eigene Geldbeutel wichtiger als die Gesundheit ihrer Patienten ist. Zahnärzte auf dem Land sollte man nur in absoluten Notfällen aufsuchen, da sie außer Zähneziehen nicht allzu viel können. Die Bezahlung erfolgt direkt. Man sollte sich eine Bestätigung mit genauer Auflistung der Leistungen geben lassen. Für einen Krankenhausaufenthalt in einer Privatklinik empfiehlt sich eine Kreditkarte, ohne die man möglicherweise nicht aufgenommen wird. Adressen von Ärzten und Kliniken finden sich im Reiseteil des jeweiligen Ortes.

Versicherung

Die großen Versicherungsunternehmen bieten eine verwirrende Vielzahl von Versicherungspaketen an, die Reiserücktritt-, Unfall-, Gepäck- und Auslandskrankenversicherung einschließen können. Letztlich liegt es im Ermessen jedes einzelnen, was alles versichert werden soll. Die einzig wichtige Urlaubsversicherung ist die **private Auslandskrankenversicherung**, die den Krankenrücktransport einschließt.

Reiserücktrittskostenversicherung

Bei einer pauschal gebuchten Reise ist eine Rücktrittskostenversicherung meist im Preis inbegriffen (zur Sicherheit sollte man nachfragen). Wer individuell plant, muss sich um die Absicherung dieses Risikos selbst kümmern. Reisebüros bieten z.T. Versicherungen an oder vermitteln den Abschluss.

Viele Reiserücktrittskostenversicherungen müssen kurz nach der Buchung abgeschlossen werden (in der Regel bis 14 Tage danach). Bei Krankheit oder Tod eines Familienmitglieds oder Reisepartners ersetzt die Versicherung die Stornokosten der Reise. Eine Reiseunfähigkeit wegen Krankheit muss ärztlich nachgewiesen werden.

Die Kosten der Versicherung richten sich nach dem Preis der Reise und der Höhe der Stornogebühren. Sie liegen in der Regel zwischen 15 und 90 € pro Person. Zum Teil gibt es eine Selbstbeteiligung.

Reisegepäckversicherung

Viele Versicherungen bieten die Absicherung des Verlustes von Gepäck an, einige haben sich sogar darauf spezialisiert (z.B. *Elvia*). Allen Versicherungen ist gemein, dass die Bedingungen, unter denen das Gepäck abhanden kommen „darf", sehr eng gefasst sind. Deshalb ist es wichtig, die Versicherungsbedingungen genau zu studieren und sich entsprechend zu verhalten. Bei vielen Versicherungen ist z.B. das Gepäck in unbewacht abgestellten Kraftfahrzeugen zu keinem Zeitpunkt versichert. Kameras oder Fotoapparate dürfen wegen möglicher Mopedräuber nicht über die Schulter gehängt werden, sondern müssen am Körper befestigt sein, sonst zahlt die Versicherung nicht (so Gerichtsurteile). Ohnehin sind Foto- und videotechnische Geräte meist nur bis zu einer bestimmten Höhe oder bis zu einem bestimmten Prozentsatz des Neuwertes versichert, auch Schmuck unterliegt Einschränkungen, ebenso wie Bargeld.

Entscheidet man sich für eine Reisegepäckversicherung, ist darauf zu achten, dass sie Weltgeltung hat, die gesamte Dauer der Reise umfasst und in ausreichender Höhe abgeschlossen ist. Wer eine wertvolle Fotoausrüstung mitnimmt, kann darüber nachdenken, eine Zusatzversicherung abzuschließen.

Tritt ein Schadensfall ein, muss der Verlust sofort bei der Polizei gemeldet werden. Eine **Auflistung** aller Gegenstände mit Wertangabe ist dabei hilfreich. Ansonsten sollte alles, was nicht ausreichend versichert ist, im Handgepäck transportiert werden.

Auslandskrankenversicherung

Ohne eine Auslandskrankenversicherung mit Rücktransport abgeschlossen zu haben, sollte niemand sein Heimatland verlassen. Bei Krankheiten und Unfällen kann sehr schnell eine erhebliche Summe zusammenkommen, die aus eigener Tasche bezahlt werden müsste. Versicherte können die Kosten dagegen nach Einreichen der Rechnungen bei der Versicherung geltend machen.

Einschränkungen gibt es natürlich auch hier, besonders bezüglich Zahnbehandlungen (nur Notfallbehandlung) und chronischen Krankheiten (Bedingungen durchlesen!). Der feine Unterschied liegt im Detail: Die meisten Versicherer zahlen den Rücktransport nur, wenn er „medizinisch notwendig" ist. Beim *ADAC*, der *Europäische Reiseversicherung* und *Huk-Coburg* genügt es, dass der behandelnde Arzt den Transport in die Heimat für sinnvoll erachtet. Bei einer Schwangerschaft ist eine schriftliche Bestätigung des Versicherers ratsam, dass er für Kosten von Frühgeburten und die medizinische Versorgung des Neugeborenen aufkommt.

Die später bei der Versicherung einzureichende **Rechnung** sollte folgende Angaben enthalten:

- → Name, Vorname, Geburtsdatum, Behandlungsort und -datum
- → Diagnose
- → erbrachte Leistungen in detaillierter Aufstellung (Beratung, Untersuchungen, Behandlungen, Medikamente, Injektionen, Laborkosten, Krankenhausaufenthalt)
- → Unterschrift des behandelnden Arztes
- → Stempel

Rechnungen in spanischer Sprache werden in der Regel von allen Versicherungen akzeptiert.

Auslandskrankenversicherungen werden von nahezu allen großen Versicherern und auch von einigen Kreditkartenorganisationen angeboten. Sie sind meistens für ein Jahr gültig, decken jedoch nur Reisen von jeweils bis zu 42 Tagen, manche bis acht Wochen ab. Es empfiehlt sich der Abschluss eines Jahresvertrages. Wer länger als sechs Wochen verreisen möchte, sollte nach Langzeittarifen fragen.

Gepäck

Bei einer längeren Aufenthaltsdauer, die Wanderungen mit Gepäck mit einschließt, empfiehlt sich ein Rucksack ohne Tragegestell plus Tagesrucksack Wer das Land nur kurz besucht, kann auch mit einer leichten, kleinen Tasche reisen. Sehr praktisch sind Koffer-Rucksäcke, die sehr einfach zu packen sind.

Bei fast allen Busfahrten liegt das Gepäck oben auf dem Bus und ist Wind, Wetter und dem rauen Umgang durch das Buspersonal ausgesetzt. Empfehlenswert ist daher ein **Rucksackschutz** in Form eines Seesacks oder einer stabilen Plastiktüte. Manche dieser Schutzhüllen sind zudem abschließbar, was zusätzlich vor Diebstahl schützt. Bei der Gepäckauswahl sollte man nicht vergessen, dass man in Guatemala Kleidungsstücke (nicht in Übergrößen!) und Taschen problemlos kaufen kann. Je leichter, desto angenehmer reist es sich!

Wertsachen wie Geld, Pässe, Schecks und Flugtickets sollte man immer dicht am Körper aufbewahren. Ideal hierfür ist ein breiter Hüftgurt aus Baumwolle, den man unauffällig unter Hosen und Kleidern tragen kann. Wichtig: Wertsachen zusätzlich durch eine Plastikhülle gegen Feuchtigkeit schützen!

Geld

In allen größeren Orten und auch zunehmend in kleineren Städten kann man Geld bequem an Visa oder Mastercard Geldautomaten abheben. In der Hauptstadt und Antigua ist auch das Abheben mit der ec-Karte/Bankkarte möglich, deren Gebühren etwas niedriger liegen als die der Kreditkarten. Mit einer Postbankkarte kann man an allen Visa-Geldautomaten Bares abheben. Zudem sollte man US-Dollar in bar und zur Sicherheit einige Reiseschecks (vorzugsweise American Express) dabeihaben. Euros kann man inzwischen in allen Touristenorten, der Hauptstadt und an den Flughäfen tauschen – bei zumeist ungünstigem Kurs.

Landeswährung

Der guatemaltekische **Quetzal** (Q) ist nach dem Wappenvogel des Landes benannt worden. Jahrzehntelang war die Währung an den US-Dollar gekoppelt. Mit der Freigabe Anfang der 80er Jahre setzte eine langsame, aber stetige Entwertung ein. Der Umtauschkurs des Quetzals zum Euro hängt somit auch vom Dollar/Euro-Kurs ab und schwankt zwischen 1 Euro = 9,50–10 Quetzales.

Gepäck-Checkliste

Mit einem Sternchen* gekennzeichnete Gegenstände sind in Guatemala preiswerter zu erwerben.

Kleidung:
Feste Schuhe mit gutem Profil (wer viel wandert, sollte knöchelhohe Schuhe bevorzugen)
Sandalen
Gummisandalen* (zum Duschen und am Strand)
Hose bzw. **Röcke** aus Baumwolle, die angenehm sitzen
Kurze Hosen
Hemden oder **Blusen***
T-Shirts*/Polo-Shirts mit Kragen (zum Schnorcheln)
(Wasserdichte) **Jacke** (für die An- und Abreise, kühle Nächte in den Bergen und Busse mit Klimaanlagen)
(Fleece-)Pullover (für Bergtouren und Busse mit Klimaanlage)
Hut, Kappe* (Sonnenschutz)
Socken (für den Abend dichte, nicht allzu kurze Socken als Moskitoschutz, robuste **Trekkingsocken** für alle, die viel wandern)
Unterwäsche, BH (Baumwolle)
Badehose, Badeanzug (Bikini nur in touristischen Gebieten)

Hygiene und Pflege:
Zahnbürste, Zahnpasta (in stabiler Tube)
Shampoo
Nagelschere und -feile
Rasierzeug (in abgelegen Gebieten ist die Nassrasur zu bevorzugen)
Kosmetika und **Hautpflegemittel**
Tampons (in allen größeren Orten erhältlich)
Plastiktüten (als Nässeschutz)
Kleine Baumwolltasche (für schmutzige Wäsche oder zum Einkaufen)
Nähzeug
Toilettenpapier (vor allem auf dem Land)

Sonstiges:
Regenschirm* (nur für Aufenthalte während der Regenzeit)
Ersatz- u. Sonnenbrille (in stabiler Box)
Adapter (für Flachstecker, 110 V)
Reisewecker (oder Uhr mit eingebautem Wecker)
Reiseapotheke (s.S. 21)
Wasserflasche
Kleine Taschenlampe
Taschenmesser
Notizbuch* und **Stifte***
Adressbuch und E-Mail-Adressen
Reisepass (evtl. internationaler Studentenausweis)
Impfpass
Geld (Bargeld, Reiseschecks, Abrechnung über Reiseschecks, Kreditkarte)
Flugtickets
Kopien aller Dokumente (Kopie des Reisepasses und Kopie des Einreisestempels)
Reiseführer
Landkarte(n)
Reiselektüre
Fotoapparat und evtl. - tasche
Kompass, Höhenmesser (für Wanderer)
Fernglas
Kleine Geschenke (statt Bonbons Stifte, Postkarten, Münzen, Briefmarken von zu Hause...

Zusätzlich empfohlene Ausrüstung für einfache Unterkünfte:
Seife* in bruchsicherer Dose
Dünnes Handtuch*, das schnell trocknet (in den meisten Hotels vorhanden)
Waschmittel*
Plastikbürste (zum Reinigen von Wäsche und Schuhen)
Kordel (als Wäscheleine)
Klebeband (zum Packen, Löcherstopfen, um Pflaster zu befestigen etc.)
Vorhängeschloss* u. kleine Schlösser fürs Gepäck*
Moskitonetze* (für mückenreiche Gebiete, Baumwollnetze sind schwerer, aber stabiler als Plastiknetze)
Schlafsack (für heiße Regionen dünner Leinenschlafsack)
Hängematte* (für Dschungeltouren unerlässlich)

Wechselkurse

1 €	= 9,35 Q	1 Q	= 0,11 €
1 sFr	= 6,03 Q	1 Q	= 0,17 sFr
1 US$	= 7,62 Q	1 Q	= 0,13 US$

Aktuelle Wechselkurse unter
www.oanda.com

Unterteilt ist der Quetzal in 100 Centavos. Scheine gibt es in den Stückelungen 100, 50, 20, 10, 5, Münzen mit einem Wert von einem Quetzal sowie 50, 25, 10, 5 und 1 Centavo.

Bargeld

Trotz des höheren Risikos (Diebstahl, Verlust) sollte man immer einen kleinen Bargeldbetrag sowohl in US$ als auch in Quetzales bei sich haben. Kleine Scheine der Landeswährung können sehr hilfreich sein, da fast niemand über ausreichend Wechselgeld verfügt. Das gilt besonders für Aufenthalte in ländlichen Gegenden. Wenn möglich, keine stark abgegriffenen oder beschädigten Scheine annehmen, da man sie nur schwer wieder los wird. Bei vielen Banken muss man den Reisepass vorzeigen, wenn man Bargeld in Landeswährung tauscht.

Reiseschecks (Travellers Cheques)

Die fällige 1%-Provision beim Kauf von Reiseschecks ist gut angelegt, weil die Schecks bei Verlust und gegen Vorlage der Verkaufsquittung erstattet werden. In Guatemala akzeptieren viele Banken Reiseschecks in US$ von **American Express**. Reiseschecks von **Thomas Cook** werden hingegen seltener akzeptiert. Eine weitere Gebühr fällt dabei in der Regel nicht an. Wer Schecks tauscht, sollte seinen Reisepass griffbereit haben. Außerdem empfiehlt es sich, Kaufquittung und Schecks getrennt voneinander aufzubewahren. Bei Verlust kann man sich an folgende Stelle wenden: *American Express,* Clark Tours, 7. Av. 14-76, Zona 9, Plaza Clark, Guatemala-Stadt, ✆ 24704848, 📠 2470 4849.

Kreditkarten

Kreditkarten sind in Guatemala inzwischen weit verbreitet. Ebenso wächst das Netz der Geldautomaten, an denen man mit ihnen Geld abheben kann. Dennoch sollte man sich nicht ausschließlich auf seine Plastikkarte verlassen, denn kleine Geschäfte akzeptieren sie oft gar nicht oder nur gegen einen kräftigen Aufschlag. Geldautomaten können defekt oder leer sein, und wenn der Magnetstreifen der Karte beschädigt ist, geht nichts mehr. Dennoch ist eine Kreditkarte überaus hilfreich. Alle Autovermietungen fordern sie als Sicherheit, und auch Privatkliniken nehmen Patienten oftmals nur gegen Vorlage einer Kreditkarte auf.

Die gängigsten Karten in Guatemala sind *Visa* und *Master-/Eurocard. American Express* und *Diners Club* werden deutlich seltener akzeptiert. **Bargeld** mit Kreditkarte bekommt man in vielen Banken (*Visa: Banco Industrial, Bancafé, Banco del Occidente, Master-/Eurocard: BAM, Banco G&T, Banco Promotor*).

Je nach Kreditkarte gibt es verschiedene Systeme *(Master-/Eurocard: Pronto* und *Sistema 5B, Visa: Bancared* und *BI Credit*). Wer seine Rechnungen mit Kreditkarte begleicht, zahlt zusätzlich 1% des Rechnungsbetrags. Außerdem erheben die Unternehmen, bei denen man zahlt, zusätzliche Gebühren von 5–10%.

Karten sperren
Visa und **Master-/Eurocard**:
Deutschland ✆ 0049/69/79331910;
Österreich ✆ 0043/1/717014500 (Master-/Eurocard) und ✆ 71111770 (Visa);
Schweiz ✆ 0041/44/2008383.
In Guatemala kann man seine Kreditkarte (Visa, Mastercard oder American Express) über *Credomatic,* 7. Av. 6-26, Z.9, Edificio El Roble, 1er Nivel, ✆ 23317436 sperren lassen.
Die **ec-/Maestro**-Karte:
Deutschland ✆ 0049/1805-021021;
Österreich ✆ 0043/1/2048800;
Schweiz ✆ 0041/1/2712230.
American Express ✆ 0049/69/97971000.

Banken

Banken findet man inzwischen auch in kleineren Städten Guatemalas. Mit über 50 Filialen, davon sehr viele auf dem Land, unterhält die *Banco del Café* eines der dichtesten Netze. Eine Broschüre mit den Adressen all ihrer Filialen bekommt man in der Zentrale, Avenida Reforma 9-30, Zone 9, Guatemala-Stadt. *Banrural* ist ebenfalls bis in den letzten Winkel des Landes vertreten.

Die Öffnungszeiten der Banken variieren erheblich. Während z.B. einige Banken Montag bis Freitag von 9 bis 15.30 Uhr öffnen und samstags geschlossen haben, öffnen andere Banken Montag bis Freitag von 9 bis 18 Uhr, manche auch bis 20 Uhr und Samstag vormittags bis 12 oder 13 Uhr. Alle Banken haben über Mittag geöffnet. Samstags und sonntags hat nur die *Banco del Quetzal* im Flughafen von Guatemala-Stadt von 6 bis 18 Uhr geöffnet. Auch in Chichicastenango öffnen die Banken sonntags zu den Marktzeiten.

Geldautomaten

Cajeros Automáticos, wie die Geldautomaten genannt werden, sind noch nicht so weit verbreitet wie bei uns, aber ihre Zahl nimmt stetig zu. Man findet sie zumindest in Guatemala-Stadt, in allen Provinzhauptstädten und zunehmend auch in kleineren Orten.

Das Abheben von Bargeld mit Kreditkarte in einer Bank (4%) oder am Automaten (3%) ist bei *Mastercard* und *Visa* gleich teuer und lohnt eigentlich nur bei größeren Geldbeträgen, da die Banken oftmals zusätzlich eine Gebühr für die Abhebung berechnen. In den Filialen der Banco del Quetzal in der Hauptstadt, Antigua und Quetzaltenango kann man mit der **ec-Karte** Bargeld abheben. Die Gebühr liegt etwa bei 4,50 €. Mit einer Postbankkarte kann man an allen Visa-Geldautomaten kostengünstig Geld abheben.

Geldwechsel

Geld wird in Guatemala fast ausschließlich in der Bank gewechselt. Wechselstuben sind unbekannt. Zur Monatsmitte und zum Monatsende, vor Feiertagen und langen Wochenenden bilden sich allerdings lange Schlangen vor den Banken, da einfache Arbeiter und Angestellte dann ihre Lohnschecks zu Bargeld machen. Restaurants, Hotels sowie größere Geschäfte tauschen US-Dollars und auch schon mal Euros zu Kursen, die meist deutlich unter denen der Banken liegen.

Den **Schwarzmarkt** findet man in der 7. Avenida, Ecke 12. Calle, Zone 1, in Guatemala-Stadt (in der Nähe des Postgebäudes). Die Händler, die einem schon von weitem *„dólares, dólares“* entgegenrufen, sind nicht zu übersehen. Aber Vorsicht: Der Umtausch von US-Währung lohnt sich hier keinesfalls – der Kurs ist schlecht und man läuft Gefahr, betrogen zu werden. Nur für diejenigen, die Restbestände von Währungen der Nachbarländer Guatemalas loswerden wollen, ist der Schwarzmarkt die richtige Adresse.

Konten und Überweisungen

Wer sich längere Zeit im Land aufhält, kann bei einer einheimischen Bank ein Sparkonto eröffnen. Die *Banco del Café,* Av. Reforma 9-30, Zona 9, Guatemala-Stadt, ✆ 23311311, 💻 www.bancafe.com.gt bietet ein Filialnetz, das flächendeckend das gesamte Land überzieht. *Banrural,* A. Reforma 2-56, Zona 9, ✆ 23324497, 💻 www.banrural.com, die Bank des kleinen Mannes, hat das größte Filialnetz des Landes. Anfang Mai 2001 wurde der Devisenmarkt offiziell liberalisiert. Inzwischen dürfen alle guatemaltekischen Banken US$-Konten führen.

Wer dringend Bargeld benötigt, kann sich dies über *Western Union* an folgende guatemaltekische

Banken anweisen lassen: *Banco del Agro, BAM, Banco Industrial, Banco Internacional, Corpobanco.* Unmittelbar nach Einzahlung bei einer heimatlichen Zweigstelle kann der Begünstigte das Geld in Guatemala in Empfang nehmen. Die Gebühren richten sich nach der überwiesenen Summe: Für 1000 € fallen etwa 40 € an. Ein weiterer Anbieter ist Moneygram.

Western Union, ✆ 0180/303 0330, 💻 www.westernunion.com. Wird in Deutschland von allen Zweigstellen der Postbank angeboten.

Moneygram, ✆ 069/689 7010, 💻 www.moneygram.de.

Reisekosten

Je nach Region können die Reisekosten deutlich schwanken. So liegt das Preisniveau in der Hauptstadt und den Touristenzentren – vor allem in Antigua – z.T. deutlich höher als in ländlichen Gebieten. Die Preise für **Unterkünfte** schwanken je nach Saison oder Ferienzeit (Ostern und Weihnachten) und können selbst an Wochenenden ansteigen (z.B. an der Pazifikküste). Die Reise zu zweit ist günstiger, da Einzelzimmer oftmals nur unwesentlich billiger sind als Doppelzimmer. Eine Billigunterkunft mit Gemeinschaftsbad ist schon für unter US$5–10 zu haben, ein Zimmer in einem Hotel der unteren Mittelklasse kostet US$10–25, der gehobenen Mittelklasse US$25–50, in einem sehr guten Hotel US$50–70 und in der Luxusklasse ab US$70.

Preiswerter sieht es beim **Essen** aus: Während das Frühstück mit US$2–3 noch vergleichsweise teuer ist, bekommt man in vielen Restaurants zum gleichen Preis schon ein sättigendes Mittagsmenü. Abends wird es in guten Restaurants mit US$10–15 kostspieliger. Um vieles günstiger isst man dagegen auf lokalen Märkten, wo man bereits für US$1–2 eine komplette Mahlzeit bekommt. Lebensmittel in großen Supermärkten sind teuer, Obst und Gemüse auf Märkten sehr günstig (Ausnahme: importierte Ware). Ein Kilo Tomaten kostet rund US$0,70, zehn Orangen US$0,60, eine Ananas US$0,70, ein Kilo Kartoffeln US$0,50 und ein Kilo Zwiebeln, US$0,70. Guter Kaffee ist in Guatemala oftmals teurer als in Deutschland. Ein Kilo kostet zwischen US$5 und US$8.

Geradezu spottbillig sind **Busfahrten** (s. S. 37). Linienbusse zwischen den großen Städten kosten durchschnittlich etwa US$2–3 pro 100 km. Busse zweiter Klasse sind noch günstiger, während man für Luxusbusse in den Petén, nach San Salvador (bis zu US$5–11 pro 100 km) oder Shuttle-Busse (bis zu US$15 pro 100 km) schon etwas tiefer in die Tasche greifen muss. Ein einfacher **Flug** von Guatemala-Stadt nach Flores kostet ca. US$70–90; Hin- und Rückflug ca. US$100–120.

Besuche der archäologischen **Sehenswürdigkeiten** sind nicht gerade billig. In Tikal und Copán (Honduras) werden $6,70 bzw. $10 Eintritt verlangt, während man in den kleineren Stätten ca. US$3–4 zahlt. Deutschsprachige Touristenführer sind rar und sehr teuer, daher kann es günstiger sein, an einer englischsprachigen Führung teilzunehmen.

Ein **internationaler Studentenausweis** bringt in Guatemala nur selten finanzielle Vergünstigungen, ist aber bei Flügen interessant. Wichtig: die von den Fluglinien vorgegebenen Altersgrenzen beachten! Sie liegt je nach Fluglinie bei 30–35 Jahren.

Steuern

Alle offiziell registrierten Hotels müssen eine Steuer in Höhe von 22% abführen. Diese setzt sich aus 12% Mehrwert- und Verbrauchssteuer – kurz I.V.A. genannt – und 10% Tourismussteuer zusammen, die in aller Regel bereits im Übernachtungspreis enthalten ist. Kleinere Hotels berechnen diese Steuer oftmals nicht. Bei allen in diesem Buch angegeben Preiskategorien für Hotels ist sie bereits berücksichtigt. Beim Verlassen des Landes mit dem Flugzeug ist eine Abflugsteuer von zurzeit US$30 (wahlweise in Quetzales) zu zahlen. Sie ist inzwischen in so gut wie allen Tickets enthalten. Am Flughafen in Guatemala-Stadt zahlt man daher nur eine Flughafengebühr von $2,70. Bei der Ausreise mit dem Boot sind US$10 und über Land $1,40 an der Grenze zu entrichten.

Frauen unterwegs

Von Gleichberechtigung ist die guatemaltekische Gesellschaft noch sehr weit entfernt, und auch Ansätze feministischer Bewegungen – vornehmlich in der Hauptstadt – haben daran noch nicht viel ändern können. Dennoch können Frauen in Guatemala sicherlich um einiges stressfreier reisen als z.B. in Mexiko. Gelegentliches Zurufen und Pfeifen sollte keine Frau aus der Ruhe bringen; die einheimischen Frauen ignorieren dies schlichtweg. Indessen spielt die Kleidung eine nicht unerhebliche Rolle, wenn es darum geht, sich Männer „vom Leib" zu halten. Aufreizende Kleidung kann leicht als Aufforderung zum Flirt interpretiert werden. Wer die Knie bedeckt hält und einen BH unter der Kleidung trägt, vermeidet viele unangenehme Situationen. In großen Touristenorten wie zum Beispiel Antigua sind die Einheimischen hingegen an freizügigere Kleidung gewöhnt.

Mit spanischen Sprachkenntnissen lassen sich potenziell unangenehme Begegnungen weiter entschärfen, da ein Hinweis auf den Freund, Ehemann oder Bruder aufdringliche Männer zum Rückzug veranlasst.

Auch ein paar klare Worte in der Landessprache, die deutlich machen, dass man in Ruhe gelassen werden möchte, verfehlen selten ihre Wirkung. So kann sich Frau verbal wehren: *Déjeme en paz!* (Lassen Sie mich in Frieden!), *Vayase!* (Hauen Sie ab!), *No me moleste!* (Belästigen Sie mich nicht!), *No me toque!* (Fassen Sie mich nicht an!).

Die Ladino-dominierten Gebiete des Landes (im Osten und an der Pazifikküste) sind, was Belästigungen angeht, sehr strapaziös. Zurückhaltender sind hingegen die Indígena-Männer im Hochland Guatemalas. Meist ist es eher Neugier oder echtes Interesse als Anmache, so dass diese Region für allein reisende Frauen sicherlich besonders zu empfehlen ist.

Reisen mit Kindern

Eine Reise nach Guatemala mit Kindern kann zu einem sehr schönen Erlebnis werden, sofern man sich entsprechend vorbereitet und einige Einschränkungen in Kauf nimmt. Guatemala hat eine der höchsten Geburtenraten der Welt, und Kinder sind immer und überall zu sehen. Die Einheimischen sind Kindern gegenüber sehr tolerant eingestellt; sie werden so gut wie nie als störend empfunden.

Oftmals kommt man durch die eigenen Kinder mit einheimischen Eltern ins Gespräch, und auch die Kinder selbst finden leicht Kontakt.

Gepäck

Wer mit Kindern reist, hat beim Gepäck oft die Qual der Wahl. Flasche, Milchpulver, Windeln und Wäsche brauchen viel Platz. Eine solide Kindertrage mit Hüftgurt, die auf den Rücken geschnallt wird, ist einem Kinderwagen vorzuziehen. Babyflaschen und Milchpulver gibt es vor Ort, Babynahrung aus Gläsern und Wegwerfwindeln bekommt man dagegen nur in den großen Städten und Tourismuszentren. Reinigungsmittel wie z.B. die Flaschenbürste nimmt man am besten von Zuhause mit.

Kinderkleidung kann oft unterwegs gekauft werden (auf reine Baumwolle achten!). Eine gute Idee ist ein eigener kleiner Spielzeugrucksack, den die Kinder selber packen und tragen können. Außerdem kleine Bücher und Spiele, Walkman und Kassetten sowie ein paar Fotos von Daheimgebliebenen gegen Heimweh. Nicht vergessen darf man den Reisepass, Impfbuch und SOS-Anhänger mit allen wichtigen Daten, Sonnenhut und Sonnencreme mit hohem Lichtschutzfaktor – und natürlich das allerliebste Kuscheltier (Tipp: reiseerprobte Kinder beugen vor, indem sie das zweitliebste mitnehmen).

Die Anreise mit dem Flugzeug

Der lange Flug und die Zeitverschiebung kann für die Familie zur ersten Belastungsprobe der Reise werden. Wenn man aber Wartezeiten auf den Flughäfen geschickt nutzt, kann man sich während des Fluges eine Menge Stress sparen. In den Waschbzw. Mutter/Kind-Ruheräumen können die Kinder gewaschen und umgezogen werden und ihre Zähne putzen. Kinder sind froh, wenn sie unter Aufsicht auf dem Flughafen herumrennen und sich austoben dürfen. Renommierte Fluggesellschaften behandeln Familien mit Säuglingen oder kleinen Kindern im Gegensatz zu Billiganbietern bevorzugt. Sie lassen Familien vor den übrigen Pasagieren ein- und aussteigen, verteilen Kinderbettchen für Säuglinge und servieren Kinder-Menüs, bevor die übrigen Passagiere bedient werden. Auch mit Spielen und Bastelmaterial wird den Kleinen der lange Flug verkürzt. Eine möglichst frühzeitige Kontaktaufnahme mit dem Flugpersonal ist empfehlenswert. Im Fall einer Verspätung oder eines verpassten Anschlussflugs sollte man eine „Notausrüstung" mit Windeln, Babynahrung und Wäsche zum Wechseln mit sich führen.

Guatemala hat eine der höchsten Geburtenraten der Welt

Im Land

Nach der Ankunft benötigen Kinder genügend Zeit, um sich an die neue Umgebung zu gewöhnen. Wenn sie nicht hitzeempfindlich sind, können sie alle Gegenden Guatemalas besuchen. Gut geeignete Orte für Familien mit Kindern sind **Antigua**, **Panajachel** am **Atitlán-See** und der **Izabal-See**. Wichtig ist, die Kinder nach dem Baden ausgiebig zu duschen, Wunden sorgfältig zu desinfizieren und sie vor Mückenstichen zu bewahren.

Wer mit Kindern reist, muss nicht unbedingt in teuren Nobelherbergen absteigen. Viele Mittelklassehotels sind sauber, gepflegt und haben ausreichend große Zimmer. Gegen einen geringen Aufpreis wird ein zusätzliches Bett im Zimmer aufgestellt. Ein Zimmer im Erdgeschoss mit Zugang zum Innenhof ist sicherlich angenehmer als eines im zweiten Stock.

Guatemaltekisches Essen ist normalerweise nicht scharf und die Auswahl zumindest in den Touristenzentren ausreichend. Obst und Fruchtsäfte gibt es reichlich, und viele Restaurants bereiten den Kleinen auch gern etwas außerhalb der Speisekarte zu. Sorgen wegen der Tischmanieren sind unbegründet, denn selbst Tischnachbarn ohne Kinder zeigen sehr viel Nachsicht. Wer nicht ständig im Restaurant essen gehen möchte, kann die Kleinen mit einem Picknick begeistern. Natürlich sollten sie auch zum Einkaufen mitgenommen werden. Bei Feierlichkeiten in größeren Städten gehen viele Guatemalteken mit ihren Kindern am frühen Abend auf die Straße und vergnügen sich an Imbissbuden und Fahrgeräten. Der Kontakt ist garantiert. Größere Kneipen- oder Diskotouren bleiben den Eltern allerdings verwehrt – es sei denn, sie finden einen vertrauenswürdigen Babysitter. Ideal wäre eine befreundete Familie mit Kindern. Selbstverständlich sollte sein, die Kinder so weit wie möglich in das Urlaubsgeschehen mit einzubeziehen. Das beginnt bei der Reiseplanung zu Hause und endet mit der Ausflugsplanung vor Ort.

Reisende mit Behinderungen

Guatemala ist als Reiseziel für Behinderte (vor allem Rollstuhlfahrer) derzeit nur bedingt zu empfehlen, obwohl das soziale Bewusstsein gegenüber behinderten Menschen wächst. Aufgrund von Geldmangel können aber viele praktische Hilfsmaßnahmen nicht realisiert werden. Obwohl die Guatemalteken sehr hilfsbereit sind, darf man sich nicht darauf verlassen, jederzeit Unterstützung zu finden. Unbedingt anzuraten ist die Begleitung durch einen Nichtbehinderten.

Die Nationale Koordinationsstelle Tourismus für Alle (NatKo), Kötherhofstr. 4, 55116 Mainz, www.natko.de, der acht deutsche Behindertenverbände angehören, berät Anbieter bei der Verwirklichung behindertengerechter Unterkünfte, Programme usw. und nennt Behinderten hilfreiche Adressen für die Reiseplanung, die sich auch in einer von der NatKo herausgegebenen Broschüre finden. Dem Verband gehören u.a. die folgenden beiden Vereine an:

Bundesarbeitsgemeinschaft Hilfe für Behinderte e.V.
Kirchfeldstr.149, 40215 Düsseldorf
0211/310060, 3100648,
www.bagh.de

Bundesverband Selbsthilfe Körperbehinderter e.V.
Altkrautheimer Str. 20,
74236 Krautheim an der Jagst
06294/42810, 428179
www.bsk-ev.org

Praktische Tipps

Übernachtung

Hotels

In Guatemala gibt es Unterkünfte *(alojamiento)* für jeden Geschmack und in allen Preisklassen. Man findet *hoteles* (Hotels), *pensiónes* (Pensionen), *posadas* (Gasthöfe), *casas de huéspedes* (Gästehäuser) und *hospedajes* (Herbergen). Die Vielfalt der Bezeichnungen sagt nicht unbedingt etwas über den Standard der jeweiligen Unterkunft aus. In der Regel sind jedoch die *pensiones* und *hospedajes* schlichter als die Häuser in den drei anderen Kategorien. Bei beiden sollte man auf einfachste Unterkünfte z.T. mit Gemeinschaftsbad vorbereitet sein. Oft haben die Räume keine Fenster, und die Betten bestehen bisweilen nur aus Klappliegen mit Strohmatratzen. Besonders in Gegenden auf dem Land mit wenig Tourismus nimmt die Qualität der Zimmer stark ab. Dennoch sind die meisten Zimmer und hygienischen Einrichtungen sauber. Billige Übernachtungen beginnen bei ca. US$4–5 pro Person und Nacht. Für diesen Preis findet man im ganzen Land, ausgenommen Guatemala-Stadt und Antigua, ein sehr einfaches Hotelzimmer mit Gemeinschaftsbad. Zimmer mit Du/WC und Einzelzimmer sind natürlich etwas teurer (ab ca. US$5). Wenn eine im Reiseteil erwähnte Billigunterkunft ausschließlich Zimmer mit Gemeinschaftsbad anbietet, ist dies vermerkt. Wer in einer kleinen Gruppe reist, kann durch das Belegen von Mehrbettzimmern Geld sparen. In vielen Touristenorten bieten einige Hotels sehr günstige Schlafsäle *(dormitorios)* an.

So gut wie alle Hotelzimmer sind bei der Tourismusbehörde *INGUAT* registriert, die auch die maximalen Preise festsetzt. Letztere sind einem Aushang im Zimmer zu entnehmen. Der zulässige Endpreis ergibt sich, wenn man 22% Steuern (12% Mehrwertsteuer und 10% für das *INGUAT)* addiert. Darauf sollte man im Zweifelsfall verweisen und nicht mehr bezahlen. Anzeigen bei *INGUAT* wegen überhöhter Preise bleiben durchweg folgenlos. Viele Hotels unterschreiten die Preisvorgaben von *INGUAT* aus Wettbewerbsgründen. Man sollte daher vor allem in der Nebensaison über den Zimmerpreis verhandeln. Wem das gezeigte Zimmer nicht gefällt, der sollte sich Alternativen zeigen lassen. Immer prüfen, ob das Wasser im Bad funktioniert! Viele Hotels verfügen über Elektroduschen, bei denen die Wassertemperatur von der durchlaufenden Wassermenge abhängt. Je schwächer der Wasserstrahl, desto heißer das Wasser. In einigen einfacheren Hotels gibt es nur zu bestimmten Zeiten warmes Wasser. Außer in den Billigunterkünften sind Handtuch und Seife meist im Preis enthalten, man erhält sie allerdings bisweilen erst auf Nachfrage. Da die Toiletten aufgrund der engen Abflussrohre und des geringen Wasserdrucks schnell verstopfen, empfiehlt es sich, Toilettenpapier, Tampons etc. immer in die bereitgestellten Eimer zu werfen. Ein im Preis enthaltenes Frühstück ist selbst bei besseren Hotels eine Seltenheit. Ventilator oder Klimaanlage sind eigentlich nur am Pazifik, der Karibik und der Provinz Petén nötig. Zimmer mit Klimaanlage sind deutlich teurer. Bessere Hotels bieten ihren Gästen in diesen Regionen Moskitonetze. Die Anschaffung eines eigenen Moskitonetzes lohnt sich für diejenigen, die bevorzugt in Billigunterkünften übernachten und mehrtägige Touren im Regenwald unternehmen.

Schwierigkeiten bei der Zimmersuche kann es während der Osterwoche *(Semana Santa)*, der Weihnachtszeit *(Navidad)* sowie an Feiertagen und Fiestas geben, an der Pazifikküste auch an Wochenenden. Bevorzugte Reiseziele der Einheimischen während diesen Zeiten sind außer der Pazifikküste der Atitlán-See, Antigua, die Karibik und der Petén, wo die Preise dann Rekordhöhen erreichen. Es empfiehlt sich für diese Zeiträume, rechtzeitig ein Zimmer zu reservieren. Eine Faxbestätigung wird man aber in der Regel aufgrund der hohen Telefongebühren nicht erhalten.

Preiskategorien

Wir haben die Hotels in acht Kategorien eingeteilt. Aufgrund der Wechselkursschwankungen werden die Unterkunftspreise in US-Dollar angegeben.

❶	=	bis US$7,50
❷	=	bis US$15
❸	=	bis US$25
❹	=	bis US$35
❺	=	bis US$50
❻	=	bis US$70
❼	=	bis US$100
❽	=	über US$100

Cakchiquel-Mädchen beim Weben

Keramikgefäße und traditionelle Holzmasken auf dem Markt

Maskierte Tänzer in Chichicastenango

Heiligenfest in San Antonio Palopó

Quetzal

Heliconia

Flamboyant

Graufuchs

Die Zimmerreservierung via Internet wird immer beliebter. Die Zahl der Hotels mit E-Mail-Anschluss oder sogar einer eigenen Webseite nimmt ständig zu.

Weitere Übernachtungsmöglichkeiten

Jugendherbergen

Jugendherbergen sind in Guatemala unbekannt. In einigen touristischen Orten ist das bekannte Jugendherbergssymbol mit der Aufschrift „Hostelling International" zwar zu sehen, meist verbirgt sich dahinter aber nur eine einfache Unterkunft mit Etagenbetten ohne jeden Preisnachlass für Karteninhaber.

Zimmer mit Familienanschluss

Überall dort, wo es Sprachschulen gibt, hat man die Möglichkeit, für wenig Geld bei einer einheimischen Familie zu übernachten. Die Kosten liegen bei ca. US$50–70 pro Woche für Unterkunft und drei Mahlzeiten täglich (außer sonntags). Die Zimmer sind aber meist sehr klein und laut, und in den bekannteren Orten kann von Familienanschluss nicht mehr die Rede sein. Besonders in Antigua verdienen viele Familien sich auf diese Weise ein Zubrot: Mit der Unterbringung von Studenten und Reisenden nehmen sie oft sogar mehr ein als mit ihrer eigentlichen Berufstätigkeit. In vielen Fällen sind mehrere Studenten gleichzeitig bei einer Familie untergebracht und essen auch zusammen. Die Familie lässt sich fast nur noch zum Abkassieren blicken. Als Faustregel gilt: Je entlegener der Ort der Sprachschule, desto enger der Familienanschluss. Informationen über ein Zimmer mit Familienanschluss bekommt man bei allen Sprachschulen.

Apartments

Wer sich längere Zeit an einem größeren Ort aufhält, kann dort günstig möblierte Apartments oder Zimmer mieten. Minimum hierfür sind vier Wochen. Von einer Kaution und einem formalen Mietvertrag wird sehr oft abgesehen. Infos darüber findet man in allen Aushängen, in Sprachschulen oder den örtlichen Veranstaltungsmagazinen. In Tageszeitungen offerierte Zimmer bzw. Apartments werden meist formaler und langfristiger vermietet.

Camping

Warum sollte man in einem unbequemen Zelt übernachten, wenn es doch in einem Hotelzimmer viel angenehmer ist? Das ist die Einstellung der Guatemalteken zum Camping, und außer einigen wenigen Bergsteigern hat vermutlich niemand ein Zelt zu Hause. Dementsprechend dünn gesät sind Campingplätze mit einfacher Infrastruktur. Schöne Zeltplätze gibt es in Tikal, Panajachel, Poptún (Finca Ixobel), El Remate und an der Lagune Yaxhá. In den meisten Nationalparks ist das Zelten gestattet, aber in einigen privaten Schutzgebieten (z.B. Biotopo del Quetzal) ist eine Erlaubnis erforderlich (Näheres dazu im jeweiligen Kapitel). Wer im Hochland wandert und/oder mehrere Vulkane besteigen möchte, sollte darüber nachdenken, ein eigenes Zelt mitzunehmen. Man kann eine Camping-Ausrüstung aber auch in Antigua und Quetzaltenango mieten (Adressen in den jeweiligen Regionalkapiteln).

Dringend abzuraten ist im Allgemeinen von wildem Camping, da das Risiko, überfallen zu werden, einfach zu groß ist. Bei Wanderungen im Hochland sollte man sich ein Plätzchen in der Nähe einer Gemeinde suchen, diese aber vorher um Erlaubnis fragen (Bürgermeister kontaktieren). Man kann auch fragen, ob man im Schulgebäude oder dem Gebäude der Stadtverwaltung *(municipalidad)* übernachten darf. Zeltübernachtungen auf Vulkanen sind ziemlich sicher, besonders an Wochenenden, wenn auch Einheimische dort oben campen. Ansonsten empfiehlt es sich, in einer kleinen Gruppe zu campen. Praktisch sind die von einigen örtlichen Veranstaltern angebotenen Wandertouren und Vulkanbesteigungen. Die geliehene Ausrüstung ist in den meisten Fällen im Gesamtpreis enthalten, und in einer Gruppe besteht ein geringeres Sicherheitsrisiko.

Essen und Trinken

Obwohl die einheimische Küche keine allzu große Vielfalt bietet, kann man in Guatemala hervorragend essen (ein kulinarisches Wörterbuch von A-Z findet sich im Anhang auf S. 431). Daran sind nicht unmaßgeblich die dort lebenden Ausländer beteiligt, die das ansonsten etwas eintönige Speiseangebot mit Restaurants aller Geschmacksrichtungen bereichern. Dies trifft allerdings nur auf die größeren Städte zu. In weiten Teilen des Landes muss man mit Hähnchen, Maisfladen, schwarzen Bohnen und Eiern vorlieb nehmen. Das Essen ist selten scharf, aber eine pikant bis höllisch scharfe Chili-Soße steht auf jedem Tisch. An beiden Küsten bekommt man leckere Meeresfrüchte aller Art, die aber nicht ganz billig sind. **Vegetarier** sind trotz einer fleischlastigen Speisekarte in Guatemala gut aufgehoben, denn das Obst- und Gemüseangebot ist reichhaltig. Das **Frühstück** in Guatemala ist herzhaft: Serviert werden Eier in allen Variationen, Bohnen, gebratene Kochbananen, Sauerrahm, Weichkäse und gelegentlich ein Stück Fleisch. Dazu wird manchmal eine milde Tomatensoße *(chirmol)* gereicht. Ein beliebtes Sparfrühstück ist Haferbrei mit einer Prise Zimt *(mosh)*. **Mittags** wird die Hauptmahlzeit in Form eines Zwei- bis Drei-Gänge-Menüs eingenommen. Fast alle Restaurants in der Hauptstadt (ansonsten eher selten) bieten diese sehr günstigen *almuerzo* oder *comida corrida* an. Angebote solcher Art gibt es beim **Abendessen** leider nur sehr selten, so wird dies leicht zur teuersten Mahlzeit des Tages. Zu allen Mahlzeiten werden gebackene Maisfladen (*tortillas)* gereicht, die je nach Maissorte auch mal grünlich oder gar fast schwarz sein können. In touristischen Gegenden bekommt man allerdings immer öfter Weißbrot zum Essen. Wer *tortillas* bevorzugt, sollte dies der Bedienung mitteilen.

Wo essen?

In Guatemala unterscheidet man zwischen *restaurantes* und *comedores*. Als Restaurant bezeichnen sich so gut wie alle öffentlichen Speiselokale in größeren Orten. *Comedores* sind sehr einfache Essplätze auf dem Lande und auf Märkten. Sie offerieren meist nur wenige Gerichte, die in großen Töpfen vor sich hin brodeln. Man sollte sich das Angebot ruhig zeigen lassen. Eine Speisekarte wird man in den *comedores* ohnehin vergebens suchen. In Städten finden sich die bekanntesten Fastfood-Ketten, die sich krebsgeschwürartig auszubreiten scheinen. Ihre örtliche Variante heißt *Pollo Campero*, und es ist durchaus nicht ungewöhnlich, Guatemalteken selbst auf einem Auslandsflug mit einer Packung Hähnchen dieser Marke anzutreffen. Viele Restaurants und Cafés servieren Frühstück, und *cafeterias* haben Snacks, kleine Mahlzeiten und ein billiges Mittagsmenü im Angebot. *Cantinas* haben nichts mit einer deutschen Kantine gemein: Außer Alkohol bekommt man hier höchstens Zigaretten und Knabberzeug. Viele kleine Stände und Imbissbuden beleben zur Mittagszeit und am frühen Abend das Bild der größeren Städte. Wer sparen möchte, kann sich dort mit kleinen Snacks billig satt essen.

Was essen?

Drei Stilrichtungen dominieren die einheimische Küche. Es gibt Gemeinsamkeiten, aber jede Variante hat ihre charakteristischen Merkmale.

Ladino-Küche

Die Ladino-Küche ist eine fleischlastige Mischung aus mexikanischen, europäischen und nordamerikanischen Einflüssen. Ein großes Stück gegrilltes Rindfleisch (*lomito*) mit Reis oder Pommes frites ist noch immer eines der beliebtesten Gerichte. Geschnetzeltes Rind- oder Hühnerfleisch nennt man *fajitas,* aber auch Schnitzel *(carne empanizada)* sind in Guatemala bekannt. Die vielen deutschen Einwanderer und deren Nachkommen sind sicherlich einer der Gründe für die gute Auswahl an Nahrungsmitteln aus Schweinefleisch, die als *chorizo* (würzige Paprikawurst), *salchicha* (eine Art Frankfurter), *jamón* (Schinken) oder einfach als Hot Dog gegessen werden. *Tacos, burritos* und *enchiladas* (Mais- oder Weizenmehltortillas mit unterschiedlichen Fleischfüllungen) sind mexikanische Anleihen, aber ebenso gern werden Hamburger und Grillhähnchen verzehrt.

An der Küste wird *ceviche* (roher Fisch oder Garnelen in einer würzigen Zwiebel-Limonen-Marinade) gegessen. Nicht entgehen lassen sollte man sich das leckere Avocadopüree *(guacamole)* mit Zwiebeln, Kräutern und Limonen.

Es gibt eine Unmenge von Kuchen, Torten und süßen Stückchen, von denen man vermuten könnte, dass sie in einen Zuckertopf gefallen sind. Probieren sollte man unbedingt Bananenbrot *(pan de banano)*. Europäisches Brot ist selten, obwohl es in der Hauptstadt und Antigua deutsche Bäckereien gibt. Doch meist ist das Brot fertig abgepackt und schmeckt gummiartig und fade.

Indígena-Küche

Die Hauptbestandteile dieser traditionell vegetarischen Küche sind Mais-Tortillas, schwarze Bohnen, Chilischoten und Kürbisse. Mais ist für die Nachfahren der Mayas mehr als nur ein Nahrungsmittel (s.S. 268) und überdies vielseitiger, als er auf den ersten Blick erscheinen mag. Neben *tortillas* (auf einem Blech gebackene dünne Maisfladen) lassen sich noch viele andere leckere Dinge aus Mais zubereiten. Hauptsächlich während der Fiestas und zu Weihnachten gibt es *tamales* (längliche Maisklöße mit Hühnchenfüllung, in Mais- oder andere Blätter gewickelt). Deren kleinere Geschwister nennen sich *chuchitos* (die Füllung kann aus schwarzen Bohnen, Kräutern, Tomaten oder etwas Chili bestehen). Sie sind auf langen Busfahrten als Zwischenmahlzeit beliebt. Fast das ganze Jahr über bekommt man an kleinen Ständen gegrillte oder gekochte Maiskolben (*elotes*). Ein *atól* (siehe unter Getränke) besteht bei den Indígenas ebenfalls häufig aus Mais.

Schwarze Bohnen (*frijoles*) werden auf zwei unterschiedliche Arten serviert: *volteados* (püriert) oder *parados* (ganze Bohnen mit etwas Zwiebeln und Kräutern gekocht). Chilis sind ein unverzichtbarer Bestandteil der indianischen Küche. Die scharfen Schoten regen den Speichelfluss an und helfen auf diese Weise den Indígenas, Unmengen der etwas fade schmeckenden *tortillas* zu vertilgen. Als *salsa picante* findet man Chilis zu jedem Essen auf dem Tisch. Achtung: Erst einmal vorsichtig probieren!

Bananen sind fester Bestandteil der guatemaltekischen Küche

Kürbisse (*ayote* und *güicoy*) werden in verschiedenen Varianten oft als Mischkultur zusammen mit Mais und Bohnen angepflanzt. Sie werden überwiegend als Gemüse gegessen. Im Hochland liegen am Straßenrand oftmals Riesenkürbisse (*chilacayotes*), die Wassermelonen ähneln. Sie werden zu Süßspeisen und Getränken verarbeitet. Aber auch Avocados, Papayas und Tomaten sind Gemüse- und Obstsorten, die schon von den Vorfahren der heutigen Mayas angebaut wurden.

Im ganzen Hochland bekommt man eine große Auswahl an Suppen und Eintöpfen *(caldos)*, und am Atitlán-See genießt man einen kleinen, grätenreichen Süßwasserbarsch *(mojarra del lago)*.

Garífuna-Küche

Die isoliert an der Karibikküste Guatemalas lebenden Garífunas (s.S. 72 und 369) besitzen eine eigene Küche, die afrikanische und karibische Kochkunst miteinander verbindet. Hauptelemente dabei sind Kochbananen, Maniok, Kokosnüsse und Meeresfrüchte.

Kochbananen *(plátanos)* sind mittlerweile im ganzen Land beliebt.

Nur noch selten wird das aufwendig herzustellende Maniok-Brot *(cassava)* gebacken, aber das Fruchtfleisch der Kokosnuss taucht als Bestandteil im Reis, dem berühmten Meeresfrüchte-Eintopf *(tapado)* und sogar im Brot auf.

Getränke

Warme Getränke

Obwohl in Guatemala **Kaffee** in großen Mengen angebaut wird, fragen sich viele, warum der einheimische Kaffee so schlecht ist. Die Antwort ist simpel: Die beste Qualität wird ins Ausland exportiert, minderwertige Ware ist für den heimischen Markt bestimmt. Gerade auf dem Land sollte man sich auf eine dünne, gezuckerte Brühe einstellen. In touristischen Gegenden werden hingegen den Besuchern zuliebe z.T. hervorragende Kaffees, Cappuccinos oder Espressos serviert.

Schwarzen **Tee** *(té negro)* bekommt man überall in Teebeuteln (wer in entlegene Gebiete reist, sollte vorsichtshalber ein paar mitnehmen). Weit verbreitet sind außerdem Hibiskus- *(rosa de jamaica)*, Kamillen- *(manzanilla)* und Lindenblütentee *(tilo)*, die man oft sogar als frischen Aufguss bekommt. Sehr lecker ist der Pericón-Tee *(té de pericón)*, der im Geschmack unserem Fencheltee ähnelt. Die Indígenas im Hochland kochen außerdem die verschiedensten Kräutertees.

Heiße **Schokolade** wird oft mit Wasser zubereitet. *Tascalate* nennt man ein Getränk aus Reis und Schokolade. Im Hochland bekommt man gelegentlich einen *atól*, ein heißes Getränk aus Mais oder Reis, mit Zucker und Zimt verfeinert. Zur Weihnachtszeit trinken die Guatemalteken einen heißen *ponche de frutas* (Fruchtpunsch ohne Alkohol).

Kalte Getränke

Wasser sollte auf keinen Fall aus der Leitung oder aus Flüssen getrunken werden. Auf Touristen eingestellte Restaurants und Kneipen benutzen zur Herstellung ihrer Getränke versiegeltes Wasser. Man bekommt es abgefüllt in Plastikflaschen *(agua pura)* oder als Mineralwasser *(agua mineral,* Marke: *Salutaris)*. Wer keine Eiswürfel *(hielo)* möchte, bestellt seine Getränke *sin hielo.*

Reine **Fruchtsäfte** nennen sich *jugo,* mit Wasser oder Milch *(leche)* vermischt werden sie *licuados* genannt. Ein aus kaltem Tee oder Fruchtsirup hergestelltes Getränk heißt *refresco.* Eine *horchata* wird aus gesüßtem Reis gemacht, *pinol* aus geröstetem Maispulver und *agua de canela* aus gekochtem Zimt und Zucker.

Softdrinks haben in Guatemala auch den allerletzten Winkel des Landes erobert und werden allgemein als *aguas* bezeichnet. *Cola* heißt wörtlich übersetzt „Schwanz", daher sollte man besser eine *Coca* bestellen. Einige einheimische Produkte wie *Orange Crush* oder *India Quiché* sind grellbunt, sehr süß und schmecken nach purer Chemie. Wer unterwegs ist, bekommt seine Softdrinks zum Mitnehmen in der Plastiktüte mit Strohhalm.

Alkoholische Getränke

Bierbrauen hat in Guatemala eine mehr als hundertjährige Tradition. Deutsche Braumeister stellen hier einen sehr guten Gerstensaft her. **Bier** wird gerne und viel getrunken. Aus der Hauptstadt stammen die landesweit vertriebenen Sorten *Gallo, Dorada und Brahva.* In Quetzaltenango braut man die Biersorte *Cabra*, die man außerhalb dieser Region eher selten bekommt. Eine erfrischende Abwechslung ist das dunkle *Moza,* ein malzhaltiges Bockbier. Fassbier gibt es nur in wenigen Kneipen, und auch ausländische Marken sind selten auf der Getränkekarte zu finden. Bier gibt es in Pfandflaschen mit 0,33 l oder 1 l.

Liebhaber stärkerer Alkoholika sind in Guatemala gut versorgt. Das Haupterzeugnis sind Zuckerrohrschnaps und **Rum** in allen Variationen und Preisklassen. Das Vorzeigeprodukt ist der *Zacapa Centenario,* ein langjährig gereifter Rum, der bereits mehrfach ausgezeichnet wurde. Seine aus Palmblättern umflochtene Flasche machen ihn zu einem idealen, wenngleich nicht gerade billigen Mitbringsel. Gute Qualität in einer niedrigeren Preisklasse bietet der *Ron Botran Añejo.* Bei den meisten Feiern und in den *cantinas* trinkt man *Venado especial* und *Quetzalteca,* zwei Billigschnäpse aus Zuckerrohr mit verheerender Wirkung. Noch stärker ist illegal gebrannter **Zuckerrohrschnaps** *(cusha),* der vorwiegend in indianischen Gebieten hergestellt wird.

Für guatemaltekischen **Wein** braucht man kein Geld auszugeben, da es sich hierbei nur um klebrig-süße, likörhaltige Getränke handelt. Weinliebhaber sollten in diesem Fall besser auf importierten chilenischen oder kalifornischen Wein zurückgreifen.

In Salcajá bei Quetzaltenango wird **Eierlikör** *(rompopo)* und eine Art Rumtopf *(caldo de frutas)* hergestellt. **Cocktails** wie *Margarita, Piña Colada* oder *Campari Orange* bekommt man nur in den großen Touristenzentren.

Verkehrsmittel

Das Hauptverkehrsmittel in Guatemala ist der Bus. Nur wenige Einheimische können sich den Luxus eines Autos oder gar eines Fluges leisten. Der Eisenbahnverkehr ist im Land bereits Anfang der neunziger Jahre zum Erliegen gekommen. Zwar wurde das asphaltierte Straßennetz unter der Regierung von Präsident Arzú Ende der neunziger Jahre ausgebaut, wer sich aber abseits der Hauptrouten bewegen möchte, kommt um schlechte Straßen und langsame Fortbewegungsmittel nicht herum.

Überlandbusse (Pullman und Camioneta)

Mit dem Bus gelangt man in Guatemala auch in den hintersten Winkel des Landes. Er ist das motorisierte Fortbewegungsmittel Nummer eins, das Menschen, Tiere und Waren über ein weit verzweigtes Straßennetz befördert. Dabei verkehren die **Busse erster Klasse** *(Pullmans)* meist nur auf den asphaltierten Hauptrouten zwischen Guatemala-Stadt und den Provinzhauptstädten bzw. den Landesgrenzen, während die deutlich unbequemeren **Busse zweiter Klasse** *(Camionetas)* zusätzlich die Nebenrouten bedienen. *Pullman*-Busse fahren in der Regel von eigenen Terminals mit Wartehallen ab. Sie verkehren nach einem festen Fahrplan, sind schneller als die *Camionetas,* und ihre Sitzplätze können reserviert werden. Standard und Qualität der Fahrzeuge variieren dennoch stark. Luxusversionen mit Klimaanlage, Fernsehen und Service an Bord bedienen die längsten Inlandstrecken (z.B. in den Petén) sowie die Route nach San Salvador. Wer möchte, kann in diesen Bussen sogar über El Savador, Honduras, Nicaragua und Costa Rica bis Panama reisen. Die Bequemlichkeit hat natürlich ihren Preis. Normale *Pullman*-Busse können bis zu 50% teurer sein als die *Camionetas.* Der Preis der Luxusbusse kann sogar um mehr als das Dreifache über den Preisen der zweiten Klasse liegen. So kann man für US$12, aber auch für US$25 von Guatemala-Stadt nach Flores im Petén gelangen. Im Allgemeinen sind die Buspreise so niedrig, dass sie im Regionalteil nicht gesondert aufgeführt werden (Preisbeispiele s. Kasten).

Da die Busse erster Klasse oft ausgebucht sind, empfiehlt sich eine Reservierung bis spätestens am Vortag der Reise.

Eine Reise in einem Bus zweiter Klasse, auch liebevoll „Hühnerbus" genannt, ist ein Erlebnis der besonderen Art, das zu jedem Guatemala-Aufenthalt gehört. Obwohl die Fahrt interessante Einblicke in den Reisealltag sowie Kontakte mit der Bevölkerung ermöglicht, sollte man sich der bevorstehenden Strapazen bewusst sein: Bei den Vehikeln handelt es sich fast immer um ausrangierte Schulbusse aus den USA, die, bunt lackiert und frisch getunt, noch einmal mehrere hunderttausend Kilometer Dienst auf kurvigen Hochlandpisten absolvieren. Voll besetzt sind diese Gefährte eigentlich erst dann, wenn der für das Geldeinsammeln zuständige *ayudante* über die Sitzgeländer klettert oder sich außen an den Fenstern entlanghangelt – während der Fahrt wohlgemerkt! Um bei den niedrigen Fahrpreisen überhaupt etwas Gewinn zu erwirtschaften, fahren viele *Camionetas* erst dann los, wenn das Dach mit Waren aller Art beladen und der Innenraum mit Menschen und Kleingetier voll gepfercht ist.

Langweilig wird es mit Sicherheit nicht. Dafür sorgt schon der Busfahrer mit seiner rasant-gefährlichen Fahrweise. Die Kreuze am Wegesrand sprechen für sich.

Von Guatemala-Stadt nach ...

Quetzaltenango, 206 km, US$5,40 (1. Klasse)
Antigua, 45 km, 1 Std., US$1 (2. Klasse)
Belize-City, 710 km, 14 Std., US$20–40 (je nach Klasse)
Cobán, 213 km, 4 1/2 Std., US$6,70 (1. Klasse)
Copán, Honduras, 239 km, 5 Std., US$35 (1. Klasse)
Flores, Petén, 488 km, 8–10 Std., US$12–25 (je nach Klasse)
Huehuetenango, 266 km, 5–6 Std., US$4
Panajachel, 116 km, 3 Std., US$5 (1. Klasse)
Puerto Barrios, 307 km, 5 Std., US$5,50–10,80 (je nach Klasse)
San Salvador, El Salvador, 268 km, 5–6 Std., US$8–28 (je nach Klasse)
Tecún Umán (mexikanische Grenze), 253 km, 5 Std., US$6

Doch wer Guatemala wirklich kennen lernen möchte, hat keine großen Alternativen zu diesen rußenden Ungetümen, in denen die Luft stickig ist und ununterbrochen laute Musik dröhnt.

Die *Camionetas* fahren meist von den Busterminals in Marktnähe los und halten für jeden, der am Wegesrand steht. Bezahlt wird an Bord. Um nicht beim Fahrpreis über's Ohr gehauen zu werden, sollte man schauen, was die Einheimischen bezahlen oder sich direkt bei ihnen erkundigen. Das Fahrtziel steht oberhalb der Windschutzscheibe angeschrieben. Viele der leseunkundigen einheimischen Fahrgäste erkennen den richtigen Bus allein an seinen Farben. An größeren Terminals wird man vom Personal der Buslinie zum jeweils richtigen Fahrzeug gebracht. Sehr aufmerksam sollte man das Verladen des Gepäcks beobachten: Große Rucksäcke dürfen normalerweise nicht mit in den Sitzraum genommen werden. Sie werden auf das Dach gelegt und sind somit Staub und Regen ausgesetzt. Für Vielfahrer ist daher ein abschließbarer Packsack oder ein stabiler Plastiksack, *costal* genannt, ratsam. Letzteren gibt es spottbillig auf allen Märkten (beim Kauf darauf achten, dass er auch innen sauber ist). Die Anschriften der Busgesellschaften finden sich im Länderteil bei den jeweiligen Orten.

Shuttle-Busse

In den letzten Jahren haben sich Shuttle-Busse als sinnvolles, wenn auch teures Transportmittel auf den touristischen Hauptrouten etabliert. In der Regel handelt es sich bei ihnen um einen Kleinbus, der Touristen ohne Zwischenstopps zum gewünschten Fahrtziel befördert. Sehr praktisch und viel genutzt ist der Shuttle-Service von Antigua zum Flughafen in Guatemala-Stadt (US$6–10 pro Person je nach Uhrzeit). Die ersten Shuttles verlassen Antigua bereits gegen 4 Uhr morgens. Von Antigua gelangt man per Shuttle nach Panajachel, Chichicastenango, Río Dulce, Copán in Honduras, Quetzaltenango, La Mesilla (an der mexikanischen Grenze) und Monterrico am Pazifik. Die Fahrzeuge verkehren bei erreichen einer Mindestpersonenzahl täglich, Änderungen bezüglich Abfahrtszeit und Route sind jederzeit möglich. Von Panajachel gelangt man nach Chichicastenango (Do und So), zur mexikanischen Grenze (Tecún Umán) und weiter nach Tapachula in Mexiko. Alle Shuttles fahren natürlich auch in umgekehrter Richtung. Als Anhaltspunkt zur Berechnung des Fahrpreises kann man ca. US$10-15 pro 100 km Fahrtstrecke veranschlagen. Die Preise variieren ständig wegen der harten Konkurrenz und abhängig von der Auslastung der Routen. Mittlerweile vermitteln fast alle Reiseagenturen einen Shuttle-Service. Genauere Informationen zu Shuttle-Bussen finden sich in den jeweiligen Kapiteln unter der Rubrik Transport.

Pickups

Auf vielen Strecken konkurrieren die *Camionetas* mit so genannten Pickups. Dieser in Guatemala sehr beliebte Pkw hat hinten eine offene Ladefläche, auf der erstaunlich viele Menschen Platz finden. In sehr entlegenen Gegenden und auf schwierigem Gelände sind Pickups oft das einzige motorisierte Fortbewegungsmittel. Die Fahrer halten bereitwillig, da sie oft auf diese Weise ihren Lebensunterhalt verdienen. Auch wenn diese Art des Reisens wegen der frischen Luft und des ungehinderten Blicks auf die Landschaft sehr verführerisch klingen mag, ist sie nicht ungefährlich. Es hat schon viele Tote und Verletzte bei Unfällen mit Pickups gegeben, da man sich nirgendwo festhalten und schon bei einer kleinen, abrupten Bremsaktion vom Wagen fallen kann. Auf asphaltieren Straßen sollte man diese Fahrzeuge ohnehin meiden. Empfehlung: Pickups nur dann nehmen, wenn sich absolut keine Alternative bietet.

Auto und Verkehr

Autofahren in Guatemala folgt eigenen **Regeln** und Gesetzen und könnte als anarchisch-chaotisch bezeichnet werden. Man muss auf Überraschungen jeglicher Art gefasst sein: Kühe auf der Straße, ein Laster mit Tempo 25 auf der eigenen Spur, tiefste Schlaglöcher und betrunkene Fahrer gehören zum Verkehrsalltag. Gefahren wird dort, wo Platz ist; überholt wird nach Lust und Laune, und Hupen ist nie verkehrt. Ein Großteil der Fahrzeuge befindet sich in einem jämmerlichen Zustand, da es keine Pflichtinspektionen gibt. Licht- und Signalanlagen funktionieren bei diesen Fahrzeugen daher nur unzureichend oder gar nicht. Seinen ernsthaften Willen abzubiegen untermauert ein guatemaltekischer Fahrer, indem er den Arm aus dem Fenster hält. Wohin er will, sieht man dann ja. Wer eine Panne hat, legt ein paar Zweige auf die Straße,

Entfernungen in km

	Agua Caliente (Grenze Honduras)	Anguiatú (Grenze El Salvador)	Antigua Guatemala	Belmopán, Belize	Belize (puerto)	Ciudad Pedro de Alvarado (Grenze El Salvador)	Ciudad Tecún Umán (Grenze Mexiko)	Coatepeque	Cobán	Cuilapa	Champerico (puerto)	Chichicastenango	Chimaltenango	Chiquimula	El Carmen (Grenze Mexiko)	El Florido (Grenze Honduras)	El Progreso (Provinzhauptstadt)	Esquintla	Esquipulas	Flores	Ciudad de Guatemala	Huehuetenango	Jalapa	Jutiapa	La Mesilla (Grenze Mexiko)	Mazatenango	Panajachel	Puerto Barrios	Quetzaltenango	Retalhuleu	Salamá	San Cristóbal (Grenze El Salvador)	Santa Cruz del Quiché	San José (puerto)	San Marcos	Sayaxché	Sololá	Tikal	Totonicapán	Valle Nuevo (Grenze El Salvador)
Anguiatú (Grenze El Salvador)	47
Antigua Guatemala	278	273
Belmopán, Belize	581	576	665
Belize (puerto)	661	656	745	80
Ciudad Pedro de Alvarado (Grenze El Salvador)	398	393	191	785	865
Ciudad Tecún Umán (Grenze Mexiko)	481	476	250	868	948	299
Coatepeque	453	449	216	840	920	265	34
Cobán	273	268	258	660	740	378	461	427
Cuilapa	295	290	107	682	762	84	289	255	275
Champerico (puerto)	462	457	231	849	929	280	121	87	442	270
Chichicastenango	377	372	108	764	844	272	209	175	357	206	190
Chimaltenango	288	283	19	675	755	220	231	197	268	117	212	89
Chiquimula	64	59	214	517	597	334	417	386	209	231	398	313	224
El Carmen (Grenze Mexiko)	508	503	277	895	975	326	39	61	488	316	148	236	258	444
El Florido (Grenze Honduras)	106	101	272	575	655	392	475	441	267	289	456	371	282	58	502
El Progreso (Provinzhauptstadt)	159	154	119	548	628	239	322	288	142	136	303	218	129	97	349	155
Esquintla	290	285	102	677	757	108	191	157	270	98	172	164	112	226	218	284	130
Esquipulas	11	36	267	570	650	387	470	436	262	284	451	366	277	53	497	95	150	279
Flores	449	444	533	142	222	653	736	702	528	550	717	632	543	385	763	443	416	545	438
Ciudad de Guatemala	233	228	45	620	700	165	248	214	213	62	229	144	55	169	275	227	74	57	222	488
Huehuetenango	499	494	230	886	966	431	205	171	479	328	186	154	211	435	232	493	340	286	488	754	266
Jalapa	400	395	212	787	867	189	394	360	380	105	375	311	222	336	421	394	241	203	389	655	167	433
Jutiapa	349	344	161	736	816	138	343	309	329	54	324	260	171	285	370	343	190	152	338	604	116	382	51
La Mesilla (Grenze Mexiko)	575	570	318	963	1042	510	302	268	559	407	275	240	290	510	285	564	419	346	564	821	345	84	510	461
Mazatenango	393	388	162	780	860	211	88	54	373	201	69	153	143	329	115	387	234	103	382	648	160	153	306	255	246
Panajachel	349	344	80	736	816	235	204	170	329	178	185	37	61	285	231	343	190	127	338	640	116	159	283	232	241	116
Puerto Barrios	256	251	340	423	503	460	543	509	335	357	524	439	350	192	570	250	223	352	245	291	295	561	462	411	644	455	411
Quetzaltenango	439	434	170	826	906	288	129	95	419	258	110	94	151	375	156	433	280	180	428	694	206	90	373	322	170	77	99	501
Retalhuleu	419	414	188	806	886	237	78	44	399	227	38	147	169	355	105	413	260	139	408	674	186	143	332	281	236	26	142	481	67
Salamá	385	380	196	598	678	316	399	365	98	213	380	295	206	147	426	205	80	208	200	466	151	417	318	267	497	311	267	273	357	337
San Cristóbal (Grenze El Salvador)	398	393	210	785	865	187	392	358	378	103	373	309	220	334	419	392	239	201	387	653	165	431	80	49	510	304	281	460	371	330	316
Santa Cruz del Quiché	396	391	127	783	863	291	228	194	376	225	209	19	108	332	255	390	237	183	385	651	163	173	330	279	259	172	56	458	113	166	314	316
San José (puerto)	341	336	153	728	808	159	242	208	321	149	223	209	163	277	269	335	182	51	330	596	108	307	254	203	397	154	178	403	231	180	259	252	228
San Marcos	486	481	217	873	953	335	176	142	466	315	157	141	198	422	203	480	327	227	475	741	253	137	420	369	218	124	146	548	40	114	404	418	160	278
Sayaxché	513	508	597	206	286	717	800	766	592	614	781	696	607	449	827	507	480	609	502	64	553	818	719	668	885	712	668	355	758	738	530	717	715	660	805
Sololá	358	353	89	745	825	244	213	179	338	187	185	28	70	294	240	352	199	136	347	613	125	150	292	241	232	125	9	420	90	151	276	290	47	187	137	677
Tikal	509	504	593	149	229	713	796	762	583	610	777	692	603	445	823	503	476	605	498	65	548	814	715	664	890	708	664	351	754	734	526	713	711	656	801	129	673
Totonicapán	439	434	170	826	906	304	145	111	419	268	126	94	151	375	172	433	280	226	428	694	206	90	373	322	168	93	99	501	30	83	357	371	113	247	77	758	90	754
Valle Nuevo (Grenze El Salvador)	355	342	167	742	822	144	349	315	335	60	330	266	177	391	376	349	196	158	344	610	122	388	141	90	464	261	238	417	328	287	273	139	285	209	375	675	247	670	328
Zacapa	81	82	193	496	576	313	396	362	188	210	377	292	203	23	423	81	76	205	76	364	148	414	315	264	490	308	264	171	354	334	126	131	311	256	401	428	273	424	354	270

Warndreiecke sind selten. Jeder fährt, so schnell er kann, Geschwindigkeitsbegrenzungen werden ignoriert, Radarkontrollen sowie Promillegrenzen gibt es nicht. Ein gut gemeinter Versuch vor ein paar Jahren, Alkoholtestgeräte zum Einsatz zu bringen, scheiterte schnell – betrunkene Fahrer schossen auf die kontrollierenden Polizisten! Nun soll ein neuer Anlauf genommen werden.

Mit größter Vorsicht sind die rücksichtslos fahrenden Busse zu genießen. Man lässt ihnen besser die Vorfahrt.

Je weiter man sich von der Hauptstadt und den Hauptrouten durch das Land entfernt, desto mehr entspannt sich die Verkehrslage, weil die Zahl der Fahrzeuge abnimmt. Dieser Vorteil wird aber durch den schlechten **Straßenzustand** wieder ausgeglichen. Dennoch muss man der guatemaltekischen Regierung deutliche Verbesserungen im Straßenbau zugute halten. Einer groß angelegten Kampagne, die unter dem Motto „Taten statt Worte" stand, ist es zu verdanken, dass nach 1996 unter anderem das asphaltierte Straßennetz in vielen Landesteilen erweitert wurde. So wurde z.B. im Januar 2000 die lang ersehnte asphaltierte Straße nach Flores im Petén eingeweiht. Auch an der Pazifikküste und im Osten des Landes wurde das Streckennetz weiter ausgebaut. Allerdings hat die Regierung dabei das weithin indianisch besiedelte Hochland vernachlässigt. Insgesamt verfügt Guatemala zurzeit über ein Straßennetz von ca. 4900 km asphaltierten und ca. 13 700 km nicht asphaltierten Straßen.

Wer in Guatemala mit dem Pkw unterwegs ist, sollte stets gültige Fahrzeug- und Ausweispapiere mit sich führen. Die neu ins Leben gerufene Zivile Nationalpolizei *(PNC)* behandelt Autofahrer höflich und respektvoll, und die Korruption auf der Straße ist deutlich zurückgegangen. Vorsicht beim **Parken**: In Guatemala-Stadt hat sich die *Policía Municipal del Tránsito (PMT)* mit ihrem harten Durchgreifen vor allem gegen Parksünder Respekt erworben. Aus diesem Grund und um höchstmögliche Sicherheit vor Diebstählen zu gewährleisten, sollte man seinen Wagen immer auf einem der zahlreichen bewachten Parkplätze abstellen und keine Wertsachen sichtbar im Wageninneren liegen lassen. Wer in einen Unfall verwickelt wird, sollte auf jeden Fall die deutsche Botschaft einschalten. Ein kleiner Blechschaden lässt sich dagegen meist ohne ihre Hilfe und das Einschalten der Polizei direkt regeln.

Benzin ist in Guatemala trotz einiger drastischer Preiserhöhungen in den letzten Jahren mit ca. US$0,80 pro Liter Superbenzin immer noch vergleichsweise günstig. Der Preis wird in US-Gallonen angezeigt (1 US-Gallone = 3,78 l). Modernste Tankstellen schießen im ganzen Land wie Pilze aus dem Boden – selbst in entlegenen Gebieten. Besonders außerhalb der Städte ist es dennoch ratsam, seinen Tank aufzufüllen, wann immer das möglich ist. Ein hilfreicher Mechaniker findet sich überall, aber Ersatzteile sind auf dem Land für manche Automodelle schwierig zu bekommen. Das trifft vor allem auf Autoreifen zu, da sie auf heißen Asphaltstraßen und steinigen Nebenpisten sehr leiden. **Reifenpannen** gehören daher zum Alltag, doch Werkstätten mit der Aufschrift „pinchazo" oder „vulcanizadora" finden sich überall. Sie reparieren den Reifen billig und schnell. Erkennungszeichen ist meist ein aufgestellter Reifen vor der Werkstatt. Die Mitnahme eines Reserverads versteht sich bei den Straßenverhältnissen von selbst. Einen Pannendienst gibt es in Guatemala nicht. Empfehlung: Wer auf wenig befahrenen Strecken unterwegs ist, sollte neben etwas Werkzeug auch Trinkwasser nicht vergessen.

Mietwagen

Mietautos sind angesichts der stark verbesserten Hauptrouten eine überlegenswerte Alternative, besonders wenn man mit mehreren Personen unterwegs ist oder unter Zeitdruck steht. Einige Sehenswürdigkeiten sind auf diese Weise überhaupt erst erreichbar. Alle der bekanntesten touristischen Ziele Guatemalas sind inzwischen auf Asphaltstraßen zu erreichen. Auf dem Parkplatz gegenüber der Abflughalle des Flughafens in Guatemala-Stadt befinden sich über ein Dutzend Mietwagenfirmen. Hier kann man alle Preise bequem vergleichen. Die bekannteren Firmen wie *Hertz*, *Avis*, oder *Budget* verlangen mehr als die nationalen Anbieter, stellen aber oft auch die besseren Fahrzeuge zur Verfügung. Der bekannteste und zuverlässigste nationale Anbieter ist *Tabarini*. Er hat auch das beste Filialnetz im Land. Mietautos bekommt man normalerweise nur in Guatemala-Stadt, Antigua und Flores. *Tabarini* bietet darüber hinaus auch Fahrzeuge in Quetzaltenango und Cobán. Alle Vermieter verlangen vor Vertragsabschluss eine Kreditkarte. Mieter müssen mindestens 25 Jahre alt und im Besitz eines gültigen nationalen oder internationalen Führerscheins sein. In der Regel beinhaltet der Mietpreis unbegrenzte Kilometer und eine Insassenversicherung. Die ebenfalls eingeschlossene Unfall- und Diebstahlversicherung umfasst oft nur einen geringen Schadensersatz bei einer hohen Selbstbeteiligung. Vor Abfahrt ist eine gründliche Kontrolle (Ersatzrad, Wagenheber etc.) des Wagens einschließlich Probefahrt ratsam. Selbst kleine Lackschäden sollten auf der Mängelliste erfasst sein. Geländewagen sind um rund 50% teurer als normale Pkw. Es gibt Spezialwochenendtarife und Vergünstigungen ab einer Woche Mietzeit. Ein kleiner Pkw kostet rund US$40 pro Tag. Ein Geländewagen ist ab ca. US$70 pro Tag zu haben. Eine Liste der Vermieter findet sich im Serviceteil Guatemala-Stadt, s.S. 163.

Trampen

Angesichts der ohnehin niedrigen Fahrpreise macht Trampen in Guatemala keinen Sinn und ist obendrein nicht ganz ungefährlich.

Motorräder

Motorrad fahren ist eine gefährliche Angelegenheit in Guatemala. Auch wenn atemberaubende Landschaften und wohlig warme Temperaturen locken, sollten nur Fahrer mit viel Erfahrung das Land auf diese Art und Weise bereisen. Ähnlich wie Radfahrer sind Motorradfahrer für viele guatemaltekische Autofahrer einfach nicht vorhanden. Zu mieten sind Motorräder in Antigua und Panajachel (siehe dort). Eine gründliche Inspektion des zu mietenden Motorrads sowie ein Helm und feste Kleidung helfen, unangenehmen Situationen vorzubeugen.

Fahrräder

Fahrräder kann man in Antigua, Panajachel und Quetzaltenango mieten. Meist handelt es sich um einheimische, sehr kleine und wenig verkehrssichere Modelle. Einen Tagesausflug überstehen sie wahrscheinlich noch, aber wer längere Touren plant, sollte sein eigenes Fahrrad mitbringen oder sich eines vor Ort kaufen. Eine Alternative sind Anbieter von Fahrradtouren in Antigua. Ihre lohnenswerten Ausflüge sind gut organisiert, und die Fahrräder befinden sich in einem akzeptablen Zustand. Wer möchte, bekommt bei ihnen auch günstige Gebrauchträder (s.S. 229, Antigua). Höchste Vorsicht ist beim Verlassen von Ortschaften geboten, da die Straßen oft recht schmal sind, und der Verkehr auf Fahrradfahrer wenig Rücksicht nimmt. Nahezu selbstmörderisch ist das Fahren auf Hauptstraßen wie der Inter- oder Panamericana (CA1) sowie der Pazifikstraße (CA2).

Flüge

Außer auf der Hauptstrecke zwischen Guatemala-Stadt und Flores im Petén werden die meisten anderen Flugstrecken von kleinen Propellerflugzeugen bedient. Die Flüge sind kurz und lohnen sich nur für ganz Eilige. So bedient die Fluglinie *Inter*, eine Tochter der *Taca*-Gruppe, die Routen von der Hauptstadt nach Quetzaltenango, Huehuetenango, Retalhuleu und Puerto Barrios. *Tikal Jets, Mayan World, Racsa* und *Atlantic Airlines* sowie *Taca* fliegen von Guatemala-Stadt nach Flores und zurück. Der Flug dauert ca. 30 Min., während man auf dem Landweg nach Flores mit 8–10 Std. Busfahrt rechnen muss. Der Preis für die Strecke Guatemala-Stadt–Flores beträgt ca. US$75–90. Die Flughafensteuer (Sicherheitssteuer) bei Inlandsflügen beträgt 20 Quetzales (Adressen der Fluglinien im Serviceteil Guatemala-Stadt, s.S. 166).

Boote

Die Hauptverkehrswege der Mayas waren die Flüsse, zumal der Weg zu Fuß durch die Berge oder durch die endlosen Regenwälder lang und beschwerlich war und man Tragetiere in diesem Teil Amerikas nicht kannte. Auch heute werden in schwer zu erreichenden Gebieten des Petén, Menschen und Waren über die Flüsse transportiert. Für Touristen bietet Guatemala ebenfalls viele Möglichkeiten, sich auf dem Wasser fortzubewegen. In folgenden Gebieten gibt es zurzeit regelmäßigen Bootsverkehr (Einzelheiten zu Preisen etc. in den jeweiligen Regionalkapiteln): An der **Karibikküste** zwischen Puerto Barrios und Livingston, Livingston und Río Dulce, Livingston und Punta Gorda in Belize (letztere Route nur noch mit Kleinbooten). Die Fähre auf dem Izabal-See von Mariscos nach El Estor hat ihren Dienst eingestellt. Im **Petén** auf dem Río Usumacinta (ab Bethel von/bis Mexiko), Río de la Pasión (ab Sayaxché Richtung El Ceibal, Laguna Petexbatún oder Mexiko), Petén Itzá-See. An der **Pazifikküste** auf dem Chiquimulilla-Kanal, außerdem verkehren hier Fähren zu allen Badeorten sowie eine Autofähre nach Monterrico. Im **Hochland** auf dem Atitlán-See und dem Amatitlán-See (Charterboote). Wagemutige können auf verschiedenen Flüssen des Landes Rafting-Touren unternehmen (Adressen im Serviceteil Guatemala-Stadt, s.S. 162).

Nahverkehrsmittel

Nur in der Hauptstadt und in einigen größeren Provinzhauptstädten gibt es einen organisierten öffentlichen Nahverkehr. Dieser spielt sich oberirdisch ab, da die vielen Erdbeben alle Hoffnungen auf eine U-Bahn für die Hauptstadt zunichte machten. **Busse**, Kleinbusse *(ruleteros)* und Taxis kämpfen um Passagiere und verpesten und verstopfen die Stadt. Die Buspreise sind extrem niedrig (ca. US$0,15–0,20 pro Fahrt). Dennoch kam es im Mai 2000 zu gewalttätigen Ausschreitungen mit Todesopfern, als die Stadtverwaltung versuchte, den Fahrpreis zu erhöhen. Der Komfort in den Stadtbussen ist mehr als bescheiden: Zerbrochene Fensterscheiben und löchrige bzw. nicht vorhandene Sitze sind keine Seltenheit. **Taxis** findet man an allen größeren Plätzen und vor den Nobelhotels. Fahrzeuge mit Taxameter sind nur gelegentlich in der Hauptstadt anzutreffen. Üblich ist es, den Fahrpreis zu Beginn der Fahrt auszuhandeln und sich außerdem (wenn möglich) bei den Einheimischen vorher über die Fahrpreise zu informieren. Die Fahrer offiziell zugelassener Taxis besitzen einen Taxischein mit Foto.

Guatemalas Eisenbahn auf dem Abstellgleis

Als das erste Teilstück der Eisenbahn von Escuintla zum Pazifikhafen San José 1880 mit viel Enthusiasmus offiziell eingeweiht wurde, ahnte wohl niemand, dass nur 110 Jahre später die Räder wieder stillstehen würden. Die guatemaltekische Eisenbahn war immer schon mehr ein Frachtunternehmen als ein Personenbeförderungsmittel. Die Hauptexportprodukte des Landes – Kaffee und Bananen – mussten zu den Häfen gebracht werden, der Menschentransport war zweitrangig.

Weitestgehend unter US-amerikanischer Kontrolle wurde die Eisenbahn 1968 unter dem Namen FEGUA *(Ferrocarriles de Guatemala)* verstaatlicht. Das Geschäft entgleiste jedoch und endete verschuldet, vernachlässigt und vergessen. Das Interesse der Politiker an der Eisenbahn nahm in dem Maße ab, in dem das Transportvolumen per Lastwagen zunahm. Heute rosten die Lokomotiven vor sich hin, der Bahnhof in Guatemala-Stadt brannte 1995 völlig aus, die Arbeiter wurden entlassen oder gingen in den vorzeitigen Ruhestand. 1998 erhielt zwar ein US-amerikanisches Unternehmen eine 50-jährige Konzession für den Betrieb der Eisenbahnlinien des Landes, geschehen ist seitdem jedoch wenig. Zurzeit wird das Schienennetz in bescheidenem Umfang erneut für den Güterverkehr genutzt, und der alte Bahnhof in der Zone 1 ist in ein Museum umgewandelt worden. Die Nutzung der in der Hauptstadt von Nord nach Süd verlaufenden Eisenbahntrasse für den öffentlichen Nahverkehr, die in der Theorie viele Anhänger hatte, scheint an praktischen Problemen zu scheitern: Entlang der Bahnlinie leben Tausende von illegalen Landbesetzern. Solange diesen einfachen Familien keine Alternative geboten wird, ist die Aufnahme eines regelmäßigen Fahrbetriebs illusorisch.

Vielleicht kann der Tourismus die schon totgesagte guatemaltekische Eisenbahn wieder zum Leben erwecken. Im Februar 2000 unternahmen 49 Touristen eine viertägige Reise auf dem 953 km langen Streckennetz: Eine über 50-jährige Dampflokomotive und der Original-Präsidentenwagen aus den 30er Jahren brachte die Eisenbahnfans von Guatemala-Stadt bis nach Puerto Barrios an der Karibikküste.

Neuauflagen finden inzwischen einmal jährlich statt. Informationen unter ✆ 24457200, ✉ jfenn@.ferrovias.gt.co.

Feste und Feiertage

Eine der zahlreichen *fiestas* mitzuerleben, ist sicherlich ein besonderes Erlebnis, das zu einer Guatemala-Reise ebenso gehört wie das Probieren von Tortillas. Gelegenheit, einem Fest beizuwohnen, gibt es reichlich, vor allem in den Monaten November bis Januar, März/April sowie Juli/August. Die meisten Feierlichkeiten haben einen religiösen Hintergrund. Das **Heiligen- oder Patronatsfest** *(fiesta)* einer Stadt oder eines Dorfes wird mit einer Prozession des Schutzpatrons, viel Böllerei und Weihrauch gefeiert. Das Fest dauert in der Regel mehrere Tage und wird von der zuständigen Bruderschaft *(cofradía)* (s.S. 116) ausgerichtet. Schon Tage zuvor wird die Kirche gesäubert und geschmückt sowie der Dorfheilige neu eingekleidet. Im gesamten Zeitraum der mehrtägigen *fiesta* gleicht das Dorfzentrum einer Kirmes mit Fahrgeräten, Essständen und Jahrmarktbuden aller Art. Ein fester Bestandteil vieler Patronatsfeste sind Musik, Feuerwerk und die Aufführung von traditionellen Maskentänzen (mehr dazu im Kapitel Kultur).

Christliche Feste werden in Guatemala mit besonderer Inbrunst und Hingebung begangen, wobei die **Osterfeierlichkeiten** *(Semana Santa)* besonders herausragen. Fantastisch bunte Teppiche aus Blumen und Sägemehl werden auf den Boden gezaubert (um später von der Menge zu Staub zertrampelt zu werden). Vor allem die Kolonialstadt Antigua verwandelt sich zu Ostern für eine Woche in das landesweite Mekka der Gläubigen und Touristen. Wer etwas auf sich hält und finanziell dazu in der Lage ist, zahlt kräftig dafür, in einem lila oder schwarzen Büßergewand einen der riesengroßen Altäre durch die Straßen tragen zu dürfen. Wer die Prozessionen während der Osterwoche verpasst, kann sich mit den Feierlichkeiten während der Fastenzeit, den Feiern zu Fronleichnam und den Adventssonntagen trösten, die ähnlich, aber längst nicht so ausschweifend wie das Osterfest begangen werden.

Die katholisch-religiösen Osterfeierlichkeiten haben für die Indígenas eine besonders tiefe Bedeutung, da die Zeit in der Regel mit der beginnenden Aussaat des Mais, ihres Hauptnahrungsmittels, zusammentrifft. Überall im Hochland werden dann Fruchtbarkeitsriten abgehalten, mit der Bitte um gute Ernten und ausreichend Regen.

Gesetzliche Feiertage in Guatemala

1. Januar	Neujahr *(Año Nuevo)*
Ostern	Osterwoche *(Semana Santa)*; von Gründonnerstag und Karfreitag *(Jueves y Viernes Santo)* bis einschließlich Ostersonntag
1. Mai	Tag der Arbeit *(Día del Trabajo)*
30. Juni	Tag der Armee *(Día del Ejercito)*
15. August	Himmelfahrt *(Nuestra Señora de la Asunción)*, nur in Guatemala-Stadt
15. September	Unabhängigkeit von Spanien im Jahr 1821 *(Día de la Independencia)*
20. Oktober	Tag der Revolution von 1944 *(Día de la Revolución)*
1. November	Allerheiligen *(Día de Todos los Santos)*
24. Dezember	Heiligabend, ab Mittag *(Nochebuena)*
25. Dezember	Weihnachten *(Navidad)*

Die **Fiesta de la Cruz** am 3. Mai vermischt ebenso alte wie neue Glaubenselemente. Das Kreuz war den Maya schon lange vor der Ankunft der Spanier als Symbol der vier Himmelsrichtungen, der Winde und der Weltenachse bekannt.

Ein besonderes Ritual findet am 1. November zu **Allerheiligen** *(Todos los Santos)* statt: Die Menschen ziehen in großen Scharen auf die bunt geschmückten Friedhöfe. Ganze Großfamilien gedenken ihrer Toten, indem sie ihnen Geschenke und Essen darbringen. Die Stimmung ist fast immer heiter und ausgelassen. In einigen Orten steigen an diesem Tag riesige Papierdrachen zum Himmel auf, während in Todos Santos ein berühmtes Pferderennen stattfindet.

Die **Weihnachtszeit** *(Navidad)* beginnt am 7. Dezember mit der Teufelsverbrennung *(quema del diablo)*. Die Häuser werden geputzt und so symbolisch von allem Bösen befreit. Nach ernsten Apellen an die Bevölkerung ist die Menge alten Mülls, der bei dieser Gelegenheit verbrannt wird, stark zurückgegangen. Ab dem 16. Dezember finden *posadas* statt, bei denen Josef- und Maria-Figuren durch die Stadtviertel getragen werden

PRAKTISCHE TIPPS

Die wichtigsten Heiligenfeste und weitere kulturelle Aktivitäten

DATUM	ORT	HEILIGER/AKTIVITÄT
Januar		
15.	Esquipulas	*Christo Negro*
15.	Flores	*Christo Negro*
25.	Rabinal	*San Pablo Apóstol*
28.1.–2.2.	Chiantla	*(Virgen de Candelaria)*
Februar		
Variabel	Mazatenango	*Carnaval*
März/April		
Osterprozessionen im ganzen Land, sehenswert in Antigua, Guatemala-Stadt und Santiago Atitlán.		
22.–28.3.	San Marcos	*(San Marcos)*
März variabel	Totonicapán	(Folklorefestival mit trad. Tänzen)
Mai		
1. Mai	Tag der Arbeit *(Día del trabajo)*	Gewerkschaftsdemonstrationen in größeren Städten
2.–5.	Jalapa	*La Santa Cruz*
8.–14.	Puerto Barrios	*San Isidro Labrador*
Juni		
15.	Livingston	*San Isidro Labrador*
26.–30.	El Estor	*San Pedro Apóstol*
30.	Tag der Armee *(Día del Ejercito)*	Militärparade in der Hauptstadt
Feiern zu Fronleichnam im ganzen Land, z.B. in Patzún, Provinz Chimaltenango, mit Prozessionen und Blumenbögen		
Juli		
12.–22.	Puerto Barrios	*Sagrado Corazón de Jesús*
16.	Huehuetenango	*Señora del Carmen*
25.	Momostenango	*Santiago Apóstol*
25.	Santiago Atitlán	*Santiago Apóstol*
25.	Antigua	*Santiago Apóstol*
26.	Chimaltenango	*Santa Ana*

und ein Dach über dem Kopf suchen. Bei vorher bestimmten Familien erhalten sie Einlass und eine kleine Stärkung. Hierbei wird der traditionelle Weihnachtspunsch ausgeschenkt, ein heißer Fruchtdrink, der gegen die Dezemberkälte hilft. Traditionell gibt es Heiligabend um Mitternacht ein großes Feuerwerk. Es besteht weniger aus bunten Raketen als aus lauten Knallkörpern.

Die Feiern des Dreikönigsfests beenden in Guatemala offiziell die Weihnachtszeit. Während der

August		
4.	Cobán	*Santo Domingo de Guzmán;* Anfang des Monats findet in Cobán das traditionelle Folklorefestival statt
14.	Chiquimula	*Virgen del Tránsito*
15.	Nebaj	*Virgen del Tránsito*
15.	Sololá	*Virgen de la Asunción*
15.	Guatemala-Stadt	*Virgen de la Asunción*
18.	Santa Cruz del Quiché	*Santa Elena de la Cruz*
24.	Mazatenango	*San Bartolomé*
September		
15.	Guatemala	Unabhängigkeit von Spanien 1821 *(Día de la Independencia),* am Vorabend Fackelläufe im ganzen Land, Paraden
17.	Salamá	*San Mateo Apóstol*
29.	Totonicapán	*San Miguel Arcángel*
Oktober		
4.	Panajachel	*San Francisco de Asis*
4.	Tecpán	*San Francisco de Asis*
6.	Quetzaltenango	*Virgen del Rosario*
7.	Livingston	*Virgen del Rosario*
November		
1.	Todos Santos	*Todos los Santos,* Pferderennen
1.	Todos Santos	Drachensteigen in Santiago Sacatepéquez und Sumpango
10.–16.	Jutiapa	
Dezember		
4.–9.	Zacapa	*Virgen de Concepción*
8.	Retalhuleu	*Concepción de María*
8.	Escuintla	*Virgen de Concepción*
21.	Chichicastenango	*Santo Tomás*
25.	Cuilapa	*Navidad*
24.–31.	Livingston	*Niño Dios*

Fiestas und an Markttagen trinken vor allem guatemaltekische Männer jede Menge Alkohol. An Schnapsleichen auf den Straßen sollten sich Besucher daher gewöhnen – und sich nicht wundern, selbst in entlegenen Gegenden eine Zweigstelle der Anonymen Alkoholiker vorzufinden. Rituelles Trinken ist oft nur der Einstieg zur Droge Alkohol, die in Guatemala zu einem tief greifenden sozialen Problem geworden ist.

Einkaufen

Filigran bestickte Blusen, grobe Wollteppiche, traditionelle Holzmasken – die vielen bunten Märkte laden geradezu zum Kauf ein. Handeln ist hier Pflicht, aber bevor man sich in den Trubel stürzt, sind ein paar Dinge zu berücksichtigen. Wer sich bereits ein paar Wochen im Land aufhält, kennt sich besser mit der Preisstruktur aus und weiß, was wo für wie viel Geld zu haben ist. Dem Rucksackreisenden erspart das späte Kaufen Platz- und Gewichtsprobleme bzw. unnötige Ausgaben, denn Pakete zu verschicken ist kostspielig.

Zwischenhändler verteuern das Produkt, das sie vorher in großen Mengen günstig erworben haben, oftmals unnötig. Daher sollte man versuchen, direkt beim Erzeuger zu kaufen. Dies bedeutet allerdings, sich abseits der touristischen Trampelpfade umzuschauen und Werk- und Produktionsstätten aufzusuchen, wobei sich Vorteile für Produzent und Käufer ergeben. Zum einen erfährt man etwas über die Herstellung des Produkts und das Kunsthandwerk an sich. Zum anderen hat man, selbst wenn der Kaufpreis gleich hoch wie der beim Händler sein sollte, immerhin die Gewissheit, dass der Produzent einen deutlich höheren Gewinn erzielt. Produktionskooperativen mit Direktverkauf gibt es in vielen Dörfern des Hochlands, z.B. in San Juan la Laguna am Atitlán-See oder in Zunil bei Quetzaltenango. In den meisten Fällen freuen sich die Menschen sehr, wenn man Interesse an ihrer Arbeit bekundet und sie vor Ort besucht.

Über den Preis wird auf guatemaltekischen Märkten bei allen Waren verhandelt – Lebensmittel machen da keine Ausnahme. Aber wie kommt man zu einem Preis, mit dem beide Parteien leben können? Man möchte ja schließlich nicht übers Ohr gehauen werden, aber trotzdem einen fairen Preis zahlen, der dem Wert der Ware einigermaßen gerecht wird. Leider ist das nicht einfach, denn immer wieder nutzen Touristen die starke Konkurrenz der Händler untereinander schamlos aus und drücken die Preise bis unter die Schmerzgrenze. Tatsache ist, dass viele Indígenas ihre Arbeiten zu einem viel zu niedrigen Preis anbieten müssen. Lohnkosten werden dabei völlig unzureichend oder überhaupt nicht berücksichtigt. Als Beispiel sei die Herstellung eines *huipils* zu nennen, jener traditionellen Bluse der Indígena-Frauen, die – in Handarbeit hergestellt – extrem arbeitsintensiv ist. Je nach Arbeitsaufwand, Form, Farbe und Muster kann die Herstellung bis zu 400 Arbeitsstunden und mehr dauern. Bei einem immer noch sehr niedrig angesetzten Stundenlohn von US$0,50 (4 Q) müsste der *huipil* zuzüglich Materialkosten ca. 1600–2000 Q kosten. Tatsächlich werden sie jedoch für wenig mehr als die Hälfte dessen und weniger an die Touristen verkauft. (Maschinell gefertigte *huipiles* sind dagegen bereits für 300–400 Q zu erhalten). Der Gewinn ist minimal. Die Erklärung: Die Blusen werden von den Frauen in ihrer freien Zeit angefertigt, und somit wird kein Lohn veranschlagt. Am Ende zählt nur der Gesamtbetrag, eine betriebswirtschaftliche Betrachtungsweise ihrer Arbeit kennen die Frauen nicht.

Die Weberei ist eine der wenigen zusätzlichen Arbeiten, mit denen Geld verdient werden kann, so dass viele Frauen sie zur Aufbesserung der schmalen Haushaltskasse nutzen. Das Überangebot treibt sie dann dazu, ihre aufwendigen Arbeiten unter Wert loszuschlagen, nach dem Motto: Ein Quetzal ist mehr als kein Quetzal! Dieser kleine Exkurs soll nicht dazu führen, sofort 1000 Q oder mehr für einen *huipil* auf den Tisch zu legen. Aber man sollte bei einem wirklich günstigen Preis nicht auch noch übermäßig handeln.

Eine goldene Regel für das Handeln gibt es ohnehin nicht. Ratsam ist es aber, sich zunächst bei verschiedenen Händlern nach dem Preis für das gewünschte Objekt zu erkundigen. Den vom Anbieter genannten Preis gilt es dann um ca. 20–40% zu unterbieten, um sich so dem für beide Parteien akzeptablen Endpreis anzunähern. Einfühlungsvermögen und eine Prise Humor können hierbei sicher nicht schaden. Hat man die Ware langwierig auf einen günstigen Preis heruntergehandelt, dann sollte man sie auch nehmen. Anderenfalls ist der Verkäufer nicht zu Unrecht verärgert.

Eine ernsthafte Beleidigung stellt ein Kaufangebot der Kleidung dar, die ein(e) Indígena am Körper trägt.

Die wichtigsten Kunsthandwerkszentren

Vorsicht beim Kauf von **Antiquitäten**: Ist das erworbene Stück entgegen aller Wahrscheinlichkeit doch echt, ist die Ausfuhr illegal. Ein Ausfuhrverbot besteht außerdem für **Orchideen**!

Guatemala-Stadt

In der Hauptstadt finden sich Kunsthandwerksmärkte mit großer Auswahl sowie Edelboutiquen.

Hochland

Antigua bietet offene Märkte mit indianischen Textilien und anderen Souvenirs, einen überdachten Kunsthandwerksmarkt und exklusive Geschäfte, in denen man ein breites Angebot an kunsthandwerklichen Erzeugnissen findet, darunter: Jadeschmuck, Silberschmuck, Produkte aus Naturbaumwolle, Arbeiten aus Kupfer und Bronze, Holzarbeiten und Antiquitäten. Direkt an der Straße kann man Landschaftsmalereien kaufen. In **San Felipe de Jesús** befindet sich eine bekannte Silberwerkstatt. Im selben Ort wird auch Glasurkeramik produziert. **San Antonio Aguas Calientes** ist für die Qualität seiner Webereierzeugnisse bekannt. In **Pastores** bekommt man Cowboystiefel aus Leder. Traditionelle Musikinstrumente werden in **Jocotenango** verkauft.

Viele Dörfer am **Atitlán-See** produzieren hervorragendes indianisches Kunsthandwerk. In San Antonio bekommt man Textilien und Haarbänder, die Bewohner von Santiago Atitlán haben sich auf Holz- und Webarbeiten sowie naive Malerei spezialisiert, die auch in San Pedro erhältlich ist. In San Juan la Laguna gibt es eine von Frauen organisierte Weberei-Kooperative, die von Hängematten bis zu Kleidungsstücken gut sortiert ist.

In **Cantel** existiert eine bekannte Kooperative, die Glasprodukte aus Altglas herstellt. In **Chichicastenango** wird (Do und So) der bekannteste Markt des Landes mit allem, was das Herz begehrt, veranstaltet. Besonders groß ist die Auswahl an Holzmasken.

Das Beste, was die naive indianische Malerei zu bieten hat, findet man in **Comalapa**. **Huehuetenango** hat eine große Auswahl an Teppichen, Taschen und Ponchos aus Wolle. **Panajachel** hat mehr Masse als Klasse und ist ein Tummelplatz der Großhändler. Hier findet man von allem etwas, auch Lederwaren (Gürtel, Taschen und Sandalen) in großer Auswahl. In **San Francisco El Alto** findet freitags ein sehr traditioneller indianischer Markt mit dem besten Angebot an Wollteppichen statt. Diese stammen in der Regel aus **Momostenango**.

In **Totonicapán** werden u.a. Keramik, Wachsfiguren, Leder, Holzmöbel und Textilien produziert, in **Todos Santos Cuchumatán** traditionelle Textilien sowie Kopfbedeckungen, Taschen und Lederrucksäcke.

Alta und Baja Verapaz

In **Cobán** und im benachbarten **San Pedro Carchá** gibt es Silberschmuck. In **Rabinal** und den Nachbarorten werden handbemalte Kalebassen gefertigt.

EL Petén

Die Kooperative von **El Remate** verarbeitet tropisches Restholz zu einer Vielzahl von Gegenständen.

Karibik

In **Livingston** sind traditionelle Küchenutensilien aus Holz, handgefertigte Holztrommeln und Kürbisrasseln im Angebot.

Post und Telekommunikation

Post

Über die guatemaltekische Post *(El Correo)* konnte noch bis vor wenigen Jahren nicht allzu viel Gutes berichtet werden. Sie war zwar unglaublich billig, aber wenig zuverlässig. Derzeit führt die kanadische Post im Auftrag der guatemaltekischen den Brief- und Paketdienst durch. Dadurch haben sich zwar die Tarife verzehnfacht, aber andererseits Service und Zuverlässigkeit deutlich verbessert. **Briefe und Postkarten** nach Europa brauchen durchschnittlich 10 bis 14 Tage und kosten zurzeit ca. US$1,10 (bis 20 g). Auch wenn sie heutzutage stets im Flugzeug befördert werden, sollte man der Sendung den Vermerk *Correo aéreo* (Luftpost) hinzufügen. Empfehlung: Bei Postkarten die Briefmarke(n) schon vor dem Schreiben aufkleben, da man oft nur kleine Stückelungen in großen Mengen erhält. Auf keinen Fall sollte man Bargeld, Schecks oder Dokumente per Post schicken oder sich schicken lassen. Wertvolles sendet man besser mit einem privaten Kurierdienst (z.B. DHL). Briefe und Postkarten sollten immer auf der Post eingeworfen werden und nicht in einen der ohnehin raren Briefkästen. In vielen Hotels nimmt die Rezeption Post an, wobei ein Restrisiko bleibt.

Post nach Guatemala, die an ein Postamt geschickt wird, muss den Vermerk *lista de correos* tragen.

Telefonnummernsystem

Seit September 2004 bestehen alle guatemaltekischen Telefonnummern aus 8 Ziffern (ohne Ortsvorwahl). Wer dennoch an eine der alten siebenstelligen Nummern geraten sollte, setzt einfach eine 2 für die Hauptstadt, eine 7 für alle Provinzen und eine 5 für Handynummern vor die alte Nummer.

An den Umgang mit postlagernden Sendungen ist man in touristischen Orten wie Panajachel oder Antigua gewöhnt. Dort kann man eine täglich erneuerte Liste einsehen. Da beim Sortieren der Post Fehler unterlaufen können, sollte man unter dem Anfangsbuchstaben des Vor- und des Nachnamens nachschauen. In der Regel wird die Post drei Monate aufbewahrt.

Weitere Möglichkeiten, postlagernde Sendungen (nur Briefe) zu empfangen, bieten die Deutsche Botschaft (Adresse s.S. 11) sowie American Express, Clark Tours, 7. Av. 14-76, Zona 9, Plaza Clark, Guatemala-Stadt, 3 24704848, 5 24704849.

Wer viel eingekauft hat, kann einiges per **Päckchen oder Paket** nach Europa vorausschicken. Obwohl die **privaten Kurierdienste** etwas teurer sind als die Post, ist die Abwicklung schneller und weniger kompliziert. Da bei der Post der Inhalt jedes Pakets überprüft und das Paket dann erst geschlossen und versiegelt wird, sollte man Pakete offen mit zur Poststelle nehmen. Die Preise für Luftfracht sind deutlich höher als der Versand auf dem Seeweg. Die Posttarife für bis zu 500 g liegen bei ca. US$20, bis zu 1 kg bei US$24 und für bis zu 10 kg bei US$134.

Telefon

Inlandsgepräche

Die umstrittene Privatisierung des Telefonsektors mit Namensänderung von *Guatel* zu *Telgua* hat für die Guatemalteken in der Kommunikation nicht sehr viel verändert. Die Anschlüsse auf dem Land sind weiter rar, und das Hauptstadtnetz ist regelmäßig überlastet. Lediglich die Tarife sind gestiegen. In allen größeren Städten kann man öffentlich fast nur noch mit einer Telefonkarte telefonieren, was erneut zu Lasten der ärmeren Bevölkerungsteile geht, denn die billigste Karte kostet US$2,70, was für die meisten Bewohner eine Menge Geld ist. Münztelefone gibt es nur noch sehr selten. In jedem noch so kleinen Dorf gibt es zumindest ein öffentliches Telefon (*teléfono publico)*, in entlegenen Gegenden sind sie sogar drahtlos. Man gibt dem Vermittler die gewünschte Nummer und wartet, bis man aufgerufen wird. Manche Geschäfte oder Familien bieten ihr Telefon ebenfalls für Inlandsgespräche an. Inlandsgespräche sind von einen Festnetzanschluss aus und mit Telefonkarten sehr preisgünstig. In der Regel kostet ein Inlandsgespräch US$0,15 pro Minute.

Auslandsgespräche

Telefongespräche sind von den Filialen der ehemals staatlichen Telefongesellschaft *Telgua* aus nur noch mit Telefonkarten möglich (ca. US$1 pro Minute). Diese erhält man dort oder in vielen Geschäften bzw. Tankstellen. Mit den Telefonkarten von *Telgua* sind internationale Gespräche von jeder Telefonzelle aus möglich.

Günstiger sind die vielen privaten Anbieter, die man vor allem in touristischen Orten antrifft. Meist handelt es sich um Internetcafés, die sehr günstige Tarife anbieten (siehe Serviceteil der jeweiligen Kapitel). Für ein dreiminütiges Gespräch nach Europa sind US$1–2 zu veranschlagen. Günstige Nacht- und Wochenendtarife bestehen für das Festnetz. Am teuersten telefoniert man vom Hotel aus. R-Gespräche nach Europa sind möglich (Nummern s.S. 49, Kasten Vorwahlnummern)

Es gibt mittlerweile verschiedene Anbieter für Ferngespräche, die z.T. erheblich billiger sind als *Telgua*. Ihre dreistelligen Nummern, z.B. 130, 139 oder 147, werden der regulären Vorwahl vorangestellt (z.B. nach Deutschland 134-0049).

Bei Gesprächen nach Europa sollte man den Zeitunterschied berücksichtigen: Guatemala liegt 7 Stunden (während der Sommerzeit 8 Std.) hinter der mitteleuropäischen Zeit. Wenn es in Deutschland Mitternacht ist, ist es in Guatemala also erst 17 bzw. 16 Uhr.

Mobiltelefone

Handys heißen in Guatemala *celurares*. Sie haben sich in den letzten Jahren explosionsartig verbreitet und übertreffen inzwischen zahlenmäßig die Festnetzanschlüsse. *Bell South* und *Telefónica,* die 2005 zu *Movistar* fusioniert haben, teilen sich den Markt mit *PCS (Telgua)* und *Comcel.* Alle Unternehmen bieten Kartentelefone zu günstigen Preisen an (US$40–60), bei denen bereits mehrere hundert Minuten inklusive sind und mit denen man sich aus Europa anrufen lassen kann. Die landesweite beste Reichweite hat *PCS*. Handys aus Europa funktionieren nicht, da keine Roaming-Abkommen zwischen den lokalen Anbietern und europäischen Ländern bestehen. Wer mit seinem Handy in Guatemala telefonieren möchte, muss daher den Chip vor Ort auswechseln.

Telefonbuch

Für das ganze Land gibt es nur zwei Verzeichnisse *(guía telefónica)*. Das eine listet alle Nummern außerhalb von Guatemala-Stadt auf, das andere enthält alle Nummern der Hauptstadt inklusive der Gelben Seiten *(páginas amarillas)*. Letzteres ist in verschiedenfarbige Sektionen unterteilt, die Nummernverzeichnisse des öffentlichen Bereichs, der diplomatischen Vertretungen und internationaler Organisationen enthalten. Extra gelistet sind auch Anwälte und Ärzte.

Fax

Ein Fax schickt man am günstigsten von einem der privaten Anbieter, die in jedem Touristenort für ihre Dienste werben. Berechnet wird in der Regel pro Seite und nicht die Dauer der Übertragung. Noch preiswerter sind einige Internetcafés. Hier kann man manchmal sein Fax auf dem Computer schreiben und direkt versenden. Viele der teureren Hotels bieten ihren Gästen ebenfalls einen Fax-Service an.

Internet

Internetcafés schießen wie Pilze aus dem Boden, und man fragt sich, wie es überhaupt ein Reisen vor der Zeit der E-Mails geben konnte. In der Tat schicken mehr und mehr Traveller den Zuhausegebliebenen statt der guten alten Ansichtskarte elektronische Grüße von der Reise.

Cybercafés findet man in allen größeren Städten, und auch viele Sprachschulen, die *online* sind, bieten ihren Studenten einen Internetzugang, in einigen Fällen aus Konkurrenzgründen sogar gratis. Inzwischen findet man selbst im hintersten Winkel des Landes ein Internetcafé. Je weiter man sich aber von Guatemala-Stadt und Antigua entfernt, desto langsamer und teurer wird der Spaß. So kann z.B. dieselbe Stunde vor dem Computer, die in Antigua für US$0,70–1 zu haben ist, am Río Dulce US$2,70 kosten. Viele Internetcafés haben sich zu elektronischen Service-Centern entwickelt, in denen man außer „surfen“ unter anderem auch CDs brennen und digitale Fotos herunterladen kann. Internetadressen von Hotels, Reisebüros oder Sprachschulen finden sich im jeweiligen Ortskapitel.

Vorwahlen

Von D/AU/CH nach Guatemala: 00502, anschließend die achtstellige Nummer (es gibt keine Ortsvorwahlen im Land)

Von Guatemala nach

Deutschland:	0049
Österreich:	0043
Schweiz:	0041

R-Gespräch von Guatemala nach D/AU/CH: 147120

Notruf und Auskunft

Polizei *(Policia Nacional Civil)*:	✆ 110 oder 120
Krankenwagen *(Ambulancia)*:	✆ 128
Rotes Kreuz *(Cruz Roja)*:	✆ 125
Feuerwehr *(Bomberos voluntarios)*:	✆ 122 oder 123
Telefonauskunft:	✆ 24278787
Vermittlung (international):	✆ 147120

Medien

Durch die Verbesserungen der ländlichen Infrastruktur sind die Medien selbst in entlegene Bergregionen vorgedrungen. Nachdem Sendemasten errichtet wurden, verbreiteten sich Fernsehen und Radio schnell auf dem Lande, wogegen Printmedien vorwiegend in der Hauptstadt, in Provinzhauptstädten und touristischen Gegenden verkauft werden.

Nimmt man die allgemeinen Statistiken als Anhaltspunkt, ist die mediale Versorgung der Bevölkerung dennoch weiterhin unzureichend: Zur Jahrtausendwende besaß lediglich jeder zehnte Einwohner einen Fernseher, rund jeder achte ein Radio. Zeitungen werden von weniger als 5% aller Gutemalteken gelesen. Das Stadt-Land-Gefälle in Bezug auf die Verfügbarkeit aller Medien ist beträchtlich.

Presse

Von absoluter Pressefreiheit kann in Guatemala auch nach Beendigung des Bürgerkrieges keine Rede sein. Journalisten werden weiterhin bedroht und in ihrer Arbeit behindert. Dennoch sind die Printmedien kritischer und mutiger geworden. Wer sich aber umfassend über das Tagesgeschehen informieren möchte, sollte weitere Quellen, wie z.B. das Internet, hinzuziehen.

Die wichtigste Tageszeitung bleibt unangefochten ***Prensa Libre***, 13. C. 9-31, Z. 1, ✆ 22305096, 🖳 www.prensalibre.com, mit einer Tagesauflage von rund 120 000 Exemplaren.

Das täglich erscheinende Blatt ***Nuestro Diario***, 15. Av. 24-27, Z. 13, ✆ 23791650, erreicht zwar eine höhere Auflage, ist aber deutlich dünner und enthält überwiegend Klatsch- und Sensationsgeschichten.

Von den kleineren Tageszeitungen wie ***Al Día***, ***Siglo Veintiuno***, 🖳 www.sigloxxi.com, oder ***La Hora***, 🖳 www.lahora.com.gt, hebt sich lediglich ***El Periódico***, 15. Av. 24-51, Z. 13, ✆ 23854473, mit tiefer gehenden Berichten und informativen Reportagen hervor.

Der Inhalt der bekanntesten Wochenzeitschrift ***Crónica*** kann unter 🖳 www.cronica.com.gt abgerufen werden. Einen Überblick über das Geschehen in Zentralamerika und dem Rest des Kontinents verschafft in spanischer Sprache die Wochenzeitung ***Tiempos del Mundo***. In der Hauptstadt und allen Touristenzentren liegt die in englischer Sprache erscheinende Zeitschrift ***Revue***, 🖳 www.revuemag.com, aus. Das kostenlose Heft enthält neben kommerziellen und privaten Anzeigen auf Touristen zugeschnittene Beiträge und Veranstaltungshinweise.

Alle Webadressen der guatemaltekischen Tageszeitungen findet man unter 🖳 www.zonalatina.com.

Fernsehen

Alle vier Kanäle des guatemaltekischen Fernsehens werden vom mexikanischen Medienmogul Angel González über guatemaltekische Mittelsmänner beherrscht. Mit der gesteuerten Vergabe von Redezeit für Kandidaten nimmt er starken Einfluss auf den Ausgang von Präsidentschaftswahlen. So geschehen bei den lWahlen im Jahr 1999, als González den Kandidaten der FRG und späteren Sieger Alfonso Portillo mit Gratiswerbezeit dessen Mitbewerbern gegenüber bevorzugte.

Auch Fernsehjournalisten sind vor staatlicher Einflussnahme und Zensur nicht sicher. Im Jahr 2000 wurde z.B. das beliebte Abendmagazin *T-mas de noche* seiner zu kritischen Berichterstattung wegen abgesetzt. Auch heftige Proteste seitens der Bevölkerung konnten diese Entscheidung nicht rückgängig machen.

Gewöhnungsbedürftig sind die gelegentlichen staatlichen Eingriffe in den Fernsehbetrieb. Bei offiziellen Ansprachen und wichtigen Ereignissen wird das laufende Programm auf allen Kanälen unterbrochen. Wohl dem, der dann eine Satellitenschüssel hat und unter mehreren Dutzend Kanälen, darunter **Deutsche Welle-tv**, wählen kann.

Radio

Mehrere hundert Radiosender teilen sich auf Ultrakurz- und Mittelwelle die knapp gewordenen Frequenzen. Der Informationsgehalt ist bei allen ziemlich dürftig; Musik und Werbung überwiegen. Informationen bezüglich der aktuellen Frequenzen und der Programme der Deutschen Welle (DW-Radio) erhält man unter ✆ 0221/3893208, 📠 0221/3893220, ✉ info@dwelle.de, 🖳 www.dwelle.de.

Kriminalität

Wie vergleichbare Länder der so genannten „Dritten Welt" hat auch Guatemala eine wachsende Kriminalitätsrate zu verzeichnen. Die Ursachen hierfür sind u.a. in der Armut, der Gewaltbereitschaft als Altlast des Bürgerkriegs und dem korrupten, von verschiedenen Interessengruppen eingeschüchterten Justizapparat zu suchen.

Wer jedoch einige grundlegende Sicherheitsregeln beachtet und wachsam durch das Land reist, wird kaum Probleme bekommen. 99% aller Touristen reisen sicher und unbehelligt durch Guatemala. Ratsam ist, möglichst nicht nachts zu reisen, entlegene Gebiete nicht alleine aufzusuchen und sich vor Ort über die aktuellen Gegebenheiten zu informieren. Wer sich länger im Land aufhält, sollte sich bei seiner Botschaft registrieren lassen.

Tipp

Den **Reisepass** bereits zu Hause einscannen und die Datei an die eigene E-Mail Adresse schicken. So hat man immer Zugriff auf die Kopie, falls er Pass abhanden kommt.

Diebstahl und Überfälle

Echten Schmuck und ähnlich wertvolle Dinge lässt man am besten zu Hause. Auf Geld, Reisepass und Flugticket ist ein besonderes Augenmerk zu richten. Sie lassen sich in einem Bauchgurt verstauen, der unter der Kleidung getragen wird (Kopien getrennt aufbewahren!).

Die meisten Delikte werden in Guatemala-Stadt begangen. **Diebstahl** ist ein Problem in der Zone 1 (vor allem in der Umgebung des Parque Central und der 18. Calle) und der Zone 4 (Busterminal) der Hauptstadt. Oft sind es mehrere Täter, die ihr Opfer geschickt mit einfallsreichen Tricks ablenken (beliebt ist das vermeintlich unbeabsichtigte Bekleckern des Opfers mit Ketchup oder Ähnlichem). In den Stadtbussen sollte man besonders während der Rush-hour seinen Tagesrucksack nach vorne nehmen. Dies gilt ebenso für Menschenansammlungen und Märkte. Ganz vermeiden sollte man den Besuch von Slums *(barrios marginados)*. Wertsachen liegen am sichersten im Hotelsafe (Bargeld zählen und sich den Betrag quittieren lassen!). Wer mit einem Pkw unterwegs ist, sollte sich immer einen bewachten Parkplatz suchen und keine Wertgegenstände im Auto liegen lassen. Gepäck wird auf den Überlandbussen meist auf dem Dach transportiert, wo es sehr sicher ist. In einfachen Unterkünften machen sich kleine Vorhängeschlösser für Gepäck und Zimmertür bezahlt.

Bewaffnete **Überfälle** auf Touristen sind selten, können aber nicht ausgeschlossen werden. Auf keinen Fall versuchen, den Helden zu spielen, sondern den Forderungen der Täter nachkommen, um Schlimmeres zu vermeiden. Wer bestohlen oder überfallen wird, sollte dies der Polizei melden, da viele Versicherungen u.a. einen Polizeibericht fordern, bevor sie den Schaden ersetzen. Dies kann ein zeitraubender Prozess sein, besonders bei sprachlichen Verständigungsschwierigkeiten.

Immer weiterhelfen kann das sehr freundliche Personal der **Touristenpolizei** in Antigua, das

Die gefährlichsten Gegenden

Guatemala-Stadt: Zone 1 und Zone 4 (Diebstahl- und Überfallgefahr).
Parque Naciónes Unidas (Nähe Amatitlán): Überfallgefahr, im Dunkeln ganz meiden.
Antigua: Cerro de la Cruz, nicht alleine in Außenbezirken herumspazieren und schlecht beleuchtete Gegenden meiden. Erhöhte Diebstahlgefahr in den Bussen Richtung Hauptstadt und Chimaltenango.
Vulkan Pacaya: Kaum noch Überfallgefahr, dennoch Wertsachen im Hotel lassen.
Vulkan Agua und **Vulkan Santa Maria**: Geringe Überfallgefahr; mit Guide und Gruppe gehen.
Chichicastenago und **San Francisco el Alto** (Märkte): Diebstahlgefahr.

Englisch spricht und unter der Rufnummer ✆ 55552918 zu erreichen ist. Weitere Infonummern des guatemaltekischen Tourismusinstituts *INGUAT* sind ✆ 1500 oder 24212810.

Drogen

Bei Drogen verstehen Polizei und Behörden keinen Spaß. Selbst wer kleine Mengen vergleichsweise harmloser Substanzen bei sich hat, setzt sich dem Risiko aus, mit guatemaltekischen Gefängnissen Bekanntschaft zu schließen. Guatemala hat sich in den letzten Jahren zu einer internationalen Drehscheibe des Drogenhandels entwickelt, und die Gesetze sind dementsprechend hart. Wer in solchen Fällen auf die Hilfe der deutschen Botschaft setzt, hofft vergebens. In der Regel vermittelt sie allenfalls einen deutschsprachigen Anwalt. Auf keinen Fall sollte man Fremden einen Gefallen tun und für sie Umschläge oder kleine Päckchen über die Grenze mitnehmen. Enthalten sie Drogen, kann dies das rasche Ende des Urlaubs bedeuten.

Umgang mit der Polizei

Jeder noch so einfache Landpolizist ist stolz auf seine Uniform und erwartet Respekt. Diesen sollte man ihm daher auch unbedingt erweisen und stets höflich bleiben, auch wenn er seinen Dienst gelegentlich mit Übereifer versehen sollte. Ärger erspart sich, wer stets den Reisepass oder eine Kopie bei sich trägt, um sich jederzeit ausweisen zu können. Das Gleiche gilt für Wagenpapiere und Führerschein. Wenn die Dokumente in Ordnung sind, bietet man den Gesetzeshütern bei einer Kontrolle kaum die Möglichkeit, eine *mordida* („Biss" = Schmiergeld, Bestechung) zu „erwirtschaften". In einigen Fällen werden die chronisch unterbezahlten Polizisten dennoch versuchen, ihr schmales Einkommen mit einer angeblich von Ausländern begangenen Rechtswidrigkeit (meist im Straßenverkehr) aufzubessern. In diesen Fällen sollte man sich nicht einschüchtern lassen und die Zahlung verweigern. Wer Sprachkenntnisse mitbringt, hat hier natürlich einen erheblichen Vorteil.

Verhaltenstipps

Andere Länder, andere Sitten: Diese so oft gebrauchte Floskel ist noch immer gültig – trotz internationaler Hotelketten, der Verbreitung von Fast Food und der globalen Vernetzung. Wer in ferne Länder reist, tut dies in der Regel mit der Absicht, fremde Kulturen und die dort lebenden Menschen kennen zu lernen. Wie es dann allerdings mit der Umsetzung dieser Absicht vor Ort aussieht, ist eine andere Frage: Viele Traveller wollen die Reize des Gastlandes kennen lernen, aber zugleich nicht auf westlichen Komfort verzichten. So bewegen sie sich stets innerhalb einer austauschbaren touristischen Scheinwelt, ohne das eigentliche Guatemala zu erleben. Man reist von Ort zu Ort, bleibt unter seinesgleichen und hat immer eine warme Dusche und ein kaltes Bier zur Hand. Die Gespräche von Reisenden, die auf diesem „Gringo-Trail" unterwegs sind, kreisen oft nur um billige Unterkünfte und Szene-Kneipen. Die Kontakte mit Einheimischen bleiben im wahrsten Sinne des Wortes auf der Strecke. Dabei sind es gerade diese kleinen Begegnungen, die im Gedächtnis haften bleiben und die den eigentlichen Reiz der Reise ausmachen. Wer sich auf dem Indígena-Markt eine ruhige Ecke zum Beobachten sucht, wer als einziger Ausländer einem Heiligenfest in einem Dorf abseits der großen Routen beiwohnt, wer wandert, statt nur im Bus zu sitzen, wird das Land mit anderen Augen sehen. Dies ist gerade in Guatemala empfehlenswert, da es sich um ein Land mit extrem vielen Facetten handelt.

Guatemalteken sind meist offene, unkomplizierte und sehr hilfsbereite Menschen. Jeder redet mit jedem, und Kontakte sind ganz schnell geknüpft. Wer als Tourist hilflos mit einem Straßenplan an einer Kreuzung steht, wird schnell angesprochen. Des Öfteren bekommt man dann Empfehlungen wie *recto* (geradeaus) oder *a la vuelta* (um die Ecke) zu hören, die erfahrungsgemäß jedoch nur bedingt weiterhelfen. Wer nach Entfernungen und zeitlichen Distanzen fragt, wird bei drei Fragen drei verschiedene Antworten erhalten. Gesicht wahren heißt die Devise der Einheimischen und dazu gehören kleine oder größere Notlügen, wenn man die korrekte Antwort nicht weiß. Zurückhaltender sind die Menschen in entlegenen Gebieten vor allem dort, wo der Bürgerkrieg seine Spuren hinterlassen hat. Aufgrund der schlechten Erfahrungen und vieler Entbehrungen sind Dorfbewohner oft zu Recht misstrauisch und vorsichtig geworden.

Betteln

Gebettelt wird an Orten, wo Reich und Arm aufeinanderprallen, also verstärkt in der Hauptstadt und in allen touristischen Zentren. Überwiegend sind es Kinder, die zum Teil von ihren Eltern zum Betteln angehalten werden. In Antigua gibt es z.B. einen kleinen Jungen, der auf Kommando so herzzerreißend weint, dass ihm fast jeder etwas Geld in die Hand drückt. Kindern sollten auf keinen Fall Geld, Süßigkeiten oder Ähnliches gegeben werden. Sie gewöhnen sich sehr schnell an diese Gaben und schwänzen dann die Schule. Wer Kindern wirklich helfen möchte, sollte sich an entsprechende Organisationen wenden. Dazu zählt z.B. UNICEF, das Kinderhilfswerk der Vereinten Nationen, oder in Guatemala-Stadt die *Casa Alianza,* die sich um Straßenkinder kümmert (s.S. 156, Kasten). Aufgrund fehlender sozialer Netze bilden gerade Ältere und Behinderte Randgruppen, denen oft nichts Anderes übrig bleibt als zu betteln. Eine kleine Spende tut in diesen Fällen niemandem weh und hilft diesen Menschen, ein menschenwürdigeres Dasein zu führen.

Ein trauriges Kapitel ist die zunehmende Zahl von Obdachlosen in Guatemala. Es ist geradezu gespenstisch, wenn man in der Touristenhochburg Antigua abends Menschen und z.T. ganze Familien sieht, die sich unter den Arkadengängen am Parque

Central im Freien zum Schlafen niederlassen – auf dünner Pappe und nur mit Plastikfetzen bedeckt.

Einladungen

Höhepunkt einer Reise ist sicherlich eine private Einladung einer guatemaltekischen Familie. Saubere, ordentliche Kleidung versteht sich bei einem solchen Ereignis von selbst. Wer auf dem Land bei einer indianischen Familie eingeladen ist, sollte den Gastgebern etwas zum Essen als Geschenk mitbringen. Eine gute Idee sind außerdem ein paar Mitbringsel von zu Hause (Münzen, Postkarten und private Fotos). So etwas lockert die Atmosphäre und bietet eine Menge Gesprächsstoff. Bei einer Ladino-Familie freut sich die Hausherrin über ein paar Blumen. In jedem Fall aber wird der Gast reichlich mit Essen und Trinken bewirtet.

Ehe und Familie

Nach außen gilt die Familie immer noch unangefochten als wichtigster Sozialverband in der guatemaltekischen Gesellschaft. Ein Freundeskreis, falls er existiert, rangiert in seiner Bedeutung immer unter der Familie. Die Rollen sind in allen Gesellschaftsschichten klar verteilt: Der Mann ist Beschützer und Ernährer seiner Familie, während die Frau sich weitestgehend allein um Haushalt und Kinder kümmert. Nachwuchs wird als Gabe Gottes betrachtet; viele Kinder zu haben, heißt, sehr fruchtbar zu sein, und verschafft daher Anerkennung. Familien mit fünf Kindern und mehr sind besonders auf dem Land keine Seltenheit. Es ist nicht ungewöhnlich, dass Kinder auch noch nach der Heirat bei den Eltern wohnen. Von der Frau wird erwartet, dass sie jungfräulich in die Ehe geht. Geheiratet wird besonders unter den Indígenas sehr jung. Es kommt nicht selten vor, dass das Brautpaar bei der Hochzeit noch nicht volljährig ist. In vielen indianischen Ehegemeinschaften hat auch der Mann vor der Heirat noch keine sexuelle Erfahrung. Ladino-Männer, greifen hierfür eher auf Prostituierte, vor allem in der Hauptstadt, zurück. Prostitution ist zwar offiziell verboten, wird aber geduldet. Die Scheidungsrate ist außer bei indianischen Paaren sehr hoch. Viele Frauen tragen die Rolle allein erziehender Mütter, die aber nur selten von den Vätern der Kinder unterstützt werden. Kindesmissbrauch und Gewalt in der Ehe sind trauriger Alltag, werden aber von der Gesellschaft tabuisiert.

Fotografieren

Das Fotografieren von Personen ist ein heikles Thema, über das man sich Gedanken machen sollte. Wer wird schon selbst gern ohne Einwilligung von einer fremden Person aus nächster Nähe beim Autowaschen oder Beten in der Kirche abgelichtet? Wegen eines guten Schnappschusses religiöse Zeremonien zu stören, Menschen aus allernächster Nähe ohne deren Zustimmung zu fotografieren, ist respektlos. Auch ohne Sprachkenntnisse sollte man Blickkontakt mit den Menschen aufnehmen, die man fotografieren möchte – und ein Nein akzeptieren. Jeder Einheimische hat das Recht, für ein Foto Geld zu verlangen. Posieren ist eine Dienstleistung. (Mit dem Kauf von ein paar Bananen erwirbt man sich nicht automatisch das Recht, die Verkäuferin abzulichten.) Jeder muss dann für sich entscheiden, ob ihm das Foto den geforderten Preis wert ist.

Wenn es eine Möglichkeit dazu gibt, sollte man Adressen notieren und den jeweiligen Personen Abzüge der Fotos schicken. Dies ist zwar aufwendig, aber eine nette Geste.

Gäste in einem fremden Land

Wer in Guatemala reist, sollte versuchen, sich auf die fremde Mentalität einzulassen und nicht nur Vergleiche zu ziehen.

Natürlich ist in Deutschland alles anders, aber ob es deswegen besser ist, bleibt dahingestellt. Respekt, Toleranz und Zurückhaltung sind die wichtigsten Tugenden eines Reisenden auf fremdem Terrain. Man kann nicht erwarten, in ein paar Wochen oder Monaten komplexe Verhaltensmuster der Einheimischen zu erfassen und zu verstehen. Viele Dinge heißt es, so zu akzeptieren wie sie sind, auch wenn man fest davon überzeugt ist, dass sie nicht sinnvoll sind. Direkte Kritik ist in Guatemala unüblich, selbst wenn sie aus unserer Sicht angebracht wäre. In diesem Punkt reagieren Guatemalteken sehr sensibel. Zurückhaltung ist angebracht, denn wer anfängt zu brüllen oder beleidigend zu werden, erreicht oft nur das Gegenteil. Dies gilt besonders für Kontakte mit der Staatsgewalt und mit öffentlichen Angestellten. Höflichkeit, und sei sie auch nur vorgeschoben, ist ein wichtiger Aspekt menschlichen Zusammenlebens in Guatemala. Händeschütteln bei Begrüßung und Verabschiedung ist allgemein üblich.

Gringo

Ursprünglich waren damit die verhassten nordamerikanischen Soldaten gemeint, die im 19. Jahrhundert in ihren grünen Uniformen zu Mexiko gehörende Gebiete annektierten. Aus dem Ausruf „Green go!“ der Bewohner dieser Gebiete wurde dann im Laufe der Zeit *Gringo*. Für die Guatemalteken sind alle hellhäutigen Touristen zunächst einmal Gringos. Dieser nicht unbedingt abwertend gebrauchte Begriff hat eher die allgemeine Bedeutung „Fremder“, kann aber bei entsprechender Betonung auch zum Schimpfwort werden. Oft rufen die Kinder fremden Besuchern diesen Begriff hinterher. Es schadet daher nicht, sich als Deutscher zu erkennen zu geben. Wenn sich dann die darauf folgenden Bemerkungen um die nationalsozialistische Vergangenheit, Fußball und die Frage, ob Deutschland wirklich wiedervereinigt sei, drehen sollten, ist Gelassenheit geboten. Es stecken gewöhnlich keine bösen Absichten dahinter.

Homosexualität

Viele Guatemalteken hegen noch immer Vorurteile gegen gleichgeschlechtliche Beziehungen. Sie passen einfach nicht in die sexuelle Vorstellungswelt der Machos. Homosexualität ist aber nicht verboten. Das Beste ist, seinen Neigungen diskret nachzugehen. Es gibt eine kleine Schwulenszene in Guatemala-Stadt, s.S. 162.

Kleidung

In Guatemala achtet man sehr auf ein gepflegtes äußeres Erscheinungsbild. Selbst in den einfacheren Bevölkerungsschichten trägt man ordentliche, saubere Kleidung. Unverständnis bis hin zu Verachtung ernten Reisende, die in abgewetzter, löchriger Kleidung oder gar barfuß umherlaufen. Für die meisten Guatemalteken ist es nicht nachvollziehbar, wenn ein ausländischer Besucher, der sich einen teuren Flug leisten konnte, in schäbiger Kleidung auftritt. Richtiggehend lächerlich macht sich, wer indianische Kleidung trägt.

Generell hat sich die Kleiderordnung etwas gelockert. Es ist nicht ungewöhnlich, in touristischen Orten oder am Strand mit kurzer Hose, Rock oder trägerlosem T-Shirt zu flanieren. Frauen sollten jedoch immer einen BH unter ihrer Kleidung tragen und sich der Anziehungskraft kurzer Kleidungsstücke auf die einheimische Männerwelt bewusst sein. Außerhalb der Touristenhochburgen und besonders im Hochland gelten strengere Regeln: Die Kleidung ist wesentlich konservativer, hier sind ein langer Rock bzw. lange Hosen angebracht. Nacktbaden ist in Guatemala unbekannt, und dies sollte auf jeden Fall respektiert werden. Selbst ein Bikini ist bei einheimischen Frauen selten zu sehen. Viele von ihnen tragen über dem Badeanzug noch ein T-Shirt.

Religion

In Guatemala spielt die Religion traditionell eine große Rolle im Leben der Bevölkerung. Wie auch immer man zu den einzelnen Glaubensrichtungen eingestellt sein mag: Das oberste Gebot heißt Zurückhaltung. Wer Kirchen betritt, sollte sich dementsprechend kleiden und sich ruhig und unauffällig verhalten. Einem eventuellen Fotografierverbot an heiligen Stätten ist unbedingt Folge zu leisten.

Sprachkenntnisse

Die Sprache ist der Schlüssel zu fremden Kulturen. Je besser man eine fremde Sprache spricht und versteht, desto intensiver ist der Kontakt zur einheimischen Bevölkerung. Während man sich in der Hauptstadt und den Touristenorten, besonders in größeren Hotels und Restaurants, noch mit Englisch durchschlagen kann, ist bei Reisen abseits der ausgetretenen Pfade ein kleiner Spanischwortschatz unerlässlich. Ein paar Begrüßungs- und Höflichkeitsfloskeln in Spanisch kann sich auch der Unbegabteste aneignen. Allein dies zeugt von Respekt vor der Bevölkerung des Gastlandes, und der gute Wille allein wird von jedem Einheimischen honoriert. Gerade Guatemala ist bekannt für seine große Anzahl von Spanisch-Sprachschulen. In vielen Gegenden des guatemaltekischen Hochlands wird vorwiegend eine indianische Sprache gebraucht, gerade Frauen sprechen dort oft sehr wenig Spanisch. Wer sich zusätzlich ein paar Brocken solch einer Indígena-Sprache aneignet, erleichtert sich den Zugang zur jeweiligen ethnischen Gruppe. Deutsch ist kaum verbreitet: Obwohl es viele Guatemalteken deutscher Abstammung gibt, sprechen die meisten von ihnen in der vierten oder fünften Generation kein Deutsch mehr.

Zeitbegriff

In Guatemala gehen die Uhren anders als in Europa. Was heute nicht geht, geht vielleicht morgen.

Warten gehört zum Alltag. Lange Schlangen vor Banken und staatlichen Einrichtungen sind Routine; man erträgt sie stoisch bis gelassen (vordrängeln ist aber beliebt). Da die meisten Busse keine festen Fahrpläne haben, stellt man sich einfach an die Straße und wartet, bis einer kommt. Auch in Restaurants geht es oft durchaus gemächlich zu: Bestellen, Essen, Zahlen kann eine geraume Weile dauern. Am Besten passt man sich diesem Rhythmus an. Wer langsam reist, sieht mehr!

Sonstiges von A–Z

Arbeit

Wer nicht von einer deutschen Firma oder Organisation mit einem Arbeitsvertrag nach Guatemala geschickt wird, bekommt nur schwer einen bezahlten Job. Aufgrund des niedrigen Lohnniveaus darf man an die Vergütung keine hohen Erwartungen stellen. Am ehesten bekommt man noch einen Job als Bedienung in einem Restaurant oder einer Kneipe, die von Ausländern frequentiert wird. Deutschunterricht zu geben, lohnt sich nur bei guten Kontakten. Am einfachsten findet man eine Stelle in der ehrenamtlichen Freiwilligenarbeit. (Adressen im Serviceteil Antigua). Die Angebote reichen von der Arbeit mit Straßenkindern bis hin zur Pflege von verletzten Wildtieren. Während man bei einigen Projekten Unterkunft und Verpflegung gestellt bekommt, müssen diese bei anderen Offerten selber übernommen werden. Die Chance, bei einer Entwicklungshilfeorganisation vor Ort arbeiten zu können, ist relativ gering. Jobangebote enthält gelegentlich die englischsprachige Zeitschrift *The Revue,* die in Antigua verlegt wird und monatlich erscheint.

Aufenthaltsverlängerung

Um die Aufenthaltsdauer von 90 Tagen zu verlängern, gibt es zwei Möglichkeiten. Zum einen die Ausreise in ein Nachbarland – vorzugsweise Mexiko oder Belize, da Honduras und El Salvador zusammen mit Guatemala inzwischen eine Zollunion bilden und man an einigen Grenzen keine Stempel mehr bekommt. Nach 72 Stunden kann man erneut nach Guatemala einreisen (gegen ein Trinkgeld auch oftmals am selben Tag noch) und bekommt erneut 90 Tage Aufenthaltsgenehmigung.

In der Zweigstelle der Einwanderungsbehörde *(Migración)* in Guatemala-Stadt kann man eine Aufenthaltsverlängerung von 90 Tagen beantragen. Dazu muss man eine komplette Kopie des Reisepasses und die Kopie einer Kreditkarte (Vorder- und Rückseite) abgeben und die Originalkarte (sollte noch drei Monate gültig sein) oder ein Flugticket vorzeigen. Nach 2–3 Tagen Bearbeitungszeit kann man sich seinen Pass wieder abholen (sicherheitshalber vorher anrufen!).

Zweigstelle der *Migración* im 2. Stock des *INGUAT*-Gebäudes, 7. Av. 1-17, Centro Cívico, Z. 4, Guatemala-Stadt, ✆ 23618479, ⌚ Mo–Fr 8–16 Uhr (Passausgabe bis 13 Uhr). Achtung! Die Zweigstelle der *Migración* soll gegen Ende 2005 an die Plazuela España, Zone 9 verlegt werden.

Elektrizität

Die Stromspannung beträgt wie in den USA 110 Volt. Mitgebrachte elektrische Geräte benötigen zweipolige Flachstecker und einen Adapter. Nur große Hotels sind mit 220 Volt ausgestattet. Stromausfälle sind keine Seltenheit in Guatemala. Abends sollte man daher immer eine kleine Taschenlampe mitnehmen.

Flughafensteuer

Bei der Ausreise für internationale Flüge sind zurzeit US$30 zu entrichten. Sie sind inzwischen meistens im Ticketpreis enthalten. Am Flughafen von Guatemala-Stadt ist eine Sicherheitssteuer von US$2,70 (20 Quetzales) für In- wie Auslandsflüge zu entrichten. Zahlung in jedem Fall nur mit Bargeld! Akzeptiert werden Quetzales und US-Dollar.

Karten

Die beste Übersichtskarte gibt *International Travel Maps* (Vancouver) raus. Ihre Guatemalakarte hat den Maßstab 1:500 000 und ist unter der ISBN-Nummer 1-55341-231-1 auch schon in Deutschland bestellbar. Sie ist ebenfalls in gut sortierten Buchhandlungen in Antigua oder in der Hauptstadt erhältlich.

Einen brauchbaren, wenngleich nicht sonderlich aktuellen Überblick verschafft die *Mapa Turístico* des guatemaltekischen Tourismusinstituts *INGUAT* im Maßstab 1:1 Mill. Auf der Rückseite der Karte befinden sich die Pläne wichtiger Städte und der Ruinenstätte Tikal. Die Karte bekommt man bei *INGUAT*, an den Postkartenständen vor der Hauptpost (Zone 1) in Guatemala-Stadt und in einigen Buchläden.

Detailkarten in unterschiedlichen Maßstäben sind beim ***Instituto Geográfico Nacional***, Av. Las Américas 5-76, Z. 13, ✆ 23601107 in der Hauptstadt erhältlich, ⌚ Mo–Fr 9–16.45 Uhr.

Unter 💻 www.mapasdeguatemala.com kann man sich touristengerecht aufbereitete Karten der wichtigsten Gegenden Guatemalas ausdrucken. Die Druckversion ist meist an Infostellen in den jeweiligen Gegenden kostenlos erhältlich. ***Mapas de Guatemala***, 1. Av. A 1-70, Z. 1, ✆ 22321850.

Maße und Gewichte

In Guatemala wird das metrische System verwendet. Einige spanische und nordamerikanische Maße sind aber weiterhin gebräuchlich.

Maße und Gewichte

Länge:	*una pulgada*	=	2,54 cm
	un pie	=	30,48 cm (Fuß)
	una vara	=	83,8 cm (Elle)
	una yarda	=	91,4 cm
	una legua	=	5,57 km
Gewicht:	*un gramo*	=	1 g
	una onza	=	28,35 g
	una libra	=	453,6 g
	un quintal	=	45,36 kg
	una arroba	=	11,5 kg
Volumen:	*un medio litro*	=	0,5 l
	un litro	=	1 l
	un galón	=	3,785 l
Fläche:	*una vara*	=	ca. 0,7 m^2
	una caballería	=	45,12 ha
	una cuerda	=	ca. 716 m^2
	una manzana	=	0,74 ha

Notrufe

Siehe im Abschnitt Telefon, S. 49.

Öffnungszeiten

Es gibt keine offiziellen Ladenschlusszeiten. Die meisten Geschäfte öffnen Mo–Fr von 9–19 Uhr und Sa von 9–13 Uhr. Einige Läden schließen über Mittag. Supermärkte in Guatemala-Stadt und Antigua sowie die meisten Geschäfte in Tourismuszentren haben auch sonntags geöffnet. Banken öffnen Mo–Fr von 9–18, einige sogar bis 20 Uhr; Sa von 9–12 oder 13 Uhr. Die Post ist Mo–Fr von 8.30–17.30 Uhr geöffnet. Behördengänge sollten so früh am Tag wie möglich erledigt werden. Beamte trifft man Mo–Fr von 8–16 Uhr an. Viele Museen haben montags geschlossen.

Sprachschulen

Wer länger unterwegs ist, sollte sich die Zeit nehmen, ein wenig Spanisch zu lernen. Guatemala ist bekannt für seine guten und preiswerten Sprachschulen. Es gibt sie in den meisten touristischen Orten, vor allem in Antigua und Quetzaltenango. Viele Schulen vermitteln auch ein Spezialvokabular für einzelne Berufsgruppen. Hinweise zu den einzelnen Schulen und Adressen finden sich in den jeweiligen Ortskapiteln. Weitere Informationen und Internetadressen s.S. 140 im Kapitel Reiseziele.

Trinkgeld

Die Löhne in Serviceberufen und besonders im Tourismus sind sehr niedrig. Dementsprechend ist für die meisten Angestellten das Trinkgeld ein wichtiges Zubrot. Üblicherweise lässt man 10% des Rechnungsbetrags als Trinkgeld liegen. Auch in einfachen Unterkünften und *comedores* freut sich das Personal über eine kleine Aufmerksamkeit.

Zeitunterschied

Guatemala liegt 7 Stunden hinter unserer Zeit zurück (während der Sommerzeit minus 8 Std.), ist es z.B. in Deutschland 15 Uhr, ist es in Guatemala 8 bzw. 7 Uhr morgens.

Guatemala und seine Bewohner

Geografie

Steile Vulkane ragen aus der waldigen Hochebene in den Himmel, tiefe Täler durchschneiden die Gebirgsketten, ein Flickenteppich aus bewirtschafteten Feldern erstreckt sich über das Land – doch dies ist nur eine von zahlreichen Variationen, die Guatemalas Landschaften charakterisieren. Auf einer Fläche von 108 889 km^2, die etwa der Größe der fünf neuen Bundesländer entspricht, wird das Land von einer enormen Vielfalt an Landschaftsräumen und Klimazonen geprägt. Guatemala liegt zwischen dem nördlichen Wendekreis und dem Äquator auf einer Breite von 13°44' bis 18°30' und einer Länge von 87°24' bis 92°14'. Im Süden grenzt es an El Salvador, im Osten an Honduras, im Nordosten an Belize und im Norden und Westen an Mexiko.

Von Mexiko aus reichen die Ausläufer von Gebirgszügen in das Land und bilden den Altiplano, das guatemaltekische Hochland. Es sind zum einen die **Cuchumatanes-Berge**, die Höhen von 3800 m erreichen und die Provinzen im Nordwesten des Landes von West nach Ost durchziehen. Zum anderen erstreckt sich weiter südlich die **Sierra Madre**. Sie wird von einer Kette aus 33 Vulkanen begrenzt, die parallel zur Pazifikküste von Mexiko bis El Salvador verläuft. Der Vulkan **Tajumulco** ist mit 4220 m nicht nur die höchste Erhebung Guatemalas, sondern ganz Zentralamerikas. 43% der Landesfläche liegen auf einer Höhe über 1500 m und 20% sogar über 3000 m. Im Norden fällt das Hochland zum Kalksteinplateau der Halbinsel **Yucatán** und im Osten zur Karibikküste ab. Drei große Flüsse durchziehen das Land auf der karibischen Seite Richtung Golf von Mexiko bzw. Honduras, wogegen auf der pazifischen Seite die Flussläufe zahlreicher, kürzer und steiler sind.

Der pazifische Küstengürtel – Costa Sur

Von Nordwest bis Südost erstreckt sich ein 250 km langer und nur 50 bis 80 km breiter Landstreifen zwischen der Vulkankette und dem Pazifik, der sich in zwei geografische und klimatische Zonen unterteilen lässt. An den westlichen Vulkanabhängen oberhalb der pazifischen Tiefebene verläuft auf Höhen von ca. 500 bis 1000 m die **Bocacosta**, die sich durch ein gemäßigtes, regenreiches Klima auszeichnet. Der sandige Vulkanboden ist ideal für den Anbau von Kaffee, weshalb diese Region auch als Kaffeegürtel Guatemalas bezeichnet wird. Viele enge und steile Flussläufe durchschneiden die Bocacosta und verbreitern sich erst weiter unten im **pazifischen Tiefland**, wo sie regelmäßig Überschwemmungen hervorrufen. Diese landschaftlich uniforme Ebene gehört aufgrund vulkanischer Ablagerungen zu den fruchtbarsten Gebieten des Landes. Neben Viehzucht und dem Anbau tropischer Früchte ist die Küstenregion das Hauptanbaugebiet von Zuckerrohr. Den Übergang zum Pazifischen Ozean bilden Süßwasserlagunen, Mangrovenwälder und schwarzer Sandstrand.

Vulkane

Zu den landschaftlichen Schönheiten Guatemalas zählt die Vulkankette, die das Land von Westen nach Südosten durchzieht. Die höchsten Vulkane, der **Tajumulco** (4220 m) und der **Tacaná** (4093 m), erheben sich an der Grenze zu Mexiko, während die Vulkane im Osten des Landes lediglich Höhen von 1000 bis 1800 m erreichen. Die meisten von ihnen sind so genannte Stratovulkane (Schichtvulkane) mit einer beinahe perfekten Kegelform. Insgesamt 37 Vulkane werden in Guatemala gezählt, von denen zurzeit drei aktiv sind. Hierzu zählen der Vulkan **Fuego** bei Antigua, der Vulkan **Pacaya** in der Nähe der Hauptstadt und der Vulkan **Santiaguito** bei Quetzaltenango, der 1922 bei einer Eruption des Vulkans **Santa María** entstanden ist.

Wer gern wandert, sollte es nicht versäumen, eine Nacht auf einem der schlafenden Riesen zu verbringen, um beim Sonnenaufgang die Gipfel der Vulkankette zu bewundern. Relativ einfach zu erreichen und zu besteigen sind die Vulkane **Agua** (Nähe Antigua), **Pacaya** (Nähe Hauptstadt), **San Pedro** (Atitlán-See), **Santa María** (Nähe Quetzaltenango) und **Tajumulco** (Nähe San Marcos). Die Vulkane **Chicabal** (Umgebung Quetzaltenango) und **Ipala** (Provinz Chiquimula) sind wegen ihrer sehenswerten Kraterseen einen Ausflug wert. Mehr zu den Besteigungen in den jeweiligen Regionalkapiteln und im Abschnitt Reiseziele.

Das Hochland – El Altiplano

Zwischen den beiden zentralen Gebirgsketten – der Sierra de los Cuchumatanes und der Sierra Madre – erstreckt sich im Westen und in der Mitte des Landes das guatemaltekische Hochland. Die zum Teil schwer zugängliche Region ist dicht besiedelt und Hauptlebensraum der indigenen Bevölkerung. In den großen breiten Tälern des zentralen Teils befinden sich mit **Guatemala-Stadt** und **Quetzaltenango** die größten Ansiedlungen des Landes. Da die Böden fast ausnahmslos nur zur Forstwirtschaft geeignet sind, hat intensive Kleinbauernwirtschaft zu ökologischen Problemen, wie z.B. Erosion oder Überdüngung, geführt.

Große tägliche Temperaturunterschiede charakterisieren das Klima im Altiplano. Im Osten bzw. Norden der beiden großen Gebirgsketten erreichen kleinere Ausläufer in den Provinzen **Alta und Baja Verapaz** nur noch geringe Höhen. Das Klima ist hier etwas milder und regenreicher. Während sich die landwirtschaftliche Produktion im zentralen und westlichen Hochland hauptsächlich auf Grundnahrungsmittel wie Mais, Bohnen und einige Gemüsesorten beschränkt, wird in den Verapaces hauptsächlich Kaffee und Kardamom angebaut.

Vom Osten zur Karibikküste

Der Osten des Landes, **El Oriente** genannt, umfasst das Gebiet östlich der Hauptstadt bis zu den Grenzen von Honduras und El Salvador. Die Region wird durch die Ausläufer der Sierra Madre und der Sierra de los Cuchumatanes im Norden sowie den niedrigeren Teil der guatemaltekischen Vulkankette im Süden geografisch begrenzt. Es ist ein hügeliges, trockenes Gebiet; fruchtbare Anbaugebiete finden sich nur in gut bewässerten Flusstälern. Der Fluss **Motagua**, auch **Río Grande** genannt, ist mit ca. 400 km der längste Strom in diesem Landesteil. Eingebettet zwischen den Gebirgszügen der **Sierra de las Minas** und der **Sierra del Merendón** mündet sein Lauf bei der **Bucht von Omoa** in den **Golf von Honduras**. Je mehr man sich der Küstenregion nähert, desto tropischer wird die Landschaft. Hier liegt der **Izabal-See**, mit 590 km^2 der größte See des Landes, der über den breiten, aber nur 30 km langen **Río Dulce** bei **Livingston** in die Karibik mündet. Neben dem Motagua und dem Río Dulce ist auch der karibische Grenzfluss zwischen Belize und Guatemala, der **Río Sarstún**, schiffbar.

Der Petén

Tropischer Regenwald und unzählige Flussläufe prägen das Bild des nördlichen Landesteils. Der Petén, der etwa ein Drittel der gesamten Landesfläche einnimmt, besteht fast ausschließlich aus einer welligen Kalkplatte, die sich nördlich der **Sierra de Chamá** erstreckt und weiter bis nach **Yucatán** reicht. Ausläufer der **Maya-Berge** bilden im Gebiet bei **Poptún** eine Erhebung (ca. 500 m). Im Osten mündet der **Río Mopán** bei **Belize-City** in das Karibische Meer, im Nordwesten der **Río San Pedro** und der **Río de la Pasión** in den größten Fluss Mittelamerikas, den **Rio Usumacinta**. Er markiert die Grenze zwischen Mexiko und Guatemala. Von seiner Gesamtlänge von ca. 1100 km sind etwa 530 km das ganze Jahr schiffbar. Das größte stehende Gewässer des Petén ist mit rund 99 km^2 Fläche der **Petén Itzá-See**.

Flora und Fauna

Die mittelamerikanische Landbrücke verbindet nord- und südamerikanische Flora und Fauna. In Verbindung mit unterschiedlichen Klima- und Bodenfaktoren hat sie eine enorme Artenvielfalt hervorgebracht. Allein in Guatemala gibt es 14 verschiedene Naturräume, die von Meereshöhe bis auf über 4000 m Höhe reichen. Das Land bietet über 7000 Pflanzen-, 700 Baum- und mehr als 600 Orchideenarten (davon kommen ca. 200 nur hier vor). Es ist nicht ungewöhnlich, wenn Forscher immer noch neue Arten in den Regenwäldern Guatemalas entdecken.

Auch die Tierwelt hat einige Superlative zu bieten: 251 Säugetier-, 738 Vogel-, (davon 220 Wandervogelarten), 214 Reptilien-, 112 Amphibien- und 453 Fischarten bevölkern das kleine Land. Viele Arten sind allerdings vom Aussterben bedroht. Denn hier wie auch anderswo ist der Mensch der größte Feind der Natur. In einer Mischung aus Not, Gier und Ignoranz ist er dabei, die ökologische Vielfalt immer schneller zu zerstören.

Flora

Ursprünglich war Guatemala ganz mit Wald bedeckt. Doch Brandrodung, illegaler Holzeinschlag, Viehzucht, Plantagenwirtschaft und die Ausdehnung urbaner Flächen haben besonders in den letzten Jahrzehnten dazu geführt, dass der Baumbestand drastisch reduziert wurde. Zurzeit sind nur noch ca. 35% der Landesfläche mit Wald bedeckt, davon nimmt der tropische Regenwald mit rund 60% den größten Teil ein. Der Rest setzt sich aus Sekundär- und Strauchwäldern (24,8%), Misch- (12%), Nadel- (2,7%) und Mangrovenwäldern (0,5%) zusammen. Höhenunterschiede, Niederschlagsmengen sowie Bodenbeschaffenheit haben Wälder mit unterschiedlichen Charakteristika und Pflanzenwuchs hervorgebracht.

Tropenwald

Trotz starker Abholzung in den vergangenen Jahrzehnten (im Durchschnitt 90 000 ha pro Jahr bei einer jährlichen Wiederaufforstung von nur rund 1500 ha) besitzt Guatemala besonders in der Provinz Petén immer noch große Tropenwaldgebiete (ca. 21 000 km²). Die dünne Humusschicht über dem wasserdurchlässigen Kalkboden ist hier äußerst nährstoffarm, so dass abgestorbene Pflanzenteile schnell verwertet und in den natürlichen Nahrungskreislauf eingebunden werden. Man unterscheidet die folgenden vier Kategorien, deren Lebensraum sich auf Höhenlagen zwischen 0 bis 800 m auf der Pazifikseite bzw. 0 bis 600 m auf der Karibikseite erstreckt.

Immergrüner tropischer Regenwald – Niederschlagsmengen von mehr als 2000 mm pro Jahr, fast über das ganze Jahr verteilt; hohe Luftfeuchtigkeit und hohe, kaum schwankende Temperaturen. Den größten Anteil dieser Waldart findet man im südlichen Petén, kleinere Bestände an der Bocacosta, um den Lago Izabal, im unteren Polochic- und Motagua-Flusstal sowie im Norden der Provinzen Huehuetenango, Quiché und Alta Verapaz.

Sommergrüner tropischer Regenwald – Niederschlagsmengen von 1000 bis 2000 mm pro Jahr mit einer festgelegten Regenzeit, geringere Luftfeuchtigkeit, hohe, wenig schwankende Temperaturen. Dieser Regenwaldtypus ist vorwiegend im Petén anzutreffen. Die Wälder an der Pazifikküste sind weitgehend der Plantagenwirtschaft zum Opfer gefallen.

Halbimmergrüner tropischer Trockenwald – Niederschlagsmengen von 500 bis 1000 mm pro Jahr, kurze Regenzeit, geringe Luftfeuchtigkeit, hohe und wenig schwankende Temperaturen; sein Bereich umfasst eine kleine Zone im Motagua-Tal in der Provinz Zacapa. Ein Großteil seines Baumbestandes endete als Eisenbahnschwellen.

Tropischer Stachelwald – Niederschlagsmengen von unter 500 mm pro Jahr, kurze Regenzeit, geringe Luftfeuchtigkeit, hohe und wenig schwankende Temperaturen. Ihn trifft man nur im Valle de La Fragua in der Provinz Zacapa an.

Subtropenwald

Diese Waldart befindet sich auf Höhen von 700 bis 1400 m. Sie umfasst neben großen Trockengebieten auch die regenreichsten Zonen des Landes. Hierbei werden in Guatemala folgende vier Kategorien unterschieden:

Immerfeuchter subtropischer Regenwald – Von dieser Waldart existiert nur ein 500 km² großes Gebiet im Norden der Provinz Huehuetenango. Kleinere Zonen befinden sich in der Provinz Alta Verapaz.

Feuchter subtropischer Wald – Ihn findet man in Gebieten mit hoher Niederschlagsmenge, wie z.B. an südlichen Vulkanabhängen und in nördlichen Gebieten der Provinzen Alta Verapaz und Quiché.

Halbimmerfeuchter subtropischer Wald – Ein Mischwald, in dem sowohl immergrüne, großblättrige Laubbäume als auch Nadelhölzer anzutreffen sind. Größere Waldgebiete dieser Art befinden sich bei Poptún in der Provinz Petén und an der Grenze zu Honduras.

Subtropischer Trockenwald – Man findet ihn in einigen Seitentälern der Sierra de los Cuchumatanes, in der Provinz Huehuetenango sowie in Teilen der Provinz San Marcos.

Bergwald

Er kommt in Höhenbereichen von 1400 bis 2400 m vor. Kerngebiet ist das guatemaltekische Hochland. Hier unterscheidet man drei Kategorien:

Immerfeuchter Bergwald (Nebelwald) – Kühle Nachttemperaturen und regelmäßiger Niederschlag. Durch die starke Verdunstung bilden sich Wolken, die über dem Nebelwald stehen.

Feuchter Bergwald – Von verschiedenen Kiefernarten geprägtes Waldsystem, das im zentralen Hochland anzutreffen ist.

Trockener Bergwald – Niedrige Niederschlagsmenge mit mehrmonatiger Regenzeit; dominierte ehemals im Hochland auf Flachstücken, ist inzwischen aber weitgehend abgeholzt.

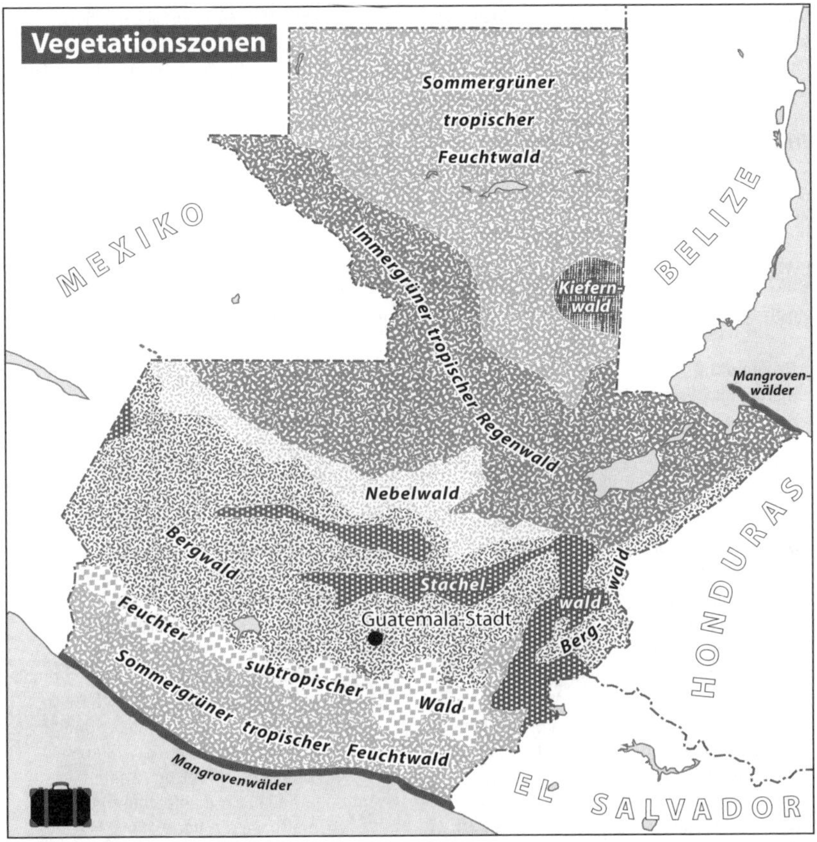

Hochgebirgswald

Die beiden zu dieser Waldart gehörenden Zonen liegen auf Höhen von 3000 bis 4000 m. Ihr Lebensraum ist das Plateau der Cuchumatanes-Berge.

Immerfeuchter Hochgebirgswald – Regenreich mit abgegrenzter Regenzeit, kalt; kleinwüchsige Bäume prägen das Bild.

Feuchter Hochgebirgswald – In den felsigen Gebieten der Cuchumatanes-Berge.

Mangrovenwälder

An den Küsten Guatemalas befindet sich eine besonders artenreiche Waldart. Mangroven (Familie der *Rhizophoracea*) leben außerhalb der Brandungsbereiche an periodisch überfluteten Standorten, an denen sich Salz- mit Süßwasser mischt. Sie sind die Kinderstube für viele Muschel-, Krebs- und Fischarten, Brutplätze vieler Vögel und bilden einen natürlichen Schutzwall gegen das Meer. Die rote Mangrove *(mangle rojo)* kommt häufig vor; sie kann Höhen von 8 bis 10 m erreichen. Ihr Wurzelgeflecht fängt Schlamm und Pflanzenreste auf. Die markanten Stelzwurzeln entspringen dem Stamm und wachsen bogenförmig in den Boden, wo sie Nährwurzeln bilden. Leider gibt es nur noch wenige tausend Hektar Mangrovenwälder. Das harte Holz ist als Baumaterial und seines hohen Gerbstoffanteils wegen beliebt.

In Mangrovengebieten wird bevorzugt Garnelenzucht betrieben, was zur Zerstörung weiterer

Waldstücke geführt hat. Die schönsten Mangroven sind in Monterrico (Biotopo Monterrico-Hawaii) und Tilapa (Reserva Natural El Manchón) zu sehen.

Tropische Pflanzen und Früchte

Viele uns bekannte Früchte und Pflanzen haben ihren Ursprung in Mittelamerika, einige davon sogar direkt in Guatemala. Zu ihnen zählen unter anderem Mais, Bohnen, Maniok, Chilis, Kakao und Avocados. Hinzu kommt eine beträchtliche Anzahl von Obst- und Gemüsesorten (s.S. 431, Anhang).

Fauna

Tiere haben im Leben und in der Mythologie der Maya schon immer eine wichtige Rolle gespielt.

Charakteristische Baumarten

DEUTSCHER NAME	SPANISCHER NAME	VERWENDUNG
Tropenwald		
Mahagoni	Caoba	Edelholzart
Baumwollbaum	Ceiba	Baumwolle, Nationalbaum
Brotnussbaum	Ramón	Essbare Nüsse
Sapodillbaum	Chicozapote	Chicle (Kaugummi), Bauholz
Copalharzbaum	Copal	Weihrauch aus Harz
Kautschukbaum	Palo de hule	Latexprodukte, Spielball der Maya
Mexikanische Zeder	Cedro	Edelholzart
Cohunepalme	Corozo	Speise-, Schmieröl, essbare Nüsse
Campecheholz	Palo de Tinta	Farbstoff, Bauholz
Nelkenpfeffer	Pimienta	Gewürz, Parfüm, medizinische Verw.
Xate Palme	Xate	Zierpflanze
Palmetto-Palme	Guano	Fasern liefern Hüte, Säcke, Seile etc.
Flamboyant	Malinche	Zierbaum, Bauholz, Farbstoff, Harz
Mexikanische Feige	Amate	Papier aus der Rinde (Maya-Codices)
Rosa Trompetenbaum	Matilisguate	Zierbaum, Bauholz, mediz. Verw.
Elefantenohr	Conacaste	Bauholz, Schmuck aus Samen
Jacaranda	Jacaranda	Zierbaum, Holzkohle, Baumaterial
Kalebassenbaum	Morro, Jícaro	Gefäße, mediz. Verw.
Guajakbaum	Guyacán	Hartholz, mediz. Verw., Kunsthandwerk
Berg- und Nebelwald		
Zypresse	Cipres	Brenn- und Bauholz, mediz. Verw.
Ocote-Fichte	Pino de Ocote	Harz
Weißföhre	Pino Blanco	Harz, Brennholz
Eiche	Encino, Roble	Brennholz, Gerbstoffe
Tanne	Pinabete	Weihnachtsbaum, Brennholz, Harz
Baumfarn	Chipe	Töpfe für Orchideen, Zierpflanze
Wilder Avocadobaum	Aguacatillo	Lieblingsfrucht des Quetzals
Louisiana-Moos	Barba de vieja	Zierpflanze
Weiße Nonne	Monja Blanca	Orchidee, Nationalblume
Bromelie	Bromelia	Zierpflanze
Agave	Maguey	Seile, Taschen, Netze, Hängematten

Darstellungen von Jaguar, Eule, Affe, Papagei, Hirsch oder Krokodil sind auf Tempeln, Keramiken und Papierrollen als Zeichen für Macht, Tod, Sonne, Hexerei oder Anderes verarbeitet. Tiere wurden gejagt, aber auch verehrt. Der Nahual, der Schutzgeist in Tiergestalt, begleitet noch heute die Indígenas ihr ganzes Leben lang. Doch mit den Wäldern verschwindet auch die einzigartige Fauna Guatemalas. Viele Tierarten sind vom Aussterben bedroht. Wer als ausländischer Besucher Tiere in freier Wildbahn erleben möchte, kann seinen Beitrag gegen die Ausrottung leisten: Keine vom Aussterben bedrohten Tierarten essen oder sie als Trophäe mit nach Hause nehmen.

Die besten Chancen, Tiere zu beobachten, bieten sich in den Naturschutzgebieten des Petén. Auch im Nationalpark Tikal kann man des Öfteren Füchse, Brüll- oder Klammeraffen sowie Nasenbären sehen. Während der rote Riesenara und der Riesenadler Harphie kaum noch in freier Wildbahn zu beobachten sind, lassen sich Tukane, der Petén-Truthahn sowie Zwergpapageien immer wieder blicken.

Die großen Raubkatzen sind nachtaktiv und leben zurückgezogen in den Regenwäldern, so dass sich schon glücklich schätzen kann, wer ein paar Jaguarspuren entdeckt. Auch der Nationalvogel – der Quetzal – zeigt sich immer seltener.

Säugetiere

Bis auf Manatis kann man alle unten aufgeführten Arten am ehesten in den Regenwäldern der Provinzen Petén, Quiché und Alta Verapaz beobachten.

In Guatemala gibt es zwei Affenarten. Der lauteste Vertreter seiner Art ist der **Brüllaffe** *(mono saraguate* oder *mono aullador)*. Sein raubtierähnliches Brüllen hat schon manchen Touristen um den Schlaf gebracht. Die Männchen der vegetarisch lebenden Kleingruppen nutzen ihre Stimmgewalt zur Kommunikation, um ihr Territorium zu markieren, als Antwort auf Lärm, Menschen, Donner oder aber um den neuen Tag zu begrüßen. Dagegen nehmen sich die helleren Schreie der **Klammer- oder Spinnenaffen** *(mono araña)* ziemlich harmlos aus. Sie sind aber dank ihres langen Schwanzes die Klettermeister im Regenwald. Wenn sie von Menschen gereizt werden, werfen sie gelegentlich Äste und urinieren aus dem Baumgeflecht auf die Eindringlinge herab.

Der **Agouti Paca** *(tepezcuintle)* ist ein bis zu 10 kg schwerer nachtaktiver Nager. Sein weiß gepunktetes, braunes Fell ist eine gute Tarnung. Dennoch ist das Nagetier aufgrund seines schmackhaften Fleisches vom Aussterben bedroht.

Der **Ameisenbär** *(oso hormiguero, tamandua)* ist ein Einzelgänger, der Termiten und Ameisen bevorzugt und selbst Killerbienen nicht verschmäht. Mit seinen scharfen Klauen klettert er auf Bäume, bricht Nester auf und verteidigt sich.

Die **Fledermaus** *(murciélago)* stellt mit fast 100 Arten in Mittelamerika die größte Familie unter den Säugetieren dar. Ihr Lebensraum ist auf warme und gemäßigte Klimazonen beschränkt; oberhalb der Baumgrenze existieren keine Fledermäuse mehr. Sie sind nachtaktiv und bevorzugen daher Höhlen oder abgestorbene Baumstämme. Man unterscheidet Fledermäuse anhand ihrer Nahrung, die von Insekten über Pflanzennektar bis Fleisch oder Fisch reicht. Die mystifizierten Vampirfledermäuse lecken Blut aus kleinen Wunden, die sie ihren Opfern – Wild- oder Haustieren – zufügen. Dabei können sie Tollwut übertragen.

Das **Gürteltier** *(armadillo)* ist eine Laune der Natur. Sein Körper ist mit übereinanderliegenden Hornplatten gegen Feinde geschützt. Bei Gefahr rollt sich das nur ca. 40 cm große Tier zusammen oder sprintet in das Unterholz. Dank seines ausgezeichneten Geruchssinns kann es Insekten unter der Erde riechen. Dort lebt es auch selbst in einem geräumigen Bau mit mehreren Ausgängen.

Die **Seekuh** *(manatí)* kommt in Guatemala am Río Dulce und in den Mangrovenwäldern der Karibikküste vor. Mehr zu diesem scheuen Säugetier s.S. 369.

Der **Nasenbär** *(pizote)*, ein sympathischer Verwandter des Waschbären mit einer länglich platten Schnauze, ist eine der wenigen Säugetierarten, die man noch relativ oft, vor allem in Tikal, zu Gesicht bekommt. Die Allesfresser durchstreifen in Gruppen von bis zu 60 Tieren die Wälder und ruhen nur während der heißesten Stunden des Tages.

Der **Tapir** *(danta)*, das größte Landsäugetier Zentralamerikas, steht ganz oben auf der Liste der bedrohten Tierarten. Bis zu 300 kg bringt ein Tapir auf die Waage, was ihn nicht daran hindert, bei Gefahr mit hoher Geschwindigkeit das Weite zu suchen. Da Tapire sehr kurzsichtig sind, mähen sie auf der Flucht sogar kleinere Bäume nieder. Ihre

Nasenbären sind in Tikal häufig zu beobachten

natürlichen Feinde sind alle großen Wildkatzen. Ein sehr widerstandsfähiges Gebiss ermöglicht es dem Tapir, Samen und Nüsse mit einem Druck von bis zu 250 kg zu zermalmen. Blätter und junge Zweige ergänzen seine Diät. Am wohlsten fühlt sich der Tapir, wenn er ein Schlammloch in der Nähe hat.

Der scheue **Weißwedelhirsch** *(venado cola blanca)* war früher weit verbreitet, ist heute in Guatemala aber nur noch in den Wäldern der Provinzen Quiché, Alta Verapaz und Petén anzutreffen. Er ernährt sich von Fallobst, Blättern und Rinde, die er wiederkäut. Sein Fleisch ist als Delikatesse sehr geschätzt.

Fünf verschiedene Arten von Wildkatzen durchstreifen die schwindenden Wälder Guatemalas. Mit ihrem Lebensraum ist auch ihre Existenz bedroht.

Der König der Fleischfresser Amerikas ist der **Jaguar** *(jaguar)*, von den Einheimischen auch *tigre* genannt. Viele Legenden und Vorurteile ranken sich um ihn. Tatsächlich ist er aber eher scheu, geht Menschen aus dem Weg, solange er nicht provoziert wird, und an Rindern vergeht er sich meist nur, wenn er verletzt – oftmals angeschossen – oder alt ist. Außer dem Krokodil kennt er keine natürlichen Feinde. Während er tagsüber ruht und bestenfalls sein Territorium durch Kratzspuren markiert, geht er nachts auf die Jagd. Seine bevorzugte Beute sind Wildschweine, aber zur Not tun es auch Eidechsen, Fische oder sogar Aas. Nur große, zusammenhängende Naturschutzgebiete können das Überleben dieses wunderschönen Tieres gewährleisten. Ein Jaguarpärchen benötigt einen Lebensraum von ca. 14 000 ha Wald.

Ähnlich stellt sich die Situation des **Pumas** dar, der von den Einheimischen auch Löwe *(león)* genannt wird. Ebenso ungefleckt wie das Fell des Pumas ist das des **Yaguarundi**, einer seltenen Wildkatzenart. Zwei kleinere Wildkatzenarten – das **Ozelot** *(tigrillo)* und die **Tigerkatze** *(margay)* – werden wegen ihres ähnlichen schwarzgepunkteten, hellen Fells oft verwechselt. Dabei ist die Tigerkatze kleiner als das Ozelot und ähnelt von der Größe her eher einer Hauskatze.

Zwei Arten von **Pekaris** *(coche de monte)* leben in den Wäldern Guatemalas. Während *Tayassu tajacu* einen weißen Halsring besitzt, schmückt *Tayassu pecari* ein heller Fleck an der Unterlippe. Ihre schlechte Sicht und das nur mäßige Gehör gleichen diese Wildschweine durch einen hervorragenden Geruchssinn aus. Beide Arten sind gesellige Tiere, die in großen Gruppen unterwegs sind. Einer Wildschweinherde sollte man immer aus dem Weg gehen. Die Tiere können recht aggressiv werden und schnell laufen. Einziges Gegenmittel bei einer Attacke: rauf auf den nächsten Baum!

Vögel

Vogelliebhaber finden in Guatemala ein ideales Revier. Hunderte von Arten sind bisher identifiziert worden. Mehr als die Hälfte aller in Guatemala vorkommenden Vogelarten sind im Petén beheimatet. Mittlerweile sind für einige Regionen sogar Vogellisten erhältlich (s.S. 71, Naturschutzorganisationen), und lokale Veranstalter bieten professionelle Ausflüge mit spezialisierten Guides an. Viele Vogelarten leben im Regen- bzw. Nebelwald und sind daher nur schwer zu beobachten. Ein Fernglas, Geduld und die richtige Uhrzeit sind unerlässlich. Die meisten Tiere sind während des Morgengrauens und der Dämmerung aktiv. Tagsüber, wenn die Hitze am größten ist, tut sich nicht viel in den Wäldern. Das runde Drittel der Wandervogelarten kommt zum Überwintern aus Nordamerika und bleibt vorrangig in den Feuchtgebieten des Petén sowie in den mexikanischen Provinzen Chiapas und Yucatán. Wissenschaftliche Berechnungen haben eine Zahl von 2 bis 5 Mrd. Wandervögeln ergeben.

Geier *(zopilote;* Familie *Cathartidae)* werden von niemandem geliebt, sind aber unerlässlich. Dank überfahrener Hunde und reichlich vorhandener Müllkippen haben die Geier in Guatemala ausgesorgt. Die Aasfresser sind allgegenwärtig und werden oft von Laien im Flug mit Raubvögeln verwechselt. Von den drei in Guatemala vorkommenden Arten ist der Königsgeier *(Sarcoramphus papa)* die größte, farbenprächtigste, aber auch seltenste Art. Er lebt in tropischen Gefilden. Etwas häufiger ist der Truthahngeier *(Cathartes aura)*, während der schwarze Rabengeier *(Coragyps atratus)* die zahlenmäßig größte Gruppe der Geierarten stellt.

Die **Harpyie** *(aguila arpía;* lateinischer Name *Harpia harpyja)* ist der König der Raubvögel in den tropischen Wäldern Mittel- und Südamerikas. Das größere Weibchen kann bis zu 1 m Körperlänge erreichen. Mit weißer Unterseite, schwarzem Federkleid und grauem Schwanz ist der Vogel leicht zu erkennen. Der Kopfkamm mit zwei herausstehenden Federn lässt den Adler noch größer wirken. Er kann mit bis zu 80 km/h auf seine Beute in den Baumwipfeln zurasen. Meist lässt er Affen, Schlangen und Aras keine Chance zu entkommen.

Der **Jabiru-Storch** *(jabirú;* lateinischer Name *Jabiru mycteria)*, der größte Vogel der westlichen Hemisphäre, ist eine echte Rarität. Sein Lebensraum sind offene Sumpf- und Seenlandschaften des Petén und der Pazifikküste, in denen er sich an Fischen, Reptilien und kleinen Säugetieren gütlich tut. Der bis zu 1,60 m große Vogel kann eine Flügelspannweite von über 3 m erreichen. Er ist leicht zu erkennen an seinem schwarzen Kopf und Schnabel sowie dem weißen Federkleid. Den Sommer verbringen Jabirus in Mexiko. Sie kommen im November/Dezember nach Guatemala und Belize, um mit dem Nestbau zu beginnen.

Kolibris *(colibrí, chupaflor;* Familie *Trochilidae)* sind eine der Sensationen von Mutter Natur. Ihre 50 bis 80 Flügelschläge pro Sekunde in Form einer Acht ermöglichen ihnen Flugbewegungen in alle Richtungen. Dabei erreichen sie Geschwindigkeiten von bis zu 100 km/h. Aufgrund des hohen Energieverbrauchs müssen Kolibris täglich mehr als ihr eigenes Körpergewicht an Nahrung zu sich nehmen. Sie bevorzugen Nektar, den sie mit ihren langen Schnäbeln aus der Blüte saugen. Dabei bestäuben sie die Pflanze. Auch Insekten stehen gelegentlich auf ihrem Speiseplan. Wegen ihrer Beweglichkeit und Schnelligkeit haben Kolibris außer Bienen so gut wie keine natürlichen Feinde. Untereinander können sie sich jedoch wilde Kämpfe ums Territorium liefern. In Guatemala gibt es rund 40 Arten. Außer in tropischen Gefilden bekommt man Kolibris häufig am Atitlán-See zu sehen.

Der **Montezuma-Stirnvogel** *(oropéndula;* lateinischer Name *Gymnostinops montezuma)* ist leicht an den Glueckslauten der männlichen Balzgesänge und den gelben äußeren Schwanzfedern zu erkennen. Oropendulas leben in großen Gruppen und bauen ihre hängenden Nester in hohen Bäumen. Es wird erzählt, dass das Männchen die aufwendige Nestkonstruktion zu bauen hat – gefällt sie dem Weibchen nicht, darf er noch einmal von vorn anfangen. Oropendulas sind im Tikal-Nationalpark zu sehen.

Der **Petén-Truthahn** *(pavo del Petén, pavo dorado, pavo ocelado;* lateinischer Name *Meleagris ocellata)*. Der bis zu 5 kg schwere Tieflandvogel bevorzugt offene Wälder, wo er in den Bäumen lebt, obwohl er sich am Boden ernährt. Da er leicht zu erlegen und sehr schmackhaft ist, sieht man ihn nur noch in Naturschutzgebieten des nördlichen Guatemala (z.B. im Tikal-Nationalpark).

Erst vor ein paar Jahren wurde der *pavo del cacho* entdeckt – eine wilde Truthahnart mit schwarzweißem Federkleid und rotem Horn auf dem Kopf.

Der **Quetzal** *(quetzal;* lateinischer Name *Pharomacrus mocinno)* ist der spektakulärste Vertreter der Trogon-Familie, außerdem der Nationalvogel und Namensgeber der guatemaltekischen Währung. Seine langen grünen Schwanzfedern waren der Kopfschmuck der herrschenden Maya-Eliten und ein begehrtes Handelsgut. Heutzutage ist der Göttervogel, dem nachgesagt wird, dass er in Gefangenschaft nicht überleben kann, vom Aussterben bedroht (mehr zum Quetzal s.S. 304).

Der **Regenbogentukan** *(tucán grande;* lateinischer Name *Ramphastus sulfuratus)* ist der Natio-

Tukan

nalvogel von Belize und sicherlich eine der auffälligsten Vogelarten Amerikas. Charakteristisch sind sein großer bunter Schnabel, leicht und scharf zugleich, sowie die vielen Farben seines Körpers, von denen sich besonders die gelbe Brust und die blauen Beine abheben. Oft fliegen sie in kleinen Gruppen umher, begleitet von ihren kleineren Verwandten, den **Arakaris** *(tucancillo collarejo;* lateinischer Name *Pteroglossus torquatus erythrozonus).* Beide Arten ernähren sich von Früchten, Insekten, Schlangen und auch Eiern anderer Vögel. Man findet Tukane in allen Tieflandregionen der Provinzen Quiché, Izabal, Alta Verapaz und Petén.

Der **Rote Riesenara** *(guacamaya roja;* lateinischer Name *Ara macao)* ist weitaus öfter in Gefangenschaft als in freier Natur zu beobachten, denn er ist stark vom Aussterben bedroht. Sein scharlachrotes Federkleid mit den gelben und blauen Ausläufern sowie den langen Schwanzfedern ist ein unvergesslicher Anblick. Ara-Paare legen ihre Eier in hohle Baumstämme oder verlassene Termitennester. In Guatemala soll es nur noch rund 300 der angeblich einander lebenslang treu bleibenden Pärchen geben. Am Usumacinta-Fluss gibt es Bemühungen, Nesträuber, die die Jungtiere mit viel Gewinn als Haustiere verkaufen, vom Plündern abzuhalten und sie in Tourismusprojekte einzubinden. Mit etwas Glück kann man Aras auch im Nationalpark Lachuá sehen.

Die Liste der Vogelarten könnte noch weitergeführt werden. Häufig zu sehende Arten sind **Pelikane** *(pelícano)* an beiden Küsten, **Kormorane** *(cormorán)* und verschiedene **Reiherarten** *(garza)* am Río Dulce und in Monterrico. In vielen Stadtparks hört und sieht man **Zanates** (lateinischer Name *Quiscalus mexicanus).* Die schwarze, amselähnliche Vogelart veranstaltet früh morgens und spät abends ein lärmendes Spektakel. Entlang von Flüssen und Seen fallen die **Eisvögel** *(martín pescador)* auf.

Zwergpapageien *(perico)* fliegen auf der Suche nach Nahrung von der Pazifikküste ins Hochland. An der Lagune Petexbatún lassen sich **Fischadler** *(aguila pescador)* beobachten. Der *gavilán chapulinero* ist ein **Habicht**, der sich gern auf Telefonleitungen entlang der Straßen ausruht. Der bunt gefiederte **Motmot** *(momotu común)* ist leicht an seinem doppelpendelartigen Schwanz zu erkennen. Der guatemaltekische **Waldspecht** *(carpintero real)* hat einen grellroten Kopf und schwarzen Körper mit zwei weißen Streifen.

Reptilien, Amphibien und Fische

Wer den Begriff Reptilien hört, denkt zuerst an die gefährlichen Vertreter dieser Gattung. Die meisten Tiere sind jedoch harmlos, sogar die giftigen vermeiden den Kontakt zum Menschen. Ganz weit oben in der Nahrungskette befinden sich die drei **Krokodilarten** *(cocodrilo moreleti, cocodrilo acutus* und *caimán).* Gegen den Menschen haben sie allerdings keine Chance. Sie sind heutzutage nur noch höchst selten in den Nationalparks im Petén anzutreffen. Auf tropischen Flüssen und Seen in den Provinzen Petén, Izabal und im Unterlauf des Río Polochic trifft man des Öfteren **Wasserschildkröten** *(tortuga del río)* an. Sie können bis zu 25 kg Gewicht erreichen. Fünf verschiedene Arten von **Meeresschildkröten** *(tortuga del mar)* besuchen die Strände Guatemalas und legen im Sand ihre Eier ab (mehr dazu im Kapitel Das pazifische Tiefland S. 414).

Der grüne **Leguan** *(iguana verde)* braucht ein schattiges Versteck und ein Plätzchen zum Sonnen. Dieses Territorium verteidigt er gegen seinesgleichen mit aufgeregtem Kopfnicken. Der schnelle **Ba-**

silisk *(basilisco)*, ein Vertreter der Leguanfamilie, richtet sich zum Laufen auf seine beiden Hinterbeine auf und überquert so Wasserflächen. Dies hat ihm den Spitznamen „Jesusläufer" eingebracht. Die **Eidechsenart** *Heloderma horridum (escorpión* – nicht zu verwechseln mit Skorpionen, die in der Regel *alacrán* genannt werden) ist giftig und lebt im Motagua-Tal. Dreizehn **Salamanderarten** leben in Guatemala. Sie werden *niño dormido* oder *salamanquesa* genannt.

Von den 119 guatemaltekischen Schlangenarten sind lediglich 18 giftig. Die gefährlichste von allen ist die **Lanzenotter** *(barba amarilla, terciopelo)*. Das nachtaktive Tier, das zu den Vipern gehört, kann über 2 m lang werden und besitzt eines der gefährlichsten Schlangengifte überhaupt.

Die einzige Vertreterin der **Klapperschlangen** in Guatemala ist die *cascabel*, die fast so groß wie die Lanzenotter werden kann. Das bunt geringelte Kleid der kleinen **Korallenschlange** *(coral)* ist von vielen nicht giftigen Schlangen imitiert worden und vom Original nur schwer zu unterscheiden. Wer auf Nummer sicher gehen will, hält besser Abstand. Das Gift der Korallenschlange kann einen Menschen nämlich in 15 Minuten töten. Harmlos ist die **Boa constrictor** *(mazacuata)*. Die Würgeschlange kann trotz ihrer Größe von bis zu 4 m einem Menschen nicht viel anhaben.

Frösche gibt es in vielen Varianten. Gerade von den kleinen Arten sind jedoch viele giftig. Bekannt sind die **Giftpfeilfrösche**, deren Gift bei Kontakt mit Blut einen Menschen in kürzester Zeit töten kann. Sie zeigen sich nur selten, da sie fast ihr ganzes Leben in Trichterbromelien auf den Ästen größerer Bäume verbringen.

Viele der 220 **Süßwasserfischarten** sind durch Wasserverschmutzung und Überfischung bedroht. Guten Fisch bekommt man am Atitlán-See, dem Petén Itzá-See und am Río Dulce. Beliebte Arten sind *mojarra, blanco* und *tilapa*. Unter den **Meeresfischen** werden die *corvina* und der *róbalo* zum Verzehr bevorzugt (siehe auch S. 431, Kulinarisches Wörterbuch).

Insekten

Über die vielen zehntausend Insektenarten allein könnte man ein ganzes Buch schreiben. Wer die Regenwälder Guatemalas besucht, wird mit einigen von ihnen Bekanntschaft schließen.

Die Hälfte der Biomasse aller Insekten besteht aus Ameisen. Von den vielen Arten sind sicherlich die **Blattschneideameisen** *(zompopos)* die auffälligsten. Auf richtigen „Autobahnen" transportieren sie Unmengen von Blättern in ihren Bau, wo diese dann zerkaut werden. Die so gewonnene Substanz dient den Ameisen zum Aufbau von Pilzkulturen, von denen sie sich ernähren. Die Ameisen dienen als eine Art Müllabfuhr und erzeugen viel organische Masse, die den Boden düngt. **Termiten** *(termitas)* leben in kompliziert angelegten Bauten an Baumstämmen oder Ästen und ernähren sich von Holz. Die Wärme liebenden, lichtscheuen Tiere legen Tunnelgänge an, um zu ihren Futterquellen zu gelangen.

Stechmücken *(zancudos, mosquitos)* sind nicht so häufig wie vielfach angenommen. Dennoch sollte beim Besuch der Regenwälder ein Mückenmittel nicht fehlen. In schillerndem Blau leuchtet der große **Morpho-Schmetterling**. Die vielen Spinnenarten sind zumeist harmlos. Die haarige **Vogelspinne** *(araña de caballo)* beißt nur in Notwehr. Ihr Gift ist schmerzhaft, aber nicht lebensbedrohlich. Gleiches gilt für die verschiedenen **Skorpion-Arten** *(alacrán)*. **Zikaden** *(chicharras)* bilden die Hintergrundmusik eines jeden Dschungelbesuchs. Je heißer und trockener es ist, desto lauter ihr Konzert.

Ökologie

Um die zwiespältige Denk- und Handlungsweise der guatemaltekischen Bevölkerung in Bezug auf den Umweltschutz zu verdeutlichen, kann der Nationalvogel Quetzal gute Dienste leisten. Obwohl die meisten Guatemalteken das scheue Tier nur von Bildern kennen, sind sie stolz auf ihr Wahrzeichen. Dennoch wird der Lebensraum des Wappentiers durch viele Umweltsünden kleiner und kleiner. Schönen Worten der Politiker, Funktionäre und Wirtschaftsbosse zum Umweltschutz folgen nur selten Taten. Was wollen diese ewig nörgelnden Besserwisser bloß mit ihrem Naturschutz, fragt sich so manch einer im Land, wenn doch Arbeit und Brot viel wichtiger sind. Die kleine, oft unverstandene Fraktion der Umweltschützer hat einen schweren Stand in Guatemala. Das verwundert allerdings nicht, sind doch ihre Gegenspieler mächtige Großgrundbesitzer, hochrangige Militärs, Politiker und leider sehr oft auch der kleine Mann von der Straße, denn sich für die Umwelt einzusetzen, ist bisweilen sogar gefährlich: Zwei Angestellte des Nationalrats der Schutzgebiete CONAP bezahlten ihren Einsatz für eine bessere (Um-) Welt im Februar 2000 mit dem Leben. Nachdem sie über illegalen Holzeinschlag in einem Schutzgebiet in der Provinz Izabal berichtet hatten, wurden sie kaltblütig ermordet. Von den Tätern fehlt wie so oft in Guatemala jede Spur. Zur Bedrohung der persönlichen Sicherheit gesellen sich weitere Probleme wie Geldmangel, fehlende Bildung und Toleranz in der Bevölkerung sowie Bestechlichkeit auf allen Ebenen.

Über tausend Jahre nach dem Niedergang der Maya-Kultur befindet sich Guatemala erneut am Scheideweg. Schon im 8. Jahrhundert n.Chr. verbrauchte die Bevölkerung mehr Ressourcen als die Natur ihr ersetzen konnte. Die Menschen laugten die Böden aus, holzten die Wälder ab und verbrauchten zu viel Wasser. Das Ergebnis: geringere Ernten und Hunger. Das Volk wurde unruhig, vertrieb seine schmarotzenden Herrscher und verstrickte sich in soziale Unruhen. Der Untergang der Maya war besiegelt.

Mit Beginn des 21. Jahrhunderts scheint sich die Geschichte zu wiederholen. Guatemala hat eine Bevölkerungszahl von über 12,5 Mio. erreicht. Bei der jetzigen Wachstumsrate von ca. 2,6% jährlich wird sich die Bevölkerung bis zum Jahr 2030 fast verdoppeln. Die Probleme von damals werden somit auch die Probleme der Zukunft sein.

Die Zerstörung der Wälder

Der Name Guatemala bedeutet so viel wie „Waldland". Auch der Name der größten indianischen ethnischen Gruppe – des Volkes der Quiché – lässt sich so übersetzen. Doch von den Wäldern, die das Land noch zu Kolonialzeiten flächendeckend überzogen, ist leider nicht mehr viel übrig. Die gesamte Waldfläche ist auf ca. 35% der Landesfläche im Jahr 2001 zurückgegangen. Jedes Jahr fallen rund 90 000 weitere Hektar den Motorsägen und oftmals absichtlich gelegten Waldbränden zum Opfer.

Ursachen gibt es viele: Zum einen der Heißhunger der Ersten Welt auf Edelholz, ein lukratives Geschäft, in das angeblich unter anderem guatemaltekische Militärs und mexikanische Händler verwickelt sind. Aber auch die Armut, die viele Menschen mangels Alternativen zum Abholzen zwingt, denn nur so können sie ihren Lebensmittel- und Brennstoffbedarf decken. Viele dieser einfachen *campesinos* verlassen das dicht besiedelte Hochland oder den entwaldeten Osten des Landes, um in den Regenwäldern des Nordens Brandrodung zu betreiben. Einige haben in Naturschutzgebieten illegal Land besetzt, da die Regierung bei der im Friedensabkommen versprochenen Landvergabe schleppend und umständlich agiert. Die Zahl der illegalen Landbesetzungen hat in den letzten Jahren drastisch zugenommen und ist zum Beispiel im Nationalpark Laguna de Tigre im Petén von zehn im Jahr 2000 auf über 40 im Jahr 2004 gestiegen. Ein weiterer Grund für die Abholzung ist die Rindfleischproduktion: Riesige Waldflächen werden für Weideland geopfert, auf dem dann nur noch Kühe grasen. 60% des Rindfleisches landet in den großen Fastfood-Ketten der USA. An der Pazifikküste fallen die ökologisch besonders wertvollen Mangrovenwälder der Garnelenzucht zum Opfer, und die verbliebenen Regenwälder werden in Zuckerrohrplantagen verwandelt. Ölexploration, illegale Jagd und Tierhandel, unzureichende Wiederaufforstung, mangelnde Bewachung der Naturschutzgebiete tun ihr Übriges... Die Liste der Vergehen gegen den Wald ist lang. Einigen Prognosen zufolge wird der guatemaltekische Wald in 20 bis 30 Jahren auf wenige Prozent der Landesfläche zusammengeschrumpft sein. Wird Guatemala dann seinen Namen ändern müssen?

Ökologische Folgen der Landwirtschaft

Die Landwirtschaft ist immer noch das wichtigste wirtschaftliche Standbein Guatemalas. Eingriffe in die Umwelt haben aber auch hier zu einer bedenklichen Situation geführt. Während z.B. in Deutschland für Chemiefirmen strenge Vorschriften bei der Produktion von Pestiziden und Düngemitteln gelten, produzieren und vertreiben Filialen dieser Unternehmen in Guatemala noch immer bei uns längst verbotene Schädlingsbekämpfungsmittel wie beispielsweise DDT. Exportware, die in Europa oder den USA zulässige Schadstoffmengen überschreitet, wird unkontrolliert auf dem heimischen Markt verkauft. Die US-Drogenbehörde DEA, die der guatemaltekischen Regierung im Kampf gegen Rauschgifte aller Art kräftig unter die Arme greift, hat viele ländliche Gegenden mit Unkrautvernichtern wie *Malathion* oder *Round-Up* besprüht, um Mohn- und Marihuanafelder zu zerstören. Doch um das hierdurch verseuchte Land, Ernteverluste oder Krankheiten bei Mensch und Tier kümmert sich niemand mehr.

Jahrzehntelanger übertriebener Einsatz von Kunstdünger und Schädlingsbekämpfungsmitteln hat viele Böden unfruchtbar gemacht und große Mengen an Schadstoffen in Flüsse und Seen gespült. Der traditionelle Anbau von Mais auf dafür wenig geeigneten Waldflächen laugt die Böden innerhalb weniger Jahre aus. Mittlerweile muss Guatemala große Mengen dieses Grundnahrungsmittels importieren. Eine radikale Reform der Landwirtschaft, die auch eine gerechtere Umverteilung von Land mit einbezieht, ist unumgänglich. Ob der zunehmende Anbau von genmanipulierten Anbauprodukten der Bevölkerung zugute kommt, bleibt offen.

Umweltschäden durch Berg- und Tagebau

Obwohl Guatemala reich an Bodenschätzen ist, sind die Vorkommen im Vergleich zu anderen lateinamerikanischen Staaten erst zu einem geringen Teil ausgebeutet worden. Immerhin stieg die Anzahl der Schürfgenehmigungen von 139 im Jahr 1995 auf 460 im Jahr 1999. Gleichzeitig erhöhten sich die Investitionen um mehr als das Doppelte. Nach Angaben der Naturschutzorganisation FUNDAECO wurden die Konzessionen allerdings ohne vorherige Konsultierung der Umweltschutzbehörden erteilt. Viele der Schürfareale befinden sich zudem in Naturschutzgebieten. Umweltschützer befürchten daher schwere ökologische Auswirkungen auf die Luft-, Wasser- und Bodenqualität. Besonders im Tagebau gewonnene Materialien wie Marmor, Sand oder Kies belasten die Umwelt; von den optischen Schäden an der Landschaft ganz zu schweigen.

Verschmutzer der besonderen Art sind die einzigen Zementwerke des Landes – Cementos El Progreso. Sie liegen an der Hauptstraße in Richtung Karibikküste in der Provinz El Progreso und haben ein großes Gebiet mit einer feinen, dünnen Staubschicht überzogen.

Informationen zur Erdölproduktion in Guatemala und den Folgen finden sich im Kapitel Wirtschaft S. 106.

Die Umweltprobleme von Guatemala-Stadt

Lebten vor vier Jahrzehnten nur rund 300 000 Menschen in der Landeshauptstadt, so sind es heute bereits über 2 Mio. Das explosionsartige Wachstum hat Guatemala-Stadt zahlreiche, nur schwer zu lösende Umweltprobleme beschert: zu wenig Trinkwasser und Energie, extreme Luftverschmutzung und Müllberge. Zentrale Probleme sind die Wasserversorgung und Abwasserentsorgung. Viele Stadtviertel müssen bereits mit Tankwagen versorgt werden. Wer Leitungswasser trinkt, riskiert krank zu werden. Die Abwässer von Industrie und Haushalten fließen ungeklärt in die ohnehin schon biologisch toten Flüsse. Ein Beispiel ist der Amatitlán-See: Er kippte schon vor Jahren um, und die zunehmenden Ablagerungen aus den Einleitungen lassen ihn zunehmend verlanden. Inzwischen hat die Regierung zwar ein Programm zur Rettung des Sees gestartet, es bleibt allerdings abzuwarten, inwieweit die Maßnahmen greifen werden. Ein weiteres Problem ist der Verkehr. Täglich stauen sich mehr als 750 000 Fahrzeuge in einer Stadt, die nur auf rund 400 000 Vehikel ausgelegt ist und in der Ende der 70er Jahre nur rund 75 000 Fahrzeuge unterwegs waren. Dem 1000%-Anstieg des Fuhrparks steht eine magere Ausweitung des Straßennetzes von rund 30% gegenüber. Zusammen mit unzähligen Fabrikschloten erzeugt der ausufernde Hauptstadtverkehr eine braungelbe Dunstglocke. Aus vielen alten Fahrzeugen treten schwarze Rußwolken aus, die Fußgänger einhüllen, wobei Kinder und ältere Menschen am meisten leiden.

Nicht zuletzt erstickt die Stadt an ihren Müllbergen. Wer sich im Gebiet um die Zone 3 bewegt, kann die größte Müllkippe des Landes bereits von weitem riechen: Von dichten Rauchschwaden umgeben, durchstöbern hier ganze Heerscharen von Menschen die Abfälle; ca. 1500 Tonnen werden täglich angekarrt. Schon mehrfach geriet der Müllhaufen in Brand und hüllte die Hauptstadt tagelang in eine stinkende Wolke. Obwohl bereits im Jahr 2000 eine moderne Müllbeseitigungsanlage in den Außenbezirken der Hauptstadt geplant wurde, hat sich bis heute nichts an der prekären Situation geändert. Die Nachricht über eine eventuelle Verlegung konnte die Müllsammler auf der alten Müllkippe ohnehin wenig begeistern: Sie würden ihr Einkommen aus dem „schmutzigen“ Geschäft verlieren.

Kahlschlag zum Fest

Alle Jahre wieder bietet sich in der guatemaltekischen Hauptstadt dasselbe Bild. Zwischen Hochhäusern und Blechkarawanen verkaufen Händler Weihnachtsbäume: schlank, grün und kerzengerade, also geradezu perfekt. Kein Wunder, werden doch meist einzelne Zweige mit Nagel und Draht zu einem täuschend echt aussehenden Christbaum zusammengebastelt. Die grünen Zweige stammen ausschließlich von der *abies guatemalensis.* Diese Fichtenart wächst nur im Hochland Guatemalas. Seit 1979 steht der Baum, der eine Höhe von bis zu 45 m erreichen kann, auf der internationalen Liste der vom Aussterben bedrohten Arten. Doch geschützt wurde er deshalb keineswegs. Im Gegenteil: Der Baum wird als Festschmuck immer begehrter, weil er unter allen subtropischen Hölzern einem Weihnachtsbaum in Aussehen, Haltbarkeit und Duft noch am ehesten ähnelt. Nadelbäume sind rar in diesen Gefilden. Die letzten größeren Wälder der *pinabete,* wie diese Tannenart im Volksmund genannt wird, stehen in der Provinz Totonicapán im Westen des Landes in Höhenlagen von 2700 bis 3600 m. Gerade zur Weihnachtszeit sind die Bestände von Axt und Säge bedroht. Aber das schnelle Saisongeschäft hat schlimme Folgen für Natur und Menschen der Region. Ohne Wälder rutschen die Hänge und wird das Trinkwasser knapp.

Besonders dramatisch: Gerade zur Weihnachtszeit reifen die Zapfen. Erst durch sie kann sich der Baum auf natürliche Weise verbreiten. Es gab also genügend Gründe für die Bewohner der Provinz Totonicapán, etwas zum Schutz ihrer lebenswichtigen Wälder zu unternehmen. 1997 schlossen sich 63 Gemeinden, die örtliche Umweltbehörde, Armee, Polizei sowie internationale Organisationen wie Greenpeace und Helvetas zusammen, um einen gemeinsamen Aktionsplan umzusetzen. Nun durchstreifen hunderte Dorfbewohner zwischen November und Januar rund um die Uhr die Wälder. Sie bewachen die wichtigsten Straßen und kontrollieren jeden, der sich den grünen Oasen nähert. Der Erfolg gibt ihren Bemühungen Recht: Der illegale Holzeinschlag in der Provinz hat sich seitdem um rund 70% verringert.

Umweltschutzmaßnahmen

Die zunehmenden ökologischen Probleme riefen in den 80er und 90er Jahren eine Umweltbewegung auf den Plan. Studenten, Lehrer und Professoren gründeten Basisbewegungen, knüpften internationale Kontakte und veranstalteten Protestaktionen in kleinerem Umfang. Das Thema Umwelt war salonfähig und modisch geworden, ohne jedoch große Teile der Bevölkerung zu interessieren. Ende der 80er Jahre wurde die nationale Umweltkommission CONAMA gegründet. Ihr Hauptverdienst war die zunehmende Einrichtung von Schutzgebieten, mit der sie die fortschreitende Abholzung etwas bremste. Internationale Geldgeber kanalisierten Gelder für Naturprojekte, in die auch die vor Ort lebende Bevölkerung eingebunden wurde.

Mittlerweile bestehen regelmäßige Exportkontakte für sich regenerierende Regenwaldprodukte wie den Kaugummirohstoff Chicle, der Xate-Palme, Nelkenpfeffer oder Palmherzen. Auch landwirtschaftliche Techniken, die bereits die Mayas nutzten, wie zum Beispiel der Terrassenfeldbau, kommen wieder in Mode. In einigen Teilen der Bocacosta und des Hochlands wird der Kaffee organisch angebaut. Nach der Ernte werden die Kaffee-Kirschen in geschlossenen Wasserkreisläufen vom Fruchtfleisch befreit. Die positive Folge: Das Wasser bleibt sauber, der Boden gesund. Mehrere Organisationen versuchen, den hohen Brennholzverbrauch bei der Nahrungszubereitung mit speziell konstruierten Herden zu reduzieren. Auch die Hochlandbauern greifen zur Selbsthilfe: Dörfer in der Provinz Totonicapán stellen Wachposten auf, um die Abholzung wertvoller Baumbestände zu verhindern (s. Kasten). Am Atitlán-See wurde außerdem 1999 die erste Kläranlage der Region eingeweiht; der Anschluss ist allerdings freiwillig. Ebenfalls am Atitlán-See veranstalten private Organisationen einmal pro Jahr eine Unterwasser-Müllsammelaktion. Nicht besonders nachhaltig war hingegen die groß angelegte Aktion *No sea coche!* (Seien Sie kein Schwein!), die das Wegwerfen von

Abfällen auf die Straße eindämmen wollte. Immer noch kann man bei jeder Busfahrt Zeuge werden, wie Dosen, Flaschen und Plastiktüten gedankenlos auf die Straße geworfen werden. Umweltschutz bedarf der Erziehung, und die wiederum benötigt finanzielle Mittel. An beidem fehlt es in Guatemala.

Umweltorganisationen in Guatemala

Viele der unten aufgeführten Organisationen verwalten Naturschutzgebiete. Um diese besuchen zu können, muss man Kontakt mit der zuständigen Organisation aufnehmen. Einige der genannten Organisationen veranstalten auch umweltbewusste Reisen, die für Individualtouristen sehr interessant sein können. Auf all das wird im Länderteil näher eingegangen. Alle Adressen beziehen sich, sofern nicht anders vermerkt, auf Guatemala-Stadt.

Centro de Información y Documentación Forestal (CINFOR), 7. Av. 6-80, Z. 13, ✆/℡ 24735209, ✉ cinfor@inab.gob.gt, Informationszentrum des INAB.

Consejo Nacional de Areas Protegidas (CONAP), 5. Av. 6-06, Z. 1, ✆ 22380000, ℡ 22534141, 🖳 www.conap.gob.gt, Nationalrat der Schutzgebiete, staatliche Organisation, die übergeordnet alle Naturschutzgebiete betreut.

Fundación Defensores de la Naturaleza, 7. Av. 7-09, Z. 13, ✆ 24408138, ℡ 23640212, 🖳 www.defensores.org.gt, Privatorganisation, die unter anderem die Schutzgebiete Río Polochic und Sierra de las Minas verwaltet; Vogellisten sind erhältlich.

Fundación del Bosque Tropical, 5. Av. 12-31, Z. 9, Edificio El Cortéz, 3er Nivel, ✆ 23312658, ℡ 58147778, 🖳 www.tropicalrainforest.org, Ziel der Organisation ist der Schutz der guatemaltekischen Regenwälder.

Fundación para la Conservación del Medio Ambiente y los Recursos Naturales Mario Dary Rivera (Fundary), 5. Av. 9-62, Z. 1, ✆ 22323220, ℡ 23670171, 🖳 www.guatenet/fundarymanabique, setzt sich vornehmlich für den Schutz der Ökozone Punta de Manabique ein.

FUNDAECO, 19. Av. A 0-89, Vista Hermosa II, ✆ 24404609 ℡ 24404615, 🖳 www.fundaeco.org, private Organisation, die das Naturschutzgebiet Cerro San Gil verwaltet.

Tipps für umweltbewusstes Reisen

- → Beim Umweltschutz ist jeder Einzelne gefordert, um so mehr bei einem Aufenthalt im Ausland, wo die Versuchung, sich als Gast wie die oftmals wenig umweltbewusste Bevölkerung zu verhalten, ziemlich groß ist. Das Argument, die Einheimischen machen das doch auch, ist unsinnig. Besser ist es, mit gutem Beispiel voranzugehen und die goldene Regel anzuwenden: **Verlasse alle Plätze so, wie Du sie selber gern vorfinden würdest**. Nachfolgend noch ein paar weitere Empfehlungen für umweltgerechtes Reisen: Ideal wäre: *take nothing but pictures, leave nothing but footprints;* daran sollte man auch seine Mitreisenden erinnern.
- → Nichtorganischen Müll aus Naturschutzgebieten mitnehmen!
- → Keine Souvenirs von bedrohten Pflanzen oder Tieren kaufen! Das Washingtoner Artenschutzabkommen verbietet deren Import nach Europa. In Guatemala ist die Ausfuhr von Orchideen (und archäologischen Fundstücken) streng untersagt.
- → Bei Besuchen von Naturschutzgebieten auf den angelegten Wegen bleiben; Tiere nicht stören!
- → Hotels, Fluglinien, Urlaubsorte, Reiseveranstalter etc. auf mögliche Umweltschutzmaßnahmen hinweisen. Busfahrer bitten, bei längeren Aufenthalten den Motor auszustellen. Klimaanlagen vermeiden!
- → Pfandflaschen kaufen, Trinkflaschen benutzen und mit mehreren Leuten größere Wasserkanister kaufen, um den Plastikverbrauch zu reduzieren; Softdrinks nicht in kleine Plastiktüten umfüllen lassen!
- → Beim Schnorcheln oder Tauchen keine Korallen berühren oder abbrechen!
- → In vielen Gegenden Guatemalas ist das Wasser knapp. Unnötiger Verbrauch sollte daher vermieden werden.
- → Toilettenpapier und andere Hygieneartikel nicht in die Toilette, sondern in die daneben stehenden Eimer werfen!

Instituto Nacional de Bosques (INAB), 7. Av. 12-90, Z. 13, ✆ 24720812, ℻ 23618070, ✉ informacion@inab.gob.gt, nationales Waldinstitut.
Ministerio de Ambiente y Recursos Naturales, 20 C. 28-58, Z. 10, ✆ 55122914, ℻ 24230500, 💻 www.marn.gob.gt, Ministerium für Umwelt und natürliche Ressourcen.
PROPETEN, Flores, Petén, ✆ 79261370, ℻ 79260495, mit US-Geldern unterstützte Organisation, die Umweltprogramme im Petén betreibt.
Proyecto Ecológico Quetzal, 2. C. 14-36, Z. 1, Cobán, ✆/℻ 79521047, ✉ bidaspeq@guate.net, 💻 www.ecoquetzal.org, private Organisation, die mit Hilfe von Tourismusprojekten Waldgebiete im Alta Verapaz schützt.

Bevölkerung

Der schnelle Überblick

Einwohner:	rund 12,7 Mio.
davon Hauptstadt:	ca. 2,5 Mio.
Bevölkerungswachstum:	2,6% jährlich
Durchschnittl. Bevölkerungsdichte:	ca. 115 Einw./km^2
Durchschnittliche Lebenserwartung:	67,5 Jahre
Bevölkerungszusammensetzung:	
Indígenas (21 Ethnien)	ca. 55–60%
Ladinos (Mestizen)	ca. 35–40%
Sonstige	ca. 5%

Demografische Daten

In den vergangenen Jahrzehnten ist die Bevölkerung Guatemalas ständig gestiegen – von ehemals 3,3 Mio. im Jahr 1940 auf ca. 12.7 Mio. im Jahr 2004. Bleibt es bei der vergleichsweise sehr hohen Wachstumsrate von beinahe 2,7%, so wird sich die Bevölkerung bis ca. 2030 verdoppelt haben. Die Alterspyramide bietet das klassische Bild: Rund 50% der Bevölkerung sind 18 Jahre oder jünger, und nur 4% werden 65 Jahre oder älter. Die durchschnittliche Lebenserwartung liegt bei ca. 67,5 Jahren (Frauen 70; Männer 65, die Werte der indianischen Bevölkerung liegen deutlich darunter). Der überwiegende Anteil der Bevölkerung lebt immer noch auf dem Land (ca. 65%). Doch immer mehr Menschen ziehen in die Hauptstadt. Die Bevölkerungsdichte variiert extrem: Während sie in der Hauptstadt Besorgnis erregende Werte von über 1100 Einwohnern/km^2 erreicht, ist die größte Provinz – der Petén – im Norden des Landes mit 12 Einwohnern/km^2 extrem dünn besiedelt. Der Großteil der guatemaltekischen Bevölkerung lebt im Hochland zwischen 1300 und 2300 m Höhe. Hier beträgt die Bevölkerungsdichte zwischen 80 bis 350 Einwohnern/km^2, wogegen sie im Landesdurchschnitt bei ca. 115 Einwohnern/km^2 liegt. Zum Vergleich: In Deutschland beträgt die Bevölkerungsdichte ca. 230 Einwohnern/km^2.

Ethnische Zusammensetzung

Die guatemaltekische Bevölkerung ist äußerst heterogen zusammengesetzt. Mit **Ladinos** und **Indígenas** gibt es zwei Gruppen, die sich in allen Bereichen deutlich voneinander abgrenzen. **Ladinos** oder **Mestizen** – Mischlinge mit spanischem und indianischem Blut – galten noch bis weit in die Zeit nach der Unabhängigkeit von Spanien als Bürger zweiter Klasse. Erst in der Amtszeit von Präsident Barrios 1873–1885 wurden sie den **Kreolen** (in Amerika geborene Spanier) gleichgestellt. Obwohl Ladinos nur rund 35% der Gesamtbevölkerung stellen, sind sie heute überproportional in allen öffentlichen Positionen vertreten. Sie bilden mittlerweile die Ober- und Mittelschicht, kleiden und geben sich westlich. In der Hauptstadt, dem Osten sowie an der Pazifikküste stellen sie den größten Bevölkerungsanteil.

Im Gegensatz zu den Ladinos sind viele Nachfahren der Maya – **Indígenas** genannt – in allen bedeutenden Bereichen des zivilen Lebens benachteiligt. Und dies, obwohl ihr Anteil an der Gesamtbevölkerung über 50% beträgt. Aufgeteilt in 21 verschiedene Völker mit jeweils eigener Sprache, leben Indígenas vorwiegend im Hochland Guatemalas. Während der übergeordnete Begriff **Maya** eher in intellektuellen Kreisen und von Ausländern benutzt wird, hat für die Indígenas die Zugehörigkeit zu ihrer jeweiligen Volksgruppe vorrangige Bedeutung.

An der Karibikküste Guatemalas leben isoliert die **Garífuna**, Nachkommen schwarzer afrikanischer Sklaven und Karibikindianer. Ihr Bevölkerungsanteil liegt bei unter einem Prozent. Nur noch wenige Menschen zählen die **Xinca** im Südosten Guatemalas. Bei ihnen handelt es sich um einen indianischen Volksstamm, der nicht zu den Maya-

BU?

Gruppen zählt. Die restlichen ca. 4% der Bevölkerung setzen sich vorwiegend aus Weißen (inkl. Kreolen) und **Asiaten** zusammen.

Arm und Reich

Guatemala ist eine Dreiklassengesellschaft. Eine kleine Oberschicht von ca. 5% Weißen und Ladinos erwirtschaftet einen Großteil des nationalen Einkommens. Ihre Interessen scheinen weniger auf die Entwicklung des gesamten Landes gerichtet als vielmehr darauf, ihren Besitzstand und somit den Status quo zu wahren. Man lebt abgeschottet in schwer bewachten Villenvierteln in der Hauptstadt, und viele Mitglieder dieser alteingesessenen Oligarchie kennen Miami besser als das Landesinnere Guatemalas.

Weitere 15 bis 20% der guatemaltekischen Gesellschaft gehören einer kleinen Mittelschicht an. Zu ihr zählen fast ausschließlich Ladinos, die als öffentliche Angestellte und im mittleren Management arbeiten oder denen ein eigenes kleines Geschäft gehört. Sie haben in aller Regel ein eigenes Fahrzeug, wohnen im Eigenheim und haben ein geregeltes Einkommen. Guatemala-Stadt ausgenommen, leben sie fast ausschließlich in den Provinzhauptstädten.

Die restlichen 70 bis 75%, d.h. rund 9 Mio. Guatemalteken, leben an oder unter der Armutsgrenze (die Statistiken der Regierung sind hoffnungslos geschönt; sie sprechen von rund 55% Armen). Während ihr Anteil in der Hauptstadt bei „nur" rund 14% liegt, beträgt der Wert in den Provinzen San Marcos, Quiché, Huehuetenango und Alta Verapaz mehr als 80%. Selbst in den fruchtbaren Küstenregionen wird offiziell jeder zweite Bewohner des Landes als arm eingestuft. Von extremer Armut ist in Guatemala mehr als jeder fünfte Bewohner betroffen (16%). Diese Gruppe – immerhin rund 2 Mio. Menschen – muss täglich mit weniger als einem US$ auskommen.

Der überwiegende Teil der Armen sind Indígenas. Aufgrund ihrer unzureichenden Bildung leben die meisten von dem, was die Erde ihnen schenkt, d.h. sie bebauen zur Eigenversorgung Kleinparzellen mit Mais, Bohnen und etwas Gemüse. Über 300 000 landlose Bauern müssen, um zu überleben, auf den Fincas der Großgrundbesitzer für einen Hungerlohn schuften. Andere schlagen sich als Saisonarbeiter, fliegende Händler oder mit Gelegenheitsjobs durch, und nicht wenige von ihnen müssen mit US$3–4 pro Tag eine große Familie ernähren. Eine prekäre Wohnungssituation, der Bildungs- und Gesundheitsnotstand sowie Arbeitslosigkeit haben tiefe Spuren in der Gesellschaft hinterlassen. Die Folgen, vor allem in der Hauptstadt, sind Kriminalität, Alkoholismus, Kinderarbeit und Obdachlosigkeit. Die Infrastrukturdaten sind ebenso wenig ermutigend: 36% der Bevölkerung sind nicht an ein Trinkwassernetz angeschlossen, jeder dritte Haushalt muss ohne Strom auskommen, und nur 24 von 331 Landkreisen verfügen über eine Kläranlage.

Erziehung und Bildung

Nur mit Hilfe einer besseren Bildung kann sich die guatemaltekische Gesellschaft friedlich entwickeln Darin sind sich die Experten einig. Die Minimalforderung lautet: Lesen und Schreiben für alle. Denn Guatemala hat eine der höchsten Analphabetenraten in Lateinamerika. Überraschenderweise können ärmere Länder wie Nicaragua oder Honduras weit bessere Zahlen vorweisen. In Guatemala konnte im Jahr 2005 rund jeder Dritte (31%) weder lesen noch schreiben. Doch dies ist nur ein Durchschnittswert. So beträgt beispielsweise die Analphabetenrate bei auf dem Lande lebenden Indígena-Frauen bis zu 80%. Generell sind mehr als 50% der Analphabeten Indígenas, zwei Drittel von ihnen leben auf dem Lande und mehr als die Hälfte sind Frauen. Am schlimmsten ist die Situation in den Provinzen Quiché und Alta Verapaz mit über 50% Analphabeten. Aber selbst in der Hauptstadt können immer noch rund 15% der Einwohner weder lesen noch schreiben. Das Bildungs- und Erziehungswesen krankt an vielen Stellen. Die Staatsausgaben für Bildung liegen unter 2% des BIP, von allen lateinamerikanischen Ländern investierte nur Haiti weniger. Die Lehrinhalte des Bildungssystems orientieren sich vorwiegend an der Lebensweise der städtischen Ladino-Bevölkerung, und gelehrt wird mit wenigen Ausnahmen nur auf Spanisch. Immer noch ist der **bilinguale Unterricht** nicht überall die Regel. Obwohl die Bevölkerungsmehrheit in Guatemala eine indianische Sprache spricht, erhalten lediglich 11 von 21 indianischen Sprachgruppen bilingualen Unterricht. Einer Statistik der Generaldirektion für bilinguale Erziehung des Ministeriums für Wirtschaft zufolge wurden im Jahr 1999 nur rund 185 000 Kinder zweisprachig unterrichtet, obwohl es derselben Statistik nach über 5 Mio. Menschen – darunter ca. 2,7 Mio. Kinder – mit einer indianischen Muttersprache geben soll.

In vielen unzugänglichen Gegenden, wie z.B. dem Ixil-Dreieck, gäbe es ohne ausländische Hilfsgelder gar keinen Schulunterricht. Im Allgemeinen sind die Lehrer schlecht ausgebildet und mit rund US$180 pro Monat völlig unterbezahlt. Obwohl die Regierung in den letzten Jahren einige Anstrengungen unternommen hat, konnte sie die Vorgaben des Friedensabkommens bis zum Jahr 2000 nicht erreichen. Darin war festgelegt worden, den Bildungshaushalt binnen fünf Jahren zu verdoppeln, das Analphabetentum um ein Drittel zu reduzieren und ein flächendeckendes bilinguales Erziehungssystem zu entwickeln.

Grundschule (Escuela primaria)

Dieser Sektor stellt weiterhin die größte Herausforderung für das guatemaltekische Bildungswesen dar. Mehr als 50% der Bildungsausgaben fließen in die Grundschulen. Doch trotz allgemeiner Schulpflicht beträgt die Einschulungsrate nur 69% und beenden nur wenige Kinder die sechs Jahre dauernde Grundschule. Der durchschnittliche Schulbesuch liegt unter fünf Jahren, in Provinzen mit mehrheitlich indianischer Bevölkerung sogar noch weniger. Die Gründe sind vielfältig: Viele Kinder müssen schon in jungen Jahren ihren Beitrag zum Überleben der Familie leisten. Sie helfen im Haushalt, passen auf ihre Geschwister auf oder müssen Futter für das Vieh holen. Während der Kaffee- und Zuckerrohrernte fahren sie mit ihren Eltern in die Erntegebiete, um auch dort mitzuhelfen. Die oft monatelange Abwesenheit können sie dann nicht mehr ausgleichen.

Paradoxerweise sind aber gerade auf dem Land die Klassen überfüllt, da es dort zu wenig Lehrer gibt. Oftmals unterrichtet ein Lehrer verschiedene Jahrgänge in einem Raum einer baufälligen Schule mit unzureichendem Lehrmaterial. Es ist daher nicht verwunderlich, wenn nur rund die Hälfte aller Schüler den Grundschulabschluss schafft. Aber auch selbst dann können viele von ihnen nicht ausreichend schreiben, lesen oder rechnen.

Weiterführende Schule (Escuela secundaria)

Weniger als 20% aller Jugendlichen macht von den verschiedenen Angeboten einer weiterführenden Schule Gebrauch. Da die fast ausschließlich priva-

ten Institutionen Gebühren erheben, ist der Besuch einer weiterführenden Schule für viele Jugendliche ein großes Privileg. Zusätzliche Ausgaben für Transport, Unterkunft und Verpflegung entstehen, wenn der Schulort weit entfernt vom Heimatort liegt. Obwohl über 142 Ausbildungsgänge angeboten werden, beschränken sich die meisten Teilnehmer auf Kurse in Lehr-, Buchhaltungs-, und Sekretärinnenberufen. In den letzten Jahren wurden auch verstärkt Computer- und Marketingfachleute ausgebildet. In der Hauptstadt sind besonders Plätze in den ausländischen Eliteschulen sehr beliebt. Eine gute Adresse ist die Deutsche Schule *(Colegio Alemán)*.

Universitäten

Die qualitativ minderwertige Ausbildung in der *Escuela primaria* und *secundaria* ist mit dafür verantwortlich, dass die Anzahl der Absolventen guatemaltekischer Hochschulen mit 15% sehr niedrig ist. Jeder zweite Student belegt einen Studiengang im sozialen und humanistischen Bereich. Für viele Studenten der öffentlichen San-Carlos-Universität (USAC) geht es dabei aber eher um die Abstimmung des Stundenplans mit den zum Lebensunterhalt notwendigen Nebenjobs als um die Wahl des geeigneten Studienplatzes. Lange Studienzeiten und hohe Absprungquoten sind die Folge. Auch auf der Lehrkörperseite ist die Situation nicht viel besser. Mangelnde Qualifikation, niedrige Gehälter und eine Festanstellungsquote von nur rund 10% erschweren Professoren und Dozenten die Arbeit.

Dennoch ist die staatliche San-Carlos-Universität eine traditionsreiche Hochschule. Sie wurde bereits 1676 gegründet, ist seit 1945 autonom und bietet dank der geringen Studiengebühren und mehrerer Stipendienprogramme allen finanziell schwächer gestellten Guatemalteken die Möglichkeit zu studieren. Heutzutage sind an ihren zehn Fakultäten und diversen Nebenstellen im Landesinneren rund 120 000 Studenten immatrikuliert.

Wer es sich leisten kann, schickt seinen Nachwuchs zum Studium in die USA oder an eine der elf privaten Universitäten in der Hauptstadt. Auch hier müssen viele Studenten ihr Studium mit einem Kredit finanzieren. Das Lehr- und Ausbildungsniveau ist jedoch höher als an der San-Carlos-Universität. Zu den bekanntesten Privathochschulen gehören die Universidad Rafael Landivar, die Universidad del Valle und die Universidad Francisco Marroquin mit insgesamt rund 30 000 Studenten.

Das Gesundheitswesen

Die medizinische Versorgung in Guatemala ist von einem starken Stadt-Land-Gefälle geprägt. Obwohl nur jeder Vierte in der Hauptstadt lebt, konzentriert sich hier über die Hälfte der medizinischen Infrastruktur. Eine private Krankenversicherung kann sich nur die reiche Oberschicht leisten. Sie hat damit Zugang zu Privatkliniken, die qualitativ den internationalen Vergleich nicht zu scheuen brauchen.

Rund ein Viertel der arbeitenden Bevölkerung ist Mitglied im guatemaltekischen Sozialversicherungsinstitut (IGSS), die meisten davon in der Hauptstadt. Dennoch ist nicht zu beneiden, wer in den Kliniken des IGSS behandelt werden muss, da diese oftmals in einem schlechten Zustand sind. Der Rest der Großstadtbevölkerung ist auf die öffentlichen Krankenhäuser angewiesen, die chronisch überlastet und schlecht ausgestattet sind. Da es ihnen an finanziellen Mitteln mangelt, bitten sie ihre Patienten zunehmend, sich mehr oder weniger freiwillig an den Behandlungskosten zu beteiligen. Es ist schon vorgekommen, dass im größten Krankenhaus des Landes – dem Hospital Roosevelt – alle gehfähigen Patienten nach Hause geschickt wurden, weil nach Angaben des Krankenhauses sämtliche Behandlungsmittel aufgebraucht waren.

Außerhalb der Hauptstadt ist die medizinische Versorgung katastrophal. Kommen in der Hauptstadt noch durchschnittlich 430 Bewohner auf ein Krankenhausbett, so sind es auf dem Land viermal so viele. Dabei ist das Gesundheitswesen in den mehrheitlich indianischen Provinzen am schlechtesten entwickelt. Hinzu kommt, dass die indianische Landbevölkerung häufig weit entfernt von Provinzkrankenhäusern und Gesundheitsposten lebt. Krankenwagen sind in weiten Teilen des Landes unbekannt. Ein Drittel der Gesundheitsposten sind nicht einsatzbereit, die übrigen nur unzureichend ausgestattet. Aus der nicht ganz unberechtigten Scheu vor unqualifizierter medizinischer Behandlung und aus Geldmangel verzichten viele Indígenas auf eine ärztliche Behandlung. Ohne die Hilfe vieler vom Ausland finanzierter Privatorganisationen gäbe es auf dem Land keine medizinische Versorgung mehr.

Besonders Kinder haben unter dieser Situation zu leiden. Noch immer sind acht bis zehn Kinder pro Familie keine Seltenheit; der landesweite Durchschnitt liegt bei fünf Kindern pro Familie. Obwohl die Geburtenrate gesunken ist, liegt Guatemala mit seinem hohen Bevölkerungszuwachs von 2,6% weltweit weiterhin mit an der Spitze. 59 von 1000 Kindern sterben bereits bei der Geburt, bei der täglich im Durchschnitt zwei Frauen ums Leben kommen. Über Schwangerschaftsverhütung sowie Familienplanung wird nicht offen geredet, viele Paare können sich die teuren Verhütungsmittel ohnehin nicht leisten. Vom Ausland finanzierte Organisationen, die in diesem Bereich arbeiten (z.B. APROFAM), sind bisher kläglich gescheitert: Aus Angst, dass die Verhütungsmittel eine sterilisierende Wirkung haben könnten, bleiben viele Indígena-Frauen den Veranstaltungen von APROFAM fern. Von Sterilisierung wollen die Männer im Macho-Land Guatemala überwiegend nichts wissen.

Geschichte

Proto- und Vorklassik (ca. 2000 v.Chr.– 250 n.Chr.)

Erste Spuren von primitiven Nomadengruppen, die während der letzten Eiszeit über die zugefrorene Beringsee auf den amerikanischen Kontinent einwanderten, sind über 20 000 Jahre alt. In den folgenden Jahrtausenden gelang es den Menschen durch eine konstante Entwicklung der Landwirtschaft und der dadurch erzielten Nahrungsüberschüsse, sesshaft zu werden. Um das Jahr 2000 v.Chr. existierten bereits auf dem gesamten amerikanischen Kontinent Dorfgemeinschaften, deren Überleben auf dem Anbau von Mais, Bohnen und Kürbissen basierte.

Erste Keramikfunde in Guatemala stammen aus dem Zeitraum um 1700 v.Chr. An der guatemaltekischen Pazifikküste und im nordwestlichen Hochland entstanden, beeinflusst von der Olmeken-Kultur im Norden, kleinere Regionalzentren. Der zunehmende Organisationsgrad innerhalb der Orte und die Bündelung von Handelsströmen führte um das Jahr 600 v.Chr. zum Bau der ersten größeren Stadtanlagen in nur wenigen Jahrhunderten, die, wie beispielsweise **El Mirador** im Tiefland des Petén, enorme Ausmaße besaßen. Um 300–150 v.Chr. hatte El Mirador seine Blütezeit und besaß mit der 70 m hohen Tempelpyramide La Danta das höchste Bauwerk in ganz Mesoamerika (s.S. 78, Kasten).

Guatemaltekische Geschichte im Überblick

ca. 2000 v.Chr.–250 n.Chr. Proto- und Vorklassik: Besiedlung des guatemaltekischen Hochlands und Entstehen erster fester Siedlungen und Hochkulturen.

250–900 Klassische Phase der Maya-Kultur: Entstehen großer Zeremonialzentren im Tiefland; Machtkämpfe und gegen Ende Auseinanderbrechen von Bündnissen; Kriege und Fluchtbewegungen in Richtung Hochland und Yucatán.

900–1523 Postklassik: Große Zentren in Yucatán, Quiché-Völker erobern das guatemaltekische Hochland.

1524 Die Spanier unter Pedro de Alvarado unterwerfen gewaltsam das Hochland; Beginn der spanischen Kolonialherrschaft in Guatemala.

1773 Das heutige Antigua, Hauptstadt des Generalkapitanats Guatemala, wird von einem Erdbeben völlig zerstört.

1821 Unabhängigkeit von Spanien.

1823 Zentralamerikanische Föderation; Machtkämpfe zwischen konservativen und liberalen Parteien.

1839–1865 Konservative Regierung unter José Rafael Carrera.

1871–1885 Liberale Reform unter Justo Rufino Barrios; Trennung von Staat und Kirche und Einführung des direkten Wahlrechts; Ausverkauf des Landes an europäische und nordamerikanische Investoren.

1898–1921 Terrorregime unter Manuel Estrada Cabrera.

1931–1944 Diktatur unter Jorge Ubico.

1944 Oktoberrevolution, Einführung demokratischer Rechte unter Präsident Juan José Arévalo und Agrarreform unter Präsident Jacobo Arbenz Guzmán.

1954 Von der amerikanischen CIA organisierter Sturz der Regierung Arbenz.

1954–1986 Militärdiktaturen; gegen die wachsende Guerillabewegung im Land geht das Militär mit zunehmender Härte vor; zu Beginn der 80er Jahre nimmt der Staatsterror unter Führung der Generäle Luca García (1978–1982) und Efraín Ríos Montt (1982–1983) brutalste Formen an.

1976 Schweres Erdbeben hinterlässt rund 25 000 Tote und 1 Mio. Obdachlose; Gründung der Bauerngewerkschaft CUC.

1986–1991 Erste demokratische Wahlen nach über 40 Jahren; christdemokratische Regierung unter Vinicio Cerezo Arévalo; Aufnahme von Gesprächen mit der Guerilla.

1992 Verleihung des Friedensnobelpreises an Rigoberta Menchú Tum.

1993 Der 1991 demokratisch gewählte Präsident Jorge Serrano Elias setzt mit einem Putsch die Verfassung außer Kraft und wird daraufhin gestürzt.

1993–1996 Übergangsregierung mit Ramiro de Léon Carpio an der Spitze.

1994 Rückkehr der ersten Bürgerkriegsflüchtlinge aus mexikanischen Lagern.

1995 Das Militär verübt ein Massaker im Flüchtlingslager Xamán.

1996 Beendigung des Bürgerkriegs nach 36 Jahren mit dem Friedensschluss im Dezember.

1996–1999 Regierung unter Präsident Alvaro Arzú Irigoyen (PAN).

1998 Ermordung des Weihbischofs Juan José Gerardi kurz nach der Veröffentlichung eines Berichts über die Verletzung der Menschenrechte in Guatemala.

Mai 1999 Volksabstimmung über konstitutionelle Reformen scheitert.

Dez. 1999 Alfonso Portillo (FRG) gewinnt die Präsidentschaftswahlen im zweiten Durchgang und wird neuer Staatschef; Ríos Montt wird Vorsitzender des Kongresses.

2000–2004 Regierung Portillo enttäuscht mit undursichtigem Zickzackkurs. Es gelingt der FRG nicht, die Wirtschaftskrise in den Griff zu bekommen. Korruptionsskandale und Misswirtschaft sind an der Tagesordnung. Präsident Portillo flieht zum Ende seiner Amtszeit ins benachbarte Mexiko.

2004 Der Kandidat des Parteienbündnisses Große Nationale Allianz (GANA) und ehemalige Bürgermeister der Hauptstadt, Oscar Berger, gewinnt per Stichwahl die Präsidentschaft.

2005 Das guatemaltekische Parlament ratifiziert das Freihandelsabkommen (TLC) mit den USA trotz heftiger Proteste in der Bevölkerung.

Große Stuckmasken an den Gebäuden spiegelten die religiöse und weltliche Macht der Herrscher wider, die große Feste feierten und Opferzeremonien durchführten. Aber erst mit dem Auftauchen von Schriftzeichen ist es den Forschern gelungen, ein wenig Licht in die präklassische Phase der Maya-Kultur zu bringen. Inschriften auf Stelen in **El Baúl** und **Abaj Takalik** an der Pazifikküste stammen aus dem ersten Jahrhundert vor unserer Zeitrechnung.

Noch ist nicht eindeutig geklärt, was die Aufgabe vieler Städte des Hoch- und Tieflands gegen Ende der Vorklassik ausgelöst hat. Die Theorien der Forscher reichen hier von Naturkatastrophen, die Handelsrouten unterbrachen, bis hin zu klimatischen Veränderungen und sozialen Konflikten innerhalb der jeweiligen Zentren.

Mesoamerika

Den Begriff Mesoamerika prägte der Schweizer Ethnologe Paul Kirchhoff 1943. Er bezeichnete mit Mesoamerika eine geografische Region, die das südliche Mexiko, die Halbinsel Yucatán, Guatemala, Belize, El Salvador und Teile von Honduras und Nicaragua sowie die Halbinsel Nicoya in Costa Rica umfasst. Die dort lebenden präkolumbianischen Völker hatten trotz vielfältiger kultureller Ausdrucksformen Gemeinsamkeiten, die das Gebiet als Einheit erscheinen ließ. Dazu gehörten insbesondere gemeinsame wirtschaftliche Grundlagen wie der Anbau von Mais, Bohnen, Kürbis, Tomaten, Kakao etc. und eine hochentwickelte Töpferei. Übereinstimmungen fanden sich auch in der Weberei, bei der Baumwolle verwendet wurde, und bei der Herstellung von Papier.

Allen Kulturen fehlte das Rad, die Töpferscheibe und Metallwerkzeug. Außer Hunden und Truthähnen hielten sie keine weiteren Haustiere. Weitere Gemeinsamkeiten ließen sich in der Religion (Götterpantheon), der Architektur (Tempelpyramiden und Ballspielplätze), der Astrologie (Verwendung von Kalendersystemen) und der gesellschaftlichen Schichtung (Priesterkaste, Adel oder Kriegerkaste, Handwerker, Bauern und Sklaven) feststellen.

Während die Städte an der Pazifikküste wie Abaj Takalik oder El Baúl sowie **Kaminaljuyú** im guatemaltekischen Hochland gänzlich von der Bildfläche verschwanden, überwanden einige Stätten des Tieflands die Zeit des Niedergangs und entwickelten sich in der klassischen Periode erneut zu blühenden Zentren.

Klassische Phase der Maya-Kultur (250–900)

Diese Periode wird von mehreren, zeitlich parallel auftretenden Entwicklungen in verschiedenen Bereichen charakterisiert. Dazu gehört das Errichten von Stelen (Steinsäulen), die zu bestimmten Anlässen und zur Beendigung unterschiedlicher Zeitperioden aufgestellt wurden. So findet sich auf der Stele 29 aus Tikal das älteste uns bekannte Datum der Maya-Welt (292 n.Chr.). Zu den weiteren Errungenschaften dieser Epoche gehörten die Einführung der „langen Kalenderzählung" (s.S. 127), der Glyphenschrift und des Maya-Bogens in der Architektur.

In der klassischen Phase entwickelten sich 25 bis 30 Kleinstaaten, die das gesamte Tiefland unter sich aufteilten. Aufgrund von Bündnissen, Kriegszügen und einer geschickten Heiratspolitik gelang es zwei dieser Staaten, die Kontrolle über alle anderen zu erlangen. **Tikal** im Norden des Petén und **Calakmul** im mexikanischen Bundesstaat Campeche hießen die beiden mächtigen Widersacher, die Konkurrenten zu Vasallenstaaten und Tributzahlern degradierten. Kriege wurden dabei nicht in der Absicht geführt, den Gegner zu vernichten, sondern möglichst viele hochrangige Gefangene zu machen, die man meist am Leben ließ. Sie konnten dann als neue Verbündete der Sieger an die Spitze ihrer eigenen Dynastien zurückkehren.

Im 6. Jahrhundert kam es zum Zusammenbruch des einflussreichen **Teotihuacán**, einer großen Stadtanlage ca. 50 km nordöstlich von Mexiko-Stadt, die einst mehr als 100 000 Menschen beherbergte. Der Niedergang dieses wichtigen Verbündeten und Handelspartners von Tikal hatte negative Folgen für die ganze Maya-Welt, brachte er doch die Machtbalance durcheinander, die der des kalten Krieges im letzten Jahrhundert ähnelte. Zudem besiegte das verfeindete **Caracol** im Jahr 550 den großen Nachbarn Tikal und warf ihn damit in seiner glanzvollen Entwicklung zurück. So wurden in Tikal von 534 bis 692 keine Stelen errichtet, die Bautätigkeit war stark eingeschränkt, und die Grabbeigaben fielen deutlich magerer aus.

Erst zu Beginn des 8. Jahrhunderts begann die Kultur neu zu erblühen. Die Architekten, Astronomen und Künstler erreichten Fertigkeiten, wie sie noch keine andere vorkolumbianische Kultur besessen hatte. Doch die Zeichen standen auf Sturm: Tikal gelang die Gefangennahme des Herrschers von Calakmul und die Eroberung zweier mit Calakmul verbündeter Vasallenstaaten. Mit diesem Zug hatte sich Tikal jedoch übernommen. Das jahrhundertealte Machtgefüge war endgültig aus der Balance geraten. Dies wiederum nutzten kleinere Staaten, die sich ab 750 vom Joch der beiden Großdynastien befreiten, um sich zu holen, was sie kriegen konnten. Wie eine Kettenreaktion breiteten sich Kleinkriege über das Land aus. Sie zwangen die Menschen, Verteidigungsanlagen zu errichten, statt zu säen und zu ernten. Ganze Landstriche wurden niedergebrannt, Städte zerstört und die Bewohner vertrieben. Hungersnöte waren die Folge. Sie wurden verschlimmert durch ein kollabierendes Ökosystem, das schon zuvor durch das starke Bevölkerungswachstum der vergangenen Jahrhunderte an die Grenzen seiner Belastbarkeit gelangt war. Im Jahr 830 besaß Tikal nur noch ein Zehntel seiner ursprünglichen Bevölkerung. Große Zentren wie **Palenque** in Mexiko oder **Copán** in Honduras waren zu diesem Zeitpunkt bereits in die Bedeutungslosigkeit gesunken. In den folgenden Jahrzehnten wurden so gut wie alle Städte im Tiefland des Petén aufgegeben. In mehreren Wellen wanderten Flüchtlinge Richtung Norden zur Halbinsel Yucatán und in das guatemaltekische Hochland ab. Das letzte Datum auf einer Stele stammt aus dem Jahr 910 n.Chr.

Postklassik (900–1523)

Während der frühen Postklassik, von 900 bis 1250, entstanden auf der Halbinsel Yucatán neue Staatengebilde und mächtige Städte wie **Uxmal**, **Labná** oder **Kabáh**. Das Fürstengeschlecht der Itzá, das aus dem Petén geflohen war, gründete die berühmte Stadt **Chichén Itzá**, die einen von den Mayas und später toltekisch geprägten Architekturstil aufweist. Nach dem Niedergang von Chichén Itzá konnte sich **Mayapán** von 1250 bis rund 1540 als Nachfolger in Yucatán etablieren. Die Itzá machten sich erneut auf die Wanderschaft und gründeten ihre neue Hauptstadt **Tayasal** auf einer Halbinsel des Petén Itzá-See. Hier trotzten sie allen Eroberungsversuchen und konnten erst 1697 als letztes Maya-Volk von den Spaniern besiegt werden.

Von den Flüchtlingen, die nach dem Zusammenbruch des klassischen Maya-Reichs in das guatemaltekische Hochland abwanderten, ist nach heutigem Stand vergleichsweise wenig bekannt. Da im Laufe der Jahrhunderte auch Völker aus dem Norden Mexikos ins Hochland gelangten, begannen die Stämme ihre offenen Siedlungen aufzugeben und auf dafür geeigneten Hügeln oder Plateaus Festungen zum Schutz gegen die Eindringlinge zu errichten. Diese Anlagen erreichten aber nie die Größe oder die architektonische Perfektion der Bauten des Tieflands. Nachdem die Mam und die Pokomam ihre Festungsanlagen **Zaculeu** bzw. **Mixco Viejo** errichtet hatten, taten dies wenig später auch die Quiché und die Tzutuhiles. Sie nannten ihre Bauten **Q'umarkaaj** bzw. **Chuitinamit**. Als Letzte errichteten die Cakchiqueles im Jahr 1470 ihre Hauptstadt **Iximché**. Wie schon in den Jahrhunderten zuvor versuchten die Fürstentümer, einander zu unterwerfen. Zunächst gewannen die Quiché die Oberhand. Sie drängten die Mam nach Nordwesten und die Cakchiqueles nach Süden ab. Erst gegen Ende des 15. Jahrhunderts gelang es den Cakchiqueles, sich ein wenig vom Joch der bis dahin dominierenden Quichés zu befreien.

Conquista und Kolonialherrschaft (1524–1821)

Kolumbus landete zum ersten Mal auf seiner vierten Reise 1502 in Mittelamerika. Als die Spanier wenige Jahre später nach der Kolonisierung der Karibikinseln Hispaniola (heute Haiti) und Kuba zwischen 1517 bis 1519 erste Expeditionen an der Küste Yucatáns unternahmen, waren die großen Maya-Stätten des Petén bereits über 700 Jahre verlassen und von Regenwald überwuchert. 1519 erreichte **Hernán Cortés** im Golf von Mexiko das heutige Veracruz und verbrannte als Zeichen seines Eroberungswillens die mitgebrachten Schiffe. Innerhalb von nur zwei Jahren gelang es ihm, das mächtige Azteken-Reich zu unterwerfen. Er beauftragte seinen ihm treu ergebenen Oberleutnant **Pedro de Alvarado** mit der Eroberung Mittelamerikas.

Alvarado verließ die Azteken-Hauptstadt Tenochtitlán auf Befehl von Cortés am 6. Dezember

1523 in Begleitung von 420 Spaniern – davon 120 zu Pferde – und rund 300 Tlatzalteken (Angehörigen eines mexikanischen Indianervolkes). Seine Mission war anspruchsvoll und gefährlich zugleich, da er viele kleine Fürstentümer erobern musste, in denen die Macht nicht, wie bei den Azteken, zentralisiert war. Bei den Hochland-Maya gab es keine allmächtigen Herrscher, sondern die Macht war auf eine Führungsgruppe verteilt. Zuweilen lag die Entscheidungsgewalt sogar in den Händen einzelner Dörfer. Geschickt nutzte Alvarado die bestehenden Auseinandersetzungen unter den Hochland-Völkern aus und konnte – allerdings mit viel Blutvergießen – das guatemaltekische Hochland bis 1530 weitgehend erobern. Die Mission war dennoch nicht besonders erfolgreich für die Spanier, da die so heiß begehrten Edelmetalle wie Gold und Silber nur in geringen Mengen vorkamen. Somit erschlossen sie die zweite mögliche Einkommensquelle, indem sie die indigene Bevölkerung versklavten und ihnen Tributzahlungen abverlangten. Doch auch hier ging die Rechnung der Eroberer nicht vollständig auf: Aus Europa eingeschleppte Krankheiten wie Pocken, Tuberkulose oder Grippe dezimierten die einheimische Bevölkerung beträchtlich. Massenfluchtbewegungen und Zwangsumsiedlungen sowie die oft sehr harten Lebensbedingungen der Unterworfenen taten ein Übriges. In vielen Regionen ging die Bevölkerung in der Zeit zwischen dem Beginn der spanischen Invasion und dem Jahr 1800 um rund 90% zurück. Das Bevölkerungsdefizit und der daraus resultierende Arbeitskräftemangel zwangen die Spanier, rund 50 000 schwarze Sklaven aus Afrika und den westindischen Inseln zu „importieren".

Sofort nach der Eroberung begannen die *conquistadores* und die ihnen schnell nachfolgende Kirche ihre neuen Kolonialgebiete abzustecken, aufzuteilen und die einheimische Bevölkerung systematisch auszubeuten. So konnte durch ein bestimmtes Verteilungssystem *(repartimiento)* jeder männliche Indianer im Alter zwischen 14 und 50 Jahren zu Arbeiten an öffentlichen und privaten Gebäuden, in der Landwirtschaft und den Minen herangezogen werden. Die lokalen Behörden verteilten die Arbeitskräfte gegen Bezahlung auf Zeit an spanische Kolonisten. Von diesen lukrativen Geschäftspraktiken profitierte das Mutterland zunächst nicht. Erst ab 1550 übernahm die Krone schrittweise selbst die Kontrolle über die indianische Zwangsarbeit. Eines der erfolgreichsten Kontroll-, Ausbeutungs- und Unterdrückungswerkzeuge, das erst um 1720 abgeschafft wurde, war das **Encomienda**-System. Als eine Art Belohnung für verdiente Eroberer wies die spanische Krone jedem *encomendero* mehrere hundert (in seltenen Fällen sogar bis zu 2000) Indígenas zu, die er „schützen", zivilisieren und christianisieren sollte. Als Ausgleich hatte er Anspruch auf die kostenlose Arbeitskraft der ihm zugeteilten Personen, die obendrein noch Steuern zahlen mussten. Abgelöst wurde die *encomienda* durch das *hacienda*-Wesen. Die **Haciendas** waren aus staatlichen Landschenkungen, aus Zukauf und Inbesitznahme entstanden. Es handelte sich um landwirtschaftlichen Großgrundbesitz, auf dem der Besitzer *(hacendero)* die Regierungsbefugnis innehatte. Somit konnte er frei über seine von ihm abhängigen Arbeitskräfte verfügen.

Zum Zweck der besseren politischen und religiösen Kontrolle bemühten sich staatliche und kirchliche Stellen um die Ansiedlung missionierter Indígenas in so genannten **Reducciónes**. Dabei handelte es sich um Dörfer, in denen sie in eingeschränkter Selbstverwaltung und wirtschaftlicher Unabhängigkeit der Kontrolle der spanischen Eroberer unterstanden. Dieses von den Jesuiten begründete System ähnelte stark den Modelldörfern, die vom guatemaltekischen Militär in den 80er Jahren des 20. Jahrhunderts angelegt wurden.

Von Guatemala aus wurde ganz Mittelamerika regiert (inklusive der mexikanischen Provinz Chiapas und dem heutigen Belize, nicht jedoch Panama). Aufgrund fehlender Kommunikation und Transportmöglichkeiten konnte allerdings von einer Einheit innerhalb des Generalkapitanats Guatemala nicht die Rede sein, und alle Provinzen führten ein eher selbstständiges Dasein. Zudem verbot die spanische Krone den Handel der Provinzen, aber auch der Kolonien untereinander. Somit mussten Waren, die von Guatemala nach Mexiko gebracht werden sollten, einen riesigen Umweg über spanische Häfen machen, wo natürlich Steuern kassiert wurden. Im Erfinden von Abgaben kannte die Fantasie der spanischen Krone ohnehin keine Grenzen. Da Guatemala die geforderten Mengen an Gold und Silber nicht liefern konnte, musste die Kolonie hohe Steuern zahlen. Selbst wer einen öffentlichen Posten antreten wollte, musste dafür eine Abgabe leisten. Auch auf Guatemalas Hauptexportprodukte wurde eine hohe Steuer erhoben: Während der Kolonialzeit besonders auf die Farbstoffe Indigo und Cochenille, auf Baumwolle, Tabak, Kakao und Zucker. Die Minen des Landes förderten in geringerem Umfang Gold, Silber, Marmor, Granit und Kupfer. Die spanische Krone verbot die Herstellung von Wein, Olivenöl oder Flachs – Waren, die bereits in ausreichender Menge im Mutterland produziert wurden. Rohstoffe durften in der Neuen Welt nicht verarbeitet werden, da sie Verarbeitungsbetriebe in Spanien gefährdeten.

Aber nicht nur unter wirtschaftlichen Gesichtspunkten hatte die spanische Krone ein nahezu perfektes Kontrollsystem aufgebaut: Selbst Pedro de Alvarado unterstand als Regierungschef des Generalkapitanats Guatemala der **Real Audiencia**, die später Audiencia de los Cofines genannt wurde. Sie war die höchste gerichtliche Instanz in Guatemala mit gesetzgebender und rechtsprechender Funktion. Darüber hinaus konnte jederzeit der *visitador* des Königs auftauchen, dem über alle Vorfälle der Kolonie Rechenschaft abgelegt werden musste. Alle höheren öffentlichen Ämter mussten von Spaniern aus dem Mutterland bekleidet sein und blieben selbst den Kreolen – Kindern spanischer Eltern, die in den Kolonien zur Welt gekommen waren – vorenthalten. Nicht viel besser erging es dem Volk. Eine Anzahl von Gesetzen regulierte das tägliche Leben. So war es z.B. Mestizen, Mulatten und Schwarzen bei Androhung von 100 Peitschenhieben und einem Jahr Verbannung in den Minen verboten, ein Pferd zu reiten. Der ständige Verlust an indianischer Arbeitskraft durch Krankheiten und Ausbeutung beunruhigte die Spanier derart, dass sie Indígenas, die in ihrer Ehe keine Kinder zeugten, mit 25 Peitschenhieben bestraften. Das Leben in den Kolonien war für die meisten Menschen hart und entbehrungsreich, und vom oft beschriebenen Luxus und Glanz profitierten nur einige wenige auf Kosten anderer. Im Laufe der Zeit entwickelten sich unter den verschiedenen Volksgruppen und ihren Mischformen hierarchisch voneinander getrennte soziale Klassen, die in ähnlicher Form bis heute erhalten sind. Ganz oben standen die spanischen Adligen *(chapetones)*, die höchste Ämter bekleideten. Ihnen folgten die Kreolen – in den Kolonien geborene Spanier. Nach ihnen kamen Künstler und Feinhandwerker, die aus Spanien stammten und aufgrund ihrer manuellen Fertigkeiten ein hohes Ansehen genossen. Mestizen (Ladinos) – Nachkommen aus Verbindungen von Spaniern und Indígenas – lebten zwar ohne Privilegien, blieben aber überwiegend von Diskriminierung unbehelligt. Anders die Mulatten (Nachkommen aus Verbindungen von Spaniern und Schwarzen) sowie Zambos (Nachkommen aus Verbindungen von Indianern und Schwarzen): Sie standen zusammen mit Schwarzen und Indígenas auf der untersten Stufe der Hierarchie.

Rund drei Jahrhunderte währte die spanische Herrschaft in Amerika. In diesem Zeitraum wurden ein riesiges Gebiet und dessen Bewohner ökonomisch ausgebeutet. Der lange Aderlass hat die Geschichte Lateinamerikas wie auch Europas nachhaltig beeinflusst. Die angehäuften Reichtümer bescherten Europa das notwendige Kapital, um sich industriell zu entwickeln. Mittelamerika hingegen erstarrte in hierarchischen Strukturen und konnte den wirtschaftlichen Vorsprung der Alten Welt bis heute nicht einholen.

Unabhängigkeit, Föderation und Diktatur (1821–1871)

Obwohl sich die Maya-Völker Guatemalas das eine oder andere Mal während der Kolonialherrschaft wenig erfolgreich gegen ihre Unterdrücker aufgelehnt hatten, waren es andere Kräfte, die dem Land die Unabhängigkeit brachten. Zu Beginn des 19. Jahrhunderts nahm die bereits lange schwelende Unzufriedenheit der politisch, wirtschaftlich und sozial benachteiligten kreolischen Händler und Großgrundbesitzer gegenüber den spanischen Besetzern drastisch zu und führte zu einer gesellschaftlichen Spaltung. Während konservative Kräfte an der Erhaltung des Status quo interessiert waren und Kirche sowie Königshaus unterstützten, waren die Anhänger der bürgerlich-liberalen Bewegung an einer neuen, moderneren Gesellschaftsordnung interessiert. Beide Richtungen hatten nur ein gemeinsames Ziel: Die indianische Arbeitskraft weiter auszunutzen. Die Liberalen wurden durch die Erfolge revolutionärer Bewegungen in Europa (französische Revolution) und Südamerika ermutigt. Hier hatte **Simón Bolívar** Venezuela und Kolumbien vom spanischen Joch befreit. In Mexiko kam es bereits 1910 zum „Schrei nach Unabhängigkeit", und als schließlich die Truppen Napoleons

Spanien besiegten, wurde den Menschen in Guatemala bewusst, dass Veränderungen bevorstanden.

Nachdem sich Mexiko von Spanien gelöst hatte, kam es kurz darauf in Guatemala am 15. September 1821 unter Führung der kreolischen Bürgerschaft zur Unterzeichnung der **Unabhängigkeitserklärung**, und zwar ohne Blutvergießen. Die guatemaltekische Unabhängigkeit von Spanien hatte jedoch, ähnlich wie in anderen Regionen Lateinamerikas, einen rein formalen und politischen Charakter: Eine neue Führungsschicht ersetzte die alte, doch der Machtwechsel löste keine sozialen Veränderungen aus.

Die neue Freiheit traf die Menschen unvorbereitet. Das Land befand sich in einem miserablen Zustand, litt unter Armut und einem erschreckend hohen Analphabetentum. Die Staatskassen waren leer, da die meisten Bürger Unabhängigkeit mit Aufhebung oder zumindest Herabsetzung der Steuern gleichsetzten. Die neuen Sieger hatten weder theoretisch noch praktisch Regierungserfahrung. Hinzu kamen abweichende Ambitionen der Provinzen und ihr Misstrauen der Hauptstadt gegenüber. Diese Schwäche und Unsicherheit nutzte der selbst proklamierte Kaiser Mexikos, **Augustín de Iturbide**, um nur Monate später ganz Mittelamerika bis auf El Salvador zu annektieren. Doch schon kurze Zeit darauf kollabierte sein Reich, und am 1. Juli 1823 kam es zu einer zweiten Unabhängigkeitserklärung und dem Zusammenschluss ganz Mittelamerikas zu den **Vereinigten Provinzen von Zentralamerika**. Chaotische Zeiten mit blutigen Machtkämpfen zwischen Liberalen und Konservativen, Nationalisten und Föderalisten folgten. Die Wehen bis zur Gründung eines Nationalstaates sollten noch einige Jahrzehnte dauern. 1840, zum Ende der mittelamerikanischen Union, besiegte der 23-jährige Rebell **Rafael Carrera** (1814–1865) mit einem Indianerheer den Vater der Föderation und zweifachen Präsidenten **Francisco Morazán** (1792–1842), der heute in Honduras als Volksheld verehrt wird. Carrera blieb erfolgreich; es gelang ihm 1840, die zweijährigen Sezessionsbestrebungen dreier Hochlandprovinzen mit Waffengewalt zu beenden. Quetzaltenango, Totonicapán und Sololá hatten sich 1838 zum unabhängigen Estado de los Altos (Staat der Hochlandprovinzen) erklärt. Nun ruhten die Hoffnungen der fortschrittsfeindlichen Elite auf dem konservativ-klerikalen Diktator Carrera, der zunächst alle Gesetze der Föderation rückgängig machte. Diese hatten unter anderem religiöse Orden und die Todesstrafe abgeschafft sowie die Zivilehe und ein Schulsystem eingeführt. Carreras Amtszeit der folgenden Jahre war bestimmt von Tyrannei und Ineffizienz. Unter seiner Regierung kam es zur offiziellen **Gründung der Republik Guatemala** am 21. März 1847, die alle föderativen Träume definitiv beendete. Mitte der 50er Jahre kam es zu einem dramatischen Rückgang guatemaltekischer Exporte, hervorgerufen durch die Erfindung synthetischer Farbstoffe, die den Handel mit Indigo und Cochenille lahm legte. Auf seinem Totenbett bestimmte Carrera den Konservativen **Vincente Cerna** zum Präsidenten, der das Land bis 1871 regierte. Unter seiner Regierung kam es zu verschiedenen Revolten der Liberalen, die schließlich das Ende autoritärer und konservativer Strukturen einleiteten.

Liberale Reformen und weitere Diktaturen (1871–1944)

Am 30. Juni 1871 gelang es nach mehreren gescheiterten Aufständen einer kleinen Truppe Liberaler mit der Unterstützung breiter Volksteile in Guatemala-Stadt einzumarschieren und die Macht an sich zu reißen. Der erste liberale Präsident hieß **Miguel García Granados**. Bereits 1873 löste ihn sein Mitstreiter **Justo Rufino Barrios** (1835–1885) ab, da Granados die beabsichtigten Reformen zu zögerlich umsetzte. Barrios, der später „der Reformator“ genannt wurde, modernisierte das Land systematisch, allerdings auf Kosten indianischer Volksgruppen. Mit dem von ihm säkularisierten Kirchenbesitz baute er öffentliche Gebäude, wie z.B. die Nationalbank und die Nationalbibliothek, er reformierte das Schulwesen und führte die Religionsfreiheit ein. Ihm gelang es auch, die schon lange schwelenden Grenzstreitigkeiten mit Mexiko beizulegen und die Infrastruktur des Landes mit dem Bau einer Eisenbahn und der Vergrößerung der Pazifikhäfen zu verbessern. Er erlaubte Ladinos den Besitz von Grundstücken und den Zugang zu öffentlichen Posten, womit er sie den Kreolen gleichstellte. Schließlich öffnete er ausländischem Kapital die Türen und förderte den Kaffee-Anbau, der langsam aufzublühen begann. Mit einer Reihe von Vergünstigungen lockte er Immigranten nach Guatemala, in der Mehrheit Deutsche. Die einzigen, die von seiner Politik nicht profitierten, waren die Ureinwohner. Im Gegenteil: Da Anbau und Ernte von Kaffee viele Arbeitskräfte benötigten, verpflichtete er Indígenas per Gesetz zur Zwangsarbeit. Zusätzlich enteignete er den gesamten kommunalen Landbesitz der indianischen Völker ohne Entschädigung und verkaufte die Ländereien an deutsche und andere ausländische Investoren. Indianeraufstände wie in Momostenango oder Cantel wurden blutig vom Militär niedergeschlagen, auf dessen Loyalität sich Barrios Macht im Wesentlichen stützte. Diese Maßnahmen zeigten das hässliche Gesicht des Liberalismus, der in seiner Essenz menschenverachtend und diskriminierend war. Hinzu kam, dass sich die Regierung in immer mehr Widersprüche verwickelte: Die Liberalen hatten z.B. eine transparentere Haushaltsführung nach der Machtergreifung angekündigt. Aber schon wenige Monate danach begann die Regierung, selbst ausländische Kredite in Anspruch zu nehmen und den freien Handel zu behindern. Aus dem idealistischen Weltverbesserer Barrios war ein machtgieriger Despot geworden, der seine „liberalen" Reformen rücksichtslos gegen die Interessen weiter Teile der Bevölkerung durchsetzte. Allerdings erhielt er hierfür den Segen des Parlaments: Diese hatte ihn 1878 – im Gründungsjahr der Liberalen Partei – mit diktatorischen Vollmachten ausgestattet.

Barrios Plan einer erneuten zentralamerikanischen Union wurde ihm zum Verhängnis: Er starb 1885 bei dem Versuch, seine Idee gewaltsam auf dem Schlachtfeld zu realisieren.

Seine Nachfolger führten die Politik der liberalen Diktatur fort und setzten weitere wirtschaftliche Reformen um. Gegen Ende des 19. Jahrhunderts beginnt mit der Machtübernahme durch **Manuel Estrada Cabrera** (1857–1924) eines der bis dato dunkelsten Kapitel der guatemaltekischen Geschichte. Mit Hilfe eines perfekt organisierten Polizei- und Spitzelapparats errichtete Cabrera ein Terrorregime, dessen Brutalität und Gewalt selbst für guatemaltekische Verhältnisse ungewöhnlich waren. Zudem begann er den Ausverkauf der Nation unter dem Deckmäntelchen des Fortschritts. Er vergab 1901 die ersten Landkonzessionen an die nordamerikanische **United Fruit Company (UFCO)**, damit diese Bananen anbauen konnte. Der Firma mit Sitz in Boston gelang es in kürzester Zeit, fast die gesamte Infrastruktur Guatemalas einschließlich Eisenbahnlinien, Häfen, Elektrizitätswerken, Schiffslinien und Post unter ihre Kontrolle zu bringen. Angesichts dieser gigantischen Konzentration von Land- und Kapitalbesitz in US-amerikanischen Händen erschien es nicht verwunderlich, dass die Funktionäre der nordamerikanischen Regierung, von denen viele in Geschäfte in Guatemala verwickelt waren, die massiven Menschenrechtsverletzungen durch Cabrera ignorierten.

Die lange Nacht unter dem despotischen Regime Cabreras endete erst 1920, als die Nationalversammlung ihn für unzurechnungsfähig erklärte und absetzte. In seinem Roman *El Señor Presidente (Der Herr Präsident)* beschreibt Miguel Ángel Asturias treffend die Terrorherrschaft Cabreras. Doch die Freude über den Sturz des Tyrannen währte nicht lange. Zu sehr befanden sich Politik und Wirtschaft in der Krise und im Würgegriff des mächtigen Nachbarn im Norden.

Sechs Präsidenten versuchten nach 1920 ihr Glück, bevor **Jorge Ubico Castañeda** 1931 mit 53 Jahren in den Nachwehen der Weltwirtschaftskrise durch Wahlbetrug an die Macht gelangte. Der Patensohn von Präsident Barrios und mit 23 Jahren jüngste Unterleutnant des Heeres war genau die starke Person, die sich die Landoligarchie Guatemalas in den wirtschaftlich unruhigen Zeiten der frühen 30er Jahre als Präsident wünschte. Zu Beginn seiner Amtszeit konnte sich Ubico durch wirtschaftliche und infrastrukturelle Maßnahmen, wie z.B. Straßenbau und die Straffung der bis dahin ineffizienten Bürokratie, das Vertrauen des Volkes erwerben. Sein wahres Gesicht zeigte er allerdings 1934, als er einen angeblichen Attentatsplan gegen sich aufdeckte und in nur zwei Tagen 200 Regimegegner umbringen ließ. Ubico war besessen von der Erhaltung der öffentlichen Ordnung, des Arbeitsgeistes und der Regierungstreue im Volk. Um diese Konzepte der zunehmend unzufriedenen Bevölkerung aufzuzwingen, begann er die Opposition zu beseitigen und immer autoritärer zu regieren. Der glühende Verehrer Napoleons fuhr häufig selber auf einem Motorrad ins Landesinnere, um sich vor Ort nach der aktuellen Situation zu erkundigen. Während er sich schamlos am Volkseigentum bereicherte, kürzte er die Ausgaben für das Bildungswesen, das er nicht als Instrument zur Weiterbildung, sondern als Exerzierplatz für die Disziplinierung der Bevölkerung verstand. Um die

Großgrundbesitzer weiterhin mit billigen Arbeitskräften zu versorgen, wandelte er das unter Barrios eingeführte System der Schuldleibeigenschaft in ein Gesetz gegen das Vagabundentum um. Mit dieser Maßnahme wurden alle land- oder arbeitslosen Indígenas jährlich zu sechsmonatiger Zwangsarbeit auf Plantagen oder im Straßenbau verpflichtet, wo viele von ihnen an den miserablen Arbeitsbedingungen zugrunde gingen. Ein weiteres Dekret gab Landbesitzern das Recht, kleinste Vergehen auf ihren Anwesen mit der Todesstrafe zu ahnden.

Doch wenn Ubico auf nationaler Ebene auch Angst und Schrecken verbreitete, so blieb er doch auf der internationalen Bühne lediglich eine Marionette der USA. Ohne zu zögern betrieb er den weiteren Ausverkauf nationalen Eigentums. 1936 unterzeichnete er einen neuen Vertrag mit der United Fruit Company. Darin sicherte er der UFCO Ländereien zum Anbau von Bananen an der Pazifikküste bei Tiquisate mit allen üblichen Vergünstigungen zu, u.a. Steuerfreiheit für alle Exporte und zollfreie Einfuhr aller benötigten Güter. Gleichzeitig bestand er auf niedrigen Löhnen für die Bananenarbeiter, damit andere Branchen nicht mehr verlangen konnten. Die Kontakte mit den USA wurden im Vorfeld des Zweiten Weltkriegs immer enger, und 1940 gingen 90% aller guatemaltekischen Exporte zum großen „Bruder" im Norden. Trotz seiner Sympathien für Hitler, Franco und Mussolini musste Ubico auf Druck der USA deutsche Landbesitzer enteignen. Inzwischen wuchs der nationale Widerstand gegen den Diktator. Studenten und Lehrer brachten eine Streikwelle in Gang, die binnen kurzem auf weitere gesellschaftliche Sektoren übergriff und sich immer mehr ausweitete. Als Ubico sich des ganzen Ausmaßes der Unzufriedenheit des Volkes bewusst wurde, legte er am 30. Juni 1944 sein Amt nieder und verschwand ins Exil. Sein Nachfolger General **Juan Frederico Ponce Viades** regierte nur noch 108 Tage, bevor sich der Zorn der Volksseele endgültig in der Revolution vom 20. Oktober 1944 entlud und die Ära Ubicos und der Liberalen in Guatemala endgültig beendete.

Politischer Frühling (1944–1954)

Die so genannte „Bürgerliche Revolution", deren erste Anzeichen bereits 1941 mit Widerstand aus intellektuellen Kreisen gegen das Ubico-Regime zu erkennen waren, wurde von einem Triumvirat angeführt, das aus den Offizieren **Jacobo Arbenz** und **Francisco Javier Arana** sowie dem Zivilisten **Jorge Toriello** bestand. Sie bereiteten den Weg für demokratische Wahlen, aus denen der Kandidat der Volksbefreiungsfront (FPL), **Juan José Arévalo Bermejo**, mit 85% der Stimmen als klarer Sieger hervorging. Der Philosophie- und Pädagogikprofessor, der lange Zeit im Exil gelebt hatte, begann seine Regierungszeit mit einer neuen Verfassung, die der Grundstein für einen neuen Rechtsstaat sein sollte. Sie verbot unter anderem private Monopole, führte umfassende Rechte des Individuums ein und schränkte die Befugnisse des Staatspräsidenten ein, um eine erneute Diktatur zu vermeiden. Militärs war nunmehr die Bekleidung eines politischen Amts untersagt, und Rassendiskriminierung wurde zum Verbrechen erklärt. Eine Vielzahl dringend benötigter Reformen sollte das Land auf demokratische Art und Weise modernisieren. Dazu wurden zahlreiche Programme ins Leben gerufen, die vom Schul- und Krankenhausbau über Alphabetisierungs- und Impfkampagnen bis hin zur Abschaffung der indianischen Zwangsarbeit reichten. Ein neues Gesetz verkürzte die Arbeitsdauer, ermöglichte die Bildung von Gewerkschaften und begründete das Recht zu streiken. Doch obwohl Arévalo in seiner Antrittsrede die Landwirtschaft neben dem öffentlichen Erziehungswesen als Stiefkind Guatemalas bezeichnete, zögerte er, eine Landreform durchzuführen. Die von ihm initiierte Umwandlung von enteignetem deutschen Grundbesitz in Kooperativen und die Verteilung brachliegenden Landbesitzes an landlose *campesinos* hatte eher symbolischen als flächendeckenden Charakter. Arévalo verbrachte die letzten Jahre seiner Amtszeit, die er selber als „spirituellen Sozialismus" charakterisierte, mehr mit der Konsolidierung seiner Reformen als mit neuen Maßnahmen. Zusätzlich musste er sich gegen Angriffe der traditionellen Elite sowie gegen insgesamt 28 Putschversuche wehren. Für die Wahlen des Jahres 1950 ließen sich mit **Jacobo Arbenz** und **Francisco Javier Arana** zwei Mitglieder der Revolutionsjunta des Jahres 1944 als Kandidaten aufstellen. Da Arana 1949 auf mysteriöse Art und Weise ermordet wurde, war der Weg frei für seinen direkten Kontrahenten.

Arbenz gewann im ersten Wahldurchgang die absolute Mehrheit der Stimmen und trat 1951 sein Amt als Präsident Guatemalas an. Sein politischer

Kurs war klar definiert: Ziel war es, eine unabhängige kapitalistische Nation zu schaffen, die wirtschaftliche Abhängigkeit zu beenden und den Lebensstandard der breiten Masse anzuheben. Dabei scheute er auch nicht die direkte Konfrontation mit den großen US-Firmen, deren Monopole er brechen wollte. So ließ er ein staatliches Wasserkraftwerk, eine Straße zur Karibik und einen neuen Hafen bei Puerto Barrios bauen. Bisher hatte sich die Stromerzeugung des Landes, die Eisenbahn zum Karibischen Meer und der dortige Hafen in den Händen der United Fruit Company befunden.

Im Gegensatz zu seinem Vorgänger rüttelte Arbenz auch an den Grundfesten des feudalen Großgrundbesitzes. 1952 verabschiedete seine Regierung das **Gesetz zur Agrarreform**, mit dem brachliegendes Land an landlose Bauern umverteilt wurde. In den Jahren 1953 und 1954 wurden rund 880 000 ha Land beschlagnahmt und etwa 100 000 Bauern überschrieben. Damit erhielten rund 40% aller landlosen *campesinos* ein Stück Boden. Größter Verlierer der Landreform war die United Fruit Company, die mit rund 160 000 ha etwa die Hälfte ihres Landbesitzes gegen staatliche Schuldverschreibungen hergeben musste. Als Berechnungsgrundlage für den Grundstückswert dienten dabei die Steuerangaben, die von den Unternehmen selbst viel zu niedrig angesetzt worden waren, um Grundsteuer zu sparen. Wütende Proteste der USA waren die Folge, und Guatemala wurde sogleich als Brückenkopf des Kommunismus in Mittelamerika diffamiert. Zu Unrecht, denn die Regierung unter Präsident Arbenz war niemals kommunistisch, auch wenn sie die kommunistische Partei 1951 in Guatemala legalisierte und einige ihrer Mitglieder in die Legislative gewählt wurden. Solche Details interessierten die kalten Krieger und Vorstandsvorsitzenden in den USA wenig, sahen sie doch in Guatemala ihre ureigensten wirtschaftlichen Interessen bedroht. Der US-Diplomat **Spruille Braden**, der bei der Amtseinführung von Arbenz als Vertreter seiner Regierung noch wohlwollend erklärt hatte, dass „die Vereinigten Staaten sich glücklich schätzen zu sehen, dass Guatemala jetzt den hohen Rang einer der Demokratien dieser Hemisphäre einnimmt", hatte sich wenige Jahre später als Berater der United Fruit Company zu einem entschiedenen Gegner der guatemaltekischen Regierung gewandelt. Das Lobbyistennetz der Bananenfirma reichte bis in allerhöchste Kreise. Der Chef des US-Geheimdienstes CIA, Allen Dulles, saß selbst im Aufsichtsrat des Unternehmens, und sein Bruder, John Foster Dulles, war zum selben Zeitpunkt Außenminister der USA. Auf Druck der Vereinigten Staaten wurde 1954 auf der Interamerikanischen Konferenz in Caracas, Venezuela, eine Resolution verabschiedet, die jeglichen Einfluss des Kommunismus in der Hemisphäre untersagte. Die Botschaft war eindeutig, und es dauerte nicht mehr lange, bis US-Präsident Dwight Eisenhower die Genehmigung erteilte, die Regierung Arbenz zu stürzen. Die **Operation Success** (Erfolg) lief an. Am 18. Juni 1954 warfen Flugzeuge Unmengen von Flugblättern über Guatemala-Stadt ab, auf denen der Rücktritt von Arbenz gefordert wurde. Der Präsident ahnte anscheinend, dass ihm seine Militärs im Falle einer Invasion nicht zur Seite stehen würden und hatte in einem Akt der Verzweiflung eine Schiffsladung mit tschechischen Gewehren für das Volk bestellt, die aber von den Nordamerikanern abgefangen wurde. Am Abend desselben Tages marschierte eine 250 Mann starke „Befreiungsarmee", die von der CIA gesponsert und von Kampfflugzeugen begleitet wurde, von Honduras nach Guatemala ein. Arbenz bezeichnete sie zwar nur als „heterogenes Fruit Company-Expeditionskorps", aber seine Tage waren gezählt. Als ein Großteil seiner Offiziere überlief, legte Arbenz am 27. Juni 1954 die Präsidentschaft nieder. Er überließ Oberst **Carlos Enrique Díaz** die Regierungsgeschäfte. Dessen Amtszeit dauerte allerdings nur eine Woche, denn am 3. Juli wurde der Wunschkandidat der Amerikaner, Oberstleutnant **Castillo Armas**, im Privatflugzeug des amerikanischen Botschafters John Peurifoy nach Guatemala-Stadt geflogen und zum neuen Präsidenten ernannt. Aus der Regierungszeit von Armas ist nicht viel Gutes zu berichten. Sofort nach seinem Amtsantritt ließ er die Verfassung von 1944 außer Kraft setzen und die Agrarreform wieder rückgängig machen. Alle linken Parteien wurden geächtet, allen Analphabeten wurde das Wahlrecht entzogen, und eine große Zahl von Gewerkschaftern und Agrarreformern wurde einfach umgebracht. Armas verließ sich stark auf US-amerikanische Unterstützung, um das Land wirtschaftlich zu entwickeln, fand aber in der Armee nur wenig Freunde. 1957 ermordete ihn sein eigener Leibwächter.

36 Jahre Bürgerkrieg (1960–1996)

Mit dem Rechtsputsch von 1954 war das demokratische Experiment in Guatemala gescheitert. Das entstandene Machtvakuum wurde von den Militärs geschlossen, die von nun an bis 1986 das Sagen hatten und das Land wenige Jahre später in einen Bürgerkrieg verwickelten, der stellenweise die Ausmaße eines Genozids annahm. Hinter dem Militär kehrte die alte Oligarchie aus Kirchenführern, Großgrundbesitzern und Armeeoffizieren in die vertrauten Positionen zurück.

1958 gelangte nach einigen unruhigen Monaten **Ydígoras Fuentes** durch einen Staatsstreich an die Macht. Ydígoras' fünfjährige Regierungszeit war von Inkompetenz, Korruption, ausufernder Vetternwirtschaft und wirtschaftlichem Verfall des Landes geprägt. Der Präsident geriet in die Kritik, als bekannt wurde, dass er den Amerikanern Land als Operationsbasis gegen Fidel Castros Kuba zur Verfügung stellte. Am 13. November 1960 unternahm eine Gruppe unzufriedener Offiziere einen Staatsstreich, der aber mit Hilfe der USA niedergeschlagen wurde. Zwei der Rädelsführer, der junge Leutnant **Marco Aurelio Yon Sosa** und der neunzehnjährige **Luis Turcios Lima** flohen ins benachbarte Ausland, wo sie eine Untergrundbewegung ins Leben riefen.

Der gescheiterte Putsch vom 13. November 1960 markierte den Beginn des Bürgerkriegs und die Bildung von Guatemalas moderner revolutionärer Bewegung. 1962 nahm die kleine, schlecht vorbereitete Guerillatruppe den bewaffneten Kampf auf, wurde aber von der Armee in die Berge zurückgedrängt. Dennoch: Studentenunruhen und Protestaktionen verschiedener Sektoren der Bevölkerung läuteten das Ende der Regierungszeit Ydígoras' ein. Der „Präventivcoup" seines Verteidigungsministers **Enrique Peralta Azurdia** im März 1963 hatte aber nicht das Ziel, die ausufernde Korruption in allen staatlichen Institutionen zu bekämpfen. Vielmehr sollte dadurch ein möglicher Wahlsieg von **Ex-Präsident Arévalo** verhindert werden, der in den Wahlen des Jahres 1964 beste Chancen gehabt hätte. Erneut hatten hinter den Kulissen die USA und die traditionelle Oligarchie die Fäden gezogen. Die USA, weil sie durch eine drohende linksgerichtete Regierung ihren Einflussbereich in Guatemala schwinden sahen; Kirche und Großgrundbesitzer, weil sie ihren Besitzstand gefährdet sahen. Mit Unterstützung der US-Amerikaner wurde die guatemaltekische Gesellschaft nun von einem Militärapparat beherrscht, der zunehmend mächtiger wurde und sich keiner zivilen Autorität und Kontrolle mehr beugte. So musste der 1966 gewählte Zivilist **Julio Cesar Montenegro** vor Amtsantritt einen Pakt mit den Militärs unterzeichen: Dieser zwang ihn, allen Befehlen der Armee zu gehorchen und dem Militär freie Hand in allen Fragen der nationalen Sicherheit zu geben.

Zwischen 1966 und 1968 kam es im Osten des Landes zu verstärkten Anti-Guerilla-Aktionen und Säuberungskampagnen der Armee. Diesen fielen zwischen 3000 bis 8000 Menschen zum Opfer, zumeist unschuldige Zivilisten, die für demokratische Verhältnisse in Guatemala eingetreten waren. Dass zum Ende der 60er Jahre die Polizei- und Militärhilfe durch die USA stark gewachsen war, rächte die Guerilla, indem sie amerikanische Militärberater ermordete. Aber auch ein deutscher Diplomat wurde Opfer der linken Gewalt. Der deutsche Botschafter **Graf von Spreti** wurde 1970 von der Guerilla entführt und kurz darauf getötet. Die guatemaltekische Regierung hatte sich zuvor geweigert, inhaftierte Guerillakämpfer im Austausch gegen Spreti freizulassen.

Aufgrund seiner „Erfolge" bei der Bekämpfung der Guerillabewegung wurde 1970 **Oberst Arana Osorio** zum neuen Machthaber gewählt. Rechtsgerichtete Terrorkommandos mit klangvollen Namen wie „Auge um Auge" verbreiteten zunehmend Angst und Schrecken unter der Bevölkerung, auch die Anzahl politisch motivierter Gewalttaten nahm drastisch zu. Durch Wahlbetrug gelangte 1974 der handverlesene Kandidat Osorios, General **Kjell Laugerud García**, an die Macht. Überraschenderweise begann Präsident Laugerud seine Amtszeit mit politischen und sozialen Reformen und löste Auseinandersetzungen mit Gewerkschaften durch Verhandlungen und nicht wie gewohnt mit Gewalt. Allerdings kamen die durchaus brauchbaren Ansätze seiner Regierung durch das schwere Erdbeben von 1976, bei dem rund 25 000 Tote zu beklagen waren, zu einem jähen Stillstand. Das Beben beeinflusste die Politik: Es erhöhte die Solidarität innerhalb des Volkes und stärkte die Oppositionskräfte, die nun selbstbewusster auftraten. Die Antwort der Regierung: selektive Ermordung von Gewerkschafts- und Arbeiterführern. Die zunehmenden Menschenrechtsverletzungen bewogen US-Präsident **Jimmy Carter** 1977, die Militärhilfe für Guatemala einzustellen.

Die Anzahl der Gräueltaten nahm auch unter Präsident **Romeo Lucas García** weiter zu. Der General hatte 1978 die Macht im Land übernommen und bekämpfte die wiedererstarkte Guerilla mit nie zuvor gekannter Brutalität. Akademiker, Oppositionelle, Journalisten, Anwälte oder Gewerkschafter: Niemand war vor den Schergen des Generals sicher. Eine Wirtschaftskrise, ausgelöst durch niedrige Kaffeepreise und ausbleibende Touristen, verschlechterte die Situation zusätzlich. Eine Gruppe Quiché- und Ixil-Indianer marschierte im Januar 1980 nach Guatemala-Stadt, um gegen die Entführung und Ermordung von neun Mitbürgern zu protestieren. Als die Regierung sie nicht anhörte, besetzten sie die spanische Botschaft, die daraufhin von Sicherheitskräften gestürmt und in Brand gesetzt wurde. 39 Menschen starben in den Flammen, Personal und Besetzer gleichermaßen. Das Massaker in der spanischen Botschaft zeigte der Weltöffentlichkeit, dass die guatemaltekische Regierung vor nichts und niemandem zurückschreckte, um ihre Interessen durchzusetzen. Die vier Jahre des Regimes von Lucas Garcia waren die blutigsten des gesamten Bürgerkriegs. Rund 25 000 Guatemalteken verloren während seiner Regierungszeit ihr Leben.

Im Jahr 1982 kam es erneut zu einem Militärputsch junger Offiziere. Dieser brachte General **Efraín Ríos Montt** an die Spitze einer dreiköpfigen Junta. Dem Anhänger der evangelikalen Sekte El Verbo gelang es, die unruhige Situation auf dem Lande mit „ungewöhnlichen" Maßnahmen in den Griff zu bekommen: Seine „Politik der verbrannten Erde" bestand in einer groß angelegten Militäraktion, bei der Dutzende Indianerdörfer vernichtet und die dort lebenden Menschen vertrieben oder ermordet wurden. Ziel war es, der Guerilla die Unterstützung durch die Landbevölkerung zu entziehen. Der General kombinierte die Massaker an der Zivilbevölkerung mit hocheffizienten Formen der Bevölkerungskontrolle. Dazu gehörten Programme wie „Essen gegen Arbeit", militarisierte Modelldörfer, in denen Bürgerkriegsflüchtlinge zwangsweise angesiedelt wurden, und die Einführung von Zivilpatrouillen. Eine Menschenrechtsgruppe kommentierte die Maßnahmen der Militärregierung mit den Worten: „Sie (die Regierung) erzeugt Trostlosigkeit und Elend und nennt es Frieden." Doch Mitte 1983 stand Ríos Montt immer mehr im Kreuzfeuer der öffentlichen Kritik. Der katholischen Kirche war der wachsende Einfluss evangelischer Sekten ein Dorn im Auge, Gerüchte über eine mögliche Agrarreform verstörten die Landbesitzer, und der Rest der Gesellschaft ärgerte sich über fehlende demokratische Reformen. Ein Staatsstreich brachte daher 1983 General **Oscar Humberto Mejía Víctores** an die Macht. Obwohl er den Kampf gegen die seit 1982 in der **URNG** (Unidad Revolucionaria Nacional Guatemalteca) vereinte Guerilla weiterführte, war er offener für Veränderungen als sein Vorgänger. Es war Mejía, der das Land 1985 zu den ersten demokratischen Wahlen seit Beginn des Bürgerkriegs führte. Sieger dieser Wahl wurde der Kandidat der Christdemokraten, **Vinicio Cerezo Arévalo**. Doch eine zivile Regierung hatte nicht automatisch den Machtverlust der Militärs zur Folge, vielmehr agierten diese weiterhin im Hintergrund und engten die Machtbefugnisse von Cerezo stark ein. Sie untersagten dem Präsidenten, Gespräche mit der Guerilla aufzunehmen. Cerezos Politik bestand denn auch eher darin, Konfrontationen zu vermeiden als Probleme zu lösen und Reformen in die Wege zu leiten. Er selbst betrachtete die Tatsache, überlebt zu haben, als größte Errungenschaft seiner Amtszeit. Obwohl die Anzahl politischer Gewaltverbrechen in den späten 80er Jahren stark nachließ, konnten rechte Todesschwadronen noch immer frei operieren – der Krieg in entlegenen Gegenden des Hochlands ging unvermindert weiter. 1988 kamen bei einem von der Armee verübten Massaker im Dorf El Aguacate bei Chimaltenango 22 Indígenas ums Leben. Die Dekade endete mit einer Welle von Entführungen und Morden an Führern der Studentenorganisation (AEU) und Aktivisten eines Lehrerstreiks. Sie alle hatten Kontakte zur URNG unterhalten.

Der Gewinner der Wahlen von 1990, **Jorge Serrano Elías**, verdankte seinen Sieg der Tatsache, dass zwei seiner aussichtsreichsten Mitbewerber – die Ex-Staatschefs Cerezo und Montt – aus verfassungsrechtlichen Gründen nicht zu den Wahlen zugelassen wurden. Infolgedessen besaß Serrano Elías nur eine relativ geringe Akzeptanz in der Bevölkerung. Wirtschaftlich steckte das Land weiterhin in einer Krise, die von ständigen Preiserhöhungen bei gleichzeitigem Lohnstopp verschärft wurde. Immer noch besaßen nur rund 2% der Großgrundbesitzer ca. 65% des bebaubaren Landes, und 85% der Guatemalteken lebten in teils bitterer Armut. Doch die indianische Landbevölkerung wehrte sich. Diverse Basisorganisationen berichteten der Weltöffentlichkeit über die Gräueltaten des guatemaltekischen Militärs. Nationales und internationales Aufsehen erregte dann 1992 die Verleihung des Friedensnobelpreises an **Rigoberta Menchú Tum**. Die Quiché-Maya (s.S. 296) kämpft bis heute für die Aufklärung der Menschenrechtsverletzungen des Bürgerkriegs, denen auch Mitglieder ihrer Familie zum Opfer fielen. Zudem kehrten die ersten Bürgerkriegsflüchtlinge aus mexikanischen Lagern zurück. Doch noch immer bekämpfte eine völlig aufgeblähte Armee von 45 000 Mann eine Guerillatruppe, die zwischen 1000 und 3000 Mitglieder zählte. Als Proteste gegen seine Regierung immer lauter wurden, setzte Präsident Serrano im Mai 1993 überraschend die Verfassung des Landes außer Kraft und entließ den Kongress sowie den obersten Gerichtshof. Er rechtfertigte seinen im Spanischen *autogolpe* genannten Schritt damit, dass eine Übernahme des Landes durch die Drogenmafia bevorstünde. Die wahre Absicht war jedoch die eigene Machterhaltung. Doch selbst die Armee wandte sich von ihm ab, und Anfang Juni wurde Serrano abgesetzt. Er floh nach Panama ins Exil, und erst Jahre später wurde bekannt, in welch schamloser Weise er sich während seiner Regierungszeit am Volksvermögen bereichert hatte.

Anstelle von Serrano übernahm der Menschenrechtsbeauftragte Guatemalas, **Ramiro de Léon Carpio**, interimsweise das Präsidentenamt. In seiner kurzen Amtszeit machte der beim Volk beliebte Carpio immer wieder auf das fehlende politische Gewissen des Landes und die Unfähigkeit zur Demokratie aufmerksam. So lautete sein dringlichstes Ziel Stabilität und die Fortsetzung der Verhandlungen mit der Guerilla. Obwohl er nicht viel unternahm, um der Armee die Flügel zu stutzen, einigten sich Regierung und Guerilla auf den Einsatz einer internationalen Untersuchungskommission der Vereinten Nationen. Aufgabe von MINUGUA (Misión de Verificación de las Naciones Unidas en Guatemala) war es, die Abkommen über Menschenrechte und Demilitarisierung zu überwachen. Der Friedensprozess machte unter dem Ende 1995 gewählten Großindustriellen **Alvarado Arzú** entscheidende Fortschritte, und am 29. Dezember 1996 konnte das **Friedensabkommen** zwischen Regierung und Guerilla unterzeichnet werden, das den 36-jährigen Bürgerkrieg in Guatemala beendete. Traurige Bilanz: rund 200 000 Tote und Vermisste sowie circa eine Million Vertriebene im eigenen Land.

Der Friedensvertrag und die Zeit danach (1996–2000)

Mit einem hauchdünnen Sieg im zweiten Wahldurchgang begann im Januar 1996 die Regierungszeit von **Alvaro Arzú**, dem ehemaligen Bürgermeister von Guatemala-Stadt. Seine neoliberale Partei des nationalen Fortschritts (PAN) repräsentierte dabei überwiegend die Mittel- und Oberschicht der Hauptstadt, während Arzús Bekanntheitsgrad auf dem Lande äußerst gering war. Das größte Ereignis gleich zu Beginn seiner Amtszeit war nach beinahe zehn Verhandlungsjahren die **Unterzeichnung des Friedensabkommens** zwischen der Regierung und der Guerilla am 29. Dezember 1996. Sie zog einen Schlussstrich unter den 36-jährigen Bürgerkrieg des Landes.

Doch in den folgenden Jahren konnte die Regierung Arzú die großen Hoffnungen, die innen- und außenpolitisch auf sie gesetzt worden waren, nur bedingt erfüllen. Der Friedensvertrag schwemmte hunderte Millionen US$ der internationalen Staatengemeinschaft in das wirtschaftlich angeschlagene Guatemala, und durch eine Erhöhung der Mehrwertsteuer füllten sich die Staatskassen zusätzlich. Ein Großteil der Gelder floss in dringend benötigte Infrastrukturmaßnahmen, Gesundheits- und Erziehungsprojekte. Rund 3000 Ex-Guerillakämpfer wurden friedlich demobilisiert, und indianische sowie frauenspezifische Themen fanden Eingang in die nationale Politik. Doch während die entwicklungspolitischen Fortschritte unter Präsident Arzú hauptsächlich als eine positive Folge der Friedensverträge zu sehen waren, verbuchte die Regierungspartei alle Erfolge für sich und versuchte somit, den warmen Geldregen aus dem Ausland parteipolitisch zu nutzen. Und obwohl der Friedensschluss als Ausgangspunkt für weitere Dialoge auf allen zivilen Ebenen gedacht war, ließ die Regierung anderen politischen bzw. gesellschaftlichen

Gruppierungen kaum Gelegenheit, dazu beizutragen, die elf verschiedenen Verträge des Friedensabkommens umzusetzen. So wurde beispielsweise die Oppositionspartei FRG nicht zur Unterzeichnung des Abkommens im Dezember 1996 eingeladen, und die Kommission, die die Umsetzung der Abkommen überwachte, bestand lediglich aus Vertretern der Regierungspartei PAN und der Guerilla sowie einigen wenigen zivilen Führungspersönlichkeiten. Ein weiterer Kritikpunkt war die schleppende Umsetzung der Vertragsinhalte. Bis Ende 1999 konnten nur rund 30% aller für diesen Zeitraum festgelegten Gesetzesreformen und Abkommen realisiert werden. Weitere negative Ereignisse während der Amtszeit von Präsident Arzú machten deutlich, auf welch wackeligen Beinen das Gerüst des Friedens in Guatemala stand: Im April 1998 veröffentlichte die katholische Kirche einen Bericht mit dem Titel *Guatemala – Nie wieder,* eine zusammenfassende Arbeit des Projekts zur „Wiedererlangung der historischen Erinnerung" (REMHI). In dem vierbändigen Report wurden Menschenrechtsverletzungen während des Bürgerkriegs im Detail aufgeführt. Zwei Tage später wurde Weihbischof **Juan Gerardi**, der das Projekt geleitet hatte, von Unbekannten in seinem Haus erschlagen. Obwohl die Täter bis heute nicht gefasst wurden, deutet alles darauf hin, dass das guatemaltekische Militär in das Verbrechen verwickelt ist. Es ist in Guatemala allgemeine Auffassung, dass die Aufklärung der blutigen Ereignisse des Bürgerkriegs eine unverzichtbare Grundlage zur Versöhnung der am Konflikt Beteiligten ist und nur so eine Vertrauensbasis unter der gesamten Bevölkerung geschaffen werden kann.

Ähnlich wie die Militärs weigerte sich auch die Regierung Arzú Empfehlungen zu berücksichtigen, die ihr die „Wahrheitskommission" (CEH) in einem Bericht im Februar 1999 gab. Im Mai desselben Jahres scheiterte ein Volksreferendum, das für die Umsetzung von zahlreichen Reformen des Friedensabkommens plädiert hatte – darunter beispielsweise die Beschränkung der Funktion des Militärs auf ausschließlich externe Angelegenheiten. Die Abstimmung, an der sich nur rund 20% der Wahlberechtigten beteiligten, scheiterte an der Undurchsichtigkeit des aufgeblähten Reformpakets. Auch wurde von Rechts die Angst vor einer Zersplitterung des Landes sowie den hohen Kosten für den Steuerzahler bei der Umsetzung der Reformen geschürt. Das Referendum offenbarte erneut die zunehmende Polarisierung innerhalb der guatemaltekischen Gesellschaft: Während mehrheitlich indianisch besiedelte Provinzen für die Reformen stimmten, wurden sie in der Hauptstadt abgelehnt.

Gegen Ende der Amtszeit des Präsidenten Arzú 1999 war eine steigende Unzufriedenheit im Volk zu spüren, die sich auf die Regierung und die konkreten Lebensumstände bezog. Die Regierungspartei hatte es nicht geschafft, den kleinen Mann auf der Straße – vor allem auf dem Land – mit sozialen Investitionen, verstärkter Polizeipräsenz und Versprechen von weniger Korruption zu überzeugen.

Infrastrukturprojekte, vor allem im Straßenbau, täuschten nicht darüber hinweg, dass sich die persönliche wirtschaftliche Situation eines Großteils der Bevölkerung seit 1996 tendenziell sogar verschlechtert hatte. Die Lebenshaltungskosten und die Steuern waren ohne nennenswerten Ausgleich in diesen Jahren stark gestiegen; auch die Arbeitslosigkeit war unverändert hoch. Darüber hinaus wurde das Land nach dem Friedensschluss von einer Welle der Kriminalität überrollt, die ein Klima der Unsicherheit erzeugte, das vom ängstlichen und zögerlichen Auftreten der Justiz noch verstärkt wurde. Undurchsichtige Privatisierungen wie die der Telefongesellschaft Telgua ließen das Vertrauen in die Regierung weiter sinken. Wie von vielen erwartet, kam es bei den Wahlen Ende 1999 zu einem Regierungswechsel.

Guatemala im neuen Jahrtausend (2000–2005)

Im zweiten Wahlgang am 26. Dezember 1999 erhielt der Kandidat der rechtsgerichteten Republikanischen Front Guatemala FRG, **Alfonso Portillo**, die Mehrheit und wurde mit 68% aller Stimmen für die Amtszeit von 2000 bis 2004 zum neuen Präsidenten des Landes gewählt. Bei ihrem Wahlsieg profitierte die FRG nicht nur von den Versäumnissen der PAN, sondern auch davon, dass die linke Opposition sich vor der Wahl zersplitterte. Während die Demokratische Front Neues Guatemala (FDNG), die von der Guerilla und diversen Maya-Organisationen unterstützt wurde, bei den Wahlen von 1995 noch einen beachtlichen Erfolg erzielen konnte, zerfiel das Bündnis Alianza Nueva Nacion (ANN), dem sich alle linken Gruppierungen einschließlich der FDNG angeschlossen hatten, bereits vor den Wahlen des Jahres 1999. Grund war die Uneinigkeit über die Besetzung von politischen Ämtern. Garant für den Wahlsieg der FRG war letztlich die Galionsfigur der Partei, **Efraín Ríos Montt**. Der General, der bereits 1982 mit Hilfe eines Putsches für ein Jahr an die Macht gelangt war, besitzt weiterhin einen großen Zuspruch in der Bevölkerung, und zwar paradoxerweise auch auf dem Lande, wo das Militär unter seiner Herrschaft im Kampf gegen die Guerilla ganze Landstriche verwüstete.

Für viele Guatemalteken verkörpert Ríos Montt die harte Hand des Gesetzes – die viele für nötig halten. Zusätzliche Stimmen brachte dem Mitglied der großen evangelischen Sekte El Verbo der Trend, dass in Guatemala immer mehr Menschen zum protestantischen Glauben konvertieren. Ex-Präsident Montt wollte eigentlich selbst kandidieren, was ihm jedoch das Verfassungsgericht untersagte. Also nominierte die Partei Alfonso Portillo. Dessen Erfolg zeigt deutlich, dass es in der guatemaltekischen Parteienszene weniger um Ideologien und Überzeugungen geht, als vielmehr um selbstbewusstes, populistisches Auftreten und die richtigen Beziehungen. So war Portillo als Student Mitglied marxistischer Gruppen, die mit der guatemaltekischen Guerilla sympathisierten. Die Tatsache, dass er 1982 bei einer Schießerei in Mexiko zwei Menschen tötete und vor der Justiz floh, wurde geschickt in die Wahlkampagnen der FRG eingebaut. Der Slogan lautete: „Portillo – Wenn er sich selber verteidigen kann, kann er auch Sie und Ihre Familie verteidigen". Doch schon im Sommer 2000, wenige Monate nach seinem Amtsantritt, bröckelte dieses Image gewaltig. Zwei Mitglieder einer kriminellen Vereinigung waren hingerichtet worden, und aus Angst vor Vergeltung durch noch lebende Bandenmitglieder ließ Portillo seine Familie in die USA ausfliegen. Innenpolitisch hatte der Präsident mit einer Vielzahl von Problemen zu kämpfen. Vollmundige Wahlversprechen konnten nicht eingehalten werden. Der Mord an Bischof Gerardi blieb weiter unaufgeklärt, Kriminalität und Menschenrechtsverletzungen nahmen wieder zu, und weite Teile des Friedenabkommens waren noch immer nicht umgesetzt worden.

Zum Ende der Amtszeit Portillos zeichnete sich ein düsteres Panorama ab: Neben dem kompletten politischen Versagen der FRG und des Zweigestirns Portillo/Montt wurde ein Korruptionsskandal ungeahnten Ausmaßes aufgedeckt. Über den von Portillo später abgeschafften Präsidialen Generalstab (Estado Mayor Presidencial) bereicherten sich hohe Funktionäre, Militärs und wahrscheinlich auch der Präsident um Dutzende Millionen US$. Da verwunderte es niemanden, dass sich Portillo wenige Tage nach Beendigung seiner Amtszeit nach Mexiko absetzte. Alle Bemühungen um eine Auslieferung waren bislang erfolglos. Nachfolger Portillos wurde der zweimalige Bürgermeister der Hauptstadt Oscar Berger, der sich mit seinem Koalitionsbündnis Große Nationale Allianz (GANA) in einer Stichwahl knapp mit 54,13% der Stimmen gegen seinen Konkurrenten Álvaro Colóm von der Partei Nationale Einheit der Hoffnung (UNE) durchsetzen konnte. Wichtigstes Ereignis der Wahl war allerdings die Tatsache, dass Ex-Präsident Ríos Montt von der FRG bereits im ersten Wahlgang scheiterte, nachdem seine Teilnahme erst durch eine umstrittene Verfassungsänderung möglich geworden war.

Nach 18 Monaten an der Spitze des Landes hat auch Berger – Vertreter der guatemaltekischen Oligarchie – bis zum Beginn des Jahres 2005 außer einigen Infrastrukturmaßnahmen keine nennenswerten Leistungen vollbracht. Im Gegenteil: Die Zahl der Menschenrechtsverletzungen nahm erneut zu, die innere Sicherheitslage blieb prekär, bei der Umsetzung der Friedenverträge gab es kaum Fortschritte, und die Ratifizierung des Freihandelsabkommens (TLC) mit den USA wurde von tagelangen schweren Ausschreitungen mit Toten und Verletzen begleitet.

Staat und Politik

Staatsform und Parteiensystem

Nach der Verfassung von 1985 ist Guatemala eine Republik, die in 22 Provinzen *(departamentos)* und 331 Landkreise *(municipios)* gegliedert ist. Der vom Volk für vier Jahre gewählte Präsident ist gleichzeitig Regierungschef. Der für den gleichen Zeitraum gewählte Kongress besteht aus nur einer Kammer mit insgesamt 158 Abgeordneten. Der offizielle Staatsname des Landes lautet: **República de Guatemala.**

Bis zum Ende des Bürgerkriegs dienten politische Parteien der herrschenden Schicht dazu, die demokratische Fassade zu wahren und Macht, Einfluss und wirtschaftliche Dominanz zu erhalten. Jahrzehntelang rekrutierten sich Politiker aus einflussreichen Landbesitzern, Industriellen und Militärs. Wer einer Partei beitrat, tat dies meistens weniger seiner politischen Überzeugung willen als vielmehr, um im Falle eines Sieges näher an den Fleischtöpfen zu sitzen. Es bleibt zu hoffen, dass sich dies in Zukunft ändert.

Seit den Wahlen des Jahres 1999 ist das rechtslastige Parteienspektrum wieder etwas größer geworden, vor allem was die Ausgewogenheit der ideologischen Richtungen betrifft. Obwohl das linke Lager Probleme hat, parteiübergreifende Bündnisse zu organisieren, ist die bloße Beteiligung von linksorientierten Parteien an Wahlen und die Besetzung einiger Abgeordnetensitze (neun von damals 113 Sitzen bei der Wahl von 1999) sowie 5,4% der Bürgermeisterämter bereits als Fortschritt zu bewerten.

Das geringe Vertrauen, das politischen Parteien in Guatemala entgegengebracht wird, kann man an ihrer geringen Mitgliederzahl ablesen, die nur bei rund 6% der ca. 3 Mio. Wahlberechtigten liegt.

Wahlkampf auf Guatemaltekisch

Wer durch das Land fährt, dem fallen in Wahlkampfzeiten die vielen mit bunten Symbolen bemalten Steine und Felsen am Wegesrand auf. Dies ist die guatemaltekische Form der Wahlwerbung, denn viele Wähler – vor allem bei den Indígenas – sind Analphabeten, was die große Anzahl von Daumenabdrücken statt Unterschriften in den Wählerverzeichnissen eindrucksvoll belegt. Während des Wahlkampfs werden die Bürger per Autokorso Fähnchen schwenkend zu den Wahlkampfveranstaltungen gefahren, wo sie populistische Reden über sich ergehen lassen – wohl wissend, dass sich für sie wieder einmal kaum etwas ändern wird. Auch in der Hauptstadt arten die Veranstaltungen in mittelgroße Fiestas aus, und an großen Straßenkreuzungen der Hauptstadt winkt schon mal der Präsidentschaftskandidat der einen oder anderen Partei den vorüberfahrenden Autofahrern zu, die ihre Fahrzeuge mit Fähnchen und Aufklebern ihrer favorisierten Partei verziert haben. Am Wahltag selbst besteht das größte Problem für viele Guatemalteken darin, ein Transportmittel zu finden, das sie zu ihrem Wahllokal bringt. Daher chartern die renommierten Parteien Hunderte von Bussen in der Hoffnung, damit die Gunst der Wähler beeinflussen zu können. Zum Stimmenfang wird auch die Armut vieler Guatemalteken ausgenutzt: Noch immer ist es im ländlichen Raum nicht ungewöhnlich, seine Stimme gegen ein T-Shirt, eine Kappe oder ein paar Quetzales einzutauschen. Viele Menschen, besonders Frauen und Kriegsflüchtlinge, sind nicht im Wählerverzeichnis eingetragen, und einige besitzen noch nicht einmal den dafür notwendigen Personalausweis. Denn die Fahrt in die nächste Kreishauptstadt zur Registrierung ist für viele zu zeitaufwendig und kostenintensiv. Somit geht in Guatemala ein enormes Stimmenpotential verloren. Dies wird dadurch dokumentiert, dass die Wahlbeteiligung regelmäßig nur rund 50% beträgt (2003/2004: 56,8%), bei Stichwahlen liegt sie sogar noch deutlich darunter.

Die wichtigsten aktuellen Parteien in Guatemala

Die rechtskonservative **Gran Alianza Nacional (Große Nationale Allianz)**, kurz **GANA**, ist die aktuelle Regierungspartei. Sie ist eine Zweckgemeinschaft, die aus dem Zusammenschluss drei kleiner Parteien entstanden ist. Präsident Berger gehörte, bevor er zur GANA überwechselte, der PAN an. Die GANA verfügt über 47 der insgesamt 158 Parlamentssitze und ist für Mehrheitsentscheidungen auf die Stimmen der UNE angewiesen.

Die **Unidad de la Esperanza (Nationale Einheit der Hoffnung)**, kurz **UNE**, hat sich ursprünglich aus dem linken Parteienspektrum formiert und sich inzwischen als Zentrumspartei etabliert. Ihr Präsidentschaftskandidat Álvaro Colóm musste sich bei den Präsidentschaftswahlen nur knapp dem Sieger Oscar Berger geschlagen geben. Die UNE verfügt im derzeitigen Parlament über 32 Sitze.

Die rechtspopulistische **Frente Republicano Guatemalteco (Republikanische Front Guatemala)**, kurz **FRG**, ist die drittstärkste politische Kraft in Guatemala, die zweitstärkste im Kongress (43 Sitze) und stellt einen Großteil der guatemaltekischen Bürgermeister. Die vormalige Regierungspartei, die seit 1990 besteht, wird weiterhin von dem Ex-Präsidenten, Sektenführer und Vorsitzenden der Nationalversammlung Efraín Ríos Montt geprägt.

Die 1985 gegründete **PAN (Partido del Avanzado Nacional, Partei des nationalen Fortschritts)** ist seit der Wahl von 2003 mit 17 Sitzen auf dem Abstellgleis gelandet. Sie stellte von 1996–2000 den Präsidenten, konnte sich aber bereits in der Folgewahl nicht mehr durchsetzen. Der Austritt des jetzigen Präsidenten Berger schwächte die Partei stark.

Das linke Bündnis **ANN (Alianza Nueva Nación, Allianz der neuen Nation)** wurde nach dem Friedensschluss von der Guerillapartei URNG und der Partei DIA geschlossen. Bisher fiel dieses Bündnis weniger durch klare Programme als durch große interne Reibungsverluste auf. Aufgrund von internen Querelen verließ der ehemalige Präsidentschaftskandidat Álvaro Colóm die Mitte-Links-Partei im Jahr 2000. Bei den Wahlen 2003/2004 erreichte die ANN nur 6 Sitze.

(Anmerkung: Die angegebenen Sitzplatzverteilungen der Parteien im guatemaltekischen Parlament beziehen sich auf die Ergebnisse der Wahlen 2003/2004.)

Die Menschenrechtsverletzungen im Bürgerkrieg

Die Missachtung der Menschenrechte hat in Guatemala eine lange Tradition. Ob und in welchem Ausmaß es schon in präkolumbischer Zeit zu Menschenrechtsverletzungen kam, ist nicht eindeutig belegbar. Die Vernichtung und Unterdrückung der indianischen Bevölkerung begann nachweislich mit der Eroberung durch die Spanier zu Beginn des 16. Jahrhundert und setzte sich 1821 nach der Unabhängigkeit von Spanien unter den Kreolen und später den Ladinos fort.

Unter den wechselnden Diktaturen in der ersten Hälfte des 20. Jahrhunderts litt der Großteil des Volkes gleichermaßen, obwohl sich die Indígenas neben politischen Repressalien auch noch der zum Teil unmenschlichen Behandlung auf den großen Fincas ausgesetzt sahen, auf denen sie für einen Hungerlohn Kaffee ernteten, Baumwolle pflückten oder Zuckerrohr schnitten.

Nachdem erste Ansätze einer demokratischen Entwicklung des Landes 1954 mit Hilfe der USA zunichte gemacht wurden, steuerte das Land auf einen langen brutalen Bürgerkrieg zu, der vor allem unter der indigenen Bevölkerung Opfer forderte.

In diesem 36-jährigen Konflikt standen sich **Armee** und **Guerilla** gegenüber. Die zwischen die Fronten geratene **Bevölkerung**, vor allem indianische *campesinos,* wurden von den einen als subversive Kommunisten betrachtet, von den anderen dagegen als Hoffnungsträger eines bewaffneten Klassenkampfes.

Das Militär

Wir müssen begreifen, dass in einem Land, in dem Elend herrscht, in dem extreme Armut existiert, sich leicht uns fremde Ideologien entwickeln… Deshalb meine ich, dass die ökonomischen Bedingungen, die Unterentwicklung in Guatemala, ein Nährboden (für die Subversion) sind.

Oberst Enriquez, ehemaliger Direktor der Sektion für zivile Angelegenheiten, Nationales Forum „27 Jahre Kampf für die Freiheit", 12.8.1987.

Mehrere Untersuchungsgremien haben die guatemaltekischen Streitkräfte als die Hauptverantwortlichen für Menschenrechtsverletzungen während des Bürgerkriegs identifiziert. Im Bericht der Wahrheitskommission (CEH) aus dem Jahr 1999 werden dem Militär 85% aller Unrechtstaten angelastet. Wie es so weit kommen konnte, fasste die Versammlung der Zivilgesellschaft (ASC) 1994 zusammen:

„Das Militär hat sich mit der Zeit in eine professionelle Institution verwandelt, die auf ideologischer, politischer, sozialer, ökonomischer und kultureller Ebene nicht nur den Staat und die Regierung kontrolliert und führt, sondern auch die Gesellschaft. Es benutzt dazu verschiedene Repressions- und Zwangsmethoden, die sich gegen jede(n) BürgerIn richten, der/die versucht, die bestehende Natur des Staates sowie die Beziehungen zwischen den Sektoren und Völkern, die die Zivilgesellschaft bilden, zu verändern".

Im Kampf gegen die „kommunistische Bedrohung" wurde das guatemaltekische Militär jahrzehntelang von der eigenen Regierung systematisch aufgerüstet. Nach 1954 erhielten die Streitkräfte technische, taktische und infrastrukturelle Unterstützung zunächst durch die USA, später aber auch in geringerem Umfang durch Länder wie Israel, Südafrika, Argentinien und Taiwan. Das Militär begann damals, seine wachsende Macht sowie seine Unabhängigkeit von Staat und Gesellschaft durch den Aufbau einer eigenen Infrastruktur immer deutlicher zur Schau zu stellen. Zu diesem Imperium gehörten Krankenhäuser, Banken, Kaufhäuser, Waffenfabriken, eine Schiffswerft, Medien und sogar eine eigene Fußballmannschaft. Hohe Offiziere nutzten ihre Positionen, um sich Grundbesitz zu beschaffen. Beliebt waren besonders die fruchtbaren Regionen der Pazifikküste und der Bocacosta. Die Gegend im Norden der Provinz Quiché wurde nur noch „Land der Generäle" genannt. Aber auch an illegalen Geschäften wie Drogenhandel und Edelholzschmuggel sollen die Streitkräfte beteiligt gewesen sein.

Die guatemaltekische Armee zählte dank der internationalen Unterstützung zu der am besten ausgebildeten und ausgerüsteten Truppe in ganz Lateinamerika. Ende der 80er Jahre zählten die Streitkräfte rund 50 000 Mann – hinzu kamen mehrere Tausend Mann aus Sondereinheiten. Der

Großteil der Armee setzte sich dabei aus regulären Truppen zusammen, die zwangsrekrutiert und nach einer harten Grundausbildung einer ideologischen Gehirnwäsche unterzogen wurden. Meist handelte es sich bei den niedrigeren Dienstgraden um Indígenas, die so manipuliert wurden, dass sie schließlich Angehörige ihrer eigenen Volksgruppen umbrachten. Eine besonders gefürchtete Spezialeinheit stellten die **Kaibiles** dar. Deren Mitglieder wurden in den 70er Jahren von vietnamerprobten US-Militärs auf ihren Einsatz vorbereitet. Ihre zum Teil unmenschliche Ausbildung, während der sie unter anderem angeblich Hundeblut trinken mussten, machte sie zu „Kampfmaschinen", deren einzige Aufgabe es war, zu töten.

Hinter den Kulissen operierten die beiden Sektionen des allgegenwärtigen guatemaltekischen Geheimdienstes. Um seine Ziele zu erreichen, bediente er sich eines weiten Netzes von Informanten, Polizei und Zivilpatrouillen. Obwohl die Hauptaufgabe des **Estado Mayor Presidencial (EMP)** ursprünglich nur der Schutz des Präsidenten war, ging er bereits in den 60er Jahren – vom Haushalt des Präsidenten finanziert – auch heimlich gegen Oppositionelle und Menschenrechtsaktivisten vor, was ihm den Spitznamen „El Archivo" einbrachte. Im Gegensatz zum EMP konzentrierte sich der berüchtigte **Geheimdienst G2** auf die Bekämpfung der Aufstandsbewegung. Seine Agenten, in der Mehrheit Offiziere der Streitkräfte, wurden von Experten im Ausland ausgebildet. Der gesamte Überwachungsapparat des G2 wurde überwiegend durch das Militär finanziert. Als operative Tarnung diente dem G2 die nationale Polizei, die dem Kommando des Geheimdienstes direkt unterstand. Gehaltszahlungen sollen unter anderem über das guatemaltekische Tourismusinstitut *INGUAT* abgewickelt worden sein. Da die Geheimdienste im Untergrund ohne Kontrolle und Einwirkung von außen operieren konnten, rekrutierten sich aus ihren Reihen bald die Mitglieder der berüchtigten **Todesschwadronen**, die Guatemala seit Mitte der 60er Jahre terrorisierten. Sie wurden in ihrer Anfangszeit von ultrarechten Parteien wie der AML politisch und ökonomisch unterstützt, in der Absicht, den Kommunismus in Guatemala auszurotten. Sehr bald schon wurde das Konzept der Todesschwadronen vom Militär übernommen. Sie waren keine autonomen oder unabhängigen Gruppierungen, sondern geheime Kommandoeinheiten der Streitkräfte, die auf diese Art und Weise versuchten, ihre Gräueltaten zu vertuschen.

Die Guerilla

Ich kämpfe, weil ich den Körper des alten Mannes Catarino gesehen habe, wie er von einem Baum hing, kastriert. Gott sei dank war er tot. Ich kämpfe, weil Mecs Bruder und Mutter gezwungen waren zu verschwinden, genauso wie viele andere meiner Verwandten wegen den Soldaten verschwunden sind. Und ich kämpfe, weil ich keine andere Wahl habe. Wenn ich zu Hause bliebe, würden die Soldaten sowieso kommen und mich umbringen. Wenigstens habe ich so die Möglichkeit, nicht umsonst zu sterben.

Kämpfer der Guerilla-Einheit EPG, 1980.

Als der junge Leutnant **Marco Aurelio Yon Sosa** und der neunzehnjährige **Luis Turcios Lima** am 13. November 1960 nach einem erfolglosen Staatsstreich gegen die Regierung unter Präsident **Ydídoras Fuentes** ins benachbarte Ausland flohen, um eine Untergrundbewegung ins Leben zu rufen, ahnten sie nicht, dass damit ein bewaffneter Konflikt geboren war, der bis 1996 andauern sollte. Die ersten zwölf Jahre der Bewegung waren von wenig Erfolg gekrönt, da sich ein paar hundert schlecht vorbereitete und zerstrittene Guerilleros einem gezielten *Counterinsurgency*-Programm der Armee gegenüber sahen, gegen das sie wenig aufzubieten hatten. Anfang der 70er Jahre hatte sich die Guerilla neu formiert und begann, ihre Aktivitäten vom ladino-dominierten Osten des Landes auf den Nordwesten zu verlagern, in dem hauptsächlich indianische Bauern lebten. In den folgenden Jahren operierten vier verschiedene Guerilla-Gruppen (EPG, PGT, ORPA und FAR) mit Schwerpunkt Nordwesten in verschiedenen Teilen des Landes. Sie vereinten sich 1982 zur **URNG (Unidad Revolucionaria Nacional Guatemalteca**, Nationale Revolutionäre Einheit Guatemalas), und fanden nun stärkeren Zuspruch gerade unter der indianischen Bevölkerung. Das Militär antwortete prompt mit einer Welle der Gewalt, die vor allem Opfer unter der Zivilbevölkerung forderte. Erst fünf Jahre später kamen die Präsidenten Mittelamerikas 1987 auf einem Gipfeltreffen in Esquipulas überein, einen Friedensdialog zu beginnen. Daraufhin wurde noch im selben Jahr in Guatemala die **CNR (Comisión Nacional de Reconcilación**, Nationale Versöhnungskommission), ins Leben gerufen. Doch oftmals waren es nur befristete Waffenstillstandsabkommen, auf die sich beide Kriegsparteien unter der Federführung der CNR einigten. Die jeweiligen Hauptforderungen – die Niederlegung aller Waffen durch die Guerilla und die Untersuchung der Gräueltaten des Militärs durch eine gesonderte Kommission – blieben dagegen unerfüllt. Durch die Verzögerungstaktiken beider Parteien, die von vielen als gewollt interpretiert wurden, dauerten die Verhandlungen insgesamt neun Jahre, bis ein Friedensvertrag unterzeichnet werden konnte.

Die Wahrheitskommission macht die Guerilla für 3% der Menschenrechtsverletzungen während des Bürgerkriegs verantwortlich. In der Mehrzahl der Fälle handelte es sich dabei um selektive Hinrichtungen, die der Abschreckung dienen sollten. Sie gehörten als taktisches Konzept mit klar definierten Zielen fest zur operativen Strategie der Guerilla. Die Opfer waren in der Regel Militärberater und Kollaborateure der Armee – *orejas* (Ohren) genannt – sowie gelegentlich auch Verräter aus den eigenen Reihen. Ein weiteres Element der Kriegsführung der Guerilla war die Entführung von bekannten Personen der guatemaltekischen Oligarchie und zuweilen auch von Ausländern, mit denen politische Gefangene freigepresst oder Lösegeld erzielt werden sollten. Erst gegen Ende der 80er Jahren mehrten sich die Fälle, in denen die Guerilla von reichen Landbesitzern eine Kriegssteuer *(impuesto de guerra)* auf deren Anwesen eintrieb.

Die Bevölkerung im Bürgerkrieg

Die Guerilla raubt unseren Mais nicht und wir nicht den ihren. Wir wissen nicht, warum Krieg ist.

Führer einer Zivilpatrouille
während eines Einsatzes in Nebaj, 1987.

Guatemalas Zivilbevölkerung hatte unter dem Bürgerkrieg am meisten zu leiden. Aufgrund der Repressalien durch Armee oder Guerilla waren viele Menschen gezwungen, Partei für die eine oder andere Seite zu ergreifen – was fast immer eine Bestrafung durch die Gegenseite nach sich zog. Um dieser Situation aus dem Weg zu gehen, retteten sich viele Familien nach Mexiko, wo sie jahrelang als Flüchtlinge lebten, oder sie bildeten in unwegsamen Waldgebieten so genannte Dörfer im Widerstand (s.S. 96) um zu überleben.

Alle, die blieben, wurden Opfer unterschiedlicher „Entwicklungsprojekte“ der Armee. Fast die gesamte männliche Bevölkerung musste unentgeltlich Dienst in so genannten Zivilpatrouillen (PAC) leisten und ganze Ortschaften wurden in Entwicklungspolen und Modelldörfern zusammengefasst (s.S. 96). Selbst Programme wie Nahrungsmittel gegen Arbeit“ wurden in den Händen der Militärs zu Werkzeugen, die Bevölkerung zu kontrollieren. Die zunehmende Verletzung der Menschenrechte durch Regierung und Militär führte dazu, dass zahlreiche **zivile Basisbewegungen** entstanden, die oftmals von indianischen Frauen gegründet und geprägt wurden. Viele dieser Organisationen sind auch heute noch aktiv.

Flüchtlinge in Mexiko

Die Maismenschen kehren zurück, um ihr Land wieder aufzubauen.

Inschrift auf einem Plakat im mexikanischen
San Cristóbal de las Casas, von wo aus die ersten
Flüchtlinge des Bürgerkriegs nach Guatemala
zurückkehrten; Januar 1993.

Wir sind der Meinung, dass es Frieden allein nicht gibt ohne Gerechtigkeit. Nur Gerechtigkeit öffnet den Weg für den Frieden.

Brief guatemaltekischer Flüchtlinge in Mexiko an
Staatspräsident Vinicio Cerezo, 1987.

Aus Angst vor Gräueltaten der Armee flohen zu Beginn der 80er Jahre rund 100 000 Indígenas Richtung Norden, um in Mexiko Zuflucht zu suchen. Bei tagelangen Märschen ohne Wasser und Nahrung, vom Militär verfolgt und aus der Luft bombardiert, kamen viele der Flüchtlinge bei dem Versuch, ihr nacktes Leben zu retten, um. Wie furchtbar das Leid war, soll ein Beispiel zeigen: Eine Mutter berichtete, dass sie und andere Flüchtlinge sich vor den Soldaten versteckten und sie ihrem schreienden Baby – um sich nicht zu verraten – ein Tuch in den Mund stopfte, woraufhin es erstickte.

45 000 Menschen hat die UNO als Flüchtlinge anerkannt. Viele von ihnen lebten über zehn Jahre lang in improvisierten Lagern. Sie hatten nur den einen Wunsch, so bald wie möglich auf ihren eigenen Grund und Boden zurückzukehren. Das gelang

ihnen jedoch erst, nachdem sie sich politisch organisiert hatten. Die Comisiones Permanentes (CC.PP.) verhandelten lange mit der guatemaltekischen Regierung, die erst ab Januar 1993 die schrittweise Rückkehr nach Guatemala ermöglichte. Bis 1999 kehrten mehr als 40 000 Flüchtlinge *(retornados)* in ihr Heimatland zurück, wo sie allerdings mit großen Schwierigkeiten zu kämpfen hatten. Zerstörte Häuser, fehlende Nahrungsmittel und Probleme bei der Landzuteilung machten den fehlenden Willen der Regierung deutlich, die Abkommen zur Repatriierung umzusetzen. Daraus zogen einige der Betroffenen direkte Konsequenzen: 500 Flüchtlingsfamilien, die nach dem Bürgerkrieg aus mexikanischen Flüchtlingslagern nach Guatemala zurückgekehrt waren, erklärten der UN-Mission für Guatemala MINUGUA gegenüber, dass ihre Lebensbedingungen in Guatemala so schlecht seien, dass sie es vorzögen, nach Mexiko zurückzukehren.

Über die Hälfte aller zurückgekehrten Flüchtlinge wurde in den Provinzen Petén, Quiché, Alta Verapaz und Huehuetenago angesiedelt.

Dörfer im Widerstand – Comunidades de Población en Resistencia (CPR)

Wir kämpfen gegen Gefangenschaft, Verfolgung, Bombardierung, Beschuss im Tiefflug und die Auferlegung der Militarisierung durch die Armee. Wir sind hier im Widerstand und dabei, eine neue Lebensform in Freiheit und Gleichheit zu schaffen, bis in allen unseren Gemeinden und dem ganzen Land eine wahre Demokratie errichtet worden ist.

Koordinierungskommission der CPR, 1991.

Anders als die Mexiko-Flüchtlinge suchten rund 2000 indianische Familien nach der Zerstörung ihrer Dörfer im Jahr 1982 in Gebieten im Regenwald des Ixcán oder im Hochland der Provinz Quiché Zuflucht. Verfolgt vom Militär, mussten sie ihren Standort mehrfach wechseln und konnten daher nur eine sehr rudimentäre Infrastruktur aufbauen. Wachkomitees warnten rechtzeitig vor heranrückenden Soldaten. Dennoch starben viele Bauern an Krankheiten oder verhungerten schlichtweg. Erschwert wurde die Situation der CPR, die vom Militär als verlängerter Arm der Guerilla betrachtet wurden, durch Bombenangriffe der Luftwaffe. Diesen fielen Tausende Indígenas zum Opfer. Ab 1990 begannen die CPR, sich zusammenzuschließen. Erst in dieser Zeit wurde die unmenschliche Lage der CPR mit Hilfe von Menschenrechtsorganisationen ans Licht der Weltöffentlichkeit gebracht. Seit 1995 versuchen Vertreter der CPR Land für ihre Familien zu kaufen, aber erst in einem Teilabkommen des Friedensvertrags von 1996 wurden sie als Kriegsopfer mit Recht auf Wiedergutmachung anerkannt. Seitdem haben die meisten der rund 25 000 Indígenas, die in Widerstandsdörfern organisiert waren, vorwiegend an der Pazifikküste eine neue Heimat gefunden.

Entwicklungspole und Modelldörfer – Polos de desarrollo und Aldeas Modelo

Die nächste Herausforderung wird es sein, den Krieg, den wir in den Bergen gerade gewinnen, auf die politische Ebene zu überführen.

General Gramajo in einem Interview der Zeitschrift *Crónica*, Heft 35 vom 3.7.88.

Nachdem das Militär Anfang der 80er Jahre Hunderte von Dörfern zerstört hatte, begann die Armee 1984 so genannte Entwicklungspole als Teil ihres Antiterrorismuskonzepts aufzubauen. Bei einem Entwicklungspol handelt es sich um ein vielschichtiges Konzept der Militärs, das mittels verschiedener Maßnahmen bezweckt, die Kontrolle über die in den Konfliktzonen in weit auseinanderliegenden Streusiedlungen lebende Zivilbevölkerung zu erhalten.

Ein wichtiges Element der Entwicklungspole stellten die Modelldörfer dar. Sie wurden vorwiegend in der Provinz Quiché neben den verbrannten Dörfern errichtet. Die Straßen waren schachbrettartig angeordnet, und die Häuser glichen sich wie ein Ei dem anderen. So wurde beispielsweise der Ort Salquil Grande im Ixil-Dreieck nach seiner Zerstörung im Jahr 1982 wieder aufgebaut und 1984 in ein Modelldorf umgewandelt. Im gleichen Jahr wurden in den Provinzen Petén, Huehuetenango, Quiché und Alta Verapaz weitere Entwicklungspole mit Modelldörfern eingerichtet.

Patrouillen für zivile Selbstverteidigung – Patrullas de Autodefensa Civil (PAC)

Die Zivilpatrouille ist sehr notwendig, aber sie ist eine große Zeitverschwendung.

Gemeinderat aus Nebaj, Ixil-Dreieck, 1989.

Die Idee, Zivilisten zur Aufstandsbekämpfung einzusetzen, entstand bereits 1981, in den letzten Monaten des Lucas García-Regimes. Innerhalb kurzer Zeit wurden rund eine Million männliche Bewohner zwischen 15 und 60 Jahren, in einigen Fällen auch Kinder und Frauen, zum unfreiwilligen Dienst an der Waffe herangezogen – auf diese Weise entstand die größte Zivilistenarmee der Welt. Sie diente den Militärs als verlängerter Arm in den Konfliktgebieten und half dabei, die Bewohner zu kontrollieren, verdächtige Bewegungen zu melden und unangenehme Aufgaben, wie z.B. das Ergreifen von Guerilla-Sympathisanten, zu erledigen. Wie das Zitat des Gemeinderats aus Nebaj erkennen lässt, stand die Bevölkerung der betroffenen Gebiete der Einführung von Zivilpatrouillen ambivalent gegenüber. Die einen fragten sich, warum sie unbezahlte Erfüllungsgehilfen einer Armee sein sollten, die sie vor kurzem noch massakriert hatte. Andere fügten sich in ihr Schicksal und akzeptierten die Patrouillen als „unglückliche Notwendigkeit". Nach außen hin betonte die Armee, die Zivilisten hätten sich freiwillig rekrutiert. Doch in manchen Gegenden wurden Männer unter Todesandrohung zum Dienst gezwungen, in anderen Regionen dagegen wurden sie mit Versprechungen, z.B. auf Landbesitz, Ernten und Frauen von Kriegsopfern gelockt. Gleichzeitig mussten die Mitglieder der PAC jedoch Vergeltungsmaßnahmen der Guerilla fürchten. Aber auch innerhalb der PAC kam es im Laufe der Jahre zu zahlreichen Menschenrechtsverletzungen, da einige *patrulleros* die neue Machtposition ausnutzten und sich anmaßten, die neue Justizgewalt vor Ort zu sein. Ihnen werden mehrere tausend Morde zur Last gelegt. Nach zunehmenden Protesten aus den eigenen Reihen und auf politischen Druck von außen wurden die Zivilpatrouillen bis Mitte der 90er Jahre aufgelöst.

Zivile Basisbewegungen

Eine Entwicklung unseres Landes ist nicht möglich, solange diese ungerechte Verteilung des Bodens bestehen bleibt und solange die Reichtümer einiger weniger Mächtiger auf Kosten von Millionen von Bauern, Arbeitern, Angehörigen der Mittelschicht und Werktätigen immer weiter anwachsen.

Auszug aus einem Brief des Komitee der Bauerneinheit (CUC) an das Volk von Guatemala, März 1988.

Als sich die Gewalttaten vor allem gegen indianische Bauern des Hochlands häuften, begann sich der Widerstand in Form von zahlreichen, überwiegend ethnischen Protestbewegungen zu organisieren. Die meisten von ihnen wurden in der zweiten Hälfte der 80er Jahre gegründet. Sie forderten u.a. die Einhaltung der Menschenrechte und die Aufklärung von Kriegsverbrechen. Viele Führer dieser zivilen Basisbewegungen waren Frauen, die mit ihrem engagierten Einsatz auf ein breites nationales und internationales Echo stießen. Folgende Organisationen zählen neben vielen kleineren Gruppierungen zu den wichtigsten zivilen Basisbewegungen Guatemalas:

Das **CUC (Comité de Unidad Campesina**, Komitee der Bauerneinheit), das 1978 gegründet wurde, zählte 1980 bereits mehr als 250 000 Mitglieder. Das CUC vertritt überwiegend die Interessen von indianischen Bauern und Landarbeitern und organisiert Streiks sowie Landbesetzungen. Da sie politisch verfolgt wurden, mussten die Mitglieder des CUC lange Zeit im Untergrund arbeiten. Bei der spektakulären **Besetzung der spanischen Botschaft** durch Mitglieder des Bauernkomitees 1980 kamen bei der Erstürmung und dem nachfolgenden Brand alle Besatzer ums Leben, darunter Vincente Menchú, der Vater der späteren Friedensnobelpreisträgerin Rigoberta Menchú. Aufgrund öffentlichen Drucks wurde das CUC 1988 legalisiert und Mitglied im Gewerkschaftsdachverband UASP.

Die Frauenorganisation **CONAVIGUA (Coordinadora Nacional de Viudas de Guatemala**, Nationale Witwenkoordination Guatemala), vereinigt über 30% aller Witwen des Landes unter einem Dach. Ihr Ziel ist vorrangig die Aufklärung der Verbrechen an den Männern ihrer Mitglieder. Ihr prominentestes Mitglied ist Rosalina Tuyuc, eine Indígena, die sich auch als Abgeordnete im Parlament einen Namen gemacht hat.

Die **GAM (Grupo de Apoyo Mutuo**, Gruppe zur gegenseitigen Unterstützung), ist eine national und international beachtete Menschenrechtsgruppierung, die sich aus einer Protestaktion gegen das unaufgeklärte Verschwinden von Familienmitgliedern im Jahr 1984 entwickelte. Geleitet wird sie von der Oppositionspolitikerin Nineth de Montenegro. Die GAM widmet sich weiterhin der Aufklärung von politischen Verbrechen und der Bewahrung des „historischen Gedächtnisses".

Der zentrale Schwerpunkt der Arbeit der **CONIC (Coordinación Nacional Indígena Campesina**, Nationale Indígena- und Bauernkoordination), ist die Unterstützung von Bauern bei Landkonflikten. Die Organisation aus dem Jahr 1993, die in weiten Teilen des Landes aktiv ist, kümmert sich darüber hinaus um allgemeine Menschenrechtsfragen.

Der **CERJ (Consejo de Comunidades Etnicas – Runujel Junam**, Rat ethnischer Gemeinden – „Wir sind alle gleich"), wurde 1988 gegründet. Der Ausgangspunkt der Organisation war der Kampf gegen die Zwangsrekrutierung junger Indígenas. Inzwischen veranstaltet CERJ auch Kurse zu Menschenrechtsfragen und über die guatemaltekische Verfassung. Der Gründer **Amilcar Méndez** erhielt 1990 den Menschenrechtspreis der J.F. Kennedy-Stiftung.

Wirtschaft

Allgemeine Wirtschaftsdaten 2004:

Bruttoinlandsprodukt:	26,7 Mrd. US$
Pro-Kopf-Einkommen:	2171 US$
Wirtschaftswachstum:	2,6%
Inflationsrate:	9,4%
Auslandsverschuldung:	3,5 Mrd. US$
Haushaltsdefizit:	ca. 280 Mio. US$

...Im Streben nach Wachstum muss die Wirtschaftspolitik darauf ausgerichtet sein, dass niemand aus dem sozioökonomischen Geschehen durch Arbeitslosigkeit und Verarmung u.Ä. ausgeschlossen wird. Vielmehr sollen die Gewinne des Wirtschaftswachstums für alle Guatemalteken maximiert werden...

Abkommen über sozioökonomische Aspekte und die Agrarsituation des Friedensvertrags, Nr. II, 14.

Trotz aller gut gemeinten Formulierungen des Friedensvertrages ist die wirtschaftliche Realität zu Beginn des neuen Jahrtausends für viele Guatemalteken leider immer noch deprimierend. Obwohl volkswirtschaftliche Indikatoren wie Wirtschaftswachstum und Inflationsrate relativ günstige Werte aufweisen, profitiert der kleine Mann auf der Straße davon wenig. Die Lohnerhöhungen hinken seit Jahren der Inflationsrate hinterher, die Kaufkraft verringert sich aufgrund des schwachen Quetzals ständig, und große Bevölkerungsteile sind – vorwiegend auf dem Land – nahezu vollständig vom internen Wirtschaftskreislauf ausgeschlossen. Sie leben überwiegend von Subsistenzwirtschaft und erwirtschaften nur minimale Einkommen. Was Guatemala fehlt, ist ein wirtschaftlicher Strukturwandel in Form einer Binnenmarktentwicklung, von der die gesamte Bevölkerung profitieren würde. Allerdings liegt dies nicht im Interesse des mächtigen konservativen Arbeitgeberverbands **CACIF** (Comité Coordinador de Asociaciónes Agrícolas, Comerciales, Industriales y Financieras). Er vereint alle Wirtschaftssektoren unter einem Dach, und seine Mitglieder erwirtschaften rund 80% des Bruttoinlandsprodukts. Der CACIF ist auf Export ausgerichtet, und sein Einfluss auf die Wirtschaftspolitik ist enorm.

Allgemeine Wirtschaftsstruktur

Das Rückgrat der guatemaltekischen Wirtschaft ist noch immer die **Landwirtschaft**. Obwohl ihr Anteil am Bruttoinlandsprodukt (BIP) nur noch rund 22,4% beträgt, arbeiten weiterhin rund 40% aller Erwerbstätigen in diesem Sektor. Agrarprodukte sind auch beim Export führend und machen etwa 55% des gesamten Exportwerts aus. Das wichtigste landwirtschaftliche Exporterzeugnis bleibt im traditionellen Sektor trotz starker saisonaler Schwankungen unangefochten **Kaffee**, gefolgt von Zucker, Bananen, Kardamom und Rindfleisch. Nicht traditionelle Anbauprodukte (s.S. 105) verzeichnen ein beständiges Wachstum in den letzten Jahren. Arbeitskräfte, deren Jobs aufgrund von Rationalisierungsmaßnahmen in der Landwirtschaft wegfallen, finden überwiegend im **Dienstleistungssektor** (57% des BIP) eine neue Beschäftigung. Knapp 20% aller Erwerbstätigen arbeiten im Handel. Ohne größere Schwankungen erwirtschaftet der **Industriesektor** rund 20% des BIP und beschäftigt 17% aller Erwerbstätigen. Wichtige Standbeine der Volkswirtschaft sind in zunehmendem Maße der Tourismus und Geldüberweisungen von Guatemalteken, die im Ausland leben *(remesas familiares)*. Obwohl die offizielle Arbeitslosenzahl mit nur rund 5% angegeben wird, liegt sie in Wirklichkeit um einiges höher, da etwa die Hälfte aller Guatemalteken unterbeschäftigt ist und es sich bei vielen Tätigkeiten lediglich um Saisonjobs handelt. Nur rund 20%

aller Erwerbstätigen sind festangestellt (und zahlen Sozialversicherung), während rund 75% ihr Auskommen im informellen Sektor (s.S. 107) finden müssen.

In den Jahren nach dem Zweiten Weltkrieg konnte Guatemala seinen Agrarbereich dank starker Weltmarktnachfrage kräftig ausbauen. In den 60er Jahren wurde auch der Industriesektor verstärkt. Im gleichen Zeitraum erhöhten sich ausländische Investitionen, die zu 80% aus den USA stammten, und auch das Handelsvolumen innerhalb der mittelamerikanischen Staaten, die untereinander einen gemeinsamen Markt, den Mercado Común Centroamericano (MCCA) gegründet hatten, nahm zu. Zu einem regelrechten Wirtschaftsboom kam es durch den Wiederaufbau nach dem Erdbeben von 1976, obwohl die positiven Effekte des Wachstums die unteren Bevölkerungsschichten nicht erreichten – ganz im Gegensatz zur alteingesessenen Oligarchie, den Militärs und internationalen Unternehmen, die kräftig profitierten. Guatemala ist nach Panama das Land in Lateinamerika, in dem die meisten transnationalen Unternehmen wirtschaftlich aktiv sind. Nach 1976 stiegen die einst geringen Auslandsschulden sprunghaft an und vervielfachten sich zu Beginn des neuen Jahrtausends auf rund 3,5 Mrd. US$. Anfang der 80er Jahre wurde die guatemaltekische Währung vom US-Dollar abgekoppelt; seitdem hat sie kontinuierlich an Wert verloren.

Der Bürgerkrieg in Guatemala und auch in anderen lateinamerikanischen Staaten führte schnell zu einem Investitionsrückgang und zu Kapitalflucht. Zusätzlich sorgte der Verfall der Weltmarktpreise für die guatemaltekischen Hauptexportprodukte zu Beginn der 80er Jahre für ein rückläufiges Wachstum in Industrie und Landwirtschaft. In dieser Phase bestimmte der Internationale Währungsfond (IWF) die Wirtschaftspolitik des Landes: Er hatte von der Regierung unter anderem eine Abwertung des Quetzal, eine Verringerung der im Umlauf befindlichen Geldmenge sowie Steuererhöhungen gefordert.

Etwas günstigere Wirtschaftsdaten wurden ab 1987 erzielt, und zwar bedingt durch ein steigendes Exportvolumen nicht traditioneller Produkte (z.B. Textilien, Zierpflanzen, Meeresfrüchte) sowie einer teilweisen Wiederöffnung des Mittelamerikanischen Marktes (MCCA). Dieser war 1960 gegründet worden, war aber aufgrund der Bürgerkriege in Nicaragua, El Salvador und Guatemala vorübergehend zum Erliegen gekommen. Das moderate Wachstum überstieg den Bevölkerungszuwachs jedoch nur leicht und das Handelsbilanzdefizit vergrößerte sich. Die Inflation erreichte 1990 mit 60% ihren Höchststand, bewegte sich aber ab Mitte der 90er Jahre gleich bleibend unter 10%. Der neoliberale Wirtschaftskurs in den späten 90er Jahren führte nicht zum erhofften Wachstum, obwohl er die nicht traditionellen Exporte förderte, die Staatsausgaben senkte sowie den Transport- und Kommunikationsbereich privatisierte. Im Gegenteil: Das Wachstum flaute von 5,1% im Jahr 1998 auf 2,6% im Jahr 2004 ab.

Die erhoffte Belebung der Wirtschaft durch das Inkrafttreten des Freihandelsvertrags mit Mexiko im Januar 2001 ist ausgeblieben. Ähnliches ist für das Freihandelsabkommen mit den USA zu befürchten, dass zwar vom guatemaltekischen Parlament aber noch nicht vom US-amerikanischen Kongress ratifiziert wurde.

Landverteilung

Die Lösung der Landfrage und die ländliche Entwicklung sind wesentlich und unumgänglich, um die Lage einer Mehrheit der in ländlichen Gebieten lebenden Bevölkerung … zu verbessern.

Abkommen über sozioökonomische Aspekte und die Agrarsituation des Friedensvertrags, Nr. III, 27.

Guatemala ist neben Brasilien das Land mit der ungerechtesten Landverteilung in Lateinamerika. Lediglich 2,5% der Bevölkerung besitzen rund 65% des Landes. Etwa 78% aller Kleinbauern mit einem Grundbesitz von weniger als 7 ha müssen mit etwa 16% der Anbauflächen auskommen. Zudem umfasst der gesamte Großgrundbesitz die fruchtbarsten Böden des Landes, während Kleinbauern zum Teil mit Flächen vorlieb nehmen müssen, die keine langfristig sinnvolle landwirtschaftliche Produktion ermöglichen. Etwa 15% des privaten Grundbesitzes ist Brachland, von dem wiederum 40% als erstklassiges Ackerland eingestuft wird.

Seit eh und je ist die ungerechte Landverteilung Ursache zahlreicher Konflikte, die Guatemala in seiner Geschichte viel Blutvergießen beschert haben. Schon unter den Mayas kam es zu erbitterten

Auseinandersetzungen um das Land, die aber mit der spanischen Eroberung eine andere Dimension annahmen. Die spanische Krone konfiszierte alles Land und verteilte es an die Kirche und an *conquistadores*. Indianischen Gemeinden teilte sie lediglich etwas Gemeinschaftsland zur Grundversorgung mit Nahrungsmitteln zu. Im Zuge der liberalen Revolution von 1871 wurde auch dieses Land weitestgehend beschlagnahmt, um Großplantagen für den Kaffee-Export anzulegen. Nachdem die Regierung Arbenz 1954 gewaltsam gestürzt worden war, machte Nachfolger Castillo Armas die 1952 begonnene Landreform sofort wieder rückgängig. Im Laufe des Bürgerkriegs hat sich vor allem das Militär an Grund und Boden bereichert, während Soldaten gleichzeitig Zehntausende Bauern im Zuge der Aufstandsbekämpfung vertrieben. Doch es gab auch Widerstand: Indianische Basisbewegungen wie das CUC oder CONIC setzten sich in zunehmenden Maße für von Landraub betroffenen Bauern ein und suchten juristische Lösungen.

Nach Beendigung des Bürgerkriegs hielten die Diskussionen um eine sinnvolle Lösung der Landfrage für alle Beteiligten an. Das Thema Landreform blieb auch während der Friedensverhandlungen ein Reizwort, an dem sich die Konfliktparteien rieben. Aufgrund der massiven Lobbyarbeit des CACIF wurde das Thema auch in den Friedensverträgen nur unzureichend behandelt. Im Abkommen über sozioökonomische Aspekte und die Agrarsituation verpflichtet sich die Regierung, einen Kataster zu erstellen und einen Treuhandfonds einzurichten, der es Bauern ermöglicht, mit Hilfe langfristiger Kredite Land zu kaufen. Im Abkommen über die Identität und die Rechte der indigenen Bevölkerung werden Punkte wie die Rückgabe kommunaler Ländereien, Rechtsentschädigung und juristischer Schutz für die Rechte indigener Gemeinden bei Landfragen erwähnt.

Landwirtschaft

Die guatemaltekische Landwirtschaft basiert zum einen auf einer exportorientierten Produktion auf ausgedehntem Großgrundbesitz und zum anderen auf der Erzeugung von Grundnahrungsmitteln (überwiegend Mais und Bohnen), in der Regel in Form von Subsistenzwirtschaft auf Kleinparzellen.

Zu Beginn der 50er Jahre initiierte die Regierung Arbenz eine Agrarreform, so dass mehr Grundnahrungsmittel produziert wurden. Doch in den Konfliktjahren entzog das Militär Kleinbauern, die pauschal der Zusammenarbeit mit der Guerilla bezichtigt wurden, die Unterstützung. Die Folge: Zwischen 1950 und 1980 stieg die Nahrungsmittelproduktion nur um bescheidene 3% jährlich. In den 80er Jahren stagnierte sie sogar. Da die Bevölkerung jedoch rasant anwuchs, sank die Nahrungsmittelproduktion pro Einwohner zunehmend, was wiederum zur Folge hatte, dass neben Reis Mais und Weizen eingeführt werden mussten.

Parallel dazu weitete der Exportsektor seine Produktionsmenge aus. Der Schwerpunkt im Agrarbereich lag weiterhin auf **Kaffee**, der auch heute noch unangefochten seine Spitzenposition bei den Exporterlösen behaupten kann (Ausnahme 2004, dort nahm Zucker zum ersten Mal diese Stelle ein). Mitte der 50er Jahre begann der Anbau von **Baumwolle**, die sich in den 70er Jahren als zweitwichtigstes traditionelles Anbauprodukt etablieren konnte. Zeitweise überstiegen die Gewinne aus dem Baumwollexport die aus der Ausfuhr von **Bananen**. Doch Preisschwankungen und Pflanzenkrankheiten ließen die Anbaufläche in den 80er Jahren stark sinken, und inzwischen wurde die Produktion von Baumwolle in Guatemala zugunsten einer großflächigen Produktion von **Zuckerrohr** komplett eingestellt.

Geringere Bedeutung für die Exportbilanz hat der Anbau von **Kardamom** (Exporterlöse 2002: 93 Mio. US$)

Während 1998 für viele Bereiche der traditionellen und nicht traditionellen Anbauprodukte als Rekordjahr in die Geschichte einging, kam es 1999 zu einem starken Einbruch. Hauptgrund waren die Schäden, die Hurrikan Mitch im November 1998 in der Landwirtschaft angerichtet hatte. In den Folgejahren konnte sich die Produktion weitestgehend erholen.

Kaffee

In Guatemala wurde Kaffee etwa gegen 1760 von Jesuiten eingeführt. Wirtschaftliche Bedeutung erhielt die braune Bohne aber erst gegen Mitte des 19. Jahrhunderts, als sie die Farbstoffe Indigo und Cochenille als Hauptexportprodukt ablöste. Gegen Ende des 19. Jahrhunderts waren es vor allem deutsche Einwanderer, die einen Großteil des Kaffeeanbaus und -handels unter ihre Kontrolle brachten.

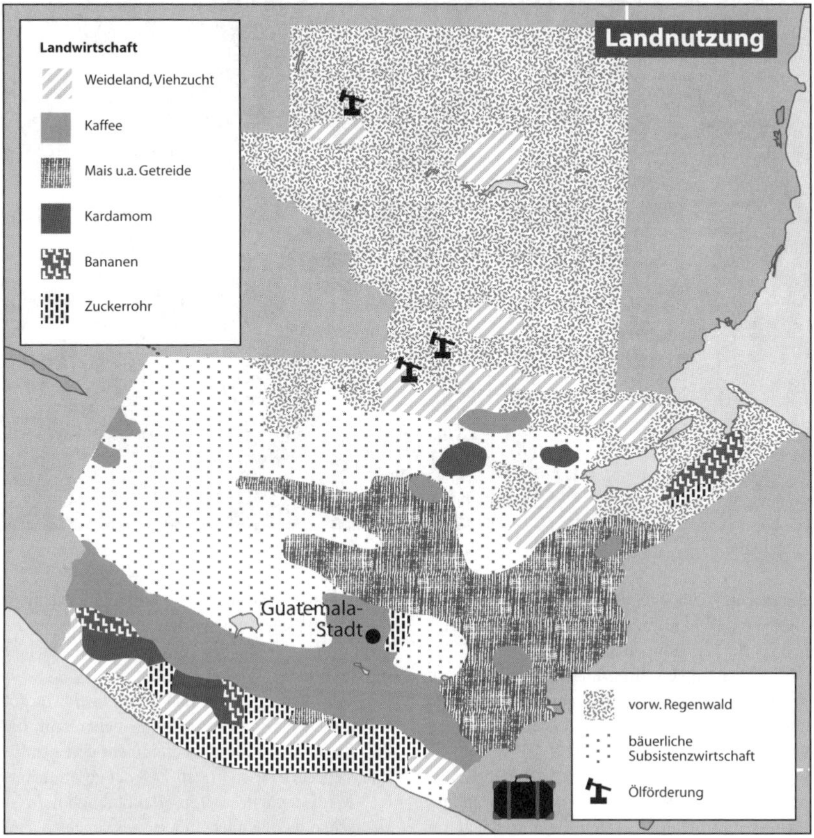

Im 20. Jahrhundert konnte Guatemala seinen Weltmarktanteil zunächst beständig ausbauen, bis die Internationale Kaffeeorganisation (ICO) 1989 ein Quotensystem einführte, das die guatemaltekische Exportmenge auf 3,26% des weltweit produzierten Kaffees einschränkte. Doch noch immer gehört Guatemala zu den größten Kaffeeproduzenten der Welt. Kaffee war bislang immer das Exportprodukt Nummer eins, wurde allerdings 2004 zum ersten Mal vom Zucker übertroffen. Im Jahr 2000 hat er rund 573 Mio. US$ an Devisen eingebracht. Große Sorgen bereitete den Kaffeeproduzenten der starke Preisverfall in den Jahren 2000 bis 2004, ausgelöst durch eine weltweite Überproduktion und leichten Nachfragerückgang. Teilweise lagen die Preise noch unter den Erzeugerkosten. Im Jahr 2003 fielen die Exporterlöse auf nur noch 292 Mio. US$. Im Produktionsjahr 2004/2005 schien die Durststrecke überwunden zu sein, denn die Kaffeepreise zogen merklich an (Exporterlöse 2004: 425 Mio. US$).

Guatemala bietet ideale Bedingungen für den Kaffee-Anbau. Auf den fruchtbaren Vulkanböden gedeihen vor allem hochqualitative Arabica-Sorten, die international besonders gefragt sind. Die größten Anbaugebiete befinden sich an der Bocacosta – dem „Kaffeegürtel" Guatemalas –, am Atitlán-See, in der Provinz Alta Verapaz, Huehuetenango und im Osten des Landes. Nach Angaben des nationalen Kaffeeverbands ANACAFE besitzt Guatemala mit seinen rund 800 Mio. Kaffeebäumen auf einer

Kaffeekirschen

Fläche von 262 000 ha den größten von Menschen angelegten Wald Mittelamerikas. Er produziert täglich rund 5 Mio. Tonnen Sauerstoff.

Kaffee ist eine sehr empfindliche Pflanze, die keinen Frost verträgt, in Guatemala auf max. 2000 m angebaut wird und die das ganze Jahr über gepflegt werden muss. Während der Monate Oktober bis März wird Kaffee in verschiedenen Etappen *(cortes)* geerntet und in einem aufwendigen Prozess verarbeitet. Die roten Kaffeekirschen werden von Hand gepflückt und in einem Entpulper *(beneficio húmedo)* vom Fruchtfleisch *(pulpa)* befreit und gewaschen. Das Fruchtfleisch wird meist als organischer Dünger wiederverwertet. Nachdem die Bohnen mehrere Tage in der Sonne (in großen Betrieben auch in Öfen) getrocknet und maschinell von einem Silberhäutchen befreit wurden, erhält man Rohkaffee *(café en oro)*, der dann exportiert werden kann.

Ähnlich wie während der Kolonialzeit, als es den neuen Kolonien unter Strafandrohung verboten war, bestimmte Rohstoffe weiter zu verarbeiten, haben die großen Industrienationen unserer Zeit ein Zollsystem eingeführt, das die Einfuhr fertig gerösteten Kaffees sehr hoch besteuert und damit für die Erzeugerländer unrentabel macht. Auch in Deutschland sichern sich die Kaffeeunternehmen durch die Weiterverarbeitung und der deutsche Staat durch Steuern den Löwenanteil am Geschäft mit der braunen Bohne.

Der guatemaltekische Kaffeemarkt wird von gut organisierten Großunternehmen beherrscht, die vor allem während der Erntezeit mehr als eine Million Menschen beschäftigen. Fast der gesamte Kaffee wird exportiert. Ein Hauptabnehmer ist Deutschland (70% aller Importe aus Guatemala im Jahr 2004).

Nur ein geringer Teil der jährlichen Kaffeemenge stammt aus der Produktion von Kleinbauern. Dennoch ist die Qualität ihres Kaffees oftmals sehr hoch, da sie ihre kleinen Parzellen besonders intensiv pflegen. Das Hauptproblem vieler Kleinbauern sind die ungleichen Vermarktungsstrukturen. Während ein Großbetrieb seinen Kaffee inzwischen sogar per Internet an den internationalen Börsen platzieren kann, kennt der Kleinbauer mangels Telefon oft nicht einmal die aktuellen Preise. Er ist daher in der Regel auf Zwischenhändler *(coyotes)* angewiesen, die ihm seinen Kaffee zum Teil deutlich unter Marktpreis abkaufen. Durch die Mitgliedschaft in einer Fairhandelsorganisation hat sich für einige Kaffee-Kooperativen die Situation verbessert, indem sie einen garantierten Abnahmepreis erhalten, der über dem Weltmarktniveau liegt. Noch höhere Einnahmen lassen sich mit organisch angebautem Kaffee erzielen. Positiver Nebeneffekt: Keine Ausgaben für Kunstdünger und Schädlingsbekämpfungsmittel und somit Schonung der Umwelt.

Weniger erfreulich ist das Schicksal Hunderttausender von Wanderarbeitern und ihrer Familien, die während der Erntezeit für einen Hungerlohn auf den großen Kaffee-Fincas schuften. Sehr eindringlich hat Rigoberta Menchú, die guatemaltekische Trägerin des Friedensnobelpreises, das harte Leben der Pflücker und Pflückerinnen in ihrem Buch *Leben in Guatemala* beschrieben (siehe Bücherliste im Anhang.

Zucker

Saccharum officinarum ist der lateinische Name für Zuckerrohr, ein Schilfgras, dessen Hauptprodukt Zucker ein immer wichtigerer Devisenbringer für Guatemala geworden ist. Doch die vielseitige Pflanze lässt sich auch noch anderweitig verwerten. So werden aus flüssiger Zuckerrohrmelasse nach dem Trocknen dunkle Klumpen, die als „schwarzer Honig" *(panela)* der Billigsüßstoff der Armen sind. Aus vergorener Melasse wird Rum destilliert. Und die scheinbar wertlosen Faserreste können nach dem Auspressen zur Stromgewinnung verfeuert werden (siehe Kapitel Pazifisches Tiefland S. 410, Kasten).

Kolumbus brachte Zuckerrohr Anfang des 16. Jahrhunderts von Europa in die Dominikanische Republik, von wo aus es etwa 1530 nach Guatemala gelangte. Bereits 1590 betrieben Dominikaner eine Zuckerrohrpresse in der Provinz Baja Verapaz, von wo aus sie Zucker im Tausch gegen Gold und Silber bis nach Mexiko und Peru exportierten. Ein Jahrhundert später war aus dem Gras, das einen Zuckergehalt von mehr als 15% erreichen kann, ein industrielles Agrarprodukt geworden, für dessen Anbau und Verarbeitung jedoch immer modernere Technologien eingesetzt wurden. In Guatemala begann sich Zuckerrohr vermehrt in den 80er Jahren des 20. Jahrhunderts im pazifischen Tiefland als Ersatz für Baumwolle auszubreiten. Heute gehört Guatemala zu den weltweit sechs größten Zuckerproduzenten. Auf einer Anbaufläche von knapp 200 000 ha (allein 72% davon in der Provinz Escuintla) werden durchschnittlich über 40 Mio. Tonnen Zuckerrohr geerntet, aus denen in 17 Verarbeitungsanlagen *(ingenios)* rund 1,2 Mio. Tonnen Zucker (Ernte 2003/2004) erwirtschaftet wurden. Die Devisenerlöse beliefen sich auf rund 457 Mio. US$ im Jahr 2004, womit der Zucker zum ersten Mal Kaffee als wichtigstes Ausfuhrgut übertraf. Mehr als zwei Drittel der Produktion sind für den Export bestimmt. Hauptabnehmer sind Korea und China. Die Ernte findet jährlich von November bis Mai statt. In diesen Monaten rollen schwer beladene Zuckerrohrtransporter zu den Fabriken und sorgen regelmäßig für Staus auf der Pazifikstraße.

Der Zuckermarkt wird von nur vier Familien dominiert, die bislang den Preis für das weiße Gold durch hohe Zollschranken künstlich hoch halten konnten. Dieses Monopol geriet Anfang 2000 ins Wanken, als die Regierung Portillo eine Liberalisierung des Zuckermarktes ankündigte. Durch zollfreie Importe sollten die einheimischen Produzenten zu Preissenkungen gezwungen werden. Die Zuckerindustrie protestierte massiv und rief zum ersten Mal in der Geschichte des Landes zu Demonstrationen gegen den Import von Zucker und damit gegen jede Art von Konkurrenz auf. Die Zuckerpflanzer drohten damit, Arbeitsplätze abzubauen – immerhin beschäftigen sie direkt und indirekt knapp 300 000 Arbeitnehmer. Der Regierung gelang es daher nicht, einschneidende Veränderungen durchzusetzen. Man einigte sich schließlich auf einen leichten Preisrückgang bei einheimischem Zucker, während die zollfreie Importmenge reduziert wurde.

Bananen

Die Banane hatte eine lange Reise hinter sich, bevor sie von Südostasien über die Kanaren und Santo Domingo im 16. Jahrhundert nach Lateinamerika gelangte. Es dauerte noch rund 400 Jahre, bis aus ihr ein Exportschlager wurde. Zu Beginn des 20. Jahrhunderts war es die United Fruit Company (s.S. 380), die das Bananengeschäft dominierte und sich kräftig in das politische Geschehen Guatemalas einmischte. Niedrige Bodenpreise, eine steigende Nachfrage und keine Gewerkschaften: Ideale Bedingungen für ein stabiles Wachstum – die United Fruit Company beherrschte Menschen und Märkte gleichermaßen.

Die Produktion befindet sich nach der Auflösung der United Fruit Company in den 60er Jahren inzwischen in einheimischer Hand und wird von Firmen wie Bandegua oder Cobigua betrieben, die wiederum Lieferverträge mit den marktbeherrschenden Großunternehmen Chiquita Brands, Dole und Del Monte besitzen. In Guatemala trug der Bananenexport im Jahr 2004 rund 277 Mio. US$ zur Exportbilanz bei, und damit liegt die ursprünglich grüne Frucht auf Platz drei. Der Großteil der Plantagen liegt auf der Karibikseite im fruchtbaren Motagua-Tal.

EU-Quotenregelung, Hurrikan Mitch, wachsende Probleme mit Gewerkschaften: Nichts ist im Bananengeschäft mehr, wie es zu Zeiten der United Fruit Company war. Seit die EU vor wenigen Jahren Quoten für die Einfuhr lateinamerikanischer Bananen festgelegt hat, kündigen die großen Drei immer öfter ihre Abkommen mit lokalen Produzenten, um dort zu kaufen, wo es gerade am billigsten ist. Besonders betroffen sind hiervon die Arbeiter: Entlassungen sind an der Tagesordnung. In Guatemala hängen rund 10 000 Arbeitsplätze direkt vom Bananengeschäft ab. Doch immer häufiger stehen die Bänder in den Verpackungsanlagen still, verfaulen Bananen an den Stauden. Wenn dann auch noch ein Jahrhundertsturm wie 1998 der Hurrikan Mitch über die Plantagen fegt, steht vielen Produzenten das Wasser im wahrsten Sinne des Wortes bis zum Hals.

Zusätzlich verschärfen Arbeitskonflikte die Situation. Nach monatelangen Auseinandersetzungen unterzeichneten Del Monte und der Gewerkschaftsverband UITA im März 2000 einen Vertrag, der es der Gewerkschaft der Bananenarbeiter SITRABI erlaubt, sich auf den Plantagen aufzuhalten, und der den Arbeitern das Recht gibt, sich dieser Organisation anzuschließen. Hierfür war es höchste Zeit, denn obwohl Bananenarbeiter im Akkord mit US$5,50–6 täglich über dem Durchschnittslohn liegen, sind ihre Arbeitsbedingungen oft wenig erfreulich. Viele Arbeiter verletzen sich beim Ernten der Stauden durch die scharfen Macheten. Auch der massive Einsatz von Schädlingsbekämpfungsmitteln hat viele Arbeiter krank gemacht; nicht wenige sind durch den ungeschützten Umgang mit den Giften unfruchtbar geworden. Frauen, die in den Verpackungsanlagen im ständigen Kontakt mit Konservierungsmitteln arbeiten, leiden unter Allergien und Hauterkrankungen. Wer sich vor Ort über die Arbeitsbedingungen informieren möchte, kann dies in Quiriguá tun (s.S. 379). Interessante Literatur zum Thema Banane und wie diese das Schicksal Guatemalas beeinflusste, ist *Der Bananenkrieg* von Schlesinger und Kinzer sowie *Der grüne Papst* des guatemaltekischen Literaturnobelpreisträgers Miguel Ángel Asturias (nähere Angaben in der Bücherliste im Anhang.

Kardamom

Anfang der 80er Jahre suchte man in Guatemala nach einem weiteren wirtschaftlichen Standbein in Ergänzung zum Kaffee und begann mit dem Anbau von Kardamom. In nur zwei Jahrzehnten stieg Guatemala neben Indien zum weltweit größten Exporteur dieses wunderbar riechenden Gewürzes auf. Hauptabnehmer der jährlichen Ernte von rund 200 Tonnen sind vor allem arabische Länder, wo Kardamom dem Kaffee beigefügt wird. In Deutschland kennt man den unverwechselbaren Geschmack des Gewürzes als Bestandteil von Lebkuchen. Da die Samen, die den Gewürzstoff enthalten, aufwendig von Hand geerntet werden müssen, gehört Kardamom neben Safran und Vanille zu den teuersten Gewürzen der Welt. Das Hauptanbaugebiet Guatemalas befindet sich in der Provinz Alta Verapaz. Die Exporterlöse, die Anfang der 90er Jahre bei 29 Mio. US$ lagen, konnten bis auf rund 93 Mio. US$ im Jahr 2002 gesteigert werden.

Rindfleisch

Die starke Ausdehnung privater Landflächen in den 60er Jahren wurde häufig zur Rindfleischproduktion für nordamerikanische Fastfood-Ketten genutzt. Zwischen 1960 und 1978 stieg die Produktion in diesem Bereich enorm an. Leidtragende waren kleine Bauern, die von den Viehzüchtern in vielen Fällen gewaltsam vertrieben oder gar umgebracht wurden, wie am 29. Mai 1978 in Panzós, Alta Verapaz, als vermutlich Rinderbarone Dutzende Kekchí-Indianer durch die Armee ermorden ließen, weil diese gegen die Enteignung ihrer Grundstücke protestiert hatten.

In den 90er Jahren sank die Bedeutung der Rindfleischexporte kontinuierlich und erreichte im Jahr 2000 nur noch eine knappe Million US$. Auf vielen Weideflächen werden inzwischen Monokulturen wie Zuckerrohr, Bananen oder Ölpalmen angebaut.

Nicht traditionelle Exportgüter

Unter diesem Namen wird eine Vielzahl von Produkten zusammengefasst, deren Export oftmals erst im letzten Jahrzehnt wirtschaftliche Bedeutung erlangte. Die Erlöse in diesem Bereich haben sich von 296 Mio. US$ im Jahr 1990 auf rund 1,45 Mrd. US$ im Jahr 2004 vervielfacht. Damit sind diese Produkte auf dem besten Weg, den traditionellen Exportgütern den Rang abzulaufen. Die Produktpalette in diesem Segment ist breit gefächert und reicht von Meeresfrüchten (z.B. Garnelen), Textilien, typischer Handarbeit und Holzprodukten über Gemüse (z.B. Broccoli), Sesam, Naturkautschuk (z.B. Präservative) und Gewürze bis hin zu Zierpflanzen (z.B. Palmen), Blumen (z.B. Rosen), Tabak und Früchten (z.B. Mangos).

Ein Beispiel: Mitte der 90er Jahre kaufte ein guatemaltekischer Unternehmer eine heruntergewirtschaftete Kaffeeplantage im Hochland bei Chimaltenango, entfernte die Kaffeepflanzen und begann, Himbeeren und Brombeeren für den nordamerikanischen Markt zu züchten. Inzwischen produziert seine Firma PLANESSA rund 1500 Schalen täglich, die in den USA Preise zwischen US$25–30 pro Stück erzielen und Renditen aufweisen, von denen die traditionellen Kaffee- und Zuckerproduzenten nur träumen können. Andere Unternehmen sind diesem Beispiel gefolgt, und so hat sich in den letzten Jahren eine kleine Beeren-Industrie entwickelt, die jährlich rund 20 Mio. US$ erwirtschaftet.

Industrie

Zu einem nennenswerten Anstieg industrieller Aktivitäten kam es in Guatemala erst mit der Gründung des gemeinsamen zentralamerikanischen Marktes MCCA Anfang der 60er Jahre. Bereits 1970 erwirtschaftete der Industriesektor immerhin 19% des BIP; dieser Anteil hat sich bis heute nur unwesentlich verändert.

Die 70er Jahre waren durch den Zustrom ausländischen Kapitals in Form von Firmenkäufen oder Gründungen von Joint Ventures bzw. Zweigniederlassungen gekennzeichnet. Der überwiegende Teil der Investitionen stammte dabei aus den USA. Das Erdbeben von 1976 zog ein Wachstum durch Wiederaufbaumaßnahmen nach sich, die staatlich gefördert wurden. Doch eine verminderte Auslandsnachfrage und ein schwacher Inlandsmarkt schwächten in den 80er Jahren viele Bereiche der Industrie. Erst zu Beginn der 90er Jahre entspannte sich die Situation. Vor allem die Baubranche konnte sich über steigende Umsätze freuen.

Traditionell macht der Bereich der **Nahrungsmittel-, Getränke- und Tabakindustrie** fast die Hälfte der industriellen Aktivitäten aus. Zum Teil sind dabei im Laufe der Jahre monopolistische Strukturen entstanden, wie das Beispiel der Cerveceria Centroamericana deutlich macht. Die 3000 Mitarbeiter brauen und vertreiben nicht nur fast die gesamten 2 Mio. hl Bier, die pro Jahr in Guatemala getrunken werden, sondern sie stellen auch Softdrinks, Saft und Dosenbohnen her. Zum Unternehmen gehören des Weiteren eine Brauerei in Nicaragua, eine Zuckerverarbeitungsanlage, eine Bank und diverse finanzielle Beteiligungen.

Weitere wichtige Industriebereiche sind moderne Zweige wie **Chemie-, Kunststoff- und Reifenproduktion**. Sie sind jedoch alle stark von ausländischen Investitionen abhängig.

Zugenommen hat in den letzten zwei Jahrzehnten die Produktion von **Textilien** für den US-Markt (*maquila,* s.S. 108, Gewerkschaften). Zunehmende bürokratische Auflagen und wachsende Konkurrenz in El Salvador und Honduras haben den Trend inzwischen abgeschwächt und zu Schließungen von über 30 Betrieben in den Jahren 1999/2000 geführt. Betroffen waren davon über 6500 Arbeitsplätze. Dennoch konnte die Textilindustrie sich erholen und im Jahr 2004 Waren im Wert von 449 Mio. US$ exportieren.

Energie und Rohstoffe

Der Energiebedarf des Landes wird zu mehr als der Hälfte mit Wasserkraft gedeckt. Die größte Anlage des Landes, Chixcoy, produziert rund 50% der gesamten Energie, weitere etwa 30% werden von Dieselkraftwerken erzeugt. Den Rest (ca. 20%) steuert die Zuckerindustrie mit der Verbrennung von Faserresten bei (s.S. 410).

Obwohl bereits seit den 70er Jahren an der Nutzung geothermischer Energie gearbeitet wird, kam es hier zu keinem Durchbruch. Unglücke wie der Erdrutsch im Jahr 1991, bei dem während Probebohrungen in Zunil bei Quetzaltenango über 20 Menschen den Tod fanden, erschütterten das Vertrauen in die Sicherheit dieser Energiequelle. Im Dezember 1999 erhielt jedoch die Firma Orzunil I die Genehmigung, eine geothermische Anlage mit einer Leistung von 24 Megawatt zu bauen.

Die Bodenschätze Guatemalas sind bisher wenig erschlossen. Dennoch ist die Anzahl der Konzessionen in den letzten Jahren sprunghaft gestiegen. Vorkommen werden für Kupfer, Antimon, Gips, Schwefel, Blei, Zink, Gold und Silber vermutet. In den 60er und 70er Jahren baute das kanadisch-amerikanische Konsortium **EXMIBAL** am Izabal-See Nickel ab. Der Beitrag zur Exportbilanz durch Minerale ist noch bescheiden. Nickel erlöste im Jahr 2004 rund 2 Mio. US$.

Die zurzeit umstrittenste Aktivität ist die **Erdölexploration** in der Provinz El Petén. Guatemala ist das einzige Land Mittelamerikas, in dem gegenwärtig Erdöl gefördert wird. Die Reserven werden auf 3 Mrd. Barrel geschätzt. Zwischen 1989 und 1999 versechsfachte sich die Erdölproduktion auf 8,4 Mio. Barrel jährlich. Aufgrund des hohen Anteils an Sedimenten handelt es sich dabei allerdings vorwiegend um Erdöl minderwertiger Qualität, aus der hauptsächlich Teer für Asphalt hergestellt wird. Daher muss Guatemala trotz der Erdölexporte Treibstoffe wie Benzin und Diesel teuer importieren (18 Mio. Barrel im Jahr 1997).

Mitten im Maya-Biosphärenreservat, einem der wichtigsten Feuchtbiotope Mittelamerikas, fördert das Unternehmen Basic Petroleum International Limited – eine Tochter des US-Konzerns Union Pacific Resources – seit 1985 Erdöl. Da das Naturschutzgebiet erst 1990 geschaffen wurde, beruft sich das Unternehmen auf die Gültigkeit der Bohrgenehmigung, die juristisch bestätigt wurde. Stein des Anstoßes ist eine Ausweitung der Konzession durch einen Vertrag aus dem Jahr 1992. Trotz der Tatsache, dass sich einige der Bohrlöcher ganz in der Nähe der ökologisch sensiblen **Laguna del Tigre** in der Kernzone des Reservats befinden, ist die Produktion dort bislang ständig gestiegen. 1993 wurde mit dem Bau einer Pipeline aus den Fördergebieten zur Raffinerie in La Libertad und von dort nach Raxrujá begonnen. Die notwendigen Kredite stellte die Internacional Finance Corporation bereit, die zur Weltbankgruppe gehört.

Außer ökologischen Schäden, wie z.B. durch die Abholzung von Regenwald, hat die Erdölförderung Guatemala wenig eingebracht. Basic Petroleum ist von der Exportsteuer befreit und muss lediglich 16% (2002: ca. 149 Mio. US$) des geförderten Öls an den Staat abführen. Die einheimische Bevölkerung sieht ebenfalls wenig von den Profiten des Unternehmens. Für sie fallen gerade einmal ein paar Gelegenheitsjobs im Straßenbau und beim Verkauf von Essen und Trinken ab. Für die Exploration stellt Basic ausländische Fachkräfte ein, denn einheimische gibt es nicht. Ende der 90er Jahre wurden weitere Lizenzen an Erdölfirmen vergeben. Die Armeebasis, die sich auf dem Gelände der Basic befindet, soll den reibungslosen Fluss des schwarzen Goldes gewährleisten. Die wirtschaftlichen Interessen der Kapitalgeber stehen vor dem Naturschutz. Dies ist nicht weiter verwunderlich, wenn man weiß, wer neben internationalen Aktionären im Direktorium der Basic sitzt: Es sind so illustre Persönlichkeiten wie Frank Ortiz, Ex-Botschafter der USA in Guatemala, und Guatemalteken wie Julio Matheu Dúchez, ehemaliger Wirtschaftsminister unter Ríos Montt, und Manuel Ayau, Ex-Rektor der Universität Francisco Marroquín.

Öffentlicher Sektor

Die Staatsausgaben haben sich in den letzten zehn Jahren vervielfacht. Lagen sie 1990 noch bei rund 780 Mio. US$, so gab die guatemaltekische Regierung im Jahr 2004 bereits ca. 3,6 Mrd. US$ aus. Um das Steuerdefizit zu reduzieren, kürzte die Regierung unter anderem die Mittel für die Bereiche Gesundheit und Bildung. Während für den Schuldendienst und die öffentliche Verwaltung rund 50% des Haushalts aufgewendet wurden, musste sich das Ressort Umweltschutz mit ca. 0,5% der Gesamtausgaben zufrieden geben. Die im Friedensvertrag festgelegte Reduzierung des Verteidigungshaushalts um ein Drittel ist im Haushalt 2000 nicht ausreichend berücksichtigt worden. Mit einem Anteil von rund 11% am Gesamtbudget (einschließlich Innere Sicherheit) lagen die Ausgaben im Jahr 2000 sogar etwas höher als in den Vorjahren.

Eine alte Kinderkrankheit des öffentlichen Sektors ist das geringe Steueraufkommen, das mit rund 10% des BIP (2003) zu den niedrigsten in ganz Lateinamerika gehört. Das Ziel einer Anhebung auf 12% bis zum Jahr 2002, wie im Friedensvertrag beschlossen, ist trotz eines Fiskalpakts aller relevanten gesellschaftlichen Gruppen nicht erreicht worden.

Die Erfüllung der Vorgaben ist aber Voraussetzung für das Freiwerden weiterer Entwicklungshilfegelder, die den Friedensprozess begleiten sollen.

Den Löwenanteil der Staatseinnahmen macht mit rund 44% die Mehrwertsteuer (I.V.A.) aus, die inzwischen 12% beträgt. Weniger Bedeutung haben Einkommensteuer (ca. 14%) und Zölle. Durch die schlechte Zahlungsmoral der Bevölkerung entgehen dem Staat jährlich rund eine Milliarde US-Dollar an Steuereinnahmen.

Außenhandel

Um Deviseneinnahmen zu erzielen, bleibt Guatemala weiterhin stark von seinen Exporten abhängig. Da das Land aber deutlich mehr Waren importiert als es Güter ausführt, war der Außenhandelssaldo nach 1970 stets negativ. Das Außenhandelsdefizit, das im Jahr 1990 bereits 437 Mio. US$ betragen hatte, erhöhte sich im Jahr 2004 auf 4,67 Mrd. US$. Die wichtigsten Ausfuhrgüter bleiben weiterhin Kaffee, Zucker und Bananen, gefolgt von einer breiten Produktpalette nicht traditioneller Exportgüter. Deren Gesamtwert übersteigt inzwischen den Wert der traditionellen Produkte. Guatemala führt überwiegend Treibstoffe, landwirtschaftliche Maschinen, Dünger, Getreide, Elektronik und Fahrzeuge ein. Wichtigster Handelspartner Guatemalas bleiben die USA (56%), gefolgt von den zentralamerikanischen Staaten (Schwerpunkt El Salvador). Innerhalb der europäischen Union (insgesamt 11%) ist Deutschland wichtigster Handelspartner Guatemalas. Neben Kaffee und Südfrüchten exportiert Guatemala pflanzliche Öle, Tabak und Kunsthandwerk nach Deutschland. Von dort bezieht es vorwiegend Maschinen, chemische Erzeugnisse, Elektrotechnik und Autos. Weitere wichtige Handelspartner bei Importwaren sind Mexiko (10%) und Venezuela (4,5%).

Löhne und Gehälter

Viele Besucher fragen sich, wie eine durchschnittliche guatemaltekische Familie, besonders auf dem Lande, mit ihrem geringen Lohn von oftmals wenigen hundert Quetzales monatlich auskommt. Antwort: Sie verdient zum Leben zu wenig und zum Sterben zu viel. Dies bekräftigt die Statistik. Nach einer Erhebung des Jahres 1997 besitzen die ärmsten 40% der Bevölkerung nur 13% des Volkseinkommens, während die reichsten 10% der Bevölkerung über 36% des Gesamteinkommens verfügen.

Überdies weist das Lohnniveau ein starkes Stadt-Land-Gefälle auf, was sich auch bei den Konsumgütern widerspiegelt. Während in Guatemala-Stadt rund 85% der Haushalte einen Fernseher besitzen, ist es auf dem Land nur jeder dritte. Bei Privatfahrzeugen beträgt das Stadt-Land-Verhältnis 26 zu 6%. Die Gehälter sind so niedrig, dass eine Durchschnittsfamilie rund 37% des verfügbaren Einkommens allein für die Ernährung aufwenden muss. Der überwiegende Teil der Menschen auf dem Lande erhält überhaupt keinen regelmäßigen Lohn, sondern schlägt sich als saisonaler Erntearbeiter und Subsistenzbauer durch. Am unteren Ende der Lohnskala stehen Frauen und Kinder, die noch nicht einmal den staatlichen Mindestlohn von US$5,20 (2005) bekommen. So erhalten Frauen oder Kinder, die bei der Kaffee-Ernte als Pflücker tätig sind, nicht mehr als US$3–4 pro Tag. Ein Arbeiter in der Landwirtschaft verdient selten mehr als US$5 pro Tag. Auch Lehrer bekommen mit ca. US$220 pro Monat (14 Monatsgehälter) ein sehr bescheidenes Salär, ebenso wie einfache Angestellte (US$130–330 pro Monat bei 14 Monatsgehältern).

Gute bis sehr gute Einnahmen erzielen dagegen Ärzte und Rechtsanwälte, wenn sie eigene Praxen besitzen. Ein Arzt in einem öffentlichen Krankenhaus muss sich dagegen mit US$500–600 monatlich bescheiden. Ein einfacher Regierungsangestellter verdient durchschnittlich US$400. Wer das richtige Parteibuch hat, kann auf einem entsprechenden Funktionärsposten rund US$1500 und mehr pro Monat mit nach Hause nehmen. Außer den Großindustriellen und Großgrundbesitzern stehen Politiker und hohe Militärs am dichtesten an den Fleischtöpfen: So verdienen die Abgeordneten des Parlaments ca. US$4000 monatlich.

Der Präsident bekommt nur unwesentlich mehr, hat aber Zugang zu mehreren Millionen US-Dollar jährlich für so genannte „vertrauliche Ausgaben“ *(gastos confidenciales),* über die er niemandem Rechenschaft schuldig ist. Man könnte es auch als „Geschenk“ des Steuerzahlers an ihn bezeichnen.

Informeller Sektor

Ähnlich wie in den meisten Entwicklungsländern haben wirtschaftlicher Verfall, Arbeitslosigkeit, Landflucht und Armut einen wachsenden Teil der Bevölkerung gezwungen, sich Alternativen zum

Überleben zu suchen, und zwar im informellen Sektor, auch „Schattenwirtschaft" oder „Überlebensökonomie" genannt.

In der Regel sind es Landflüchtlinge, die in den Elendsvierteln der Hauptstadt gelandet sind und sich und ihre Familien nun selbstständig mit allen möglichen Tätigkeiten und Jobs über Wasser halten. Männer, Frauen und Kinder verkaufen Obst, Socken, Scheibenwischer und Süßigkeiten oder mittlerweile auch modernere Waren wie beispielsweise Handyhalterungen für das Auto. Sie stehen an Kreuzungen, wo sie Autoscheiben und Schuhe putzen oder für ein paar Centavos Feuer schlucken Sie arbeiten als Gärtner oder Hausmädchen, helfen gegen ein kleines Trinkgeld beim Einparken oder stehen bei Ämtern Schlange für andere. Die einen besitzen einen kleinen Stand, an dem alles von raubkopierten DVDs über Schmuck bis hin zu Vorhängeschlössern verkauft wird, während die anderen mit ihrer Ware – Besen, Tortillas oder angeblichen archäologischen Fundstücken – hausieren gehen oder ihr Verkaufsglück in den Stadtbussen versuchen. Unzählige Autowerkstätten und Handwerksbetriebe gehören ebenfalls zum *sector informal,* wie er in Guatemala genannt wird. Sie alle arbeiten viele Stunden, verdienen aber wenig. Niemand registriert sie oder will Steuern von ihnen. Was ihnen an sozialen Sicherheiten fehlt, müssen sie durch unternehmerische Initiative und Kreativität wieder ausgleichen. Schätzungen zufolge sind mehrere Millionen Menschen in diesem Bereich tätig. Solange sich die wirtschaftliche Lage nicht bessert, werden täglich neue hinzukommen.

Gewerkschaften

Ich weiß, dass die Koreaner manchmal laut werden und die (guatemaltekischen) Arbeiter anschreien. Aber das ist ein kulturelles Problem. In Korea schlagen sie die Arbeiter auch, aber hier dürfen sie das nicht. Das ist eine Frage der Tradition.

Der koreanische Botschafter in Guatemala Jon Yup Chu im Gespräch mit einem deutschen Journalisten über die Arbeitsbedingungen in *maquila*-Betrieben, 1996.

Seit 1944 besteht in Guatemala das Recht, sich gewerkschaftlich zu organisieren. Doch den Gewerkschaften waren nur zehn ruhige Jahre vergönnt, bevor sie während des Bürgerkriegs selbst Opfer staatlicher Gewalt wurden. Anfang der 80er Jahre wurde die Gewerkschaftsbewegung, die unter der Regierung Lucas García auch für eine Demokratisierung eingetreten war, durch Ermordung fast aller Führungsmitglieder zum Schweigen gebracht. Davon hat sie sich bis heute noch nicht vollständig erholt. Schätzungen zufolge lag der Organisationsgrad aller Arbeiter und Angestellten Ende der 90er Jahre nur bei rund 3%. Noch immer ist Gewerkschaftsarbeit ein gefährliches Unterfangen, das einen den Job oder sogar das Leben kosten kann. Zudem ist die guatemaltekische Gewerkschaftsszene äußerst zersplittert. Über 1200 Einzelgewerkschaften (davon rund 50% in der Landwirtschaft) konkurrieren um internationale Gelder. Zusammenschlüsse scheitern meist an internen Querelen.

Inzwischen arbeiten guatemaltekische Gewerkschaften und US-Gewerkschaften zusammen, denn man ist sich der Tatsache bewusst, dass die Ausbreitung globaler Wirtschaftsbeziehungen eine internationale Gewerkschaftsarbeit notwendig macht.

Wie wichtig Gewerkschaftsarbeit in Guatemala ist, zeigt das Beispiel der so genannten *maquilas* – Fabriken, in denen überwiegend Frauen und junge Mädchen Textilien für den nordamerikanischen Markt produzieren. In über 350 dieser Betriebe sind mehr als 50 000 Frauen beschäftigt. Rechnet man Subunternehmen und Zulieferbetriebe hinzu, kommt man auf ca. 120 000 Arbeiterinnen, die im Jahr 2004 rund 449 Mio. US$ an Devisen erwirtschafteten.

In den *maquilas,* die meist Koreanern gehören, arbeiten die Frauen in sklavenähnlichen Verhältnissen: 10 bis 12 Stunden täglich für ca. US$100 monatlich, ohne Sozialversicherung oder Lohnfortzahlung im Krankheitsfall, unterdrückt von Besitzern und Aufpassern und mit unzureichenden sanitären Einrichtungen. Schutzmaßnahmen am Arbeitsplatz fehlen ohnehin. Hier wird die soziale Not der Arbeiterinnen aufs Extremste ausgenutzt, denn die Frauen sind froh, überhaupt etwas zu verdienen, und auf der Straße wartet ein Heer von Arbeitslosen. Wer sich gegen die Missstände wehrt, wird fristlos entlassen, bedroht oder sogar ermordet. So entließ der *maquila*-Betrieb CAMOSA S.A. 1991 Mitglieder der neu gegründeten Gewerkschaft, und im März 1997 wurden drei Mitarbeiter der Firma Mi Kwang S.A. entführt und misshandelt

– auch sie waren an gewerkschaftlichen Initiativen innerhalb des Unternehmens beteiligt gewesen.

Erst Anfang der 90er Jahre wurden in die Handelsverträge zwischen den USA und Guatemala Sozialstandards bei Arbeitsbedingungen aufgenommen. Das bewog Regierung und Unternehmer 1992, Gespräche mit den Gewerkschaften aufzunehmen. In relativ kurzer Zeit konnten Arbeitnehmerverbände einen Entlassungsschutz und eine Verkürzung des Anerkennungsprozesses für Gewerkschaften durchsetzten. Dennoch vergingen fünf weitere Jahre, bis der erste Tarifvertrag in einem *maquila*-Unternehmen unterzeichnet wurde.

Geldüberweisungen aus dem Ausland

Statt sich auf den Kaffee- und Zuckerrohrplantagen ausbeuten zu lassen, wählen viele junge Guatemalteken den riskanten Weg in die USA, um sich dort ein Stück vom Wohlstandskuchen zu holen. Die meisten von ihnen reisen mit Hilfe von Schleppern *(coyotes)* illegal in die Vereinigten Staaten ein, wo sie oftmals von einem sozialen Netz bereits dort lebender Guatemalteken aufgefangen werden. Sie arbeiten in der Regel für ein paar Jahre im Billiglohnsegment als Erntehelfer, Gärtner, Hausmädchen oder Kellner, bevor viele von ihnen wieder zurückkehren. Schätzungen zufolge leben rund 1,2 Mio. Guatemalteken in den USA – etwa die Hälfte von ihnen illegal. Auch wenn ihre Lebensbedingungen ohne Aufenthaltsgenehmigung oftmals alles andere als angenehm sind, zweigen dennoch viele einen Teil ihres Einkommens für ihre Familien in Guatemala ab.

Infolgedessen gewinnen die so genannten *remesas familiares* – Überweisungen von guatemaltekischen Gastarbeitern, die in den USA leben, an ihre Familien – immer größere wirtschaftliche Bedeutung. Lag diese Form der privaten Unterstützung 1990 noch bei rund 100 Mio. US$, so verfünffachte sie sich in der vergangenen Dekade, erreichte 1999 beinahe die 500-Mio.-Grenze und schoss bis zum Jahr 2004 auf 2,55 Mrd. US$. Zählt man die Geldbeträge durch private Überbringer hinzu, die in keiner Statistik auftauchen, so hat sich das Kapital aus den *remesas familiares* neben Zucker, Kaffee und Tourismus zum wichtigsten Wirtschaftsfaktor Guatemalas entwickelt. Inzwischen lebt jeder zehnte Guatemalteke von den Familiendollars aus den USA. Gefahr droht dem „ökonomischen Sicherheitsventil", wenn die US-Regierung ihre Ankündigung wahr machen und Tausende *indocumentados* (Guatemalteken ohne Aufenthaltserlaubnis) ausweisen wird.

Gerade bei den Älteren auf dem Land stößt die Arbeitssuche der Jungen in den USA auf wenig Gegenliebe. Obwohl mit den Dollars Häuser gebaut und soziale Einrichtungen verbessert werden, beklagen sie sich über den Verlust kultureller Werte, wenn die Jugend ihre Trachten auszieht und *maleados* – verdorben – aus dem Norden mit Levi's und Nike's zurückkehrt.

Tourismus

Nachdem die Besucherzahlen zu Beginn der 80er Jahre, in der Phase der schlimmsten Menschenrechtsverletzungen, eingebrochen waren, erholten sie sich rasch bis zum Ende der Dekade. Jährlich zweistellige Zuwachsraten waren die Regel, doch Anfang der 90er Jahre begannen sich die **Touristenzahlen** zwischen 500 000 und 600 000 ausländischen Besuchern pro Jahr einzupendeln. Zu einem Sprung kam es 1999, als die Gästezahlen von 636 000 im Jahr 1998 um 16% auf rund 754 000 anstiegen. Im Jahr 2004 haben die offiziellen Besucherzahlen zum ersten Mal die Eine-Million-Hürde übersprungen. Allerdings stammen die angeblichen Touristen überwiegend aus El Salvador und Honduras und nicht wenige von ihnen sind auf der Durchreise in die USA, um dort illegal zu arbeiten. Nur rund 40% der Einreisenden kommen als Touristen nach Guatemala. Weitere ca. 36% besuchen das Land aus geschäftlichen Gründen und 12% kommen, um ihre Familienangehörigen zu sehen.

Die „Industrie ohne Schornsteine" gehört inzwischen mit durchschnittlich rund 700 Mio. US$ jährlich zu den wichtigsten Devisenbringern des Landes. Der Anteil an den Gesamtdeviseneinnahmen macht zwischen 17 und 22% aus. Allerdings sollte man nicht außer acht lassen, dass guatemaltekische Touristen im Ausland etwa genauso viel Geld ausgeben, wie durch ausländische Besucher ins Land kommt, so dass die allgemeine Bilanz des Tourismus fast bilanzneutral ausfällt.

Der Anteil der Europäer betrug in den letzten Jahren durchschnittlich 15 bis 20% (US-Amerikaner ca. 25%). Das Hauptkontingent kam aus Deutschland, Italien, Spanien, Frankreich und den Niederlanden. Die Besucherzahlen aus Deutschland verdreifachten sich annähernd in den letzten zehn

Jahren und liegen gegenwärtig bei 20 000 bis 25 000 Touristen jährlich. Ein Großteil von ihnen besucht das Land im Rahmen einer Pauschalreise. Ihr Geld gaben die Touristen vorrangig für Essen und Trinken (34%), Kunsthandwerk (24%) und Übernachtung (21%) aus.

Obwohl der Tourismus dem Land wichtige Devisen einbringt, darf nicht übersehen werden, dass die Hauptprofiteure touristischer Aktivitäten **ausländische Unternehmen** sind. Viele lokale Agenturen, Hotels und Restaurants gehören Europäern oder US-Amerikanern. Auch die Gewinne aus Langstreckenflügen und Pauschalreisen fahren ebenfalls meist Nicht-Guatemalteken ein. Dessen ungeachtet hat der Tourismus eine große Anzahl von Stellen im Dienstleistungsgewerbe geschaffen. Das oftmals unterqualifizierte Personal wird allerdings in der Regel schlecht entlohnt und ist auf Trinkgelder angewiesen. Zudem arbeiten viele saisonal bedingt nur wenige Monate des Jahres im Tourismus. Einen nicht ganz überzeugenden Eindruck hinterlässt die Arbeit des staatlichen guatemaltekischen Tourismusinstituts ***INGUAT***, dessen 10-Mio.-Dollar-Budget vorrangig von der aufgeblähten, aber wenig effizienten Bürokratie oder auf internationalen Tourismusmessen ver(sch)wendet wird. Ein Teil dieses Geldes stammt aus Steuereinnahmen, die das *INGUAT* von Hotelbesitzern kassiert. Die Aktivitäten der Tourismuskammer CAMTUR konzentrieren sich dagegen mehr auf die Förderung interner Strukturen.

Das Gütesiegel „Green Deal"

Seit 2002 können sich guatemaltekische Tourismusunternehmen auf Herz und Nieren prüfen lassen. Erfüllen sie Vorgaben des Programms Tourismuszertifizierung des Forums Alianza Verde – ein Zusammenschluss aller Tourismussektoren im Norden Guatemalas – wird ihnen das Gütesiegel „Green Deal" verliehen. Die „grüne Übereinkunft" zeichnet die Unternehmen als soziokulturell engagiert sowie qualitäts- und umweltbewusst aus. Immer öfter kann man das „Green Deal"-Logo – ein grünes Blatt – in Guatemala sehen, das Alianza Verde inzwischen an mehr als 40 Tourismusunternehmen verliehen hat. Info unter www.greendeal.org.

Ein ehrgeiziges Projekt, an dem neben staatlichen Stellen und dem Privatsektor auch Organisationen wie die EU und die UNESCO beteiligt sind, ist die **Ruta Maya**. Dieses Tourismuskonzept soll die Maya-Stätten der Länder Mexiko, Belize, Guatemala, El Salvador und Honduras miteinander verbinden und unter der besonderen Berücksichtigung von Naturschutzgebieten gemeinschaftlich vermarkten.

Immer mehr Experten bestätigen inzwischen die positiven Auswirkungen eines kontrollierten, ökologischen Tourismus auf die Umwelt. **Nachhaltiger Tourismus** heißt das neue Schlagwort, das viele einheimische Unternehmer schnell missbrauchen und rasch in bare Münze umsetzen. Alles ist auf einmal *ecológico*, vom Hotel am Waldrand bis zur Jeeptour im Dschungel. Dabei gibt es sehr wenige Anbieter, die das Konzept ernsthaft und konsequent umsetzen und Tourismus mit den geringst möglichen Folgen für die Natur betreiben.

Nachhaltiger Tourismus ist ein zweischneidiges Schwert, das sehr wohl dazu dienen kann, Einkommen zum Schutz ökologisch bedrohter Gebiete zu erwirtschaften, das aber auch unberührte Stellen zerstören kann. Im Länderteil finden sich hierzu bei den einzelnen Orten konkrete Informationen.

Entwicklungshilfe

Während des Bürgerkriegs stand vor allem für die USA die Bekämpfung der angeblichen kommunistischen Gefahr im Vordergrund. Von der üppigen Wirtschaftshilfe profitierten die Armen des Landes wenig. Auch die Welle der Hilfsbereitschaft nach dem schweren Erdbeben von 1976 war mehr auf die direkte Beseitigung der Schäden und die Erneuerung der Infrastruktur als auf eine strategisch geplante Verbesserung der Lebensumstände ausgerichtet.

Aufgrund der stärker werdenden Menschenrechtsverletzungen fror die deutsche Regierung ihre finanzielle Unterstützung Anfang der 80er Jahre ein und nahm sie erst mit den demokratischen Wahlen 1986 wieder auf. Mit Unterzeichnung des Friedensvertrags 1996 verbesserten sich die Rahmenbedingungen für die Entwicklungszusammenarbeit, doch wegen der schleppenden Umsetzung der Abkommen konnten viele der bereitliegenden Geldmittel noch nicht ausgezahlt werden. So fließt zum Beispiel ein Teil der Finanzmittel erst, wenn das Land eine höhere Steuerquote vorweisen kann.

Im Jahr 2001 wurden insgesamt mehr als 3 Mrd. US$ als Entwicklungshilfegelder für Guatemala ausgewiesen. Davon entfielen 78% auf multilaterale und die restlichen 22% auf bilaterale Geldgeber. Die wichtigsten bilateralen Gebernationen waren die USA (332,5 Mio. US$), Deutschland (140,7 Mio. US$) und Japan (74 Mio. US$). Der Anteil dieser drei Nationen umfasste bereits drei Viertel aller bilateralen Hilfe. Die größten multilateralen Geldgeber waren: Die Inter-American Development Bank mit 990,5 Mio. US$, die Central American Bank for Economic Integration (CABEI) mit 543 Mio. US$ und die Weltbank mit 329 Mio. US$. Von den rund 145,6 Mio. US$ Hilfsgeldern der Europäischen Union stammen rund 28% aus Deutschland. Etwa zwei Drittel aller Entwicklungshilfegelder wurden als Kredite und der Rest als nicht rückzahlbare Darlehen vergeben.

In Guatemala sind neben vielen kleinen Gruppierungen alle bekannten deutschen Entwicklungshilfeorganisationen (GTZ, DED, KfW etc.) sowie die Parteienstiftungen und beide Kirchen aktiv.

Schwerpunkte der Zusammenarbeit sind Ressourcenschutz, ländliche Entwicklung, Bildung und Ausbildung, Gesundheit, Trinkwasserversorgung/Abwasserentsorgung, Menschenrechte sowie soziale Investitionsfonds in Armuts- und ehemaligen Konfliktgebieten.

Kultur

Die innere Zerrissenheit der guatemaltekischen Gesellschaft zeigt sich auch in den Gepflogenheiten der beiden größten Volksgruppen. Während die Maya-Nachfahren um die Bewahrung ihrer traditionellen Lebensweise und damit um ihre kulturelle Identität kämpfen, pflegen die Ladinos einen vergleichsweise unauthentischen Lebensstil, der stark nordamerikanisch geprägt ist.

Kulturelle Gemeinsamkeiten haben Indígenas und Ladinos nur wenige; sie reduzieren sich auf so profane Dinge wie die Vorliebe für Süßigkeiten, Tortillas oder Fußball. Auch die gemeinsamen katholischen Feiertage und das Nationalinstrument Marimba können die tiefe Kluft nicht überwinden.

Die Begeisterung für kulturelle Ereignisse hält sich in Guatemala generell in Grenzen, und der Besuch der seltenen und meist sehr teuren Veranstaltungen bleibt der betuchten Oberschicht und Botschaftskreisen vorbehalten. Die Frage, ob das geringe Angebot Folge des fehlenden Interesses ist oder umgekehrt, kommt der Frage nach der Henne und dem Ei gleich. Kulturveranstaltungen könnten in Zukunft noch rarer werden: Das Aushängeschild des Landes, das Centro Cultural Miguel Ángel Asturias, in dem ein Großteil der höherwertigen kulturellen Veranstaltungen stattfindet, befindet sich laut einem Pressebericht vom März 2000 in einem heruntergekommenen Zustand. Woher die rund 7,5 Mio. US$ für die notwendigen Reparaturen dieses Gebäudes herkommen sollen, ist ungewiss.

Im Allgemeinen bevorzugt die breite Masse seichte Unterhaltung, sei es in Form von schmalzigen Seifenopern am Fernsehbildschirm, deftigen Theaterkomödien oder Kinohits aus Hollywood. Miss-Wahlen erfreuen sich großer Beliebtheit und dürfen auf keinem noch so unbedeutenden Dorffest fehlen. Größere Menschenmassen mobilisiert der Volkssport Fußball. Selbst Sport zu treiben ist allerdings für die meisten Guatemalteken Luxus, den sie sich aus Zeit- und Geldgründen nicht leisten können. Wer etwas auf sich hält, ist Mitglied in einem der wenigen exklusiven Sportklubs.

Indígena-Kultur

Auf Hochglanzprospekten wirbt das guatemaltekische Tourismusinstitut *INGUAT* mit „dem Zauber alter Traditionen“, „traumhaftem Kunstgewerbe“ und „lebendigen Kulturen“. Auf diese Art und Weise wird der indianische Teil der Bevölkerung präsentiert, der ansonsten im eigenen Land keine große Lobby hat. Denn gerade die Maya-Nachfahren sind Guatemalas wichtigster touristischer Anziehungspunkt, und ein Großteil der ausländischen Besucher kommt gerade der farbenfrohen Trachten, der Tänze, des traditionellen Brauchtums und der aufwendig zelebrierten *fiestas* wegen in das Land.

Anhand des einseitigen Tourismus-Marketings offenbart sich aber einmal mehr der zwiespältige Umgang der Ladinos mit ihren indianischen Mitbürgern. Dabei liegt die Bewahrung ihrer Traditionen im Interesse aller Beteiligten. Zum einen, weil sie dringend benötigte Devisen ins Land bringt, zum anderen, weil sie den Indígenas als kultureller Schutzschild dient.

Doch die moderne Zeit hat auch vor den einfachen Hütten der Indígenas nicht Halt gemacht: Fernsehen, Globalisierung und Konsum gefährden die nach außen intakt wirkende indianische Kultur. Zusätzlich haben das massive Wirken evangelischer Religionsgemeinschaften, die latente Diskriminierung und die Armut viele Indígenas dazu gebracht, ihre traditionelle Lebensweise aufzugeben. Viele, die in die Hauptstadt abwandern, legen ihre Tracht ab und versuchen, die Lebensart der Ladinos zu imitieren. Die damit verbundene Entfremdung wird im Spanischen *aculturacíon* genannt. Nicht selten hat sie zur Folge, dass sich gewohnte Denk- und Lebensweisen sowie traditionelle Werte verlieren. Es bleibt abzuwarten, ob das in den letzten Jahren stärker gewordene ethnische Selbstbewusstsein diesen Trend umkehren kann.

Ethnisches Selbstverständnis und Selbstbewusstsein

Es waren Forscher und Archäologen, die im 19. Jahrhundert den Begriff „Maya" prägten. Darunter fassten sie die Völker zusammen, die vor der spanischen Conquista in Mexiko und Guatemala lebten. Dabei sahen sich die Nachfahren dieser „untergegangenen" Kultur weniger als homogene Gruppe, vielmehr identifizierten sie sich regional (Atitecos, San Pedranos etc.) oder über ihre Zugehörigkeit zu einer Ethnie (Mam, Kekchí etc.) Von Außenstehenden wurden sie pejorativ als „Indios" oder *naturales* bezeichnet. Dies änderte sich erst in den 70er Jahren des 20. Jahrhunderts, als eine kleine intellektuelle Schicht von Indígenas versuchte, eine neue kollektive Identität als Maya hervorzubringen. Diese Bemühungen wurden vom Bürgerkrieg zunichte gemacht, der Anfang der 80er Jahre eskalierte. Aufgrund zunehmender Repressionen schlossen sich große Teile der indianischen Landbevölkerung in Basisbewegungen wie dem Comité de Unidad Campesina (CUC) zusammen. Erst mit den Friedensverhandlungen zwischen Regierung und Guerilla kehrten viele Maya-Aktivisten in den 90er Jahren auf die politische Bühne zurück. Einen positiven Schub erhielt die junge Maya-Bewegung 1992 durch die Verleihung des Friedensnobelpreises an die Quiché-Maya Rigoberta Menchú (s.S. 296) und die Protestaktionen gegen die 500-Jahr-Feiern der „Entdeckung" Amerikas. Mit der Unterzeichnung des „Abkommens über Rechte und Identität der indigenen Bevölkerung" wurde 1995 das Fundament für die Wahrung der kulturellen Identität bei gleichzeitiger sozialer und wirtschaftlicher Entwicklung gelegt. Heute definiert sich die Maya-Bewegung weniger über den systemkritischen Protest als vielmehr über die Besinnung auf die eigene ethnische Identität. Doch das „neue" Selbstbewusstsein und der Stolz auf Vergangenheit und Kultur wirken noch nicht landesweit: Viele einfache Bauern können mit dem Schlagwort „Maya", das von einer Gruppe gut situierter, intellektueller Indígenas wiederbelebt wurde, wenig anfangen. Zudem ist die Bewegung in hunderte von kleinen Organisationen, Gewerkschaften, Gruppierungen und Kooperativen zersplittert, deren Ziele durchaus unterschiedlich sind. Die Zukunft der indianischen Aufbruchbewegung wird davon abhängen, ob sich die Lebensbedingungen der Indígenas nachhaltig verbessern. Dazu ist der politische Wille der dominierenden Ladino-Bevölkerung bei der Umsetzung von Abkommen und Vereinbarungen unbedingt erforderlich.

Sprache

In Guatemala ist Spanisch *(castellano)* offizielle Landessprache. Darüber hinaus gibt es 23 eigenständige Sprachen: 21 **Maya-Idiome** sowie Xinca und Garífuna, die andere Sprachwurzeln haben. Nur vier dieser Sprachen, **Quiché**, **Cakchiquel**, **Mam und Kekchí**, werden von mehr als 300 000 Guatemalteken gesprochen und haben den Status einer territorialen Sprache. Alle anderen sind als kommunale Sprachen eingestuft und werden in der Regel von nur wenigen tausenden Einwohnern gesprochen. Da nur noch jeweils einige hundert Personen **Itzá** und **Xinca** sprechen, sind dies vom Aussterben bedrohte Sprachen. Die relativ große Anzahl von Maya-Idiomen auf einem geografisch kleinen Gebiet lässt sich auf die Aufsplitterung der Maya in viele Clans zurückführen. Sie alle hatten vor rund 4000 Jahren einmal die gleiche Sprache, das so genannte **Protomaya**. Wanderbewegungen und die topografischen Gegebenheiten des Hochlands führten dazu, dass sie im Laufe der Jahrhunderte eigene Sprachen entwickelten, die zum Teil völlig unterschiedlich in Aussprache und Grammatik sind. So können sich zum Beispiel ein Mam-In-

dígena aus dem Hochland und ein Mopán-Indígena aus dem Petén nur auf Spanisch verständigen. Hingegen ähneln sich die Indianersprachen Quiché und Cakchiquel wie Deutsch und Schweizerdeutsch. Hinzu kommen zahlreiche Dialekte der jeweiligen Maya-Sprache. So gibt es beispielsweise vom Cakchiquel rund zehn verschiedene Varianten.

Während der Kolonialzeit und nach der Erlangung der Unabhängigkeit hatten die herrschenden Klassen mit einigen Ausnahmen wenig Interesse daran, das indianische Sprachgut zu entwickeln und zu fördern. Lediglich katholische Missionare glaubten, ihre Chancen bei der Bekehrung der Indígenas zu steigern, indem sie ihre Sprache lernten. Auch viele der deutschen Einwanderer, die gegen Ende des 19. Jahrhunderts nach Guatemala kamen, lernten mit der Zeit eine Indianersprache, da fast alle Arbeiter auf ihren Fincas indianischer Herkunft waren und einige Deutsche Indígena-Frauen heirateten.

Heute erleben die indigenen Sprachen eine Renaissance. Im Abkommen über die Rechte der Indígena-Völker im Rahmen des Friedenvertrags von 1996 wird der multikulturelle, multiethnische und vielsprachige Charakter der guatemaltekischen Nation betont. Doch bisher werden die indianischen Sprachen gemäß den Artikeln 66 und 143 der Verfassung lediglich als förderungswürdiges kulturelles Erbe behandelt. So finden zum Beispiel Gerichtsverfahren bislang in spanischer Sprache statt

– unabhängig davon, ob dies die Muttersprache der Prozessbeteiligten ist. Die nach dem Friedensschluss ins Leben gerufene **Kommission zur Offizialisierung indianischer Sprachen** kämpft um die gleichwertige legale Anerkennung aller in Guatemala gesprochenen Sprachen.

Maya-Sprachen in Guatemala

Je nach Quelle weichen die Zahlen bezüglich der Anzahl der Sprecher einer indianischen Sprache beträchtlich voneinander ab. Hinzu kommt, dass bei Volkszählungen nicht alle Indígenas erfasst wurden, da einige von ihnen in schwer zugänglichen Gebieten leben und sie als Vertriebene oder als Bürgerkriegsflüchtlinge nicht gezählt wurden.
Die nachfolgend aufgeführten Zahlen für das Jahr 2000 beruhen auf gerundeten Angaben der Akademie für Maya-Sprachen (ALMG) und der Generaldirektion für bilinguale Erziehung (Dirección General de Educación Bilingue).

1.	Quiché	1 800 000
2.	Mam	1 100 000
3.	Cakchiquel	1 000 000
4.	Kekchí	710 000
5.	Pokomchí	260 000
6.	Kanjobal	210 000
7.	Tzutujil	160 000
8.	Pokomam	127 000
9.	Chuj	89 000
10.	Jacalteko	85 000
11.	Chortí	77 000
12.	Ixil	71 000
13.	Achí	58 000
14.	Sakapulteko	42 000
15.	Akateko	40 000
16.	Awakateko	34 000
17.	Uspanteko	22 000
18.	Mopán	13 000
19.	Sipakapense	6 000
20.	Tektiteko	2 500
21.	Itzá	1 800

Was theoretisch gar nicht besonders kompliziert erscheint, steckt allerdings in der Praxis voller Tücken: Denn noch ist beispielsweise nicht geklärt, wer für die enormen Kosten eines flächendeckenden bilingualen Unterrichts aufkommen soll oder wie die Ausgaben für Übersetzer an Gerichten und anderen öffentlichen Einrichtungen finanziert werden.

Da sich selbst die verschiedenen indianischen Völker über den Stellenwert der eigenen Sprache uneinig sind, werden Reformen verzögert. Die Proportionen sind verzerrt: So verteilen sich 84% aller Indígenas auf die fünf am häufigsten gesprochenen indianischen Sprachen – Quiche, Cakchiquel, Mam, Kekchí und Pokomchí. Die restlichen 16 Sprachen werden aber von nur 16% der indianischen Bevölkerung gesprochen. Hinzu kommt, dass viele Indígenas ihre eigene Sprache als Symbol für wirtschaftliche und soziale Benachteiligung ablehnen. So verzichten gerade junge Indígenas nicht nur bewusst auf ihre traditionelle Kleidung, sondern auch auf ihre Muttersprache. Damit werden die Bemühungen von Regierung und indianischen Dachverbänden, die Sprachenvielfalt zu fördern, bisweilen von den Betroffenen selbst behindert.

Traditionelle Lebensweise

Rituale und Zeremonien bestimmen das gesamte Leben der Indígenas. Bereits bei der **Geburt** betet ein Schamane für das Wohlergehen des Neugeborenen, während die Hebamme die Mutter im *temascal,* dem traditionellen Dampfbad, reinigt. Die Nabelschnur wird getrocknet und einige Tage später unter feierlichen Worten eines Schamanen *(chujkajau)* begraben. Der oder die Vornamen des Neugeborenen stammen meist von den Vorfahren ab, werden aus dem Ritualkalender *tzolkin* abgeleitet oder vom Namen des Heiligen am Geburtstag übernommen.

Eine besondere Bedeutung im Leben der Maya besitzt der *nahual.* Diesen Schutzgeist in Tiergestalt, so der Glaube, erhält jeder Indígena bei seiner Geburt für sein ganzes Leben. Das Schicksal und die Seele des Trägers sind eng mit seinem *nahual* verbunden. Seine Identität wird geheim gehalten, denn ein Hexer könnte ihn mit einem Fluch belegen. Der katholischen Kirche war der Nahualismus ein Dorn im Auge, denn die Indígenas verehrten die Schutzgeister der Heiligen, wie z.B. den Löwen des Hieronymus oder den Stier des Markus, inbrünstiger als die Heiligen selbst.

Die **Heirat** unter Indígenas ist ein kompliziertes Verfahren, mit vielen ritualisierten Besuchen und Gegenbesuchen der beiden involvierten Familien. Auf diese Art und Weise lernt man sich näher kennen und verhandelt den in einigen Regionen noch immer üblichen Brautpreis. Die Familie des Bräutigams richtet die Hochzeitsfeier aus, ein aufwendiges Ereignis, für das lange gespart wird. Wer es sich leisten kann, lädt eine der nicht gerade billigen Marimba-Gruppen ein. Oftmals lebt das junge Paar für eine Weile gemeinsam mit den Eltern des Bräutigams unter einem Dach. Die Ehen werden heutzutage nur noch sehr selten vermittelt.

Kinder werden als Segen Gottes interpretiert; je mehr von ihnen, desto besser. Sie gelten immer noch als Beweis der Manneskraft und als Versorgungsgarantie im Alter. Die Aufgaben des Alltags sind klar verteilt: Während die Männer auf dem Feld arbeiten, kümmert sich die Frau um den Haushalt und die Kinder. Entscheidungen innerhalb der Dorfgemeinschaft werden so gut wie ausnahmslos von den Männern getroffen, die dazu in mehreren Komitees organisiert sind. Der überwiegende Teil der indianischen Bevölkerung lebt von **Subsistenzwirtschaft**, d.h. dem Anbau von Grundnahrungsmitteln wie Mais, Bohnen, Kürbis und Chilis zur Eigenversorgung. Überschüsse werden auf Märkten verkauft. In einigen Regionen bessern die Bewohner ihr Einkommen mit der Produktion handwerklicher Erzeugnisse und der Anpflanzung von Exportprodukten wie Kaffee, Gemüse oder Blumen auf. Zum Überleben sind auch heutzutage immer noch hunderttausende von Indígenas gezwungen, als Erntehelfer auf den Kaffee- und Zuckerrohrplantagen der Pazifikregion zu arbeiten.

Für die Indígenas bedeutet der **Tod** den Übergang in eine andere Daseinsform. Es ist üblich, den Verstorbenen im Kreise seiner Familie aufzubahren. Die Totenwache dauert die ganze Nacht, dabei werden alle Besucher von der Familie des Verstorbenen verköstigt. Im Gegenzug legen sie Geld auf einen Teller, um den Hinterbliebenen bei der Finanzierung der Bestattungskosten zu helfen. In einigen Regionen des Hochlands drehen die Träger den Sarg mehrmals um die eigene Achse, bevor er in das Grab gelegt wird. Dies soll den Toten verwirren, damit sein Geist nicht zurückkehrt und die Hinterbliebenen belästigt. Eine Trauerzeit ist nicht üblich. Die Indígenas glauben, dass die Seelen der Verstorbenen einmal im Jahr für kurze Zeit auf die Erde zurückkehren. An Allerheiligen besuchen die Familien dann ihre Toten auf dem Friedhof, um mit ihnen in Kontakt zu treten und ihnen Nahrung zu bringen.

Maya-Religion

Im Glauben der Indígenas ist die gesamte Umwelt von Geisterwesen beseelt. Da sich ihr Leben somit in der Hand übernatürlicher Kräfte befindet, sind die Götter mit Opfergaben und Ritualen gnädig zu stimmen. Dazu bedienen sich die Indígenas in vielen Fällen eines **Mittlers**, der ihren Wunsch oder ihre Bitte in gebührender Form an die Götter weiterleitet. Je nach Aufgabengebiet nennt man ihn *brujo* (Hexer oder Zauberer), *shaman bzw. chujkajau* (Priester, Wahrsager) oder *curandero* (Heiler). Die Bezeichnungen können von Volksgruppe zu Volksgruppe und von Region zu Region variieren. Das Amt des Vermittlers wird in der Regel vom Vater auf denjenigen Sohn vererbt, der für die verantwortungsvolle Tätigkeit die besten Anlagen mitbringt. Auch Frauen bekleiden dieses Amt, allerdings nur selten.

Die *curanderos* verfügen über ein umfangreiches Wissen, was Naturheilmittel angeht. Sie sind hervorragende Pflanzenkenner und nicht mit den Kurpfuschern zu verwechseln, die auf Märkten großspurig dubiose Tinkturen, Salben und Pillen anbieten. Bevor ein Indígena einen Ladino-Arzt aufsucht, wird er zunächst einen Heiler konsultieren.

Der *shaman* oder *chujkajau* ist Experte für Wahrsagungen und Prophezeiungen. Er deutet den komplizierten Maya-Kalender, bestimmt die Termine für die entsprechenden Feste und ist allgemeiner Ratgeber der Gemeinde.

Zur Lösung zwischenmenschlicher Probleme wird ein *brujo* beauftragt. Er kann dem ungeliebten Nachbarn auf Wunsch eine Kröte in den Bauch hexen oder ihn mit Hilfe einer mit Salz bestreuten Puppe schwer erkranken lassen. Um diesem Fluch vorzubeugen oder um ihn von sich abzuwenden, benötigt man einen *brujo*, der auf Gutes spezialisiert ist.

Geeignete Plätze, um Opferrituale *(costumbres)* durchzuführen, gibt es zuhauf. Die animistische

Überzeugung der Indígenas hat eine Vielzahl von Opferplätzen und Naturaltären entstehen lassen. Die Maya beten in den Ruinenstätten ihrer Vorfahren, vor Steinkreuzen auf Hügeln, in Höhlen sowie an Lagunen und Seen. Selbst auf dem über 3700 m hohen Vulkan Santa María schwelen kleine Feuer. Zu jeder Opferzeremonie gehören Kerzen, Weihrauch *(pom, copal)*, Schnaps *(aguardiente)* und Zigarren *(puros)*. Bei besonders wichtigen Anlässen wird zusätzlich das Blut eines frisch geköpften Hahns verbrannt.

Cofradías

Ursprünglich hatten spanische Missionare die Institution der Laienbruderschaften *(cofradías)* aus Europa mitgebracht. Sie sollte helfen, die Idee des Heiligenkults unter der indianischen Bevölkerung zu festigen. Im Laufe der Jahrhunderte wurde aus den *cofradías* jedoch viel mehr: Sie etablierten sich als zentraler Bestandteil des dörflichen Lebens, indem sie katholische und traditionelle Glaubenselemente miteinander verbanden. Auch heute noch besitzen *cofradías* in vielen indianischen Gemeinden einen hohen Stellenwert.

Ihr Wirkungskreis reicht inzwischen über rein religiöse Tätigkeiten weit hinaus. Sie kümmern sich vorrangig um die Statue des Dorfheiligen, die in ihrer Obhut ist, richten aber auch Prozessionen und Fiestas aus und beschäftigen sich mit sozialpolitischen Themen innerhalb der Dorfgemeinschaft. Außerdem schlichten sie Konflikte und arbeiten eng mit dem offiziell gewählten Bürgermeister zusammen.

Die ehrenamtliche einjährige Tätigkeit, *cargo* genannt, die einen nicht unerheblichen zeitlichen und finanziellen Aufwand bedeutet, wird mit sozialem Prestige belohnt. Wer sich durch die starre Hierarchie der *cofradía* hochgedient hat, gehört zu den angesehensten Mitgliedern innerhalb der Dorfgemeinschaft – er wird zu einem Hüter von Traditionen und Gebräuchen der Mayas. Die Auswahl der neuen Mitglieder erfolgt innerhalb der *cofradía* und ist nach außen geheim. Die Amtsübergabe ist ein wichtiges Ereignis, das entsprechend aufwendig begangen wird. Für Frauen existieren eigene *cofradías*, deren Mitglieder sich *capitanas* nennen (mehr zu den *cofradías* im Kapitel Chichicastenango, s.S. 209).

Fiestas

Neben den katholischen Feiertagen und den Patronatsfesten werden in einigen traditionellen Gegenden des Hochlands rein indianische Fiestas veranstaltet, die den Jahresbeginn des Agrar- und Ritualkalenders *tzolkin* bzw. des Sonnenjahres *haab* (s.S. 127) feiern. Tausende von Indígenas strömen am „Tag der Acht Affen" *(Guajxaquip Batz)* nach Momostenango in der Provinz Totonicapán. Sie bitten mit Hilfe von Schamanen um ausreichenden Regen und gute Ernten. Ähnlich verlaufen die Feierlichkeiten zu Ehren des „Jahresträgers" *(Cargador del Año)* in Jacaltenango in der Provinz Huehuetenango. Dieser Tag ist einer wechselnden Gottheit des Sonnenkalenders gewidmet, unter deren Schutz das Folgejahr steht.

Tänze und Masken

Nach ihrer Ankunft in Guatemala stellten die Spanier fest, dass die Indígenas ihre religiösen Zeremonien und die Anbetung der Götterwelt mit viel Tanz und Musik begleiteten. Zwei der großen indianischen Chroniken – die Quiché-Bibel *Popol Vuh* und das Tanzdrama *Rabinal Achí* – belegen, dass die Maya bereits in vorspanischen Zeiten künstlerische Darbietungen mit Tiermasken von Hirschen, Jaguaren, Affen, Schlangen oder Vögeln aufführten. Den Missionaren missfiel diese „Götzenverehrung", und so ersannen sie eine ihrer Auffassung nach kluge Strategie: Sie nutzten die reiche folkloristische Tradition der Hochland-Mayas für ihre Zwecke und vermittelten ihre Ankunft in Amerika und den Kampf der Christen gegen das Heidentum bildlich mit Maskentänzen. Von da an tauchten schwarze Mohren, hellhäutige Spanier mit blonden, lockigen Haaren und später Mexikaner mit breiten Hüten und Schnauzbärten in den Darbietungen auf, die im Laufe der Jahrhunderte fester Bestandteil des folkloristischen Repertoires wurden. So entstanden unter anderem die Tänze **Baile de Conquista** oder **Baile de Cristianos y Moros**, die die Eroberung Amerikas bzw. den Konflikt zwischen Christen und Mauren zum Inhalt haben.

Präkolumbianische wie auch spanisch beeinflusste Tänze sind immer noch ein wichtiger Bestandteil vieler indianischer Fiestas. Heutzutage sind aber besonders die von den Spaniern eingeführten Tänze als Parodie der Indígenas auf die damaligen Ereignisse zu interpretieren. Die dabei verwendeten Holzmasken werden weiterhin in Handarbeit hergestellt, hauptsächlich in Chichicastenango und Totonicapán. Bestanden präkolumbianische Masken zunächst aus sehr haltbaren, aber schweren Materialien wie Jade oder Alabaster, sieht man heute ausschließlich farbenfrohe Masken aus Holz und gelegentlich aus Plastik. Wer keine Gelegenheit hat, die Masken im Rahmen einer indianischen Fiesta oder auf einem Markt zu bewundern, kann dies im **Museo Ixchel** in Guatemala-Stadt nachholen.

Neben den bereits erwähnten Tänzen gibt es noch eine Reihe weiterer beliebter Darbietungen, die man zum Patronatsfest in verschiedenen Ausprägungen in allen indianisch dominierten Provinzen zu sehen bekommt. Hierzu zählt der **Baile de los Toros**, auch *Danza del Torito*, der von einer Marimba begleitet wird. Bei manchen Festen, auf denen er aufgeführt wird, läuft ein Mann mit einem Gestell auf dem Rücken, das einen Stier symbolisiert und mit Feuerwerkskörpern bestückt ist, durch die Reihen johlender Zuschauer. Der **Danza del Venado** ist vorspanischen Ursprungs und spielt die Hirschjagd nach. Die Tänzer tragen dabei Hörnermasken.

Beliebt sind darüber hinaus der *Baile de los Diablos* (Teufelstanz), *Baile de los Mexicanos* (Tanz der Mexikaner) und der *Palo Volador* (der fliegende Stamm). Seltener werden der aus prähispanischer Zeit stammende *Baile de la Culebra* (Schlangentanz) und *Baile de los Gracejos* (Tanz der Anmut) aufgeführt. Alle Rollen, einschließlich der Frauenparts, werden bei den traditionellen Tänzen von Männern eingenommen.

Wichtiger als die genaue Einhaltung einer Choreographie ist die Ausstattung der Tänzer mit prachtvollen Kostümen, Masken und Perücken. Diese Utensilien werden sorgfältig verwahrt und von so genannten *morerías* teuer an die Ausrichter der Fiestas verliehen. Die sorgfältig ausgewählten Tänzer müssen weniger über großes Talent als vielmehr über eine kräftige körperliche Konstitution, ausreichend Kondition und Geduld verfügen. Denn schließlich müssen sie nach tagelangen Proben in der Lage sein, ihren Tanz mit schweren Kostümen, ständigen Drehbewegungen und reichlich Alkohogenuss mehrmals während der Fiesta vorzuführen.

In den letzten Jahren sind **Convites** immer beliebter geworden. Bei diesen Verkleidungstänzen, die oft zwischen Weihnachten und Neujahr auf offener Straße aufgeführt werden, tritt ein buntes Sammelsurium kostümierter Comic- und Fernsehhelden wie Batman, Micky Mouse oder Dick und Doof auf.

Eine große Bandbreite folkloristischer Tänze ist in Rabinal, Baja Verapaz, während des Patronatsfestes vom 17. bis 25. Januar und beim jährlich im März stattfindenden *Festival de Danzas Tradicionales* in Totonicapán zu sehen.

Musik und Instrumente

Feste, Rituale und heilige Zeremonien sind bei den Indígenas eng mit traditioneller Musik und ihren Instrumenten verbunden. Ähnlich wie bei der Religion lässt sich auch hier eine Vermischung von vorspanischen und kolonialen Elementen beobachten. Der fortschreitende Prozess der Entfremdung von traditionellen Werten hat auch im Bereich der Volksmusik zu kulturellen Verlusten geführt. Neben dem abnehmenden Interesse der jüngeren Generation an traditioneller Musik spielen inzwischen auch ökologische Faktoren eine wichtige Rolle. Aufgrund der Abholzung werden die für die Herstellung von bestimmten Musikinstrumenten benötigten Holzarten immer seltener und somit teurer. Starken Zuspruch finden in den letzten Jahrzehnten hingegen Musik und Gesang evangelischer Religionsgemeinschaften.

Musikinstrumente werden im indianischen Guatemala ausschließlich von Männern gespielt. Die **Marimba**, Guatemalas Nationalinstrument, wird von Indígenas wie Ladinos gleichermaßen geschätzt. Sie darf bei keinem größeren indianischen Geburtstags- oder Patronatsfest fehlen. Allerdings wird ihr Ursprung unter den Einheimischen heftig diskutiert. Obwohl es den Nationalstolz manch eines Guatemalteken angreift, steht inzwischen fest, dass die Marimba im 16. Jahrhundert über schwarze Sklaven nach Guatemala gelangte. In ganz Afrika waren zuvor schon ähnliche Musikinstrumente bekannt. Allerdings wurde dieses einem überdimensionierten Xylophon ähnelnde Instrument erst in Guatemala perfektioniert.

In seiner einfachsten Form, der *marimba de tecomates*, besteht die Marimba aus Rosenholz- oder Palisanderlamellen, die parallel über Resonanzkörpern angebracht sind. Diese bestehen aus länglichen Kalebassen *(tecomates)*, die mit einer Membran aus Schweinsdarm versehen sind.

Feste, Rituale und heilige Zeremonien sind bei den Indígenas eng mit traditioneller Musik verbunden

Am weitesten verbreitet ist die *marimba pura,* deren Ursprung bis in das Ende des 19. Jahrhunderts zurückreicht. Sie besitzt Klangkörper aus Kiefern- oder Zypressenholz und in einigen Fällen aus Bambus. Die Marimba wird in der Regel von mehreren Männern gleichzeitig gespielt.

Viele Prozessionen, Zeremonien der Bruderschaften und traditionelle Tänze im guatemaltekischen Hochland werden von Trommeln *(tambores)* und Flöten *(flautas)* begleitet. Die *tun* oder *tunkul* ist eine **Trommel**, die aus der postklassischen Periode stammt und aztekischen Einfluss aufweist. Der kräftige Ton wird durch das zylindrische Stück eines ausgehöhlten Baumstammes erzeugt, in den ein H-förmiger Schlitz geschnitten wurde. Die *tun* begleitet traditionelle prähispanische Aufführungen wie das *Rabinal Achí* oder den Tanz der Guacamayas. Die *adufa,* eine kleine, quadratische Trommel, die mit Hirsch- oder Ziegenleder überspannt ist, wird mit der Hand geschlagen. Sie ist bei religiösen Zeremonien im Quiché von einer Violine begleitet zu sehen und hören. *Raspadores* – Kalebassen mit Einritzungen, über die ein Stab oder ein Stück Hirschgeweih gleitet – werden von den Kekchí beim Tanz der Teufel *(danza de los diablos)* eingesetzt.

Flöten spielen in der indianischen Musik eine wichtige Rolle. In prähispanischen Zeiten imitierten die Maya Naturgeräusche wie zum Beispiel Vogelstimmen mit Instrumenten aus Tapirknochen, Lehm, Stein und Jade. Heutzutage werden bevorzugt Schilfrohr, Holz und Metall verwendet. Flöten existieren in allen möglichen Ausführungen, von der Quer- bis zur Längsflöte. Die Schilfrohrflöte *tsijolaj* besitzt gewöhnlich drei Grifflöcher. Immer noch gebräuchlich sind Keramikpfeifen *(okarina)* und *chirimías,* eine primitive Ausgabe der Oboe. Das melancholisch klingende Instrument maurisch-arabischen Ursprungs ist regelmäßig in Chichicastenango an Markttagen zu hören.

Aus prähispanischen Zeiten stammt die Verwendung von Schildkrötenpanzern *(ayotl)* bei Tänzen und großen Tritonmuscheln *(caracol),* die früher zur Nachrichtenübermittlung dienten. Beide werden heute vorwiegend bei den Garífuna an der Karibikküste verwendet.

Die von den Spaniern mitgebrachten **Saiteninstrumente** wie Geige, Violine und Harfe wurden von den Indígenas schnell übernommen und überwiegend bei katholischen Messen und Feiern eingesetzt. Heutzutage bereichern auch moderne Musikinstrumente wie Saxophon, Schlagzeug oder E-Gitarre traditionelle und religiöse Veranstaltungen. In der Osterwoche kommen große **Rätschen** *(matracas)* zum Einsatz.

Wer sich für Musik und Instrumente interessiert, sollte der Casa K'ojom, dem Haus der Musik, in Jocotenango bei Antigua einen Besuch abstatten. Dort kann man Musikinstrumente ansehen, ausprobieren und kaufen.

Märkte

Märkte sind das Zentrum wirtschaftlicher Aktivität im ländlichen Guatemala und besonders in indianischen Gebieten unersetzlicher Bestandteil des sozialen Lebens. Sie finden in so gut wie allen Dörfern ein bis zweimal wöchentlich statt. Auf ihnen versammelt sich eine interessante Mischung aus Käufern und Verkäufern, die oftmals weite Strecken zurücklegen, um zum Marktplatz zu gelangen. Bereits im Morgengrauen werden die ersten Stände nach Waren sortiert aufgebaut. Während Obst und Gemüse, Blumen oder Gewürze in einem Bereich des Marktes angeboten werden, findet man Fleisch, Fisch, Kleidung und handwerkliche Produkte in einem anderen. Auf einigen Märkten, wie z.B. in San Francisco el Alto, werden Tiere angeboten. Zu jedem Markt gehören Garküchen, in denen Indígena-Frauen an großen brodelnden Töpfen stehen und über dem Feuer Maisbrei zu Tortillas verarbeiten.

Doch Kaufen und Verkaufen, Feilschen, Handeln und Tauschen sind nur die eine Facette eines turbulenten Indígena-Markts. Denn hier treffen sich auch Verwandte, nutzen junge Paare die Gelegenheit zum Flirt, versuchen Prediger die Massen im Schnelldurchlauf zu bekehren und bieten viele kleine Servicebetriebe ihre Dienste an: Schuhputzer, Eisverkäufer, Fotografen mit Uralt-Polaroidkameras, Scherenschleifer, Gepäckträger – sie alle profitieren vom regen Treiben. Doch die Atmosphäre ist trotz heftigem Gedränge und Geschubse friedlich und ruhig. Besonders hoch geht es während des Patronatsfestes her. Dann steigt neben dem allgemeinen Umsatz besonders der Alkoholkonsum.

Kunsthandwerk

Das indianische Kunsthandwerk ist so facettenreich wie die Landschaften Guatemalas. Auch heute noch stellen die Nachfahren der Maya besonders im Hochland manuell gearbeitete Produkte aller Art her. In den Stand eines Kunsthandwerks wurden viele Erzeugnisse allerdings erst erhoben, als sich die natürlichen Rohstoffe für die Herstellung verknappten, viele Produkte industriell billiger hergestellt wurden und jüngere Generationen weniger Interesse an traditionellen Erzeugnissen zeigten. Denn bei den meisten Objekten handelt es sich ursprünglich um Gebrauchsgegenstände und Dinge des täglichen Bedarfs. Das zunehmende Interesse ausländischer Besucher an kunsthandwerklichen Produkten hat einige Sektoren wie z.B. die traditionelle Weberei stark aufgewertet.

Zusätzliche Erlöse durch den Verkauf von Kunsthandwerk sind ein willkommenes Zubrot zum recht schmalen Einkommen vieler indianischer Familien. Doch nur wenigen von ihnen ist es gelungen, eine größere Produktion aufzubauen und ausschließlich vom Kunsthandwerk zu leben. Die meisten Waren werden in Familienbetrieben produziert und auf Märkten verkauft. Handelt es sich um größere Mengen, übernehmen Zwischenhändler die Vermarktung.

Webarbeiten: Guatemalas traditionelle Textilerzeugnisse werden zu Recht zu den schönsten des Kontinents gezählt. Schon die Spanier zeigten sich von den einfallsreichen Mustern und den intensiven Farben begeistert. (Mehr hierzu unter „Tracht" weiter unten).

Wollherstellung: Schafswolle wird vor allem in der Provinz Totonicapán zu Decken, Umhängen und Jacken verarbeitet, die landesweit verkauft werden.

Keramik: Bei den klassischen Maya erreichte die Verarbeitung von Ton bis heute unerreichte Standards. Nachdem die Spanier viele der kunstvollen Gefäße zerstört hatten, beschränkten sich die Nachfahren der Maya bis heute überwiegend auf die Herstellung einfacher Gebrauchsgegenstände. Handgeformte Keramik für den Hausgebrauch wird über dem offenen Feuer gebrannt und enthält meist keine Verzierungen. Allerdings verdrängen Plastikprodukte zunehmend das Tongeschirr und die schweren Wasserkrüge. Ähnlich ergeht es den flachen Tortillapfannen *(comal)* aus Ton, deren Konkurrenz aus Blech oder Eisen besteht.

Aus Glasurkeramik, einer Technik aus der Kolonialzeit, werden unter anderem Tonfiguren und

Vasen in Chinautla, Antigua und Rabinal hergestellt.

Kalebassen: Die Früchte des *jicaro* oder *palo de morro* waren schon immer vielseitig verwendbar. Ausgehöhlt und zweigeteilt entstehen aus ihnen Schalen und Schöpfkellen. Männer nehmen die ganze Kalebasse als Trinkgefäß zur Feldarbeit mit. Bunte Kalebassenschalen *(guacales)*, die in einigen Fällen noch mit natürlichen Farbstoffen bemalt werden, findet man in Rabinal (Baja Verapaz). Dekorierte Schalen werden von den Indígenas für diverse Zeremonien, wie z.B. Allerheiligen für die Nahrung der Toten, benutzt.

Flechtarbeiten: Artikel aus Weidenruten, Binsen oder Schilfrohr findet man auf den Märkten in allen Formen und Größen. Ihre Verwendungsmöglichkeiten reichen dabei von der Markttasche bis zur Babykrippe. Körbe (*canastos* ohne Henkel; *canastas* mit Henkel) dienen zum Transport von Brot, Gemüse oder Federvieh. Ein *cafetero* ist ein spezieller Weidenkorb, mit dem Kaffee gepflückt wird.

Schilfmatten galten bei den klassischen Maya als Zeichen der Macht. Steinerne Darstellungen sich kreuzender Fasern sind in vielen Ruinenstätten zu sehen. Heute werden Schilfmatten vorwiegend als Matratze, Teppichersatz oder Wandbehang verwendet.

Agavenfasern: Aus den Fasern der Agave werden vor allem Gebrauchsgegenstände wie Seile, Netze, Taschen oder Hängematten hergestellt. Mehr zu dieser Allround-Pflanze s.S. 279.

Holzarbeiten: Wurden aus Holz früher fast ausschließlich einfache Gebrauchsgegenstände und Möbel hergestellt, so orientiert sich die Produktion heutzutage stark an der Nachfrage durch Ladinos und Touristen. Beliebt sind neben Holzmasken und Kolonialmöbeln Holzschnitzereien von Tieren, Schmuckkästchen sowie glasierte Holzfrüchte.

Malerei: Die Zentren der indianischen naiven Malerei, die inzwischen über die Landesgrenzen hinaus bekannt ist, befinden sich in Comalapa und am Atitlán-See.

Tracht

Eine der auffälligsten Ausdrucksweisen der Indígena-Kultur und wichtiger Bestandteil der kulturellen Identität sind die abwechslungsreichen, originellen Trachten. Besonders die aufwendig gewebten und gestickten Blusen der Frauen ziehen die Besucher in ihren Bann. Während Indígena-Frauen ihre traditionellen Kleidungsstücke auch im Alltag tragen, hat sich die Tracht der Männer bis auf wenige ursprüngliche Regionen weitgehend verloren. Die Männer tragen inzwischen überwiegend einfache Hemden und Hosen westlichen Stils. Doch auch die bunte Trachtenvielfalt der Frauen ist bedroht: Viele Familien können sich die teuren Stoffe nicht mehr leisten und greifen auf billige Einheits- oder Importware zurück. Die fortschreitende „Ladinisierung“ und die „Errungenschaften“ der modernen Zeit haben ebenfalls ihre Spuren hinterlassen.

Die Bewohner eines jeden indianischen Dorfes unterscheiden sich traditionell durch ihre Trachten. Historiker glauben, dass die spanischen Eroberer die Indígenas zur Anfertigung unterschiedlicher Kleidung zwangen, um die Bewohner einem Dorf zuordnen zu können. Die Tracht ist in jedem Fall ein variables Produkt, das sich im Laufe der Zeit verändert hat. Die Einführung synthetischer Farbstoffe hatte darauf ebenso viel Einfluss wie modische Extras. Inzwischen ist aus der Tracht – dem *traje* – mehr als nur ein Erkennungsmerkmal geworden. Mit den eingewebten Mustern und ihrer Symbolik, mit der Qualität der Arbeit sowie dem benutzten Material erzählt ein traditionelles Kleidungsstück eine Geschichte über die Person, die es trägt, und verrät deren sozialen Status, Glauben und Stolz auf die Vorfahren.

Die Weberei ist eine der ältesten Handwerkskünste der Maya. Schon in Abbildungen auf den Maya-Codices ist die junge Mondgöttin Ixchel beim Anfertigen von Kleidung mit dem Hüftwebstuhl zu sehen. In präkolumbianischen Zeiten hatte jede Farbe und jedes Symbol, das bei der Herstellung von Kleidung verwendet wurde, eine besondere Bedeutung.

Auch heute noch knien indianische Frauen am Wegesrand oder in ihren Häusern bei der Arbeit mit dem *telar de cintura*, dem traditionellen Gürtel- oder Hüftwebstuhl. Dieses leichte und praktische Arbeitsgerät, auf dem die schmalen Stoffbahnen gewebt werden, wird von den Frauen mit ihrem eigenen Körpergewicht gespannt. Sie benutzen es ein Leben lang, manchmal wird es sogar mit in das Grab gelegt. Mit dem *telar de cintura* stellen die Frauen ihre ausdrucksstarken Blusen *(huipiles)* her. Die Männer hingegen produzieren auf dem *telar de pie*, dem Trittwebstuhl, vorwiegend Röcke und Meterware.

Eine Tzutujil-Indígena aus Santiago Atitlán mit traditionellem Kopfschmuck ziert die 25-Centavo-Münze

Auf der Webseite www.artemaya.com bekommt man weitere Informationen zum Thema Trachten und kann sich einige von ihnen auf Fotos anschauen.

Die Tracht der Frauen

Die beiden wichtigsten Kleidungsstücke der indianischen Frau sind der meist knöchellange Rock *(corte)* und die Bluse *(huipil)*. Der eher unscheinbare **Rock** besteht aus mehreren Stoffbahnen, dabei liegt der kürzere *envuelto* eng an, während der längere *plegado* einem Faltenrock ähnelt. Ein dünner Wollgürtel *(faja)* hält den *corte* zusammen. Das Prunkstück der Tracht ist allerdings der *huipil*. Sein Name stammt aus der Aztekensprache – dem *nahuatl* – und bedeutet „meine Bedeckung". Je nach Klimazone wird die **Bluse** aus dickerer oder dünnerer Baumwolle gewebt, in den Rock gesteckt oder daüber getragen. Sie besteht aus zwei oder drei kunstvoll zusammengenähten Stoffbahnen mit einer Öffnung für Kopf und Arme. Je nach Qualität und Aufwand dauert die Herstellung eines *huipil* mehrere Monate. Er hat sich inzwischen zu einem beliebten Sammel- und Kaufobjekt entwickelt. Wenn Frauen auf das Feld oder den Markt gehen, tragen sie ihre *huipiles* oftmals umgekehrt, um sie so vor Sonne, Schmutz oder sogar vor lästigen Kaufangeboten zu schützen.

Frauen aus San Antonio Aguas Calientes bei Antigua können sich diese Mühe sparen: Ihre *huipiles* sind auf beiden Seiten gleichwertig gewebt. Nur an Festtagen tragen Frauen ihre besten und schönsten *huipiles*.

Ergänzt werden Rock und Bluse durch eine Reihe nützlicher und modischer Accessoires. Besonders auffällig ist der **Kopfschmuck**, für den in manchen Regionen ein buntes Band *(cinta)* in die Haare geflochten wird. Nur in Santiago Atitlán wickeln sich die Frauen ein ca. 14 m langes rotes Band *(tocoyal)* um den Kopf, das geradezu den Eindruck eines Heiligenscheins erweckt.

In allen übrigen Gegenden benutzen die Frauen ein gewebtes Tuch als Kopfbedeckung, die *tzute* genannt wird. *Perrajes* hingegen sind größere **Tücher**, die Frauen als Babytragetuch *(reboso)* oder zum Einwickeln von Marktwaren *(servilleta)* verwenden. Als **Schuhwerk** haben sich in allen Regionen einfache, billige Plastiksandalen durchgesetzt. Eine Ausnahme macht hier Quetzaltenango, wo indianische Frauen sich auch schon mal in hochhackigen Pumps zeigen. Modeschmuck in allen Variationen oder Ketten aus alten Münzen gehören bei den meisten indianischen Frauen wie selbstverständlich zur Tracht.

Die Tracht der Männer

In einigen traditionell geprägten Gegenden rund um den Atitlán-See, in den Cuchumatanes-Bergen oder in Chichicastenango hat die Kleidung der Männer den Ansturm fremder Kulturen bisher überstanden. In der Regel tragen Indígena-Männer bunte **Hosen** *(pantalones)* in unterschiedlichen Längen. Beliebt sind Hosen, die knapp unterhalb des Knies abschließen. Die dunkle Überhose der Männer aus Todos Santos, die zu handgewebten roten Hosen getragen wird, spielt wahrscheinlich auf den vorspanischen Lendenschurz *maxtlatl* an. Ein dunkler Wollrock *(rodillera)* wird manchmal auch ohne Hose getragen. Früher hielten oftmals dünne Schlingpflanzen *(bejucos)* die Hosen zusammen. Heute benutzt Mann hierfür Baumwoll- oder Ledergürtel *(cinchos)* sowie verzierte **Schärpen** *(bandas)*.

Die einfachen, maschinell hergestellten **Hemden** der Männer *(camisas)* kommen mit oder ohne Kragen. In einigen Regionen wie Nahualá, San Antonio Palopó oder Todos Santos haben sie ein buntes Streifenmuster. In Sololá hingegen zeigen sich die Männer in kurzen, verzierten **Jacken** *(chaquetas)*, die dem Schnitt spanischer Offiziersjacken nachempfunden sind. Um sich vor der Kälte zu schützen, tragen die Männer in den Höhenlagen des Altiplanos einen *capixay,* einen braunen **Umhang** aus Schafswolle.

Die traditionelle **Kopfbedeckung**, der *tzute,* wird fast ausschließlich bei zeremoniellen Veranstaltungen getragen. Das viereckige Tuch wird dabei diagonal gefaltet und auf dem Kopf im Nacken geknotet. Im Alltagsleben benutzen die meisten Indígena-Männer einen Strohhut. Sehr gebräuchlich sind grobe **Ledersandalen** *(caites)*. Sie werden inzwischen auch aus Reifenresten hergestellt. Kein Mann verlässt sein Haus ohne den breiten ledernen **Stirngurt** *(mecapal),* mit dem schwere Lasten aller Art getragen werden. Was bei den Touristen der Tagesrucksack ist, ist bei den indianischen Männer der *morral,* eine von ihnen selbst gestrickte wollene **Umhängetasche**. Zur Feldarbeit geht ein Mann nie ohne Hacke *(azadón)* und Machete.

Muster

Muster aus längst vergangenen Epochen enthalten oftmals Symbole, die Götter, Tiere oder Naturabbildungen darstellen. Häufig sind Sonne und Mond sowie die gefiederte Gottschlange *(Kukulcán, Quetzalcoatl)* zu sehen. Der doppelköpfige Adler, den manche Frauen weben, existierte bereits vor der Ankunft der Spanier und bringt die dualistische Weltanschauung der Maya zum Ausdruck. Andere Muster zeigen u.a. die Ceiba – den heiligen Baum der Maya –, die vier Himmelsrichtungen, keimenden Mais, Blitze, oder den Maya-Kosmos. Die beliebtesten Tierdarstellungen sind Truthahn, Kolibri, Hirsch, Reptil, Affe, Pfau, Jaguar, Fledermaus, Skorpion und Hahn.

Farben

Die Farben der Trachten sind von großer Bedeutung. Leider werden heutzutage fast nur noch synthetische Farbstoffe verwendet. Die dabei benutzten Chemikalien, die auch aus deutscher Produktion stammen, sind teilweise giftig, was schon zu Einfuhrstopps indianischer Webererzeugnisse in die Europäische Union führte. Derzeit versucht die EU zusammen mit dem Wirtschaftsministerium und einheimischen Organisationen die Herstellung natürlicher Farbstoffe zu fördern. Diese haben eine lange Tradition in Guatemala, die bis in präkolumbianische Zeiten zurückreicht. In der Kolonialzeit zählten die Farbstoffe Indigo und Cochenille zum wichtigsten Exportprodukt des Landes.

Nachfolgend eine kurze Aufstellung natürlicher Farbstoffe mit ihrer symbolischen Bedeutung für die Maya sowie einem Hinweis zu ihrem Ursprung:

Rot	Blut	Cochenille-Laus
Gelb	Mais	Eukalyptus
Schwarz	Krieg	Campecheholz
Blau	Opfer	Indigo
Grün	Herrscher	Arrayán-Baum

Darüber hinaus gibt es viele Pflanzen in Guatemala, deren Nutzung als Farbstoff weniger bekannt ist. Beispiele hierfür sind: Avocado und Eichel (kaffeebraun), Guave (hellbraun), Holunder (dunkelviolett), Kokosnuss (rötlich braun), Kurkumawurzel (rot) und Tamarinde (gelb).

Ladino-Kultur

Koloniale und postkoloniale Architektur

Nach der Eroberung Guatemalas durch die Spanier entfaltete sich im 17. und 18. Jahrhundert vor allem in der damaligen Hauptstadt, dem heutigen Antigua, eine rege Bautätigkeit. Die koloniale Architektur dieser Epoche war von den Stilarten spanischer Prunkbauten geprägt, entwickelte aber ortsspezifische Besonderheiten. So finden sich an vielen Gebäuden Spuren der Renaissance-Architektur und des maurisch-arabischen Mudéjar-Stils. Letzteren erkennt man an der strengen Geometrie seiner Ornamente, den verzierten Bogengängen und den Hexagonalfenstern. Im 18. Jahrhundert setzte sich die barocke Bauweise zunehmend durch – der Churriguerismus, benannt nach seinem Erfinder, dem spanischen Bildhauer José Churriguera (1650–1723), drückte mit seinen üppigen Ornamenten und seinen gewundenen Säulen den Gebäuden seinen unverwechselbaren Stempel auf.

In dieser Zeit entwickelte sich auch der „Erdbebenbarock": Um sich vor den ständigen Erschütterungen zu schützen, wurden Paläste, Kirchen und Konvente mit dicken Wänden und kompakten Säulen gebaut. Mit der Unabhängigkeit von Spanien wurde dann das barocke Zeitalter begraben, und fortan dominierte der Neoklassizismus. Er erreichte zu Beginn des 20. Jahrhunderts in Quetzaltenango und Guatemala-Stadt seine schönsten Ausprägungen: Prächtige öffentliche Gebäude und Theater entstanden in Anlehnung an europäische Bauwerke aus jener Zeit.

Miguel Ángel Asturias (1899–1974)

Politisch und schriftstellerisch aktiv wurde Miguel Ángel Asturias in seinen frühen Studienjahren. Er beteiligte sich am Widerstand gegen den verhassten Diktator Cabrera, der Asturias Vater samt Familie für mehrere Jahre aufs Land verbannt hatte. In den 20er Jahren zog Asturias nach Paris, um an der Pariser Sorbonne Ethnologie zu studieren. Das politische Klima in Guatemala war für ihn zu gefährlich geworden. Internationales Aufsehen erregte er erstmals 1930 mit einem seiner frühen Werke, den *Leyendas de Guatemala (Legenden aus Guatemala)*. Die Diktatur unter Cabrera verarbeitete er in seinem Werk *El Señor Presidente (Der Herr Präsident)* aus dem Jahr 1946. In seinem 1949 erschienenen Roman *Hombres de Maíz (Die Maismänner)* setzte er den „magischen Realismus" am eindrucksvollsten um: Auf mystisch-verschlungene Weise erzählt er in methaphernreichen Bildern vom Kampf zwischen Stark und Schwach, zwischen mächtigen Landbesitzern und einfachen Maisbauern.

Bestürzt von der gewaltsamen Beendigung der zehnjährigen demokratischen Phase in Guatemala, verließ Asturias 1954 das Land und zog nach Europa, wo er für zwölf Jahre im Exil in Frankreich und Italien lebte. Die Erlebnisse des Umsturzes und die dunklen Machenschaften der United Fruit Company thematisierte er in den Werken *Weekend en Guatemala (Weekend in Guatemala;* 1957) und der Trilogie *Viento fuerte (Sturm;* 1950), *El papa verde (Der grüne Papst;* 1954) und *Los ojos de los enterrados (Die Augen der Begrabenen;* 1960).

1966 erhielt Asturias den Lenin-Preis und ein Jahr später den Literaturnobelpreis. Seine Tätigkeit in diesem Zeitraum als Botschafter Guatemalas in Paris unter der Zivilregierung Méndez Montenegro brachte ihm unter seinen Landsleuten Kritik ein, da dem Regime Menschenrechtsverletzungen zur Last gelegt wurden. Nach vier Jahren trat Asturias daher von seinem Amt als Botschafter zurück.

In den letzten Jahren vor seinem Tod veröffentlichte Asturias weitere Werke, darunter *Mulata de tal (Eine gewisse Mulattin;* 1963), *El espejo de Lida Sal (Lida Sals Spiegel;* 1967) und *Malandrón (Der böse Schächer;* 1969). Diese Bücher erreichten jedoch nicht den Bekanntheitsgrad seiner früheren Werke. Miguel Ángel Asturias starb am 9. Juni 1974 in Madrid an Krebs und wurde in Paris begraben. Zu Ehren des Künstlers weihte die guatemaltekische Regierung im März 2000 eine Statue auf der Avenida La Reforma (Ecke 14. Calle) der Hauptstadt ein.

Heutzutage steht Funktionalität vor Optik. Eine pragmatische Bauweise, die Schutz vor Erdbeben bietet, und knappe Budgets lassen bei öffentlichen Gebäuden wenig Spielraum für künstlerische Kreativität.

Guatemaltekische Literatur

Die Geschichte der guatemaltekischen Literatur reicht bis in vorspanische Zeiten zurück. Leider fielen die meisten Schriftstücke der Zerstörungswut der spanischen Eroberer zum Opfer. Nur drei Dokumente – *Codices* genannt – blieben erhalten (s. S. 129). Sie gewähren uns heute interessante Einblicke in die astronomischen Berechnungen und das Kalendersystem der klassischen Maya. Erst Ende des 17. Jahrhunderts entdeckte der Dominikaner Francisco Ximénez (1666–1729) in Chichicastenango das ***Popol Vuh***, das heilige Buch der Quiché-Maya. Das dreiteilige „Buch des Rates" berichtet von der Erschaffung der Welt, dem Kampf des göttlichen Zwillingspaares Hunahpú und Ixbalanque gegen die Mächte der Finsternis sowie von der Geschichte des Quichéstammes. Ximénez, der drei Maya-Sprachen beherrschte, übersetzte das Werk und veröffentlichte im Laufe der Jahre weitere kulturhistorische Arbeiten.

Die Geschichte der Kolonialepoche wurde von zahlreichen Chronisten dokumentiert. Zu den bedeutendsten ihrer Zeit gehörten neben Ximénez die Spanier **Bernal Díaz del Castillo** (ca. 1496–1584; bekanntestes Werk: *La verdadera y notable relación de la Nueva España y Guatemala*) und **Francisco Antonio de Fuentes y Guzmán** (1643–1700; bekanntestes Werk: *Recordación Florida*). Der bekannteste guatemaltekische Dichter ist **Rafael Landívar** (1731–1793). Der Jesuit veröffentlichte sein Meisterwerk *Rusticatio Mexicana* 1781. Darin preist er die Landschaften Guatemalas und Mexikos.

Nach der Unabhängigkeit von Spanien und der darauffolgenden Machtpolarisierung zwischen Konservativen und Republikanern war der Inhalt von Büchern, Schriftstücken und Dokumenten zunehmend politischer Natur. In dieser Zeit machte sich der Philologe und Grammatikexperte **Antonio José de Irisarri** (1786–1868) mit seinen schriftlichen Attacken gegen die Anhänger der Aufklärung einen Namen. Die Figur des Juan Chapín, des typischen Guatemalteken, charakterisierte der Literat und Historiker **José Milla y Vidaurre** (1822–1882) auf unnachahmliche Weise in seinem Werk *Un viaje al otro mundo*. Er starb während der Arbeit an einer geschichtlichen Enzyklopädie Zentralamerikas.

Die zweite Hälfte des 19. Jahrhunderts war von neuen, weltoffenen Ideen und intellektuellen Strömungen bestimmt, in denen sich die lateinamerikanische Literatur erneuerte und eine Epoche einleitete, die *modernismo* genannt wurde. Einer der Begründer dieser Bewegung war der Autor **Enrique Gómez Carrillo** (1873–1927). Ihm folgten **Augusto Monterroso** (geboren 1921), **Rafael Arévalo Martínez** (1884–1975) und nicht zuletzt der Träger des Literaturnobelpreises **Miguel Ángel Asturias** (1899–1974). Asturias thematisiert in seinen Werken unter anderem die Konflikte zwischen indianischen und europäischen Kulturen und setzte sich mit der Unterdrückung und dem Terror der einheimischen Diktaturen auseinander (s.S. 123, Kasten). Sein bevorzugtes Stilmittel, der *realismo mágico*, vermischt Fantasie und Wirklichkeit. Als Vertreter der kreolischen Novelle wurde der Professor und spätere Botschafter **Flavio Herrera** (1895–1868) bekannt.

Die Hochkultur der Maya

Schon weit über 1500 Jahre vor der Ankunft der spanischen Eroberer in Mittelamerika entwickelte sich dort die einzigartige Hochkultur der Maya. Ihre Erschaffer waren nicht nur in der Lage, monumentale Bauwerke und großartige Kunstwerke hervorzubringen, sondern verblüffen die Experten bis heute auch mit hochentwickelten wissenschaftlichen Standards in den Bereichen Astronomie und Mathematik. Sie erfanden die Null und schufen ein kompliziertes Kalendersystem, das an Präzision kaum zu überbieten ist. Ihre Geschichte hinterließen die Maya der Nachwelt in Form eines komplexen, in Stein gemeißelten Schriftsystems. Bei dem Versuch, die Maya von heute zu verstehen, ist ein Blick auf die Kultur ihrer Vorfahren unerlässlich (zur Geschichte der Maya s.S. 78).

Ballspiel

Das Ballspiel der Maya ist bis heute voller Rätsel geblieben. Obwohl Archäologen hunderte von Ballspielplätzen entdeckt und Spieldarstellungen auf bemalter Keramik gefunden haben, wissen wir immer noch wenig über den genauen Verlauf des Spiels. So wie die Größe der Plätze variierten scheinbar auch Regeln und Spielweise von Region zu Region.

Das Ballspiel diente weniger sportlichen Zwecken, sondern war vielmehr ritueller Natur. Es symbolisierte den ewigen Kampf des Lebens gegen den Tod sowie des Lichts gegen die Dunkelheit. Der schwere Kautschukball stellte dabei den Lauf der Sonne dar. Er durfte nach heutigen Erkenntnissen den Boden nicht berühren und musste von den mit Leder- oder Holzschutz gepanzerten Spielern mit dem Knie, der Schulter, dem Ellbogen oder der Hüfte in der Luft gehalten werden. Zudem befanden sich auf dem seitlich von Mauern begrenzten Spielfeld Steine oder Ringe zur Treffermarkierung.

Bei besonderen Anlässen, z.B. nach einem erfolgreichen Kriegszug, wurde um Menschenleben gespielt. Eine Theorie besagt, dass die Führer der Besiegten durch ein gewonnenes Ballspiel vorübergehend ihre Freiheit wiedererlangen konnten. Verloren sie dagegen, wurden sie sofort getötet.

Das Popol Vuh, das heilige Buch der Quiché-Maya, berichtet von den mystischen Hintergründen des Ballspiels: Erzählt wird von den Zwillingsbrüdern Huhnapú und Ixbalanque, zwei listigen Ballspielern, die nach vielen bestandenen Proben die bösen Mächte der Finsternis besiegen.

Gesellschaft

Während steinerne Monumente Zeugnis von der Größe und der Macht der herrschenden Eliten ablegen, ist vom Leben des einfachen Mannes vor der spanischen Eroberung wenig bekannt. Deswegen haben Archäologen begonnen, auch kleinere Wohnkomplexe abseits der großen Zentren zu untersuchen. Diese bestanden meist aus einfachen Lehm-/Holzkonstruktionen mit Palmdächern, von denen heute so gut wie nichts übrig geblieben ist. An solchen Stellen fand man Überreste von Haushaltsutensilien, Keramik, Werkzeug, landwirtschaftlichem Arbeitsgerät und Knochen. Die unterste Hierarchie der Maya war in Familienverbänden organisiert. Diese lebten überwiegend von der Landwirtschaft, sie jagten aber auch und sammelten Früchte und Nüsse. Der Großteil des Landes befand sich in gemeinschaftlichem Besitz und wurde von kleineren Gruppen gemeinsam bestellt. Teile der so erzeugten Nahrung wurden an die Oberschicht als eine Art Steuer abgegeben. Gelegentlich spezialisierten sich Familien auf die Herstellung von Kunsthandwerk oder auf Handel. Ihre Toten bestatteten sie im Allgemeinen unter ihren Häusern. Die einfachen Bauern dienten darüber hinaus als Arbeitskräfte: Sie errichteten und unterhielten größere Tempelanlagen.

Mit der Entwicklung immer gewaltigerer Stadtanlagen wuchs auch die Zahl der Handwerker, Bürokraten, Architekten, Händler und Krieger. Diese formten eine solide Mittelschicht, die in geringer Entfernung des Stadtzentrums angesiedelt war. Die Reicheren von ihnen besaßen Steinhäuser und hatten direkten Kontakt zur Oberschicht.

An der Spitze der gesellschaftlichen Pyramide befand sich während der klassischen Phase ein König oder Fürst. Dieser leitete seinen Regierungsanspruch aus der Zugehörigkeit zur herrschenden Dynastie ab. Die Macht wurde kontrolliert, indem der Thron vom Vater an den Sohn vererbt wurde.

Im Umfeld des Königs, der auch gleichzeitig die Position des höchsten Priesters innehatte, befand sich die adlige Familie. Sie wohnte in palastartigen Steingebäuden mit allen Annehmlichkeiten im Stadtzentrum, in der Nähe der Zeremonialplätze.

Als Gegenleistung für die erbrachten Tributleistungen seiner Untertanen kümmerte sich der Herrscher um deren Wohlergehen: Nur er und die Priesterkaste waren in der Lage, mit den Göttern in Kontakt zu treten und über Blutrituale die optimale Zeit für Aussaat, Ernte oder Kriege vorherzusagen.

Götter

Obwohl Sprachforscher bis heute einen Großteil aller Hieroglyphen auf Codices, Keramiken, Stelen oder Tempelanlagen entziffern konnten, ist es ihnen nicht gelungen, einen umfassenden Überblick über die komplizierte Götterwelt der Maya zu geben. Ein wissenschaftlicher Vergleich der drei Original-Codices (s.S. 129, Schriftdokumente) brachte dennoch ein interessantes Ergebnis: Die Darstellung von Göttern variiert in allen drei Schriftstücken kaum. Somit scheint das Pantheon der Maya im gesamten Herrschaftsgebiet überwiegend einheitlich gewesen zu sein. Schwierigkeiten bei der Interpretation der einzelnen Gottheiten bereitet die Tatsache, dass sie unterschiedliche Ausprägungen und Charakteristika besitzen. Sie können sowohl alt als auch jung, männlich oder auch weiblich sein; ein Gott kann sogar mehrfach in Erscheinung treten, so verkörpert z.B. ein Gott alle vier Himmelsrichtungen. Experten benutzen zur Identifikation der Götter Buchstaben. Nur in einigen Fällen haben die Wissenschaftler ihnen konkrete Namen zugeordnet. Nachfolgend ein kleiner Überblick:

Gott B: Chac, der Regengott

Seine lange, rüsselartige Nase macht ihn unverwechselbar im Maya-Pantheon. Häufig ist er mit einem Beil in der Hand zu sehen, das Donner und Hagel symbolisiert, denn Chac ist der Gott des Wassers und der Landwirtschaft. Er ist die am häufigsten dargestellte Gottheit der drei Maya-Codices und symbolisiert im Codex Dresdensis die vier Himmelsrichtungen mit unterschiedlichen Farben (Norden = weiß, Süden = gelb, Osten = rot, Westen = schwarz).

Gott D: Itzamná, der Schöpfergott

Sein Name, der so viel wie „Eidechsenhaus" bedeutet, beruht auf der Vorstellung der Maya, dass die Erde (=Haus) auf dem Rücken einer Echse ruht. Itzamná ist an seiner krummen Nase und dem zahnlosen Mund zu erkennen. Itzamná ist der Herr des Himmels und außerdem der Gott der Schreiber.

Gott E: Yum Kaax, der Maisgott

Der immer jung und lebendig dargestellte Gott trägt als herausragendes Merkmal einen Kopfputz in Form eines von Blättern umgebenen Maiskol-

Die Mondgöttin

Der Maisgott

bens. In einigen Darstellungen ist er nur als Maispflanze zu sehen.

Gott A: Ah Puch, der Todesgott

Seine Zuordnung ist eindeutig: Auf seinem Namensglyph ist ein Totenschädel zu erkennen, seine Gestalt besteht nur aus einem Skelett.

Göttin I: Ixchel, die Mondgöttin

Die wandelbare Dame mit den langen, schwarzen Haaren und der großen Brust soll angeblich die Frau von Itzamná gewesen sein. Sie kann in zahlreichen Ausprägungen auftreten: Einmal heilt die junge Mondgöttin Krankheiten, ein anderes Mal ist sie auch Göttin der Webkunst, des Handwerks und der Liebe.

Gott N: Pauahtuns, die Weltenträger

Die Männer mit den runzeligen Gesichtern hatten die Aufgabe, die vier Ecken der Welt zu halten. Ihre mit Muschelbrustschmuck behangenen Körper scheinen oftmals aus einer Riesenmuschel oder einem Schildkrötenpanzer hervor.

Kalendersystem

Ihre gute Kenntnis der Arithmetik und Astronomie versetzte die Maya in die Lage, ein Kalendersystem zu entwickeln, das an Genauigkeit seinesgleichen sucht. Besessen davon, die Zeit zu dominieren und den lebendigen Kosmos zu verstehen, schufen sie ein komplexes System der Zeitmessung. Doch das Wissen besaß nur eine kleine Oberschicht, die deswegen Macht und Autorität genoss. Der Zeitpunkt für Ernte, Krieg oder das Errichten von Stelen wurde anhand der Kalenderberechnungen festgelegt – nach dem Motto: Wer die Zeit kontrolliert, beherrscht seine Mitmenschen. Gottheiten symbolisierten die einzelnen Zahlen. Mythologie, Religion und Weltbild der Maya ergeben ein Geflecht, das zusammen mit praktischen Fragen – z.B. die Landwirtschaft betreffend – untrennbar mit drei Kalendern verwoben ist.

Im Gegensatz zu unserem Dezimalsystem beruht die Zählweise der Maya auf der Zahl 20 und ihren Vielfachen. Während wir in Dekaden und Jahrhunderten rechnen, taten die Maya dies in 20-Jahres-Zyklen, die sie *katun* nannten, und in 400-Jahre-Zyklen (20 x 20), die sie *baktun* nannten. Die nächsthöheren Einheiten hießen *pictun* (8000 Jahre), *calabactun* (160 000 Jahre) und *kinchiltun* (3,2 Mio. Jahre). Die Grundeinheit – ein Tag – wurde *kin,* ein 20-tägiger Monat *uinal* genannt. Der Ursprung dieses Vigesimalsystems wird in den zehn Fingern und zehn Zehen des menschlichen Körpers gesehen. Die Zahlen wurden dabei mit einer einfachen Strich-Punkt-Anordnung und einem

Symbol für die Zahl Null ausgedrückt. Ein Punkt hat den Stellenwert eins, ein Querbalken stand für die fünf und eine geschlossene Muschel für die Null. Auf diese einfache Art und Weise konnten die Ziffern 0 bis 19 mit drei Zeichen ausgedrückt werden.

Drei in sich verzahnte Kalendersysteme maßen die Zeit: Der Sonnenkalender *Haab,* der Ritualkalender *Tzolkin,* und die so genannte Lange Zählung.

Der Tzolkin

Die wichtigste der drei Zeitmesseinheiten wird auch Ritualkalender oder heiliger Kalender genannt. Er ist eine wichtige Verbindung zwischen spiritueller und materieller Welt und repräsentiert in seiner Länge die Zeit einer menschlichen Schwangerschaft. Mit seiner Hilfe kann der Zeitpunkt für religiöse Zeremonien und Rituale, wie auch für Aussaat und Ernte bestimmt werden. Auch für Prophezeiungen wurde der *Tzolkin* herangezogen. Er basiert auf einer Einteilung in 13 Monate mit je 20 Tagen (= 260 Tage). Jedem der 20 Tage ist dabei eine Gottheit oder ein Tier mit eigenem Symbol zugeordnet, das alle an diesem Tag Geborenen stark beeinflusst. Ein Tag setzt sich also aus der Tageszahl und dem zugehörigen Zeichen zusammen. Der *Tzolkin* beginnt am ersten Tag des ersten Monats mit der Zahl 1 und dem Zeichen *Imix.* Es folgen 2 *Ik,* 3 *Akbal* etc. Nach der Zahl 13, also am 13. Tag, springt der Zyklus wieder auf 1. Da die Anzahl der Symbole größer ist als 13, entspricht das Zeichen für die Zahl 1 nun *Ix,* für die Zahl 2 *Men* etc. Somit wiederholt sich das Anfangsdatum 1 *Imix* erst nach 260 Tagen.

Die Hieroglyphen der zwanzig Tageszeichen sind im *Bericht aus Yucatán (Relación de las cosas de Yucatán)* von Bischof Diego de Landa aus dem Jahr 1566 überliefert.

Der *Tzolkin* ist auch heute noch bei den Indígenas in Guatemala gebräuchlich. An seinem Anfangstag finden im ganzen Hochland Opferzeremonien und Rituale statt, das bekannteste in Momostenango.

Der Haab

Der Sonnenkalender ähnelt unserem Kalendersystem und besteht aus 18 Monaten mit je 20 Tagen. Der letzte Monat – der *uayeb* – hat nur fünf Tage, die allesamt als Unglückstage galten. Da die Maya nur ganze Tage zählten, die endlos aufeinander folgten, machten sie keine Anpassungen an die 365,25 Tage des Sonnenumlaufs. Alle 18 Monate besaßen eigene Namen, die mit der jeweiligen Tageszahl gekoppelt waren. So hieß beispielsweise der achte Tag des dritten Monats 8 *Zip.*

Die Kalenderrunde

Um die Identität der Tage im Ablauf der Zeit unverwechselbar zu machen, verbanden die Maya *Tzolkin* und *Haab.* In der Kombination beider Kalendersysteme dauerte es 52 Jahre, bis sich ein Datum wiederholte. Dieser bedeutsame Zeitabschnitt wurde als Kalenderrunde bezeichnet.

Die Lange Zählung

Mit dieser Erfindung konnten die Maya alle Tage von einem willkürlich festgelegten Datum an fortlaufend zählen. Bei diesem, dem 11. August 3114 v.Chr. (in einigen Berechnungen auch der 13. August) handelt es sich um einen nachträglich gewählten Zeitpunkt, der den mystischen Ursprung und somit den Beginn der Maya symbolisiert. Mit der Einstellung des Zeitpunktes 13.0.0.0.0, der diesem 11. bzw. 13. August 3114 v.Chr. entspricht und auf den *4 Ahau* (aus dem Tzolkin) sowie *8 Cumku* (aus dem Haab) fällt, war der Grundstein für eine ewige Zeitmessung geschaffen.

Der erste Januar des Jahres 2000 (im langen Kalender: 12.19.6.15.0) liest sich anhand der langen Zählung folgendermaßen:

12 Baktun	=	12 x 144 000 Tage	=	1 728 000 Tage
19 Katun	=	19 x 7 200 Tage	=	136 800 Tage
6 Tun	=	6 x 360 Tage	=	2 160 Tage
15 Uinal	=	15 x 20 Tage	=	300 Tage
0 Kin	=	0 x 1 Tag	=	0 Tage

Total: (11.8. 3114 v.Chr. bis 1.1.2000)
= 1 867 260 Tage

Nahrungsgrundlagen

Eine der größten Leistungen der Maya war ihre hoch entwickelte Landwirtschaft. Ohne diese solide Basis zur Erzeugung von Lebensmitteln und Tauschprodukten wäre es ihnen unmöglich gewesen, eine über viele Jahrhunderte stabile Hochkultur zu schaffen. Die unterschiedlichen geografischen Regionen ihres Herrschaftsgebiets, das beinahe eine halbe Mio. km^2 umfasste, zwangen sie zur Entwicklung unterschiedlicher landwirtschaftlicher Technologien. Besonders beeindruckend ist dabei die Urbarmachung der Regenwälder im Norden Guatemalas. In einer Region, die heutzutage bereits mit einer Bevölkerung von einigen hunderttausend Bewohnern auf dem Weg in eine ökologische Katastrophe zu schlittern scheint, ernährten die Maya Millionen von Menschen. Dabei verfügten sie weder über Zugtiere noch über das Rad (obwohl es auf zahlreichen Abbildungen zu sehen ist, offenbar jedoch nur als Spielzeug genutzt wurde). Damals wie heute betrieben die Maya Brandrodung, pflanzten Mais und Bohnen mit dem Grabstock an, und ernteten die Früchte ihrer Arbeit von Hand. In hügeligem Gebiet wurden Terrassenfelder angelegt. Darüber hinaus verfügten die klassischen Maya über ein hoch entwickeltes Kanalsystem in den Sumpfgebieten des Regenwaldes: Sie häuften den fruchtbaren Schlamm zu Hochfeldern an, die periodisch überschwemmt wurden und so bis zu drei Ernten jährlich ermöglichten. Ergänzt wurden die Ernten durch Jagd, Fischfang und das Sammeln von Nüssen und Beeren.

Politische Organisation

Das Maya-Reich unterstand nie einer zentralen Gewalt, sondern war in Dutzende Stadtstaaten zersplittert. Diese waren wiederum von zahlreichen kleineren Orten und Siedlungen umgeben. Im Laufe der Jahrhunderte passten sich die einzelnen Stadtstaaten je nach Einfluss ihrerseits in ein Machtgefüge auf überregionaler Ebene ein. Dabei kontrollierten große Zentren wie Tikal oder Caracol ausgedehnte Gebiete mit allen darin liegenden kleineren Orten. Durch eine Mischung aus sorgfältig auf den Lauf der Gestirne abgestimmten Feldzügen, taktischen Bündnissen und geschickter Heiratspolitik versuchten die Mächtigen, noch mächtiger zu werden. Anhand der Embleme, der Stadtwappen, kann die Bündnis- und Eroberungspolitik verfolgt werden: Die Wappen tauchen regelmäßig auf verschiedensten Inschriften auf. Die Namen kleinerer Städte werden auf Stelen und anderen steinernen Monumenten so gut wie immer im Zusammenhang mit den größeren Stadtstaaten erwähnt. Dies verdeutlicht ihre Abhängigkeit von den großen Zentren.

Religiöse Rituale

In der Mythologie der klassischen Maya spielte das Konzept der Kontinuität eine wichtige Rolle. Dies spiegelt sich ganz besonders im Lebenszyklus des Mais, der großen Metapher des Maya-Lebens, mit seinem regelmäßigen Ablauf von Aussaat und Ernte (Tod und Wiedergeburt). Zwischen Menschen und Göttern besteht eine gegenseitige Abhängigkeit, ebenso wie zwischen Mais und Menschen. Wie der Mais den Menschen zu seiner Verbreitung benötigt, so brauchen die Menschen das Wohlwollen der Götter zum Leben. Um sie gnädig zu stimmen, bedurfte es der Blutopfer. Diese bestanden aus dem Kostbarsten, was ein Mensch zu geben vermag – Blut. Dabei handelte es sich seltener um das Blut von Gefangenen, als vielmehr um königliches Blut. Dazu zapfte sich der Herrscher den roten Saft aus Zunge oder Penis ab, um mit der Geisterwelt Kontakt aufzunehmen. Das Blutopfer ermöglichte die Kommunikation mit Verstorbenen und Göttern.

An den Grundelementen der Maya-Rituale hat sich bis heute wenig geändert. Im Rahmen des *Tzolkin*, des rituellen 260-Tage-Kalenders, werden noch immer Opfer gebracht und alte Gottheiten um Fruchtbarkeit und gute Ernten gebeten. Wenn sich die Menschen dabei auch nicht selber zur Ader lassen, so fließt doch reichlich Hahnenblut, welches dann im Feuer verbrannt wird.

Schrift

Lange Zeit bissen sich die Forscher die Zähne an den Hieroglyphen der Maya aus. Noch 1950 schrieb der anerkannte Maya-Forscher J. Eric Thompson, er sei sicher, dass es sich bei den Inschriften auf den Stelen um eine religiös-fanatische Verehrung der Zeit handle. Im Vergleich zur immensen Ausdehnung der zeitlichen Dimension seien menschliche Details wie Heirat oder Krieg völlig unbedeutend.

Thompson irrte. Schon zwei Jahre später fand der russische Forscher Yuri Knorozov heraus, dass es sich bei den Zeichen um eine Wort-Silbenschrift handelte. Seine Theorie wurde erst Jahrzehnte später anerkannt; selbst Tatiana Proskouriakoff, eine russisch-amerikanische Maya-Expertin, glaubte zunächst nicht an Knorozovs Entschlüsselungstheorie. Ohne die Schriftzeichen lesen zu können, hatte sie 1960 an den Stelen von Piedras Negras durch vergleichende Datenanalyse den Beweis erbracht, dass es sich bei den Inschriften um die Daten der dort lebenden Herrscher handelte. Mit ihrer Entdeckung wurden aus den Maya Menschen aus Fleisch und Blut.

Inzwischen hat die Epigraphie enorme Fortschritte gemacht. Einen Großteil aller Maya-Texte können die Wissenschaftler mittlerweile entschlüsseln, d.h. sie verstehen ihre Bedeutung, obwohl sie die Zeichen nicht immer lesen können.

Das gesamte Schriftsystem besteht aus einzelnen Silbenzeichen, Wortzeichen (Logogrammen) oder einer Kombination aus beiden. Insgesamt haben Experten bis heute rund 800 verschiedene Zeichen identifiziert, von denen aber nur rund 200 bis 300 im ständigen Gebrauch waren. Bei den übrigen handelt es sich zum Teil um archaische Herrschernamen, die nur einmalig benutzt wurden.

Die Schriftzeichen, auch Glyphen genannt, wurden von den Maya in quadratischen Feldern angeordnet. Ein Feld kann dabei mehrere Wörter oder Silben enthalten. Um Platz zu sparen, bestehen die Texte oftmals nicht aus ausformulierten Sätzen, sondern aus einer Aneinanderreihung wichtiger Stichworte. Die Lesart erfolgt zunächst paarweise von links nach rechts und dann senkrecht. Auf Stelen beginnen die Texte in aller Regel mit einem Einführungsglyph, auf den die Datumsangabe und der eigentliche Text folgen.

Auf vielen Darstellungen sind Emblem- bzw. Wappenglyphen zu sehen, die Aufschluss geben über die Zugehörigkeit des jeweiligen Herrschers zu einer bestimmten Dynastie.

Inschriften findet man nicht nur auf Stelen oder in Codices, sondern auch auf Altären, Treppen, Holzbalken, Jade, Knochen, Muschelschalen oder Obsidian. Der Textinhalt bezieht sich fast ausschließlich auf geschichtliche Ereignisse, die die herrschende Elite betreffen, wie Geburt, Taufe, Tod, Ehe, Inthronisation, Krieg o.Ä. Obgleich das Schriftsystem der Maya seinen Herrschern überwiegend zur Selbstdarstellung diente, bleibt die Tatsache, dass es sich hierbei um die am höchsten entwickelte Schriftkultur ganz Amerikas handelt.

Schriftdokumente

Zum Zeitpunkt der spanischen Eroberung besaßen die Tiefland-Maya eine Vielzahl von Schriftdokumenten. So gut wie alle fielen im Jahr 1562 der Zerstörungswut des religiösen Eiferers Bischof Diego de Landa zum Opfer, der Unmengen von wertvollen Bildern und die wertvollen Manuskripte verbrennen ließ. Paradoxerweise war es aber wiederum Landa, der Jahre später in seinem *Bericht aus Yucatan* unter anderem detaillierte Aufzeichnungen über das Maya-Alphabet machte, die als der Grundstein für die spätere Entschlüsselung der Hieroglyphen angesehen werden. Nur drei, Codices genannte Kopien älterer Originaltexte blieben von Landa verschont und der Nachwelt bis heute erhalten. Es handelt sich bei ihnen um den **Codex Dresdensis** (Sächsische Landesbibliothek, Dresden), den **Codex Peresianus** (Bibliotèque Nationale, Paris) und den **Codex Tro-Cortesianus** (Museo de América, Madrid). Sie wurden aus den Fasern der Rinde des Amatebaumes – einer Feigenart – hergestellt. Darüber zog man eine dünne Kalkschicht. Die rund 20 cm hohen und mehrere Meter langen Streifen, die man faltete, wurden beidseitig z.T. mehrfarbig bemalt und beschrieben. Der Inhalt der drei Codices beschäftigt sich mit religiösen und astronomischen Fragen und enthält u.a. Listen von Glücks- und Unglückstagen oder Tabellen zur Kalenderberechnung.

Für die Archäologen und Sprachforscher hilfreich sind auch die mit Texten versehenen Wandmalereien oder Keramiken. Alle weiteren überlieferten Texte stammen aus der Kolonialzeit. Sie wurden in spanischer oder lateinischer Sprache abgefasst und sind für ein Verständnis der vorspanischen Maya-Welt nur bedingt tauglich.

Weltbild

Für die klassischen Maya bestand die Welt aus drei Elementen: dem Himmel mit seinen 13 Ebenen, der Unterwelt, *xibalba* genannt, mit ihren neun Ebenen und der Erde dazwischen, eine quadratische Fläche, die sich an den vier Himmelsrichtungen orientierte. Sie schwamm auf dem Urmeer und wird in Abbildungen oftmals durch den Rücken eines Kaimans oder einer Schildkröte dargestellt. Die zentrale Weltenachse, die durch die Ceiba, den heiligen Baum der Maya, symbolisiert wird, verband alle drei Ebenen. Das Leben der Erde drehte sich um den Lauf der Sonne auf ihrem täglichen Weg von Ost nach West. Jeder Himmelsrichtung war ein eigener Baum, ein Vogel, eine Farbe oder ein Gott mit speziellen Ritualen zugeordnet. In der Vorstellung der Maya gehört dem Osten der Platz ganz oben auf allen Karten – nicht dem Norden.

Die christliche Kirche

Obwohl Guatemala offiziell als katholisches Land gilt, hat sich das Bild in den letzten Jahrzehnten stark zugunsten evangelischer Religionsgemeinschaften (Anteil: ca. 35–40%) verändert. Früher waren rund 95% der Guatemalteken katholisch, heute sind es gerade noch 60%. Die Renaissance des traditionellen Maya-Glaubens hat das religiöse Spektrum zusätzlich erweitert.

Katholizismus

Jahrhunderte lang dominierte die mächtige römisch-katholische Kirche das Land, diente den spanischen Eroberern als Rechtfertigung für die größtenteils gewaltsame Bekehrung der Einheimischen und bereicherte sich selbst an den Schätzen der Neuen Welt. Die Lage änderte sich 1871, als der Kirchenbesitz unter der liberalen Regierung von Präsident Barrios enteignet, das Erziehungswesen säkularisiert und evangelische Missionare in das Land gelassen wurden. Erst in den 30er und 40er Jahren gelang der Kirche ein Comeback. *Acción Católica* (katholische Aktion) nannte sich der Versuch der katholischen Kirche, die Maya-Bevölkerung mit Hilfe sozialer Projekte wie Schulen und Trinkwasser zu orthodoxen Katholiken zu machen.

In den 50er Jahren vertrat die Kirche einen deutlich antikommunistischen Standpunkt. Diesen sollten die vorwiegend ausländischen Priester und Missionare auf dem Land verbreiten. Vom Elend und der großen Armut betroffen, änderte sich jedoch die Sichtweise der klerikalen Basis in den 60er und 70er Jahren. Die Priester unterstützten nun Bauernbewegungen und engagierten sich mehr für Entwicklungsprojekte als für die Bekehrung ihrer Schäfchen. Da sich der bewaffnete Konflikt verstärkte, hatte ihr Einsatz für die überwiegend indianische Landbevölkerung ernste Konsequenzen. Das Militär ermordete viele Priester, andere wurden ausgewiesen oder flohen vor der Gewalt ins Ausland. Nach dem schweren Erdbeben von 1976 solidarisierte sich die katholische Kirche in einer gemeinsamen Erklärung ihrer Bischöfe mit der Zivilbevölkerung. Die Absicht der Kirche, das Massenelend gewaltfrei zu beseitigen, stieß bei Regierung, Militär und Großgrundbesitzern auf Widerstand, und so nahmen Repressalien gegen Angehörige des Klerus zu. Selbst hochrangige Kirchenmänner wie **Juan Gerardi**, Bischof der Provinz Quiché, flüchteten ins Exil. Unter seiner Mitarbeit gründete sich 1980 in Costa Rica die Guatemaltekische Kirche im Exil. Das Schlagwort von der „Befreiungstheologie“ machte in katholischen Kirchenkreisen die Runde. Im Kern umschrieb der Begriff die Notwendigkeit, das Bewusstsein der Armen zu wecken und die Landbevölkerung zu ermutigen, sich gegen unterdrückerische Strukturen zu wehren und zu organisieren. Die Märtyrer der Bewegung – allein in Guatemala neun Priester zwischen 1980 und 1981 und viele hundert Zivilisten – schienen die Position der Kirche zu stärken. Doch in den am stärksten umkämpften Gebieten war es lebensgefährlich, sich als Katholik zu demaskieren. Die Folge: Einige Bauern schlossen sich aus Sicherheitsgründen einer evangelischen Religionsgemeinschaft an.

1983 wurde der progressiv eingestellte **Próspero Penados del Barrio** zum Erzbischof ernannt. Er machte 1988 mit seinem Hirtenbrief *Clamor por la tierra* (Schrei nach Land) von sich reden. Darin prangerte er die ungerechte Landverteilung als Hauptursache für die sozialen Probleme des Landes an. Penados Forderung nach einem Schutz von Bauernorganisationen und einer Landreform brachten ihm heftige Kritik seitens der Oligarchie und diverse Morddrohungen ein. Die soziale Überzeugung der katholischen Kirche Guatemalas zeigte sich auch in den 90er Jahren: Das Büro des Erzbischofs diente in dieser Zeit als wichtige Anlaufstelle für Menschenrechtler. Auch die katholische Bischofskonferenz war ein wichtiger Motor der Friedensverhandlungen und setzte sich für die Rückkehr der Flüchtlinge ein. Im selben Zeitraum akzeptierte die Kirche verstärkt die religiösen Praktiken der Maya, die Jahrhunderte lang als heidnisch und blasphemisch abgetan worden waren.

Der katholische Klerus in Guatemala wird zahlenmäßig von Ausländern dominiert, aber immer mehr Indígenas nehmen heutzutage an den Priesterseminaren teil. Viele von ihnen verstehen ihren eigenen Glauben als komplementär zur katholischen Religion.

Selbst nach dem Friedenschluss im Jahr 1996 konnte der Einsatz für die Menschenrechte in Guatemala tödliche Folgen haben. Diesmal traf es mit dem bereits erwähnten Weihbischof Juan Gerardi einen hohen katholischen Würdenträger. Der

75-jährige wurde am 26. April 1998 in seiner Wohnung brutal ermordet. Zwei Tage zuvor hatte Gerardi den Bericht *Guatemala: Nie wieder!* in der Kathedrale von Guatemala-Stadt öffentlich vorgestellt. In dem über 1000-seitigen Dokument im Rahmen des Projekts zur „Wiedererlangung des historischen Gedächtnisses" (REMHI) sind Zeugenaussagen zu mehr als 55 000 Bürgerkriegsverbrechen gesammelt. Sie werden in ihrer Mehrheit den Streitkräften zur Last gelegt. Obwohl viele Indizien dafür sprechen, dass die Täter aus Militärkreisen stammen, konnten die Drahtzieher des Verbrechens bislang nicht ermittelt werden. Im März wurden drei Militärs und der Priester Mario Orantes zu je 20 Jahren Freiheitsstrafe ohne Bewährung verurteilt. Damit gelten die drei Militärs, die ursprünglich als Mittäter angeklagt waren, nun nur noch als Komplizen.

Evangelische Religionsgemeinschaften

Rhythmisches Klatschen, das von einer dröhnenden Stimme unterbrochen wird; Gesänge, die sich hypnotisch wiederholen, und Menschen, die wie entrückt den Worten ihres Predigers lauschen – das ist das typische Abendprogramm einer evangelischen Kirche im Hochland von Guatemala. Mehr als ein Drittel der Bevölkerung singt, betet und frohlockt inzwischen in einer evangelischen Religionsgemeinschaft – in keinem anderen Land Lateinamerikas haben Presbyterianer, Nazarener, Pfingstkirchler, Methodisten und Lutheraner mehr Anhänger als in Guatemala. In einigen Regionen, z.B. am Atitlán-See, streitet ein gutes Dutzend protestantischer Kirchen pro Dorf lautstark um die Gunst der Gläubigen. Aber auch in der betuchten Mittel- und Oberschicht finden sie reichlich Zuspruch.

Bis in die 50er Jahre des 20. Jahrhunderts traten evangelische Religionsgemeinschaften aus den USA in Guatemala kaum in Erscheinung. Erst mit der Schwächung der katholischen Kirche, verursacht durch die politische Verfolgung ihrer Priester und Anhänger, bekam die Bewegung Aufschwung. Zwei weitere Ereignisse führten zu einem Anschwellen der protestantischen Anhängerschar: Zum einen das schwere Erdbeben von 1976, in dessen Folge eine große Anzahl evangelischer Pfarrer in das Land kam. Sie koordinierten die millionenschweren Hilfsmaßnahmen und koppelten dies mit missionarischer Tätigkeit. Auf diese Art und Weise entstand bei vielen Indígenas der Eindruck, dass der Protestantismus zu einem besseren Leben führe. Die einfache Landbevölkerung fand immer mehr Gefallen an den lebhaften Messen der wie Pilze aus dem Boden schießenden Kirchen.

Charismatische Erneuerung – ein Erfolgsmodell der katholischen Kirche

Die 1967 in den USA entstandene Charismatische Erneuerung (C.E.) hat sich in Guatemala weitestgehend unbemerkt zur erfolgreichsten und mitgliederstärksten Bewegung innerhalb der katholischen Kirche entwickelt. Einst als „Durchgangsstation" auf dem Weg zu protestantischen Pfingstkirchen milde belächelt, bietet die C.E. besonders den unteren Bevölkerungsschichten Lösungen für konkrete Alltagsprobleme an wie Alkoholmissbrauch, Krankheit oder Gewalt in der Familie. Gerade auf dem Land findet die C.E. enormen Zuspruch, stellt sie doch oftmals das einzige religiöse Angebot dar. Sehr gut kommen auch ihre Gebetsgruppen an, die als kleine Solidargemeinschaften funktionieren, in der jeder jeden kennt.

Die C.A. beruft sich stärker als die Amtskirche auf die Bibel und stellt die Kraft des Heiligen Geistes, der direkt auf das Individuum wirkt, in den Vordergrund. Dies erschüttert traditionelle Katholiken in ihren Grundfesten, macht es doch in letzter Instanz den Priester als Mittler zwischen Gott und den Menschen überflüssig und damit ebenso eingefleischte religiöse Rituale wie die Eucharistie oder die Beichte. Entgegen allen Inkulturationsbemühungen der Amtskirche wendet sich die C.E. gegen jede Art von Volksreligion, die nicht in Einklang mit der christlichen Lehre steht. Darunter fallen in Guatemala die Maya-Religion und ihre Vertreter. Doch da die C.E. in Guatemala inzwischen zu einer Massenbewegung geworden ist, bemüht sich die traditionelle Kirche heute um mehr Integration nach dem Motto: Besser man gehört zur C.E. als zu einer protestantischen Religionsgemeinschaft.

Einen weiteren Schub erhielt die Bewegung durch den Putsch von Ríos Montt im Jahr 1982. Der General, in dessen Regierungszeit unzählige Menschenrechtsverletzungen begangen wurden, ist Mitglied der evangelikalen Sekte El Verbo. Der charismatische Führer konnte nach seiner nur knapp anderthalbjährigen Amtszeit einen deutlichen Zuwachs der protestantischen Anhängerschar beobachten. Diesmal fühlte sich auch die Mittel- und Oberklasse der Hauptstadt angesprochen, die stark von der nordamerikanischen Konsumwelt beeinflusst war, so dass Experten für diese Form der Glaubensorientierung den Begriff „Theonomie" prägten: D.h. der eigene Erfolg, Gesundheit und Geld werden als gottgewollt angesehen und diejenigen, die nach eigener Anschauung schwach oder faul sind, verachtet.

Welchen Stellenwert die Religion in der Politik einnimmt, zeigte sich besonders deutlich bei den Präsidentschaftswahlen des Jahres 1990: Erneut lag Ríos Montt in allen Umfragen deutlich vorn. Seine Kampagne basierte auf angeblichen „protestantischen Werten" wie Ordnung, Sicherheit und Disziplin. Es gelang ihm tatsächlich, mit dieser Wahltaktik auch Menschen in Regionen, die wenige Jahre zuvor Opfer seiner Politik der verbrannten Erde geworden waren, zu überzeugen. Der oberste Gerichtshof verhinderte aber schließlich Montts Kandidatur – da sie verfassungswidrig sei – und ebnete so dem späteren Präsidenten Jorge Serrano Elías den Weg zur Macht. Er war unter allen übrig gebliebenen Kandidaten der einzige Protestant.

So groß die Anzahl evangelischer Sekten ist, so verschieden ist ihre Ausprägung. Die evangelikale Szene unterscheidet sich so stark nach Klasse, Ethnie, Geografie und politischer Meinung, dass Sachkundige statt evangelikal den Begriff „nicht römisch-katholisch" als Definition der Religionszugehörigkeit bevorzugen.

Trotz der Popularität der protestantischen Religionsgemeinschaften in den vergangenen Jahren haben Beobachter eine Trendwende ausgemacht. Ihrer Meinung nach könnte der Protestantismus seinen Zenith in Guatemala bereits überschritten haben. Da sich für viele Anhänger besonders unter der indianischen Landbevölkerung Versprechungen auf bessere Ernten und Reichtum nicht erfüllt haben, wendet sich mancher von ihnen der in Mode gekommenen traditionellen Maya-Religion (s.S. 115) zu. Zudem missfällt vielen die Atmosphäre des Misstrauens, der Spannung und der Zwietracht, die konkurrierende Religionen in einigen Dörfern erzeugt haben. Andere wechseln die Kirchen im Monatsrhythmus und wählen die Messen weniger nach inhaltlichen Kriterien als vielmehr nach deren Unterhaltungswert aus.

Reiseziele

REISEZIELE

Guatemala ist ein kleines Land, das sich inzwischen dank eines verbesserten Straßennetzes immer einfacher und schneller bereisen lässt. In rund zwei Stunden Fahrtzeit ist man von der Hauptstadt aus am Pazifik, zum Atlantik sind es ca. fünf Stunden. Die längste Strecke des Landes in die Provinz im Norden lässt sich in rund 8 bis 10 Stunden bewältigen. Mit dem Flugzeug sind es gerade einmal 30 bis 40 Minuten. Langsamer reist es sich im guatemaltekischen Hochland, was wegen der topographischen Gegebenheiten und vielen Kurven nicht sonderlich überrascht. Dennoch gelangt man mit dem öffentlichen Bus an einem Reisetag in so entlegene Winkel wie Todos Santos in den Cuchumatanes-Bergen im Nordwesten des Landes oder in das Ixil-Dreieck in der Provinz Quiché.

Aufgrund der relativ kurzen Reisezeiten wird in diesem Kapitel auf die Angabe von Reiserouten verzichtet. Das Kapitel unterteilt sich in Reisezielinformationen zu Nationalparks und Naturschutzgebieten, zu Architektur und Archäologie, Märkten und Festen sowie zu sportlichen Aktivitäten und Sprachunterricht.

Nationalparks und Naturschutzgebiete

Bereits 1955 wurden in Guatemala bestimmte Gebiete als Nationalparks ausgewiesen. Um archäologische Stätten und Ökosysteme zu schützen, wurden in den darauf folgenden Jahrzehnten weitere Schutzzonen eingerichtet. Der ständig zunehmende Druck auf die natürlichen Ressourcen des Landes führte vor allem in den letzten zehn Jahren zu vermehrten Anstrengungen in diesem Bereich. 1990 richtete die Regierung das **Maya-Biosphärenreservat** in der Provinz Petén ein, mit 1 844 900 ha die größte Schutzzone des Landes. Die staatliche Naturschutzbehörde CONAMA besitzt die Oberhoheit über die unter dem Kürzel SIGAP (Sistema Guatemalteco de Areas Silvestres Protegidas) zusammengefassten Schutzgebiete. Ein Teil der Naturparks wird von privaten Organisationen, dem Institut für Anthropologie und Geschichte (IDAEH), dem Nationalen Waldinstitut (INAB) und dem Zentrum für Umweltstudien der Universität San Carlos betreut. Insgesamt stehen in Guatemala rund 29% der Landesfläche unter Naturschutz (121 Schutzgebiete). Folgende sechs Kategorien wurden eingerichtet:

Biosphärenreservat *(Reserva de Biósfera)*: 57,6% aller Schutzgebiete
Nationalpark *(Parque Nacional)*: 24,9%
Geschütztes Biotop *(Biotopo Protegido)*: 4,2%
Wildreservat (*Refugio de Vida Silvestre)*: 12,2%
Regionalpark *(Parque Regional)*: 0,9%
Privates Naturreservat *(Reserva Natural Privada)*: 0,2%

Allein die Nationalparks und Biosphärenreservate machen somit mehr als 80% der Schutzfläche aus. Allerdings enthalten die gesamten Schutzflächen nur einen Kernzonenanteil von 37,4%. In der Kernzone sind Eingriffe jeglicher Art strikt verboten. Um den Kernbereich herum liegen Zonen mit Mehrfachnutzung – Gebiete, in denen Waldprodukte geerntet werden, in denen der Wald aber nicht abgeholzt werden darf – und Pufferzonen, in denen Siedlungen bestehen und nachhaltige Landwirtschaft propagiert wird. Eine kleine Fläche dient der Regeneration von Ökosystemen. Den größten Anteil an allen Schutzgebieten hat der Petén mit 70%, was wiederum rund 70% der Fläche des *departamentos* entspricht.

Die 33 Vulkane des Landes stehen ebenfalls unter Naturschutz. Bis auf den Vulkan Pacaya haben sie den Status einer Zone mit absolutem Jagdverbot *(Zona de Veda Definitiva)*. Die wichtigsten, nachfolgend aufgeführten Schutzflächen sind touristisch am interessantesten.

Informationen zu weiteren Schutzgebieten finden sich im jeweiligen Ortsteil.

Biosphärenreservate (Reservas de Biósfera)

Reserva de la Biósfera Maya (1 844 900 ha)

Es umfasst den gesamten nördlichen Teil der Provinz Petén und ist Guatemalas größtes zusammenhängendes Naturschutzgebiet. In den immensen Regenwäldern des Reservats liegen verschiedene Biotope und Nationalparks – darunter Tikal, Uaxactún und El Mirador– sowie hunderte archäologische Fundstätten.

Reserva de la Biósfera de Sierra de las Minas (146 007 ha)

Dieses Nebelwaldgebiet liegt im Osten des Landes, eingerahmt von den Verapaces sowie den Provinzen Zacapa und Izabal. Hier leben 70% aller in Guatemala heimischen Wirbeltierarten. Viele vom Aussterben bedrohte Tiere – darunter der Quetzal – finden Zuflucht in dem 130 km langen und 10 bis 30 km breiten Korridor. Wer die Sierra de las Minas besuchen möchte, muss eine Genehmigung bei der privaten Organisation Defensores de la Naturaleza einholen (s.S. 71).

Nationalparks (Parques Nacionales)

Volcán Pacaya (2000 ha)

Er ist der zurzeit aktivste Vulkan des Landes. Gefährlich ist der Besuch des Feuer spuckenden, 2552 m hohen Berges nicht nur seiner plötzlichen Eruptionen und Gaswolken wegen, sondern auch weil hier gelegentlich Überfälle auf Touristen geschehen. Der Nationalpark befindet sich ca. 50 km von der Hauptstadt entfernt.

Río Dulce (7200 ha)

Der gesamte Verlauf des Río Dulce vom Verlassen des Izabal-Sees bis zu seiner Mündung in den Golf von Honduras wurde bereits 1955 unter Naturschutz gestellt. Das Gebiet ist inzwischen durch illegale Besiedlung entlang der Ufer und durch zunehmenden Bootsverkehr stark gefährdet. Spektakulär sind die letzten Kilometer vor der Mündung, wenn der Fluss durch einen üppig bewachsenen Canyon mäandert.

Tikal (55 005 ha)

Dieser Park ist der meistbesuchte des Landes. Er wurde von den Vereinten Nationen gleichzeitig zum Natur- und Kulturdenkmal erklärt. Innerhalb des 576 km^2 großen Areals liegen die größte Anzahl ausgegrabener Maya-Ruinen sowie ein fantastisches Regenwaldgebiet. Außerdem gibt es ausgezeichnete Möglichkeiten, wilde Tiere zu beobachten.

Laguna de Lachuá (14 500 ha)

Dieser Nationalpark ist nicht leicht zu erreichen, aber die Mühe lohnt sich. Im Zentrum eines intakten Regenwaldgebietes befindet sich eine kristallklare Lagune, in der man herrlich baden kann. Der Park, der im Nordosten der Provinz Alta Verapaz liegt, verfügt inzwischen über eine ausgezeichnete Infrastruktur.

Geschützte Biotope (Biotopos Protegidos)

Biotopo del Quetzal (1022 ha)

Dieses Biotop wurde zum Schutz des Quetzals und seines Lebensraumes eingerichtet. Das Nebelwald-Schutzgebiet befindet sich in der Provinz Baja Verapaz und verfügt über ausgebaute Wanderwege.

Cerro Cahuí (555 ha)

Mit etwas Glück kann man in diesem subtropischen Waldgebiet am Nordostufer des Petén Itzá-Sees bedrohte Tierarten wie den Petén-Truthahn, Hirsche, Wildschweine oder Affen beobachten. Auf angelegten Wegen gelangt man zu einem schönen Aussichtspunkt mit Blick über den Petén Itzá-See. Am Ufer des Sees befindet sich eine zum Schutzgebiet gehörende hölzerne Plattform, die zu einem erfrischenden Bad einlädt.

Chocón Machacas (6265 ha)

Dieses Naturschutzgebiet, das nur mit dem Boot zu erreichen ist, wurde eingerichtet, um den Lebensraum der vom Aussterben bedrohten Seekuh zu schützen. Es liegt an einer Ausweitung des Río Dulce und besteht aus einem Land- und einem Wasserteil.

Monterrico-Hawaii (2800 ha)

Das Gebiet schützt einen Mangrovenwald mit Kanälen und Lagunen. Der schwarze Strand ist Eiablageort für Meeresschildkröten. Das Biotop befindet sich an der Pazifikküste ca. 20 km südlich von Taxisco.

Wildreservate (Refugios de Vida Silvestre)

Bocas del Polochic (23 104 ha)

Dieses Tiefland-Feuchtgebiet wurde 1996 zum Naturschutzgebiet erklärt. Es befindet sich im unteren Delta des Polochic-Flusses (Mündung in den Izabal-See) und schützt 251 Vogel- und 53 Fischarten. Das Gebiet ist nur mit dem Boot und einer Genehmigung von Defensores de la Naturaleza zu erreichen (s.S. 71).

Cerro San Gil (19 335 ha)

Der grüne Hügel trennt den Río Dulce von der Bucht von Amatique am Atlantik. Als einer der regenreichsten Orte des Landes beherbergt das Wildreservat neben anderen Tieren mehr als 350 Vogelarten.

Das Gebiet wird von der Naturschutzorganisation FUNDAECO (s.S. 71) verwaltet, über die man das Reservat besuchen kann.

Petexbatún (4044 ha)

In der Nähe der Lagune, die südlich von Sayaxché im Petén liegt, befinden sich mehrere kleinere Ruinenstädte. Auf dem See können Fischadler beobachtet werden.

Regionalparks (Parques Regionales)

Volcán y Laguna de Ipala (2012 ha)

Der 1650 m hohe Vulkan, der leicht zu besteigen ist, besitzt einen wunderschönen Kratersee, an der auch gezeltet werden kann. In dem subtropischen Feuchtwald auf der Ostseite ist eine reichhaltige Flora und Fauna beheimatet.

Das Reservat befindet sich an der Grenze der Provinzen Chiquimula und Jutiapa im Osten des Landes.

Architektur und Archäologie

Archäologische Fundstätten

Guatemala ist das Herz der Maya-Welt. Dementsprechend groß ist die Anzahl archäologischer Stätten, die sich vorwiegend im Norden des Landes in der Provinz Petén befinden. Viele von ihnen sind allerdings noch nicht ausgegraben und von dichtem Dschungel überwuchert. Bevor man **Tikal**, den Höhepunkt aller guatemaltekischen Maya-Stätten genießt, sollte man es nicht versäumen, sich einige kleinere Stätten anzuschauen. Gut auf einem Tagesausflug von Flores aus sind die Ruinen von **Uaxactún** und **Yaxhá** zu erreichen, die beide nicht weit von Tikal entfernt liegen. Auf der Lagune Yaxjá liegt die Insel **Topoxté** mit einer kleinen, aber sehenswerten Anlage. Wer einen mehrtägigen, abenteuerlichen Dschungeltrip mit einer Ruinenbesichtigung kombinieren möchte, der sollte **El Mirador** einen Besuch abstatten. Die riesige archäologische Stätte liegt nur wenige Kilometer von der mexikanischen Grenze entfernt nördlich von Carmelita. Wer auf dem Río Usumacinta reist, hat die Gelegenheit, die Maya-Stätte **Yaxchilán** zu besuchen. Sie liegt bereits auf mexikanischem Staatsgebiet. Schwieriger ist das flussabwärts gelegene **Piedras Negras** zu erreichen, das sich wohl nur für echte Maya-Freaks lohnt.

Südwestlich von Flores ist der kleine Ort Sayaxché Ausgangspunkt für den Besuch weiterer Ruinenstätten der Region. Besonders interessant sind **El Ceibal** und **Aguateca**, die beide von Sayaxché aus per Boot und mit dem Auto zu erreichen sind. Obwohl in Aguateca keine Gebäude ausgegraben wurden, fasziniert die Anlage durch eine tiefe Schlucht, die begangen werden kann. Um die schönen Stelen von **Dos Pilas** zu sehen, muss man entweder einen anstrengenden Dschungeltrip zu Fuß oder auf dem Rücken eines Maultiers absolvieren oder ein teures Allradfahrzeug mieten. Weiter südlich, in der Provinz Izabal, sind die höchsten Stelen der Maya-Welt in **Quiriguá** ein „Muss". Nur 12 km östlich der guatemaltekischen Grenze El Florido liegt das bereits zu Honduras gehörende **Copán**, das „Paris" der Maya-Welt.

Im Hochland Guatemalas stehen die Überreste indianischer Festungen, die zumeist von den Spaniern zerstört wurden. Die Anlagen waren um einiges einfacher konstruiert als die Bauwerke des Tieflands. Heute sieht man in der Regel nur noch grasüberwucherte Hügel oder Mauerreste. Da der indianischen Bevölkerung die Stätten heilig sind, werden in vielen von ihnen auch heute noch religiöse Maya-Zeremonien veranstaltet. Die schönsten Überreste des ehemaligen Handelszentrums **Kaminaljuyú** in Guatemala-Stadt befinden sich nicht in der Anlage selbst, sondern in den Museen der Hauptstadt. Sehenswerte Hochlandfestungen sind **Mixco Viejo** im Norden und **Iximché** im Westen. Den Reiz von **Utatlán (Q'umarkaaj)** in der Nähe von Santa Cruz del Quiché macht ein geheimnisvoller unterirdischer Gang aus. Dagegen verleiht eine sterile Betonschicht den Ruinen von **Zaculeu** bei Huehuetenango etwas Künstliches. Schon früh wurde die guatemaltekische Pazifikküste besiedelt. Dies bezeugt eine Vielzahl von Ausgrabungsstätten, von denen einige zu besichtigen sind. In **Abaj Takalik**, nordwestlich von Retalhuleu, kann man Tempelplattformen und Steinskulpturen mit olmekischem Einfluss besichtigen. Im Gebiet um Santa Lucía Cotzumalguapa hat man verschiedene Skulpturen und Stelen gefunden. Sie sind auf der **Finca El Baúl**, der **Finca Las Ilusiones** und etwas weiter östlich in **La Democracia** ausgestellt.

In Quiriguá (Provinz Izabal) sind die höchsten Stelen der Maya-Welt zu sehen

Kirchen, Kolonialbauten und neoklassizistische Gebäude

Um Kirchen und koloniale Gebäude zu sehen, braucht man nicht weit zu fahren. Bereits in **Guatemala-Stadt** lohnt sich ein Besuch der Zone 1, in der einige koloniale Kirchen Erdbeben und politische Umwälzungen überstanden haben. Das Herz der Freunde kolonialer Architektur schlägt dann in **Antigua Guatemala** höher, der ehemaligen Hauptstadt des Landes. Sie ist nur eine Autostunde von Guatemala-Stadt entfernt. In der Stadt wimmelt es nur so von alten Kirchen, Klöstern und Kolonialgebäuden, die wohl auch den anspruchvollsten Besucher zufrieden stellen. Nach Antigua ist eine Steigerung nicht mehr möglich. Aber auch und gerade im Hochland wartet eine Vielzahl von Orten mit sehenswerten kolonialen Kirchen und neoklassizistischen Gebäuden darauf, entdeckt zu werden. Dazu gehören beispielsweise **Quetzaltenango**, **Totonicapán** und **Chichicastenango**. Die bunteste Kirchenfassade des Landes hat **San Andrés Xecul** in der Nähe der Kreuzung Cuatro Caminos zu bieten. Im Osten des Landes steht die **Basilika von Esquipulas**, die größte Kirche des Landes. Sie ist der bekannteste Wallfahrtsort Guatemalas und besonders am 15. Januar Ziel unzähliger Pilger.

Die besten **Museen** befinden sich in der Hauptstadt. Ihnen stehen die von Antigua und Umgebung nur wenig nach.

Märkte und Feste

Die Märkte und Feste in Guatemala gehören mit zu den beeindruckendsten Erlebnissen bei einer Reise durch das Land. Informationen hierzu findet man im Kapitel Praktische Tipps unter Einkaufen (s.S. 46) sowie Feste und Feiertage (s.S. 43).

Aktivitäten

Baden

Niemand kommt ausschließlich der Strände wegen nach Guatemala, und das Baden in Flüssen und Seen ist aufgrund der hohen Verschmutzung vielerorts nicht mehr bedenkenlos möglich. Dennoch gibt es immer noch zahlreiche schöne Stellen für ein kühles oder heißes Bad.

Der Sand an der gesamten **Pazifikküste** Guatemalas ist vulkanischen Ursprungs und daher dunkel. Beim Schwimmen ist aufgrund der hohen Wellen und insbesondere der starken Strömung höchste Vorsicht geboten. Viele Badeorte sind an Wochenenden und besonders zu Ostern überfüllt. Der von ausländische Touristen am meiste besuchte Badeort ist **Monterrico**.

Wesentlich ruhiger geht es auf der **Karibikseite** des Landes zu. Westlich von Livingston und an der Punta Manabique findet man einige brauchbare Sandstrände. Von Livingston gelangt man mit Charterbooten in rund zwei Bootsstunden zu den **Cayos von Belize**. Die kleinen Tropeneilande bestehen nur aus Palmen und weißem Sandstrand.

Im Hochland findet man am **Atitlán-See** außerhalb von Ortschaften genügend Badegelegenheiten. Im gesamten Hochland, aber besonders in der Gegend um **Quetzaltenango**, befinden sich zahlreiche heiße Quellen. Die bekanntesten sind die **Fuentes Georginas**.

Die Provinzen Alta Verapaz und Izabal sind Badeparadiese. Die **Laguna Lachuá** in der Nähe von Playa Grande ist ein unvergessliches Erlebnis. Ein Bad in den Naturpools von **Semuc Champey** bei Lanquín sollte auf einer Guatemala-Reise ebenso wenig fehlen wie ein Sprung in den **Izabal-See**. Auch in der Gegend um **El Estor** gibt es zahlreiche saubere Flüsse. Wer im **Petén Itzá-See** schwimmen möchte, sollte sich eine ruhige Stelle an der Nordostseite suchen.

In der sauberen **Laguna Yaxhá** tummelt sich noch das eine oder andere Krokodil. Ganz Mutige gehen dort trotzdem baden. Wer an der Grenze zu Belize in der Hitze warten muss, sollte die Gelegenheit wahrnehmen, sich im **Río Mopán** etwas abzukühlen.

Höhlenwandern

Vor allem in den Provinzen **Petén** und **Alta Verapaz** kann man zahlreiche Höhlen besichtigen. Die interessantesten sind im Péten die **Grutas de Actun Can** (in der Nähe von Flores) und die **Cuevas de Poptún** (Finca Ixobel, Poptún) sowie in Alta Verapaz die **Grutas de Candelaria** (in der Nähe von Raxrujá), **Grutas de Lanquín** (Lanquín), **Grutas de Can-Ba** (Semuc Champey), **Grutas Rey Marcos** (San Juan Chamelco, Cobán) und die **Cueva Chicoy** (KM 169, Straße Guatemala–Cobán).

Die besten Flüsse zum Raften

Fluss	Lage	Saison	Level
Coyolate	Pazifik	Juni/Nov.	II–III
Esclavos	Pazifik	Juli/Okt.	III–IV
Naranjo	Pazifik	Juni/Nov.	III+
Motagua	Izabal	Juli/Okt.	II–III
Cahabón	Alta Verapaz	ganzjährig	III–IV

Paragliding und Windsurfen

Beides wird am **Atitlán-See** angeboten.

Rafting

Die vielen Flüsse des Landes bieten ideale Voraussetzungen für diesen nicht ganz billigen Wassersport. Bis auf eine Ausnahme beschränken sich die Rafting-Touren auf die Regenzeit. Während der Trockenzeit ist der Wasserpegel oftmals zu niedrig. Anbieter finden sich im Serviceteil Guatemala-Stadt, s.S. 162.

Viele Flüsse in Guatemala bieten ausgezeichnete Voraussetzungen für Wildwasserfahrten

Reiten

Reiten ist als Sport in Guatemala nur den Allerreichsten vorbehalten. Ein paar Anbieter haben sich auf die Interessen ausländischer Besucher eingestellt und bieten Reittouren an.
Auf akzeptablen Pferden kann man in **Antigua**, am **Atitlán-See**, in der **Sierra de Cuchumatanes (Chancól)**, an der **Laguna Yaxhá** und auf der **Finca Ixobel** bei **Poptún** reiten. An den drei zuletzt genannten Orten bieten die Veranstalter auch Mehrtagestouren an.

Segeln und Kajak

Ausflüge per Segelboot werden fast nur auf dem **Río Dulce** und zu den **Cayos de Belize** angeboten. An der Brücke über den Río Dulce liegt eine große Anzahl Segeljachten. Es handelt sich in der Regel um nordamerikanische Boote, die zum Überwintern nach Guatemala kommen.

Auch auf dem **Atitlán-See** kann man einen Ausflug per Segelboot buchen. Boote mieten kann man hier allerdings nicht.

Kajaks können am **Atitlán-See**, am **Río Dulce** und in **Flores** gemietet werden.

Tauchen

Wer die Unterwasserwelt erkunden oder sogar einen Tauchschein erwerben möchte, hat dazu in Guatemala eine günstige Gelegenheit. Allerdings kann das Angebot nicht mit den Korallenriffs von Belize oder Honduras mithalten.

Tauchmöglichkeiten werden am **Atitlán-See** und den kleineren **Karibikinseln** (Cayos), die bereits zu Belize gehören, angeboten.

Trekking

Guatemala eignet sich in besonderer Weise zum Trekken. Im **Hochland** laden zahlreiche Wege zu ausgedehnten Wanderungen ein. Hierzu sollte man jedoch vorzugsweise in einheimischer Begleitung, auf keinen Fall aber allein aufbrechen. Guides lassen sich in den meisten Ausgangsorten problemlos anheuern. Im Regenwald des **Petén** lässt sich ein mehrtägiges Trekking mit dem Besuch verschiedener Maya-Stätten kombinieren. Beliebte Wandergebiete sind:

Hochland

Atitlán-See – Der See kann fast vollständig zu Fuß umrundet werden.
Von Quetzaltenango zum Atitlán-See – Dreitägige Wanderung mit Zeltübernachtung, die von einem Veranstalter in Quetzaltenango angeboten wird.
Sierra de los Cuchumatanes – Besonders in der Umgebung von Todos Santos Cuchumatán sind schöne Wanderungen möglich.

Ixil-Dreieck – Unzählige Pfade eröffnen vielfältige Wanderoptionen (längere Touren auf jeden Fall in einheimischer Begleitung und mit Kartenmaterial; Wanderung von dort in die Cuchumatanes-Berge möglich).

Osten

Sierra de las Minas – Zum Wandern im schönsten Nebelwald des Landes benötigt man eine Erlaubnis von der Naturschutzorganisation Defensores de la Naturaleza (s.S. 71).

Alta Verapaz

Kleinere Wanderungen können im **Biotopo del Quetzal** in der Provinz Baja Verapaz und dem Nationalpark **Laguna Lachuá** durchgeführt werden. Veranstalter in **Cobán** bieten mehrtägige Touren an, die in die Nebelwälder der Umgebung führen. Übernachtet wird in einfachen Unterkünften bei Kekchí-Familien.

Petén

Finca Ixobel bei Poptún – Kleinere Wanderungen in der Umgebung.
In den Nationalparks und Biotopen nördlich von **Flores** bieten sich zahlreiche Tourvarianten, die von kurzen Ausflügen in den Regenwald bis hin zu einwöchigen Trekkingtouren reichen (Näheres s.S. 335, Flores).

Vulkanbesteigungen

Ein besonderes Erlebnis, das man sich auf keinen Fall entgehen lassen sollte, ist das Besteigen eines Vulkans. Während einige Vulkane problemlos an einem Tag bestiegen werden können, benötigt man für andere zwei Tage. Zelt und Schlafsack kann man bei Spezialveranstaltern in Antigua und Quetzaltenango mieten. Da es mehr als 30 Vulkane gibt, hat man die Qual der Wahl. Der Kasten unten gibt Entscheidungshilfen (aktive Vulkane sind mit * gekennzeichnet):

Spanisch-Sprachschulen

Guatemala ist bekannt für seine guten und preiswerten Sprachschulen. Wer daher länger unterwegs ist, sollte sich die Zeit nehmen, ein wenig Spanisch zu lernen. Es gibt inzwischen rund 150 Sprachschulen in Guatemala. Die Orte mit der größten Auswahl sind Antigua und Quetzaltenango. Darüber hinaus gibt es Schulen in Guatemala-Stadt, Cobán, Panajachel, San Pedro la Laguna, Todos Santos Cuchumatán, Huehuetenango, San Andrés und San José (Petén Itzá-See) sowie Monterrico.

Wer Spanisch konzentriert in einer landestypischen Umgebung lernen möchte, ist in Antigua aufgrund der ständigen Ablenkung am falschen Ort. Volle Sprachschulen, gelangweilte Familien mit wenig Interesse an den Studenten und eine Partyszene, die sich bevorzugt auf Englisch unterhält, können den gewünschten Lernerfolg mehr oder weniger beeinträchtigen. Inzwischen ist die Situation in Quetzaltenango ähnlich. Wer sich daher bevorzugt auf das Lernen konzentrieren möchte, sollte auf Schulen in Cobán, Huehuetenango oder Monterrico ausweichen (Adressen im jeweiligen Serviceteil). Einen guten Überblick über das Sprachschulangebot in Guatemala bekommt man im Internet in englischer Sprache unter www.guatemala365.com (Vorstellung und Bewertung von über 30 Schulen) und www.larutamayaonline.com (Auflistung von Sprachschulen nach Regionen).

Vulkan	Höhe	Provinz	Aufstieg/Abstieg	Schwierigkeitsgrad
Acatenango	3976 m	Sacatepéquez	6–7 / 3–4 Std.	schwer
Agua	3766 m	Sacatepéquez	4–5 / 3 Std.	mittelschwer
Atitlán	3537 m	Sololá	6–8 / 4–5 Std.	schwer
Chicabal	2900 m	Quetzaltenango	2–3 / 1 1/2 Std.	leicht (Kratersee)
*Fuego	3763 m	Sacatepéquez	8 –10 / 6–7 Std.	schwer (gefährlich!)
Ipala	1650 m	Chiquimula	2 / 1 Std.	leicht (Kratersee)
*Pacaya	2552 m	Guatemala	2 / 1 Std.	leicht
San Pedro	3020 m	Sololá	4–5 / 3 Std.	mittelschwer
Santa María	3772 m	Quetzaltenango	4–5 / 3 Std.	mittelschwer
Tajumulco	4220 m	San Marcos	4–5 / 3 Std.	mittelschwer

Guatemala-Stadt
und Umgebung

Die überdimensionale Reliefkarte im **Parque Minerva** besuchen

Im **Museo de Arqueología y Etnología**, **Museo Ixchel** und **Museo Popol Vuh** in die einzigartige Kultur der Maya eintauchen

Im historischen Zentrum der **Zone 1** koloniale Bauwerke und Kirchen besichtigen

Die unterhaltsame Atmosphäre des **Parque Central** genießen und dem **Nationalpalast** einen Besuch abstatten

Im Unterhaltungsviertel **4 Grados Norte** das Nachtleben der Hauptstadt erkunden

Lavaeruptionen auf dem **Vulkan Pacaya** beobachten

Einen Tagesausflug zur selten besuchten Ruinenstätte **Mixco Viejo** unternehmen

Guatemala-Stadt

Der nordamerikanische Diplomat, Reisebuchautor und Copán-Entdecker John Lloyd Stephens besuchte Guatemala-Stadt zum ersten Mal im Jahr 1839. Es dämmerte bereits, als er in die Stadt ritt und nach einem Hotel fragte. „Wofür soll hier ein Hotel gut sein, wer kommt überhaupt nach Guatemala?", entgegnete ein dort lebender Gentleman. Inzwischen gibt es in der Hauptstadt Hotels wie Sand am Meer. Aber die Frage, warum ein Tourist Guatemala-Stadt besuchen sollte, kann man sich auch heute noch stellen. Dabei ist die Antwort einfach: Weil die Stadt zugleich Herz, Verkehrsknotenpunkt und Regierungssitz des Landes ist.

Gewiss, *La Capital* – wie die Einheimischen sie nennen – ist nicht schön, obwohl rund zweieinhalb Millionen Guatemalteken sie mehr oder weniger freiwillig zu ihrem Wohnsitz erkoren haben. Die Verkehrsadern im Zentrum sind täglich verstopft, die Lungen der Stadt sind durch Abgase von Bussen und Fabriken verrußt, und ihr zentrales Nervensystem ist durch übereifrige Bürokraten, skrupellose Kriminelle, ineffiziente Polizisten sowie korrupte Politiker gelähmt. Gleich vielen Hauptstädten der Dritten Welt kämpft auch Guatemala-Stadt täglich ums Überleben, ringt um Platz, Luft und sauberes Wasser. Und dennoch strömen jedes Jahr wieder Tausende landlose Bauern mit ihren Familien in der Hoffnung auf ein besseres Leben in die Stadt und lassen die Elendsviertel der Stadt anschwellen.

Guatemala-Stadt liegt in einem schönen Hochtal in 1502 m Höhe und besitzt das ganze Jahr über ein angenehmes Klima. Ihre spanischen Erbauer, die 1776 das Hochtal La Ermita als neue Hauptstadt nach der Zerstörung Antiguas auswählten, hätten sich wohl kaum träumen lassen, dass eines Tages viele Menschen und Gebäude dieses durch steile Schluchten begrenzte Plateau füllen könnten. Inzwischen ist die Stadt längst über die beiden sie einst begrenzenden Hügelketten im Osten und Westen hinaus gewachsen. Die besten Wohnlagen befinden sich nun an den Hängen oberhalb des Tals. Wer nichts besitzt, muss mit den Flanken der *barrancos* – den steilen Schluchten – im Tal vorlieb nehmen, die das Hochplateau abgrenzen. Dort leben Zehntausende von Familien in engen Bretterbuden, dicht gedrängt und oft ohne Wasser und Strom. In der Regenzeit ist es gefährlich, hier zu leben, denn jedes Jahr drohen Erdrutsche, in denen man nicht nur Hab und Gut verlieren kann. Ein Großteil der Opfer, die der Hurrikan Mitch im November 1998 in Guatemala forderte, starb in den Elendsvierteln – den *barrios marginados* – der Hauptstadt. Über 2600 Familien mussten aus den *barrancos* evakuiert und an den Stadtrand umgesiedelt werden.

Doch die Hauptstadt hat auch eine andere Seite: Es sind neben den zugegebenermaßen wenigen touristischen Sehenswürdigkeiten und dem pulsierenden Kleingewerbe die weniger spektakulären Dinge, die Guatemala-Stadt besser als ihren Ruf machen: Architektonische Kleinodien, Cafés in ruhigen Seitenstraßen, Museen und vor allem die hilfsbereiten, aufgeschlossenen und eigentlich immer zu einem Schwätzchen bereiten Menschen.

Orientierung

Guatemala-Stadt ist in Zonen von 1–21 (nur eine Zone 20 existiert nicht) unterteilt. Das touristisch interessante Kerngebiet zieht sich wie ein länglicher Schlauch durch die Stadt und umfasst in Nord-Süd-Richtung die Zonen 2, 1, 4, 9, 10, 13 und 14 (in dieser Reihenfolge werden die Viertel im Text auch vorgestellt). Die Straßen sind schachbrettartig angelegt. Die von Ost nach West verlaufenden **Calles** werden von den **Avenidas** gekreuzt. Einzige Ausnahme sind die schräg zu diesem Straßensystem verlaufenden **Rutas** und **Vías** in der Zone 4. Wer Adressen sucht, muss die jeweilige Zone kennen, da sich Straßennamen und Hausnummern wiederholen. Die Adresse 6. Avenida 12-47, Zona 9, beispielsweise bezeichnet die Hausnummer 47 der 6. Avenida, zwischen der 12. und 13. Calle der Zone 9. Kleinere Nebenstraßen erhalten gelegentlich den Zusatz „A". So liegt z.B. die 13. Calle A der Zone 1 zwischen der 13. und 14. Calle des Zentrums.

Ganz im Norden der Stadt befindet sich die **Zone 2** mit der nach Osten (Karibik, Petén, Alta Verapaz, Honduras) abzweigenden Hauptraße Calle Martí. Die Zone 2 geht Richtung Süden über in die **Zone 1**, das historische Zentrum *(Centro histórico)*. Weiter südlich gelangt man zur **Zone 4**, dem Verwaltungszentrum *(Centro cívico)* und Abfahrtsort vieler Busse *(La Terminal)*. Hier beginnt die ca. 2,5 km lange **Avenida La Reforma**, eine Prachtallee, die die Zonen 9 und 10 teilt und an deren En-

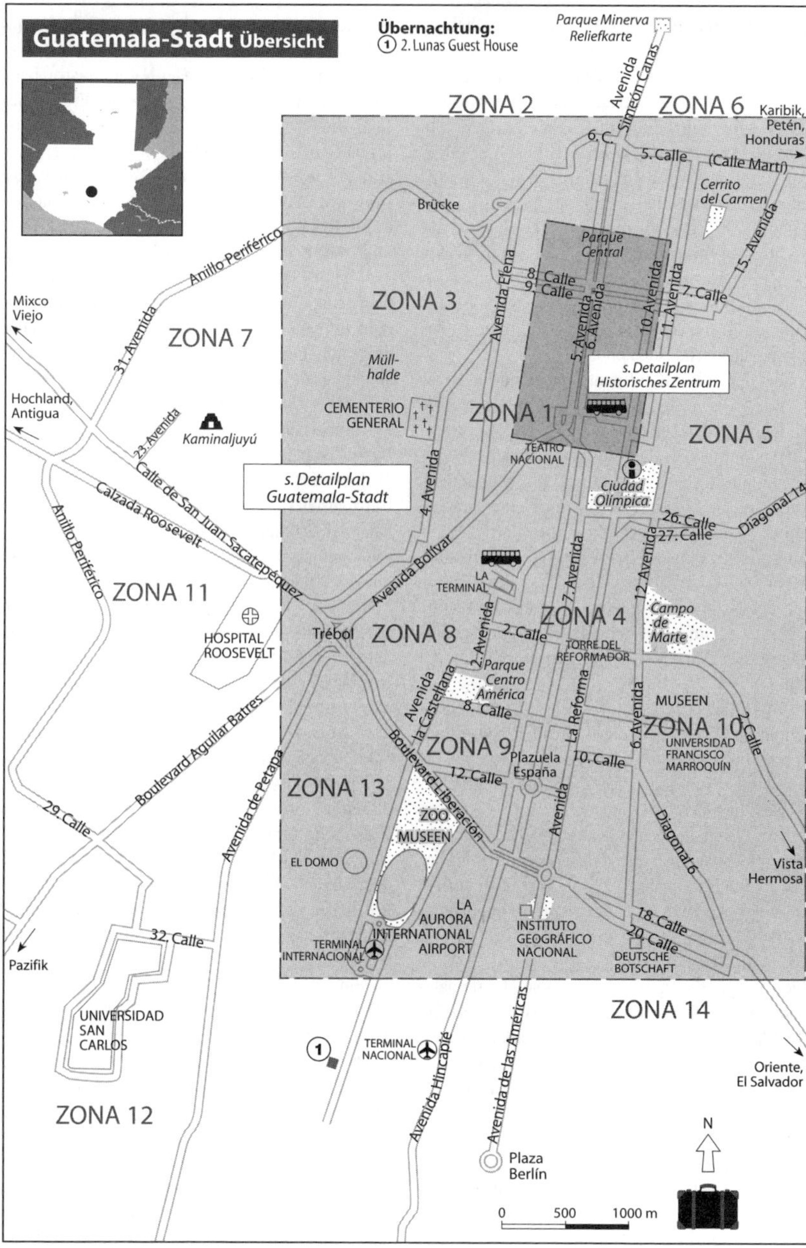

GUATEMALA-STADT UND UMGEBUNG

de das Unabhängigkeitsdenkmal, der Obelisco steht. Hier liegen die wohlhabenderen Geschäfts- und Wohnviertel sowie die **Zona Viva**, ein Vergnügungsviertel mit Restaurants, Bars und Discotheken. Von hier führt der östlich abzweigende Boulevard Los Próceres (18. Calle, Z. 10) nach El Salvador. Über den westlich verlaufenden Boulevard Liberación (Diagonal 12) gelangt man zum Flughafen in der Zone 13 und zum **Trébol**, einer der wichtigsten Kreuzungen der Stadt. Vom Trébol zweigt die Avenida Aguilar Batres Richtung Süden (Pazifikküste) ab. Über die westliche Ausfallstraße **Calzada Roosevelt** hingegen gelangt man in das guatemaltekische Hochland.

Bei der Ankunft auf dem **Flughafen La Aurora** warten zunächst die Einwanderungsbehörde und danach der Zoll (nur noch selten Kontrollen) auf Ankommende. Dahinter befindet sich eine Informationsstelle des guatemaltekischen Tourismusinstituts *INGUAT*. Meist hat auch eine Bank geöffnet, so dass man sich mit einheimischer Währung zu einem guten Wechselkurs eindecken kann, bevor man die Ankunftshalle verlässt. Beim Verlassen der Halle sollte man sein Gepäck und seine Wertsachen im Auge behalten, da man sich zunächst durch eine Menschentraube durchkämpfen muss.

Außerhalb der Ankunftshalle wartende Taxis fahren für US$ 8–10 in die Stadt, oder man nimmt einen Shuttle-Bus nach Antigua (je nach Auslastung und Uhrzeit für US$10–15. Die öffentlichen Busse (Linie 83 mit der Aufschrift „Aurora") fahren vor dem Flughafengebäude ab (ein Stockwerk über der Ankunftshalle). Einige Mietwagenfirmen haben kleine Schalter in der Ankunftshalle, andere befinden sich 50 m gegenüber dem Haupteingang.

Geschichte

Die strategische Lage des Hochtals von Guatemala-Stadt als Handelsverbindung zwischen Pazifik, Hochland und Karibik nutzten bereits die Maya, und so entstand an der Stelle der späteren Hauptstadt um 400 v.Chr. das bedeutende Handelszentrum **Kaminaljuyú**. Nach dem Verfall dieser Stadt geriet der Ort in Vergessenheit und war während vieler Jahrhunderte nur spärlich bewohnt. Die Spanier hatten seit der Eroberung Guatemalas, die im Jahr 1524 begann, Probleme bei der Wahl eines Standorts für die Hauptstadt des Generalkapitanats Guatemala, und zwar nicht nur, weil die Ureinwohner Widerstand leisteten wie 1525 in Iximché, sondern auch aufgrund zweier Naturkatastrophen, einer Schlammlawine 1543 und eines Erdbebens 1773, die ihre damaligen Hauptstädte zerstörten. Im vierten Versuch wurde dann das kleine, 1620 gegründete Dorf **La Ermita** im **Valle de las Vacas** zum offiziellen Standort der Hauptstadt ausgewählt. Es lag im Gebiet der Pokomam-Indígenas und zählte ursprünglich 1600 Einwohner. Am 23. Mai des Jahres 1776 wurde der Ort unter seinem neuen Namen **Nueva Guatemala de la Asunción** zur neuen Landeshauptstadt. Sie wuchs allerdings nur langsam und war vor allem nach der Unabhängigkeit von Spanien im Jahr 1821 Schauplatz politischer Unruhen und Epidemien. Erst mit der Machtübernahme der Liberalen unter Justo Rufino Barrios kehrte mehr Stabilität ein. Bis Ende des 19. Jahrhunderts prägten Klassizismus und später französischer Stil das Stadtbild. Hundert Jahre nach der Gründung von 1776 war die Einwohnerzahl bereits auf 58 000 gestiegen. Allerdings wuchs mit Quetzaltenango im westlichen Hochland gegen Ende des 19. Jahrhunderts ein ernst zu nehmender wirtschaftlicher Konkurrent für die Hauptstadt heran. Der Ausbruch des Vulkans Santa María im Jahr 1902 bereitete jedoch den Hegemonialansprüchen Quetzaltenangos ein jähes Ende, und viele dort lebende Familien zogen nach Guatemala-Stadt. Aber auch die Hauptstadt blieb nicht von Naturkatastrophen verschont, schwere Beben beschädigten sie 1917 und 1918. Aufgrund der latenten Erdbebengefahr wurden nun Gebäude mit höchstens zwei Stockwerken errichtet. In den 30er und 40er Jahren kam es zu einer Phase reger Bautätigkeit, in der viele öffentliche Gebäude wie der Nationalpalast, das Polizei- und das Postgebäude errichtet wurden.

Ein Reiseführer aus dem Jahr 1939 bezeichnet die damalige *Capital* als angenehmste Stadt in Mittelamerika; sie sei ruhig, sauber und modern. Doch die Stadt wuchs immer unkontrollierter: Von 283 000 Einwohnern im Jahr 1955 auf 717 000 Menschen 1973. Katastrophal wirkte sich auch das schwere Erdbeben von 1976 aus, das hunderttausende obdachlos gewordene Menschen vom Land in die Stadt schwemmte. Guatemala-Stadt begann sich über die natürlichen geografischen Grenzen auszuweiten. In weniger als drei Jahrzehnten hat sich die Einwohnerzahl vervierfacht. Heute leben hier über zwei Millionen Menschen.

Die Gegensätze haben sich verschärft, moderne Hochhäuser und Elendsviertel liegen dicht beieinander. Um den Lebensraum der Zukunft zu schaffen, werden jetzt bereits 20 bis 30 km außerhalb der Kernzone der Stadt liegende Grundstücke – meist ehemalige Fincas – zu großen Wohnvierteln erschlossen.

Zone 2

Von tiefen Schluchten umgeben, bildet die Zone 2 das nördliche Ende des Hauptstadtkerns. Am äußersten Rand dieser von Wohnhäusern geprägten, wenig attraktiven Zone befindet sich die einzigartige **Mapa en Relieve**. Diese 1800 m² große Freiluftkarte ist eine Meisterleistung des Ingenieurs Francisco Vela (1859–1909). Er stellte sie nach rund zweieinhalb Jahren im Jahr 1905 fertig. Sie bietet einen hervorragenden Überblick über die abwechslungsreiche guatemaltekische Topographie. Die 1999 restaurierte Karte hat einen Maßstab von 1:10 000, wobei die Vertikale etwas außer Proportion geraten ist, so dass die Vulkane steiler abgebildet werden, als sie in Wirklichkeit sind. Auf dem Gelände befinden sich zudem zwei Aussichtstürme, ein Stand mit Kunsthandwerk und ein kleines Besucherzentrum, ✆ 22541114, 🖳 www.funtec-guatemala.org, 🕓 tgl. 9–17 Uhr, US$2.

Der Park, in dem sich die Reliefkarte befindet, wird **Parque Minerva** oder **Hipódromo del Norte** genannt. Hier stand ein Minervatempel, an dem sich der Diktator Estrada Cabrera (1857–1924), der Guatemala 22 Jahre regierte, jährlich von der Bevölkerung feiern ließ. Das in die Jahre gekommene Gebäude wurde 1953 gesprengt. Auch Pferderennen wurden im Park abgehalten. Die entsprechende Rennbahn ist jedoch inzwischen einem Baseball-Stadion gewichen. Der Park ist auch ein beliebtes Ausflugsziel guatemaltekischer Familien an den Wochenenden.

Zone 1 (Centro histórico)

Obwohl dies der älteste Teil der Stadt ist, stehen hier nur wenige Gebäude, die über hundert Jahre alt sind. Die Straßen in der Zone 1 sind eng, der Verkehr ist dicht und das Gedränge groß. Diese Gegend ist eine zweitklassige Büro- und Einkaufszone, das Reich der Straßenhändler, Bettler und Straßenkinder. Viele Busgesellschaften haben hier Terminals, um die sich Billighotels angesiedelt haben. Die Zone 1 ist nicht jedermanns Sache, aber obwohl sie laut, schmutzig und nicht ungefährlich ist, lässt sich hier der Puls der Großstadt am ehesten und ursprünglichsten fühlen. Überdies befinden sich alle historischen Gebäude und Kirchen in dieser Zone, von denen einige – so der Plan der Stadtverwaltung – restauriert werden sollen. Eine besondere Art, das historische Zentrum kennen zu lernen, ist eine Trolley Tour mit einer umgebauten historischen Straßenbahn (s.S. 162, Touren).

Auf dem Weg von Zone 2 in die Zone 1 überquert man zunächst die Hauptstraße Calle Martí. Sie ist der Ausläufer der Ringstraße *(anillo periférico)* und verlässt die Stadt nach Osten in Richtung Puerto Barrios, Flores und Cobán.

An der 12. Avenida, Ecke 2. Calle liegt die Kapelle **Iglesia Cerrito del Carmen** auf dem gleichnamigen Hügel. In der angenehm ruhigen Atmosphäre des kleinen Parks lässt sich ein schöner Blick über die Stadt und auf die umliegenden Vulkane genießen. Die Kapelle wurde zu Ehren von Juan Corz errichtet, einem einfachen Mönch des Assisi-Ordens, der ein Bildnis der Jungfrau Maria aus Spanien nach Guatemala brachte. Der Baubeginn der Kapelle im Jahr 1620 fiel mit der baulichen Gründung der kleinen Siedlung La Ermita zusammen.

Ganz in der Nähe gelangt man in das **Candelaria-Viertel**. Hier wuchs Miguel Ángel Asturias (1899–1974) auf, der guatemaltekische Träger des Nobelpreises für Literatur (s.S. 123).

Von hier aus ist es nicht mehr weit bis zur sehenswerten **Iglesia de la Merced** an der 11. Avenida, Ecke 5. Calle. Die zum Teil mit Gold bedeckte, mosaikartige Kuppel der Kirche ist schon von weitem zu sehen. Das neoklassizistische Bauwerk wurde 1813 fertig gestellt. Im barocken Innern der Kirche finden sich zahlreiche religiöse Kunstschätze, die zu einem beträchtlichen Teil aus Antigua stammen. Besonders sehenswert ist die Jesusfigur von Mateo de Zuñiga.

Ein Platz, um auszuruhen, Menschen zu beobachten oder einfach den Blick schweifen zu lassen ist der **Parque Central**, das Zentrum der Stadt (5.–7. Avenida, 6.–8. Calle). Hier, am Schauplatz von Revolutionen und Protestaktionen, Märkten und

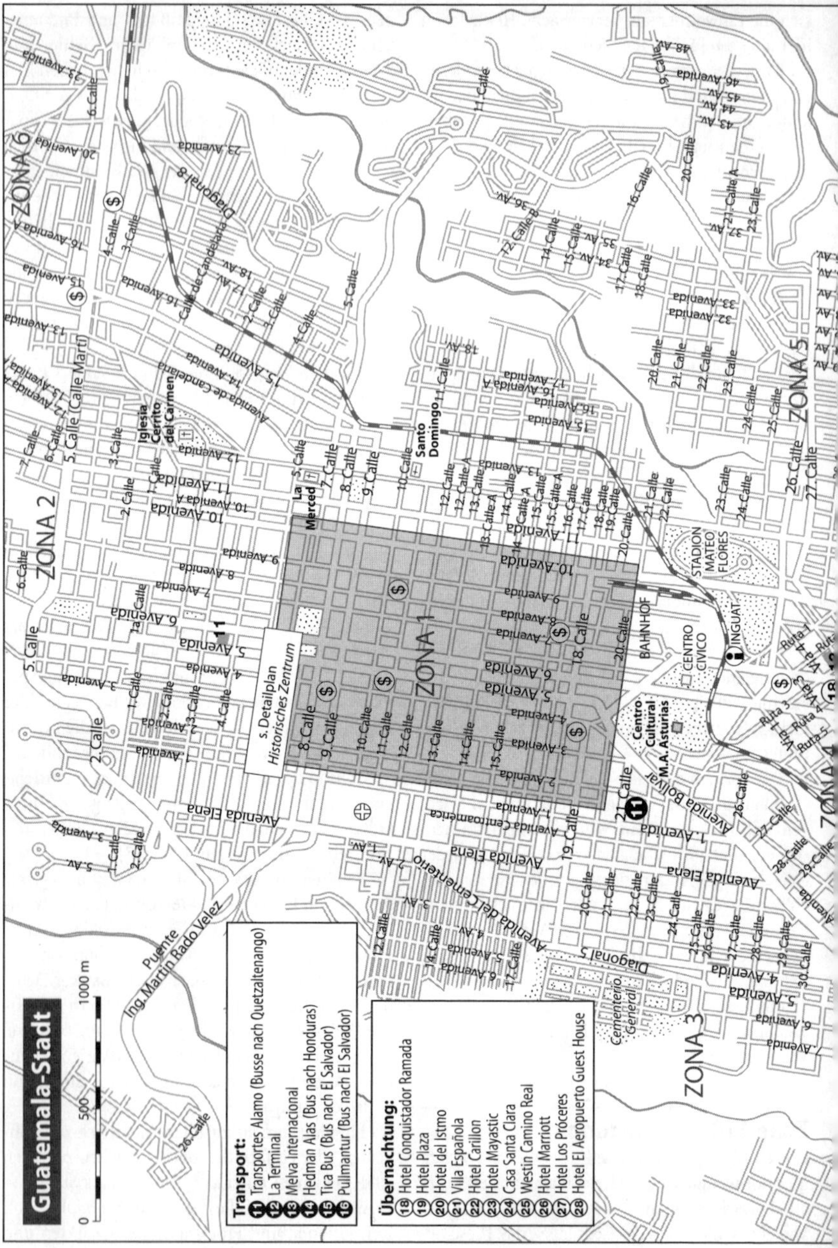
Guatemala-Stadt
0
500
1000 m
Transport:
11 Transportes Alamo (Busse nach Quetzaltenango)
12 La Terminal
13 Melva Internacional
14 Hedman Alas (Bus nach Honduras)
15 Tica Bus (Bus nach El Salvador)
16 Pullmantur (Bus nach El Salvador)
Übernachtung:
18 Hotel Conquistador Ramada
19 Hotel Plaza
20 Hotel del Istmo
21 Villa Española
22 Hotel Carillon
23 Hotel Mayastic
24 Casa Santa Clara
25 Westin Camino Real
26 Hotel Marriott
27 Hotel Los Próceres
28 Hotel El Aeropuerto Guest House
s. Detailplan Historisches Zentrum
ZONA 1
ZONA 2
ZONA 3
ZONA 5
ZONA 6
Iglesia Cerrito del Carmen
La Merced
Santo Domingo
BAHNHOF
CENTRO CIVICO
INGUAT
STADION MATEO FLORES
Centro Cultural M.A. Asturias
Cementerio General
Puente Ing. Martin Rado Velez
Avenida Elena
Avenida Bolivar
Avenida del Cementerio
Avenida Centroamérica
Avenida de Candelaria
Calle de Candelaria
Diagonal 8
Diagonal 5
5. Calle (Calle Martí)

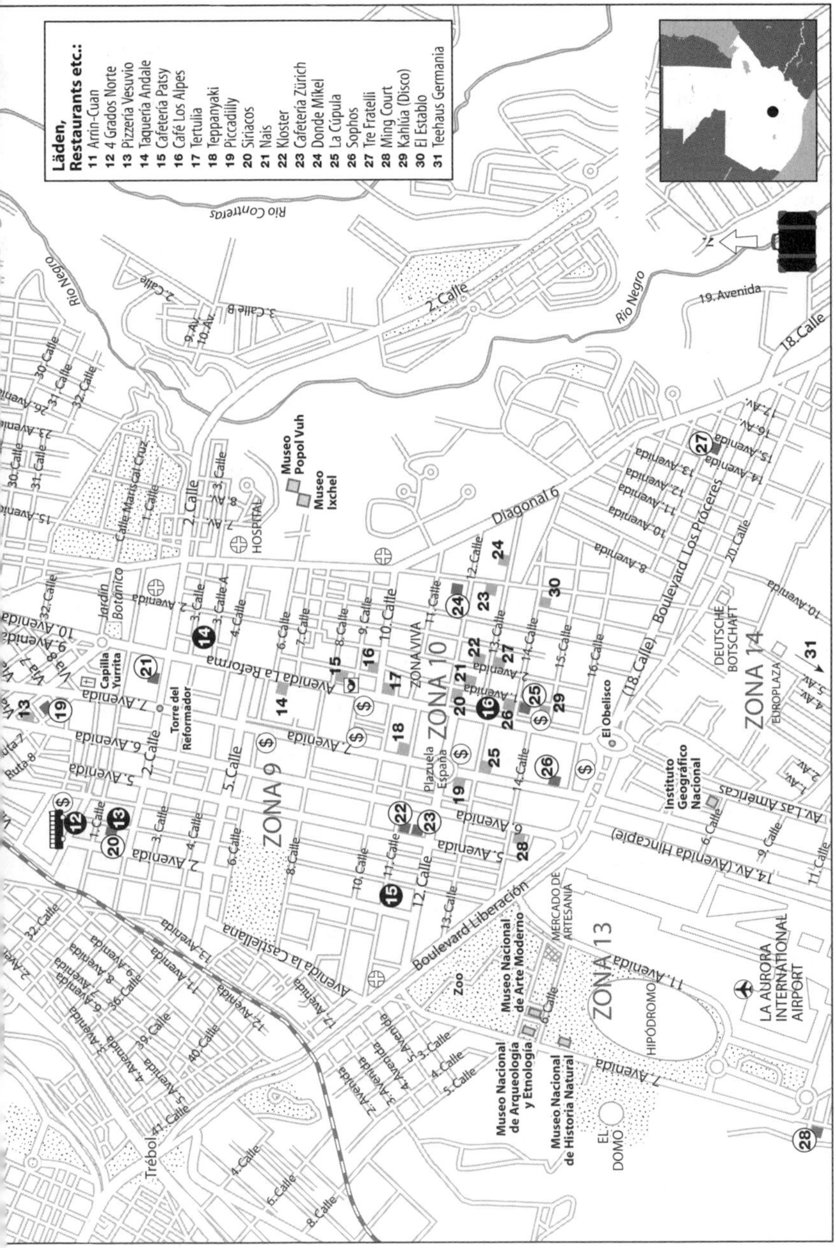
Läden, Restaurants etc.:
11 Arrin-Cuan
12 4 Grados Norte
13 Pizzería Vesuvio
14 Taquería Andale
15 Cafetería Patsy
16 Café Los Alpes
17 Tertulia
18 Teppanyaki
19 Piccadilly
20 Siriacos
21 Nais
22 Kloster
23 Cafetería Zürich
24 Donde Mikel
25 La Cúpula
26 Sophos
27 Tre Fratelli
28 Ming Court
29 Kahlúa (Disco)
30 El Establo
31 Teehaus Germania
ZONA 9
ZONA 10
ZONA 13
ZONA 14
ZONA VIVA
Avenida La Reforma
Diagonal 6
Boulevard Los Próceres
Boulevard Liberación
Avenida la Castellana
Av. Las Américas
14. Av. (Avenida Hincapié)
Río Negro
Río Contreras
Museo Popol Vuh
Museo Ixchel
HOSPITAL
Jardín Botánico
Capilla Yurrita
Torre del Reformador
Plazuela España
El Obelisco
DEUTSCHE BOTSCHAFT
EUROPLAZA
Instituto Geográfico Nacional
MERCADO DE ARTESANÍA
Zoo
Museo Nacional de Arte Moderno
Museo Nacional de Arqueología y Etnología
Museo Nacional de Historia Natural
HIPÓDROMO
EL DOMO
LA AURORA INTERNATIONAL AIRPORT
Trébol

Messen, Paraden, Umzügen und Musikveranstaltungen, ist eigentlich immer etwas los. Besonders lebhaft geht es sonntags zu, wenn sich hier Scharen von indianischen Hausmädchen an ihrem freien Tag treffen, um für ein paar Stunden ihrem Alltag zu entfliehen. Der früher auch *Plaza de Armas* genannte Parque Central wird im Westen von der 6. Avenida begrenzt; der gegenüberliegende **Parque Centenario** gehörte ursprünglich mit zur Gesamtanlage. Das auffälligste Gebäude ist der **Palacio Nacional**. Das 1938–43 unter der Regierung des Diktators Jorge Ubico errichtete Gebäude dominiert die Nordseite des Parque Central. Von hier aus werden alle Distanzen im ganzen Land berechnet. Der grüngraue Bau enthält neben 320 Zimmern, Säulengängen und Patios Kostbarkeiten wie Wandmalereien und bunte Fenster mit Szenen aus der guatemaltekischen Geschichte. Sehenswert sind außerdem die Empfangshalle mit dem zwei Tonnen schweren Kristallleuchter und der Bankettsaal mit Blick auf den Parque Central. Am 29. Dezember 1996 wurde im Nationalpalast der Friedensvertrag zwischen der Guerilla und der Regierung unterzeichnet. Eine Skulptur im Innenhof sowie eine ewige Flamme vor dem Palast gedenken der Ereignisse von damals. Der Palast wurde 1998 in ein Museum umgewandelt. ✆ 22206173, ⌚ Mo–Sa 9–12, 14–17 Uhr, Eintritt frei; wer möchte, kann an einer Führung auf Spanisch oder Englisch teilnehmen.

Etwas zurückgesetzt an der Westseite des Parque Centenario befindet sich die **Biblioteca Nacional** mit dem **Archivo General de Centro América**. Letzeres beherbergt über 100 000 Dokumente der postkolumbianischen Epoche. Die Unterlagen befinden sich zum Teil in einem bemitleidenswerten Zustand, und das Verwaltungssystem ist hoffnungslos veraltet. Auf der Südseite der Plaza befand sich früher noch vor dem **Portal de Comercio** – einem Arkadengang mit Geschäften – der *mercadito*, ein kleiner Markt, der für seine Auswahl an frischem Gemüse bekannt war. Das etwas verwahrloste Portal besitzt zwei Durchgänge, die zur 9. Calle führen. In der **Pasaje Rubio** wird Schmuck verkauft, während sich die **Pasaje Aycincena** zu einem beliebten Szenetreff entwickelt hat. An der Ostseite des Parque Central steht schließlich die **Catedral Metropolitana**. Die gewaltige Konstruktion mit zwei Glockentürmen wurde erst 1868 nach 86-jähriger Bauzeit ganz fertig gestellt. Sie enthält drei Schiffe mit länglichen Kuppeln, sechzehn zum Teil mit Blattgold überzogene Altäre und eine sehenswerte Basilika. Nach dem Beben von 1917 wurde die Kirche restauriert und 1937 mit einer aus Deutschland stammenden Orgel ausgestattet. Viele der wertvollen Kunstschätze stammen aus der Kathedrale von Antigua. An der Nordseite der Kirche befindet sich der **Palacio Episcopal** (Erzbischöflicher Palast), das Gebäude im Süden diente einst als Übungsraum für den Knabenchor.

Der hinter der Kathedrale, zwischen 6. und 8. Calle, gelegene **Mercado Central** (Zentralmarkt) fand in der Kolonialzeit noch unmittelbar auf der Plaza statt. Das nach dem Beben von 1976 erneuerte Gebäude bietet neben dem Verkauf von Obst und Gemüse auch eine komplette Souvenir-Etage. Zwar ist die Atmosphäre in dem einem Betonbunker ähnelnden Gebäude nicht besonders gemütlich, doch Preise und Auswahl sind durchaus akzeptabel. Wer hier guatemaltekische Küche probieren möchte, ist bei einem der vielen *comedores* an der richtigen Adresse.

Südlich des Parque Central erstreckt sich bis zur 18. Calle der Kernbereich der Zone 1. Südöstlich des Parks befinden sich einige interessante Bauwerke. Zunächst passiert man an der 9. Calle 9-70 das **Museo Nacional de Historia.** Wer sich für guatemaltekische Geschichte interessiert, kann unter anderem Kleider, Porträts von Staatsmännern und Dokumente aus der Kolonialzeit sowie des 19. Jahrhunderts begutachten. Sehenswert sind die Fotografien der Stadt von Eadweard Muybridge aus dem Jahr 1875. ✆ 22536149, ✉ museonh@starnet.net.gt, ⌚ Mo–Fr 9–17.30 Uhr, Eintritt Touristen US$1,40, Studenten frei.

Zwei Blocks östlich gelangt man zur Kirche **Santo Domingo**, die nach einer langen Planungsphase Anfang des 19. Jahrhunderts fertig gestellt wurde. Sie enthält wertvolle Kunstschätze wie z.B. die Silberkrone der beliebten Jungfrau des Rosenkranzes, in die Juwelen eingearbeitet wurden.

Vor dem Eingang befindet sich ein Denkmal für den Dominikaner Bartolomé de las Casas (s.S. 320), der sich mit der friedlichen Christianisierung der Indígenas einen Namen machte. 1968 wurde die Kirche zum historischen Monument erklärt.

Zurück auf der 9. Avenida passiert man bei der Hausnummer 9-79 das ehemalige Gebäude der San Carlos Universität, in dem jetzt gelegentlich Kultur-

Postgebäude in der Zone 1

veranstaltungen stattfinden. Schräg gegenüber (9. Av. 9-58) befindet sich das Gebäude des **Nationalkongresses**.

Nicht zu übersehen ist der Bogengang des im Kolonialstil restaurierten **Postgebäudes** (7. Avenida, Ecke 12. Calle), das in näherer Zukunft in ein Museum umgestaltet werden soll. Den hier angesiedelten Banken machen illegale Geldwechsler Konkurrenz.

Entlang der Hauptgeschäftsstraße, der **6. Avenida**, haben die Straßenverkäufer ihre dicht gedrängten Stände aufgebaut. Menschenmassen schieben sich rechts und links an den Händlern vorbei. Der bunte Werbeschilderwald über ihnen verwirrt mehr, als dass er informiert. Niemand sitzt hier zu seinem Vergnügen, denn zehn bis zwölf Stunden täglich müssen die Verkäufer Enge, Lärm und Schmutz ertragen. Reich dürfte wohl kaum einer mit dem Verkauf von Radios, Uhren oder T-Shirts werden, aber es fehlt an Alternativen. Somit ist die Anzahl der Straßenverkäufer auch immer ein Indikator für die wirtschaftliche Situation des Landes. Bemühungen der Stadtverwaltung, die Straßenverkäufer umzusiedeln, sind bisher an deren Widerstand gescheitert.

Zwischen der 13. und 14. Calle trifft man an der 6. Avenida auf das große Gelände der **Franziskanerkirche**. Die kreuzförmige Konstruktion aus dem Jahr 1851 wurde mit Zuckerrohrsirup, Kuhmilch und Eiweiß verstärkt. Dies half beim Erdbeben von 1917 allerdings wenig. Neben anderen Zerstörungen fiel auch ein großer Stützbogen von der Decke und enthüllte, dass die Priester auf dem Dachboden verbotene politische Bücher gehortet hatten. In einem kleinen Seiteneingang der Kirche an der 13. Calle befindet sich das **Museo Fray Francisco Vásquez** mit religiösen Gemälden, ⌚ 9–13, 14–17 Uhr, US$0,15. Das benachbarte Kloster wurde zum Polizeihauptquartier umfunktioniert.

Der früher so lebhafte, einladende **Parque Enrique Gómez Carrillo** in der 6. Avenida, zwischen 14. und 15. Calle, besser bekannt unter dem Namen **Parque Concordia**, musste mit seinem kompletten Baumbestand und seinen Imbissbuden einer Betonkonstruktion weichen. Damit begann eine neue Etappe in der unruhigen Geschichte dieses kleinen Areals. Die Stadtverwaltung plant, aus dem Park, der bereits 1825 angelegt worden und zwischenzeitlich den Franziskanern als Friedhof diente, erneut eine Grünfläche werden zu lassen.

Wer von hier aus zur 8. Avenida 14-12 geht, kann die liebevoll restaurierte **Casa M.I.M.A.**,

☏ 22534020, ✉ casamima@hotmail.com, besichtigen. Es handelt sich um ein Museum, das einen Überblick über das Wohnambiente des 19. bis zur Mitte des 20. Jahrhunderts gibt. Das ehemalige Wohnhaus wurde 1870 errichtet und 1920 vom späteren Architekten des Nationalpalasts Don Rafael Pérez de León umgebaut. Mit viel Liebe zum Detail hat die Stiftung *Fundación Cultural La Luz* Zimmer in den unterschiedlichsten Stilrichtungen eingerichtet. Eine kleine Sammlung kolonialer Bilder und Gegenstände sowie prähispanischer Keramik runden die Ausstellung ab, 🕓 Mo–Sa 9–12.30, 14–18 Uhr, US$2,80. Noch hektischer, lauter und chaotischer als in der übrigen Zone 1 geht es in der **18. Calle** zwischen 4. und 10. Avenida zu. Die Straße galt früher lange Zeit als Stadtgrenze. Hier verlässt man die engen Straßen des Zentrums, und das Stadtbild verändert sich.

Huelga de Dolores

Bunt geschmückte Festwagen, laute Musik, farbenfrohe Kapuzenträger vor dem Nationalpalast und ausgelassene Stimmung – einmal im Jahr herrscht in Guatemala-Stadt Karnevalstimmung! Und zwar immer eine Woche vor Karfreitag. Dann findet in der Hauptstadt der traditionelle Umzug der Studenten, der *desfile bufo* statt. Er ist Teil der Feiern zur *Huelga de Dolores*, dem „Streik der Schmerzen". Dabei verballhornen die Studenten mit provokanten Flugblättern und Pappmachéfiguren Politiker und Establishment, prangern Missstände an und kritisieren das System.

Die Geschichte der *Huelga de Dolores* ist bereits über hundert Jahre alt und begann 1898 mit der Machtübernahme des Diktators Estrada Cabrera. In den ersten Jahren war sie nur wenig mehr als eine organisierte Campusfeier der medizinischen und juristischen Fakultät der öffentlichen San Carlos Universität. Politischen Biss zeigte jedoch das im gleichen Jahr erschienene Satireblatt der Studenten *No nos tientes,* („Führe uns nicht in Versuchung"). Es brachte Straffreiheit, Veruntreuungen und Korruption der herrschenden Regierung ans Licht.

1922 gingen die Studenten zum ersten Mal mit ihrem Protest auf die Straße, wobei vorneweg ein Skelett, *La Chabala,* tanzte – das Symbol der „Streikenden". Das offizielle Kampflied, *La Chalana,* entstand unter kräftiger Mitwirkung von Guatemalas Literaturlegende Miguel Ángel Asturias. Diktator Ubico gefiel dieser Protest nicht. Er beschlagnahmte die Zeitschrift *No nos tientes* und verbot die *Huelga* während seiner Amtszeit von 1931 bis 1944. Ab 1945 fanden erneut Paraden statt, bei denen die Fakultäten ihren Anführer, den *Rey Feo* – den „hässlichen König" – präsentierten. Die Wahl des *Rey Feo* ist als Parodie auf die in Guatemala beliebten Schönheitswettbewerbe entstanden. Der *Rey* muss sich mit einem originellen Unterhaltungsprogramm auf dem Campus vor seinen Kommilitonen beweisen, bevor er gewählt wird.

Während des Bürgerkrieges trugen die Studenten Kapuzen, denn sie mussten Repressalien der Regierung fürchten. 1982 untersagte Präsident Lucas García den öffentlichen Umzug; die Feiern fanden in jenem Jahr nur innerhalb des Universitätsgeländes statt. 1992 kam es, wie schon das eine oder andere Mal zuvor, zu einem blutigen Zwischenfall: Eine Militärpatrouille erschoss bei den Vorbereitungen für die Parade einen Studenten. Sieben weitere wurden verletzt.

Aber auch die Studenten sorgten für negative Schlagzeilen. Viele von ihnen randalierten unter dem Schutz ihrer Kapuzen, belästigten Passanten, die keinen Solidaritätsobulus zahlen wollten, und verprügelten angebliche Delinquenten. Nach ernsthaften Appellen des Veranstaltungskomitees ist die Gewaltbereitschaft der Studenten spürbar gesunken. Inzwischen gleicht die *Huelga de Dolores* mehr einer Mischung aus Karnevalsumzug und Love Parade. Das Spektakel gehört wie die Osterprozessionen fest zum Straßenbild der Hauptstadt. Der Studentenprotest wird von Politikern und Militärs kaum geliebt, aber zähneknirschend geduldet. Denn als „Sprachrohr des Volkes" genießt die *Huelga de Dolores* die Unterstützung und die Solidarität des überwiegenden Teils der Bevölkerung.

Im Gebiet um die 18. Calle haben viele Busgesellschaften einen Terminal, und Unmengen von Fastfood-Restaurants, Billighotels und Verkaufsständen prägen die Szene. Vorsicht vor Taschendieben!

An der Kreuzung zur 6. Avenida steht das leider etwas heruntergekommene Gebäude der **Tipografía Nacional**, der Staatsdruckerei.

Weiter östlich auf der 18. Calle führt der Weg zum Holzgebäude des stillgelegten Hauptbahnhofs. Auf dem Platz vor dem Bahnhof fanden früher Stierkämpfe statt. Die **Estación Central**, 9. Av. 18-03, ✆ 22536726, wurde nach einem Brand wieder restauriert und beherbergt ein kleines Eisenbahnmuseum. Einige der Akten, die hier beim Feuer von 1995 verbrannten, hätten sicherlich Aufschluss über mögliche Korruptionsfälle bei der guatemaltekischen Eisenbahn geben können, 🕓 Di–So 9–17 Uhr, Eintritt frei.

Zurück auf der 6. Avenida fällt der Blick in Richtung Süden auf einen steilen Hügel mit einem futuristisch anmutenden Bauwerk, vor dem rechter Hand ein Marktgebäude liegt. Hier thront das moderne **Centro Cultural M. A. Asturias** mit dem Nationaltheater und einer Freilichtbühne. Das 1978 eingeweihte Gebäude befindet sich auf dem ehemaligen Gelände des **Cuartel San José**, von dem nur Mauerreste erhalten sind. Die Festung wurde während der Revolutionsgefechte 1944 zerstört und nicht wieder aufgebaut. Ein kleines Museum zeigt Waffen aus jener Zeit. Im Nationaltheater werden eine Vielzahl kultureller Veranstaltungen angeboten, Infos s.S. 161, Unterhaltung, oder in der Tagespresse.

Durchschnitten von der 7. Avenida, liegen gegenüber dem Kulturzentrum die Hochhäuser des Verwaltungsbereiches **Centro Cívico**. In diesem zubetonierten Stadtteil regiert die Funktionalität: Außer der Stadtverwaltung, der *Banco de Guatemala,* dem Justiz- und Finanzministerium befindet sich hier auch das blau-weiße Hochhaus des guatemaltekischen Tourismusinstituts *INGUAT*.

Unterhalb des benachbarten Nationalen Instituts für Ausbildung und Produktivität INTECAP breitet sich die **Ciudad Olímpica** mit ihren verschiedenen Sportstätten aus, darunter auch das große **Fußballstadion Mateo Flores.**

Zone 4

Südlich des Centro Cívico beginnt die Zone 4, die einige Besonderheiten aufweist. Die Hauptachsen der Stadt – die 6. und 7. Avenida – durchziehen diese Zone. Die Straßen, die nur in diesem Bereich schräg dazu verlaufen, werden Rutas und Vías genannt. Tagsüber ist die Zone ein eher biederes Geschäfts- und Regierungsviertel mit mehrstöckigen Einkaufszentren, wie z.B. dem **Centro Comercial** an der 6. Avenida. Abends jedoch mutiert sie zu einem Vergnügungszentrum mit unzähligen Bars, Striptease-Lokalen und Nachtclubs. Außerdem befinden sich hier ein Busbahnhof und der größte Warenumschlagplatz des Landes, kurz **La Terminal** genannt (s. S. 152, Kasten). Das Gebiet umfasst den gesamten Bereich südlich der Ruta 8, westlich der 4. Avenida, nördlich der 1. Calle, Zone 9, und der Eisenbahnlinie.

Neues Leben hat der Zone 4 der Kultur- und Kreativtreffpunkt **4 Grados Norte** eingehaucht, wo sich zwischen der 7. und 9. Avenida (unterhalb der 24. Calle und noch vor dem *INGUAT*-Gebäude) mittlerweile ein Großteil der alternativen Kulturaktivitäten der Hauptstadt abspielt. Kleine Fußgängerzonen führen an pfiffig aufgemachten Cafés, Bars, Restaurants und anderen Shops vorbei. Abends ist am meisten los. Infos über Veranstaltungen bekommt man beim Kulturbüro 4 Grados Norte, Vía 4, 1-61, Lokal 1, ✆/📠 23620887, ✉ distritocultural@intelnet.net.gt. Ebenfalls dort niedergelassen hat sich das Centro Cultural de España, Vía 5, 1-23, mit unterschiedlichem Kulturangebot. Ein weiteres kulturelles Muß ist das Centro Cultural del IGA (Instituto Guatemalteco-Americano), 9a. Av. 0-31, ✆ 23384560, 💻 www.iga.edu, das sich in den letzten Jahren zu einem viel beachteten Kulturzentrum für Kunst, Theater und Musik gewandelt hat.

An der Ruta 6 liegt auf Höhe der Vía 8 die **Capilla Yurrita**, eine der kuriosesten Kirchen des Landes. Sie wurde von dem wohlhabenden Philanthropen Felipe Yurrita Castañeda errichtet. Er bedankte sich mit dem Bau dafür, dass er den Ausbruch des Vulkans Santa María im Jahr 1902 überlebt hatte. Die kleine Kapelle weist außen wie innen die unterschiedlichsten Stilarten auf. In der Eingangstür befinden sich sehenswerte Schnitzereien von Kolonialgebäuden aus Antigua.

La Terminal – Stadt in der Stadt

Wer kann, macht um *La Terminal* einen großen Bogen: denn der größte Warenumschlagplatz, Busbahnhof und Markt des Landes ist alles andere als einladend. Hunderte rußende, hupende Busse verstopfen schon früh morgens die Zufahrten und bringen das, wovon *La Terminal* lebt: Handelsgüter aller Art – und Menschen, die sie kaufen. Dicht an dicht drängen sich die Geschäfte und Holzverschläge – beinahe die Hälfte ist nicht offiziell registriert. Ob Obst, Gemüse, Fleisch und Meeresfrüchte, Ersatzteile, komplette Automotoren, Unterhaltungselektronik oder Kleidungsstücke, ob Großhandel mit Maismehl oder nur ein kleiner Eiswagen – hier gibt es nichts, was es nicht gibt.

Schwer beladen hasten die Menschen durch die engen Gänge, in der Luft hängt der Geruch von Abfall und Urin. Über vier Jahrzehnte ausuferndes Wachstum haben aus *La Terminal* in der Zone 4 der Hauptstadt einen unkontrollierbaren, chaotischen Moloch gemacht, der seinen eigenen Gesetzen folgt. Standgebühren werden hinterzogen, und Kriminalität ist so alltäglich wie der Dreck und Gestank. Die Diebe sind bekannt. Aber als einer von ihnen vor ein paar Jahren angezeigt wurde, verschwand der Denunziant wenig später spurlos. Wo ist hier die Ordnungsmacht? Gerade mal zwei Polizisten sollen eine Fläche von 3,7 ha „sauber halten", ohne Funkgeräte und mit einem defekten Telefon. Es würde wahrscheinlich keinen Unterschied machen, wenn sie nicht dort wären. Dabei steht auf dem Areal ein großes, zweistöckiges Gebäude, in dem einmal 100 Polizisten ihren Dienst verrichten sollten. Das Geld für den Bau sammelten die Verkäufer, nur leider wurden die Beamten aus unerfindlichen Gründen niemals dorthin abgestellt.

In *La Terminal* bleiben Händler und Kunden gern unter sich. Neulinge sind unerwünscht und werden argwöhnisch beäugt. Schließlich hat jeder viel Zeit und Geld investiert, um sich zu etablieren. Die meisten Stände werden von Generation zu Generation vererbt. Für noch mehr Konkurrenz ist kein Platz. Offizielle Statistiken gibt es keine, aber man schätzt, dass ca. 8000 Händler tagtäglich einen Umsatz von rund 5 Mio. Euro erwirtschaften.

Doch das neue Millenium bringt auch für *La Terminal* einige Änderungen. Im Jahr 2000 verlegte die Stadtverwaltung den gesamten Großhandel unter massiven Protesten in die *Central de Mayoreo* (CENMA) in der Zone 12. Zusätzlich geplant ist der Bau von zwei Markthallen, um die ausufernde Schar der Straßenhändler aufzunehmen. Angesichts leerer Stadtkassen und des hartnäckigen Widerstands der Händler gegenüber Veränderungen scheint dies alles jedoch kaum mehr als ein frommer Wunsch.

Zone 9

Eingeengt von den Zonen 10 und 8, bietet die Zone 9 nur wenige touristische Attraktionen. Sie wird heutzutage von Hotels, Banken, Restaurants und Geschäften dominiert, obwohl sie früher ein beliebtes Villenviertel war. Die wenigen Sehenswürdigkeiten liegen hintereinander an der 7. Avenida. Folgt man dieser aus der Zone 4 kommend Richtung Süden, ist schon von weitem der **Torre del Reformador** an der Ecke der 2. Calle zu sehen. Die ausgefallene Stahlkonstruktion stellt die guatemaltekische Version des Eiffelturms dar (s.S. 154, Kasten).

Auf Höhe der 12. Calle trifft die 7. Avenida auf einen großen Platz mit Kreisverkehr. Mittelpunkt der **Plazuela España** ist der über zweihundert Jahre alte Brunnen. Dieser wurde 1789 zur Krönung Karls III. von Spanien eingeweiht und stand früher am Parque Central. Ein Beispiel für den achtlosen Umgang der Guatemalteken mit Kulturgütern sind die vier wunderschönen Kachelbänke an der Plazuela: Die auf ihren Fliesen dargestellten Kolonialszenen müssten dringend renoviert werden.

Zone 10

Immer noch finden sich hier die besten Adressen der Stadt, was Botschaften, Hotels, Banken oder Privatkliniken angeht. Zum Wohnen haben sich die

Kachelbank an der Plazuela España

Wohlhabenden allerdings in die ruhigere Zone 14 oder gleich an die Berghänge zurückgezogen.

Die Hauptstraße der Zone 10 ist die prachtvolle **Avenida La Reforma**, der schönste Boulevard der Stadt. Die sechsspurige Allee erstreckt sich über 2,5 km von der Zone 4 bis zum Unabhängigkeitsdenkmal und bildet die Grenze zwischen den Zonen 9 und 10.

Wer sich vom Stress und der Hektik der Großstadt ein wenig erholen möchte, sollte dem an der Nordgrenze der Reforma liegenden **Jardín Botánico**, ✆ 23310904, einen Besuch abstatten. Der botanische Garten war bei seiner Gründung 1922 der erste seiner Art in ganz Mittelamerika und wird heute von der San Carlos Universität betrieben. Rund 1200 teils beschriftete Pflanzen und Bäume sind darin zu bewundern, ⌚ Mo–Fr 8–15, Sa 8.30–12 Uhr, US$1,40. Auf demselben Gelände befindet sich auch das nicht besonders attraktive **Museo de Historia Natural**, ⌚ Di–Fr 9–16, Sa,So 9–12, 14–16 Uhr, Im weiteren Verlauf der Reforma passiert man die einer Spielzeugburg ähnelnde **Escuela Politécnica**, die nach dem guatemaltekischen Geheimdienst nun eine Offiziersschule beherbergt. Ein Stück weiter südlich liegt das Botschaftsgebäude der USA, das an Wochentagen von Visasuchenden umlagert ist. Hier beginnt oder endet für viele der „amerikanische Traum", denn eine Einreiseerlaubnis zu erhalten ist nicht einfach.

Etwas zurückgesetzt, auf dem Campus der **Privatuniversität Francisco Marroquín** (Calle 6 Final), befinden sich zwei der sehenswertesten Museen der Hauptstadt. Ein Muss für jeden Guatemala-Besucher ist das **Museo Ixchel**. Es wurde 1973 gegründet und 1993 an seinen jetzigen Standort verlegt. Das Privatmuseum besitzt eine Sammlung von über 6000 indianischen Trachten aus rund 140 indianischen Gemeinden. Einige der Trachten sind ausgestellt. Ixchel, die Namensgeberin des Museums, wurde bei den Maya als Göttin des Webens, des Mondes und der Fruchtbarkeit verehrt. Das Museum versteht sich auch als Forschungs-, Publikations- und Beratungsstätte rund um das Thema indianische Textilien. Kurze Dokumentationsvideos – auf Wunsch auch in Englisch – informieren den Besucher über Webtechniken und die Herkunft der Materialien sowie über indianische Bruderschaften *(cofradías;* s.S. 116) und den Atitlán-See. Zwei permanente Kunstausstellungen zeigen Bilder der Trachtenmalerin Carmen L. Pettersen und des aus Comalapa stammenden indianischen Künstlers André Curruchich.

El Torre del Reformador – Der Turm des Reformators

Der Pariser Eiffelturm in Guatemala-Stadt? Wer auf der 7. Avenida der Hauptstadt von der Zone 9 in die Zone 4 fährt, reibt sich verwundert die Augen, erhebt sich doch über der Kreuzung mit der 2. Calle ein 75 m hohes Eisengerüst, das wie der Pariser Eiffelturm in Kleinformat aussieht. In der Tat hatten zwei frühere Staatspräsidenten eine Schwäche für französische Bauwerke. Bereits zu Beginn des 20. Jahrhunderts ließ General Reyna Barrios die Avenida La Reforma als Kopie der französischen Champs-Élysées gestalten. Damit nicht genug: 1935 baute die *United States Steel Products Company* einen Mini-Eiffelturm für eine Messe in den USA. Guatemaltekische Staatsfunktionäre, die daran teilnahmen, ließen das Bauwerk im Auftrag des Diktators Ubico nach Guatemala bringen, wo es noch im selben Jahr zu Ehren des Reformators Justo Rufino Barrios eingeweiht wurde. Geld spielte keine Rolle – obwohl sich das Land in einer schweren wirtschaftlichen Krise befand, wurde das Eisengerüst für knapp US$50 000 aufgestellt. Lange Zeit war der Turm das höchste Bauwerk des Landes, aber mit den vielen modernen Hochhäusern von heute kann er nicht mehr mithalten. Doch noch immer klettert der eine oder andere angetrunkene Student im Rahmen einer Wette bis zur Spitze und läutet die dort angebrachte Glocke als akustischen Beweis seines Wagemuts. Imposant wirkt der Turm heutzutage eigentlich nur noch nachts, wenn er mit seinen vielen Lichtern einer kurz vor dem Start stehenden Rakete gleicht.

Er ist einer der Pioniere der naiven indianischen Malerei, die unter anderem das Landleben und religiöse Zeremonien darstellt. Im Museum gibt es auch eine themenspezifische Bibliotek, einen nicht ganz billigen Souvenirshop sowie eine Cafeteria mit einer Sammlung sehenswerter indianischer Blusen in Miniaturformat. ✆ 23313622, ⌚ Mo–Fr 9–17, Sa 9–13 Uhr, US$3,20.

Eine ähnliche Mission wie das Museo Ixchel hat sich das gegenüberliegende **Museo Popol Vuh** auf die Fahnen geschrieben. Hier wird unter anderem die archäologische und koloniale Vergangenheit Guatemalas erforscht, bewahrt und der Öffentlichkeit zugänglich gemacht. Als die Familie Castillo der Universität Francisco Marroquin ihre archäologische Sammlung schenkte, war das Anlass genug, ein Museum zu gründen. Seinen Namen erhielt es vom heiligen Buch der Quiché-Maya – dem *Popol Vuh*. Das Gebäude umfasst acht Säle mit Ausstellungsstücken zu den jeweiligen Kulturepochen. Aus der Vorklassik (1500 v.Chr.–250 n.Chr.) sind besonders Keramikgefäße und -figuren aus Kaminaljuyú hervorzuheben. Einige der schönsten Stücke der Kollektion stammen aus der klassischen Periode der Maya (250–900 n.Chr.) Hierzu gehört neben Gefäßen und Tonpfeifen ein Altar mit Hieroglypheninschrift. Aus der Postklassik (900–1524 n.Chr.) sind die große Sammlung von Graburnen und eine authentische Kopie des Dresden-Kodex als Höhepunkte zu nennen. Aus der Kolonialzeit sind religiöse Kunst, Silberarbeiten und traditionelle Tanzkostüme erhalten. Neben einer öffentlichen Bibliothek gibt es einen kleinen, gut sortierten Buchladen. ✆ 23612301, ⌚ Mo–Fr 9–17, Sa 9–13 Uhr, US$3,20.

Wer nach so viel Kultur und Bildung etwas Unterhaltung braucht, ist in der **Zona Viva** bestens aufgehoben. Die guatemaltekische Vergnügungsmeile befindet sich zwischen 10. und 14. Calle. Nachts trifft sich hier die Schickeria der Stadt in unzähligen Bars, Restaurants und Discotheken. Billig ist das Vergnügen allerdings nicht.

Am südlichen Ende der Zone 10 befindet sich zwischen der 16. und 18. Calle das Einkaufszentrum **Centro Comercial Los Próceres**. Hier steht inmitten des Kreisverkehrs der **Plaza Obelisco** das *Monumento a los Próceres de la Independencia*, kurz **El Obelisco** genannt. Das Denkmal ist den Führern der Unabhängigkeitsbewegung von Spanien gewidmet.

Zone 13

Westlich der Plaza Obelisco verläuft der **Boulevard Liberación** (Diagonal 12), der die Zonen 9 und 13 begrenzt. Ihn begleiten parallel auf einigen hundert Metern die Überreste des kolonialen Aquädukts **La Culebra**, der früher Wasser aus dem Südosten in die Stadt brachte.

Unmittelbar dahinter beginnt die Landebahn des **Flughafens La Aurora**.

Westlich des Flughafens erstreckt sich eine Gegend mit verschiedenen Ausflugsangeboten. Hier liegen drei staatliche Museen direkt nebeneinander (das Gelände ist auch unter dem Namen Finca La Aurora bekannt). ◷ alle drei Di–Fr 9–16, Sa, So 9–12, 13.30–16 Uhr. Am sehenswertesten ist sicherlich das **Museo Nacional de Arqueología y Etnología** im Gebäude Nr. 5 mit allem Wissenswerten zur Maya-Geschichte und mit archäologischen Fundstücken der Maya-Stätten Kaminaljuyú bis Piedras Negras. Darüber hinaus werden Stelen, Keramik, Masken und Trachten gezeigt. Eindrucksvoll sind der Jadesaal sowie ein Modell von Tikal. ✆/📠 24720489, ◷ Jadesaal Sa, So geschlossen, US$4,20, Studenten frei.

Gegenüber im Gebäude Nr. 6 befindet sich das **Museo Nacional de Arte Moderno**, ✆ 24720467, US$1,40, Studenten frei. Die etwas vernachlässigte Ausstellung präsentiert Werke guatemaltekischer Künstler des 20. Jahrhunderts. Das **Museo Nacional de Historia Natural**, ✆ 24720468, US$1,40, Studenten frei, befindet sich im Gebäude Nr. 4 und präsentiert in der 1999 eingeweihten *Sala de Ecosistemas* einen Überblick über alle guatemaltekischen Naturräume. Im Übrigen sind nur noch ausgestopfte Tiere und ein paar Mineralien zu sehen. Auf dem ganz in der Nähe beheimateten **Mercado de Artesanía**, einem kleinen, etwas steril anmutenden Kunsthandwerkermarkt, kann man vor dem Abflug noch schnell ein paar Souvenirs kaufen.

Vor allem an Wochenenden stark von Familien frequentiert ist der **Parque Zoológico La Aurora** am Boulevard Juan Pablo II. Hier gibt es viele einheimische Tierarten zu sehen, die man leider in freier Wildbahn kaum noch zu Gesicht bekommt. ✆ 24750894, 💻 www.laurorazoo.com.gt, ◷ Di–So 9–17 Uhr, US$2.

Etwas außerhalb des Zoos steht nordwestlich der Gehege das wenig interessante, aus Beton errichtete Monument des Indianerführers **Tecún Umán**. Westlich der Museen, entlang der 7. Avenida der Zone 13 steht **El Domo**, eine riesige überdachte Mehrzweckhalle, die häufig für internationale Konzerte genutzt wird, aber u.a. auch schon Austragungsort der Hallenfußball-Weltmeisterschaft war.

Zone 14

Dieses weitläufige, exklusive Wohn-, Geschäfts- und Botschaftsviertel mit teuren Hotels, Restaurants und Kinos bietet dem Reisenden wenig Sehenswertes. Die Hauptachse der Zone 14 und Grenze zur Zone 1 ist die **Avenida Las Américas**, die Verlängerung der Avenida La Reforma nach Süden hin. Hier stehen wenig auffallende Denkmäler unter anderem von Christoph Kolumbus und Papst Johannes Paul II. Vorbei am **Instituto Geográfico Nacional**, Avenida Las Américas 5-76, Z. 13, ✆ 23601107, ◷ Mo–Fr 9–16.45 Uhr, in dem man Detailkarten des Landes erhält, gelangt man schließlich zur **Plaza Berlin**. Die Neubauten der vergangenen Jahre versperren zunehmend den früher sehr schönen Ausblick auf den Amatitlán-See und den Vulkan Pacaya. An der **Avenida Hincapié** befindet sich die Zufahrt zum Terminal für Inlandsflüge.

Universidad San Carlos

Nach der Zerstörung Antiguas 1773 zog auch die dort gegründete San Carlos Universität mit nach Guatemala-Stadt. Aus Platzgründen musste sie später von der Zone 1 in die Zone 12 verlegt werden. Der riesige Campus der größten staatlichen Universität bietet rund 100 000 Studenten ein breit gefächertes Studienangebot in zehn Fakultäten. Weitere 22 000 studieren in zehn Außenstellen im Landesinneren.

Seit 1945 besitzt die Universität einen Autonomiestatus und hat einen gesetzlichen Anspruch auf 5% des guatemaltekischen Staatshaushalts. Das Autonomieprivileg hat jedoch in den vergangenen Jahrzehnten zahlreiche Studenten, Professoren und 1981 sogar den Rektor der Hochschule das Leben gekostet. Sie alle wurden Opfer militärischer und paramilitärischer Gruppierungen, die im Auftrag der herrschenden Elite hart gegen die häufigen Protestaktionen der Akademiker vorgingen. Auch heute noch betrachten einige rechtsgerichtete Politiker die USAC als Keimzelle staatsfeindlicher Aktionen. Weitgehend störungsfrei verläuft inzwischen dagegen die jährlich zur Osterzeit stattfindende **Huelga de Dolores** (Streik der Schmerzen). Karnevalsgleich ziehen dann die Studenten eine Woche vor Karfreitag, dem *viernes de dolores*, in einer großen Parade mit Festwagen durch die Stadt und prangern politische, wirtschaftliche und soziale Missstände an (s.S. 150, Kasten).

Straßenkinder in Guatemala-Stadt

Nahamán Carmona López wurde nur 13 Jahre alt. Vier Polizisten haben ihn am 4. März 1990 zu Tode getreten. Augenzeuge dieses Verbrechens war der achtjährige Hugo López Rivera. Passanten fanden seine Leiche am 24. Oktober desselben Jahres; vor seinem Tod war er schwer misshandelt worden.
Beide Jungen waren Straßenkinder, zwei von rund 6000, die es in Guatemala gibt – Tendenz steigend. Die meisten von ihnen leben in der Hauptstadt. Ihr Schicksal ist in doppelter Hinsicht tragisch: Zum einen stammen sie aus zerütteten Familien und kämpfen auf den Straßen der Großstadt ums Überleben. Was sie durch Diebstähle oder Überfälle erbeuten, wird dazu verwandt, das Elend für ein paar Stunden mit billigem Klebstoff oder Lösungsmitteln wegzuschnüffeln. Zum anderen sind die Kinder den Angriffen staatlicher und privater Sicherheitskräfte so gut wie schutzlos ausgesetzt: Immer wieder kommt es vor, dass Uniformierte Kinder prügeln, Hunde auf sie hetzen, sie zwingen, Abwasser zu trinken oder Tüten mit Klebstoff zu schlucken. Allein im September 1997 wurden in einer Woche sieben Straßenkinder umgebracht.
Die traurige Situation der obdachlosen Kinder spiegelt wider, wie sehr sich gesellschaftliche Not, Armut und Gewalt im ganzen Land verschärft haben. Die Organisation *Casa Alianza* versucht seit Jahren, das Problem zu lösen, indem sie Straßenkinder in einer Schutzunterkunft in der berüchtigten Zone 1 betreut. Doch solange in Guatemala die Armut nicht behoben ist, werden selbst die ehrgeizigsten Hilfsmaßnahmen auch in Zukunft kaum verhindern können, dass Kinder auf der Straße leben müssen.

Zone 3

Es gibt nur wenige Gründe, die Zone 3 zu besuchen. Zum einen befindet sich hier die größte Müllkippe *(basurero)* der Stadt, zum anderen der **Hauptfriedhof** *(cementerio general)*. Beiden Stätten ist gemeinsam, dass sie aus allen Nähten platzen.

Während die Müllkippe nach einem wochenlangen Schwelbrand 1999 nun endgültig an den Stadtrand verlegt werden soll, heißt es auf dem Friedhof für die Grabstätten „zusammenrücken". Schon jetzt liegt ein Großteil der Bestatteten neben- und übereinander in langen Mauerreihen. Die etwas Begüterten haben ihren Verblichenen dagegen kleine oder größere Mausoleen geschaffen. Auch nach dem Tod wird noch um die schönste Grabstätte gewetteifert.

Der Friedhof ist durchaus einen Besuch wert, da hier viele berühmte Guatemalteken ihre letzte Ruhestätte gefunden haben. Weil die Gegend etwas unsicher ist, sollte man einen Bus (Abfahrt entlang der 18. Calle) oder ein Taxi nehmen.

Kaminaljuyú

Weit im Nordwesten der Hauptstadt und größtenteils von den Wohnkolonien der Zone 7 überbaut, befinden sich die Überreste der einst florierenden 5 km2 großen Stadt mit rund 50 000 Einwohnern. Bei **Ausgrabungen** im 20. Jahrhundert wurden 200 Hügel und Pyramiden sowie 13 Ballspielplätze freigelegt. Die Erbauer der Stadt verwendeten damals Lehmziegel, die im Laufe der Jahre völlig verwitterten und die einstige Pracht und Größe nur noch schwer erahnen lassen.

Die Geschichte von Kaminaljuyú lässt sich in zwei wichtige Phasen unterteilen: Die Stadt erlebte in der späten Vorklassik bis zur frühen klassischen Phase im Zeitraum 400 v.Chr. bis 100 n.Chr. eine erste Blütezeit. Fundstücke aus dieser Epoche belegen, dass die Einwohner bereits lesen und schreiben konnten. Nach zwei Jahrhunderten eines ungeklärten Verfalls konnte Kaminaljuyú erst mit Hilfe von Einwanderern aus dem heutigen Mexiko an den alten Ruhm anknüpfen. Die Blütezeit des mexikanischen Teotihuacán färbte auch auf die Stadt ab: Sie wurde im 4. Jahrhundert n.Chr. ein wichtiger Außenposten, dem eine Vermittlerrolle zwischen Teotihuacán und den Tiefland-Maya im Petén zukam. Kaminaljuyú wurde zur größten Stadt des guatemaltekischen Hochlands und kontrollierte neben den Obsidianminen auch alle wichtigen Handelsrouten der Region.

Zusammen mit Tikal bildeten Kaminaljuyú und Teotihuacán eine jahrhundertelange, erfolgreiche Allianz. Doch der Niedergang der beiden Partnerstädte besiegelte auch das Schicksal Kaminaljuyús. Besonders der Machtverlust Teotihuacáns im 6. Jahrhundert schwächte die Stadt so sehr, dass sie sich nicht mehr erholte und verfiel.

Heutzutage wird die Anlage meist von Einheimischen zum Picknick oder Fußballspiel an Wochenenden aufgesucht. Gelegentlich findet auch ein Treffen von Maya-Priestern an diesem für die Indígenas heiligen Ort statt. Da es nicht mehr viel zu sehen gibt, investiert man Zeit und Geld besser in den Besuch des **Museo Nacional de Arqueología y Etnología** (Zone 13), in dem Fundstücke Kaminaljuyús zu sehen sind. ⏲ Di–Fr 9–16, Sa,So 9–12, 13.30–16 Uhr, US$4,20.

Übernachtung

ZONE 1 – In der Zone 1 befinden sich die günstigsten Hotels der Stadt. Die allerbilligsten Absteigen liegen zwischen der 8.–9. Avenida und 15.–18. Calle, jeweils in der Nähe der Busterminals. Der Standard ist überall gleich bescheiden – mehr als eine Nacht wird hier wohl kaum jemand freiwillig verbringen. Es gibt ein recht großes Angebot an guten Hotels der mittleren Preisklasse, und die Luxushotels der Zone 1 locken mit vergleichsweise günstigen Preisen.

Pensión Meza, 10. C. 10-17, ✆ 22323177, recht dunkle, etwas heruntergekommene Zimmer, z.T. mit Du/WC, bei Travellern wegen der günstigen Preise dennoch beliebt. Schon Fidel Castro und Che Guevara haben hier genächtigt. ❶

Hotel Fenix, 7. Av. 15-81, ✆ 22516625, sehr einfache, aber sehr billige Zimmer mit oder ohne Bad. ❶–❷

Hotel Hernani, 15. C., Ecke 6. Av. A, ✆ 22322839, beliebter und günstiger Übernachtungsort in einem großen, alten Gebäude. ❷

Hotel Monteleone, 18. C. 4-63, ✆ 22382600, 📠 22539205, ✉ monteleone@intelnet.net.gt, saubere und sichere Zimmer, Internetcafé, direkt gegenüber der Busstation nach Antigua. ❷

Hotel Ajau, 8. Av. 15-62, ✆ 22320488, akzeptables Preis-Leistungs-Verhältnis, angenehmes Ambiente, Internetservice, sauber, Parkplatz. ❷

Hotel Chalet Suizo, 7. Av. 14-34, ✆ 22513786, 📠 22320429, die ehemalige Billigunterkunft ist teurer geworden, aber die Zimmer sind sauber und sicher. ❸

Hotel Excel, 9. Av. 15-12, ✆ 22532709, akzeptable Zimmer. ❸

Spring Hotel, 8. Av. 12-65, ✆ 22302858, 📠 22320107, 💻 www.hotelspring.com, schöner Patio, große Zimmer im Kolonialstil, zur Straße hin laut. Gleich nebenan befindet sich das Heim der *Casa Alianza*. Hier kann man sich direkt über die Situation der Straßenkinder von Guatemala-Stadt informieren. ❸

Hotel Reforma, 18. C. 9-45, ✆ 22213393, alteingesessenes Hotel mit Alt- und Neubau, nüchterne Zimmer, nach hinten ruhiger, günstige Lage zu Busterminals, sehr sauber. ❸

Hotel Colonial, 7. Av. 14-19, ✆ 22326722 📠 22328671, ✉ info@hotelcolonial.net, 💻 www.hotelcolonial.net, im Kolonialstil, mit sauberen, altmodischen, etwas dunklen Zimmern, die z.T. sehr unterschiedlich sind, Restaurantservice. ❸

Posada Belén, 13. C. A 10-30, ✆ 22513478, 💻 www.guateweb.com, wirkt wie ein koloniales Museum, ruhig gelegen, dennoch zentral, angenehmes Ambiente mit Restaurant und Komplettservice von Zimmersafe bis E-Mail. ❺

Hotel Sevilla, 9. Av. 12-29, ✆ 22300506, 📠 22328431, ✉ hotelsevilla@hotmail.com, großes Hotel, Restaurant, Dampfbad, Zimmer mit Teppich, Terrasse im 6. Stock. ❺

Hotel Best Western Royal Palace, 6. Av. 12-66, ✆ 22208970, 📠 22383715, ✉ ventas@hotelroyalpalace.com, 💻 www.hotelroyalpalace.com, für das Gebotene nicht zu teuer. Restaurant, Bar. ❻

ZONE 4 – Die meisten Hotels dieser Zone liegen im Bereich des Marktes und Busbahnhofs. Das Gebiet von *La Terminal* sollte bei längeren Aufenthalten und besonders nachts auf jeden Fall gemieden werden. Zudem sind viele der Unterkünfte dort Stundenhotels. Es ist sinnvoller und sicherer, in anderen Zonen zu übernachten.

Hotel Plaza, Vía 7, 6-16, ✆ 23316173, 📠 23316824, 💻 www.hotelplazaguatemala.com, ordentliches Preis-Leistungs-Verhältnis, gute Lage zwischen der Zone 1 und der Zone 9, Pool, Bar, Restaurant, Internetservice gratis. ❺

Hotel Conquistador Ramada, Vía 5, 4-68, ✆ 23312222, 📠 23347245, 💻 www.hotelconquistador.com.gt. ❽

ZONE 9 – Günstig in der Stadtmitte gelegene Zone, wo man außer in der untersten Preisklasse Hotels aller Kategorien vorfindet.

Hotel del Istmo, 3. Av. 1-38, ✆ 23324389, ideal für alle, die am nächsten Tag mit der Buslinie *Melva* nach El Salvador wollen, da das Hotel direkt im Terminalbereich von *Melva* liegt. Die Zimmer sind als Garantie für Sauberkeit versiegelt, so dass sie nicht vorher besichtigt werden können. ❸

Hotel Mayastic, 5. Av. 11-23, ✆/℻ 23310824, ruhige Lage, saubere Zimmer, etwas ungemütlich, Taxiservice. ❸

Hotel Carillon, 5. Av. 11-25, ✆ 23324267, ℻ 23324036, ✉ hcarillon@hotmail.com, dunkle Zimmer mit niedrigen Decken. ❺

Villa Española, 2. C. 7-51, ✆/℻ 23322515, 💻 www.hotelvillaespanola.com, Zimmer im Kolonialstil um einen Innenhof, der als Parkplatz dient und somit laut sein kann, Teile des Hotels wurden renoviert. ❻

Hotel Marriott, 7. Av. 15-45, ✆ 23397777, ℻ 23321877, ✉ reservacionesguatemala@marriott.com.gt, 💻 www.marriott.com, absolute Luxusklasse. ❽

ZONE 10 – Die teuerste Zone der Stadt, mit den besten und teuersten Unterkünften.

Hotel Los Próceres, 18. C. 14-53, Boulevard Los Próceres, ✆ 23682828, ℻ 23335179, ✉ hotellosproceres@c.net.gt, bestes Preis-Leistungs-Verhältnis in Zone 10, etwas steriler Bau, aber gute Lage in puncto Flughafen, Zona Viva und Shopping Center. ❺

Casa Santa Clara, 12. C. 4-51, ✆ 23391811, ℻ 23320775, 💻 www.hotelcasasantaclara.com, günstiger und gemütlicher als die großen Luxushotels, Frühstück sowie Internetbenutzung für Gäste gratis. ❼

Westin Camino Real, 14. C. 0-20, Av. La Reforma, ✆ 23333000, ℻ 23374313, 💻 www.caminoreal.com.gt, trotz wachsender Konkurrenz im Bereich der Oberklasse immer noch eines der beliebtesten Luxushotels. ❽

ZONE 13 – Eine Übernachtung in dieser Zone empfiehlt sich für diejenigen, die schnell oder zu ungünstigen Zeiten zum Flughafen müssen.

Übernachtung:
② Pensión Meza
③ Spring Hotel
④ Hotel Sevilla
⑤ Hotel Best Western Royal Palace
⑥ Posada Belén
⑦ Hotel Chalet Suizo
⑧ Hotel Colonial
⑨ Hotel Hernani
⑩ Hotel Excel
⑪ Hotel Fenix
⑫ Hotel Ajau
⑬ Hotel Monteleone
⑭ Hotel Reforma

Läden, Restaurants etc.:
1 Café de Imeri
2 Rey-Sol
3 Café Las Cien Puertas
4 Los Cebollines
5 El Mesón Don Quijote
6 Europa
7 La Bodeguita del Centro
8 Altuna

Transport:
❶ ADN (Busse Flores/St. Elena)
❷ Transportes Litegua: Puerto Barrios, Río Dulce
❸ Los Halcones: Huehuetenango
❹ Monja Blanca, Transportes Escobar: Cobán
❺ Linea Dorada: Flores/St. Elena
❻ Fuente del Norte: Flores/St. Elena
❼ Busse nach Antigua
❽ Busse nach Esquipulas, Chiquimula, Copán (Honduras)
❾ Transportes Galgos, Autopullmanns Galgos, Trans Galgos Inter: Quetzaltenango, Tapachula (Mexiko)
❿ Rápidos del Sur: Busse zur mexikanischen Grenze, Tecún Umán

2 Lunas Guest House, 21. C. 10-92, ✆/℻ 23345264, 💻 www.hoteldoslunas.com, beliebtes Bed&Breakfast-Hotel mit Gemeinschaftsbad, vorherige Reservierung sinnvoll, Preis schließt Frühstück und Flughafentransfer zu jeder Uhrzeit mit ein, freundliche Atmosphäre, gutes Preis-Leistungs-Verhältnis, nützliche Informationsquelle, Shuttle-Transport nach Antigua. ❸

Hotel El Aeropuerto Guest House, 15. C. A 7-32, Col. Aurora, Z.13, ✆ 23323086, ℻ 23621264, ✉ hotairpt@guate.net, liegt dem internationalen Flughafenterminal am nächsten, kostenlose Abholung, E-Mail-Service, Wäscherei, gepflegte Zimmer. ❹

Essen

Am günstigsten kann man sich in der **Zone 1** an Busterminals und auf Märkten verpflegen. Gerade zur Mittagszeit bieten die meisten Restaurants ein billiges Tagesgericht, das in der Regel aus zwei Gängen und einem Getränk besteht. Während **italienische** und **chinesische**

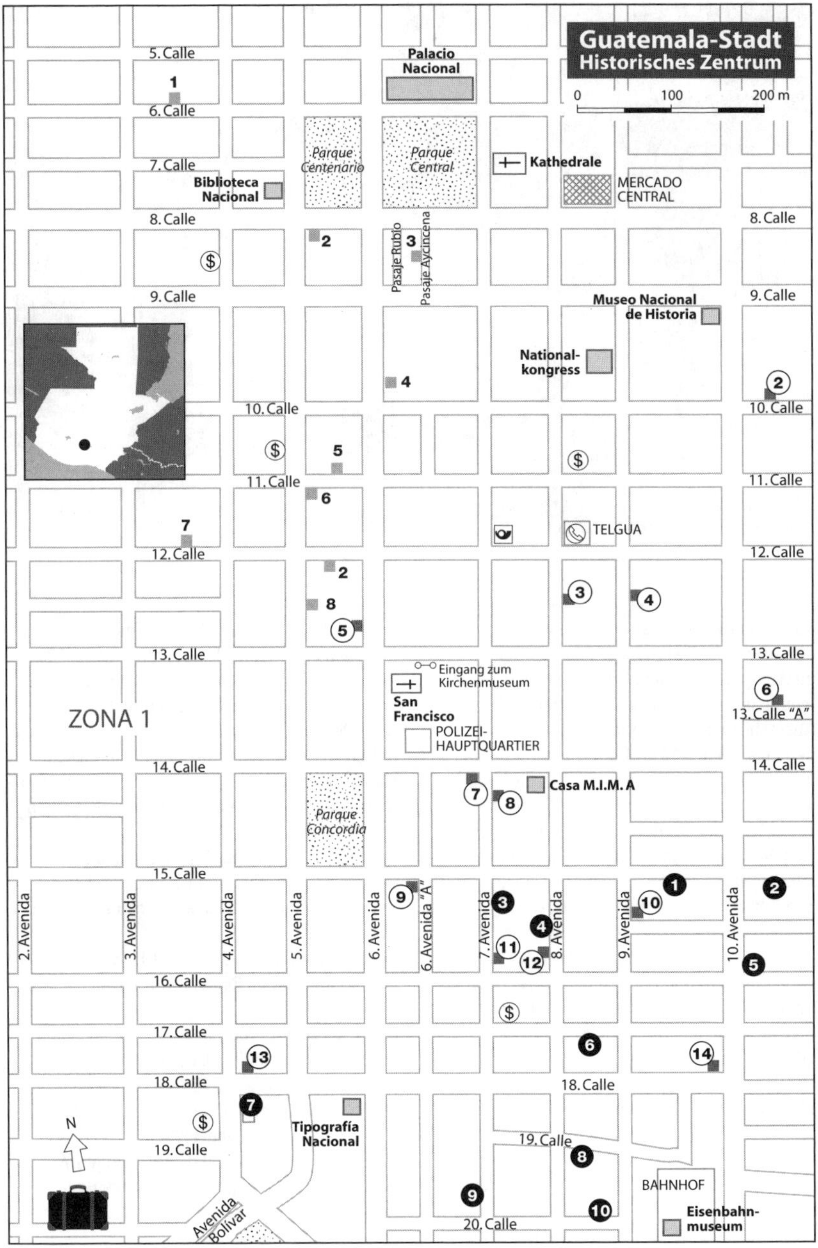
Guatemala-Stadt
Historisches Zentrum
0
100
200 m
5. Calle
6. Calle
7. Calle
8. Calle
9. Calle
10. Calle
11. Calle
12. Calle
13. Calle
13. Calle "A"
14. Calle
15. Calle
16. Calle
17. Calle
18. Calle
19. Calle
20. Calle
2. Avenida
3. Avenida
4. Avenida
5. Avenida
6. Avenida
6. Avenida "A"
7. Avenida
8. Avenida
9. Avenida
10. Avenida
Avenida Bolívar
Palacio Nacional
Parque Centenario
Parque Central
Kathedrale
MERCADO CENTRAL
Biblioteca Nacional
Pasaje Rubio
Pasaje Aycincena
Museo Nacional de Historia
National-kongress
TELGUA
Eingang zum Kirchenmuseum
San Francisco
POLIZEI-HAUPTQUARTIER
ZONA 1
Casa M.I.M. A
Parque Concordia
Tipografía Nacional
BAHNHOF
Eisenbahn-museum
N

Mit Süßigkeiten gefüllte Piñatas dürfen bei keinem Kindergeburtstag fehlen

Küche überall zu erhalten ist, beschränkt sich die Auswahl **vegetarischer** Restaurants auf einige wenige Lokalitäten. Doch erhält man in fast jedem Restaurant Gemüse, Bohnen und Reis. Die Auswahl an guten Restaurants und Küchen ist in den **Zonen 9 und 10** größer als in der Zone 1, aber dafür muss dort auch tiefer in die Tasche gegriffen werden. Wer ein ordentliches **Café** sucht, ist in der Zone 10 am besten aufgehoben. **Fast Food** gibt es in unzähligen Varianten an jeder Straßenecke. Vorherrschend sind die großen Ketten wie *McDonald's, Burger King, Domino´s Pizza, Pizza Hut* oder *Taco Bell.* Hinzu kommen einige einheimische Vertreter wie z.B. *Pollo Campero, Piccadilly* oder *Burger Shops.* Daneben wird in kleinen fahrbaren Imbissbuden *(carretas)* Schnellgebratenes, wie Hamburger oder Hot Dogs, angeboten.

ZONE 1 – ***Altuna***, 5. Av. 12-31, auch in der 10. C. 0-45, Z. 10, nettes, aber nicht ganz billiges Restaurant mit spanischer Küche und Seafoodgerichten, Spezialität Paella, 🕓 Mo geschlossen.
Arrin-Cuan, 5. Av. 3-27, außerdem in der Zone 10, 16. C. 4-32, ✆ 22380242, 💻 www.arrincuan.com, guatemaltekische Spezialitäten, insgesamt sehr fleischlastige Karte, inklusive bedrohter Wildarten. Spezialität *kak'Ik*, Truthahnsuppe aus der Provinz Alta Verapaz, 🕓 tgl. geöffnet.
Café De Imeri, 6. C. 3-34, eines der wenigen Cafés der Zone 1, in dem man auch draußen sitzen kann; wird nachmittags meist von älteren Damen besucht; günstige Mittagsmenüs, 🕓 So geschlossen.
Café Las Cien Puertas, Szenecafé und Bar, versteckt hinter dem Portal de Comercio am Parque Central in der Pasaje Aycincena, 🕓 tgl. außer So.
In der 6. C. zwischen der 3. und 4. Av. gibt es einige **chinesische Restaurants**, die sich in Preis und Qualität ähneln.
El Mesón Don Quijote, 11. C. 5-27, spanisches Essen und gelegentlich Live-Musik.
Los Cebollines, 6. Av. 9-75, Mexikanisches in einem für die Zone 1 angenehmen Ambiente, Frühstück, Filialen in der ganzen Stadt.
Rey-Sol, 8. C. 5-36 und 11. C. 5-51, vegetarisches Restaurant mit Mittagsbuffet. Da jede Beilage extra berechnet wird, ist der Gesamtpreis für eine Mahlzeit oft recht hoch.

FARMACIA
SUPER
SINAI

Klosterruine in Antigua

Antigua mit dem Vulkan Agua

Osterprozession

Vulkane Pacaya und Santiaguito

ZONE 4 – ***4 Grados Norte***, empfehlenswerte Café-Restaurants dort sind ***Café Saúl Etiqueta***, Vía 5, Ecke Ruta 1, mit romantischen Zweierlogen, ***Claroscuro***, Vía 4, 2. Stock, und die Weinspezialisten von ***Vino-Vino***, Vía 5, Ecke Ruta 2.
Pizzería Vesuvio, 6. Av. 6-42, gute Pizza, Zweigstelle 18. C. 3-36, Z. 10.
In der ***Cafetería von INGUAT***, 7. Av. 1-17, direkt neben dem Hauptgebäude, Centro Cívico, gibt es gutes und billiges Mittagessen.

ZONE 9 – ***Los Cebollines***, Plazuela España, Filiale des Restaurants in der Zone 1.
Ming Court, 6. Av. 14-24, gute chinesische Küche.
Piccadilly, 7. Av. 12-00, Filiale in Z. 1, 6. Av. 11-01, bei Ausländern und Einheimischen gleichermaßen beliebtes Restaurant, das internationale Küche mit Schwerpunkt Pizza und Pasta anbietet, aber auch Frühstück zu günstigen Preisen, ⏲ tgl. geöffnet.
Taquería Andale, Av. La Reforma 6-70, mexikanische Küche.
Teppanyaki, 7. Av. 10-65, hervorragendes japanisches Restaurant, das Essen wird frisch vor dem Gast zubereitet, ⏲ tgl. Nebenan befinden sich das Steakhaus ***Gauchos*** und in einem künstlichen Schiffsrumpf das Seafoodrestaurant ***Puerto Barrios***.

ZONE 10 – In der Zona Viva gibt es dicht an dicht jede Menge Restaurants und außerdem die besten Cafés der Stadt.
Cafetería Zürich, 6. Av. 12-52, hervorragende Schokoladen, gute Kuchen und Pralinen.
Casa Chapina, 1. Av. 13-42, Guatemaltekisches.
Café Los Alpes, 10. C. 1-09, von Schweizern geführtes Café mit gutem Kuchen (Apfelstrudel!) und Pralinen, ⏲ tgl. außer Mo.
Cafetería Patsy, Av. La Reforma, Ecke 8. C., städtische Café-/Restaurantkette, einfache Mittagsmenüs, Süßes und Sandwiches.
Café Wien, *Hotel Camino Real*, Av. La Reforma, 14. C., ziemlich edel.
Donde Mikel, 13. C. 5-45, ✆ 23345465, kleines, teures Szenerestaurant.
El Tamal, Plaza Diagonal 6, Local 12-86, typisch guatemaltekische Snacks *(Tamales, Tacos, Burritos, Tostadas)*, auch zum Mitnehmen.
Kloster, 13. C. 2-75, leckeres Käsefondue. Ebenso in der 6. C., Ecke 6. Av., Z. 9.
Nais, 1. Av. 12-47, städtische Restaurantkette, gute Frühstücksauswahl und breit gefächertes Speisenangebot, gehobenes Ambiente und dafür nicht zu teuer.
Siriacos, 1. Av. 12-16, internationale Küche, gut aber teuer.
Sophos, Büchercafé, Av. La Reforma 13-89, auch zum Draußensitzen.
Tertulia, Av. La Reforma 10-31, ✆ 23601420, nicht ganz billiges Restaurant mit nationaler und internationaler Küche, Do und Fr abends Pianomusik.
Tre Fratelli, 2. Av. 13-25, ✆ 23662678, sehr gut besuchtes Szenerestaurant, italienische Küche, mittleres bis teures Preisniveau.

ZONE 14 – ***Teehaus Germania***, 5. Av. 15-88 A (5 Min. von der deutschen Botschaft), kleiner, sehr nett eingerichteter Teeladen mit Außenterrasse und Buchverkauf.

Unterhaltung

THEATER UND KULTURZENTREN – In allen Theatern bekommt man überwiegend seichte Kost geboten. Komödien überwiegen deutlich. Ernstere Stücke sind selten und werden dann meist im *Centro Cultural Miguel Angel Asturias* aufgeführt. Die wichtigsten Bühnen sind:
IGA, Ruta 1, 4-05, Z. 4, ✆ 23384560, s.S. 151, Zone 4.
Centro Cultural Miguel Angel Asturias, 24. C. 3-81, Z. 1, ✆ 22324041.
La Bodeguita del Centro, 12. C. 3-55, Z. 1, ✆ 22302976, der Kulturtreff der Zone 1, hier finden fast täglich Konzerte, Workshops, Lesungen oder andere kulturelle Aktivitäten statt, mit Restaurant, ⏲ tgl. außer Mo und Di.
La Cúpula, 7. Av., 13. C., Z. 9, Kulturzentrum mit wechselnden Veranstaltungen.

BARS, KNEIPEN, DISCOS UND NACHTCLUBS – Obwohl in der Hauptstadt tagsüber das Leben brodelt, geht es abends ruhiger zu. Dennoch gibt es ein durchaus akzeptables Angebot an nächtlichen Aktivitäten, das sich aber auf einige wenige Zonen beschränkt. In der Zone 1 finden sich von Studenten und Künstlern aller Art frequentierte **Szenekneipen**. Im Bereich um die 18. Calle und 9. Avenida gibt es einen kleinen **Rotlichtbezirk** mit heruntergekommenen Bars und schäbigen Nachtclubs. Die Qualität dieser Etablissements wird in der Zone 4 nur geringfügig besser, aber ihre Anzahl ist größer als in der Zone 1. Die teuersten, aber auch besten **Discotheken und Bars** befinden sich in der Zone 10. Sie sind besonders an den Wochenenden brechend voll. Besonders in der **Zona Viva** gibt es eine brauchbare Auswahl. Techno und seine Spielarten haben auch Einzug in die Musikszene Guatemalas gehalten und werden neben Ladino-House, Merengue HipHop, Reggaeton und Salsa in den Clubs gespielt. Raveparties wie hierzulande werden nur vereinzelt veranstaltet.

El Establo, 14. C. 5-08, Z. 10, von einem Deutschen geführte Kneipe, in der fast immer Siebziger-Jahre-Musik läuft.

Europa Bar y Restaurante, 11. C. 5-16, Z. 1, Lokal 201, beliebter Treffpunkt, Essen zu moderaten Preisen, ⌚ Mo–Sa 8–1 Uhr, So geschlossen.

Señor Tortuga, 8. Av. 18-56, Z. 10, witziges Bar-Restaurant.

Hooters, Av. La Reforma 16-01, Plaza Obelisco, ✆ 23675649, Bar & Restaurant, Bedienungen in Hotpants und knappen T-Shirts.

Weitere beliebte Bars und Clubs sind ***La Casa Comal***, 1. Av. 10-41, Z. 1, ***Shakespeare Pub***, 13. C., 1. Av., Z. 10, Edificio Santa Clara II, Nr. 5, ✆ 23312641, und die Sportbar ***Cheers***, 13. C. 0-40, Z. 10.

Mehr oder weniger angesagte Discos in der Zone 10 sind: ***Kahlúa***, 1. Av. 15-06, wahrscheinlich die bekannteste Discothek der Hauptstadt und angeblich die größte in Zentralamerika, sowie ***New York***, 3. Av. 11-65.

Elite VI, 4. Av. 16-20, Z. 10, Nachtclub (mit Stripshow).

Einsame Herzen können den 24-Stunden-Haus-Service ***Puchis***, ✆ 24374139, anrufen.

SCHWULEN- UND LESBENTREFFS – Die Schwulenszene wird zusehends selbst- und öffentlichkeitsbewusster – was man leider nicht im gleichen Maße von den Lesben behaupten kann. Unter 💻 www.gayguatemala.com erfährt man Aktuelles aus der Szene.

Bars, Pubs: ***Gecos***, 11. C. 6-55, Z. 1, ⌚ Mi–Sa.

Godot, 3. Av. 9-15, Z. 1, ⌚ Do–Sa.

El Encuentro, 5. Av. 10-52, Z. 1, ⌚ Mo–Sa.

Discos: ***Genetic***, Ruta 3, 3-08, Z. 4, ⌚ Fr–Sa.

Grecos, 15. C. 2-23, Z. 10, ⌚ Do–Sa.

Ferschteckt, Vía 3, 1-69, Z. 4, ⌚ Mi–Sa.

Ephebus, 4. C. 5-30, Z. 1, ⌚ Do–Sa.

Mirage, Vía 7, 3-65, Z. 4, ⌚ Do–Sa.

KINOS – Englische Filme laufen häufig in der Originalversion mit spanischen Untertiteln. Ein Kinobesuch kostet ca. US$3–6, mittwochs oft 2-für-1-Specials.

Cine Cápitol, 6. Av. 12-51, Z. 1, ✆ 22535634.

Cine Próceres, 18. C. 2-21, Z. 10, Centro Comercial Los Próceres, ✆ 23328507.

Cinépolis Miraflores, 21. Av. 4-32, Z. 11, Centro Comercial Miraflores, ✆ 24708367.

Magic Place, Av. Las Américas 16-56, Z. 13, ✆ 23624321.

Cines Pradera, 20. C. 25-85, Z. 10, Centro Comercial La Pradera, ✆ 23632325.

Cine Tikal Futura, Calzada Roosevelt 22-43, ✆ 24403289.

KUNSTGALERIEN – ***El Attico***, 4. Av. 15-45, Z. 14, ✆/📠 23680853.

El Tunel, Blvd. Los Próceres 15-60, Z. 10, 2. Etage, ✆ 23634744, die seit 1971 bestehende Galerie hat sich seit ihrer Gründung immer wieder jungen nationalen Talenten verschrieben.

Touren

Folgende Veranstalter *(operadores de turismo)* und Reisebüros *(agencias de viaje)* sind eine zuverlässige Informationsquelle und arrangieren Ausflüge der unterschiedlichsten Art. Weitere Anbieter finden sich in den Gelben Seiten.

VERANSTALTER – ***Maya Expeditions***, 15. C. A 14-07, Z. 10, ✆ 23634965, 📠 23681248, 💻 www.mayaexpeditions.com. Bekannter Spezialreiseveranstalter, der empfehlenswerte Raftingtouren im ganzen Land veranstaltet und als einziger Bungeejumping im Programm hat. Das freundliche Personal hilft auch bei anderen Wünschen weiter.

Expedición Panamundo, 6. Av. 14-75, Z. 9, ✆ 23325775, Allroundveranstalter, hier wird auch Deutsch gesprochen.

Trolley Tour, ✆ 59078913, 🖳 www.chiltepe.com, Dauer 3 Std., Di–Sa 10,13 Uhr, So 10 Uhr, ca. US$22.
Clark Tours, 7. Av. 14-76, Z. 9, ✆ 24704700, 📠 24704701, ✉ info@clarktours.com.gt, 🖳 www.clarktours.com.gt, deutschsprachige Reiseleiter.

REISEBÜROS – ***Quinto's Travel***, 11. C. 5-16, Z. 1, Edificio Torre de Estacionamiento, Local 104, ✆ 22534988.
Globotour, Av. La Reforma 1-50, Z. 9, Edificio El Reformador, ✆ 23603344.
Viajes Las Américas, 13. C. 2-33, Local 5, Z. 10, ✆ 23614017.
Viajes Tivoli, Zentrale, 6. Av. 8-41, Z. 9, ✆ 23864200, 📠 23343297, ✉ viajes@tivoli.com.gt, Filialen in Antigua und Quetzaltenango.

Sonstiges

AUTOVERMIETUNGEN – Alle aufgelisteten Anbieter unterhalten Zweigstellen am Flughafen:
Ahorrent, Blvd. Liberación 4-83, Z. 9, ✆ 23320544, 🖳 www.ahorrent.com, Zweigstelle in Antigua.
Avis, 6. C. 7-64, Z. 9, ✆ 23393249, 📠 23393250, 🖳 www.aviscentroamerica.com.
Budget, 6. Av. 11-24, Z. 9, ✆ 23327744, 🖳 www.budgetguatemala.com.gt.
Dollar, ✆ 52999545, Flughafen ✆ 23317185, 🖳 www.dollarguatemala.com.
Guatemala Renta Autos, 19. C. 16-91, Z. 12, Nähe Av. Petapa, ✆ 24731330, 📠 24731620, Flughafen, Büro 14 ✆ 23620205, 🖳 www.guatemalarentacar.com.
Hertz, Av. Hincapié 11-01, Z. 13, ✆ 24703700, 🖳 www.hertz.com.gt.
Optima, Flughafen ✆ 23614488.
Quetzal, Flughafen ✆ 23798755.
Tabarini, 2. C. A 7-30, Z. 10, ✆ 23312643, 📠 23341925, 🖳 www.tabarini.com, Zweigstellen in Antigua, Flores, Quetzaltenango, Cobán, Huehuetenango.
Tally Renta Autos, 7. Av. 14-60, Z. 1, ✆ 22303783, 🖳 www.tallyrentaautos.com.
Thrifty, Flughafen ✆ 23798747.

BIBLIOTHEKEN – ***Biblioteca Nacional***, Westseite des Parque Centenario (gegenüber der Kathedrale), ✆ 22322443, ⏲ Mo–Fr 9–18 Uhr. Englischsprachige Bücher bekommt man im ***Instituto Guatemalteco Americano (IGA)***, Ruta 1, Ecke Vía 4, Z. 4.

BOTSCHAFTEN – **Deutsche Botschaft (Embajada Alemana)**, 20. C. 6-20, Z. 10, Edificio Plaza Maritima, ✆ 23646700, 📠 23336906, ✉ embalemana @intelnet.net.gt, 🖳 www.guatemala.diplo.de, ⏲ Mo–Fr 9–12 Uhr, geschlossen an deutschen Feiertagen, Gründonnerstag, 15. September.
Österreichische Botschaft (Embajada de Austria), 6a. Av. 20-25, Z. 10, Edificio Plaza Maritima, Nivel 4, ✆ 23682324, 📠 3336180, ✉ guatemala-ob@bmaa.gv.at, ⏲ Mo–Fr 9–12 Uhr, geschlossen am 26. Oktober (Nationalfeiertag), Notdienst an guatemaltekischen Feiertagen.
Schweizer Botschaft (Embajada de Suiza), 16. C. 0-55, Z. 10, Torre Internacional, Nivel 14, Postfach: Apartado Postal 142601010, Guatemala, ✆ 23675520, 📠 23675811, ✉ vertretung@ gua.rep.admin.ch, ⏲ Mo–Fr 9–11.30 Uhr, geschlossen am 1. August (Nationalfeiertag) und an guatemaltekischen Feiertagen.
Die Adressen weiterer Botschaften befinden sich im Telefonbuch unter den blauen Seiten.

BÜCHER – ***Sophos***, Büchercafé, Av. La Reforma 13-89, Z. 10, ✆ 23323242, angenehmer, gut sortierter Buchladen mit englischen und französischen Büchern sowie einem Café zum Draußensitzen, ⏲ tgl.
Librería El Pensativo, 7. Av., 13. C., Z. 9, Edificio La Cúpula, ✆ 23325055, Bücher, Zeitschriften und Postkarten in spanischer Sprache, ⏲ Mo–Fr 9–19, Sa 9–16 Uhr.
Librería Marquense, 8. Av. 19-55, Z. 1, ✆ 22536302.
Secondhandbücher bekommt man in der ***Europa Bar***, 11. C. 5-16, Z. 1.

FESTE – ***Semana Santa***, Osterprozessionen in der Zone 1. Nähere Informationen über deren Verlauf etc. erteilt *INGUAT*, s.u. Informationen.
Huelga de Dolores, ein traditioneller Studentenumzug, findet eine Woche vor Karfreitag statt, s.S. 150, Kasten.
Das Patronatsfest zu Ehren der ***Virgen de la Asunción*** wird vom 14.–16. August gefeiert.

Die Feierlichkeiten zu Weihnachten, ***Navidad***, beginnen am 7. Dezember mit der „Teufelsverbrennung", der ***Quema del diablo***.

GELD – Banken kommen besonders häufig in der Zone 1 südlich des Parque Central sowie in den Zonen 9 und 10 vor. Automaten von ***Bancared*** und ***BI-Credit*** können von Inhabern einer *Visa*-Kreditkarte, ***Pronto Sistema*** und ***5B***-Automaten von Inhabern einer *Euro-/Mastercard* genutzt werden. Ferner haben die meisten Banken eine Kooperation mit *Western Union*, um Geld zu überweisen (Dauer 2–4 Tage, hohe Gebühren). Die nachstehenden Bankhauptfilialen haben landesweite Filialnetze:
Bancafe, Torre del País, Av. La Reforma 9-30, ✆ 23398888, 💻 www.bancafe.com.gt.
Bac Guatemala, 7. Av. 6-26, Z. 9, Edificio Plaza El Roble, ✆ 23317436, 💻 www.baconline.com, Ansprechpartner für *Credomatic*, 💻 www.credomatic.com, *Mastercard* und *Visa* ✆ 23315522 und *American Express* ✆ 23315354.
Banrural, Av. La Reforma 2-56, Z. 9, ✆ 23324497, 💻 www.banrural.com.
Banco Industrial, 7. Av. 5-10, Z. 4, Edificio Centro Financiero Torre I, ✆ 24203000, 💻 www.bi.com.gt, Bank mit der größten Bilanzsumme.
Banquetzal, im Erdgeschoss und 2. Stock des Flughafens, hat auch an Wochenenden geöffnet: 🕒 Mo–Fr 6–20, Sa, So 6–18 Uhr, ✆ 23629741, 💻 www.banquetzal.com.gt, Euro-Umtausch möglich. An den Geldautomaten kann man mit *EC*-Karte Bargeld abheben.
Banco Uno, 18. C. 5-56, Z. 10, Uni-Centro, ✆ 23661818, ✉ bancouno@grupo-uno.com, 💻 www.bancouno.com.gt, Einrichtung von Euro-Konten.

INFORMATIONEN – Das guatemaltekische Tourismusinstitut ***INGUAT*** befindet sich in der 7. Av. 1-17, Z. 4, Centro Cívico, Servicetelefon ✆ 1500, ✆ 24212810, 💻 www.mayaspirit.com.gt, 🕒 Mo–Fr 9–17 Uhr, eine Zweigstelle gibt es in der Ankunftshalle des Flughafens La Aurora, 🕒 Mo–Fr 6–21, Sa, So 8–20 Uhr. Hier bekommt man Informationsmaterial sowie Tipps zu Unterkunft und Transport. Beschwerden bezüglich falscher Preise, fehlender Rechnung o.Ä. kann man unter ✉ quejas@inguat.gob.gt loswerden.

INTERNET – Internetservices und -cafés sind über die gesamte Hauptstadt verteilt mit relativ günstigen Tarifen (60 Min. ca. US$1,40). Darüber hinaus bietet fast jedes mittlere oder größere Hotel seinen Kunden (kostenlosen) Internetzugang an.

KARTEN – ***INGUAT***, 7. Av. 1-17, Centro Cívico, Z. 4, hat nur eine veraltete Touristenkarte zu bieten.
IGN (Instituto Geográfico Nacional), Av. Las Américas 5-76, Z. 13, ✆ 23601107, ✉ ign@ign.gob.gt, 💻 www.ign.gob.gt, verkauft etwas veraltete Detail- und Übersichtskarten, 🕒 Mo–Fr 9–16.45 Uhr.
Eine gute Kartenübersicht findet man unter 💻 www.mapasdeguatemala.com.

KUNSTHANDWERK – Gegenüber *Westin Camino Real* in der 14. Calle der Zone 10 gibt es ein paar Läden, die eine bunte Mischung an Kunsthandwerk anbieten; der ***Mercado Central*** in der Zone 1 hinter der Kathedrale bietet ein reichhaltiges Angebot; auf dem Weg zum Flughafen kann man beim ***Mercado de Artesania*** in der Zone 13 Halt machen, 🕒 Mo–Sa 9–18, So 9–14 Uhr.

NOTFÄLLE – ***Krankenwagen***, ✆ 128 *(IGSS)*, ✆ 125 *(Rotes Kreuz)*.
Feuerwehr, ✆ 122, 123.
Polizei, ✆ 110, 120.
Hospital Centro Médico, 6. Av. 3-47, Z. 10, ✆ 23323555, und
Hospital Herrera Llerandi, 6. Av. 8-71, Z. 10, ✆ 23845959, haben beide eine 24-Std.-Notaufnahme und einige Ärzte, die Englisch sprechen. Eine Ärzteliste ist über die deutsche Botschaft, s.S. 10, erhältlich.

POST UND TELEFON – ***Postämter*** *(Correos)* befinden sich in der 7. Av., 12. C., Z. 1, in der Av. La Reforma, zwischen 8. und 9. C., Z. 10, und am Flughafen in der Ebene über der Ankunftshalle, 🕒 Mo–Fr 8.30–17.30, Sa 9–13 Uhr.
Telefonieren (auch Ferngespräche) kann man mit überall erhältlichen Telefonkarten *(tarjeta Ladatel)* von Fernsprechzellen oder von ***Telgua***, 8. Av. 11-83, Z. 1 aus. Die Filiale am Flughafen existiert nicht mehr. Als Alternative bietet sich

auch der Kauf eines Handys an. Die großen Anbieter, *PCS, Comcel, Telefonica Moviestar,* bieten Karten-Handys inklusive Freiminuten ab US$30 an.

SICHERHEIT – Auf Märkten und in Bussen sollte man besonders auf seine Sachen achten und nachts die Zonen 1 und 4 (Ausnahme 4 Grados Norte) sowie Seitenstraßen meiden.

SPRACHUNTERRICHT – **Spanisch**: ***IGA***, Ruta 1, 4-05, Z. 4, ✆ 23384560, 💻 www.iga.edu. ***Acadamia Europea***, 15. C. 2-64, Z. 10, ✆ 23681002, 💻 www.academia-europea.com. ***Berlitz***, Av. La Reforma 7-62, Z. 9, Edificio Aristos, Büro 101, ✆ 23624444, 💻 www.berlitz.com. **Maya-Sprachen**: ***ALMG*** *(Academia de Lenguas Mayas de Guatemala)*, 13. C. 9-30, Z. 1, gegenüber *Prensa Libre*, ✆ 22500213.

TREKKINGAUSRÜSTUNG – ***Mundo Extremo***, 8. Av. 2-01, Z. 10, Centro Comercial Apolo, ✆ 23624346.

WÄSCHEREIEN – ***El Siglo***, 7. Av. 3-50, Z. 4, ✆ 23318595, 🕓 Mo–Sa 7–19 Uhr, und weitere Geschäftsstellen über die Hauptstadt verteilt. ***Lavandería Internacional***, 18. C. 11-12, Z. 1, ✆ 22514063. ***Lav-o-Mat***, 11. C. 1-11, Z. 9, ✆ 23319192. ***Kristahl - Lavandería y Dry Cleaning***, ✆ 23320222, große Wäschereikette über die gesamte Hauptstadt verteilt mit Haus-Service.

Nahverkehrsmittel

STADTBUSSE – Die rund 3000 Stadtbusse der *Capital* sind eine Erfahrung der ganz besonderen Art. Sie sind sehr laut, stinken und hupen ständig; oft fehlen ihnen Sitzbänke oder Fensterscheiben, und ihre Fahrer samt dazugehörige Helfer behandeln ihre Fahrgäste wie Vieh. Alle hassen die Busse, aber so gut wie jeder ist auf sie angewiesen. Einen Fahrplan gibt es nicht, Bushaltestellen nur wenige und Routenänderungen sind nichts Ungewöhnliches. Das System der Hauptstadtbusse durchschauen nur die wenigsten Menschen, seien es Touristen oder Einheimische. Dabei funktioniert das Chaos erstaunlich gut, und bei Kenntnis einiger Grundregeln, mit etwas Übung und gelegentlichem Fragen kommt man eigentlich immer an sein Ziel. Busse in entlegene Stadtviertel sollte man wegen der Überfallgefahr meiden. Vorsicht vor Taschendieben vor allem während der Rushhour ist ebenfalls angebracht.

Fahrscheine: Eine Fahrt kostet momentan 1 Quetzal = US$0,13. Der Fahrschein gilt für eine einfache Fahrt ohne Zeitlimit auf der Route, für die man ihn gekauft hat. Wer umsteigt, muss einen neuen Fahrschein lösen. Kleingeld bereithalten, und den Fahrschein sicherheitshalber bis zum Ende der Fahrt aufheben!

Fahrzeiten: Die meisten Busse operieren zwischen 5 und 21 Uhr. Bis ca. Mitternacht verkehren Kleinbusse, die *ruleteros*. Auch ohne festen Fahrplan wartet man selten länger als zehn Minuten auf einen Bus.

Strecken: An den meisten Bussen befinden sich Schilder mit der Busnummer und dem Fahrtziel. Zusätzlich rufen die Busbegleiter *(ayudantes)* die Fahrtziele aus. Buslinien mit einem Zusatzbuchstaben, z.B. 14 A, weichen von der Normalroute der jeweiligen Linie ab. Es gibt feste Haltestellen *(paradas)*, aber mit ausgestrecktem Arm kann man Busse auch fast überall zum Anhalten bringen. Aufgrund von Bauarbeiten, Verkehrsstaus oder je nach Lust und Laune des Fahrers können sich sehr spontan Abweichungen vom normalen Routenverlauf ergeben. Abwarten heißt dann die Devise. Wer merkt, dass er im falschen Bus sitzt, sollte einfach aussteigen, denselben Bus in die Gegenrichtung nehmen oder einen anderen Bus probieren. Da das Busfahren in Guatemala (zumindest für Touristen) billig ist, kann man sich durchaus mal einen Irrtum leisten. Am besten immer wieder fragen – es findet sich bestimmt jemand, der einem weiterhilft.

Nützliche Buslinien: Der Großteil des Busverkehrs bewegt sich auf der Nord-Süd-Achse durch die Stadt, bevor er in die weiter entfernten Zonen abbiegt. Fast alle städtischen Buslinien durchfahren die **Zone 1** oder passieren den Busbahnhof **La Terminal** (Aufschrift „Terminal") in der Zone 4. In der Zone 1 benutzen die Busse in Richtung Süden meist die 4., 8. und 10. Av., während es in Richtung Norden die 5., 9. und 11. Av. ist.

Nach dem Verlassen der Zone 1 bewegen sich viele Busse auf der **6. Avenida** und der **Avenida La Reforma** Richtung Süden. Aus dem Norden zurück in die Zone 1 nehmen sie die Reforma und/oder die **7. Avenida**. Auf den anderen Avenidas verkehren weniger Busse.
Busse mit der Aufschrift „Bolívar" oder „Trébol" bringen einen von der Zone 1 über die **Avenida Bolívar** zur Kreuzung **El Trébol**, von wo aus man in Richtung Hochland und Pazifikküste umsteigen kann.
Zur **San-Carlos-Universität** fahren alle Busse mit der Aufschrift „USAC". Buslinien können ihren Verlauf ändern. Daher sollte man sich beim Fahrer über die Richtung informieren oder mitwartende Passagiere fragen, bevor man einsteigt.
Ruta 01 und Ruta 02: Beide Linien fahren über die 5. Av. der Zone 1 zur Reliefkarte in der Zone 2 und zum Nationalpalast. Richtung Süden verlassen beide Linien die Zone 1 über die 4. Av., passieren das Centro Cívico in der Zone 4 und fahren weiter zu ihren Endzielen. Ruta 01 fährt bis zur Universidad Rafael Landivar, Ruta 02 bis nach Vista Hermosa.
Ruta 17 (Aufschrift „Kaminaljuyú") bringt die Fahrgäste von der 4. Av. der Zone 1 zur Zone 7 und zur Ruinenstätte.
Ruta 40 fährt von der Zone 1 (4. Av.) über die Av. Bolívar zum Trébol und weiter die Calzada Roosevelt rauf und runter.
Ruta 40 R, eine Buslinie, mit der man fast überall hinkommt, fährt von der Zone 1 (8. Av.) zur Zone 4 und weiter zur Zone 9 entlang der 6. Av. bis zum Boulevard Liberación. Von hier geht es über den Trébol bis zur Calzada Roosevelt. Auf dem Rückweg in die Zone 1 wird die Av. La Reforma benutzt.
Ruta 71 verbindet die 10. Av. der Zone 1 mit dem Centro Cívico und der Zone 8.
Ruta 82 startet in der Zone 2, durchquert die Zone 1 auf der 10. Av. und erreicht die Av. La Reforma über das Centro Cívico. Sie folgt dem gesamten Verlauf der Reforma und fährt dann an der deutschen Botschaft vorbei in die Zone 14.
Ruta 83 verkehrt zwischen der Zone 1 (4. und 10. Av.) und dem Gebiet um La Aurora in der Zone 13. Diese Linie bringt einen somit zum Flughafen (Busse mit Aufschrift „aeropuerto"), zum Museo Nacional de Arqueología y Etnología und zum Zoo.

TAXIS – Taxis sind relativ teuer und haben selten ein Taxameter, so dass man den Preis immer vorher aushandeln sollte. Sie stehen an allen größeren Plätzen und Busterminals. Anbieter sind u.a. ***Amarillo Express***, ✆ 24701515, und ***Asociación de Taxis Las Américas***, ✆ 23620583. Weitere Anbieter im Telefonbuch.

Transport

FLÜGE – Der Flughafen **La Aurora**, ✆ 23318392, in der Zone 13 besitzt zwei Terminals. Während der internationale Terminal auf der Westseite des Flughafens liegt, befindet sich der Abflugsort für die Inlandsflüge kleinerer Gesellschaften auf der gegenüberliegenden Seite an der Av. Hincapié. Dort fliegen unter anderem *RACSA, TAG, AERO RUTA MAYA* und *TAPSA* ab, während *INTER* und *TIKAL JETS* vom internationalen Terminal abfliegen. Dorthin fährt die Buslinie 83 (Zusteigemöglichkeit 4. Av., Zone 1). Die Buslinie 65 (Zusteigemöglichkeit 6. Av., Zone 10) passiert den gegenüber dem internationalen Abfluggebäude gelegenen Terminal für Inlandsflüge. Bei einem Frühflug empfiehlt sich ein Taxi, da beide Terminals am frühen Morgen noch nicht von öffentlichen Bussen bedient werden, Preis ca. US$10 (verhandeln!). Von Antigua aus gelangt man am schnellsten und sichersten mit einem Shuttle (s.S. 198) zum Flughafen (je nach Anbieter und Uhrzeit US$5–10 p.P.). Am Flughafen kann Geld gewechselt werden, es gibt einen *5B*-Geldautomaten *(Visa-* und *Mastercard)* und ein sehr teures Internetcafé (ca. US$4/Std.), von dem aus auch internationale Telefonate möglich sind, ⏲ tgl. 6–18.30 Uhr.

Internationale Fluggesellschaften:
Aerolineas Argentinas, 10. C. 3-17, Z. 10, ✆ 23311567.
Aeromexico, Av. La Reforma 7-62, Z. 9, Oficina 416 B, ✆ 23617171, ☏ 23628019.
Air France, Av. La Reforma 9-00, Z. 9, Plaza Panamericana, ✆ 23340043, ☏ 23311918.
American Airlines, Lobby *Hotel Marriott*, 7. Av. 15-45, Z. 9, ✆ 23371177, ☏ 23633264, 🖳 www.aa.com/espanol.
Continental Airlines, 18. C. 5-56, Z. 10, Edificio Unicentro, 7. Nivel, ✆ 23859610, Flughafen ✆ 23312051, 🖳 www.continental.com.

COPA Airlines, 1. Av. 10-17, Z. 10, ✆ 23855500, Flughafen ✆ 23850658, 💻 www.copaair.com.
Delta Airlines, 15. C. 3-20, Z. 10, ✆ 23673103, 💻 www.delta.com.
Taca, *Hotel Camino Real*, Z. 10, ✆ 23347722, Flughafen ✆ 22798222, Reservationen ✆ 23613041 💻 www.flying-taca.com und www.taca.com.
Iberia, Av. La Reforma 8-60, Z. 9, Edificio Galerias Reforma, local 204, ✆ 23314915, Flughafen ✆ 23327471, 💻 www.iberia.com.
Japan Airlines, 26. Av. 2-49, Z. 14, ✆ 23670854 Durchwahl -210, 📠 23636207, ✉ jalgua@sts.com.gt.
Korean Air, 6. Av. 1-36, Z. 14, Edificio Los Arcos, Nivel 1, ✆ 23335756.
KLM, 6. Av. 20-25, Z. 10, Edificio Plaza Maritima, ✆ 23374812.
Lufthansa, Diagonal 6, 10-01, Z. 10, Centro Comercial Las Margaritas Torre II, Nivel 8, ✆ 24298181, 📠 24298199, ✉ guaqxteam@dlh.de.
Martinair, 6. Av. 11-77, Z. 10, ✆ 23315743.
Mexicana, 13. C. 8-44, Z. 10, Edificio Plaza Edyma, Local 104, ✆ 23336001, Flughafen ✆ 23312697, ✉ geventasgua@mexicana.com.mx, 💻 www.mexicana.com.
United Airlines, Av. La Reforma 1-50, Z. 9, Edificio Reformedor, Nivel 2, ✆ 23369900, Flughafen ✆ 23321994, 💻 www.unitedguatemala.com und www.ual.com.
Varig, Av. La Reforma 9-00, Z. 9, Edificio Plaza Interamericana, Planta Baja, ✆ 23340043, 📠 23311918.
Des Weiteren bieten ***US Airways***, 💻 www.usairways.com, und ***Lauda Air***, 💻 www.laudaair.com, neue Flüge nach Guatemala an.

Nationale Fluggesellschaften:
Inter *(Grupo Taca), Hotel Camino Real*, Z. 10, ✆ 23613041, ✉ oegiron@taca.com, Flores/Tikal, Cancún (Mexiko), Belice, San Pedro Sula, Tegucigalpa, Roatán, La Ceiba, Utila, Guanaja, Trujillo, San José, Panamá.
Aereo Ruta Maya, Av. Hincapié und 18. C., Z. 13, Aeropuerto La Aurora, Hangar L16, ✆ 23390502, 📠 23314995, ✉ armsa1@intelnet.net.gt, 💻 www.jungleflying.com, tgl. Tikal und Copán (Honduras), Charterflüge zu guatemaltekischen Maya-Stätten, Roatán (Honduras) und Palenque (Mexiko).
Helicópteros de Guatemala, Av. Hincapié 18-05, Z. 13, Hangar I-3, ✆ 23347690, 📠 23321491, 💻 www.helicópterosdeguatemala.com, Charterflüge.
Racsa Airlines, Av. Hincapié 18-00, Z. 13, Aeropuerto La Aurora, Hangar 12, Flughafen ✆ 23615704, ✉ racsareservas@hotmail.com, 💻 www.racsaairlines.com, tgl. Tikal, Flores, Petén.
Tag Airlines, Av. Hincapié, Ecke 18. C., Z. 13, Hangar 15, ✆ 23603038, 📠 23347205, ✉ tagsa@intelnett.com, tgl. Tikal und Copán.
Tapsa, Av. Hincapié 18-00, Z. 13, Aeropuerto La Aurora, Hangar 14, ✆ 23319180.
Tikal Jets, 11. Av. 7-15, Z. 13, Blvd. Juan Pablo II, ✆ 23610042, Flughafen ✆ 236909797, 💻 www.tikaljets.com.

BUSSE – Vom Busbahnhof *La Terminal* (s.S. 152) in der Zone 4 fahren Busse zweiter Klasse ständig zu allen Fahrtzielen des Landes. Der Busbahnhof ist jedoch äußerst unübersichtlich, so dass man sich durchfragen muss. Die Zone wird mit allen Stadtbussen, die die Aufschrift „Terminal" tragen, erreicht. Viele von ihnen verkehren auf der 4. Av. der Zone 1.
Wesentlich stressfreier und der chaotischen und nicht ungefährlichen Zone von *La Terminal* vorzuziehen, sind die Busterminals der *Pullman*-Busse. Busverbindungen zu hier nicht genannten Orten finden sich im jeweiligen Ortskapitel.

Busse innerhalb der Landesgrenzen:
AMATITLÁN (25 km, 30 Min.) über Villa Nueva.
Verschiedene Busunternehmen, 20. C., Ecke 2. Av., Z. 1, 7–19 Uhr, alle 30 Min.
ANTIGUA (45 km, 1 Std.) über San Lucas Sacatepéquez.
Verschiedene Busunternehmen, 18. C., zwischen 4. und 5. Av., Z. 1, 7–20 Uhr, alle 15 Min.
AUTO SAFARI CHAPIN (88 km, 1 Std. 30 Min.) Safaripark, über Escuintla.
Delta y Tropical, 1. C., Ecke 2. Av., Z. 4, 6–18.30 Uhr, alle 30 Min.
BIOTOPO DEL QUETZAL (156 km, 3 Std. 30 Min.) siehe Cobán.
CHICHICASTENANGO (146 km, 3 Std.) über Chimaltenango, Los Encuentros.

Verschiedene Busunternehmen, Terminal de Buses, Z. 4, 5–18 Uhr.
CHINAUTLA (10 km, 30 Min.) über Calle Real de Chinautla, Z. 6.
Verschiedene Busunternehmen, Mercado La Parroquia, Z. 6, 7.15–16.15 Uhr.
COBÁN (213 km, 4 Std. 30 Min.) über El Rancho, Biotopo del Quetzal, Tactic.
Transportes Escobar/Monja Blanca, 8. Av. 15-16, Z. 1, ✆ 22381409, 4–17 Uhr, stdl.
ESQUIPULAS (222 km, 4 Std. 30 Min.) über Rio Hondo, Zacapa, Chiquimula.
Rutas Orientales, 19. C. 8-18, Z. 1, ✆ 22537282, 4.30–18.30 Uhr, alle 30 Min.
FLORES - SANTA ELENA (506 km, 9–10 Std.) über Río Dulce, Poptún.
Fuente, 17. C. 8-46, Z. 1, ✆ 22383894, 0–24 Uhr, stdl.
Línea Dorada, 10. Av., 16. C., Z. 1, ✆ 22329658, 💻 www.tikalmayenworld.com, 10, 21, 22, 22.30 Uhr.
Autobuses Del Norte (ADN), 15. C. 9-18, Z. 1, ✆ 54142666, 💻 www.adnautobusesdelnorte.com.
HUEHUETENANGO (266 km, 5 Std.) über Los Encuentros, Cuatro Caminos.
Los Halcones, 7. Av. 15-27, Z. 1, ✆ 22381929, 4.30, 7, 14, 17 Uhr.
Transportes Velásquez, 20. C. 1-37, Z. 1, ✆ 22211084, 8–11 Uhr, stdl.
JALAPA (167 km, 3 Std. 30 Min.) über Cuilapa, Jutiapa.
Transportes Melva Nacional, Terminal de Buses, Z. 4, 4.15–17.15 Uhr, alle 30 Min.
LA DEMOCRACIA (92 km, 2 Std.) über Escuintla, Siquinalá.
Chatia Gomerana, Terminal de Buses, Z. 4, 6–16.30 Uhr, alle 30 Min.
LA MESILLA (380 km, 7 Std.) mexikanische Grenze, über Huehuetenango.
Transportes Velásquez, 20. C. 1-37, Z. 1, ✆ 22211084, 8–17 Uhr, stdl.
MONTERRICO - LA AVELLANA (139 km, 3 Std.) über Escuintla, Taxisco.
Transportes Cubanita, Terminal de Buses, Z. 4, 10.30, 12.30, 14.20 Uhr.
PANAJACHEL (148 km, 3 Std.) über Los Encuentros, Sololá.
Transportes Rébuli, 21. C. 1-34, Z. 1, ✆ 22302748, 5.30–15.30 Uhr, stdl.
PATZÚN (92 km, 2 Std.) über San Lucas Sacatepéquez und Patzicia.
Transportes Veloz Poaquileña, 20. C., Ecke Av. Bolivar, Z. 1, 5.30–19 Uhr, alle 15 Min.
PUERTO BARRIOS (307 km, 5 Std.) über Los Amates, Quiriguá.
Transportes Litegua, 15. C. 10-40, Z. 1, ✆ 22538169, 💻 www.litegua.com, 4.45–15 Uhr, stdl.
PUERTO SAN JOSÉ (88 km, 1 Std. 30 Min.) über Amatitlán, Palín, Escuintla.
Verschiedene Busunternehmen, Terminal de Buses, Z. 4, 5–18 Uhr, alle 15 Min.
PUERTO DE IZTAPA (100 km, 1 Std. 45 Min.) über Escuintla, Puerto San José.
Verschiedene Busunternehmen, Terminal de Buses, Z. 4, 5–18 Uhr, alle 20 Min.
QUETZALTENANGO (203 km, 4 Std.) über Los Encuentros, Cuatro Caminos.
Transportes Galgos, 7. Av. 19-44, Z. 1, ✆ 22534868, 5.30, 8.30, 11, 14.30, 17 Uhr.
Líneas América, 2. Av. 18-47, Z. 1, ✆ 22321432, 7x tgl. 5–19.30 Uhr.
Transportes Alamo, 21. C. 0-14, Z. 1, ✆ 22514838, 6x tgl. 8–17.30 Uhr.
RETALHULEU (196 km, 3 Std.) über Escuintla, Mazatenango.
Transportes Fortaleza del Sur, 19. C. 8-70, Z. 1, ✆ 22303390, alle 30 Min.
RÍO DULCE (277 km, ca. 4–5 Std.), alle Busse, die nach Flores/Sta. Elena fahren, halten am Río Dulce, außerdem fährt *Litegua* (siehe Puerto Barrios) mehrmals täglich.
SALAMÁ, ALTA VERAPAZ (151 km, 3 Std.) über El Rancho.
Transportes Dulce Maria, 19. C., Ecke 9. Av., Z. 1, ✆ 22500082, 5–17 Uhr, stdl.
SAN MARCOS (253 km, 5 Std.) über Cuatro Caminos, Quetzaltenango.
Transportes Marquensita, 1. Av. 21-31, Z. 1, ✆ 22300067, 8x tgl. 6–17 Uhr.
SAN PEDRO LA LAGUNA (4 Std.) über Chimaltenango, Los Encuentros.
Transportes Méndez, Terminal de Buses, Z. 4, 13 Uhr.
SAN VINCENTE PACAYA (47 km, 1 Std.) über Villa Nueva, Amatitlán.
Cuquita y Reina Vicentina, Terminal de Buses, Z. 4, 8.30, 12, 15.30, 16 Uhr.

SANTIAGO ATITLAN (130 km, 4 Std.) über Escuintla, Cocales, San Lucas Tolimán.
Verschiedene Busunternehmen, Terminal de Buses, Z. 4, 6, 7, 12.30, 16 Uhr.
TECÚN UMÁN (253 km, 4 Std. 30 Min.) mexikanische Grenze, über die Pazifikküste.
Rápidos del Sur, 20. C. 8-55, Z. 1, ✆ 22327025, stdl. von 2–18.45 Uhr, außerdem um 9 und 17 Uhr zur Grenze El Carmen.
TOTONICAPAN (201 km, 4 Std.) über Cuatro Caminos.
Verschiedene Busunternehmen, Terminal de Buses, Z. 4, 6–17 Uhr, stdl. Abfahrten.

Busse in die Nachbarländer:
Belize-City (700 km, 2 Tage) über Flores.
Línea Dorada, 10. Av., 16. C., Z. 1, US$38, ✆ 22329658, Abfahrt 10 und 21 Uhr.

Honduras
COPÁN (237 km, 5 Std.) über die Grenze El Florido.
Günstige Variante: bis Chiquimula (siehe Busse nach Esquipulas) und dort umsteigen.
Hedman Alas, 2. Av. 8-73, Z. 10, ✆ 23625072, 💻 www.hedmanalas.com, fährt tgl. um 5 Uhr, US$36. Der Bus fährt von Copán weiter nach SAN PEDRO SULA, US$54, wo man umsteigt und u.a. nach LA CEIBA (632 km, 12 Std.) und TEGUCIGALPA (699 km, 12 Std.) gelangt.

Mexiko
TAPACHULA (293 km, 6 Std.) über Tecún Umán oder EL CARMEN (278 km, 5–6 Std.).
Autopullmanns Galgos, 7. Av. 19-44, Z. 1, ✆ 22200238.
Trans Galgos Inter, 7. Av. 19-44, Z. 1, ✆ 22539131, 💻 www.transgalgosinter.com, 7.30,13.30,15 Uhr.
MEXIKO-STADT (1405 km, 2 Tage) über Tapachula.
Línea Dorada, 10. Av., 16. C., Z. 1, ✆ 22329658, 7, 16 Uhr, US$95. Fahren auch nach CHETUMAL (880 km, 2 Tage) über Flores, 10, 21 Uhr, US$48, PALENQUE (700 km, 2 Tage) über Flores, 10, 21 Uhr, US$40.

San Salvador, El Salvador (268 km, 5 Std.).
Tica Bus, 11. C. 2-74, Z. 9, Edificio El Alcazar, ✆ 23314279, 💻 www.ticabus.com, Abfahrt 12.30 Uhr (fährt weiter nach Honduras, Nicaragua, Costa Rica, Panama), US$9.
Melva Internacional, 3. Av. 1-38, Z. 9, ✆ 23310874, Abfahrt stdl. 5.15–16.15 Uhr, über Cuilapa, Grenzstation Valle Nuevo, US$9,50.
Pullmantur, 1. Av. 13-22, Z. 10, ✆ 23329785, 💻 www.pullmantur.com, 7,15 Uhr, Fr und So auch um 13 Uhr, US$36.
Confort Lines/King Quality, 18. Av. 1-96, Z. 15, *Vista Hermosa II,* ✆ 23690404, Abfahrt 8 und 14 Uhr *(Confort Lines)* bzw. 6.30 und 15.30 Uhr *(King Quality),* US$19. Busse fahren weiter über Nicaragua, Costa Rica nach Panama.
Hedman Alas, 2. Av. 8-73, Z. 10, ✆ 23625072, Abfahrt 5 Uhr, Weiterfahrt nach Managua, Nicaragua.

Südlich von Guatemala-Stadt

Parque Naciones Unidos

Nach Süden verlässt man die Stadt über die Aguilar Batres, eine große Ausfallstraße, die in die Carretera Interoceánica CA 9 in Richtung Pazifikküste übergeht. Man passiert zunächst den Vorort **Villa Nueva**, in dessen Umfeld sich Industrie und auf dem Reißbrett geplante Wohnviertel abwechseln. Bei KM 20 zweigt eine kleine Nebenstraße zum **Parque Naciones Unidos** ab, tgl. 6–19 Uhr. Von diesem Naherholungsgebiet aus hat man einen fantastischen Blick über den Amatitlán-See und das dahinter liegende Massiv des Vulkans Pacaya. Außer Picknickgelegenheiten und Miniaturmodellen landestypischer Gebäude hat der Park ansonsten jedoch nicht viel zu bieten. Hier ist es schon gelegentlich zu Überfällen gekommen! Eine kleine Gondelbahn *(teleférico)* führt hinab zum Seeufer in den **Parque Las Ninfas**.

Der Amatitlán-See

27 km von der Hauptstadt entfernt, liegt steil unterhalb des Parque Naciones Unidos der Amatitlán-See, benannt nach der gleichnamigen Ortschaft. Einer Legende zufolge entstand der rund 15 km² große See aus dem Schwanz des Teufels, den der Engel Raphael diesem bei einem Kampf abhackte. Als Beweis dafür, dass der Schwanz noch immer auf dem Grund des Sees liegt, wird dessen Schwefelgehalt angeführt.

Rein optisch sieht der See sauber aus, aber biologisch ist er tot, da er einen großen Teil der ungeklärten Abwässer der Hauptstadt aufnimmt. Durch die zunehmende Sedimentierung verlandet der See rapide, und in nicht allzu ferner Zukunft könnte er vollständig verschwunden sein. Dennoch ist das Gewässer, das von einer Eisenbahnlinie in zwei Teile geteilt wird, ein beliebtes Ausflugsziel.

Besonders an Wochenenden füllt sich die Uferpromenade mit Familien, wird auf dem See gerudert oder in den zum Teil sehr luxuriösen Ferienhäusern genächtigt.

War es früher der Fischfang und die Cochenille-Laus, die zu einem natürlichen Farbstoff verarbeitet wurde, so lebt der in 1190 m Höhe liegende Ort **Amatitlán** heutzutage vom Lokaltourismus sowie den heißen Quellen und Thermalbädern, die er der beständigen Aktivität des nahe gelegenen Vulkans Pacaya zu verdanken hat. Ansonsten ist der Ort kaum sehenswert. Er wurde nach dem Amatle-Baum benannt, einer Ficusart, aus deren Rinde früher Papier hergestellt wurde.

Lediglich am zweiten und dritten Mai eines jeden Jahres verwandelt sich das Städtchen in einen Pilgerort. Dann strömen Gläubige aus dem ganzen Land zusammen, um dem Niño de Atocha zu huldigen, einer angeblich wunderwirkenden Figur des Jesuskindes.

Das Denkmal auf der Plaza ist Francisco Javier Arana (1905–1949) gewidmet, der hier ermordet wurde. Er gehörte zusammen mit Jorge Toriello und Jacobo Arbenz einem Triumvirat an, das 1944 den Boden für die erste demokratische Regierungsphase des Landes bereitete.

Übernachtung

Casa de Huéspedes Karla, 3. Av. 2-74, Cantón la Cruz, ✆ 66333538, sehr einfache Zimmer mit Gemeinschaftsbad und kaltem Wasser. Mahlzeiten gibt es im dazugehörigen *comedor*. ❶

Hotel y Restaurante El Rocarena, ✆/📠 66333522, direkt am See gelegen, das luxuriöseste Hotel am Platz mit eigenen Thermalquellen, Swimmingpool und Restaurant. Die Bäder des *Rocarena* sind auch für Nichtgäste von 8–17 Uhr geöffnet, US$3,40. ❺

Transport

Busse fahren laufend von der 20. C., Ecke 2. Av. und dem Busterminal in der Zone 4 von GUATEMALA-STADT ab, oder man steigt an der Kreuzung Trébol zu (Calle Aguilar Batres Richtung Süden). Busse, die nach ESCUINTLA und PUERTO SAN JOSÉ fahren, halten an der *Esso*-Tankstelle, die an der Hauptstraße CA 9, etwas außerhalb von Amatitlán, vorbeiführt.

Vulkan Pacaya

Auf dem Weg vom Amatitlán-See zur Abzweigung zum Nationalpark Vulkan Pacaya bei Km 37 der CA 9 begleiten den Reisenden Chemiefirmen und Baustoffhändler entlang der Straße sowie Großunternehmen, die Kaffee verarbeiten oder Textilien produzieren. In den Freizeitparks *Turicentro Automariscos* und *Turicentro La Red* bei Km 34,5 gibt es eine Campingmöglichkeit. Sobald man abgebogen ist, ändert sich das Bild. Entlang fruchtbarer Kaffeepflanzungen ist nach 7 km auf asphaltierter Straße das Dorf **San Vincente Pacaya** erreicht. Vor dem Ort biegt eine schlechte, 5,5 km lange Straße zum Dorf **San Francisco de Sales** ab. Dort beginnt der Aufstieg zum Vulkan und befinden sich ein Parkplatz, einfache Toiletten sowie der Eingang zum Nationalpark.

Der 2552 m hohe Pacaya gehört zu den aktivsten Vulkanen Mittelamerikas. Bereits seit 1565 werden Ausbrüche registriert. Allein in den vergangenen Jahren hatte der Vulkan mehr als zwanzig starke Eruptionen. Beim Ausbruch im Februar 2000 wurde Lava über 1000 m hoch in den Himmel geschleudert. Durch die fast immer gleiche Windrichtung liegen vor allem die Dörfer an den Südwesthängen im Ascheregen. Ihre Bewohner haben schon oft Zuflucht in Notunterkünften suchen und Ernteschäden erleiden müssen. Bereits 1963 hat die Regierung das Gebirgsmassiv um den Hauptgipfel herum zum Nationalpark erklärt.

Die Besteigung

Der Berg ist relativ einfach in zwei bis zweieinhalb Stunden zu besteigen und bietet einen grandiosen Blick auf die Vulkankette Guatemalas. Am Nationalparkeingang, 🕓 7–17 Uhr, sind US$3,40 Eintritt zu entrichten.

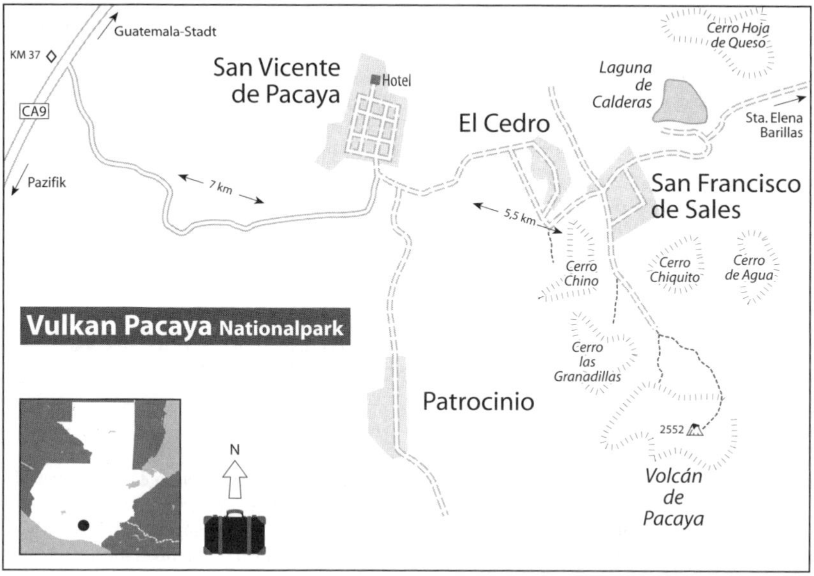

Zunächst windet sich der markierte Weg mäßig steil durch ein Waldstück den Berghang hinauf. Danach gelangt man auf einem Grat in die schwarze Lavasandwüste des Pacaya, aus der sich Mutter Natur bis auf ein paar verkohlte Baumstämme vorerst zurückgezogen hat. Der Grat führt linker Hand um eine Vertiefung herum bis zum steilen und rutschigen letzten Abschnitt, an dessen Ende man sich schon relativ nahe am Krater befindet.

Auf dem Vulkan kann es bitterkalt werden. Da die meisten Touren nachmittags beginnen und der Abstieg meist erst im Dunkeln erfolgt, sollte man

Sicherheitshinweis

Vor einer Besteigung des Pacaya sollte man sich sehr genau über die aktuelle Situation informieren, denn der Vulkan ist in doppelter Hinsicht gefährlich: Zum einen kann der Vulkan urplötzlich ausbrechen. Giftige Gase und herabfallende Lavabrocken können selbst den allervorsichtigsten Bergsteiger treffen. Wer einen Aufstieg während einer Eruption wagt, sollte genauestens auf die Windrichtung achten (bei Gegenwind große Gefahr) und den Anweisungen des Guides unbedingt Folge leisten. Zum anderen ist der Berg schon seit vielen Jahren immer wieder Schauplatz von Überfällen, bei denen Touristen ausgeraubt oder vergewaltigt wurden. Die Situation hat sich in den vergangenen Jahren zwar dank besserer Sicherheitsvorkehrungen etwas entspannt, dennoch kommt es jedes Jahr zu einigen Überfällen. Ab 13 Uhr stehen zwei Polizisten am Eingang des Nationalparks als Begleitschutz zur Verfügung. Sind sie bereits unterwegs, muss man sich jedoch allein auf den Weg machen. Viele Agenturen bieten daher Touren mit Begleitschutz an, der aber auch keine absolute Sicherheit garantieren. Obwohl die Mehrheit der Besucher den Pacaya ohne Probleme besteigt, ist es ratsam, sich bei der Botschaft oder der Touristenpolizei in Antigua nach der aktuellena Situation zu erkundigen. Eine eher unzuverlässige Informationsquelle sind Veranstalter von Pacaya-Touren und deren Guides. Wertsachen (eventuell sogar die Kamera) im Hotel lassen und nur wenig Geld als Reserve mitnehmen!

warme Kleidung, eine Taschenlampe und ausreichend Wasser mitnehmen. Achtung: Wer eine der Billigtouren zur Besteigung des Pacaya in Antigua bucht (inzwischen schon ab US$5), sollte vorher genauestens abklären, ob der Parkeintritt bereits im Gesamtpreis enthalten ist. In der Regel ist er das nicht, und da die meisten Besucher kein Geld bei sich haben (siehe auch Sicherheitshinweise), hat es am Parkeingang schon viel unnötigen Ärger gegeben.

Eine Privattour zum Pacaya kostet rund US$30, mindestens zwei Teilnehmer.

Übernachtung

Hotel Pacaya, 4. Av. 0-91, Cantón Las Flores, 500 m nördlich des Parque Central, ✆ 24406350 (Hauptstadt), einfache, aber solide Unterkunft. Der Besitzer organisiert den Transport von der Hauptstadt sowie die Besteigung des Pacaya mit lokalen Guides. ❸

In **San Francisco de Sales** gibt es sehr einfache Privatunterkünfte, nach denen man fragen muss. Auf dem Vulkan gibt es mehrere wilde Zeltplätze ohne Infrastruktur (kein Wasser!).

Außer ein paar einfachen *comedores* in San Vincente und kleinen Kiosken in San Francisco (Kekse, Softdrinks) bekommt man hier oben nichts weiter zu essen oder zu trinken.

Transport

Von GUATEMALA-STADT (ab *La Terminal*, Zone 4) verkehren alle 90 Min. Busse zwischen ca. 6 und 19 Uhr nach San Vincente de Pacaya (Fahrtzeit ca. 90 Min.) und in umgekehrter Richtung. Von dort nur sehr sporadischer Busverkehr nach San Francisco de Sales.

Palín

Bei Km 40 gabelt sich beim Ort Palín die Hauptstraße. Beide Routen führen nach Escuintla. Während man rechter Hand auf eine mautpflichtige Autobahn in Topzustand und mit wenig Verkehr abbiegen kann, führt die linke Abzweigung auf die alte Straße nach Escuintla.

Letztere ist kurvenreich, voller Schlaglöcher und von nervösen Bus- und Lastwagenfahrern bevölkert.

In Palín wurden Überlebende des Massakers der Spanier an den Pokomam in Mixco Viejo angesiedelt, und auch heute noch gehört der Ort zu den wenigen Gebieten, in denen Pokomam gesprochen wird. Sehenswert in Palín ist der große Baumwollbaum, unter dem der Markt abgehalten wird. Bei den Fronleichnamsfeiern und der Fiesta am 30. Juli werden traditionelle Tänze aufgeführt. Von Palín führt eine wenig befahrene Erdstraße über Santa María de Jesús nach Antigua.

Westlich und nördlich von Guatemala-Stadt

San Lucas und Santiago Sacatepéquez

Wer von der Hauptstadt aus in das guatemaltekische Hochland reisen will, benutzt in der Regel die **Calzada Roosevelt**. Entlang dieser sechsspurigen Ausfallstraße haben sich große Einkaufszentren, Restaurants und viele Autohändler angesiedelt. Unübersehbar ist der wie ein Monolith aufragende moderne Bau des Hotels und Einkaufszentrums *Tikal Futura*. Nach rund 28 km auf der Interamericana CA 1 erreicht man den Ort **San Lucas Sacatepéquez**. An diesem an der Abzweigung nach Antigua gelegenen Verkehrsknotenpunkt siedelten die Spanier früher zwangsweise Indígenas aus verschiedenen Landesteilen an. Heutzutage stellt die vorwiegend Cakchiquel sprechende indianische Bevölkerung Holzmöbel her und ernährt sich von der Landwirtschaft. An Wochenenden verpflegen zahlreiche Essstände hungrige Ausflügler aus der Hauptstadt.

Der interessanteste Zeitpunkt für einen Besuch des ansonsten beschaulichen Dorfes **Santiago Sacatepéquez**, wenige Kilometer nordwestlich von San Lucas Sacatepéquez, ist der 1. November. An diesem Tag schieben sich Menschenmassen durch den kleinen Ort. Sie haben nur ein Ziel: Bei dem Drachenfestival – der *Feria de Barriletes* – auf dem Friedhof dabei zu sein. Hier – und im nicht weit entfernten Sumpango – lässt die Bevölkerung an diesem Tag große Papierdrachen steigen, die in monatelanger Handarbeit aus bunt bemaltem Papier und Bambus hergestellt werden. An Allerheiligen hofft man dann auf guten Wind, damit sich die

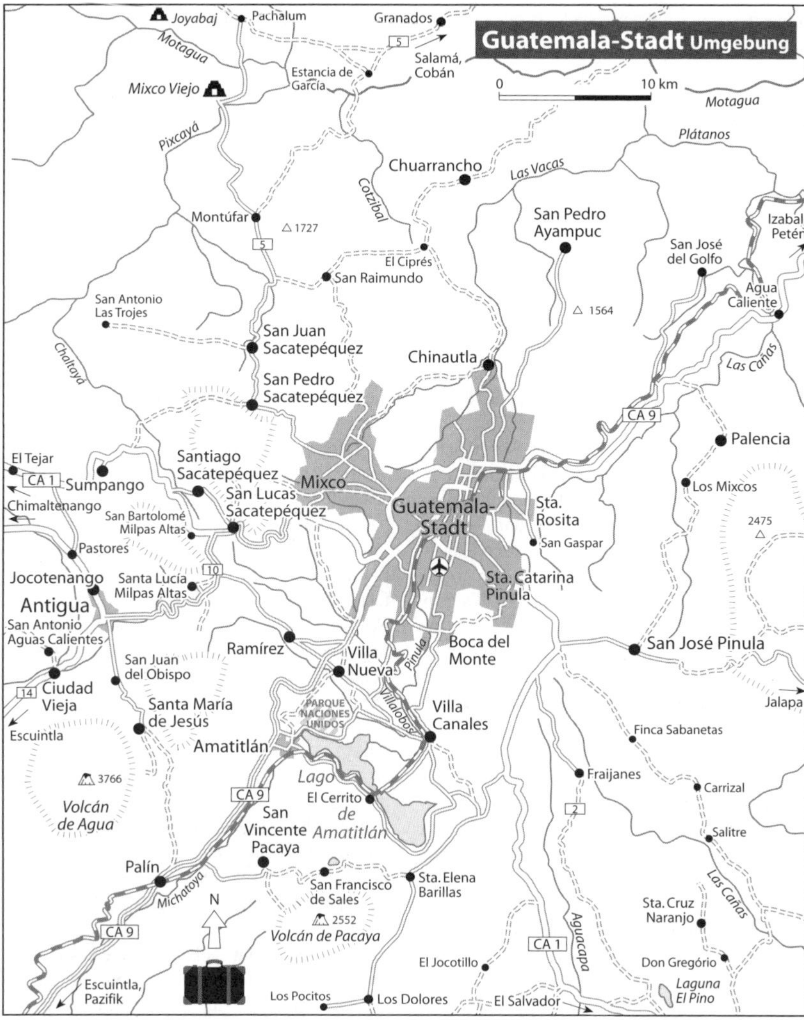

sechs bis sieben Meter großen Drachen in die Lüfte schwingen können, um ihre eigentliche Aufgabe zu verrichten: böse Geister zu vertreiben und eine Kommunikation der Verstorbenen mit ihren Angehörigen zu ermöglichen. Dazu werden die Riesendrachen über den ganzen Friedhof gezogen, der nach dem Spektakel einem Schlachtfeld gleicht. 1999 wurde das Fest zum nationalen Kulturgut erklärt. An einem etwas ruhigeren Tag kann ein kleines Museum unterhalb der Plaza besichtigt werden, in dem unter anderem Keramikfundstücke aus der Umgebung ausgestellt sind.

Alle Busse, die von Guatemala-Stadt nach Antigua und umgekehrt fahren, halten in San Lucas (Fahrtzeit von Guatemala-Stadt ca. 45 Min.; von Antigua ca. 30 Min.). Von dort bestehen Verbindungen in das nahe gelegene Santiago Sacatepéquez.

San Pedro Sacatepéquez und San Juan Sacatepéquez

Über die **Calle San Juan** erreicht man entlang der Zonen 7 und 19 die Ruta Nacional 5, die sich einen steilen Berghang hinaufschlängelt. Bis Km 22 reichen die armseligen Wellblechhütten der Hauptstadt, bevor nach weiteren 3 km auf einer Höhe von 2100 m das Dorf **San Pedro Sacatepéquez** (nicht zu verwechseln mit dem gleichnamigen Ort in der Provinz San Marcos) auftaucht. Einst eine wichtige Durchgangsstation auf dem Weg nach Cobán und bekannt für die farbenfrohen *huipiles* der hier lebenden Indígena-Frauen, hat das Dorf gegenüber seinem 6 km entfernten Nachbarort **San Juan Sacatepéquez** heute an Bedeutung verloren. Dort haben sich die Cakquicheles mit der Produktion von Keramik und Holzmöbeln sowie der Korbflechterei einen Namen gemacht. In mit schwarzen Plastikbahnen überzogenen Gewächshäusern werden Blumen für den Export gezüchtet. Die auffällig gelbvioletten *huipiles* der Frauen sind gelegentlich mit Mustern von doppelköpfigen Adlern und Pferden verziert.

Alle Busse, die von Guatemala-Stadt nach Mixco Viejo fahren, passieren beide Dörfer.

Mixco Viejo

Folgt man dem weiteren Verlauf der Ruta Nacional 5, stößt man bei Km 45 auf eine Gabelung. Nach rechts zweigt die ungeteerte Straße in Richtung Rabinal und weiter nach Cobán ab. Geradeaus führt eine kurvenreiche Straße bei Km 57 über den Río Pixcayá. Kurz darauf folgt bei Km 59 zur Linken die Abzweigung zu den Ruinen von Mixco Viejo, die nach einem knappen Kilometer erreicht werden. ⌚ Mo–Sa 7–17, So 7–18 Uhr, US$2,80. Es gibt Erfrischungsgetränke, aber kein Essen zu kaufen.

Geschichte

Im 12. Jahrhundert hatten die Pokomam begonnen, nördlich des heutigen Guatemala-Stadt eines der größten Zentren der Hochlandindianer zu errichten. Im Laufe der darauffolgenden Jahrhunderte modellierten sie aus einem Tafelberg eine Stadt, die als kulturelles Zentrum, gleichzeitig aber auch als Zufluchtsort vor verfeindeten Stämmen diente.

Mixco Viejo wurde zwar nach heutigen Kenntnissen von Pokomam-Indianern erbaut, war aber nicht – wie einige Quellen behaupten – zum Zeitpunkt der spanischen Eroberung deren Hauptstadt, sondern wurde vielmehr von einer Cakchiquel-Splittergruppe mit Namen Chajom dominiert. Die Cakchiqueles hatten die ursprünglich hier lebenden Pokomam Richtung Südosten vertrieben, wo sie beim heutigen Chinautla ein Zentrum namens Belej bauten.

Als die Spanier das noch recht junge Mixco Viejo im Jahr 1525 erreichten, fanden sie eine praktisch uneinnehmbare Festung vor – umgeben von drei steilen Schluchten und nur über einen leicht zu verteidigenden Engpass zugänglich. Drei Monate lang rannten sie unter Pedro de Alvarado vergeblich gegen dieses Bollwerk an. Erst als Indianer aus dem benachbarten Chinautla Alvarado und seinen Männern einen geheimen Versorgungstunnel zeigten, konnten die Spanier den Widerstand der Cakchiqueles brechen. Ein furchtbares Gemetzel folgte, die Anlage wurde komplett niedergebrannt. Nachdem die Spanier auch die Pokomam bei Chinautla besiegt hatten, wurden die wenigen Überlebenden im heutigen **Mixco** – einem Vorort der Hauptstadt – angesiedelt.

Ausgrabungen

Der spanische Chronist Fuentes y Guzmán berichtete 1690 in der *Recordación Florida* mehr über die kriegerischen Auseinandersetzungen als über die Entstehung der Stadt. Erst im Jahr 1896 fertigte der deutsche Geograf Karl Sapper einen ersten Übersichtsplan der Anlage an. Diese Aufzeichnungen dienten später einem französisch-guatemaltekischen Forscherteam als Basis für die Rekonstruktion der Anlage, die in vier Etappen von 1954 bis 1967 erfolgte. Insgesamt umfasst die in 980 m Höhe liegende Ruinenstätte 13 Gruppen mit über 120 zum Teil überbauten Gebäuden, darunter Altäre, Pyramiden, Tempel, Ballspielplätze und Wohnhäuser. Der gesamte Komplex bot Platz für rund 9000 Menschen, das Umland eingeschlossen. Am Fuß der steinernen Monumente fanden die Archäologen – einmalig im guatemaltekischen Hochland – große, teils polychrome Graburnen, was darauf hindeutet, dass die Pokomam ihre Toten entgegen lokalen Gepflogenheiten einäscherten. Die Anlage bietet keine spektakulären Bauwerke, die höchste Pyramide misst gerade einmal 7 m. Außer von Gras überwucherten Steinmauern ist nicht mehr allzu viel erhalten. (Ein verwittertes Modell der Anlage in der Nähe des Eingangs hilft der Fantasie des Besuchers ein wenig auf die Sprünge.) Wertvolle Gebäudeteile und Steinskulpturen wurden in die Museen nach Guatemala-Stadt gebracht. Doch ein Besuch der zur späten Postklassik gehörenden Ausgrabungsstätte lohnt sich allein schon ihrer Lage, der gebirgigen Umgebung und der himmlischen Ruhe wegen.

Transport

Die 60 km von der Hauptstadt nach Mixco Viejo sind mittlerweile durchgängig asphaltiert, was die Anreise auf ca. 2 Std. verkürzt hat. Die Busgesellschaften *Sairita*, *Faviola* und *Pachaluneca* fahren zwischen 10 und 17 Uhr stündlich im Wechsel vom Terminal der Zone 4 in GUATEMALA-STADT nach PACHALUM und kommen dabei direkt an der Ruinenstätte vorbei. Ein Problem ist die Rückkehr am gleichen Tag. Der letzte Bus von Pachalum nach Guatemala-Stadt passiert die Ruinenstätte bereits gegen 7 Uhr morgens. Danach gibt es nur noch Pickups. Das Zelten ist in Mixco Viejo leider nicht mehr erlaubt, so dass man gegebenenfalls eine Nacht in Pachalum verbringen muss (Unterkunftsmöglichkeit s.u.). Eine sinnvolle Alternative ist ein Mietauto.

Von Mixco Viejo nach Pachalum und in den Quiché

Nur wenige Kilometer von der Anlage Mixco Viejo entfernt mündet der Río Pixcayá in den Río Motagua, den größten Fluss auf der Karibikseite Guatemalas. Kurz vor der Brücke befinden sich rechts und links der Straße große Hühnerzuchtfarmen. Ein steiler Anstieg auf der anderen Flussseite führt in das kleine, 72 km von der Hauptstadt entfernte Dorf **Pachalum**. Von hier bestehen tägliche Busverbindungen auf einer teilweise asphaltierten Straße nach Joyabaj in der Provinz El Quiché mit Anschluss nach Santa Cruz del Quiché. In Pachalum gibt es eine einfache Übernachtungsmöglichkeit am Parque Central. Im Gebäude der Municipalidad erhält man Informationen über Wanderausflüge in die schöne Landschaft rund um das Dorf. Hier befindet sich auch eine kleine Glasvitrine mit archäologischen Fundstücken aus der Region, darunter Keramik, Steinfiguren und Mineralien.

Chinautla und San Pedro Ayampuc

Die Gegend im Norden der Hauptstadt besteht zumeist aus Wohnvierteln, die mit zunehmender Entfernung immer ärmlicher werden. Zweigt man von der Calle Martí in die Zone 6 ab, erreicht man nach 12 km **Chinautla**. In diesem Pokomam-Dorf werden Keramikgegenstände aus lokalem roten, schwarzen oder weißen Ton hergestellt. Außerdem verkaufen die Bewohner zur Weihnachtszeit Krippen, Kerzenhalter und religiöse Tonfiguren.

Spanischen Chronisten zufolge sind die Pokomam aus dem weiter nördlich gelegenen **San Pedro Ayampuc** einst aus dem heutigen El Salvador zugewandert. Bis zum Ende des 18. Jahrhunderts bestand der Ort nur aus einer kleinen Hacienda. Heute ist San Pedro Ayampuc ein kleines beschauliches Dorf von wenig touristischem Interesse.

Wer über die Ausfallstraße Calle Martí Richtung Atlantik fährt und nach der Puente Belize linker Hand Richtung San Pedro Ayampuc abbiegt, sieht bald rechts und links der Straßen Elendssiedlungen auftauchen. In diese Gegend hat die Regierung viele der Opfer des Hurrikans Mitch umgesiedelt, nachdem sie im November 1998 durch den Wirbelsturm ihre einfachen Häuser verloren hatten. Sie leben noch immer unter katastrophalen Bedingungen, z.T. ohne Wasser, Strom, Telefon, und in baufälligen Hütten. Durch die nun größere Entfernung zur Hauptstadt haben viele von ihnen den Job verloren und müssen gleichzeitig mehr Geld für den öffentlichen Nahverkehr ausgeben.

Beide Orte (Chinautla: 12 km, 30 Min.; San Pedro Ayampuc: 22 km, 1 Std.) sind mit regelmäßig verkehrenden Bussen vom Markt der Zone 6 an der Calle Martí ganz im Norden der Stadt zu erreichen.

Das Hochland

Einen Kaffee im kolonialen Ambiente von **Antigua** trinken

Den eigenartigen Heiligen San Simón in **San Andrés Itzapa** besuchen

Im kristallklaren Wasser des **Atitlán-Sees** baden

Den abwechslungsreichen Indianermarkt in **San Francisco El Alto** vom Kirchendach aus beobachten

In drei Tagen von **Quetzaltenango** zum Atitlán-See wandern

Die bunteste Kirchenfassade Guatemalas in **San Andrés Xecul** besichtigen

Einer Maya-Zeremonie in **Chichicastenango** beiwohnen

Nach der anstrengenden Besteigung des Vulkans **Santa María** den tollen Blick genießen

Beim Wandern im **Ixil-Dreieck** ursprüngliche indianische Lebensweise erfahren

Für viele Touristen ist der Besuch des guatemaltekischen Hochlands, des *altiplano*, sicherlich eines der Hauptziele ihrer Reise. Das Kernland der indianischen Bevölkerung Guatemalas liegt westlich und nordwestlich der Hauptstadt und umfasst die Provinzen Sacatepéquez, Chimaltenango, Sololá, Quetzaltenango, San Marcos, Quiché, Huehuetenango und Totonicapán. In der bergigen und unzugänglichen Region leben rund 18 indianische Ethnien zum Teil sehr verstreut und zurückgezogen. Hier findet man die buntesten Märkte, die höchsten Vulkane, aber auch den ärmsten Teil der Bevölkerung. Die bekanntesten touristischen Attraktionen befinden sich in einem Dreieck, das aus Antigua, dem Atitlán-See und Chichicastenango besteht. Wer unverfälschtes indianisches Brauchtum und ursprüngliches Leben im Hochland erleben möchte, sollte auch die etwas abgelegeneren Regionen aufsuchen.

Zur besseren Übersicht haben wir das Hochland unterteilt: Das Kapitel **Westliches Hochland** umfasst das Dreieck Antigua, Chichicastenango mit Santa Cruz del Quiché und den Atitlán-See. Im Kapitel **Nordwestliches Hochland** (s.S. 247) findet man die von der Hauptstadt weiter entfernt liegenden Hochlandregionen wie Quetzaltenango, San Marcos, Huehuetenango, Totonicapán und die Provinz Quiché.

Das westliche Hochland

Antigua

Prächtige Kolonialgebäude, gewaltige Klosterruinen und imposante Kirchenfassaden prägen das Stadtbild von Antigua. Der Touristenmagnet bietet daneben aber auch gute Sprachschulen, gemütliche Cafés und einladende Geschäfte. Und dies alles vor der Kulisse mächtiger Vulkane.

Es nicht schwer zu erraten, wann die Hauptstadt der Provinz Sacatepéquez im Panchoy-Tal erreicht ist, denn der Asphalt hört schlagartig auf und geht über in die engen gepflasterten Straßen von Antigua, der Vorzeige-Kolonialstadt des Landes. Auf einmal dreht sich das Rad der Geschichte um mehr als zweihundert Jahre zurück – man glaubt, in einer anderen Welt zu sein. Überreste religiöser Monumente und Kolonialgebäude wechseln sich mit schattigen Parks und grünen Alleen ab. Umrahmt ist diese prächtige Kulisse von den drei Vulkanen Agua, Fuego und Acatenango, die das in 1530 m Höhe liegende Städtchen um mehr als 2000 m überragen und zum Greifen nahe scheinen. Offiziell ist der Ort unter dem Namen **La Antigua Guatemala** – „das alte Guatemala" – bekannt, seit die Regierung drei Jahre nach dem Erdbeben von 1773 beschloss, den Sitz der Hauptstadt von hier in das heutige Guatemala-Stadt zu verlegen. Eine weise Entscheidung, denn da in der Folgezeit niemand mehr an einen Wiederaufbau dachte, wurden so die vielen kolonialen Ruinen vor der endgültigen Zerstörung bewahrt und der Ort konnte sich zu dem entwickeln, was er heute ist.

Inzwischen hat sich die ehemalige Hauptstadt in ein lebendes Museum der Kolonialzeit verwandelt, das aber mit allen Annehmlichkeiten der modernen Zeit aufwarten kann. Antigua ist weltoffen und kosmopolitisch, gleichzeitig jedoch traditionsbewusst und stolz auf seine Vergangenheit. Das beste Beispiel für diese einmalige Mischung sind die Osterfeierlichkeiten, die mit einem enormen Aufwand und Glanz jährlich Zehntausende von Besuchern anlocken (s.S. 180, Kasten).

Heute lebt ein bunt gemischtes Völkchen in der rund 30 000 Einwohner zählenden Stadt. Antigua ist nicht nur bei (Langzeit)-Touristen und Sprachstudenten beliebt, sondern aufgrund des frühlingshaften Klimas sowie des gepflegten Stadtbildes auch bei einheimischen Künstlern und Guatemalteken aus der Hauptstadt, sei es als Wohnsitz oder nur als Ziel für einen Wochenendausflug. Für die meisten Touristen ist Antigua eine Oase inmitten eines rauen Reisealltags, und nicht wenige verweilen hier länger als geplant. Der Ort ist ideal, um der hektischen Hauptstadt zu entfliehen oder nach Wochen des Reisens zu relaxen, gut zu essen und eventuell Spanisch zu lernen.

Hierin liegt allerdings auch das Verführerische: Nach einigen Tagen in dieser fast heilen Welt könnte man beinahe vergessen, in Guatemala zu sein. Denn Antigua ist eine wohlhabende Enklave in einem bitterarmen Land.

Zu erreichen ist der 45 km von der Hauptstadt entfernte Ort über eine Abzweigung auf der Interamericana Richtung Hochland beim Ort San Lucas Sacatepéquez.

Geschichte

Als die kleine spanische Truppe unter ihrem Anführer **Pedro de Alvarado** 1524 von Mexiko aus nach Guatemala gelangte, ahnte niemand, wie schwierig es werden würde, in diesem gebirgigen Waldland eine Stadt zu gründen. Nicht nur die Ureinwohner kämpften mit aller Kraft gegen die europäischen Eindringlinge, sondern auch die Erde versuchte sich der feindlichen Besetzung mit Erdbeben und Vulkanausbrüchen zu widersetzen. Es nützte alles nichts. Den Eroberern kam die innere Zerstrittenheit der hier lebenden indianischen Völker zugute. Darüber hinaus zeigten die Konquistadoren einen eisernen Willen, der in erster Linie mit der Gier nach Gold und Silber zu begründen ist. Nachdem sie die Cakchiqueles, ihre ehemaligen Verbündeten, geschlagen und deren Hauptstadt Iximché niedergebrannt hatten, zogen Alvarado und seine Männer in das Almolonga-Tal am Fuße des Vulkans Agua. Hier gründeten sie im November 1527 *Santiago de Goathemala,* das heutige **Ciudad Vieja**. Der neue Ort sollte das Zentrum der kolonialen Macht in Mittelamerika werden, doch es kam anders: Pedro de Alvarado hatte zwischenzeitlich geheiratet und seine Frau **Doña Beatriz de la Cueva** von Spanien nach Guatemala gebracht. Kurz darauf starb er 1541 bei einem Beutezug im nördlichen Mexiko. Der Stadtrat von Santiago übertrug Doña Beatriz als erster Frau in der neuen Welt die Regierungsgeschäfte. Ihre Amtszeit währte allerdings nur einen einzigen Tag, denn die Stadt wurde nach einem mehrtägigen Unwetter von Schlammlawinen förmlich weggespült. Doña Beatriz ertrank in den Fluten, und die Überlebenden des Unglücks beschlossen eine erneute Standortverlegung der Hauptstadt. Ihre Wahl fiel auf das nur wenige Kilometer entfernte Panchoy-Tal, in dem der Architekt **Juan Batista Antonelli** 1542 auf dem Reißbrett eine Stadt für 5000 Menschen an der Stelle des heutigen Antigua entwarf. Am 10. März 1543 wurde die bislang dritte guatemaltekische Hauptstadt offiziell gegründet. Diesmal schien die Lage gut gewählt zu sein, denn in den folgenden 230 Jahren entwickelte sich die einstmals kleine Siedlung zu einem politischen, wirtschaftlichen und kulturellen Zentrum, das anderen großen Kolonialstädten wie Lima oder Mexiko-Stadt in nichts nachstand. Philipp II. von Spanien adelte die Stadt im Jahr 1566, wodurch sie ihren vollständigen Namen erhielt: *La Muy Noble y Leal Ciudad de Santiago de los Caballeros de Goathemala.*

Pestepidemien, Ascheregen und Erdbeben schienen dem Ort nichts anhaben zu können, denn nach jedem Unglück erhob sie sich erneut wie Phönix aus der Asche, um in noch größerem Glanz zu erstrahlen. 70 tributpflichtige Indianerdörfer in der Umgebung wurden jedesmal zum Wiederaufbau herangezogen. Auf dem Höhepunkt ihrer Macht Mitte des 18. Jahrhunderts lebten über 50 000 Menschen in der Stadt. Sie besaß zu diesem Zeitpunkt über 50 Kirchen und Kapellen, eine Druckerpresse mit eigener Zeitung, mehrere Krankenhäuser und Schulen, 18 religiöse Orden sowie eine eigene Universität. Doch 1773 begann die stets unruhige Erde erneut zu zittern, bis schließlich am 29. Juni 1773 die gesamte Region von einem kurzen, aber heftigen Erdbeben völlig zerstört wurde. Der Schock saß tief, und nur langsam machten sich die Menschen wieder an den Wiederaufbau. Gegen den Willen von Kirche und Bevölkerung befahl der Stadtrat erneut einen Umzug; diesmal in das 45 km entfernte Hochtal La Ermita, dem heutigen Guatemala-Stadt. Trotz mehrerer Dekrete ging der Umzug nur sehr zögerlich vonstatten, und der Schaden, den er an den Gebäuden Antiguas anrichtete, war kaum geringer als die Zerstörung durch das eigentliche Erdbeben. Offiziell wurde „La Nueva Guatemala de la Asunción" erst 1776 zur neuen Hauptstadt.

Antigua wurde indessen zu keiner Zeit vollständig verlassen, und nach der 1871 erfolgten Säkularisierung des Kirchenbesitzes begann mit dem Verkauf von Land an deutsche und nordamerikanische Investoren ein neues Kapitel in der Stadtgeschichte. Wie in anderen Regionen auch begann sich der Kaffee in Antigua als landwirtschaftliches Exportprodukt zu etablieren.

Nachdem die Stadt 1944 zum Nationaldenkmal und 1965 zum Kulturerbe Amerikas erklärt worden war, zerstörte das Erdbeben von 1976 die Stadt erneut. Im Jahr 1979 nahm die UNESCO Antigua in die Liste des Kulturerbes der Menschheit auf.

Orientierung

Die *Avenidas* (Av.) verlaufen von Nord *(Norte)* nach Süd *(Sur)*. Ein guter Orientierungspunkt ist der Vulkan Agua, der genau im Süden der Stadt liegt. Im Norden erhebt sich ein deutlich sichtbares Kreuz auf dem Cerro de la Cruz.

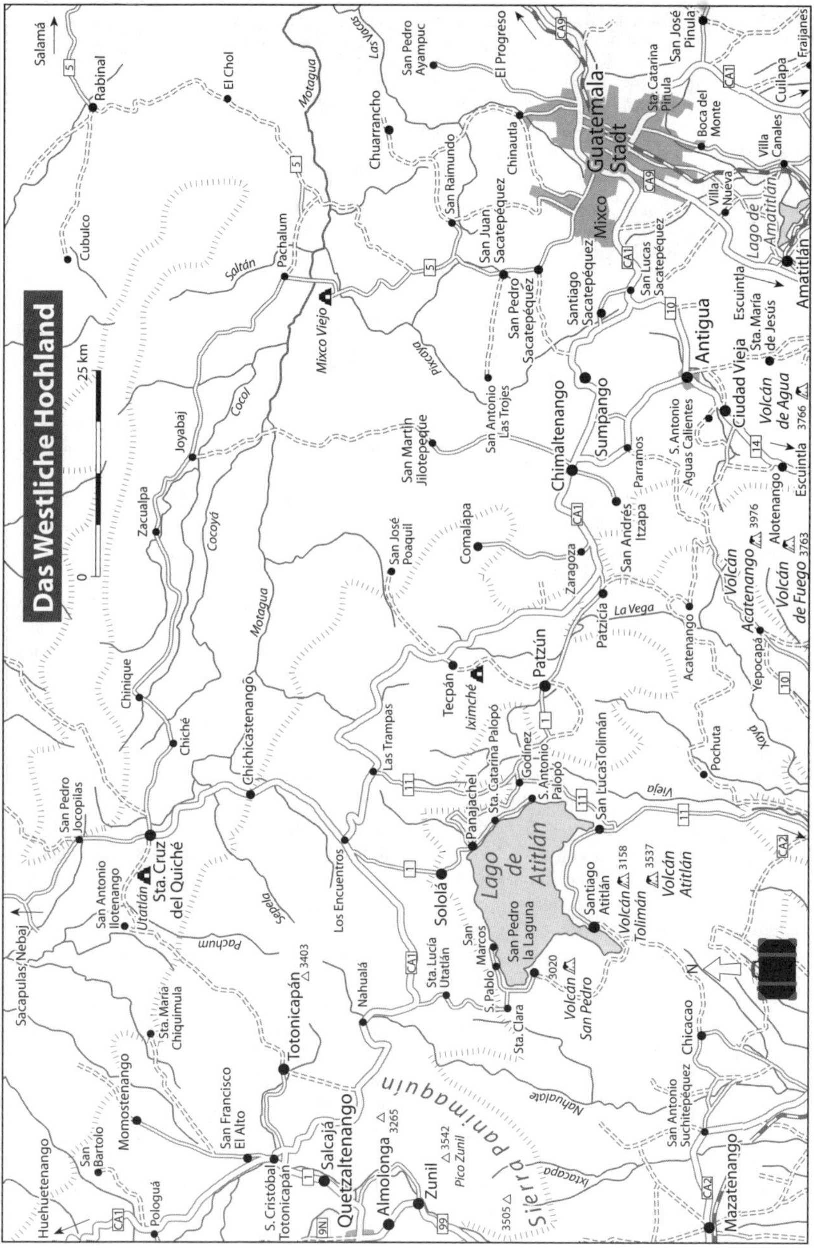
Das Westliche Hochland
0
25 km
Salamá
Rabinal
El Chol
Cubulco
Las Vacas
Motagua
San Pedro Ayampuc
El Progreso
Chuarrancho
San Raimundo
Chinautla
Guatemala-Stadt
Sta. Catarina Pinula
San José Pinula
Fraijanes
Boca del Monte
Villa Canales
Cuilapa
Villa Nueva
Lago de Amatitlán
Amatitlán
Mixco
San Juan Sacatepéquez
San Pedro Sacatepéquez
Santiago Sacatepéquez
San Lucas Sacatepéquez
Escuintla
Sta. María de Jesús
Antigua
Ciudad Vieja
Volcán de Agua
3766
Pachalum
Saltán
Mixco Viejo
Pixcayá
San Antonio Las Trojes
Sumpango
Chimaltenango
San Martín Jilotepeque
S. Antonio Aguas Calientes
Parramos
Escuintla
Alotenango
Volcán de Fuego
3763
Volcán Acatenango
3976
Joyabaj
Cocol
Cocoyá
Zacualpa
San José Poaquil
Comalapa
Zaragoza
San Andrés Itzapa
Patzicía
La Vega
Acatenango
Yepocapá
Motagua
Chinique
Chiché
Tecpán
Iximché
Patzún
Pochuta
Xayá
Chichicastenango
Las Trampas
Godínez
Sta. Catarina Palopó
S. Antonio Palopó
San Lucas Tolimán
Vieja
San Pedro Jocopilas
Sta. Cruz del Quiché
Utatlán
Panajachel
Sololá
Los Encuentros
Lago de Atitlán
Santiago Atitlán
Volcán Tolimán
3158
Volcán Atitlán
3537
San Antonio Ilotenango
Sepela
Pachum
Sacapulas
Nebaj
San Marcos
San Pedro la Laguna
Sta. Lucía Utatlán
Totonicapán
3403
Nahualá
S. Pablo
Sta. Clara
Volcán San Pedro
3020
N
Chicacao
Sta. María Chiquimula
Momostenango
San Francisco El Alto
Nahualate
Sierra Parnimaquín
San Antonio Suchitepéquez
Huehuetenango
San Bartolo
Pologuá
S. Cristóbal Totonicapán
Salcajá
Quetzaltenango
Almolonga
3265
Zunil
3542
Pico Zunil
3505
Ixtacapa
Mazatenango
CA1
CA2
CA9
1
5
9N
10
11
14
99

Die Osterwoche in Antigua

Erbarmungslos brennt die Mittagssonne auf die wartenden Zuschauer nieder. Dicht gedrängt stehen sie auf dem Bürgersteig. Niemand traut sich auf die Straße zu treten: Dort liegen aneinandergereiht die *alfombras,* die Teppiche aus eingefärbten Sägespänen, Blumen und Kiefernnadeln – die Arbeit einer ganzen Nacht.

Plötzlich setzt in der Ferne ein monotoner Trommelwirbel ein. Während er immer lauter wird er, kommt Unruhe in die Menge. Väter nehmen ihre Kinder auf die Schultern, andere packen ihre Kameras aus. Mit einem Mal beginnt eine Musikkapelle Trauermusik zu spielen. Wirklich schön klingt keines der zerbeulten Blechinstrumente. Immer dichter werden die Weihrauchschwaden. Schwerfällig, Schritt für Schritt, nähern sich die achtzig in lila Büßergewänder Gekleideten, auf ihren Schultern das riesige Tragegestell mit einer überlebensgroßen Christusfigur. Langsam, fast lautlos zieht der *anda,* das hölzerne, blumengeschmückte Schiff, an den Zuschauern vorbei. Ihm folgen Frauen mit schwarzen Kopftüchern, die Josef- und Mariafiguren tragen. Nach ihnen kommen Verkäufer von Süßigkeiten und Luftballons.

Ostern in Antigua – eine Zeit, in der sich die Stadt in ein lebendes Theater verwandelt. Die komplette Leidensgeschichte Jesu wird nachgespielt, auch Details wie die Fußwaschung oder die Urteilsverkündung der Römer gegen Jesus werden nicht vergessen. Höhepunkt ist Karfreitag, wenn Pontius Pilatus mit seinen Römern durch die Straßen zieht und den verurteilten Christus zur Kreuzigung führt. Noch stimmungsvoller und feierlicher wirken die Prozessionen am Abend, wenn der *anda,* der bis zu dreieinhalb Tonnen schwer ist, mit Hilfe eines Dieselaggregats erhellt wird. Dabei verrichten die Träger, die *cucuruchos*, Schwerstarbeit. Auf jeder ihrer Schultern lastet durchschnittlich ein Gewicht von rund 43 kg. Vier Männer schieben die Plattform, ein fünfter wird gebraucht, um sie zu lenken. Andere halten lange Stangen in den Händen, um tief hängende Strom- und Telefonleitungen hochzuhalten, damit die Prozession nicht ins Stocken gerät.

Zehntausende von Gläubigen – Einheimische wie Touristen – wohnen dem einwöchigen Spektakel bei. Wer von den Antigueños etwas auf sich hält, führt eine vier Jahrhunderte alte Tradition fort und kreiert einen der vielen bunten *alfombras* (Prozessionsteppiche). Dabei werden die Motive und Muster immer aufwendiger. Es ist auch nicht ungewöhnlich, wenn fünf bis sechs Personen in der Nacht zum Karfreitag 10 bis 12 Stunden arbeiten, um den schönsten Teppich präsentieren zu können. Alle *alfombras,* ob groß oder klein, stellen ein Opfer für Christus dar und sollen alles Vergängliche im Leben symbolisieren. Denn ihre Lebensdauer ist begrenzt: Nachdem die Prozession über sie hinweg geschritten ist, liegen die Teppiche zu einem bunten Staubgemisch zertrampelt da.

Die quer zu den Avenidas verlaufenden Straßen heißen *Calles* (C.) und durchziehen die Stadt von West *(Poniente)* nach Ost *(Oriente)*. Die Vulkane Fuego und Acatenango befinden sich südwestlich der Stadt. Der von Guatemala-Stadt kommende Verkehr erreicht das Zentrum über die Einbahnstraße 3. Calle Oriente. An der Verlängerung der 4. Calle Poniente liegt der Markt und dahinter der Busbahnhof. Die 4. Calle Oriente führt in die Hauptstadt zurück.

Sehenswürdigkeiten

Antigua war das Zentrum staatlicher, religiöser und wirtschaftlicher Macht und Sitz der kolonialen Autorität Spaniens in Zentralamerika. Überall in der Stadt wurden Regierungsgebäude, Konvente, Kirchen und Privathäuser errichtet, wobei Stilrichtungen wie Barock, Churriguerismus oder Klassik zeitlich nicht eindeutig zuzuordnen sind. Nach jeder größeren Erdbebenkatastrophe wurde neu gebaut; die immer dickeren Wände kreierten den so genannten „Erdbebenbarock". Um die Überreste der wichtigsten und interessantesten Gebäude zu besichtigen, sollte man mindestens einen kompletten Tag einplanen.

Um den Parque Central

Das Herz aller kolonialen Städte ist der Parque Central, auch *Plaza Mayor, Plaza Real* oder *Plaza de Armas* genannt. Von hier aus war das typische gitterartige Stadtmuster der Avenidas und Calles angelegt. Dieser Platz – je nach Jahreszeit von Staub oder Schlamm bedeckt – war schon seit jeher Schauplatz vieler Ereignisse, von öffentlichen Hinrichtungen bis hin zu Pferderennen. Gepflastert wurde die Plaza von Antigua erst 1704, im Jahr 1739 kam der Sirenenbrunnen hinzu. Mehrmalige Umgestaltungen in den Jahren 1936 und 1993 haben das Bild des Parque Central erneut verändert. Heute ist er ein lebendiges Fleckchen Erde, auf dem man unter Jacarandas oder afrikanischen Tulpenbäumen ausruht, liest oder dem bunten Treiben auf der Straße zuschaut. Wer hier sitzt, wird rasch von einem der zahlreichen jungen Schuhputzer angesprochen oder von Indígena-Mädchen, die Kaugummi und Kunsthandwerk verkaufen.

An der Südseite der Plaza befindet sich der **Palacio de los Capitanes Generales**. Von hier aus wurde ganz Zentralamerika über 200 Jahre lang regiert. Die Vorderseite des rund 100 m langen und 1558 erbauten Gebäudes besteht aus einem zweistöckigen Arkadengang mit 27 Bögen, die erst wenige Jahre vor der Zerstörung Antiguas im Jahr 1773 restauriert worden waren. Der Palast wurde nach dem Erdbeben erneut aufgebaut und ist in diesem Zustand bis heute erhalten geblieben. Neben der Provinzverwaltung und der Polizei ist hier auch das Informationsbüro des staatlichen Tourismusinstituts *INGUAT* untergebracht sowie nebenan der Tourismusverband *(Gremial de Turismo)*.

Gegenüber, an der Nordseite des Parks, erstreckt sich das ebenfalls zweistöckige Rathaus **Ayuntamiento**, auch **Real Cabildo** genannt. Es stammt aus dem Jahr 1770 und hat die verschiedenen Erdbeben aufgrund seiner soliden Bauweise weitgehend unbeschadet überstanden. Im Rathaus befinden sich heute zwei Museen, 🕓 beide Di–Fr 9–16, Sa, So 9–12 und 14–16 Uhr, Mo geschlossen, jeweils US$1,40. Im **Museo de Santiago (Museo de Armas)** kann man Waffen von Indígenas und Spaniern bewundern. Darüber hinaus werden koloniale Kunst, Silberschmuck, Möbel und Uniformen ausgestellt. An der Rückseite des Museums befindet sich ein kleiner Raum, der einst als Gefängnis diente. Das Schmuckstück des **Museo del Libro Antiguo** ist sicherlich eine Replik der ersten mittelamerikanischen Buchpresse. Das Original wurde 1660 vom mexikanischen Puebla nach Guatemala gebracht. Zunächst war es die Kirche, die von der Buchpresse regen Gebrauch machte. Später wurden hier das monatlich erscheinende Amtsblatt *Gazeta de Goathemala* und mehrere Bücher veröffentlicht, die zum Teil im Museum ausgestellt sind.

An der Ostseite der Plaza liegt die **Catedral Metropolitana**. Ursprünglich bestand der Bau wegen Geldmangels nur aus Lehmziegeln und einem Strohdach. Erst mit dem Vermögen des hier bestatteten Alvarado und dessen Frau konnte eine größere Konstruktion begonnen werden, die aber so mangelhaft war, dass sie abgerissen und 1669 erneut aufgebaut werden musste. In den darauffolgenden elf Jahren entstand eines der prachtvollsten Bauwerke der Kolonialzeit, das auf einer Länge von 100 m 18 Kapellen in fünf Kirchenschiffen umfasste. Die Verwendung feinster Materialien und die Beteiligung renommierter Künstler der damaligen Zeit sorgten für einen prunkvollen Innenausbau.

So bestand z.B. der Altar aus Edelhölzern und war mit komplizierten Mustern aus Perlmutt, Silber und Elfenbein verziert. Nach den verheerenden Zerstörungen des Erdbebens von 1773 wurden nur zwei Kapellen und die Fassade der Kathedrale wieder aufgebaut. Heute dient der Bau als Pfarrkirche. Im Inneren befindet sich noch immer eine Christusfigur des 1595 gestorbenen Bildhauers Quirio Cataño, der auch den berühmten schwarzen Christus von Esquipulas schnitzte. Hinter der Pfarrkirche kann man die Ruinen der alten Kathedrale besichtigen. ⌚ tgl. 9–17 Uhr, US$0,40. Nebenan befindet sich der **Palast des Erzbischofs**, in dem heute die *Casa de la Cultura* untergebracht ist. Hier residierte mit Francisco Marroquín (1499–1563) der erste Bischof Guatemalas. 1743 wurde Antigua, als höchste kirchliche Autorität Zentralamerikas, von Papst Benedikt XIV. zum Erzbistum erklärt. Gegenüber der Kathedrale und dem erzbischöflichen Palast ist auf der Westseite des Parque Central das **Portal de los Mercaderes** untergebracht, ein Arkadengang mit Banken, Geschäften und Cafés.

Klöster, Kirchen und Konvente

Die Kirche und ihre zahlreichen religiösen Orden fanden sehr schnell heraus, welches wirtschaftliche Potenzial die Neue Welt für sie barg. Für ihren spirituellen Beistand und die Bemühungen um die Christianisierung der einheimischen Bevölkerung bekamen sie von Bischof Marroquín riesige Ländereien und große *repartimientos* zugewiesen, durch die sie unentgeltlich über Tausende indianischer Arbeitskräfte verfügen konnten. Darüber hinaus wurden die Orden auch noch vom „Zehnten" befreit, einer Steuer, die alle Bewohner an den spanischen König zu zahlen hatten. Es ist daher nicht verwunderlich, dass viele mittellose spanische Immigranten in der Neuen Welt einem Orden beitraten, in dem sie sorglos leben konnten. Es war Tradition, dass der Zweitgeborene einer Familie Mitglied eines Ordens wurde, doch viele Eltern schickten mindestens zwei Kinder in die Klöster. So wuchs mit der Zahl der Orden und ihrer Mitglieder auch deren Macht und Einfluss, und im 18. Jahrhundert prägten Mönche, Nonnen und Kleriker das Stadtbild Antiguas. In den letzten Jahrzehnten vor dem Erdbeben von 1773 nahm die Anzahl der Kirchen, Klöster und Konvente inflationäre Ausmaße an. Bis auf wenige Ausnahmen störte es die „Diener Gottes" dabei wenig, dass die prunkvollen Bauten von indianischen Sklaven errichtet wurden. Aus frommen Klöstern wurden Schatzkammern, und sowohl Skandale als auch Intrigen gehörten zum Alltag wie der Messwein und das Vaterunser. Nicht wenige sahen daher die Zerstörung der Stadt als Strafe Gottes für den liederlichen Lebenswandel der heiligen Brüder und Schwestern an.

Als 1609 das 30 Jahre zuvor erbaute Kloster Concepción aus allen Nähten zu platzen drohte, bekamen vier Nonnen die Erlaubnis, das Kloster **Santa Catalina Virgen y Mártir** zu gründen. Bald herrschte erneut Platzmangel, so dass man sich 1693 entschloss, das Gebäude auf das gegenüberliegende Grundstück auszuweiten und mit einem Bogengang zu verbinden. In diesem konnten die zeitweise über 100 Nonnen ungesehen hin und her wandern. Der Bogen überstand die schweren Erdbeben ohne größere Schäden und wurde später in der Mitte des 19. Jahrhunderts restauriert. Heute sind in beiden Klosterteilen Hotels untergebracht. Der markante Bogen – Wahrzeichen und Orientierungspunkt – ist zusammen mit dem Vulkan Agua inzwischen eines der meistfotografierten Objekte Antiguas.

200 Jahre benötigte der Mercedarier-Orden, der bereits 1534 nach Guatemala gekommen war, um die solide **Kirche und den Konvent La Merced** zu errichten. Die Gründe für die Verzögerung waren dauernde Erdbeben und unqualifizierte Baumeister. Doch dem Erdbeben von 1776 hielt auch der erst 1760 mit besonderer Sorgfalt fertig gestellte Gebäudekomplex nicht stand. Ein Besuch des teilweise restaurierten Konvents (nördlich des Klosters Santa Catalina) lohnt aber wegen des fantastischen Blicks auf die Vulkane und des riesigen Brunnens im Innenhof, der einst im Konvent der Franziskaner stand. Von hohem künstlerischen Wert ist die Fassade der Kirche, die im spätbarocken, churrigueresken Stil errichtet wurde. Die Charakteristika dieser nach dem spanischen Bildhauer José Churriguera (1650–1723) benannten Stilart sind Stuckreliefs aus Blumen, Girlanden und abstrakten Ornamenten. Das Längshaus der Kirche enthält an beiden Seiten Kapellen mit geschnitzten und vergoldeten Altären. Im La Merced finden des Öfteren Taufen und Hochzeiten statt. Außerhalb der Kirche befindet sich ein Steinkreuz, und an der Südseite hat man eine Büste zum Gedenken an den Domi-

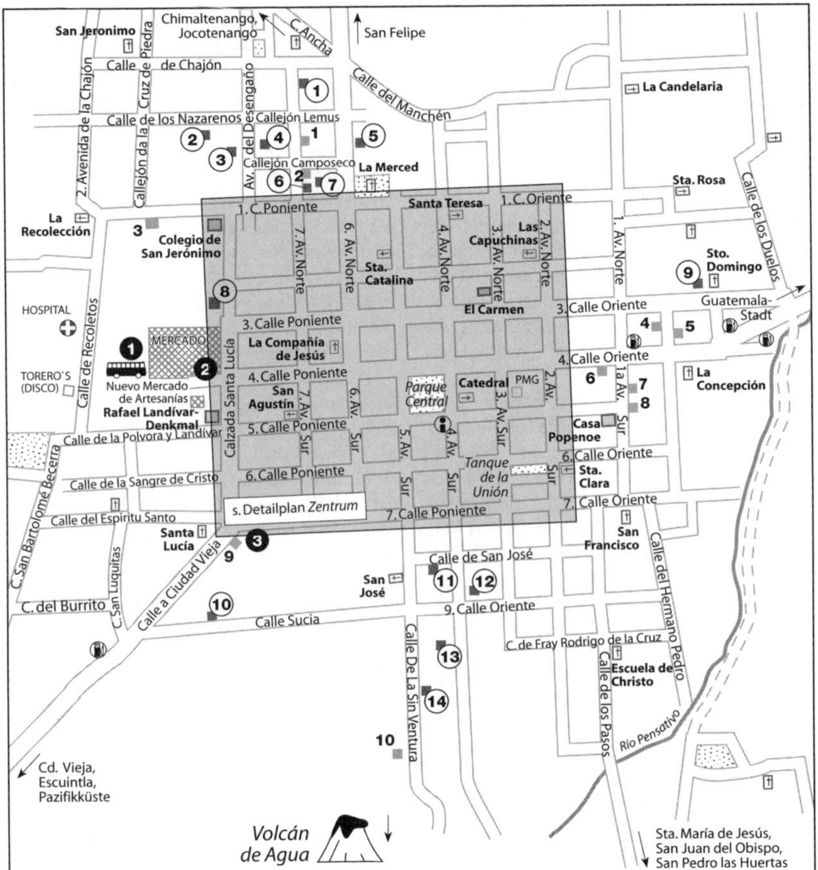

Antigua

Übernachtung:
1. Hotel Casa Santiago
2. Posada del Sol
3. Posada Real
4. Hotel Cristal
5. Casa Santa Lucía III
6. Posada La Merced
7. Casa Cristina
8. Posada San Jerónimo
9. Hotel Casa Santo Domingo
10. La Real
11. Porta Hotel Antigua
12. Hotel San Jorge
13. Posada del Angel
14. Mesón Panza Verde

Läden, Restaurants etc.:
1 Jardín Bavaria
2 Fernando´s Café
3 Museo Tienda Casa del Tejido
4 Café Barroco
5 La Casserole
6 Welten
7 Café No Sé
8 Café Sky
9 El Pelicano Dorado
10 Café La Escalonia

Transport:
1 Busterminal
2 Taxis
3 Busse Guatemala-Stadt

nikanermönch Fray Bartolomé de las Casas (s.S. 320) aufgestellt. ⏲ 9–18.30 Uhr, US$0,40.

Mit dem Bau des fünften und letzten **Frauenklosters Las Capuchinas** im Jahr 1726 sollte auch ärmeren Frauen die Möglichkeit gegeben werden, sich einem religiösen Orden anzuschließen. Aus diesem Grund durfte das Kloster beim Eintritt keine Mitgiftschaft erheben. Das Gelübde der mehr als 20 Kapuzinerinnen zur Armut, Buße und zum Fasten stand in starkem Kontrast zur Innenausstattung dieses luxuriösen Klosters. Architekt und Bischof Diego de Porres gestaltete mit eigenen Mitteln eine ungewöhnlich aufwendige Anlage, die über heiße Bäder, Toiletten und ein Abwassersystem verfügte. Noch immer nicht eindeutig geklärt ist die Bedeutung des **Torre del retiro**, eines Turms mit 18 kreisförmig um einen Patio angelegten Zellen. Während einige Quellen behaupten, dass es sich um Räume handelte, in die Nonnen wie Novizinnen in Klausur gingen, sind andere überzeugt, dass die Schwestern hier gefoltert wurden. Weitere Rätsel geben nicht nur das große Kellergewölbe unter dem Turm auf, sondern auch unterirdische Gänge zu einem benachbarten Konvent und Knochenfunde Neugeborener auf dem Friedhof des Klosters. Während von der Kirche nicht mehr allzuviel erhalten ist, befindet sich das Klostergebäude aufgrund seiner gedrungenen, massiven Bauweise in einem sehr guten Zustand. Im Eingang ist der *Consejo Nacional para la Protección de la Antigua Guatemala* untergebracht. Der 1969 ins Leben gerufene „Nationale Rat zum Schutz von Antigua" hat neben Restaurierungsarbeiten die Aufgabe, Normen und Regeln zu überwachen, die das Stadtbild Antiguas betreffen. Leider ignorieren viele Anwohner die geltenden Vorschriften und ziehen es vor, die viel zu niedrigen Strafgebühren (z.B. für das Bauen nicht genehmigter Stockwerke) zu zahlen. ⏲ tgl. 9–17 Uhr, US$4.

Damals wie heute ist der **Konvent Santo Domingo** östlich des Zentrums eines der prachtvollsten Gebäude der Stadt. Während das eindrucksvoll restaurierte Gebäude gegenwärtig ein Luxushotel beherbergt, in dem die High Society gern Hochzeiten veranstaltet, konnten sich auch schon die Mönche im 16. und 17. Jahrhundert nicht über einen Mangel an Annehmlichkeiten beklagen. Verschiedene Gärten für Kräuter und Obst sowie riesige, mit Fliesen ausgekleidete Fischteiche samt Fontänen gehörten neben geräumigen Wohnbereichen zur Ausstattung. Zwischen Lima und Mexiko-Stadt soll es keine prunkvollere Kirche als das mit Silber überladene Gotteshaus der Dominikaner in Antigua gegeben haben. Den Bekanntheitsgrad des Ordens, der 1528 von Spanien nach Guatemala gekommen war, steigerten sicherlich zwei berühmte Kirchenmänner, die schon zu Lebzeiten einen legendären Ruf genossen: Neben dem ersten Bischof Guatemalas, Francisco Marroquín, war es besonders Fray Bartolomé de las Casas, der mit der friedvollen Christianisierung der Indianer Berühmtheit erlangte. Heute kann man neben dem Hotel *Casa Santo Domingo,* 3. C. Oriente 28, ✆ 78200140, auch noch das **Centro Cultural de Casa Santa Domingo** und das **Museo de Arte Colonial y Museo de Arqueología** besuchen. ⏲ tgl. 9–18 Uhr, US$2,40.

La Inmaculada Concepción de María hieß der erste Frauenorden Guatemalas mit vollständigem Namen. Er war 1578 von drei Nonnen und einer Äbtissin gegründet worden und entwickelte sich im Laufe der Jahrhunderte zum reichsten Orden ganz Mittelamerikas. Er zählte über tausend Mitglieder, darunter Sklavinnen und Kinder, die den Schwestern zur Erziehung übergeben wurden. Der Reichtum des Ordens trieb seltsame Blüten: So ließ sich die Ordensschwester Juana de Maldonado von ihrem wohlhabenden Vater und einem lüsternen Bischof edle Privatquartiere bauen. Als der liebesblinde Bischof sie dann auch noch zur Äbtissin machen wollte, kam es zum Eklat. Der irische Dominikanermöch Thomas Gage, der über Tratsch und Klatsch im damaligen Antigua bestens informiert zu sein schien, berichtete von tumultartigen Szenen unter den Bürgern, die gegen die Pläne des Bischofs protestierten. Obgleich die schöne Juana schließlich nicht zur Äbtissin gewählt wurde, lassen die heute noch erhaltenen Ruinen ihrer Behausungen keinen Zweifel an ihrem ausschweifenden Lebensstil. Die **Kirchenruine** selbst (östlich des Zentrums) kann nur von außen besichtigt werden.

Die Klarissinnen, die für ihre Koch- und Backkünste berühmt waren, führten trotz aller Gelübde dank ihrer üppigen Mitgift ein angenehmes Leben. Sie waren 1699 aus Puebla in Mexiko gekommen und ließen sich im Laufe der Jahre das **Kloster Santa Clara** errichten, das neben Gärten und Zellen für 46 Nonnen über den größten Innenhof aller religiösen Bauten Antiguas und über einen Brunnen verfügte. Die sehenswerte Kirche und das Kloster waren so gebaut, dass die Nonnen ungesehen von einem in das andere Gebäude gelangen konnten. ⌚ 9–17 Uhr, US$4.

Der riesige Bau der **Kirche und des Konvent San Francisco** südöstlich des Zentrums, größer als die Kathedrale von Antigua, ist eine der wenigen kolonialen Ruinen, die zumindest teilweise wieder restauriert wurden. Dennoch war es nicht möglich, den Glanz der früheren Kirche zu imitieren, die wegen ihrer einmaligen geschnitzten Holzdecke und der wunderschönen Glasfenster schon von Zeitgenossen gerühmt wurde. In einer Kapelle liegt das Grab von Pedro de San José Bethancourt (1626–1667), das auch heute noch eine viel besuchte Pilgerstätte ist. Der frühere Franziskaner zog sich 1654 aus dem Konvent zurück und begann auf eigene Faust Arme und Kranke zu pflegen. Später gelang es ihm, mit Spendengeldern ein Krankenhaus zu errichten. An seiner Grabstätte bezeugen Dankestafeln Geheilter den Glauben der Menschen an Bruder Pedro. Papst Clemens sprach ihn hundert Jahre nach seinem Tod heilig, und heute noch ist ein bekanntes Krankenhaus in Antigua nach ihm benannt. Grab von Hermano Pedro: ⌚ 8–17.30 Uhr; Museum Hermano Pedro und der Konvent: ✆ 78320338, ⌚ Di–So 8–12, 13-17 Uhr, jeweils US$0,40.

Im Süden der Stadt, in Richtung des Vulkans Agua, befindet sich zwischen der Kirche San Francisco und der **Kalvarienkapelle** (El Calvario) die **Via Crucis** mit den 12 Stationen des Kreuzweges, die Jesus Weg zur Kreuzigung symbolisieren. Früher standen Holzkreuze an diesen Stellen; sie wurden 1691 durch kleine Kapellen ersetzt. Die viel besuchte Kalvarienkirche – nach den Erdbeben stets wieder aufgebaut – befindet sich in recht gutem Zustand. Nicht ganz in das Bild passt der große Steinbrunnen, der vor der Kapelle in der Nähe einer kleinen schattigen Plaza steht. Die Instandhaltung der Via Crucis oblag den Franziskanern, die hier bis zum Erdbeben von 1773 traditionelle Karfreitagsprozessionen abhielten.

In mehreren Bauetappen gelang es den Jesuiten in Antigua die beeindruckende Kirche **La Compañía de Jesús** zu bauen. Nach ihrer Ankunft in Guatemala im Jahr 1582 mussten sie noch mit einer Strohhütte vorlieb nehmen. Doch schon Mitte des 18. Jahrhunderts gehörte die Kirche zu den spektakulärsten Bauten Antiguas. Auf dem Gelände befand sich das bekannte *Colegio San Francisco de Borja,* an dem Studenten einen Abschluss in Philosophie, Theologie, Grammatik und Rhetorik erwerben konnten. Einer der bekanntesten Absolventen war Rafael Landívar, Guatemalas bedeutendster Dichter. Er kehrte zusammen mit den Jesuiten, die auf Anordnung König Karls III. Guatemala 1767 verlassen mussten, seinem Heimatland den Rücken. Das Gebäude stand lange Zeit leer, bis sich dort 1865 eine Textilfabrik niederließ. Bis zum Erdbeben von 1976 befand sich im Inneren der Ruinen der Markt. In den Jahren 1997–1999 wurde der Komplex für drei Millionen Quetzales von der *Cooperación Española* restauriert, um die Anlage für Ausstellungen und Messen zu nutzen.

Nach beinahe 20-jähriger Bauzeit gelang es den Mercedariern erst im Jahr 1757, ihre lang ersehnte Klosterschule **Colegio de San Jerónimo** (Real Aduana) im Nordwesten der Stadt fertig zu stellen. Die Freude währte allerdings nur vier Jahre: Da das Gebäude ohne königliche Baugenehmigung errichtet worden war, befahl Karl III. von Spanien seinen Abriss. Man besann sich jedoch rechtzeitig und wandelte das Gebäude in das königliche Zollhaus um. Es entstanden Wohn- und Arbeitsräume, Lagerplätze und Pferdeställe, die bis zur Zerstörung 1773 genutzt wurden.

Erst aufgrund eines königlichen Dekrets konnte der Bau des **Konvents La Recolección** im Jahr 1701 am nordwestlichen Stadtrand von Antigua gegen den Willen der Stadtverwaltung begonnen werden. Diese hatte geltend gemacht, in der Stadt gäbe es schon genügend religiöse Orden. Nach dem Beben von 1717 baute man den Konvent wieder auf, und die ebenfalls neu errichtete Kirche avancierte zu einer der größten Antiguas. Über Jahrhunderte blieb nach der Zerstörung im Jahr 1773 ein mächtiger Steinbogen inmitten von Schutt und Geröll stehen, Inspiration für unzählige Dichter und Maler. Er stürzte schließlich beim Erdbeben von 1776 ein. ⌚ 9–17 Uhr, US$4.

Die meisten anderen religiösen Ruinen der Stadt sind in einem völlig baufälligen Zustand und daher nur von außen zu besichtigen. Sicherlich erwähnenswert sind die filigranen Fassaden der Kirchen **El Carmen** und **San José el Viejo**. In den Ruinen des Karmeliterinnen-Klosters **Santa Teresa** im Norden des Zentrums ist das Männergefängnis untergebracht.

Kolonialhäuser

Pracht und Glanz vieler kolonialer Privathäuser bleiben oft ungesehen, denn sie liegen traditionell hinter hohen Mauern versteckt. Dies wiederum verleiht dem Straßenbild Antiguas eine gewisse Eintönigkeit, die jedoch durch die vielen Kletterpflanzen, beispielsweise die in satten Farben leuchtenden Bougainvilleen, aufgelockert wird. Hat man das Glück, ein Kolonialhaus zu besichtigen, findet man hinter den massiven Türen und vergitterten Fenstern der ein- bis zweistöckigen Gebäude Zimmer, die um einen geräumigen Innenhof (Patio) angelegt sind. Oft ziert ein kleines Glockentürmchen oder ein schmucker Rauchabzug das Haus. Ein eigener Brunnen stellt die Wasserversorgung sicher und wird gleichzeitig als Waschplatz genutzt.

Die **Casa de los Leones** („Haus der Löwen") verdankt ihren Namen den beiden Raubtieren, die wohl nachträglich am steinernen Portal des Eingangs zusammen mit zwei Säulen aus den Trümmern anderer Häuser hier angebracht worden sind. Wer einst in dem über 250 Jahre alten Haus lebte, ist nicht überliefert. Die heutigen Besitzer, die das Haus in die *Posada Don Rodrigo* umgewandelt haben, behaupten aber, es sei das älteste Hotel Mittelamerikas. Ob dies der Wahrheit entspricht, sei dahingestellt. Ein Abstecher zu dieser kolonialen Herberge mit Charme und Atmosphäre lohnt sich.

Das koloniale Privatmuseum **Casa Popenoe** sollte man sich auf keinen Fall entgehen lassen. 1929 erwarb der US-Amerikaner Dr. Wilson Popenoe das völlig zerstörte Gebäude von 1640. Er benötigte beinahe zehn Jahre für die aufwendige Restauration. Heute wird man auf Wunsch durch die detailgetreu ausstaffierten Räume geführt. Beeindruckend ist die riesige Küche mit Tongeschirr und Kupfertöpfen aus der Kolonialzeit. Ein enger und niedriger Aufstieg führt über den Taubenschlag aufs Dach, von dem man einen fantastischen Blick auf Antigua hat. Ecke 1. Avenida Sur/5. Calle Oriente, ✆ 78323087, 🕓 Mo–Sa 14–16 Uhr, US$1,40.

Das Kolonialhaus **Casa del Conde**, das an der Plaza gegenüber der Kathedrale liegt, gehörte im 17. Jahrhundert dem Conde de Gomero. Es ist wunderschön restauriert worden und beherbergt einen Buchladen sowie das gemütliche *Café Condesa*.

Ob der Waffengefährte von Hernán Cortés und Pedro de Alvarado wirklich in der **Casa Bernal Díaz Castillo** gelebt hat, weiß niemand. Fest steht lediglich, dass der 1496 geborene Díaz Castillo sein berühmtes Buch *La verdadera y notable relación de la conquista de la Nueva España y Guatemala* in Antigua geschrieben hat. Das 1632 zum ersten Mal gedruckte Werk verherrlichte nicht die Heldentaten der spanischen Eroberer, sondern betrachtete die Conquista kritischer aus der Sicht der Soldaten. Bis zu seinem Tod im Jahr 1583 lebte Díaz Castillo als Stadtrat in Antigua. Seine sterblichen Überreste wurden in der Kathedrale beigesetzt und sein angebliches Grundstück in der 5. Calle Oriente zwischen 1. und 2. Avenida Sur wurde später an die Jesuiten veräußert. Heute erinnert dort nur noch eine Gedenktafel an den Spanier.

Universidad San Carlos de Borromeo

Sowohl Rivalitäten zwischen den größten religiösen Orden der Stadt als auch die Gleichgültigkeit des spanischen Königs verhinderten lange Zeit die Gründung einer Universität in Antigua. Erst im Jahr 1678 bekam das *Colegio de Santo Tomás de Aquino* den Status einer Universität und nannte sich fortan *La Pontifica y Real Universidad de San Carlos Borromeo*. Drei Jahre später wurde der Lehrbetrieb von 70 Studenten in den Fächern Theologie, Philosophie, Recht, Medizin und der Indianersprache Cakchiquel aufgenommen. Von 1767 an konnten auch Söhne indianischer *caciques* in dem eigens für sie geschaffenen *Colegio Tridentino* studieren. Obwohl das Gebäude das schwere Erdbeben von 1773 unbeschadet überstand, wurde die Universität 1776 nach Guatemala-Stadt verlegt. Seit 1936 ist in dem barocken Gebäude im spanisch-maurischen Mudéjar-Stil das **Museo Colonial** untergebracht. Zu sehen sind neben einer religiösen Kunstausstellung Skulpturen und Möbel aus der Kolonialzeit, ferner ein Gemälde mit einer Szene aus dem damaligen Campusleben sowie ein Stadtplan Antiguas des Historikers Antonio de Fuentes y Guzmán. Das Museum liegt in der 5. Calle Oriente gegenüber der Plaza. 🕓 Di–Fr 9–16, Sa, So 9–12 und 14–16 Uhr, Mo geschlossen, US$3,40.

Weitere Sehenswürdigkeiten

Das private **Museo Tienda Casa del Tejido**, ein Museum verschiedener indianischer Trachten mit

Der berühmte Bogen in der 5. Avenida Norte mit dem Vulkan Agua im Hintergrund

Verkauf, wird von einer Indígena-Familie aus San Antonio Aguas Calientes geführt. 1. C. Poniente 51, ✆ 78323169, 🕒 Mo–Fr 9–17.15, Sa 9–15.45 Uhr, So geschlossen, US$0,70.

In der Nähe seines Geburtsorts an der Calzada Santa Lucía, Ecke 5. C. Poniente, wurde zu Ehren des bekanntesten Dichters des Landes Rafael Landívar (1731–1793), s.S. 124, ein **Monument** errichtet.

Der kleine Park **Tanque de la Unión** liegt an der 6. Calle Oriente zwischen der 2. und 3. Avenida Sur. Seine wunderschöne, koloniale Waschstelle aus dem Jahr 1853 wird auch heute noch von indianischen Frauen benutzt.

Seinen Namen erhielt der Park 1920 zu Ehren der zentralamerikanischen Arbeiterbewegung. Hier wird inzwischen täglich Kunsthandwerk angeboten.

Der im Norden der Stadt hinter dem Candelaria-Viertel aufragende **Cerro de la Cruz** bietet den schönsten Blick auf die Stadt. Allerdings wurden dort oben regelmäßig Touristen überfallen, so dass ein Besuch aus Sicherheitsgründen nur tagsüber und vorzugsweise in Begleitung der Touristenpolizei zu empfehlen ist (nähere Informationen dazu s.S. 196, Polizei).

Übernachtung

Antigua hat die größte Hoteldichte des Landes und bietet Übernachtungsmöglichkeiten in allen Preisklassen. Viele der bekannteren Hotels sind allerdings oft ausgebucht oder mit Gruppen belegt, so dass ein Anruf im Vorfeld nützlich sein kann. Wer den Osterfeierlichkeiten in Antigua beiwohnen möchte, sollte seine Zimmer lange im Voraus buchen. Die Preise können während der Osterwoche allerdings doppelt so hoch liegen. Für einen längeren Aufenthalt kann die Miete eines Zimmers oder Apartments günstiger sein als ein Hotelzimmer. Gerade Sprachtouristen haben die Möglichkeit in Familien zu wohnen (Wochenpreis mit 6 Tagen Vollverpflegung ca. US$60–70). Entsprechende Informationen erhält man in den Sprachschulen, bei der Touristeninformation am Parque Central oder an den überall hängenden schwarzen Brettern. Auch die monatlich erscheinende Zeitschrift *Revue,* die gratis ausliegt, kann mit ihrer Mietrubrik weiterhelfen.

UNTERE PREISKLASSE (BIS US$15) – ***Posada Ruiz II***, 2. C. Poniente 25, ✆ 78323913, so ziemlich das Billigste in Antigua, sehr einfach. ❶

Posada Refugio, 4. C. Poniente 30, ✆ 78327433, kleine Zimmer mit Minibad, gute Lage zu Markt und Bussen, sehr einfach. ❷

Hostal Jungle Party, 6. Av. Norte 20, ✆ 78320463, ✉ jungleparty2001@yahoo.com, Gemeinschaftszimmer ohne Bad (6 P.), auch Zimmer mit Bad; hier erfährt man, wo die nächste After-Night-Party stattfindet. ❶–❷

Hotel Yellow House, 1. C. Poniente 24, ✆ 78326646, Gemeinschaftszimmer (3 P.), DZ mit Bad, Frühstück und Internetservice inklusive. ❶–❷

Hotel El Pasaje, Calzada St. Lucía 3, ✆ 78324574, sehr einfache Unterkunft. ❶–❷

Hotel Primavera, 3. C. Poniente 2, 3er Callejón, ✆ 78321479, in einer ruhigen Nebengasse gelegen, hellere Zimmer im 2. Stock. ❷

Hotel Maya Moon, 6. Av. Norte 1 A, ✆ 78320489, zentrale Lage, sauber und sicher, sehr günstige Zimmer ohne Bad, Videokino. ❷

Hotel Cristal, Av. El Desengaño 25, ✆ 78324177, günstige Zimmer mit kleinen Makeln: entweder dunkel und klein im Innenhof oder heller und laut zur Straße. ❷

Hotel Casa de León, 7. Av. Norte 34, ✆ 78324413, mit Bad, Gemeinschaftsküche, sehr günstig. ❷

Hotel Mochilero´s Place, 4. C. Poniente, ✆ 78327743, oberhalb des Supermarkts *La Bodegona,* Busse nach Panajachel fahren schräg gegenüber ab, Zimmer mit und ohne Bad. ❷

Hotel Posada San Jerónimo, Calzada St. Lucía Norte 10 A, ✆ 78323470, ruhige Hinterhoflage in der Nähe von Markt und Busbahnhof. ❷

Internacional Mochilero Backpacker´s Guest House, 1. C. Poniente, ✆/℻ 78320520, ✉ carpati@guate.net.gt, Gemeinschaftszimmer, Kaffee inklusive, Internetservice. ❷

MITTLERE PREISKLASSE (BIS US$50) – ***Casa St. Lucía III,*** 6. Av. Norte 43 A, ✆ 78321386, oft ausgebucht, gutes Preis-Leistungs-Verhältnis, Parkplatz, Zimmer im Erdgeschoss etwas dunkel, Handtuch und Seife bekommt man auf Anfrage ausgehändigt, schöner Vulkanblick vom Dach, warmes Wasser von 6–8 und 18–20 Uhr. ❸

Ähnlich in Preis und Ausstattung sind ***Casa Santa Lucía II,*** Calzada St. Lucía Norte 21, ✆ 78326189, und ***Casa Santa Lucía IV,*** Calzada St. Lucía Norte 5, ✆ 78323302.

Casa Cristina, Callejón Camposeco 3 C, ✆ 78320623, 🖳 www.casa-cristina.com, kleines Hotel mit ruhigen Zimmern, etwas dunkel, aber sauber. ❸

Posada La Merced, 7. Av. Norte 43 A, ✆ 78323197, 🖳 www.merced-landivar.com, günstigere Preise in der Nebensaison, einfache, saubere Zimmer. ❸–❺

Posada del Sol, C. de los Nazarenos 17, ✆/℻ 78326838, ✉ posadadelsol@hotmail.com, kleines Bed&Breakfast-Hotel mit nett eingerichteten großen Zimmern; freundliche Besitzer, die vom Zimmerservice bis zum Frühstück alles selber machen. ❹

Posada Asjemenou, 5. Av. Norte 31, ✆ 78322670, renovierte Zimmer, die einen gemütlichen Patio umgeben, gute Lage. ❹

Posada Lazos Fuertes, Calzada St. Lucía 9, ✆ 59931427, ✉ lazosfuertes@yahoo, neues Hotel, dessen Gewinne der Kinderschutzorganisation *Camino Seguro* zukommen. Sehr schöne Zimmer auf drei Etagen, die im 1. Stock allerdings zu dunkel sind, Panoramaterrasse im 4. Stock, Parkplatz (auch für Gäste kostenpflichtig). ❹

Hotel Casa Santiago, 7. Av. Norte 67, ✆ 78320465, ℻ 78327383, empfehlenswertes Hotel im Kolonialstil, große Zimmer, kleines Frühstück inklusive, Parkplatz, riesengroßer Obstgarten, gepflegtes Haus. ❹

Hotel Posada San Vicente, 6. Av. Sur 6, ✆/℻ 7832-3311, ✉ hotel_san_vicente@yahoo.com.mx, zentral gelegenes Hotel, mit sauberen Zimmern, die sich auf zwei Stockwerken um einen Patio gruppieren, Shuttle-Service. ❹

Hotel Posada Real, Av. El Desengaño 24, ✆ 78324597, ℻ 78323396, sauber, einfach, laute Zimmer zur Straße. ❹

Posada Landívar, 5. C. Poniente 23 A, ✆ 78322962, ✉ posadalandivar@intelnett.com, etwas abseits, ruhige, angenehme Zimmer. ❺

Hotel La Sin Ventura, 5. Av. Sur 8, ✆ 78320581, ✉ lasinventura@yahoo.com.mx, sehr zentrale Lage neben *Telgua*, Restaurant und Tanz-Bar, höchste Dachterasse Antiguas, an Wochenenden etwas laut. ❺

Hotel San Jorge, 4. Av. Sur 13, ✆/℻ 78323132, 🖳 www.hotelsanjorge.centroamerica.com, sehr ruhiges, sauberes, familiengeführtes Haus, kleines Frühstück im Preis inbegriffen. ❺

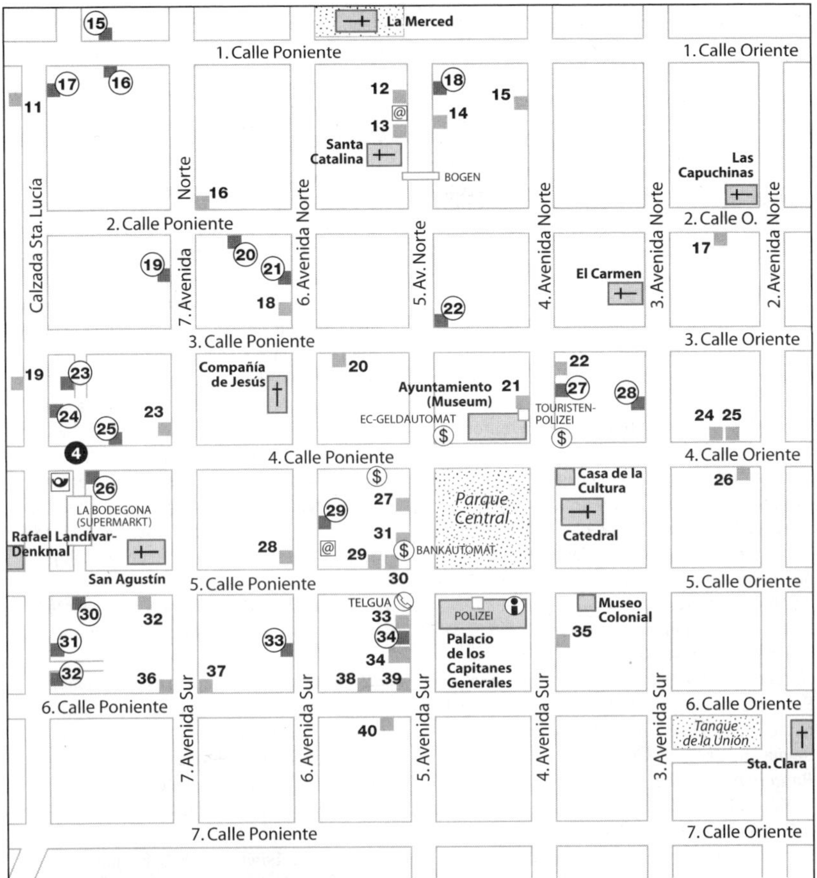

Antigua Zentrum

Transport:

4 Busse nach Panajachel

0 – 100 m

Übernachtung:

15 Yellow House
16 Internacional Mochilero Guest House
17 Casa Santa Lucía II
18 Posada Asjemenou
19 Casa de León
20 Posada Ruíz II
21 Hostal Jungle Party
22 Posada de Don Rodrigo
23 Hotel Primavera
24 Casa Santa Lucía IV
25 Posada Refugio
26 Hotel Mochilero´s Place
27 Casa Azul
28 Posada San Sebastian
29 Hotel Maya Moon
30 Posada Landívar
31 Posada Lazos Fuertes
32 El Pasaje
33 Hotel Posada San Vicente
34 La Sin Ventura

Läden, Restaurants etc.:

11 El Peroleto
12 Quesos y Vino
13 La Casbah
14 Fridas
15 El Sereno
16 La Chimenea
17 La Cuevita de los Urquizú
18 El Viejo Café
19 Wiener
20 La Fonda de la Calle Real
21 Riki's Bar, Restaurante La Escudilla
22 Peru Café
23 El Punto
24 Doña Luisa Xicotencatl
25 La Fuente
26 Doña María Gordillo
27 Café El Portal
28 Café 2000
29 Café Pizzería Asjemenou
30 Bagel Barn
31 Café Condesa
32 Proyecto Cultural El Sitio
33 Mono Loco
34 Cinema La Sin Ventura
35 Café Flor
36 Café Rainbow
37 Tostaduría Antigua
38 Travel Menu
39 Old Town Outfitters
40 La Sala

N

Posada San Sebastian, 3. Av. Norte 4, ✆/℻ 78322621, ✉ snsebast@hotmail.com, sehr zentral und dennoch sehr ruhig gelegen, Zimmer alle unterschiedlich (verschiedene Zimmer zeigen lassen!), jede Menge Kolonialmöbel. ❺

OBERE PREISKLASSE (über US$50) – ***Hotel La Real,*** 9. C. Poniente 40 (C. Sucia), ✆ 78322240, 🖳 www.hotelrealplaza.com, schöne Zimmer, Swimmingpool, Sauna- und Massageangebot. ❻
Hotel Mesón Panza Verde, 5. Av. Sur 19, ✆/℻ 78322925, 🖳 www.panzaverde.com, etwas außerhalb des Zentrums im Süden der Stadt gelegen und daher sehr ruhig. Das Kolonialgebäude mit seinen geschmackvoll eingerichteten Zimmern beherbergt auch ein sehr stilvolles, sehr gutes, aber auch teures Restaurant mit Schweizer Küchenchef. Regelmäßige Kunstausstellungen und Live-Musik. ❻
Posada de Don Rodrigo, 5. Av. Norte 17, ✆ 78320291, 🖳 www.posadadedonrodrigo.com, Hotel im Kolonialstil mit wunderschönen Innenhöfen in der ehemaligen Casa de los Leones; Zimmer haben unterschiedliche Größe. Restaurant und Bar, Live-Marimba, siehe auch S. 186, Casa de los Leones unter Sehenswürdigkeiten. ❻
Hotel Casa Azul, 4. Av. Norte 5 (halber Block vom Parque Central), ✆ 78320961, 🖳 www.casazul.guate.com, kleines Hotel, mit Swimmingpool, Sauna und Jacuzzi. ❼
Porta Hotel Antigua, 8. C. Poniente 1, ✆ 78322801, 🖳 www.portahotels.com, gediegenes Luxushotel im kolonialen Ambiente, schöne Gartenanlage mit Swimmingpool. ❽
Hotel Casa Santo Domingo, 3. C. Oriente 28 A, ✆ 78320140, ℻ 78320102, 🖳 www.casasanto domingo.com, mit viel Geschmack restauriertes Luxushotel im ehemaligen Dominikanerkonvent, s.S. 184. Die Anlage verfügt über Tennisplätze, Schwimmbad, Whirlpool, Sauna etc. Besuch am Samstag lohnt sich, da hier gelegentlich prunkvolle Hochzeiten der reichen Oberschicht Guatemalas gefeiert werden; Museum, Läden. Darüber hinaus werden Freiluftkonzerte und Ausstellungen veranstaltet. ❽
Posada del Angel, 4. Av. Sur 24 A, ✆ 78320260, ✉ elangel@conexion.com.gt, 🖳 www.posada delangel.com, die einfache Tür mit der abgeblätterten Farbe täuscht gewaltig: innen Luxus pur (täglich frische Blumen, Bademantel etc.) im geschmackvollen Kolonialstil. Präsidentenabsteige. ❽

Essen

Ebenso vielseitig wie die Unterkünfte sind die Restaurants und Cafés. Da Antigua ein beliebter Ort für Langzeitaussteiger ist, hat sich eine internationale und vielfältige Restaurantszene entwickelt. Viele Restaurants öffnen bereits morgens, sind tagsüber Cafés und verwandeln sich abends in Bars. Am günstigsten isst man beim Busterminal auf dem Markt (täglich, aber besondere Markttage sind Montag, Donnerstag und Samstag). Viele preisgünstige Essstände sind mittlerweile aus dem Stadtinneren verschwunden und befinden sich auf dem Mittelstreifen der Calzada Santa Lucía. Der Fastfoodfan hat die Auswahl zwischen ***Pollo Campero*** (am Markt und in der 5. Av.), ***McDonald´s, Burger King, Picadilly´s*** und ***Domino´s Pizza*** (alle in der 4. Calle).

RESTAURANTS – ***Bagel Barn,*** 5. C. Poniente 2, Bagels, Sandwiches, Joghurt, 🕒 tgl. außer Di 7–19 Uhr.
Café Rainbow, 7. Av. Sur, Ecke 6. C. Poniente, beim *Rainbow Travel Center,* beliebter Treffpunkt, Snacks, Crêpes, Spiele, Büchertausch, Internetservice, täglich Live-Musik.
Café Flor, 4. Av. Sur 1, thailändisch-asiatisch-indische Küche, nette Atmosphäre, Piano-Musik, 🕒 tgl. geöffnet.
Café Pizzería Asjemenou, 5. C. Poniente 4, gutes Frühstück und reichliche Auswahl an italienischer Küche, 🕒 tgl. geöffnet.
El Pelicano Dorado, Calzada St. Lucía 7 A, Ecke 7. C. Poniente, Fisch und Meeresfrüchte, günstiges Mittagsmenü, am Wochenende Garifuna-Live-Musik.
El Peroleto, Calzada St. Lucía 34, bekannter „Saftladen", hier werden alle Früchte frisch zu leckeren *licuados* und Obstsalaten verarbeitet; Frühstück. Das gleichnamige Restaurant nebenan serviert marinierte Meeresfrüchte *(ceviche),* 🕒 tgl. geöffnet.
El Punto, 7. Av. Norte 8a, sehr guter Italiener mit authentischer Atmosphäre, unbedingt nach Tagesspezialitäten fragen, 🕒 Mo geschlossen.

El Sereno, 4. Av. Norte 16, besonders abends hat das sehr teure Restaurant viel Atmosphäre durch Kerzen und Fackeln sowie dekorative Gemälde; lohnenswert des Ausblicks wegen ist ein Nachmittagskaffee auf der Dachterrasse, 🕓 tgl. geöffnet.

Fridas, 5. Av. Norte 29, Ambiente mit Bildern von Frida Kahlo, nicht ganz billige mexikanische Küche, Bar im 2. Stock, beliebter Treffpunkt, an Wochenenden sehr voll, 🕓 tgl. geöffnet.

Jardín Bavaria, 7. Av. Norte 49, wie der Name schon vermuten lässt, gibt es hier fast alles, was Deutsche im Ausland vermissen könnten. Einheimisches Bier vom Fass, diverse deutsche Biersorten aus der Flasche, Weißwürste, Schweinebraten und jeden Samstag Spanferkel vom Rost, 🕓 tgl. geöffnet.

La Casserole, Callejón de la Concepción 7, ausgezeichnetes französisches Restaurant, höheres Preisniveau, aber leistungsgerecht, sehr freundliche Atmosphäre, 🕓 Mo geschlossen.

La Cuevita de los Urquizú, 2. C. Oriente 9 D, gute Auswahl an einheimischer Küche, Buffet-Stil, schnell, lecker. Wermutstropfen: Das Essen wird auf Plastiktellern serviert, 🕓 tgl. außer Mi.

La Escudilla, 4. Av. Norte 4, Restaurant mit einer Vielzahl vegetarischer Gerichte, günstigem Frühstück und Tagesmenüs, 🕓 tgl. geöffnet; im Gebäudekomplex befinden sich außerdem ***Riki´s Bar***, ***Hellas***, ein griechisches Restaurant (Mo geschlossen), die kleine gemütliche ***Paris Bar*** (So geschlossen) sowie in der Nähe des Eingangs eine kleine ***Sportbar***. Günstige Preise in sämtlichen Läden.

La Fuente, 4. C. Oriente 14, Café und Restaurant im Freien, angeordnet um einen Patio. Sofas laden zum Entspannen ein. Zudem befinden sich hier eine Sprachschule, ein Internetcafé, ein Reiseveranstalter und einige Läden, 🕓 tgl. geöffnet.

La Fonda de la Calle Real, 3. C. Poniente 7, auch zweimal in der 5. Av. Norte vertreten, bekanntes und beliebtes guatemaltekisches Spezialitätenrestaurant, in dem man viele Gerichte bekommt, die sonst nur bei besonderen Gelegenheiten angeboten werden, nicht ganz billig, Mariachi-Musik, 🕓 tgl. geöffnet.

Perú Café, 4. Av. Norte 7, sehr gute peruanische Küche, u.a. Fischgerichte und Meeresfrüchte, gepflegte Atmosphäre, 🕓 Mo geschlossen.

Quesos y Vino, 5. Av. Norte 32 A, außer einer guten Käse- und Weinauswahl gibt es Pizzas, Pasta und Salate, 🕓 Di geschlossen.

TravelMenu, 6. C. Poniente 14 A, kleine, aber gute Auswahl hauptsächlich vegetarischer Gerichte zu günstigen Preisen, 🕓 tgl. außer Mo.

Welten, 4. C. Oriente 21, etwas überteuertes Restaurant mit edlem Ambiente und speziellen Logen um einen abends stilvoll beleuchteten Pool. Internationale Küche. Pasta, Brot und Eis werden selbst hergestellt, 🕓 tgl. geöffnet.

Wiener, Calzada St. Lucía, Portal de Comercio Nr. 8, Tagesmenü, Pasta, Sandwiches, Vegetarisches und Riesenschnitzel, etwas verbaute Dachterrasse mit Blick auf alle Vulkane Antiguas, 🕓 tgl. geöffnet.

CAFÉS – ***Café Barroco***, Callejón de la Concepción 2, guter Kuchen.

Café Condesa, 5. Av. Norte 4, im Hinterhof des Buchladens *Casa Condesa* am Parque Central, gut besucht, koloniales Ambiente, beliebter Treffpunkt, überteuert, 🕓 tgl. geöffnet. Daneben ***Café Condesa Express*** mit Kaffee zum Mitnehmen.

Café El Portal, 5. Av. 5, gutbesuchtes Junge-Leute-Café mit moderner Einrichtung und direktem Blick auf den Parque Central.

Café La Escalonia, Ende 5. Av. Sur (noch hinter dem Restaurant *Panza Verde*), mitten in einer wunderschönen Gärtnerei gelegen, leckere Fruchtsäfte und Kuchen.

Café No Sé, 1. Av. Sur 11 C, Café mit viel Live-Musik und mit einer sehr gut sortierten Tequila-Bar, Bücher in *Dyslexia Books* und Video-Kino (freier Eintritt), Sonntagsbrunch.

Doña Luisa Xicotencatl, 4. C. Oriente 12, ✆ 78322578, einer der bekanntesten Treffpunkte Antiguas, Infobörse und Café. Die hauseigene Bäckerei macht sehr gutes Brot, der Kaffee ist allerdings lausig. Bananenbrot *(pan de banano)* und Naturjoghurt probieren! 🕓 tgl. geöffnet.

Café Sky, 1. Av. Sur 15 (genau am Ende der 6. C. Oriente), Aussichtsterrasse mit sehr schönem 360-Grad-Blick, beliebter Treffpunkt zum Sonnenuntergang.

El Viejo Café, 6. Av., Ecke 3. C. 12, Café mit französischer Bäckerei, Croissants, Baguette, Pain au chocolat, Kaffee wird selbst geröstet, 🕓 Di geschlossen.

Fernando´s Café, 7. Av. Norte 43 D, kleines Café, wo man sich frisch gerösteten Kaffee zur eigenen Mischung zusammenstellen lassen kann, freundliche Bedienung, ⏲ tgl. geöffnet.
Tostaduría Antigua, 6. Av. Sur 12 A, hier gibt es frisch gerösteten Kaffee in verschiedenen Sorten.

Unterhaltung

Antigua hat inzwischen ein durchaus akzeptables Partyangebot, besonders an Wochenenden ist viel los. Normalerweise ist das Nachtleben um 1 Uhr zu Ende, da dann das so genannte *ley seca* (Sperrstunde) den weiteren Ausschank verbietet. Meistens werden danach noch mehr oder weniger öffentliche After-Parties bis in den frühen Morgen veranstaltet; einfach die Barkeeper fragen, wo man hingehen muss.

LIVE-MUSIK – In Antigua ist musikalisch fast immer etwas los. Mittlerweile sind viele Musikrichtungen vertreten. Ob Marschmusik (an offiziellen Feiertagen), Trauermusik (bei Prozessionen gerade in der Osterzeit) oder Marimbaklänge (das Nationalinstrument) – traditionelle Musik ist in Antigua gegenwärtig. Das Marimba-Orchester Antiguas probt gewöhnlich in seinen Clubräumen in der 6. Av. Norte, Ecke 1. C. Poniente (schräg gegenüber La Merced). Marimba wird an Wochenenden auch in der ***Posada de Don Rodrigo*** geboten. Doch auch klassische, jazzige, indianische oder rockige Musik sind in Antigua im Angebot. In vielen Bars und Restaurants werden kleine Konzerte abgehalten (z.B. Latinrock im ***La Sala*** oder Salsa im ***La Sin Ventura***). Die diversen Ruinen Antiguas liefern den Background für zumeist klassische Konzerte (das Kulturfestival *Paíz* findet alle zwei Jahre statt und bringt gute Interpreten und Orchester in die Stadt). In der Tagespresse, dem englischsprachigen Stadtmagazin ***Revue***, in ***Re-Create*** (spezielles Kulturmagazin) oder über Flyer wird man informiert.

BARS UND DISCOS – Viele Bars, die heute „in" sind, gibt es morgen schon nicht mehr. Allerdings gibt es einige Dauerbrenner, die nachfolgend aufgelistet sind. Wer sparen muss, sollte die z.T. extrem günstigen Angebote der häufigen *Happy Hours* wahrnehmen. Und als Frau kann man fast die ganze Woche über in den unterschiedlichen Läden die *Ladies Night* zu Discountpreisen ausnutzen.
La Chimenea, 7. Av. Norte, Ecke 2. C. Poniente 18, beliebte Kneipe, die am Wochenende auch als Disco fungiert, ⏲ tgl. geöffnet.
La Casbah, 5. Av. Norte 20, der Klassiker unter den Discotheken mit breitem Musikprogramm; spezielle Salsa-Tage unter der Woche; am Wochenende v.a. von Hauptstadt-Guatemalteken frequentierte Disco in den Ruinen des Klosters Santa Catarina, ⏲ So geschlossen.
Riki's Bar, 4. Av. Norte 4 (siehe auch Restaurant *La Escudilla*), Szenekneipe, gute Stimmung und günstige Happy-Hour-Angebote, ⏲ tgl. geöffnet.
La Sin Ventura, 5. Av. Sur 8, die Salsa-Bar im Eingangsbereich des gleichnamigen Hotels. Hier wird der Salsa-Kurs in die Praxis umgesetzt.
La Sala, 6. C. Poniente 9, Bar und einfaches Pizza-Restaurant, am Wochenende bisweilen rockige Live-Musik, ⏲ So geschlossen.
Mono Loco, 5. Av. Sur 6, ✆ 78324235, besonders beliebt bei US-Amerikanern, weil ständig der Satellitenfernseher mit American Sports läuft, gute Nachos und Hamburger, 2. Stock zum Draußensitzen, ⏲ tgl. geöffnet.
Torero´s, Av. de Recolección 6 (hinter dem Markt), Discothek mit Merengue-, Salsa- und HipHop-Musik.

KINOS – Es gibt kein herkömmliches Kino in Antigua. Dafür zeigen Video-Cafés beliebte Filme in der Originalversion. Programminformationen erhält man an den schwarzen Brettern von Sprachschulen, Hotels und Restaurants.
Cinema La Sin Ventura, 5. Av. Sur 8, zeigt Videos, die auf eine Großleinwand projiziert werden.
Maya Moon Cinema, 6. Av. Norte 1A, ✆ 78320489, im gleichnamigen Hotel.
Café 2000, 6. Av. Norte 2, zeigt allabendlich kostenlos Videos.

KUNST UND KULTUR – ***Proyecto Cultural El Sitio***, 5. C. Poniente 15, ✆ 78323037, ✉ elsitio@guate.net, 💻 www.elsitiocultural.org, privat gefördertes Kulturzentrum mit vielfältigem Angebot zu Ausstellungen, Konzerten, Theater bis zu Lesungen und nichtkommerziellem Kino; ein monatlich erscheinendes Programm informiert über

die Aktivitäten. ⌚ Di–So 11–19 Uhr, Mo geschlossen.
La Antigua, 4. C. Oriente 13, ✆ 78322124, 💻 www.artintheamericas.com, Kunstgalerie mit Verkauf, ⌚ Di–Sa 10–19, So 12–18 Uhr.

Einkaufen

Antigua ist ein Einkaufsparadies. Die Zahl der Läden hat in den letzten Jahren ständig zugenommen – die Preise ebenso. Hartes Feilschen ist selbst in den Läden beinahe obligatorisch. Auf dem Markt beim Busterminal bekommt man **indianisches Kunsthandwerk** und hinter dem FastFood-Restaurant *Pollo Campero,* Calzada St. Lucía, Ecke 4. C. Poniente, befindet sich der überdachte **Nuevo Mercado de Artesanias**, etwas teurer als die anderen Märkte, aber gut sortiert, ⌚ 9–18 Uhr. Auch lohnt es sich, einen Blick in die ***Casa de los Gigantes***, 7. C. Oriente 18 (gegenüber San Francisco) zu werfen, wo neben Kunsthandwerk auch überlebensgroße Puppen für Straßentänze ausgestellt sind.
Auf dem Vorplatz der Kirche El Carmen, 3. Avenida Norte, zwischen 3. und 2. Calle, findet am Wochenende ein Textilienmarkt statt; im Innenhof des Café-Restaurants ***La Fuente*** jeden Samstag.
Nim Po't, Centro de Textiles Tradicionales, 5. Av. Norte, neben *Fridas,* 💻 www.nimpot.com, hat eine große Auswahl an gebrauchten Trachten, ⌚ 9–21 Uhr.
Antigua bietet die landesweit größte Auswahl an **Jade**. Der meist aus Steinbrüchen im Motagua-Tal stammende, weltweit seltene Jadeit wurde bereits von den Mayas zu kunstvollen Stücken verarbeitet. Verkauf in Antigua in z.T. sehr edlen Läden, viele davon befinden sich in der 4. C. Oriente (in der Gegend von *Doña Luisa);* man kann sich auch die Produktion anschauen und erklären lassen. Preisvergleiche sind ratsam.
Jades Imperio Maya, 3. Av., Ecke 5. C. (hinter der Kathedrale), wohl das Geschäft mit dem ausgefallensten Jadeschmuck, ⌚ tgl. geöffnet.
Silberschmuck bekommt man in der ***Plateria Tipica Maya,*** 7. C. Oriente 9.
Joyeria Del Angel, 4. C. Oriente 5 A, ✆ 78325334, exklusives kleines Schmuckgeschäft, sehr schöner und teurer Designerschmuck aus aller Welt.
Etnika, 5. Av. Norte 18, ✆ 78320744, ausgewählter Schmuck und Textilien.
Capricorn, 4. C. Oriente 14 (Außenseite *La Fuente*), pfiffige Mode zu vernünftigen Preisen in einem schönen Laden.
Textura, 5. Av. Norte 33, ✆ 78325067, schöne Stoffe, Textilien und Hängematten.
Mico, 4. C. Oriente 7, ✆ 78322061, ein Spielzeuggeschäft mit schönem Holzspielzeug.
Doña María Gordillo, 4. C. Oriente 11, der Klassiker unter den mittlerweile zahlreichen Süßigkeitenläden in Antigua, seit rund 100 Jahren werden hier selbstgemachte, leckere Plätzchen, kandierte Früchte und andere Kalorienbomben verkauft. Am Wochenende heißt es Schlange stehen. ⌚ tgl. geöffnet.

LEBENSMITTEL – So gut wie alles bekommt man im überdachten Markt westlich der Calzada St. Lucía. Obst und Gemüse wird etwas billiger dahinter im offenen Teil verkauft. Hauptmarkttage sind Montag, Donnerstag und Samstag.
La Bodegona, zwischen Calzada St. Lucía und 7. Av., je ein Eingang in der 4. und 5. C. Poniente, ⌚ tgl. 8–20 Uhr. Der Supermarkt, in dem man eigentlich alles bekommt, wenn auch etwas unübersichtlich.
Despensa Familiar, Calzada St. Lucía 5, kleinerer Supermarkt mit teilweise guten Angeboten.
Deliciosa, 3. C. Poniente 2, Delikatessengeschäft mit umfangreichem Angebot, ⌚ tgl. geöffnet.
Delicias Mar & Tierra, 7. Av. Sur 6 B (neben *Café Rainbow*), kleiner Fischladen mit dem frischesten Fisch in Antigua.

Aktivitäten

FAHRRADFAHREN – Es lohnt sich, etwas mehr für ein gutes Fahrrad auszugeben, da man sich über ein guatemaltekisches Billigfahrrad schnell ärgert. Touren in die Umgebung sollte man mit Guide unternehmen, da man so definitiv mehr zu sehen bekommt, s.S. 194, Touren.
Guatemala Ventures, 1. Av. Sur 15, ✆ 78323383, 💻 www.guatemalaventures.com, Mountainbike-Verleih und -touren.

REITEN – ***Ravencroft Riding Stables,*** 2. Av. Sur 3, San Juan del Obispo, ✆ 78306669, veranstaltet

Touren für Anfänger und Fortgeschrittene, Infos hierzu auch im *Hotel San Jorge,* 4. Av. Sur 13, ✆ 78306669.

SCHWIMMEN – ***Hotel Villa Antigua,*** 9. C. Poniente, Ortsausgang Richtung Ciudad Vieja; gegen eine Gebühr können der unbeheizte Hotelpool und die Fitnesseinrichtungen (Sauna, Kraftraum) des Hotels benutzt werden.

TANZEN – Viele Sprachschulen bieten Salsa- und Merengue-Kurse an. Die Szene ist sehr schnelllebig, weshalb nicht garantiert ist, dass immer an derselben Schule ein Tanzkurs läuft (meist nachmittags). Oder mal abends in der Tanzbar im ***Hotel La Sin Ventura,*** 5. Av. Sur 8, wegen Tanzkursen vorbeischauen.

DAS HOCHLAND

Touren

Antigua bietet eine große Auswahl an Veranstaltern. Preise vergleichen! Zum Cerro de la Cruz bietet die ***Touristenpolizei,*** ✆ 78327290, u.a. täglich um 11 und 15 Uhr kostenlose Führungen an. Darüber hinaus gibt es im Park jede Menge einheimischer Touristenführer. *INGUAT*-Registrierung vorzeigen lassen und immer vorher Preise verhandeln.

Die wohl bekannteste Stadt- und Touristenführerin ist Elizabeth Bell von ***Antigua Tours,*** ✆ 78322046, die auch schon verschiedene Bücher über Antigua herausgebracht hat. Sie bietet die besten Stadtführungen mit unterschiedlichen Themen an.

Old Town Outfitters, 5. Av. Sur 12, ✆/℻ 78324171, 🖳 www.bikeguatemala.com, verleihen Bikes und organisieren Touren, u.a. Kombitour Mountainbike/Kajak/Wandern am Atitlán-See. ⌚ tgl. 9–18.30 Uhr.

ViaVenture, 6. C. Poniente 6, ✆ 78320478, 🖳 www.viaventure.com, exklusiver Spezialreiseanbieter mit maßgeschneiderten Angeboten für ganz Guatemala und Belize mit sehr qualifiziertem Personal. Die Qualität der Touren rechtfertigt den höheren Preis.

Wild Guatemala Expeditions, ✆ 55269110, ✉ expeditions@wildguatemala.com, 🖳 www.wildguatemala.com, bieten Trekking, Felsklettern, Vulkanbesteigungen und Mehrtagestouren an.

Weitere Infos und Adressen siehe auch unter Aktivitäten und Reisebüros.

Sonstiges

AUTOVERMIETUNGEN – In der Hauptstadt gibt es eine weitaus größere Auswahl.

Tabarini, 6. Av. Sur 22, ✆ 78328107, auch im Reisebüro *Sin Fronteras* sowie im *Hotel Villas Antiga.*

Ahorrent, 6. C. Oriente 29 A, ✆ 78320968, vermietet unter anderem auch VW-Käfer.

CeibaRent, 6. C. Poniente 6 D, ✆ 78324168, ✉ info@ceibarent.com, 🖳 www.ceibarent.com.

BIBLIOTHEKEN – ***Centro de Investigaciónes Regionales de Mesoamerica (CIRMA),*** 5. Av. Oriente 5, hier werden unter anderem auch Dokumente von Organisationen archiviert, die lange Zeit aus Sicherheitsgründen von der Infostelle Guatemala in Bonn verwahrt wurden.

BÜCHER – Die Buchläden in Antigua liegen alle an der Plaza oder nicht weit von dieser.

Casa Condesa, Westseite der Plaza, gute Auswahl an Bildbänden, Maya-Literatur und englischen Büchern, ⌚ 9–19 Uhr.

Un poco de todo, ebenfalls an der Westseite der Plaza, verkauft außer spanischen Lernmaterialien und Wörterbüchern auch Secondhandbücher in deutscher Sprache.

Hamlin & White, 4. C. Oriente, auch verschiedene Zeitschriften, ⌚ tgl. geöffnet.

Libreria El Pensativo, 5. Av. Norte 29, beste Auswahl spanischsprachiger Bücher in Antigua, gute Postkarten, ⌚ Mo geschlossen.

Rainbow Reading Room, 7. Av. Sur 8, größte Auswahl an Secondhandbüchern (vorwiegend englischsprachig).

FESTE – Schwerpunkt ist das **Osterfest**. Wann und wo Prozessionen stattfinden, erfährt man in der Touristeninformation.

25. Juli, **Fiesta zu Ehren des Schutzpatrons** Santiago.

15. September, Umzüge und Fackelläufe zum **Nationalfeiertag**.

Das **Weihnachtsfest** wird in Antigua immer sehr traditionell begangen. Viele Kirchen und Familien

stellen Krippen *(nacimientos)* auf. Zahlreiche Veranstaltungen lohnen den Aufenthalt:
15. bis 23.12. – *Posadas,* bei denen Kinder Josef- und Mariafiguren durch die Stadtviertel tragen und bei bestimmten Familien einkehren.
24.12. – Glockengeläut und Böller an allen Kirchen, Straßenparade der *Gigantes* (überlebensgroße Puppen) und *Cabezudos* (Riesenköpfe aus Pappmaché), abends Prozession mit Ziel La Merced, Mitternachtsmessen in allen großen Kirchen (Uhrzeiten und Veranstaltungsorte bei der Touristeninformation).

FOTOLÄDEN – An der Kreuzung 4. C. Poniente/ 6. Av. befinden sich Läden von ***Fuji, Kodak*** und ***Konica***.
Unifoto Antigua, 4. C. Oriente 4, hat einen sehr schnellen Entwicklungsservice.

FRACHT – Außer der Post kann man Sendungen auch einem Kurierdienst anvertrauen, z.B.:
DHL Express, 6. C. Poniente, Ecke 6. Av. Sur 16, ✆ 78323718.

FREIWILLIGENARBEIT – ***Proyecto Mosaic Guatemala PMG***, 3. Av. Norte 3, ✆/℡ 78320955, ✉ promigua@yahoo.com, 💻 www.promosaico.org, die Anlaufstelle schlechthin für Freiwilligenarbeit in Guatemala, 1998 entstanden aus dem Hilfsprogramm für die Opfer des Hurrikans Mitch, koordiniert über 50 Freiwilligenprojekte in ganz Guatemala, ⌚ Mo–Fr 10–14 Uhr.

GELD – Viele Banken haben sich an der Plaza und in den anliegenden Straßen niedergelassen. Alle sind auf Touristen eingestellt und tauschen Bargeld sowie Reiseschecks. In der Mitte und am Ende eines jeden Monats bilden sich lange Schlangen vor den Banken, wenn die Einheimischen ihre Lohnschecks gegen Bares tauschen. Die meisten Banken bieten zudem den Western-Union-Überweisungsservice an (hohe Gebühren). Viele Hotels und Geschäfte tauschen Bardollars. Der Kurs ist allerdings meist schlecht.
Banco Industrial, 5. Av. Sur 4, neben *Telgua*, Reisescheckstausch und Bankautomat für *Visa*-Karten.
Bancafé, 4. C. Poniente, zwischen 5. und 6. Av. Norte, *AMEX*-Reiseschecks und Bankautomat für *Visa*-Karten.
Banco Quetzal, an der Plaza, 5. Av. Norte, Ecke 4. C. Poniente, Geldautomat für *EC*-Karte und *Mastercard*.
G & T Continental, neben *Café Condes* am Parque Central, Geldautomat *5B* (*Visa*- und *Mastercard*).

INFORMATIONEN – Das Büro von ***INGUAT***, ✆ 78320763, befindet sich an der Südostecke des Parque Central im Palacio de los Capitanes Generales, ⌚ 8–17, Sa, So 9–17 Uhr. Darüber hinaus erhält man in so gut wie allen Reisebüros Infomaterial. Die meisten größeren Sprachschulen und Restaurants haben ein schwarzes Brett, an dem man viele nützliche, aktuelle Informationen findet. Die Internetseite 💻 www.aroundantigua.com bietet Informationen zur Stadt.

INTERNET – Viele Internet-Anbieter verschwinden genauso schnell, wie sie aufgetaucht sind. Dennoch gibt es sie an jeder Ecke, und die Preise sind extrem billig (ca. US$0,70–0,80/Std.). Den umfangreichsten Service (Internet, Telefon, Fax) erhält man in ***Conexión***, 4. C. Oriente 14, hinten links im Café-Restaurant *La Fuente*.

MEDIZINISCHE VERSORGUNG – Die Grundversorgung ist gut. Bei ernsteren Erkrankungen sollte man nach Guatemala-Stadt ausweichen. Bei Notfällen wird man grundsätzlich ins ***Hospital Nacional*** in San Felipe eingeliefert. Folgende Privatkliniken sind empfehlenswert:
Casa de Salud Santa Lucía, Calzada St. Lucía 7, ✆ 78323122.
Hospital Privado Hermano Pedro, Av. Desengaño 12 B, 24 Std.-Service, Labor 8–12 und 14–17 Uhr.
Clinicas Ovalle y Asociados (Zahnklinik), 2. Av. Norte 3, ✆ 78320275, ⌚ Mo–Fr 9–13, 15.30–18 Uhr; es wird auch deutsch gesprochen.

MOTORRÄDER – ***CeibaRent***, 6. C. Poniente 6 D, ✆ 78324168, 💻 www.ceibarent.com.

POLIZEI – Im Gebäude des ehemaligen Palacio de los Capitanes Generales am Parque Central,

✆ 78320251. Wer Hilfe benötigt, sollte sich bevorzugt an das sehr nette und hilfreiche Personal der **Touristenpolizei** wenden, 4. Av., Ecke 4. C., nahe Parque Central, ✆ 78327290 (auch nachts und am Wochenende).

POST – ***El Correo,*** Calzada St. Lucía, Ecke 4. C. Poniente, 🕓 Mo–Fr 8.30–17.30 Uhr.

REISEBÜROS – ***Transportes Turísticos Atitrans,*** 6a Av. Sur 7/8, ✆/📠 78320644, 💻 www.atitransguate.com, Shuttle-Spezialist, 24-Std.-Service.
Lax Travel, 3. C. Poniente 12, Ecke 6. Av. Norte, ✆ 78321621, ✉ laxantigua@intelnett.com, Hotelvermittlungen (3–5 Sterne) für die Hauptstadt mit z.T. erheblichen Discounts im Vergleich zu den offiziellen Preisen.
Sin Fronteras, 5. Av. Norte 15 A, ✆ 78321017, 📠 78328453, 💻 www.sinfront.com, Allround-Agentur mit angenehmer Beratung. Hier können auch Rafting-Touren von *Maya Expeditions* (s.S. 162, Veranstalter Guatemala-Stadt) gebucht werden. Außerdem *Tabarini*-Autoverleih, 🕓 9–18.30 Uhr.
Rainbow Travel Center - Arcoiris, 7. Av. Sur, Ecke 6. C. Poniente, ✆/📠 78324202, günstige Studententarife, 🕓 tgl. geöffnet.
Viajes Tivoli, 4. C. Oriente 10 (El Jaulón), ✆ 78321370, 📠 78325690, ✉ antigua@tivoli.com.gt, *KLM*-Agentur, landesweite Zweigstellen, 🕓 Mo–Fr 8–18, Sa 8–12 Uhr, So geschlossen.

SICHERHEIT – Das größte Problem in Antigua ist der Taschendiebstahl. Besonders wachsam sollte man auf Märkten und in Bussen sein. Wer in billigen Pensionen übernachtet, sollte beim Verlassen die Fenster schließen und ein eigenes Vorhängeschloss an der Tür anbringen. Selbst in guten Restaurants werden gelegentlich Taschen und Tagesrucksäcke gestohlen. Oftmals arbeiten die Täter im Team. Dabei lenkt der eine die Aufmerksamkeit auf sich, während der andere die Taschen klaut. Auf dem Cerro de la Cruz ist es vereinzelt zu Überfällen gekommen. Wer den Hügel im Norden der Stadt besuchen möchte, sollte dies nur tagsüber tun; die Touristenpolizei organisiert Ausflüge, s.S. 194, Touren. Nachts sollte man den Stadtkern nicht allein verlassen und kleine, dunkle Gassen meiden. Frauen wird empfohlen, sich zu später Stunde nach Hause begleiten zu lassen.

SPRACHUNTERRICHT– Antigua ist weiterhin die wichtigste und beliebteste Anlaufstelle für alle, die in Guatemala Spanisch lernen wollen. Das sehr große Angebot von über 40 Sprachschulen macht die Auswahl nicht leicht. Nachfolgend eine kleine Liste der bekannteren Schulen mit langjähriger Erfahrung. Mit etwas Glück kann man bei der Touristeninformation ein Faltblatt mit den Adressen aller offiziell registrierten Sprachschulen erhalten. Die Preise liegen bei rund US$80–135 pro Woche für 20 Stunden Einzelunterricht und bei rund US$60 für einen wöchentlichen Familienaufenthalt (inklusive dreier Mahlzeiten, täglich außer sonntags). Je nach Saison kann der Preis variieren. Buchungen direkt vor Ort sind meist etwas günstiger. Der Familienaufenthalt kann helfen, das Gelernte in die Paxis umzusetzen, aber nicht jede Familie ist gesprächig; notfalls einfach wechseln. Aufgrund des verschärften Wettbewerbs bieten einige Schulen kostenlosen Internetservice an. Eine aktuelle Rangliste beliebter Spanischschulen bietet die Webseite 💻 www.guatemala365.com.
Academia de Español PROBIGUA, 6. Av. Norte 41 B, ✆/📠 78320860, 💻 www.probigua.conexion.com, ein Teil der Einnahmen fließt in den Unterhalt von Büchereien für bedürftige Guatemalteken.
Academia de Español Sevilla, 1. Av. Sur 8, ✆ 78325101, 💻 www.sevillantigua.com, empfehlenswerte Schule mit einem kreativen Rahmenprogramm.
Centro de Español Don Pedro de Alvarado, 6. Av. Norte 39, ✆ 78326645, 💻 www.donpedrospanishschool.com, alteingesessene und beliebte Schule.
Centro Lingüístico de la Fuente, 1. C. Poniente 27, ✆/📠 78322711, 💻 www.delafuenteschool.com, vermittelt Fachvokabular für verschiedene Berufe.
Centro Lingüístico La Unión, 1. Av. Sur 21, ✆/📠 78327337, 💻 www.launion.edu.gt, sehr beliebt, mit umfangreichem Freizeitangebot; stellt auf Wunsch internationale Sprachzertifikate aus.

Christian Spanish Academy, 6. Av. Norte 15, ✆ 78323922, ✆ 78323760, 💻 www.learncsa.com, immer noch eine der besten, aber auch teuersten Sprachschulen Antiguas, mit Spezialkursen für fast alle Bereiche; wurde ursprünglich gegründet, um Missionaren Spanisch beizubringen.
Escuela de Español Tecun Uman, 6. C. Poniente 34 A, ✆/✆ 78322792, 💻 www.tecunuman.centramerica.com, eine der älteren Schulen in Antigua mit Tanz-, Koch- und Tourangeboten.
Escuela de Idiomas San José el Viejo, 5. Av. Sur 34, ✆ 78323028, ✆ 78323029, 💻 www.sanjoseelviejo.com, im Garten der Ruinen von San José mit Unterkünften, Pool und Tennisplatz auf dem Schulgelände.
Proyecto Lingüístico Francisco Marroquín, 7. C. Poniente 31, ✆ 7322886, 💻 www.plfm.org. Neben Spanischunterricht bietet dieses alteingesessene Kulturinstitut zur Förderung der Maya-Sprachen die Möglichkeit, eine Maya-Sprache zu erlernen.

TAXIS – Findet man am Parque Central bei der Kathedrale und am Markt. Im Stadtbereich kostet eine Fahrt US$2,80. Günstiger sind die halboffenen Dreiradtaxis, ***Tuctuc***, genannt, die nur US$1,40 pro Fahrt nehmen.

TELEFON/FAX – ***Telgua,*** 5. C. Poniente, Ecke 5. Av. Sur, nationale und internationale Gespräche sind hier nur noch mit Telefonkarten möglich.
Conexion, 4. C. Oriente 14, im Patio des Restaurants *La Fuente.*

TREKKINGAUSRÜSTUNG – ***Old Town Outfitters,*** 5. Av. Sur 12, ✆/✆ 78324171, 💻 www.bikeguatemala.com, 🕒 tgl. 9–18.30 Uhr.

WÄSCHEREIEN – Gibt es mittlerweile so gut wie an jeder Straßenecke. Besonders viele findet man in der Gegend um die 6. C. Oriente und 6. Av. Sur.
Lavandería Detalles, 6. Av. Norte 3 B.
Lavandería Rainbow, 6. Av. Sur 15.

Transport

BUSSE – Der Busterminal befindet sich hinter dem Hauptmarkt. Dort wird man schnell von den *ayudantes* zum richtigen Bus gebracht. Busse nach Guatemala-Stadt besteigt man am besten an der Ecke Calzada Santa Lucía und 7. Calle Poniente. Sie können auch am Markt und an jeder Kreuzung entlang der 7. C. sowie am Ortsausgang von Antigua, am Ende der 4. C. Oriente (La Garita), bestiegen werden. Außer dem Bus nach Panajachel gibt es keine Direktverbindungen ins Hochland. Umsteigen in Chimaltenango oder einen Touristen-Shuttle (s.u.) nehmen.

GUATEMALA-STADT (45 km, ca. 1 1/4 Std.), am Busterminal hinter dem Markt, alle 15 Min., 5.30-18.30 Uhr.
PANAJACHEL (80 km, 2 1/2–3 Std.), *Rébuli* fährt 1x tgl. um 7 Uhr direkt, Abfahrt 4. C. Poniente beim Supermarkt *Bodegona. S*onst umsteigen in Chimaltenango, letzter Bus von *Rébuli* aus der Hauptstadt nach Panajachel kommt dort gegen 17 Uhr vorbei.
CHICHICASTENANGO über Chimaltenango, dort weiter u.a. mit *Veloz Quichelense, Aracely, Xoyita, Quiroa,* alle 45 Min. von 6–17 Uhr.
CHIMALTENANGO (19 km, 1 Std.), ständige Abfahrten zwischen 5.30–18.30 Uhr (mit Halt in Jocotenango, Pastores, Parramos, Abzweigung San Andrés Itzapa, Los Aposentos).
CIUDAD VIEJA (verschiedene Busse), alle 30 Min. von 7–18 Uhr.
MONTERRICO über Escuintla (39 km, 1 Std.), keine Direktbusse, zunächst nach Escuintla 11x tgl. von 5.30–16 Uhr, dort weiter nach Taxisco, alle 30 Min. von 7–17 Uhr, umsteigen in Taxisco nach La Avellana (verschiedene Busse), laufend Abfahrten, umsteigen in La Avellana nach Monterrico in einem öffentlichen Flachboot, laufend Abfahrten. Shuttle-Busse verkehren regelmäßig an Wochenenden von Antigua nach Monterrico und zurück. In jedem beliebigen Reisebüro fragen.
QUETZALTENANGO (ca. 3–3 1/2 Std.), über Chimaltenango, dort weiter mit *Galgos, Alamo, Marquensita,* letzter Bus gegen 18 Uhr.
TECPÁN über Chimaltenango, *Veloz Poaquileña,* stdl. von 7–18 Uhr.
SAN ANTONIO AGUAS CALIENTES, verschiedene Busse, alle 30 Min. von 7–20 Uhr.
SANTA MARÌA DE JESÚS - Vulkan Agua (11 km, ca. 30 Min.), vorbei an San Juan del Obispo und San Pedro las Huertas, stdl. von 7–20 Uhr.

SAN MIGUEL DUENAS, stdl. von 7–18 Uhr.
SAN PEDRO YEPOCAPA - Vulkan Acatenango, *Belmont,* Abfahrten 9, 13, 16.30 Uhr.

SHUTTLE-BUSSE – Schneller und bequemer kommt man mit Minibussen ans Ziel. Diese haben allerdings ihren Preis (für die Strecke Antigua–Panajachel zahlt man z.B. US$12). Von Antigua gelangt man mit diesem Service, den nahezu alle Reisebüros anbieten, überall hin. Shuttles zum Flughafen gibt es schon ab 4 Uhr morgens. Sie sind eine günstige Alternative zum Taxi. Anbieter sind u.a. ***Atitrans,*** 6. Av. Sur 7/8, ✆ 78320644 (s. Touren), und der absolute Discounter ***Universal Travel Agency,*** 4. C. Poniente 15 C, ✆ 78329165. Bei den günstigen Tarifen muss man allerdings oft mit sehr vollen und verspäteten Bussen rechnen.

Die Umgebung von Antigua

Edle Villenviertel, Residenzen und einige kleinere Dörfer prägen die Gegend um Antigua. Dazwischen liegen große Kaffeeplantagen, die oft hinter großen Mauern versteckt sind. Aufgrund der günstigen klimatischen Bedingungen und des Know–hows in der Weiterverarbeitung sind die Kaffeebohnen Antiguas eine weltweit begehrte Ware. Wer Zeit und Gelegenheit hat, sollte einen Spaziergang unternehmen und sich eines oder mehrere der Antigua umgebenden Dörfer genauer anschauen.

San Felipe de Jesús und Jocotenango

San Felipe erreicht man bequem zu Fuß. Wenn man in Antigua der 6. Avenida stadtauswärts folgt, erreicht man nach einem Kilometer den Ortskern. Das gotische Gotteshaus beherbergt den **Cristo Sepultado** oder Jesús Yacente, eine Holzfigur Christi, die während der Fasten- und Osterzeit Ziel vieler Pilger ist.

Einmal jährlich findet eine Fiesta statt, die der Überführung der Figur im Jahr 1670 von San Juan el Perdido in der Provinz Escuintla nach San Felipe gedenkt. Auf der Plaza vor der Kirche verkaufen Händler Früchte aus Glasurkeramik, Süßigkeiten, Holzspielzeug und Webarbeiten.

In einer Nebenstraße befindet sich die bekannte **Silberwerkstätte** *La Antigüeña,* Callejon Los Horcones 46, 🕓 9–18 Uhr, die auch Jadeschmuck anbietet.

Folgt man der Hauptstraße aus San Felipe Richtung Norden, erreicht man nach wenigen hundert Metern Jocotenango. Während der Kolonialzeit war der Ort das Tor nach Antigua, von dem aus offizielle Besucher in die Stadt begleitet wurden. Heutzutage wird in Jocotenango Kaffee weiterverarbeitet, doch macht das Dorf eher mit seinen gewalttätigen Straßengangs von sich reden.

Die größte Attraktion des Ortes sind sicherlich das Musikinstrumenten- und Trachtenmuseum Casa K´ojom sowie das Museo del Café auf dem Gelände der Finca Azotea, ✆ 78320907, 💻 www.centroazotea.com, gratis Shuttle-Service vom Parque Central Antigua. Beide Museen sind sehr sehenswert und liegen nebeneinander in zwei geräumigen Gebäuden, die erst Anfang 2001 eingeweiht wurden.

In der **Casa K'ojom** – dem Haus der Musik – werden traditionelle indianische und spanische Musikinstrumente ausgestellt. Zu sehen sind neben Marimbas, *tambores* und *adufas* (Trommeln), *chirimías* (eine Art Oboe), *maracas* (Rasseln) etc. auch Geigen, eine Harfe sowie eine Darstellung der heidnischen Gottheit Maximón. Während eines Diavortrags werden die Originalklänge der Instrumente eingespielt.

Neu ist die Ausstellung aller Trachten der Provinz Sacatepéquez. Im Souvenirladen kann man Trommeln, Flöten, Rasseln und CDs kaufen.

Das **Museo del Café** gibt einen umfassenden Überblick über die Geschichte des Kaffees in Guatemala. Erklärt werden außerdem die Aufzucht und Weiterverarbeitung der Kaffeekirschen. Eindrucksvoll ist die alte Schälmaschine aus dem 19. Jahrhundert auf der Rückseite des Museums. Sie soll bald wieder wie einst mit Wasserenergie zu Vorführzwecken laufen. Zum Ende der Tour kann man den Kaffee der Finca Azotea probieren und sich auf dem weitläufigen Gelände umsehen.

Der Eingang zur Finca und den Museen befindet sich direkt neben dem Friedhof in Jocotenango, der wenige hundert Meter gegenüber der Kirche an der Plaza liegt. Beide Museen bieten Führungen an; letzte Führung 2 Std. vor Schließung. 🕓 Mo–Fr 8.30–16, Sa 8.30–12 Uhr, US$3,80.

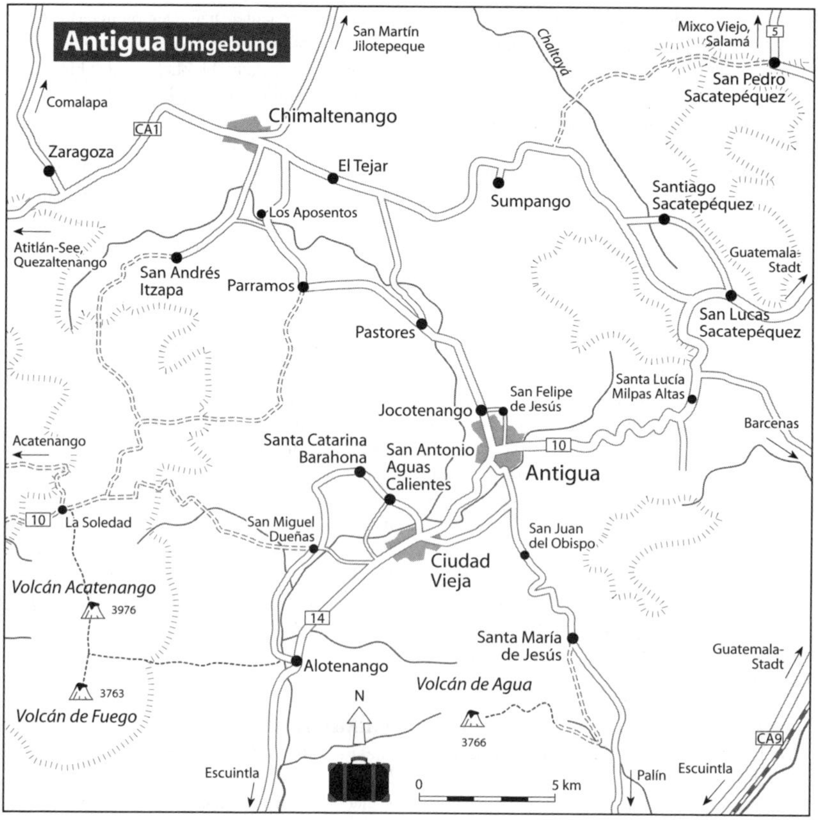

Nicht weit von den Museen entfernt befindet sich das **Mariposario**, eine private Schmetterlingsfarm. Geführte Touren stellen das Reich dieser bunten Insekten vor. Der Weg zur Anlage führt rechts am Friedhof vorbei über eine ungeteerte Straße zum Eingang bei der Finca Gravileas de San Isidro. ⌚ 9–16.30 Uhr, US$2.

Nach San Felipe und Jocotenango fahren ständig Busse vom Terminal hinter dem Markt von Antigua ab.

Ciudad Vieja und San Antonio Aguas Calientes

Besonders empfehlenswert ist ein Besuch von **Ciudad Vieja** südöstlich von Antigua während der Fiesta der *Inmaculada Concepción* am 8. Dezember. Dann findet neben vielen traditionellen Tänzen die so genannte *quema de granadas* statt, bei der die bösen Geister mit Böllern vertrieben werden und der Jungfrau Maria für die Wohltätigkeiten des vergangenen Jahres gedankt wird. Ansonsten ist es ziemlich ruhig in dem Städtchen, das von 1527 bis 1541 Hauptstadt Guatemalas war, bis es von Regen, Schlamm und Geröll zerstört wurde. Später etablierte sich die Gegend als Vorort Antiguas, in dem hauptsächlich Mexikaner und Indígenas wohnten. Neuere Untersuchungen haben allerdings ergeben, dass sich die damalige Hauptstadt wahrscheinlich rund 2 km weiter östlich in San Miguel Escobar, heute Vorort von Ciudad Vieja, befunden haben könnte. Reste eines Gebäudes am Nordrand des

Städtchens, von denen man glaubte, sie gehörten zum Palast von Doña Beatriz de la Cueva, der Frau Pedro de Alvarados (s.S. 207), stellten sich nämlich als Ruinen eines Franziskanerkonvents heraus. Ciudad Vieja liegt ca. 6 km südöstlich von Antigua und ist problemlos mit Bussen zu erreichen, die ständig vom Busterminal hinter dem Markt abfahren.

Das idyllisch in einem bewaldeten Tal gelegene **San Antonio Aguas Calientes** ist rund 14 km von Antigua entfernt und landesweit bekannt für die hervorragende Qualität der hier hergestellten Webarbeiten. Die Frauen weben die Muster ihrer *huipiles* doppelseitig, so dass ungeübte Augen Innen- bzw. Außenseite kaum voneinander unterscheiden können. Neben Textilien und der Herstellung von Holzmöbeln, Stoffpüppchen und Musikinstrumenten spielt auch die landwirtschaftliche Produktion eine wichtige Rolle.

In der großen Franziskanerkirche aus dem 17. Jahrhundert befindet sich ein Bild des Heiligen San Antonio de Padua, dem zu Ehren die Fiesta am 13. Juni stattfindet.

Ein erfrischendes Bad kann man im *balneario* San Andrés, wenige hundert Meter von der Kirche entfernt, nehmen. Busse verlassen alle 30 Minuten von 6 bis 20 Uhr den Busterminal in Antigua Richtung San Antonio.

Auf der Straße nach San Miguel Dueñas liegt bei KM 52,5 der Eingang zur **Finca Valhalla**, ✆ 78315799, ⏲ 8–16.30 Uhr, Eintritt frei, Spenden willkommen. Auf dieser Farm werden Macadamianüsse geerntet, die man bei einer geführten Tour, ebenso wie andere aus der edlen Nuss hergestellte Produkte, probieren kann. Zudem kann man dort frühstücken. Es ist in letzter Zeit zu einigen Überfällen am Eingang und auf dem Gelände der Finca gekommen. Vor dem Besuch nach dem aktuellen Stand erkundigen!

San Juan del Obispo und Santa María de Jesús

Im Südosten Antiguas verlässt eine Straße die Stadt in Richtung Vulkan Agua. Nachdem man den kleinen Ort San Pedro Las Huertas passiert hat, erreicht man nach knapp 5 km **San Juan del Obispo**. An der Plaza steht der mächtige Bau des erzbischöflichen Palastes aus dem 16. Jahrhundert, den sich Francisco Marroquín, der erste Bischof Guatemalas, hier errichten ließ. Der renovierte Palast kann besucht werden und bietet neben einer schönen Sicht auf Antigua Einblicke in das kirchliche Leben während der Kolonialzeit. Auf ein Klopfen hin öffnen die Schwestern des Betania-Ordens und zeigen dem Besucher religiöse Kunstgegenstände, antike Möbel und eine Kapelle mit vergoldetem Altar, ⏲ 9–12, 14–16 Uhr. Ebenfalls in San Juan befinden sich die *Ravencroft Riding Stables*. Mehr Informationen zu ihren Reittouren im Serviceteil Antigua.

Nach einem steilen Aufstieg erreicht man 6 km weiter das an der Ostflanke des **Vulkans Agua** liegende **Santa María de Jesús**. Das Cakchiquel-Dorf in 2070 m Höhe wurde früher *El Aserradero* – das Sägewerk – genannt, da die Indígenas Holz aus den umliegenden Wäldern nach Antigua brachten. Hier beginnt der Aufstieg auf den Vulkan Agua. Wer früh starten oder eine Nacht in Santa María verbringen möchte, kann in der gemütlichen *hospedaje* und *comedor El Oasis*, ✆ 78320130, zwei Blocks nördlich der Plaza absteigen. Zimmer ohne Bad kosten ca. US$3,50 pro Person und Nacht. Die asphaltierte Straße endet hier, aber auf einer unbefestigten Nebenstraße gelangt man in das rund 24 km entfernte Palín.

Vulkanbesteigungen

Alle drei um Antigua liegenden Vulkane können bestiegen werden, doch ist der Aufstieg unterschiedlich schwierig. Auch ein Trip zum Vulkan Pacaya (s.S. 170) lässt sich bequem von Antigua aus organisieren, da fast alle Agenturen günstige Touren anbieten, die Transport, Guide und Begleitschutz einschließen (Adressen s.S. 134 unter Touren, Antigua). Für alle Vulkanbesteigungen ist warme Kleidung unabdingbar, da es auf den Gipfeln sehr kalt und windig sein kann. Wer dort oben übernachten will, sollte ein Zelt, einen guten Schlafsack und genügend Wasser mitbringen. Wichtig ist, niemals allein zu gehen und alle Wertsachen bis auf ein wenig Bargeld im Hotelsafe zu lassen. Für die Besteigung der Vulkane Fuego und Acatenango empfiehlt sich ein Führer.

Vulkan Agua (3766 m)

Der Vulkan Agua ist nach dem Pacaya am leichtesten zu besteigen. Besonders an Wochenenden verbringen manchmal Dutzende meist einheimischer Besucher die Nacht auf dem Gipfel, um den Sonnenaufgang zu erleben. Der Aufstieg beginnt im Cakchiquel-Dorf **Santa María de Jesús**, das südlich von Antigua an der Ostflanke des Vulkans auf einer Höhe von 2070 m liegt. Der Weg führt rechts am Friedhof vorbei und ist ab dort deutlich sichtbar. Ob man dabei dem direkten, aber steileren Pfad oder der serpentinenartig verlaufenden Straße folgt, ist Geschmacks- bzw. Konditionssache. Kurz unterhalb der höchsten Stelle erreicht man den Kratergrund, in dem einige Besucher ihre Namen in Stein verewigt haben.

Von hier aus ist das Gipfelrund über die östliche oder die westliche Seite zu erreichen. Die zahlreichen Antennen dort oben dienen hauptsächlich der Telekommunikation. Die **Aufstiegszeit** beträgt ca. vier Stunden. Wer am selben Tag hinauf- und wieder hinabsteigen möchte, sollte zwischen 5 und 6 Uhr morgens aufbrechen, da oftmals gegen zehn Uhr Wolken am Berg aufziehen.

Vulkan Acatenango (Hauptgipfel im Süden 3976 m, Yepocapa im Norden 3800 m)

Um zum Ausgangspunkt dieses Riesen zu gelangen, nimmt man in Antigua den Bus Richtung San Pedro Yepocapa über **San Miguel Dueñas** zur Kreuzung **La Soledad** (*Belmont*-Bus ab Terminal Antigua, tgl. 9, 13 und 16.30 Uhr). Da ein Hotel fehlt, kann man in La Soledad nur bei Privatpersonen übernachten. Im Ort besteht die letzte Möglichkeit, die Wasservorräte aufzufüllen. Um früh aufbrechen zu können, ist es sinnvoll, mit ein paar Gleichgesinnten in Antigua ein Taxi oder einen Minibus nach La Soledad zu chartern. Für den Aufstieg sind mindestens sechs Stunden einzuplanen. Die Besteigung des Vulkans beginnt ca. 150 m oberhalb der Kreuzung La Soledad Richtung Antigua beim Friedhof. Der Weg ist unverkennbar. Weiter oben gabelt er sich, die Pfade führen aber wenig später wieder zusammen. Nach rund 90 Minuten passiert man eine zum Zelten geeignete Hochfläche, und auch auf halber Höhe – nach etwa drei Stunden Aufstieg – kann auf einem kleinen, ebenen Stück in einem Kiefernwäldchen gecampt werden. Der Anstieg ist steil, rutschig und zum Teil überwuchert. Erst in rund 3700 m Höhe hat man die Baumgrenze und wenig später den Nordgipfel Yepocapa erreicht. Von hier aus ist es noch eine weitere Stunde bis zum Hauptgipfel. Etwas unterhalb des Gipfels passiert man eine runde Schutzhütte, die leider total verdreckt ist und zudem nur wenigen Menschen Platz bietet.

Vom Gipfel des Acatenango bietet sich ein fantastischer Blick über die guatemaltekische Vulkankette. Starke Winde können die ohnehin schon eisigen Temperaturen weiter absinken lassen. Von hier oben kann man in den Sattel *(La Horqueta)* zwischen Acatenango und Fuego absteigen. Das Wäldchen hier ist ein angenehmer Übernachtungsort. Der Abstieg aus dem Sattel Richtung **Alotenango** ist steil, zugewachsen und sehr lang. Besser ist es daher, wieder auf der Nordseite hinunterzuwandern.

Vulkan Fuego (3763 m)

Da der Vulkan ständig aktiv ist, sollte man sich vorher genauestens (z.B. bei der Touristeninformation) über die aktuelle Lage informieren. Ein ordentlicher Sicherheitsabstand zum Krater, besonders bei Gegenwind, kann einem das Leben retten. Giftgaswolken, die der Vulkan regelmäßig ausstößt, sind nicht zu unterschätzen. Am einfachsten lässt sich der Fuego über den Acatenango in einer Zwei-Tages-Tour besteigen. Die Alternativroute ab **Alotenango** ist extrem steil, unmarkiert und umfasst 2375 Höhenmeter, für die man aufgrund des schlechten Weges acht bis zehn Stunden (nur für den Aufstieg!) benötigt.

Von Antigua Richtung Chimaltenango

Viele kleine Orte säumen die Straße nach Norden Richtung Chimaltenango. Nachdem man Jocotenango und Pastores passiert hat, windet sich die Straße aus dem Panchoy-Tal heraus und erreicht bei **Parramos** eine fruchtbare Hochebene, die für die Qualität der hier angebauten schwarzen Bohnen (*frijoles*) bekannt ist. Wenig später zweigt links eine asphaltierte Straße zum 3 km entfernten **San Andrés Itzapa** ab. Der Ort hat schwierige Zeiten hinter sich, denn nachdem er 1976 durch das große Erdbeben völlig zerstört worden war, wurde 1988 im nahe gelegenen Weiler El Aguacate ein Massaker an 22 Zivilisten verübt. Bis heute sind die Schuldigen noch nicht eindeutig identifiziert worden. Der Hauptgrund, weshalb Touristen wie Einheimische den Ort aufsuchen, ist ein merkwürdiger Heiliger mit Namen San Simón, der angeblich über magische Kräfte verfügt (s.Kasten). Seine Kapelle ist täglich von 7–17.30 Uhr geöffnet. Nach San Andrés fahren ständig Busse von Guatemala-Stadt, Antigua und Chimaltenango.

Die letzten Busse verlassen den Ort nachmittags zwischen 16 und 17 Uhr.

San Simón – Helfer in allen Lebenslagen

Er besitzt eine eigene Kapelle in San Andrés Itzapa, und eine komplette Bruderschaft *(cofradía)* kümmert sich nur um ihn. Die katholische Kirche würde ihn am liebsten verbieten, dennoch suchen ihn täglich Dutzende von Menschen auf, um ihn um Fruchtbarkeit, Erfolg im Geschäft oder Gesundheit zu bitten. Steif und ausdruckslos sitzt San Simón, eine beinahe menschengroße Puppe mit Cowboyhut, Schnurrbart und schwarzem Anzug auf seinem Stuhl und nimmt geduldig Opfergaben samt Huldigungen seiner Verehrer entgegen. Diese treten vor ihn, sprechen mit ihm und opfern ihm Schnaps, Zigarren, Weihrauch, Schmuck oder Geld, in der Hoffnung, dass er ihre Bitte erhören möge. Auf Wunsch vermitteln Schamanen zwischen den „Kunden" und der Gottheit: Sie zünden Kerzen an, spucken den Hilfesuchenden Alkohol ins Gesicht und schwenken Weihrauchgefäße. Alles entscheidend für eine wirksame Audienz beim Helfer in allen Lebenslagen ist jedoch die richtige Auswahl der Kerzen. Nur wenn die Farbe stimmt, ist gewährleistet, dass die Prozedur auch zum Erfolg führt. So benutzt derjenige, der Schutz für seine Kinder erbittet, weiße Kerzen, für die Gesundheit sind es rosafarbene und gegen Neider und Feinde schützt man sich mit schwarzen Kerzen. Der Erfolg scheint San Simón Recht zu geben. Unmengen von Dankestafeln an den Wänden seiner Kapelle sprechen für sich. Sein Ruf reicht mittlerweile sogar über die Landesgrenzen hinaus, und er ist bei Indígenas wie Ladinos gleichermaßen beliebt.

Viel weiß man nicht über die Herkunft des merkwürdigen Heiligen; er soll nicht viel älter als hundert Jahre sein, obwohl seine genaue Herkunft im Dunkeln bleibt. Für einige ist er die Verkörperung des christlichen Judas, andere sehen in ihm eine alte Maya-Gottheit. Wieder andere behaupten, dass er aus kommerziellem Interesse „erfunden" wurde. Wie dem auch sei, wenn die Heiligen der katholischen Kirche nicht mehr weiterhelfen, dann wendet man sich an San Simón, der unter den Namen **Maximón** oder Rilaj Mam auch in weiteren Dörfern des Hochlands existiert. Am bekanntesten sind die Figuren von Santiago Atitlán und Zunil. Im Gegensatz zu San Andrés, wo San Simón eine eigene Kapelle besitzt, wechselt die Holzpuppe in diesen Gemeinden jährlich ihren Standort, da sie im Haus eines Mitglieds der *cofradía* untergebracht ist. Wer sie besuchen will, muss nach ihr fragen.

San Simón zu lokalisieren ist nicht weiter schwer, da Kinder jeden Besucher gegen ein kleines Trinkgeld zielstrebig zu ihm hinführen werden. San Simón ist eine blendende Geschäftsidee, für die alle Besucher bereitwillig zahlen. Die Einheimischen, weil sie an seine magischen Kräfte glauben, und die Touristen aus Neugier. Der Souvenirhandel blüht, Fotos kosten extra. Der Gott kann sich daher Modebewusstsein leisten: In San Andrés wechselt er regelmäßig sein Outfit. Der Kleiderfundus der *cofradía* reicht von edlen Seidensocken bis zur Generalsuniform. Ein ehemaliger Präsident, der ihn besuchte, musste verwundert feststellen, dass der Heilige mehr Krawatten als er selber besaß. In Santiago wird die Kleidung des Maximón regelmäßig gewaschen und das Wasser, das von der nassen Wäsche herabtropft, in Behälter abgefüllt. Besonders Händler und Ladenbesitzer sind scharf auf das heilige Nass, verspricht es doch demjenigen gute Geschäfte, der damit regelmäßig seinen Laden besprenkelt.

Zurück auf der Straße nach Chimaltenango führt der Weg durch eine Senke, in der sich ein kleiner Teich befindet. Er wird **Los Aposentos** oder **Laguna de los Cisnes** genannt und ist ein beliebtes Ausflugsziel, das besonders an Wochenenden gern von Familien und Pärchen aufgesucht wird. Nach der letzten Steigung passiert man die Militärbasis und gelangt durch eine Zypressenallee nach Chimaltenango.

Provinz Chimaltenango

Von Antigua aus erreicht man nach 17 km über die durch Parramos und Pastores führende kleine Nebenstraße die Panamericana und gleichzeitig das *departamento* Chimaltenango. In dem geschichtsträchtigen Gebiet gründeten die Spanier ihre erste Hauptstadt, ganz in der Nähe der Festung **Iximché**, die von den Cakchiquel-Indianern erbaut wurde. Im äußersten Nordosten der Provinz befinden sich die Überreste der von den Pokomam im 12. Jahrhundert gegründeten Festungsanlage **Mixco Viejo**.

Nach der Unabhängigkeit gehörte die Provinz zum Verwaltungsbereich des *departamento* Sacatepéquez mit Hauptstadt Antigua. Erst nach den Wirren der Unabhängigkeit konnte sie sich von Sacatepéquez lösen: 1839 wurde Chimaltenango als Provinz selbständig. Die dunkelste Stunde erlebte die Region während des schweren Erdbebens von 1976, als die einfachen Lehmziegelbauten wie Kartenhäuser ineinander stürzten und tausende Menschen unter sich begruben.

Die Topografie des *departamento* ist sehr abwechslungsreich und umfasst Höhen von 600 bis 3075 m. Während in den Hanglagen der Pazifikseite Zuckerrohr und Kaffee angebaut wird, konzentriert man sich auf der durch Schluchten stark zerfurchten Hochebene auf die exportorientierte Produktion von ertragreichen Gemüsesorten, wie z.B. Brokkoli oder Erbsen. In den Hochlagen bis 3000 m Höhe stehen immer noch große Kiefernwälder, deren Bestand aber durch ständige Abholzung bedroht ist. Die Provinz markiert die Wasserscheide des Landes: Große Flüsse wie der **Río Coyolate** oder der **Río Madre Vieja** fließen in Richtung Pazifik, der **Río Pixcayá** und der **Río Motagua** zum Atlantik.

Die Lebensader der Provinz ist heutzutage die Panamericana CA 1, die Chimaltenango von Ost nach West durchquert. Obwohl das *departamento* nur knapp 2% der Landesfläche umfasst, leben hier rund 4% der Gesamtbevölkerung, die sich zu beinahe 80% aus Cakchiquel-Indianern zusammensetzt. Neben der Landwirtschaft spielt auch das Kunsthandwerk eine wichtige Rolle: In den meisten Dörfern fertigen die Frauen *huipiles* (traditionelle Blusen) an, wobei diejenigen von San Martín Jilotepeque besonders schön sind. Korbflechterei, Töpferei, Lederverarbeitung und die Produktion von Feuerwerkskörpern sind weitere für die Region typische kunsthandwerkliche Tätigkeiten.

Unterwegs auf der Panamericana CA1: Wichtige Kreuzungspunkte

(alle Entfernungen ab Guatemala-Stadt)

KM 55 Chimaltenango – im Westen nach Quetzaltenango, Huehuetenango, im Norden nach Joyabaj, im Osten nach Guatemala-Stadt und im Süden nach Antigua.

KM 70 – Abzweigung der alten Hauptstraße RN 1 nach Acatenango, Patzicía, Patzún, Godínez und zum Atitlán-See.

KM 116,5 Las Trampas – von hier führt die Straße nach Godínez und weiter zur Pazifikküste oder zum Atitlán-See.

KM 126 Los Encuentros – nach Norden in den Quiché (Chichicastenango, Santa Cruz, Ixil-Dreieck); westlich nach Quetzaltenango, Huehuetenango und zur mexikanischen Grenze; südlich nach Sololá, Panajachel und zum Atitlán-See (die Abzweigung befindet sich ca. 2 km von Los Encuentros entfernt und heißt El Cuchillo), östlich nach Chimaltenango, Antigua und Guatemala-Stadt.

KM 149,5 – Abzweigung zum westlichen Ufer des Atitlán-Sees (San Marcos, Santa Clara La Laguna, San Pedro La Laguna, San Juan La Laguna)

KM 188 Cuatro Caminos – im Osten nach Totonicapán, im Norden nach Huehuetenango und zur mexikanischen Grenze, im Westen nach Quetzaltenango, im Süden nach Guatemala-Stadt und Los Encuentros.

Provinzhauptstadt Chimaltenango

Die Stadt platzt aus allen Nähten. Seitdem der zweispurige Ausbau der Panamericana den auf 1800 m Höhe liegenden Ort erreicht hat, gelangt man von hier aus so schnell wie nie zuvor in das nur 55 km entfernte Guatemala-Stadt und zurück. Das hat den Ort für Handel und Verkehr noch attraktiver gemacht, doch lässt sich dem „Tor zum westlichen Hochland" aus touristischer Sicht nicht allzu viel abgewinnen. Wer hier landet, will schnell weiter: Trist reihen sich billige Bars, *comedores,* Reparaturwerkstätten und Tankstellen entlang der Panamericana aneinander. Statt der früher üblichen schmucken Ziegeldächer dominiert hässliches Wellblechgrau. Viele Nebenstraßen des Ortes sind nicht asphaltiert und befinden sich in einem jämmerlichen Zustand. Auch der eigentliche Ortskern hat außer einem Brunnen, der genau auf der Wasserscheide inmitten des Parque Central platziert wurde, nicht viel zu bieten. Kaum auszudenken, was passiert wäre, wenn die Spanier ihre frühen Pläne umgesetzt und Chimaltenango zur Landeshauptstadt gemacht hätten. Ursprünglich befand sich an der Stelle des heutigen Ortes eine Festung der Cakchiquel-Indianer mit Namen Bocob. Nach dem Sieg über die Cakchiquel gründete Capitán Pedro Portocarrero hier 1526 die Siedlung Chimaltenango. Der Name bedeutet in der Indianersprache Cakchiquel so viel wie „Ort der Schilde" oder „Ort der Wappen".

Übernachtung und Essen

Da fast zu jeder Zeit Transportmittel zur Verfügung stehen, sollte man nach Antigua oder in die Hauptstadt weiterfahren. Für diejenigen, die dennoch hier hängenbleiben:

Pensión Colonial, 6. Av. 1-58, Zona 1, ein paar Blocks ortseinwärts von der Kreuzung Panamericana/Abzweigung Antigua, ✆ 78394056, sehr einfaches Quartier, Zimmer mit und ohne Privatbad. ❶–❷

Transport

Die beste Stelle für einen Buswechsel ist an der Panamericana bei der Abzweigung nach Antigua. Von hier fahren Busse in alle Richtungen. *Camionetas* nach ANTIGUA kommen hier viertelstündlich von 5.30 bis ca. 18.30 Uhr vorbei. Danach passiert aber immer noch der eine oder andere Pickup oder Minibus die Haltestelle.

Die Umgebung von Chimaltenango

Ein paar Kilometer auf der Panamericana Richtung Hauptstadt sieht man rechts und links der Straße große Öfen stehen. In **El Tejar** werden noch immer traditionell Dachziegel und Backsteine von Hand hergestellt. Die dazu benötigten Lehmkuhlen befinden sich meist direkt neben den Produktionsstätten. Im Norden Chimaltenangos gelangt man nach rund 19 km zum kleinen Ort **San Martín Jilotepeque**, der vom Erdbeben des Jahres 1976 stark beschädigt wurde. Interessant ist der geschäftige Sonntagsmarkt, bei dem man die lila-roten *huipiles* der Indígena-Frauen bewundern kann. Busse fahren stündlich vom Marktplatz in Chimaltenango nach San Martín; der letzte kehrt gegen 15 Uhr nach Chimaltenango zurück. Von San Martín ist die Weiterreise nach **Joyabaj** in der Provinz Quiché möglich. Einmal täglich passiert ein von Guatemala-Stadt kommender Bus San Martín gegen 12.30 Uhr. Zurück in die Hauptstadt geht es von Joyabaj aus am frühen Morgen.

Von Chimaltenango zur Kreuzung Los Encuentros

Wer die Panamericana in Richtung Westen fährt, kommt an verschiedenen Abzweigungen vorbei. Sie führen zu wenig besuchten indianischen Gemeinden, die jedoch durchaus einen Abstecher wert sind.

Comalapa

Bei KM 64 zweigt die Straße rechts nach Zaragoza und Comalapa ab. Das ca. einen Kilometer entfernte **Zaragoza** hat nicht viel Sehenswertes zu bieten. Hier richteten die Spanier während der Kolonialzeit ein Gefängnis ein. 15 km weiter erreicht man auf einem Hochplateau Comalapa. Der Ort ist deshalb erwähnenswert, weil er der Geburtsort von Andrés Curuchich (1891–1969) und damit der naiven indianischen Malerei in Guatemala ist. Der Künstler hielt einfache Szenen des täglichen Lebens, wie z.B. Fiestas, Begräbnisse und Hochzeiten, mit einer Klarheit fest, die bald auch über die Landesgrenzen hinaus Interesse weckten. Seine Werke wurden zunehmend berühmt und in San Francisco und New York ausgestellt. In Guatemala selbst wurden seine Erfolge mit der höchsten nationalen Auszeichnung, dem Quetzal-Orden, gewürdigt. Einige von Curuchichs Bildern kann man im Museo Ixchel in der Hauptstadt besichtigen.

Inzwischen gibt es entlang der Hauptstraße von Comalapa zahlreiche Galerien von Künstlern, die von Curuchich inspiriert wurden. Besonders hervorzuheben sind die Bilder von Oscar Perén, 4. C. 0-42, Zona 1, darunter das bekannte Gemälde, auf dem das Innenleben einer guatemaltekischen *camioneta* dargestellt wird.

Einer kleinen Gruppe von Frauen ist es gelungen, einen eigenen Malstil aus der Perspektive als Frau und Maya zu kreieren. Ihre Werke findet man verstreut im Ort.

Die Türen der kleinen Ausstellungsräume sind oft geschlossen, daher sollte man klopfen. Wer es nicht bis Comalapa schafft, kann auch die kleine Galerie am Ortsausgang in Chimaltenango Richtung Hochland oder den Stand 51 von Oscar Perén auf dem Mercado de Artesanías in Antigua besuchen.

Comalapa hat aber noch eine weitere berühmte Persönlichkeit hervorgebracht, die mit einem kleinen Monument geehrt wird: Der hier gebürtige Rafael Àlvarez Ovalle (1858–1946) hat die guatemaltekische Nationalhymne komponiert.

Lohnenswert ist der Besuch des Marktes von Comalapa am Dienstag, wo man besonders viele Frauen in ihren wunderschönen *huipiles* zu sehen bekommt. Die Blusen wurden früher aus unbehandelter brauner Baumwolle und Seide hergestellt – Materialien, die heutzutage immer mehr durch normale Baumwolle und synthetische Fasern ersetzt werden. Auffällig sind die vielen geometrischen Muster sowie die eingewebten Pflanzen- und Tierdarstellungen.

Übernachtung

Hotel Pixcayá, an der Hauptstraße 0. Av. 1-82, Zona 1, ✆ 78498260, Zimmer mit Du/WC, TV, sauber. Allerdings recht lauter Parkplatz im Innenhof. ❷

Transport

Vom Markt in CHIMALTENANGO und der Zone 4 von GUATEMALA-STADT fahren ständig Busse nach Comalapa. In umgekehrter Richtung starten die ersten Busse bereits gegen 4 Uhr morgens. Nachmittags verlässt der letzte Bus Richtung Hauptstadt den Ort gegen 16 Uhr.

Patzicía und Patzún

Nur wenige Kilometer westlich der Abzweigung nach Comalapa zweigt die alte Hauptstraße **Ruta Nacional 1** bei KM 69 linker Hand von der Panamericana ab und führt über Patzicía und Patzún zum Atitlán-See. **Patzicía,** das auf landwirtschaftliche Großproduktion ausgerichtet ist, liegt auf 2130 m Höhe. Der mehrheitlich von Cakchiquel-Indianern bewohnte Ort war im 19. Jahrhundert Schauplatz eines historischen Ereignisses. 1871 machte hier die Armee des Reformators und späteren Präsidenten Justo Rufino Barrios Halt. Bei dieser Gelegenheit legte Barrios zusammen mit seinen Gefolgsleuten in der *Acta de Patzicía* die Ziele der liberalen Revolution fest (s.S. 82). Im Ort gibt es keine Übernachtungsmöglichkeiten, jedoch besteht regelmäßiger Busverkehr in die Hauptstadt.

Eine asphaltierte Nebenstraße führt von Patzicía nach **Acatenango,** das am Fuße des gleichnamigen Vulkans liegt. Hier gibt es eine einfache Unterkunftsmöglichkeit in der *Pensión Lima,* 1. C. 4-88, ✆ 78391944, ❶, und Transportmöglichkeiten zur 10 km entfernten Kreuzung **La Soledad,** wo der Aufstieg auf den Vulkan Acatenango beginnt (s.S. 201). Einmal täglich fährt ein Bus die Rundstrecke Guatemala-Stadt – Chimaltenango – Acatenango – Yepocapa – Escuintla – Guatemala-Stadt. Von Acatenango fahren zwischen 4 und 15.30 Uhr regelmäßig Busse nach Guatemala-Stadt.

Zurück auf der Ruta Nacional 1 erreicht man nach weiteren 14 km **Patzún,** wo ein hässliches Betonmonument an der Plaza der 172 Toten des Erdbebens von 1976 gedenkt. Mit besonderer Inbrunst begeht der Ort jedes Jahr die Fronleichnam-Feier. Der Weg der Prozession ist dabei mit Teppichen aus Blumen und Sägespänen sowie mit Holzbögen und Palmwedeln geschmückt. In Patzún gibt es einfache Übernachtungsmöglichkeiten. Busse fahren regelmäßig von der Zone 4 (La Terminal) der Hauptstadt und halten unterwegs auch in Chimaltenango oder an der Abzweigung der Panamericana nach Patzicía. Zum Atitlán-See windet sich die Straße durch ein lang gezogenes Tal, bis sie nach 17 km und in 2100 m Höhe das Dorf **Godínez** erreicht. Die Transportmöglichkeiten auf der einsamen Strecke sind rar, außerdem wurden hier schon Touristen überfallen.

Tecpán

Der geschichtsträchtige Ort, der nur wenige Kilometer von der Ruinenstätte Iximché entfernt ist, wurde im 16. Jahrhundert von Franziskanern gegründet. Seit 1924 besitzt Tecpán den offiziellen Stadttitel. Dennoch macht der Ort einen recht verschlafenen Eindruck. Haupterwerbszweig der Bevölkerung ist die Landwirtschaft. Neben einigen Getreidemühlen haben sich hier mehrere Sägewerke angesiedelt, die scheinbar den noch verbliebenen Wäldern den Garaus bereiten wollen. Da entlang der Panamericana zahlreiche Restaurants eröffnet wurden, legen Einheimische wie Touristen in Tecpán gerne Rast ein. Der Ort bietet zudem im Vergleich zu seiner bescheidenen Größe ein überproportionales Hotelangebot. Die Fiesta zu Ehren des Heiligen Franz von Assisi findet am 4. Oktober statt. Erwähnenswert sind auch die Fronleichnamsfeiern.

Nur wenige Kilometer von Tecpán entfernt, führt auf der gegenüberliegenden Straßenseite der Panamericana ein Weg zum kleinen Dorf **Santa Apolonia**. Neben Kalk, Früchten und Holzkohle ist der Ort für die Herstellung traditioneller Keramik bekannt, die von Hand gefertigt und in der Sonne getrocknet wird.

Im weiteren Verlauf der Panamericana passiert man bei KM 116,5 an der Kreuzung **Las Trampas** die Abzweigung zur Ostseite des Atitlán-Sees (nach Godinez; von dort entweder nach Panajachel oder nach San Lucas Tolimán). Kurz darauf bietet sich linker Hand an einem *mirador* mit Souvenirverkauf ein erster Blick aus der Ferne auf den See und seine drei Vulkane.

Übernachtung

Hotel Iximché, 1. Av. 1-38, Z. 2, ✆ 78403495, die billigste Alternative in Tecpán, dementsprechend einfach. ❶

Pensión Doña Ester, 2. C. 1-09, Z. 3, ✆ 78404040, saubere Zimmer mit Gemeinschaftsbad. ❶

Hotel Mayans, 1. Av. 1-62, Z. 1, ✆ 78403040, angenehme, helle Zimmer mit Bad und TV. ❷

Hotel La Villa de Don Pancho, 1. Av. 2-57, ✆ 78403202, 📠 8403197, neues, protziges Hotel mit Sauna, Whirlpool (gegen Aufpreis), Fitnessraum, Restaurant; passt von der Atmosphäre her nicht so recht in den Ort. ❺

Albergues de Tecpán, Carretera Interamericana KM 88, ✆ 78403860, 📠 78403042, große Ferienanlage mit Bungalows (ca. US$55 für 4 Pers.). Gemütliche, aber etwas dunkle Zimmer, Restaurant. ❻

Essen

Sehr gut guatemaltekisch essen kann man im rustikalen Landgasthaus ***El Pedregal,*** ✆ 78403055, von der Abzweigung an der Panamericana bei KM 90 in Richtung Santa Apolonia ca. 500 m. Das Restaurant, das bei Einheimischen sehr beliebt ist, serviert traditionelles Frühstück und Mittagessen, 🕒 6–16 Uhr.

Vor der Kreuzung **Los Encuentros** stehen einige Verkaufsstände, die ein großes Gemüse- und Obstsortiment offerieren.

Kultur

Galeria de Arte Tz'utujil, 2. C. 6-11, Z. 3, Straße nach Iximché, in dieser privaten Kunstgalerie kann man naive indianische Malerei aus San Pedro La Laguna bewundern.

Asociación de Artesanos, 3. Av. 1-57, Z. 1, die kunsthandwerkliche Genossenschaft hat hier ihren Sitz und verkauft ihre Produkte v.a. an Wochenenden in den Ruinen von Iximché.

Transport

Tecpán liegt nur rund 500 m von der Panamericana entfernt. An der Kreuzung bei KM 88 kann man Busse in alle Richtungen nehmen. Außerdem fahren Busse täglich zwischen 5 und 19 Uhr direkt von und nach GUATEMALA-STADT. Abfahrt am Parque Central von Tecpán.

Iximché

Rund 3 km südlich von Tecpán befindet sich auf einer Höhe von 2140 m die ehemalige Hauptstadt der Cakchiquel-Indianer. Die festungsartige Anlage wurde seinerzeit ähnlich wie Mixco Viejo oder Zaculeu auf einem von steilen Schluchten umgebenen Plateau mit nur einem schmalen Zugang angelegt. Der Name Iximché bedeutet übersetzt so viel wie „Maisbaum", eine Anspielung auf den Ramón-Baum *(Brosimium alicastrum)*, dessen Nüsse eine wichtige Nahrungsquelle darstellten. Die Indígenas nennen den Ort auch *Ojertinamit*, was sich mit „alte Stadt" übersetzen lässt.

Geschichte

Zu Beginn des zweiten Jahrtausends v.Chr. wanderten indianische Stämme aus dem heutigen Mexiko ins guatemaltekische Hochland ein und verschmolzen mit den dort lebenden Maya-Nachfahren. Aus dieser Verbindung entstanden rund achtzehn verschiedene Volksgruppen, die sich weniger ethnisch als sprachlich unterschieden. Die drei wichtigsten Völker – Quiché, Cakchiqueles und Tzutujiles – dominierten das Hochland über mehrere Jahrhunderte hinweg. Nach einem Streit zwischen Quichés und Cakchiqueles befahl ihr gemeinsamer Herrscher K'icab Letzteren, sich einen neuen Lebensraum zu suchen. Die Cakchiqueles machten sich auf die Suche und wählten 1470 den Berg Ratzamut als Standort für ihre neue Hauptstadt Iximché.

Als die Spanier 1524 unter Pedro de Alvarado nach Guatemala kamen, machten sie sich die Feindseligkeiten der Indianer untereinander geschickt zu Nutze. Die Cakchiqueles empfingen die Spanier nach deren Sieg über die Quiché zunächst friedlich und besiegten mit ihnen zusammen kurz darauf die Tzutujiles. Der blonde Pedro de Alvarado, von den Einheimischen *Tonatiuh* („Sohn der Sonne") genannt, entschloss sich, in Iximché zu bleiben. Seine tlaxaltekischen Söldner, die ihn begleiteten, gaben dem Ort den Namen **Tecpán Quauhtlemallán**, was so viel wie „Palast des Waldortes" heißt und der Ursprung des Namens Guatemala ist. Am 25. Juli 1524 gründete Alvarado die erste offizielle Hauptstadt des Landes unter dem Namen *Santiago de Guatemala.* Die Allianz zwischen Spaniern und Cakchiqueles währte allerdings nur wenige Monate. Aufgrund zu hoher Tributforderungen und schlechter Behandlung durch die Spanier begannen die Indígenas zu rebellieren. Der daraus resultierende Konflikt dauerte mehrere Jahre, und auch nachdem die Spanier Iximché 1526 niedergebrannt hatten, leisteten die Cakchiqueles noch bis 1930 Widerstand im Untergrund. Die großen Schwierigkeiten der Spanier mit den rebellischen Bergvölkern veranlassten sie dazu, den Standort der Hauptstadt weiter westlich in das Almolonga-Tal zu verlegen. Viele der Ereignisse von damals sind in den Annalen der Cakchiqueles *(Los Anales de los Cakchiqueles)* aus dem 16. Jahrhundert überliefert.

Ein besonderes Ereignis fand 1980 in Iximché statt: Das Vereinigte Bauernkomitee (CUC) veröffentlichte im Namen aller indianischen Volksgruppen Guatemalas eine Deklaration, mit der es Verbrechen, Grausamkeiten, Ausbeutung und Unterdrückung anprangerte, die in vier Jahrhunderten von ausländischen Eindringlingen an diesen Völkern begangen wurden. Ausgelöst wurde die Aktion damals durch die Ermordung von Indianerführern in der spanischen Botschaft wenige Monate zuvor. Dabei war das in einer Protestaktion besetzte Gebäude von Spezialeinheiten der Regierung gestürmt und in Brand gesetzt worden. Trotz aller damaligen Bemühungen des CUC standen den Ureinwohnern Guatemalas die schlimmsten Jahre der Verfolgung noch bevor.

Ausgrabungsarbeiten

Da die Bauwerke ähnlich wie bei vergleichbaren Anlagen des Hochlands auf einem Steinfundament standen, auf dem Bauten aus vergänglichen Materialien wie Lehmziegeln, Holzbalken und Strohdächern errichtet wurden, sind auch in Iximché nur noch Grundrisse erhalten geblieben. Die Anlage, die aus vier Hauptgruppen und zwei Ballspielplätzen besteht, wurde von 1956 bis 1968 restauriert. Alle Gebäude und Plätze waren mit einer dreifachen weißen Stuckschicht überdeckt, auf der an einigen Stellen Wandmalereien zu sehen waren. Starb ein König, so wurde in der gesamten Stadt eine neue Schicht aufgetragen. Vor der höchsten Erhebung des Komplexes – Tempelpyramide 2, Plaza A – fand man einen konkav geformten Altar, der auf Menschenopfer schließen lässt. Ähnlich wie bei anderen Hochland-Ruinen sind es auch in Iximché nicht die Ausgrabungen, die die Anlage attraktiv machen, sondern es ist der Gesamteindruck, der

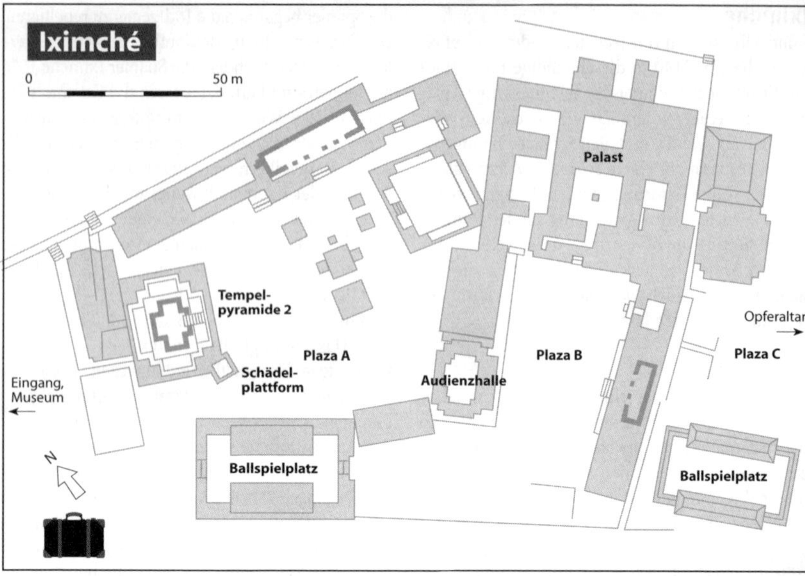

DAS HOCHLAND

Ausblick und die Stille. Wer auf einen der Hügel der Anlage steigt, kann bei guten Sichtverhältnissen bereits die Vulkane des Atitlán-Sees ausmachen.

Besuch der Ruinenstätte

Wer in Iximché seine Ruhe haben möchte, sollte nicht am Wochenende kommen, denn dann verwandelt sich die Anlage in einen großen Freizeitpark, wenn hier guatemaltekische Familien picknicken und Jugendliche Fußball spielen. Geht man durch das kleine Kiefernwäldchen am Ende der Stätte, gelangt man zu einem **Opferaltar**, der auch heute noch regelmäßig benutzt wird. Wer einer Maya-Zeremonie beiwohnt, sollte respektvoll Abstand halten.

Am Eingang der Anlage befindet sich im Besucherzentrum ein kleines **Museum** mit einem ansprechenden Modell von Iximché, archäologischen Fundstücken und Kunsthandwerk aus der Umgebung. Die sanitären Anlagen werden dem Eintrittspreis nicht gerecht. Grund für die fehlende Hygiene ist angeblich Wassermangel. ⏲ Zwischen 12 und 13 Uhr sind die Wärter meist beim Mittagessen, so dass das Museum für eine Stunde geschlossen bleibt; offiziell: tgl. 9–17 Uhr, US$6,70.

Zu den rund 3 km von Tecpán entfernten Ruinen von Iximché gelangt man mit regelmäßig ab dem Parque Central verkehrenden Kleinbussen, ca. US$0,20, dem Mototaxi, ca. US$1, dem Taxi, ca. US$2,70, oder zu Fuß, indem man der asphaltierten Straße folgt.

Chichicastenango und Santa Cruz del Quiché

Wer Los Encuentros in Richtung Norden verlässt, überquert ein fruchtbares Plateau, auf dem dank des milden Klimas Äpfel und Pfirsiche gedeihen. Am **Mirador Santo Tomás** bietet sich der erste Blick auf Chichicastenango, der bei guter Sicht über Santa Cruz del Quiché hinaus bis zu den mächtig aufragenden Cuchumatanes-Bergen reicht. Kurz nach dem Aussichtspunkt winden sich steile Haarnadelkurven durch einen Kiefernwald hinab zum Oberlauf des Río Grande, der nicht weit von hier entspringt und sich tief in die Schlucht eingegraben hat. In den Fluss, der an dieser Stelle noch recht schmal ist, sind schon mehrfach Busse gestürzt. Ihre Bremsen versagten nach der steilen und kurvenreichen Abfahrt. Auch zu Überfällen ist es hier unten schon gekommen. Kurz hinter der Brücke stehen Kreuze, die der Ermordung Jorge Carpio Nicolles und einiger seiner Verwandten am 3. Juli 1993 gedenken. Der Vetter des Präsidenten Ramiro de León Carpio war selbst Präsidentschaftskandidat der Nationalen Zentrumspartei UCN. Auf der Rückfahrt von einer Wahlkampfveranstaltung wurde der Zeitungsverleger von unbekannten Tätern erschossen. Das Verbrechen, das bis heute nicht aufgeklärt worden ist, wurde als Warnung an de León Carpio verstanden, sich nicht in die traditionellen Machtstrukturen von Militärs, Landbesitzern und Großindustriellen einzumischen. Auf der gegenüberliegenden Seite der Brücke beginnt der steile Anstieg nach Chichicastenango.

Chichicastenango

Touristen hin, Kommerz her – „Chichi" ist etwas Besonderes. Und das, obwohl das Kunsthandwerk hier gelegentlich teurer als in anderen Gegenden verkauft wird, das Zahlenverhältnis zwischen Einheimischen und Touristen an Markttagen schon einmal ausgeglichen sein kann und indianische Zeremonien durch ständiges Fotografieren ihrer Authenzitität beraubt werden.

Trotz alledem: *The show must go on,* denn Chichicastenango lebt in zunehmendem Maße vom Tourismus – Hotels, Händler und kleine Taschendiebe gleichermaßen. Der Trubel und Kommerz ist die Fassade des Ortes, die den einen anzieht und den anderen abstößt. Was aber ist das Besondere an dem kleinen Städtchen, das 145 km entfernt von der Hauptstadt in einer Höhe von 2080 m liegt? Sind es die kleinen, engen, gepflasterten Gassen und die ziegelgedeckten Häuser? Ist es der Markt, der donnerstags und sonntags stattfindet und trotz vielem touristischen Blendwerk immer noch abwechslungsreich, traditionell und einen Bummel wert ist? Die weihrauchgeschwängerte Kirche Santo Tomás, auf deren Stufen Indígenas heidnische Götter anbeten, um kurz darauf im Kircheninneren kniend katholische Heilige zu verehren? Oder sind es etwa die Prozessionen der 14 *cofradías* (Laienbruderschaften) und die Opferzeremonien der Schamanen, die sich seit Jahrhunderten kaum verändert haben? Vielleicht ist es auch die Summe all dessen. Es lohnt sich aber auf jeden Fall, es selbst herauszufinden.

Geschichte

Zunächst lebten im heutigen Chichicastenango Cakchiquel-Indianer. Sie nannten den Ort damals Chiavar. Als die Quichés die Kontrolle über das Hochland gewannen, vertrieben sie die Cakchiqueles nach Iximché und ließen sich selbst in Chiavar nieder, das sie nun Chugüilá („Ort der Nesselpflanzen") oder auch Tziguán Tinamit („Ort der Schluchten") nannten. Nach der Zerstörung ihrer Hauptstadt Q'umarkaaj ganz in der Nähe des heutigen Santa Cruz del Quiché durch Pedro de Alvarado im Jahr 1524 flohen viele Quichés nach Chugüilá. 1540 errichteten die Dominikaner auf den Stufen eines alten Maya-Tempels eine Kirche, und da die erste Messe der Kirche auf den Namenstag des heiligen Thomas fiel, hieß der Ort von da an Santo Tomás Chichicastenango. Die hier beheimatete Chichicaste ist eine Nesselpflanze, die bei Berührung mit der Haut brennt, aus deren Blättern aber auch ein Heiltee zubereitet werden kann. In Anlehnung an die zweite Silbe des Namens ihres Schutzpatrons nannten die Bewohner des Ortes sich Maxeños.

Eine besondere Entdeckung machte der Dominikanerpriester Francisco Ximénez während seines Aufenthalts in Chichicastenango in den Jahren 1701 bis 1703: In der Bibliothek des Dominikanerklosters fand er das *Popol Vuh,* die heilige Bibel der Quiché-Maya. Er fertigte eine Kopie der Seiten an, übersetzte den Text und hinterließ der Nachwelt damit ein Dokument von unschätzbarem Wert, das uns von der Schöpfungsgeschichte, der Mythologie und der traditionellen Geschichte der Quichés berichtet.

Chichicastenango heute

Ebenso wie Sololá wird das Städtchen von einem Ladino- und einem Indígena-Bürgermeister regiert. Der Vetreter der Ladinos wird bei den Kommunalwahlen, die alle vier Jahre zusammen mit der Präsidentenwahl stattfinden, vom Volk gewählt. Er ist der offizielle Repräsentant der guatemaltekischen Regierung, wird für seine Arbeit bezahlt und leitet eine Art Stadtrat. Der Vertreter der Indígenas hingegen wird jährlich von den angesehensten indianischen Bürgern der Gemeinde sowie den Amts- und Ex-Amtsinhabern gewählt. Er stellt die oberste indianische Instanz des Ortes dar und wird von den meisten Indígenas als eigentliche lokale

Zivilautorität betrachtet. Die ehrenamtliche Tätigkeit stellt einen nicht unerheblichen finanziellen und zeitlichen Aufwand dar. Doch nur so gewinnt man in einer indianischen Gemeinde an Prestige; denn der soziale Aufstieg gelingt über das Bekleiden freiwilliger Ämter, die dem Gemeinwohl dienen. Eine solche Tätigkeit wird als Pflichterfüllung allen gegenüber gesehen, und die meisten Männer sind in der einen oder anderen Form daran beteiligt. Der indianische Bürgermeister *(alcalde primero)* ist nämlich nicht allein. Ihm unterstehen ein Stellvertreter *(alcalde segundo)* und acht Räte *(regidores)*, von denen der erste – der *síndico* – auch der wichtigste ist. Hinzu kommt ein zweisprachiger Sekretär, der im Gegensatz zu allen anderen bezahlt wird, und der den Kontakt mit der Ladino-Regierung aufrecht erhält.

Neben der zivilen Hierarchie existiert in Chichicastenango auch eine religiöse Rangordnung in Form von 14 *cofradías* (Laienbruderschaften). Sie wachen jeweils über das Wohl einer Heiligenfigur, für die sie die Fiesta organisieren. Die Bruderschaften sind nach der Bedeutung des Heiligen hierarchisch geordnet und auch intern straff organisiert. Das prestigeträchtige Amt ist ebenfalls mit hohem Zeit- und Geldaufwand verbunden und wird nach einem Jahr weitergereicht. Besonders prachtvoll kleiden sich die sechs bis acht Mitglieder der *cofradías* an den Festtagen. Dann zeigt man sich bei der Prozession des Heiligen in knielangen, an den Seiten eingeschlitzten schwarzen Hosen, in einer Wolljacke, die mit Ornamenten verziert ist, und mit einem roten *tzut*, der traditionellen Kopfbedeckung. Die Frauen tragen dazu einen bunt bestickten *huipil* (Bluse), einen weiß und dunkelblau gestreiften *corte* (Rock) und eine bunte *peraje* (Kopftuch). Leider können sich immer weniger Indígenas diese teure Kleidung leisten, und so wird die typische Tracht bei den Männern häufig durch einfache Hosen und Hemden ersetzt.

Die größte Fiesta Chichis findet vom 14. bis 21. Dezember zu Ehren von Santo Tomás statt, dem Schutzpatron der Stadt. Am Haupttag, dem 21. Dezember, platzt der Ort aus allen Nähten. Weihrauchwolken, traditionelle Musik, aufwendige Prozessionen und ohrenbetäubendes Feuerwerk sind die Grundelemente der Feier. Im Mittelpunkt der Aktivitäten steht eine kleine, hölzerne Reiterfigur, der *Tsijolaj*. Während der Fiesta wird er mit Münzen behangen und tanzt, von einem *cofrade* getragen, zu Trommel und Flöte durch die Menschenmenge. Der *Tsijolaj* ist der Schutzpatron der Feuerwerker und Symbol für eine ausgelassene Feier. Sein Entstehen soll auf die Anfänge der Kolonialzeit zurückgehen, als Feuerwaffen und Pferde den Indígenas noch neu waren und sie mächtig beeindruckten. Aber auch andere traditionelle Tänze werden aufgeführt: Neben dem *baile de conquista, baile de toritos* und dem *baile de mexicanos*, die alle historische Ereignisse persiflieren, lassen sich beim *palo volador* einige an einem Seil hängende Wagemutige in langen, weiten Kreisen von einem rund 20 m hohen Stamm herab. Dabei wandeln die Flieger, die heute *ángeles* (Engel) genannt werden, auf den Spuren der Halbgötter *Hunahpú* und *Ixbalanqué*, den Zwillingen aus dem *Popol Vuh*. Diese nahmen den Weg in die Unterwelt, um mit den Fürsten des Todes zu kämpfen. Zu alldem werden Unmengen von Billigfusel getrunken, was die vielen Schnapsleichen auf den Straßen eindrucksvoll belegen.

Sehenswürdigkeiten

Die meisten Besucher kommen an den Markttagen – donnerstags und sonntags – nach Chichicastenango. Schon am Vorabend kann man beobachten, wie schwer bepackte Männer Plastikfolie sowie Metall- und Holzstangen auf dem **Marktplatz** abladen. Ganze Indígena-Familien kochen unter den Arkaden an der Plaza und bereiten sich auf eine Nacht unter freiem Himmel vor. Im Morgengrauen beginnt der Aufbau der Verkaufsstände, die mit billiger Plastikfolie abgedeckt werden, während immer mehr Indígenas aus dem Umland mit ihrer Ware ankommen. Es herrscht ein geschäftiges Treiben, aber alles läuft ruhig ab, ohne größeren Lärm, fast wie einstudiert. Die ersten Touristen zeigen sich zwischen acht und neun Uhr, und spätestens mittags läuft das Geschäft auf vollen Touren. Am frühen Nachmittag beginnt allmählich der Abbau, da viele Händler noch einen langen Heimweg vor sich haben. Zu dieser Zeit lassen sich noch einige Schnäppchen machen. Gegen 15 bis 16 Uhr ist die Schlacht geschlagen, und der Markt neigt sich seinem Ende zu. Der Kernbereich der Stände befindet sich auf der Plaza vor der Kirche, aber auch in allen Nebenstraßen wird fleißig gefeilscht und verhandelt. Im äußeren Bereich werden hauptsächlich

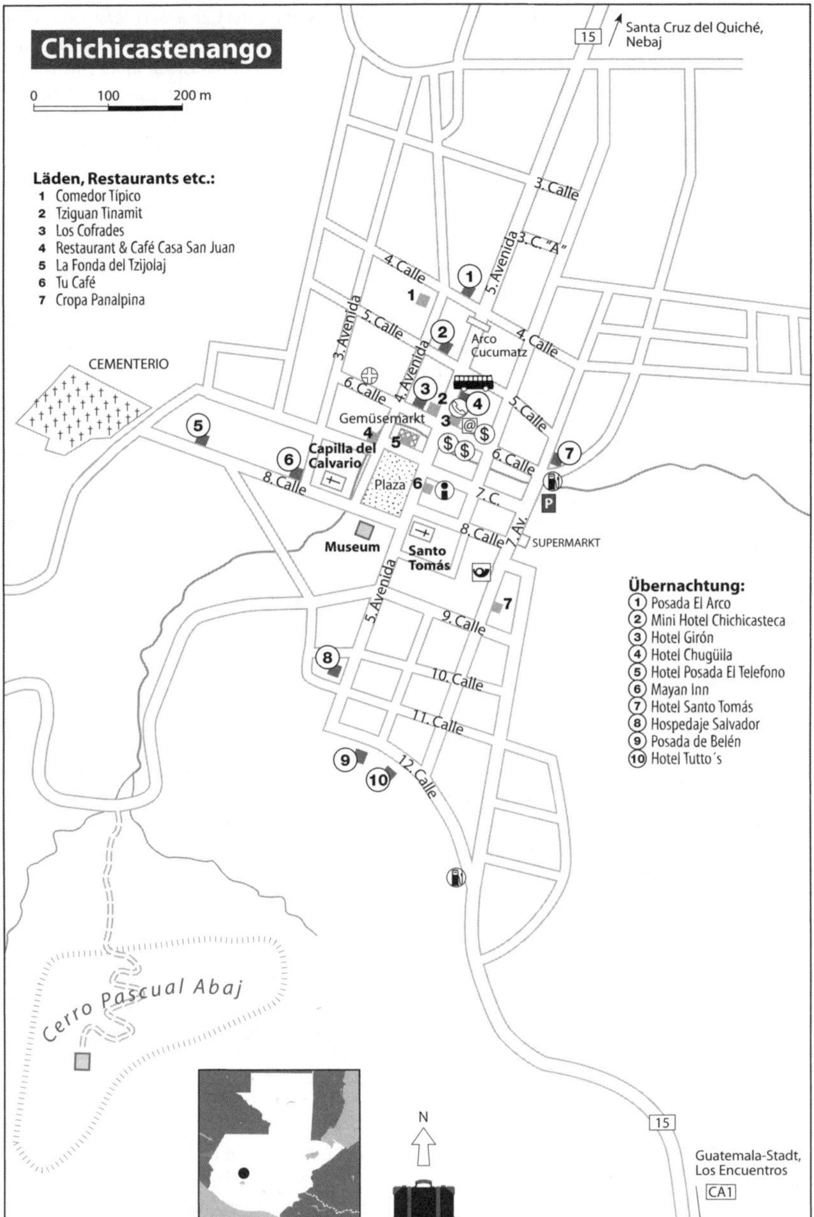

Chichicastenango
0 100 200 m
Läden, Restaurants etc.:
1 Comedor Típico
2 Tziguan Tinamit
3 Los Cofrades
4 Restaurant & Café Casa San Juan
5 La Fonda del Tzijolaj
6 Tu Café
7 Cropa Panalpina
Übernachtung:
1 Posada El Arco
2 Mini Hotel Chichicasteca
3 Hotel Girón
4 Hotel Chugüila
5 Hotel Posada El Telefono
6 Mayan Inn
7 Hotel Santo Tomás
8 Hospedaje Salvador
9 Posada de Belén
10 Hotel Tutto´s
15
Santa Cruz del Quiché, Nebaj
3. Calle
3. C. "A"
4. Calle
5. Avenida
5. Calle
3. Avenida
4. Avenida
Arco Cucumatz
CEMENTERIO
6. Calle
Gemüsemarkt
Capilla del Calvario
8. Calle
Plaza
7. C.
7. Av.
SUPERMARKT
Museum
Santo Tomás
9. Calle
10. Calle
11. Calle
12. Calle
Cerro Pascual Abaj
N
Guatemala-Stadt, Los Encuentros
CA1

kunsthandwerkliche Produkte, wie z.B. Holzmasken oder Stoffe, angeboten, während im Zentrum auf der Plaza überwiegend Dinge des täglichen Gebrauchs, Obst und Gemüse sowie Essen an kleinen Garküchen verkauft werden. Ein Augenschmaus ist der Gemüsemarkt im Centro Comercial an der Nordseite der Plaza. Vom zweiten Stock aus lässt sich der Trubel in aller Ruhe beobachten.

Das interessanteste Gebäude Chichis ist für Indígenas und Touristen gleichermaßen – wenn auch aus unterschiedlichen Motiven – die **Kirche Santo Tomás** an der Südostseite der Plaza. Die Tatsache, dass die Dominikaner sie auf den Stufen eines alten Maya-Tempels errichteten, wird unterschiedlich gedeutet. Zum einen war es der Kirche wichtig, ihre religiöse Dominanz zu untermauern und den Unterworfenen ihre Macht zu zeigen. Zum anderen wollten die Dominikaner die Indígenas natürlich auch bekehren. Da die *padres* bald merkten, wie stark die Indígenas in ihrem „heidnischen" Glauben verwurzelt waren, bestand der Kompromiss darin, sie zunächst auf den heiligen Stufen zu ihren alten Göttern beten zu lassen – mit dem Ziel, sie danach in die Kirche zu holen. Somit kam es in Chichicastenango wie auch im übrigen indianischen Guatemala zu einer Verschmelzung der Glaubensrichtungen, die auch heute noch das religiöse Leben der Indígenas bestimmt. Auf den heiligen Stufen wird noch immer inmitten von Weihrauch und Kerzen der Beistand alter heidnischer Götter beschworen. Danach betreten die Indígenas das rußgeschwärzte Gotteshaus, dessen Boden mit Kiefernnadeln, Maiskörnern, Rosenblüten, Kerzen und kleinen Schnapsflaschen bedeckt ist. Sie knien vor einem der Altäre nieder, um einen Heiligen der katholischen Kirche anzubeten oder ihrer Ahnen zu gedenken. Um sich bei den Göttern Gehör zu verschaffen, bedienen sich viele eines *chujkajau* – wörtlich: Mutter-Vater –, eines Mittlers oder Schamanen, der gegen ein kleines Entgelt die gewünschte Zeremonie *(costumbre)* durchführt. Touristen sollten die Kirche nur über den Seiteneingang im Inneren des nebenan liegenden Dominikanerklosters betreten. Der Haupteingang ist wichtigen religiösen Persönlichkeiten und den *chujkajau* vorbehalten. Die Indígenas glauben, dass am Eingang Geister stehen, die sie vor dem Betreten der Kirche um Erlaubnis bitten müssen. Im Inneren ist das Fotografieren streng untersagt!

In der **Capilla del Calvario** (Kalvarienkapelle), gegenüber der Kirche auf der Westseite der Plaza, befindet sich eine Christusfigur unter einem Glasdeckel, die an den Prozessionen der Osterwoche teilnimmt. Hierher kommen Indígenas vornehmlich zur Beichte. Außerhalb der Kapelle werden ebenfalls *costumbres* durchgeführt.

Zwei Blocks unterhalb der Kalvarienkapelle, am Ende der 7. Calle, liegt der **Cementerio** (Friedhof) von Chichicastenango. Von hier aus hat man einen schönen Blick auf den Ort und die Umgebung. Angesichts der Grabstätten ist nicht schwer zu erraten, wer wohlhabend gestorben ist und wer nicht. Viele Gräber sind wie so oft in Guatemala bunt bemalt, und aus der Nähe betrachtet, entdeckt man kuriose Gedenkstätten. So wurde das Denkmal, das die Busfahrer für ihre bei Unfällen verstorbenen Kollegen errichten ließen, mit einer richtigen Straße und Verkehrsschildern in Miniaturausgabe verziert. Auf frischen Gräbern kann man gelegentlich eine Flasche sehen, die in Höhe des Kopfes umgekehrt im Boden steckt. Es ist ein letzter Schluck für den Verstorbenen, der mit all seinem persönlichen Hab und Gut sowie etwas Nahrung beerdigt wird. Auch auf dem Friedhof führen Indígenas regelmäßig ihre traditionellen Bräuche durch.

Das **Museo Arqueológico Regional** ist im Arkadengang an der Südseite der Plaza untergebracht. Es zeigt die etwas verstaubte Sammlung präkolumbianischer Stein-, Keramik- und Jadestücke des Priesters Ildefonso Rossbach, der von 1894 bis zu seinem Tod 1944 in Chichicastenango lebte. Sein Grab befindet sich auf dem Friedhof in einer eigenen kleinen Kapelle. 🕓 Di, Mi, Fr 8–12, 14–16, Do 8–16, Sa, So 8–14 Uhr, Mo geschlossen, US$0,70.

Auf der 5. Avenida Richtung Santa Cruz el Quiché sieht man einen großen Bogen, der die Straße überspannt. Es handelt sich um den **Arco Cucumatz**, der 1932 erbaut wurde. Auf ihm ist die gefiederte Himmelsschlange *Quetzalcoatl* dargestellt, eine Gottheit, die von den Tolteken unter dem Namen *Kukulcán* in das Maya-Reich gelangte. Sie repräsentiert die Priesterschaft, die Venus und die Fruchtbarkeit.

Um ihren Göttern zu huldigen, suchen Indígenas häufig Plätze in der freien Natur auf. Einer der bevorzugten Orte liegt nur wenige hundert Meter außerhalb Chichicastenangos auf einem kleinen

Hügel und heißt **Pascual Abaj** oder auch Turqa'. Das Jahrhunderte alte Steinidol, das eine Kleinausgabe der Götterstatuen der Osterinseln sein könnte, ist schon mehrfach von Katechisten umgeworfen und verbrannt worden. Doch Traditionalisten haben die inzwischen rußgeschwärzte Steinfigur immer wieder aufgerichtet, und der Ort scheint für die einheimische Bevölkerung nichts an Anziehungskraft verloren zu haben. So werden weiterhin Opferzeremonien aller Art abgehalten und dabei z.B. Fruchtbarkeit für die Ehefrau, gute Ernten, Regen oder Heilung erbeten. In der Regel überwacht ein *chujkajau* die Zeremonie, deren Opfergaben von etwas Schnaps, Kerzen und Weihrauch bis hin zur Schlachtung von Hühnern reichen können. Respekt und Rücksichtnahme sind oberstes Gebot, wenn man hier ein Ritual beobachtet, und vor dem Fotografieren sollte um Erlaubnis gefragt werden. Die Opferstätte ist zu Fuß in etwa einer halben Stunde über die 5. Avenida Richtung Süden zu erreichen. An der Kreuzung mit der 9. Calle biegt man rechts ab und folgt der unbefestigten Straße bis zum Fuß des Hügels. Dort, wo die Straße einen Rechtsknick macht, nimmt man den kleinen Weg zur Linken und geht der Beschilderung nach. Der Weg passiert ein kleines Museum, in dem Holzmasken zu sehen und zu kaufen sind, windet sich dann den Hang hinauf, bis er oben an einer Lichtung das Steinidol erreicht. Gegen ein kleines Trinkgeld führen Kinder Touristen an diesen Ort. Da es in einigen seltenen Fällen zu Überfällen auf einzelne Touristen gekommen ist, sollte man sich sicherheitshalber einer Gruppe anschließen.

Übernachtung

Hotel Posada El Telefono, 8. C. 1-64, ✆ 77561197, unterhalb des *Mayan Inn* gelegen, 3-stöckiges, enges Gebäude mit z.T. sehr kleinen, aber sauberen Zimmern, auf Wunsch mit TV. Die Zimmer im 3. Stock haben den besten Blick. ❶

Hospedaje Salvador, 5. Av. 10-09, ✆ 77561329, z.T. sehr kleine Zimmer. Sehr verwinkelte und eng gebaute Anlage, etwas muffig, Sonnenterrasse. ❶–❷

Posada de Belén, 12. C. 5-55/Ende 6. Av., ✆/📠 77561244, Zimmer mit kleinem Balkon, schöner Blick, aber niedrige Decken, sauber, ruhige Lage, Besitzer spricht Englisch. ❷

Hotel Girón, 6. C. 4-52, ✆/📠 77561156, zentrale Lage, große Zimmer, Bad ein wenig klein in einigen Zimmern, v.a. samstags oft von Gruppen belegt, zwei Zimmer mit Gemeinschaftsbad. ❷

Mini Hotel Chichicasteca, 5. C. 4-42, ✆ 77562111, einfache, saubere Zimmer. ❷

Hotel Tutto's, 12. C. 6-29, ordentliche Zimmer mit Bad, schöne Terrasse mit Blick ins Hinterland. Im Hotel befindet sich ein Restaurant, dass u.a. Pizzas, Sandwiches und Frühstück serviert. ❷

Posada El Arco, 4. C. 4-36, am Cucumatz-Bogen, ✆ 77561255, große Zimmer, Warmwasser wird zur Hälfte durch Solarenergie erzeugt, familiäre Atmosphäre, sauber, angenehm. ❸

Hotel Chugüilá, 5. Av. 5-24, ✆/📠 77561134, ✉ hotelchuguila@yahoo.com, große, schon etwas ältere Zimmer, z.T. mit Kamin (Holz kostet extra), gutes Preis-Leistungs-Verhältnis, Restaurant mit einheimischen Gerichten. ❹

Mayan Inn, 8. C., hinter der Kalvarienkapelle, ✆ 77561176, 📠 77561212, große Zimmer mit Kamin und antiken Möbeln, gepflegter Garten, Restaurant, Bar, Gruppenhotel. ❼

Hotel Santo Tomás, 7. Av. 5-32, ✆ 77561061, 📠 77561306, ✉ hst@itelgua.com, eines der großen Touristenhotels in Chichi. Alle Zimmer mit Kamin, gediegene koloniale Atmosphäre, große Sonnenterrasse, Swimming-Pool, Jacuzzi, Sauna, bietet mehr fürs Geld als das *Mayan Inn* in derselben Kategorie, viele Gruppen. ❼

Essen

Wer nach mehreren Tagen im tiefsten Hochland nach Chichi kommt, wird vom kulinarischen Angebot überrascht sein. Wenn man allerdings aus Antigua oder der Hauptstadt anreist, hält sich die Begeisterung in Grenzen. Viele Restaurants haben Mo, Di und teilweise auch Fr verkürzte Öffnungszeiten oder sogar ganz zu. Gut und teuer isst man in den Restaurants der besseren Hotels, am günstigsten auf dem Markt; Essstände finden sich vor der Santo Tomás-Kirche; ansonsten ist die Speisekarte überall ziemlich ähnlich und auf ausländische Gaumen eingestellt. Fast alle Restaurants bieten zumindest ein vegetarisches Gericht an.

Los Cofrades, 5. Av., Ecke 6. C., 2. Stock, gemischte Küche, guter, prämierter Kaffee, auch zum Mitnehmen, 🕓 Di geschlossen.

Tziguan Tinamit, 5. Av. 5-67, von allem etwas, nicht ganz billig.
La Fonda del Tzijolaj, Centro Comercial Santo Tomás, 2. Stock, Nr. 34, an der Plaza. Gut, um dem Marktgewimmel zu entfliehen und um einen Blick von oben auf den Trubel zu werfen. Breit gefächertes Speisenangebot, das von Landestypischem über Pizza, Pasta bis zu vegetarischen Gerichten reicht.
Comedor Típico, 4. Av. 4-23, tgl. wechselnde Tagesgerichte, Frühstück zu moderaten Preisen.
Casa San Juan, Ecke 7. C./4. Av., Restaurant und Café, günstige Gerichte, umfangreiche Speisekarte, geschmackvolle Dekoration mit einheimischen Gemälden.
Tu Café, 5. Av., an der Hauptplaza, das übliche Speisenangebot, aber billig.

Sonstiges

GELD – Mehrere Banken sind in der 6. Calle zwischen 5. und 6. Avenida angesiedelt und haben auch sonntags geöffnet; an Markttagen oft lange Schlangen. Dort befinden sich auch mehrere Geldautomaten.

INFORMATIONEN – ***INGUAT***, 7. C., zwischen 5. und 6. Av., ⌚ Mo–Fr 9–18 Uhr.

INTERNET – Kostet etwa US$1,50/Std. In der 6. Calle bei den Banken befinden sich ***Acses*** und ***Cafenet*** (im Innenhof des Restaurants *La Parrillada*).

LEBENSMITTEL – Supermarkt ***Dispensa Familiar***, 7. Av., zwischen 7. und 8. C., ⌚ tgl. 7–19 Uhr.

PAKETVERSAND – ***Cropa Panalpina***, 7. Av. 8-60.

PARKPLATZ – Besonders an Marktagen sollten man seinen Wagen auf einem bewachten Parkplatz abstellen, z.B. in der 7. Av., zwischen 6. und 7. C.

POLIZEI – Die Station liegt ca. 500 m hinter dem Arco Cucumatz am Ortsausgang Richtung Santa Cruz del Quiché.

POST – 7. Av. 8-47.

TELEFON – ***Telgua***, 6. C., nahe Ecke 5. Av., nur Kartentelefone. Bei ***Telecabina*** an der 5. Av., nahe 6. C. kann man für rund US$0,70/Min. nach Europa anrufen.

Transport

Alle Busse halten an oder in der Nähe der Kreuzung 5. Av./5. C. beim Arco Cucumatz.
Nach SANTA CRUZ DEL QUICHÉ (30 Min.) alle halbe Stunde, dort umsteigen in Richtung NEBAJ. Regelmäßige Verbindung über die Kreuzung LOS ENCUENTROS und weiter nach GUATEMALA-STADT (alle 30 Min. bis ca. 18.30 Uhr; 3 Std.) oder QUETZALTENANGO (mehrere Busse tgl.; 2 1/2 Std.)
Es gibt keine Direktbusse nach ANTIGUA (umsteigen in Chimaltenango). Wer Richtung ATITLÁN-SEE möchte, muss in Los Encuentros umsteigen.
An Markttagen vom *Hotel Santo Tomás* abfahren.

Santa Cruz del Quiché

Die Hauptstadt der Provinz Quiché (s.S. 286) liegt nur 19 km von Chichicastenango entfernt. Kurz vor dem Ort passiert man die kleine Laguna Lemoa. Sie ist der Legende nach aus den Tränen der Quiché-Frauen entstanden, die um ihre von den Spaniern ermordeten Männer trauerten. Santa Cruz ist ein wichtiger Handelsplatz und Verkehrsknotenpunkt der Provinz Quiché und hat für Touristen wenig Anziehendes. Die meisten Besucher sind nur auf der Durchreise oder machen einen Abstecher von Chichicastenango aus, um die Ruinen von Utatlán (Q'umarkaaj) zu besuchen.

An der Plaza von Santa Cruz steht neben dem Verwaltungsgebäude der Provinzregierung die mächtige, weiß getünchte **Dominikanerkirche** aus dem 17. Jahrhundert. Im Inneren befindet sich ein Denkmal für die Priester, die dem bewaffneten Konflikt in den siebziger und achtziger Jahren zum Opfer fielen. Aus Sicherheitsgründen zog die katholische Kirche damals zeitweise ihre Priester aus dem Quiché zurück.

Das Denkmal vor dem Gotteshaus ist Tecún Umán gewidmet, dem Quiché-Häuptling, der Pedro

Der Quiché-Häuptling Tecún Umàn verlor die entscheidende Schlacht gegen die Spanier

de Alvarado 1524 entgegentrat, von diesem aber in der entscheidenden Schlacht bei Quetzaltenango getötet wurde. Neben der Kirche befindet sich der über mehrere Straßenzüge verteilte **Markt** der Stadt, der fast ausschließlich auf die Bedürfnisse der einheimischen Bevölkerung zugeschnitten ist.

Während der Fiesta am 18. August zu Ehren der heiligen Elena wird der *baile de la culebra* aufgeführt, ein Tanz, bei dem eine lebende Schlange im Mittelpunkt steht.

Übernachtung

Hotel San Pascual, 7. C. 0-43, Z. 1, ✆ 77551107, einen Block südlich der Kirche, die Zimmer ohne Privatbad sind klein und muffig, die mit Bad sind ok, Warmwasser nur morgens. ❷
Hotel Maya Quiché, 3. Av. 4-19, Z. 1, ✆ 77551667, 📠 77551495, freundliches Ambiente, geräumige Zimmer. ❷
Hotel Rey K'iche, 8. C. 0-39, Z. 5, 3 Blocks nordwestlich des Busterminals, ✆/📠 77550827, beste Wahl in Santa Cruz, saubere, große Zimmer, TV, Parkplatz. ❸

Essen

Die Auswahl ist sehr begrenzt. Die Restaurants im Hotel *Rey K'iche* und im *Maya Quiché* sind nicht schlecht. Wie immer kann man sich preisgünstig auf dem Markt neben und hinter der Kathedrale ernähren.
Café la Torre, gegenüber der Kathedrale, Frühstück und günstiges Mittagsmenü.
Panadería y Café San Miguel, 2. Av. 4-42, Z. 1, bietet Herzhaftes, Brot und süße Stückchen zu niedrigen Preisen.
El Torito Steakhouse, 7. C. 1-73, Z. 1, in Plaza-Nähe, wie der Name schon andeutet, sind hier Fleischliebhaber gut aufgehoben, aber es gibt auch einen vegetarischen Teller.

Sonstiges

GELD – Am Parque Central gibt es mehrere Banken und Geldautomaten.

POST – 3. C., zwischen 0. Av. und 1. Av., Z. 5.

TELEFON – Eine Filiale von ***Telgua*** befindet sich in der 1. Av., Ecke 2. C., Z. 5.

Transport

Der Busterminal liegt an der Kreuzung von 10. Calle und 1. Avenida der Zone 5.

GUATEMALA-STADT (über Chichi und Los Encuentros), 163 km, 3 1/2 Std., alle 30 Min. ab 2.30–17 Uhr.

CHICHICASTENANGO, 19 km, 30 Min., jeder Bus, der nach Guatemala-Stadt fährt, hält auch in Chichi.

JOYABAJ, 54 km, mit *Transportes Quiroa,* stündlich, ca. 90 Min.

NEBAJ, 84 km, 3 Std., 5x tgl. 8–15.30 Uhr, oder umsteigen in Sacapulas.

PAZIFIKKÜSTE (COCALES), über Panajachel mit *Transportes Quiroa,* stündlich; über die Kreuzung Las Trampas mit *La Hoyita,* stündlich, ca. 4 Std. Fahrtzeit.

SACAPULAS, 50 km, 1 Std., alle Busse nach Uspantán und Nebaj.

USPANTÁN, 90 km, 4 Std., stündlich von 8–17 Uhr.

Ruinen von Utatlán (Q'umarkaaj)

Nur rund 5 km westlich von Santa Cruz kann man die Ruinen der ehemaligen Hauptstadt der Quiché-Maya besichtigen. Die Anlage ist nicht restauriert, und so ist die Geschichte ihrer Eroberung interessanter als die Ruinenstätte selbst.

Vor der Ankunft der Spanier dominierten die Quiché-Indianer das guatemaltekische Hochland und erbauten um 1400 ihre Hauptstadt Q'umarkaaj. Unter ihrem König Q'uikab (1425–1475) expandierte das Königreich der Quiché in alle Richtungen. Nach dem Sieg von Alvarado über die Quiché bei Quetzaltenango wurden er und seine Männer nach Q'umarkaaj eingeladen; die Indianer hatten vor, den Eroberer heimlich umzubringen. Der misstrauische Spanier aber roch den Braten, lockte seinerseits die Anführer der Quiché mit einer List aus der Stadt und ermordete sie. Die Stadt, von den Spaniern auch Utatlán genannt, ließ er von seinen Truppen bis auf die Grundmauern niederbrennen.

1840 vermaßen der amerikanische Reisende John L. Stephens und der britische Zeichner Frederick Catherwood die Anlage. Der Archäologe Alfred P. Maudslay, der 1878 nach Utatlán kam, konnte die ausschweifenden Berichte spanischer Chronisten über die Pracht der Stadt nicht bestätigen. Er wies nach, dass das von tiefen Schluchten umgebene Plateau nur wenigen Gebäuden Platz bot. Sie waren ähnlich wie in Iximché mit mehreren Stuckschichten verkleidet. Auf einer Anlage aus Stein, die etwas erhöht erbaut worden war, wurden wahrscheinlich Menschenopfer dargebracht. Einen Abstecher wert ist der etwa 100 m lange **Tunnel** an der Nordwestseite der Anlage, in dem Maya-Priester auch heute noch Zeremonien abhalten. Innen befinden sich mehrere Nischen und Reste von Opfergaben wie Hühnerfedern, Kerzen, Schnapsflaschen und Blumen. Es ist nicht bekannt, zu welchem Zweck der Tunnel einst gegraben wurde, doch könnte er Frauen und Kindern als Versteck vor den Spaniern gedient haben. Wer den unterirdischen Gang besichtigen möchte, sollte dem kleinen Schild *a la cueva* folgen und eine Taschenlampe mitnehmen. Manchmal ist der Gang auch mit kleinen Teelichtern beleuchtet, die dem Ort eine geheimnisvolle Aura verleihen. Vorsicht beim Herumklettern, da es einige tiefe Löcher gibt.

Nach Utatlán fahren keine Busse. Man muss also ein Taxi nehmen, trampen (wenig Verkehr) oder zu Fuß gehen. Der Weg folgt der 10. Calle, Zone 1, stadtauswärts und führt direkt zu den Ruinen (keine Beschilderung). 🕓 8–17 Uhr, US$1,30.

Die Straße zu den Ruinen von Utatlán führt weiter nach **San Antonio Ilotenago**. Die Gegend leidet stark unter der zunehmenden Abholzung. Von hier führt eine einsame Hochlandpiste mit wenig Verkehr bis nach **Totonicapán** (s.S. 247).

Östlich von Santa Cruz

Wer das typische Landleben in entlegenen Regionen kennen lernen möchte, ist, wenn er Santa Cruz ostwärts verlässt, auf dem richtigen Weg: Eine gut ausgebaute Straße führt in rund 30 km von der Provinzhauptstadt über die Dörfer Chiché und Chinique nach **Zacualpa**. Hier hat man die Überreste einer präkolumbianischen Siedlung gefunden. Neben Jadeschmuck und Obsidianspitzen wurde auch polychrome Keramik ausgegraben, deren Machart einen peruanischen Einfluss erkennen lässt. Nicht zu Unrecht wird der Dorfname daher mit „wo man feine Wände herstellt" übersetzt. In der Nähe der Kirche gibt es eine einfache Übernachtungsmöglichkeit.

Nach weiteren 12 km gelangt man nach **Joyabaj**, einem ehemals wichtigen Handelsposten an der königlichen Straße nach Mexiko. Der Ort wurde vom Erdbeben 1976 vollständig zerstört, hat sich aber heute wieder zu einem relativ wohlhabenden, aber immer noch traditionellen Dorf entwickelt. Beispielhaft hierfür ist der sonntägliche Markt, an dem man auch die wunderschönen Trachten der Frauen zu sehen bekommt. Wer Joyabaj Mitte August besucht, sollte sich die Fiesta mit ihren traditionellen Tänzen, unter anderem den *palo volador* (s.S. 210), nicht entgehen lassen.

Übernachtung und Essen

In Joyabaj bietet die sehr einfache ***Hospedaje Mejía***, ❶, eine Übernachtungsmöglichkeit. Verschiedene *comedores* sorgen für das leibliche Wohl.

Transport

Busse verkehren regelmäßig zwischen JOYABAJ und GUATEMALA-STADT. Sie halten unterwegs auch in Zacualpa. Weitere Busse starten früh morgens von JOYABAJ Richtung Panajachel und fahren über Godinez nach Cocales an der Pazifikküste. Richtung Osten fahren ein bis zwei Busse täglich nach PACHALUM. Von dort gelangt man zu den Ruinen von Mixco Viejo.

Von Santa Cruz del Quiché Richtung Norden

Eine geteerte Straße führt durch eine trockene Landschaft in das um einiges wärmere **Sacapulas** (s.S. 287). Von hier gelangt man wahlweise nach Huehuetenango, nach Nebaj und ins Ixil-Dreieck, oder aber über Uspantán nach Cobán.

Von Los Encuentros zum Atitlán-See

Folgt man der Panamericana von Los Encuentros in Richtung Westen, gelangt man nach wenigen Kilometern an die Gabelung **El Cuchillo**. Linker Hand liegt die Abzweigung nach Sololá, die an Mais- und Gemüsefeldern vorbei zum Atitlán-See führt. Hinter dem ehemaligen Militärstützpunkt der Provinz, der in eine landwirtschaftliche Schule umgewandelt worden ist, beginnt die Straße immer steiler abzufallen. Nach 12 km erreicht man Sololá, die Hauptstadt der gleichnamigen Provinz.

Sololá

Die besondere geografische Lage zwischen Küste und Hochland machte den in 2113 m Höhe gelegenen Ort mit Namen *Tzolohá* („Holunderwasser") schon in präkolumbianischen Zeiten zu einem wichtigen Handelsplatz. Auch nach der Ankunft der Spanier, die ihre 1547 gegründete Siedlung zunächst *Tecpán Atitán* nannten, behielt der **Markt** seine zentrale Bedeutung – ebenso wie heute, wenn sich die Plaza dienstags und freitags in ein farbenfrohes Durcheinander aus Menschen und Waren verwandelt. Ein Markttag in Sololá ist sehenswert. Seine Ursprünglichkeit hebt sich wohltuend vom Touristenmarkt in Chichicastenango ab. Rot und Blau sind die dominierenden Farben der lokalen Trachten, die auch noch von den Männern getragen werden. Ihre braune Überbekleidung, geschnitten im Stil spanischer Offiziersjacken, zeigt auf der Rückseite eine gestickte Fledermaus. Diese war das Symbol des Fürstentums der Xahil, der dominanten Cakchiquel-Gruppe zur Zeit der spanischen Eroberung. Sololá ist ein sehr traditionelles Städtchen, in dem der Anteil der Indígena-Bevölkerung bei über 90% liegt. Wie auch in Chichicastenango gibt es hier einen Ladino- und einen Indígena-Bürgermeister (s.S. 209). Starken Einfluss im täglichen wie im religiösen Leben besitzen die zahlreichen Laienbruderschaften (*cofradías*, s.S. 116), deren Mitglieder (*cofrades*) sonntags morgens prachtvoll gekleidet an der katholischen Messe teilnehmen. Neben den *cofrades* kann man am 15. August während der **Fiesta** zu Ehren der Virgen de la Asunción auch verschiedene traditionelle Tänze bewundern. Das Fest wird von den Bewohnern der Stadt *Nim Ajij Solola*, „großer Tag von Sololá", genannt. Außer den Fiestas und dem Markt bietet die Stadt mit ihren rund 10 000 Einwohnern allerdings nicht allzu viel Sehenswertes. An der Plaza steht die mächtige, aber schlichte **Franziskanerkirche** mit bunten Fenstern und interessanten Silberarbeiten im Inneren. Der **Torre Centroaméricana** schräg gegenüber wurde Anfang des 20. Jahrhunderts unter

Estrada Cabrera errichtet. Der frisch restaurierte Turm soll an die zentralamerikanische Einheit erinnern – ein ewiger Traum mittelamerikanischer Politiker, der von 1823 bis 1838 für kurze Zeit Wirklichkeit wurde.

An der Plaza befinden sich eine Filiale der *Banco G&T* sowie die *Post*.

Zu Fuß nach Santa Cruz La Laguna

Für diese Wanderung braucht man einen halben Tag. Sie ist ohne Guide möglich.

Streckenprofil – Zunächst führt die Route entlang einer breiten Erdstraße bergab. Darauf erfolgt ein mäßig steiler Anstieg von ca. 250 Höhenmetern, bevor es rund 500 Höhenmeter zum Teil steil bergab über eine unbefahrene Straße und dann weiter über einen Pfad nach Santa Cruz geht.

Gehzeit – 3 bis 4 Stunden.

Wegbeschreibung – Von der Plaza in Sololá folgt man der Straße Richtung **San José Chacayá** und **Santa Lucía Utatlán**, die den Ort im Westen verlässt. Es folgt ein Abstieg von ca. 45 Min., bevor eine Brücke zu überqueren ist. Nach einem kurzen Aufstieg auf derselben Straße biegt man nach dem ersten Haus auf der linken Seite in einen breiten Feldweg ab (schräg gegenüber der Abzweigung steht ein Haus mit einem *Pepsi*- und *Gallo*-Schild). Der Weg führt bergauf zum kleinen Weiler **Chuaxic**, was so viel wie „Bussard" bedeutet. An der Gabelung oberhalb des Dorfes hält man sich links und folgt dem noch immer breiten Feldweg. Linker Hand bieten sich immer wieder wunderschöne Ausblicke auf Sololá. Nach rund 2 bis 2 1/2 Std. ist der mit knapp 2200 m höchste Punkt der Wanderung erreicht. Nun beginnt der Abstieg nach **Santa Cruz** auf einer steilen Straße, die kurze Zeit später in einen schmalen, steilen Pfad übergeht. Dieser führt direkt nach Santa Cruz, das rund 100 Höhenmeter oberhalb des Sees liegt. Von dort benötigt man rund 15 Minuten zum Seeufer.

Übernachtung und Essen

Wenn möglich, sollte man die kurze Strecke nach Panajachel fahren, wo das Zimmerangebot besser und das Klima angenehmer ist als in Sololá. Wer dennoch hier übernachten möchte, findet ein paar einfache Hotels, die sich nicht großartig voneinander unterscheiden:

Posada del Viajero, 7. Av. 10-45. ❶–❷
Hotel Santa Ana, 6. Av. 8-35. ❶–❷
Hotel Paisaje, 9. C., zwischen 6. und 7. Av. ❶–❷
In den Hotels *Santa Ana* und *Paisaje* gibt es einfache *comedores*. Ansonsten bekommt man wie immer auf dem Markt etwas zu essen.

Transport

Alle Busse zwischen LOS ENCUENTROS und PANAJACHEL fahren durch Sololá. Sie halten an der Plaza, von wo aus auch Minibusse ständig Fahrten in beide Richtungen offerieren.

Die Umgebung von Sololá

Etwa 8 km nordöstlich von Sololá liegt **Concepción**, das nur über eine ungeteerte Straße zu erreichen ist. Der Ort macht einen überraschend wohlhabenden Eindruck, nicht zuletzt des gepflegten Bildes wegen, das die neu betonierten Gassen und die 1988 restaurierte Kirche abgeben. Das Dorf liegt inmitten eines kleinen fruchtbaren Tales, in dem Obst und Gemüse angebaut werden. Auf dem Weg nach Concepción bieten sich immer wieder fantastische Ausblicke auf den See und die ihn umgebenden Steilhänge. In westlicher Richtung führt eine raue, hügelige Hochlandpiste in das etwa 6 km von Sololá entfernte **San José Chacayá**. Nach weiteren 7 km gelangt man nach **Santa Lucía Utatlán**, das wesentlich einfacher über eine Abzweigung bei KM 149,5 der Panamericana zu erreichen ist. Beide Orte sind traditionelle Hochlanddörfer von geringer touristischer Bedeutung. Langsam und unter Ausnutzung der Motorbremse fahren die *camionetas* die steilen 8 km von Sololá bis nach Panajachel am Atitlán-See hinunter. Dabei passieren sie zwei lohnende Aussichtspunkte, die Einfahrt zum Dorf **San Jorge La Laguna** und den **Wasserfall La Catarata**, auch Cascada de San Buenaventura genannt, der allerdings außerhalb der Regenzeit nur ein Rinnsal ist.

Der Atitlán-See

Höhe über dem Meeresspiegel:	1562 m
Max. Tiefe:	333 m
Ausdehnung:	ca. 130 km^2
Wassertemperatur:	18–20 °C
Name:	„Ort mit viel Wasser"

Azurblau schimmernd und umrahmt von drei majestätischen Vulkanen: Das ist der Atitlán-See. Besonders eindrucksvoll ist der Blick auf den See an klaren Tagen von einem der zahlreichen Aussichtspunkte aus. Die besondere Atmosphäre dieses Kleinods haben schon berühmte Reisende wie Alexander von Humboldt oder Aldous Huxley gepriesen. Sie bezeichneten ihn als „den schönsten See der Welt", der er auch tatsächlich für viele ist.

Der See gehört vollständig zur Provinz Sololá, einem der kleineren *departamentos* in Guatemala. Um ihn herum liegen rund fünfzehn malerische Indianerdörfer, die fast durchweg nach Heiligen der katholischen Kirche benannt sind, z. B. San Juan (hl. Johannes), San Antonio (hl. Antonius) oder San Jorge (hl. Georg). Die Orte haben sich ihren Charme und ihre Ursprünglichkeit weitgehend bewahren können – und das trotz des Bevölkerungswachstums und des ständig steigenden Zustroms von Touristen.

Der See ist von den drei Vulkanen Atitlán (3537 m), Tolimán (3158 m) und San Pedro (3020 m) umgeben. Sie sind Teil des vulkanischen Rückens, der parallel zur Pazifikküste das ganze Land durchzieht. Vor dem Vulkan Tolimán erhebt sich ein nur 1600 m hoher Minivulkan mit Namen Cerro de Oro.

Alle drei Vulkane gelten als erloschen, auch der Atitlán, der zuletzt 1853 ausbrach. Vor ca. 85 000 Jahren schuf eine gewaltige Explosion den riesigen Kessel, der den See umgibt. Während mehrere Flüsse in den See münden, z.B. der Río Panajachel, gibt es keine oberirdischen Abflüsse. Dennoch entweicht Wasser durch unterirdische Spalten, die sich scheinbar durch tektonische Bewegungen öffnen oder schließen. Dies beeinflusst den Wasserspiegel, der bis zum großen Erdbeben 1976 anstieg, seitdem aber ständig sinkt (seit 1980 ca. 10 m). Während der Regenzeit kann der Wasserspiegel jedoch wieder um 1–2 m steigen.

Guatemala-Reisende sollten genügend Zeit einplanen, um den See und seine traumhafte Umgebung zu erkunden. Das Angebot an Unternehmungen ist riesig. Die Palette reicht von Motorboot- oder Kajaktouren, vom Besuch der Indianerdörfer mit ihren bunten Märkten über Wanderungen bis hin zu Reit- und Mountainbike-Touren. Auch alle, die das Abenteuer suchen, kommen auf ihre Kosten: Tauchen, Segeln und sogar Drachenfliegen und Paragliding werden angeboten.

Die Orte am See werden von Panajachel aus gegen den Uhrzeigersinn vorgestellt.

Klima und Reisezeit

Der Atitlán-See liegt – ebenso wie Antigua und die Hauptstadt – in rund 1500 m Höhe. Dementsprechend angenehm ist das Klima: Die Jahresdurchschnittstemperatur beträgt 19 °C. Es fallen jährlich ca. 1000 mm Niederschlag, vorwiegend in den Monaten Mai/Juni und September/Oktober. In der übrigen Zeit ist der See meistens unbewölkt, da sich die feucht-heiße Luft der Pazifikküste an den Vulkanen staut. Nachmittags und besonders in den Monaten von Februar bis April ist das Panorama von Mittag an aufgrund der Hitze, des hochgewirbelten Staubs und vom Pazifik herüberwehender Salzpartikel diesig.

Der Xocomil

Berüchtigt sind die Fallwinde des Sees, die oft am Nachmittag zu erhöhtem Wellengang führen. Dieser bereitet besonders den einheimischen Fischern in ihren kleinen Booten Probleme. Der bekannteste dieser Winde ist der Xocomil. Er entsteht beim Aufeinanderprallen von warmer Pazifikluft und kaltem Hochlandwind.

Der Name Xocomil stammt aus der Tzutuhil-Sprache und bedeutet so viel wie „die rasende Schnelligkeit der Dämonen". Auch für dieses Naturphänomen haben die Indígenas eine Erklärung: Einer Sage zufolge sind die Lüfte des Xocomil nichts weiter als die Seelen des Cakquichel-Prinzen Utzil und seiner Geliebten, der Quiché-Prinzessin Zacar. Utzil stürzte sich in den See, nachdem Zacar, die er zuvor von den Quiché geraubt hatte, in ihrem Versteck von Hyänen zerfleischt worden war.

Die Hänge um den See präsentieren sich in diesen Monaten in eintönigem Braun, da die Felder abgeerntet und ausgetrocknet sind. Mit dem Einsetzen der ersten Regenfälle im Mai zeigt sich die Landschaft um den See schnell wieder in üppigstem Grün.

Bei Fotografen beliebt sind die Monate November bis Januar, weil in dieser Zeit die Luft besonders klar ist.

Geschichte und Gegenwart

Am Atitlán-See treffen die traditionellen Herrschaftsgebiete zweier Indianervölker aufeinander, die beide Nachfahren der Maya sind. Während die Cakchiqueles auf der Nord- und Ostseite zu Hause sind, beanspruchen die Tzutuhiles die Süd- und Westseite des Sees für sich. Beide Königreiche waren schon immer Erzrivalen, was wiederum die Spanier geschickt ausnutzten, indem sie beide gegeneinander ausspielten. Weit verheerender als die Conquista und die damit einhergehende Versklavung wirkten sich aber die von den Spaniern eingeschleppten Seuchen aus, die im 16. und 17. Jahrhundert 70–90% der indianischen Bevölkerung dahinrafften.

Zu Beginn des 20. Jahrhunderts führten die Indígenas am See ein traditionelles Leben in Abgeschiedenheit, dessen Grundlage Landwirtschaft und Fischfang waren. Das änderte sich jedoch in den 30er Jahren. Damals förderte Präsident Ubico den Ausbau der Infrastruktur; er schloss den See an das Straßennetz Guatemalas an und suggerierte damit Fortschritt. Mit den Straßenbauern kamen die Großgrundbesitzer in die Region, die begannen, Landwirtschaft in großem Stil zu betreiben. Die am See lebenden Indianer wurden als billige Arbeitskräfte ausgebeutet.

An der Lebensweise der Landbevölkerung hat sich mit dem neuen Jahrtausend nicht viel geändert. Noch immer arbeiten viele Indígenas für einen Hungerlohn auf den Fincas. Außerdem machen sie sich immer mehr vom Tourismus abhängig – einem unsicheren Geschäft, nicht zuletzt aufgrund der unregelmäßigen Besucherzahlen und der zunehmenden Konkurrenz: Die Zahl der Händler mit traditionellen Webarbeiten und Kunsthandwerk *(típicas)* steigt um einiges schneller als die der potenziellen Käufer.

Wirtschaftsfaktoren am See

Traditionell werden am See wie auch im übrigen Hochland Mais und schwarze Bohnen angebaut. Große Bedeutung hat außerdem der Anbau von Kaffee als wichtige Einnahmequelle. Der Fischfang spielt nur eine Nebenrolle, die Bestände sind beinahe erschöpft. Der Anbau von Avocados und Kaffee in größerem Stil liegt in der Hand von Ladinos und Ausländern. Fast jedes Dorf hat jedoch ein typisches Anbauprodukt, das von Traditionen und geografischen Gegebenheiten geprägt ist. So werden zum Beispiel auf den Terrassenfeldern *(tablones)* von **San Antonio** Zwiebeln und Anis angebaut. In **San Lucas** werden kleine Boote *(cayucos)* für den Fischfang hergestellt. Die Bewohner von **Santiago Atitlán** sind wiederum Experten für die Mattenherstellung aus *tule* (Schilf), während man in **San Pablo** und **San Marcos** Agavenfasern zu Seilen und Hängematten verarbeitet. Durch den wachsenden Touristenstrom der letzten Jahre haben viele Einheimische zumindest eine Saisonarbeit im Hotel- und Gaststättengewerbe gefunden. Meistens arbeiten sie als Reinigungspersonal oder als Bedienung und werden dementsprechend schlecht entlohnt. Außerdem hat die wachsende Zahl ausländischer Besucher zu einer starken Ausweitung des Angebots an typischen Webarbeiten geführt. Leider werden viele dieser Produkte fast schon in industriellen Mengen produziert. Die Folge: Masse statt Klasse. Außer in **Panajachel**, wo so gut wie alles zu haben ist, gibt es sehenswertes Kunsthandwerk in **Santiago** (Holzarbeiten), **San Pedro** (naive indianische Malerei) und **San Antonio** (Keramik). Empfehlung: Beim Besuch der Dörfer versuchen, direkt bei den produzierenden Kooperativen zu kaufen! Diesbezügliche Empfehlungen fnden sich in den Ortsbeschreibungen.

Fauna und Flora

Der Atitlán-See bildet eine geografische und klimatische Übergangszone zwischen der Pazifikküste und den Hochlagen des Altiplano. Aufgrund der unterschiedlichen Höhenlagen von 1560 bis 3500 m und der fruchtbaren Vulkanböden hat sich eine artenreiche Fauna und Flora herausgebildet. Hier koexistieren Pinien und Papayas, Eichen und Agaven, Kakteen und Orchideen. Obwohl sich die Felder der Bauern immer weiter die Vulkanhänge hochfressen, sind derzeit immer noch fantastische Bergnebel-

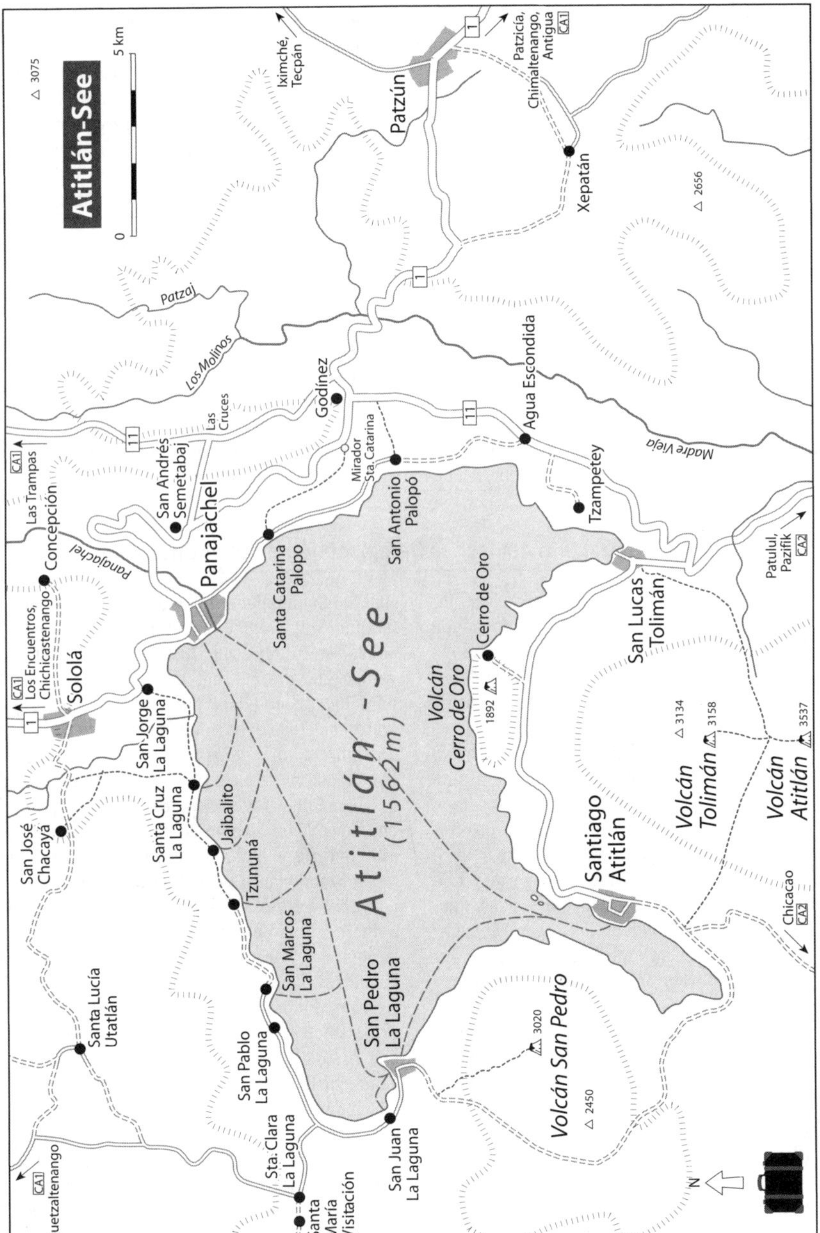
Atitlán-See
0
5 km
3075
Iximché,
Tecpán
Patzún
1
Patzicía,
Chimaltenango,
Antigua
CA1
Xepatán
2656
Patzaj
Los Molinos
Godínez
Agua Escondida
11
Las
Cruces
San Andrés
Semetabaj
Mirador
Sta. Catarina
Madre Vieja
Tzampetey
Las Trampas
Concepción
Panajachel
Panajachel
San Antonio
Palopó
Santa Catarina
Palopo
Los Encuentros,
Chichicastenango
Sololá
Atitlán-See
(1562 m)
Cerro de Oro
Volcán
Cerro de Oro
1892
San Lucas
Tolimán
Patulul,
Pazifik
CA2
San Jorge
La Laguna
Santa Cruz
La Laguna
Jaibalito
San José
Chacayá
Tzununá
3134
3158
3537
Volcán
Tolimán
Volcán
Atitlán
Santiago
Atitlán
Chicacao
CA2
San Marcos
La Laguna
San Pedro
La Laguna
Santa Lucía
Utatlán
San Pablo
La Laguna
3020
Volcán San Pedro
2450
Sta. Clara
La Laguna
San Juan
La Laguna
Santa
María
Visitación
Quetzaltenango
CA1
N

wälder erhalten. Üppig grün und schwer zu durchdringen, hat sich eine einzigartige Waldform herausgebildet. Wer genau hinschaut, entdeckt zahlreiche Bromelien und Orchideen. Das günstige Klima am See lässt eine Vielzahl von Obstarten gedeihen. Einen besonders guten Ruf genießen neben Orangen und Limonen die *Jocote*-Pflaumen.

Die sich ausweitende Landwirtschaft hat allerdings den Lebensraum der Tierwelt verkleinert. Größere Säugetiere wie der Puma oder andere Wildkatzenarten sind nur noch mit sehr viel Glück zu beobachten. Schon eher zeigen sich Eichhörnchen oder Kaninchen. Der See ist aber unbestreitbar ein Vogelparadies. Besonders auffällig sind die vielen Kolibris, die man sogar in Gartenrestaurants beim Naschen von Blütennektar antrifft. Auf dem See tummeln sich drei Entenarten. Leider existiert die *Poc*-Ente *(Podylimbus gigas)*, die nur hier vorkam, nicht mehr. Tausende von Insektenarten bevölkern den See. Neben den angenehmeren Vertretern wie Libellen und Schmetterlingen kann man auch durchaus mit dem kleinen schwarzen Skorpion Bekanntschaft machen. Unter der Wasseroberfläche kann dagegen von Artenreichtum keine Rede mehr sein. Der in den fünfziger Jahren ausgesetzte Raubfisch *Black Bass* hat die einheimischen Arten überwiegend verdrängt. Das „Massaker" überlebt hat die kleine, grätenreiche Mojarra. In Ufernähe werden kleine, aber schmackhafte Süßwasserkrebse gefangen.

Umweltprobleme

Bevölkerungswachstum und Touristenströme haben am und im See ihre Spuren hinterlassen. Das Wasser wird schmutziger, die Müllberge wachsen, und die Wälder an den Vulkanhängen schwinden. Das Schwimmen ist nur noch außerhalb der Dörfer ohne größere Bedenken zu empfehlen.

Die SS Quetzal, ein deutsches Dampfschiff auf dem Atitlán-See

Gegen Ende des 19. Jahrhunderts war der Atitlán-See in der Welt so gut wie unbekannt. Zwar hatten einige Forscher und Reisende den wunderschönen Bergsee immer wieder enthusiastisch beschrieben. Doch die meisten europäischen Einwanderer ließen sich in anderen Regionen des Landes nieder. Vor allem in der Nähe von Cobán widmeten sie sich ganz dem Anbau von Kaffee. Einer von ihnen war der Juwelier und Uhrmacher Georg Rademann. Er gelangte während einer Reise durch das westliche Hochland an den See und beschloss spontan, sich hier niederzulassen. Rasch fielen ihm die dürftigen Möglichkeiten auf, Waren zu transportieren, denn der Verkehr auf dem See beschränkte sich damals auf große Einbäume. Mit ihrer eigenen Muskelkraft mussten die Menschen über das Wasser paddeln. Rademann hatte ein Gespür für lukrative Geschäfte: Zunächst kaufte er sich ein Grundstück am See. Danach ließ er ein Dampfschiff aus Deutschland importieren. Die schweren Schiffsteile hatten einen langen Weg zurückgelegt, ehe sie bei Rademann ankamen. Am Pazifikhafen Champerico wurden sie ausgeladen und per Eisenbahn nach San Antonio Suchitepéquez gebracht. Von dort gelangten Dampfmaschine, Schiffsrumpf und sonstiges Zubehör zum Atitlán-See – in Ochsenkarren verstaut, mit Maultieren und auf den Rücken von Indianern. Monate später waren die Teile zusammengesetzt und Estrada Cabrera, der damalige Präsident, taufte das Wasserfahrzeug auf den Namen *SS Quetzal*. Das Schiff revolutionierte den Transport am See. Was vorher auf dem Rücken der Maultiere Tage benötigte, konnte jetzt in wenigen Stunden zum gegenüberliegenden Ufer gebracht werden. Dies begünstigte auch den aufblühenden Kaffeeanbau an den Vulkanhängen des Sees. Denn nun konnten tausende indianische Tagelöhner aus dem Hinterland zu den Plantagen gelangen. Rademanns Grundstück existiert noch immer, und mit ihm das erste Gasthaus der Region, das Hotel *Tzanjuyu*. Die *SS Quetzal* hingegen überquert das blaue Wasser schon lange nicht mehr: Das Schiff wurde einige Jahre später von der dieselgetriebenen *SS Sololá* abgelöst. Damit war die romantische Ära der dampfgetriebenen Wasserfahrzeuge auf dem Atitlán-See für immer beendet.

Am Atitlán-See

Obwohl der See bereits 1955 zum Nationalpark erklärt wurde, konnten bisher keine allgemein gültigen Umweltstandards erarbeitet werden. Doch trotz aller ökologischen Eingriffe hat sich der See sein beeindruckendes Panorama bewahrt und stellt weiterhin einen Höhepunkt jeder Guatemala-Reise dar.

Das Umweltbewusstsein der hier lebenden Menschen hält sich in Grenzen – ursächlich hierfür sind Armut und schlichte Unkenntnis. Infolgedessen gelangt immer noch viel Müll auf direktem Wege in den See. Eine Ausnahme bildet Panajachel. Auf Initiative eines deutschen Restaurantbesitzers wurde in den neunziger Jahren ein gebrauchter Müllwagen aus Deutschland gespendet. Dieser befördert die Abfälle nun auf eine in den Bergen liegende Deponie. Dennoch verschmutzt das Wasser des Sees zunehmend. Frauen waschen die Wäsche weiterhin am Seeufer. Das hat den Algenwuchs besonders in den Lagunen von **Santiago** und **San Lucas** noch verstärkt. Motorboote hinterlassen Ölfilme. Auch Landknappheit gefährdet den See. Sie zwingt die Bauern, immer steilere Hänge zu roden. Infolge der Erosion werden neben der dünnen Erdschicht auch Schadstoffe aus der Landwirtschaft in den See gespült.

Zwar gibt es seit kurzem eine Kläranlage in der Provinzhauptstadt **Sololá** und in **Panajachel**, und weitere Anlagen für kleinere Gemeinden sind geplant. Der Anschluss an das Netz der Anlagen ist jedoch freiwillig, und der Auslastungsgrad liegt erst bei ca. 30% – ein Großteil der Abwässser fließt also weiterhin ungeklärt in den See.

Vulkanbesteigungen und Wandern am See

Der Atitlán-See ist ein Paradies für Naturliebhaber. Um den See in seiner ganzen Schönheit zu erleben, geht man am besten zu Fuß. Gerade der Besuch von weniger bekannten Gegenden oder Vulkanen eröffnet dem Reisenden interessante Einblicke abseits des „Gringo Trails“. Obwohl der See in zirka vier bis fünf Tagen komplett zu Fuß umrundet werden kann, empfiehlt sich die Auswahl von Teilstücken. Diese können je nach Kondition fast beliebig kombiniert werden, da von fast allen Dörfern regelmäßig Boote ins Touristenzentrum Panajachel zurückfahren.

Um die drei Vulkane zu besteigen, ist keine besondere Ausrüstung notwendig. Wichtig sind jedoch gute Wanderschuhe, warme Kleidung (auf dem Gipfel kann es sehr kalt und windig werden), gute Kondition und ein Guide. Wer einen Guide anheuert, verhilft diesem zu einem kleinen Nebenverdienst. Außerdem sorgt ein Führer für einen stressfreien Auf- und Abstieg und gibt wichtige Zusatzinfos.

Informationen über Wanderrouten, Vulkanbesteigungen, Unterkunft, Verpflegung, Transport, Guides, Einkaufsmöglichkeiten etc. finden sich in den jeweiligen Ortskapiteln.

Panajachel

Es gibt kaum einen Besucher des Atitlán-Sees, der um Panajachel – kurz „Pana" – einen Bogen macht. Restaurants, Bars, Hotels, Geschäfte – hier gibt es alles, was das Touristenherz begehrt. Nicht zu vergessen der einmalige Blick über den See von der Uferpromenade aus.

Schon vor Ankunft der Spanier wurde das Städtchen erwähnt, und zwar in den Annalen der Cakchiqueles. Von *Ahachel* war damals die Rede, dem am See gelegenen Dorf. Der Name des Städtchens leitet sich vom *Matasano*-Baum *(casimiroa edulis)* = *ahaché* ab, einer hier häufig vorkommenden Baumart.

Den Spaniern gelang 1547 an diesem Ort ein wichtiger Sieg über die Tzutuhiles. Im 17. Jahrhundert wurde ein Franziskanerkonvent gegründet. Um 1690 zählte der Ort ca. 800 Einwohner. Sie gehörten alle dem Volk der Cakchiqueles an. Damals schon begeisterte der Ort die Reisenden. Die besten Früchte Mittelamerikas gebe es hier, schrieb 1839 der bekannte Reisende John L. Stephens. Und 1950 schwärmte der Geograf F.W. McBry vom Dorf der *tablones*, der Terrassenfelder, auf denen die verschiedensten Gemüse- und Obstsorten gedeihen.

In den sechziger Jahren wurde „Pana" von der internationalen Hippiegemeinde entdeckt und fester Anlaufpunkt für „Alternativreisende". Doch viele verließen den Ort wieder, als in den siebziger und achtziger Jahren der Bürgerkrieg auch den Atitlán-See nicht verschonte. Inzwischen hat sich die politische Lage stabilisiert, und Panajachel blüht mit seinen 11 000 Einwohnern zu *dem* Touristenzentrum am See auf, denn es liegt sehr günstig und weist eine gute touristische Infrastruktur auf. Der ständig steigende Touristenstrom hat dem Ort auch seinen Spitznamen „Gringotenango" eingebracht.

Das in 1573 m Höhe gelegene Panajachel bietet selbst keine Sehenswürdigkeiten, sondern ist ein buntes Gemisch aus Hotels, Läden, Restaurants und Souvenirständen. Die größte Attraktion des Ortes ist der See. Besonders schön präsentiert er sich früh morgens oder bei Sonnenuntergang von der neu gestalteten Uferpromenade aus. Wer auf der Suche nach traditionellen Webarbeiten ist, kann in Panajachel unter mittlerweile mehr als 400 kleinen Läden wählen, die sich größtenteils an der **Calle Santander** entlang ziehen. Hier befindet sich auch das Zentrum des Großhandels. Es sind vorwiegend Ausländer, die den Indígenas ihre Produkte zu Spottpreisen abkaufen und mit dem Weiterverkauf in ihren Heimatländern einen kräftigen Profit erzielen. Die wenigsten Großhändler interessieren sich dabei für die lokalen Arbeitsbedingungen, Traditionen oder Kinderarbeit. Und da das Angebot die Nachfrage deutlich übertrifft, haben die Verkäufer angesichts der großen Konkurrenz oftmals keine andere Möglichkeit, als in den Handel einzuwilligen. Allerdings gibt es auch Indígenas, die durch den Handel mit *típicas* und dem Geschäft mit den Touristen reich geworden sind und ihre Landsleute ebenso skrupellos ausbeuten.

Sehr voll ist es in Panajachel zwischen Weihnachten und Silvester sowie während der Osterwoche. Dann verbringen vor allem einheimische Touristen, die mit viel Alkohol und lauter Musik auf sich aufmerksam machen, ihre Ferien am See. Der Ort hat inzwischen auch ein ernsthaftes Drogenproblem, und daran sind alle Nationalitäten beteiligt.

Wer an den Atitlán-See gelangen will, kann den Ort nur schwer umgehen: Noch immer ist er die ideale Drehscheibe für Ausflüge rund um den See. Panajachel ist überschaubar geblieben, und man findet alles Notwendige auf den zwei Hauptstraßen des Städtchens, der Calle Santander und der Calle Principal. Einen Busbahnhof gibt es nicht, sämtliche Überlandbusse halten im inoffiziellen Zentrum von Pana, der Kreuzung der Calle Principal und der Calle Santander. Folgt man der Calle Santander, gelangt man zur nach links abzweigenden **Uferpromenade**, die automatisch zur Hauptbootsanlegestelle führt. Die Calle Principal führt von der Kreuzung mit der Calle Santander dorfeinwärts zur **Franziskanerkirche**, der Polizeistation und dem täglich stattfindenden Markt (Haupttag ist Sonntag).

Im Innenhof der *Posada de Don Rodrigo*, ✆ 77622326, befindet sich das **Museo Lacustre Atitlán**, das über 100 Fundstücke aus der Unter-

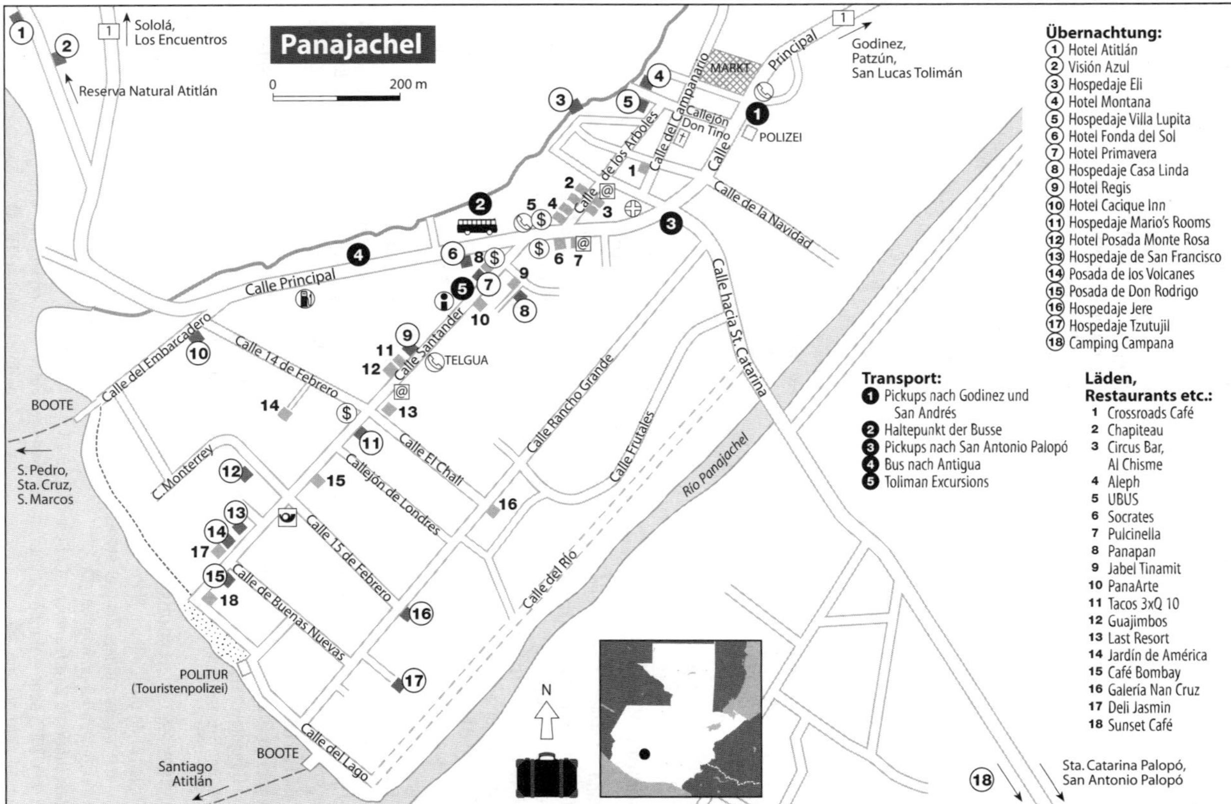
Panajachel
0 200 m
Sololá,
Los Encuentros
Reserva Natural Atitlán
Godinez,
Patzún,
San Lucas Tolimán
Principal
MARKT
POLIZEI
Calle
Callejón Don Tino
Calle del Campanario
Calle de los Arboles
Calle de la Navidad
Calle Principal
Calle hacia St. Catarina
Calle Santander
TELGUA
Calle del Embarcadero
Calle 14 de Febrero
Calle Rancho Grande
Calle Frutales
Río Panajachel
Calle El Chali
Callejón de Londres
C. Monterrey
Calle 15 de Febrero
Calle de Buenas Nuevas
Calle del Río
Calle del Lago
BOOTE
S. Pedro,
Sta. Cruz,
S. Marcos
POLITUR
(Touristenpolizei)
Santiago
Atitlán
N
Sta. Catarina Palopó,
San Antonio Palopó
Übernachtung:
(1) Hotel Atitlán
(2) Visión Azul
(3) Hospedaje Eli
(4) Hotel Montana
(5) Hospedaje Villa Lupita
(6) Hotel Fonda del Sol
(7) Hotel Primavera
(8) Hospedaje Casa Linda
(9) Hotel Regis
(10) Hotel Cacique Inn
(11) Hospedaje Mario's Rooms
(12) Hotel Posada Monte Rosa
(13) Hospedaje de San Francisco
(14) Posada de los Volcanes
(15) Posada de Don Rodrigo
(16) Hospedaje Jere
(17) Hospedaje Tzutujil
(18) Camping Campana
Transport:
1 Pickups nach Godinez und San Andrés
2 Haltepunkt der Busse
3 Pickups nach San Antonio Palopó
4 Bus nach Antigua
5 Toliman Excursions
Läden, Restaurants etc.:
1 Crossroads Café
2 Chapiteau
3 Circus Bar, Al Chisme
4 Aleph
5 UBUS
6 Socrates
7 Pulcinella
8 Panapan
9 Jabel Tinamit
10 PanaArte
11 Tacos 3xQ 10
12 Guajimbos
13 Last Resort
14 Jardín de América
15 Café Bombay
16 Galería Nan Cruz
17 Deli Jasmin
18 Sunset Café

wasserwelt des Sees in ansprechender Aufmachung präsentiert. Zu sehen sind Keramikgefäße der Maya aus der Zeit bis 1500 vor Christus. Sie wurden als Opfergaben in den See geworfen. Das Prunkstück des Museums ist ein ca. 1 m hohes Weihrauchgefäß. Die Erklärungen sind in Spanisch und Englisch. ⌚ tgl. 8–18 Uhr, US$4,70, Studenten US$3,40.

Westlich des Ortes liegen einige Luxushotels und das Gelände der Finca San Buenaventura, aus dem die Besitzer einen 100 ha großen Naturpark, die **Reserva Natural Atitlán**, geschaffen haben. Neben einer Schmetterlingsfarm, angelegten Wanderwegen, einem Wasserfall und Hängebrücken gibt es ein kleines Besucherzentrum mit Restaurant am Eingang mit Infos zum Ökosystem des Atitlán-See, ☏ 77622565, ⌚ tgl. 8–18 Uhr, US$5,50.

In der Nähe des Naturparks befinden sich drei hässliche Hochhaustürme, die Ende der siebziger Jahre errichtet wurden und lange Jahre leerstanden. In zwei von ihnen werden momentan Luxusappartements verkauft. Die Anlage trägt den abschreckenden Namen *Riviera de Atitlán*.

Übernachtung

Panajachel verfügt mit seinen über 50 Hotels, Hospedajes, Bungalows, Posadas und Turicentros über ein enormes Angebot an Unterkünften aller Preisklassen. Dennoch ist eine vorherige Reservierung besonders für Wochenenden und Ferienwochen (Ostern und Weihnachten/Neujahr) unerlässlich. Da Pana ein kleines Städtchen ist und von Hotel zu Hotel nur kurze Strecken zurückzulegen sind, lohnt sich ein Preisvergleich. Wer plant, längere Zeit zu bleiben, sollte durchaus versuchen, über den Preis zu verhandeln. Es besteht ein großes Angebot an Low-Budget-Unterkünften, oft sehr einfache, familiengeführte Pensionen, die meisten mit Gemeinschaftsbad, sauberen Toiletten und warmer Dusche (z.T. gegen Aufpreis).

UNTERE PREISKLASSE (BIS US$15) – ***Hospedaje Eli,*** am Ende des Callejón El Pozo, ☏ 77620148, einfach, sauber, einige Zimmer etwas klein, Frühstück im Haus möglich. ❶

Hospedaje de San Francisco, C. Santander 5-25, ☏ 77622007, sehr einfache Zimmer, im EG etwas dunkel, sehr günstig. ❶

Hospedaje Tzutujil, Nebenstraße der C. del Balneario, ☏ 77620102, mehrstöckiges Gebäude, brauchbare Zimmer mit Bad und TV. ❶–❷

Hotel Fonda del Sol, C. Principal, nahe Hauptkreuzung, ☏/📠 77621162, wer spät in Pana ankommt und nicht mehr groß suchen möchte, ist hier richtig; die Zimmer ohne Bad sind sehr laut und etwas heruntergekommen. Besser sind die Zimmer mit Bad, v.a. im 2. Stock, gelegentlich Gruppen, akzeptables Restaurant mit moderaten Preisen. ❶–❷

Hospedaje Villa Lupita, Callejón Don Tino, nahe der Kirche San Francisco, ☏ 77621201, in ruhiger Lage, auf zwei Etagen Zimmer mit Gemeinschafts- und Privatbad (2. Stock besser). Die Zimmer sind klein, aber sauber, Trinkwasser gratis, kleiner Parkplatz. ❶–❷

Hospedaje Mario´s Rooms, C. Santander, ☏ 77621313, sehr preisgünstige, einfache Unterkünfte, wahlweise mit oder ohne Bad, heiße Dusche US$0,35 (nur für Zimmer ohne Bad); Restaurant mit großer Frühstücksauswahl; nachmittags gibt es frisches Brot und *pan dulce* aus der hauseigenen Bäckerei. ❷

Hospedaje Casa Linda, C. de Capulín, kleine Nebenstraße schräg gegenüber dem *Hotel Primavera*, zur *hospedaje* ca. 150 m, ☏ 77620386, ordentliche Zimmer, ruhig gelegen, nur zwei Zimmer mit Privatbad. ❷

Hospedaje Jere, C. Rancho Grande, ca. 200 m vom Strand entfernt, ☏ 77622781, ✉ jere_armando@yahoo.com, Zimmer mit Bad, TV, Reiseagentur im Gebäude, überdachter Parkplatz. ❷

Hotel Posada Monte Rosa, C. de Monterrey, ☏ 77620055, kleines Hotel, ruhig in einer Nebenstraße gelegen, ordentliche Zimmer mit Bad, Parkplatz. ❸

MITTLERE PREISKLASSE (BIS US$50) – ***Hotel Montana,*** Callejón Don Tino, nahe Kirche San Francisco, ☏ 77620326, 📠 77622053, sehr ruhig gelegenes Hotel mit 15 Zimmern auf drei Etagen. Saubere Zimmer mit TV, Sonnenterrasse mit schönem Blick, Parkplatz, sehr gutes Preis-Leistungs-Verhältnis. ❹

Posada de Los Volcanes, Calle Santander 5-51, ☏ 76220244, 📠 77622367, 💻 www.posadadelosvolcanes.com, einfach, aber geschmackvoll eingerichtet, sauber, TV. ❹

Hotel Primavera, C. Santander/nahe C. Principal, ✆ 77622052, ℻ 77620171, 💻 www.primaveraatitlan.com, frisch renovierte Zimmer mit kleinem Holzerker, sehr sauber, fast alle zur Straße und damit etwas laut; gemütlicher Innenhof und brauchbares Restaurant; Wäscherei. ❹

Hotel Regis, C. Santander 3-47, ✆ 77621149, ℻ 77621152, 💻 www.hotelregis.net, zentrale Lage, Parkplatz, Garten, Wäscheservice; Safe, sechs Zimmer mit Kamin, Kabelfernsehen; einziges Hotel mit eigenen Thermalquellen. ❺

OBERE PREISKLASSE (ÜBER US$50) – ***Hotel Cacique Inn,*** C. del Embarcadero, ✆ 77621205, ℻ 77622053, ✉ reservaciones@caciqueinn.com.gt, geräumige Zimmer mit Kamin, ruhig, mit kleinem Pool, Garten, Bar und Restaurant, hilfreiches Personal. ❻

Hotel Posada de Don Rodrigo, Ecke C. Santander/C. de Buenas Nuevas, ✆/℻ 77622326, ✉ pana@posadadedonrodrigo.com, Kolonialstil, gehört den Besitzern des Originals in Antigua, gute Lage direkt am See, gemütliche Zimmer mit Kamin, ideal für Familien, Pool mit Wasserrutsche, Sonnendeck mit tollem Seeblick, großes Freizeitangebot: Squashcourt, Damfbad, Tischtennis, Spielsalon, Konferenzräume, viele Gruppen. ❼

Hotel Atitlán, Finca San Buenaventura, ✆ 77621441, ℻ 77620048, 💻 www.hotelatitlan.com, sicherlich das Highlight aller Hotels von Pana. Ein kleines Paradies mit 65 Zimmern im Kolonialstil, alle mit Seeblick, davon 7 Suiten mit Kamin. Das ganze Hotel gleicht einem Kolonialmuseum, gepflegtester Garten des Ortes mit direktem Seezugang. Allein hier und in den anliegenden Kaffeeplantagen wurden ca. 60 Vogelarten gezählt. Pool, Sonnenterrasse, Restaurant, Bootstouren, Laden mit Kunsthandwerk, Sauna. Auch wer nicht plant, hier zu übernachten, sollte dieses einmalige Hotel auf einen Kaffee besuchen. Leider kostet der Besuch des Hotels rund US$5 Eintritt, der aber mit dem Konsum verrechnet wird. ❽

CAMPING – An der Ostseite der Mündung des Río Panajachel kann am Strand umsonst gezeltet werden. Die Gegend ist aber nur etwas für hartgesottene Camper, da der Strand hier müllübersät und nicht besonders sicher ist. Dazu kommen am Wochenende Taufzeremonien diverser Religionsgemeinschaften sowie Picknickgäste. Empfehlenswerter ist der Campingbereich innerhalb des Hotels ***Visión Azul,*** ca. US$4 p.P., ✆ 77621419, ℻ 77621426, der über Zugang zum See und Grasflächen zum Zelten verfügt. Der am besten ausgestattete Zeltplatz liegt an der Straße Richtung Santa Catarina, ca. 1,5 km vom Zentrum enfernt, und heißt ***Camping Campana,*** ✆ 77622479, ℻ 77622223, ✉ campana@atitlan.com, ca. US$4 p.P., warme Duschen extra, mit Abholservice, eingerichteter Küche und Kühlschrank, Filterwasser, Tischspiele, internationalem Telefonservice, Büchertausch, Vermietung von Outdoor-Ausrüstung und Zelten, große Zeltfläche mit Aussichtspunkt, sicher, empfehlenswert.

Essen

In Pana muss man beileibe nicht hungern. Allerdings ist die Restaurant-Szene äußerst kurzlebig und wechselhaft. In der Hoffnung auf das schnelle Geld wird so mancher dazu verleitet, ein Restaurant zu eröffnen. Die große Konkurrenz und fehlende Erfahrung führen dann schnell zur Pleite. Dennoch gibt es in Pana einige „Dauerbrenner", die unten mit aufgeführt sind. Aus vielen Restaurants werden zu vorgerückter Stunde Bars und Kneipen. Am günstigsten isst man an den Ständen, die sich an der Uferpromenade und der Calle Santander entlang ziehen. Hier ist aber ein widerstandsfähiger Magen gefordert. Etwas teurer, aber mit wunderschönem Blick auf den See, sind die vielen kleinen Restaurants um den Parkplatz bei der Bootsanlegestelle. Hier kann man Seefisch probieren, der aber z.T. sehr grätenreich ist.

Al Chisme, Centro Comercial El Pueblito, direkt an der Calle de los Arboles, umfangreiche Speisekarte mit über 30 Nudelgerichten, Tex-Mex, gute Hamburger, Besitzer Chris haut am Wochenende persönlich in die Tasten seines Pianos und unterhält seine Gäste mit Jazz und Klassik. Man spielt Backgammon und Schach.

Café Bombay, C. Santander, große Auswahl an vegetarischen Gerichten, biologisch angebaute Salate, nettes Ambiente.

Circus Bar, C. de los Arboles, mittlerweile eine Institution in Pana, große Auswahl an Gerichten aller Art, Schwerpunkt italienisch, ausgezeichnete Pizzas, Bar, tgl. Live-Musik, gute Atmosphäre, gemischtes Publikum. An den umsatzschwächeren Tagen von So–Do kann man beim kostenlosen Würfeln seine Drinks verdoppeln! ⌚ 365 Tage im Jahr geöffnet.
Crossroads Café, C. del Campanario 0-27, kleines Café mit dem besten Kaffee Panajachels. Der amerikanische Besitzer röstet seinen Kaffee selbst, ⌚ So geschlossen.
Deli Jasmin, C. Santander/C. 1, ruhiges Gartenrestaurant mit klassischer Hintergrundmusik, reichhaltiges Menü mit guten vegetarischen Gerichten, gutes Frühstück, ⌚ Di Ruhetag.
Guajimbos, direkt an der C. Santander, neben dem *Hotel Regis*, nationale und internationale Küche, sehr beliebt, zum Sehen und Gesehenwerden, ⌚ Do Ruhetag.
Last Resort, C. 14 de Febrero, günstiges Tagesmenü und Frühstück.
PanaArte, C. Santander, 2. Stock, halb Kunstgalerie, halb Restaurant. Wer billig satt werden und Bilder einheimischer Maler anschauen möchte, ist hier richtig.
Panapan, C. Santander, in der Nähe des Hotels *Primavera,* Bäckerei und Coffeeshop mit frischen Leckereien wie Croissants, Brownies, Bagels, Bananenbrot und Vollkornbrot.
Sunset Café, an der Verlängerung der C. Santander am See gelegen, mit vorwiegend mexikanischen Gerichten, Bar, Cocktails, Live-Musik, toller Seeblick, inoffizieller Treffpunkt am späten Nachmittag.
Tacos 3xQ10, C. Santander, drei Tacos für US$1,30, gut für einen Snack zwischendurch.

Unterhaltung

LIVE-MUSIK – ***Circus Bar,*** C. de los Arboles, tgl. ab ca. 20.30 Uhr. Einer der Besitzer spielt Gitarre, begleitet von wechselnden Musikern. Nach jeder Runde geht der Hut rum, und zu vorgerückter Stunde wird auch schon mal spontan getanzt.
Sunset Café, an der Verlängerung der C. Santander am See, tgl. ab ca. 20 Uhr kann man Rumba und andere lateinamerikanische Musikrichtungen hören.
Al Chisme, Centro Comercial El Pueblito, direkt an der C. de los Arboles, s.S. 227, Essen.
Aleph, nahe *Circus Bar*, an Wochenenden gibt es manchmal Rockmusik von einheimischen Bands.

DISCOS UND BARS – Alle Discos und die meisten Bars liegen günstigerweise nur wenige Meter voneinander entfernt in der *Zona Viva* Panajachels, entlang der C. de los Arboles (nahe C. Principal). Nachfolgend nur die bekanntesten, da die Szene sehr schnelllebig ist.
Chapiteau, gegenüber der *Circus Bar*, beliebt und manchmal brechend voll. Hier wird von Salsa bis Techno alles bis in die frühen Morgenstunden gespielt. *Die* Disco in Pana, ⌚ ab 22 Uhr, Sa Eintritt inkl. Getränk.
Socrates, C. Principal, gegenüber der C. de los Arboles, ist auch Bar und Restaurant, brauchbare Alternative zum *Chapiteau.*

KINO/VIDEO – In der Kneipe *Ubu's,* C. Santander/ C. Principal, 2. Stock, werden tgl. um 17 und 19 Uhr Filme gezeigt.

KUNST – ***Galería Nan Cruz,*** C. Rancho Grande, Ecke C. Chali, ✆ 77622432, ⌚ tgl. 9–12, 14–18 Uhr, Di Ruhetag. Ständige Ausstellung von mehr als zehn Malern, ca. 1500 Bilder auf Lager. Außerdem viel antike Kunst aus Guatemala (Masken, Skulpturen, Ritualgegenstände). Ein Muss nicht nur für Sammler; sehr guter Cappuccino.

Einkaufen

Die Haupteinkaufszone ist die Calle Santander. Hier findet sich alles, was das Hochland an Kunsthandwerk produziert (nur an Holzmasken bietet Chichicastenango eine größere Auswahl). Die beiden größten Ansammlungen von Verkaufsbuden sind ***Comerciales de Artesanías Típicas Tinamit Maya*** und ***Típicas Centro Comercial Granados.*** Nicht wundern, wenn gleich nach der Menge des zu kaufenden Produkts gefragt wird: Hier sitzen viele Großhändler. Panajachel besitzt keinen großen Supermarkt, aber an so gut wie jeder Straßenecke gibt es einen kleinen Laden, der die wichtigsten Lebensmittel verkauft. Etwas größer ist *Panasuper,* C. Principal, wo man alles Notwendige bekommt. Den Rest gibt es auf dem täglich stattfindenden Markt; Hauptmarkttag ist der Sonntag.

Aktivitäten

FAHRRADFAHREN – So gut wie alle Leihfahrräder befanden sich zum Zeitpunkt der Recherche in eher bescheidenem Zustand. Man sollte sie sich vorher gut anschauen. Die sehr kleinen Räder eignen sich eher für den Gebrauch in Stadtnähe, kaum für ausgedehnte Touren.
Die Miete wird pro Tag oder pro Stunde berechnet. Ein Pfand (Bargeld oder Pass) ist erforderlich. Bikes bekommt man in der Ladenstraße neben *Mayanet,* an der C. Santander, Ecke C. Monterey oder bei ***Motoservicio Queche,*** C. de los Arboles.
Organisierte Mountainbike-Touren bieten u.a. an: ***Toliman Excursions,*** C. Santander 1-77, ✆/☏ 77621275, ✉ toliexcu@yahoo.com.
Fahrradtouren: Die folgenden Touren sind ohne Mountainbike möglich, da sie über asphaltierte Straßen gehen. Egal in welche Richtung man startet, es geht zunächst bergauf. Relativ moderat sind die 12 km nach San Antonio Palopó über Santa Catarina.
Eine landschaftlich schöne Strecke führt von Panajachel über Godínez und San Lucas nach Santiago Atitlán. Zunächst sind auf 13 km rund 600 Höhenmeter zu gewinnen. Die folgenden 20 km bis San Lucas geht es dann weitestgehend bergab. Von dort sind es wellige 15 km, ohne längere Anstiege, bis Santiago. Von hier kann man mit dem Boot zurück nach Pana (letztes Boot gegen 16.15 Uhr).
Wer bevorzugt bergab fahren möchte, kann sich mit einem Pickup zum KM 149,5 der Interamericana bringen lassen. Von hier führt die asphaltierte Straße zunächst flach und dann steil nach Santa Clara La Laguna ab, das am Kraterrand liegt. Eine Serpentinenstraße führt von dort zum See hinunter. Unten angekommen kann man linker Hand nach San Marcos und weiter nach Tzununá radeln (kein Asphalt), wo die Straße aufhört. Rechter Hand gelangt man über San Juan nach San Pedro. Von allen Orten am See gelangt man mit dem Boot zurück nach Pana.
Warnung: Die Erdstraße, die Santiago Atitlán mit San Pedro la Laguna verbindet, sollte gemieden werden, da es dort regelmäßig zu Überfällen kommt!
Für gute Mountainbiker: Eine abwechslungsreiche Route ist die Strecke von Sololá nach Santa Lucía Utatlán (ca. 15 km). Wer den steilen Anstieg nach Sololá vermeiden möchte, nimmt einfach den Bus. Von Sololá führt eine wellige, steinige Erdstraße nach Santa Lucía. Ein wenig außerhalb des Orts trifft man bei KM 149,5 auf die oben beschriebene Route bis zum See.

PARAGLIDING – Tandemflüge kosten rund US$50 p.P.; Info über Roger, ✆ 55957732.

REITEN – ***Toliman Excursions,*** C. Santander 1-77, ✆/☏ 77621275, ✉ toliexcu@yahoo.com.

TAUCHEN – Wer tauchen möchte, sollte sich mit ***ATI Divers,*** ✆/☏ 77622621, ✉ laiguanaperdida@itelgua.com, in Santa Cruz de La Laguna *(Hotel Iguana Perdida)* in Verbindung setzen. Für US$175 kann man bei ihnen seinen PADI-Tauchschein machen. Das Büro in Panajachel befindet sich in der C. Santander (nahe *Restaurant El Patio*), ◷ Mo, Di, Do, Sa 9–12 Uhr.

WANDERN – Infos s.S. 223, Atitlán-See, und s.u., Touren.

WASSERSPORT – Wassersportler, die an der Oberfläche bleiben wollen, finden an der Strandpromenade in der Höhe des Callejón Buenas Nuevas alles von Kajaks, Tretbooten, Kanus, Wasserski bis zu Motorbooten inkl. Fahrer. Nebenan befindet sich eine Sandfläche, auf der gelegentlich Beachvolleyball gespielt wird.

Touren

Entlang der C. Santander gibt es eine Menge Veranstalter, die mit ständig wechselnden Angeboten um die Dollars der Kundschaft kämpfen. Neben einem Shuttlebus-Service werden Standardausflüge zu den Märkten nach Chichicastenango und Sololá angeboten, außerdem Tagesausflüge zu den beliebtesten am See liegenden Dörfern. Dazu gehören Santiago, San Pedro,

Santa Cruz und San Antonio. Die Agenturen arrangieren überdies Wanderungen und Vulkanbesteigungen.
Toliman Excursions, C. Santander 1-77, ✆/℻ 77621275, ✉ toliexcu@yahoo.com, hebt sich mit seinen Programmen wohltuend vom sonstigen Einerlei ab; organisiert Wanderungen, Vulkanbesteigungen, Radtouren und Ausflüge auch zu weiter entfernten Zielen wie z.B. Totonicapán. Vertreter eines ökologisch und kulturell orientierten Tourismus.

Sonstiges

BÜCHER – ***Gallery Bookstore,*** Centro Commercial El Pueblito, C. de Los Arboles, 2. Stock, große Auswahl an neuen und gebrauchten Büchern, überwiegend auf Englisch, Büchertausch möglich.

FESTE – Patronatsfest zu Ehren des heiligen Franz von Assisi am 4. Oktober. Um dieses Datum herum finden verschiedene religiöse Aktivitäten und Paraden statt.

FOTOLÄDEN – ***Fuji,*** an der Kreuzung C. Principal/ C. Santander.
Konica, C. Santander, Ecke C. 14 de Febrero.
Kodak, neben der Post.

GELD – Mehrere Banken an der Kreuzung C. Santander/C. Principal, Bargeld ⏲ Mo–Fr ab 9 Uhr, Sa bis mittags. Dort befinden sich auch zwei Geldautomaten (*Visa* und *MC).* Einen weiteren Geldautomaten *(Visa)* findet man bei der ***Banco Industrial,*** Kreuzung C. Santander/ C. El Chali. Zu etwas schlechteren Kursen kann darüber hinaus in fast allen größeren Hotels und Reisebüros Geld getauscht werden.

INFORMATIONEN – ***INGUAT,*** C. Santander, Centro Comercial San Rafael, ✆ 77621106, ⏲ tgl. 9–17 Uhr.
Die Websites 💻 www.panajachel.com. und www.panajachel.info bieten Infos zu Hotels, Restaurants und Aktivitäten auf Englisch.

INTERNET – Eine Std. kostet rund US$0,80. Die meisten Anbieter befinden sich an der C. Santander. ***Mayanet,*** C. Santander, schräg gegenüber dem *Hotel Regis.*
Get guated out, C. de los Arboles, Centro Comercial El Pueblito, 2. Stock, ⏲ So geschlossen.
Internetcafé im Restaurant ***Pulcinella,*** C. Principal 0-72.

MEDIZINISCHE VERSORGUNG – In Panajachel selbst gibt es kein Krankenhaus. Bei schwereren Fällen muss man in die Provinzhauptstadt Sololá fahren. Kleinere Verletzungen werden im ***Centro de Salud,*** ✆ 77621258, an der C. Principal behandelt. Apotheken gibt es massenweise über den ganzen Ort verteilt. Folgende Ärzte unterhalten kleine Praxen:
Allgemeinmediziner – Dr. Barreno, ✆ 77621008, Dr. Hernandez, ✆ 77621068, Dr. Rene Velasquez, ✆ 77622171, Dr. Bracamonte, Labor ✆ 77622139
Zahnmediziner – Dr. Lavarreda, ✆ 77621113, Dr. Cezeña, ✆ 77621478.

MOTORRÄDER – ***Motoservicio Queche,*** C. de los Arboles, ✆ 77621030.
Emanuel, C. 14 de Febrero, ✆ 77622790.

NOTFÄLLE – ***Politur,*** die Touristenpolizei, unterhält ein Büro am Strand, das 24 Std. geöffnet sein soll (kein Telefon). An der C. Principal, schräg gegenüber der Kirche San Francisco befindet sich eine ***Polizeistation,*** ✆ 77621120.
Freiwillige Feuerwehr, ✆ 77621123.

POST – C. Santander, Ecke C. 15 de Febrero. Express- und Paketversand offerieren mehrere Anbieter entlang der C. Santander.

SPRACHUNTERRICHT – ***Jardín de América,*** 200 m von der C. El Chali entfernt, beschildert, ✆ 77622637, 💻 www.jardindeamerica.com.
Jabel Tinamit, am Eingang der C. de Capulín, kleine Gasse schräg gegenüber dem *Hotel Primavera,* ✆ 77620238, ✉ spanish@jabeltinamit.com, 💻 www.jabeltinamit.com.

TAXIS – Wie auch in Antigua haben die dreirädrigen Mototaxis (Tuctuc) den Taxis den Rang abgelaufen. Allerdings kostet in Panajachel eine Fahrt innerhalb der Ortsgrenzen nur US40,70. Taxis stehen an der C. Principal, gegenüber der

Av. de los Arboles. Preis für eine Fahrt innerhalb Panas ca. US$3,40.

TELEFON/FAX – ***Telgua***, C. Santander, nahe *Hotel Regis*. Dort stehen einige Kartentelefone. Internationale Telefonate lassen sich an der Kreuzung C. Santander/C. Principal und am Markt führen, ◷ Mo–Fr 8–18 Uhr. Weitere Anbieter entlang der C. Santander und in einigen Internetcafés.

WÄSCHEREIEN – Entlang der C. Santander befinden sich mehrere Wäschereien.

Transport

BUSSE – Wo nicht anders aufgeführt, ist der Abfahrtsort der Busse die Kreuzung der Calle Principal mit der Calle Santander. Wie immer ist es leicht, den richtigen Bus zu finden, da jeder *ayudante* lauthals das jeweilige Fahrtziel ausruft. Oftmals drehen die Busse überdies noch die eine oder andere „Ehrenrunde" durch den Ort, um auch den letzten Platz zu füllen. Zu allen nicht genannten Fahrtzielen bestehen keine Direktverbindungen, so dass unterwegs umgestiegen werden muss. Schneller, bequemer, aber um einiges teurer sind die von den meisten Agenturen angebotenen Shuttles für die touristischen Hauptrouten Antigua, Guatemala-Stadt, La Mesilla (mexikanische Grenze), Quetzaltenango, Chichicastenango, Río Dulce, Copán.
Rébuli fährt mehrmals tgl. von 5 bis 15 Uhr nach GUATEMALA-STADT (147 km, 3 Std.) und 1x tgl. um 11 Uhr nach ANTIGUA (80 km, 3 Std.).
Nach CHICHICASTENANGO (36 km, 90 Min.) geht es mit *Maxeña, Quiroa, Morales* an den Markttagen Do und So mehrmals.
Nach COCALES an der Pazifikküste (60 km, 2 1/2 Std.) verkehren Busse von *Quiroa* und *Mendoza* tgl. von 6.30 bis 15 Uhr (in Cocales umsteigen in einen *Galgos*-Bus nach El Carmen zur mexikanischen Grenze).
Alle Busse Richtung Pazifik und SAN LUCAS fahren über GODINEZ (13 km, 30 Min.).
In LOS ENCUENTROS (20 km, 40 Min.) halten alle Busse nach Chichicastenango, Antigua und Guatemala-Stadt. Von Los Encuentros bestehen Umsteigemöglichkeiten in verschiedene Richtungen des Hochlands (Quiché, Quetzaltenango, Huehuetenango, mexikanische Grenze, Chimaltenango, Guatemala-Stadt).
Morales fährt 6x tgl. nach QUETZALTENANGO (99 km, 2 Std.). Von dort weiter mit *Velasquez* oder *El Condor* nach TECÚN UMÁN zur mexikanischen Grenze.
Nach SAN LUCAS TOLIMÁN (32 km, 90 Min.) verkehrt *Mendoza* 6x tgl., ansonsten nimmt man den Bus nach Cocales, steigt an der Abzweigung nach San Lucas aus und läuft ca. 1,5 km in den Ort.
SOLOLÁ (8 km, 20 Min.), halbstündige Busabfahrten.
Die genauen Abfahrtszeiten aller Busse erfährt man bei der Touristeninformation *INGUAT*, s.S. 195.

PICKUPS – Mit Pickups vom Markt gelangt man nach SAN ANDRÉS SEMETABAJ (5 km, 20 Min.) und GODINEZ (30 Min.).
Nach SANTA CATARINA PALOPÓ (5 km, 15 Min.) und SAN ANTONIO PALOPÓ (12 km, 30 Min.) verkehren Pickups und Minibusse von der Kreuzung Calle Principal/Calle hacia Santa Catarina.

BOOTE – Während die großen Boote recht gemütlich über den See schippern (beliebt bei Travellern ist das Sonnendeck), sind die kleinen Boote *(tiburoneras)* schneller. Der Nachteil: Man sitzt unbequemer, und bei entsprechendem Wind, hohem Wellengang oder rasanter Fahrweise des Bootsführers wird man besonders bei offenen Booten trotz des Plastikschutzes klatschnass. Fahrräder können gegen Aufpreis mitgenommen werden.
Es gibt zwei Hauptrouten über den See, die von verschiedenen Unternehmen bedient werden: Nach SANTIAGO ATITLÁN (1 1/4 Std.) mit *Santa Fe* oder *Naviera Santiago,* hin: 5.45, 8.30, 9.30, 10.30, 11.30, 15 und 16.30 Uhr; zurück: 6, 7, 10.30, 12.30, 13, 14, 15 und 16.15 Uhr. Abfahrt vom Hauptsteg der Strandpromenade, US$1,40.
Santa Fe bietet auch eine Rundtour an, bei der SAN PEDRO, SANTIAGO und SAN ANTONIO angefahren werden. Abfahrt in Pana: 8.30 und 9.30 Uhr, US$6,70.
Die Dörfer an der nördlichen und westlichen Seeseite von SAN PEDRO bis SANTA CRUZ wer-

den nur noch von den kleinen *tiburoneras* angefahren. Vorher erkundigen, ob es sich um ein Direktboot nach San Pedro handelt oder auch andere Dörfer angefahren werden. Halbstündliche Abfahrten von 7 bis 18 Uhr, US$2 (San Pedro, San Juan, San Marcos, sonst US$1,40). Das letzte Boot verlässt San Pedro gegen 17 Uhr. Fahrpreis für Teilstücke zwischen den Dörfern US$1,40. Abfahrt am Bootsanlegesteg Tzanjuyú am Ende der Calle del Embarcadero. Die aktuellen Abfahrtszeiten der Boote erfährt man bei der Touristeninformation *INGUAT*, s. Informationen.

San Jorge La Laguna

Das Dorf, das etwas südlich der Straße von Sololá nach Panajachel auf einem kleinen Plateau liegt, wird von der Provinzhauptstadt Sololá mitverwaltet. Überlebende des Erdbebens von 1773 aus Antigua sollen den Ort wenig später gegründet haben. Doch die erste Siedlung wurde von einem Erdrutsch zerstört, so dass man beschloss, den Ort etwas weiter nach oben an seinen heutigen Standort zu verlegen.

Obwohl die Lage des Weilers und der Blick auf den See pittoresk anmuten, leben die Menschen hier in Armut. Die dürftigen Erträge aus dem Gemüseanbau und der Blumenzucht reichen nicht zum Überleben, und somit müssen viele Bauern mehrere Monate im Jahr als Erntehelfer auf den Kaffeeplantagen arbeiten. Ein Hauptproblem der Bewohner ist die zunehmende Landknappheit. Ähnlich wie in Santiago Atitlán gibt es in San Jorge einen Maximón, und in einer Höhle unterhalb des Dorfes werden Maya-Riten praktiziert.

An der Hauptstraße oberhalb des Dorfes befindet sich der mehrstufige **Wasserfall La Catarata**, der besonders in der Regenzeit imposant wirkt.

Wanderung von Santa Cruz nach San Marcos

Bei der folgenden Route handelt es sich um eine Halbtageswanderung ohne Guide. Es empfiehlt sich, die Wanderung früh morgens oder am späten Nachmittag durchzuführen, da die gesamte Strecke in der Sonne liegt und nur wenig Schatten bietet. Eine Kopfbedeckung und ausreichend Trinkwasser nicht vergessen!

Streckenprofil: wellig mit kleineren, z.T. scharfen An- und Abstiegen, die jedoch 100 Höhenmeter nicht übersteigen.

Gehzeit: ca. 3–4 Std.

Wegbeschreibung: Die Wanderung beginnt an der Bootsanlegestelle in Santa Cruz. Von hier geht es links am Ufer entlang, bis zu einem Aufstieg am Ende der Bucht (markiert durch gelbe Punkte). Nach 30 bis 40 Min. passiert man den Eingang zum Hotel *La Casa del Mundo* und erreicht wenige Minuten später das Dorf **Jaibalito**. Der Weg führt parallel zum Seeufer zur anderen Seite der Bucht, wo ein erneuter Anstieg zu bewältigen ist. Der schmale Pfad schlängelt sich nun am Hang entlang, bis man nach ca. 2 bis 2 1/2 Std. im Dorf **Tzununá** angekommen ist. Auf diesem Teilstück wird die mit 1650 m höchste Stelle der Wanderung erklommen. Im weiteren Streckenverlauf führt der Weg auf einer befestigten Steinstraße durch Kaffeeplantagen. Am anderen Ende der Bucht angekommen, biegt man links ab und folgt der breiten Erdstraße rund 45 Min. nach San Marcos. Trifft man erneut auf eine Steinstraße, kann man linker Hand zur öffentlichen Bootsanlegestelle abbiegen oder rechter Hand zum Ort hinauf laufen. Ab San Marcos ist die Straße asphaltiert, aber wer Richtung San Juan oder San Pedro weiterwandern möchte, kann einige Teilstücke am Seeufer abseits der Straße zurücklegen.

An- und Weiterfahrt: Von allen genannten Orten aus gelangt man per Boot entweder nach Panajachel oder San Pedro. Die letzten Boote passieren die Dörfer gegen 16.30 bis 17 Uhr. Von San Marcos aus gelangt man per Pickup Richtung San Juan/San Pedro oder nach Santa Clara und von dort weiter zum KM 149,5 der Interamericana.

Santa Cruz La Laguna

Dieser kleine, sympathische Ort ist nur per Boot oder zu Fuß zu erreichen, was einer der Gründe zu sein scheint, weshalb sich am Seeufer eine kleine Travellerszene gebildet hat. Das eigentliche Dorf liegt, vor Überschwemmungen geschützt, ca. 100 m oberhalb des Sees. Doch hier gibt es außer einer Kirche aus dem 16. Jahrhundert nicht viel zu sehen. Die meisten Besucher kommen zum Relaxen und zum Baden. Wer möchte, kann in rund drei bis vier Stunden nach Sololá wandern (siehe dort S. 217) oder dem parallel zum Seeufer verlaufenden Weg nach San Marcos folgen (siehe unten S. 234).

Das Hotel *Iguana Verde* am Seeufer ist Sitz der **Tauchschule** *ATI Divers*, die Kurse samt PADI-Zertifikat für Anfänger und Fortgeschrittene anbietet.

Übernachtung und Essen

Noch sind alle Unterkünfte ohne Strom und z.T. auch ohne Warmwasser. Alle Hotels bis auf die *Hospedaje Garcia* haben ein eigenes Restaurant, abends gibt es in der Regel ein Menü. Da sich Santa Cruz wegen seiner ruhigen Lage zunehmender Beliebtheit erfreut, die Bettenkapazität aber begrenzt ist, empfiehlt sich eine vorherige telefonische Anfrage.

La Iguana Perdida, an der Anlegestelle, ✆/📠 77622621, ✉ laiguanaperdida@itelgua.com, verwinkelt gebaute Anlage mit allem, von Doppelstockbetten bis Suiten, einige Zimmer sind an den Seiten offen, alle mit Gemeinschaftsbad, Restaurant (abends Menü), Sauna, Kajaks, Tauchen US$25 pro Tauchgang, PADI-Tauchkurse. ❶–❸

Arca de Noe, direkt an der Bootsanlegestelle, ✆ 55153712, ✉ thearca@yahoo.com, einfache Zimmer mit oder ohne Bad und kleine Bungalows, Restaurant (abends Menü), private Anlegestelle, Hängematten, Kajaks. ❸–❹

La Casa Rosa, rechts von der Bootsanlegestelle, ✆ 54161251, ✉ la_casa_rosa@hotmail.com, ruhig. ❸

Villa Sumaya, rechts von der Bootsanlegestelle, ✆ 56171209, 💻 www.villasumaya, teures Yoga- und Meditationszentrum. ❻

Transport

Santa Cruz ist bislang nur per Boot in ca. 15 Min. von Panajachel aus zu erreichen. So gut wie alle Boote von bzw. nach PANAJACHEL oder SAN PEDRO legen hier an.

Jaibalito

Nicht weit von Santa Cruz La Laguna entfernt (ca. 30–40 Minuten zu Fuß) liegt inmitten von Kaffeesträuchern das Dörfchen Jaibalito, eines der ärmsten am See. Wer es noch ruhiger als in Santa Cruz mag, ist hier richtig. Nicht alle Boote halten in Jaibalito, so dass man gelegentlich etwas warten muss.

Übernachtung und Essen

Vulcano Lodge, ca. 200 m vom Seeufer entfernt, ✆ 54102237, ✉ info@vulcanolodge.com, 💻 www.vulcanolodge.com, freundliche norwegische Besitzer, sehr sauber, sehr geräumige Zimmer, Suite für 4 Personen, Restaurant mit kleiner Kunstausstellung, ruhig. ❷–❺

La Casa del Mundo, ✆ 52045558, 📠 52185332, 💻 lacasadelmundo.com, sehr ruhige Lage etwas außerhalb des Dorfes, große, geschmackvoll eingerichtete Zimmer (diejenigen ohne privates Bad sind um einiges kleiner), Restaurant, Kajaks. Auf Wunsch kann man sich von den Linienbooten am hoteleigenen Anlegeplatz absetzen lassen. ❸–❺

Tzununá

Der Ort, dessen Name übersetzt „Kolibri" bedeutet, liegt in einer kleinen Ebene am Seeufer und ist nicht nur per Boot, sondern auch mit dem Auto über eine schlechte Straße zu erreichen. Die Bewohner bauen hervorragende Zitrusfrüchte wie Limonen und Orangen an. Zudem gedeihen hier große Mengen Jocote-Pflaumen. Das Dorf bietet keinerlei Sehenswürdigkeiten und ist vom Tourismus bisher verschont geblieben. Dementsprechend schüchtern und zurückhaltend sind hier die Indígenas.

San Marcos La Laguna

San Marcos hat eine bewegte Geschichte hinter sich, und zwar im wahrsten Sinne des Wortes, denn der Ort ist mindestens fünfmal verlegt worden. Im 16. Jahrhundert gelangten indianische Siedler aufgrund einer Fledermausplage von der Pazifikküste über San Lucas Tolimán an das Nordwestufer des Atitlán-Sees. Sie ließen sich 1666 im heutigen Jaibalito nieder. 1726 mussten sie die Gegend wegen starker Überschwemmungen verlassen und zogen daher weiter nach Westen zum heutigen Standort. Aufgrund ihrer schlechten Erfahrungen wurde das heutige San Marcos vorsichtshalber etwa 80 m oberhalb der Wasserlinie errichtet. Da den Bewohnern an den Steilhängen keine ausreichenden Anbauflächen zur Verfügung stehen, widmen sie sich auch anderen wirtschaftlichen Tätigkeiten: Sie stellen Taschen aus Agavenfasern *(fibra de maguey)* und Schilfrohrmatten *(petates)* her. Ein Teil der Bevölkerung hat sich auf die Produktion von Fischreusen aus Binsen *(garlito de junco)* spezialisiert, mit denen kleine Fische und Süßwasserkrebse *(cangrejos)* gefangen werden. Letztere enthalten zwar nicht viel Fleisch, ergeben aber eine schmackhafte Suppe. Viele Bewohner des Ortes arbeiten während der Erntezeit auf den Kaffeefincas, und einige wenige haben einfache Jobs in der aufblühenden Tourismusszene gefunden.

Der touristische Teil von San Marcos am Seeufer und in dessen Nähe hat sich in den letzten Jahren langsam, aber kontrolliert entwickelt und ist bekannt für sein esoterisch angehauchtes Wellnessangebot (asiatische Meditationsformen, Reiki, Reflexzonenmassage, Aromatherapie etc.) und vegetarisches Essen. Die kleine Gruppe der hiesigen Hotelbesitzer hat sich darauf verständigt, aus San Marcos kein zweites San Pedro zu machen. Im Klartext heißt das: keine Drogen! Schade ist nur, dass die hübsche Touristen-Enklave am See kaum zum Bild des restlichen Ortes passt. Dennoch profitieren auch die Einheimischen vom ständig wachsenden Touristenstrom: Sie verkaufen bedeutend mehr Obst und Gemüse als früher.

Übernachtung und Essen

Das Angebot hat sich in den letzten Jahren stark ausgeweitet, die Preise sind aber bisher moderat geblieben. Alle Unterkünfte liegen unterhalb des Fußballplatzes dicht an dicht in Kaffeeplantagen versteckt (links von der Anlegestelle; dort werden momentan auch neue Unterkünfte gebaut). Ungewöhnlich ist die Vielzahl an traditionellen indianischen Schwitzbädern *(temascales)*, die sehr viele Hotels anbieten. So gut wie alle Unterkünfte haben eigene Restaurants oder bieten Küchenbenutzung an. Fleischesser haben es allerdings in San Marcos nicht leicht, denn die vegetarische Küche überwiegt.

El Unicornio, den Pfad am Strand nehmen, Hotel liegt neben *Los Pirámides*, 💻 www.hotelunicornio.com, kleine Hütten mit Gemeinschaftsbad und Gemeinschaftsküche, Massagen, Sauna, Gartenbereich. ❷

Hotel Paco Real, gleicher Weg wie zum *Hotel La Paz*, ✆ 78911025, ✉ pacoreal_pana@hotmail.com, Holzbungalows in verschiedenen Größen, z.T. mit Palmdach, Camping möglich. Das dazugehörige Restaurant ist nicht ganz billig. ❷

Centro de Meditación Las Pirámides del Ka, ✆ 52057302, 💻 www.laspiramides.com.gt, Zimmer in pyramidenförmigen Bungalows, Preis inklusive Meditationskurs, gute vegetarische Küche, kleine Bibliothek, Sauna, Kräutergarten, privater Bootssteg. ❸

Eco Campamento La Paz, hinter der *Posada Schuhmann* gelegen, vegetarisches Restaurant, Sauna, Schlafsaal, Yoga-Klassen. ❷

Hotel Quetzal, oberhalb vom Hotel *El Unicornio*, Unterkünfte mit Holzboden und -decken ausgestattet, zusätzlich gibt es einen Schlaafsaal, unter guatemaltekisch-schweizerischer Leitung. Vegetarisches Restaurant. ❷

Posada Schuhmann, am Seeufer, ✆ 52022216, ✆ 66375034, 💻 posadaschumann.com, deutsch-guatemaltekische Besitzer, sehr gepflegte, verwinkelt gebaute Anlage, einige der rustikalen Steinbungalows sind mit Küche und Kühlschrank ausgestattet, eigener Bootssteg, Kajakvermietung, Restaurant (Mo Ruhetag), Sauna, toller Seeblick. ❹

Transport

Ein regelmäßiger Bootsverkehr existiert in Richtung SAN PEDRO und nach PANAJACHEL (ca. alle 30 Min). Busse fahren frühmorgens über Santa Clara zur Interamericana, wo man Busse in Richtung GUATEMALA-STADT oder QUETZALTENANGO nehmen kann.

San Pablo La Laguna

Der Ort, in dem mehrheitlich Cakchiquel-Indígenas leben, feiert vom 22. bis 26. Januar (Haupttag 25. Januar) eine ausgelassene Fiesta mit verschiedenen traditionellen Tänzen. Ansonsten sind die Bewohner auf die Herstellung von Produkten aus Agavenfasern – Seile, Netze und einfache Hängematten – spezialisiert. Wenn die Sonne scheint, werden die Fasern im Ort zum Trocknen ausgelegt. Es gibt einfachste Unterkunftsmöglichkeiten, doch empfiehlt sich eine Übernachtung in San Marcos, San Juan oder San Pedro.

Santa Clara La Laguna und Santa María Visitación

Außerhalb von San Pablo zweigt rechter Hand eine Straße ab, die über steile Serpentinen zu den Schwesterdörfern Santa Clara La Laguna und Santa María Visitación führt. Oben am Rand des Kessels hat man einen wunderschönen Blick über den See und einen Teil der Vulkankette des Hochlands. Aufgrund der versteckten Lage kommen nur wenige Besucher in die beiden Dörfer.

Beide Orte, in denen mehrheitlich Quiché gesprochen wird, liegen in einer fruchtbaren Hochebene in rund 2100 m Höhe und unterhalten sowohl mit den Dörfern am See als auch mit dem weiter nördlich gelegenen Santa Lucía Utatlán Handelsbeziehungen. Dabei profitieren sie von der frisch asphaltierten Straße, die nach rund 16 km und einem schroffen Anstieg die Panamericana bei KM 149,5 erreicht.

Zwischen Santa Clara und der Kreuzung mit der Panamericana liegt bei KM 154,5 der **Parque Regional Municipal Cerro Chuira Xamoló**, ein Naturpark, in dem man so ziemlich jeder Outdoor-Aktivität nachgehen und auch campen kann, ✆ 77675591.

Übernachtung und Essen

El Rosario Inn, in Plaza-Nähe, einfache Zimmer mit Gemeinschaftsbad und *comedor.* ❶

Transport

Die rund 2 km westlich von San Pablo liegende Kreuzung passieren Busse und Pickups nach SANTA CLARA. Von hier fahren Pickups bis zur Kreuzung an der Panamericana, wo die Weiterreise in Richtung QUETZALTENANGO oder GUATEMALA-STADT möglich ist.

San Juan La Laguna

Folgt man aus San Pablo kommend der asphaltierten Straße Richtung San Pedro La Laguna, erreicht man nach wenigen Kilometern die weitläufige Bucht von San Juan La Laguna. An ihrer Nordseite sieht man schon von weitem eine Felsformation am Seeufer. Hier befindet sich ein Badestrand, der aufgrund des klaren Wassers *Cristalinas* genannt wird. (Beim Baden die Wertsachen unbedingt im Auge behalten!). Wer zu Fuß unterwegs ist, kann auf der anderen Felsseite am Wasser entlang nach San Juan laufen oder den etwas längeren Weg entlang der Straße nehmen.

San Juan La Laguna ist ein Tzutuhildorf, das ein wenig im Schatten des nahe gelegenen San Pedro steht – was durchaus positiv zu bewerten ist: Die touristische Infrastruktur ist bisher noch überschaubar, und die Gespräche der Bewohner drehen sich eher um den schwankenden Wasserstand des Sees und den Kaffeeanbau als um den Tourismus. Dennoch oder gerade deswegen ist der Ort einen Abstecher wert. Folgt man dem Weg von der Bootsanlegestelle hoch ins Dorf, sieht man bald links ein Schild, das den Weg zur **Asociación Artesanos de San Juan** weist. Diese Frauenselbsthilfegruppe produziert traditionelle Webarbeiten und stellt ihre Stoffe aus natürlichen Färbemitteln her (Wurzeln, Blütenblätter etc.) – eine gute Gelegenheit, direkt beim Erzeuger zu kaufen. Die Produktpalette reicht von Taschen über Kleidung bis zur Stoffhängematte, 🕒 9–17 Uhr.

San Juan liegt an den Ausläufern des Vulkans San Pedro und verfügt über Böden, die für die Produktion von Kaffee sehr gut geeignet sind. Dies ist unschwer an der großen Zahl von Kaffeepflanzungen zu erkennen, die das Dorf umgeben, wie auch an den vielen kleinen *beneficios húmedos,* Schälmaschinen für die Kaffeekirschen. Obwohl der Einsatz von größeren Anlagen wirtschaftlich sinnvoller wäre, kocht in San Juan so gut wie jeder sein eigenes Süppchen. Zwar gab es einige Versuche, die Kaffeeverarbeitung und -vermarktung zu zentralisieren, sie scheiterten jedoch an der Uneinigkeit der Beteiligten.

Übernachtung und Essen

Im nahen San Pedro ist die Auswahl erheblich größer.

Estrella del Lago, nahe Bootsanleger, ordentliche Zimmer mit warmem Wasser, billig. ❶

Hospedaje Panoxti, gegenüber dem *teléfono publico,* sehr einfach, warmes Wasser. ❶

Nick's Place, 4. Av., Ecke 6. C., Ableger des Restaurants in San Pedro mit ähnlicher Küche (Pizza, Spaghetti, Obst) und einfachen Zimmern. ❶–❷

Comedor Chi'Nimaya', 4. Av., Ecke 3. C., guatemaltekische Hausmannskost.

Transport

Busse: s.S. 239, San Pedro; alle Boote aus Richtung PANAJACHEL fahren zunächst nach SAN PEDRO. Wer nach San Juan möchte, sollte dem Bootsführer Bescheid geben und wird dann in der Regel ohne Aufpreis dorthin gefahren. Wer von San Juan über San Pedro nach Panajachel will, muss gelegentlich etwas warten. Schneller ist es einen der regelmäßig verkehrenden Pickups nach San Pedro zu laufen. Wer Zeit hat, kann die 2 km nach San Pedro auch zu Fuß gehen.

San Pedro La Laguna

Den imposanten Vulkan San Pedro im Rücken, den See zu Füßen: Das Tzutuhildorf San Pedro La Laguna kann mit einer eindrucksvollen Kulisse aufwarten. Hinzu kommen ein angenehmes, mildes Seeklima und sehr preiswerte Unterkünfte. Fertig ist der Stoff, aus dem Backpackerträume sind. Apropos Stoff: Seit die Travellerszene den Ort Anfang der neunziger Jahre als Alternative zum überlaufenen Panajachel entdeckte, hat sich San Pedro zu einer Drogenhochburg entwickelt. Die Bewohner waren davon nicht gerade angetan, ist doch das Dorf von evangelischen Sekten überlaufen, die ein alkohol- und drogenfreies Leben propagieren. Nach anfänglichen Reibereien scheint man aber nunmehr ein für beide Seiten erträgliches Mittelmaß gefunden zu haben, zumindest was den Drogenkonsum angeht. Zudem haben die cleveren Einwohner mittlerweile jede Menge Hotels und Restaurants eröffnet, und der Tourismus hat sich – wenn auch auf einem sehr niedrigen Preisniveau – zu einem wichtigen wirtschaftlichen Standbein entwickelt.

Besteigung des Vulkans San Pedros (3020 m)

Ein-Tagestour mit Guide

Streckenprofil: steiler, z.T. matschiger Anstieg durch Bergnebelwald

Höhenunterschied: 1450 m

Gehzeit: Aufstieg ca. 4–5 Std.; Abstieg ca. 3–3 1/2 Std.

Ausgangspunkt für diesen relativ einfach zu besteigenden Vulkan ist der Ort San Pedro La Laguna. Empfehlenswert ist ein sehr früher Aufbruch (6 Uhr), denn sonst könnten möglicherweise die am späten Vormittag heranrückenden Wolken die Sicht versperren. Der Einstieg zum Vulkan liegt oberhalb des Dorfes entlang der Straße nach Santiago Atitlán. Dort befindet sich eine Kontrollstelle, an der US$13,50 zu zahlen sind. Damit erwirbt man das Recht, den Vulkan zu besteigen, und bekommt einen Guide inklusive. Durch die organisierte Abwicklung tendiert die Zahl der Überfälle inzwischen gegen Null. Der Aufstieg ist stellenweise sehr steil. Nach ca. 4 Std. ist ein kleiner Felsvorsprung unterhalb des Gipfels erreicht, der einen eindrucksvollen Ausblick auf den See ermöglicht. Nach weiteren 45 Min. durch dicht bewachsenen Wald gelangt man auf den eigentlichen Gipfel, der aber leider keine Sicht bietet. Der Rückweg erfolgt auf der gleichen Route. Wer sich einem Reiseveranstalter anschließen möchte, kann dies bei *Toliman Excursions* in Panajachel arrangieren, s.S. 230. In San Pedro sollte man in *Nick's Place* oder bei *Bigfoot* nach *guías* fragen, s.S. 238. Der Preis ist Verhandlungssache und richtet sich nach der Gruppenstärke.

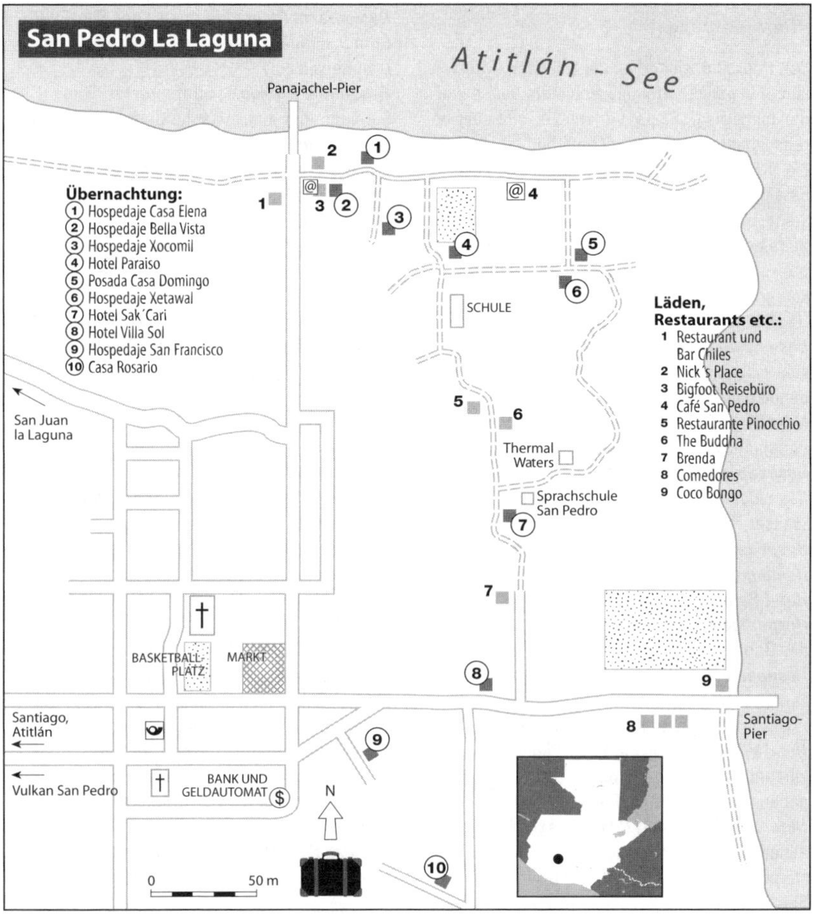

Smarte Geschäftsleute und Händler waren die San Pedraños schon immer. Ob Kaffee oder Seife, Webarbeiten oder Fischfang, Avocados oder naive indianische Malerei – mit allem haben sie sich einen guten Ruf erworben. Von ihrem Landbesitz an der Pazifikküste bringen sie zusätzlich Baumwolle und Obst in das Hochland. Zum Wohlstand der Einwohner hat sicherlich auch die Tatsache beigetragen, dass einige von ihnen in den USA gearbeitet und die Ersparnisse in Häuser und Geschäfte in San Pedro investiert haben. Doch die konstante Präsenz evangelischer Sekten, die Rückkehrer aus den USA und die alternativen Touristen haben das Leben verändert: Viele Bewohner haben den traditionellen Lebensstil und ihre Trachten aufgegeben. Die Frauen tragen nun meist Blusen aus billigen Synthetikstoffen. Welchen Weg die Entwicklung des Ortes in Zukunft nehmen wird, bleibt abzuwarten.

Die Hauptattraktion von San Pedro ist der gleichnamige Vulkan und natürlich der See. Außerhalb des Ortes finden sich in Richtung Süden einige hübsche Strände. Ausflüge zu Pferde sind möglich. Das Patronatsfest findet vom 27.–30. Juni zu Ehren von San Pedro Apóstol statt.

Übernachtung

San Pedro hat sicherlich die billigsten Unterkünfte in ganz Guatemala zu bieten. Selten werden mehr als US$3 p.P. verlangt, es gibt aber bereits Zimmer mit Gemeinschaftsbad für US$1,50 die Nacht. Oftmals sind die Zimmer und besonders die Matratzen in einem erbärmlichen Zustand, und so praktische Dinge wie Handtuch, Seife oder Klopapier darf man bei den Dumpingpreisen ohnehin nicht erwarten. Alle ohne Preiskategorie aufgeführten Hotels kosten zwischen US$1,50 und US$3 pro Nacht und Person.

Casa Rosario, nahe Bootssteg nach Santiago, sehr billig, aber auch sehr einfach, inkl. Küchenbenutzung. ❶

Hospedaje Casa Elena, hinter *Nick's Place* am Panajachel-Pier, ruhig. ❶

Hospedaje Xocomil, oberhalb der *Hospedaje Casa Elena*, sauber, kleiner Garten, heißes Wasser. ❶

Hospedaje Xetawal, gegenüber der ***Casa Domingo***, aber bessere Zimmer als diese. ❶

Hotel Paraiso, ruhige Lage, akzeptabel. ❶

Hospedaje Bella Vista, günstige Lage in Nähe des Bootsstegs nach Panajachel, billig. ❶

Hospedaje San Francisco, sauber, spezielle Tarife für längere Aufenthalte, Seeblick, kleine Privatterrassen und Hängematten. ❶

Hotel Villa Sol, nahe Santiago-Pier, etwas steril wirkende Anlage, brauchbare Zimmer, Palmen geben etwas Schatten, Parkplatz. ❶–❷

Hotel Sak'Cari, ✆ 78121113, ✉ sakcari@atitlansanpedro.com, angenehme Zimmer mit gekachelten Fußböden und Privatbad, Seeblick. ❸

Essen und Unterhaltung

Am Santiago-Pier und am Markt gibt es mehrere kleine *comedores*.

Nick´s Place, optimale Lage am Panajachel-Pier und daher immer gut besucht; abends Videofilme und Bar, günstige Menüs.

Chiles, ebenfalls am Panajachel-Pier; günstig, wenn man mal auf ein Boot wartet, gemischte Karte, abends Bar.

Café San Pedro, östlich vom Panajachel-Pier gelegen, neues Café mit Internetanschluss.

Restaurante Pinocchio, unweit der *San-Pedro-*Sprachschule, italienisches Restaurant zum Draußensitzen.

Restaurant Brenda, 1. Straße rechts, vom Santiago-Pier aus, einfache Gerichte, günstig.

Coco Bongo Beach Club, am Santiago-Pier, alle drei Mahlzeiten und abends Bar.

The Buddha, nahe *San-Pedro-*Sprachschule, beliebte Travellerkneipe.

Sonstiges

GELD – Eine Filiale der ***Banrural*** mit Kartenautomat befindet sich ca. einen Block oberhalb der *Hospedaje San Francisco.*

POST – Siehe Karte.

SOLAR POOLS – Etwas nördlich vom Hotel *Sak'Cari* befinden sich zwei Stellen, ***Solar Pools*** und ***Thermal Waters***, an denen mit Hilfe der starken Sonnenstrahlung Wasser erhitzt wird. Abends kann man dann mit Blick auf den See in den Becken relaxen.

SPRACHUNTERRICHT – Inzwischen gibt es jede Menge Schulen in San Pedro, die zwar günstiger als zum Beispiel die in Antigua sind, aber vom Niveau her auch bescheidener.

Casa Rosario, ganz im Süden des Ortes, ✆ 77218189, 💻 www.casarosario.com, hier können die Studenten gleich günstig übernachten.

Spanish School San Pedro, neben dem *Hotel Sak'Cari,* 💻 www.sanpedrospanishschool.org.

TOUREN – ***Bigfoot***, neben *Hospedaje Bella Vista,* ✆ 77218203, organisiert Vulkanbesteigungen, Kajaktouren, Reitausflüge und verleiht Fahrräder.

Transport

Der Ort besitzt zwei Bootsanlegestellen. Vom Bootssteg im Süden des Ortes fahren große und kleine Boote mehrmals täglich von 6–16 Uhr nach SANTIAGO ATITLÁN. Im Norden legen die Boote Richtung PANAJACHEL ab. Diese Route mit Zwischenstopps an den Dörfern des Nordufers wird von kleinen Schnellbooten bedient,

die losfahren, sobald genug Passagiere an Bord sind (letztes Boot nach Panajachel ca. 17 Uhr). Je ein Bus verlässt den Ort frühmorgens Richtung GUATEMALA-STADT (4 Std.) und QUETZALTENANGO (2 1/2 Std.).
Es besteht kein regelmäßiger Busverkehr nach SANTIAGO ATITLÀN. Die Landverbindung dorthin sollte auch von Selbstfahrern gemieden werden, da es vor allem an Wochenenden regelmäßig zu Überfällen kommt!

Santiago Atitlán

Das mit rund 20 000 Einwohnern größte Dorf liegt an der Südseite des Atitlán-Sees gegenüber von Panajachel. Die große Bucht von Santiago befindet sich zwischen den drei Vulkanen Atitlán, Tolimán und San Pedro und bildet einen Korridor zwischen Küste und Hochland. Dieser natürliche Durchgang machte die Bucht bereits in vorkolumbianischer Zeit zu einem wichtigen Handelsplatz. Die hier lebenden Tzutuhil-Indígenas waren als kriegerisch bekannt, wurden aber von Pedro de Alvarado mit Hilfe der Cakchiqueles vernichtend geschlagen. Er war es auch, der ihre Hauptstadt Chuitinamit, die in jener Zeit an den Hängen des Vulkans San Pedro lag, zerstörte. Wenige Jahre später wurden die Indígenas in einem Dorf zusammengezogen und unter Aufsicht der spanischen Krone gestellt. Dieser Ort wurde von mexikanischen Söldnern, die Alvarado begleiteten, *Atitán*, von den Einheimischen aber *Chiaa* genannt, was beides „Dorf, das nah am Wasser liegt" bedeutet. Aus der Verbindung mit dem Schutzheiligen entstand daraus später Santiago Atitlán.

Die vielen Jahrhunderte der Ausbeutung und Unterdrückung setzten sich auch während des 36-jährigen Bürgerkriegs fort. Die Armee richtete hier 1979 einen Stützpunkt ein, um die Guerilla zu bekämpfen, die von den Vulkanhängen aus operierte. Was folgte, waren elf lange Jahre der Kontrolle, Folter und Morde. Die Spannungen entluden sich im Januar 1990, als protestierende Bewohner vor das Militärquartier zogen, um die Herausgabe ihrer Söhne zu verlangen, die vom Militär zwangsrekrutiert worden waren. Die Soldaten schossen in die Menge und töteten dreizehn Indígenas aus Santiago Atitlán, darunter drei Kinder. Zwanzig weitere Atitecos wurden verwundet. Eine Petition, die fast alle Dorfbewohner unterzeichneten, und starker internationaler Druck führten wenig später zur Auflösung des Militärpostens. Die **Gedenkstätte** für die Opfer des Massakers befindet sich ca. 500 m südlich der *Posada de Santiago* an der Straße nach San Pedro.

Heute ist es wieder ruhig geworden in Santiago. Nur wenn Boote mit Touristen ankommen, stürzen sich Horden von Kindern auf die Besucher und versuchen ihnen alles von Tonpfeifen bis zu Webarbeiten zu verkaufen. Ein Nein seitens des „Überfallenen" wird von der Verkäuferschar meist als sportliche Aufforderung verstanden, es erneut zu probieren, und inzwischen sprechen einige von ihnen sogar ein paar Brocken Deutsch. Hat man den ersten Ansturm unbeschadet überstanden und die Verkaufsstände am Seeufer hinter sich gelassen, gelangt man zur Hauptstraße Richtung Markt und Kirche. Hier bieten weitere Läden Stoffe, Holzschnitzereien oder auch naive indianische Gemälde an. Immer wieder posieren Kinder professionell für ein Foto – gegen Cash, versteht sich. Der **Markt**, der freitags und sonntags stattfindet, ist relativ klein; außer den wunderschönen Trachten der Indígenas gibt es wenig Sehenswertes. Santiago Atitlán ist sehr traditionell, und so tragen auch viele Männer noch Trachten. Neben den *huipiles* der Frauen, die mit Blumen und geometrischen Mustern bestickt sind, ist es ihr Kopfschmuck, der die Tracht so einmalig macht: Der *tocoyal* ist ein schmales, aber rund 12 m langes besticktes Band, das um den Kopf gewickelt wird. Es symbolisiert eine scheinende Sonne. Leider tragen die Frauen diesen einzigartigen Kopfschmuck nur noch gelegentlich für Touristen oder an Feiertagen.

Unter den Fiestas ragen die **Osterfeierlichkeiten** heraus, die mit ähnlichem Aufwand wie in Antigua begangen, aber hier von indianischen *cofradías* ausgerichtet werden. Eine Hauptrolle kommt dabei dem merkwürdigen Heiligen Maximón zu, der in Santiago *Rilaj Maam* – großer Ahne – genannt wird. Schon am Montag der Osterwoche beginnen die Zeremonien, wenn die Ehefrauen der *cofrades* nachts die Kleidung des Heiligen an einem geheimen Ort im See waschen. Am Dienstag wird er neu eingekleidet und am Mittwoch auf den Schultern des *telinel*, seines Aufpassers, durch die Straßen getragen. Danach bleibt er für zwei Tage in einer kleinen Kapelle, während am Donnerstag und Karfreitag Figuren von Jesus und Santiago, dem Schutzpatron des Ortes, im Mittelpunkt stehen. Erst am Nachmittag des Karfreitag kreuzt Maximón in einer Prozession den Weg des Trauerzugs mit der Jesusfigur und wird danach zu dem Haus gebracht, in dem er das nächste Jahr stehen wird. Wer ihn dort besuchen möchte, braucht nur irgend jemanden auf der Straße zu fragen. Es empfiehlt sich, ein wenig Kleingeld bereit zu halten, da Maximón Eintritt verlangt.

Interessant ist ebenfalls ein Besuch der **Kirche**, die um 1568 von den Franziskanern gebaut wurde. Sie enthält zahlreiche Heiligenfiguren, die inbrünstig verehrt werden. Auf der Holzkanzel befinden sich Schnitzarbeiten, die unter anderem einen Quetzal, der ein Buch liest, und den Maisgott der Maya – *Yum-Kax* – darstellen. Eine Tafel gedenkt des amerikanischen Priesters Stanley Rother, der 1981 von Todesschwadronen in Santiago ermordet wurde. Er verteidigte die Rechte der Indígenas auch noch in Zeiten, in denen es, wie er selber sagte, fast ein politisches Verbrechen war, einem Indígena die Hand zu schütteln.

Die katholische Kirche hat mittlerweile einen schweren Stand in Santiago, denn rund dreißig evangelische Sekten und andere Religionsgemeinschaften liefern sich einen harten Wettbewerb im Seelenfang. Selbst die Mun-Sekte gründete hier einen Ableger. Fast unglaublich mutet in diesem Zusammenhang die Tatsache an, dass auch Mitglieder evangelikaler Religionsgemeinschaften gelegentlich bei Maximón vorbeischauen.

Ähnlich wie in anderen Dörfern des Sees sind die wirtschaftlichen Aktivitäten auch in Santiago breit gefächert. Neben dem Tourismus und dem Kunsthandwerk werden Einnahmen aus Kaffee und anderen landwirtschaftlichen Erzeugnissen wie Avocados und Mais erzielt. Die Atitecos sind bekannt für die Herstellung von Holzkanus *(cayucos)*. Der Fisch aus dem See ist eine wichtige Proteinquelle, spielt aber als Handelsware nur eine untergeordnete Rolle.

Übernachtung

Hospedaje Rosita, an der Südseite der Kirche. Die billigste Übernachtungsmöglichkeit in Santiago. ❶

Hotel Chi Nim Ya, 200 m oberhalb der Hauptanlegestelle, ✆ 77217131, einfach, günstig, sauber. Einige Zimmer mit Privatbad und Seeblick. Wäscherei, Parkplatz, Restaurant; hilfreicher Besitzer. ❷

Hotel Tzutuhil, im Zentrum, ✆ 77217174, 5-stöckiges Gebäude mit tollem Blick auf den See. Sehr zu empfehlen sind die Eckzimmer Nr. 23 (mit Bad) und Nr. 27 (ohne Bad), Restaurant. ❷

Hotel Tzanjuyú, Hauptstraße zum See, relativ neues Hotel, die Zimmer ohne Bad haben etwas dünne Matratzen. ❷

Hotel Bambú, an der Nordseite der Bucht, etwa 1 km vom Zentrum entfernt, ✆/℻ 77217332, ✉ hotel@ecobambu.com, 🖳 www.ecobambu.com, schöne, ruhige Anlage mit eigenem Bootssteg, großem Garten, Bungalows und Zimmer, die einfach eingerichtet sind, Restaurant und Bar, wahlweise mit Frühstück. ❻

Posada de Santiago, am Seeufer, 1 km südlich des Zentrums an der Straße nach San Pedro, ✆/℻ 77627167, 🖳 www.posadasantiago.com, luxuriöse Bungalowanlage mit Stil, alle Hütten aus Vulkangestein mit Kamin, Restaurant, gute Informationsquelle für Unternehmungen in die Umgebung. ❻

Essen

Es herrscht keine besonders große Auswahl an Lokalen. Am besten isst man in der ***Posada de Santiago***. Einfache *comedores* findet man an der Bootsanlegestelle und um den Markt. In den Restaurants ***El Gran Sol*** und ***El Pescador*** bekommt man neben guatemaltekischer Küche auch Sandwiches und das eine oder andere Nudelgericht.

Aktivitäten

BOOTE – An der Hauptbootsanlegestelle sowie an einigen Hotels lassen sich Kanus oder Kajaks mieten. Mit ihnen kann man die Bucht überqueren oder zum ehemaligen Naturschutzgebiet für die Poc-Ente paddeln. Die kleine Insel, die nördlich des Ortes aus dem Wasser ragt, wurde einst als Zufluchtsort für diese endemische Entenart eingerichtet, die jedoch in der Mitte der achtziger Jahre ausstarb. Das Inselchen ist dennoch ein nettes Ziel für einen Bootsausflug, da dort noch zwei andere Entenarten leben.

SCHWIMMEN – Da alle Abwässer des Ortes ungeklärt in den See fließen und sich in der Bucht sammeln, sollte man hier besser nicht schwimmen!

REITEN – Infos in der *Posada de Santiago*, s.S. 240.

WANDERN – Von Santiago aus können alle drei Vulkane des Atitlán-Sees bestiegen werden. Auf den Vulkan San Pedro gelangt man allerdings schneller vom Ort San Pedro aus (siehe dort S. 236).

An klaren Tagen lohnt sich der Weg früh morgens zum **Mirador Rey Tepepul**. Mit etwas Glück kann man von dort gleichzeitig den See und den Pazifik sehen. Etwa 500 m südlich der *Posada de Santiago* zweigt eine Erdstraße links Richtung Chicacao ab. Auf ihr erreicht man nach weiteren 5,5 km den einsam gelegenen Aussichtspunkt. (Es soll dort oben schon zu Überfällen gekommen sein, daher Wertsachen vorsichtshalber im Hotel lassen!)

Sonstiges

Die gesamte Infrastruktur mit **Post**, **Banken**, **Geldautomaten**, **Telefon** etc. befindet sich an der Plaza. Die ***Asociación Q'NA'WNAQ***, nicht weit vom Bootsanleger, ist eine lokale Organisation, die Kunsthandwerk aus Santiago verkauft, um mit den Erlösen den Opfern der politischen Gewalt zu helfen. Hier kann man auch einen Guide zur Erkundung der Umgebung finden, ◷ 8–19 Uhr.

Transport

BUSSE/PICKUPS – Alle Busse starten von der Plaza. Es gibt keine Direktbusse nach PANAJACHEL (umsteigen in San Lucas). Das Boot ist einiges schneller.
Nach SAN PEDRO sollte man auf jeden Fall das Boot nehmen. Auf der Erdstraße, die „hinter" dem Vulkan San Pedro nach San Pedro führt, kommt es regelmäßig zu Überfällen! Es gibt keinen regelmäßigen Busverkehr.
Nach GUATEMALA-STADT (über San Lucas und Cocales) fahren regelmäßig (ca. jede Std.) Busse von 3–15 Uhr.
Nach SAN LUCAS gelangt man mit allen Bussen, die nach Guatemala-Stadt fahren, oder mit einem der vielen Pickups (Abfahrtsort siehe Karte).
Einmal täglich fährt ein Bus um 4 Uhr morgens nach QUETZALTENANGO.
Um 6 und 7 Uhr fährt je ein Bus nach MAZATENANGO an der Pazifikküste.
Auf der einsamen und wenig befahrenen Erdstraße über CHICACAO zur Pazifikküste verkehren gelegentlich Pickups, die von der Plaza starten.

Besteigung des Vulkans Atitlán (3535 m)

Für die Zwei-Tage-Tour braucht man ein Zelt, einen Schlafsack und einen Guide. Der Ausflug sollte bereits im Vorfeld mit Hilfe einer Agentur geplant werden oder über den in San Lucas lebenden Fremdenführer Carlos Humberto Hinah Chicoy, ✆ 58178433 oder 55215871, arrangiert werden.

Streckenprofil: Anstieg über Feldwege bis zum Sattel; weiter durch dichten Bergnebelwald (z.T. rutschig und matschig)

Höhenunterschied: ca. 2000 m

Gehzeit: Aufstieg ca. 6–8 Std.; Abstieg ca. 4–4 1/2 Std.

Ausgangspunkt der Wanderung ist San Lucas Tolimán. Der breite Weg beginnt im Barrio Xechay, etwa 700 m südwestlich der Plaza (auf der 5. Avenida Richtung Süden gehen; dort, wo das Pflaster endet, rechts der 9. Calle zwei Blocks folgen und dann links abbiegen. Der Weg macht einen Rechtsknick und mündet in den Pfad, der auf den Vulkan führt). Nach ca. dreieinhalb Stunden durch Felder ist der Sattel zwischen den Vulkanen Atitlán und Tolimán erreicht. An großen Abzweigungen gilt es, sich stets links zu halten.
Wer spät gestartet ist, sollte im Sattel übernachten. Die Zeltmöglichkeiten sind unschwer an den Feuerstellen früherer Wanderer zu erkennen. Hier beginnt der Weg durch den eindrucksvollen Bergnebelwald mit zahlreichen Bromelien und Orchideen. Der Pfad wird steil und stellenweise rutschig. Nach weiteren dreieinhalb Stunden hat man den Bereich unterhalb des Gipfels erreicht, wo es begrenzte Zeltmöglichkeiten gibt. Auf dem Gipfel selbst ist es sehr windig und kalt (nachts sind Temperaturen unter dem Gefrierpunkt möglich!), ein guter Schlafsack ist also erforderlich. Für alle Mühen entschädigt der Anblick des Sees bei Sonnenaufgang und die Sicht auf die anderen Vulkane der „Feuerkette" Guatemalas.
Abstieg auf dem gleichen Weg zum Sattel (ca. 2 Std.). Von dort kann man dann entweder auf dem gleichen Weg zurück nach San Lucas (ca. 2 1/2 Std.) oder aber westlich nach Santiago Atitlán (ca. 2 1/2 Std.) absteigen. Der Übergang im Sattel ist allerdings nicht leicht zu finden. Wer von Santiago aus aufsteigen möchte, sollte den Pfad nehmen, der an der Gedenkstätte für die Opfer des Bürgerkriegs Richtung Vulkan abzweigt.

Anmerkung: Vom Sattel aus kann natürlich auch der Vulkan Tolimán bestiegen werden. Da man aber von seinem mit hohem Gestrüpp bewachsenen Gipfel aus kaum etwas sieht, wird er nur selten erklommen.

BOOTE – Es bestehen regelmäßige Verbindungen nach PANAJACHEL mit *Naviera Santiago* und *Santa Fe* (mehrmals tgl. von 7–16.30 Uhr) und SAN PEDRO LA LAGUNA mit *Chavajay* (mehrmals tgl. 7–17 Uhr), jeweils US$1,35.

Cerro de Oro

Dieses kleine Cakchiquel-Dorf liegt ziemlich genau in der Mitte zwischen Santiago und San Lucas, 2 km unterhalb der Hauptstraße. Es wurde Ende des 19. Jahrhunderts von Einwanderern aus Patzicía gegründet, die sich im Laufe der Jahre immer mehr an die Lebensweise der Tzutuhiles anpassten und heute nur noch wenig Kontakt zu ihrem Ursprungsort pflegen. Neben der Landwirtschaft leben die Menschen hier vom Verkauf von Schilfmatten *(petates)*, die dank der großen Mengen an Schilf *(tul)* in großer Zahl angefertigt werden können. In den letzten Jahrzehnten sind viele Grundstücke um Cerro de Oro von reichen Hauptstadt-Guatemalteken aufgekauft worden, die hier luxuriöse Wochenendhäuser unterhalten. In der Kirche befindet sich eine Wandmalerei, die Christus in weiß-lila gefärbten Trachtenhosen zeigt. Hinter Cerro de Oro ragt der gleichnamige Hügel auf, der ein Lavadom des Vulkan Tolimáns ist und eine Höhe von 1892 m erreicht. Warum er Goldhügel heißt, ist nicht eindeutig geklärt. Angeblich soll in seinem Inneren der Schatz der Tzutuhiles vergraben sein.

Zu erreichen ist der Ort über die asphaltierte Straße zwischen Santiago und San Lucas. Von der Abzweigung gelangt man nach rund 1,5 km ins Dorf.

San Lucas Tolimán

Am Rande einer kleinen Bucht liegt ganz im Südosten des Sees das Dorf San Lucas. Früher gehörte die Region zum Reich der Tzutuhiles, und obwohl heutzutage hauptsächlich Cakchiquel-Indígenas in San Lucas leben, haben sich Elemente der Tzutuhilsprache erhalten. Der Name des Ortes stammt aus der mexikanischen Nahuatl-Sprache und bezieht sich auf einen toltekischen Anführer namens Tolman. Ende des 19. Jahrhunderts kam es mit der aufblühenden Kaffeewirtschaft zu einem starken Bevölkerungsanstieg. Kaffee ist auch heute das Hauptanbauprodukt der Gegend, und infolgedessen ist der Ort ein wichtiger landwirtschaftlicher Handelsplatz, der auch zunehmend von Ladinos bevölkert wird. Im Gegensatz zu den meisten Dörfern am See ist San Lucas wenig traditionell und auch kaum touristisch erschlossen. Dementsprechend dünn ist das Angebot an Unterkünften.

Die große Franziskanerkirche steht nicht wie sonst üblich am Parque Central, sondern auf halbem Weg zwischen Plaza und See. Obwohl man es dem scheinbar klaren Wasser nicht ansieht, ist auch in der Bucht von San Lucas die Verschmutzung groß. Ein Beweis dafür sind die langsam, aber stetig wachsenden Algenteppiche.

San Lucas ist der Ausgangspunkt für die Besteigung der beiden Vulkane Atitlán und Tolimán. Zu dem Zwei-Tage-Trip sollte man mit einem einheimischen Führer und in einer kleinen Gruppe aufbrechen.

Übernachtung und Essen

Wer etwas ganz Billiges sucht, ist in der ***Hospedaje Victoria*** und der ***Pensión Guadalupe*** richtig. Diese beiden in Plaza-Nähe gelegenen Herbergen sind entsprechend einfach. ❶–❷

Hotel y Restaurante Don Pedro, am Seeufer, ✆ 77220028, großer Bau aus Vulkangestein, etwas dunkle Zimmer. Das Restaurant ist etwas schmuddelig. ❶

Posada Molina, Av. Pavarotti, ✆ 77791632, einfache Zimmer mit Bad und TV. Die Zimmer im Anexo des Hotels sind neuer und ruhiger, aber auch teurer. ❶–❷

Hotel Iquitiu, 1. C. „A", 7-51, Zona 1, ✆ 77220209, großes, sehr sauberes Hotel mit Terrasse und Seeblick, in dem oft Gruppen der katholischen Kirchengemeinde untergebracht sind, gutes Preis-Leistungs-Verhältnis. ❷–❸

Hotel y Restaurante Tolimán, nahe Seeufer, ✆ 77220033, 📠 77220159, ✉ htoliman@itelgua.com, Luxushotel mit sehr schöner Gartenanlage. ❻–❼

An der Plaza und am Markt befinden sich mehrere einfache *comedores*. Das mit Abstand beste und teuerste Restaurant findet man im *Hotel Tolimán*.

Transport

Nach SANTIAGO ATITLÁN fahren regelmäßig Pickups ab Parque Central. Stündliche Busverbindungen gibt es in Richtung Pazifikküste (Cocales, Patulul) und GODÍNEZ/PANAJACHEL. Erstaunlicherweise gibt es keinen regelmäßigen Bootsverkehr von und nach SAN LUCAS. Gelegentlich verkehren Boote an den Marktagen Di, Fr und So zwischen San Lucas und SAN ANTONIO PALOPÓ.

Von San Lucas Tolimán nach Panajachel

Die Landstraße 11, die von der Pazifikküste ins Hochland führt, verbindet San Lucas mit Godínez. Alle Dörfer an dieser Strecke liegen hoch über dem See und bieten zum Teil fantastische Ausblicke. Bei San Lucas steigt die Straße steil an, passiert zwei schöne Aussichtspunkte und bei KM 143,5 die Abzweigung zum kleinen Weiler Tzampetey, bevor das lang gezogene **Agua Escondida** erreicht wird. Hier haben sich Ladinos aus Tecpán und Cakchiquel-Indígenas gleichermaßen niedergelassen, um vorwiegend von dem zu leben, was ihre Kleinparzellen hergeben. Dabei haben sich die unterschiedlichen Kulturen im Laufe der Jahrzehnte für guatemaltekische Verhältnisse erstaunlich weit angenähert. Eine geplante Straße von hier nach San Antonio Palopó konnte bislang noch nicht fertig gestellt werden.

Hinter Agua Escondida steigt die landschaftlich sehr reizvolle Straße erneut an und erreicht in 2100 m Höhe bei **Godínez** ihre höchste Stelle. In diesem Dorf, das durch seine offene Lage Wind und Wetter besonders stark ausgesetzt ist, trifft die Landstraße 11 auf die **Ruta Nacional 1**, die ehemalige Hauptstraße zum Atitlán-See. Diese wunderschöne Panoramastrecke führt mit ständig wechselnden Ausblicken auf den See und die Vulkane in 13 km hinab nach Panajachel.

Kurz hinter Godínez passiert man den spektakulären Aussichtspunkt **Mirador Santa Catarina**, von dem aus dem Besucher der ganze See zu Füßen liegt. Wenig später fährt man an **San Andrés Semetabaj** vorbei.

An der Plaza dieses Cakchiquel-Dorfs steht die sehenswerte Ruine einer Kirche aus dem 16. Jahrhundert. In engen Serpentinen windet sich die Straße steil nach Panajachel hinab und gibt immer wieder den Blick frei auf den Ort und den Vulkan San Pedro im Hintergrund.

Übernachtung und Essen

Im Dorf Agua Escondida kann man in der einfachen ***Hospedaje Vista Lago*** mit Seeblick übernachten. Die Unterkunft liegt an der Hauptstraße ❶.
Guatemaltekische Hausmannskost serviert der urige *comedor* ***Volver Volver*** (schräg gegenüber von der *Hospedaje Vista Lago)*.
In San Andres Semetabaj bietet die ***Hospedaje Garden Party***, in Plazanähe, Barrio El Centro, ✆ 52935777, einfache, aber saubere Zimmer ohne Bad an. ❶–❷. In ihrer *Pizzeria* kann man auch frühstücken.

Santa Catarina Palopó

Von Panajachel führt eine kurvige asphaltierte Straße zu dem am Seeufer liegenden Dorf Santa Catarina Palopó. Noch vor wenigen Jahrzehnten trugen die Frauen hier Blusen, in denen die Farben Rot und Weiß dominierten. Heute dagegen leuchten ihre unverwechselbaren und einmaligen *huipiles* in einem satten Türkisblau. Was ist geschehen? In den siebziger Jahren kam ein US-Amerikaner ins Dorf und bestellte einen türkisblauen *huipil*. Die Farbe gefiel den Frauen so gut, dass sich alle nach und nach in der neuen Mode kleideten, selbst die Männer passten sich mit ihren Hosen schließlich dem Geschmack der Frauen an.

Aber nicht nur in Bezug auf die Mode gab es Veränderungen in Santa Catarina: Als die Fisch- und Krebsvorkommen des Sees nicht mehr ausreichten, das Dorf zu ernähren, begann man mit dem Terrassenfeldbau. Auf kleinsten Parzellen, *tablones* genannt, werden nun hauptsächlich Zwiebeln angebaut. Auch der Tourismus spielt inzwischen eine große Rolle: Viele Frauen verkaufen tagsüber Webarbeiten im 5 km entfernten Panajachel oder bemühen sich um die Besucher, die nach Santa Catarina kommen.

Zu schaffen macht den Einwohnern das hohe Bevölkerungswachstum, denn der Lebensraum ist begrenzt, und die einfachen, eng aneinander gebauten, Lehmhäuser ziehen sich mittlerweile weit den Hang hinauf. Was von weitem idyllisch aussieht, bedeutet im Alltag der Indígenas qualvolle Enge. Die Bevölkerungsdichte ist weitaus höher als in Panajachel. Verschärft wird die Situation dadurch, dass viele der Bewohner ihre Grundstücke an reiche Guatemalteken oder Ausländer verkauft haben. Deren „Paläste", die meist von einem hohen Zaun umgeben sind, stehen im krassen Gegensatz zu den ärmlichen Hütten der Indígenas.

Wanderung vom Mirador Santa Catarina nach Santa Catarina

(Halbtagesausflug mit Guide)

Streckenprofil: bergab und eben; z.T. schmaler Pfad

Gehzeit: ca. 2 Std.
Fahrt mit dem Linienbus von Panajachel nach Godínez (Aufschrift: San Lucas, Cocales), Abfahrt Kreuzung Calle Santander/Calle Principal, ca. 30 Min). An der *Shell*-Tankstelle aussteigen und der asphaltierten Straße Richtung Panajachel ca. 1,5 km bis zum Aussichtspunkt *(mirador)* Santa Catarina folgen. Nachdem man die spektakuläre Aussicht genossen hat, nimmt man den deutlich sichtbaren, gepflasterten Weg unterhalb des *miradors* zum kleinen Weiler **Pacamán**. Im Ort angekommen, folgt man dem kleinen Pfad, der vor dem Schulgebäude rechts abzweigt. Der Weg schlängelt sich nun einige Kilometer ohne Abzweigungen mit wunderschönen Ausblicken am Hang entlang und erreicht nach ca. 5 km schließlich das Cakchiquel-Dorf Santa Catarina. Von hier aus sind es nur noch ca. fünf weitere Kilometer nach Panajachel, die entlang der Straße zurückgelegt werden können. Wer genug gelaufen ist, kann von Santa Catarina mit den regelmäßig verkehrenden Pickups oder aber mit dem Boot (kein regelmäßiger Verkehr, am Anlegesteg nachfragen) nach Panajachel zurückkehren.

Warnung: Leider ist es auch auf dieser wenig bekannten Route zu Überfällen auf Touristen gekommen. Wer auf Nummer sicher gehen will, besorgt sich in Panajachel einen Guide über eine Agentur, s.S. 229.

Übernachtung und Essen

Hospedaje 5–Ajpu, rund 50 m von der Kirche entfernt (Richtung San Antonio), einfache, saubere Unterkunft mit Gemeinschaftsbad, einige Zimmer mit Seeblick. ❶
Hotel Villa Santa Catarina, nahe Plaza, Central, ✆ 77621291, ✆ 77622013, www.villasdeguatemala.com, recht luxuriöses Hotel einer Kette, Swimmingpool, Restaurant, viele Gruppen. ❻
Casa Palopó, KM 6,8, ✆ 77622270, ✆ 77622721, ✉ reservations@casapalopo.com, kleines, gemütliches Luxushotel mit allen Schikanen und tollen Blicken auf den See. ❽
Restaurant Laguna Azul, am Seeufer, einheimische Küche zu günstigen Preisen.

Einkaufen

Um das Hotel *Villa Santa Catarina* gibt es einige Verkaufsstände mit **Webarbeiten** zu überhöhten Preisen.
Galeria Dzunun, hinter der Kirche, verkauft Bilder mit einer hier entstandenen Technik aus Pappmaché, das mit Acryllack überzogen wurde; die Motive stellen fast ausschließlich die typischen Trachten der Indígenas dar, ⌚ Mi–Mo 8–13, 14–17 Uhr.

Transport

Pickups verlassen den Ort regelmäßig Richtung PANAJACHEL und SAN ANTONIO. Der Bootsverkehr ist unregelmäßig und beschränkt sich meist auf Touristenboote.

San Antonio Palopó

Rund 10 km von Panajachel entfernt endet der Asphalt im traumhaft schön am Ostufer des Sees gelegenen Dorf San Antonio Palopó. Wer mit dem Boot ankommt, sieht oftmals als Erstes Frauen und Kinder am Ufer sitzen, die Zwiebeln waschen, sortieren und verpacken. Die wenigsten mögen es, bei ihrer Tätigkeit fotografiert zu werden. Auf dem Weg vom Anlegesteg zur kleinen, weiß getünchten Kirche wird man von einigen hartnäckigen Verkäufern verfolgt, die Webarbeiten anbieten. Zu den Besonderheiten der hiesigen Tracht gehört ein dünnes Stoffband *(cinta)*, das die Frauen geschickt in ihr Haar einarbeiten. Zu ihrem blauen Rock und dem roten *huipil* tragen sie gold- und silberfarbenen Modeschmuck. Die Männer, die ebenfalls meist traditionell gekleidet sind, zeigen sich mit einer dunklen Wollschürze und Sandalen zu rotweiß gestreiften Hemden. Obwohl der Ort inzwischen regelmäßig von Touristenbooten angelaufen wird, lebt der Großteil der Bevölkerung weiterhin von der Landwirtschaft, die ähnlich wie in Santa Catarina auf Terrassenanbau setzt. Neben Mais und Bohnen, die etwas weiter außerhalb an den Steilhängen angebaut werden, konzentriert sich der wasserintensive Terrassenfeldbau auf Zwiebeln und etwas Anis.

Übernachtung

Terrazas del Lago, an der Seeuferstraße, ✆ 7762 0037, ✆ 77620157, mit schönem Blick auf die Vulkane, große Zimmer aus Vulkangestein, gemütliches Ambiente, Restaurant, Bootsservice. ❹
Hotel Bella Vista, an der Straße zwischen San Antonio und Santa Catarina (ca. 7 km von Panajachel), ✆/✆ 77621566, großflächige Anlage mit einfachen Bungalows, z.T. mit Seeblick, sehr ruhig, Schwimmbad, Restaurant, Preis inklusive einfachem Frühstück. ❻

Einkaufen

Ceramica Atitlán, C. del Lago, kurz vor dem Fußballplatz, verkauft glasierte Tonkeramik, Besuch der Werkstatt möglich, Info im Laden, ⌚ 8–17 Uhr.

Transport

Der Bootsverkehr ist unregelmäßig und beschränkt sich meist auf Touristenboote. Pickups verlassen den Ort regelmäßig Richtung PANAJACHEL über SANTA CATARINA.

Von Los Encuentros nach Cuatro Caminos

Folgt man der Panamericana von der Kreuzung Los Encuentros aus Richtung Westen, passiert man bei KM 149,5 links die Abzweigung nach Santa Lucía Utatlán und Santa Clara La Laguna und erreicht wenig später Nahualá.

Nahualá

Der Ort liegt im äußersten Nordwesten der Provinz Sololá beim KM 157 der Panamericana und in 2467 m Höhe. Die Einwohner sprechen hier bereits Quiché. Das Dorf, das sich schon in den vergangenen Jahrhunderten den Einflüssen der Spanier und später der Ladinos erfolgreich widersetzt hat, wird selten von Touristen besucht. Die Bewohner haben sich ihre typisch indianische Lebensweise weitestgehend bewahrt, was sie durch Trachten und Brauchtum demonstrieren. Die Frauen tragen einen blauen Rock und einen weiß-roten *huipil,* während bei der Tracht der Männer besonders der schwere, dunkelfarbene Wickelrock aus Wolle auffällt. Darunter tragen sie nur eine kurze Hose aus feiner Baumwolle, die von den Männern selbst mit Vogel- oder Schmetterlingsmotiven bestickt wird. Ein Symbol auf der Kleidung ist der doppelköpfige Adler, der auf eine Legende zurückgeht: Demnach suchte dieser Raubvogel den Ort mehrfach heim, tötete Mensch und Tier mit seinen scharfen Klauen, bis ihn ein paar listige Jäger erlegen konnten.

Der Name Nahualá bedeutet so viel wie „Ort der Hexer" oder auch „magisches Wasser". Doch Wasser ist auch hier ein kostbares Gut geworden, nachdem die einst großen Kiefernwälder, die das Dorf umgaben, nahezu völlig abgeholzt worden sind.

Neben der traditionellen Landwirtschaft spielt das **Kunsthandwerk** eine bedeutende Rolle. Aus Granitgestein werden Mahlsteine *(metates)* gehauen, Männer stellen Umhängetaschen *(morrales)* aus Wolle her, bauen Marimbas und schnitzen Holzmöbel. Einen besonderen Ruf haben die alten Holzkisten aus Nahualá, die auf ganz bestimmte Art und Weise konstruiert und mit Tierschnitzereien verziert sind. Ein durchaus sehenswerter Markt findet sonntags statt.

Weil der Ort früher zum Nachbardorf Santa Catarina Ixtahuacán gehörte, ist die Fiesta am 25. November der heiligen Katharina gewidmet. Die Unterkunftsmöglichkeiten sind sehr bescheiden, aber wer sich an die Panamerica stellt, kann noch bis spät abends in beide Richtungen weiterreisen.

Weiter auf der Panamericana

Bei Nahualá beginnt die Straße anzusteigen und erreicht auf 3070 m ihren höchsten Punkt. Auf die windige und kalte Hochfläche, die „Alaska" genannt wird, hat die Provinzregierung 1999 die Bewohner von **Santa Catarina Ixtahuacán**, dem bereits erwähnten Schwesterdorf Nahualás, umgesiedelt. Ihr ursprünglich tiefer gelegenes Dorf war wegen geologischer Gräben, die sich immer weiter öffneten, nicht mehr bewohnbar. Doch der trockene Boden in dieser Höhe eignet sich nicht zur Landwirtschaft und kann daher die Bevölkerung nicht ernähren. Die Kälte und fehlende Infrastruktur haben die Situation der Menschen weiterhin verschlechtert. Inzwischen hat sich sogar das Parlament mit dem Problem Santa Catarina befasst, doch eine schnelle Lösung scheint nicht in Sicht.

Die Straße windet sich in weiten Bögen hinunter ins Tal und passiert Kleinparzellen der hier lebenden Bauern, die Mais und Weizen anpflanzen. In der Trockenzeit sieht man hier große Strohberge, die sich am Straßenrand türmen – gedroschene Weizenspreu, die als Füllmaterial für Matratzen verwendet wird. Bei KM 188 befindet sich die Kreuzung **Cuatro Caminos**. Die „vier Wege" sind ein lebhafter Umsteigeplatz, an dem abgasgeschwängertes Obst, Gebäck, kandierte Früchte und Zeitungen verkauft werden. Wer hier links abbiegt, erreicht nach 13 km Quetzaltenango. Nach rechts führt der Weg in das 12 km entfernte Totonicapán und geradeaus weiter nach Huehuetenango (82 km) und zum Grenzort La Mesilla (154 km).

Das nordwestliche Hochland

Provinz Totonicapán

Mit nur rund 1% der Landesfläche gehört Totonicapán zu den kleinsten *departamentos* Guatemalas. Die Bevölkerungsdichte ist mit rund 340 Bewohnern pro Quadratkilometer extrem hoch, obwohl die Provinz zur kältesten des Landes zählt: Fast alle acht Landkreise liegen in der Sierra Madre in Höhen zwischen 2000 und 3000 m. Nur ganz im Norden der Provinz werden etwas geringere Höhen erreicht. Die Bewohner des *departamentos* sind zu 95% Quiché-Indianer. Da die Wälder um Totonicapán in den letzten Jahren schonungslos abgeholzt wurden, hat die Bevölkerung mit einer ungewöhnlichen Initiative begonnen, die verbleibenden Forste zu schützen (s.S. 70).

Die **Provinzhauptstadt Totonicapán** liegt in einer Höhe von 2495 m am Ende eines Tales, 12 km von der Kreuzung Cuatro Caminos entfernt. Sie ist auf drei Seiten eingerahmt von bewaldeten Bergen und Hügelketten. So erhebt sich zum Beispiel im Südwesten des Ortes der **Vulkan Cuxliquel** („Papageienbrust"), der kaum als solcher erkennbar ist und nur 2610 m misst. Die ursprüngliche Siedlung Totonicapáns befand sich oberhalb des heutigen Standorts und war nach **Utatlán** die zweitwichtigste Stadt der Quiché-Indianer. Sie nannten sie Chuimekená, was mit „Ort über den heißen Quellen" übersetzt wird. Im Tal von Totonicapán verlaufen zahlreiche Heißwasseradern, die auch heute noch an verschiedenen Stellen an die Oberfläche treten.

San Miguel Totonicapán

Die Spanier gründeten San Miguel Totonicapán 1544. Immer wieder begehrte die indianische Bevölkerung gegen die Kolonialherren auf. So weigerte sich beispielsweise 1816 der indianische Bürgermeister **Anastasio Tzul**, Steuern an die spanische Krone abzuführen. Vier Jahre später kam es zur offenen Rebellion in Totonicapán und in den umliegenden Dörfern, die von Tzul und Lucas Aguilar angeführt wurde. Nach der Vertreibung der verhassten Spanier wurde Tzul kurz darauf zum neuen König der Quichés gewählt. Seine Amtszeit dauerte jedoch nur 29 Tage, dann beendeten königliche Truppen aus Quetzaltenango den Aufstand, verhafteten Tzul und seine Gefolgsleute und stellten sie vor Gericht. Ihr weiteres Schicksal ist in den Wirren des Unabhängigkeitskampfes verloren gegangen. Auch heute noch gilt Tzul, besonders unter der indianischen Bevölkerung, als Volksheld – auf der Plaza von Totonicapán hat man ihm ein Denkmal gesetzt sowie Schulen und Brücken nach ihm benannt.

Jedes Jahr kommen am Vorabend des 15. September, dem Tag der Unabhängigkeit von Spanien, Indígenas von nah und fern nach Totonicapán. Sie entzünden Fackeln am Denkmal von Anastasio Tzul, die sie ihm zu Ehren in einem Stafettenlauf zu ihren Dörfern tragen, begleitet von einem lärmenden Autokorso. Veranstaltungen dieser Art finden am 14. September im ganzen Hochland statt.

Totonicapán ist bekannt für sein vielfältiges Angebot an traditionellem Kunsthandwerk, das man in vielen kleinen Werkstätten besichtigen kann.

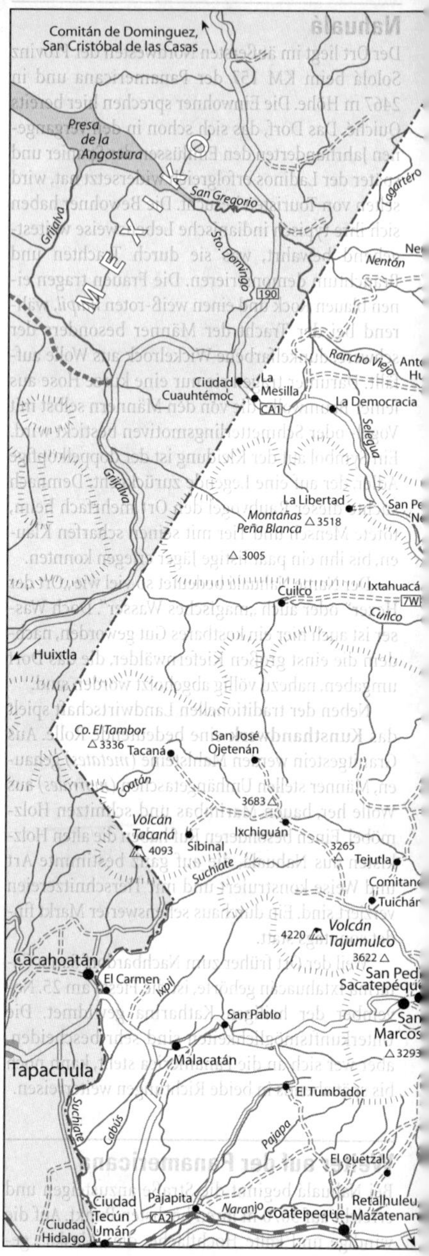

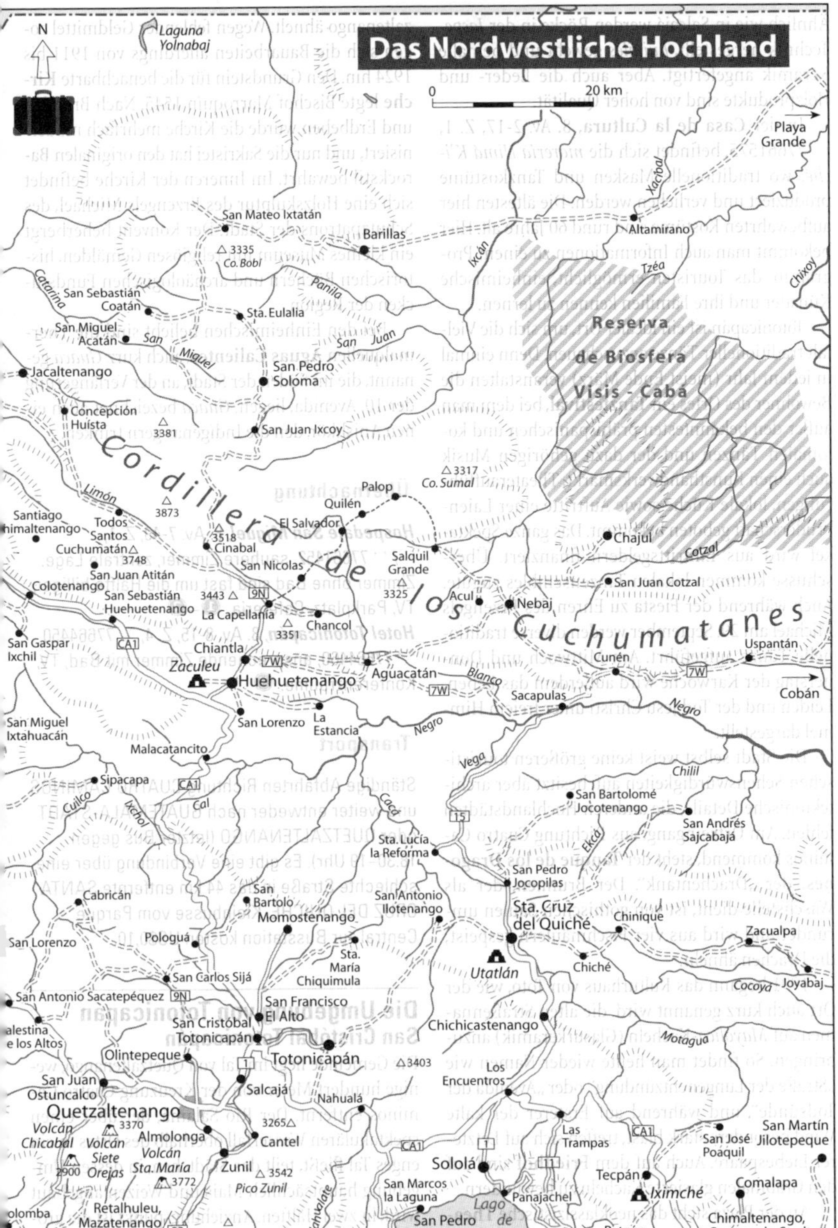

DAS HOCHLAND

Ähnlich wie in Salcajá werden Röcke in der *Jaspe*-Technik hergestellt, *huipiles* gewebt und bemalte Keramik angefertigt. Aber auch die Leder- und Holzprodukte sind von hoher Qualität.

In der **Casa de la Cultura**, 8. Av. 2-17, Z. 1, ✆ 77661575, befindet sich die *morería Nimá K'iché*, wo traditionelle Masken und Tanzkostüme produziert und verliehen werden. Die ältesten hier aufbewahrten Kostüme sind rund 60 Jahre alt. Hier bekommt man auch Informationen zu einem Programm, das Touristen ermöglicht, einheimische Künstler und ihre Familien kennen zu lernen.

Totonicapán ist ein idealer Ort, um sich die Vielfalt traditioneller Tänze anzuschauen. Denn einmal in jedem Jahr (meist Ende März) veranstalten die Bewohner des Ortes ein **Tanzfestival**, bei dem man außer den bekanntesten prähispanischen und kolonialen Tänzen und der dazu gehörigen Musik auch einen Kunsthandwerksmarkt, Theateraufführungen, lokale Küche sowie Auftritte einer Laienbruderschaft geboten bekommt. Das ganze Spektakel wird aus Eintrittsgeldern finanziert. Überschüsse kommen lokalen Tanzensembles zugute. Auch während der Fiesta zu Ehren des Erzengels Michael am 29. September werden diverse traditionelle Tänze aufgeführt. Am Mittwoch und Donnerstag der Karwoche wird außerdem das Leben, Leiden und der Tod Jesu Christi unter freiem Himmel dargestellt.

Die Stadt selbst weist keine größeren touristischen Sehenswürdigkeiten auf, besitzt aber architektonische Details, die anderen Hochlandstädten fehlen. Am Ortseingang, aus Richtung Cuatro Caminos kommend, steht der **Tanque de los Dragones**, der „Drachentank". Der Brunnen, der als Waschstelle dient, ist von gothischen Säulen umrundet und wird aus vier Fischmäulern gespeist, die Drachen ähneln.

1991 begann das Kulturhaus von Toto, wie der Ort auch kurz genannt wird, die alten Straßennamen auf *Mayolica*-Kacheln (Glasurkeramik) anzubringen. So findet man heute wieder Namen wie „Straße der Lungenentzündung" oder „Avenida der Todsünde", und während auf Ersterer der kalte Wind besonders stark bläst, treffen sich auf Letzterer Liebespaare. Auch auf dem **Friedhof** sind auf den Grabmalen glasierte Kacheln zu bewundern.

An der Plaza steht das neoklassizistische **Theater**, das der Konstruktion des Theaters von Quetzaltenango ähnelt. Wegen fehlender Geldmittel zogen sich die Bauarbeiten allerdings von 1911 bis 1924 hin. Den Grundstein für die benachbarte **Kirche** legte Bischof Marroquín 1545. Nach Bränden und Erdbeben wurde die Kirche mehrfach modernisiert, und nur die Sakristei hat den originalen Barockstil bewahrt. Im Inneren der Kirche befindet sich eine Holzskulptur des Erzengels Michael, des Schutzpatrons der Stadt. Der Konvent beherbergt ein kleines Museum mit religiösen Gemälden, historischen Büchern und archäologischen Fundstücken der Region.

Bei den Einheimischen beliebt sind die Thermalquellen **Aguas Calientes**, auch kurz *Guaca* genannt, die im Süden der Stadt, an der Verlängerung der 10. Avenida, liegen. *Guaca* bezeichnet auch einen Anislikör, den die Indígenas gern trinken.

Übernachtung

Hospedaje San Miguel, 8. Av. 7-49, Z. 1, ✆/℡ 77661452, saubere Zimmer, zentrale Lage. Zimmer ohne Bad sind fast um die Hälfte billiger, TV, Parkplatz, Cafetería. ❶–❷
Hotel Totonicapán, 8. Av. 8-15, Z. 4, ✆ 77664450, ℡ 77664460, ansprechende Zimmer mit Bad, TV, Konferenzräume. ❺

Transport

Ständige Abfahrten Richtung CUATRO CAMINOS und weiter entweder nach GUATEMALA-STADT oder QUETZALTENANGO (letzter Bus gegen 18.30–19 Uhr). Es gibt eine Verbindung über eine schlechte Straße in das 44 km entfernte SANTA CRUZ DEL QUICHÉ. Kleinbusse vom Parque Central zur Busstation kosten US$0,10.

Die Umgebung von Totonicapán

San Cristóbal Totonicapán

Die Gemeinde liegt im Tal von Quetzaltenango, wenige hundert Meter von der Kreuzung Cuatro Caminos entfernt. Der Río Salamá, der über einen spektakulären Wasserfall oberhalb des Ortes in ein enges Tal fließt, teilt das Städtchen, in dessen Umgebung hauptsächlich Mais und Weizen angebaut wird, in zwei Hälften. Anziehungspunkt ist die große Franziskanerkirche aus dem 16. Jahrhundert, die später restauriert wurde und eindrucksvolle, silberverzierte Altäre und Holzfiguren beherbergt. Mehr noch als in die Provinzhauptstadt kommen Indígenas aus dem ganzen Hochland nach San Cristóbal, um sich in den *morerías* Trachten und Kostüme für traditionelle Tänze auszuleihen. In der Umgebung des Ortes befinden sich einige kleinere Thermalbäder mit Namen wie Los Naranjalitos, Fray Bernadino oder Agua Tibia. Der sonntägliche Markt ist gut besucht, ebenso wie die Fiesta Ende Juli. Übernachten sollte man vorzugsweise in Quetzaltenango.

Da San Cristóbal Totonicapán nur wenige hundert Meter von Cuatro Caminos entfernt liegt, ist es mit jedem beliebigen Bus zu erreichen, der diese Kreuzung passiert. Vom Busbahnhof in Quetzaltenango fahren mehrmals täglich Busse direkt nach San Cristóbal.

San Francisco El Alto

Der Ort ist allein schon wegen seiner Lage in 2630 m Höhe einen Besuch wert. Da er auf einem Hügel liegt, bietet sich von San Francisco ein fantastisches Panorama, das sich bis zum Vulkan Santa María auf der anderen Talseite erstreckt. Hinzu kommt jeweils freitags einer der größten Hochlandmärkte, der trotz steigender Touristenzahlen weitaus authentischer als der Markt von Chichicastenango ist. Fast alle der angebotenen Waren sind auf die Bedürfnisse der einheimischen Bevölkerung zugeschnitten und rein touristische Verkaufsstände sind (noch) die Ausnahme. Besonders günstig lassen sich hier Wollteppiche erstehen. Sehenswert ist der Viehmarkt auf dem Fußballplatz. Nicht selten sieht man Bauern, die angestrengt versuchen, ein soeben erworbenes Schwein zum Laufen zu bewegen. Von dem ständigen Schubsen und Drücken in den engen, überfüllten Gassen sollte man sich die gute Laune nicht verderben lassen – es gehört hier einfach dazu. Vorsicht vor Taschendieben ist allerdings angebracht!

Am ruhigsten und sichersten lässt sich das Marktgeschehen vom Dach der barocken **Franziskanerkirche** aus dem Jahr 1725 aus beobachten. Der Aufstieg ist gegen einen kleinen Obulus vom Konvent aus möglich, der wiederum durch die Kirche zu erreichen ist. Von hier oben hat man den besten Blick auf Markt und Umgebung, und die weiß getünchten Glockentürmchen passen als Kulisse in jeden Italowestern. Bitte nicht auf die baufälligen Dachkuppeln steigen, sondern am Rand des Dachs entlang laufen!

San Francisco oder Chusiguán, wie der Ort früher genannt wurde, ist bei den Indígenas für ihre religiösen Zeremonien sehr bedeutend. Viele Maya-Priester suchen die Opferplätze der Umgebung wie Las Nueve Sillas oder El Quemadero auf und zelebrieren dort die Jahrhunderte alten *costumbres.* Die große Fiesta findet jährlich am 4. Oktober statt.

Übernachtung

Die Herbergen sind wenig anheimelnd und eher auf Marktteilnehmer als auf Touristen eingestellt. Einigermaßen akzeptabel sind:

Hotel Velasquez, 4. C. 1-53, ✆ 77384003, billig und sauber. ❶

Hotel Vista Hermosa, 3. C. 2-64, ✆ 77384010, einfache, aber große Zimmer. ❷

Transport

Vom Terminal in QUETZALTENAGO fahren Direktbusse nach San Francisco. An der Kreuzung CUATRO CAMINOS kommen ständig Busse nach San Francisco vorbei. Alternativ kann man jeden Bus in Richtung HUEHUETENANGO oder LA MESILLA nehmen, an der Abzweigung nach San Francisco aussteigen und ca. 1 km zu Fuß in den Ort laufen.

Momostenango

Mit Fertigstellung der asphaltierten Straße vor wenigen Jahren hat sich die Fahrtzeit für die knapp 20 km von San Francisco nach Momostenango nicht nur erheblich verkürzt, sie ist auch staub- bzw. schlammfrei geworden. Der Weg führt nördlich von San Francisco el Alto durch eine steppenartige Landschaft über einen Bergkamm, durchquert einen Kiefernwald und endet in einem breiten Tal auf 2204 m Höhe. Das propere Momostenango wirkt äußerst ruhig, fast schon verschlafen, und bestimmt nicht wie das Zentrum der Wollproduktion des guatemaltekischen Hochlands, das es ist: Hier werden u.a. die besten Decken des Landes hergestellt. Vor allem bei den Indígenas besteht eine große Nachfrage nach Wollartikeln aus

Momostenango. Die Männer aus Nahualá kaufen z.B. ihre Überröcke hier. Vielleicht ist die Abgeschiedenheit mit verantwortlich für die Tatsache, dass der Ort seine Traditionen und kulturelle Vergangenheit weitestgehend bewahrt hat. So sollen hier immer noch zahlreiche Schamanen und Maya-Priester ihre uralten Rituale durchführen. Sie alle werden wohl am *Guajxaquip Batz,* dem „Tag der acht Affen", in vollem Einsatz sein. Dieser Tag markiert den Anfang des *Tzolkin,* des religiösen 260-Tage-Kalenders der Maya (s.S. 127), der von den Einwohnern bis heute benutzt wird. Dann strömen Zehntausende Indígenas zu den Opferstätten **Chuit mesabal** und **Nim mesabal**, um mittels eines *chuchkajau* zu den Göttern zu beten. Tongefäße werden zerschlagen, Weihrauch liegt in der Luft, Kerzen brennen allerorten, und vom geopferten Schnaps gönnen sich alle selbst ein kleines Schlückchen – und dies Tag und Nacht. Mit lauter Stimme rufen die Schamanen die Götter an und übermitteln die Wünsche ihrer Schutzbefohlenen. Selbst die katholische Kirche integriert sich in die heidnischen Festivitäten, indem sie am Vorabend eine Messe feiert. Da man als Tourist von alldem wenig mitbekommt – kaum jemand kennt den genauen Termin des Festes, das gemäß dem Ritualkalender jedes Jahr zu einem anderen Zeitpunkt stattfindet – lohnt es eher, den sonntäglichen Markt oder das Patronatsfest am 25. Juli zu besuchen.

Ein kleiner Spaziergang in die Umgebung von Momostenango bringt einen zu den **Riscos**, einer bizarren Felsformation, die durch Erosion entstanden ist. Den Weg dorthin kennt jeder Einwohner.

Übernachtung und Essen

Hotel Estiver, 1. C. 4-15, Z. 4, ✆ 77365036, größtes und bestes Hotel des Ortes, einfache Zimmer, schöner Blick vom Dach, Parkplatz. ❶–❷

Weitere sehr einfache *hospedajes* und *comedores* in Plaza-Nähe, z.T. ohne Duschen.

Transport

Busse nach GUATEMALA-STADT verlassen die Plaza ca. alle 30 Min. von 3–15 Uhr. Nach QUETZALTENANGO alle 15 Min. zwischen 5 und 17 Uhr. Alle Busse fahren über San Francisco El Alto und die Kreuzung Cuatro Caminos.

Provinz Quetzaltenango

Wer auf der Hochebene Alaska den höchsten Punkt der Panamericana in Guatemala passiert hat, sieht kurz darauf das große Becken von Quetzaltenango, eines der größten Täler des guatemaltekischen Hochlands. Es erstreckt sich in einer Höhe von 2300 bis 2500 m und auf einer Länge von rund 27 km von **Olintepeque** im Westen bis nach **Totonicapán** im Osten. Der **Río Samalá** zerteilt das Becken und fließt über Zunil in Richtung Pazifik. Das fruchtbare Tal ist dicht besiedelt, und die Felder ziehen sich wie Flickenteppiche weit die Hänge hinauf. Im Süden überragt der 3772 m hohe **Vulkan Santa María** die Landschaft und bildet eine natürliche Grenze zur Bocacosta und zum Pazifikraum. Ein Teil dieser beiden Landschaftsbereiche gehört ebenfalls zur Provinz Quetzaltenango.

Quetzaltenango

Die zweitgrößte Stadt des Landes versprüht einen eher spröden, konservativ- provinziellen Charme, der in starkem Kontrast zur chaotischen Hektik der Hauptstadt steht. In **Xela** (sprich: „Schela"), wie der Ort in Abkürzung seines alten indianischen Namens *Xelajú* auch genannt wird, gehen die Uhren langsamer als im 200 km entfernten Guatemala-Stadt. Wäre da nicht der ständige Autoverkehr, könnte man sich ein Jahrhundert zurückversetzt glauben. Der Tag beginnt gemächlich, da die Bewohner sehnsüchtig auf die ersten Strahlen der Sonne warten, die die Kälte vertreiben und die Menschen aus ihren Häusern hervorlocken. Quetzaltenango liegt in einer Höhe von 2333 m, und die Temperatur erreicht bisweilen den Gefrierpunkt.

Xela wirkt mit seinen braungrauen, eintönigen Gebäuden auf den ersten Blick nicht allzu einladend und ist auch nicht mit Sehenswürdigkeiten gesegnet. Dennoch übt die Stadt eine wachsende Anziehungskraft auf Touristen aus. Zum einen ist sie ein idealer Ausgangspunkt für abwechslungsreiche Ausflüge in die Umgebung. Die Palette reicht von interessanten Wanderungen, Vulkanbesteigungen, indianischen Märkten, über Kunsthandwerksbetriebe bis hin zu Kaffeeplantagen und heißen Quellen. Ein besonderes Erlebnis sind die Osterfeierlichkeiten, die in Xela mit großem Aufwand und indianischen Anklängen begangen werden.

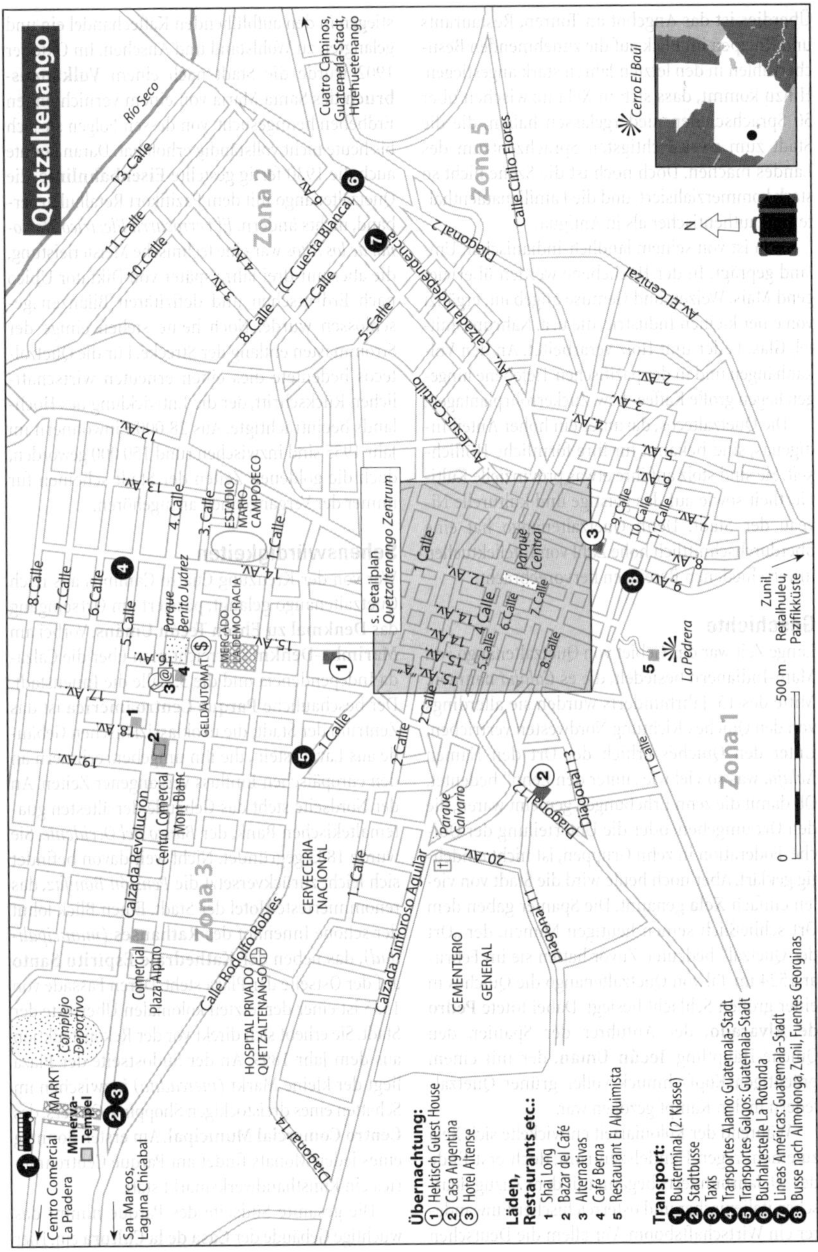
Quetzaltenango
Zona 1
Zona 2
Zona 3
Zona 5
s. Detailplan Quetzaltenango Zentrum
Parque Central
Parque Benito Juárez
Parque Calvario
MERCADO LA DEMOCRACIA
GELDAUTOMAT
ESTADIO MARIO CAMPOSECO
CERVECERIA NACIONAL
CEMENTERIO GENERAL
HOSPITAL PRIVADO QUETZALTENANGO
Complejo Deportivo
MARKT
Minerva-Tempel
Centro Comercial La Pradera
San Marcos, Laguna Chicabal
Cuatro Caminos, Guatemala-Stadt, Huehuetenango
Zunil, Retalhuleu, Pazifikküste
Cerro El Baúl
La Pedrera
Río Seco
Calzada Revolución
Centro Comercial Mont Blanc
Comercial Plaza Alpino
Calle Rodolfo Robles
Calzada Sinforoso Aguilar
Av. Jesús Castillo
7. Av. Calzada Independencia
Av. El Ceniza
Calle Cirilo Flores
(C. Cuesta Blanca)
Diagonal 2
Diagonal 11
Diagonal 12
Diagonal 13
Diagonal 14
500 m
N
Übernachtung:
1 Hektisch Guest House
2 Casa Argentina
3 Hotel Altense
Läden, Restaurants etc.:
1 Shai Long
2 Bazar del Café
3 Alternativas
4 Café Berna
5 Restaurant El Alquimista
Transport:
1 Busterminal (2. Klasse)
2 Stadtbusse
3 Taxis
4 Transportes Alamo: Guatemala-Stadt
5 Transportes Galgos: Guatemala-Stadt
6 Bushaltestelle La Rotonda
7 Lineas Américas: Guatemala-Stadt
8 Busse nach Almolonga, Zunil, Fuentes Georginas

Überdies ist das Angebot an Touren, Restaurants und Kneipen im Blick auf die zunehmenden Besucherzahlen in den letzten Jahren stark angestiegen. Hinzu kommt, dass sich in Xela inzwischen über 30 Sprachschulen niedergelassen haben, die die Stadt zum zweitwichtigsten Sprachzentrum des Landes machen. Doch noch ist die Szene nicht so stark kommerzialisiert, und die Familienaufenthalte sind authentischer als in Antigua.

Xela ist von seinem ländlich-indianischen Umland geprägt. In der Hochebene werden überwiegend Mais, Weizen und Gemüse angebaut, ergänzt von einer kleinen Industrie, die u. a. Nahrungsmittel, Glas, Leder und Holz verarbeitet. An den Vulkanhängen und in der pazifischen Tiefebene hingegen liegen große Kaffee- bzw. Zuckerrohrplantagen.

Die Quetzaltecos, darunter ein hoher Anteil Indígenas, sind bekannt für ihre förmliche Höflichkeit. Sie sind stolz auf ihre etwas provinzielle Kultiviertheit sowie auf das geistige und kulturelle Niveau der Stadt. Denn Quetzaltenango hat eine überdurchschnittlich hohe Zahl von Intellektuellen in verschiedenen Bereichen hervorgebracht.

Geschichte

Lange Zeit war das Gebiet von Quetzaltenango von Mam-Indianern besiedelt, die es *Culahá* nannten. Mitte des 15. Jahrhunderts wurden sie allerdings von den Quichés Richtung Nordwesten vertrieben. Unter den Quichés erhielt der Ort den Namen *Xelajú,* was so viel wie „unter den Zehn" bedeutet. Ob damit die zehn Erhebungen gemeint waren, die den Ort umgeben, oder die Unterteilung der Quiché-Föderation in zehn Gruppen, ist nicht eindeutig geklärt. Aber noch heute wird die Stadt von vielen einfach **Xela** genannt. Die Spanier gaben dem Ort schließlich seinen heutigen Namen, der „Ort des Quetzal" bedeutet. Zuvor hatten sie im Februar 1524 im Tal von Quetzaltenango die Quichés in einer großen Schlacht besiegt. Dabei tötete **Pedro de Alvarado**, der Anführer der Spanier, den Quiché-Häuptling **Tecún Umán**, der mit einem prächtigen Kopfschmuck voller grüner Quetzalfedern in den Kampf gezogen war.

Während der Kolonialzeit entwickelte sich Xela zu einem regen Handelszentrum, doch erst Ende des 19. Jahrhunderts begann mit dem Zuzug deutscher, italienischer und österreichischer Einwanderer ein Wirtschaftsboom. Vor allem die Deutschen stiegen in den aufblühenden Kaffeehandel ein und gelangten zu Wohlstand und Ansehen. Im Oktober 1902 wurde die Stadt nach einem **Vulkanausbruch** des Santa María von einem vernichtenden Erdbeben heimgesucht, von dessen Folgen sie sich bis heute nicht vollständig erholt hat. Daran konnte auch die 1930 fertig gestellte **Eisenbahnlinie**, die Quetzaltenango mit dem Pazifikort Retalhuleu verband, nichts ändern. *El Ferrocarril Electrico Nacional de los Altos* war eine technische Meisterleistung, die aber nur drei Jahre später von Diktator Ubico nach Erdrutschen und defizitären Bilanzen geschlossen wurde. Noch heute stehen einige der Strommasten entlang der Strecke. Für die Quetzaltecos bedeutete dies einen erneuten wirtschaftlichen Rückschritt, der die Entwicklung des Hochlands beeinträchtigte. Aus 28 000 Einwohnern im Jahr 1955 sind inzwischen rund 150 000 geworden, doch die goldenen Zeiten der Stadt scheinen für immer der Vergangenheit anzugehören.

Sehenswürdigkeiten

Wer von der Kreuzung Cuatro Caminos aus nach Quetzaltenango gelangt, passiert am Ortseingang das **Denkmal zu Ehren Tecún Umáns**. Vorbei am **Marimba-Denkmal** erreicht man über die Calzada Independencia und die 5. Calle die Innenstadt. Der beschauliche **Parque Centroamérica** ist das Zentrum der Stadt; die neoklassizistischen Gebäude aus Lavagestein, die ihn umgeben, erinnern an den europäischen Einfluss vergangener Zeiten. An der Nordseite steht das Gebäude der ältesten guatemaltekischen Bank, der *Banco del Occidente*. Sie wurde 1883 gegründet. Nicht weit davon befindet sich leicht zurückversetzt die *Pensión Bonifaz*, das renommierteste Hotel der Stadt. Einen Blick lohnt der schöne Innenhof des **Rathauses** *(municipalidad)*, das neben der **Kathedrale Espíritu Santo** auf der Ostseite der Plaza steht. Deren Fassade von 1535 ist einer der letzten kolonialen Überreste der Stadt. Sie erhebt sich direkt vor der Rekonstruktion aus dem Jahr 1899. An der Südostseite der Plaza liegt der kleine Markt *(mercadito)* inzwischen im Schatten eines dreistöckigen Shopping-Centers, des **Centro Comercial Municipal**. Am ersten Sonntag eines jeden Monats findet am Parque Centroamérica ein Kunsthandwerksmarkt statt.

Die gesamte Südseite des Parque nimmt das wuchtige Gebäude der **Casa de la Cultura** ein. Hier

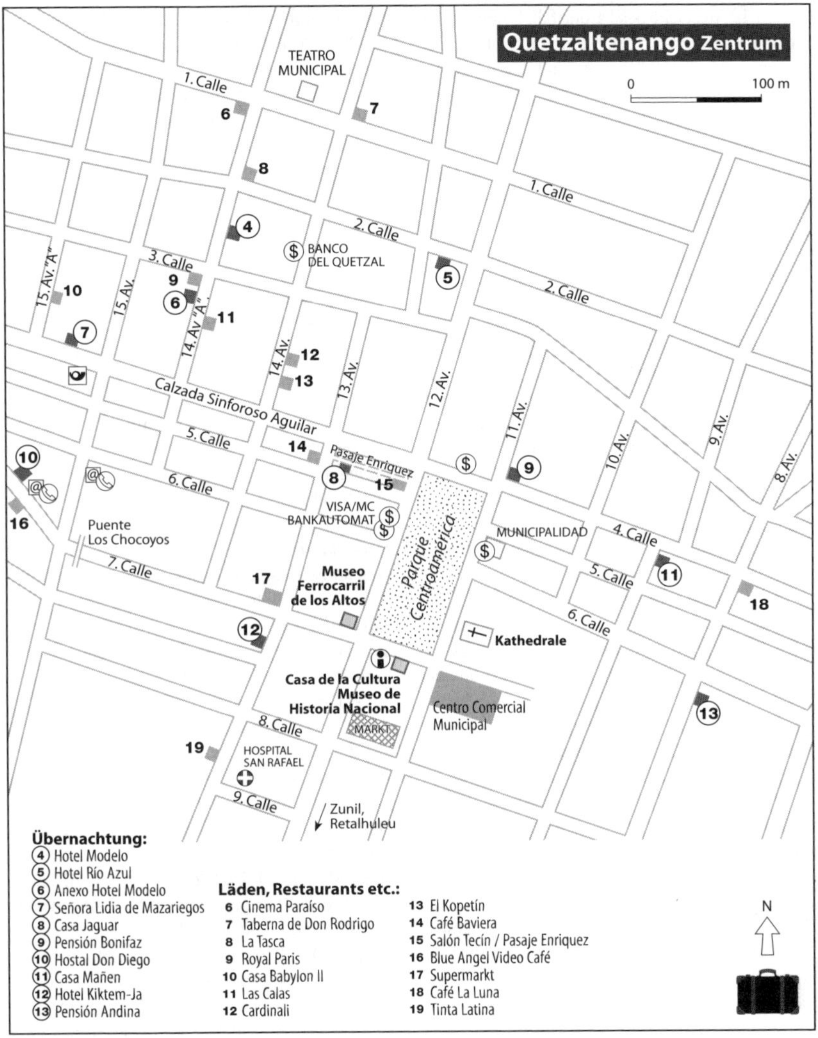

sind die Touristeninformation, die Stadtbibliothek und ein Museum untergebracht. Letzteres zeigt auf zwei Stockwerken eine wilde Mischung aus geschichtlichen Dokumenten, Sporttrophäen, Maya-Keramik, alten Fotos der Stadt und naturkundlichen Ausstellungsstücken. ⌚ Mo–Fr 8–12 und 14–18, Sa 9–13 Uhr, US$1.

Gleich nebenan, an der 12. Avenida, Ecke 7. Calle, befindet sich das **Museo del Ferrocarril de los Altos**, das Eisenbahnmuseum. Es dokumentiert die kurze Eisenbahngeschichte Quetzaltenangos, die Anfang der 30er Jahre des 20. Jahrhunderts begann. ⌚ Mo–Fr 8–12 und 14–17 Uhr (unregelmäßig), US$1.

An der Westseite des Parque fällt besonders die **Pasaje Enriquez** auf, eine überdachte Einkaufspassage, die zwei italienische Architekten Anfang des 20. Jahrhunderts erbauten. Das heruntergekommene Gebäude mit seinen vielen architektonischen Details und Verzierungen wurde zur Hälfte renoviert. Im Inneren der Passage liegt die *Tecún Umán Bar* mit Internetcafé und Ausflugsbüro.

Nur wenige Blocks vom Parque Centroamérica entfernt findet sich in der 1. Calle zwischen der 14. Avenida und der 14. Avenida A das **Teatro Municipal**. Das prunkvolle, neoklassizistische Bauwerk mit seiner beeindruckenden Fassade bietet über tausend Menschen Platz. Aufführungen sind allerdings selten geworden.

Folgt man der 14. Avenida A oder der 16. Avenida stadtauswärts, passiert man den **La Democracia-Markt**, der bereits in der Zone 3 liegt. Er ist voller Leben und dient gänzlich der Versorgung der einheimischen Bevölkerung. Nördlich des Marktes gelangt man zum wenig spektakulären **Parque Benito Juárez**. An der Ostseite des kleinen Parks steht die neogotische **Kirche San Nicolás**.

Etwas außerhalb am Stadtrand, Richtung San Marcos, befinden sich an der Calzada Revolución (4. Calle der Zone 3) ein **Minerva-Tempel** aus den Zeiten Estrada Cabreras, der **Hauptmarkt** und der **Busbahnhof**. Besonders der Busterminal, eine große Fläche unter freiem Himmel, ist extrem unübersichtlich. Doch viele engagierte Helfer bringen die Passagiere recht zügig zum richtigen Bus. In der *camioneta* sollte man sich dann vorsichtshalber bei den Mitfahrern vergewissern, ob das gewünschte Reiseziel auch wirklich angesteuert wird.

Etwas außerhalb im Osten der Stadt liegt der **Cerro El Baúl**, von dem man einen sehr schönen Blick über die Stadt und das Tal hat. Da es hier schon zu Überfällen gekommen ist, sollte man ein Taxi nehmen und in einer kleinen Gruppe dorthin fahren.

Übernachtung

HOTELS – Die meisten Hotels befinden sich unweit des Parque Centroamérica in der Zone 1. Neben den hier aufgeführten Unterkünften gibt es noch einige weitere *hospedajes* und *pensiónes*, die aber oft nicht einmal einfachen Ansprüchen genügen.

Casa Argentina, Diagonal 12, 8-37, Z. 1, ✆ 77612470, beliebter Travellertreff und Büro von *Quetzaltrekkers*, sehr günstige Preise. Viele Zimmer, Schlafsaal, seit kurzem auch einige Zimmer mit Privatbad, gefiltertes Trinkwasser und Gemeinschaftsküche inklusive. Sondertarife bei längerem Aufenthalt. Parkplatz. ❶–❷

Hostal Don Diego, 7. C. 15-20, Z. 1, ✆ 77616497, etwas dunkle Zimmer, Preis schließt Frühstück und eine halbe Stunde Internet mit ein, Wochen- und Monatstarife. ❷

Hektisch Guest House, 15. Av. 0-42, Z. 1, ✆ 77614447, altes Kolonialhaus, das zur Backpacker-Absteige umfunktioniert worden ist, alle Zimmer mit Gemeinschaftsbad, Schlafsaal, Küchenbenutzung, könnte etwas sauberer sein. Zimmer pro Monat und Person für rund US$120. ❷

Pensión Andina, 8. Av. 6-07, Z. 1, ✆ 77614012, unscheinbar von außen, saubere Zimmer mit Bad, Parkplatz. ❷

Hotel Río Azul, 2. C. 12-15, Z. 1, ✆ 77615026, Zimmer zu unterschiedlichen Preisen, ruhige Lage in einer Nebenstraße. ❷

Hotel Altense, 9. C. 8-48, Z. 1, ✆ 77654648, sauber, einfach, gutes Preis-Leistungs-Verhältnis. ❸

Hotel Kiktem-Ja, 13. Av. 7-18, Z. 1, ✆ 77614304, 📠 77612667, geräumige Zimmer mit Kamin, günstige Lage. ❸

Anexo Hotel Modelo, 14. Av. A 3-22, Z. 1, ✆ 77612606, angenehme Zimmer um einen schönen Innenhof, sehr sauber, absolut empfehlenswert. ❹

Hotel Modelo, 14. Av. A 2-31, Z. 1, ✆ 77612529, 📠 77631376, 1892 gegründet, ruhige, angenehme Zimmer, Restaurant, Parkplatz. ❻

Casa Mañen, 9. Av. 4-11, Z. 1, ✆ 77650786, 📠 77650678, 💻 www.comeseeit.com, kleines Hotel mit liebevoll eingerichteten Zimmern, sehr gepflegt, Kamin, Dachterrasse, Frühstück inklusive. ❻

Pensión Bonifaz, 4. C. 10-50, Z. 1, ✆ 77651111, 📠 77630671, immer noch das erste Haus am Platze, etwas überteuert, Restaurant, viele Reisegruppen, direkt am Parque gelegen. ❻–❼

APARTMENTS – Wer länger in Xela bleiben möchte, für den ist es meist günstiger ein Apart-

Die neoklassizistische Fassade des städtischen Theaters von Quetzaltenango

ment zu mieten. Das funktioniert ohne Formalitäten, man sollte aber auch fragen, ob Kosten für Gas, Strom, Wasser, Kabelfernsehen im Preis enthalten sind, um unliebsame Überraschungen zu vermeiden.

Casa Jaguar, in der Pasaje Enriquez am Parque, 2. Stock (Eingang bei *Adrenalina Tours),* ✆ 77614520, vermietet monatsweise große Zimmer mit Küche, Gemeinschaftsbad und TV, ca. US$134, für 2 Pers. US$160; größere, komplett eingerichtete Apartments kosten US$160 für eine und US$214 für 2 Pers.

Casa Argentina, Diagonal 12, 8-37, Z. 1, ✆ 77612470, vermietet Apartments für monatlich US$110 p.P. und US$135 für 2 Pers.

Hektisch Guest House, 15. Av. 0-42, Z. 1, ✆ 77614447, Zimmer pro Monat und Person für rund US$120, einfache Apartments verfügbar.

Señora Lidia de Mazariegos, 4. C. 15-34, Z. 1, ✆ 77612166, komplett eingerichtete Apartments für rund US$180/Monat.

Casa Babylon II, 15. Av. A 3-33, Z. 1, ✆ 77630206, große Zimmer mit Küchenbenutzung, monatlich US$135 für 2 Pers.

Essen

Der Größe der Stadt entsprechend gibt es zahlreiche Lokale. Neben Unmengen von Fast Food kann man auch preisgünstig und gut zugleich essen. Wie in anderen guatemaltekischen Städten bekommt man auf den Märkten landestypische Kost. Wem es nicht zu kalt ist, der kann neben der Kathedrale im Freien speisen. Abends gibt es hier an Wochenenden *buñuelos* (frisch frittiertes Teiggebäck). In Bäckereien werden Anisbrötchen *(shecas)* angeboten.

RESTAURANTS – ***Royal Paris,*** 14. Av. A, Ecke 3. C., Z. 1, 2. Stock, französisches Spezialitätenrestaurant (z.B. grünes Pfeffersteak), nicht ganz billig, Brettspiele, ⌚ So geschlossen.

Las Calas, 14. Av. A 3-21, Z. 1, Restaurant und Kulturzentrum, gute Paella, Salate und sehr leckere Nachtische, Sa Live-Musik, ⌚ So geschlossen.

Restaurante Cardinali, 14. Av. 3-25, Z. 1, bekannter Italiener mit guter Weinauswahl, nicht ganz billig.

Restaurante El Kopetín, 14. Av. 3-41, Z. 1, wird hauptsächlich von Einheimischen frequentiert;

hier gibt es alles vom Hamburger über Filet Mignon bis zu *ceviche.* Leckere Spinatmousse.
Restaurant in der Pensión Bonifaz, 4. C. 10-50, Z. 1, für die, die es etwas gediegener und teurer möchten. Internationale Küche.
Shai Long, 18. Av. 4-44, Z. 3, chinesische Küche.
Blue Angel Video Café, 7. C. 15-22, Z. 1, beliebte Kombination aus vegetarischem Restaurant, Videokneipe und Bücherei.
Casa Babylon II, 15. Av. A 3-33, Z. 1, arabische Küche und viele vegetarische Gerichte (Falafel, Humus, Tofu), leckere Säfte und Milchshakes.
El Alquimista, oberhalb des Aussichtspunktes La Pedrera, ca. 20 Min. zu Fuß vom Zentrum, Vegetarisches, Sauna und ein schöner Blick auf Xela, abends sehr kalt.
Salón Tecún, Pasaje Enríquez am Parque, gute Snacks und komplette Mahlzeiten.

CAFÉS – ***Café Baviera,*** 5. C. 13-14, Z. 1, Xelas beliebtestes und bestes Café, schön mit alten Fotos dekoriert. Frühstück ab 7 Uhr.
Café Berna, 16. Av., Z. 3, am Parque Benito Juárez, Kaffee, Kuchen, Milchshakes etc., Filiale in der 12. Av. 0-36, Z. 1.
Café La Luna, 8. Av. 4-11, Z. 1, serviert leckeren Kakao.
El Balcón del Enriquez, im obersten Stock, neben der Pasaje Enriquez am Parque Central, schöner Blick über Xela, aber etwas langsamer Service.
Bazar del Café, Centro Comercial Mont Blanc, Calzada Revolución, Z. 3, Nivel 3, Rösterei und Café, frischer Kaffee zum Trinken und zum Mitnehmen.

Unterhaltung

Viele Kneipen und Discos liegen in der 14. Av. A zwischen Theater und 5. Calle. „In" sind in dieser Zone die ***Hektisch Bar, El Duende,*** das ***Coco Loco, El Zaguana*** (Techno-Disco) und ***La Fratta*** (mittwochs Salsa, sonst Rockmusik).
Taberna de Don Rodrigo, 14. Av., am Theater, hier trinken die Einheimischen Bier vom Fass und essen leckere Sandwiches.
Salón Tecún, Pasaje Enriquez am Parque, Dauerbrenner seit 1934.
Las Calas, 14. Av. A 3-21, Kulturzentrum, Theater, Live-Musik in unregelmäßigen Abständen.
La Tasca, 14. Av. A, Ecke 2. C., Z. 1, Bar und Café mit Kuchen und Snacks.
Cuba, Comercial Plaza Alpino, 4. C., Ecke 24. Av., Z. 3., Disco.
Tinta Latina, 13. Av. 8-24, Z. 1, Künstlerkneipe, freitags Kulturabend.

KINOS/VIDEO – ***Cinema Paraíso,*** 14. Av. A 1-04, Z. 1, Videokneipe.
Blue Angel Video Café, 7. C. 15-22, Z. 1, tgl. Filme.

Touren

Quetzaltrekkers, im Hotel *Casa Argentina*, Diagonal 12, 8-37, Z. 1, ✆ 77612470, Non-Profit-Veranstalter, der sehr empfehlenswerte Wandertouren von Xela zum Atitlán-See (3 Tage, ca. US$68), auf den Vulkan Tajumulco (2 Tage, ca. US$43), auf den Vulkan Santa María (ca. US$14) und von Nebaj nach Todos Santos Cuchumatanes (6 Tage, ca. US$130) veranstaltet, alles inklusive Transport, Guides, Ausrüstung, Essen. Mit den Gewinnen wird die *Escuela de la Calle (EDELAC),* ein Projekt für Straßenkinder, unterstützt. Der Veranstalter verleiht auch Trekkingausrüstung.
Adrenalina Tours, Pasaje Enriquez an der Plaza, neben dem *Salón Tecún,* ✆ 77614509, ✉ info@adrenalinatours.com, 💻 www.adrenalinatours.com, Shuttle-Service, Touren im Minibus in die Umgebung, Wanderungen und Vulkanbesteigungen, Reitausflüge, Fischen im Pazifik, Gepäckaufbewahrung und -transport.
Mountain Tours, Diagonal 13, 15-53, Z. 1, ✆/📠 77615993, ✉ mountaintours@hotmail.com, komplettes Ausflugsprogramm für Xela und Umgebung, Fahrradverleih und Verleih von Campingausrüstung.
Weitere Veranstalter mit umfangreichen Tourenprogramm sind: ***Chilli Tours,*** 11. C. 10-30, Z. 1, ✆ 77635659, ✉ chilli_tours@terra.com, und ***Kaqchiquel Tours,*** 7. C. 15-20, Z. 1, neben dem *Hostal Don Diego,* ✆ 52948828.

Sonstiges

AUTOVERMIETUNGEN – ***Tabarini,*** 9. C. 9-21, Z. 1, ✆ 77630418.

Xelarent, 8. C. 19A-26, Z. 1, ✆ 77613460.
Guatemala Renta Autos, neben der Pasaje Enriquez am Park, ✆ 52023681.

BÜCHER – ***Vrisa Bookshop,*** 15. Av. 3-64, Z. 1, bietet auch neue und gebrauchte englische Bücher (u.a. Reiseführer) sowie touristische Informationen und Kartenmaterial.
Librería Frida Kahlo, 1. C. 8-61, Z. 3. Ebenso.
Alternativas, 16. Av. 3-35, Z. 3, bietet Büchertausch (verfügt auch über eine kleine Auswahl deutscher Bücher).
El Libro Abierto, 15. Av. A 1-56, Z. 1, gute Auswahl spanischer und englischer Literatur, Bücher über Guatemala und die Maya, Reiseführer.
North+South Bookstore, 15. Av. 13-77, Z. 1, guatemaltekische Geschichte, Wörterbücher, Karten, Reiseführer.

FAHRRÄDER – ***Vrisa Bicicletas,*** 15. Av. 0-67, Z. 1.

FESTE – Die größte Feier ist die *Feria Centroamericana de Independencia,* die jährlich vom 12. bis 18. September begangen wird. Das Patronatsfest zu Ehren der Jungfrau des Rosenkranzes *(virgen del rosario)* findet am 6. Oktober statt.

FREIWILLIGENARBEIT – Wer Interesse daran hat, sollte einfach bei den Spanischschulen nachfragen. Viele von ihnen unterstützen Hilfsprojekte. Siehe dazu auch die Internetseiten 💻 www.xelapages.com, www.entremundos.com (erscheint auch als Zeitung) und die Projekte von *PMG* in Antigua, 💻 www.promosaico.com.

GELD – Mehrere Banken und Geldautomaten *(Visa, Mastercard)* befinden sich in den Straßen um den Parque Central.
Banquetzal, 14. Av., zwischen 2. und 3. C., *EC*-Automat und *Sparkassen*-Debitkarte.
Am Parque Benito Juárez gibt es weitere Geldautomaten.

INFORMATIONEN – ***INGUAT,*** Casa de la Cultura, Südseite der Plaza, ✆ 77614931, 🕒 Mo–Fr 9–17, Sa 9–12 Uhr.
Ein kompletter Infoguide findet sich im Internet unter 💻 www.xelapages.com.

INTERNET – Eine Preisschlacht hat zum Verfall der Preise geführt, die z.T. nur noch bei US$0,40/ Std. liegen. Die Qualität der Hardware ist oft entsprechend.
El Infinito, 7. C. 15-18, Z. 1, gegenüber dem *Blue Angel,* etwas teurer als die Konkurrenz, dafür gibt es gratis Kaffee, Tee und Wasser, 🕒 So geschlossen.
Café Baviera, 5. C. 13-14, Z. 1.
Mayacommunications, Pasaje Enriquez, im *Salón Tecún.*
Celas Maya, 6. C. 14-55, Z. 1.
Alternativas, 16. Av. 3-35, Z. 3, am Parque Benito Juárez.

KUNSTHANDWERK – ***Centro Comercial Municipal,*** an der Südostseite des Parque Central.

LEBENSMITTEL – Supermärkte ***Paíz*** im Centro Comercial Montblanc, Ecke 7. C., 13. Av., und ***Híperpaiz*** im Centro Comercial La Pradera.

MEDIZINISCHE VERSORGUNG – ***Hospital Privado Quetzaltenango,*** C. Rodolfo Robles 23-51, Z. 1, ✆ 77614381, und ***Hospital San Rafael,*** 9. C. 10-41, Z. 1, ✆ 77614414, 24-Std.-Service.

NOTFÄLLE – ***Polizei*** *(Policia Municipal),* ✆ 77615805.
Rotes Kreuz *(Cruz Roja),* ✆ 77612746.
Feuerwehr *(Bomberos),* ✆ 77612002.

POST/PAKETVERSAND – ***El Correo,*** 4. C. 15-07, Z. 1.
DHL, 12. Av. C-35, Local 2, Z. 1.

REISEBÜROS – ***SAB,*** 1. C. 12-35, Z. 1, ✆ 77630637.
Viajes Tivoli, 4. C. 18-01, Centro Comercial Mont Blanc, ✆ 77611448.

SPRACHUNTERRICHT – Auch hier ist das Angebot, ähnlich wie in Antigua, sehr umfangreich. So gut wie alle Schulen bieten Ausflugs- und Aktivitätenprogramme an. Vom angeblichen Engagement fast aller Schulen in sozialen Projekten sollte man sich nicht beeinflussen lassen. Es hört sich nett an, gehört zum Marketing, ist aber sehr schwer zu kontrollieren, ob das Geld auch da landet, wo die Schulen es investieren. Die offiziellen Preise liegen bei US$125–155/Woche für vier Std. Einzelunterricht tgl. (20 Std./Woche) und Unterbringung bei einer Familie inklusive Mahlzeiten. Der harte Preiskampf hat dazu geführt, dass viele Schulen auch Tarife anbieten, die bei rund US$110 liegen (ca. US$80 ohne Familie). In der Hauptsaison (Juni bis August) können die Preise bis um 20% anziehen.

Informationen zur richtigen Schulwahl bekommt man im Internet unter 💻 www.guatemala365.com, www.larutamayaonline.com und www.xelapages.com.

Von Webseiten und Lesern empfohlene Sprachschulen sind:

Proyecto Lingüistico Quetzalteco de Español, 5. C. 2-40, Z. 1, ✆ 77631061, 💻 www.hermandad.com.

Escuela de Español Juan Sisay, 5. C. 2-40, Z. 1, 15. Av. 8-38, Z. 1, ✆ 77651318 und 77652140, 💻 www.juansisay.com.

Ulew Tinimit, 7. Av. 3-18, Z. 1, ✆ 77616242, 💻 www.spanishguatemala.org.

Escuela de Español Sakribal, 6. C. 7-42, Z. 1, ✆ 77630717, 💻 www.sakribal.com.

Asociación Pop Wuj, 1. C. 17-72, Z. 1, ✆ 77618286, 💻 www.pop-wuj.org.

TANZSCHULE – ***Dance School Tropica Latina***, 16. Av. 3-55, Z. 1, ✆ 57900561, Salsa- und Merengue-Klassen; privat oder in Kleingruppen. Viele Spanischschulen bieten Salsa-Tanzkurse an.

TELEFON/FAX – ***Telgua,*** 15. Av., Ecke 4. C., Z. 1., Kartentelefone.

Alternativas, 16. Av. 3-35, Z. 3, am Parque Benito Juárez.

El Infinito, 7. C. 15-18, Z. 1, ⏲ So geschlossen.

WÄSCHEREIEN – ***El Centro,*** 15. Av. 3-51, Z. 1.

Rapi Servicio, 7. C. 13-25, Z. 1.

Lavandería Tikal, Diagonal 13, Nähe 8. C. und 15. Av., Z. 1.

MiniMax, 14. Av., Ecke 1. C., Z. 1.

Nahverkehrsmittel

STADTBUSSE – Bis auf den Minerva-Busterminal sind alle wichtigen Orte in Quetzaltenango in den Zonen 1 und 3 zu finden und somit bequem zu Fuß zu erreichen. Zum Busbahnhof fahren alle Busse, die auf der 13. Av. zwischen der 4. und 8. C. der Zone 1 verkehren. Vom Busbahnhof erreicht man das Zentrum, indem man den Markt südlich des Terminals überquert und zur 4. C. geht. Alle Busse mit der Aufschrift „Parque" bringen einen von dort direkt zum Parque Centroamérica.

TAXIS – Findet man am Parque Centroamérica, am Busterminal und am Mercado La Democracia, ✆ 77614085 *(Taxis Altense),* 77614176 *(Taxis Centrales),* 77614746 *(Taxis Unión).*

Transport

Von Quetzaltenango aus gelangt man in nahezu alle Orte des westlichen Hochlands und an der Pazifikküste. Fast alle Busse starten vom Busbahnhof am Minerva-Park ganz im Nordwesten der Stadt. 1.-Klasse-Busse nach Guatemala-Stadt haben eigene Terminals (s.u.). Oftmals ist es günstiger, einen beliebigen Bus nach Cuatro Caminos zu nehmen und dort in die gewünschte Richtung umzusteigen. Ein guter Platz, einen Bus abzufangen, ist La Rotonda, ein großer Kreisverkehr an der Kreuzung der 8. C./7. Av., Z. 2. Dorthin fahren einige der Stadtbusse, die an der Casa de la Cultura halten. Reisebüros (s.S. 259) bieten private **Shuttle-Busse** nach Antigua, Chichi sowie Guatemala-Stadt an.

GUATEMALA-STADT (206 km, 4 Std., ca. US$5):
1. Klasse, *Pullmann*-Busse

Transportes Galgos, C. Rodolfo Robles 17-43, Z. 1, ✆ 77612248, 6x tgl. von 4.15–16.15 Uhr.

Transportes Alamo, 14. Av. 5-15, Z. 3, ✆ 77635044, 6x tgl. von 4.30–14.30 Uhr.

Lineas Américas, 7. Av. 3-33, Z. 2, ✆ 77614587, 6x tgl. von 5.15–15.30 Uhr.

Zusätzlich zu den 1.-Klasse-Bussen verlassen *camionetas* alle 30 Min. den Minerva-Terminal. Vom Busbahnhof Minerva gelangt man außerdem direkt zu folgenden Orten:

CANTEL (30 Min.), halbstündige Abfahrten, am besten an der Rotonda zusteigen.

CHICHICASTENANGO (94 km, 2 1/2 Std.), Busse von 5–15.30 Uhr, sonst in Los Encuentros umsteigen.

Feste und Märkte um Xela

(Ort, Fiesta, Markttag)

Almolonga, 29. Juni, mittwochs und samstags
Cantel, 15. August, sonntags
Coatepeque, 25. Juli, ständig
Concepción Chiquirichapa, 8. Dezember, donnerstags und samstags
El Palmar, 25. Juli, sonntags
Olintepeque, 24. Juni, dienstags und samstags
Ostuncalco, 2. Februar, sonntags
San Martín Sacatepéquez, 11. November, sonntags
Zunil, 25. November, montags

CIUDAD TECÚN UMÁN (mexikanische Grenze, 129 km, 4 Std.), stündliche Abfahrten von 5–14 Uhr.
CUATRO CAMINOS (11 km, 30 Min.), alle Busse nach Guatemala, Huehuetenango, Momostenango oder San Francisco El Alto.
El CARMEN (mexikanische Grenze, 4 Std.), zuerst einen Bus nach Coatepeque nehmen (halbstündige Abfahrten) und dort in einen Direktbus zur Grenze umsteigen.
FUENTES GEORGINAS, erst nach Zunil (s.u.) bis zur Kirche, dann weiter mit Pickups (bis Zunil ca. US$0,25), Pickup ca. US$2.
HUEHUETENANGO (90 km, 2 1/2 Std.), ständige Abfahrten von 5.30–17.30 Uhr.
LA MESILLA (mexikanische Grenze, 170 km, 4 Std.), Abfahrten 5, 6, 7, 8, 13 und 14 Uhr.
MOMOSTENANGO (35 km, 90 Min.), alle zwei Stunden von 6.30–17 Uhr.
PANAJACHEL (99 km, 3 Std.), Abfahrten 10, 12 und 15 Uhr.
RETALHULEU (67 km, 1 1/2 Std.), ständige Abfahrten von 4.30–18 Uhr. Auf den Bussen steht in der Regel „Reu".
SAN ANDRES XECUL (1 Std.), Busse ca. alle zwei Stunden, oder man nimmt einen beliebigen Bus Richtung Cuatro Caminos, steigt an der Abzweigung nach San Andres aus und fährt auf einem Pickup mit.
SAN FRANCISCO EL ALTO (17 km, 1 Std.), am Markttag Freitag stündliche Abfahrten.
SAN MARCOS (40 km, 1 1/2 Std.), halbstündige Abfahrten.
SAN MARTIN SACATEPEQUEZ (22 km, 1 Std.), der Bus fährt ab, wenn er voll ist. Die Route wird auch von Kleinbussen bedient.
SANTIAGO ATITLÀN (4 1/2 Std.), Abfahrten 8, 11 und 12.30 Uhr. Schneller ist es, bis Panajachel zu fahren und dort ein Boot nach Santiago zu nehmen.
TOTONICAPAN (30 km, 1 Std.), alle 20 Min.
Von der Ecke 9. Av. und 10. Calle, Z. 1, werden folgende Ziele angesteuert:
ZUNIL und ALMOLONGA, Baños Los Vahos (10 km, 20 Min. bzw.6 km, 10 Min.), jeweils halbstündige Abfahrten.

Nördlich von Quetzaltenango

Außer den in den folgenden Abschnitten aufgeführten Orten in der Umgebung von Quetzaltenango lassen sich auch alle im Kapitel Totonicapán erwähnten Sehenswürdigkeiten von Xela aus bequem in einer Tagestour besuchen.

Olintepeque, Salcajá und San Andrés Xecul

Entlang der alten Route nach Huehuetenango, die heute kaum noch benutzt wird, liegt **Olintepeque**, ein ruhiges Dorf, das von Landwirtschaft und Weberei lebt. Weniger ruhig war es hier im Jahr 1524, als Spanier und Quichés in einer alles entscheidenden Schlacht aufeinander trafen: Der Fluss Xequijel soll sich vom Blut der getöteten Quichés rot gefärbt haben.

Heute kommen Pilger hierher, um den Heiligen San Pascual in einer kleinen Kapelle neben der Kirche zu verehren.

Wer möchte, kann von hier aus weiter nach **San Carlos Sija** fahren, wo es allerdings keine Unterkunft gibt. Obwohl das Dorf wenig zu bieten hat, lohnen die schönen Ausblicke ins Hochland während der Fahrt.

Auf der Hauptstraße zwischen Quetzaltenango und der Kreuzung Cuatro Caminos passiert man **Salcajá**. Der Ort nimmt für sich in Anspruch, die erste Siedlung der Spanier auf guatemaltekischem Boden gewesen zu sein. Dafür spricht u.a., dass die katholische Kirche hier das (nicht mehr erhaltene) erste Gotteshaus Guatemalas errichtete.

Für die Gegenwart bedeutsamer ist das Kunsthandwerk, und zwar besonders die Färberei, die die

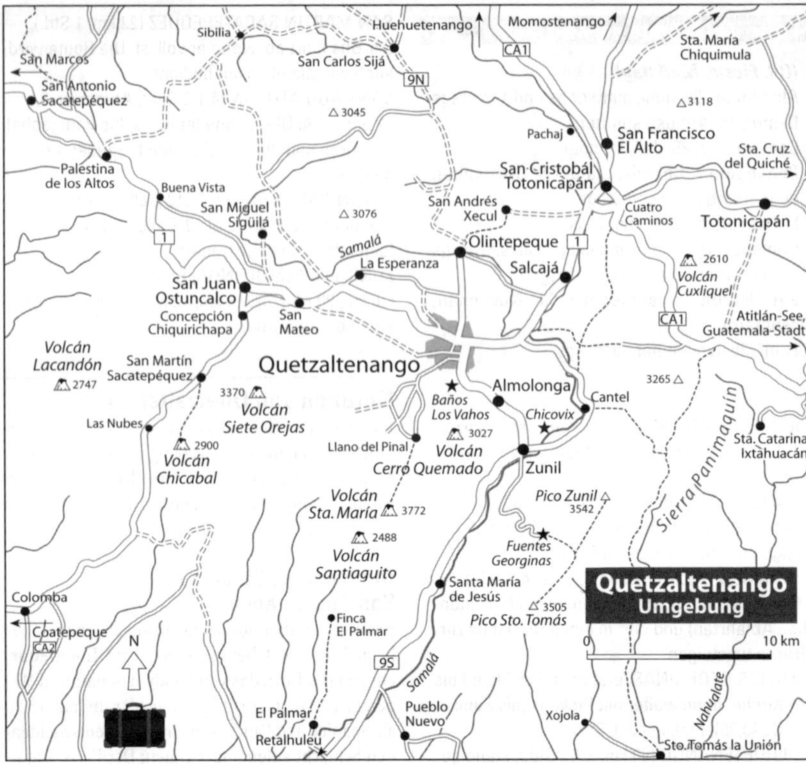

Salcajeños perfekt beherrschen. Bei der *Jaspe*-Technik werden die aufgespannten Baumwollfäden an vorher bestimmten Stellen zusammengebunden und dann gefärbt. So ergibt sich das typische Muster für die Röcke, das anschließend auf Fußwebstühlen verfeinert wird. Auch leiblichen Genüssen ist man in Salcajá nicht abgeneigt. Zwei alkoholische Spezialitäten werden in Handarbeit hergestellt: Der *rompopo* ist ein Eierlikör und der *caldo de frutas* ein Rumtopf aus Früchten der Saison.

Wer Quetzaltenango in Richtung San Marcos umfahren möchte, kann eine neue Straße benutzen, die hinter Salcajá (aus Richtung Cuatro Caminos kommend) abzweigt und über Olintepeque in den Nordwesten Xelas führt.

Wer von Quetzaltenango Richtung Cuatro Caminos fährt, passiert kurz vor Erreichen der Panamericana linker Hand die Abzweigung zum unscheinbaren Dorf **San Andrés Xecul**. Erst wenn man auf der Plaza vor der Kirche aus dem 16. Jahrhundert angelangt ist, sieht man die Besonderheit des Ortes: Überrascht blickt der Besucher auf die bunteste Kirchenfassade Guatemalas. Auf knallgelbem Hintergrund ist die Vorderseite mit plastischen Engelsfiguren, Weinranken und naiven Verzierungen aller Art versehen. Die Farben und Muster entsprechen denen der *huipiles* der Frauen. In den Bergen oberhalb der ebenfalls bunt bemalten Kalvarienkapelle gibt es mehrere Maya-Kultstätten, an denen Schamanen regelmäßig Riten durchführen.

Auch in San Andrés gibt es einen Maximón. Im Gegensatz zu jenem von Zunil oder Santiago Atitlán besucht ihn allerdings kaum ein Tourist.

Übernachtung

Da alle drei Orte sehr nahe bei Quetzaltenango liegen, sollte bevorzugt dort übernachtet werden. In **Salcajá** gibt es einfache *hospedajes*.

Transport

Busse nach OLINTEPEQUE verlassen alle halbe Stunde den Busterminal von Quelzaltenango. Nach SALCAJÁ kann man alle Busse nehmen, die Guatemala-Stadt, Totonicapán oder Huehuetenango als Fahrtziel haben.
Nach SAN ANDRÉS XECUL fahren nur wenige Busse vom Terminal. Besser ist es, einen Bus Richtung Cuatro Caminos zu nehmen, an der Kreuzung Richtung San Andrés auszusteigen und von hier aus mit einem Pickup weiterzufahren. Ein ca. 4 km langer Fußweg verbindet Olintepeque mit San Andrés Xecul.

Südöstlich von Quetzaltenango

Zwei Straßen verlassen Quetzaltenango in Richtung Pazifikküste. Im Süden führt die etwas kürzere Route über Almolonga nach Zunil, während die östliche Route am Tecún Umán-Denkmal abzweigt und über Cantel durch das Samalá-Tal schließlich ebenfalls Zunil erreicht. Hier vereinigen sich beide Routen zur Hauptstraße Richtung Retalhuleu und zur Kreuzung El Zarco.

Cantel

Cantel ist ein wenig interessantes Dorf, dessen Name von der *Cantil*, einer giftigen Vipernart, abstammen soll. Bis 1963 gab es hier wie in Zunil einen Maximón, der aber von Katechisten zerstört wurde. Ein wichtiger Arbeitgeber ist die große Baumwollspinnerei, die seit 1876 in Betrieb ist. Etwas unterhalb der Fabrik liegt die Produktionsstätte von **COPAVIC**, einer Kooperative von Glasbläsern, deren Besuch sich lohnt (s.u., Kasten).

Eine guatemaltekische Erfolgsgeschichte – Die Glasbläser von Cantel

1976 gründeten 17 Glasbläser die Kooperative COPAVIC in Cantel. Obwohl sie über wenig Startkapital und keinerlei betriebswirtschaftliche Kenntnisse verfügten, riskierten sie bewusst den Schritt in die Unabhängigkeit: Denn zuvor waren sie jahrelang von den Besitzern früherer Unternehmen ausgenutzt worden. Das sollte nun anders werden. Mit Hilfe eines Kredits kauften die Glasbläser die erste Betriebsausstattung, doch 1989 schrieb COPAVIC noch immer rote Zahlen. Allerdings hatten die Mitglieder der Kooperative begonnen, sich fortzubilden. Mit Unterstützung verschiedener Hilfsorganisationen, darunter die Friedrich-Ebert-Stiftung, lernten sie, einen Betrieb zu führen und ihre Produkte zu vermarkten. 1989 exportierte die Kooperative erstmals Glasprodukte nach Europa. Die Nachfrage nach den originellen Glaskreationen von COPAVIC wuchs ständig, so dass der Exportanteil heute bei 70% liegt.
Inzwischen setzt die Kooperative jährlich rund US$200 000 um. 55 Arbeiter sind hier beschäftigt. Der Rohstoff für die breite Produktpalette ist ausschließlich Altglas, das COPAVIC reichlich von großen Getränkefirmen aus dem benachbarten Quetzaltenango erhält. Wenn auch die Löhne der Arbeiter mit durchschnittlich US$130–150/Monat nicht gerade hoch sind, so können sich die Sozialleistungen im Landesvergleich wahrlich sehen lassen: Alle Angestellten erhalten 14 Monatsgehälter, 15 bis 20 Tage Urlaub und eine Lebensversicherung, deren Kosten der Betrieb vollständig übernimmt. Die Arbeit ist hart, aber die Arbeiter sind zufrieden, denn die Zeiten der Ausbeutung liegen lange hinter ihnen.
Besucher sind jederzeit willkommen und werden gern durch den Betrieb geführt. Wer Interesse hat, sollte vormittags kommen, denn gearbeitet wird von 5 Uhr morgens bis 13 Uhr. Der angeschlossene Lagerverkauf ist Mo–Fr von 8–17 Uhr und Sa 8–12 Uhr geöffnet. Alle Glasprodukte werden bruchsicher verpackt. Wer es nicht schafft, persönlich in Cantel vorbeizuschauen, kann einige der Glasarbeiten von COPAVIC auch – teurer – in Antigua bzw. in Deutschland über die *GEPA* in Wuppertal, ✆ 0202/2668330, 📠 2668310, 💻 www.gepa3.de erwerben.

Die Abzweigung zu den **heißen Quellen von Chicovix** befindet sich südlich von Cantel entlang der Hauptstraße nach Zunil. Von hier sind es 600 m zu der Anlage, die über Einzelkabinen zum Baden und ein großes Freibecken verfügt, das montags und dienstags gereinigt wird. ⌚ 5–23 Uhr. Nach Cantel fahren regelmäßig Busse vom Busterminal in Quetzaltenango. Man kann sie auch an der Bushaltestelle La Rotonda in der Zone 2 besteigen.

Almolonga

Das idyllisch wirkende Obst- und Gemüse-Anbaugebiet hat ein Problem: Riesige Müllberge liegen stinkend und schwelend am Wegesrand, halbherzig hinter einer viel zu niedrigen Mauer versteckt. Ein Teil wird in der Regenzeit von den Wassermassen weggespült, der andere rottet vor sich hin. Die Ursachen des Müllproblems: ein rasant gewachsenes Dorf, wenig Platz und viel Ignoranz. Es scheint, als ob die geschäftstüchtigen Bewohner sich eher dem Gemüseverkauf im Hochland als den Umweltproblemen vor ihrer eigenen Haustür widmen.

Während der Kolonialzeit besaß der Ort zusammen mit San Gaspar Vivar bei Antigua das Monopol auf die Herstellung von *Pulque*, vergorenen Agavensaft. Da sich besonders die indianische Bevölkerung an dem alkoholischen Getränk im Übermaß berauschte, verbat Bischof Andrés de las Navas im 17. Jahrhundert das teuflische Getränk unter Androhung der Exkommunizierung. Seitdem gibt es im Gegensatz zu Mexiko keinen *Pulque* mehr in Guatemala.

Um Almolonga herum liegen mehrere Thermalquellen, die von der einheimischen Bevölkerung stark frequentiert werden. Wer keine allzu großen Ansprüche an Hygiene und Wasserqualität stellt, sollte eine dieser Badegelegenheiten ausprobieren, die mit Namen wie **Los Baños**, **Los Chorros** oder **Aguas Amargas** locken. Um zum natürlichen Dampfbad **Los Vahos** zu gelangen, nimmt man einen Bus Richtung Almolonga, lässt sich auf halber Strecke beim Schild „Los Vahos" absetzen und läuft auf der Erdstraße rund 2,3 km bergauf (Abzweigung nach rechts nach etwa einem Kilometer).

Transport

Vom Terminal in Xela aus fahren Busse viertelstündlich nach ALMOLONGA. Wer möchte, kann auch an der 9. Av., Ecke 10. C. zusteigen. Nach einem kurzen Halt in Almolonga fahren einige der Busse direkt zu den heißen Quellen LOS BAÑOS. Der letzte Bus zurück nach Quetzaltenango verlässt den Ort gegen 19 Uhr.

Zunil

In einem üppig bewachsenen Tal unterhalb der Orte Almolonga und Zunil liegt das Quiché-Dorf Santa Catarina Zunil. Es ist unschwer zu erraten, wovon die Einwohner leben, denn auf jedem freien Zentimeter Erde sieht man kleine, terrassenartig angelegte Parzellen, auf denen Obst und Gemüse wachsen. Zusammen mit Almolonga gehört Zunil auf diesem Sektor zum bedeutendsten Anbauzentrum im Hochland. Das Wasser, mit dem die Felder bewässert werden, stammt teilweise aus dem völlig verschmutzten Río Salamá. Auch der Umgang mit Pestiziden wird recht sorglos gehandhabt.

Der Ort ist bei Tagesausflüglern sehr beliebt, da er einiges zu bieten hat. Da ist zunächst der reizvoll oberhalb des Dorfes gelegene Friedhof und die Kolonialkirche, vor deren kalkweißer Fassade jeden Montag ein bunter **Markt** stattfindet, auf dem die Frauen in ihren lila-roten Trachten ein besonders hübsches Bild abgeben. Wer sich für Webarbeiten interessiert, ist in der **Cooperativa de Tejedoras Santa Ana** unterhalb der Kirche gut aufgehoben. In dieser Webereikooperative, die 1970 gegründet wurde, sind inzwischen rund 550 Frauen organisiert. Mit einem Teil der Verkaufserlöse fördern die Frauen Bildungs- und Gesundheitsprojekte im Dorf. ⌚ 7–18 Uhr.

Der **Maximón von Zunil** ist ein Spektakel für sich. Ähnlich wie ihre „Kollegen" in San Andrés Itzapa (s.S. 201) oder Santiago Atitlán (s.S. 239) empfängt die modern gekleidete Holzpuppe, die Zigarre raucht und Schnaps trinkt, in Begleitung der für sie zuständigen Laienbruderschaft Bittsteller und Touristen. Das Geschäft läuft nicht schlecht. Selbst die Zigarrenasche wird noch als Mittel gegen Schlaflosigkeit verhökert. Am ersten November eines jeden Jahres wechselt Maximón seinen Wohnsitz. Ihn zu finden ist kein Problem: Jeder im Ort weiß, wo er für das nächste Jahr seinen „Dienst" verrichtet.

Acht Kilometer außerhalb von Zunil liegen die **Thermalquellen Fuentes Georginas**. Das heiße Schwefelwasser, das aus der Flanke des Vulkans Zunil entspringt, wurde in der Zeit von Präsident Ubico in einem Becken gesammelt. Von Zunil aus schlängelt sich die asphaltierte Straße an Hunderten von Gemüsefeldern vorbei, bis nach einer letzten Kurve das Bad erreicht ist. Die Luft riecht nach Schwefel, die Landschaft ist üppig grün und das Klima feucht-nebelig. Verschiedene Becken, ein kleines Restaurant und Bungalows laden zum Verweilen ein. Nach einer Phase der Abkühlung in den neunziger Jahren, ist das klare Quellwasser nun wieder richtig heiß. ◷ 8–17, So bis 16 Uhr, US$2, Parkplatz US$0,60.

Die Thermalquellen sind der Ausgangspunkt für die Besteigung (je ca. 5 bis 6 Stunden) der beiden **Vulkane** Zunil (3542 m) und Santo Tomás (3505 m), die nur mit einem einheimischen Begleiter unternommen werden sollte. Weitere Informationen erhält man in Quetzaltenango bei den Trekkingveranstaltern *Quetzaltrekkers* und *Mountain Tours*. Einen Guide kann man über das Restaurant an den Quellen organisieren (ca. US$10 p.P.).

Übernachtung

Unterkunft bei den Thermalquellen ***Fuentes Georginas***, ✆ 77654442, einfache Bungalows, die während der Regenzeit etwas feucht sein können. Alle sind mit Kamin, Brennholz und Toilette ausgestattet. Zum Duschen muss man zu den Badebecken gehen. Strom von 17–22 Uhr. ❸
In Zunil gibt es eine einfache *Herberge* an der Plaza. ❶

Transport

Busse nach Zunil fahren vom Terminal in QUETZALTENANGO halbstündlich ab. Zusteigemöglichkeit auch an der 9. Av., Ecke 10. C. (über Almolonga) und dem Kreisverkehr La Rotonda (über Cantil). Gegen 18 Uhr geht es letztmals von Zunil zurück. Alle Busse in Richtung Pazifikküste passieren Zunil.
Von Zunil aus zweigt der Weg zu den heißen Quellen FUENTES GEORGINAS an der Straße nach Cantel ab (Gehzeit 2–2 1/2 Std.). Pickups fahren von der Kirche in Zunil zu den Quellen, oder man wartet an der Abzweigung. Fahrpreis je nach Anzahl der Passagiere. Beim Verhandeln klären, ob der Preis für eine einfache Fahrt oder auch für die Rückfahrt gilt. *Adrenalina Tours* in Quetzaltenango, s.S. 258, bietet einen (teuren) Shuttle-Service zu den Quellen an (US$10 Hin- und Rückfahrt).

Westlich von Quetzaltenango

In Richtung Westen erreicht man über **San Mateo** nach 15 km das wohlhabende Dorf **San Juan Ostuncalco**. In diesem landwirtschaftlichen Zentrum, in dem schon nicht mehr Quiché, sondern bereits Mam gesprochen wird, werden Kartoffeln angebaut und Holzmöbel hergestellt. Der *Virgen del rosario* in der Kirche werden wundersame Kräfte nachgesagt. Nur 2 km entfernt liegt an der Straße zur Pazifikküste das Dorf **Concepción Chiquirichapa**. Ein Besuch lohnt sich, wenn am 7. und 8. Dezember mit viel Böllerei die Fiesta zu Ehren der *Virgen de concepción* (Jungfrau der heiligen Empfängnis) begangen wird.

Nach der Überquerung eines Passes sieht man bald darauf **San Martín Sacatepéquez** in einer Talmulde vor sich liegen. Früher war die Gegend Anbaugebiet für grüne Paprika, weshalb der Ort auch San Martín Chile Verde genannt wird. Heutzutage überwiegt allerdings der Kartoffelanbau.

Oftmals stauen sich hier die Wolken, die von der warmen Küste hochziehen, an den umliegenden Bergrücken und überziehen das Tal mit einer dichten Nebelschicht. Wenige Kilometer weiter in Richtung Pazifikküste wird die Landschaft immer grüner, und das tiefer gelegene Dörfchen **Colomba** liegt bereits mitten in der Bocacosta, dem Kaffeegürtel Guatemalas.

Das 2490 m hoch gelegene San Martín ist Ausgangspunkt der Wanderung zum wunderschönen Kratersee des **Vulkans Chicabal**. Sie liegt auf einer Höhe von 2712 m, während sich der Gipfel des Vulkans in dichtem Wald versteckt in 2900 m Höhe befindet. Richtung Süden folgt man zunächst rund zwei Stunden einem breiten Weg, der einen Bergrücken überquert und schöne Blicke auf das Tal von San Martín erlaubt. Auf der anderen Seite geht es ein Stück bergab, bis man an ein kleines Kassenhäuschen gelangt, wo US$2 pro Person zur Unterhaltung des Naturschutzgebietes zu entrichten sind. Durch die ständige Feuchtigkeit des Nebelgebietes hat sich eine reichhaltige Flora herausgebildet, die vor Abholzung bewahrt werden soll. Ab hier beginnt der Aufstieg Richtung Kratersee, der rund 45 Minuten dauert. Am Rand des Kraters hat man bei schönem Wetter einen herrlichen Blick auf die türkisblaue Wasserfläche (Durchmesser ca. 0,5 km) und den Vulkan Santa María im Osten. An dieser Stelle hat die Parkverwaltung eine kleine Campingfläche hergerichtet und Holzbänke für ein Picknick aufgestellt. Hier beginnt der Abstieg über Treppen zum See, der zu Fuß umrundet werden kann. Unten findet man am Ufer mehrere Steinkreuze, die für die Maya-Bevölkerung heilige Orte darstellen und deshalb nicht berührt werden sollten. Besonders an Christi Himmelfahrt und am 3. Mai, dem *Día de la cruz* (Tag des Kreuzes), pilgern die Bewohner der umliegenden Dörfer zur Lagune, um vor den dort errichteten Kreuzen, einem wichtigen Maya-Symbol, zu beten. Dabei sollte man sich mit dem Fotografieren zurückhalten!

Übernachtung

Ciprés Inn, 6. Av. 1-29, **San Juan Ostuncalco**, großes Holzhaus mit Restaurant und Garten. ❸
Es gibt keine besonders empfehlenswerten Herbergen in **San Martín Sacatepéquez**. Wer hier übernachten möchte, kann auch bei der Gesundheitsstation *(puesto de salud)* nach Privatquartieren fragen.
Camping ist am Kraterrand der **Lagune Chicabal** möglich. Trinkwasser und einen guten Schlafsack mitnehmen! Alle nicht benötigten Wertsachen sollten im Hotelsafe in Quetzaltenango bleiben.

Transport

Busse vom Busterminal in Xela in Richtung COATEPEQUE an der Pazifikküste und in umgekehrter Richtung kommen ungefähr stündlich an San Juan Ostuncalco, Concepción Chiquirichapa und San Martín Sacatepéquez vorbei. Der letzte Bus passiert San Martín dabei in beiden Richtungen gegen 17 Uhr.

Vulkan Santa María und Vulkan Santiaguito

Im Süden von Quetzaltenango erhebt sich der mächtige Kegel des Vulkans Santa María. Von der Stadt aus sieht man nur die 3772 m hohe Spitze, aber von fast überall im Tal aus ist der alles beherrschende Koloss in voller Pracht zu sehen.

Auf- und Abstieg sind an einem Tag zu schaffen, doch um den Sonnenauf- und -untergang erleben zu können, sollte man eine Nacht auf dem Gipfel verbringen. Zwar sind Kälte, Wind und Höhenlage alles andere als angenehm, aber der Blick vom Gipfel entschädigt für alle Mühen. Insgesamt zehn Vulkane sind von hier oben zu sehen: Der Acatenango, Fuego, Atitlán, Tolimán, San Pedro, Zunil und Santo Tomás im Osten, der Tajumulco und Tacaná im Westen und der aktive Santiaguito im Südwesten. Bei klarem Wetter reicht die Sicht bis zum Pazifik und weit hinein ins guatemaltekische Hochland, das morgens oftmals von einer Wolkenschicht überzogen ist.

Besteigung des Santa María

Der Aufstieg beginnt im Dorf Llano del Pinal, ca. 20 Busminuten von Xela entfernt. Pickups und Busse fahren zwischen 7 und 17.30 Uhr ca. alle 30 Minuten vom Busterminal oder vor der Kalvarienkirche am Parque Calvario ab.

An der Kreuzung, an der man das Fahrzeug verlässt, folgt man der breiten Dorfstraße Richtung Vulkan. Auf der rechten Seite passiert man den kleinen Laden *El Volcán*. Hier lebt Alfonso Lopez, der sich als zuverlässiger Guide einen Namen gemacht hat. Er nimmt ca. US$20/Tag, unabhängig von der Gruppenstärke. (Alle Zeitangaben bezüglich Auf- und Abstieg beziehen sich auf Wanderer mit kompletter Ausrüstung für eine Übernachtung auf dem Gipfel. Wer eine Tagestour unternimmt, kann den Vulkan deutlich schneller besteigen).

An der *tienda El Volcán* vorbei führt der Weg Richtung Süden. Nach ca. 45 Minuten zweigt ein Pfad Richtung Vulkan links ab und windet sich durch Felder und Bäume auf ein grasbewachsenes, *la meseta* genanntes Hochplateau, das nach rund zwei Stunden erreicht ist. Wer spät gestartet ist, sollte hier die Nacht verbringen. Vom Hochplateau aus biegt ein schmaler Weg rechts zum Vulkan ab. Er windet sich zunächst durch Hochlandgras und führt dann in einen Wald. Der Pfad wird nun zunehmend steiler und rutschiger. Rechts und links zweigen weitere Wege ab, die jedoch immer wieder auf den Hauptweg zurückführen. Nach weiteren zwei Stunden erreicht man den kahlen Gipfel, der nur wenig oberhalb der Baumgrenze liegt. Hier oben werden einige kleine Altäre von den Indígenas für Opferzeremonien benutzt.

Zum Zelten sollte man sich einen Platz auf der Nordseite des Vulkans suchen, um so sicher wie möglich vor einem eventuellen Ascheregen des Santiaguito auf der Südseite zu sein. Der Abstieg auf der gleichen Route ist in 2 1/2 bis 3 Stunden zu schaffen.

Wer auf dem Santa María übernachten will, sollte neben einem Zelt einen guten Schlafsack und ausreichend Wasser (4–5 Liter pro Person) mitbringen.

Damit die Höhe keine Beschwerden verursacht, empfiehlt sich vor dem Aufstieg ein mehrtägiger Aufenthalt in Quetzaltenango.

Auf dem Santa María ist es wiederholt zu Überfällen auf Wanderer gekommen, weshalb man nicht allein gehen und vor einer Besteigung die aktuelle Lage erfragen sollte.

Informationen über Tagestouren bekommt man bei Sprachschulen sowie Tourenanbietern in Quetzaltenango. Der Veranstalter *Quetzaltrekkers* in Quetzaltenango veranstaltet Vollmondwanderungen auf den Vulkan Santa María, s.S. 266. Näheres zum Ausrüstungverleih s.S. 258, Quetzaltenango, Touren.

Der nur 2500 m hohe Vulkan **Santiaguito**, der am 29. Juli 1922 durch einen Ausbruch an der Südwestflanke des Santa María entstand, liegt 15 km südlich von Xela und gehört aufgrund seiner ständigen Eruptionen zu den gefährlichsten Vulkanen des Landes. Von einer Besteigung ist daher dringend abzuraten. Man sollte sich mit dem Blick vom Gipfel des Santa María begnügen. Einige Veranstalter bieten Touren zu Aussichtspunkten in der Nähe des Santiaguitos an. Der Weg dorthin führt ebenfalls über Llano del Pinal.

Provinz San Marcos

Nur rund 50 km westlich von Quetzaltenango liegt San Marcos, Hauptstadt der gleichnamigen Provinz. Die Straße windet sich auf über 3000 m hoch, durchquert das kleine Dorf **Palestina de los Altos**, in dem regelmäßig ein kleiner Viehmarkt stattfindet, und fällt in das u-förmige Tal der Schwesterstädte **San Marcos** und **San Pedro Sacatepéquez** ab. Beide Städte bilden das Herz einer wenig bekannten Provinz der landschaftlichen Superlative, die kulturell vom benachbarten Mexiko beeinflusst ist. Aufgrund seiner Abgeschiedenheit ist San Marcos bislang nicht sehr touristisch, bietet aber gerade dem Wander- und Trekkingfreund unbegrenzte Möglichkeiten.

Das Landschaftsbild der Provinz San Marcos ist äußerst vielseitig. Es reicht von meterhohen Wellen und Mangrovenwäldern am Pazifik bei **Tilapa** (s.S. 267) bis zu den Palmölplantagen der Küstenebene. Weiter oben, an der Bocacosta, wird an den fruchtbaren Vulkanhängen Kaffee angebaut. Und im zerklüfteten Hochgebirge der Sierra Madre bauen *campesinos* auf Kleinparzellen Mais, Bohnen und Gemüse an und verarbeiten Schafswolle und Leder. Das Altiplano wird von den zwei höchsten Vulkanen Mittelamerikas, dem 4220 m hohen **Tajumulco** und dem 4093 m hohen **Tacaná**, überragt; beide sind Teil der guatemaltekischen Vulkankette.

Ein Vergleich der Wetterdaten zwischen der pazifischen Tiefebene und dem nur rund 40 km Luftlinie entfernten Hochland verdeutlicht den Unterschied zwischen den einzelnen Klimazonen: Während San Marcos im Hochland eine Jahresdurchschnittstemperatur von 12,4 °C und 2140 mm Niederschlag an 118 Regentagen aufweist, betragen die Daten für den kleinen Ort El Rosario in der Pazifikebene 25,9 °C und 5885 mm Niederschlag an 213 Regentagen.

Die Provinz gehört zu der am dichtesten besiedelten Region Guatemalas. Die Einwohnerzahl des *departamento* San Marcos hat sich seit den siebziger Jahren auf ca. 900 000 verdoppelt. Besonders in den Landkreisen entlang der Grenze ist der Einfluss mexikanischer Kultur spürbar, während die übrige Provinz kulturell überwiegend von den Mam-Indígenas geprägt ist. In größeren Städten lebt eine wohlhabende Schicht Ladinos, die es mit ausgedehnten Ländereien zu Geld und Ansehen gebracht hat. Doch soziale Ungerechtigkeit und Armut führten hier, wie auch in anderen Teilen des Hochlands, zu einer hohen Guerilla-Präsenz. Inzwischen aber hat die Provinz eher mit anderen Problemen, wie illegalem Drogenanbau, Grenzschmuggel und Migrationsbewegungen Richtung USA, zu kämpfen. Die abgeschiedene Lage vieler Täler begünstigt Aktivitäten dieser Art. Die beiden Grenzübergänge nach Mexiko, **El Carmen** und **Tecún Umán**, sind inzwischen soziale Brennpunkte.

Von Mais und Menschen

Der Mais war und ist die Lebensgrundlage der Maya – doch ob er es auch in Zukunft noch sein wird, wissen allein die Götter. Ohne Mais können die Nachfahren der Maya in Guatemala nicht leben. Die für sie göttliche Pflanze ist ihnen Lebensursprung und tägliche Nahrungsquelle zugleich. Das Geschick und Überleben von Mensch und Maiskorn ist untrennbar miteinander verbunden: Der Mais kann sich nicht ohne den Menschen fortpflanzen. Und der Mensch braucht die gelben und weißen Maiskolben zum Überleben. Diese Symbiose ist uralt; sie begann vor etwa 4000 Jahren, als die ersten Siedler in den Hochtälern Mexikos die Urform des Mais züchteten. Sie domestizierten die Pflanze, und dies führte zu ertragreicheren Ernten, die ihrerseits wiederum nicht unwesentlich zur Blüte der Maya beitrugen. Doch der Wohlstand führte zu einem Anstieg der Bevölkerung, was die Entwicklung neuer landwirtschaftlicher Techniken erforderlich machte, um alle Familien mit Mais versorgen zu können. So wurden Terrassen und Bewässerungssysteme angelegt – doch für die Maya gehörte noch mehr zu einer gelungenen Ernte. Denn der Mais war und ist ihnen heilig, und nur wer die Götter ehrte und respektierte, durfte mit einer reichhaltigen Ernte rechnen. So zentral war die Bedeutung des Mais im Leben der Maya, dass sie sich einen eigenen Maisgott schufen, dessen Kopf ein von Blättern umhüllter Maiskolben schmückt. Doch dann kamen die Spanier und zwangen den Indígenas ihren eigenen Glauben auf. Der alte Maisgott hatte damit ausgedient: Von nun an war es der Gott der Christen, der den Mais erschaffen hatte, und die Maya glaubten, sein Sohn Jesus Christus habe den Kolben die Farben Gelb, Weiß, Schwarz und Rot gegeben. Der Mais ist noch immer die wichtigste Nahrungsquelle der Maya-Nachfahren; aus ihm werden über 80% der täglichen Nahrung zubereitet. Mais, zusammen mit schwarzen Bohnen, liefert dem Körper ausreichend Protein und Kohlenhydrate. Doch der ewige Kreislauf von Aussaat und Ernte scheint in Gefahr zu sein. Zu wenig Land, erodierte und schlechte Böden sowie unkontrolliertes Bevölkerungswachstum haben dazu geführt, dass der Mais knapp geworden ist. Guatemala muss ihn inzwischen importieren, und kaum ein Bauer auf dem Lande kann ohne Zukauf überleben. Alternativen sind keine in Sicht – für Menschen und Götter brechen daher schwere Zeiten an.

San Marcos und San Pedro Sacatepéquez

1533 schickte Pedro de Alvarado seinen Gesandten Juan de Léon y Cardona in das Tal mit dem Namen Candacuchex, übersetzt „kalter Ort". Dieser unterwarf die hier lebenden Mam-Indianer mit Hilfe seiner mexikanischen Söldner, die dem Tal den Namen Quetzalli Sacatepéquez gaben, was so viel wie „prachtvoller Grashügel" bedeutet. Im April desselben Jahres gründete de Léon auf 2398 m Höhe San Marcos. Bis zum heutigen Tage besteht eine Rivalität zwischen San Marcos und der inzwischen größeren Schwesterstadt San Pedro Sacatepéquez, einem ehemaligen Vorort von San Marcos, in dem vorwiegend Indígenas lebten (nicht zu verwechseln mit dem gleichnamigen Ort in der Nähe von Antigua!). Um diese zu beenden, wurde Ende des 19. Jahrhunderts per Dekret die gemeinsame Stadt *La Unión* aus der Taufe gehoben, die jedoch lediglich bis 1945 Bestand hatte. Heute sind beide Städte durch eine breite, baumbestandene Allee getrennt und werden unabhängig voneinander verwaltet. Während der Kolonialzeit waren beide Orte insofern wichtig, als sie auf der Handelsroute nach Mexiko lagen. Doch heutzutage sind sie nur regional von Bedeutung. Dabei läuft das wohlhabender wirkende San Pedro der Provinzhauptstadt San Marcos immer mehr den Rang als Handelszentrum ab. Viel zu sehen gibt es in beiden Städten nicht, doch eignet sich besonders San Marcos als Ausgangsbasis für Wanderungen und Vulkanbesteigungen.

Die Zentren beider Städte sind grundlegend verschieden. Während die Plaza von San Pedro modern und großflächig gestaltet wurde, ist in San

Marcos ein Stadtzentrum nur schwer erkennbar. Kurios ist der **Palacio Maya**, in dem die Stadtverwaltung von San Marcos untergebracht ist: Er scheint die langweilige Architektur der Schwesterstädte wieder gutmachen zu wollen. Das Gebäude wurde 1942 als Sitz der Provinzverwaltung fertig gestellt, als beide Orte noch vereint waren. Nach der Trennung bekam San Marcos als Provinzhauptstadt den Bau zugesprochen. Der Palast, der zwischen beiden Orten liegt, ist unter anderem mit Maya-Symbolen, Glyphen und einer Uhr mit Maya-Zahlen und Schlangenkopf versehen. Durch den grauen Putz wirkt die Gesamterscheinung jedoch etwas trist. Wer von einer anstrengenden Wanderung zurückkommt, kann seinem Körper in den heißen Quellen von **Agua Tibia** Entspannung gönnen. Sie befinden sich in Gehweite der beiden Orte. ⌚ 6–18 Uhr.

Die **Patronatsfeste** finden am 29. Juli in San Pedro und am 25. April in San Marcos statt.

Übernachtung und Essen

In San Marcos gibt es bessere Hotels als in San Pedro, wo man mit einfachen *hospedajes* vorlieb nehmen muss.

Hotel Fairmont, 10. C. 8-74, Z. 1, ✆/📠 77604893, sauber und ordentlich, mit Restaurant. ❸

Hotel Villa Astúr, 9. C. 2-25, Z. 1, ✆/📠 77601007, die beste Wahl in San Marcos, mit Restaurant. ❸–❹

Nur wer völlig abgebrannt ist, sollte auf die ***Hospedaje El Viajero***, in der 4. Av. A 9-62 zurückgreifen. ❶

Was die Qualität anbelangt, sieht es in puncto Essen recht düster aus, aber im Zentrum von San Marcos gibt es neben diversen *comedores* auch das eine oder andere Pizzarestaurant. In San Pedro ist die Auswahl an *comedores* größer, ohne dass dies jedoch nennenswerten Einfluss auf die Qualität hätte.

Transport

Hinter der Kirche von San Marcos befindet sich der Busbahnhof, der aus allen Nähten platzt und vermutlich in nicht allzu ferner Zukunft verlegt wird.

Die besten Busse nach GUATEMALA-STADT (253 km, 5 Std.) hat *Transportes Marquensita*. Die Gesellschaft besitzt ein eigenes Büro an der C. Real, ✆ 77601245, ihre Busse kommen aber auch am Terminal vorbei. Ständige Abfahrten ihrer Busse der 1. Klasse zwischen 2 und 14.30 Uhr; von der Hauptstadt nach San Marcos (ab dem Terminal in der 1. Av. 21-31, Z. 1., ✆ 22535871) zwischen 6.30 und 17 Uhr.

Die Busse von *Transportes Tacaná* fahren halbstündlich (3–13.30 Uhr) vom Busterminal in Tacaná über San Marcos und Quetzaltenango nach Guatemala-Stadt. Ihr Büro in der Hauptstadt liegt in der 2. Av. 20-42, Z. 1, ✆ 22518039, Busse fahren zwischen 4–16.30 Uhr.

Nach EL CARMEN (mexikanische Grenze über Malacatán) verkehren regelmäßig Busse von 3–17 Uhr, Fahrtdauer ca. 2–2 1/2 Std. Nach Tecún Umán an der mexikanischen Grenze gibt es dagegen keine direkten Verbindungen – umsteigen in Malacatán!

Zum Vulkan TAJUMULCO kann man jeden Bus Richtung Tacaná nehmen. *Transportes Tacaná* fahren die Strecke halbstündlich. Ausstieg zur Vulkanbesteigung bei der Abzweigung nach Tuichán, Fahrtdauer ca. 30–45 Min. Zum Dorf Tajumulco fährt ein Bus um 12 und um 13 Uhr vom Terminal in San Marcos.

Nach QUETZALTENANGO (ca. 90 Min.) fahren regelmäßig Busse zwischen 2 und 17 Uhr.

Zu den Vulkanen Tajumulco und Tacaná

In Richtung Nordwesten gelangt man in die entlegensten Hochlandregionen der Provinz, wenn nicht sogar des ganzen Landes. Nach rund 11 km zweigt eine Straße nach rechts zum Dorf **San Lorenzo** ab. Hier wurde Justo Rufino Barrios (1835–1885) geboren. Mit der von ihm angeführten liberalen Revolution des Jahres 1871 begann in Guatemala eine Zeit der Modernisierung, die auch die Infrastruktur und Landwirtschaft mit einschloss. Sein Geburtshaus wurde zum nationalen Monument erklärt.

Die Straße zu den Vulkanen, die teilweise asphaltiert ist, steigt weiter kontinuierlich an und nähert sich der Ostflanke des **Vulkans Tajumulco**. Bei den Mam-Indianern heißt der Vulkan *Chman*, was „Herz der dreizehn Dinge bedeutet". Der Legende nach stammen alle Dinge, die man zum Leben braucht, aus dem Inneren dieses Berges. Als beobachtet wurde, wie ein Specht immer wieder im Innern des Vulkans verschwand, folgte man ihm. Neben Mais und Bohnen fand man elf weitere nützliche Dinge. Von hier aus verbreitete sich dieser Erzählung zufolge also auch der Mais in Guatemala.

Der Aufstieg beginnt bei der Abzweigung zum kleinen Weiler **Tuichán**, rund 25 km von San Marcos entfernt. Die Einstiegsstelle in ca. 3000 m Höhe befindet sich gegenüber einem Schild mit der Aufschrift „Tuichán 2 km" und ist mit grünen Pfeilen gekennzeichnet. Nach kurzem Anstieg sieht man bereits den Gipfel des Tajumulco. Der Weg ist leicht zu finden und bietet keinerlei Schwierigkeiten. Wegen der Höhe sollte man allerdings sehr langsam aufsteigen. In rund vier Stunden wandert man durch lichte Zypressenwäldchen, über Geröll und Hochgebirgsweiden und gelangt dann zu einer kleinen, bewaldeten Ebene, die auf ca. 4000 m zwischen den beiden Hauptgipfeln liegt und sich hervorragend zum Campen eignet. Linker Hand erhebt sich der kleine Gipfel des Tajumulco, der *Cerro de Concepción,* mit rund 4100 m, während rechter Hand der Hauptgipfel mit seinem Krater in 4220 m Höhe liegt. Insgesamt sollten für den Aufstieg fünf bis sechs Stunden und für den Abstieg drei Stunden eingeplant werden. Nachts fallen die Temperaturen vor allem in den Monaten November bis Januar bis weit unter 0 °C. Der Veranstalter *Quetzaltrekkers* aus Quetzaltenango (s.S. 258) organisiert regelmäßig Touren auf den höchsten Gipfel Zentralamerikas, von dem aus man bei gutem Wetter einen fantastischen Blick hat.

Zurück zur Straße: In ihrem weiteren Verlauf zweigt sie zum **Dorf Tajumulco** ab, das versteckt in einer Talmulde in 2050 m Höhe liegt. Der Name des Ortes wird mit „im hintersten Winkel" übersetzt, was äußerst treffend ist. Neben ein wenig Landwirtschaft leben die Menschen hier von ihren Schafherden. Sie glauben, dass der Wettergott Qawuj die Provinz San Marcos in seiner linken und die übrige Erde in seiner rechten Hand hält. Wird er müde, wechselt er beide und dann gibt es ein Erdbeben...

Doch die Straße führt noch tiefer in die atemberaubende, hier kaum noch besiedelte Bergwelt. Kahle Gebirgsgrate, tiefe Täler und vom Wind verdrehte Äste, unterbrochen von weit auseinanderliegenden Lehmziegelhäusern und den weißgrauen Punkten der Schaf- und Ziegenherden bestimmen das Bild. Im Hochgebirgsdorf **Ixchiguán** legen die Busse in über 3000 m Höhe eine Pause ein, bevor sie sich über den 3400 m hohen Pass **Cumbre de Cotzil** quälen und den langen Abstieg nach **Tacaná** (2400 m Höhe) bewältigen. Die Bewohner dieses dicht an der mexikanischen Grenze gelegenen Ortes haben starke Bindungen zu ihren Nachbarn auf der anderen Seite entwickelt. Hier wie dort werden Decken und Schals aus Wolle hergestellt, Kerzen gezogen und Holzmöbel produziert.

Der Aufstieg auf den 4093 m hohen **Vulkan Tacaná**, der zuletzt 1855 ausbrach, führt über das kleine Dorf **Sibinal**, das etwa 75 km von San Marcos entfernt auf rund 2500 m Höhe liegt. Die Besteigung des Vulkans dauert sieben bis neun Stunden. Nach rund drei Stunden Aufstieg wird das kleine Dorf **La Haciendita** auf 3140 m erreicht, wo man sein Zelt aufschlagen kann. Hier bekommt man einfache Erfrischungsgetränke und kleine Snacks. Für den Abstieg müssen weitere fünf bis sechs Stunden eingeplant werden. In jedem Fall sollte ein lokaler Führer, den man in Sibinal organisieren kann, sowie mindestens fünf Liter Wasser mitgenommen werden. Näheres zum Transport siehe unter San Marcos S. 269.

Zur mexikanischen Grenze

Westlich von San Marcos beginnt sich die Straße durch endlose Kaffeeplantagen und über Serpentinen zur Küste hinabzuwinden. Immer wieder bieten sich grandiose Ausblicke. Nach knapp 50 km erreicht man **Malacatán**, das bereits in der heißen Tiefebene liegt, doch vom Temperament der Küstenbewohner anscheinend nicht allzu viel abbekommen hat. Die große Anzahl von Hotels resultiert aus der unmittelbaren Nähe zum guatemaltekischen **Grenzort El Carmen**. Die Grenze ist laut offiziellen Angaben rund um die Uhr geöffnet, worauf man sich aber nicht verlassen sollte. Die beste Zeit für einen Grenzübertritt mit Busanschluss ist der Vormittag. Der mexikanische Grenzort heisst **Talismán**. Die Infrastruktur in El Carmen ist befriedigend; es gibt Hotels, Restaurants, Banken und Taxis.

Übernachtung und Essen

Billig übernachtet man im ***Hotel Adalmar,*** 6. C. 2-06, Z. 1, ✆ 77769133. ❶

Etwas anspruchsvoller ist das Hotel und Restaurant ***La Estancia,*** 3. C. 3-43, Z. 1, ✆ 77769382. ❸

Transport

Die meisten Busse fahren über den südlicher liegenden und deutlich stärker frequentierten Grenzort **Tecún Umán** (s.S. 425) und weiter entlang der Pazifikstraße. Wer nach QUETZALTENANGO möchte, muss entweder in Malacatán, Coatepeque oder Retalhuleu umsteigen. Auf mexikanischer Seite fahren Kleinbusse bis spät abends nach Tapachula.
Zwischen SAN MARCOS und Malacatán verkehren stündlich Busse von 5–17 Uhr. Von Malacatán aus fahren Minibusse alle halbe Stunde zur Grenze. Von 3–17 Uhr fahren *camionetas* direkt von San Marcos bis zur Grenze. Von der Grenze kann man *Pullman*-Busse nach GUATEMALA-STADT (275 km, 5–6 Std.) nehmen. Sie benutzen allerdings die Pazifikstraße CA 2.

Provinz Huehuetenango

Die einzige asphaltierte Verbindung zwischen der Kreuzung Cuatro Caminos und Huehuetenango ist die Panamericana, die bis zur mexikanischen Grenze führt. Von der Kreuzung aus steigt die Strecke stetig an, passiert zunächst die Abzweigung nach San Francisco El Alto und später jene nach San Carlos Sija. Kurz darauf wird ein Plateau erreicht, auf dem verstreut Felder und Häuser liegen. Der einzige Ort auf diesem Teilstück ist **Pologuá**, wo es einen kleinen Wochenmarkt und eine bescheidene Pension gibt. Eine Erdstraße, die kurz vor dem Ort nach rechts abzweigt, führt östlich nach Momostenango.

Hinter Pologuá erreicht die Hauptstraße ihren höchsten Punkt und windet sich sodann in lang gezogenen Kurven den Hang hinab ins Tal von Huehuetenango. Immer wieder bieten sich schöne Blicke auf das Massiv der Cuchumatanes-Berge. Gelegentliche Absenkungen der Straße sind Folgen des Erdbebens von 1976, die bis heute nicht ausreichend beseitigt wurden. **Malacatancito**, ein Ladino-Dorf, liegt bereits im trockenen, erodierten Becken von Huehuetenango. Hier kam es 1825 zu einer ersten Auseinandersetzung zwischen Mam-Indianern und Spaniern.

Das *departamento* Huehuetenango gehört mit rund 7% der Landesfläche zu den größten des Hochlands. Der Gebirgszug der **Cuchumatanes** zieht sich alles beherrschend von West nach Ost durch die Provinz und verzweigt sich in unzählige Nebengebirge, Täler und Schluchten. Die Bergregion im Zentrum der Provinz erreicht Höhen von bis zu 3800 m. Hier spielt neben der Schafzucht die traditionelle Landwirtschaft mit einer reichen Palette von Anbauprodukten wie Kartoffeln, Mais, Hafer, Weizen oder Saubohnen eine große Rolle. Die Gebiete im Westen der Provinz an der Grenze zu Mexiko weisen nur noch Höhen zwischen 600 und 1200 m auf. Damit eignet sich die Region hervorragend für den Kaffee-Anbau, der hier in größerem Stil betrieben wird. In den Dschungelgebieten im äußersten Nordosten des *departamento* werden Bananen und Zuckerrohr angebaut.

Nachdem die Spanier **Zaculeu** – die Festung der Mam-Indianer – erobert hatten, entwickelte sich die Provinz aufgrund ihrer Abgeschiedenheit nur sehr mühsam. Ein Großteil der indianischen Bevölkerung wurde von Krankheiten dezimiert, die die Eroberer aus Europa eingeschleppt hatten. Die Spanier bauten Bodenschätze wie Silber, aber auch Blei, Zink und Kupfer ab. Während der Kolonialzeit war Huehuetenango Teil der Provinz Totonicapán und gehörte nach der Unabhängigkeit von 1838 bis 1840 dem unabhängigen sechsten Staat des Hochlands an, der sich von Guatemala getrennt hatte. Anfang des 20. Jahrhunderts bildete sich in der Provinz eine Keimzelle des Widerstands gegen Diktator Cabrera. Neben dem Quiché war Huehuetenango während des Bürgerkriegs die am stärksten betroffene Provinz.

Die Entlegenheit sowie die geografischen Unterschiede haben zu einer großen Sprachenvielfalt und zur Aufrechterhaltung der kulturellen Identität unter den Indígenas geführt, die rund 85% der Bevölkerung der Provinz stellen. So werden neben dem Spanischen sieben Indianersprachen gesprochen, von denen **Mam** die mit Abstand wichtigste ist. Bei den anderen handelt es sich um regionale Idiome, die zum Teil nur noch von wenigen tausend Indígenas gesprochen werden. In vielen Bergdörfern tragen Männer wie Frauen noch Trachten. Die traditionelle Lebensweise ist hier oftmals noch Standard.

Doch auch die konservativsten Dorfgemeinschaften sehen sich mit modernen Entwicklungen konfrontiert. Neue Straßen bahnen sich ihren Weg bis in die entlegensten Dörfer, viele Jugendliche wandern in die Städte ab oder versuchen ihr Glück in den USA. Der zunehmende Touristenstrom bringt nicht nur Gutes, wenn man den Älteren Glauben schenkt. Denn finanziell profitieren nur wenige davon, während die kulturellen Veränderungen und eine Zunahme der Kriminalität sich auf die gesamte Gemeinde auswirken.

82% der Bevölkerung leben auf dem Lande, wo die Armut besonders groß ist: Ein hohes Analphabetentum (rund 50%), Landknappheit und eine hohe Geburtenrate sind einige der Ursachen. Auch die Infrastrukturdaten sind ernüchternd: Nur zwei von drei Bewohnern besitzen einen Wasseranschluss, in 29 von 31 Landkreisen verfügen nur 16% der Menschen über elektrischen Strom, und die häufigsten Todesursachen sind weiterhin Erkältung, Lungenentzündung und Unterernährung.

Huehuetenango

Die geschäftige Provinzhauptstadt, die nur rund 80 km von der mexikanischen Grenze entfernt in einer Höhe von 1901 m liegt, hat rund 30 000 Einwohner. Die engen Gassen und Straßen können den schnell wachsenden Autoverkehr nicht mehr aufnehmen, und oftmals verwandelt sich das Städtchen in einen Dauerstau. Dennoch geht das Leben einen ruhigen Gang, wenn man einmal von der Marktgegend und dem Busterminal absieht. Huehuetenango ist ein Agrarzentrum mit einem bedeutenden Markt, der von weither besucht wird. Die Kaffeeverarbeitung und -vermarktung wird ebenfalls über die Provinzhauptstadt abgewickelt. Einen besonders guten Ruf genießen die Gitarrenbauer, die Instrumente in hervorragender Qualität herstellen.

In Huehuetenango leben vor allem Ladinos, und wenn man Indígenas in ihren typischen Trachten sieht, kann man davon ausgehen, dass es sich um Bewohner umliegender Gemeinden handelt.

Die mexikanischen Söldner der Spanier gaben der Stadt den Namen *Ahuehuetlenango,* was „Ort der Alten" bedeutet. Doch wie im Rest des Landes auch ist die Bevölkerung heutzutage im Durchschnitt äußerst jung.

Außer der recht ansehnlichen Plaza bietet der Ort wenig Sehenswertes, aber die Nähe zu den beeindruckenden Cuchumatanes-Bergen macht Huehuetenango zu einer guten Ausgangsbasis für Exkursionen in die gesamte Provinz.

Der **Parque Central**, das Zentrum der Stadt, ist klein, aber gemütlich. Viele Bänke laden zum Verweilen ein, und ein kleines Modell gibt einen Überblick über die Topografie der Provinz. Nebenan, an der runden Pergola inmitten der Plaza, sitzt ein Heer von Schuhputzern und wartet auf Kundschaft. Umrahmt wird die Plaza von den üblichen Gebäuden. Die neoklassizistische **Kathedrale** stammt aus dem Jahr 1874. Der ihr schräg gegenüber liegende **Stadtpalast** *(palacio municipal)*, in dem der Bürgermeister residiert, nimmt die ganze Westseite der Plaza ein und besitzt im zweiten Stock einen muschelförmigen Musikpavillon. Ein Turm mit einer Uhr, die in alle vier Himmelsrichtungen zeigt, schmückt den Sitz der **Provinzverwaltung** *(gobernación departamental)* auf der Ostseite.

Nur wenige Blocks weiter östlich verändert sich das saubere, gepflegte Stadtbild: Die Gegend ist schmutzig und wirkt vernachlässigt. Der Marktbereich wird von einem bunten Menschengemisch aus Reisenden, Händlern, Einkäufern und Betrunkenen bevölkert, und dementsprechend sieht auch die nähere Umgebung aus. Das kommerzielle Zentrum verlagert sich aber in zunehmendem Maße an die Ausfallstraße Richtung Guatemala-Stadt. Neben vielen Baustoffhändlern, Tankstellen und Autowerkstätten befindet sich hier der Busterminal, der für guatemaltekische Verhältnisse bestens organisiert ist. Seit wenigen Jahren besitzt Huehuetenango auch ein großes Einkaufszentrum mit einer Supermarktkette.

Übernachtung

Huehuetenango hat eine gute Auswahl an Hotels verschiedener Klassen, wobei die mittlere Preiskategorie etwas unterrepräsentiert ist. Bis auf das außerhalb liegende Luxushotel *Cuchumatanes* befinden sich alle aufgelisteten Hotels in der Zone 1, die der Gegend um den Busbahnhof deutlich vorzuziehen ist. Hier gibt es weitere Unterkünfte, die meist an der belebten Hauptstraße liegen und sehr laut sind. Auch bei später Ankunft sollte man daher das nur 2,5 km entfernte Stadtzentrum aufsuchen. Allerdings ist aufgrund der engen Straßen und des starken Autoverkehrs auch hier mit einem ziemlich hohen

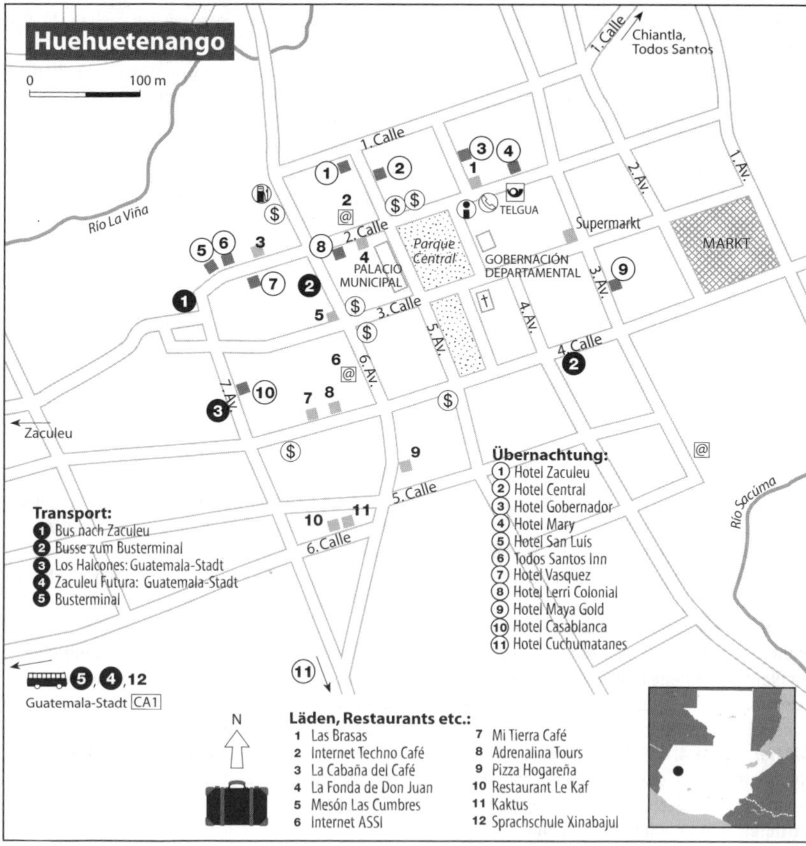

Geräuschpegel zu rechnen. Deshalb sollte man auf jeden Fall versuchen, nach hinten liegende Zimmer zu bekommen. Die meisten Hotels liegen sehr zentral, ein bis zwei Blocks vom Parque Central entfernt.

Hotel Gobernador, 4. Av. 1-45, ✆ 77641197, Zimmer in unterschiedlichen Größen, einfach. ❷

Todos Santos Inn, 2. C. 6-74, ✆ 77641241, angenehme, wenn auch sehr unterschiedliche Zimmer in ruhiger Hinterhoflage, sehr gutes Preis-Leistungs-Verhältnis. ❷

Hotel Central, 5. Av. 1-33, ✆ 76641202, in die Jahre gekommene Travellerabsteige, einige Zimmer mit Löchern im abgewetzten Holzfußboden; *comedor* im Haus. ❷

Hotel Lerri Colonial, 2. C. 5-49, ✆ 77641526, sehr einfache Zimmer, aber annehmbar für den Preis; einige Zimmer mit Bad. ❷

Hotel Vasquez, 2. C. 6-67, ✆ 77641338, sehr kleine Zimmer. ❷

Hotel Mary, 2. C. 3-52, ✆ 77641618, ℻ 77647412, saubere, ordentliche Zimmer, heißes Wasser zu festgelegten Zeiten, unten Cafeteria. ❷

Hotel Maya Gold, 3. Av. 3-55, ✆ 77640369, ℻ 77641622, gutes Hotel mit sauberen Zimmern, die im 2. Stock. sind größer, Parkplatz, TV. ❷–❸

Hotel Zaculeu, 5. Av. 1-14, ✆ 77641086, ℻ 77641575, alteingesessenes Hotel, renovierungsbedürftige Zimmer um einen schönen, üppig begrünten Patio, zur Straße hin sehr laut. Unterschiedliche Preiskategorien, teurere Zimmer im 1. Stock. ❸–❺

Hotel San Luís de la Sierra, 2. C. 7-00, ✆ 77649216, 📠 77649219, Hotel mit sauberen Zimmern, aber ohne Atmosphäre, Restaurant serviert Frühstück und Abendessen. ❹

Hotel Casablanca, 7. Av. 3-41, ✆/📠 77690777-79, bestes Hotel im Zentrum, Kolonialstil, Restaurant auch zum Draußensitzen. ❺

Hotel Cuchumatanes, Sector Brasilia, Z. 7, ✆/📠 77649356, das teuerste Hotel der Stadt liegt ca. 2 km außerhalb des Ortes, verfügt über Schwimmbad und Restaurant, viele Gruppen. ❺

Essen

Ebenso wie die Unterkünfte befindet sich ein Großteil der Restaurants in der Nähe des Parque Central. Das Essen in Huehuetenango ist im Allgemeinen sehr einfach. Spezialitätenrestaurants wie in den Touristenhochburgen darf man hier nicht erwarten.

Restaurant im Hotel Casablanca, 7. Av. 3-41, nicht ganz billig, aber gute Auswahl und nettes Ambiente. Sonntags Frühstücksbuffet.

Las Brasas, 4. Av. 1-55, chinesisch-guatemaltekische Küche, große Portionen.

Mi Tierra Café, 4. C. 6-46, das netteste Café Huehuetenangos, auch Treffpunkt vieler Einheimischer, serviert Snacks wie Salate, Grillkartoffeln, aber auch Pizzas in einem für Huehuetenango sehr avantgardistischen Ambiente.

La Cabaña del Café, 2. C. 6-50, gute Kaffeeauswahl, u.a. Cappuccino, Kuchen, Snacks.

La Fonda de Don Juan, 2. C. 5-35, Pizzeria, Frühstück ab 6 Uhr.

Pizza Hogareña, 6. Av. 4-49, neben Pizzas bietet das Restaurant auch Fleischgerichte sowie Salate, Sandwiches und Nudelgerichte, 🕒 Mo geschlossen.

Le Kaf, 6. C. 6-40, breites Speisenangebot, dazu Do, Sa und So Marimba-Klänge, 🕒 Di geschlossen.

Café und Bar Mesón Las Cumbres, 3. C. 5-56, Z. 1, mexikanisch-guatemaltekische Spezialitäten, Suppen und Salate.

Unterhaltung

Das Nachtleben ist dürftig; selbst am Wochenende werden die Bürgersteige recht früh hochgeklappt. Zu Silvester kann es vorkommen, dass die Straßen kurz nach Mitternacht wie ausgestorben sind.

Kaktus, Discothek direkt neben dem Restaurant *Le Kaf,* 🕒 Fr und Sa 21–1 Uhr.

Sonstiges

AUTOVERMIETUNGEN – Im ***Hotel Cuchumatanes,*** ✆/📠 77649356.

FAHRRÄDER – Fahrräder kann man von der Sprachschule ***Xinabajul*** leihen.

FESTE – 3. Mai: *Día de la Cruz,* Fiesta zu Ehren des gekreuzigten Jesus in der Kalvarienkapelle.
16. Juli: Patronatsfest im Rahmen der *Fiestas Julias.*
7. Dezember: Fiesta mit viel Feuerwerk zu Ehren der *Virgen de Concepción.*

GELD – Banken sind um den Parque Central herum nicht zu übersehen. *Visa*-Geldautomat bei ***Bancafé,*** 4. C. 6-81. Ein weiterer Geldautomat befindet sich im *Paiz*-Supermarkt, 6. C., Ecke 10. Av.
Banrural, 5. C. 4-78, Z. 1, hat einen *5B*-Geldautomaten, an dem man mit *Master-* und *Visacard* Geld abheben kann.

INFORMATIONEN – ***INGUAT,*** 2. C./4. Av., neben *Telgua.*

INTERNET – ***A.S.S.I,*** 6. Av. 3-36, 🕒 So ab 13 Uhr geschlossen.
Techno Cafe, 2. C. 5-21, Internet kostet rund US$0,80/Std.

LEBENSMITTEL – Supermärkte ***El Moreno,*** 3. Av., Ecke 3. C. und ***Paiz,*** Nähe Friedhof, an der 10. Av.

POST – 2. C. 3-54.

SPRACHUNTERRICHT – Spanisch lernen in Huehue hat den Vorteil, dass man in seiner freien Zeit nur auf wenige Ausländer trifft und sich ganz und gar der Sprache widmen kann. Die hier empfohlene Schule bietet das übliche Paket mit Unterricht und Familienaufenthalt an.

Spanish Academy Xinabajul, 4. Av. 14-14, Z. 5, drei Starßenblocks von der terminal entfernt, ✆/℡ 77646631, ✉ academyxinabajul@hotmail.com, 💻 www.guatemala365.com.

Vom Terminal in Richtung Zentrum 2. Straße hinter der *Shell*-Tankstelle rechts, an der Polizeistation vorbei.

TAXIS – Am Parque Central und am Busterminal.

TELEFON – ***Telgua,*** 2. C. neben der Post.

TOUREN – ***Adrenalina Tours,*** 4. C. 6-38, Z. 1, ✆ 77362615, ✉ info@adrenalinatours.com, 💻 www.adrenalinatours.com.

Transport

Der große Busterminal liegt ca. 2,5 km vom Stadtzentrum entfernt an der Ausfallstraße Richtung Interamericana. Es besteht ein ständiger Minibusverkehr in beide Richtungen. Busse zum Busbahnhof mit der Aufschrift „Terminal" ab Zentrum, Haltestelle an der 4. C., Ecke 4. Av., oder in der 6. Av. zwischen 2. und 3. C. Taxis nehmen ca. US$3 für eine einfache Fahrt. Einige der Busgesellschaften, die nach Guatemala-Stadt fahren, haben einen eigenen Busterminal in der Zone 1. Sie machen aber meist noch Halt am Hauptbusbahnhof, aber wer einen sicheren Sitzplatz haben möchte, sollte schon am Vortag ein Ticket kaufen. Der Busterminal ist übersichtlich angeordnet, und fast alle Gesellschaften haben ein kleines Büro.

Nach GUATEMALA-STADT (270 km, 5–6 Std.), über Cuatro Caminos, Quetzaltenango und Chimaltenango mit:

Los Halcones, 7. Av. 3-62, Z. 1, ✆ 77642251, 3x tgl. 4.30, 7, 14 Uhr.

Zaculeu Futura, 6. C. 9-48, Z. 1, ✆ 77642145, 2x tgl. 6 und 15 Uhr.

Transportes Velasquez, Terminal, ab 2.15 Uhr morgens bis 16 Uhr via Chimaltenango, ab 3.30 bis 14.30 Uhr über Quetzaltenango und die Pazifikküste.

El Cóndor, Terminal, Abfahrten 4–13 Uhr.

Die Strecke AGUACATÁN (22 km, 1 Std.) und SACAPULAS (62 km, 2 Std.) wird von *Rivas* und *Rutas Garcia* ab dem Terminal bedient. Abfahrten nach Aguacatán um 8, 10.10 und 14.30 Uhr, nach Sacapulas um 8.45, 11.30 und 12.45 Uhr.

Nach BARILLAS (139 km, ca. 7 Std.) im Norden fahren mehrere Busse zwischen 7–11.30 Uhr und einer um 15.15 Uhr. Wer nach NEBAJ möchte, muss in Sacapulas umsteigen.

LA MESILLA (mexikanische Grenze, 84 km, 1 1/2–2 Std.), ständige Abfahrten von 5–18.30 Uhr.

NENTÓN, CUILCO und andere entlegene Dörfer in den Cuchumatanes-Bergen werden mindestens 1x tgl. direkt angefahren. In der Regel verlassen die Busse Huehuetenango sehr früh am Morgen.

Nach PANAJACHEL und ANTIGUA gibt es keine Direktverbindungen. Für beide Reiseziele Busse nach Guatemala-Stadt nehmen, für Pana an der Kreuzung nach Sololá und für Antigua in Chimaltenango umsteigen.

Nach QUETZALTENANGO (90 km, 2 Std.) fährt stdl. von 3–18 Uhr ein Bus, und einige Busse von Huehuetenango nach Guatemala-Stadt halten dort. Falls ein Bus Richtung Hauptstadt Quetzaltenango auslässt, steigt man an der Kreuzung Cuatro Caminos aus und nimmt den nächsten Bus Richtung Quetzaltenango.

TODOS SANTOS (40 km, 2–2 1/2 Std.), *Flor de Maria, Chicoyera, Concepcionera, Pérez, Mendoza* fahren mehrmals täglich zwischen 4–16 Uhr; einige Busse am Nachmittag fahren weiter bis SAN MARTÍN und JACALTENANGO.

Die Ruinen von Zaculeu

Rund 5 km nordwestlich von Huehuetenango erreicht man über eine staubige Piste die Überreste der Ruinenstätte Zaculeu, der ehemaligen Hauptstadt der Mam-Indianer. Der Name bedeutet „weiße Erde" und nimmt Bezug auf die kalkhaltige Struktur der Cuchumatanes-Berge, die hinter der Anlage aufragen.

Geschichte

Das Plateau von Zaculeu wurde laut Experten schon seit ca. 400 n.Chr. durch verschiedene Volksgruppen besiedelt. Man nimmt an, dass die Mam im 13. Jahrhundert aus Chiapas in das guatemaltekische Hochland einwanderten und sich im westlichen Teil ausbreiteten. Bald darauf erstreckte sich ihr Herrschaftsbereich auf ein Gebiet, das die Provinzen Huehuetenango, Totonicapán, Quetzaltenango, San Marcos und Teile der Pazifikküste umfasste. Als das Quiché-Volk im 15. Jahrhundert aus dem Norden eindrang, mussten die Mam deren militärischer Übermacht weichen und sich in die Gegend um San Marcos und Huehuetenango zurückziehen. Sie errichteten ihre Festung und ihr Zeremonialzentrum Zaculeu in der Nähe des Dorfes *Xinabajul*, dem heutigen Huehuetenango. Bald darauf kamen die Spanier nach Guatemala, und bereits 1525 begann **Gonzalo de Alvarado** auf Anweisung seines Bruders Pedro den Nordwesten des Landes zu unterwerfen. Er schlug eine Streitmacht von 5000 Mam bei Malacatancito in die Flucht und rückte auf Zaculeu vor, wo sich die Mam nun verschanzten. Die Spanier versuchten zunächst vergeblich, die Festung militärisch zu erobern. Erst nachdem sie die Mam drei Monate lang ausgehungert hatten und Tausende von ihnen gestorben waren, entschloss sich ihr König **Caibil Balam** zur Aufgabe. Der Häuptling der Mam diente Jahrhunderte später als Namensgeber der Armee-Sondereinheit *Kaibiles*, einer Einzelkämpfertruppe, der zahlreiche Menschenrechtsverletzungen während des Bürgerkriegs zur Last gelegt werden.

Ausgrabungsarbeiten

Der amerikanische Diplomat und Reisende John Lloyd Stephens kam in Begleitung des Zeichners Frederick Catherwood auf seiner Reise in den Jahren 1838/39 nach Zaculeu. Er fand mehrere Hügel vor, die von Gras und Gestrüpp überwuchert waren, doch kleinere Ausgrabungen brachten nur Knochenreste und Fragmente von Tonkeramik zum Vorschein. Umfassende Ausgrabungsarbeiten fanden erst zwischen 1946 bis 1950 statt, finanziert von der *United Fruit Company.* Mit derartigen Aktionen war die Bananenfirma bemüht, ihr angekratztes Image in Guatemala aufzupolieren. Die Arbeiten waren wohl etwas zu gründlich, denn man hüllte die ganze Anlage in eine Zementschicht, die sie kühl und künstlich erscheinen lässt. Von eventuell einst vorhandenen Farben oder architektonischen Feinheiten ist infolgedessen nichts mehr zu erkennen. Nur noch wenige Hügel liegen unverändert unter einer Grasdecke.

Besuch der Anlage

Wie andere Festungen der guatemaltekischen Hochlandindianer auch liegt Zaculeu auf einem modellierten Plateau, das strategisch günstig von drei Schluchten umgeben wird, nur über einen Eingang zu betreten ist und somit leicht zu verteidigen war. Die Anlage ist eng bebaut, 43 Einzelstrukturen gruppieren sich um acht Plazas. Neben Wohn- und Verwaltungsgebäuden hatte man im 15. Jh. verschiedene Tempelpaläste und religiöse Bauten errichtet. Am auffälligsten ist die 11 m hohe **Tempelpyramide**, die sich gleich rechts neben dem Eingang erhebt und von der aus man einen wunderschönen Blick hat. Sie misst an der Basis 35 x 35 m und besitzt neun Plattformen. Ebenso gut erkennbar ist die rechteckige Form des **Ballspielplatzes**. Fundstücke aus Zaculeu, darunter metallene Objekte aus Gold sowie Türkisplättchen lassen auf einen Handel mit Regionen im heutigen Mexiko schließen. Im kleinen **Museum** der Anlage kann man sich über die Geschichte von Zaculeu informieren und die Nachbildung eines typischen Urnengrabs der Mam besichtigen, wie man es in der höchsten Tempelpyramide vorfand.

Wie vergleichbare Ruinenstätten ist auch Zaculeu – zumindest an Werktagen – eine Oase der Ruhe, und ein Besuch lohnt sich vor allem am späten Nachmittag, wenn die Anlage in ein besonders schönes Licht getaucht wird. ⌚ 8–17 Uhr, US$3,40. Busse mit der Aufschrift „Ruinas Zaculeu“ fahren regelmäßig von der 7. Avenida, Ecke 2. Calle, zwei Blocks westlich der Plaza von Huehue ab.

Von Huehuetenango in die Cuchumatanes-Berge

Wie eine natürliche Wand erhebt sich im Norden Huehuetenangos das Gebirgsmassiv der Cuchumatanes-Berge. Es führt in ein anderes Guatemala, das vielen Reisenden verborgen bleibt, weil sie die Mühen scheuen, in diese entlegene Region vorzudringen. Wer etwas über die Nachfahren der Maya, ihre Sprachenvielfalt, traditionelle Lebensweise und Kultur erfahren möchte, der sollte einen Abstecher wagen. Zudem ist das Gebirge ein Trekking-Paradies mit unbegrenzten Wandermöglichkeiten. Markierte Wege darf man hier allerdings nicht erwarten. Doch immer trifft man einen freundlichen Bauern, der die korrekte Richtung weisen kann.

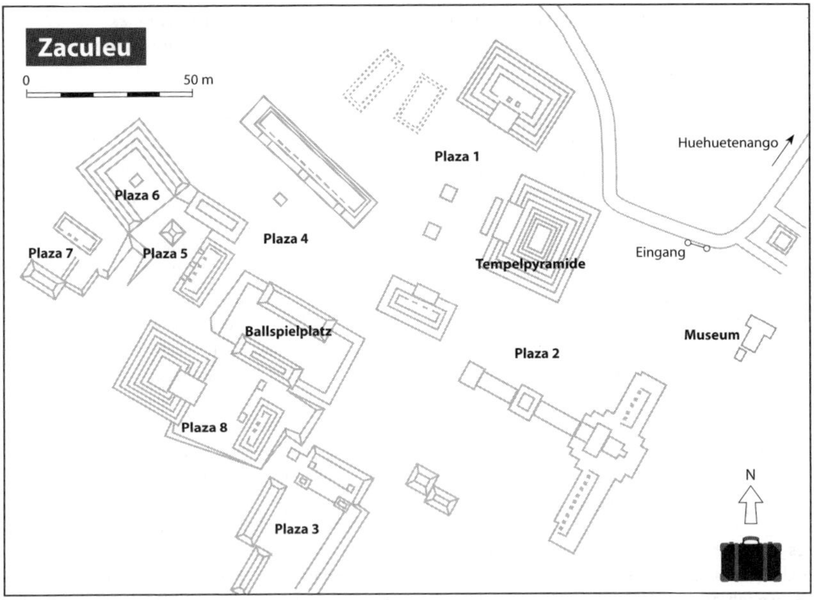

Eine einzige Straße überquert die Bergkette und führt zu den isolierten Dörfern im Norden. Sie ist nur am Anfang asphaltiert und befindet sich sonst meist in einem desolaten Zustand. Das Reisen ist langsam und mühselig, die Busse sind überfüllt, die Unterkünfte und Restaurants spartanisch, aber all dies wird von der einmaligen Landschaft, den Menschen und Märkten dort oben mehr als wettgemacht.

Der Name Cuchumatan leitet sich von den Mam-Wörtern *cucuj* („vereinen") und *matan* („höhere Kraft") ab. Der nicht vulkanische Bergzug wurde vor Jahrmillionen aus dem Meer gehoben, was zahlreiche Meeresfossilien belegen, die hier gefunden wurden. Wasserlose, verkarstete Hochflächen mit niedrigem Pflanzenwuchs, stufige Hänge und bizarre Felsformationen charakterisieren das Gebirge, das sich bis in die Provinz Quiché im Osten erstreckt und Höhen von bis zu 3800 m erreicht. Aufgrund der harten klimatischen Bedingungen und des geringen landwirtschaftlichen Potenzials leben viele Bewohner der Region in abgeschiedenen Seitentälern, die feucht und nebelig sein können.

Nachdem die Berge in den 70er und 80er Jahren Schauplatz blutiger Auseinandersetzungen zwischen der Guerilla und der Armee waren, bei denen zahlreiche unschuldige Indígenas ums Leben kamen oder mit ihren Familien nach Mexiko ins Exil flüchteten, ist die Lage heutzutage ruhig. Viele Familien sind nach Guatemala zurückgekehrt und bauen sich eine neue Existenz auf. Eine natürliche Zurückhaltung gegenüber Fremden in Orten, die vom Bürgerkrieg betroffen waren, ist verständlich, aber im Allgemeinen sind die Menschen hilfsbereit und offen. Wer fotografieren möchte, sollte sehr behutsam und mit dem notwendigen Respekt vorgehen.

Chiantla

Die kunsthandwerkliche Spezialität des kleinen Ortes, der nur 5 km nördlich der Provinzhauptstadt an der Straße in die Cuchumatanes-Berge liegt, sind Bronzearbeiten. Ende des 19. Jahrhunderts kehrten zwei Chiantlecos aus Comitán in Mexiko zurück, wo sie dieses Handwerk erlernt hatten. Heute gibt es rund 30 Werkstätten, die Gebrauchsgegenstände und Kunstwerke aus Bronze anfertigen.

Chiantla war eine präkolombianische Siedlung mit Namen *Talbín*, was in Mam „Wasser, das man trinkt" bedeutet. Die erste spanische Siedlung wurde 1540 von Dominikanern gegründet. Der Namensursprung ist nicht einwandfrei geklärt. Um 1600 übernahmen die Mercedarier den Pfarrkreis und bauten 1723 die Kirche, die eine Statue der Patronin des Ortes, **Nuestra Señora de Candelaria**, beherbergt. Der Jungfrau werden wundersame Kräfte nachgesagt. Sie ist besonders zweimal im Jahr, am 2. Februar und am 8. September, Ziel Tausender Pilger aus nah und fern. Einst rettete sie einem spanischen Minenbesitzer das Leben, worauf er ihr zum Dank einen Silberumhang stiftete. In der Nähe des Ortes befinden sich die größten Silberminen des Landes, die von den Spaniern fast vollständig ausgebeutet wurden und heute kaum noch nennenswert produzieren.

Übernachtung und Transport

Es gibt zwar einfache *hospedajes*, besser ist es jedoch, in Huehuetenango zu übernachten. Busse fahren alle 15 Min. zwischen 6 und 18.30 Uhr vom Terminal in HUHUETENANGO nach Chiantla. Sie halten auch am Ortsausgang an der Kalvarienkapelle.

Mirador Cuchumatanes

Nach vielen steilen Serpentinen oberhalb Chiantlas gelangt man in rund 3000 m Höhe an einen der spektakulärsten Aussichtspunkte des guatemaltekischen Hochlands, den die Busse in der Regel achtlos passieren. Von hier hat man einen weiten Ausblick: Tief unten sind Chiantla und Huehuetenango zu erkennen. Im Hintergrund ragen die Spitzen der Vulkankette empor, und besonders der Vulkan Tajumulco ist gut zu sehen.

Der *mirador* ist **Juan Diéguez Olaverri** gewidmet, einem guatemaltekischen Dichter, der 1864 an einer gescheiterten Verschwörung gegen den damaligen Präsidenten Rafael Carrera beteiligt war und der zwei Jahre später nach Mexiko verbannt wurde. Dort schrieb er die Ode an seine geliebten Berge, die am Aussichtspunkt in neun Strophen auf kleinen Steinpyramiden verewigt ist. Nach 14 Jahren im Exil kehrte Olaverri erst 1860 nach Guatemala zurück. Dies ist die erste von neun Strophen seines in Stein gemeißelten Gedichts:

A los Cuchumatanes
Ode an die Cuchumatanes

Oh cielo de mi Patria!
Oh Himmel meines Vaterlands!
Oh caros horizontes!
Geliebte Horizonte!
Oh azules altos montes,
Ihr Berge, blau und hoch,
Oidme desde allí!
Hört, was ich Euch sage:
La alma mía os saluda,
Ich grüße euch mit ganzer Seele,
Cumbres de la alta Sierra,
Ihr Gipfel der hohen Sierra,
Murallas de esta tierra
Ihr Mauern dieser Erde,
Donde la luz yo vi!
Die ihr das Licht mir gabt.

Auf dem Hochplateau oberhalb des *mirador* erlebt der Besucher ein anderes Guatemala. Die Landschaft ist karg, dünn besiedelt, und Bäume stehen nur noch vereinzelt. Die Luft ist kalt, aber extrem klar, und der Himmel zeigt sich fast immer in einem tiefen Dunkelblau. Die Straßen sind gesäumt von Feuerlilien und Agaven (s.S. 279), deren Fruchtstämme oft meterhoch in die Luft ragen. In dieser Höhe gedeiht kein Mais, so dass sich die Bewohner auf den Anbau von Kartoffeln und Hafer spezialisiert haben. Wohlstand drückt sich bei den wenigen Menschen hier oben in der Größe ihrer Schafherden aus. Erst vor einigen Jahren haben sie im Zuge eines Infrastrukturprojekts der EU Strom, Latrinen und neue Schulgebäude erhalten. Doch die Lebensbedingungen bleiben rau und ungemütlich: Nachts sinken die Temperaturen unter den Gefrierpunkt, und tagsüber brennt eine erbarmungslose Sonne vom Himmel, die die Haut der Bewohner schon früh ledrig gerbt.

Chancol

Oberhalb des Aussichtspunktes gelangt man beim Dorf La Capellanía an eine Kreuzung. Ostwärts erreicht man nach rund 6 km die Überreste der alten **Hacienda Chancol**, die ihre Blütezeit im 18. Jahrhundert erlebte, als hier Tausende von Schafen weideten. Nebenan befindet sich die **Pferdefarm Unicornio Azul**, ✆ 52059328, ✉ unicornioguatemala

Faszinierender Blick vom Mirador Cuchumatanes

@hotmail.com, 💻 www.unicornioazul.com, die (nicht ganz billige) Reittouren für Anfänger und Fortgeschrittene, darunter organisierte Mehrtagestouren bis ins Ixil-Dreieck, veranstaltet. Die einmalige, ruhige Lage in der Hochebene, die angenehme Unterkunft aus Lehmziegeln ❹ mit einer Reitstunde inklusive sowie die gute Qualität der Reittiere machen den Aufenthalt zu einem echten Erlebnis. Die französisch-gutemaltekischen Besitzer verfügen über hervorragende Reit- und Ortskenntnisse.

Wer über kein eigenes Transportmittel verfügt, sollte die Besitzer kontaktieren. Sie können die An- bzw Abreise organisieren.

Tequila und Hängematten – Vielseitige Agave

Man sieht es dem unscheinbaren, robusten Grüngewächs, zu dessen Gattung in Guatemala 20 Arten gehören, nicht an, dass seine Vielseitigkeit von kaum einer anderen Pflanzenart überboten wird.

Der Ursprung der Agave liegt in Mexiko, wo ihr 1753 der Botaniker Carlos Linneo ihren Namen gab. Dieser stammt aus dem Griechischen und bedeutet so viel wie „nobel, bewundernswert," und das ist die Agave angesichts ihrer vielseitigen Verwendungsmöglichkeiten in der Tat.

Die Agave hat so manchen reich gemacht – etwa die Sisalbarone in Yucatán oder die Schnapsfabrikanten, die aus ihrem Saft Tequila destillieren lassen. Doch erst die einfachen Menschen haben ihre wahre Vielfalt entdeckt.

Nachfolgend ein paar Beispiele, wozu man die Agave nutzen kann:

Fasern: Seile, Taschen, Netze, Hängematten, Kleidung, Saiten für Violinen.

Agavensaft aus dem Fruchtstamm: Pulque (vergorener Agavensaft, Nationalgetränk Mexikos); Tequila, Mezcal; Wein; Sirup und Honig; der Saft dient auch zur Behandlung von Schlangenbissen und offenen Wunden.

Blätter: Baumaterial; Ablage für frisch gemahlenen Mais; Brennmaterial (getrocknet); die Asche wird als Dünger und Seife benutzt; die harten Spitzen der Blätter nimmt man mit der daran hängenden Faser als grobe Nadel und Faden zum Nähen.

Fruchtstamm: Balken und Wasserrinnen, Leiter, Abzäunungen.

Die landschaftlich reizvolle Piste, die von hier ca. weitere 40 km ins Ixil-Dreieck nach Salquil Grande führt, ist oft unpassierbar, wenig befahren und mehr als abenteuerlich.

Todos Santos Cuchumatán

Nachdem der Bus aus Huehuetenango auf der Hochebene an zwei Lehmkuhlen vorbei gefahren ist, an denen in der Trockenzeit Hunderte von Lehmziegeln zum Trocknen liegen, wird kurze Zeit später linkerhand der urige, aber kalte *Comedor de los Cuchumatanes* passiert. In der Nähe liegt der kleine Ort El Portrerillo, an dem freitags ein sehenswerter Markt stattfindet. Wenige Kilometer weiter zweigt am Weiler **Paquix** links die Straße nach Todos Santos Cuchumatán ab, während die Hauptstraße geradeaus nach Barillas führt. Wer gern wandert, sollte an dieser Stelle den Bus verlassen und von hier aus in rund vier Stunden zu Fuß nach Todos Santos gehen. Der Weg folgt zunächst der Straße bis zum kleinen Dorf **Chiabal**, das unschwer an seinem großen Fußballplatz zu erkennen ist. Nach einem leichten Anstieg wird bei der Siedlung **La Ventosa** das Ende des Plateaus erreicht. Bei guten Wetterverhältnissen reicht der Blick bis weit nach Mexiko zur Talsperre *Presa de la Angostura,* die rund 3000 m tiefer im Tal liegt. Von hier aus schlängelt sich die Straße in vielen Kurven nach Todos Santos hinab, während der Wanderer dem breiten Weg folgt, der deutlich sichtbar links unterhalb des Scheitelpunkts der Straße verläuft. Ab hier beträgt die Gehzeit bis Todos Santos rund drei Stunden, wobei es fast nur noch bergab geht.

Zu Fuß vom Mirador Cuchumatanes ins Ixil-Dreieck

Die landschaftlich abwechslungsreiche Strecke führt vom Hochplateau der Cuchumatanes-Berge in drei Tagen in das niedriger gelegene Ixil-Dreieck weiter östlich.

1. Tag: Start am frühen Nachmittag an der Abzweigung zur Hacienda Chancol (la Capellanía), ca. 5 Fahrminuten oberhalb des Mirador Cuchumatanes. Ab dort wandert man in nordöstlicher Richtung über die Hochebene über San Nicolas bis nach Arenal. Dort sollte man die Bauern fragen, ob man auf ihrem Grundstück übernachten kann. Start- und Übernachtungsort liegen auf rund 3000 m Höhe. Am ersten Tag sind rund 330 Höhenmeter zu überwinden, Gehzeit ca. 3 Stunden (nachts sind besonders in den Monaten Dezember bis Februar Temperaturen unter 0 °C möglich!).

2. Tag: Der Weg verläuft zunächst in nördlicher Richtung über El Salvador und Quilén. Danach geht es in östlicher Richtung durch ein lang gezogenes Tal, an dessen Ende man einen ersten Blick in die Senke des Ixil-Dreiecks hat. Nach einem teilweise steilen, aber landschaftlich sehr schönen Abstieg wird das kleine Dorf Palop auf rund 2450 m Höhe erreicht. Zelten kann man an der kleinen Laguneta Verde am Ortsrand. Gehzeit insgesamt ca. 5 bis 6 Stunden, 800 Höhenmeter, ca. 1400 Höhenmeter bergab.

3. Tag: Morgens gilt es, den Bergrücken östlich von Vivitz zu überqueren (2260 m hoch), bis man auf eine Erdstraße trifft, der man rechterhand folgt, bis man nach rund 2 Stunden in Salquil Grande ankommt (linkerhand geht es nach Vivitz). Gehzeit 5 bis 6 Stunden, ca. 800 Höhenmeter.Von Salquil Grande gelangt man mit dem Bus in rund 2 1/2 Stunden nach Nebaj (oder man steigt an der Kreuzung nach Acul aus und wandert von dort in rund 3 Stunden bis Nebaj). Alternativ kann man noch einen Wandertag dranhängen. Die Route führt über Parramos Grande, Xexocom und Acul nach Nebaj. Ausrüstung: Zelt, guter Schlafsack und Wanderschuhe sind unerlässlich, außerdem Kopfbedeckung, Sonnencreme und Wasserflasche, die bei jeder Gelegenheit aufgefüllt werden sollte.

Sicherheit: Es ist eine ruhige Gegend, man sollte aber immer mindestens zu zweit gehen und sich auch unterwegs bei den Einheimischen nach dem Stand der Dinge erkundigen.

Kartenmaterial: Hilfreich bei der Wanderung sind folgende Detailkarten, die man beim *Instituto Geográfico Nacional* in Guatemala (s.S. 164, Guatemala-Stadt) erhält: IGN Kartenblätter 1:50 000, Blatt 1962 III (Chiantla), Blatt 1962 IV (Soloma) und Blatt 1962 II (Nebaj).

Der breite Pfad, der zwischendurch schmaler wird, folgt dabei zunächst der rechten Talseite. Nach einem längeren steilen Abstieg gelangt man zum **Río Limón**. Er kann in der Regenzeit mächtig anschwellen und verursacht aufgrund der fortschreitenden Abholzung Erosionsschäden. Ab hier kreuzt der breite Weg den Fluss mehrfach über Holzbrücken. Die Besiedlung wird stärker, je mehr man sich der Straße nähert, der man linker Hand bis in den Ort Todos Santos folgt. Wie so oft in den Dörfern des Hochlands, lebt auch hier ein großer Teil der Bevölkerung weit verstreut an den Berghängen. Nur etwa 10% der rund 30 000 Bewohner des Landkreises Todos Santos leben im Ort selbst.

Todos Santos Cuchumatán ist ein in jeder Hinsicht ungewöhnliches Dorf. Trotz der abgeschiedenen Lage in einem Seitental der Cuchumatanes lag der Ort, in dem fast ausschließlich Mam-Indígenas leben, bereits zu Kolonialzeiten an der Route nach Chiapas im Norden. Er hatte somit regelmäßigen Kontakt mit Reisenden. Auch heute noch ist Todos Santos dasjenige Dorf der Cuchumatanes, das die meisten Besucher zählt. Neben der wunderschönen Lage ist es aber besonders die einmalige **Tracht** der Bewohner, die die Touristen in ihren Bann zieht. Nur hier tragen die Männer rot-weiß gestreifte Hosen mit einem geschlitzten Überrock aus schwarzer Wolle. Die dünn gestreiften Hemden haben einen bunt bestickten Kragen, und den Kopf ziert ein Strohhut samt blauem Stoffband. Viele der älteren Männer tragen einen *tzut* anstelle eines Hutes. Die Tracht der Frauen besteht aus einem blauen Rock, einer roten Schärpe um die Hüfte und einem *huipil*, bei dem rote und lila Farbtöne dominieren.

In Todos Santos findet am 1. November eine der außergewöhnlichsten Fiestas des ganzen Landes statt, deren Höhepunkt ein rasantes Pferderennen ist (s.S. 43). Weniger bekannt und daher auch weniger stark besucht ist ein ähnliches Rennen im Rahmen der Neujahrsfeiern am 1. Januar. Sehr sehenswert ist der **Markt** an jedem Samstag, der allerdings gegen Mittag oftmals in ein mittelgroßes Besäufnis ausartet. Oberhalb des Dorfes – vorbei am *Comedor Katy* – gelangt man zu den Überresten der Maya-Ruinen von **Tuj kman txu'n**. Sie bestehen allerdings nur noch aus überwucherten Grashügeln. Der Ort ist den Indígenas heilig, gelegentlich halten hier Schamanen ihre alten Zeremonien ab. Obwohl die meisten Besucher des in 2470 m Höhe liegenden Dorfes nur Tagesgäste sind, die am Marktag (Samstag) in Charterbussen von Huhuetenango kommen, hat sich eine kleine Gringo-Szene gebildet, die die sehenswerte Gegend um Todos Santos zu Fuß erkundet, an freiwilligen Projekten teilnimmt oder die relativ neu entstandenen Spanisch-Sprachschulen besucht. Doch beim Thema Tourismus scheiden sich die Geister im Ort. Auch in Fragen der Religion – katholische Kirche gegen evangelische Sekten – oder der jüngeren Vergangenheitsbewältigung (Bürgerkrieg) ist man sich nicht immer grün. Während die einen den wachsenden Strom ausländischer Gäste als zusätzliche Einnahmequelle begrüßen und auf eine generelle Modernisierung setzen, befürchten andere den Verlust traditioneller Lebensweisen und ihrer Identität. Die tragischen Ereignisse im April 2000 dürfen daher in diesem Zusammenhang nicht verschwiegen werden (s.S. 282, Kasten).

Übernachtung und Essen

Nicht sonderlich ansprechend, aber dafür billig sind das ***Hotel La Paz*** an der Hauptstraße und die ***Hospedaje El Viajero*** oberhalb der Hauptstraße. Beide ❶

Casa Familiar, ca. 50 m oberhalb der Plaza, ✆ 77830656, immer noch eine der besten Unterkünfte, Schlafsaal und Zimmer ohne Bad, Sauna und Verkauf von Kunsthandwerk. Restaurant mit Terrasse, die einen schönen Blick in das Tal ermöglicht, bietet neben einheimischer Küche auch selbstgemachte Joghurt, Müsli und leckeres Bananenbrot. ❶–❷

Hotel Mam, vor dem *Comedor Katy* links abbiegen. Schlafsaal und einfache Zimmer ohne Bad. ❶–❷

Hotel Todos Santos, selber Weg wie zum *Hotel Mam*, ✆ 77830603, akzeptable Zimmer mit und ohne Bad. ❷

Comedor Katy, etwas oberhalb der Plaza auf der linken Seite, einer der urigsten der Region. Man kann sich in aller Ruhe die Gerichte zeigen lassen, die in großen Töpfen auf dem Holzfeuer kochen.

Comedor Margarita, gegenüber dem *Hotel Mam*, ebenfalls einfacher *comedor*.

An der Hauptstraße liegt das ***Restaurant Cuchumatán***, das sich schon ein wenig auf den Gringogeschmack eingestellt hat. Italienische Küche, gute Pizza.

Lynchmord an einem japanischen Touristen

Was am 29. April 2000 in Todos Santos Cuchumatán geschah, werden wohl selbst die Täter niemals rational erklären können. Schon Tage vorher geisterte das Gerücht durch den Ort, Mitglieder einer satanischen Sekte würden den Ort besuchen, um Kinder für ihre blutigen Rituale zu kidnappen. Die Angst der Menschen wurde von Lehrern und religiösen Radiosendern weiter geschürt. Am besagten Tag eskalierte dann die angestaute Spannung der Dorfbewohner: Wie an den meisten Samstagen kamen auch diesmal Touristen in Charterbussen nach Todos Santos, um den Markt zu besuchen und die Menschen zu fotografieren. Die japanische Reisegruppe, die den Ort am frühen Vormittag erreichte, hatte nichts anderes im Sinn. Doch als einer der teilweise schwarz gekleideten Touristen begann, Nahaufnahmen eines Kindes zu machen, rief die verängstigte Mutter, ihr Kind würde entführt. Innerhalb weniger Minuten versammelte sich ein Mob von rund 500 Personen, der einen japanischen Touristen sowie den guatemaltekischen Fahrer der Gruppe steinigte. Weitere Touristen wurden verletzt und das Fahrzeug der Gruppe zerstört. Dieses Vorkommnis macht deutlich, wie touristische Erwartungshaltungen und einheimische Vorstellungen von Besuchern auseinander klaffen. Den meisten Indígenas (und das gilt für das ganze Land) ist nie erklärt worden, was ein Tourist ist, welche Absichten er hat, warum er in ihr Dorf kommt und beispielsweise ihre Kinder fotografieren möchte. Obwohl die Täter die Hauptschuld trifft, müssen sich besonders das guatemaltekische Tourismusinstitut *INGUAT* und die guatemaltekische Justiz die unbequeme Frage stellen lassen, wie so etwas geschehen konnte. *INGUAT*, weil es mit der Exotik von Todos Santos in Hochglanzprospekten wirbt, aber niemals Anstrengungen unternommen hat, die Bewohner auf die Besucher vorzubereiten. Die Justiz, weil ihr Versagen die Menschen bei wachsender Kriminalität in Versuchung bringt, das Gesetz in die eigene Hand zu nehmen. Es bleibt zu hoffen, dass alle Beteiligten hart daran arbeiten werden, dass es niemals zu einem zweiten Lynchmord in Todos Santos kommt.

Sonstiges

Bank und **Post** befinden sich an der Plaza. Es gibt noch keinen Geldautomaten, aber man kann Travellers Cheques tauschen.

INFORMATIONEN – Der Deutsch-Schweizer Roman lebt schon seit vielen Jahren in Todos Santos und kennt sich im Ort und in der Umgebung bestens aus. Er organisert auch Wandertouren. Kontakt über *Casa Familiar* oder E-Mail ✉ romanstoop@yahoo.com.

INTERNET – Internetcafés (relativ teuer und langsam) an der Hauptstraße und gegenüber dem *Hotel Mam.*

KUNSTHANDWERK – Verschiedene Läden entlang der Hauptstraße sowie die *Casa Familiar* bieten Webarbeiten an.

SPRACHUNTERRICHT – Die Qualität des Unterrichts ist nicht mit der in Antigua oder Quetzaltenango zu vergleichen, weil die Lehrer Spanisch selbst nur als Fremdsprache gelernt haben. Aufenthalte bei Mam-Familien sind möglich. Beide Schulen bieten auch Webunterricht (US$1,40/Std.) und Wanderungen in die Umgebung an.

Escuela Hispanomaya, gegenüber dem *Hotel Todos Santos,* 💻 www.hispanomaya.org.

Nuevo Amanecer, an der Hauptstraße hinter der Plaza nach 400 m, ✉ escuela_linguistico@yahoo.com, US$115/Woche inklusive 25 Std. Einzelunterricht und sechs Tage Familienaufenthalt.

Transport

Busse fahren mehrmals täglich zwischen 4 Uhr morgens und der Mittagszeit nach HUEHUETENANGO (40 km, 2–2 1/2 Std.). Einige Busse, die Todos Santos von dort kommend am Nachmittag

In Todos Santos trägt bereits der Nachwuchs stolz die typische Tracht

erreichen, fahren weiter bis SAN MARTÍN und JACALTENANGO.

Wandern in der Umgebung von Todos Santos

Die Gegend um Todos Santos lädt aufgrund der reizvollen alpinen Berglandschaft zum Wandern ein – zumal man dabei viele Details entdeckt, die einem auf den hektischen Busfahrten entgehen. Obwohl man die meisten Strecken mit Unterstützung der Bauern, die man unterwegs immer wieder trifft, auch allein finden kann, sollte man vorzugsweise einen Guide aus Todos Santos mitnehmen (Infos in Hotels und Sprachschulen). Die Wanderungen sind aufgrund der topografischen Verhältnisse anstrengend, daher sollte man sich Zeit nehmen und früh starten. Als Überblick über die Region empfiehlt sich der Kartenausschnitt *Cuilco* Blatt ND 15-3, Maßstab 1: 250 000 des IGN in der Hauptstadt.

Die beliebteste Route führt südlich von Todos Santos in 5–6 Stunden nach **San Juan Atitán**. Dort kann man in einer einfachen *hospedaje* übernachten und am nächsten Morgen nach Huehuetenango weiterfahren. Sehr sehenswert sind die Trachten. Donnerstag ist dort Markttag. Alternativ kann man von San Juan nach **Santiago Chimaltenango** und **San Pedro Necta** weiterlaufen. Es gibt auch einen Weg direkt von Todos Santos nach Santiago Chimaltenango.

Durch den Bau der Straße hat die Strecke talabwärts Richtung **Jacaltenango** über **San Martín** und **Concepción Huista** ein wenig an Attraktivität verloren, denn die Wanderung führt an der Straße entlang. Das hat allerdings den Vorteil, dass man bei Bedarf Busse oder Pickups anhalten kann. Für die Wanderung benötigt man einen ganzen Tag (siehe auch den folgenden Abschnitt). Auf der Hochebene beginnt bei Tuilán der Aufstieg nach **La Torre**, der höchste Punkt der Cuchumatanes-Berge (3828 m, Gehzeit rund 2 Stunden).

Von Todos Santos nach Jacaltenango

Wer von Todos Santos aus in Richtung mexikanische Grenze möchte oder einen alternativen Rükkweg nach Huehuetenango sucht, kann über Jacaltenango reisen. Die langsame, aber landschaftlich einmalige Busfahrt erfolgt über **San Martín**, ein Ladino-Dorf, auf dessen Freitagsmarkt auch die Mam-Indianer von Todos Santos präsent sind.

Allerheiligen in Todos Santos

Der 1. November ist überall in Guatemala ein besonderer Feiertag, aber die Fiesta von Todos Santos ist im ganzen Land einmalig und ein bizarres Spektakel. Schon mehrere Tage vor dem Fest begeben sich Schamanen und Mitglieder der *cofradías* auf den Friedhof, um die Seelen der Verstorbenen einzuladen, an den Feierlichkeiten zu Allerheiligen teilzunehmen. Bis Ende Oktober werden dann dorfintern die Reiter ausgewählt, die am berühmten Pferderennen teilnehmen. Die Zahl der Bewerber übersteigt die der Teilnehmer bei weitem. Bei der Auswahl spielen Geld und Ansehen keine unbedeutende Rolle. In der Zwischenzeit arbeiten die Frauen mit Feuereifer daran, die neue Kleidung anzufertigen, die – so verlangt es die Tradition – am 1. November getragen werden muss. Schließlich werden die Marimbas aufgestellt, und das Fest kann beginnen. Die Reiter bringen sich am Abend des 31. Oktober mit Schnaps und rituellen Tänzen in Stimmung und feiern die ganze Nacht durch. Am nächsten Morgen schwanken sie in Richtung Rennbahn, einem abgesperrten Stück Straße von rund 250 m Länge. Verkäufer, die gefüllte Maisklöße, Bier, Erdnüsse oder Schnaps anbieten, rangeln um die besten Plätze, während die Menschentrauben entlang der Rennstrecke immer dichter werden. Was nun folgt, ist so unglaublich, dass man seinen Augen kaum trauen mag: Wild preschen die betrunkenen Reiter die Strecke hinauf und hinunter. Manche stürzen samt Pferd, andere reiten über sie hinweg. Ein Reiter fällt in die Menschenmenge und reißt Frauen und Kinder um; ein anderer schafft es vor lauter Trunkenheit nicht mehr, sich auf den Sattel zu schwingen. Chaos allerorten, irreale Stimmung. Frauen und Männer trinken gleichermaßen bis zur Besinnungslosigkeit. Beim Rennen gibt es keine Sieger. Was zählt, ist sich auf dem Pferd zu halten und so viele Runden wie möglich mitzureiten – den ganzen Tag lang. Das Rennen, das eigentlich keines ist, heißt auf Mam *skach koyl*, was „mit den Pferden spielen" bedeutet. Verletzte, ja sogar Tote werden bei dem wilden Schauspiel in Kauf genommen, glaubt man doch, dass jedes Menschenopfer in irgendeiner Form der gesamten Gemeinde zugute kommen wird. Meistens gehen die halsbrecherischen Stürze jedoch glimpflich ab, und man hat das Gefühl, dass Alkohol und Müdigkeit die Knochen der Reiter weich und elastisch machen.

Am 2. November klingt die große Sause aus. Die Feier hat sich samt Essen und Musik auf den Friedhof verlagert, wo gleichzeitig getrauert und gelacht wird und Böller die Gebete zum Himmel begleiten. Die Touristen sind schon lange weg, wenn die Dorfbewohner langsam aus ihrem Rausch erwachen und zur gewohnten Routine übergehen. Über die Fiesta wird noch lange geredet, mindestens so lange, bis die Planungen für das nächste Jahr beginnen.

Nach weiteren 11 km erreicht die Straße nach einem spektakulären Schlussanstieg den ziemlich schäbigen Ort **Concepción Huista**. Eine relativ neue Straße führt von hier aus bergab nach **Jacaltenango**, das auf einem Plateau liegt. Hier wird die regionale Indianersprache *Jacalteko* gesprochen. Das wohlhabende Dorf wird aber zunehmend von Ladinos dominiert, deren Kaffeeplantagen sich in der Umgebung des Ortes befinden. Von hier aus gibt es regelmäßige Busverbindungen nach Huehuetenango oder (mit Umsteigen an der Panamericana) nach La Mesilla an der mexikanischen Grenze; einfache Unterkunftsmöglichkeiten sind vorhanden.

Von Huehuetenango nach Barillas

Wer auf der Hochebene der Cuchumatanes-Berge die Abzweigung nach Todos Santos passiert hat, muss sich noch viele Stunden gedulden und mehrere Ortschaften durchfahren, bevor er auf der anderen Seite der Berge nach Barillas gelangt. Die Gegend wird aufgrund ihrer Abgeschiedenheit selten von Touristen besucht.

Etwa 62 km von Huehuetenango entfernt, liegt in einem Tal der Ort **San Juan Ixcoy**, der für seine guten Äpfel bekannt ist. Einmal jährlich gedenken die Indígenas, die hier *Chuj* sprechen, der Ermordung vieler ihrer Vorfahren. Diese hatten am 17. Juli 1898 nach einem Streit um Lohnzahlungen die gesamte Ladino-Population des Ortes umgebracht. Die Antwort der Amtsgewalt war äußerst blutig – für jeden toten Ladino starben zehn Indígenas. Die Nacht ist unter dem Namen *la degollación* („das Blutbad") in die Geschichte eingegangen. Das Dorf bietet nichts Besonderes, verfügt aber über eine einfache *pensión*.

Der nächste Ort entlang der Strecke ist **San Pedro Soloma**, wo *Kanjobal* gesprochen wird. Das Tal verdankt seine Fruchtbarkeit einem See, der schon lange verschwunden ist. Der Ort, der auf 2270 m liegt, hat schon viele Katastrophen überstehen müssen. 1773 und 1902 wurde er von Erdbeben zerstört, 1884 brannte er halb nieder und 1885 verlor er viele Einwohner durch eine Pockenepidemie. Die langen weißen *huipiles* der Frauen ähneln jenen aus San Mateo Ixtatán und können heute meist nur noch an den Markttagen Donnerstag und Sonntag bewundert werden. Es gibt eine einfache Übernachtungsmöglichkeit.

Hinter Soloma steigt die Straße erneut an, durchquert das kleine Bergdorf Santa Eulalia und erreicht schließlich nach rund 80 km **San Mateo Ixtatán**, einen der ursprünglichsten Orte auf der Route nach Barillas. Neben Landwirtschaft und Bergbau leben die Indígenas hier seit unzähligen Generationen von salzhaltigen Quellen, die oberhalb des Dorfes in den Bergen liegen. Das Schöpfen des Salzwassers wird als heilige Tätigkeit betrachtet, bei der göttlicher Beistand erforderlich ist und die von rituellen Zeremonien an Naturaltären begleitet wird. Die beeindruckend schönen *huipiles* der Frauen, weiß und beidseitig filigran mit Rot, Gelb und Blau bestickt, sowie die wollenen Umhänge der Männer *(capixay)* sind in ihrer ganzen Pracht auf der Fiesta am 21. September zu bewundern. Während dieses Ereignisses werden außerdem zahlreiche traditionelle Tänze aufgeführt. Außer an den Markttagen Donnerstag und Sonntag wirkt das Dorf allerdings wie ausgestorben.

Außerhalb von San Mateo führt die Straße ständig abwärts Richtung Osten, bis **Barillas** (1400 m) erreicht wird, das 153 km von Huehuetenango entfernt liegt. Hier beginnt der Großgrundbesitz, der von Ladinos dominiert wird und auf Kaffee- und Zuckerrohranbau ausgerichtet ist. Weiter östlich sinkt das Gelände weiter in dichte Dschungelregionen ab, die in den Ixcán führen. Das Reisen in diesem Gebiet ist äußerst abenteuerlich und langwierig. Eine gute Übernachtungsmöglichkeit in Barillas ist das saubere ***Hotel Sol***, Terminal de Buses, Z. 6, ✆ 78702618. ❶

Seit einiger Zeit gelangt man per Pickup oder Allradfahrzeug von Barillas nach **Playa Grande** im Ixcán. Die Strecke führt über Altamirano am Río Ixcán, Mayalan am Río Piedras Blancas und Veracruz. Für die rund 80 km sind etwa 5 bis 6 Stunden einzuplanen. Die Strecke ist aufgrund gelegentlicher Überfälle nicht ungefährlich; das Klima ist heiß und schwül.

Von Huehuetenango zur mexikanischen Grenze

Einen Großteil der 79 km bis zum Grenzort La Mesilla folgt die Straße dem wunderschönen Tal des Río Selegua. Wer Zeit hat, sollte den einen oder anderen Abstecher zu kleineren Orten am Rande der Strecke machen, die zwar meist keine großen Sehenswürdigkeiten zu bieten haben, aber oftmals landschaftlich reizvoll liegen. In vielen dieser Dörfer tragen die Bewohner außerordentlich schöne Trachten.

Wenige Kilometer außerhalb von Huehuetenango zweigt rechts eine steile Straße in das Gebirgsdorf **San Juan Atitán** ab, das auch zu Fuß von Todos Santos zu erreichen ist.

Vorbei an San Sebastián, in dessen Nähe die Überreste der alten Siedlung *Toj-Joj* liegen, die 1891 vom Selegua-Fluss weggespült wurde, erreicht man **Colotenango**. Hier zweigt linker Hand eine Straße in eine landschaftlich reizvolle Gegend mit den Dörfern **San Gaspar Ixchil**, **Ixtahuacán** und **Cuilco** ab. Zurück auf der Hauptstraße passiert man kurz vor Erreichen der Grenze die Abzweigung nach **Jacaltenango** und **Nentón**.

Im Landkreis von Nentón kann man diverse Höhlen, Grotten und Lagunen sowie kleinere archäologische Stätten besichtigen.

Wer es nicht mehr rechtzeitig zur Grenze schafft, kann zur Not im Ort **La Democracia** übernachten, der nur 14 km von La Mesilla entfernt ist.

La Mesilla

Die Grenze ist täglich von 6 bis 22 Uhr geöffnet. Der mexikanische Grenzort Ciudad Cuauhtémoc ist 3 km von La Mesilla entfernt und wird von Taxis bedient. Der Grenzübertritt gestaltet sich für Rucksacktouristen relativ problemlos. Etwas nerviger und zeitaufwendiger kann es mit dem eigenen Pkw werden. Gelegentlich werden Gebühren erhoben, die nicht nachvollziehbar sind. Falls es sich um relativ kleine Beträge handelt, sollte man sich längere Diskussionen ersparen und zahlen. Nimmt die Abzockerei dagegen größere Dimensionen an, hilft manchmal ein freundliches, aber resolutes Auftreten – und die Weigerung zu zahlen.

Auf mexikanischer Seite fahren regelmäßig Busse nach Comitán, San Cristóbal de las Casas und Mexiko-Stadt. Der letzte Bus Richtung Comitán verlässt die Grenze gegen 17 Uhr.

Auf guatemaltekischer Seite startet der letzte Bus ebenfalls gegen 17 Uhr von La Mesilla in das ca. drei Stunden entfernte Huehuetenango. Wer nach Guatemala-Stadt will, sollte in Huehuetenango umsteigen.

Von Huehuetenango nach Osten in den Quiché

Kurz vor Chiantla zweigt rechter Hand eine Straße ostwärts ab. Sie führt über 22 staubige Kilometer entlang der Südseite der Cuchumatanes-Berge in das fruchtbare **Aguacatán**. Unterwegs überquert man einige alte Steinbrücken, die noch aus der Zeit des Diktators Ubico (1931–1945) stammen. Die Bauwerke befinden sich leider in einem jämmerlichen Zustand, doch auf einigen ist immer noch der Baupreis und das Einweihungsdatum sichtbar.

Aguacatán, dessen Name „Überfluss an Avocados" bedeutet, ist ein geschäftiger Ort, der sich nicht auf den Anbau von Avocados, sondern auf Lauchzwiebeln und Knoblauch spezialisiert hat. Das Dorf existierte bereits vor der Ankunft der Spanier unter dem Namen *Koakutek* und wurde später in *Chalchitán*, „Ort der Smaragde", umbenannt. Tatsächlich sollen hier Edelmetalle, darunter Gold, gefördert worden sein. Als die Indígenas jedoch die endlose Gier der Spanier bemerkten, zerstörten sie die Eingänge zu den Minen.

Aguacatán liegt auf einer Höhe von 1670 m, und das mildere Klima im Vergleich zu Huehuetenango ist sofort spürbar. Ein Großteil der Bevölkerung spricht *Awakateko*, eine Variante des Mam. Der größte Trubel herrscht während des sonntäglichen Marktes, so dass auf der schmalen Hauptstraße kein Durchkommen mehr ist. Sehr auffällig sind die Trachten der Frauen. Sie bestehen aus einem schwarzen Rock, durchsetzt mit dünnen, bunten Fäden, einem weißen *huipil* mit besticktem Halsstück und einem farbenfrohen Halsband *(lana')*.

Einen Abstecher wert ist die Quelle *(nacimiento)* des **Río Blanco**, auch San Juan genannt, an der große Mengen kalten, klaren Wassers aus einer Felswand sprudeln. Der Ort ist besonders an Wochenenden ein beliebtes Ziel für einen Familienausflug. Die Quelle befindet sich rund 20 Gehminuten außerhalb des Ortes. An der Hauptstraße Richtung Osten zweigt ca. 1 km von der Plaza entfernt linker Hand ein beschilderter Weg ab. Folgt man diesem, erreicht man bald darauf die Quelle, die in einem kleinen Wäldchen am Fuße einer Hügelkette liegt.

Im weiteren Verlauf windet sich die Straße aus dem Tal von Aguacatán Richtung Osten auf ein trockenes Hochplateau, bevor der Abstieg in das heiße Tal von Sacapulas beginnt, das bereits in der Provinz Quiché liegt. Die Entfernung zwischen Aguacatán und Sacapulas beträgt 38 km.

Übernachtung und Transport

Einfache Unterkunftsmöglichkeiten bieten die *hospedaje* ***Aguateco*** oder ***La Paz***. Beide ❶
Es gibt stündliche Busverbindungen nach HUEHUETENANGO. Um die Mittagszeit fahren zwei Busse Richtung SACAPULAS.

El Quiché

Die Provinz Quiché gehört mit ihren 8378 km² zu den größten des guatemaltekischen Hochlands. Sie liegt eingekeilt zwischen den *departamentos* Huehuetenango und Alta Verapaz. Das Gebiet ist landschaftlich abwechslungsreich und beginnt im Süden in der Nähe des Atitlán-Sees. Hier prägen fruchtbare Ebenen und Täler das Bild. Weiter nördlich entspringt in der Nähe von Chichicastenango (s.S. 209) der **Río Motagua**, der den Quiché von West nach Ost durchquert und dessen östlicher Teil die Grenze zur Provinz Chimaltenango markiert. Zwischen der Provinzhauptstadt **Santa Cruz del Quiché** (s.S. 214) und Sacapulas liegt ein trockenes Gebiet, das durch tiefe Schluchten stark zerklüftet ist. Hinter Sacapulas, das am Río Negro liegt, erheben sich die Ausläufer der Cuchumatanes-Berge, deren Gipfel hier meist unter 3000 m liegen. In den wasserreichen Tälern des **Ixil-Dreiecks** liegen Kaffee-Fincas und unzählige kleine indianische Dörfer verstreut in teils schwer zugänglicher Lage. Ganz im Norden der Provinz zieht sich das undurchdringliche Regenwaldgebiet des **Ixcán** bis zur mexikanischen Grenze. Diese Region gehört zu den regenreichsten der Provinz.

Das *departamento* ist nach den Quiché-Indígenas benannt, der größten indianischen Volksgruppe in Guatemala. Die Vorfahren der Quiché sind wahrscheinlich im 11. Jahrhundert aus dem mexikanischen Tula in das Hochland von Guatemala eingewandert, wo sie sich militärisch gegen die Indianervölker, die bereits hier lebten, durchsetzen konnten. Ihre Vorherrschaft wurde erst von den Spaniern gebrochen, die ihre zahlenmäßige Unterlegenheit durch geschicktes Ausspielen der verfeindeten indianischen Volksgruppen wettmachten. Für die Eroberer war die Provinz allerdings aufgrund des unwegsamen Geländes und fehlender Bodenschätze von geringer Bedeutung. Erst gegen Mitte des 19. Jahrhunderts wuchs das Interesse an der Provinz, als für die aufkommende Plantagenwirtschaft an der Pazifikküste billige Arbeitskräfte gebraucht wurden. Aus Bauern wurden zwangsweise Wanderarbeiter. Auch heute noch ziehen viele Familien für mehrere Monate an die Küste, um für ein mageres Entgelt auf den großen Zuckerrohr- und Kaffee-Fincas zu schuften. Ihre kleinen Parzellen zu Hause reichen nicht aus, um die stark wachsenden Familienverbände zu ernähren.

Ungerechte Landverteilung und zunehmende Armut waren der Zündstoff, der dafür sorgte, dass die Guerilla besonders im Quiché während des Bürgerkriegs große Unterstützung unter der indianischen Bevölkerung fand. Hier entstanden Bauernbewegungen wie beispielsweise das Komitee der Bauerneinheit CUC. Die Antwort des Militärs bestand in einem Ausrottungsfeldzug, der an Kaltblütigkeit und Grausamkeit unübertroffen ist. Ein Großteil aller Gräueltaten des 36-jährigen Bürgerkriegs wurde in der Provinz Quiché verübt, Schwerpunkt war das Ixil-Dreieck. Die Folgen des Krieges sind noch heute an vielen Stellen zu spüren. Erst nach und nach sind viele Familien in den neunziger Jahren aus mexikanischen Flüchtlingslagern oder unzugänglichen Bergregionen zurückgekehrt, wo sie sich jahrelang versteckt hielten. Obwohl internationale Organisationen viele Hilfsmaßnahmen und Entwicklungsprojekte starteten, ist die Situation im Quiché auch zu Beginn des neuen Jahrtausends alles andere als rosig. Die Provinz liegt bei allen Negativ-Statistiken, die sich auf Entwicklung und Fortschritt beziehen, weit vorn. Eine hohe Analpabetenzahl von über 60%, schlechte medizinische Versorgung und mangelhafte Infrastruktur lassen auch für die nähere Zukunft wenig Hoffnung.

Auch der Name Quiché, der übersetzt „Waldland“ bedeutet, wird wohl bald nicht viel mehr als eine Hommage an vergangene Zeiten darstellen, denn die Baumbestände nehmen rapide ab. Hierfür verantwortlich sind ein hoher Bevölkerungszuwachs und kommerzielle Gier.

Obwohl evangelische Religionsgemeinschaften die kulturellen Gepflogenheiten mancherorts aufgeweicht haben, sind viele Quiché-Indígenas ihren traditionellen Sitten und Gebräuchen treu geblieben. Wer daher die aktuelle Lebensweise der Menschen im Quiché kennen lernen möchte, sollte über Chichicastenango hinaus in die nördlichen Bergregionen der Provinz reisen, wo ihn ungewöhnliche Menschen und Landschaften erwarten.

Sacapulas

Der Ort liegt strategisch günstig am Kreuzungspunkt der Ost-West-Achse Cobán – Huehuetenango und der Nord-Süd-Achse Nebaj – Santa Cruz del Quiché. Hier, in einer Höhe von nur noch 1196 m im Tal des **Río Negro**, ist das Klima heiß und trocken. Wie eine Oase liegt das Städtchen inmitten einer kargen Hügellandschaft am Fluss, der weiter östlich den Stausee **Chixoy** speist.

Lange vor der Eroberung durch die Spanier war der Ort, der damals in Anspielung auf heiße Quellen in Dorfnähe *Tuhal* („Dampfbad“) genannt wurde, Sitz des indianischen Fürstengeschlechts der Sakapulteken. Sie waren wie die Quiché toltekischen Ursprungs, und auch ihre Sprache stammt von der ihrer kriegerischen Nachbarn ab. In einem historischen Dokument von 1551, dem *Título de Sacapulas* – archiviert in Guatemala-Stadt – berichten zwei Anführer der Sakapulteken über die Wanderung ihres Volkes in das Hochland von Guatemala. Sie erzählen auch von der Gründung mehrerer Festungsanlagen außerhalb des heutigen Sacapulas und über die Unterwerfung durch die Quiché. Hauptgrund für die Ansiedlung waren neben der strategischen Lage und der Flussnähe die **Salzlager**, die sich in der Nähe des Ortes befinden. Sie waren die einzigen größeren Vorkommen dieser Art weit und breit. 1530 eroberten die Spanier unter Francisco de Castellanos das Gebiet von Sacapulas. Sie bereicherten sich während der Kolonialzeit am schwarzen Salz, das beinahe dem Wert von Silber gleichkam und wichtiges Handels- und Tauschgut war. Der Abbau kam 1940 vorübergehend zum Erliegen, als der Río Negro die Salzstätten überschwemmte. Da die Salzproduktion heutzutage nicht mehr besonders rentabel ist, bauen nur noch einige wenige Familien Salz ab, um ihre bescheidenen Einkommen aus der Landwirtschaft aufzubessern.

Kirche und Konvent von Sacapulas wurden 1553 von den Dominikanern gegründet. Neben bekannten Kirchenmännern wie Fray Bartolomé de Las Casas im 16. Jh. und Francisco Ximénez im 18. Jh. hielt sich leider auch das guatemaltekische Militär während des Bürgerkriegs in den achtziger Jahren des 20. Jahrhunderts vorübergehend hier auf.

Sacapulas ist ein sehr ruhiger Ort, besonders um die Mittagszeit, wenn die große Hitze die Menschen in ihre Häuser, an den Fluss oder unter die zwei riesengroßen Ceiba-Bäume an der Plaza treibt. Lebensader ist die Brücke über den Fluss, der allerdings in der Trockenzeit auch durchfahren werden kann. Sie ist nach de Las Casas benannt und wurde bereits mehrfach durch Überschwemmungen zerstört und immer wieder aufgebaut.

Übernachtung, Essen und Sonstiges

Hospedaje Tujaal, hinter der Kirche, ✆ 56928209, Zimmer mit Gemeinschaftsbad, nur kaltes Wasser, Restaurant. ❶
Hospedaje Black River, an der Brücke, einfache Zimmer mit Gemeinschaftsbad und ebenfalls nur kaltem Wasser, Restaurant. ❶
Am Parque Central befindet sich eine Filiale von ***Banrural***.

Transport

Direktbusse nach GUATEMALA-STADT (213 km, ca. 4 1/2 Std.) fahren um 2 und 3 Uhr morgens am Parque Central ab; sonst umsteigen in Santa Cruz.
Nach HUEHUETENANGO (50 km, 3–3 1/2 Std.), Abfahrt an der Brücke an der dem Ort gegenüberliegenden Seite um 3, 4 und 5.30 Uhr.
NEBAJ (34 km, 1 1/2 Std.), mehrmals tgl., Abfahrt siehe Santa Cruz del Quiché.
SANTA CRUZ DEL QUICHÉ (50 km, 1 Std.), Abfahrt stündlich am Parque Central.
USPANTÁN (90 km, 4–5 Std.), Abfahrt stündlich am Parque Central.

Von Sacapulas ins Ixil-Dreieck

Im Norden von Sacapulas ragt die mächtige Bergkette der Cuchumatanes auf, die von den Bussen und Lastwagen in engen, steilen Serpentinen mühsam erklommen werden muss. Je höher man kommt, desto spektakulärer wird der Blick, der im Süden über das ganze Tal des Río Negro reicht. Im Osten taucht eine Bergkette nach der anderen auf. Nach rund 10 km erreicht man eine Kreuzung namens **El Entronque**. Rechter Hand führt die Straße weiter nach Uspantán und Cobán, linker Hand nach Nebaj und in das Ixil-Dreieck. Auf der Nordseite der Berge wird die Landschaft zunehmend grüner und die Luft feuchter. Vorbei an mehreren kleinen Dörfern, deren Häuser meist aus Lehmblöcken und roten Ziegeldächern bestehen, gelangt man nach anstrengenden 20 km nach Nebaj, das tief unten im Tal auf 1906 m liegt. Hier beginnt das Ixil-Dreieck, das durch die drei Eckpunkte Nebaj, Chajul und San Juan Cotzal gebildet wird und das zwischen den Cuchumatanes-Bergen und den westlichen Ausläufern der Sierra de Chamá eingebettet ist. Es wird vom Volk der Ixil bewohnt, einer Untergruppe der Mam, die sich aufgrund der räumlichen Abgeschiedenheit ihre Sprache und Kultur bis auf den heutigen Tag weitestgehend bewahren konnte.

Geschichte des Ixil-Dreiecks

Nachdem die Spanier die Region in drei blutigen Expeditionen erobert und 1530 die Hauptstadt Nebaj niedergebrannt hatten, zogen sie sich zurück, da ihnen die Gegend keinerlei Möglichkeit zur Bereicherung bot. Daher blieben die Ixil-Indianer in den fruchtbaren, wasserreichen Tälern jahrhundertelang nahezu unberührt von äußeren Einflüs-

Bergdorf im guatemaltekischen Hochland

Gemüsemarkt in Chichicastenango

Todos Santos Cuchumatán

Nebaj, Ixil-Dreieck

Blick von den Cuchumatanes-Bergen auf den Vulkan Tajumulco

Nationalpark Tikal

Tempel II, Tikal

Maya-Glyphen

Einsam gelegenes Dorf im Ixil-Dreieck

sen, und auch die spärlichen Besuche der Vertreter von Kirche und spanischer Krone während der Kolonialzeit änderten hieran nicht viel. Allerdings forderten auch hier eingeschleppte Krankheiten zahlreiche Opfer unter der einheimischen Bevölkerung.

Erst gegen Ende des 19. Jahrhunderts kamen im Zuge der liberalen Revolution die ersten Ladinos in das Ixil-Dreieck. Sie bemächtigten sich dort mit Gewalt, Betrug und Unmengen von Alkohol, mit dem sie die Indígenas abhängig und gefügig machten, großer landwirtschaftlicher Flächen für den Zuckerrohranbau und später für Kaffee-Plantagen. Die Indígenas wurden per Gesetz zur Zwangsarbeit auf den Latifundien verpflichtet. Um der verhassten Reise an die moskitoverseuchte Pazifikküste zu entgehen und um die gesetzlich vorgeschriebene Stundenzahl an Zwangsarbeit zu absolvieren, akzeptierten viele Ixils die Arbeit auf einer örtlichen Finca, oftmals bei dem *patrón,* der ihnen ihr eigenes Land weggenommen hatte. Mit Hilfe des guatemaltekischen Rechts, das oft genug gebeugt wurde, und unter Ausnutzung des Misstrauens der Indígenas gegenüber ihren eigenen Führern, übernahmen die Ladinos meist auch die Bürgermeisterämter. Das von Nebaj beispielsweise hatten sie von 1920 bis 1970 inne, obwohl ihr Bevölkerungsanteil nur zwischen 4 und 7% lag. Ein starkes Bevölkerungswachstum führte zudem zu einer Pro-Kopf-Anbaufläche, die sich konstant verringerte – von ca. 19 ha im Jahr 1893 bis auf 7,5 ha im Jahr 1950 (der Trend setzte sich fort, so dass 1989 nur noch durchschnittlich 3,3 ha pro Kopf zur Verfügung standen). Die daraus resultierende Armut und Unzufriedenheit waren der ideale Nährboden für die Guerilla, deren Splittergruppe EPG 1972 ins Ixil-Dreieck kam und durch spektakuläre Hinrichtungen von unbeliebten Finca-Besitzern von sich reden machte. Die Antwort der Regierung ließ nicht lange auf sich warten: Bodentruppen durchkämmten jeden Winkel der Region, brannten Dörfer nieder, massakrierten die Zivilbevölkerung und zerstörten Maisfelder. Die Ixils fanden sich unversehens mitten in einem Krieg, den sie nicht gewollt hatten. Doch Neutralität zu wahren war so gut wie unmöglich, zu stark war der Druck der beiden Kriegsparteien. Wer Glück hatte, rettete sein nacktes Leben auf tagelangen Märschen in die unwegsamen Dschungelgebiete des nördlichen Quiché oder nach Mexiko in ein Flüchtlingslager. Die Zurückgebliebenen wurden von den Militärs indoktriniert: Man zog sie in Modelldörfern (s.S 293) zusammen, setzte sie Umerziehungsprogrammen aus und zwang sie, sich in Zivilpatrouillen gegenseitig zu bespitzeln. Erst im Laufe der neunziger Jahre kehrte ein wenig Normalität im Ixil-Dreieck ein. Das Armeekontingent wurde stark reduziert, Familien kehrten zurück, die Zivilpatrouillen wurden abgeschafft und Hilfsorganisationen starteten Programme zum Wiederaufbau des Gebietes.

Auch wenn der Bürgerkrieg auf den ersten Blick keine sichtbaren Spuren hinterlassen hat, so hat für die betroffene Bevölkerung heute erst die Verarbeitung der grausamen Geschehnisse begonnen. Immer noch werden Massengräber gefunden, die alte Wunden aufbrechen lassen. Die vielen kleinen Papierkreuze mit den Namen von Verschwundenen und Ermordeten, die im Inneren der Kirchen angebracht sind, sprechen ebenfalls für sich.

Die alten Probleme, wie z.B. das der Landverteilung, sind immer noch nicht gelöst, und für die Bewältigung neuer Schwierigkeiten, etwa ökologische Probleme, haben die Menschen hier weder Zeit noch Geld. Die wunderschöne Landschaft steht im starken Kontrast zur bitteren Armut großer Teile der Ixil-Bevölkerung.

Ein Besuch dieser sensiblen Region ist ein besonderes Erlebnis, bei dem der interessierte und rücksichtsvolle Gast viel über das Leben im Hochland Guatemalas lernen kann.

Nebaj

Nebaj, die größte Stadt im Ixil-Dreieck, deren Name so viel wie „Ort der Quellen" bedeutet, sieht auf den ersten Blick nicht besonders attraktiv aus, hat sich aber in den letzten Jahren gemausert und stellt sich auf den wachsenden Strom von Touristen ein, den viele dem Ort, der auf 1906 m liegt, vorhersagen. Zeichen dafür sind ein deutlich verbessertes Hotelangebot, Programme mit Familienaufenthalt und mehrtägige Trekkingtouren.

Doch bislang besuchen nur einige wenige Rucksacktouristen die Region. Die meisten Ausländer, die man hier trifft, arbeiten für eine der zahlreichen Religionsgemeinschaften oder internationalen Hilfsorganisationen, die das Ixil-Dreieck in den neunziger Jahren geradezu überschwemmt haben. Leider gibt es keine übergeordnete Instanz, die Projekte koordiniert, so dass viele Gelder wirkungslos verpuffen.

In kurzer Zeit kennt man den ganzen Ort, der keine größeren Sehenswürdigkeiten bietet, aber die optimale Ausgangsbasis für Ausflüge in die Umgebung darstellt.

Viel Polemik hat der teure Umbau des Parque Central hervorgerufen. Das Prestigeprojekt des Bürgermeisters kostet die für einheimische Verhältnisse Schwindel erregende Summe von rund US$800 000.

Dafür erhält Nebaj eine Tiefgarage, Verkaufsstände, unterirdische Restaurants und viel Beton. Angesichts der Armut in der Region ist der Nutzen solcher Projekte den Bewohnern allerdings schwer vermittelbar.

Hinter der Kirche befindet sich der Markt, der besonders donnerstags und sonntags stark frequentiert wird. Nicht zu übersehen sind die wunderschönen Trachten der Ixil-Frauen. Sie bestehen aus einem roten Rock mit gelben und weißen Streifen, einem weißen *huipil,* der mit neun verschiedenen Farben bestickt ist, und einem Kopfschmuck mit verschiedenen bunten Quasten. Webarbeiten kann man an einigen Ständen am Parque Central erwerben.

Übernachtung

Hotel Ixil, 5. Av., Ecke 10. C., ✆ 55235498, große Mehrbettzimmer, Gemeinschaftsbad, heißes Wasser. Eines der ältesten Hotels am Ort, etwas altersschwach, dafür billig. ❶

Hospedaje Las Clavellinas, 0. C., sehr einfache, kleine Zimmer mit Gemeinschaftsbad. ❶

Hotel Ilebal Tenam, Calzada 15 de Septiembre, Straße Richtung Chajul, ✆ 77558039, großes Hotel mit Neubau, große, ruhige Zimmer mit und ohne Privatbad, TV, Parkplatz, gutes Preis-Leistungs-Verhältnis. ❶–❷

Anexo Hotel Ixil, 2. Av., Ecke 9. C., ✆ 77560036, moderner und dafür auch teurer als das *Hotel Ixil,* alle Zimmer mit Privatbad, sauber, auf Wunsch Mahlzeiten, familiäre Atmosphäre, gelegentlich laut, da sich eine evangelische Kirche gegenüber befindet. ❷

Hotel Turansa, 6. Av., Ecke 5. C., ✆/℡ 77558219, Zimmer mit und ohne Bad, relativ klein, Elektrodusche. ❷

Hotel Casa Shalom, Calzada 15 de Septiembre, 2 Blocks nördlich des Parque Central, ✆ 77558031, ✉ hotelcasashalom@hotmail.com, saubere Zimmer mit Bad, TV. ❷

Wandern im Ixil-Dreieck

Eine der Hauptattraktionen der Region ist die hügelige Berglandschaft, durchzogen von klaren Bergbächen, die geradezu zum Wandern auffordert. Inzwischen hat man sich in Nebaj auf die steigende Nachfrage nach Trekkingtouren eingestellt. Verschiedene Anbieter offerieren organisierte Wanderungen, von einfachen Tages- bis zu Mehrtagestouren mit Maultieren.

Beliebte Tagestouren führen unter anderem nach Acul, zur Cascada de Plata oder zum Río Azul über Cocop. Anspruchsvollere Routen umfassen die dreitägige Wanderung zur Laguna Tzalbal über Xeo und Cotzol (nicht zu verwechseln mit Cotzal) oder die Viertagestour nach Xexocom und Parramos Grande. Einige Veranstalter bieten eine fünf- bis sechstägige Wanderung von Nebaj nach Todos Santos Cuchumatanes an. Die reizvolle, aber anstrengende Wanderung führt durch unterschiedliche Klimazonen bis auf Höhen von rund 3300 m.

Für die organisierten Wandertouren benötigt man weder Zelt noch Schlafsack, da in so genannten *posadas* (einfachen Herbergen, die von Einheimischen geführt werden) übernachtet wird. Die Preise reichen von rund US$13 pro Person für eine Tagestour inklusive Transport, Guide und Übernachtung bis beispielsweise rund US$90 für die Viertagestour nach Parramos Grande, alles inklusive. Wer alleine loszieht und in den *posadas* übernachten möchte, zahlt dort zwischen US$2 und 3 pro Nacht und Person.

In Nebaj bieten folgende Agenturen Wandertouren an:

Trekking Ixil, Cantón Batzbacá, Info im Restaurant *El Descanso,* ✆ 53819100, ✉ trekkingixil@hotmail.com.

Pablos Tours, neben *El Descanso,* ✆ 77558287, ✉ pablostours@hotmail.com.

Guías para Trekking Ixil, im Haus von *Solidaridad Internacional,* Cantón Batzbacá, gegenüber der *Shell*-Tankstelle (der Standort soll Ende 2005 gewechselt werden), ✆ 77560054.

Eine gute Infoquelle ist die Webseite 💻 www.nebaj.com, auf der man sich in Englisch über Wanderangebote, Sprachschulen, Freiwilligenarbeit und Familienaufenthalte informieren kann.

Hotel Villa Nebaj, Calzada 15 de Septiembre 2-37, Z. 1, ✆ 77560005, bestes und teuerstes Hotel am Platz, moderne Zimmer mit Bad, TV, Parkplatz. ❸

Essen und Unterhaltung

Die Auswahl ist immer noch sehr bescheiden. Wenn man nicht von Pizzas und Hamburgern leben will, beschränkt sie sich auf solide guatemaltekische Hausmannskost. Die meisten *comedores* schließen um 20 Uhr.

Eine angenehme Ausnahme ist der Travellertreff *El Descanso.*

Wer an einer Fiesta im Ixil-Dreieck teilnimmt, sollte sich die leckeren *boxboles* nicht entgehen lassen, die im übrigen Guatemala nur sehr selten angeboten werden. Sie bestehen aus gekochtem Maisbrei, der zu Kugeln geformt wird. Diese werden mit einer würzig-scharfen Chili-Erdnuss-Soße verfeinert und in ein grünes Chayote- oder Güisquil-Blatt gewickelt.

El Descanso, 3a. C., Z. 1, 2-stöckige Bar und Restaurant, bei Touristen sehr beliebt. Gute Speisenauswahl zu günstigen Preisen, Frühstück, Internet. Ein Teil der Gewinne fließt in den Unterhalt einer Bibliothek *(Centro Explorativo)* für Jugendliche und Kinder, in der man auch als Freiwilliger arbeiten kann.

Pizza del César, 2. Av., gegenüber von *Bancafé,* der lokale Fastfood-Tempel, in dem man jeden Touristen während seines Aufenthalts wenigstens einmal trifft; solide Pizza, Wein.

Comedor Elsim, an der Westseite des Parque Central, solide guatemaltekische Küche, Frühstück, Mittag- und Abendessen.

An Abendlokalen scheint es noch keinen großen Bedarf zu geben. Außer im ***El Descanso*** und ein paar heruntergekommenen *cantinas* ist absolut nichts los.

Sonstiges

FESTE – Neben der Osterwoche finden in Nebaj folgende Feiern statt:
14. Juni: San Antonio, 7-tägige Feier mit Marimba, *tamales*, viel Schnaps und typischen Trachten.
15. August: Patronatsfest zu Ehren der *Virgen de la Asunción*.
7. Dezember: *Virgen de Concepción*, Mariä Empfängnis.

GELD – ***Banrural*** an der Plaza und ***Bancafé*** (*Visa*-Geldautomat) gegenüber der *Pizzería del César*.

FREIWILLIGENARBEIT – Info im Restaurant ***El Descanso***.

INFORMATIONEN – Erhält man im Internet unter 🖳 www.nebaj.com und bei den Trekkingveranstaltern (s.S. 291, Wandern im Ixil-Dreieck).

INTERNET – Im Restaurant ***El Descanso***, ca. US$1,30/Std.

NOTFÄLLE – Ein ***Krankenhaus*** befindet sich am Ortseingang.
Die ***Polizei*** ist im Gebäude der Stadtverwaltung an der Plaza untergebracht.

POST – 5. Av., Ecke 4. C.

RADIO IXIL – Der 1992 gegründete Radiosender in der 5. Av., Ecke 2. C. versorgt die entlegenen Dörfer des Ixil-Dreiecks mit spiritueller Nahrung, sprich: der Verbreitung des Evangeliums, aber auch mit kulturellen und pädagogischen Programmen auf Ixil. Er sendet gegen Entgelt Nachrichten an alle Dörfer der Region und stellt auch im Handyzeitalter für viele Bewohner des Ixil-Dreiecks die einzige Form der Kommunikation dar.

SPRACHUNTERRICHT – Infos im Restaurant ***El Descanso***.

TELEFON – Öffentliche Kartentelefone benutzen.

TOUREN – Siehe S. 291, Wandern im Ixil-Dreieck, und s.u., Die Umgebung von Nebaj.

Transport

Der Busterminal befindet sich zwischen der 1./2. Av. und 7./8. C. In aller Regel geht es früh los; nach 11 Uhr vormittags fahren nur noch wenige Busse.
GUATEMALA-STADT (247 km, ca. 6 Std.), häufige Abfahrten nach SANTA CRUZ DEL QUICHÉ (84 km, ca. 3 Std.), ab 2 Uhr morgens bis 11 Uhr, dort umsteigen, tgl. ein Direktbus um 23 Uhr (vorher erkundigen!).
ACUL (ca. 12 km, 30–45 Min.), tgl. 6 und 11 Uhr.
CHAJUL (28 km, 1 Std.), fünf Busse zwischen 8.30 und 17 Uhr.
COTZAL (21 km, 1 Std.), 12.30, 13 Uhr.
COBÁN (114 km, 5-6 Std.), ein Direktbus verlässt Chajul morgens um 5 Uhr, passiert Nebaj gegen 6 Uhr und fährt über Uspantán, Cobán nach San Pedro Carchá.
HUHUETENANGO (84 km, 4 1/2–5 Std.), bis SACAPULAS siehe Guatemala-Stadt, dort umsteigen; ein Bus verlässt die Brücke in Sacapulas um 5 Uhr morgens.
SACAPULAS (30 km, 1 1/2 Std.), alle Busse nach Santa Cruz und Guatemala-Stadt.
SALQUIL GRANDE (ca. 25 km, 2 Std.), mehrere Abfahrten zwischen 5 und 16 Uhr.
USPANTÁN (44 km, ca. 3–4 Std.), alle Busse nach Sacapulas bis zur Kreuzung El Entronque, dort umsteigen (Busse von Santa Cruz kommen dort ungefähr ein- bis zweistündlich vorbei), siehe auch Cobán.

Die Umgebung von Nebaj

Am besten lernt man das Ixil-Dreieck zu Fuß kennen. Dabei können Wanderungen verschiedener Länge unternommen werden. Die Gegend ist inzwischen sehr sicher, doch wer längere Touren plant, sollte in einer kleinen Gruppe gehen und sich einen lokalen Guide besorgen. Die wenigen Führer, die es gibt, arbeiten allerdings nicht besonders professionell. Dennoch ersparen sie dem Wanderer durch ihre Ortskenntnis viel Sucherei. Oftmals warten sie bereits bei der Ankunft der Busse auf Touristen. Ansonsten können die Hotels weiterhelfen. Alle Übernachtungsmöglichkeiten außerhalb von Nebaj sind äußerst einfach; ein Schlafsack leistet hier gute Dienste.

Wer nur einen kleinen Spaziergang unternehmen möchte, kann zum **Friedhof** von Nebaj laufen, der im Westen der Stadt liegt, und den hübschen Blick über den Ort genießen. Etwa 6 km außerhalb von Nebaj Richtung Chajul liegt die **Cascada de Plata**, ein Wasserfall, der besonders in der Regenzeit sehenswert ist. Man erreicht ihn, indem man der Straße nach Chajul und Cotzal folgt, bis man nach rund 3 km an eine Kreuzung an einer kleinen Brücke kommt. Hier biegt man links ab und steht nach etwa 1 km vor dem Wasserfall. Der Ausflug lässt sich gut mit einem Besuch von Chajul und Cotzal verbinden, indem man bei der Rückkehr von diesen beiden Dörfern an der Kreuzung aussteigt, den Wasserfall besucht und nach Nebaj zurückläuft.

Eine kurze, aber landschaftlich reizvolle Wanderung führt zum Dorf **Acul**, das in einem der schönsten Täler der Region liegt. Von der Plaza in Nebaj folgt man der 5. Calle (vor der Polizei) Richtung Westen. Nach wenigen Metern erreicht man in einer kleinen Senke eine Kreuzung, an der man den mittleren der drei möglichen Wege nimmt (markiert durch eine kleine bemalte Kachel mit der Aufschrift „B'ey Ak'ul Diagonal 1, Cantón Xevac"). Dieser Weg zieht sich in langen Serpentinen den Berghang hoch, wobei die Ausblicke immer grandioser werden. Auf der anderen Seite geht es steil bergab nach Acul. Die gesamte Gehzeit für die einfache Strecke beträgt rund 90 Minuten. Acul ist ein Modelldorf der ersten Generation, das die Militärs in den frühen achtziger Jahren errichteten, um die Bevölkerung besser kontrollieren zu können. Man erkennt die planmäßige Struktur auch heute noch an den quadratisch angelegten Straßenzügen und den gleichartigen Häusern.

Der Ort ist auf drei Seiten von Hügelketten umgeben; das Tal hat somit nur einen Ausgang. Einige hundert Meter talauswärts befindet sich linker Hand inmitten saftiger Wiesen eine kleine urige **Käserei**, die hervorragenden Käse *(Quesos Chancol)* herstellt. Unbedingt probieren! Inzwischen gibt es dort ausgezeichnete Übernachtungsmöglichkeiten. Direkt an der Käserei liegt die ***Hacienda San Antonio***, ✆ 53056240, rustikale Zimmer mit Bad, ❷ und nur wenige hundert Meter davon entfernt die ***Bungalows de Mil Amores***, ✆ 57044871, vier nett eingerichtete Bungalows mit Bad, ❸. Beide Herbergen organisieren Reit- und Wanderausflüge, Mahlzeiten kosten je US$5.

In Acul gibt es zudem die einfache ***Posada Doña Magdalena***, ❶, die von einer einheimischen Familie geführt wird.

Folgt man zu Fuß der Straße aus dem Tal heraus, erreicht man nach rund 45 Minuten die Hauptstraße zwischen Nebaj und Salquil Grande. Der Verkehr fließt sehr spärlich, und so empfiehlt es sich, die rund zwei Stunden nach Nebaj zu Fuß zu gehen. Wesentlich schöner ist allerdings der Rückweg von Acul nach Nebaj auf demselben Weg, den man gekommen ist. Ein Ausflug mit dem Bus bringt einen in rund zwei Stunden von Nebaj nach **Salquil Grande**, dem größten Dorf des westlichen Ixil-Dreiecks. An den Markttagen herrscht hier ein buntes Treiben. Der Ort ist zudem Ausgangspunkt für Wanderungen zu kleineren Dörfern in der Umgebung, zu denen man allerdings nicht ohne ortskundige Begleitung aufbrechen sollte.

Chajul

28 km nordwestlich von Nebaj liegt Chajul, der wohl traditionellste Ort der drei Eckpunkte des Ixil-Dreiecks. Die Adobehäuser mit ihren Ziegeldächern, die von offenen Feuern rußgeschwärzt sind, liegen eng aneinander. Die Dorfstraße führt geradewegs zur mächtigen **Wallfahrtskirche San Gaspar**. Dort wartet der Christus von Golgatha auf die Pilger, die ihn besonders zahlreich in der Vorosterzeit aufsuchen. Die frisch renovierte Kirche besticht durch ihre Schlichtheit und die massiven Holzbalken, die das Ziegeldach tragen. Wie fast alle Orte des Ixil-Dreiecks litt auch Chajul während des Bürgerkriegs unter der Willkür der Guerilla und der Militärs. Mitte der achtziger Jahre ließ sich der italienische Pfarrer Rosolino in die Gemeinde versetzen, um den Leuten in den schwierigen Zeiten der Gewalt Beistand zu leisten. Doch er beließ es nicht bei Gebeten, sondern krempelte die Ärmel hoch: 1988 half er, die *Asociación Chajulense Va'l Vaq Quyol* zu gründen, eine Genossenschaft, der mittlerweile rund 2500 Familien angehören. Sie haben es mit Hilfe des *padres* geschafft, ihr wichtigstes Anbauprodukt – den Kaffee – selbständig zu verarbeiten und zu vermarkten. Die Genossenschaft hat sogar den Transport der Kaffeesäcke zum weit entfernten Karibikhafen übernommen. Dieses Geschäft lag früher in den Händen skrupelloser Zwischenhändler, die sich an der harten Arbeit der Bauern unangemessen bereicherten.

Inzwischen befindet sich im Verwaltungsgebäude der Genossenschaft unterhalb der Kirche ein kleiner Laden, in dem man die wunderschönen Stoffe und Kaffee aus Chajul kaufen kann. Besonders stolz ist man auf eine kleine Berufsschule, in der junge Männer zu Zimmerleuten, Imkern oder Öko-Landwirten ausgebildet werden.

Nach Chajul kommen nur wenige Touristen, aber einen Tagesausflug von Nebaj ist der Ort allemal wert. Das Patronatsfest wird am 6. Januar gefeiert. Markttage sind Dienstag und Freitag.

Etwa 10 km nördlich von Chajul befindet sich das geplante **Biosphärenreservat Visís-Cabá**, das 45 000 ha umfasst und die unberührte Waldlandschaft um den 2700 m hohen Cerro Visis schützen soll.

Im Süden des Dorfes kann man auf einer hügeligen Straße in ca. drei Stunden nach Cotzal wandern. Auf dieser wenig befahrenen Strecke existiert kein Busverkehr.

Übernachtung und Essen

Die *Asociación Chajulense Va'l Vaq Quyol* besitzt inzwischen eine sehr schöne eigene Unterkunft, die ***Posada Chajulense Vetz K'aol,*** ✆ 77656114, 📠 77656115, 💻 www.chajul.com. ❶–❷ Eine weitere Übernachtungsmöglichkeit bietet die sehr einfache ***Hospedaje Cristina,*** in der Nähe des Parque Central, zu der auch ein *comedor* gehört. ❶

Transport

Neben den regelmäßig, bis in den frühen Nachmittag verkehrenden Bussen von und nach NEBAJ nehmen Lastwagen und Pickups fast immer Passagiere mit.

San Juan Cotzal

Der Ort hatte seine Blütezeit in den 20er und 30er Jahren des 20. Jahrhunderts, als er sogar bedeutender als Nebaj war. Von hier aus wurden die weiter nördlich und östlich gelegenen Gebiete für die Landwirtschaft erschlossen. Nachdem 1940 eine Straße nach Nebaj gebaut worden war, sank Cotzal allerdings schnell in die Bedeutungslosigkeit.

Heutzutage stellen die Bewohner einfache Tonkeramik und Produkte aus Agavefasern her oder widmen sich der Landwirtschaft. Es gibt wenige Gründe, hier länger als ein paar Stunden zu verweilen. Markttage sind Mittwoch und Samstag, die Fiesta ist am 24. Juni. Wer dennoch bleiben will, für den gibt es zwei Unterkünfte: das ***Hotel Don Polo,*** hinter der Kirche, sehr einfach mit Gemeinschaftsbad, ❶ und das ***Hotel y Comedor El Maguey,*** gegenüber der Polizei, ordentliches Essen und akzeptable Zimmer mit Gemeinschaftsbad. ❶

Die Straße, die durch Cotzal führt, endet erst viele Kilometer weiter westlich an der Finca San Francisco, einer riesigen Kaffeeplantage, die nicht gerade für eine arbeitnehmerfreundliche Gesinnung bekannt ist.

Von Nebaj verkehren regelmäßig bis in den frühen Nachmittag Busse. Außerdem nehmen Lastwagen und Pickups fast immer Passagiere mit.

Der Ixcán

An die nördliche Seite der Cuchumatanes-Berge schließt sich eine dünn besiedelte Gegend an, die Ixcán genannt wird. Sie reicht bis an die mexikanische Grenze, wo sie in den Lacandonenwald übergeht, und besteht überwiegend aus tropischem Regenwald und Sümpfen. Nachdem landlose Bauern und einige Großgrundbesitzer die Region in den 60er und 70er Jahren des 20. Jahrhunderts besiedelten, wurde aus ihr in den achtziger Jahren während des Bürgerkriegs ein blutiges Schlachtfeld. Nahezu alle Dörfer wurden zerstört, die Bewohner ermordet oder nach Mexiko vertrieben. In den letzten Jahren kamen immer mehr *repatriados* – vertriebene Familien – in den Ixcán zurück. Das Reisen ist noch immer ein großes Abenteuer, und eine Straßenverbindung in das Ixil-Dreieck existiert bisher noch nicht.

Von Nebaj in die Provinzen Alta und Baja Verapaz

Wer von Nebaj nach Cobán in der Provinz Alta Verapaz reisen möchte, muss zunächst zurück zur Kreuzung *El Entronque* und hier auf einen Bus warten, der bis Uspantán fährt (es gibt einen Direktbus von Nebaj über Uspantán nach Cobán, s.S. 292, Nebaj, Transport). Die Straße windet sich zunächst steil zum Dorf **Cunén** herab, wo es eine einfache Unterkunft (*Hospedaje San Francisco)* gibt.

Von hier sind es noch weitere 25 km durch eine grandiose Berglandschaft bis nach **Uspantán**, dem einzigen größeren Ort auf der Route in die Provinz Alta Verapaz. Die wenig befahrene Strecke von Uspantán nach San Cristóbal Verapaz bietet auf rund 50 km vielseitige Berglandschaften, die zunächst trocken und dann in der Provinz Alta Verapaz immer feuchter und grüner werden. Unterwegs durchfährt man kleinere Dörfer ohne Übernachtungsmöglichkeiten. Von der Kreuzung hinter San Cristóbal gelangt man in nördlicher Richtung nach Cobán (13 km) und Richtung Süden in die Provinz Baja Verapaz.

Uspantán

Die Uspantekos scheinen das widerspenstigste Volk des guatemaltekischen Hochlands gewesen zu sein: Die Spanier konnten sie erst nach harten Gefechten im Jahr 1530 als letzte indianische Volksgruppe besiegen. Der spanische Chronist Fuentes y Guzmán berichtet vom Stolz eines Uspanteken-Häuptlings, der nach der Niederlage gegen die Spanier seine Familie tötete, bevor er sich in die eigene Lanze stürzte.

Das angenehme Klima in 1826 m Höhe am Südrand der Cuchumatanes-Berge zog verschiedene Einwanderergruppen an, die um das Jahr 1800 aus Jutiapa im Osten und Joyabaj im Quiché kamen. Eine zweite Welle rollte 1872 aus Totonicapán an. Bei ihr handelte es sich um Quichés, die im Zuge der liberalen Reformen unter Präsident Barrios enteignet worden waren und neues Land suchten. Eine gegenteilige Entwicklung ergab sich dann zwischen 1981 und 1983, als eine große Anzahl Familien Uspantán in der schlimmsten Phase des Bürgerkriegs verließ.

Das Städtchen macht heute einen überraschend gepflegten, sauberen und wohlhabenden Eindruck. Alle Wege des Ortes sind betoniert, und die Gebäude befinden sich in einem guten Zustand. Uspantán verfügt auch über ein erstaunliches Hotelangebot.

Nur noch wenige Tausend beherrschen das Uspanteko, eine Indianersprache, die von einer Urform des Quiché abstammt.

Aus dem kleinen Weiler *Chimel* stammt die berühmteste Bürgerin des Landkreises Uspantán – Rigoberta Menchú. Die Friedensnobelpreisträgerin von 1992 hat die Zeit der *violencia*, der Gewalt, hautnah miterlebt. Viele ihrer Familienangehörigen kamen ums Leben. Sie kämpft weiterhin unermüdlich für die Rechte der indigenen Völker Guatemalas (s.S. 296).

Übernachtung und Essen

Pensión Galindo, 5. C. 2-09, sehr billig, dafür bekommt man dunkle, kleine Zimmer mit durchgelegenen Betten. ❶

Hotel Casablanca, am Ortseingang Uspantán aus Richtung Nebaj kommend, Zimmer mit Gemeinschaftsbad, sauber, Frühstück möglich. ❶–❷

Hotel Tesoro Imperial, 5. Av. 6-43, Zimmer mit und ohne Bad, sauber, angenehm. ❷

Hotel Posada Doña Leonor, 4. Av., Ecke 6. C., gute Zimmer mit Privatbad, sauber. ❷

Comedor Kevin, 6. C. 5-28, solide, guatemaltekische Küche.

Am Markt befinden sich verschiedene *comedores*.

Sonstiges

GELD – Eine Filiale von ***Banrural*** befindet sich an der Plaza.

POLIZEI – Gegenüber der Kirche.

POST – In der 6. C. 5-19.

TELEFON – An der Plaza, gegenüber der Bank.

TOUREN – Nördlich von Uspantán befindet sich der Aussichtspunkt *mirador del cerro Xoqoneeb*. In der Nähe liegt eine Höhle, die den Quiché-Maya als Zeremonialzentrum dient, außerhalb sieht man Opferaltäre.

Transport

Der Busterminal befindet sich am Ende der 6. C., Richtung Nebaj. Nach COBÁN (77 km, 4 Std.) fährt um 3 Uhr morgens ein Bus, danach fahren gelegentlich Pickups.

Nach SANTA CRUZ DEL QUICHÉ, SACAPULAS und NEBAJ (umsteigen an der Kreuzung El Entronque) geht es mehrmals täglich zwischen 6 und 17 Uhr.

Stimme eines unterdrückten Volkes – Rigoberta Menchú Tum

„Mein Vater sagte: Einigen ist es bestimmt, ihr Blut zu geben, anderen, ihre Kraft. Geben wir also, solange wir noch können, unsere Kraft."

Rigoberta Menchú Tum,
Leben in Guatemala, 1983

Einfach hatte sie es in ihrem Leben nie: Ein Teil ihrer Familie wurde während des Bürgerkriegs ermordet, sie selbst musste für viele Jahre ins Exil, und auch heute noch sieht sie sich immer wieder Demütigungen und Morddrohungen ausgesetzt. Doch die Quiché-Maya setzt sich weiterhin für ihr Volk ein.

Rigoberta Menchú Tum wurde 1959 in dem kleinen Weiler Chimel in der Provinz Quiché geboren, neun Fußstunden von der Kreishauptstadt Uspantán entfernt. Hier verbrachte sie auch ihre Kindheit. Weil die Ernte der Familie nicht zum Überleben reichte, begab sie sich notgedrungen an die Pazifikküste. Dort lernte Menchú bereits in jungen Jahren die entwürdigenden Arbeitsbedingungen auf den Zuckerrohr- und Kaffeefincas am eigenen Leibe kennen. Spanisch lernte sie erst während ihrer Zeit als Dienstmädchen in der Hauptstadt. Wieder zurück im Hochland, musste sie mit ansehen, wie Großgrundbesitzer und Militärs das Land ihres Volkes raubten. 1979 trat sie der Bauernvereinigung CUC bei, die von ihrem Vater gegründet worden war. In der schlimmsten Phase des Bürgerkriegs zu Beginn der achtziger Jahre fand ihr Leben im Untergrund statt. Ihre Eltern und ein Bruder wurden vom Militär grausam ermordet, Menchú floh nach Mexiko. Ihr 1983 dort erschienenes Buch *Leben in Guatemala (Yo, Rigoberta Menchú)* machte sie weltweit bekannt. Sie setzte sich in den Folgejahren unermüdlich für die Rechte ihres unterdrückten Volkes ein und erhielt genau 500 Jahre nach der „Entdeckung" Amerikas 1992 den Friedensnobelpreis. Mehrere Universitäten zeichneten sie mit der Ehrendoktorwürde aus. Menchú kehrte kurz darauf nach Guatemala zurück, wo sie in Gedenken an ihren Vater die Stiftung Vincente Menchú gründete.

Immer wieder war sie seitdem Zielscheibe nationaler Kritik, Opfer von Diffamierungen, schlechter Witze und wiederkehrender Morddrohungen. Der nordamerikanische Anthropologe David Stoll versuchte die Glaubwürdigkeit von Menchú in einem 1998 erschienen Buch in Frage zu stellen. Darin behauptet er, dass Teile ihres autobiografischen Werkes *Leben in Guatemala* erfunden seien. Von alledem ließ sich die Nobelpreisträgerin bisher nicht beirren. Unermüdlich forderte sie ihre indianischen Landsleute mit Kampagnen auf, an Wahlen teilzunehmen und sich politisch zu engagieren.

Eine Klage beim obersten spanischen Gerichtshof, die sie Ende 1999 gegen acht frühere guatemaltekische Generäle und Staatsmänner wegen Menschenrechtsverletzungen eingereicht hatte, wurde ein Jahr später abgewiesen. Das Gericht, das bereits im Fall Pinochet entschieden hatte, erklärte sich für nicht zuständig. Menchú betonte daraufhin die unermüdliche Fortsetzung ihres Anliegens, bis die Schuldigen des Genozids bestraft würden.

Einen beachtenswerten Erfolg errang die Nobelpreisträgerin im April 2005, als ein Gericht in Guatemala zum ersten Mal in der Geschichte des Landes fünf Mitglieder der damaligen Regierungspartei *Republikanische Front Guatemalas (FRG)* wegen rassistischer Diskriminierung zu Geldbußen verurteilte. Sie hatten Menchú während einer öffentlichen Veranstaltung mit Worten wie „India" oder „Geh auf den Markt, Tomaten verkaufen" beschimpft.

Baja Verapaz und Alta Verapaz

Den scheuen Nationalvogel im **Quetzal-Biotop** beobachten

In den Naturpools der Kalksteinbrücke **Semuc Champey** baden

Die größte private **Orchideenzucht** des Landes in Cobán besuchen

Die einmalige Naturlandschaft des **Lachuá-Nationalparks** erleben

Einen Ausflug zur riesigen **Candelaria-Höhle** unternehmen

Auf dem **Río Cahabón** raften

Den Canyon **El Boquerón** zu Fuß und mit dem Kanu erkunden

Im heißen Wasserfall der **Finca El Paraíso** baden

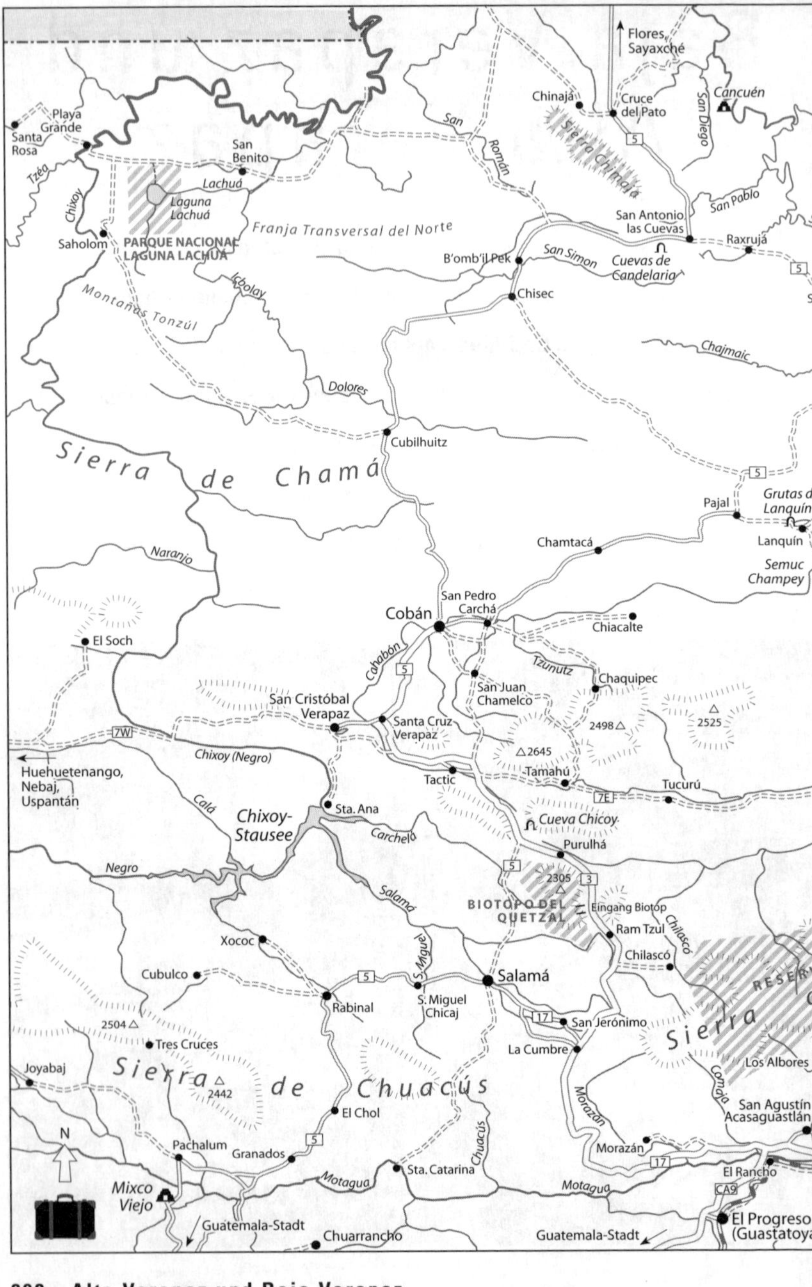

Flores, Sayaxché
Cancuén
Chinajá
Cruce del Pato
Sierra Chinajá
San Diego
San Román
Playa Grande
Santa Rosa
San Benito
Tzéa
Lachuá
Laguna Lachuá
Chixoy
San Pablo
San Antonio las Cuevas
Raxrujá
Franja Transversal del Norte
Saholom
PARQUE NACIONAL LAGUNA LACHUÁ
B'omb'il Pek
San Simon
Cuevas de Candelaria
Chisec
Icbolay
Montañas Tonzúl
Chajmaic
Dolores
Cubilhuitz
Sierra de Chamá
Pajal
Grutas de Lanquín
Lanquín
Chamtacá
Naranjo
Semuc Champey
San Pedro Carchá
Cobán
Chiacalte
El Soch
Cahabón
Tzunutz
Chaquipec
San Juan Chamelco
San Cristóbal Verapaz
Santa Cruz Verapaz
2498
2525
2645
7W
Chixoy (Negro)
Tamahú
Tactic
Tucurú
7E
Huehuetenango, Nebaj, Uspantán
Calá
Sta. Ana
Chixoy-Stausee
Cueva Chicoy
Carchelá
Purulhá
Negro
2305
Salamá
BIOTOPO DEL QUETZAL
Eingang Biotop
Ram Tzul
Chilascó
Xococ
S. Miguel
Cubulco
Salamá
RESERVA
Rabinal
S. Miguel Chicaj
San Jerónimo
2504
Tres Cruces
La Cumbre
Sierra
Joyabaj
Sierra de Chuacús
2442
Los Albores
Comaja
Morazán
El Chol
San Agustín Acasaguastlán
N
Pachalum
Granados
Chuacús
Morazán
El Rancho
Mixco Viejo
Sta. Catarina
Motagua
CA9
Guatemala-Stadt
El Progreso (Guastatoya)
Chuarrancho

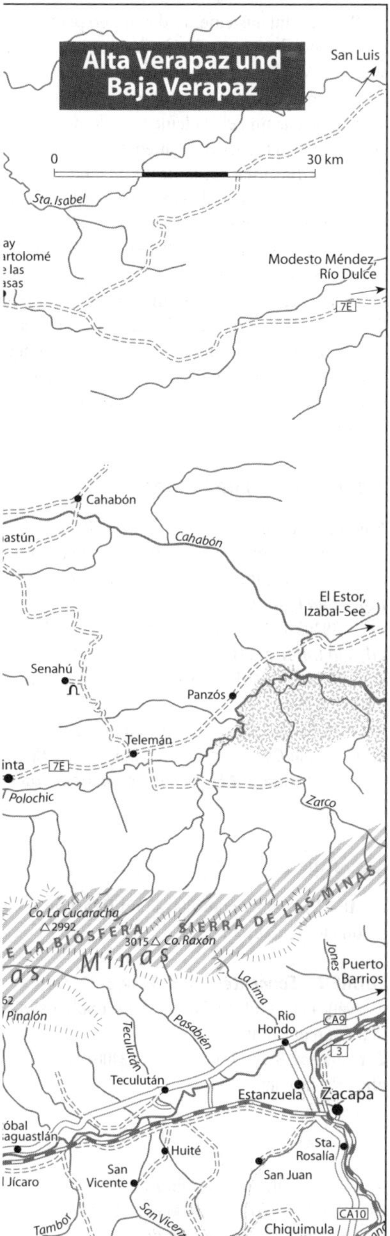

Nördlich der Hauptstadt, im Herzen Guatemalas, liegen die Provinzen Alta Verapaz und Baja Verapaz. Sie bilden eine geographische Übergangszone zwischen dem rauen, kalten Hochland im Westen und der warmen, feuchten Karibik im Osten.

Aufgrund des heftigen Widerstands der hier ansässigen Achí-Indianer, nannten die Spanier die einst unzugängliche Region zunächst *Tezututlán,* was „Land des Krieges“ bedeutet. Doch bereits 1537 war der Dominikaner Fray Bartolomé de Las Casas (s.S. 320) mit einigen Ordensbrüdern in das Gebiet nördlich der Hauptstadt aufgebrochen, wo es ihm in wenigen Jahren gelang, die Indianer friedlich und ohne Blutvergießen zu christianisieren. Schon bald bekam die Region, zu der damals der Petén, das heutige Belize und Teile der Provinz Izabal gehörten, einen neuen Namen. Fortan hieß sie Verapaz, was „wahrer Frieden“ bedeutet. 1877 wurde die Provinz in die *departamentos* Alta Verapaz und Baja Verapaz aufgeteilt.

Von der Hauptstadt aus sind beide Provinzen am bequemsten und schnellsten über die Atlantikstraße CA 9 zu erreichen, die bei KM 84 den Motagua-Fluss überquert. Kurz darauf zweigt im heißen El Rancho eine gute, asphaltierte Straße linkerhand in Richtung Verapaces ab. Sie steigt kontinuierlich an und erreicht nach rund 50 km inmitten dichter Kiefernwälder die Abzweigung La Cumbre. Tief unten im Tal liegt Salamá, die Hauptstadt der Provinz Baja Verapaz.

Die landschaftlich reizvollere, aber wesentlich abenteuerlichere Route führt nördlich von Guatemala-Stadt über das Rückgrat der Sierra de Chuacús und die Orte San Juan Sacatepéquez, El Chol und Granados nach Salamá. Nur wenige Busse befahren diese Strecke, die in der Regenzeit teilweise unpassierbar ist. Von der Abzweigung La Cumbre aus verläuft die asphaltierte Hauptstraße weiter Richtung Norden bis Cobán, der Hauptstadt der Provinz Alta Verapaz.

Baja Verapaz

Die relativ unbekannte und eher selten besuchte Provinz Baja Verapaz grenzt im Süden an das *departamento* Guatemala-Stadt. Die **Sierra de Chuacús**, ein Ausläufer der Sierra Madre durchquert den Baja Verapaz von West nach Ost. Seine Gipfel sind mit bis zu 2500 m Höhe niedriger als die Bergzüge des Hochlands. Im Osten grenzt die Provinz an die unwegsame **Sierra de las Minas**. Das Klima ist in weiten Teilen der Provinz heiß und trocken – Wälder sind selten geworden. Lediglich ganz im Norden, der feuchter und grüner ist, gibt es noch zusammenhängende Gebiete mit Nebelwald. Sie sind der Lebensraum des Quetzal, des Nationalvogels Guatemalas, der durch die fortschreitende Abholzung stark gefährdet ist.

Im Norden befindet sich das Wasserkraftwerk **Chixoy**, das rund 50% des landesweiten Energiebedarfs deckt. Der Baja Verapaz ist mit 65 Einwohnern pro km^2 vergleichsweise dünn besiedelt. Der Anteil der Indígenas an der Gesamtbevölkerung der Provinz beträgt rund 57%. Es handelt sich dabei überwiegend um Achí- und Pokomchí-Indianer. Ganz im Süden leben darüber hinaus einige Cakchiqueles.

Haupterwerbszweige sind die Landwirtschaft (Zuckerrohr, Gemüse, Mais, Getreide) und das Kunsthandwerk (Webarbeiten, Keramik, Kalebassengefäße, Korbflechterei, Holzmasken u.a.)

Wer über die Atlantikroute in die Provinz Baja Verapaz gelangt, hat bereits an der Abzweigung La Cumbre links einen spektakulären Blick hinunter auf das große Tal von Salamá, das mehrere hundert Höhenmeter unterhalb der Abzweigung zu sehen ist.

Salamá

Die kleine, ruhige Provinzhauptstadt, in der überwiegend Ladinos leben, liegt 17 km von La Cumbre entfernt in einem breiten Becken am Fuß der Sierra de Chuacús auf 940 m Höhe. Die Jahresdurchschnittstemperatur beträgt angenehme 22,5 °C. Der Name des Orts leitet sich vom indianischen *Tz'alam Há* ab, was soviel wie „Planken über dem Wasser" bedeutet. Während der Kolonialzeit entstanden einige Bauwerke, deren Überreste auch heute noch zu sehen sind. Die **Kirche** von Salamá aus dem 17. Jahrhundert lohnt einen Besuch. Ihre elf handgeschnitzten Altäre stammen vom Kolonialkünstler Evanista Zuñiga. Die alte, baufällige **Brücke** über den Río Salamá, der in den Chixoy-Stausee mündet, darf nur noch von Fußgängern benutzt werden.

Etwas munterer geht es in dem Ort eigentlich nur während des sonntäglichen **Marktes** und während des Patronatsfests vom 17. bis 21. September zu.

Wer das Tal aus einer anderen Perspektive sehen möchte, kann von der Stadt aus eine ca. einstündige Wanderung vorbei an Kakteen und Sträuchern zum **Cerro de la Cruz** unternehmen, auf dem ein Kreuz und eine kleine Kapelle stehen. Von dort oben bietet sich im Schatten eines 60 Jahre alten **Ceiba-Baumes** ein fantastischer Blick in die Täler von Salamá und San Miguel Chicaj. Am 3. Mai jeden Jahres ist der Hügel Ziel vieler – vorwiegend indianischer – Pilger, die den Tag des heiligen Kreuzes begehen. Der Ursprung dieses inoffiziellen Feiertags geht bis in vorkolumbianische Zeiten zurück. Bereits damals bat man den Regengott Chac mit einem grün bemalten, blumengeschmückten Kreuz, die Trockenzeit zu beenden. Der Weg auf den Cerro de la Cruz beginnt hinter der Kalvarienkapelle.

Übernachtung und Essen

Hospedaje Juarez, 5. C. 8-98, Z. 1, ✆ 79401114, nur für diejenigen, die jeden Pfennig umdrehen müssen; kleine, laute, etwas muffige Zimmer. ❶
Hotel San Ignacio, 4. C. A 7-09, Z. 1, ✆/℻ 79400186, einfache, kleine Zimmer. ❶–❷
Lilys In Hotel, am Ortseingang aus Guatemala kommend, ✆ 79401711, Motel mit angenehmen Zimmern. ❸
In Plaza-Nähe liegen mehrere *comedores*, darunter die ***Cafetería Central***, Ecke 9. Av./15. C., und das ***Restaurant El Balcón de los Recuerdos***, 8. Av. 6-28.

Sonstiges

GELD – ***Bancafé*** an der Plaza und ***Banrural***, beide mit Geldautomaten.

TOUREN – ***Ecocenter Tours***, 8. Av. 3-20, Z. 2, ✆ 79400459, geführte Touren zu den Sehenswürdigkeiten der Umgebung.
Ecoverapaz, 8. Av. 7-12, Z. 1, ✆ 79400723, ähnliches Programm.

Transport

Alle Busse halten an der Plaza.
GUATEMALA-STADT (140 km, ca. 3 Std.), *Cubulera, Rutas Verapaz* und *Flor de María,* alle 16. C.

zwischen der 11. u. 12 Av., ständige Abfahrten zwischen Mitternacht und 16 Uhr entlang der asphaltierten CA 14 über LA CUMBRE und EL RANCHO, ✆ 79401811.
Nur etwa 84 km sind es nach Guatemala-Stadt entlang der RN 5 über RABINAL und EL CHOL. Auf der teilweise asphaltierten Strecke ist man aber mindestens 6 Std. unterwegs.
Nach Rabinal, San Jerónimo und zur Abzweigung La Cumbre verkehren regelmäßig Kleinbusse.

San Jerónimo

Wenige Kilometer südöstlich von Salamá liegt abseits der Straße San Jerónimo am Ostende des Tals von Salamá eingebettet in sanfte Hügel und fruchtbare Felder. Dominikaner gründeten bereits 1601 hier die älteste Zuckermühle Mittelamerikas und bauten die Hacienda San Jerónimo zu einem erfolgreichen Unternehmen aus, das zeitweise über tausend Arbeiter beschäftigte, Wein anbaute und Rum exportierte. Zur besseren Wasserversorgung errichteten die Mönche im 17. Jahrhundert ein **Aquädukt** mit 124 Bögen. 1829 wurde der Besitz säkularisiert, bis 1893 von einem Engländer geführt, bevor das Anwesen schließlich verfiel. In den letzten Jahren hat die prosperierende Zuckerindustrie das Gelände in das sehenswerte **Museo del Trapiche** umgewandelt, ◷ tgl. 8–15.30 Uhr, US$0,15. In der Nähe kann man im ***Hotel Hacienda Real El Trapiche*** übernachten, ✆ 79402542. ❸

Rabinal

Die Straße von Salamá Richtung Westen ist bis Rabinal asphaltiert. Am Fußer der Ausläufer der Sierra de Chuacús passiert man nach 10 km das kleine Dorf **San Miguel Chicaj**, in dem bereits *Achí* – eine Quiché-Sprache – geprochen wird. 20 km weiter erreicht man auf steilen Wegen Rabinal, das auch „Wiege der nationalen Folklore“ genannt wird. Während der jährlichen **Fiesta** vom 17. bis 25. Januar (Haupttag 25. Januar) werden nicht weniger als 20 verschiedene traditionelle Tänze aufgeführt, darunter das einzige präkolumbianische Tanzdrama – das **Rabinal Achí.** Es erzählt etwas langatmig in vier Akten und fast 3000 Versen vom Krieg der Quiché gegen die Achí. Letztere nehmen einen Häuptlingssohn der Quiché gefangen und opfern ihn.

Die Corrida del Niño

Einen schönen Brauch hat sich Rabinal zu Weihnachten erhalten. Am 25. Dezember startet ein Gruppe Läufer in typischer Achí-Tracht in den Außenbezirken des Ortes gegen sechs Uhr morgens und verkündet – eine Plastikpuppe im Arm – die frohe Botschaft der Geburt Jesu. Ständig „Nació el niño, nació el niño“ („das Kind ist geboren“) rufend, passieren sie nach und nach alle Häuser des Ortes. Überall, wo die Läufer vorbeikommen, werden Böller gezündet sowie Essen und Trinken gereicht. Erst gegen Mitternacht treffen die erschöpften Läufer, die sich unterwegs auch schon mal einen Schnaps zur Stärkung gönnen, an der Kirche im Zentrum von Rabinal ein.

Abbé Brasseur de Bourbourg aus Paris, der auch das Popol Vuh übersetzt hatte, beschrieb im 19. Jahrhundert das Tandramas, das aus dem 13. Jahrhundert stammen soll. Ob Rabinal Achí aufgeführt wird oder nicht, scheint heutzutage eine Geldfrage zu sein, da die Kostüme aufwendig und teuer sind.

In der Region wachsen hervorragende **Orangen**, die man Do und So auf dem **Markt** kaufen kann. Überreste einiger präkolumbianischen Anlagen liegen in der Umgebung des Ortes, wie z.B. **Kaj-Yup** im Norden, eine ehemalige Festung der Pokomchí-Indianer.

Übernachtung

Pensión Motagua, 1. C., ein Block von der Kirche entfernt, sehr billig, die Ausstattung ist dementsprechend. ❶
Hospedaje Caballeros, 1. C. 4-02, Z. 3, saubere Zimmer mit Gemeinschaftsbad. ❶
Posada San Pablo, 3. Av. 1-50, Z. 1, sauber. ❶

Kunsthandwerk

Das Kunsthandwerk von Rabinal kann sich sehen lassen: Neben Webarbeiten werden verschiedene Keramiken hergestellt. Die Töpfer sind in der Laienbruderschaft *cofradía de la Santa Cruz del barro* organisiert, die den Verkauf der Tonerde organisiert. Mit den Einnahmen wird die jährliche Feier zum Tag des heiligen Kreuzes am 3. Mai finanziert.

GUACALES – Nur noch in Rabinal findet man bemalte *jícaras* oder *guacales*, Trink- bzw. Essgefäße aus der Frucht des Kalebassenbaums *(palo de morro)*, die zum Teil mit Naturfarben bemalt werden. Sie gibt es bei ***Alvarado Pérez***, 9. Av. 2-60, Z. 2, in der Nähe des Calvario.

TÖPFEREI – ***Ceramica Artesanal Decorativa Fernando***, 4. C. 2-46, Z. 3, im Hinterhof.

WEBARBEITEN – ***Familie Cortéz Chén***, 4. C. 2-39, Z. 4, Barrio Martí.

Transport

Busse verkehren regelmäßig nach SALAMÁ. Nach GUATEMALA-STADT vom Busterminal auf der RN 5 über EL CHOL um 9.30 Uhr in 5 Std., in der Trockenzeit auch um 3 Uhr morgens und einmal nachmittags.

Cubulco

Hügelketten umgeben diesen etwa 15 km westlich von Rabinal isoliert liegenden Ort, der mehrheitlich von Ladinos bewohnt wird. Am 25. Juli findet die **Fiesta** statt, während der neben vielen traditionellen Folkloretänzen der *palo volador* aufgeführt wird. Bei dieser nicht ungefährlichen Darbietung lassen sich mehrere Männer, an einem Seil kreisend, von einem ca. 20 m hohen Stamm herab. Bei diesem präkolumbianischen Ritual stürzen immer wieder Betrunkene zu Tode.

Von Cubulco gelangt man über eine 6 km lange Straße zum Stausee **Chixoy**. In Chubulco bestehen einfache Übernachtungsmöglichkeiten. Busse verkehren regelmäßig zwischen Cubulco und Guatemala-Stadt über Rabinal und Salamá.

Chilascó

Von der Straße Richtung Cobán zweigt beim KM 145 rechts eine gut befahrbare Erdstraße ab, die durch einen Kiefernwald zur 12 km entfernten Gemeinde Chilascó in einem waldreichen Gebiet auf ca. 1800 m an den westlichen Ausläufern der Sierra de la Minas führt. Größte Attraktion ist der **Salto de Chilascó**, der höchste, aber nicht unbedingt beeindruckendste Wasserfall Mittelamerikas, denn seine Wassermenge ist recht gering. Er besitzt zwei Fallstufen mit einer Höhe von 70 bzw. 130 m. Am meisten Wasser führt der Fall in den Monaten Mai bis Dezember.

1995 gründete das Dorf mit Unterstützung der Naturschutzorganisation *Defensores de la Naturaleza* (s.S. 316) ein lokales Komitee, um das Naturwunder touristisch zu erschließen. Das *Comité del Salto* hat ein eigenes Büro in der Nähe des Gesundheitspostens. Dort müssen US$3,40 bezahlt werden, die auf Wunsch einen Guide mit einschließen. Auf dem Weg zum Wasserfall kann man von Mitte März bis Mitte Mai mit etwas Glück Quetzal-Vögel beobachten. Für den Besuch des Wasserfalls empfiehlt sich festes Schuhwerk, lange Kleidung und eine Kopfbedeckung. Im Dorf gibt es einfache und günstige Hospedaje ❶. Bei der *Farmacia* nachfragen.

Transport

Um 11, 12 und 13 Uhr fährt ein Bus in rund 2 Std. von SALAMÁ nach CHILASCÓ, der letzte Bus zurück fährt gegen 17 Uhr. Der Busrhythmus macht es fast unmöglich, den Wasserfall zu besuchen und am selben Tag nach Salamá oder COBÁN zurückzukehren. Während der Schulzeit fährt wochentags um 5.40 Uhr ein Kleinbus von der Kirche am Parque Central von Salamá nach Chilascó. Er bringt die Lehrer nach Chilascó und kann ein paar zusätzliche Passagiere mitnehmen.

Quetzal-Biotop

Noch vor dem Quetzal-Biotop passiert man bei KM 158 den Eingang zum privaten Nebelwaldschutzgebiet **Ram Tzul**, ✆ 23351805, 📠 22351802, ✉ ramtzul@intelnet.net.gt, mit Wander- und Bademöglichkeiten. Dem Hotel und Restaurant sind eine kleine Kunstgalerie und ein Souvenirladen angeschlossen. ❺

Im weiteren Verlauf der Straße Richtung Cobán erreicht man bei KM 160,5 die größte Sehenswürdigkeit der Provinz: Im 1022 ha großen **Biotopo del Quetzal**, das von der San Carlos Universität verwaltet wird, wird der Lebensraum des Quetzals (s.S. 304) geschützt. Der Vogel, das nationale Symbol, ist in weiten Teilen des Landes vom Aussterben bedroht. Zudem umfasst das Biotop guatemaltekischen Nebelwald, eines der kleinsten und ungewöhnlichsten Ökosysteme des Landes. Auf einer Höhe von 1500–2300 m hat die konstante Feuchtigkeit durch Nebel und Nieselregen eine üppiggrüne Vegetation entstehen lassen. Wasserfälle, Moose, Palmen, Farne sowie Bäume voller Bromelien und Orchideen prägen das Bild. Neben dem Quetzal leben hier eine Reihe anderer Vogelarten und Affen, die allerdings im recht dunklen Wald nur schwer auszumachen sind. Das Biotop wurde 1977 von Mario Dary Rivera – dem ehemaligen Rektor der San Carlos Universität – gegründet, der 1981 von Unbekannten ermordet wurde.

Es kann auf zwei mit Schautafeln versehenen **Rundwanderwegen** erkundet werden, die eine Länge von 1,8 km *(Sendero Los Helechos;* Gehzeit: 30–60 Min.) bzw. 3,6 km *(Sendero Los Musgos;* Gehzeit: 1–2 Std.) haben. Sehenswert ist auf der längeren Wanderung der 450-jährige **Großvaterbaum Xia Gua Liché**. Führungen sind möglich.

Quetzal-Beobachtung

Einen Quetzal zu beobachten, ist kein leichtes Unterfangen, und die meisten Besucher verlassen das Biotop, ohne den Nationalvogel gesehen zu haben. Mit etwas Geduld, Glück und dem richtigen Timing stehen die Chancen aber gar nicht so schlecht.

Die besten Chancen bieten sich beim Morgengrauen (5.30–6.30 Uhr) und in der Abenddämmerung (16.30–18.30 Uhr), wenn der Vogel auf Futtersuche ist. Die Parkaufseher weisen Besucher auf die aktuellen Futterbäume des Quetzals hin.

Das Lieblingsfutter des Vogels, die wilde Avocado *(aguacatillo)* aus der Familie der Lorbeergewächse *(lauraceae),* wächst von September bis Januar/Februar und die Frucht des *guarumo,* die der Quetzal ebenso schätzt, von Juni bis August.

Auch während der Paarungszeit im März und April sowie während der Aufzucht der Jungen im Mai und Juni ist der Vogel häufiger zu sehen.

Übernachtung und Essen

Auf dem Gelände des Biotops kann auf einem kleinen **Campingplatz** mit Erlaubnis des *Centro de Estudios Conservacionistas (CECON),* der zur San-Carlos-Universität gehört und das Biotop verwaltet, übernachtet werden, ✆ 23310904, Guatemala-Stadt ✆ 23347664 , ✉ cecon@usac.ede.gt. Gegenüber dem Eingang des Quetzal-Biotops liegt das einfache ***Restaurant Biotopin,*** ✆ 52020528, das Frühstück, Mittagessen und für Gruppen auch Abendessen serviert. Unterkunftsmöglichkeiten in der Nähe des Restaurants. ❷

In **Purulhá**, einem kleinen Dorf nur wenige Kilometer nördlich des Biotops, kann man im ***Hotel El Descanco,*** ✆ 55141640, übernachten. Es liegt im Barrio El Centro, einen Block von der Schule entfernt. Alle Zimmer mit Gemeinschaftsbad. ❷

Hospedaje Ranchitos del Quetzal, ca. 100 m unterhalb des Biotops, ✆ 57046309, dem Biotop am nächsten gelegen, neuere Zimmer mit Bad, aber dicht an der Hauptstraße und dementsprechend laut. Es gibt einen kleinen *comedor*. Da es bereits zu Einbrüchen gekommen ist, sollte man seine Wertsachen nicht im Zimmer lassen. ❷

Country Delight, KM 166,5 an der Hauptstraße nach Cobán, ✆ 55140955, gemütliche Anlage mit Restaurant, in der man zelten ❷, im Doppelzimmer mit Bad nächtigen ❺ oder einen komplett ausgestatteten Bungalow mieten kann ❹. Kleiner Pool, Sauna, Wandermöglichkeit und Vogelbeobachtung.

Posada Montaña del Quetzal, KM 156,5 an der Hauptstraße nach Cobán, 4,5 km vom Quetzal-Biotop entfernt, ✆ 58000454, in Guatemala ✆ 23324969, ✉ hpquetzalcoban@hotmail.com. Hotelkomplex mit Schwimmbad und Restaurant. ❺

Sonstiges

INFORMATIONEN – Ein kleines Besucherzentrum veranschaulicht das Leben im Nebelwald und zeigt Fotos vom Quetzal, 🕓 7–16 Uhr, US$3,40.

REISEZEIT – Es empfiehlt sich, das Biotop werktags zu besuchen, wenn sich dort deutlich weniger Besucher aufhalten.

Transport

Busse halten auf Wunsch an allen genannten Unterkünften sowie am Biotop selbst. Von der Hauptstraße sind es mehrere hundert Meter ins Zentrum von Purulhá.

Der Quetzal
(Pharomacrus mocinno)

Der männliche Quetzal ist beeindruckend schön: grün-schillernde Kopfhaube, blutroter Brustfleck, bläulich-grünes Federkleid und obendrein grüne Schwanzfedern, die mehr als einen Meter Länge erreichen können. Sein Lebensraum ist der Nebelwald Mittelamerikas – vom mexikanischen Chiapas bis nach Panama. Doch hier in Guatemala ist aus dem auffälligsten Vertreter der Trogon-Familie ein nationales Symbol geworden. Schon die Maya-Fürsten werteten ihren protzigen Kopfschmuck mit Quetzal-Federn auf. Sie ließen die Tiere fangen und rupfen, denn sie wussten, dass die Federn nachwachsen würden. Es war jedoch bei Todesstrafe verboten, den heiligen Vogel zu jagen. 1871 wurde der Quetzal zu Beginn der liberalen Revolution zum Symbol der Freiheit auf dem guatemaltekischen Nationalwappen. Zwar ist es ein Mythos, dass er in Gefangenschaft nicht überleben kann, allerdings ist bislang kein Fall bekannt, in dem er sich unter diesen Bedingungen vermehrt hätte.

Der Vogel des großen Lichts – so die Übersetzung seines lateinischen Namens *pharomachrus* – fällt nicht nur durch sein schillerndes Äußeres sondern auch seinen ungewöhnlichen Flug auf: Um das weniger auffällige Weibchen zur Paarungszeit zu beeindrucken, fliegt er mit hektischen Flügelschlägen in horizontalen Wellenbewegungen. Aufgrund seines weichen Schnabels nistet er in abgestorbenen, morschen Baumstämmen, die er mindestens 5 m über dem Boden aushöhlt. Die Brutplätze sind begrenzt und werden von den Männchen mit spiralförmigen Drohflügen verteidigt. Gelegentlich benutzt das Quetzal-Pärchen auch verlassene Spechthöhlen zur Aufzucht seiner Jungen. Diese schlüpfen nach 17–18 Tagen und besitzen bereits nach drei Wochen ihr komplettes Federkleid. Während sich die Eltern überwiegend von Früchten ernähren, frisst der Nachwuchs auch Insekten, Eidechsen und sogar kleine Frösche.

Ein Mysterium bleibt, warum sich der Vogel seine Nahrung nur im Flug holt und nicht wenn er ruhig daneben sitzt. Um an die wilden Avocados zu gelangen, wandert er je nach Saison in höher- oder tiefer gelegene Wälder ab und legt dabei beträchtliche Entfernungen zurück.

Der scheue Vogel benötigt ein großes, intaktes Waldgebiet zum Überleben. Neben seinen natürlichen Feinden Wiesel, Nasenbären und Raubvögel, ist es vor allem der Mensch, der trotz aller bisherigen Bemühungen seinen Lebensraum akut bedroht. Um das Überleben des prächtigen Vogels zu sichern, soll ein ökologischer Korridor zwischen dem Quetzal-Biotop und den Nebelwäldern der Sierra de las Minas geschaffen werden. Geschieht dies nicht rechtzeitig, wird man wohl recht bald den melancholischen Gesang des Quetzals nicht mehr hören: *Cu-Cul, Cu-Cul...*

Cueva Chicoy

Ein kleines Schild bei KM 169 weist den Weg zur Höhle Chicoy, die 1,5 km entfernt liegt. Es handelt sich eigentlich nur um einen Hohlraum im Felsen, dessen Decke eingestürzt ist. Nachdem man US$0,70 Eintritt bezahlt und rund 10 Minuten zu Fuß durch einen Kiefernwald zurückgelegt hat, steht man am Rand eines immensen dunklen Lochs. Beim glitschigen Abstieg ändert sich die Atmosphäre mit jedem Schritt. Das Licht verblasst, die Luft wird kühl und feucht, und die Wassertropfen hallen merkwürdig von den Wänden wider. Unten stehen brennende Kerzen und Steinkreuze, die eine ungewöhnliche Stimmung erzeugen, der man sich nur schwer entziehen kann. Maya-Priester halten hier gelegentlich Zeremonien und Rituale ab.

Alta Verapaz

Hauptmann Martín Alfonso Tonilla, Bürgermeister der Provinz Verapaz, klagte schon 1635, dass es neun Monate im Jahr regnen würde und nur von Februar bis April trocken sei. Bis vor wenigen Jahren hatte sich daran nicht viel geändert. Der feine Nieselregen, *Chipi-Chipi*, wirkte wie ein gigantisches Bewässerungssystem, das die hügelige Karstlandschaft ergrünen ließ. Die steilen, fruchtbaren Anbauflächen waren nur selten von Erosionsschäden durch heftige Regengüsse bedroht.

Doch der *Chipi-Chipi* scheint der Vergangenheit anzugehören – ebenso wie die neunmonatige Regenzeit. Besorgt beobachten die Bewohner die Klimaveränderungen, die sie teilweise selber provoziert haben. Als Hauptursache nennen Experten die katastrophalen Abholzungen der vergangenen Jahre, bei der Motorsägen ganze Arbeit geleistet haben: komplette Landstriche wurden wegen des steigenden Holzbedarfs und für Plantagen gerodet. Mit den Bäumen verschwinden die Feuchtigkeit und zwei nationale Symbole: der Quetzal und die *monja blanca,* die Nationalorchidee. Der Lebensraum ist für beide knapper geworden, und in nicht allzu ferner Zukunft wird der Vogel wohl nur noch als Geldschein und die Blume im Treibhaus existieren. Obwohl die langfristigen Perspektiven für den Alta Verapaz nicht die rosigsten sind, empfiehlt sich ein Besuch dieser Provinz, die eine außerordentliche Vielfalt an Naturlandschaften bietet.

Die gewaltigen Kalkstein-Ablagerungen der **Sierra de Chamá**, der Ausläufer der Cuchumatanes-Berge, sind geprägt von Höhlen, Trichterdolinen, unterirdischen Flüssen und Wasserfällen. Während der zentrale Teil des *departamentos* mit seinen grünen, saftigen Wiesen und Kiefernwäldern stellenweise den Voralpen ähnelt, verändert sich die Vegetation Richtung Norden zusehends. Die Sierra de Chamá fällt sanft über 1000 Höhenmeter ab und läuft im flachen Kalksteinplateau des Petén aus. Dabei geht der feuchte Nebelwald mit seinen charakteristischen Farnen, Bromelien und Orchideen in einen subtropischen Feuchtwald über, der den gesamten Norden der Provinz bedeckt. Die vielfältigen Klimazonen und Bodenverhältnisse ermöglichen den Anbau verschiedener Feldfrüchte. Die wichtigsten sind Kaffee und Kardamom.

Der Alta Verapaz ist nur um Cobán dicht besiedelt, während die Bevölkerungsdichte nach Norden hin immer mehr abnimmt. Die Bevölkerung besteht zu 90% aus Indígenas – Kekchí und Pokomchí – sowie zu 10% aus Ladinos und anderen. Wie keine andere Einwanderergruppe haben die Deutschen der Region ihren Stempel aufgedrückt. Mitte bis Ende des 19. Jahrhunderts kamen Hunderte von deutschen Auswanderern – vorwiegend Männer – nach Guatemala. Angelockt von Steuervergünstigungen und niedrigen Landpreisen ließen sich viele im Alta Verapaz nieder und gründeten Kaffee-Fincas. Zu Beginn des 20. Jahrhunderts wurde über ein Drittel des guatemaltekischen Kaffees von Deutschen erzeugt. Während der Erste Weltkrieg ohne größere Auswirkungen auf die deutschen Agrarbetriebe blieb, wurden viele Deutsche im Zweiten Weltkrieg enteignet und teilweise sogar in den USA interniert. Nach Beendigung des Krieges kehrte so manch einer nach Guatemala zurück, um seine Finca zurückzuerlangen.

Neben der asphaltierten Hauptroute von Cobán über den Baja Verapaz nach Guatemala-Stadt gibt es einige reizvolle Nebenstrecken, auf denen man viel vom Land zu sehen bekommt, denn die Busse fahren langsam und machen viele Stopps. Die Hauptroute in den Petén über Chisec, Raxrujá und Sayaxché ist inzwischen durchgehend asphaltiert. Seltener befahren ist die alternative Route über Fray Bartolomé und San Luis. Eine neue Straße, die auf der Aspaltstraße nach Chisec bei Cubilhuitz abzweigt, führt direkt nach Playa Grande im Ixcán und verkürzt die Anfahrt zum Nationalpark Laguna Lachuá beträchtlich. Landschaftlich sehr reizvoll ist die Querverbindung in das westliche Hochland. Von Uspantán gelangt man Richtung Nordwesten nach Nebaj oder Richtung Südwesten über Sacapulas nach Huehuetenango oder Santa Cruz del Quiché. In die Karibik folgt man dem Verlauf des Río Polochic über Panzós nach El Estor und weiter zum Río Dulce.

Tactic

Wenige Kilometer nördlich des Quetzal-Biotops verläuft die Hauptstraße entlang der Grenze zwischen den Provinzen Alta und Baja Verapaz durch ein grünes, alpines Tal mit Holstein-Rindern. Bei KM 180,5 beginnt die Straße 7E Richtung Osten nach El Estor am Izabal-See. Von dort gelangt man weiter bis zum Río Dulce (s.S. 364).

Kurz darauf ist die südliche Einfahrt von Tactic erreicht. Die Menschen leben von der Milchwirtschaft, Viehzucht und der Produktion von etwas Kunsthandwerk. Das Pokomchí-Dorf ist bei Gläubigen im ganzen Land bekannt. Diese pilgern besonders am 15. Januar zur **Kapelle Chi-Ixim** oberhalb des Ortes. Der *Señor de las Misericordias* (Der Barmherzige Christus) soll Wunder wirken, was die Dankestafeln an den Wänden zu bestätigen scheinen. Auch die barocke **Kolonialkirche** des Dorfes mit ihrem vergoldeten Altar ist sehenswert. Ein kühles Bad kann man auf der anderen Seite der Hauptstraße im *balneario* **Cham-Ché** nehmen. Schenken kann man sich hingegen den **pozo vivo**, den „lebenden Brunnen" am nördlichen Ortsausgang, der gelegentlich etwas blubbert – meist tut sich an der Quelle nichts.

Übernachtung

Pensión Central, 3. C. 4-10, Z. 1, ✆ 79539202, einfach, ohne warmes Wasser, sauber. ❶

Hotel Villa Linda, 4. C. 6-25, Z. 1, ✆ 79539216, saubere Zimmer, etwas ungemütlicher, kleiner Innenhof. ❷

Mansión La Cañada, 2. C. 11-08, Z. 1, ✆/℡ 79539267, neues Hotel, sehr gepflegt mit vielen Pflanzen in den Zimmern und im Innenhof. ❸

Hotel Valle del campo, KM 182,5, am Ortseingang, ✆/℡ 79539198, ✉ hotelvalledelcampo @yahoo.com, Zimmer mit Kamin in kleinen Bungalows. ❸

Transport

Regelmäßige Busverbindungen nach COBÁN oder GUATEMALA-STADT im Ort. Alle Busse halten im Ort bei der Kirche.

San Cristóbal Verapaz

Im weiteren Verlauf der Straße Richtung Norden passiert man rund 20 km vor Cobán die Abzweigung zum **Chixoy-Staudamm**. Der enorme See, der ca. 50 km lang ist und an seiner breitesten Stelle 1,4 km misst, wird von einem 250 m breiten Damm gestaut. Das 1978–82 erbaute Großprojekt wurde überwiegend mit Weltbank-Krediten finanziert und ist auch heute noch für die Hälfte der guatemaltekischen Auslandsverschuldung verantwortlich.

Das Geburtsritual *ch'up*

Bekommt eine Kekchí-Indígena ein Kind, ist in der Regel eine *comadrona* (Hebamme) anwesend, die sich um Mutter und Neugeborenes kümmert. Sie pflegt beide mit Kräutern, dankt Gott für die Geburt und zertrennt die *ch'up* – die Nabelschnur.

Diese muss an einem speziellen Ort platziert werden, um dem Nachwuchs ein glückliches und langes Leben zu garantieren. Bei einem Jungen wird die Nabelschnur bevorzugt in die oberen Äste eines hohen Baumes gehängt. Damit vermeidet man Unglück und erreicht, dass aus dem Kind eines Tages ein guter Weber und starker Baumkletterer wird. Im Falle einer Tochter legt die Mutter die *ch'up* unter ihr Kopfkissen, oder der Ehemann vergräbt sie dicht am Haus – in der Hoffnung, dass die Tochter nach der Heirat in der Nähe der Eltern bleibt. Das Ritual wird mit einem guten Mahl beendet, bei dem oftmals ein Hahn geschlachtet wird. Die junge Mutter erhält eine kräftigende Brühe mit reichlich scharfem Chili und einen belebenden Schnaps, um sich von den Anstrengungen der Geburt zu erholen.

Eine Reihe von Skandalen begleitete die Bauphase, wie die gewaltsame Vertreibung und Ermordung von Anwohnern, die am heutigen Damm im Dorf Río Negro lebten. Als sie sich Anfang der 80er Jahre gegen Umsiedlungsmaßnahmen wehrten, erschoss – laut einem Bericht der Menschenrechtsorganisation *Witness for Peace* – die Militärpolizei 376 Protestierende. Auch die Abholzung der Ufer zeigt negative Auswirkungen: durch die erhöhte Erosion lagert sich immer mehr Sand ab, so dass die fünf Turbinen, die für eine Maximalleistung von 300 Megawatt ausgelegt sind, nicht auf vollen Touren laufen können.

13 km südlich von Cobán zweigt die 7 km lange Straße nach San Cristóbal Verapáz (1393 m) ab, wo überwiegend Pokomchí-Indígenas leben. Wer aus dem Quiché kommt, spürt die Veränderung in doppelter Hinsicht: Zum einen geht die trockene und heiße Landschaft des östlichen Quiché in das üppige, feuchte Grün der Verapaces über. Zum anderen beginnt nach stundenlanger Rüttelei auf miserabler Straße in San Cristóbal erneut der Asphalt.

Einen schönen Blick auf das nette Städtchen erhält man von der **Kalvarienkapelle**. Am Karfreitag gestalten die Bewohner des Orts voller religiöse Hingabe einen Blumenteppich, der von hier oben 1200 m weit bis zur Kirche reicht. Westlich des Hügels liegt eine große Schuhfabrik, Hauptarbeitgeber und Hauptumweltverschmutzer gleichermaßen. Die Abwässer werden ungeklärt in die **Laguna Chichoj** geleitet, die inzwischen so kontaminiert ist, dass hier niemand mehr schwimmt oder fischt.

Außer der **Kathedrale**, die kostbare Silberarbeiten enthält, lohnt ein Besuch des kleinen **Museums Katinamit** in der 0 Calle 0-33, Zona 3, Calle del Calvario, ✆ 79504039, ◷ Mo– Fr 8.30–12, 14–15.30, Sa, So 8.30–12 Uhr, US$0,70, Die kleine, interessante ethno-historische Ausstellung vermittelt einen Einblick in das Leben der hiesigen Pokomchí-Indianer. Das Museum wird vom ***Centro Comunitario Educativo Pokomchí*** verwaltet.

Sie sitzen im zweiten Stock über dem Museum und managen ebenfalls das ***Pokomchí-Language Center***, wo man Spanisch oder Pokomchí lernen kann. Der wöchentliche Preis von US$120 umfasst 25 Std. Einzelunterricht und die Unterbringung in einer Familie inklusive Mahlzeiten, ✆ 79504039, ✉ cecep@intelnet.net.gt.

Übernachtung und Essen

Im Ort gibt es einfache Pensionen.
Park Hotel, KM 196,5, an der Abzweigung von der Hauptstraße nach San Cristóbal, ✆/℻ 79520807, 💻 www.parkhotelresort.com, großer Hotelkomplex mit Restaurant, Bar und Konferenzräumen. ❹–❺

Transport

Es bestehen regelmäßige Busverbindungen nach COBÁN.

Cobán

Die Hauptstadt der Provinz Alta Verapaz, die rund 30 000 Einwohnern zählt, liegt in einer regenreichen Senke der **Sierra de Chamá**, einem Ausläufer der Cuchumatanes-Berge, rund 213 km von der Hauptstadt entfernt auf 1323 m Höhe. Umgeben von üppigen Wäldern und saftig-grünen Feldern, wirkt der Ort wie ein zu groß gewordenes Bergdorf. Manchmal gibt ihm das feuchte Klima – der Name Cobán bedeutet soviel wie „bewölkter Ort" – ein etwas trostloses Aussehen. Dieses macht er allerdings locker wett durch die Freundlichkeit der Menschen, sein gutes Hotel- und Restaurantangebot sowie seine Ausflugsmöglichkeiten in eine unvergleichliche Landschaft.

Gegründet wurde das Städtchen 1538 von Bartolomé de las Casas. Als Anerkennung für die friedliche Missionierung durch die Dominikaner verlieh Karl V. der Siedlung 1558 die Stadtrechte mit einem Wappen und den Titel „kaiserliche Stadt". Den Chronisten zufolge siedelten die Spanier in den Vierteln Cobáns Familien aus unterschiedlichen Regionen an. So stammten z.B. die Bewohner des Viertels Santo Domingo aus den Chichén-Bergen und Xucaneb. Das Viertel Santo Tomás Apóstol wurde hingegen von Lacandonen-Indianern aus dem Norden des Alta Verapaz gegründet.

Cobán blühte erst auf, als Mitte des 19. Jahrhunderts die ersten deutschen Auswanderer in die Region kamen und Kaffee anpflanzten. Die kleine Siedlung entwickelte sich in wenigen Jahrzehnten zu einem geschäftigen Zentrum deutscher Finca-Besitzer. Hier hatten sie ihre Herrenhäuser, trafen sich im deutschen Club, pflegten Traditionen und

Sitten ihrer fernen Heimat. Auch heute noch sieht man in Cobán Nachfahren indianisch-deutscher Verbindungen mit dunkler Hautfarbe und hellen Augen.

Im Rahmen des Patronatsfestes am 4. August findet jährlich das bekannte **Nationale Folklorefestival** statt. Es erstreckt sich über 5 Tage, und kann mit zahlreichen Veranstaltungen aufwarten. Auf dem Programm stehen offizielle Festakte, Aufführungen traditioneller Tänze und Konzerte sowie Messen und Prozessionen. Höhepunkt ist die Wahl der indianischen Schönheitskönigin – der *Rabin Ajau*.

Wie sehr man im Alta Verapaz auf einen nachhaltigen Tourismus setzt, zeigte die erste nationale Ökotourismus-Messe im Februar 1999.

Sehenswürdigkeiten

Ungewöhnlich ist die dreieckige Plaza, in deren Mitte der Musikpavillon einen missratenen Versuch einer Modernisierung darstellt. Das Denkmal dahinter ist **Manuel Tot** gewidmet. Der Indígena, der in Cobán geboren wurde, nahm 1813 an einer Verschwörung gegen die spanischen Kolonialherren teil, die jedoch aufgedeckt wurde. Die Spanier nahmen Tot auf der Flucht in seine Heimatstadt gefangen und folterten ihn kurz darauf zu Tode. Dadurch wurde er zum Märtyrer der Unabhängigkeitsbewegung, selbst wenn er de facto nichts bewegt hat.

Weitere Gebäude an der Plaza von Cobán sind die **Kathedrale** zu Ehren von Santo Domingo de Guzmán, dem Schutzpatron der Stadt, sowie schräg gegenüber das Gebäude der Provinzverwaltung. Hinter der Kirche findet täglich ein Markt statt.

Von der 3. Calle in westlicher Richtung führen 134 Stufen zur **Ermita del Calvario**, einer kleinen Friedhofskapelle, hinauf, die ein beliebtes Ziel der indianischen Bevölkerung ist. Von oben hat man einen guten Blick über die Stadt. Die Indígenas entzünden Kerzen an jeder der vielen kleinen Nischen, die auf dem Weg zur Kapelle in den Seitenmauern eingelassen sind, opfern Weihrauch, Federn und Tierhaare. Damit huldigen sie *Tzul Taká,* dem Herrn des Hügels *Chupanek*. Nur er kann ihre Tiere von bestimmten Krankheiten befreien. Oben angekommen, verehrt man mit gleicher Inbrunst den *cristo sepultado*. Die Christusfigur darf die Kapelle allerdings nicht mehr verlassen, denn jedes Mal, wenn sie an einer Prozession teilnahm, habe es stark zu regnen begonnen und sei es zu Überschwemmungen gekommen.

Zwei Blocks von der Kapelle entfernt beginnt der 82 ha große **Parque Nacional Las Victorias** – Cobans grüne Lunge – auf dem Gelände einer ehemaligen deutschen Finca. Der Besitzer wurde während des Zweiten Weltkriegs enteignet und das Grundstück sich selber überlassen. Heute führen Wege durch das stellenweise zugewachsene Areal und bieten Spaziergängern und Joggern exzellente Bedingungen. 🕒 7–17 Uhr. Es hat leider in letzter Zeit einige Überfälle gegeben, so dass man vorzugsweise in einer kleinen Gruppe in den Park gehen sollte.

Wer auf den Spuren deutscher Kaffeepflanzer wandeln möchte, sollte der **Finca Dieseldorff**, 3. C. 4-12, Z. 2, ✆ 79521286, nur wenige Blocks vom Stadtzentrum entfernt, einen Besuch abstatten. Hier werden informative Führungen zum Thema Kaffeeanbau und -weiterverarbeitung veranstaltet. Erwin Paul Dieseldorff gründete sein kleines Imperium im Jahr 1888, und bis heute exportiert die Finca Spitzenkaffee nach Europa, in die USA und den Nahen Osten. 45-minütige Führungen auch auf Englisch Mo–Fr 8–12.30 und 13.30–17, Sa 8–12 Uhr für US$3,40.

Das **Museo El Principe Maya** liegt in der 6. Av. 4-26, Z. 3, ✆ 79521541. Die interessante und gut präsentierte Privatsammlung zeigt Maya-Keramik und präkolumbianischen Jadeschmuck. 🕒 tgl. 9–18 Uhr, US$1,40

Entlang der alten Hauptstraße Richtung Guatemala-Stadt liegt rund 3 km vom Zentrum entfernt der **Vivero Verapaz**, ein Muss für Orchideenfreunde. Im großen Garten sind rund 650 verschiedene Orchideenarten zu bewundern, darunter die **Monja Blanca** *(Lycaste Skinneri Alba)* – die Nationalblume Guatemalas. 1989 startete der mittlerweile verstorbene Otto Mittelstaedt seine Orchideen-Rettungsstation auf dem Grundstück einer ehemaligen Kaffee-Finca, um die Vielfalt der blütenprächtigen Pflanzen zu erhalten. Er begann Orchideen zu züchten und zu kreuzen, was ihm auf Ausstellungen so manchen Preis einbrachte. Da der internationale Handel mit Orchideen verboten ist, werden an Ausländer keine Pflanzen abgegeben. Obwohl immer irgendeine Orchidee im Vivero Verapaz blüht, sind die Monate November bis Februar die beste Zeit für einen Besuch. 🕒 tgl. 7–16 Uhr, US$1,40.

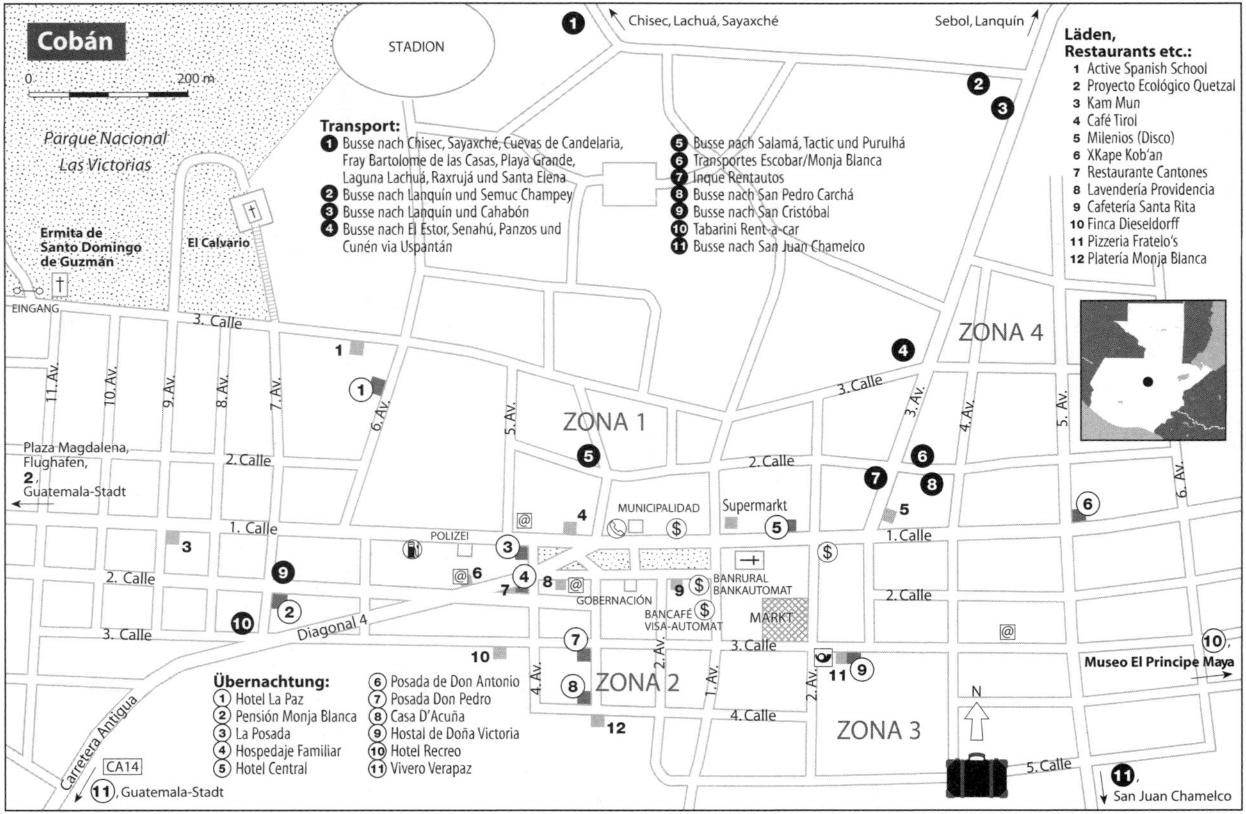
Cobán
0
200 m
Parque Nacional Las Victorias
Ermita de Santo Domingo de Guzmán
EINGANG
El Calvario
STADION
Chisec, Lachuá, Sayaxché
Sebol, Lanquín
Transport:
1 Busse nach Chisec, Sayaxché, Cuevas de Candelaria, Fray Bartolome de las Casas, Playa Grande, Laguna Lachuá, Raxrujá und Santa Elena
2 Busse nach Lanquín und Semuc Champey
3 Busse nach Lanquín und Cahabón
4 Busse nach El Estor, Senahú, Panzos und Cunén via Uspantán
5 Busse nach Salamá, Tactic und Purulhá
6 Transportes Escobar/Monja Blanca
7 Inque Rentautos
8 Busse nach San Pedro Carchá
9 Busse nach San Cristóbal
10 Tabarini Rent-a-car
11 Busse nach San Juan Chamelco
Läden, Restaurants etc.:
1 Active Spanish School
2 Proyecto Ecológico Quetzal
3 Kam Mun
4 Café Tirol
5 Milenios (Disco)
6 XKape Kob'an
7 Restaurante Cantones
8 Lavendería Providencia
9 Cafetería Santa Rita
10 Finca Dieseldorff
11 Pizzeria Fratelo's
12 Platería Monja Blanca
ZONA 1
ZONA 2
ZONA 3
ZONA 4
3. Calle
2. Calle
1. Calle
4. Calle
5. Calle
11. Av.
10. Av.
9. Av.
8. Av.
7. Av.
6. Av.
5. Av.
4. Av.
3. Av.
2. Av.
1. Av.
Diagonal 4
Plaza Magdalena, Flughafen, 2, Guatemala-Stadt
MUNICIPALIDAD
POLIZEI
Supermarkt
BANRURAL BANKAUTOMAT
BANCAFÉ VISA-AUTOMAT
GOBERNACIÓN
MARKT
Museo El Principe Maya
N
San Juan Chamelco
Carretera Antigua
CA14
11, Guatemala-Stadt
Übernachtung:
1 Hotel La Paz
2 Pensión Monja Blanca
3 La Posada
4 Hospedaje Familiar
5 Hotel Central
6 Posada de Don Antonio
7 Posada Don Pedro
8 Casa D'Acuña
9 Hostal de Doña Victoria
10 Hotel Recreo
11 Vivero Verapaz

Übernachtung

Überraschend groß und gut ist das Hotelangebot in der mittleren Preiskategorie. Die Auswahl bei Budgethotels ist hingegen gering und der Standard oft erschreckend schlecht. Viele Hotels haben gute Restaurants und bieten zudem Touren in die Umgebung an.

Hospedaje Familiar, Diagonal 4, 3-36, Z. 2, ✆ 79521750, mit warmem Wasser, gute Lage, super einfach, aber billig. ❶

Posada de Don Pedro, 3. C. 3-12, Z. 2, in Parknähe, ✆ 79510562, kleine Herberge, alle Zimmer mit Gemeinschaftsbad, sauber, warmes Wasser. ❷

Casa D'Acuña, 4. C. 3-11, Z. 2, ✆ 79510482, ℻ 79521547, ✉ casadeacuna@yahoo.com, Schlafsaal und saubere Mehrbettzimmer mit Gemeinschaftsbad in angenehmem Ambiente, Restaurant, Tourvermittlung und -beratung, Internet. Schlafsaal ❶, sonst ❷

Hotel Central, 1. C. 1-79, Z. 4, ✆ 79521118, ℻ 79521442, günstige Lage. Trotz einiger neuer Zimmer, die dementsprechend besser, aber auch etwas teurer sind, wirkt das Hotel ein wenig ungemütlich. ❷

Hotel La Paz, 6. Av. 2-19, Z. 1, ✆ 79521358, saubere, helle Zimmer, gutes Preis-Leistungs-Verhältnis. ❷

Pensión Monja Blanca, 2. C. 6-30, Z. 2, ✆ 79521712, ℻ 79510531, seit 1880 bestehendes Hotel, sehr saubere, renovierte Zimmer mit und ohne Bad, schöner Innenhof; wegen der angrenzenden Veranstaltungshalle kann es an Wochenenden etwas lauter werden. ❷–❸

Hotel El Recreo, 10. Av. 5-01, Z. 3, ✆ 79514160, ℻ 79511492, etwas abseits liegendes Hotel mit netten Zimmern, das vor allem von Geschäftsleuten frequentiert wird. Den Besitzern gehört ebenfalls das gleichnamige Hotel in Lanquín. ❸

Vivero Verapaz, entlang der alten Hauptstraße Richtung Guatemala-Stadt, rund 3 km vom Zentrum entfernt, ✆ 79521133. Vermieten ein kleines komplett ausgestattetes Haus. ❹

Posada de Don Antonio, 5. Av. 1-51, Z. 4, ✆ 79514287, ℻ 79514751, auf alt getrimmtes Hotel, das von der Atmosphäre her der *La Posada* nicht das Wasser reichen kann, Zimmer ok. ❹

Hostal de Doña Victoria, 3. C. 2-38, Z. 3, ✆ 79522213, ℻ 79522214, neben der Post liegt dieses geschmackvoll eingerichtete Hotel mit schönem Garten im Innenhof. Angeblich das älteste Gebäude aus der Gründerzeit der Stadt, das sowohl als Konvent als auch als Finca diente. Zimmer teilweise mit Doppelstockbetten und Holzfußboden, Restaurant, Trips in die Umgebung, Internetanschluss. ❹–❺

La Posada, 1. C. 4-12, Z. 2, ✆ 79521495, ℻ 79510646, ✉ laposada@c.net.gt, immer noch das Beste, was Cobán zu bieten hat. Die ehemalige Finca ist zu einem attraktiven Hotel im Kolonialstil umgewandelt worden, mit zwei großen Patios, Restaurant und Café. Gediegene, leicht snobistische Atmosphäre. ❺

Essen und Unterhaltung

Café Tirol, 1. C. 3-13, über 50 Kaffee-Spezialitäten, von denen einige wirklich gut sind. Dazu Kuchen, Sandwiches und andere Snacks. Der Service ist auch für guatemaltekische Verhältnisse zu langsam, ⏲ tgl. außer So.

Restaurant im ***Hostal Casa D'Acuña***, sehr gutes, nicht ganz billiges Restaurant, Brot und Kuchen aus eigener Herstellung, ⏲ Mo geschlossen.

Restaurant und Café im Hotel ***La Posada***, teuer, aber gut.

Chinesisches bei ***Kam Mun***, 1. C. 8-12, und im ***Restaurante Cantones***, Diagonal 4, 4-24, Z. 2.

XKape Kob'an, Diagonal 4, 5-13, Z. 2, gemütliches Café mit Internet und einer guten Auswahl an Kunsthandwerk der Region.

Cafetería Santa Rita, 2. C., an der Plaza, billig und gut, Frühstück ab 6.45 Uhr.

Pizzería Fratelo´s, 3. C., Z. 3, zwischen Post und *Hostal de Doña Victoria*, kleines Restaurant mit solider italienischer Küche.

La Tasca, Bar im *Hostal de Doña Victoria.*

Milenios, 3. Av., 1-07, Z. 4, Discothek.

Touren

Cobán ist der strategische Ausgangspunkt für Touren in der Provinz Alta Verapaz. Viele Sehenswürdigkeiten sind nur schwer mit öffentlichen Verkehrsmitteln zu erreichen. Wer wenig Zeit hat, sollte daher die Offerten der ansässigen Agenturen in Anspruch nehmen. Viele Unternehmen haben sich das Modewort „Öko" vor ihre

Cobán: Provinzhauptstadt mit Dorfcharakter

Touren gespannt, aber die Realität sieht anders aus. Wenn das Naturschutzgebiet mit einem Landrover angefahren wird, ist dies noch lange kein „Ökotourismus". Dennoch gibt es einige ernst zu nehmende Bemühungen, die unterschiedlichen Interessen von Landbevölkerung, Veranstaltern und Touristen unter einen Hut zu bringen.

Ein Abenteuer der besonderen Art stellen die Trekkingtouren des ***Proyecto Ecológico Quetzal*** dar, 2. C. 14-36, Z. 1, ☏/℻ 79521047, ✉ bidaspeq@guate.net. Die Non-Profit-Organisation veranstaltet mehrtägige Wanderungen in den nahen Nebelwäldern, die Übernachtungen bei Kekchí-Familien einschließen. Ziel ist der Schutz der verbleibenden Wälder und die gleichzeitige Schaffung von Einkommensalternativen für die einheimische Bevölkerung.

Das ***Hostal Casa D'Acuña*** (s.S. 310) bietet gut organisierte Touren in kleinen Gruppen an.

Aventuras Turísticas, 3. C. 3-25, Z. 3, ☏ 79514213, 🖳 www.aventurasturisticas.com, seit 1994 tätige Agentur mit einem breiten Programm.

Amazing Eco-Tours, 2. C. 7951-3291, ✉ amazing@intelnet.net.gt.

Sonstiges

AUTOVERMIETUNGEN – ***Tabarini***, 7. Av. 2-27, Z. 2, ☏ 79521504.

Inque Rentautos, 3. Av. 1-18, Z. 4, ☏ 79521994.

FESTE – Patronatsfest zu Ehren von *Santo Domingo Guzmán* vom 31. Juli bis 6. August (Haupttag 4. Juli).

Festival Folklórico Nacional im Juni/Juli, seit 1969 stattfindendes Festival mit Tänzen, Musik, u.a. Wahl der *Rabín Ajau*, der indianischen Schönheitskönigin.

GELD – Verschiedene Banken an der Plaza. ***Banrural*** hat dort einen *Visa*- und *Mastercard*-Geldautomat. Um die Ecke liegt *Bancafé* mit einem *Visa*-Bankautomat. Weitere Banken entlang der 1. Calle zwischen Parque Central und Polizei.

INFORMATIONEN – Es gibt keine feste Touristeninformation. Am Parque hängen in einem Glaskasten Kartenmaterial und Hotel- bzw. Tourinfos (nicht sehr aktuell). Die besten Infos bekommt man bei Tourveranstaltern (s.o.), außerdem in der *Casa D'Acuña* und im *Hostal de Doña Victoria*.

INTERNET – Fast alle Internetcafés haben sonntags geschlossen. Die Preise liegen um US$1,40/Std.
Cybernet, am Parque Central, neben der Wäscherei, ⏲ tgl. außer So 8–20 Uhr.
Im ***Hostal de Doña Victoria***, ⏲ auch sonntags geöffnet.
Ebenfalls in der 3. Calle der Zone 3 liegt der ***Centro Inter educActivo***, ⏲ tgl. außer So 8.30–20 Uhr.
Im Café ***Xkape Kob'an*** (s.o.) gibt es ebenfalls Internetservice.

KUNSTHANDWERK – Der Laden der ***Asociación Artesanal de La Verapaz Aj K'uub'anenel*** befindet sich im Café *XKape Kob'an* (s.o.). Dort bekommt man eine sehr schöne Auswahl an Kunsthandwerk der gesamten Region.
Platería y Joyería Monja Blanca, 4. C. 3-12, Z. 2, traditioneller Silberschmuck.

LEBENSMITTEL – ***Dispensa Familiar***, 1. C., zwischen 1. und 2. Av., ⏲ tgl. 7–19 Uhr.

MEDIZINISCHE VERSORGUNG – Privatklinik ***Centro Médico Galeno***, 2. C. 2-08, Z. 3, ✆ 79513175.

POLIZEI – 1. C. zwischen 5. und 6. Av., Z. 2, ✆ 79521225.

POST – 3. C. 2-02, Z. 3, ⏲ Mo–Fr 8.30–17.30, Sa 9–13 Uhr.

SPRACHUNTERRICHT – Wie auch in anderen touristisch weniger frequentierten Städten hat man hier eine gute Gelegenheit, sich ganz und gar der Sprache zu widmen. ***Active Spanish School***, 3. C. 6-12, Z. 1, ✆ 55149207, ✉ nirspanishschool@hotmail.com, nach Nirma Macz fragen.
Muq'b'ilb'e, 6. Av. 5-39, Z. 3, ✆ 79512459, 🖳 www.04muqbilbe.info, kleine Schule, die sich sehr um die Studenten bemüht.
Spanish School Arts&Language, 5. Av., zwischen 1. und 2. C., Z. 1, 🖳 www.school-of-arts-and-language.com, bieten neben Spanischunterricht auch Salsa-Kurse an.

TAXIS – An der Plaza, US$1,40 für eine Fahrt in der Innenstadt.

TELEFON/FAX – ***Telgua***, an der Plaza, Kartentelefone.

WÄSCHEREIEN – ***Lavandería Providencia***, Diagonal 4, an der Plaza neben *Cybernet*, ⏲ 8–12, 14–17 Uhr.

Transport

So gut wie alle Busunternehmen haben ihre eigenen Terminals, die oftmals nur aus einem staubigen Parkplatz bestehen. Alle Busse Richtung Norden fahren inzwischen vom **Terminal de Norte** ab.
GUATEMALA-STADT (219 km, 4 1/2 Std.), *Transportes Escobar/Monja Blanca*, 2. C. 3-77, Z. 4, ✆ 79521536, alle 30 Min. von 2–16 Uhr, die Busse fahren in der Regel über Tactic, mehrmals tgl. fahren vollklimatisierte Busse, die nur einen halben Dollar mehr kosten als die normalen Busse.
BIOTOPO DEL QUETZAL (58 km, 1 Std.), jeder beliebige Bus Richtung Guatemala-Stadt und Salamá hält hier auf Anfrage.
CHISEC(45 km, 1 Std.), Terminal de Norte, ständige Abfahrten, alle Busse nach Raxrujá, Sayaxché, Santa Elena und Playa Grande (über Chisec) passieren den Ort.
CANDELARIA-HÖHLEN (100 km, 2 Std.), ab Terminal de Norte, alle Busse mit Endziel Raxrujá, Sayaxché, Santa Elena passieren die Höhlen.
CUNÉN via Uspantán (4 1/2 Std.), Terminal del Polochic, Ecke 3. Av. 3-16, Z. 4, *Transportes Julianita*, ✆ 79204248, tgl. 5.20 Uhr, außerdem halten *Transportes Pérez*-Busse aus San Pedro Carcha kommend am Terminal. Nach Uspantán sind es rund 3 Std. Von Cunén hat man Anschluss nach Nebaj, Sacapulas und Huehuetenango.
EL ESTOR (167 km, 6 Std.), *Transportes Brenda Mercedes*, ✆ 79471235, 5 Busse zwischen 5.30 und 13.30 Uhr vom Terminal del Polochic.
FRAY BARTOLOMÉ DE LAS CASAS (101 km, 5–6 Std.), ständige Abfahrten vom Terminal de Norte.
LAGUNA LACHUÁ, siehe Playa Grande via Chisec.

LANQUÍN (61 km, 1 1/2–2 Std.), *Transportes Martinez* und *García,* Terminal an der 3. Av., Z. 4, 9 Busse zwischen 9.30 und 16.45 Uhr. Fahren weiter nach CAHABÓN (insgesamt 85 km, 3 Std.). Alle Busse nach Semuc Champey fahren ebenfalls über Lanquín.
PANZÓS (4 1/2 Std.), Terminal del Polochic, 3. Av. 3-16, Z. 4, *Transportes Julianita,* ✆ 79204248, tgl. um 4, 12 und 14 Uhr.
PLAYA GRANDE via Salaquín (3 Std.), Terminal del Norte, alle 90 Min.
PLAYA GRANDE via Chisec (3 1/2 Std.), Terminal de Norte, stdl. von 5 bis 16 Uhr, der Eingang zum Nationalpark Laguna Lachuá wird nach rund 3 Std. passiert.
RAXRUJÁ (110 km, 2 1/2 Std.), Terminal de Norte, ständige Abfahrten.
SALAMÁ über Purulhá, Tactic (2 1/2 Std.), Ecke 2.C./3.Av., Z. 1, ab 4.30 alle 30 Min.
SAN PEDRO CARCHÁ (6 km, 15 Min.), Minibusse fahren, sobald sie voll sind, zwischen 6 und 19 Uhr gegenüber vom *Monja-Blanca*-Terminal, 2. C. 3-77, Z. 4.
SEMUC CHAMPEY (73 km, 3 Std.), *Transportes Alvarado,* Abfahrtort siehe Karte, stdl. von 8 bis 18 Uhr. Um 5.45 Uhr fährt ein Bus vor dem *Hotel Central* ab.
SAN CRISTOBAL (3/4 Std.), ständige Abfahrten von 8 bis 18 Uhr.
SAN JUAN CHAMELCO (1/4 Std.), ständige Abfahrten.
SENAHÚ (6 Std.), Terminal del Polochic, *Transportes Brenda Mercedes,* ✆ 79471235, Abfahrten 6.30, 10.30, 12.30 und 14 Uhr.
USPANTÁN (70 km, 3 Std.), siehe Cunén.
SANTA ELENA/Flores (6 Std.), Terminal de Norte, *Fuente del Norte* hat vier Direktbusse tgl.
SAYAXCHÉ (3 1/2–4 Std.), über Chisec, siehe Santa Elena, oder bis Raxrujá und dort umsteigen.

Die Umgebung von Cobán

San Juan Chamelco

Im Süden Cobans liegt das Dorf Chamelco, das regelmäßig von Bussen angefahren wird. Der Ort gilt als eine der wichtigsten Kekchí-Siedlungen der Region. Während der Fiesta am 24. Juni findet eine Prozession statt, bei der verkleidete Teilnehmer die Kekchí-Kultur und Natur feiern. Die Kostüme reichen von alten Maya-Gewändern bis zu Darstellungen der lokalen Tierwelt. Die **Kirchenglocke** soll Kaiser Karl V. dem indianischen Führer Juan Matalbatz geschenkt haben.

Auf einer wenig befahrenen Erdstraße, die hinter der Kirche beginnt, kann man 8 km nach **San Pedro Carchá** wandern und dabei die schönen Ausblicke auf die üppig grünen Hügel genießen.

Wer sich für Höhlen interessiert und hinterher ein Bad in einem klaren Bach nehmen möchte, sollte das **Balneario Cecilinda** und die **Grutas Rey Marcos** besuchen. Die wunderschöne Anlage mit Zeltplatz, Hängematten und rustikaler Verpflegung liegt ungefähr 6 km entfernt am kleinen *Río Cecil.* Hier werden Sa und So von 8–17.30 Uhr einstündige geführte Touren in die feuchte, glitschige Höhle für US$1,40 p.P. angeboten. Guide, Helm und Stirnlampe sind im Besichtigungspreis inbegriffen. Während der Woche kostet die Tour ab drei Teilnehmern US$12 p.P. und schließt den Transport ab Cobán und einen Snack mit ein. Informationen bei Reiseagenturen in Cobán (s.S. 310, Touren) oder bei der Bäckerei *Pan Ranchero,* 0 Av. 0-26, Z. 2, San Juan Chamelco, ✆ 79512756.

Übernachtung

Don Jeronimo's, Aldea Chajaneb, ca. 5 km von Chamelco an der Straße zum *Balneario Cecilinda,* zu erreichen per Bus oder Pickup ab der Kirche in Chamelco, Landgasthaus inkl. vegetarischer Vollpension, ✆ 53013191, 💻 www.dearbrutus.com/donjeronimo, Übernachtung. Der Besitzer Jeronimo Makranskyk organisiert Ausflüge in die wunderschöne Umgebung. ❺
Im ***Balneario Cecilinda*** kann gezeltet werden.

San Pedro Carchá

Schon in präkolumbianischen Zeiten bestand 6 km östlich von Cobán eine Siedlung. Carchá wird namentlich im Popol Vuh und den Annalen der Cakchiqueles erwähnt. Hier ist der Anteil der Kekchí-Indianer höher als in Cobán, und der **Markt** ist dem der Provinzhauptstadt in puncto Größe ebenbürtig. Carchá hat sich zu einem bedeutenden Zentrum der **Silberverarbeitung** entwickelt, wobei die Produkte überwiegend in Cobán vermarktet werden. Überreste aus der Kolonialzeit sind neben der

Dominikanerkirche einige massive **Steinbrücken**, die den Río Cahabón überspannen.

Das **Museo Regional** in einer Schule in der Nähe der Kirche wartet mit lokalen Trachten, Keramiken, Fotos und ausgestopften Tieren auf, darunter ein Quetzal. ⌚ Mo–Fr 9–12 und 14–17 Uhr.

Etwas außerhalb liegt das beliebte **Balneario Las Islas**, dessen Pool von einem kleinen Wasserfall gespeist wird.

Übernachtung und Essen

Hotel Central, 7. Av. 4-17, Z. 1, ✆ 79515222, sauber, zentral, günstig; Zimmer im 2. Stock angenehmer. ❶

Hospedaje Rax Po, 11. Av., 4-42, Z. 1, ✆ 79515160, ✉ raxpocoban@yahoo.com, beste Alternative in Carchá, ordentliche Zimmer, die sich um einen zu kahlen Innenhof gruppieren, mit oder ohne Bad, warmes Wasser, Parkplatz, kleines Restaurant, Tourangebot. ❸

Transport

Carchá ist eine Drehscheibe des überregionalen Busverkehrs. Hier starten Busse nach SENAHÚ, EL ESTOR, LANQUÍN, CAHABÓN, USPANTÁN und sogar 1x tgl. nach NEBAJ. Außer den Bussen mit Fahrtzielen weiter im Osten legen alle einen kurzen Zwischenstopp in COBÁN ein.

Durch das Polochic-Tal zum Izabal-See

Wer von Cobán zum Izabal-See möchte, kein Geld für eine mehrtägige Rafting-Tour hat und sich den langen Rückweg über El Rancho ersparen will, hat eine zusätzliche Option: 50 km südlich von Cobán nahe Tactic zweigt bei KM 180,5 eine ungeteerte aber gute Straße ab und folgt dem Lauf des Río Polochic über El Estor zum Ostufer des Izabal-Sees, wo dieser in den Río Dulce übergeht.

Der natürliche Wasserweg zum Golf von Honduras war vor der Fertigstellung der Atlantikstraße CA 9 die wichtigste Verkehrsverbindung zur Karibik. Vor allem deutsche Einwanderer beförderten über diese Route Importe aus dem Heimatland nach Cobán und ihre Kaffee-Ernte vom Bergland an die Karibikküste. Dampfschiffe fuhren den Polochic stromaufwärts bis Panzós, zudem gab es die private Eisenbahnlinie *Ferrocarril Verapaz*. Den steilen Anstieg nach Cobán bewältigten Ochsenkarren.

Die Eisenbahn gehört längst der Vergangenheit an, und auch Ochsenkarren sind selten geworden. Aus den regelmäßig verkehrenden Bussen heraus kann man schön verfolgen, wie die Kaffeeplantagen der oberen Tal-Regionen ins tropische, von Viehzucht, Bananen und Zuckerrohr geprägte Tiefland übergehen. Eingerahmt von den mächtigen Höhenzügen der **Sierra de Santa Cruz** im Nordosten und der **Sierra de las Minas** im Süden verliert sich der Polochic vor seiner Mündung in den Izabal-See in einem breiten Delta. Dieses enorme Feuchtgebiet ist Refugium für eine große Anzahl Wasservögel.

Auf der Fahrt durch das Polochic-Tal passiert man viele indianische Dörfer. Im Oberlauf des Polochic liegen 13 bzw. 29 km von der Abzweigung bei Tactic entfernt die kleinen, nicht besonders anziehenden Pokomchí-Dörfer **Tamahú** und **Tucurú**. Im schwer zugänglichen Nebelwald nördlich von Tucurú haben Wissenschaftler die höchste Quetzal-Dichte des Landes ermittelt.

Unterhalb von Tucurú wird es deutlich ebener. Hinter dem Dorf **La Tinta**, in dem samstags ein großer Markt stattfindet, erreicht man nach 79 km das Kekchí-Dorf **Telemán**, das nur noch auf 30 m Höhe liegt und dementsprechend tropisch wirkt. Hier wird unter anderem Reis angebaut. Bei guter Sicht hat man einen Blick auf die spitzen Gipfel der Sierra de las Minas.

2 km vor dem Ort zweigt eine Straße nach **Senahú** ab und windet sich steil Richtung Norden aus dem Polochic-Tal heraus. Auf der anderen Seite der Bergkette fällt sie entlang endloser Reihen von Kaffeepflanzungen in das Tal von Senahú (1000 m) ab. Das landwirtschaftliche Zentrum bietet selbst nicht viel, aber die spektakuläre Landschaft lädt zu Spaziergängen und Wanderungen ein. Es soll möglich sein, von hier zu Fuß nach Cahabón oder auch nach Semuc Champey zu gelangen. Nähere Informationen hierzu im *Hotel Senahú*, dem teuersten Haus am Ort, Reservierungen über das *Hotel Recreo* in Cobán, ✆ 79514160, ❸. Die Wanderung dauert mindestens drei Tage und sollte mit einem einheimischen Guide durchgeführt werden. Einfache Unterkunftsmöglichkeiten in Senahú bieten die *Hospedaje Edison* und die *Hospedaje El Porvenir*.

Warnung

Auf der Strecke in das Polochic-Tal ist es zu gelegentlichen **Überfällen** auf Busse gekommen. Wer sich für diese Route entscheidet, sollte sich vor Ort über die aktuelle Sicherheitslage informieren.

Nach weiteren 15 km ist **Panzós** erreicht. Der „Ort der grünen Gewässer" an den Ausläufern des wasserreichen Mündungsdeltas des Río Polochic erlangte traurige Berühmtheit, als Soldaten am 29. Mai 1978 über 150 Frauen, Männer und Kinder umbrachten. Die Militärs hatten das Feuer gegen *campesinos* eröffnet, die friedlich gegen die Vertreibung von ihrem Land protestierten. Auftraggeber des Massakers sollen angeblich Großgrundbesitzer und Viehbarone gewesen sein. Auch General Lucas García, der im Juli desselben Jahres das Präsidentschaftsamt übernahm, besaß große Ländereien in der Region. Selbst heftige nationale und internationale Proteste konnten die Militärs nicht dazu veranlassen, ihre Vorgehensweise gegenüber der Landbevölkerung zu ändern.

Übernachtung

In allen Dörfern gibt es sehr einfache Übernachtungsmöglichkeiten.

Transport

Busse entlang der Route COBÁN–EL ESTOR halten in allen Dörfern. Vom Busterminal in COBÁN wird SENAHÚ um 6.30, 11.30, 14.30 Uhr angefahren. Alternativ gelangt man per Pickup von TELEMÁN nach Senahú.

El Estor

Die breite Brücke über den Río Cahabón, die bei **Cahaboncito** überquert wird, gehört bereits zur Provinz Izabal. Kurz vor El Estor steht nahe der Straße eine ausländische Investitionsruine, umgeben von leerstehenden Reihenhäusern. In den 60er Jahren hatte das Unternehmen *EXMIBAL,* eine Tochter der *Nickel Company of Canada,* mit den Vorbereitungen zum Nickelabbau begonnen, aber erst 1977 konnte die Verarbeitungsanlage eingeweiht werden, deren Fertigstellung zur Zuwanderung von Kekchí-Indianern aus dem Verapaz an den Izabal-See nach sich zog. Einige Jahre arbeitete die Anlage mit reduzierter Kapazität, bis sie aufgrund technischer Probleme und fallender Nickelpreise geschlossen wurde. Bis heute halten sich Gerüchte, dass die *EXMIBAL* zurückkehren wird – diesmal um Kobalt zu fördern.

Am Nordwestufer des Izabal-Sees liegt das heiße El Estor. Der indianische Name des Orts lautete *Sekenel,* was soviel wie „mahlende Frau" bedeutet. Früher siedelten hier indianische Frauen, die Mais mahlten, Tortillas backten und sie an die Holzfäller der Region verteilten. Der heutige Name hat einen banaleren Ursprung: Ende des 19. Jahrhunderts betrieben der deutsche Carl Rudolf Klee und der Engländer George Skinner einen Laden, der als „The Store" bekannt war. Die Einheimischen machten daraus im Laufe der Jahre „Estor".

Der verschlafene Ort entwickelt sich dank der neuen Straße zum Río Dulce und den umliegenden Sehenswürdigkeiten immer mehr zu einer festen Anlaufstelle für Individualtouristen und Naturliebhaber, denn es gibt einiges zu sehen:

Vier Blocks nördlich der Plaza befindet sich eine **Webschule** für Kekchí-Indianerinnen *(Asocación Femenina Q'eqchí)* aus den umliegenden Dörfern. Sie leben für ein Jahr auf dem Gelände, wo sie in die Geheimnisse der traditionellen Webkunst eingeweiht werden. Jede Frau, die den Kurs erfolgreich absolviert, erhält einen Hüftwebstuhl, den sie mit in ihr Dorf nehmen kann, um wiederum andere Frauen zu unterrichten. Wer möchte, kann den Frauen bei ihrer Arbeit zuschauen.

Im Westen des Sees erstreckt sich das 1996 gegründete Wildreservat **Bocas de Polochic** in der Schwemmlandebene des Río Polochic auf einer Fläche von 23 000 ha. Dort leben über 250 Vogelarten, mehr als 50 Fischarten, Manatis, Flussotter, Krokodile, Brüllaffen und Wildkatzen, darunter der Jaguar. Die Naturschutzorganisation *Defensores de la Naturaleza,* die das Naturschutzgebiet verwaltet, unterhält eine biologische Station im Reservat. Von dort aus werden Bootstouren angeboten und Wanderungen sowie Besuche zu dem nahen Kekchí-Dorf Selempím unternommen. Das Reservat und die Station sind nur per Boot zu erreichen. Informationen im Büro von *Defensores de la Naturaleza* in El Estor (siehe Serviceteil Sonstiges) Nach etwa

45 Gehminuten von der Plaza in El Estor Richtung Norden erreicht man auf einer Anhöhe zu Füßen der Sierra de Santa Cruz den Aussichtspunkt **Mirador la Cruz**, von dem aus sich ein fantastischer Blick über den See bietet.

Übernachtung

Für seine entlegene Lage bietet der Ort ein überraschend großes Angebot an brauchbaren Unterkünften. Luxushotels sucht man vergebens.
Hotel Santa Clara, 5. Av. 2-11, Z. 1, ✆ 79497244, saubere, billige Zimmer z.T. mit Seeblick. ❶
Hotel Central, 5. Av. 3-60, Z. 1, ✆ 79497497, gehören denselben Besitzern wie *Santa Clara;* etwas neuere und somit auch teurere Zimmer, sauber, empfehlenswert. ❶
Posada Don Juan, Ecke 3. C./5. Av., direkt am Parque Central, nichts umwerfendes, aber billig, Zimmer mit oder ohne Bad. ❶–❷
Hotel Villela, 6. Av. 2-06, Z. 1, ✆ 79497214, kleine Badezimmer. ❷
Hotel Vista al Lago, 6. Av. 1-13, Z. 1, ✆ 79497205, schöner, alter Holzbau mit z.T. kleinen Zimmern, im 2. Stock schöner Seeblick. ❸
Hotel Marisabela, 1. C./8. Av., Z. 1, ✆ 79497206, am Seeufer gelegen, mit Restaurant und Terrasse; Zimmer mit warmem Wasser und auf Wunsch mit TV. ❸–❹

Essen

Das Angebot ist bescheiden, aber es gibt sehr leckeren Fisch.
Hugo's, 5. Av. 2-65, Z. 1, demnächst nur noch im 1. Stock oberhalb der Bank, taugt eher als Informationsquelle denn als Restaurant.
Solides Essen bekommt man im ***Café Portal*** am Parque Central. Eine akzeptable Pizza gibt es in der ***Pizzeria Mamma Mia*** in der 1. C. Empfehlenswerte comedores sind ***Ranchón Mery, Tino*** und ***Ranchón Chaabil***. Sie liegen einen Block westlich des Parque Central. Das ***Ranchón Chaabil*** vermietet auch einfache Bungalows. ❸

Sonstiges

GELD – ***Banrural*** am Parque mit *Visa-/Mastercard*-Geldautomaten.

FAHRRÄDER – ***Surtidora B'esh***, 8. Av., zwischen 2. und 3. C.

INFORMATIONEN – ***Café Portal*** am Parque, sehr freundlich und hilfsbereit, organisiert auch Reittouren (US$10/Tag), Wanderungen (Canyon El Boquerón, US$2,70 p.P.) sowie Bootsausflüge in das Wildreservat Bocas de Polochic (US$17 p.P., mind. 2 Pers.).

NATURSCHUTZORGANISATIONEN – ***Defensores de la Naturaleza***, 5. Av., zwischen 1. und 2. C., ✆ 79497237, ✉ rbocas@defensores.org.gt.
Asociación Amigos del Lago, an der Südwestecke des Parque Central, ✆ 22218405, setzt sich vehement gegen den Ausverkauf der Region an Öl- und Minenfirmen ein.

POST – Am Parque Central.

TAXIS – Am Parque Central.

TELEFON/INTERNET – ***Café Portal*** am Parque Central, Internet US$1,40/Std.

Transport

BUSSE – GUATEMALA-STADT über Río Dulce (216 km, ca. 6 Std.), *Fuente del Norte,* 4. Av., am Parque Central, ✆ 55314106, Direktbus um 1 Uhr morgens, ansonsten in Río Dulce umsteigen.
CAHABÓN/LANQUÍN (3 Std.), *Ana Ellen,* Abfahrt am Parque Central, tgl. um 10 und 12 Uhr, bei wenigen Passagieren fährt nur der 12-Uhr-Bus; in Cahabón kann man in einen Kleinbus nach Lanquín umsteigen.
COBÁN (168 km, ca. 6–7 Std.), *Brenda Mercedes,* am Parque Central, ✆ 79497000, Abfahrten um 1, 4, 6 und 8.30 Uhr (siehe zu dieser Strecke den Sicherheitshinweis auf S. 315).
RÍO DULCE (ca. 45 km, ca. 1 Std.), *Fuente del Norte,* s.o., stdl. von 5–17 Uhr. Die Brücke am Río Dulce passieren regelmäßig Busse nach Guatemala-Stadt und in den Petén.

BOOTE – Die Fährverbindung zwischen El Estor und Mariscos existiert nicht mehr. Charterboote kosten rund US$70 für bis zu vier Pers.

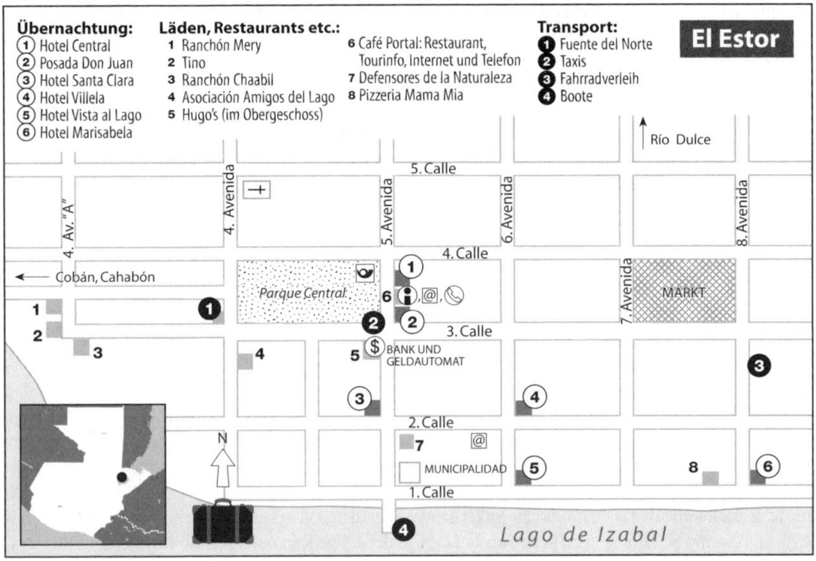

Von El Estor zum Río Dulce

Entlang der neuen Straße Richtung Río Dulce, die teilweise asphaltiert ist, lohnt sich besonders für Wasserfreunde der eine oder andere Stopp. Beim KM 7,5 bietet der kalte und klare **Río Zarco** eine erste erfrischende Badegelegenheit. Nur 500 m weiter passiert die Straße den Eingang zum **Canyon El Boquerón**. Für US$1,40 p.P. kann man sich in kleinen Holzkanus in die Verengung des Río Sauce hineinpaddeln lassen. Auf einmal reichen die Wände über 250 m steil nach oben, hängen Moose und Flechten von den Bäumen herab. Gelegentlich zeigt sich eine Herde Brüllaffen. Vorbei an kleinen Sandbänken gelangt man zu einer kleinen Serie von Stromschnellen. Von hier aus lässt sich der Canyon noch ein ganzes Stück zu Fuß erkunden. Wagemutige lassen sich im klaren Flusswasser zurücktreiben, das nach einem Regenguss schon einmal milchkaffeebraun sein kann. Über das *Café Portal* in El Estor (s.S. 315) kann man einen Guide organisieren, der einen auf einem abenteuerlichen Pfad zum Canyon-Rand bringt.

Der Eingang zum **El Paraíso-Wasserfall** taucht nach ca. 20 km aus El Estor kommend linkerhand auf. Von hier aus sind es rund 10 Minuten Gehzeit bis zur wenig spektakulären Kaskade. Das Besondere ist, dass sich das warme Wasser mit einem kalten Fluss in einem großen Becken vermischt. Wer möchte, kann dem kalten Fluss stromaufwärts bis zur Höhle folgen, aus der er herauskommt. El Paraíso ist täglich von 7–17 Uhr geöffnet und kostet US$1,40 Eintritt. Am Wochenende ist es hier definitiv zu voll.

Gegenüber vom Parkplatz zweigt ein Feldweg zur *Finca Paraíso* ab, die am Seeufer liegt und über ansprechende, aber nicht ganz billige Unterkünfte verfügt ❹. Die Anlage hat ein Restaurant und ist auch per Boot zu erreichen, ✆ 79497131.

Von der Finca aus sind es noch 26 km zum kleinen Dorf **Fronteras** an der Nordseite der Brücke über den Río Dulce. Von hier aus gelangt man per Boot nach Livingston an der Karibikküste. Richtung Norden fahren Busse nach Flores oder in der Gegenrichtung nach Guatemala-Stadt.

Sebol und Umgebung

In **San Pedro Carchá** endete früher der Asphalt, der sich inzwischen bis ins 44 km weiter westlich gelegene **Pajal** vorgeschoben hat. Was dann folgt, ist eine jener guatemaltekischen Holperstrecken, auf denen das Vorwärtskommen sehr langsam und mühselig ist. Die Straßen sind je nach Jahreszeit schlammig oder staubig, und die überfüllten Busse stellen die Nerven auf eine echte Belastungsprobe. Wer einen Fensterplatz ergattert, den entschädigt zumindest das landschaftliche Panorama. Vorbei an Kaffee- und Kardamom-Fincas sowie kleineren Kekchí-Siedlungen öffnet sich das Tal nach wenigen Kilometern und gibt den Blick frei auf die charakteristische, von üppiger Vegetation überzogene Kegelkarstlandschaft des Alta Verapaz. Die Ruta Nacional 5 führt nach **Sebol**, einem landschaftlich schön gelegenen Verkehrsknotenpunkt.

Östlich von Sebol gelangt man auf der RN 5, vorbei an **Fray Bartolomé de las Casas** – eine junge Gründung indianischer Siedler – nach **Modesto Méndez**. Der kleine Ort markiert die Grenze zwischen den Provinzen Petén und Izabal. Hier halten Busse in beiden Richtungen. Kurz hinter Fray Bartolomé de las Casas zweigt linkerhand eine raue, wenig befahrene Piste nach **San Luis** im Petén ab.

Nordwestlich von Sebol fahren gelegentlich Busse bis nach **Raxrujá**, einem wenig einladenden Dörfchen, das aber Ausgangspunkt für Besuche der Ruinenstätte Cancuén ist (s.S. 322, Kasten). Übernachten kann man in Raxrujá im ***Hotel Cancuén***, ✆ 79830720, das Zimmer aller Art anbietet (auch mit AC), ❶–❸. Von Raxrujá geht es überwiegend per Pickup oder Lkw 26 km bis zur **Cruce El Pato**. Hier zweigt die Straße Richtung Norden nach **Sayaxché** und Richtung Westen zum **Nationalpark Laguna Lachuá** und nach **Playa Grande** ab.

Infrastrukturprojekte der letzten Jahre haben das Reisen im lebensfeindlichen, kaum von Touristen besuchten Nordosten der Provinz, etwas erleichtert. Trotz verkürzter Reisezeiten sollte man – besonders in der Regenzeit – mit unvorhergesehenen Zwischenstopps rechnen. Etwas Proviant und Trinkwasser gehören daher zur Standardausrüstung. Um unnötige Wartezeiten zu vermeiden, ist es sinnvoll, jede sich bietende Transportmöglichkeit zu ergreifen. Wer – besonders auf den Strecken nach San Luís oder Modesto Méndez – mit einem eigenen Fahrzeug unterwegs ist, sollte die wichtigsten Ersatzteile mit sich führen. Größere Sehenswürdigkeiten gibt es nicht, allerdings ist die Region bei Höhlenforschern bekannt.

In allen erwähnten Orten gibt es sehr einfache Unterkünfte. Busse fahren meist nur in den frühen Morgenstunden.

Lanquín und Semuc Champey

In **Pajal**, 44 km von San Pedro Carchá entfernt an der Straße nach Sebol, beginnt rechts der steile Abstieg nach **Lanquín**. Nach 12 km erreicht man inmitten einer ungewöhnlich reizvollen tropischen Landschaft dieses kleine Kekchí-Dorf, das rund tausend Höhenmeter tiefer als Cobán liegt. Der Ort selbst wäre kaum der Rede wert, befänden sich nicht zwei Naturwunder in seiner Nähe, die man sich auf keinen Fall entgehen lassen sollte.

Schon 2 km vor dem Ort weist ein Schild den Weg zu den **Grutas de Lanquín**, die nach wenigen Gehminuten erreicht sind. Aus dem Höhlensystem, das sich angeblich über 100 km erstreckt, schießt ein unterirdischer Fluss hervor, in dem es sich herrlich baden läßt. Der türkisfarbene Strom mündet einige Kilometer flussabwärts in den Río Cahabón. Vor der Höhle befinden sich ein Kassenhäuschen und ein furchtbar lauter Dieselgenerator, der die Höhle mit Licht versorgt. Das Innere kann über mehrere hundert Meter begangen werden. Trotz einiger Steighilfen ist der Untergrund lehmig und äußerst glitschig. Die Szenerie ist beeindruckend: Riesige Tropfsteine, große dunkle Löcher und enorme Dome lassen die Außenwelt vergessen. Leider haben ignorante Besucher Stalaktiten abgebrochen, Wände bemalt und Abfall hinterlassen. Unter Kekchí-Indígenas gilt die Höhle als heiliger Ort, wo traditionelle Riten zelebriert werden. Ein besonderes Spektakel kann man beim Sonnenuntergang am Höhleneingang erleben: Dann verlassen Tausende von Fledermäusen zur Futtersuche die Höhle, die zu diesem Zeitpunkt offiziell bereits geschlossen ist. Man sollte bei der Stadtverwaltung in Lanquín um Erlaubnis fragen, oder aber den Höhlenwärter mit einem Trinkgeld überreden, die Öffnungszeit etwas auszudehnen, denn am Höhleneingang jenseits der Eingangstür sieht man den Flug am Besten. Außerhalb der Höhle befindet sich ein kleines überdachtes Picknickareal, an dem Zelten erlaubt ist. 🕓 7.30–12 und 13–16.30 Uhr, US$3,40.

Noch spektakulärer ist der Ausflug zur natürlichen Kalksteinbrücke **Semuc Champey** unter der

der Río Cahabón auf einer Länge von rund 200 m hindurch fließt. Ein kleiner Nebenfluss überspült die Sinterterrassen mit glasklarem Wasser. Seine grünlich-türkise Farbe erhält das Wasser hauptsächlich durch Kalziumkarbonat, das aus dem Kalkstein gewaschen wird. Umgeben sind die Pools von mit dichtem Grün bewachsenen Steilwänden. Das kleine Naturparadies ist allerdings bedroht: Immer näher schieben sich die Felder an den Canyon heran. Die Abholzung im Oberlauf des Cahabón reduziert die Wassermenge in der Trockenzeit drastisch, während der Fluss die Naturbrücke in der Regenzeit gelegentlich mit seinen lehmig-braunen Fluten komplett überschwemmt. Eine weitere Bedrohung sind die vielen Besucher, die Mengen an Müll hinterlassen. Die Pläne, in der Nähe ein Hotel und einen Hubschrauberlandeplatz zu bauen, sind zunächst auf Eis gelegt worden. Vorsicht ist beim Baden und Barfußlaufen geboten: Auf den Terrassen kann man sich an vielen scharfen Ecken und Kanten leicht verletzen. Wer, wie bereits einigen Touristen passiert, in das große Loch fällt, in dem der Río Cahabón unter der Brücke verschwindet, braucht sich um seine Rente keine Sorgen mehr machen. Also Abstand halten! ⌚ 7–17 Uhr, US$3,40, Parkplatz US$1,40, Camping erlaubt.

Wer in der *El Retiro Lodge* (s.S. 320, Übernachtung) wohnt, kann sich für US$1,40 einen Reifen ausleihen und sich auf dem türkisfarbenen Wasser entlang dem wild bewachsenen Ufer rund 45 Min. bis zum Hotel treiben lassen.

Ein besonderes Abenteuer ist der Besuch der **K'anb'a-Höhle**, kurz vor Semuc Champey. Die Höhle ist teilweise mit Wasser gefüllt und sollte nur mit einem Führer betreten werden. Mit Badesachen und Kerze ausgerüstet kann man die tiefen Becken durchschwimmen und an den kleinen Wasserfällen entlang klettern. Vor der gelben Brücke aussteigen und wenige Gehminuten dem Río Cahabón flussaufwärts folgend gelangt man zum Kassenhäuschen. Geeignete Schuhe kann man sich vor der Höhle leihen. ⌚ 7–18 Uhr, US$3,40. Touren werden von den Hotels *Las Marias, Posada Casa el Sapote* oder *El Retiro Lodge* angeboten (s.S. 320, Übernachtung).

Semuc Champey – übersetzt: „der Ort, wo sich die Wasser verstecken" – befindet sich 12 km von Lanquín entfernt. Auf der schlechten, hügeligen Straße verkehren keine Busse. Gelegentlich fahren sehr volle Pickups, oder man chartert ein Fahrzeug. Nach 15 Uhr ist es schwierig ein Transportmittel zu finden. Reiseagenturen in Cobán bieten Ausflüge nach Semuc Champey an. Sie sind allerdings nicht billig und finden oftmals nur mit einer Mindestteilnehmerzahl statt. Wer nicht mit einem Geländewagen unterwegs ist, sollte das Fahrzeug in Lanquín stehen lassen.

Zu Fuß sind in der tropisch-feuchten Schwüle für die schöne, aber anstrengende Strecke drei Stunden zu kalkulieren – genug Wasser mitnehmen! Die Straße verläuft an der Kirche vorbei Richtung Süden. Entlang einfacher Siedlungen sowie kleiner Bananen-, Kaffee-, Achiote- und Kardamom-Plantagen geht es dann mit einigen starken Steigungen zum Río Cahabón. Hier überquert man eine breite Hängebrücke, der gelegentlich Planken fehlen. Kurz darauf erreicht man nach einem weiteren Anstieg den Parkplatz und das Kassenhäuschen, von dem aus man nach ca. zehn Minuten bei der Kalksteinbrücke angelangt ist.

Von Lanquín sind es 24 km Richtung Osten nach **Cahabón**, wo es einfachste Übernachtungsmöglichkeiten gibt. Von dort gibt es extrem schlechte und unzuverlässige Verbindungen nach **Senahú** und **Panzós** mit Pickup-Trucks durch eine fantastische Berglandschaft. Eine regelmäßige Verbindung besteht nach **El Estor** am Izabal-See. Die Busse von *Ana Ellen* fahren allerdings gegen 3 bis 4 Uhr morgens los, was eine Übernachtung in Cahabón unumgänglich macht. Die Fahrtzeit bis El Estor beträgt rund drei Stunden.

Rafting von Lanquín zum Izabal-See

Eine abenteuerliche und landschaftlich einmalige Art und Weise, um von Lanquín an den **Izabal-See** zu gelangen, ist eine 3–4-tägige **Raftingtour** auf dem Río Cahabón. Unterwegs passiert man neben einigen Klasse III und IV Stromschnellen kleine Kekchí-Gemeinden, verschiedene Wasserfälle, Höhlen und heiße Quellen. Der Trip endet in **Cahaboncito**, rund 30 km westlich von El Estor. Übernachtet wird in Zelten.

Dieses unvergessliche, aber nicht ganz billige Erlebnis, wird von Maya-Expeditions, 15. C. A 14-07, Z. 10, Guatemala-Stadt, ☎ 23634955, 📠 23681248, 💻 www.mayaexpeditions.com, angeboten, dem erfahrensten Rafting-Veranstalter Guatemalas.

Übernachtung und Essen

In Lanquín gibt es folgende Übernachtungsmöglichkeiten:

El Retiro Lodge, am Ortsausgang Richtung Cahabón, ✆ 79830009, 🖳 www.elretirolodge.com, beliebter Travellertreff direkt am Fluss, Bungalows mit Gemeinschaftsbad, gutes Restaurant, Internet, Reservierung sinnvoll, Tourangebote und Reiseinfos. ❷

El Recreo, kurz vor dem Ortseingang, ✆ 79830057, 📠 79830056, gute Wahl, großer Holzbau und kleiner Bungalow nebenan mit weiteren Zimmern, Restaurant. ❸

Weitere sehr einfache Unterkünfte mit teilweise sehr durchgelegenen Matratzen befinden sich im Ort: ***La Divina Providencia, El Centro, Posada Ilobal*** oder ***Hotel Rabin Itza.*** alle ❶

Bartolomé de las Casas (1474–1566)

Der Dominikaner Bartolomé de las Casas war einer der wenigen, der die Unterdrückung der einheimischen Bevölkerung in der frühen Kolonialzeit erkannte, anprangerte und sich Jahrzehnte lang für die Christianisierung der Urbevölkerung mit friedlichen Mitteln einsetzte. Nach einem Theologie- und Jurastudium in Spanien begleitete de las Casas seinen Vater, ein enger Freund von Kolumbus, Anfang des 16. Jahrhunderts auf die Karibikinsel Hispaniola (Dominikanische Republik). Hier wurde er 1511 zum Priester geweiht und führte das Leben eines *encomendero,* eines Mannes, der von der Arbeitskraft seiner ihm zugeteilten Sklaven profitierte. Dies dauerte bis zu dem Zeitpunkt, als er, der Legende zufolge, folgenden Satz in der heiligen Schrift las: „Der Arme hat nichts denn wenig Brot; wer ihn darum bringt ist ein Mörder..."

De las Casas begann das Unrechtssystem Kolonialismus zu durchschauen und beschloss fortan, mit friedlichen Mitteln für die Rechte der Indianer zu kämpfen. Er verzichtete auf seine Besitztümer und Sklaven und begann eine mehrjährige Reise durch die neuen Kolonien. Im Jahr 1539 ließ er sich vorübergehend in einer Gegend nördlich des heutigen Guatemala-Stadt nieder, die später unter dem Namen Provinz Verapaz (wahrer Frieden) Teil der Republik Guatemala werden sollte. Hier bekehrte er die Indígenas gewaltfrei, überzeugt sie seien vor Gott allen anderen Menschen gleichgestellt. 1542 verfasste er eines seiner wichtigsten Dokumente, den „Kurzgefassten Bericht über die Zerstörung der westindischen Länder". Darin beschrieb er millionenfaches Leid der Indígenas und klagte die Machenschaften ihrer Peiniger an. Mit Erfolg: Das Buch war für Kaiser Karl V. Anlass, das *Encomienda*-System zu verbieten. Allerdings sollte das Verbot wenig bewirken: Aufgebrachte Kolonisten der gesamten Neuen Welt weigerten sich vehement, die neuen Gesetze zu akzeptieren. Der Plan de las Casas war gescheitert. Dennoch gab er sich nicht geschlagen und nützte seine Zeit als Bischof von Chiapas sowie seine letzten Jahre in Spanien, um mit Veröffentlichungen und Streitgesprächen für die Unterdrückten in Amerika einzutreten. Die wahren Ausmaße der Kolonialisierung erkannte Bartolomé de las Casas allerdings erst kurz vor seinem Tod. In seinem Testament schreibt er: „Und aufgrund der Güte und des Erbarmens Gottes, der es für gut hielt, mich unverdientermaßen für seinen Dienst zu erwählen, um alle jene Völker, die wir Indios nennen und die Eigentümer und Besitzer jener Reiche und Länder waren, vor Übel und Schaden von nie gekanntem Ausmaß zu schützen, die wir – die Spanier – entgegen jeglicher Vernunft und Gerechtigkeit angerichtet haben, haben wir uns darum zu sorgen, sie in ihre ursprüngliche Freiheit zurückzuführen, um sie von dem gewaltsamen Tod zu befreien, den sie immer noch erleiden".

Auch heute noch, beinahe 450 Jahre nach dem Tod von de las Casas, sind Angehörige indigener Völker leider für viele nur zweitklassige Wesen.

In Semuc Champey oder auf dem Weg dorthin:
Posada Las Marias, 15 Gehminuten vor Semuc Champey, ✆ 78612209, ruhiges Hotel am Fluss mit Mehrbettzimmern und Campingmöglichkeit, Restaurant, Ausflüge. ❷
Posada Casa el Sapote, zwischen Lanquín und Semuc Champey, ✆ 79514335, Mehrbett- und Doppelzimmer, Restaurant. ❶

Transport

COBÁN (56 km, ca. 2 Std.), Abfahrt jede volle Stunde bis 9 Uhr, danach um 12 und 16 Uhr (Abfahrt in Cahabón ca. 1 Std früher).
CAHABÓN (24 km, 1 Std.), stündliche Abfahrten.
SEMUC CHAMPEY (12 km, ca. 30 Min.), stündliche Abfahrten.
Um von Lanquín über SEBOL nach RAXRUJÁ oder FRAY BARTOLOMÉ zu gelangen, muss man zurück bis zur Abzweigung El Pajal. Verschiedene Busse passieren die Abzweigung in den frühen Morgenstunden.

Chisec und Umgebung

Eine durchgehend asphaltierte Strecke führt von Cobán ins rund 40 km nördlich gelegene Chisec. Nach der Hälfte des Weges ist der Ort **Cubilhuitz** erreicht, ein Warenumschlagplatz, in dem eine interessante Mischung aus Menschen verschiedener Ethnien und Regionen lebt. Das heiße, mehrheitlich von Kekchí-Indianern bewohnte Chisec breitet sich lang gezogen an der Hauptstraße aus. Gut übernachten lässt es sich im ***Hotel La Estancia de la Virgen,*** entlang der Straße am nördlichen Ostausgang, ✆ 55140800, Zimmer mit Privatbad und AC (teurer), Pool und Restaurant. ❸

Die Region ist inzwischen aus ihrem touristischen Dornröschenschlaf erwacht und vermarktet sich mit Hilfe internationaler Gelder als „Puerta al Mundo Maya“ Die Tür zur Maya-Welt – so die Übersetzung – lockt mit einer Reihe von Naturattraktionen, die durchaus einen Abstecher lohnen. Infos unter 💻 www.puertamundomaya.com. Am südlichen Ortseingang von Chisec zweigt – aus Cobán kommend – rechterhand eine Straße zu den **Lagunas de Sepalau** ab, die nach 8 km erreicht sind. Vier türkisblaue Lagunen umgeben von dichter Vegetation laden zum Baden ein. Eine Kanutour kostet US$3,40/ Stunde und Zelten US$2,70 p.P. Der Eintritt kostet US$5,40 und schließt eine Führung mit einem Guide sowie die Benutzung der sanitären Anlagen mit ein.

Rund 2 km nördlich von Chisec liegt beim KM 293 der **Höhlenkomplex B'omb'il Pek**. Ausgebildete einheimische Guides führen einen in zwei Höhlen, in die man sich auch abseilen kann. Die komplette Ausrüstung ist im Preis von US$8 bereits inbegriffen (US$5,40 ohne Abseilen), 🕒 tgl. 8–16 Uhr.

Die größte Sehenswürdigkeit der Region sind zweifelsohne die **Cuevas de Candelaria** – eines der guatemaltekischen Naturwunder und inzwischen zum Nationalpark erklärt. Die Höhlen befinden sich in der Nähe von Raxrujá und sind über eine gute Asphaltstraße leicht zu erreichen. Das weit verzweigte Höhlensystem wurde Ende der 60er Jahre von einem französischen Forscherteam entdeckt und kartographiert. Insgesamt fanden die Spezialisten rund 200 Höhlen auf einer Länge von ca. 30 km, die teilweise miteinander verbunden sind. Der *Río de la Candelaria* durchfließt das System und taucht aus den Haupthöhlen auf, die an manchen Stellen bis zu 75 m hoch und über 100 m breit sind. Wie in vielen anderen Höhlen fand man auch hier Maya-Keramik und Wandmalereien. Selbst der Jaguar hat Spuren hinterlassen.

Aufgrund des schwankenden Wasserstands ist die beste Zeit für einen Besuch in den Monaten Februar bis Mai. Die Karsthöhlen sind feucht und glitschig. Für eine Erkundung zu Fuß, die in einigen kleineren Höhlen möglich ist, braucht man daher gutes, festes Schuhwerk und eine Taschenlampe.

Es gibt mehrere Zugangsmöglichkeiten zum Höhlenkomplex: Eine Höhle befindet sich im Privatbesitz des Franzosen Daniel Dreux, der mitten im Regenwald eine traumhaft schöne Bungalow-Anlage errichtet hat. Von dort aus sind geführte Ausflüge im Schlauchboot oder zu Fuß in das spektakuläre Höhlensystem möglich. Wer auf eigene Faust und unangemeldet anreist, muss damit rechnen, dass die Anlage eventuell von einer Reisegruppe belegt ist. ***Complejo Cultural y Ecoturístico Cuevas de Candelaria,*** wenige Kilometer südlich von Raxrujá, Parkplatz an der Hauptstraße, von dort 10 Min. zu Fuß zur Hotelanlage, ✆ 57108753 (nur Di und Do), 💻 www.cuevasdecandelaria.com, verschiedene Unterkünfte, Schlafsaal ❶, Bungalows mit Halb- oder Vollpension ❺, das Essen ist sehr teuer, das Restaurant montags geschlossen.

Höhlentouren tgl. von 8–16 Uhr, US$3,40 p.P. inklusive Guide (mind. 2 Teilnehmer). Beim KM 315 im Dorf **Mucbilhá I** kann man die große Höhle *Venado Seco* besuchen. Führer zeigen die Sehenswürdigkeit für US$5,40 p.P. (inkl. Taschenlampe). Übernachtet wird in einer einfachen ***Ecolodge***, die von der Gemeinde verwaltet wird ❷. Eine Übernachtung mit Vollpension inkl. Höhlenbesichtigung und Parkplatz, kostet US$27 p.P. Bei KM 309 (Candelaria Camposanto) kann man drei verschiedene Höhlen mit einheimischen Führern besichtigen, US$5,40 p.P. (inkl. Taschenlampe). Bei entsprechendem Wasserstand kann man sich für US$6,70 auf einem Gummireifen durch eine der Höhlen treiben lassen *(Cave tubing)*. Auf der weiterhin guten Asphaltstraße Richtung Norden passiert man **Cruce El Pato** und gelangt vorbei an der **Sierra de Chinajá** in das Tiefland des Petén.

Nationalpark Laguna Lachuá

Versteckt im Nordwesten der Provinz Alta Verapaz liegt der Nationalpark Laguna Lachuá, der sicherlich ohne zu übertreiben zu den schönsten des Landes zählt. Doch da das Naturparadies sehr umständlich zu erreichen ist, steuern es bislang nur wenige ausländische Touristen an. Dies könnte sich bald ändern: Eine neue Straße, die die Anfahrtszeit von Cobán aus auf wenige Stunden reduziert, sowie eine stark verbesserte Infrastruktur im Park selber machen Lachuá attraktiver denn je. Die Mühen der Hinfahrt sind ohnehin schnell vergessen, sobald man, verschwitzt von der Wanderung durch den beeindruckenden Regenwald, ein Bad in der kristallklaren Lagune nimmt. Dem türkisfarbenen, etwas schwefelhaltigen Wasser hat der Park auch seinen Namen zu verdanken: In der Indianersprache Kekchí bedeutet *Li chu ha* „übel riechendes Wasser". Das 14 500 ha große Naturschutzgebiet liegt auf einer Höhe von 173 m. Das Klima ist feucht-schwül und es regnet das ganze Jahr über. Lachuá beherbergt eine reichhaltige Flora und Fauna. Rund die Hälfte aller in Guatemala registrierten Vogelarten kommt hier vor. In der 400 ha großen und 222 m tiefen Lagune tummeln sich unzählige Fischarten.

Sensationeller Fund in Cancuén

Archäologen kennen die Ruinenstätte Cancuén, knapp 20 km nördlich von Raxrujá im Süden der Provinz Petén, seit beinahe 100 Jahren. Dennoch erlebten sie dort im September 2000 eine große Überraschung: Bei Ausgrabungen fiel der Expeditionsleiter Dr. Arthur Demarest von der amerikanischen Vanderbilt University in ein Loch, das sich als der versteckte Innenhof eines der größten Paläste der gesamten Maya-Welt herausstellte. Das 20 m hohe Bauwerk besteht aus 170 Zimmern, elf Terrassen und wurde in den Jahren 765 bis 790 n. Chr. erbaut. Der Wissenschaftler fand heraus, dass Cancuén rund 20 Mal größer ist als ursprünglich angenommen. Somit rückt die Ausgrabungsstätte in die Kategorie der bedeutsamsten Maya-Städte. Der „Ort der Schlangen" – so der indianische Name Cancuéns – diente reichen Kaufleuten und Herrschern als Residenz. Von hier wurde der Handel auf dem Río de la Pasión abgewickelt.

Bis der Palast mit der dazugehörigen Stadt ausgegraben ist, werden noch einige Jahre vergehen. In den letzten Jahren haben die Archäologen bereits interessante Funde gemacht: So entdeckten sie im Jahr 2004 die Überreste des letzten Königs von Cancuén, dem Sohn oder Enkel des Palastbauers Taj Chan Ahk.

Ein Jahr später stießen die Wissenschaftler bei Ausgrabungen auf ein Massengrab: Es soll sich um Mitglieder der Königsfamilie handeln, die – so vermutet man – Opfer eines Volksaufstands wurden.

Um zur inzwischen teilweise restaurierten Stätte von Cancuén zu gelangen, nimmt man zunächst einen Kleinbus von Cobán (ca. 2 1/2 Std.) oder einen von Sayaxché nach Raxrujá (ca. 2 Std.). Von dort weiter mit einem Fahrzeug über La Isla nach La Unión (12 km, ca. 30–40 Min.), von wo aus man ein Boot chartern muss. Die Preise schwanken zwischen US$34 und US$54 je nach Gruppenstärke. Der Eintritt in Cancuén beträgt US$8, und man kann dort für rund US$4 p.P. zelten sowie für US$3,50–5,50/Mahlzeit essen.

Schwimmt man an einen der Felsen heran, die aus dem Wasser ragen, könnte man glauben an einem Korallenriff im Meer zu sein. Die Park-Ranger erzählen, dass mit dem ersten Morgenlicht die *Sábalos*, bis zu 1,50 m lange Fische, über das Wasser des Sees springen.

In den letzten Jahre hat die Parkverwaltung mit Hilfe ausländischer Spendengelder ca. 5 km Wege durch den Regenwald angelegt, einen Aussichtspavillon und einen Badesteg gebaut sowie ein Besucherzentrum inklusive rustikaler Unterkünfte errichtet. Es gibt Toiletten, Trinkwasser, Grillstellen und sogar Licht, das mit Solarenergie erzeugt wird. Essen müssen die Besucher mitbringen und den Müll selbst entsorgen. Ein kleiner Wermutstropfen sind Moskitos und Stechfliegen. Ein gutes Schutzmittel ist ratsam.

Lage, Übernachtung und Transport

Zu erreichen ist der Nationalpark Laguna Lachuá, 114 km von Cobán, über die Straße nach Sayaxché über Chisec. Bei KM 301,5 zweigt die ungeteerte Straße nach Lachuá ab, die den Eingang zum Nationalpark direkt passiert. Die zweite, etwas umständlichere Variante führt vom Dorf **Cubilhuitz** auf einer Schotterstraße in nordwestlicher Richtung zur Verbindungsstraße zwischen Lachuá und **Playa Grande**. An der Abzweigung biegt man rechts ab und erreicht den Eingang zum Nationalpark nach weiteren 5 km. Nach links führt die Straße nach ca. 10 km nach Playa Grande, der Hauptstadt des Ixcán.

Vom Eingang zum Nationalpark an der Straße (Eintritt US$5,40) führt ein 2,4 km langer Wanderweg geradeaus durch den Regenwald zur Lagune. Weitere 1,8 km entlang des Sees führen zur Badestelle, dem Besucherzentrum und den Unterkünften. Eine Übernachtung in einem der vier spartanischen Holzzimmer kostet US$6,70 p.P.

Die Busverbindungen haben sich in dieser Gegend in den letzten Jahren stark verbessert. Inzwischen passieren Kleinbusse den Parkeingang im stündlichen Rhythmus (s.S. 312, Transport Cobán, Playa Grande).

Das Massaker von Xamán

Es war noch hell, als sich am 5. Oktober 1995 eine Militärpatrouille einer Ansiedlung von Rückkehrern näherte, die sich auf dem Gelände der Finca Xamán in der Nähe von Chisec niedergelassen hatte. Die etwa 500 Bewohner der Siedlung *Aurora 8 de octubre 1994* waren erst vor einem Jahr aus Mexiko zurückgekehrt, wo sie 15 Jahre als Flüchtlinge gelebt hatten. Nun wollten sie hier einen Neubeginn wagen. Als sie sich weigerten, die Soldaten an den Feierlichkeiten zum ersten Jahrestag der Gründung ihrer Gemeinde teilnehmen zu lassen, begannen die Militärs in die versammelte Menge zu schießen. Die Bilanz: Elf Tote, darunter drei Minderjährige, und 27 Verletzte.
Die Empörung im Land war enorm: Der Verteidigungsminister trat zurück und der Kommandeur der Militärzone 21 wurde entlassen. Doch es sollten rund zweieinhalb Jahre vergehen, bis die Justiz das Verfahren gegen die Mitglieder der Militärpatrouille, die einwandfrei identifiziert worden waren, offiziell eröffnete.
Zwei Tage vor seiner Ermordung im April 1998 hatte Bischof Gerardi noch seine Hoffnung bekundet, dass das Massaker von Xamán zum ersten von 423 straffrei gebliebenen Massakern in Guatemala gehöre, bei dem endlich Gerechtigkeit geübt und die Täter bestraft würden.
Obwohl die Friedensnobelpreisträgerin Rigoberta Menchú als Nebenklägerin auftrat, kam es während des Prozesses zu einer Reihe von Skandalen: Beweismaterial verschwand, Zeugen wurden bestochen, und die Kläger erhielten Morddrohungen.
Im Dezember 1999 verurteilte das Berufungsgericht Alta Verapaz elf Mitglieder der Militärpatrouille zu einer Gefängnisstrafe von zwölf Jahren. Die übrigen 15 Soldaten, darunter der befehlshabende Leutnant, wurden freigesprochen. Sie hätten während des Massakers nicht geschossen, lautete die Begründung des Gerichts. Die Staatsanwaltschaft hatte für alle Angeklagten die Todesstrafe gefordert. Über die Drahtzieher der Tat, die in Militärkreisen vermutet werden, ist bis heute nichts bekannt.

Wer wenig Zeit hat, sollte sich in Cobán einen Geländewagen mieten. Eine teure Alternative sind Charterflüge von Guatemala-Stadt oder Cobán aus nach Playa Grande. Von dort sind es 14 km nach Lachuá.

In der Nähe von Lachuá lohnt ein Ausflug zum kristallklaren, türkisblauen Dschungelfluss Río Ikb'olay, zu dem man von der Gemeinde Rokya Pomptilla aus gelangt. Einheimische Guides zeigen einem die lokalen Naturwunder. Die Tour umfasst eine Bootsfahrt, eine Waldwanderung und eine Höhlenbesichtigung (Kosten: Boot ca. US$18 und Guide US$7 für mehrere Personen). Übernachtet werden kann billigst in einer einfachen Herberge. Ein Bus fährt täglich außer Sonntag um 10 Uhr vom Nordterminal in Cobán nach Rokya Pomptilla (zurück um 3 Uhr morgens). Alternativ kann man Kleinbusse nach Playa Grande (über Chisec) nehmen und von Santa Lucia aus ca. 12 km zu Fuß zum Ort laufen.

Von Playa Grande zur mexikanischen Grenze

Der Río Negro, der sich weiter nördlich mit dem Río de la Pasión zum mächtigen Río Usumacinta vereinigt, markiert die Grenze zwischen den Provinzen Quiché und Alta Verapaz. 7 km westlich des Flusses liegt die Siedlung **Playa Grande**, die auch Ixcán genannt wird. Sie besteht lediglich aus ein paar einfachen Wellblechhütten und Geschäften sowie rauen Bars und Bordellen. Der wichtige Verkehrsknotenpunkt – besonders in Hinblick auf einen sich verstärkenden Handel mit Mexiko – liegt im nördlichen Quersaum, der *Franja Transversal del Norte,* kurz FTN genannt. Dieser beginnt nördlich des 15. Breitengrades und reicht von der Provinz Izabal über den Alta Verapaz und den Quiché bis in die Provinz Huehuetenango hinein. Der FTN umfasst ein Gebiet von 9140 km^2 und wird westlich des Río Negro allgemein Ixcán genannt. Er gliedert sich von West nach Ost in die drei Regionen Ixcán Grande, Ixcán Chiquito und der Zona Reyna. Die Zone wurde 1970 von der Regierung geschaffen, um landlose Bauern anzusiedeln und das Gebiet zu entwickeln. Schon in den 60er und 70er Jahren waren vorwiegend indianische Siedler – überwiegend Kekchís – aus dem Hochland in dieses Gebiet gezogen. Mit Hilfe der katholischen Kirche und Mitteln der Regierung gründeten sie Genossenschaften, die kollektive Landtitel erhielten und auf den fruchtbaren Böden erfolgreich wirtschafteten. Doch Ende der 70er Jahre verstärkte das Militär seine Präsenz im Ixcán. Es sah in den Kooperativen die soziale Basis der Guerilla, die im Ixcán operierte. Im gleichen Maße, wie die Armee zu Beginn der 80er Jahre ganze Dörfer und Kooperativen zerstörte, Bewohner ermordete oder vertrieb, eigneten sich die Generäle ihrerseits immer mehr Land in der Konfliktregion an. 1984 begann das Wiederaufbauprogramm der Militärs für den gesamten Ixcán, aus dem ein sogenannter Entwicklungspol mit Modelldörfern und Zivilpatrouillen (s.S. 96) wurde. Doch die Lage im Ixcán blieb weiter gespannt. Anfang der 90er Jahre kehrten die ersten Flüchtlinge aus Mexiko zurück, und es kam zu Konflikten über den Landbesitz, die teilweise bis heute andauern. Die entlegene Region, in die der Arm des Gesetzes kaum reicht, entwickelte sich in den letzten Jahren zu einem idealen Betätigungsfeld für illegale Handlungen. Diese reichen von Holzschmuggel über Drogenanbau bis hin zu Überfällen auf Busse.

Nun soll zumindest die Infrastruktur verbessert werden. Geplant ist eine Asphaltstraßen von Playa Grande bis Barillas in der Provinz Huehuetenango. Zurzeit ist die Strecke nur in Geländewagen zu bewältigen. Pickups fahren die abenteuerliche Route täglich in 5–6 Stunden. Es kommt gelegentlich zu Überfällen! Unterwegs und in Playa Grande gibt es einfache Übernachtungsmöglichkeiten.

Von Playa Grande fahren regelmäßig Kleinbusse 25 km zum **Grenzort Ingenieros**. Wer in Playa Grande früh startet, kann es auf der mexikanischen Seite auf dann asphaltierten Straßen an einem Tag bis nach **Palenque** schaffen.

El Petén

Eine Bootsfahrt auf der Lagune **Petexbatún** zur Ruinenstätte **Aguateca**

Die relaxte Inselatmosphäre von **Flores** genießen

Auf alten Gummisammlerpfaden von **El Zotz** nach Tikal wandern

Den Sonnuntergang am **Petén Itzá-See** bei El Remate erleben

Den Blick von den Tempelpyramiden in **Tikal** über den Regenwald gleiten lassen

Zur entlegenen Maya-Stätte **El Mirador** trekken

Von der **Finca Ixobel** aus einen Höhlenfluss erkunden

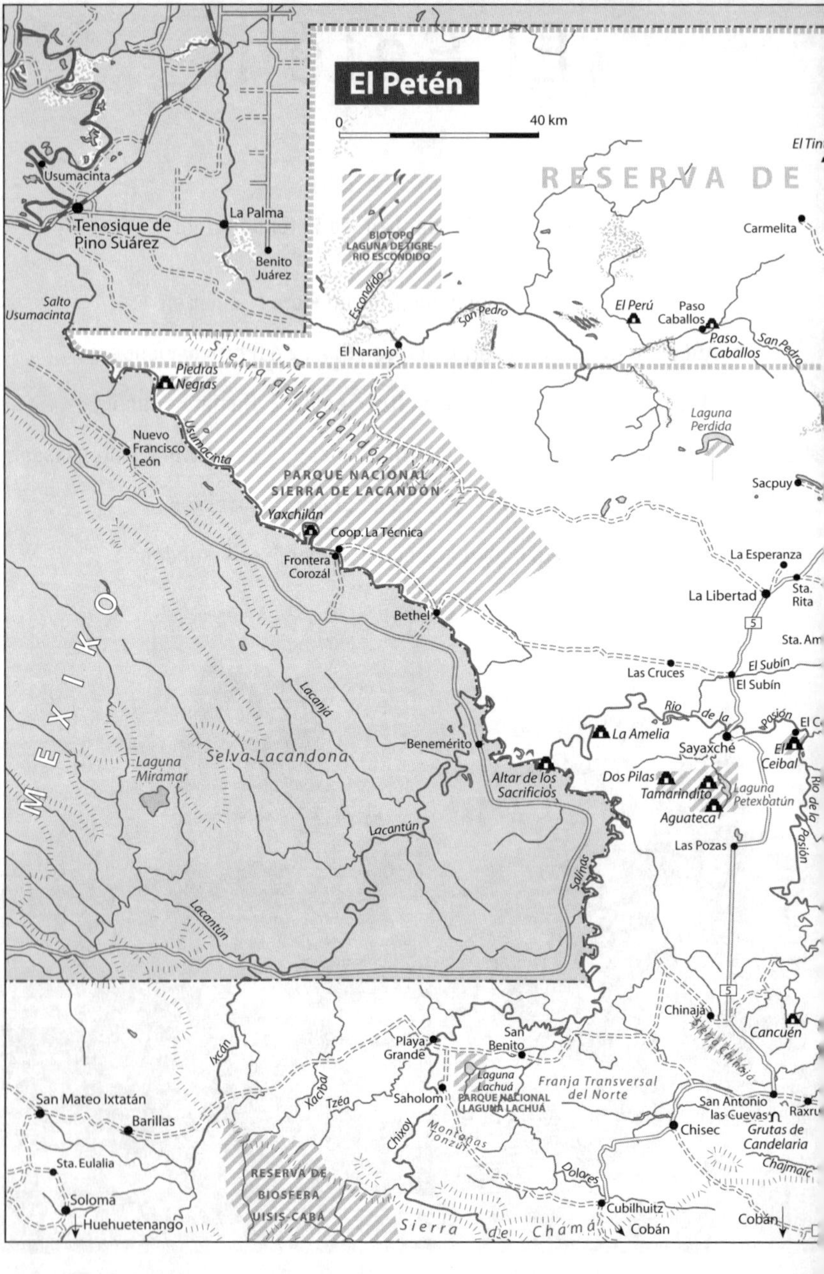
El Petén
0
40 km
RESERVA DE
El Tin
Carmelita
BIOTOPO LAGUNA DE TIGRE RIO ESCONDIDO
Escondido
Usumacinta
Tenosique de Pino Suárez
La Palma
Benito Juárez
Salto Usumacinta
San Pedro
El Perú
Paso Caballos
Paso Caballos
San Pedro
El Naranjo
Sierra del Lacandón
Piedras Negras
Laguna Perdida
Nuevo Francisco León
Usumacinta
PARQUE NACIONAL SIERRA DE LACANDÓN
Sacpuy
Yaxchilán
Coop. La Técnica
Frontera Corozál
La Esperanza
La Libertad
Sta. Rita
5
Bethel
Sta. Am
MEXIKO
Las Cruces
El Subín
El Subín
Lacanjá
Río de la Pasión
La Amelia
Sayaxché
El Ceibal
Benemérito
Laguna Miramar
Selva Lacandona
Altar de los Sacrificios
Dos Pilas
Tamarindito
Laguna Petexbatún
Río de la Pasión
Aguateca
Lacantún
Las Pozas
Salinas
Lacantún
5
Chinajá
Cancuén
Sierra Chinajá
Playa Grande
San Benito
Laguna Lachuá
Franja Transversal del Norte
Ixcán
Xacibal
Tzéa
Saholom
PARQUE NACIONAL LAGUNA LACHUÁ
San Antonio las Cuevas
Raxru
San Mateo Ixtatán
Barillas
Chixoy
Montañas Tonzul
Chisec
Grutas de Candelaria
Sta. Eulalia
Dolores
Chajmaic
RESERVA DE BIOSFERA VISIS-CABÁ
Soloma
Cubilhuitz
Huehuetenango
Sierra de Chamá
Cobán
Cobán

EL PETÉN

Ganz im Norden Guatemalas umfasst die Provinz Petén mit 35 854 km^2 rund ein Drittel der Landesfläche. Geologisch gesehen gehört sie zum Kalksteinplateau der Halbinsel **Yucatán**. Ähnlich wie in Alta Verapaz hat sich eine hügelige Karstlandschaft ausgebildet. Die Ebene wird in Ost-West-Richtung von vier Hügelketten durchzogen, die bei Poptún Höhen von bis zu 500 m erreichen. Begrenzt wird die Tiefebene im Nordwesten parallel des Río Usumacinta bis nach Tenosique in Mexiko von der **Sierra del Lacandón**. Im Süden erstrecken sich Ausläufer der **Sierra de Chamá** bis nach Belize, wo sie Maya-Berge *(Montañas Mayas)* genannt werden. Das feucht-heißen Klima mit Durchschnittstemperaturen um 25 °C und jährlichen Niederschlagsmengen um 2000 mm hat eine üppige Vegetation hervorgebracht. Sie besteht aus Feuchtgebieten, Savannen und dichte Regenwäldern. Die Regenzeit im Petén dauert erfahrungsgemäß länger als in den übrigen Landesteilen von Mai/Juni bis Ende Dezember/Anfang Januar.

Das Tiefland des Petén ist das Kernland der **Maya**, das während der Blütezeit im 7. und 8. Jahrhundert von mehreren Millionen Menschen bevölkert war. Rund 200 archäologische Stätten, davon 80 größere Zentren, sind bis heute registriert worden – die meisten sind von Dschungel überwuchert. Doch die mächtigen Städte der Maya waren Ende des ersten Jahrtausends verlassen und die Bewohner nach Yucatán oder in das guatemaltekische Hochland abgewandert (s.S. 78, Geschichte). Die **Spanier** zeigten wenig Interesse an den undurchdringlichen Wäldern, und so blieb der Petén jahrhundertelang eine fast unbewohnte Wildnis. 1882 trat Guatemala nach Grenzstreitigkeiten rund 6400 km^2 des Petén westlich des Río Usumacinta und nördlich der heutigen Staatsgrenze an Mexiko ab. In den 30er und 40er Jahren des vergangenen Jahrhunderts zog der Kaugummi–Boom *(Chicle)* einen wirtschaftlichen Aufschwung nach sich (s.S. 343).

Damals lebten nur wenige tausend Menschen im Petén; die Bevölkerungsdichte lag unter einer Person pro km^2. Dies änderte sich Ende der 50er Jahre, als die guatemaltekische Regierung auf den Bevölkerungsdruck im Hochland mit der Gründung der Landverteilungsbehörde FYDEP *(Empresa Nacional de Fomento y Derarrollo Económico del Petén)* reagierte. Der Straßenbau wurde forciert, und Bauern begannen damit, im Tiefland Brandrodungsfeldbau zu betreiben. Bis 1973 vervierfachte sich die Bevölkerung auf 26 000 Einwohner. Im Jahr 2000 lebten bereits 360 000 Menschen im Petén – Tendenz steigend. Noch immer ziehen jede Woche hunderte von landlosen Bauern mit ihren Familien Richtung Norden, um ein Stück der scheinbar unerschöpflichen, fruchtbaren Regenwälder zu roden. Doch was zurück bleibt, ist eine dünne Humusschicht, die in wenigen Jahren ausgelaugt ist. Es folgen die Viehzüchter, so dass dem Boden keine Zeit bleibt, sich zu regenerieren. Vor Beginn der Regenzeit zieht der Rauch von unzähligen Waldbränden über den Petén und verschleiert die Sonne. Mit dem Wald verschwindet eine vielfältige Flora und Fauna: 800 Baum- und 500 Orchideenarten haben Wissenschaftler bisher entdeckt, 450 Vogelarten, darunter 100 Zugvögel. 57 Schlangen- und 5 Wildkatzenarten bevölkern eine Region, in der sich einst der zweitgrößte Tropenwald nach Amazonien erstreckte.

Mittlerweile ist sich die guatemaltekische Regierung des Ausmaßes der Zerstörung bewusst, die der Siedlerstrom in den Norden auslöst. 1990 richtete sie die *Biosfera Maya* – das Maya-Biosphärenreservat – auf einer Fläche von 1845 km^2 ein und stellte damit den gesamten Norden des Petén unter Naturschutz, richtete Nationalparks und Biotope ein. Allzuviel hat dies nicht gebracht: Die meisten Konzessionen zur Erdölförderung wurden bereits vor 1990 erteilt, die Abholzung nimmt zu, und die *repatriados* – aus Mexiko zurückgekehrte Flüchtlinge – besetzen gelegentlich auch Gebiete innerhalb der Parks. Zudem fehlen den Nationalparkbehörden die finanziellen Mittel zu einer effektiven Überwachung des riesigen Areals. Selbst das Militär, das zum Schutz der Ressourcen Stützpunkte im Regenwald errichtet hat, soll angeblich in den Edelholz- und Drogenhandel verwickelt sein.

Es ist fraglich, ob gut gemeinte Infrastrukturprojekte der Region nutzen: Als letzte Amtshandlung weihte Präsident Arzú im Januar 2000 das letzte Teilstück der asphaltierten Straße von der Hauptstadt nach Flores ein. Damit verkürzt sich die Fahrtzeit von Guatemala-Stadt in den Norden auf rund 8 Stunden. Die Straße wurde zur Nabelschnur für eine Provinz, die bisher durch Fernsehprogramme wie Waren aus den Nachbarstaaten Mexiko und Belize stärker beeinflusst wurde als aus der eigenen Hauptstadt.

Der Petén wird immer mehr in die nationale Ökonomie integriert, obwohl er nur in geringem Maße zum Bruttoinlandsprodukt beiträgt. Die Haupterzeugnisse sind neben Mais und Bohnen *Chicle* (Kaugummi), *Xate*-Palmen (Zierpflanze aus der Familie der *Chamaedoreae*), *Pimienta dioica* (Nelkenpfeffer oder Piment), Kakao, Palmöl, Rindfleisch, Reis und Erdnüsse. Ein immer wichtigerer Wirtschaftsfaktor ist die Erdölförderung im Nordwesten. Auch der Tourismus hat steigende Zahlen vorzuweisen. Er konzentriert sich allerdings weitgehend auf den Petén Itzá-See und Tikal.

Sayaxché

Kaum hat man die bergige Provinz Alta Verapaz hinter sich gelassen, breitet sich das Tiefland des Petén vor dem Besucher aus. Auf einer asphaltierten Straße gelangt man von **Cruce El Pato** auf 80 beinahe schnurgeraden Kilometern vorbei an gerodeten Waldflächen, die nun überwiegend der Viehzucht dienen, zum **Río de la Pasión**. Am Ufer des breiten Stroms, der weiter westlich in den Usumacinta mündet, liegt Sayaxché. Das kleine Städtchen, das in den letzten Jahren stark angewachsen ist, dient als Versorgungszentrum der weit verstreut lebenden Bevölkerung, die sich hauptsächlich von Holzwirtschaft, Ackerbau und Viehzucht ernährt. Da sich in der Umgebung zahlreiche Ruinenstätten, hübsche Lagunen und Flüsse befinden, kommen zunehmend Touristen hierher. Die Binnenschifffahrt auf dem Río de la Pasión und anderen Flüssen verliert durch den fortschreitenden Straßenbau an Bedeutung. Dennoch können einige Siedlungen immer noch ausschließlich auf dem Wasserweg erreicht werden. Rund 4 km südlich von Sayaxché liegt der **Parque Nacional El Rosario**, der eine Regenwaldfläche von 1097 ha schützt. An einer kleinen Lagune kann man baden, picknicken oder zelten. 🕓 tgl. 6–18 Uhr.

Übernachtung

Hotel Guayacán, direkt am Fluss, ✆ 79286111, saubere Zimmer mit Flussblick, wahlweise mit oder ohne AC. ❸

Hotel Petexbatún, 100 m westlich der Bootsanlegestelle an der Mündung des Petexbatún, ✆ 79286166, Zimmer mit Ventilator oder AC. ❸

Um Sayaxché gibt es zahlreiche Lagunen und Flüsse

Posada Segura, nahe dem *Hotel Petexbatún*, ✆ 79286162, saubere, angenehme Zimmer. ❷

Hotel Mayapan, 1. Straße links nach *Hotel Guayacán*, ✆ 79286428, die neueren und besseren Zimmer liegen im 1. Stock. ❶–❷

Posada Caribe, am Río Petexbatún, ✆ 53041745, 💻 www.posadacaribe.com, angenehme Bungalows und Einzelzimmer, hervorragender Service vor Ort, Übernachtung inklusive 3 Mahlzeiten und Bootstransport ab Sayaxché US$45 (ab 2 Pers.). ❻

Chimino's Island Lodge, an der Lagune Petexbatún, ca. 1 Bootsstunde südlich von Sayaxché, 💻 www.chiminosisland.com, Dschungel-Lodge mit Bungalows und Restaurant. Gute Ausgangsbasis für den Besuch von Aguateca, sehr teuer. ❽

Essen

Das Essen in Sayaxché beschränkt sich bislang auf guatemaltekische Hausmannskost.

Restaurante Yax Kin, in der Nähe des *Hotels Mayapán*.

Sonstiges

GELD – ***Banrural*** hat einen Geldautomaten für *Visa-/Mastercard* und wechselt US-Dollar.

TOUREN – Veranstalter bieten ab Flores oder Sayaxché Ausflüge an. Sayaxché ist Ausgangspunkt für den Besuch der Maya-Stätten El Ceibal, Aguateca und Dos Pilas oder für Bootstouren zur Laguna Petexbatún bzw. auf dem Río de la Pasión. In der Trockenzeit können Aguateca und Dos Pilas auch mit dem Geländewagen angefahren werden.

Viajes Don Pedro, am Flussufer, ✆ 79286109, komplettes Tourangebot.

Transport

BUSSE – Alle Busse Richtung Süden halten an der *Texaco*-Tankstelle, einen Block oberhalb des Flusses.

GUATEMALA-STADT (ca. 10 Std., in etwa gleich für beide nachfolgend erwähnten Varianten), keine Direktverbindung, entweder mit Kleinbus nach Cobán und dort umsteigen oder mit Klein-

bus nach Santa Elena und dort umsteigen über Cobán.
COBÁN (ca. 5 Std.), Busse von *Fuentes del Norte,* ✆ 79260666, fahren 4x tgl. und passieren Sayaxché gegen 7, 8, 14 und 15 Uhr.
RAXRUJÁ (ca. 100 km, 2 1/2–3 Std.), Kleinbusse fahren ständig.
SANTA ELENA, FLORES (61 km, ca. 90 Min.), gute Busverbindungen mit Kleinbussen mehrmals tgl., Abfahrt vom nördlichen Flussufer.
El CEIBAL (17 km, ca. 45 Min.), Taxis kosten rund US$27–34.
DOS PILAS (ca. 2 Std., in der Regenzeit länger), Allradtaxis nehmen ca. US$60, das letzte Stück (ca. 30 Min.) zur Ruinenstätte muss zu Fuß zurückgelegt werden.

BOOTE – Eine Auto- und Personenfähre verkehrt auf dem Río de la Pasión.
Boote am Fluss können gechartert werden. Sie sind in der Regel recht teuer, so dass man sich mit ein paar Leuten zusammen tun sollte.
Ein Schnellboot nach AGUATECA und zurück für bis zu 5 Pers. kostet US$60, eine Fahrt nach EL CEIBAL US$47/Boot.
Ein Charterboot nach YAXCHILÀN in Mexiko kostet rund US$ 470.
Die Zeit der guten alten Handelsboote, die auf dem Río de la Pasión nach Mexiko unterwegs sind, neigt sich ihrem Ende entgegen. Nur noch selten fahren Boote, so dass sich das Warten nicht mehr lohnt. Wer dennoch eines der in etwa alle 14 Tage fahrenden Boote erwischt, sollte folgendes wissen: Die Boote brauchen 1–2 Tage nach BENEMÉRITO (Mexiko) und halten an allen Ortschaften entlang des Flusses, um sie mit Waren zu versorgen. In PIPILES, dem guatemaltekischen Grenzort, bekommt man einen Ausreisestempel. Eine Hängematte ist sinnvoll, da es keine Herbergen gibt. Der Preis ist Verhandlungssache (ca. US$6–8). Von Benemérito bestehen regelmäßige Busverbindungen zu den Maya-Stätten Bonampak, Yaxchilán oder Palenque.

El Ceibal

Der Río de la Pasión war ein wichtiger Transportweg der Maya, und somit verwundert es nicht, dass eine große Anzahl von Handels- und Zeremonialzentren seine Ufer säumen. Rund 17 km westlich von Sayxché liegt die teilweise freigelegte und restaurierte Maya-Stätte El Ceibal am Ufer des Río de la Pasión, die nach den vielen *Ceiba*-Bäume im umliegenden Regenwald benannt wurde. Wissenschaftler nehmen an, dass die sehenswerte Maya-Stadt zu einer geschlossenen Gruppe von mindestens 7 Maya-Stätten um die Lagune Petexbatún gehörte.

Archäologische Funde beweisen, dass bereits um 900 v. Chr. die ersten Siedlungen bestanden haben. Dennoch begann die Blütezeit der Stadt erst im 8. Jahrhundert n. Chr. als sich El Ceibal zu einem bedeutenden Handelszentrum am Ufer des Río de la Pasión entwickelte.

Zu Beginn des 9. Jahrhunderts brachten Einwanderer aus dem Norden das durch Kleinkriege geschwächte Gebiet unter ihren Einfluss. Belege sind die Verwendung von toltekisch beeinflussten Schriftzeichen und Reliefs auf den Stelen sowie die Errichtung neuer Gebäude.

Die Blütephase währte nur wenige Jahrzehnte, und um 930 wurde El Ceibal als eine der letzten Maya-Stätten des Petén aufgegeben. Ende des 19. Jahrhunderts führte Teobert Maler in El Ceibal die ersten wissenschaftlichen Untersuchungen durch. 1963–69 restaurierte die Harvard Universität einige Gebäude.

Die Anlage liegt strategisch günstig auf einem Hügel und erstreckt sich rund 3 km entlang des Río de la Pasión. Sie ist in einem gepflegten Zustand und täglich bei noch freiem Eintritt geöffnet. Sehenswert sind weniger die Gebäude als die Stelen, die vorwiegend aus dem 9. und 10. Jahrhundert stammen. Sie sind gut erhalten und stellen Herrscher, Götter, Krieger und Ballspieler dar. Die größte Ansammlung von steinernen Monumenten besitzt die Gruppe A im Nordwesten, in der Nähe des Eingangs.

Auf der alten Maya-Straße Richtung Osten gelangt man zu den kaum ausgegrabenen Gruppen C und D. Etwa auf halber Strecke, zweigt in Höhe der interessanten Stele 14 ein Weg Richtung Süden ab und verläuft an einem Ballspielplatz vorbei zur etwas abseits liegenden Gruppe B.

Dort fallen ein seltener Rundtempel und der daneben stehende Altar in stilisierter Tierform auf. Ähnliche Altäre errichteten die Maya auch in Copán und Quiriguá.

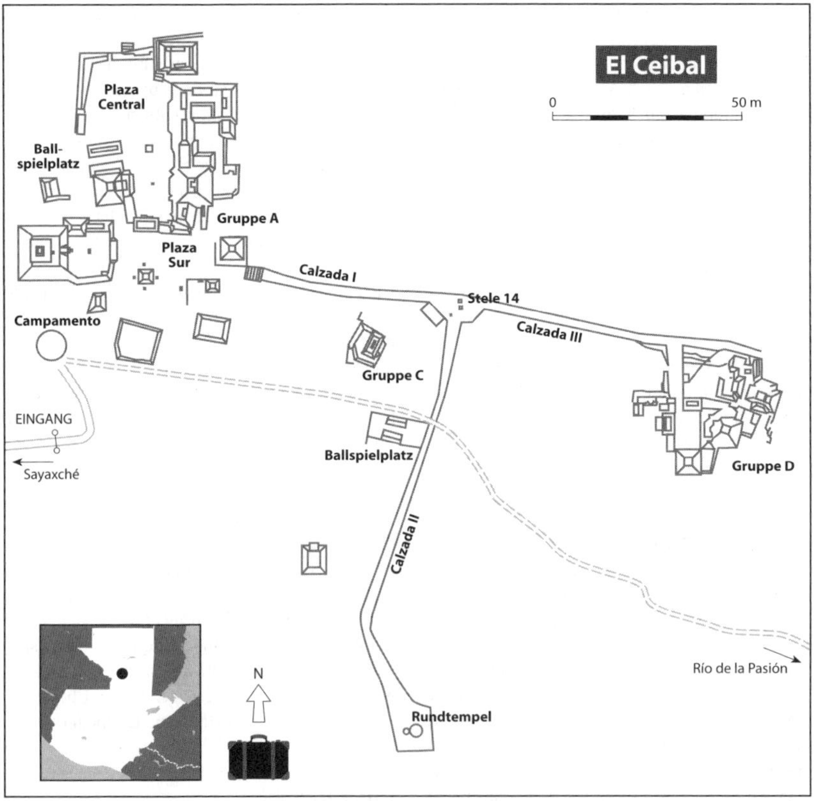

EL PETÉN

Deutscher Diplomat gegen Exxon

1989 waren die Ruinen von El Ceibal von der Zerstörung bedroht. Die guatemaltekische Regierung hatte dem Ölmulti *Exxon (Esso)* Probebohrungen im Nationalpark der Ruinenstätte gestattet. Trotz heftiger Proteste der Kulturministerin, von Umweltschutzorganisationen und der Öffentlichkeit sowie archäologischer Gutachten rückten die ersten Bulldozer an. Sie wurden zunächst vom Wachpersonal gestoppt, das die Zufahrtsstraße blockierte. Es ging um viel Geld, denn an den erwarteten Erlösen von rund US$200 Mio. sollte die guatemaltekische Regierung zur Hälfte beteiligt werden. Als der damalige deutsche Botschafter in Guatemala, Peter Bensch, von der Sache erfuhr, kündigte er in den Medien an, einen zugesagten Kredit in Höhe von US$80 Mio., der für nachhaltige Projekte im Petén vorgesehen war, einzufrieren. Die Offensive zeigte Erfolg: Das Parlament widerrief die Genehmigung einstimmig, doch Peter Bensch erhielt Morddrohungen und sein Fahrzeug wurde gerammt. Das Auswärtige Amt zog ihn deswegen vorsichtshalber aus Guatemala ab. Auch wenn die Ölkonzerne inzwischen weite Teile des Petén fest in ihrer Hand haben, so bleibt zumindest die Ruinenstätte El Ceibal verschont.

Übernachtung

Zelten ist im Eingangsbereich in Absprache mit den Aufsehern möglich. Mit einer ordentlichen Anzahl hungriger Moskitos muss zu jeder Jahreszeit gerechnet werden.

Transport

El Ceibal ist vorzugsweise mit dem Boot auf dem Río de la Pasión in ca. 60–90 Min. zu erreichen. Vom Flussufer führt ein stetig ansteigender Dschungelpfad in ca. 30 Min. zur Ausgrabungsstätte.
Die Straßen sind in der Regenzeit oft unpassierbar. Auch in der übrigen Zeit ist ein Geländewagen empfehlenswert. 9 km südlich von Sayxché zweigt links eine 8 km lange, unbefestigte Straße nach El Ceibal ab. ⏲ 8–17 Uhr, zurzeit gratis.

Laguna Petexbatún

Der Río Petexbatún mündet bei Sayaxché aus dem Süden kommend in den Río de la Pasión. Folgt man seinem weiteren Verlauf über mehrere Flussschleifen, erreicht man nach etwa einer Stunde Bootsfahrt die wunderschöne Lagune Petexbatún. Unterwegs bietet sich die Gelegenheit die einheimische Tierwelt zu beobachten: Entlang des Flusses sieht man Wasserschildkröten, Leguane, Reiher und gelegentlich noch den einen oder anderen Kaiman. An der Lagune lauern Fischadler auf Beute, und des öfteren schwingt sich die eine oder andere Affenherde durch den dichten Regenwald. Auffällig sind die grauen Bromelien *(Tillandsia usneoides)*, die in langen Bahnen wie Flechten von den Urwaldriesen herabhängen. Sie werden von den Einheimischen *barba vieja* (alter Bart) genannt.

Das Südufer des Río Petexbatún verliert sich in einem Sumpf, in dem das harte Campeche-Holz wächst. Aus dem niedrigwüchsigen Baum lässt sich ein natürlicher Farbstoff gewinnen.

Aguateca

Die Ruinenstätte am Südufer der Laguna Petexbatún ist bequem per Boot zu erreichen. Sie liegt hoch über dem See auf einem natürlichen Plateau, das eine ideale Kontrolle über das Umland ermöglichte. Die Anlage selbst hat bis auf Überreste von Stelen, deren schönsten Reliefs gestohlen wurden, keine nennenswerten Sehenswürdigkeiten zu bieten. Ihre Lage inmitten des üppigen Regenwalds und ihre besonderen landschaftlichen Eigenheiten machen einen Besuch aber dennoch lohnenswert.

Quer durch die Anlage zieht sich ein tiefer Graben, über den eine natürliche, von Menschen ausgebaute Brücke aus Kalkstein führt. Die bis zu 70 m tiefe Schlucht kann an einigen Stellen erwandert werden. Die um einige Grad kühlere Luft stellt eine willkommene Abwechslung zu den hohen Temperaturen im Regenwald dar. Auf der Westseite des Grabens liegt das Zentrum der Anlage mit Plaza, Palast und Stelen. Hier lebten die Fürsten und Priester.

Aguateca stand immer im Schatten des mächtigen Nachbarn Dos Pilas, von dem es mit wenigen Ausnahmen während der gesamten klassischen Periode beherrscht wurde. Die Herrscher von Dos Pilas nutzten die natürliche Festung Aguateca als Rückzugsgebiet, als ihr Fürstentum Mitte des 8. Jahrhunderts zerfiel. Aguateca wurde schließlich zwischen 810 und 830 aufgegeben.

An gelegentlichen Ausgrabungsarbeiten hat sich auch die *Kreditanstalt für Wiederaufbau* (KFW) beteiligt. Wer ohne Guide anreist, kann sich von den anwesenden Parkwächtern gegen ein kleines Trinkgeld die Anlage zeigen lassen. Übernachtung ist in Zelten oder Hängematten möglich.

Dos Pilas

Nur wenige Kilometer von Aguateca entfernt liegt das wichtigste Zentrum der Petexbatún-Region, das ab 645 n. Chr. Bedeutung erlangte, als König Feuerstein-Himmel-Gott K in Don Pilas eine neue Dynastie begründet. Er stammte von einer hochrangigen Adelsfamilie aus Tikal ab und verwandte auch hier die Embleme seines Heimatortes. Durch geschickte Heiratsallianzen konsolidierte er seine Macht und versetzte die umliegenden Stadtstaaten mit einem 20-jährigen Feldzug in Angst und Schrecken. Es gelang ihm, seinen Machtbereich bis in das östlich von Tikal liegende El Naranjo auszuweiten. Doch in der zweiten Hälfte des 8. Jahrhunderts wurden die Nachfahren des mächtigen Königs selber attackiert. Sie versuchten, Dos Pilas mit einem hastig errichteten Schutzwall vor Eindringlingen zu schützen. Doch der Widerstand der Stadt erlahmte, und die Könige von Dos Pilas mussten fliehen. Ihre steinernen Geschichtstafeln ließen sie fortan in Aguateca und anderen Nachbarorten errichten. Die letzte Inschrift aus Dos Pilas findet sich auf einer Stele in El Ceibal aus dem Jahr 807.

Seinen Namen verdankt Dos Pilas zwei Quellen, die auf dem 2 km² großen Gelände sprudeln. Die Ruinenstätte besteht aus zwei Zeremonialzentren mit Palästen, Wohnräumen und Tempeln. Auf den Treppen einiger Gebäude der Hauptgruppe haben Forscher Hieroglyphen entdeckt. Zudem können sehr gut erhaltene Stelen bewundert werden.

Die Anlage liegt in einem schwer zugänglichen Gebiet westlich der Lagune Petexbatún. Sie ist zu Fuß, zu Pferd oder in der Trockenzeit mit einem Geländewagen zu erreichen. Der anstrengende, 12 km lange Dschungelpfad, den man nur mit Guide, Gummistiefeln und Mückenschutz antreten sollte, beginnt in der Nähe der Posada Caribe. Das Personal kann auch Pferde organisieren, die für den Ausflug nach Dos Pilas etwa US$10 p.P. kosten. Auf halber Strecke passiert man die vom Dschungel überwucherte Ruinenstätte **Arroyo de Piedra**, die ebenfalls von Dos Pilas dominiert wurde. Nur 3 km von Arroyo de Piedra entfernt liegt **Tamarindito**, eine weitere Maya-Stadt des Spätklassikums, die bereits um 500 n. Chr. besiedelt war. Der Ort ist zu Fuß erreichbar, lohnt aber nur für Ruinen-Freaks.

La Amelia und Altar de los Sacrificios

Wer den Río de la Pasión flussabwärts bereist, hat die Gelegenheit, 10 km vor Altar de los Sacrificios die kleine Maya-Ruine **La Amelia** zu besichtigen. Die archäologische Stätte, die um 760 von Dos Pilas dominiert wurde, kann mit Wandreliefs, beschrifteten Treppen und Stelen aufwarten.

Am Zusammenfluss des Río de la Pasión und Río Salinas zum breiten Río Usumacinta steht die Ruinenstätte **Altar de los Sacrificios** (Opferaltar). Bereits seit 900 v. Chr. lebten dort einfache Siedler, bevor 475 n. Chr. die erste Stele errichtet wurde. Der Ort geriet immer wieder in den Einflussbereich der Nachbarstadt Dos Pilas, bevor er um 850 n. Chr. aufgegeben wurde. Entdeckt wurde die Stätte 1895 vom deutschen Maya-Forscher Teobert Maler. Neben den zahlreichen Stelen beeindrucken besonders die steinernen Rundaltäre, nach denen die Stätte benannt ist. Viele Monumente sind zu ihrem besseren Schutz zugeschüttet worden. In Altar de los Sacrificios wurden einige der schönsten polychromen Gefäße der Maya-Welt gefunden.

Am Río Usumacinta und Río San Pedro

Die knapp 70 km von Sayaxché bis zur Provinzhauptstadt Flores können auf einer fast durchgehend asphaltierten Straße in kurzer Zeit bewältigt werden. Unterwegs zweigen Pisten in den westlichen Teils des Petén ab. Über den Río Usumacinta gelangt man zu den Maystätten Yaxchilán und Piedras Negras sowie nach Mexiko.

Frontera Corozal (Mexiko)

Etwa 13 km nördlich von Sayxché zweigt am Río Subín die 80 km lange Piste Richtung Westen nach **Bethel** am Río Usumàcinta ab. Die Route über Bethel hat sich inzwischen zu einer beliebten Alternative entwickelt, um nach Palenque in Mexiko zu gelangen. Boote bringen die Reisenden zum mexikanischen Grenzort Frontera Corozal. Wer eine der seltenen Mitfahrgelegenheiten von Bethel zum kleinen Dorf **La Técnica Agropecuaria**, 17 km flussabwärts, erwischt, kann Geld sparen. Das Boot nach Frontera Corozal ist hier wesentlich günstiger als in Bethel. Wer ohne große Zeitverluste für die Bootssuche nach Palenque möchte, sollte sich in Flores ein Ticket für die gesamte Strecke besorgen (s.S. 341, Flores, Transport).

Wer den Trip alleine organisiert, kann gegebenenfalls auch in Frontera Corozal übernachten. Der letzte Bus von dort nach Palenque startet gegen 15 Uhr, ca. fünf Std. Fahrtzeit.

Übernachtung und Essen

Posada Maya Bethel, ✆ 78612763, Ökocamp, in dem man auch mit Zelt oder Hängematte unterkommt ❷. Die Mahlzeiten sind mit US$8–10 allerdings hoffnungslos überteuert. Im nahe gelegenen Dorf bekommt man aber einfache und günstige Mahlzeiten (z.B. im *Café El Ranchito)*. Die Guides der *Posada* veranstalten Touren zu Sehenswürdigkeiten in der Umgebung.

Transport

Transportes Pinita-Busse fahren um 5, 10 und 13 Uhr von FLORES nach Bethel, 127 km, 4 Std. *San Juan Travel* in Flores bietet die komplette Route inklusive Bus und Boot bis nach Palenque tgl. um 5 Uhr für US$30 ab Flores an.
Im Dorf Bethel lassen sich am Fluss *lanchas* für die Fahrt ins mexikanische Frontera Corozal organisieren. Sie kosten je nach Auslastung und Verhandlungsgeschick um US$40–50 (bis zu 4 Pers.) für die etwa halbstündige Bootsfahrt.

Yaxchilán (Mexiko)

Yaxchilán war um 250 n. Chr. eine bäuerliche Siedlung, die sich vier Jahrhunderte später zur führenden Metropole im Einzugsgebiet des Usumacinta entwickelte. Einen großen Anteil am Aufstieg der Stadt hatten die Herrscher Schild-Jaguar I., Vogel-Jaguar und Schild-Jaguar II. von 681–800. In dieser Phase gelang es ihnen durch geschickte Heiratspolitik und über militärische Bündnisse mit Tikal und Palenque, ihren Einflussbereich in der Region stark auszuweiten. Doch vom Kollaps der Stadtstaaten des Petén blieb auch Yaxchilán nicht verschont. Das letzte bekannte Datum einer Inschrift stammt aus dem Jahre 808.

Die Anlage wurde 1888 vom britischen Archäologen Maudslay entdeckt. Teobert Maler besuchte sie drei Mal gegen Ende des 19. Jahrhunderts. Seine Nomenklatur der Gebäude und Stelen ist heute noch gültig. Ab 1937 wurden immer wieder Expeditionen organisiert, um die zahlreichen Inschriften zu entschlüsseln oder eines der über 120 Gebäude allein im zentralen Bereich zu untersuchen.

Die Ruinenstätte liegt in einer großen Schleife des Río Usumacinta, die in ihrer Form dem griechischen Omega ähnelt. Die Hauptgruppe liegt am Flussufer. Bekannt wurde die Anlage durch ihre fein gearbeiteten Stelen, die sehr gut erhaltenen Reliefs der Türstürze und die hoch aufragenden Dachkämme einiger Tempel, in deren Nischen heute Fledermäuse hausen.

Wer genügend Zeit mitbringt, sollte seinen Guide bitten, ihn zu den Gebäuden 39 bis 41 südlich der Hauptgruppe zu führen. Der mit einem schweißtreibenden Anstieg verbundene Ausflug lohnt sich: Von dort hat man einen sehr schönen Blick auf die umliegenden waldbedeckten Hügelketten.

🕒 tgl. 8–16 Uhr, US$2,50, So frei.

Transport

Yaxchilán kann mit dem Boot von BETHEL aus besichtigt werden. Die Fahrt nach FRONTERA COROZAL inklusive der Besichtigung der Ruinen von Yaxchilán kostet ca. US$100 p.P. Günstiger wird es, wenn man von Frontera Corozal aus startet und sich mit etwas Glück einer Reisegruppe aus Palenque anschließt. In allen Fällen sollte man den Reisepass mitnehmen. *Martsam Travel* in Flores bietet eine Tour nach Palenque für US$100 an, die den Besuch der Ruinenstätten Yaxchilán und Bonampak einschließt.

Piedras Negras

Versteckt in der Nordwestecke des Petén liegt Piedras Negras, die Maya-Stadt der schwarzen Steine. Viel zu sehen gibt es hier nicht, da ein Großteil der Stelen und steinernen Reliefplatten sowie ein Kalksteinthron ins archäologische Museum nach Guatemala-Stadt geschafft wurden. Andere Ausgrabungsfunde wurden geraubt. Größere archäologische Arbeiten konnten bisher aus Geldmangel nicht durchgeführt werden. Dennoch ist die Anlage in Fachkreisen bekannt, denn anhand der hiesigen Stelen wies die russisch-amerikanische Forscherin Tatiana Proskouriakoff 1960 nach, dass es sich bei den Inschriften nicht – wie bisher geglaubt – um astronomische Daten, sondern um historische Aufzeichnungen über das Leben der jeweiligen Herrscher handelt.

Piedras Negras, das seinen Namen aufgrund der hier gefundenen schwarzen Steine erhielt, war das nördliche Tor zur Maya-Welt. Ab etwa 400 n. Chr. entstanden erste Plätze und Tempel. Im Laufe der Jahrhunderte entwickelte sich der Ort zu einem wichtigen Verwaltungs- und Handelszentrum und erreichte im 7. und 8. Jahrhundert seine Blütezeit. Damals besaß Piedras Negras rund 5000 Einwohner. Das letzte bekannte Datum stammt aus dem Jahr 795.

Transport

Piedras Negras ist aufgrund seiner Abgeschiedenheit nur mit dem Boot über den Río Usumacinta oder mit dem Flugzeug ab Flores zu erreichen, beides teure Varianten.

Maya Expeditions, 15. C. A 14-07, Z. 10, Guatemala-Stadt, ✆ 23634955, ☏ 23681248, 💻 www.mayaexpeditions.com, bietet Rafting-Touren auf dem Río Usumacinta nach Piedras Negras an.

Von La Libertad nach El Naranjo

Auf halber Strecke zwischen Sayaxché und Flores liegt der wenig attraktive Ort **La Libertad**. Er wurde Ende des 18. Jahrhunderts von Indígenas gegründet. Später ließen sich hier Viehbarone aus Chiapas nieder. Auch heute noch wird in der vergleichsweise trockenen Region viel Viehzucht betrieben. In der Nähe des Ortes befindet sich eine Erdölraffinerie.

Von La Libertad gelangt man auf einer holprigen Piste in etwa 4 Stunden nach **El Naranjo** am Río San Pedro. Der Ort besteht aus ein paar Geschäften, billigen Herbergen, der Einwanderungsbehörde und einem Militärstützpunkt entlang der Straße zum Fluss. Die früher beliebte Überfahrt auf dem Río San Pedro nach Mexiko ist völlig zum Erliegen gekommen. Charterboote sind sehr teuer. Momentan wird an einer Brücke über den Río San Pedro mit Anschluss an die mexikanische Grenze und weiter nach Tenosique gebaut. Die neue Straße wird dann die schnellste und günstigste Möglichkeit sein, um nach Palenque zu gelangen.

Übernachtung

In El Naranjo kann man in der einfachen ***Hospedaje San Francisco*** übernachten, Zimmer mit Ventilator und TV. ❷

Alternativ empfiehlt sich die teure, aber angenehme ***Posada San Pedro,*** ein paar Bootsminuten flussaufwärts, die auch mit dem Auto zu erreichen ist, ✆ 79261276. ❺

Mit etwas Glück kommt man im *CECON*-Hauptquartier für das Biotop Laguna del Tigre unter. Die Schlafsäle liegen 150 m flussabwärts auf der gegenüberliegenden Seite der Bootsanlegestelle.

Transport

Um nach El Naranjo zu gelangen, muss man einen Minibus nach La Libertad nehmen und dort in einen Kleinbus nach El Naranjo umsteigen, die dort stündlich abfahren. Fahrtzeit ab La Libertad ca. 3 Std. Ein Boot nach Mexiko kostet etwa US$80–110.

Flores und Umgebung

Rund 500 km von Guatemala-Stadt entfernt, liegt Flores, die Hauptstadt des *departamento* Petén, auf einer kleinen Insel im Petén Itzá-See rund 127 m über dem Meeresspiegel. Sie misst nur wenige hundert Meter im Durchmesser, so dass sie gut zu Fuß erkundet werden kann. War das Städtchen bis zur Mitte des 20 Jahrhunderts nur per Boot erreichbar, so verbindet heutzutage ein asphaltierter Dammweg den Ort mit seiner Schwesterstadt Santa Elena auf dem Festland. Flores ähnelt mit seinen engen, gepflasterten Straßen und bunt bemalten Häusern einem südeuropäischen Dorf.

Geschichte

Das Volk der Itzá gelangte im 12. Jahrhundert in den nördlichen Petén. Es war ursprünglich aus Mexiko nach Yucatán eingewandert, hatte sich mit den dort lebenden Maya vermischt und im 11. Jahrhundert die Metropole Chichén Itzá gegründet. Als diese im 13. Jahrhundert vom großen Rivalen Mayapán zerstört wurde, zogen viele Itzá in mehreren Wellen Richtung Süden. An den Ufern des Petén Itzá-Sees gründeten sie schließlich ihre Metropole Tayasal auf der Halbinsel, die Flores gegenüber liegt. Sie war eine der ersten Siedlungen, die von den Spaniern in Guatemala besucht wurde, aber die letzte, die sie eroberten.

Schon 1525 gelangte Hernán Cortés auf seinem Weg nach Honduras in die Hauptstadt der Itzá. Ein altersschwaches Pferd, das er dort zurückließ, wurde von den Itzá wie eine Gottheit verehrt, starb aber bald darauf. Franziskanermönche, die Tayasal 1618 aufsuchten, zerstörten eine Pferdestatue, die von den Itzá angebetet wurde. Kurze Zeit später errichteten die Indígenas eine weitere steinerne Nachbildung des verehrten Tieres, die bei einem Transport in den See fiel. Dort soll sie heute noch liegen. Die Itzá leisteten in den Folgejahren der Missionierung und Unterwerfung erbitterten Widerstand. Erst 1697 besiegte Martín de Ursúa das rebellische Maya-Volk. Die Kolonialherren errichteten eine Festung auf der Insel, die lange als

Gefängnis diente. Seinen Namen erhielt die kleine Provinzhauptstadt 1831 im Gedenken an den ehemaligen Vizepräsidenten Cirilo Flores, der sein Amt 1824 antrat und 1826 heimtückisch ermordet wurde.

Aufgrund der abgeschiedenen geografischen Lage, blieb Flores lange Zeit vom Rest Guatemalas isoliert und richtete sich mehr nach Mexiko und Belize aus. Dieses änderte sich erst kürzlich mit der besseren Verkehrsanbindung an Guatemala-Stadt.

Flores

Heute wird die kleine Inselhauptstadt eindeutig vom Tourismus dominiert. Dennoch hat sie sich ihre ruhige Atmosphäre weitgehend erhalten können. Lohnenswert ist ein Abstecher zum erhöht gelegenen **Parque Central**.

Auf der Anhöhe im Zentrum der Insel erhebt sich wie eine Krone die weißgetünchte **Kirche**. Hier befindet sich auch der *Centro de Información sobre la Naturaleza, Cultura y Artesanías de Petén (CINCAP),* ein interessantes Museum und Informationszentrum im **Castillo de Arismendi**, der ehemaligen Festung. Neben Austellungen über das Leben im Petén in früheren Zeiten und die *Chicleros* bekommt man hier viele nützliche Informationen. Zusätzlich kann man verschiedene Produkte der Region erstehen wie Honig, Tee, Heilkräuter oder Holzschnitzarbeiten. ⏲ Mo–Fr 9–12.30, 14–18.30 Uhr, gratis, aber kleine Spende erwünscht.

Momentan wird an einer Ringuferstraße gebaut, die befestigt werden soll und den Charme des Städtchens sicherlich weiter steigern wird.

Santa Elena und San Benito

Hektischer geht es auf dem Festland zu, wo Santa Elena und San Benito praktisch zu einer Gemeinde verschmolzen sind. Hier befinden sich Banken, Bushaltestellen, der wenig attraktive Markt und etwas außerhalb der Flughafen.

Rund 2,5 km südlich von Santa Elena liegt die Tropfsteinhöhle **Actun Can**, auch **La Cueva de la Serpiente** (Schlangenhöhle) genannt. ⏲ 8–17 Uhr, US$1,40. Sie ist zu Fuß oder mit dem Taxi (ca. US$2) zu erreichen. Man folgt der 6. Av. in Santa Elena (Verlängerung des Dammwegs) Richtung Süden. An ihrem Ende biegt man links ab und kurz darauf am Elektrizitätswerk rechts auf die Straße zur Höhle.

Auf der Halbinsel **Tayasal** gegenüber von Flores lohnt sich ein Abstecher zum Aussichtspunkt **Rey Kanek**. Von dort hat man einen schönen Blick auf Flores und den See. Ein paar Kilometer östlich liegt der **Petencito**, ein Naherholungsgebiet mit Wasserutschen, Picknicktischen, etwas Wald und einem Zoo. In viel zu kleinen Käfigen wird ein Teil der einheimischen Fauna präsentiert. Das Areal ist per Boot oder mit dem Auto in 20–30 Minuten zu erreichen. Von der Straße nach Flores bei KM 8 links Richtung *Hotel Villa Maya* abbiegen. Der Weg ist in der Regenzeit nur mit dem Geländewagen befahrbar. ⏲ 8–17 Uhr, US$2,70.

Petén Itzá-See

Nur wer an einem klaren Tag mit dem Flugzeug in Santa Elena landet, bekommt einen Eindruck von der wirklichen Größe des Sees, denn vom Boden aus ist der Blick auf einen Hauptteil des Sees von der Halbinsel Tayasal verdeckt. Der Wasserspiegel des See, der normalerweise eine Ausdehnung von 99 km^2 und eine Tiefe von bis zu 50 m hat, unterliegt Schwankungen um mehrere Meter. So waren im Jahr 1992 die unteren Stockwerke der Hotels am Seeufer komplett überschwemmt. Momentan ist der Pegel deutlich abgesunken, aber starker Regen und unterirdische Zu- bzw. Abflüsse können in kurzer Zeit erneut zu Schwankungen führen.

Der Fischreichtum des Sees gehört der Vergangenheit an. Im Jahr 2001 wurde sogar ein mehrmonatiges Fangverbot verhängt, um die Bestände zu sichern. Auch der zunehmende Tourismus hat seinen Teil zu dieser Situation beigetragen.

San Andrés und San José

Die beiden interessanten Dörfer am Nordufer des Sees, nur wenige Kilometer voneinander entfernt, sind mit dem Bus oder Boot zu erreichen. Hier sprechen noch wenige hundert Einwohner *Itzá,* eine Maya-Sprache, die vom Aussterben bedroht ist. Besonders in San José haben sich traditionelle Lebensweisen erhalten, die vor allem während der religiösen Feiern zum Ausdruck kommen.

Vom 10.–19. März findet das Patronatsfest statt, beim dem zwei überlebensgroße Figuren (*la chatona,* das Mädchen, und *el caballito,* das Pferdchen) von Marimba-Musik begleitet durch den Ort tanzen. In der Nacht zum 1. November wird einer der drei Totenköpfe auf einem samtenen Kissen aus

Flores
0
200 m
Übernachtung:
1 Guest House & Hotel Casa Azul
2 Hotel Sabana
3 Hospedaje Doña Goya
4 Hotel Posada Tayazal
5 La Casona de la Isla
6 Hostal Los Amigos
7 Hotel Mirador del Lago II
8 Hotel Mirador del Lago I
9 Hotel El Peregrino
10 Hotel La Mesa de los Mayas
11 Hotel Santana
12 Hotel Santa Rita
13 Hotel La Jungla
14 Hotel Casablanca
15 Posada El Tucán
16 Hotel Villa del Lago
Läden, Restaurants etc.:
1 CINCAP
2 Supermarkt La Colmena
3 Bar Restaurant La Luna
4 Mayan Princess
5 Capitán Tortuga
6 Pro Petén
7 La Mesa de los Mayas
8 Las Puertas
9 Pizzería Picasso
10 El Club del Cocodrilo
11 Adictos
12 Restaurant La Canoa
13 Wäscherei
14 Naomi's Café
15 Restaurante Tucán
Transport:
1 Charterboote
2 Martsam Travel (Reisebüro)
3 Taxis (Flores)
4 Bus nach Santa Elena, Flughafen, San Benito
5 San Juan Travel (Reisebüro)
6 Taxis (Santa Elena)
7 Büro von Linea Dorada (Busse nach Guatemala-Stadt)
8 Explore (Reisebüro)
9 Büro von ADN (Busse nach Guatemala-Stadt)
10 Terminal de Autobuses Santa Elena
Calle Fraternidad
Av. La Libertad
Avenida Flores
Calle Unión
Parque Central
C. 10 de Noviembre
C. 15 de Septiembre
Calle 30 de Junio
Av. La Reforma
Av. Barrios
C. Central
Av. Sta. Ana
Calle Centroamérica
Lago de Petén Itzá
San Benito
Sayaxché, Cobán
1. Calle
2. Calle "A"
2. Calle
3. Calle
Parque Central
PLAZA MAYALAND
4. Calle (Calle Principal)
Banrural Geldautomat
4. Calle "A"
5. Calle
4. Avenida
5. Avenida
6. Avenida
7. Avenida
8. Avenida
MARKT
Calzada Virgilio Rodríguez Macal
Flughafen, Tikal, Belize, Guatemala-Stadt
Santa Elena
Übernachtung:
17 La Casona del lago
18 Hotel Sac-Nicté
19 Hotel Casa Elena
20 Hotel del Patio
21 Hotel Santander
22 Hotel Alonzo
23 Hotel Continental
Läden, Restaurants etc.:
16 Restaurante Rodeo
17 Restaurante Petenchel
18 Viva Zapata
N
Grutas Actun-Can

Willkommen in Flores

der Kirche herausgetragen und in einer Prozession zu ausgewählten Familien gebracht. Diese bieten ihm Opfergaben dar, denn er soll Segen bringen. Zudem werden alle Teilnehmer der Prozession ausgiebig mit Speis und Trank bewirtet.

Außerhalb von San José Richtung El Remate zweigt links ein 3,5 km langer Weg zur Ruinenstätte **Motul de San José** ab.

Übernachtung

Die ruhige Inselhauptstadt ist deutlich angenehmer zum Übernachten als das geschäftige und laute Santa Elena. Dies schlägt sich in den Preisen nieder, obwohl das Preisniveau aufgrund des stark gewachsenen Angebots im Rahmen geblieben ist. Flores bietet eine große Auswahl an Unterkünften in allen Preisklassen. Auch Budgettraveller finden hier sicherlich eine nicht zu teure Bleibe.

Wer die teilweise spektakulären Sonnenuntergänge von seinem Hotelzimmer aus erleben möchte, sollte sich eine Unterkunft auf der Westseite der Insel suchen. Viele Hotels erhöhen ihre Preise über Weihnachten und Ostern.

FLORES – ***Posada El Tucán***, im Südosten, ✆ 79260536, immer noch eine der günstigsten Übernachtungsmöglichkeiten in Flores, allerdings sind die Zimmer laut und haben keine Fenster; Gemeinschaftsbad; zu empfehlen ist das dazugehörende Restaurant. ❶

Hostal Los Amigos, C. Central, neben *Pro Petén*, ✆ 55848795, ✉ amigoshostel@gmail.com, beliebte Travellerabsteige, die von einem Holländer geleitet wird. Hier findet der Rucksackreisende alles, was er braucht, von billigen Zimmern (wahlweise auch Hängematte oder Schlafsaal) über Internet bis hin zu einem Restaurant und einer Wäscherei. ❶–❷

Hospedaje Doña Goya, Nordseite, ✆ 79263538, freundliche, familiäre Budgetunterkunft. ❶–❷

Hotel Posada Tayazal, Nordwestseite, ✆ 79260568, passable Alternative, wenn *Doña Goya* voll sein sollte. ❷

Hotel Santa Rita, im Südwesten, ✆ 79263224, einfach, aber günstig, Ventilator, allerdings kein Seeblick. ❷

Hotel Mirador del Lago I+II, im Osten, liegen einander gegenüber, ✆ 79263276, sehr beliebt, ungeheuer gutes Preis-Leistungs-Verhältnis; einige Zimmer mit Balkon, nicht alle haben Seeblick. ❷

Hotel Casablanca, am Ortseingang, ✆ 56991371, alle Zimmer mit Bad, Nr. 6+7 mit Seeblick. ❷
Hotel El Peregrino, Av. La Reforma, ✆/📠 79260477, ✉ peregrino@itelgua.com, mehrstöckiges Gebäude, dessen saubere Zimmer nach innen gerichtet sind, Restaurant. ❸
Hotel Villa del Lago, im Südosten, ✆ 79260508, 📠 79260629, saubere Zimmer mit TV und AC. Schöne Terrasse mit Seeblick Richtung Osten. Nur das Zimmer Nr. 201 im 1. Stock besitzt einen eigenen Balkon. ❹
Hotel La Mesa de los Mayas, im Südwesten, ✆/📠 79261240, Zimmer mit und ohne AC, alle nach innen, etwas dunkel, aber sehr sauber, Zimmer ohne AC etwas klein, kein Seeblick. ❸–❹
Hotel La Jungla, im Südwesten, ✆/📠 79260634, unterschiedliche Preiskategorien, Dachterrasse, gutes Restaurant. ❹ 7867-5763
La Casona de la Isla, im Westen, ✆ 79260593, 💻 www.hotelesdelpeten.com, beliebtes Hotel mit Mini-Schwimmbad, Whirlpool und Bar, etwas kleine Zimmer mit AC, viele Gruppen. ❺
Hotel Sabana, im Norden, ✆/📠 79261248, von außen nicht besonders schön; relativ geräumige Zimmer mit TV und AC, Pool, Restaurant. ❹–❺
Guest House & Hotel Casa Azul, im Norden, ✆ 79261138, 💻 www.corpetur.com, geräumige, gepflegte Zimmer. Zur Ausstattung gehören ein kleiner Kühlschrank, AC und TV, schöner Seeblick. ❺
Hotel Santana, im Südwesten, ✆/📠 79260662, 💻 www.santanapeten.com, großes Hotel an der Anlegestelle der Boote nach San Andrés und San Benito; schöne Zimmer, z.T. mit kleinem Balkon, AC, TV, Telefon und Zimmersafe; kleiner Pool und Restaurant. ❺

SANTA ELENA – ***Hotel Santander***, 4. C. 3-39, Z. 1, ✆ 79260574, große, ruhige und vor allem günstige Zimmer, obwohl die Hauptstraße nicht weit weg ist. ❶–❷
Hotel Alonzo, 6. Av. 4-99, Z. 1, ✆ 79262319, akzeptable Billigunterkunft, z.T. mit Privatbad und AC. ❶–❸
Hotel Sac-Nicté, 2. C. A 4-45, Z. 1, in Seenähe, ✆ 57110826, hat schon bessere Zeiten gesehen, dennoch geräumige Zimmer; die im 2. Stock mit Seeblick sind etwas teurer. Das Hotel bietet Mietautos an. ❷
Hotel Continental, 6. Av., Nähe Calzada Macal, ✆ 79261017, 📠 79261693, großes Hotel mit einfachen Zimmern, wahlweise mit Bad und TV. Kein warmes Wasser. ❷–❸
Hotel Casa Elena, 6. Av./2. C., ✆ 79262239, 📠 79260097, gutes Hotel, das inzwischen aber etwas zu teuer geworden ist. Zimmer zur Straße etwas laut. ❺
Hotel del Patio, 8. Av./2. C., ✆ 79260104, Reservierungen ✆ 23374402, sehr schön um einen Innenhof gruppierte Zimmer, ruhige Lage, Pool, Bar und Restaurant, empfehlenswert. ❻
La Casona del lago, am Seeufer, ✆ 79528700, 💻 www.hotelesdelpeten.com, neues Luxushotel mit schönem Blick auf den See. ❼

SAN ANDRÉS – ***Hotel Ni'tun***, ✆ 52010759, 💻 www.nitun.com, liegt etwa 3 km westlich von San Andrés am Seeufer. Die luxuriöse, geschmackvolle Bungalowanlage mit Restaurant ist die Basis des Veranstalters *Monkey Eco Tours*, der Ausflüge zu allen bekannten Ruinenstätten des Petén anbietet. ❽

Essen

Wer Fisch mag, sollte den *Blanco* probieren. Einige Restaurants bieten einheimisches Wild an und lassen dafür die Regenwälder plündern. Während der Osterwoche kann man verschiedene Spezialitäten probieren, die aus Palmherzen und Fisch zubereitet werden.
Capitán Tortuga, großes Restaurant an der Westseite der Insel, gute Speisenauswahl.
Naomi's Café, Flores, gute Pastaauswahl und Sandwiches.
Pizzería Picasso, Flores, Pizza, Pasta und Salate zu vernünftigen Preisen, 🕒 tgl. außer Mo.
El Club del Cocodrilo, Ostseite von Flores, gute internationale Küche.
Restaurante Tucán, Flores, schön zum Draußensitzen, gute Portionen, guter Fisch und mexikanisches Essen, 🕒 Mo–Sa.
Restaurant La Canoa, Flores, gemischte Küche und gutes Frühstück zu vernünftigen Preisen; die günstigen Zimmer sind als Notlösung ok.
La Mesa de los Mayas, Flores, Spezialitätenrestaurant.

Restaurante Petenchel, 2. C., und ***Restaurante Rodeo***, 1. C., beide in Santa Elena; hier essen auch die Einheimischen.

Unterhaltung

Das Nachtleben beschränkt sich auf einige wenige Bars. Die meisten Touristen gehen früh ins Bett, da die meisten Touren sehr früh beginnen. In allen Bars bekommt man auch etwas zu essen. Die Restaurants in den Hotels sind durchaus akzeptabel, wenn auch etwas teuer.
Las Puertas, Av. Santa Ana, Ecke Callejón El Crucero, Flores, beliebte Kneipe mit breitem Angebot an Speisen, gute Sandwiches und auch Frühstück, gelegentlich Live-Musik, ⏲ tgl. außer So.
Bar Restaurant La Luna, Ecke C. 30 de Junio, C. 10 de Noviembre, Flores, nette Atmosphäre, gutes Essen.
Mayan Princess, Ecke C. 10 de Noviembre, Av. La Reforma, Flores, Videokneipe, Restaurant und Internetcafé, ⏲ tgl. außer So.
Adictos, Bar im Südwesten der Insel.
In Santa Elena trifft man sich im ***Viva Zapata,*** 2. C., Ecke 8. Av.

Touren

Martsam Travel, Flores, ✆ 79260346, ✆ 79263255, ✉ info@martsam.com, 💻 www.martsam.com, beste Wahl in Flores und Santa Elena. Die Besitzer Lily und Benedicto sind äußerst hilfsbereit, zuverlässig und eine gute Informationsquelle.
Explore, 4. C./7. Av., neben der *Plaza Mayaland,* Santa Elena, ✆ 29262375, ✆ 79260550, ✉ info@exploreguate.com, zuverlässige Agentur, die alle Maya-Ruinen ansteuert. Spezialist für El Ceibal und die Lagune Petexbatún.
San Juan Travel, 6. Av. 1-67, Z. 1, Santa Elena, ✆ 79260042, Reisebüro, Tourveranstalter und Shuttleservice. Das dazugehörige Hotel kann man getrost vergessen.

CANOPY-TOUREN – Wie Tarzan von Baum zu Baum zu schwingen, ist im Petén so beliebt, dass sich inzwischen drei Anbieter um die Kunden prügeln. Die ***Canopy Tour Tikal*** liegt am Parkeingang von Tikal, ✆ 79264270, 💻 www.canopytikal.com, ⏲ 7–17 Uhr, US$25–30. Die Canopy-Tour ***La Ruta del Mono*** liegt auf dem Weg zur belizianischen Grenze, KM 45 El Naranjo, ✉ canopymonoruta@yahoo.com, und im ***Parque Natural Ixpanpajul,*** KM 468 auf der Straße nach Guatemala-Stadt, 💻 www.ixpanpajul.com, kann man neben der Canopy-Tour auch zelten, Vögel beobachten und reiten, ⏲ tgl. 6–18 Uhr.

Sonstiges

AUTOVERMIETUNGEN – Die meisten Anbieter befinden sich in der Ankunftshalle des Flughafens. Schräg gegenüber vom Flughafen unterhalten ***Tabarini***, ✆ 79260253, und ***Tally,*** ✆ 78799125, Büros.

FREIWILLIGENARBEIT – ***Cooperativa de Plantas Medicinales***, San José, ✆ 79288142. Frauenkooperative, die sich auf den Anbau von Heilkräutern spezialisiert hat. Kostenbeitrag pro Woche ca. US$100. Kontakt: Alba, ✉ albahuex@hotmail.com.
Asocación de Rescate y Conservación de Vida Silvestre (ARCAS), in der Nähe des Petencito, in Guatemala-Stadt ✆ 52080968, Rettungsstation für Wildtiere. Kostenbeitrag für Unterkunft und Verpflegung US$100/Woche.
Volunteer Petén, kleiner Naturpark in San Andrés, der mit alternativen Anbaumethoden experimentiert, ✆ 57110040, 💻 www.volunteerpeten.com.

GELD – In Flores gibt es eine Filiale von ***Banrural*** in der Nähe der Plaza, die Geld tauscht. Geldautomaten *(Visa* und *Mastercard)* befinden sich in Santa Elena entlang der 4. Calle. Ein paar Dollar kann man auch in den meisten Hotels und Reisebüros (z.B. *Martsam)* zu einem mäßigen Kurs tauschen. Am Flughafen gibt es keine offizielle Wechselmöglichkeit mehr. Umtausch ist dort aber in der *Cafetería Aeropuerto* möglich.

INFORMATIONEN – ***INGUAT*** in der Ankunftshalle des Flughafens, ✆ 79260533, ⏲ Mo–Fr 7–12 und 15–18 Uhr.

Guatemala en Vivo, englischsprachige Zeitschrift mit vielen aktuellen Infos, Adressen und Berichten zum Petén. Sie liegt kostenlos in den meisten Geschäften aus.
CINCAP, im Museum, s.S. 336, ist eine gute Informationsquelle.

INTERNET – In Flores liegen in der C. Centroamérica gleich drei Internetcafés fast nebeneinander. Viele Hotels bieten ihren Gästen inzwischen Internetzugang an. An der Ecke 4. C./6. Av., Santa Elena, gibt es ein weiteres Internetcafé. Preise liegen bei rund US$1/Std.

KINO/VIDEO – Gegenüber von der Kneipe *Las Puertas* gibt es eine Videokneipe, die ebenfalls zum *Las Puertas* gehört und in der man das gleiche Speisen- und Getränkeangebot bekommt.

LEBENSMITTEL – ***La Colmena***, Ecke C. 10 de Noviembre, La Reforma, Flores, ⌚ tgl. 8–21, So bis 13 Uhr.

MEDIZINISCHE VERSORGUNG – ***Hospital Privado***, Santa Elena, ✆ 79261140.
Dr. Armando Aragón, spricht auch Englisch, ✆ 79260013.
Eine weitere Privatklinik ist der ***Centro Médico Maya***, ✆ 79260180.

NATURSCHUTZORGANISATIONEN – ***Pro Petén***, C. Central, Flores, ✆ 79261370, 📠 79260495, 💻 www.propeten.org, von *US-Aid* unterstützte Naturschutzorganisation, die vielseitige Projekte im Petén durchführt, z.B. in den Bereichen nachhaltige Forstwirtschaft, Ökotourismus oder der Förderung von Kleinunternehmen.

POST – In Flores, südlich des Parque Central, Av. Barrios; in Santa Elena, 4. C. 7-05.

SPRACHUNTERRICHT – In San Andrés und San José gibt es Sprachschulen, die neben dem Spanischunterricht Unterkunftsmöglichkeiten bei einheimischen Familien organisieren. Darüber hinaus werden Ausflüge und freiwillige Aktivitäten in den Bereichen Maya-Kultur und Umweltschutz angeboten.
Eco-Escuela San Andrés, Kontakt in Flores, ✆/📠 79288106, 💻 www.ecoescuelaespanol.org, 20 Std. Einzelunterricht kosten US$75/Woche und der Familienaufenthalt ebenfalls US$75/Woche.
Bio-Itzá – Escuela Ecológico-Cultural de Idioma Español San José, ✉ bioitza@guate.net, alternativ zu einem Zimmer bei einer einheimischen Familie besteht die Möglichkeit zu campen oder in einer Gemeinschaftsunterkunft zu übernachten; Küchenbenutzung inklusive.
Mundo Maya, ✆ 77360210, 💻 www.mundomaya guatemala.com.

TAXIS – Stehen in Flores dort, wo der Dammweg beginnt, und in Santa Elena am Park an der 6. Av. oder am Markt, **Tuctucs** kosten US$0,70/Fahrt.

TELEFON/FAX – ***Telgua***, 5. C., Santa Elena, nur Kartentelefone.
Verschiedene Internetcafés, Hotels und Reisebüros in Flores bieten einen Telefon- und Faxservice an, z.B. ***Martsam Travel*** (s.S. 340), oder die Internetcafés in der C. Centroamérica.

WÄSCHEREIEN – ***Lavandería Petenchel***, C. Centroamérica.

Transport

BUSSE – Alle Busse starten inzwischen vom neuen Busterminal in Santa Elena. Die größeren Transportunternehmen besitzen zusätzlich Büros an der Hauptstraße in Santa Elena, in denen man Fahrscheine kaufen kann. Luxusbusse fahren in der Regel abends los. Es gibt gute Verbindungen nach Belize und weiter nach Mexiko. Da viele Hauptrouten jetzt asphaltiert sind, hat sich die Fahrtzeit auf vielen Strecken reduziert. Einen Tag vor der Abfahrt sollte man sich nach den aktuellen Abfahrtszeiten erkundigen. **Vorsicht**: Bustickets nur in Reisebüros und den Busterminals kaufen!

GUATEMALA-STADT über Poptún und Río Dulce (488 km, 8 Std.).
Fuente del Norte, ✆ 79260666, über 25 Abfahrten tgl. ab 3.30–22.30 Uhr, Luxusbusse um 10, 14, 21 und 22 Uhr; Preise zwischen US$11 und US$27.

Transportes Maya de Oro, Luxusbuslinie, die zu *Fuente del Norte* gehört, 1x tgl. abends.
Linea Dorada, ✆ 55894334, Abfahrten 10, 21 und 22 Uhr, alles drei Direktbusse, der günstigste fährt um 22 Uhr, US$15, Tickets am Vortag kaufen. Haben ein weiteres Büro an der C. Principal gegenüber dem Markt, ✆ 79264641.
ADN, ✆ 79263827, tgl. um 11, 20, 21, 22 Uhr, der 21-Uhr-Luxusdoppelstockbus kostet ca. US$31 inkl. Decken, AC, Toiletten, Spielraum und Filme. Haben ein weiteres Büro in der *Plaza Mayaland,* C. Principal, 💻 www.adnautobusesdelnorte.com.
La Rosita, ✆ 79260630, neben *Fuente del Norte* die billigste Variante, nach Guatemala-Stadt zu reisen; Abfahrten um 19 und 20 Uhr für US$11,50 bzw. 13,50.
BELIZE-CITY (222 km, 4 Std.), *San Juan Travel,* ✆ 79260042, um 5 Uhr; Anschluss nach Caye Caulker und Ambergis Caye.
Linea Dorada, um 6 Uhr.
Billiger, dafür langsamer ist es, einen Bus zur Grenze Melchor de Mencos (s.u.) zu nehmen und auf der anderen Seite in einen belizianischen Bus einzusteigen.
BETHEL/mexikanische Grenze (127 km, 3–4 Std.), *Transportes Pinita,* Abfahrten um 5, 10 und 13 Uhr.
CARMELITA, Ausgangspunkt für Touren nach El Mirador, Bus hält auch in San Andrés (75 km, ca. 2–3 Std.), *Pinita,* Abfahrt um 13 Uhr.
CHETUMAL/Mexiko (350 km, ca. 7–8 Std.), *San Juan Travel* und *Linea Dorada,* Abfahrt um 5 bzw. 6 Uhr; von Chetumal Anschlüsse nach Cancún, Mérida und Mexiko-Stadt.
COBÁN (5 Std.), *Fuente del Norte,* tgl. um 5.30, 6.30, 12.30 und 13.30 Uhr.
EL NARANJO/Río San Pedro (140 km, 5 Std.), *Colectivos* fahren stündlich vom Terminal.
EL REMATE (38 km, 3/4 Std.), alle Busse Richtung Tikal; Busse nach Melchor de Mencos halten an der Kreuzung Puente Ixlú, 2 km südlich von El Remate. *Colectivos* fahren ständig.
ESQUIPULAS über Chiquimula (438 km, ca. 8 1/2 Std.), *Transportes María Elena,* ✆ 58504190, um 6, 10 und 14 Uhr.
JUTIAPA, (9 Std.), *Fuente del Norte,* tgl. um 5 und 5.30 Uhr.
MELCHOR DE MENCOS/Grenze nach Belize (101 km, 1 1/2 Std.), Kleinbusse alle 30 Min.; *La Rosita* fährt um 4, 10.30, 13.30 und 15.30 Uhr.
PALENQUE/Mexiko via Bethel (ca. 6 Std.), US$30 inkl. Bootsfahrt; *San Juan Travel* tgl. um 5 Uhr.
RÍO DULCE (208 km, 3–4 Std.), mit allen Bussen nach Guatemala-Stadt oder Esquipulas.
RAXRUJÁ (161 km, ca. 4–5 Std.), Kleinbusse fahren stündlich.
SAN ANDRÉS, SAN JOSÉ (20 km, ca. 1 Std.), Kleinbusse fahren ständig.
SAN PEDRO SULA siehe San Salvador.
SAN SALVADOR/El Salvador (9–10 Std.), *Fuente del Norte,* tgl. um 5.45 Uhr über San Pedro Sula, Honduras, US$27.
SAYAXCHÉ/Ceibal, Petexbatún (61 km, 1 1/2 Std.), mit Kleinbussen (alle 30 Min.) oder mit *Fuente del Norte,* siehe Cobán.
TIKAL (63 km, 1 1/2 Std.), Kleinbusse von *San Juan Travel* fahren hin stündlich von 5–10 Uhr und zurück ab 12.30–18 Uhr, beide Strecken US$5,40, einfache Fahrt US$3,40. Wer es landestypischer (langsamer, voller, billiger) möchte, kann den Bus nach Uaxactún über Tikal nehmen.
UAXACTÚN über Tikal (83 km, ca. 3 Std.), ab Terminal um 13 Uhr mit *Pinita,* zurück um 6 Uhr.
San Juan Travel bietet organisierte Touren für US$60 an, die Transport, Eintritt, englischsprachigen Guide und Mittagessen einschließen.

FLÜGE – Der **Aeropuerto Internacional Mundo Maya** liegt rund 2 km östlich von Santa Elena entlang der Straße nach Tikal. Flüge nach Tikal gibt es nicht. Die Strecke FLORES–GUATEMALA wird täglich von mehreren Airlines angeboten. In der Regel kommen die Flugzeuge früh morgens aus Guatemala an und fliegen nachmittags in die Hauptstadt zurück. Nur *Inter* bietet auch einen Flug morgens von Santa Elena nach Guatemala-Stadt an. Die Flugzeit beträgt rund 30–40 Minuten. Die Preise schwanken zwischen US$75–90 für den Hinflug und US$100–122 für Hin- und Rückflug. Weitere Optionen sind die Routen nach Belize-City (ca. US$130 einfach inkl. Steuern) und weiter nach Cancún (ca. US$400 Hin- und Rückflug inkl. Steuern) sowie der wöchentliche Direktflug von *Continental* nach Houston in den USA. Wer seine Flüge rechtzeitig bucht, bekommt meist billigere Flüge. Für Auslandsflüge ist eine Ausreisesteuer von US$33 fällig. Für Inlandsflüge werden US$2,70 Flughafengebühr erhoben. Zahlung in beiden Fällen in bar (US-Dollar oder Quetzales).

Inter, ✆ 79260295, bietet als einziges Unternehmen auch einen Flug am Vormittag nach Guatemala-Stadt mit dem Düsenflugzeug an, Abflug 7.50 Uhr. Außerdem tgl. ein Flug um 18.20 Uhr und 4x wöchentlich um 15.30 Uhr.
Tikal Jets, ✆ 79260386, etwas günstiger als *Taca*, mit Düsen- oder Propellermaschinen.
TAG (Transportes Aéreos Guatemaltecos), ✆ 79260653, jüngere Fluglinie, die tgl. um 16.30 Uhr nach Guatemala-Stadt fliegt.
RACSA, ✆ 79260596, am billigsten, ältere Propellermaschinen. Abflug tgl. um 16 Uhr.
Taca, ✆ 24708222 (Guatemala-Stadt), bietet täglich die Route FLORES–CANCUN an.
BELIZE wird von ***Tropic Air***, ✆ 79260348, und ***Mayan Island***, ✆ 79260569, tgl. um 9.30 und 15.30 Uhr angeflogen.

BOOTE – Es gibt keinen regelmäßigen Bootsverkehr auf dem See mehr.
Die langsamen, aber gemütlichen Langboote können nicht mehr mit den flinken Kleinbussen mithalten.

Aus Chicle macht man Kaugummi

In den 30er Jahren des 20. Jahrhunderts streckten die US-Firmen *Wrigleys* und *Adams* ihre Fühler nach Guatemala aus. Sie waren auf der Suche nach *chicle*, der Grundsubstanz für Kaugummi, denn dieser stand damals hoch im Kurs als nervenberuhigender, verdauungsfördernder Durstlöscher.
Zwischen 1939 und 1949 kam es zu einem regelrechten „Run" auf die weiße Flüssigkeit, von der bis zu 1500 Tonnen jährlich hauptsächlich in die USA exportiert wurden. Doch die Nachfrage brach so schnell zusammen, wie sie entstanden war – synthetischer Gummi ersetzte das Naturprodukt *chicle* immer mehr. Mittlerweile hat sich die Produktion bei einer Jahresmenge von 100 Tonnen stabilisiert. Hauptabnehmer ist Japan.
Um das Leben der *chicleros* – der Gummisammler – ranken sich viele Legenden. Monatelang streifen sie einsam durch die tiefen Regenwälder des Petén, den sie in- und auswendig kennen. Viele Maya-Ruinen sind von ihnen entdeckt worden. Der Alltag der Männer ist schwer, und die Arbeitsbedingungen sind hart. Zu Beginn der Regenzeit, im Juni/Juli, brechen sie mit schwer bepackten Maultieren in vorher zugewiesene Wälder auf. Etwa 10–25 Männer errichten ein provisorisches Lager, von dem aus sie ihre Streifzüge unternehmen. Sie sind auf der Suche nach Chicozapote-Bäumen *(Manilkara achras)*, die den begehrten Saft enthalten. Wenn sie einen Baum gefunden haben, erklettern sie ihn – mit Seilen gesichert – und ritzen vorsichtig V-förmige Einschnitte in die Rinde. Am Fuß des Baumes befestigen die *chicleros* eine Schale, die den herabtropfenden Saft aufnimmt. Am nächsten Tag wird der flüssige Kautschuk eingesammelt und ins Lager gebracht, über einem Holzfeuer aufgekocht und in einer Holzform erhärtet. Die kleinen, rechteckigen Ballen, die dabei entstehen, markiert jeder Gummisammler zur späteren Identifikation mit seinem Zeichen. Sie werden dann von Maultieren zurück in die Dörfer gebracht. Die Erntezeit endet im Januar/Februar, wenn die Bäume während der Trockenzeit keine Flüssigkeit mehr absondern.
Inzwischen kontrolliert die guatemaltekische Regierung das Geschäft mit dem weißen Gold, und ein Chicle-Gesetz reguliert die Preise und Löhne. Der *chiclero* erhält nur noch 48% der Erlöse seiner harten Arbeit – wovon die meisten nicht leben können. So streifen nur noch rund 100 von ihnen durch die Wälder. Die Gummibäume sind seltener geworden, und kürzere Regenperioden haben dazu geführt, dass sie weniger Saft enthalten.
Vorbei sind die Zeiten, als die Männer nach ihrer Rückkehr aus den Wäldern rauschende Feste feierten. Aus dieser Epoche stammt noch der Spruch: *"El chiclero no pide vuelto"* – Der *chiclero* nimmt kein Wechselgeld, denn Cash hatten die Gummisammler in dieser Zeit im Überfluss.

Der Bootsverkehr beschränkt sich somit auf Charterfahrten. Seit der Dammweg renoviert worden ist, legen die meisten Boote dort ab. Eine weitere Anlegestelle findet man an der Südseite der Insel. Eine einstündige Bootsfahrt kostet ca. US$20–25 (Platz für 10 und mehr Pers.).

Nach El Mirador

Carmelita

Nördlich von San Andrés gelangt man auf einer ca. 60 km langen Schotterpiste in das kleine *chiclero*-Dorf Carmelita. Die Fahrtzeit, die während der Trockenzeit rund zweieinhalb Stunden beträgt, kann sich in der Regenzeit verdoppeln. Hier beginnen rund einwöchige Touren zur Ruinenstätte El Mirador, die vorzugsweise in der Trockenzeit durchgeführt werden. In Carmelita gibt es nur einfachste Unterkunftsmöglichkeiten; eine Hängematte leistet in dieser Gegend hervorragende Dienste.

El Mirador

Nur 7 km südlich der mexikanischen Grenze liegt überwuchert von dichtem Regenwald El Mirador, eines der größten Zeremonialzentren der Maya. Die Region wird von vielen Forschern als möglicher Ursprungsort der Maya-Kultur des Tieflandes bezeichnet. So soll sich von hier unter anderem das Schriftsystem der Maya über den Petén verbreitet haben. Die Blütezeit El Miradors war 150 v. Chr.–250 n. Chr.

Über die Geschichte der Stadt liegt noch vieles im Dunkeln. So ist weder bekannt, wie die Stadt zu ihrer damaligen Größe anwachsen konnte noch weiß man warum sie zu Beginn des Klassikums an Bedeutung verlor. Wer mehr über El Mirador wissen möchte: Der Artikel *An Early Maya Metropolis Uncovered: El Mirador* im National Geographic-Heft September 1987 ist die bisher ausführlichste populärwissenschaftliche Publikation.

Die Stadt erstreckte sich inklusive ihrer Randbezirke auf einer Fläche von 16 km^2. Nähert man sich der Anlage zu Fuß, fallen einem Dutzende von Hügel auf, allesamt Gebäude, die noch nicht ausgegraben wurden. Leider wurden viele bereits geplündert. Besonders beeindruckend sind drei gigantische Komplexe, die sich weit über das Blätterdach des Regenwaldes erheben. Neben den etwas niedrigeren Tempelpyramiden *El Mono* (der Affe) und *La Danta* (der Tapir) soll es sich bei der rund 70 m hohen Tempelpyramide *El Tigre* (der Jaguar) um das höchste Bauwerk der gesamten Maya-Welt handeln. Alle Mühsal ist vergessen, sobald man den besten Aussichtspunkt der Anlage erklommen hat: Von der Tempelpyramide *La Danta* gleitet der Blick soweit das Auge reicht über die Baumwipfel eines unberührten Regenwaldes. In der Ferne ragen weitere Ruinen aus dem dichten Grün auf. Brüllaffen, Tukane und andere Tiere tun ein Übriges, um aus dem Trip ein unvergessliches Erlebnis werden zu lassen.

Nakbé

Nach dem Besuch von El Mirador stehen bei den meisten organisierten Touren die Ruinen von Nakbé, rund 10 km südöstlich, auf dem Programm. Der Ort, der schon um 500 v. Chr. besiedelt war, besitzt über 100 Tempel und andere Gebäude. Nakbé war ein wichtiger Handelsposten auf der Route von oder in Richtung Yucatán, wurde aber in der späten Vorklassik 100 v. Chr.–250 n. Chr. zugunsten dynamisch wachsender Städten wie Uaxactún oder El Mirador aufgegeben. In der späten Klassik erlebte der Ort eine Renaissance.

1992 entdeckte der nordamerikanische Archäologe Hansen eine 10 m hohe und 5 m breite Steinskulptur einer Maya-Gottheit. Der Kopf weist olmekische Einflüsse auf und stammt aus der Zeit um 300 v. Chr. Bislang glaubten die Wissenschaftler, dass es in dieser Epoche hier nur eine sehr einfache Kultur gegeben habe.

Touren

Einen Trip nach El Mirador lässt sich vor Ort organisieren, was aber einen Zeitverlust von einem Tag bedeutet. Organisierte Touren sind teurer, sparen aber Zeit und Nerven. In der Trockenzeit ist der Zugang zu den Ruinen mit einem Geländewagen von Uaxactún aus möglich.
In CARMELITA führt die *Organización de Guías* Touren nach El Mirador durch. Ein lokaler Guide kostet rund US$20 täglich (unabhängig von der Gruppenstärke). Ein Maultier für den Gepäcktransport oder zum Reiten schlägt mit etwa US$10/Tag zu Buche, Kontakt ✆ 78611807.

Organisierte Touren veranstaltet ab FLORES *Martsam Travel* für US$292 p.P. (US$185 ab 6 Pers.) für 5 Tage und US$390 p.P. für 7 Tage inklusive Essen, Transport, Übernachtung in Hängematten mit Moskitonetz und lokalem Guide (günstiger in einer Kleingruppe).
Eine Trekkingtour nach El Mirador ist kein Spaziergang, sondern ein anstrengendes Dschungelabenteuer mit allen Risiken. Man befindet sich tagelang im dichten Regenwald, fernab jeder Zivilisation. Die Tagesetappen sind lang, die Moskitos und Zecken zahlreich, und die einfachen Camps haben weder Toiletten noch Duschen.

Biotopo El Zotz – San Miguel – La Pelotada

Das Biotop, in dem eine begrenzte Waldnutzung gestattet ist, dient als Pufferzone für den Tikal-Nationalpark. El Zotz ist zudem ein Schutzgebiet für Flussotter und zehntausender von Fledermäusen, die hier zur Dämmerung oder im Morgengrauen auf Futtersuche gehen. Die kleine Ruinenstätte **El Zotz** innerhalb des Naturschutzgebiets wurde nach den Fledermäusen benannt. Die Anlage besteht aus vier nicht restaurierten Tempeln. Von der Tempelpyramide *El Diablo* hat man einen fantastischen Blick bis nach Tikal. Immer beliebter wird die dreitägige Wanderung von Dos Aguadas über El Zotz nach Tikal.

Touren

Nach El Zotz gelangt man in der Trockenzeit mit dem Geländewagen oder zu Fuß ab SAN MIGUEL, auch El Cruce Dos Aguadas genannt, an der Straße nach Carmelita. Der Ort liegt ca. 20 km südwestlich der Ruinen.
Alternativ ist die Stätte von UAXACTÚN aus zu Fuß oder mit dem Geländewagen zu erreichen (ca. 35 km). Auf dieser Strecke ist der Wald dichter und die Chance, Tiere zu sehen, größer. Die 3 Tage/2 Nächte-Wanderung nach Tikal wird von *Martsam Travel*, s.S. 340, angeboten. Am 1. Tag ca. 5 Std. Wanderung auf einem alten *chiclero*-Weg bis El Zotz, am 2. Tag weiter nach El Yesal (ca. 4 Std. Gehzeit), und am 3. Tag wird nach rund 4 Std. Tikal erreicht. An den Tagen 2 und 3 wandert man komplett im Regenwald. Preis US$159 p.P. (mind. 2 Pers.).
Die lokale *Organización de Guías* führt dieselbe Wanderung etwas günstiger durch, ✆ 78612875 (Cristóbal Maquin).

El Perú

Auf halber Strecke Zwischen El Naranjo am Río San Pedro im Westen und El Zotz im Osten stehen die selten besuchten Ruinen El Perú. Die Attraktionen sind weniger die vom Dschungel überwucherten Gebäude und einige gut erhaltene Stelen, sondern es ist der Weg dorthin. Er führt durch intakten Regenwald, bei der die Chance besteht, einige der letzten freilebenden Riesenaras Guatemalas zu sehen. Weitere Informationen im *CINCAP* in Flores, s.S. 336.

Von Flores nach Tikal

Auf den 63 km nach Tikal kann man einige interessante Stopps einlegen. Nach rund 8 km erreicht man die Abzweigung der asphaltierten Hauptstraße Richtung Poptún und Río Dulce. Die Schotterpiste gegenüber führt zum schön an der Lagune Petenchel gelegenen Luxushotel *Villa Maya*, wo es sich lohnt, auf ein Bier zum Sonnenuntergang vorbeizuschauen.

Im weiteren Verlauf der unbefestigten Straße gelangt man zum **Zoo Petencito** und der **Rettungsstation für Wildtiere ARCAS**. Auf der Hauptstraße erreicht man nach 30 km die Gabelung **El Cruce**. Rechts geht es zur Grenze nach Belize und zu den Ruinen von Yaxjá und links nach 1 km nach El Remate. 200 m nordöstlich der Gabelung liegt an der **Lagune Salpetén** die kleine Ausgrabungsstätte **Ixlú**.

El Remate

Der kleine Ort am Ostufer des Petén Itzá-Sees erfreut sich zunehmender Beliebtheit. Gründe dafür gibt es einige: Die günstige Lage auf halber Strecke zwischen Tikal und Flores, preiswerte Unterkünfte, Bademöglichkeiten im See, Ausritte, Bootstouren zum Río Ixpop, Ausflüge zu verschiedenen Maya-Ruinen, die Nähe zum Biotopo Cahuí und fantastische Sonnenuntergänge. Dementsprechend hat sich das Hotelangebot ausgeweitet.

Über die Landesgrenzen hinaus hat sich die Holzschnitzer-Kooperative **Cooperativa Artesanal de Productos Los Unidos** einen Namen gemacht. Über hundert Familien haben sich mit Holzarbeiten ein zusätzliches wirtschaftliches Standbein geschaffen. Sie nutzen das Holz, das der Brandrodung zum Opfer fällt und schnitzen daraus eine Vielzahl von nützlichen und dekorativen Gegenständen. Dabei kann man ihnen zuschauen. Von einem großen Baum kann eine Familie ein ganzes Jahr leben. Somit verringert sich entscheidend die Notwendigkeit weiterer Brandrodung. Wer mehr erfahren möchte, sollte nach Rolando Soto fragen. Die Produkte der Holzschnitzer werden in El Remate in kleinen Pavillons am Seeufer angeboten. Das nahe gelegene **Biotopo Cerro Cahuí**, ein 650 ha großes Waldgebiet mit einer reichen Vogelwelt, verfügt über Wanderwege, schöne Aussichtspunkte und einen Badesteg, ⏲ 7–17 Uhr, US$2,70. Im Inneren des Biotops ist es in letzter Zeit des Öfteren zu Überfällen und Vergewaltigungen gekommen. Wer dennoch dorthin möchte, sollte sich daher sicherheitshalber einer Gruppe anschließen.

Hinter El Remate steigt die Straße steil an und passiert den langgestreckten Ort **El Caoba**. Auffällig sind die vielen weißgetünchten Regenwasserzisternen, die im Rahmen eines Entwicklungshilfeprojektes an den meisten Häusern errichtet wurden. Trotz teils heftiger Regenfälle während der Regenzeit, ist das Wasser schnell im Kalkboden versickert und Mangelware. Ähnlich ist die Situation in den Dörfern **El Porvenir** und **Zocotzal**, die ebenfalls an der Straße nach Tikal liegen. Bei KM 46,5 ist der Eingang zum Nationalpark erreicht und der Eintritt von US$6,70 zu entrichten.

Übernachtung und Essen

EL REMATE – Hier haben sich einige Aussteiger niedergelassen. Es gibt inzwischen mehrere kleine Herbergen, z.B. ***Casa de Don Juan***, ***Bruno's Place***, ***Sunbreeze Hotel***, alle ❶–❷. Sie sind meist sehr einfach und ähneln sich im günstigen Preis und in der Ausstattung. Problematisch ist die schlechte Wasserversorgung. Da die Abwässer ungefiltert in den See geleitet werden, ist es nicht ratsam, sich dort zu waschen.

El Mirador del Duende, oberhalb des Sees, gegenüber der Holzschnitzer-Kooperative; schöner Seeblick, offene Bungalows oder Hängematten, Gemeinschaftsbad, nicht allzu sauber. Vegetarische Küche. ❶–❷

Las Gardenias, an der Hauptstraße, schräg gegenüber von der *Casa de Don David*, ✆ 79288377, ✉ lasgardenias@hotmail.com, einfache, aber sehr saubere Unterkunft. ❸

La Casa de Don David, an der Kreuzung zum *Hotel Camino Real*, ✆ 53062190, 🖳 www.lacasadedondavid.com, angenehmes Ambiente. Der Besitzer David ist ein gute Informationsquelle über den Petén, leckeres Essen, einfache Zimmer, teurer mit AC. Zugang zum See, Hängematten, Reiseservice, auf Wunsch Abholservice, Ausflüge, sehr empfehlenswert, aber leider etwas teuer geworden. ❹–❻ inklusive einer Mahlzeit

La Mansión del Pajaro Serpiente, neben *Mirador del Duende*, selten belegtes Hotel, nett eingerichtete Bungalows mit Seeblick, die überteuert sind, doch der Preis kann heruntergehandelt werden, Pool, Restaurant. ❺

RICHTUNG JOBOMPICHE (Nordostufer) – ***La Casa Roja***, ca. 700 m von El Remate, ✆ 59096999, ✉ turismoremate@hotmail.com, Unterkünfte mit Palmdächern, Camping oder Hängematte, sehr gutes vegetarisches Restaurant, Fahrrad- und Kanuverleih, Dschungeltouren und mehr. ❶

Casa de Doña Tonita, ✆ 53340453, Zimmer mit Gemeinschaftsbad. ❷

El Gringo Perdido, ca. 3 km von El Remate, ✆/℡ 23342305 (Guatemala-Stadt), direkt am See, viel Grün, aber völlig überteuerte Unterkünfte, Restaurant, Kanutouren. Camping für US$3 p.P., sonst ❹

Auf dem Weg Richtung Jobompiche liegen die sehr teuren Luxushotels ***Westin Camino Real***, ✆ 79260204, und ***La Lancha***, ✆ 79288331, beide ❽

Transport

Kleinbusse fahren vom Markt in SANTA ELENA stündlich nach EL REMATE (38 km, ca. 3/4 Std.). Nach JOBOMPICHE fahren Busse um 11, 14 und

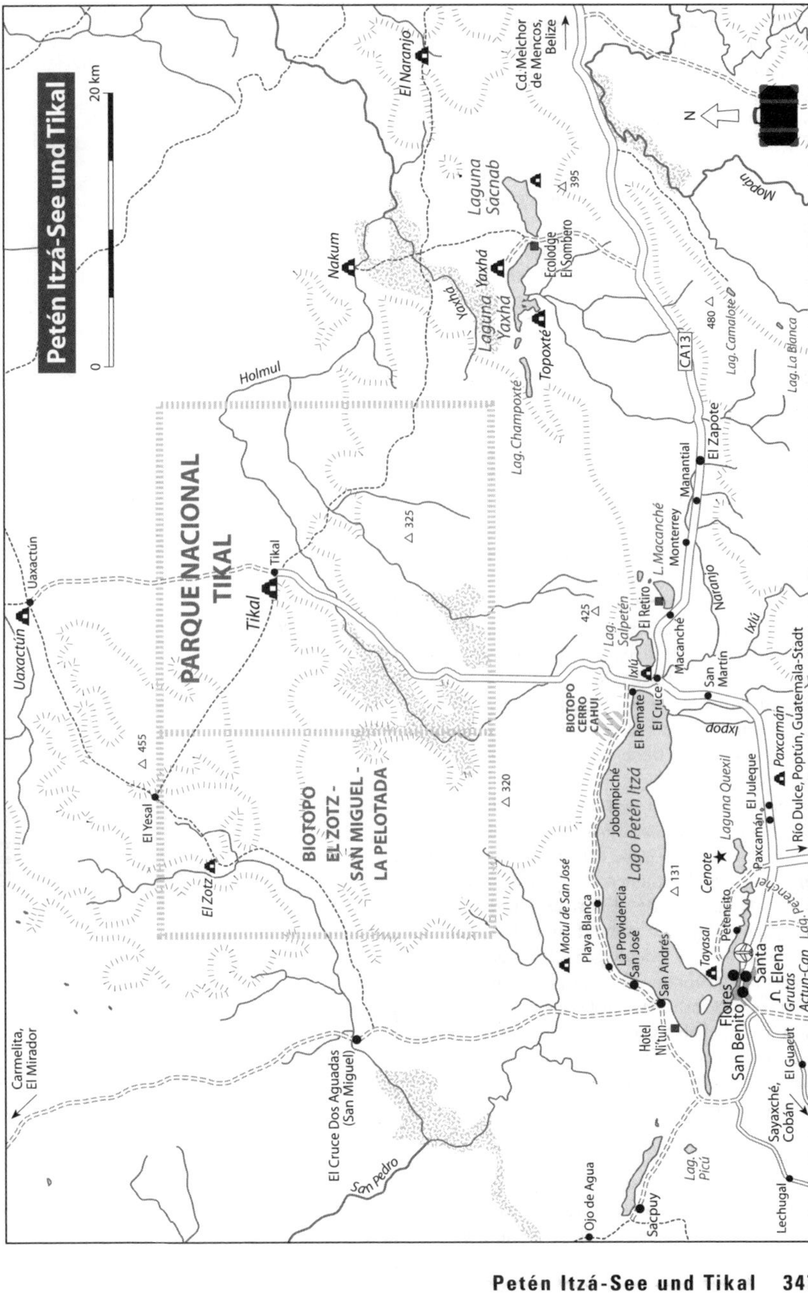

Petén Itzá-See und Tikal
0
20 km
N
PARQUE NACIONAL TIKAL
BIOTOPO EL ZOTZ - SAN MIGUEL - LA PELOTADA
BIOTOPO CERRO CAHUI
Lago Petén Itzá
Uaxactún
Tikal
El Yesal
El Zotz
Nakum
El Naranjo
Holmul
Yaxhá
Laguna Yaxhá
Laguna Sacnab
Ecolodge El Sombero
Topoxté
Lag. Champoxté
Cd. Melchor de Mencos, Belize
Mopán
CA13
El Zapote
Manantial
Monterrey
L. Macanché
El Retiro
Macanché
Naranjo
Ixlú
Lag. Salpetén
El Cruce
El Remate
San Martín
Ixpop
Paxcamán
Río Dulce, Poptún, Guatemala-Stadt
El Juleque
Laguna Quexil
Cenote
Jobompiché
Motul de San José
Playa Blanca
La Providencia
San José
San Andrés
Tayasal
Petencito
Santa Elena
Flores
San Benito
Grutas Actun-Can
Lag. Petenchel
Hotel Ni'tun
El Guacut
Sayaxché, Cobán
Lechugal
Lag. Picú
Sacpuy
Ojo de Agua
El Cruce Dos Aguadas (San Miguel)
San Pedro
Carmelita, El Mirador
Lag. Camalote
Lag. La Blanca
455
325
425
320
131
395
480

EL PETÉN

17 Uhr vom Busterminal in Santa Elena. Sie passieren die am Nordufer liegenden Unterkünfte ca. eine Stunde später.

Tikal

Die Maya-Stätte im Norden Guatemalas ist ein Erlebnis der Sonderklasse: Hoch aufragende Tempel, gewaltige Paläste und unzählige kleinere Gebäude liegen in dichtem Regenwald versteckt – dem Reich des Jaguars, der Heimat von Brüllaffen und Tukanen.

Das Natur- und Kulturwunder ist verhältnismäßig leicht zu erreichen und einfach zu begehen. Der 1955 gegründete, 576 km^2 große Nationalpark umgibt die Ausgrabungsstätte weiträumig. Tikal, „Der Ort, an dem die Geisterstimmen ertönen", hat etwas Magisches. Es ist die einmalige Kombination aus (noch) intakter Flora und Fauna sowie teilweise restaurierten Bauwerken. Sie erschließt sich dem Besucher am besten von einer der fünf großen Tempelpyramiden herab, die die Baumwipfel überragen. Der Ausblick über den endlos scheinenden Regenwald und die gewaltige Dimensionen der Gebäude erzeugt Ehrfurcht und Respekt vor dieser Zivilisation, die imstande war, ohne Eisenwerkzeug und das Rad eine solch beeindruckende Kulturleistung hervor zu bringen. Noch intensiver ist der Eindruck früh morgens oder am späten Nachmittag, wenn sich deutlich weniger Besucher in der Anlage aufhalten. Dann vermeint man wirklich Geisterstimmen zu hören.

Für Tikal sollte man genügend Zeit einplanen. Will man mehr als nur das Allerwichtigste sehen, ein Gefühl für die Größe der Anlage bekommen und den wunderschönen Regenwald genießen, reicht ein Tag nicht aus. Wer wenig Zeit zur Verfügung hat, sollte früh aufbrechen. Dies empfiehlt sich ohnehin wegen der hohen Mittagstemperaturen. Ein klarer Himmel am frühen Morgen ist allerdings keine Selbstverständlichkeit. Gerade morgens liegt oft Nebel über der Anlage, der aber ebenfalls eine reizvolle Atmosphäre schafft. Um die Mittagszeit treffen viele Gruppen auf der Großen Plaza ein, um zum Essen die Anlage zu verlassen.

Klima und Vegetation

Tikal liegt 250 m über dem Meersspiegel und damit rund doppelt so hoch wie Flores. Das Klima ist tropisch, so dass im Jahresmittel die Temperaturen

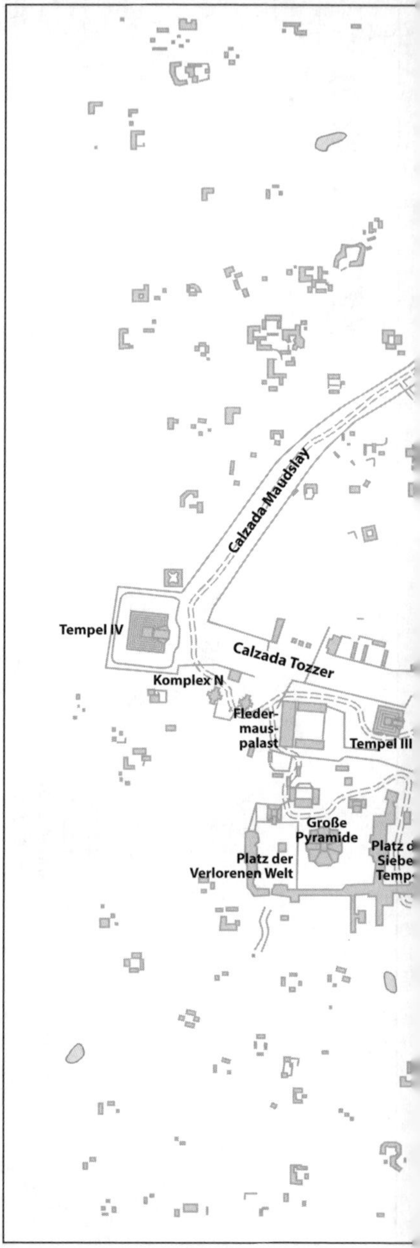

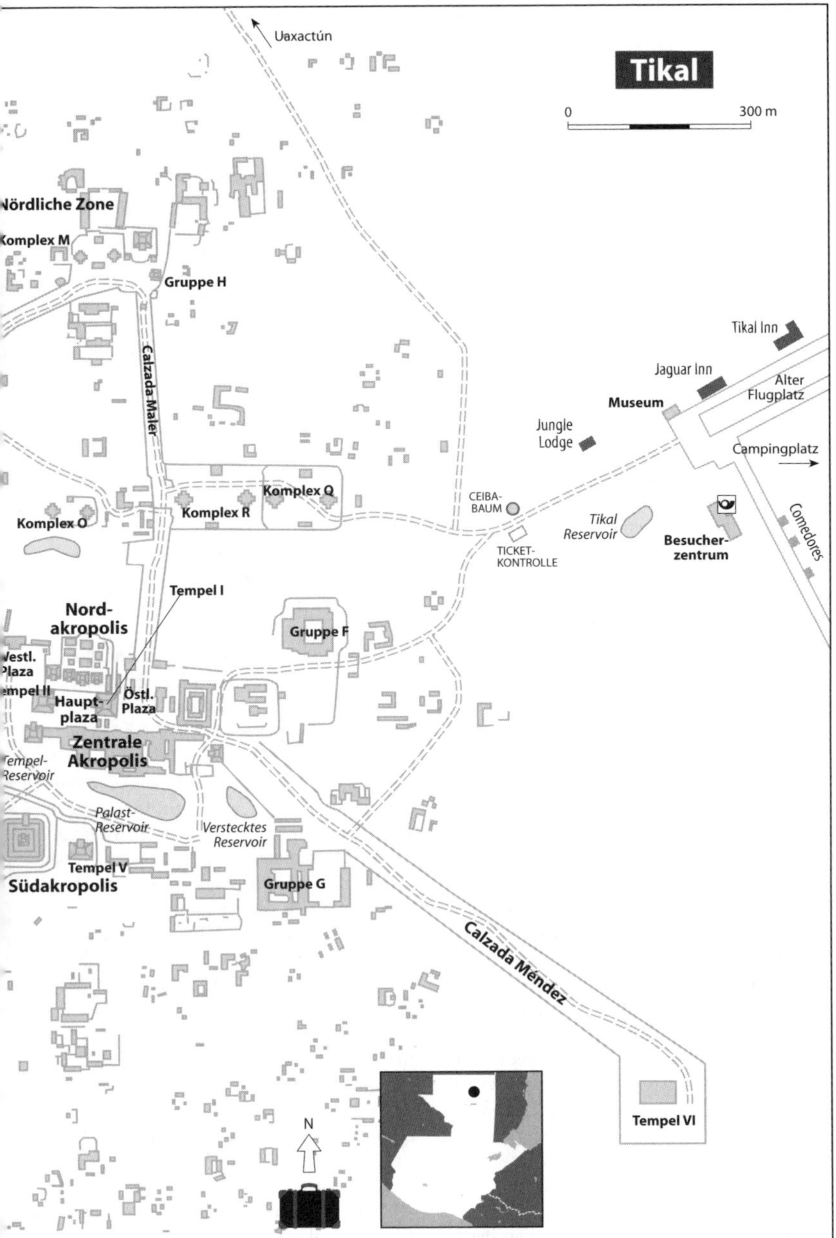
Tikal
0
300 m
Uaxactún
Nördliche Zone
Komplex M
Gruppe H
Calzada Maler
Tikal Inn
Jaguar Inn
Alter Flugplatz
Museum
Jungle Lodge
Campingplatz
Komplex Q
Komplex R
Komplex O
CEIBA-BAUM
TICKET-KONTROLLE
Tikal Reservoir
Besucher-zentrum
Comedores
Tempel I
Nord-akropolis
Westl. Plaza
Tempel II
Haupt-plaza
Östl. Plaza
Gruppe F
Zentrale Akropolis
Tempel-Reservoir
Palast-Reservoir
Verstecktes Reservoir
Tempel V
Südakropolis
Gruppe G
Calzada Méndez
Tempel VI
N

nur wenig schwanken. Sie erreichen tagsüber 28–38 °C und fallen nachts auf 15–22 °C, im Januar gelegentlich sogar bis auf 10 °C ab. Die Trockenzeit ist kürzer als im guatemaltekischen Hochland und dauert von Dezember/Januar bis April. Obwohl die monatliche Niederschlagsmenge während der Regenzeit 250–300 mm beträgt, gibt es viele regenfreie Tage. Bei bis zu 150 m tiefen Brunnenbohrungen konnten keine Wasseradern gefunden werden. Da aufgrund des porösen Kalksteins auch Flüsse fehlen, kann sich Wasser nur in Senken und Tonkuhlen, so genannten *aguadas*, sammeln.' Diese Becken wurden in Tikal bewusst als Wasserspeicher angelegt. Tiefer gelegene Regionen werden periodisch überschwemmt, trocknen aber immer wieder aus.

In Tikal kommen zwei Typen von sommergrünem Regenwald vor: Der Bergwald mit bis zu 50 m hohen Bäumen, dunklem Boden und wenig Unterwuchs, wo Edelhölzer wie Mahagoni oder Zedern wachsen. In tieferen Regionen überwiegen niedrige Bäume, die von dichtem Dornengestrüpp und Schlingpflanzen umgeben sind.

Geschichte

Tikal hat während seiner langen, bewegten Geschichte die gesamte Maya-Welt beeinflusst. Doch der Weg zur Macht war zunächst steinig und dauerte viele Jahrhunderte. Die ersten Bauern ließen sich in Tikal um 600 v. Chr. nieder, denn in dem von Sümpfen umgebenen Gebiet gab es reiche Feuersteinvorkommen. Neben der Herstellung von Werkzeugen und Waffen, war Feuerstein ein beliebtes Tauschobjekt. Um 200 v. Chr. hatten die Bewohner damit begonnen, an der Stelle der heutigen Nordakropolis steinerne Plattformen und Gebäude zu errichten. In den Grabkammern der herrschenden Elite aus dem ersten Jahrhundert v. Chr. fand man nicht nur Opfergaben wie Keramiken, Jade oder Lebensmittel, sondern gelegentlich auch mit schwarzen Linien auf rotem Grund gezeichnete Darstellungen von Gesichtern. In der wachsenden Stadt verfeinerte sich in den folgenden Jahrhunderten die Kunst und Architektur. Dennoch lag Tikal und das 24 km entfernte **Uaxactún**, das eine ähnlich dynamische Entwicklung vollzog, zunächst im Schatten des übermächtigen Nachbarn **El Mirador**.

Als El Mirador zum Ende des Frühklassikums zerfiel, standen Tikal und Uaxactún in den Startlöchern, um das politische Erbe anzutreten. Doch die geographische Nähe machte einen bewaffneten Kampf zwischen beiden Städten um die endgültige Vorherrschaft im Petén unausweichlich. Am 16. Januar 378 n. Chr. kam es zur Entscheidungsschlacht. Mit einer innovativen Kriegsführung, die zum ersten Mal Speerwerfer einsetzte, besiegte Tikals siebter Herrscher **Große Pranke** das Heer des Königs von Uaxactún. Als Belohnung setzte er seinen erfolgreichen Feldherrn **Rauchfrosch**, der möglicherweise sein Bruder war, als neuen Regenten in Uaxactún ein. Dieser ließ als Zeichen seines Sieges eine Stele errichten und die eroberte Stadt überbauen. Noch 126 Jahre später gedachte ein späterer Herrscher von Uaxactún dieser Eroberung. Mit dem spektakulären Sieg etablierte sich Tikal als einzige Großmacht der frühklassischen Periode und dominierte über 180 Jahre die Region. Mit der politischen Dominanz des Königreichs, in dem 300 000–500 000 Menschen lebten, ging eine Phase wirtschaftlicher Prosperität einher. Sie manifestierte sich in zahlreichen Neubauten und dem Ausbau wirtschaftlicher Beziehungen mit den Verbündeten Kaminaljuyú im guatemaltekischen Hochland und Teotihuacán in Mexiko.

Währenddessen hatte sich **Caracol** südöstlich von Tikal auf dem Gebiet des heutigen Belize zu einem mächtigen Stadtstaat entwickelt. Nach dem ersten misslungenen Versuch im Jahre 556, besiegte Caracol unter der Führung von König **Wasserlord** am 1. Mai 562 das mächtige Tikal. Damit war die Vormachtsstellung des einstigen Giganten gebrochen, obwohl nicht genau bekannt ist, wie lange Caracol Tikal dominierte. Bis heute haben Archäologen in Tikal keine Stelen aus der Zeit von 557–692 gefunden. Stelen, die vor der Eroberung der Stadt errichtet worden waren, wurden von den Siegern zerstört. Auch die eingeschränkte Bautätigkeit dieser „Hiatus" genannten Epoche und die ärmlich ausgestatteten Grabkammern zeugen von dem Niedergang. Neben **Caracol** waren die neuen Supermächte **Calakmul** im Norden (heute Mexiko), **El Naranjo** im Osten und das weniger bedeutungsvolle **Yaxchilán** im Westen. Die meisten ihrer oft brüchigen Allianzen richteten sich gegen den Erzrivalen Tikal. Dieser benötigte mehrere Jahrzehnte, um die Schmach der Niederlage vergessen zu machen.

Erst die Thronbesteigung des Herrschers **Ah Cacau** im Jahre 682 leitete in Tikal eine Renais-

Nordakropolis, Tikal

sance ein. Er missachtete das Verbot Caracols, Stelen aufzustellen, ließ ältere Gebäude restaurieren und neue errichten. Auf diversen Kriegszügen machte er hochrangige Gefangene. All dies führte zur Wiedergeburt der machtvollen Herrscherdynastie, und Tikal gehörte wieder zu den bedeutenden Städten des Maya-Reiches. **Caan Chac**, der Sohn des großen Ah Cacau, würdigte die Leistungen seines Vaters, indem er ihn im prächtigen **Tempel I** begraben ließ. Er selber bestieg 734 den Thron. Alle großen Tempel entstanden in den folgenden hundert Jahren, und bis zum Ende des 9. Jahrhunderts herrschte eine rege Bautätigkeit. Das letzte in eine Stele gemeißelte Datum stammt aus dem Jahr 879.

Der darauffolgende Niedergang bleibt wie in den übrigen Regionen der Maya-Welt weitgehend ein Mysterium. Waren es soziale Umbrüche, Kriege, Naturkatastrophen oder die Überlastung der natürlichen Ressourcen? Wahrscheinlich war es eine komplexe Verknüpfung verschiedener Faktoren, die eine Entwicklung in Gang setzte, die unaufhaltsam zum Verlassen der riesigen Städte führte. Diese Abwanderung vollzog sich über einen Zeitraum von Dutzenden von Jahren. Aber auch danach fand man in Tikal bei Ausgrabungen Plattformen und Opferaltäre aus der nachklassischen Zeit. Selbst im 15. Jahrhundert sollen noch gelegentlich Pilger die verlassene Stätte aufgesucht haben, wie Funde von Weihrauchgefäßen und Keramiken belegen.

Die Zukunft Tikals

Auch wenn es paradox erscheint: Besucher, die mit ihrem Eintrittsgeld zum Erhalt der Anlage beitragen, zerstören sie langfristig. Obwohl jährlich rund 150 000 Menschen die Ausgrabungsstätte besuchen, reichen die Einnahmen nicht einmal aus, um den Verfall der restaurierten Gebäude aufzuhalten. So mussten bereits der Tempel I, III und die obere Etage von Tempel IV für Touristen gesperrt werden, denn sie hielten dem Besucherandrang nicht stand. Was aber geschieht mit den Eintrittsgeldern von rund einer Million US-Dollar jährlich? Ein Großteil der Einnahmen fließt in eine verfilzte, personalintensive Bürokratie, die von Korruption gebeutelt ist, und nur ein Bruchteil der Gelder kommt ihrer eigentlichen Bestimmung zugute. Zudem hat sich der Druck auf den Nationalpark immer mehr erhöht. Parkwächter konnten Ende der 90er Jahre das Fällen von Edelhölzern in der Nähe der Ruinen gerade noch verhindern. Die Bäume waren bereits markiert worden.

Die Entdeckung und Restaurierung Tikals

Die spanischen Eroberer zeigten wenig Interesse an den Regenwäldern des Petén, doch den Einheimischen war die Existenz der Maya-Stadt bekannt.

1696 Der spanische Missionar **Andreas Avendano** verirrt sich in der Region und berichtet von einer zugewachsenen Ruinenstätte. Ob es sich dabei um Tikal handelte, ist fraglich.

1848 Eine Expedition unter der Leitung von Colonel **Modesto Méndez**, begleitet von Ambrosio Tut und dem Zeichner Eusebio Lara gelangt nach Tikal.

1877 Der Schweizer Botaniker **Gustav Bernoulli** lässt die Türstürze aus *Chicozapote*-Holz der Tempel I und IV in das Museum für Völkerkunde nach Basel bringen.

1881/82 Der britische Forscher **Alfred P. Maudslay** fertigt einen ersten Übersichtsplan von Tikal mit Zeichnungen und Fotografien an.

1895 und 1904 Der deutsche Forscher **Teobert Maler** fotografiert die Anlage und veröffentlicht einen detaillierten Bericht über die Anlage *(Memoirs of the Peabody Museum).*

1911 Der amerikanische Archäologe **Alfred Tozzer** veröffentlicht eine Studie über die Maya-Stadt.

1914–37 Der renommierte Maya-Forscher **Sylvanus G. Morley** arbeitet für das *Carnegie Institute,* Washington, in Tikal und entdeckt Uaxactún.

1937 Erste Luftaufnahmen lassen die wahren Ausmaße der Anlage erkennen.

1956–69 Beginn des Tikal-Projekts: Ausgrabungen des Museums der *University of Pennsylvania.*

1959 Entdeckung der Stele 29 aus dem Jahr 292 n. Chr., der ältesten bekannten Zeitangabe der Maya-Welt.

1969 Abschluss der Restaurierungsarbeiten unter dem Archäologen **William R. Coe.**

Ab 1970 Weitere Restaurierungsarbeiten durch das *Instituto Guatemalteco de Antropología e Historia.*

Ab 1991 Beginn der Restaurierungsarbeiten am Tempeln I, finanziert durch die *Cooperación Española.*

2000/01 Restaurierungsarbeiten am Tempel V.

Wenn keine drastischen Gegenmaßnahmen ergriffen werden, rücken die Felder immer dichter an den Nationalpark heran. Auch gegen Räuber, die archäologische Stätten professionell im großen Stil plündern oder Tierhändler müsste mehr und besser bewaffnetes Personal eingesetzt werden. Doch dies alles kostet viel Geld, das angeblich nicht vorhanden ist. So ertönen bereits die ersten Rufe nach der Armee, aber so lange diese, wie zu hören ist, selber an illegalen Geschäften im Petén beteiligt ist, käme man auf diese Art und Weise nur vom Regen in die Traufe. Wenn Tikal in Zukunft nicht von der UNESCO-Liste des Weltkulturerbes der Menschheit verschwinden soll, auf der es seit 1979 steht, ist dringend Handlungsbedarf angesagt.

Sehenswertes

Auf einer Fläche von 16 km^2 kartographierten die Archäologen 3000 Gebäude und 121 Stelen. Rund 70% der ausgedehnten Ruinenstätte sind immer noch vom Regenwald überwuchert.

Ein Rundgang beginnt am Eingangshäuschen nahe des sehenswerten **Ceiba-Baumes**, nicht weit vom Besucherzentrum entfernt. Die archäologischen Sehenswürdigkeiten sind über 4 breite Zeremonialstraßen *(calzadas)*, die bereits von den Maya erbaut wurden, zu erreichen. Man hat ihnen Namen von bekannten Forschern und Entdeckern gegeben. Drei verbinden das Zentrum, **La Gran Plaza**, mit der Nordgruppe (**Calzada Maler**), dem Tempel IV im Westen (**Calzada Tozzer**) und dem Tempel VI im Südosten (**Calzada Méndez**). Die **Calzada Maudslay** führt von der Nordgruppe zum Tempel IV. Es bietet sich an, einen der schmalen Dschungelpfade zu nehmen, um Tiere in freier Wildbahn beobachten zu können. Mit etwas Glück bekommt man Klammeraffen, Brüllaffen, Tukane oder sogar einen Graufuchs zu sehen. Der Petén-Truthan ist meist nahe dem Eingang zu sehen. Überall wo viele Menschen sind, treiben sich kleine Herden von Nasenbären *(pizotes)* herum. Obwohl die putzigen Tiere geradezu zum Füttern einladen, sollte man gerade dies nicht tun.

Die Komplexe Q und R

Auf dem Weg vom Eingang nach rechts, erreicht man schon bald die auf großen künstlichen Plattformen errichteten Zwillingspyramiden. Während Komplex R noch immer vom Regenwald überwuchert ist, wurde Komplex Q restauriert. Die niedrigen benachbarten Pyramiden wurden in Ost-West-Richtung erbaut. Zwischen beiden ließ der 29. Herrscher von Tikal zum Ende seines zwanzigjährigen Zyklus *(Katun)* im Jahre 771 die Stele 22 mit dem Altar 10 errichten. Sie zeigt den Regenten während einer Opferzeremonie. Auf dem Altar sind Gefangene dargestellt. Vor der östlichen Pyramide stehen glatte Stelen, von denen man nicht eindeutig weiß, ob sie einmal beschriftet gewesen sind. Der Komplex R mit Stele 19 wurde 790 ebenfalls zu Zeremonialzwecken gebaut.

Gruppe H

Über die Calzada Maler erreicht man die Gruppe H im Norden, die aus den Komplexen P und M besteht. Die aus dem Spätklassikum stammenden Gebäude sind kaum restauriert. Bei Komplex P handelt es sich um eine weitere Zwillingspyramide. Komplex M wurde anscheinend von den Bewohnern Tikals selbst teilweise zerstört, um Baumaterial für eine der großen Zeremonialstraßen zu gewinnen. Die interessante Stele 20 aus dem Jahr 751 steht im Museum in Guatemala-Stadt. Dieser Bereich lohnt sich für alle, die dem Rummel im Zentrum entfliehen wollen, viel Zeit haben oder gerne im Regenwald wandern.

Tempel IV – Tempel der doppelköpfigen Schlange

Von der Gruppe H führt die lange *Calzada Maudslay* direkt zum höchsten Bauwerk Tikals. Mit seinen 64 m überragt es das Dach des Regenwalds und ermöglicht einen tollen Blick auf die anderen Tempel. Der Aufstieg ist inzwischen problemlos über zwei solide Holztreppen möglich, wodurch das Gedränge vor diesem gigantischen Bauwerk weitgehend der Vergangenheit angehört. Tempel IV wurde um 741 in der Regierungszeit von Caan Chac, dem Sohn von Ah Cacau erbaut. Die Türstürze oben auf dem Tempel wurden durch Nachbildungen ersetzt. Die Originale sind in Basel und Guatemala-Stadt zu bewundern. Die auf ihnen dargestellte doppelköpfige Schlange gaben dem Tempel seinen Namen.

Komplex N und Fledermauspalast – Palacio de los Murciélagos

Die Zwillingspyramiden des Komplex N an der Calzada Tozzer wurden zum Ende des 14. Katun und 9. Batun (= 711 n. Chr.) von Ah Cacau, dem 26. Herrscher von Tikal errichtet. Er selber ist auf Stele 16 in voller Pracht mit Kopfschmuck aus Quetzalfedern und Zepter abgebildet. Daneben steht Altar 5, der zwei Priester mit asiatisch wirkenden Hüten und Tiermasken inmitten eines Hieroglyphenkreises zeigt. Beide Monumente sind Replikas. Die Originale befinden sich im *Museo Nacional de Arqueología y Etnología* in Guatemala-Stadt. Der gewaltige Fledermauspalast liegt nur wenige Meter südöstlich vom Komplex N. Nur das Hauptgebäude dieses riesigen Palastes wurde bisher restauriert. Während man im ersten Stock des hufeisenförmigen Baus mehrere Zimmer vorfindet, besteht die zweite Etage nur aus einem Raum. Durch eine Vielzahl von Öffnungen an der Rückwand, in der heute Fledermäuse hausen, war das Gebäude lichtdurchlässiger als sonst üblich. Daher wird das Bauwerk auch "Palast der Fenster" genannt.

Tempel III – Der Tempel des Jaguarpriesters

Etwas weiter östlich erreicht man den 55 m hohen Tempel III. Er befindet sich im Originalzustand und darf derzeit nicht bestiegen werden. Ein Türsturz zeigt einen rundlichen Priester im Jaguarfell, umgeben von weiteren Persönlichkeiten. Der Holzbalken ist heute im *Museo Nacional* in der Hauptstadt ausgestellt. Anhand von Stele 24 konnte das Baudatum auf 810 festgelegt werden. Somit ist die Tempelpyramide eines der letzten großen Bauwerke Tikals.

Verlorene Welt – Mundo Perdido

Südlich des Tempels III gelangt man zur Verlorenen Welt, einem Stadtteil mit viel Atmosphäre. Hier stehen Gebäude, die zum Teil aus der frühesten Besiedlungsphase stammen. Im Zentrum ragt die 32 m hohe **Große Pyramide** empor. Obwohl von allen vier Seiten Aufgänge emporführen, ist sie nur über die Westseite begehbar. Tunnel, die in das Gebäude gegraben wurden, brachten vier Überbauungen zum Vorschein – die älteste stammt aus der Zeit um 700 v. Chr. Damit gehört die Pyramide zu den ältesten Bauwerken Tikals. Von der oberen

Plattform, die von den Maya für astronomische Beobachtungen genutzt wurde, hat man einen schönen Blick. Andere Gebäude der Verlorenen Welt aus unterschiedlichen Epochen zeigen Einflüsse aus Teotihuacán in Mexiko. Die Archäologen hoffen durch weitere Ausgrabungen mehr über die frühe Geschichte der Stadt zu erfahren.

Platz der Sieben Tempel – Plaza de los Siete Templos

Westlich der verlorenen Welt stößt man auf eine große Plaza, die von 7 kleinen, nebeneinander aufgereihten Tempeln begrenzt wird. Sie wurden im 8. und 9. Jahrhundert errichtet. Auf dem Relief des mittleren Tempels sind gekreuzte Knochen und Totenschädel zu sehen, die Forscher mit dem rituellen Ballspiel der Maya assoziieren. Diese These scheint auch der dreifache Ballspielplatz am Nordrand des Komplexes zu untermauern.

Südakropolis und Tempel V

Im Süden der großen Plaza und westlich der 7 Tempel liegt noch unter einem von Wurzeln und Lianen überwucherten Hügel der enorme Bau der Südakropolis begraben, der rund zwei Hektar einnimmt. Die obersten Paläste stammen aus der spätklassischen Zeit, doch frühere Konstruktionen reichen rund tausend Jahre zurück. Westlich der Südakropolis liegt der 58 m hohe Tempel V. Er wurde von der *Cooperación Española* restauriert. Die Tempelpyramide wurde im Jahr 750 erbaut. Zwischen der Südakropolis und der nördlichen Zentralakropolis breiten sich das Tempel- und das Palastreservoir aus – zwei große Senken, die den Bewohnern als Wasserspeicher dienten. Außerdem sollen sie in frühen Zeiten als Steinbruch gedient haben.

Die Hauptplaza – Gran Plaza

Eingerahmt von zwei beeindruckenden Tempelpyramiden, der enormen Nord- und der Zentralakropolis breitet sich das geschichtsträchtige Herz der Stadt vor dem staunenden Besucher aus. Über Jahrhunderte lebten und regierten hier Herrscher, die über das Schicksal hunderttausender von Menschen entschieden. Ihre Priester führten zudem an dieser Stelle ihre heiligen Zeremonien durch.

Begrenzt wird die Plaza im Westen und Osten von Tempel I und II. Der 44 m hohe **Jaguartempel**, wie **Tempel I** auch genannt wird, ist sicherlich eines der beliebtesten Fotomotive und auf unzähligen Postkarten verewigt. Er erhielt seinem Namen von der Abbildung eines Jaguars auf einem Türsturz, der sich im Völkerkundemuseum in Basel befindet. Der Tempel wurde im 8. Jahrhundert vom Herrscher Ah Cacau errichtet, der sich auch hier im Jahr 734 mit allen Würden aufwendig begraben ließ. In seiner luxuriösen Grabstätte fanden Archäologen unter anderem 180 Jadeobjekte, Perlen und Dutzende Knochen, in die Hieroglyphen eingeritzt waren. Auf einer Plattform, zu der eine steile Treppe hinaufführt, erhebt sich ein Gebäude mit drei Räumen und dem charakteristischen steil aufragenden Dachkamm. Der Tempel, der zu Beginn der 90er Jahre restauriert wurde, ist für die Öffentlichkeit gesperrt.

Hinter Tempel I liegt die **Ostplaza**, ein großer Platz mit einem kleinen Ballspielplatz und einem Schwitzbad. Das Terrain wurde wohl vornehmlich als Marktplatz benutzt. Ein weiterer Ballspielplatz liegt an der Südseite des Tempels.

Auf der Westseite der Plaza, liegt das Pendant des Jaguartempels. **Tempel II**, der wegen seiner kunstvoll dekorierten Fassade auch **Tempel der Masken** genannt wird. Er ist mit 38 m nur unwesentlich kleiner als sein Gegenüber. Die Stuckmasken sind allerdings durch die Verwitterung stark zerstört worden. Er besitzt wie Tempel I leicht abgerundete Ecken und darf bestiegen werden. Seine Stufen sind nicht ganz so steil wie die der Großen Pyramide der Verlorenen Welt.

Auf der gesamten Nordseite der Plaza erstreckt sich eines der komplexesten Gebäude der Maya-Welt – die **Nordakropolis**. Über hundert Strukturen konnten die Archäologen identifizieren. Viele wurden überbaut, abgerissen, erneuert und ausgebessert. So wuchs der enorme Komplex im Laufe der Jahrhunderte auf eine Seitenlänge von rund 100 m bei einer Höhe von 13 m an. Die ständigen Aktivitäten dienten vornehmlich einem Zweck: Grabstätten für die Herrscher zu errichten. An einigen Stellen haben die Forscher Teile der Überbauungen freigelegt. Zum Vorschein kommen große Stuckmasken, die Grabkammern schmückten. Sie sind heute auch noch unter einem Palmdach und in einem kleinen Tunnel (Taschenlampe!) zu sehen. Vor dem Gebäudekomplex sieht man zwei lange Reihen mit Stelen und Altären ohne Hieroglyphen, die ursprünglich rot bemalt waren. Die Wissenschaftler nehmen an, dass sich die Herrscher auf ihnen verewigten, sich ihrer Taten rühmten und ihre Dynastie priesen. Ein Teil der steinernen Monumente weist Spuren der Zerstörung auf, die wahrscheinlich von Eroberern aus Caracol begangen wurden, um das besiegte Tikal zu demütigen. Ab 686 wurden die Stelen renoviert. Bei Ausgrabungsarbeiten entdeckten Forscher die gut erhaltene, reich verzierte Stele 31, die im Museum von Tikal ausgestellt ist. Allerdings können selbst die schönsten Stelen nicht mit denen von Copán oder Quiriguá konkurrieren.

Westlich der Nordakropolis liegt die **Westplaza**, deren Gebäude allerdings im Regenwald verborgen sind. Auf der Südseite wird die Plaza von der **Zentralakropolis** begrenzt. Die verwinkelte Anlage diente Herrschern, hochgestellten Adligen, Gelehrten und Priestern als Wohnort. Im Verlauf der Jahrhunderte wurde der Komplex ständig umgebaut und erweitert, um ihn den jeweiligen Bedürfnissen anzupassen. Unzählige kleine Patios, Häuser und Treppen, ein Gerichtshof, ein Zauberhaus und Unterkünfte für die Bediensteten finden sich in der fünffach überbauten Gruppe. Sie entstand im Laufe von 600 Jahren und wurde bis zum Beginn des 9. Jahrhunderts genutzt. Der in Deutschland geborene Archäologe Teobert Maler nutzte ein Gebäude an der Plaza 2 während seiner Aufenthalte als Unterkunft. Noch heute ist dort seine in den Stuck gravierte Unterschrift zu sehen.

Tempel VI – Tempel der Inschriften

Der etwas abseits am Ende der Calzada Méndez liegende Tempel wird selten besucht. Obwohl er nicht so hoch ist wie die anderen fünf Tempelpyramiden Tikals, besitzt er einen beeindruckenden, 12 m hohen Dachkamm und zahlreiche Hieroglyphen auf seiner Rückseite. Er wurde erst 1951 entdeckt und stammt aus dem Jahr 766.

Museen

Im Besucherzentrum hat das **Museo Lítico** während der allgemeinen Besuchszeiten geöffnet, US$1,40. Es stellt über ein Dutzend Stelen und steinerne Monumente aus. Sehenswert sind die Fotografien von den Ausgrabungsarbeiten, die anschaulich verdeutlichen, unter welch schwierigen Bedingungen die ersten Archäologen arbeiteten und welche Meisterleistung Männer wie Maler, Maudsley oder Coe mit der Dokumentation und Restauration vollbrachten.

Im **Museo Silvanus G. Morley**, das auch Museo Tikal genannt wird, sind polychrome Keramikgefäße, Jadeschmuck, Knochen mit Hieroglyphenritzungen und Skulpturen ausgestellt. Herausragend sind die Stele 31 aus dem Jahr 428 und eine Nachbildung der Grabkammer des Herrschers Ah Cacau. ⌚ Mo–Fr 9–17, Sa und So 9–16 Uhr, US$1,40.

Übernachtung

Alle Hotels im Nationalpark sind ziemlich teuer. Vor allem in der Hauptsaison und während der Ferienwochen ist eine Reservierung ratsam. Der von einem Dieselaggregat erzeugte Strom wird gegen 22 Uhr abgeschaltet.
Günstiger ist der Campingplatz, der allerdings nur noch aus einer Rasenfläche besteht und aus Sicherheitsgründen nicht empfohlen wird (US$4 p.P.). Das Übernachten auf den Tempelpyramiden ist offiziell nicht gestattet.
Hotel Jungle Lodge, Reservierungen unter ☎ 24768775, 📠 24760294, 💻 www.junglelodge.guate.com, das größte und teuerste Hotel Tikals mit Bungalows, Restaurant und Swimming Pool, ziemlich arrogantes Personal. Budgetzimmer mit Gemeinschaftsdusche ❺, sonst ❼.
Hotel Tikal Inn, Reservierungen unter ☎ 79260065, 📠 79261913, ✉ hoteltikalinn@itelgua.com, Restaurant und Pool. ❻
Hotel Jaguar Inn, in Flores ☎ 79260002, 📠 79262413, 💻 www.jaguartikal.com, ordentliche Zimmer, Restaurant. Zelten (US$6,60 p.P.) und Übernachten in der eigenen Hängematte (US$5,40 p.P.) möglich. Bestes Restaurant in Tikal, Internet. ❻
Campingplatz, Zelt oder Hängematte US$3,40 p.P. Zudem vermieten die Besitzer kleine Hütten für 2 Pers. für US$22 inklusive Bettzeug und US$13 ohne Bettzeug.

Essen

Neben den Hotelrestaurants und dem teuren Restaurant im Besucherzentrum gibt es noch einige billige *comedores* schräg gegenüber.

Da es in Tikal kein Wasser gibt, muss das kostbare Nass mit Tankwagen vom Petén Itzá-See mühselig herangeschafft werden.
Am Tempel IV und an der Großen Plaza bieten Getränkeverkäufer Wasser und Softdrinks an. Hier gibt es auch Toiletten und Picknickplätze. Den Abfall nimmt man am besten wieder mit.

Sonstiges

Im **Besucherzentrum** befinden sich eine kleine Post, der Standort der Tikal-Guides und das Museo Lítico. Außerhalb gelangt man zum Campingplatz, den Hotels, kleineren *comedores* und einem weiteren Museum. Telefone sucht man vergebens.

AUSRÜSTUNG – Eine Wasserflasche und ein Mückenmittel gehören ebenso wie festes Schuhwerk zur Standardausrüstung. Wer alle Sehenswürdigkeiten besuchen möchte, muss 8–10 km zu Fuß zurücklegen.

EINTRITT – Der Eintritt für Tikal beträgt US$8/Tag.

FÜHRUNGEN – Guides in Tikal bieten Touren auf Spanisch, Englisch oder Französisch an. Touren kosten für bis zu 8 Teilnehmer US$50 und US$5 für jede weitere Person. Es gibt nur drei empfehlenswerte deutschsprachige Guides. Sie nehmen mindestens US$60 für eine Führung. Sehr gut kennt sich Luis Ramirez aus, der auch Touren zu anderen Ruinenstätten veranstaltet. Er ist allerdings lange im Voraus ausgebucht, daher empfiehlt es sich, ihn früh zu kontaktieren, ✆ 79263573, ✉ servitours2001@yahoo.com. Andere deutschsprachige Guides sind Emilio Briones, ✆ 55891197, und Peter Kirschstein, ✆ 79262991.

INFORMATIONEN – 17 km vom Eingang des Nationalparks entfernt ist das Besucherzentrum. Hier steht ein Gipsmodell der Anlage, das einen guten Überblick ermöglicht.
Wer die Stätte auf eigene Faust erkunden möchte, kann an den Souvenirständen den Tikal-Führer von William R. Coe erwerben, den es auch in deutscher Sprache gibt. Vogelbeobachtern sei das Buch *Birds of Tikal* von Frank B. Smithe aus dem Jahre 1966 empfohlen.

ÖFFNUNGSZEITEN – Tikal ist offiziell von 6–18 Uhr geöffnet. Wer im Nationalpark übernachtet, kann diese Zeiten etwas ausdehnen. Die meisten Touristen kommen zwischen 8 und 16 Uhr. In der übrigen Zeit liegt Tikal oftmals wie ausgestorben da.

REISEZEIT – Am meisten Betrieb herrscht in den Monaten Dezember bis Februar, April und Juli/ August. Allerdings verteilen sich die Massen auf dem riesigen Areal, so dass es nur auf dem Tempel IV, der großen Pyramide der „Verlorenen Welt" und der Hauptplaza gelegentlich richtig voll wird.

Uaxactún

Die 24 km nördlich von Tikal gelegene Ruinenstätte ist bei weitem nicht so spektakulär wie der bekanntere Nachbarort. Ein Großteil der Anlage ist vom Regenwald überwuchert. Allerdings gibt es hier einige interessante Gebäude, die Maya-Fans begeistern werden. Hinzu kommt, dass nur wenige Touristen Uaxactún besuchen und man somit weitgehend ungestört umherstreifen kann.

Der Ort wurde Anfang des vergangenen Jahrhunderts von *chicleros* entdeckt. Der Archäologe Sylvanus G. Morley gab der Anlage 1916 den Namen „Acht Steine" in Anspielung auf eine Stele aus dem Jahr 327 n. Chr., deren Datumsangabe mit einer Acht beginnt. Ausgrabungen der 20er und 30er Jahre des 20. Jahrhunderts förderten Wandmalereien und den Beweis zutage, dass auf einigen der Tempelpyramiden Gebäuden aus vergänglichen Materialien (Holz, Palmdächer) standen.

Der Aufstieg Uaxactúns zu einem bedeutenden Zeremonienzentrum vollzog sich im gleichen Zeitraum wie der Tikals, doch schien Uaxactún in der späten Frühklassik sogar architektonisch weiter entwickelt gewesen zu sein. Beide Städte wuchsen in den folgenden Jahrhunderten zu Rivalen heran. In einer alles entscheidenden Schlacht im Jahr 378 n. Chr. unterlag Uaxactún und wurde für Jahrhunderte von Tikal unterjocht. Erst 711 ließ ein Herrscher aus Uaxactún eine Stele errichten, die sich auf die Gründer der Dynastie bezieht und die Unabhängigkeit demonstrierte. Das letzte Datum in Uaxactún stammt aus dem Jahr 889. Anhand von Bodenuntersuchungen konnten Wissenschaftler zum Ende der klassischen Periode starke Erosionen nachweisen. Ein Großteil des Waldes war verschwunden und die dünne Schicht von Mutterboden weggewaschen worden. An Skeletten von Angehörigen der Unterschicht, die im benachbarten Tikal gefunden wurden, sind Zeichen von Unterernährung festgestellt worden.

Die Anlage ist in 8 Gruppen westlich (A, B, C) und östlich (D-H) der ehemaligen Landebahn unterteilt. Am interessantesten sind 3 Tempel der **Gruppe E**, die als Observatorium dienten. An den Tagen der Sonnenwende und der Tagundnachtgleiche ging die Sonne jeweils hinter einer der 3 Pyramiden auf. Dieses architektonische Muster wurde in Uaxactún entdeckt und später auch in anderen Maya-Stätten gefunden. Eine Besonderheit stellt der **Tempel E-VII sub** dar. An den Wänden dieser präklassischen Pyramide sind riesige Stuckmasken von Göttern angebracht.

Das **Dorf Uaxactún** existiert seit rund 80 Jahren. Hier leben etwa tausend Menschen entlang der ehemalige Landepiste. Früher exportierten sie hauptsächlich *chicle*, das sie über Belize vermarkteten. Später kamen andere Produkte des Waldes wie die *Xate*-Palme, Nelkenpfeffer und schließlich auch der Tourismus hinzu. Da das Dorf im Maya-Biosphärenreservat liegt, dürfen die Bewohner keine Landwirtschaft betreiben. Für das Recht im Naturschutzgebiet zu leben, zahlt jede Familie monatlich US$8 Pacht an die nationale Umweltkommission *(CONAMA)*.

Übernachtung

Hotel y Campamento El Chiclero, ✆/℡ 79261095, begann 1992 als einfaches Hängemattenlager. Mittlerweile sind stabile Unterkünfte gebaut worden, ❸. Es gibt ein kleines Keramikmuseum. Außerdem werden Ausritte, Wanderungen und Jeepsafaris zu den Maya-Stätten der Umgebung organisiert, z.B. nach El Mirador, Río Azul, Nakbé und El Zotz. Zelten ist im einfachen ***Eco Camping*** auf dem Weg zur Gruppe A der Ruinenstätte möglich, ✆ 78612558.

Sonstiges

EINTRITT – Der Weg nach Uaxactún führt immer über Tikal. Wer nur Uaxactún besichtigen möchte, braucht die US$8 Eintritt in Tikal nicht zu entrichten. In diesem Fall bekommt man bei der Parkverwaltung (in der Nähe des Tikal Museums) ein Ticket für US$2, das ausschließlich zum Besuch von Uaxactún berechtigt.

FÜHRUNGEN – Lokale, spanischsprachige Guides bekommt man über das *Hotel y Campamento El Chiclero*, ca. US$20 für eine Führung.

ÖFFNUNGSZEITEN – Die Ruinenstätte ist immer geöffnet.

Transport

Pinita fährt 1x tgl. um 13 Uhr ab dem Terminal in SANTA ELENA die 83 km in 3 Std., zurück gegen 6 Uhr morgens. Alle Veranstalter bieten Tagesausflüge von Flores nach Uaxactún an, ca. US$60, alles inklusive, s.S. 341.

Yaxhá

Eine inzwischen fast durchgängig asphaltierte Straße führt durch dünn besiedeltes Gebiet rund 100 km von Flores bis zum Grenzposten Melchor de Mencos. Leider ist ein Großteil der Wälder der Brandrodung zum Opfer gefallen. Zunächst geht es auf der Straße Richtung Tikal bis El Cruce. Dann verläuft die Straße entlang der Lagunen **Salpetén** und **Macanché**. Nach weiteren 32 km ist die Abzweigung der recht guten, 8 km langen Piste nach Norden zur Lagune Yaxhá, dem „grünen Wasser", erreicht.

Die weitläufige Anlage an ihrem nordöstlichen Ufer auf einem Hügel mag nicht so spektakulär sein wie Tikal, hat aber ihre eigene geheimnisvolle Atmosphäre. Yaxhá sei denjenigen empfohlen, die eine wenig besuchte Ruinenstätte in einem Wald an einer traumhaft schönen Lagune genießen wollen. Zusammen mit den Ruinen **Nakum** im Norden und **El Naranjo** im Osten wird Yaxhá durch ein 1200 km^2 großes Naturschutzgebiet vor der Zerstörung bewahrt.

Entdeckt wurde die Maya-Stadt 1904 von Teobert Maler, dem großen Tikal-Forscher. Seit 1987 finden hier Ausgrabungen und Restaurierungsarbeiten statt, die zu einem Großteil von der *Kreditanstalt für Wiederaufbau (KFW)* finanziert werden.

Die Anlage mit ihren neun Akropolen und über 500 registrierten Strukturen zählt zu einer der größten Maya-Stätten in Guatemala. Die meisten Gebäude wurden in der klassischen Periode zwischen 300 und 900 n. Chr. errichtet. Auffällig ist die urbane Gestaltung, die bei den Maya selten ist. So besitzt Yaxhá ein Straßennetz, das von Gebäuden gesäumt war. Diese Art der Stadtanlage stammt wahrscheinlich aus Teotihuacán im Norden Mexikos und hat ihren Weg über Kaminalyujú im guatemaltekischen Hochland in den nördlichen Petén gefunden.

Yaxhá wurde des Öfteren von seinen kriegerischen Nachbarn angegriffen. Es litt besonders unter den Attacken der Herrscher von El Naranjo, die den Ort im 8. Jahrhundert mehrfach heimsuchten. 734 geriet die Stadt unter den Einfluss von Tikal. Die neuen Herrscher errichteten den **Zwillingspyramidenkomplex der Gruppe A**, der charakteristisch für das weiter westlich gelegene Tikal ist.

An der Plaza C erheben sich **3 Tempel**, die ähnlich wie in Uaxactún für astronomische Beobachtungen errichtet wurden. Der sicherlich schönste Platz der Anlage ist aber die **Tempelpyramide 216**, die zur Ostakropolis gehört. Von ihrer Spitze, die über eine Treppe zu erklimmen ist, bietet sich ein eindrucksvoller Blick über den Wald und die benachbarten Lagunen Yaxhá und Sacnab. Hier kann man fantastische Sonnenuntergänge sowie Tukane und Brüllaffen beobachten (an die Taschenlampe für den Rückweg durch den stockdunklen Wald denken).

Topoxté

Die kleine Insel in der Lagune Yaxhá lässt sich bequem in einer kurzen Bootsfahrt vom Campingplatz oder der Ecolodge El Sombrero (teuer) erreichen. In der Trockenzeit kann man zu Fuß gehen. Der Wasserspiegel der Lagune Yaxhá ist in den vergangenen Jahren so stark gesunken, dass aus Topoxté eine Halbinsel zu werden scheint.

Die Ruinenstätte ist eines der am besten erhaltenen postklassischen Zentren. Wissenschaftler fanden heraus, dass die Insel bis zur Mitte des 15. Jahrhunderts bewohnt war. Sie vermuten, dass hier das Volk der Itzá gelebt haben könnte. 1831 entdeckten Forscher 3 Strukturen, die in Nord-Süd-Richtung angelegt waren. Auf den beiden kleineren Nachbarinseln **Canté** und **Paxté** fanden Archäologen ebenfalls Spuren menschlicher Besiedlung. Das durch Klimaeinwirkungen und Räuber arg mitgenommene Topoxté ist im Rahmen eines millionenschweren deutsch-guatemaltekischen Entwicklungsprojektes zusammen mit Yaxhá restauriert worden. Die Beteiligten hoffen damit mehr Besucher in die bisher wenig beachtete Zone zu locken. Am Seeufer liegt in der Nähe der Hütten der Parkwächter ein kleines **Museum**.

Übernachtung und Essen

Der ***Campingplatz*** am Seeufer in der Nähe des Museums bietet offene, überdachte Holzhütten und ein paar Latrinen. Essen und Trinkwasser müssen mitgebracht werden. Dafür entschädigt der Blick auf die Lagune, die Klangkulisse des Regenwaldes und die Tierwelt. Besonders Vogelfreunde kommen auf ihre Kosten. Vom Baden in der Lagune ist abzuraten, denn es leben immer noch ein paar Kaimane in Ufernähe, was sich bei einem nächtlichen Spaziergang mit der Taschenlampe überprüfen lässt.

Die ***Ecolodge El Sombrero***, ✆ 78611687, 💻 www.ecosombrero.com, bietet eine luxuriösere Übernachtungsmöglichkeit. Sie liegt traumhaft schön an der Ostseite der Lagune Yaxhá und offeriert einfache, saubere Zimmer mit Gemeinschaftsbad ❸. Die privaten Bungalows sind deutlich teurer ❺. Das Restaurant ist ebenfalls nicht billig. Die Besitzer der Lodge veranstalten Bootsausflüge zur Insel Topoxté und mehrtägige Ausritte über Nakum nach Tikal.

An der Lagune Macanché (ca. 3 km von der Hauptstraße entfernt) liegt das ***Santuario Ecológico El Retiro***, eine einsame am Wasser gelegene Unterkunft. Wer Ruhe und Einsamkeit schätzt, ist hier richtig, ✆ 57041300 oder über *Martsam Travel* in Flores, s.S. 340, 💻 www.retiro-guatemala.com, einfache Bungalows (für bis zu 4 Pers.) mit Gemeinschaftsbad, Restaurant, Bootvermietung, Dschungeltouren. ❸, Zelten US$7 p.P.

Nakum

Wer von Yaxjá nach Nakum will, braucht eine gute Kondition, ein Pferd oder einen Geländewagen. Das sumpfige Tiefland *(bajos)* zwischen Yaxhá und Nakum ist in der Regenzeit überschwemmt. Die Ruinenstätte, 20 km nördlich von Yaxjá am Ufer des Río Holmul, ist weitgehend vom Dschungel überwuchert. Hier wurden über ein Dutzend gut erhaltener Stelen mit Datumsangaben von 771–849 gefunden. Außerdem entdeckten die Archäologen Gebäude, die astronomischen Zwecken gedient haben müssen. Der verkehrsgünstig gelegene Ort diente als Handelsposten zwischen den weiter westlich gelegenen Zentren und der Karibik.

Wer die Stätte besuchen will, sollte eine Tour in Flores oder der *Ecolodge El Sombrero* in Yaxhá buchen. In der Anlage sind einfache Übernachtungsmöglichkeiten auf Holzpritschen vorhanden. Von Nakum aus kann man zu Fuß in einem anstrengenden Tag nach Tikal wandern. Dazu ist in jedem Fall ein Führer nötig. Gegen Bezahlung übernimmt eventuell das Wachpersonal in Nakum diese Aufgabe. Der Trip sollte nur in der Trockenzeit unternommen werden.

Melchor de Mencos

Der heiße und wenig interessante Grenzort zu Belize lädt nicht gerade zum Verweilen ein. Größte Attraktion ist der breite und klare **Río Mopán**. Wer ein wenig Zeit hat, sollte sich ein erfrischendes Bad gönnen.

Ein paar Kilometer vor dem Ort zweigt links eine schlechte Piste durch den Regenwald ab. Sie führt zur 22 km nordwestlich liegenden Maya-Stätte **El Naranjo** (nicht zu verwechseln mit dem weiter östlich gelegenen Ort El Naranjo am Río San Pedro). In der ausgedehnten Anlage, in der man zahlreiche Stelen fand, führen Archäologen seit 1999 Ausgrabungen durch. Viel zu sehen gibt es bisher noch nicht. Der kriegerische Stadtstaat, der wie Tikal von Caracol besiegt worden war, machte Ende des 7. und Anfang des 8. Jahrhunderts durch zahlreiche Eroberungen unter seinem jungen Herrscher Rauch-Eichhörnchen von sich reden.

Übernachtung und Essen

Hotel y Restaurante La Cabaña, in Nähe der Plaza, ✆ 79265205, nicht ganz billige Zimmer mit AC, warmem Wasser und TV ❺. Die Zimmer mit Gemeinschaftsbad sind ähnlich ausgestattet und ebenfalls recht teuer ❹.

Grenze

◷ 6–21 Uhr, US$1,30 Ausreisesteuer. Geldwechsel ist auf beiden Seiten möglich.

Transport

Kleinbusse fahren in 30-minütigen Abständen von der Grenze nach SANTA ELENA und umgekehrt (101 km, 1 1/2 Std.), *La Rosita* fährt um 4, 10.30, 13.30 und 15.30 Uhr von Santa Elena zur Grenze. Ein Taxi von der Grenze nach FLORES kostet rund US$50.

Von Flores zum Río Dulce

Lange Zeit war diese Straße nach Süden die Albtraum-Strecke aller Guatemala-Touristen, da man in vollgestopften Bussen stundenlang durchgerüttelt wurde und häufig lästigen Militärkontrollen ausgesetzt war. Dies alles gehört der Vergangenheit an. Seit Januar 2000 ist die Asphaltstraße mit Seitenstreifen und Verkehrsschildern fertiggestellt. Bequeme Luxusbusse, die auch nachts verkehren, haben die ehemals 6-8-stündige Fahrtzeit zum Río Dulce auf die Hälfte verkürzt, und die Soldaten sind seit dem Friedensschluss von 1996 von der Straße verschwunden.

Amüsant aber gleichzeitig auch ein wenig nachdenklich stimmen die Warnschilder vor allen möglichen wilden Tieren, die angeblich die Straße kreuzen sollen. Die meisten von ihnen sind schon lange vor dem Straßenbau aus der Region verschwunden.

An der Straße wurde die Siedlung **Nuevo Horizonte** nördlich von Santa Ana Vieja errichtet. In der gleichförmigen Wohnkolonie leben seit Februar 1998 *demobilizados* – Ex-Guerillamitglieder, die nach ihrer Demobilisierung im zivilen Leben einen neuen Anfang versuchen. Ihre Lage ist nicht allzu rosig, da die Produktion auf dem kargen Land, das sie mit Hilfe eines Kredits erworben haben, nicht ausreicht um ihre Schulden zu begleichen. Somit sind die Männer wieder gezwungen, sich ihren Lebensunterhalt auf den Nachbarfarmen als billige Arbeitskräfte zu sichern. Dieses ungerechte System von Ausbeutung und Unterdrückung war für viele aber einer der Gründe, der Guerilla während des Bürgerkrieges beizutreten.

In Nuevo Horizonte fristen ehemalige Guerillas ein kärgliches Dasein

Vorbei an den wichtigen lokalen Warenumschlagplätzen **El Chal** und **Dolores**, in denen es einfache Übernachtungsmöglichkeiten und ein neues Maya-Museum gibt (Dolores), überquert man wenige Kilometer nördlich von Poptún den glasklaren **Río Machaquilá**. Hier lohnt ein Badestopp.

Übernachtung und Essen

Wer die nähere Umgebung des Río Machaquilá erkunden möchte, sollte in der ***Villa de los Castellanos***, direkt an der Brücke beim KM 387,8 einkehren, ✆ 79277541, ℡ 79277307, ✉ ecovilla @intelnet.net.gt, einer wunderschönen Bungalowanlage mit üppigem Garten und eigenem Zugang zum kristallklaren Río Machaquilá. Etwas dunkle, dafür angenehm kühle Zimmer, Restaurant, Hängematten. Die Besitzer veranstalten Dschungelwanderungen und Ausritte zu Höhlen und Maya-Stätten der Umgebung. ❸

Poptún

Umgeben von Kiefernwäldern liegt Poptún in den Ausläufern der Maya-Berge auf gemäßigten 500 m Höhe. Noch in den 40er Jahren des vergangenen Jahrhunderts gab es hier nur ein einsames Camp der Gummisammler. Damals, so erzählen die *chicleros,* soll es dort große Mengen Riesenaras gegeben haben. Sie hätten so viel Lärm gemacht, dass man manchmal sein eigenes Wort nicht verstanden habe. Mitte der 40er Jahre wurde eine landwirtschaftliche Kooperative gegründet, aus der sich das heutige Poptún entwickelte. Die größte Siedlung zwischen Flores und Río Dulce ist in den letzten Jahrzehnten stark angewachsen. Es gibt Telefon und Banken. In Poptún befindet sich außerdem das Ausbildungslager der militärischen Spezialeinheit *Kaibiles*. In der „Hölle Poptuns", so die Inschrift über dem Lagereingang, werden die Einzelkämpfer auf ihre wenig menschenfreundlichen Einsätze vorbereitet.

Östlich von Poptún, in der Nähe der Grenze zu Belize, liegt die besondere **Höhle Naj Tunich**. Die Maya betrachteten sie als den Eingang zur Unterwelt. Naj Tunich enthält in ihrem Inneren über 400 Maya-Hieroglyphen, Wandmalereien mit religiösen Darstellungen und Ballspiel-Szenen. Nach dem Vandalismus im Jahr 1989 wurde die Höhle für die Öffentlichkeit geschlossen obwohl weiterhin ein großer Wegweiser des *INGUAT* anderes suggeriert.

Dauerspannung: Guatemala und sein Nachbar Belize

Eigentlich müsste das Thema „Belize" längst von der politischen Agenda verschwunden sein, doch das Gegenteil ist der Fall. Noch immer versucht der guatemaltekische Staat sich die verlockenden 23 000 km² im Nordosten des Landes einzuverleiben, und es kam auch in den vergangenen Jahren zu Grenzstreitigkeiten, die auf diplomatischer und politischer Ebene ihre Fortsetzung fanden.
Warum erhebt Guatemala Anspruch auf belizianisches Staatsgebiet? Während der Kolonialzeit mussten die Spanier tatenlos mit ansehen, wie sich britische Holzfäller in dem unwegsamen Küstendschungel Belizes niederließen. Die spanische Krone hatte an dem unbesiedelten Gebiet jahrhundertelang so gut wie kein Interesse gezeigt und gewährte England ab der zweiten Hälfte des 18. Jahrhunderts das Recht, dort Holz zu schlagen und zu exportieren. Nach der Unabhängigkeit reklamierte die junge Nation Guatemala das Gebiet für sich, ohne zuvor jemals irgendeine Form von Autorität oder Kontrolle über die englischen Siedlungen ausgeübt zu haben. Erst im Grenzvertrag von 1859 erkannte Guatemala das heutige Belize als britisches Interessengebiet an. Als Gegenleistung verpflichtete sich England, eine Straße von Guatemala-Stadt nach Belize-City zu bauen. Um die Unabhängigkeit von Guatemala zu untermauern, erklärte England 1871 das Gebiet zur Kronkolonie Britisch-Honduras. 1940 bezeichnete die guatemaltekische Regierung offiziell den Vertrag von 1859 als ungültig, da die Briten ihr Versprechen zum Bau der Straße nicht eingehalten hatten. All dies nützte wenig, da Britisch-Honduras 1964 das Recht auf Selbstverwaltung erhielt, 1973 offiziell in Belize umbenannt wurde und 1981 als vollwertiges Mitglied des Commonwealth in die Unabhängigkeit entlassen wurde. Obwohl die guatemaltekische Regierung den jungen Staat 1991 offiziell anerkannte, sorgten einflussreiche Kreise dafür, dass diese Entscheidung 1994 rückgängig gemacht wurde – genau zu dem Zeitpunkt, an dem die Engländer ihre letzten Truppen aus Belize abzogen.
Ende 1999 bezog die guatemaltekische Regierung einen neuen Standpunkt, der nunmehr auf einen englisch-spanischen Vertrag aus dem 18. Jahrhundert verwies.
Darin sei das Staatsgebiet des heutigen Belize auf weniger als die Hälfte der heutigen Fläche festgelegt worden. Je hartnäckiger Guatemala versucht, territoriale Ansprüche anzumelden, desto energischer formiert sich Widerstand in Belize. So weigert sich der Kleinstaat mit seinen 250 000 Einwohnern, ein internationales Schlichtungsgericht mit dem Fall zu betrauen, wie es Guatemala fordert.
Ungeachtet dessen fühlt sich das bunte Völkergemisch in Belize aufgrund kultureller und wirtschaftlicher Beziehungen ohnehin mehr zum karibischen Raum hingezogen als zum Ladino- und Indígena-Staat Guatemala, dessen Militärdiktatur und Menschenrechtsverletzungen auf die Einwohner des überwiegend friedlichen Nachbarlandes mehr als abschreckend wirken.
Inzwischen glaubt eigentlich so gut wie niemand mehr in Guatemala ernsthaft an einen guatemaltekischen Verhandlungserfolg. Bestes Zeichen dafür ist die Tatsache, dass Belize auf offiziellen Landkarten Guatemalas nicht mehr als eigene Provinz eingezeichnet wird.

(Informationen in englischer Sprache zur Geschichte des Konflikts und dem aktuellen Stand der Verhandlungen gibt es im Internet unter www.belize-guatemala.gov.bz)

Angeblich soll sie inzwischen wieder mit einer Spezialgenehmigung zu besichtigen sein. Informationen über das Hotel Villa de los Castellanos in Machaquilá oder in der Finca Ixobel.

Übernachtung und Essen

Einfache Übernachtungsmöglichkeiten beim Markt oder in der Nähe der *Shell*-Tankstelle. Es gibt einen Geldautomaten und mehrere Banken.

Restaurant Fonda Ixobel, im Zentrum, bereitet brauchbares Essen zu.

Finca Ixobel, 5 km südlich von Poptún (dem Busfahrer Bescheid geben). Von der Hauptstraße sind es rund 1,5 km zu Fuß, Mototaxis zur *Finca Ixobel* kosten etwa US$2, ein Taxi nimmt US$3, ✆/℻ 79277363, 🖳 www.fincaixobel.com. Fast schon ein Muss auf dem Weg nach oder von Flores. In der Hochsaison übernachten hier bis zu hundert Traveller pro Nacht. Die Unterkünfte sind vielfältig und reichen von Camping ❶ über Baumhäuser ❷ und einem Schlafsaal ❶–❷ bis zu Privatzimmern ohne Bad und mit Bad ❷–❸ und Bungalows ❹. Das Essen ist einmalig gut, Brot und Gemüse stammen von der Finca. Das Abendessen besteht aus einem abwechslungsreichen Buffett, von dem man, um zu sparen, auch nur einen Teller bestellen kann.

Finca Ixobel ist der ideale Ort um auszuspannen und abwechslungsreiche Ausflüge in die Umgebung zu unternehmen. Die beliebte Höhlentour kostet US$10, ein eintägiger Reitausflug US$24, ein 3–4-tägiger Dschungeltrip zu Fuß und zu Pferd etwa US$27/Tag, mind. 2 Pers. Auf dem Gelände der Finca befindet sich ein kleiner Naturpool, eine Bücherei, in der auch Bücher getauscht werden können.

1971 kam das Ehepaar Carole und Mike DeVine nach Poptún und ließ sich auf dem Gelände der Finca nieder. Obwohl ihr Mann 1990 von Militärs unter nie ganz geklärten Umständen ermordet wurde, führt Carole den Finca-Betrieb mit unglaublichem Elan weiter. Die Finca sucht immer wieder Freiwillige, die gegen Kost und Logis helfen, den Hotel- und Tourbetrieb zu führen.

Transport

So gut wie alle Busse halten an der *Shell*-Tankstelle. Von Poptún sind es rund 2 Stunden Fahrtzeit bis nach FLORES und ca. 90 Minuten zum RÍO DULCE.

San Luís

Südlich von Poptún wird die Landschaft hügeliger und die Straßen kurviger. Der Ort San Luís, in dem Mopán- und Kekchí-Indígenas gleichermaßen leben, ist von wenig touristischer Bedeutung, bietet aber notfalls einfache Unterkünfte. Hier zweigt eine selten benutzte Piste in südwestlicher Richtung in die Provinz Alta Verapaz ab. An der Grenze zur Provinz Izabal liegt der kleine Ort **Modesto Méndez**, benannt nach dem offiziellen Entdecker Tikals.

Ganz in der Nähe verläuft die Grenze zu Belize. Auf den Hügelketten im Osten kann man Militärposten sehen. Ein Polizeiposten kontrolliert die Papiere der durchreisenden Fahrzeuge. Eine regelmäßig befahrene Schotterpiste führt westwärts nach Fray Bartolomé de las Casas im Alta Verapaz. Wer der Hauptstraße Richtung Süden folgt, erreicht nach weiteren 40 km den Río Dulce.

Provinz Izabal und die Karibikküste

Vom **Castillo de San Felipe** einen Blick auf den Izabal-See werfen

Durch die grünen Schluchten des **Río Dulce** fahren

In **Livingston** Punta und Reggae tanzen

Tapado, Meeresfrüchteeintopf in Kokosmilch, probieren

Die höchsten Stelen der Maya-Welt in **Quiriguá** bestaunen

Viele berühmte Reisende und sogar die spanischen Eroberer berichteten enthusiastisch über die vielen Naturwunder der Provinz Izabal. Diese erstreckt sich im Osten des Landes über eine Fläche von 9038 km^2. Das zweitgrößte *departamento* des Landes verfügt über eine große Vielfalt an Natur, Menschen und Sehenswürdigkeiten. Umrahmt von drei Gebirgszügen, die Höhen von bis zu 2000 m erreichen, liegt der **Izabal-See** im Zentrum der Provinz. Mit 48 km Länge und 24 km Breite ist er der größte See des Landes. Der mächtige **Río Polochic** mündet im Westen in den See. Am Abfluss des Izabal-Sees in den **Río Dulce** liegt das **Castillo de San Felipe**, eine alte spanische Festung. Der Río Dulce verbreitert sich zunächst in seinem weiteren Lauf Richtung Atlantik, bevor er nach einer weiten Schleife durch eine tiefe Schlucht bei **Livingston** in die Karibik fließt.

Dort hat sich ein buntes Völkergemisch niedergelassen. Unter anderem leben hier und in **Puerto Barrios** die einzigen Schwarzen des Landes. Sie stammen aus der Karibik. Westlich von Puerto Barrios liegt **Santo Tomás de Castilla**, der wichtigste Hafen des Landes. Die **Punta de Manabique**, ein nur per Boot erreichbares Mangrovengebiet, umschließt die Bucht von Puerto Barrios. Ebenfalls in das Karibische Meer mündet der **Río Motagua**, der größte Fluss im südöstlichen Guatemala. In seiner fruchtbaren Schwemmlandebene werden überwiegend Bananen angebaut. Er ist in seinem Unterlauf schiffbar und war ein wichtiger Transportweg der Maya. Sie bevölkerten die Karibik-Region und errichteten wichtige Zentren wie z.B. **Quiriguá**. Hier können die höchsten steinernen Bildtexte der Maya bewundert werden.

Nach dem Untergang ihrer Kultur blieb die sumpfige, regenreiche, moskitoverseuchte Izabal-Region lange Zeit weitgehend unberührt. Die spanischen Eroberer versuchten lediglich, den strategisch wichtigen Zugang zum Atlantik gegen ständige Attacken englischer Piraten zu verteidigen. Die Erschließung der Provinz setzte Ende des 19. Jahrhunderts ein. Mit dem Bau des Hafens und der Eisenbahn gelangte ein buntes Rassengemisch in die Region. Die verbesserte Infrastruktur ermöglichte wenige Jahre später den Aufbau riesiger Bananenplantagen, deren Besitz sich fest in nordamerikanischen Händen befand. Über mehrere Jahrzehnte bestimmte die *United Fruit Company* die Geschicke des Landes. Nach ihrem Niedergang diversifizierte man die Landwirtschaft, Bananen blieben aber bis heute das Hauptanbauprodukt der Region. Weitere wichtige landwirtschaftliche Erzeugnisse sind Palmöl, Reis, Zuckerrohr, Kakao und die Viehzucht. Besonders den Herden sind große Waldflächen zum Opfer gefallen. Der groß angelegte Abbau von Rohstoffen wie Erdöl oder Nickel scheiterte bisher. Vor wenigen Jahren geplante Probebohrungen im Izabal-See konnten gerade noch rechtzeitig verhindert werden, ebenso wie die Pläne einer Holzfirma, Plantagenholz in riesigen Barkassen den Río Dulce hinab zu verschiffen. Hingegen wird die Gegend am und um den Izabal-See sowie am Río Dulce in zunehmendem Maße touristisch genutzt.

Das Klima der Provinz Izabal ist feucht-schwül und heiß. Es gibt keine ausgeprägte Trockenzeit, und das ganze Jahr über fällt Regen. Meist sind es kurze, kräftige Tropenschauer, nach denen die Sonne wieder schnell scheint.

Río Dulce

Etwas unterhalb des Abflusses des Izabal-Sees in den Río Dulce überspannt eine große Betonbrück den breiten Fluss. An beiden Ufern liegen kleine, geschäftige Siedlungen, die vom Durchgangsverkehr leben. Die meisten Aktivitäten spielen sich auf der Nordseite der Río-Dulce-Brücke in **Fronteras** ab. Hier liegen die meisten Hotels, denn hier stoppen die Busse, und von der Bootsanlegestelle **Las Brisas** legen die Motorboote Richtung Izabal-See und flussabwärts Richtung Livingston ab. Dahinter erstreckt sich der **Markt**. Einige hundert Meter nördlich zweigt links die Straße nach El Estor (s.S. 315) und zum Castillo de San Felipe de Lara ab.

El Relleno an der Südseite der Brücke ist merklich ruhiger. Autofahrer müssen beim Überqueren der Brücke eine geringe Maut entrichten. Alles liegt dicht beieinander und ist gut zu Fuß zu erreichen.

Castillo San Felipe de Lara

Das spanische Fort ist von einer gepflegten Parklandschaft mit sehenswerten tropischen Bäumen umgeben. An Wochenenden ist es ein beliebtes Ausflugsziel der Einheimischen, die hier baden und picknicken. Man kann die kleine Burg per Boot oder auch mit dem Auto über die Straße nach El Estor erreichen.

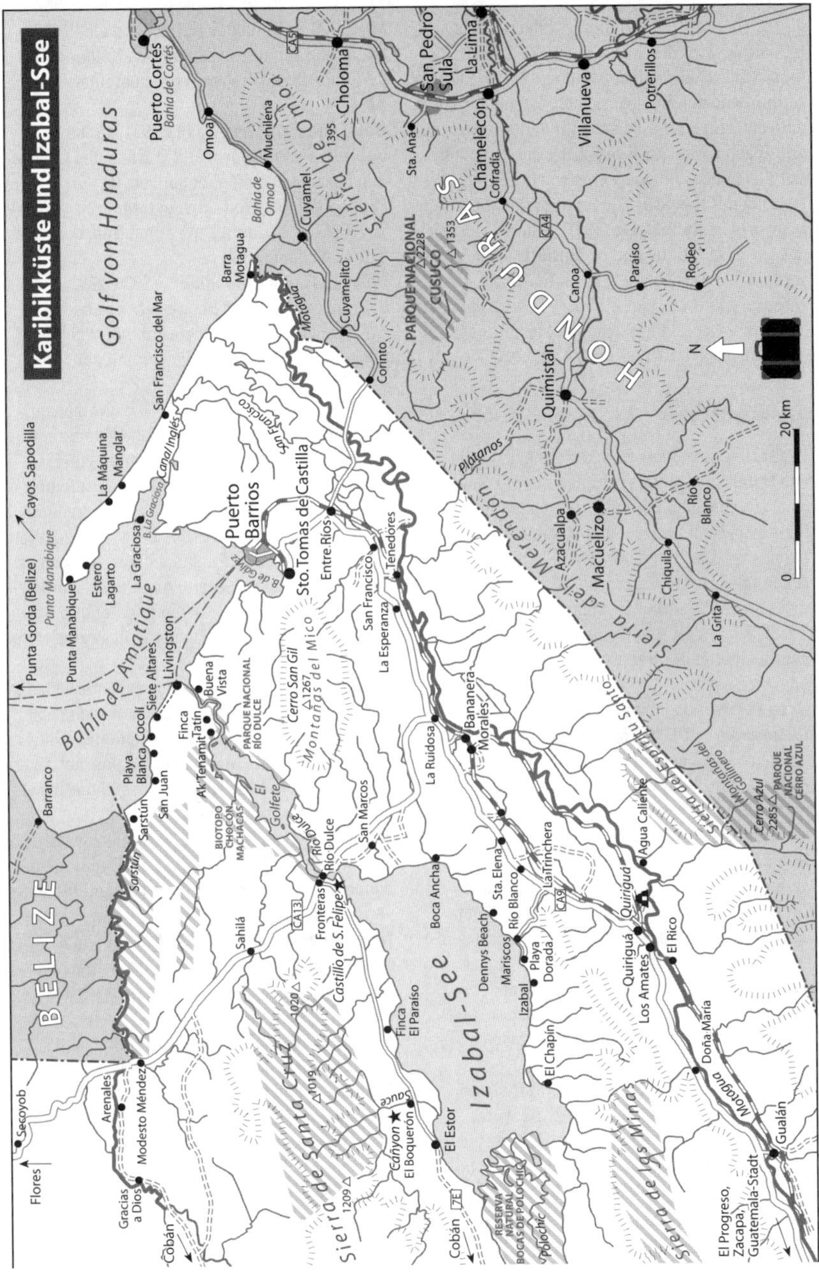

Karibikküste und Izabal-See
Golf von Honduras
Bahía de Amatique
BELIZE
HONDURAS
Izabal-See
Puerto Cortés
Bahía de Cortés
Omoa
Bahía de Omoa
Muchilena
Choloma
San Pedro Sula
La Lima
Villanueva
Potrerillos
Chamelecón
Sta. Ana
Cofradía
Cuyamel
Sierra de Omoa
1395
Barra Motagua
Cuyamelito
Corinto
PARQUE NACIONAL CUSUCO
2228
1353
Canoa
Paraíso
Rodeo
Quimistán
Plátanos
Azacualpa
Macuelizo
Río Blanco
Chiquila
La Grita
Sierra del Merendón
20 km
0
N
Cayos Sapodilla
Punta Gorda (Belize)
Punta Manabique
Estero Lagarto
La Graciosa
B. La Graciosa
La Máquina
Manglar
Canal Inglés
San Francisco del Mar
Puerto Barrios
Sto. Tomás de Castilla
B. de Gálvez
Entre Ríos
Tenedores
San Francisco
La Esperanza
Cerro San Gil
1267
Montañas del Mico
PARQUE NACIONAL RÍO DULCE
Livingston
Siete Altares
Cocolí
Playa Blanca
San Juan
Buena Vista
Finca Tatín
Ak'Tenamit
El Golfete
Barranco
Sarstún
BIOTOPO CHOCÓN MACHACAS
Río Dulce
Fronteras
Castillo de S. Felipe
San Marcos
La Ruidosa
Bananera
Morales
Boca Ancha
Sta. Elena
La Trinchera
Río Blanco
Mariscos
Dennys Beach
Playa Dorada
Izabal
El Chapín
Agua Caliente
Quiriguá
Los Amates
El Rico
Doña María
Gualán
Motagua
Sierra del Espíritu Santo
Montañas del Gallinero
Cerro Azul
2285
PARQUE NACIONAL CERRO AZUL
Sierra de las Minas
RESERVA NATURAL BOCAS DE POLOCHIC
Polochic
El Progreso, Zacapa, Guatemala-Stadt
El Estor
Sauce
Cañyon
El Boquerón
Finca El Paraíso
Sahilá
1020
1019
1209
Sierra de Santa Cruz
Modesto Méndez
Arenales
Secoyob
Flores
Gracias a Dios
Cobán
CA5
CA4
CA9
CA13
7E

Im 16. und 17. Jahrhundert erbauten die Spanier die verwinkelte Anlage mit vielen kleinen Räumen, Türmen und einer richtigen Zugbrücke. Im zermürbenden Kampf versuchten sie mit allen Mitteln, eindringende englische Piraten abzuwehren, und zogen sogar eine Bronzekette durch den Fluss. Genützt hat das ebenso wenig wie die üppige Ausstattung mit Kanonen. Die Festung wurde mehrere Male niedergebrannt. Erst 1957 erbarmte man sich der trostlosen Ruine und restaurierte sie liebevoll. Im Eintrittspreis ist ein Informationsblatt – wahlweise in Englisch oder Spanisch – enthalten, auf dem die abwechslungsreiche Geschichte des Castillo beschrieben ist. ⏲ tgl. 8–17 Uhr, US$2,70.

Übernachtung

In der Umgebung der Brücke liegt eine Reihe von Hotels, die in einigen Fällen nur per Boot zu erreichen sind. Die entsprechenden Hotels bieten bei Buchung einen kostenlosen Abholservice an. Die Boote der Hotels landen an der Anlegestelle beim *Restaurant Río Bravo* und nicht an der öffentlichen Bootsanlegestelle. Zusätzlich finden sich weitere einfache Unterkünfte entlang der Hauptstraße in Fronteras und am Castillo.

Casa Perico, flussabwärts, östlich des *Hotels Catamarán,* ✆ 79305666, beliebte Backpackerabsteige, von Schweizern geführt. Nur per Boot zu erreichen, kostenloser Abholservice, Restaurant. Sehr günstige Zimmer, wahlweise mit oder ohne Bad bzw. im Schlafsaal. ❶

Hotel Riverside, an der Hauptstraße in Fronteras gelegen, ✆ 79305668, etwas düster wirkende Zimmer ohne Bad im Erdgeschoss, die Zimmer im 1. Stock mit Bad, Ventilator und TV sind deutlich angenehmer. ❶–❷

Hotel Marilu, etwas versetzt am Markt in Fronteras gelegen, ✆ 79305398, günstige, aber nicht unbedingt die ruhigste Alternative für Spätankömmlinge. ❶–❷

Hotel Backpackers, El Relleno, unterhalb der Brücke, ✆ 79305169, 📠 79305480, 💻 www.hotelbackpackers.com, einfache Zimmer auf einer Holzkonstruktion über dem Wasser, unterschiedliche Preise. Günstiger als ein Bett im Schlafsaal mit Gemeinschaftsbad ist nur noch die Hängematte; Restaurant und Internetservice. Mit den Gewinnen des Hotels wird ein Projekt für verlassene und missbrauchte Kinder gefördert, Info unter 💻 www.casa-guatemala.org. ❶–❷

Hotel Don Humberto, ✆ 79305051, günstige Übernachtungsmöglichkeit in Nähe des Castillo San Felipe; einfach, aber sauber. ❷

Posada del Río, Fronteras, unterhalb der Brücke, ✆ 79305459, saubere Zimmer mit Bad, die etwas laut sein können. ❸

Hotel La Fonda Escondida, ✆ 79305254, C. Principal Richtung Schule, etwas abseits der Hauptstraße in Fronteras, daher wohltuend ruhig; gutes Restaurant, Zimmer mit oder ohne AC. ❷–❸

Hacienda Tijax, ✆ 79305505, 💻 www.tijax.com, Öko-Farm mit Gummiplantage und Wiederaufforstungsprojekt, ca. 2 Bootsminuten von Fronteras entfernt (per Boot und mit dem Auto erreichbar). Rustikale Unterkünfte, die von einfachen Zimmern über *Cabañas* bis zu luxuriöseren Bungalows reichen. Pool und gutes, aber nicht gerade billiges Restaurant. Angeboten werden teure Ausritte, Wanderungen und Segeltouren. Kostenloser Transport von der Brücke zum Hotel. ❷–❹

Bruno's Marina&Hotel, Fronteras, unterhalb der Brücke, ✆ 79305175, 📠 79305174, nur die Zimmer mit eigenem Bad sind zu empfehlen. Die Anlage, die über eine Marina, ein Restaurant und Internetcafé verfügt, wird eher von Seglern als von Travellern frequentiert. ❷–❺

Hotel Río Dulce, Fronteras, unterhalb der Brücke, ✆ 79305179, gute Zimmer mit Bad und Ventilator, mit AC doppelt so teuer, sauber. Parkplatz vorhanden. ❷–❸

Hotel Viñas del Lago, ✆ 79305053, ✉ hotelvinasdlago@intelnet.net.gt, große Anlage mit Pool und Restaurant an den Ufern des Izabal-Sees nahe dem Castillo, ruhig. ❹

La Ensenada, am Fluss bei El Relleno, ✆ 79305230, sehr teuer für das, was es bietet, Restaurant und Pool. Ausgangspunkt für die Canopy-Touren von Planeta Río. ❺

Hotel Catamarán, flussabwärts unterhalb von *Tijax,* nur per Boot zu erreichen, ✆ 79305494, 📠 79305492, etwas in die Jahre gekommene und überteuerte Bungalowanlage auf einer kleinen Insel im Fluss; Restaurant. ❻–❼

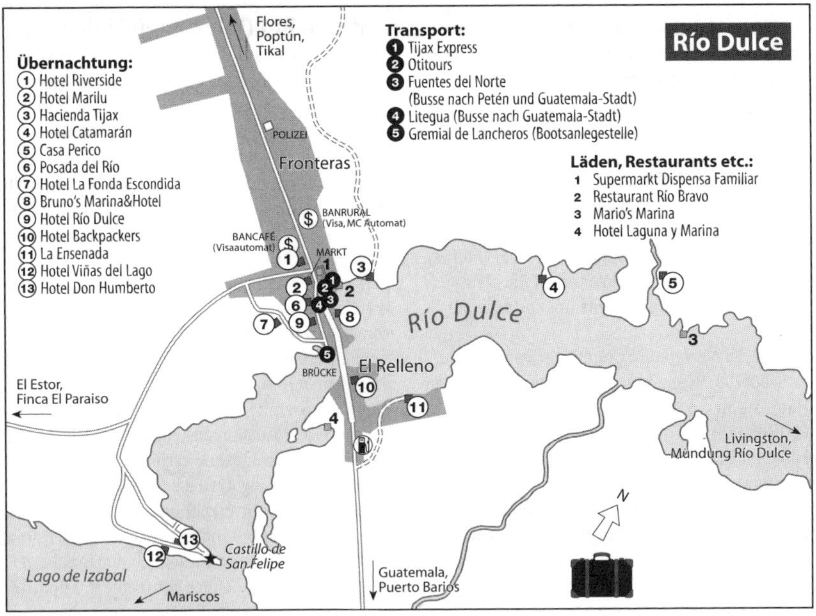

Essen

Zu empfehlen sind die Restaurants der ***Hacienda Tijax*** (teuer) und des Hotels ***La Fonda Escondida***. Im ***Restaurant Río Bravo***, in bester Lage an der Bootsanlegestelle Las Brisas in Fronteras, trifft man sich vor der Bootsfahrt oder wartet auf den Bus. Reichhaltige Speisekarte, Spezialität Pizza, zäher Service.

Die Segler essen und treffen sich bei ***Bruno's*** unterhalb der Brücke, in ***Hotel Laguna y Marina*** oder ***Mario's Marina*** östlich von *Tijax*.

Sonstiges

INFORMATIONEN – Unter 💻 www.mayaparadise.com finden sich eine Menge Infos zum Río Dulce. Für Bootstouren (s.S. 368, Boote) kann man sich an die ***Gremial de Lancheros*** an der Bootsanlegestelle wenden, ✆ 79488090. Infos erhält man auch bei *Otitours* und *Tijax Express* an der Brücke in Fronteras.

POST/BANKEN – Entlang der Hauptstraße in Fronteras. Es gibt mehrere *Visa*- und *Mastercard*-Geldautomaten.

TELEFON/INTERNET – Im ***Restaurant Río Bravo***, bei ***Tijax***, im ***Backpackers*** und ***Bruno's***. Internet ist sehr teuer; die Stunde kostet US$2,40–2,60.

TOUREN – ***Planeta Río***, Kontakt im Hotel *La Ensenada*, veranstaltet Canopy-Touren. Kostenpunkt ca. US$13,50 p.P. Die Anlage hat acht Plattformen, 700 m Kabel und eine maximale Höhe von 9 m.

Transport

BUSSE – Richtung Norden gelangt man in 3 Std. auf der guten Straße über POPTÚN nach FLORES.

Richtung Süden ist nach 34 km die Gabelung LA RUIDOSA erreicht. Von hier führt die Straße links nach PUERTO BARRIOS und rechts nach GUATEMALA-STADT. Shuttle-Busse verkehren zwischen ANTIGUA und Río Dulce (Info bei *Atitrans, Otiturs* und *Tijax Express* an der Brücke in Fronteras). Alle Busse und Shuttles halten in Fronteras an der Brücke. Wer in El Relleno aussteigen möchte, sollte dem Busfahrer rechtzeitig Bescheid geben.

GUATEMALA-STADT (277 km, ca. 4–5 Std.), *Litegua,* in Fronteras an der Brücke, ✆ 79305251, hat mehrere Busse von 3–12 Uhr, alle Busse von Flores in die Hauptstadt halten in Fronteras, sind aber meistens voll. Wer einen Sitzplatz möchte, sollte diesen bereits am Vortag reservieren.

Fuente del Norte, Büro gegenüber von *Litegua,* ✆ 54984788, Busse fahren rund um die Uhr in die Hauptstadt.

FLORES (211 km, ca. 4 Std.), rund um die Uhr kommen Busse von *Fuente del Norte* durch Fronteras.

Täglich um 8.45 Uhr fährt ein *Litegua*-Bus zur honduranischen Grenze EL FLORIDO (Strecke nach Copán).

Zum CASTILLO DE SAN FELIPE fahren alle 1/2 Std. Kleinbusse, die man an der Abzweigung am Markt besteigen kann. Ein Taxi kostet rund US$2,70.

Busse nach EL ESTOR passieren die Kreuzung am Markt in regelmäßigen Abständen.

BOOTE – An der neuen Anlegestelle unterhalb der Brücke in Fronteras fahren alle Boote ab. Um 9 und 13 Uhr fährt eine *lancha pública* nach LIVINGSTON, Fahrpreis US$10, unterwegs werden das Castillo de San Felipe vom Wasser aus, die Isla de Aves und Aguas Calientes besichtigt (Badestopp), Fahrtzeit ca. 2–2 1/2 Std. Durch das letzte spektakuläre Teilstück des Río Dulce fahren die Boote besonders langsam. Außer zu den festen Abfahrtterminen verlassen Boote den Río Dulce, sobald sie voll sind.

Eine Charterfahrt nach Livingston kostet bis zu max. 8 Passagieren rund US$110. Weitere Charterpreise sind: Castillo de San Felipe US$20 bis zu 8 Pers. und inklusive Wartezeit; *Finca El Paraiso* US$110; Denny's Beach/ Mariscos US$110; Biotopo Chocón-Machacas US$80. Man sollte den Preis und die Stopps vorher genau abklären!

Auf dem Río Dulce nach Livingston

Eine Bootsfahrt auf dem Río Dulce gehört zu den besonderen Erlebnissen einer Guatemala-Reise. Sie führt durch den gleichnamigen Nationalpark, einem 7200 ha großen Naturschutzgebiet, dass sich vom Abfluss aus dem Izabal-See am Castillo de San Felipe bis zur rund 38 km entfernten Karibikmündung bei Livingston erstreckt. Eigentlich kann man nur den Unterlauf des Flusses, der zu einer besonders geschützten Zone gehört, einen Nationalpark nennen, denn im Bereich um die Brücke ist von Naturschutz nichts zu spüren. Hier wimmelt es von Hotels, Bootsanlegestellen und luxuriösen Ferienhäusern. Es scheint, als ob es Standard für Ex-Präsidenten und ehemalige Generäle sei, hier ein Grundstück zu besitzen. Doch viele Wochenendhäuser reicher Guatemalteken oder Ausländer sind illegal in der Schutzzone errichtet worden. Unter der Verschmutzung des Flusses durch den zunehmenden Motorbootverkehr und der Einleitung von Abwässern leidet besonders die artenreiche Fauna.

Wenige hundert Meter östlich der Brücke verbreitert sich der Río Dulce auf mehrere Kilometer und ähnelt mehr einem See denn einem Fluss. Die Nordseite dieser **El Golfete** genannten Ausbuchtung gehört zu einem weiteren Naturschutzgebiet. Das 6265 ha große **Biotopo Chocón-Machacas** wurde für die vom Aussterben bedrohten *Manatis* (Seekühe) eingerichtet. Es umfasst tropischen Regenwald, Mangroven, Inseln mit Vogelbrutgebieten und Lagunen. Außer wenigen Seekühen bietet das Biotop Leguanen, Ottern, Flussschildkröten und verschiedenen Fischarten einen Lebensraum. Es ist nur per Boot zu erreichen. Der Eingang befindet sich am nordöstlichen Ende des Golfete. Oberhalb der Bootsanlegestelle liegt ein kleines **naturkundliches Museum**, an das sich ein kurzer **Lehrpfad** durch das Feuchtgebiet anschließt. Übernachtungen sind auf einem kleinen Campingplatz möglich. Eintritt US$2,50.

Östlich des Biotops verengt sich der Río Dulce. Kekchí-Indianer, die sich vorwiegend vom Fischfang ernähren und im Hinterland ein wenig Mais anbauen, leben in einfachen, palmgedeckten Häusern am Flusslauf. Vorbei am Schulprojekt **Ak' Tenamit**, das immer auf der Suche nach Freiwilligen ist (s.S. 372, Serviceteil Livingston), und an dem romantischen Nebenfluss **Río Tatín** (s.S. 370, Unterkunft Livingston) gelangt man zum spektakulärsten Teilabschnitt der Bootsfahrt durch einen von tropischem Grün überwucherten Canyon. Steil ragen nun auf beiden Seiten des Flusses die Wände empor. Pelikane und *Garzas* (große, weiße Flussreiher) kreuzen den Weg. Hinter jeder Biegung präsentiert sich die Natur noch üppiger und verschwenderischer. Schließlich mündet der Río Dulce bei Livingston in die Karibik.

Manatis

Entlang der Karibikküste Guatemalas und in den ruhigen, seichten Flusslagunen des Río Dulce lebt ein ungewöhnliches Säugetier: Es ähnelt einer Riesenrobbe, wiegt bis zu 800 kg und kann 3–4 m lang werden. Die Rede ist vom Manati, besser bekannt als Seekuh *(Trichecus manatus)*. Sie besitzt eine glatte, graue Haut, kleine, runde Augen und zwei Atemlöcher an der Spitze des Kopfes. Große Wülste befinden sich am Kopf und an den beiden ruderförmigen Seitenflossen, die ebenso wie der flache, rundliche Schwanz zur Fortbewegung eingesetzt werden. Der schwimmende Fleischberg ernährt sich rein vegetarisch und muss täglich ein Fünftel seines Körpergewichts an Wasserpflanzen zu sich nehmen. Manatis sind gute Schwimmer und brauchen nur alle 10 bis 20 Minuten kurz aufzutauchen.

Seekühe bringen nur alle 3–5 Jahre Junge zur Welt. Das Weibchen paart sich mit mehreren Männchen (Seebullen). Nach etwas mehr als einem Jahr kommt ein einziges Junge zur Welt, das für die nächsten zwei Jahre von der Mutter durch die Zitzen unter den Seitenflossen gesäugt wird.

Seekühe haben keine natürlichen Feinde. Da sie aber seit Jahrhunderten vom Menschen wegen ihres Fleisches und Fetts gejagt wurden, hat sich ihr Bestand in Guatemala auf rund 100 Exemplare verringert. Die scheuen Tiere, deren Lebensraum (Verbreitungsgebiet von Florida bis Brasilien) sich durch Wasserverschmutzung und den Bootsverkehr ständig verkleinert, sind sehr selten zu sehen. Die besten Chancen hat man frühmorgens mit einem Kanu in den unbewohnten, seichten Flusslagunen des Río Dulce.

Livingston

Einen der kuriosesten Orte Guatemalas erreicht man nur per Boot. Livingston ist anders als der Rest des Landes, und darauf sind seine Bewohner stolz. Sobald man das Boot verlassen hat, glaubt man, in einem karibischen Städtchen gelandet zu sein. Alte Holzhäuser, an denen teilweise die Farbe abgeblättert ist, versprühen einen tropisch-kolonialen Charme. Es ist schwül-warm, und Reggae-Klänge dringen durch die wenigen Straßen des Ortes. Die Hauptstraße führt zum Hafen, eine Abzweigung verläuft entlang dem Río Dulce und eine weitere Richtung Friedhof und Fußballplatz. Alles ist bequem zu Fuß zu erreichen, doch inzwischen verkehren in den einst so ruhigen Straßen zahlreiche Autos und Pickup-Trucks, die für teures Geld per Fähre nach Livingston gebracht werden müssen. Die Zeiten, als man sich für einen Transport einen der älteren Herren schnappte, die mit ihren alten Holzkarren Lasten befördern, gehören leider so gut wie der Vergangenheit an.

Seinen aktuellen Namen bekam Livingston im Jahr 1837 zu Ehren von Edward Livingston, Gouverneur von Louisiana, der sich für die Abschaffung der Sklaverei in den USA eingesetzt hatte und dessen Gesetzestexte für mehrere Jahre übernommen wurden.

Livingston ist nicht jedermanns Sache. Während es den einen zu schmuddelig und unorganisiert ist, empfinden andere die entspannte, gelassene Atmosphäre als äußerst angenehm. Doch Livingston ist kein karibischer Badeort mit weißem Sandstrand, im Gegenteil: Der Strand ist schmal und das Wasser in der Nähe des Ortes verschmutzt. Große Sehenswürdigkeiten sucht man vergebens. Allerdings kann man einige interessante Ausflüge zu lohnenswerten Zielen in der Umgebung unternehmen. Reizvoll ist die isolierte Lage von Livingston, sein buntes Völkergemisch und seine ursprüngliche Kultur. Neben Kekchí-Indianern und Ladinos leben in Guatemala nur hier und in Puerto Barrios die *Garífuna*, Afrokariben mit einer ungewöhnlichen Geschichte.

Die Garífuna

Die Besiedlung Livingstons begann um 1800, als eine Gruppe Garífuna sich an der Mündung des Río Dulce niederließ und den Ort zunächst La Buga nannte. Sie stammten von der Karibikinsel San

Vincent (kleine Antillen) ab. Dort waren sie als Schiffbrüchige eines 1636 gesunkenen Sklavenschiffes gestrandet. Im Laufe der Jahre vermischten sie sich mit der einheimischen indianischen Bevölkerung. Als die Engländer ihre Zuckerrohrplantagen im 18. Jahrhundert ausweiteten, kam es zum bewaffneten Konflikt mit den frei lebenden Garífuna. Diese verloren 1797 die entscheidende Schlacht unter ihrem Anführer Joseph Chatoyer und wurden zur Strafe nach Roatán, einer Honduras vorgelagerten Insel, deportiert. Vielen von ihnen gelang die Flucht Richtung Festland. Von dort breiteten sie sich entlang der Küste bis nach Belize und Nicaragua aus.

Ende des 19. Jahrhunderts arbeiteten viele schwarze Bewohner Livingstons beim Bau des Hafens in Puerto Barrios mit. Einige von ihnen kämpften während des Zweiten Weltkriegs auf der Seite der USA, wo die meisten von ihnen nach Kriegsende blieben. Auch in den Folgejahren wanderten viele Garífuna nach Nordamerika ab. Im Landkreis Livingston leben heutzutage nur noch einige Tausend Afrokariben. Dort stellen sie nach den Kekchís die zweitstärkste ethnische Gruppe.

Während letztere bevorzugt Mais und Bohnen im Hinterland von Livingston anbauen, gehen viele Garífunas fischen, ernähren sich von Maniok und Kokosnüssen. Doch dies allein reicht nicht zum Leben aus. Der überwiegende Teil der arbeitenden Bevölkerung schlägt sich mit Gelegenheitsjobs durch. Andere sind nach Puerto Barrios oder ins Ausland abgewandert. Der Tourismus ist zwar eine weitere wichtige Einnahmequelle, von der aber nur wenige profitieren.

Die **Sprache** der Garífuna, die sich selbst *Garinagu* – „Maniok-Esser" – nennen, basiert auf der afrikanischen Phonetik, durchsetzt mit Kreolisch, Englisch, Französisch und Spanisch. Der Mischmasch entwickelte sich über Jahrhunderte zur heutigen Sprache, die ebenfalls Garífuna heißt, und vom überwiegenden Teil der Bevölkerung gesprochen wird.

Obwohl man überall einheimische Musik hört, sind mündliche Überlieferungen traditioneller Texte seltener geworden. Früher waren es besonders die Großmütter, die sich täglich mit ihren Töchtern und Enkelinnen trafen, um die Lieder an die nächste Generation weiter zu geben. Laut der Organisation der Schwarzen Guatemalas" *ONEGUA* gibt es heutzutage nur noch wenige dieser Sängerinnen. Inzwischen haben Musikaufnahmen in CD-Qualität die Aufgaben der alten Damen übernommen.

Die **schwarze Kultur** Guatemalas lebt vor allem von der Kombination aus Musik, Tanz und Gesang. Wichtigste Musikinstrumente sind alle Arten von Trommeln, die von Rasseln, mit Hirschgeweih geschlagenen Schildkrötenpanzern und Riesenmuscheln (Blasinstrument) unterstützt werden. Der *ritmo Garífuna* besteht aus einem fesselnden, hypnotisch wirkenden, rasant schnellen Trommelrhythmus. Der bekannteste und beliebteste Tanz ist *punta,* der inzwischen in elektronischer Form als **Punta-Rock** im karibischen Raum Erfolge feiert. Es handelt sich dabei um einen Fruchtbarkeitstanz zwischen Mann und Frau, der mit eindeutigen, wippenden Bewegungen aus der Hüfte heraus getanzt wird.

Weitere bekannte Tänze sind der *yankunú,* ein Kriegstanz, der an Weihnachten nur von Männern in Frauenkleidern und mit Masken getanzt wird, und die Festtänze *chumba* und *sambay.*

Ähnlich wie bei den verschiedenen Maya-Ethnien hat es in den letzten Jahren bei den Afrokariben Bemühungen gegeben die **kulturelle Identität** zu stärken. Die Bewegung ist allerdings im Nachbarland Belize deutlich fortgeschrittener, wo der Bevölkerungsanteil der Garífuna deutlich höher liegt. In Guatemala werden die Karibikschwarzen zwar nicht so offen diskriminiert wie Indígenas, dennoch kann von Integration keine Rede sein. Garífunas werden von der Gesellschaft misstrauisch beäugt, und ignorante, mangelhaft informierte Mitbürger sagen ihnen immer noch gerne Kannibalismus oder Vodoo-Rituale nach.

Übernachtung

Der kleine Ort bietet ein breitgefächertes Angebot an Hotels aller Art.

Hotel Waba, etwas abseits im Nordwesten des Ortes in der Nähe der Polizei gelegen, ✆ 79470326, einfache, saubere Zimmer mit Bad. ❷

Hotel Garífuna, rechts nahe der Café-Bar *Ubafu,* ✆ 79470183, sauber, ruhig, empfehlenswert. ❷

Hotel King George, gegenüber dem *Hotel Garífuna,* aber längst nicht so gut. ❷

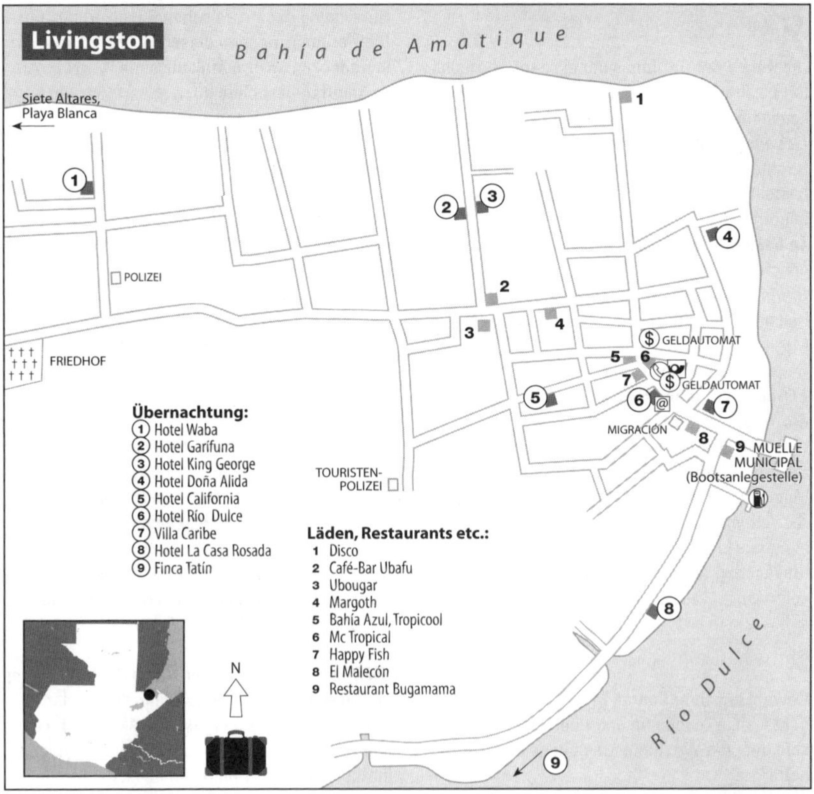

Hotel California, der Straße zwischen *Happy Fish* und *Bahía Azul* folgen, ✆ 79470176, saubere Zimmer mit Bad und Ventilator. ❷

Hotel Río Dulce, an der Hauptstraße bei der *Migración* gelegen, ✆ 79470764, ältestes Hotel in Livingston, Holzhaus mit großer Veranda, beliebt bei jungen Travellern. ❷

Hotel La Casa Rosada, südlich der Anlegestelle am Río Dulce gelegen, ✆ 79470303, ℻ 79470304, kleine Bambushütten mit Palmdach, Gemeinschaftsbad, privater Bootssteg, Wäscherei, Bar und Restaurant. ❸

Hotel Doña Alida, nördlich vom *Villa Caribe,* ✆/℻ 79470027, komfortable Zimmer, besonders reizvoll sind die mit Balkon und Blick über die Bucht von Livingston. ❹

Villa Caribe (ehemals Tucán Dugú), in Nähe des Hauptdocks, entlang der Hauptstraße, ✆ 79470072, ℻ 79470078, Luxushotel mit traumhaft schönem Blick auf den Fluss und das Meer, aber leider zu teuer. Pool, eigene Anlegestelle, Zimmersafe, Restaurant, Paketpreise inkl. Halbpension. Nebensaison Apr–Juni ❼, sonst ❽

Finca Tatín, ca. 20–30 Bootsminuten (8 km) von Livingston an einem Nebenarm des Río Dulce gelegen, ✆ 59020381, ✉ fincatatin@hotmail.com, 💻 www.fincatatin.centroamerica.com, gemütliches Bed&Breakfast, Wanderungen und Kanutouren. Schlafsaal ❶, Zimmer ohne Bad ❷ und Bungalows ❸. Am besten vorher anrufen, dann kann man meist umsonst ab Livingston mit ihnen fahren.

Essen

Die Küche der Garífunas hat ein paar Spezialitäten aufzuweisen (s.S. 35). So gut wie überall bekommt man frische Meeresfrüchte und fruchtige *Licuados* zu trinken. Ein guter *Tapado* (Meeresfrüchteeintopf in Kokosmilch gekocht) sollte vorbestellt werden, da er reichlich Zeit zum Kochen benötigt.

La Casa Rosada, gute vegetarische Gerichte im gleichnamigen Hotel.

Bahía Azul, Restaurant, Informationsbörse, Reiseagentur und Treffpunkt in einem, Live-Musik.

Beliebte Restaurants sind außerdem ***El Malecón***, ***Happy Fish***, ***Margoth*** und ***Mc Tropical***.

Unten an der Bootsanlegestelle hat das große Restaurant **Bugamama** geöffnet (Spezialität Meeresfrüchte). Es wird von der Organisation *Ak' Tenamit* (s.o.) betrieben. Das Personal besteht aus jungen Kekchí-Indígenas, die hier den praktischen Teil einer Tourismusausbildung absolvieren

Unterhaltung

Obwohl tagsüber überall Musik zu hören ist, geht man in Livingston unter der Woche früh schlafen. Am Wochenende geht es etwas lebhafter zu.

Entlang der Hauptstraße Richtung Friedhof gibt es einige einfache Bars.

In der ***Café-Bar Ubafu*** wird öfters live getrommelt. Gegenüber trifft man sich auf ein Bier in der ***Bar Ubougar***.

Tanzen kann man im ***Tropicool***, neben dem Restaurant *Bahía Azul*.

Folgt man der Hauptstraße geradeaus zum Strand im Norden, gelangt man zu einer **Disco**, die am Wochenende geöffnet hat und vorwiegend von Einheimischen frequentiert wird.

Sonstiges

FESTE – In der **Osterwoche** trägt während der Passionsspiele ein schwarzer Jesus das Kreuz. Die Feierlichkeiten zu Ehren des Heiligen **San Isidro Labrador** am 15. Mai finden unter starker Beteiligung der indianischen Bevölkerung statt. Die Garífunas nennen diesen Feiertag *Yurumein* in Gedenken an ihre afrikanischen Wurzeln. An diesem Tag besuchen auch andere *Garífuna*-Gemeinden Livingston.

Der **Nationale Garífuna-Tag** *(Día Nacional del Garífuna)* am 26. November ist ein Folkore-Festival mit viel Musik und Tanz bis spät in die Nacht.

Beim Fest zu Ehren der **Jungfrau von Guadalupe** am 12. Dezember kann man Garífunas in indianischen Trachten sehen.

Das Fest der Schutzpatronin der **Virgen del rosario** wird vom 24.–31. Dezember (Haupttag 28. 12.) gefeiert.

Noch einmal hoch her geht es an **Silvester**.

FREIWILLIGENARBEIT – ***Ak' Tenamit***, Schulprojekt für Kekchí-Indianer, ca. 10 km von Livingston flussaufwärts am Río Dulce, in Guatemala-Stadt ✆/℡ 22541560, 🖳 www.aktenamit.org.

GELD – Im Zentrum befindet sich eine Filiale von ***Bancafé*** (*Visa*-Geldautomat) und von ***Banrural*** (*Mastercard*- und *Visa*-Geldautomat).

INFORMATIONEN – In der ***Bahía Azul***, bei ***Happy Fish Travel*** sowie zu den Abfahrtszeiten der *lanchas* an der Bootsanlegestelle. ***Ak' Tenamit*** baut momentan ein großes Besucherzentrum neben ihrem Restaurant *Bugamama*.

Die Webseite der ***Finca Tatín***, 🖳 www.centramerica.com/fincatatin, enthält umfangreiche Informationen über Río Dulce.

INTERNET – Neben der *Migración*, US$2,70/Std.

MIGRACIÓN – Das Büro der *Migración* befindet sich schräg gegenüber dem Hotel *Villa Caribe;* laut Aussage des Beamten ist es immer geöffnet; ⏲ offiziell von 7–17 Uhr. Wer nach Guatemala einreist oder das Land verlässt, muss sich hier einen Stempel besorgen. Die Ausreise über das Meer nach Belize oder Honduras kostet US$10 p.P.

POLIZEI – Befindet sich jetzt im Nordwesten des Ortes, nahe *Hotel Waba*, ✆ 79334288.

Touristenpolizei, nahe *Hotel California*, ✆ 66206292, 24 Std.

TELEFON/POST – ***Telgua*** bei der *Villa Caribe* (Kartentelefone); hier befindet sich auch die **Post**.

TOUREN – ***Exotic Travel,*** im Restaurant *Bahía Azul,* ✆ 79470151, 📠 79470136, ✉ exotictravel agency@hotmail.com, sehr zuverlässige Allround-Agentur, die u.a. auch Trips zu den Cayos in Belize oder zur Punta Manabique anbietet. ***Happy Fish Travel,*** gegenüber von *Mc Tropical,* ✆/📠 79470271, ähnlich umfangreiches Angebot wie *Exotic Travel.*
Beide Reisebüros reservieren kostenlos Sitzplätze in Bussen in den Petén oder nach Guatemala-Stadt ab der Brücke über den Río Dulce.

TROMMELN – Am Strand unterhalb des *Hotels Waba* lebt der Instrumentenbauer **Pablo Marino Ramírez**, der Original-Holztrommeln herstellt.

WÄSCHEREIEN – Im Hotel ***La Casa Rosada*** kann man waschen lassen.

Transport

BOOTE – Nach Livingston gelangt man nur mit dem Boot entweder über PUERTO BARRIOS (US$3,50) oder den RÍO DULCE (US$10).
Di und Fr um 7 Uhr Verbindungen nach PUNTA GORDA in Belize (US$20).
Die alte Fähre von Livingston nach PUERTO BARRIOS tut noch immer ihren Dienst; Abfahrt um 5 und 14 Uhr, ca. 1 1/2 Std., US$1,40.
Zusätzlich pendeln ständig Schnellboote zwischen beiden Orten, 30–40 Min., US$3,50. Das letzte Boot nach PUERTO BARRIOS fährt gegen 17 Uhr. Informationen zu den aktuellen Abfahrzeiten bekommt man an der **Hauptanlegestelle** *(Muelle Municipal)* bei der Vereinigung der Bootsführer ***Asotranslali,*** ✆ 79470870, oder bei den Reisebüros, s.o., Touren.
Eine Bootsfahrt auf dem Río Dulce bis zur Brücke bei FRONTERAS mit Besichtigung der Sehenswürdigkeiten inklusive Castillo de San Felipe (vom Boot aus) kostet US$10. Jeden morgen fährt ein Boot um 9.30 Uhr diese Tour. Das *lancha pública* um 13.30 Uhr macht hingegen keine Stopps auf dem Weg zur Brücke des Río Dulce.

Sicherheit in Livingston

In Livingston laufen einige zwielichtige Gestalten herum, die sich darauf spezialisiert haben, Touristen abzuzocken. Bootsfahrten und andere Ausflüge sollten daher nur über die offiziellen Stellen organisiert werden. Die allgemeine Sicherheitslage ist in der Vergangenheit wesentlich besser geworden, seit die Touristenpolizei kleine Gruppen bei Ausflügen – vornehmlich zu den Siete Altares – begleitet. Frauen sollten die Wanderung dennoch auf keinen Fall alleine unternehmen. Es ist schon zu Überfällen und Vergewaltigungen gekommen! Die Wertsachen sollte man ohnehin im Hotel lassen.
Wer Probleme mit Drogendealern aus dem Weg gehen will, lehnt die zahlreichen Angebote dankend ab.

Charterpreise: Río Dulce für bis zu 4 Pers. US$80, hin und zurück US$95; Punta Manabique US$85 für bis zu 7 Pers.; Playa Blanca US$85 für bis zu 7 Pers.; Cayos de Belize US$240 für bis zu 10 Pers.
Tipp: Wer mit den kleinen Booten *(tiburoneras)* reist, sollte sein Gepäck wasserdicht verpacken, denn mit Spritzwasser und einem gelegentlichen Tropenschauer während der Fahrt ist zu rechnen.

Die Umgebung von Livingston

Von Livingston aus lassen sich einige interessante Ausflüge unternehmen. Beliebt ist die ca. 7 km lange Wanderung am Strand entlang zu den **Siete Altares** (Sieben Altäre), das letzte Stück kann allerdings sehr matschig sein. Die im Tropenwald liegenden hübschen Kaskaden mit kristallklarem Wasser sind am schönsten, wenn es vorher geregnet hat und ordentlich Wasser fließt. In der Trockenzeit wirken sie etwas langweilig. Wer bis zur siebten Stufe klettern will, muss stellenweise durch den Fluss laufen. Beim Baden sollte man seine Wertsachen nicht aus den Augen lassen, da es bereits zu Diebstählen gekommen ist.

Auf dem Weg zu den Siete Altares passiert man einen Fluss, der nur bei extremem Niedrigwasser durchwatet werden kann. Es verkehrt eine Kanu-Fähre (kleine Gebühr). Mehrere Veranstalter bieten geführte Wanderungen zu den Siete Altares an, die Besuche bei Garífuna-Familien und eine abenteuerliche Kanufahrt einschließen (US$8–10 inkl. Guide und Snack).

Der Trip kann auch mit einer Bootsfahrt zur **Playa Blanca**, dem schönsten Strand von Livingston, kombiniert werden.

Wer keine Zeit hat, nach Belize zu reisen, kann einen Bootsausflug zu den **Cayos Sapodilla** unternehmen. Die kleinen Tropeninseln, die bereits zu Belize gehören, bieten gute Schnorchelmöglichkeiten, weiße Sandstrände und Palmen (Bootspreise s.S. 373, Transport, zu buchen über *Exotic Travel, Happy Fish* oder *Asotranslali)*.

Eine Bootsfahrt von Livingston zur **Punta Manabique**, der Halbinsel am nördlichen Ende der Bahía Amatique, kostet für bis zu 7 Personen rund US$85 Beeindruckend ist die Fahrt durch den **Canal Inglés**, der von wunderschönen Mangroven gesäumt ist.

Puerto Barrios

Am Ende der Atlantikfernstraße CA 9, rund 300 km von Guatemala-Stadt entfernt, liegt die Hafenstadt Puerto Barrios. Sie wurde von ihrem Namensgeber, dem liberalen Reformer Justo Rufino Barrios (1835–85), geplant. Noch vor seinem Tod initiierte er den Eisenbahnbau von der Hauptstadt an die Karibikküste. 1895 wurden Stadt und Hafen an der *Bahía de Amatique* offiziell gegründet, die erste Eisenbahn verband den Ort seit 1908 mit dem Hochland. Schon ein paar Jahre zuvor hatte die neu gegründete *United Fruit Company* (s.S. 380) damit begonnen, scheinbar wertloses Land zu Niedrigpreisen für den Bananenanbau aufzukaufen. Sie gelangte zudem in den Besitz von Konzessionen für die Eisenbahn und den Hafen und dominierte bald nicht nur das Bananengeschäft, sondern beeinflusste auch über Jahrzehnte die Geschichte Guatemalas. Puerto Barrios war ihr Brückenkopf, den auch deutsche Kaffeepflanzer eifrig zum Export ihres Kaffees nutzten. Mit dem endgültigen Niedergang des Bananenimperiums in den 60er Jahren des vergangenen Jahrhunderts begann auch die Hafenstadt in die Bedeutungslosigkeit zurückzukehren.

Obwohl am **Hafen** noch immer Bananenschiffe abgefertigt werden, sich Mengen von Containern stapeln, und eine Ölraffinerie am Ortsausgang ihren Dienst verrichtet, tut sich sonst nicht mehr allzu viel. Die für Guatemala untypisch breiten Straßen sind von Schlaglöchern übersät, und viele der einst schmucken karibischen Holzhäuser sind zerfallen. Dass Puerto Barrios eine Hafenstadt ist, merkt der Besucher spätestens abends, wenn zahlreiche zwielichtige Bars, Kneipen und Bordelle öffnen. Daher versuchen die meisten Touristen am Tag ihrer Ankunft so schnell wie möglich weiter zu reisen, sei es per Boot nach Livingston oder per Bus Richtung Río Dulce, nach Honduras oder in die Hauptstadt.

Die Orientierung in der 40 000 Einwohner zählenden Stadt fällt anfangs etwas schwer. Die Hauptstraße aus Guatemala-Stadt, die Calzada Justo Rufino Barrios, verläuft diagonal zum üblichen Schachbrettmuster bis ins Zentrum in Höhe der 9. C. und 5. Av. Sie führt am interessanten **Friedhof** vorbei, auf dem ein indisches Mausoleum im *Taj Mahal*-Stil Zeugnis von der multikulturellen Vergangenheit der Stadt ablegt. In Höhe der 14. C. steht das etwas unscheinbare Denkmal des schwarzen Bananenarbeiters, **El Muñecon**, der gerade eine schwere Staude schleppt. Folgt man der 13. C. Richtung Meer und geht einen Block nach Norden, erreicht man die **Muelle Municipal**, von der aus die Boote Richtung Livingston und Punta Gorda starten.

Dort, wo die Atlantikfernstraße CA 9 endet, zweigt am Kreisverkehr die Straße zum neuen Hafen **Santo Tomás de Castilla** ab, der westlich von Puerto Barrios liegt. Mit wenigen Ausnahmen wird der Schiffsverkehr über den Atlantik inzwischen von diesem Hafen abgewickelt.

Der Ort wurde 1604 von den Spaniern gegründet. 1843 ließen sich hier vorübergehend belgische Siedler nieder. Einen erstaunlichen Fund machte man 1864 mit der Entdeckung der so genannten *Leydener Platte*, ein Kleiderschmuck aus dem Jahr 320 n. Chr. Sie soll den 5. Fürsten Tikals bei seiner Amtsübernahme zeigen. Die archäologische Kostbarkeit aus Jade ist im Museum von Leyden in den Niederlanden zu bewundern. Die Platte erbrachte den Beweis, dass sich schon damals Maya in dieser Region aufhielten und diese die Bucht wahrscheinlich ebenfalls als Hafen nutzten.

Heute dominieren in Santo Tomás de Castilla moderne Hafenanlagen, saubere Wohnviertel und gepflegte Parks für Arbeiter und Angestellte. Wer sich hier umschauen möchte, benötigt eine Erlaub-

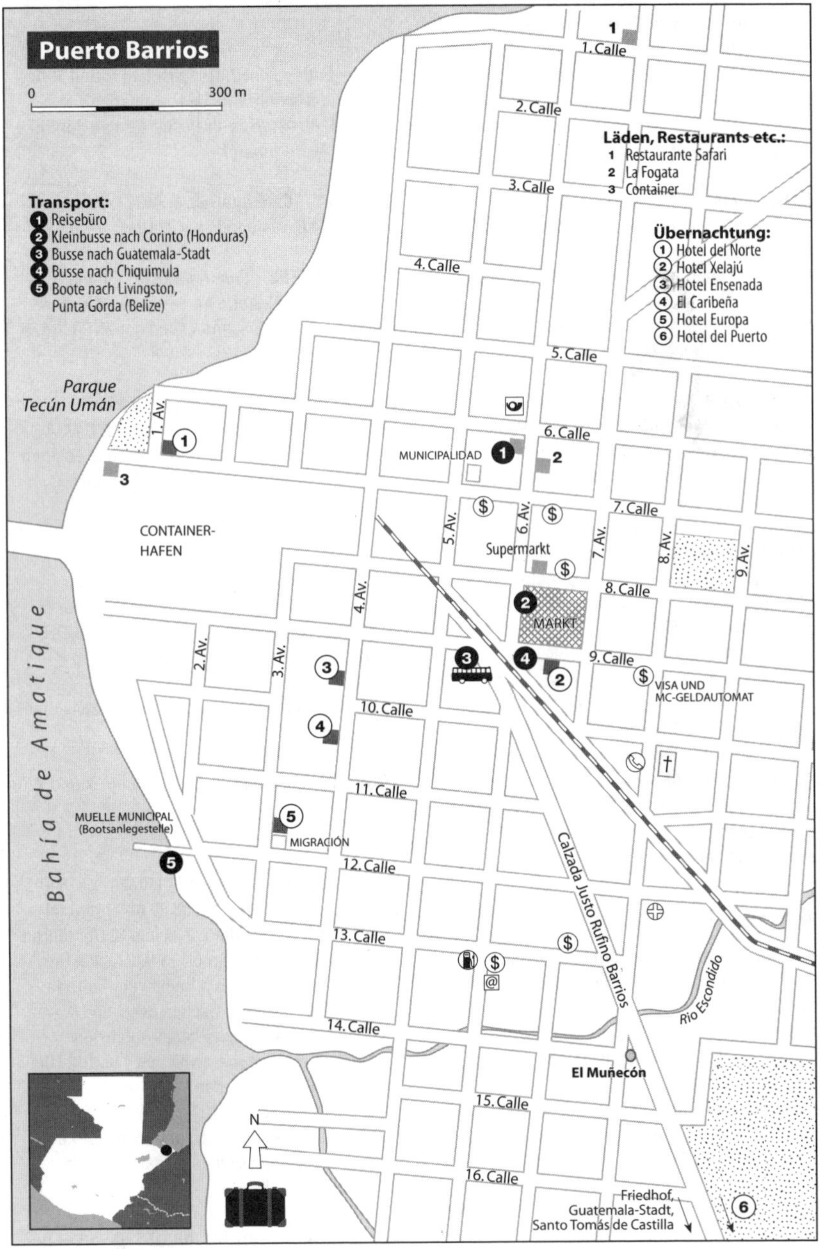

PROVINZ IZABAL UND DIE KARIBIKKÜSTE

nis von der Marinebasis *(base naval)*. Westlich des Hafens führt eine holprige Piste zum Luxushotel *Cayos del Diablo* und passiert dabei den *Río de las Escobas* mit seinen klaren Kalksteinterrassen.

Übernachtung

Hotel Xelajú, 9. C., zwischen 6. und 7. Av., ✆ 79480482, gegenüber dem Markt, nahe dem Busstopp, Zimmer vorne sind etwas laut, sonst einfach, sauber und sicher. Zimmer mit und ohne Bad. ❶–❷

Hotel Ensenada, 4. Av., zwischen 9. und 10. C., ✆ 79480861, kleine Zimmer, die aber sauber sind. ❷

El Caribeña, 4. Av., zwischen 10. und 11. C., ✆ 79480384, Zimmer wahlweise mit Ventilator, TV oder AC, Restaurant. ❷–❸

Hotel Europa, 3. Av., zwischen 11. und 12. C., sehr günstige Lage nahe *Migración* und Abfahrtort der Boote nach Livingston, ✆ 79481292, ordentliche Zimmer, die mit AC ausgestattet werden sollen, was den Preis anheben wird. Abholservice vom Bus, wenn vorher gebucht wurde, Internet. ❸

Hotel del Norte, 7. C./1. Av., ✆ 79482116, 📠 79480087, wunderschöner, etwas in die Jahre gekommener Holzbau am Meer mit viel karibischem Flair, die Zimmer im Anexo haben alle AC und sind dementsprechend teurer, Restaurant. ❸–❹

In Santo Tomás de Castilla: ***Hotel del Puerto,*** an der Hauptstraße, ✆ 79483185, 📠 79483779, gute Zimmer mit und ohne AC. ❸

Essen

Restaurante Safari, am nördlichen Ende der 7. Av., bekanntes und beliebtes Lokal am Meer.

La Fogata, 6. Av., zwischen 6. und 7. C., Fleisch und Meeresfrüchte, abends gelegentlich Live-Musik.

Container, am Ende der 7. C., besteht lediglich aus zwei übereinander gestapelten, ausrangierten Frachtcontainern, die nach allen Seiten offen sind. Im 2. Stock weht abends meist ein angenehmes Lüftchen, und die Aussicht ist grandios, Snacks und kaltes Bier.

Sonstiges

GELD – Entlang der 7. C., zwischen 5. und 7. Av., *Visa-* und *Mastercard*-Geldautomat an der Ecke 9. C./8. Av. *(Banrural)* und *Visa* an der Ecke 13. C./7. Av. *(Bancafé)*.

INTERNET – ***Café Internet,*** 6. Av./13. C., US$1,40/Std., 🕓 abends bis 22 Uhr.

LEBENSMITTEL – ***Supermarkt,*** 8. C., nahe 6. Av. Die ***Texaco*-Tankstelle** an der Ecke 13. C./6. Av. und der angeschlossene Laden haben 24 Std. geöffnet.

MIGRACIÓN – Das Büro der Einwanderungsbehörde befindet sich an der Ecke 12. C./3. Av. und ist angeblich 24 Std. geöffnet. Falls es doch geschlossen sein sollte, einfach klopfen.

POST – 6. Av., zwischen 5. und 6. C.

TAXIS – Am Markt, bei den Bussen, an der Bootsanlegestelle und gelegentlich vor der *Migración*, keine Festtarife, im Ort ca. US$2, Fahrt nach Corinto (Honduras) ca. US$7 p.P.

TELEFON, FAX – ***Telgua,*** an der 8. Av., zwischen 10. und 11. C.

TOUREN – ***Reisebüro,*** 6. Av., zwischen 6. und 7. C.

Transport

BUSSE – GUATEMALA-STADT (307 km, ca. 5 Std.), *Litegua,* ✆ 79481172, hat rund 20 Abfahrten tgl., Busse von 1–16 Uhr. Um 2, 7.30 und 10 Uhr fahren 1. Klasse-Busse, die doppelt so teuer sind. Der **Terminal** befindet sich am Beginn der Calzada Justo Rufino Barrios, zwischen der 5. und 6. Av.
CHIQUIMULA (4 Std.), ständige Abfahrten gegenüber von *Litegua,* zwischen 4 und 16 Uhr.
HONDURAS, siehe Kasten.

BOOTE – Der gesamte Personenbootsverkehr wird an der *Muelle Municipal* am Ende der 12. C. abgewickelt.
PUNTA GORDA/Belize, Schnellboote tgl. um 10 und 14 Uhr, in 1 1/2 Std. für US$17 (vorher bei

der *Migración* Ausreisestempel besorgen und US$10 Ausreisesteuer zahlen!).

LIVINGSTON, noch bedient die langsame, altersschwache, aber sehr gemütliche Fähre die Route um 10.30 und 17 Uhr in 1 1/2 Std. für US$1,40, ansonsten warten die schnellen *tiburoneras,* die ablegen, sobald sie voll sind, ab 6.30 Uhr (US$3,50, 30–40 Min.). Ein Charterboot nach Livingston kostet ca. US$40.

Tipp: Für alle Bootsfahrten sollte man sein Gepäck vorsichtshalber wasserdicht verpacken.

Von Puerto Barrios nach Honduras

Der noch vor wenigen Jahren abenteuerliche Grenzübertritt nach OMOA und PUERTO CORTÉS in Honduras ist mittlerweile problemlos zu bewältigen und stellt eine zeitsparende Alternative dar, von der Provinz Izabal ins Nachbarland zu gelangen. *Colectivos* (Kleinbusse) fahren in 20–30-minütigen Abständen vom Markt zwischen 5 Uhr und 16.30 auf einer asphaltierten Straße bis zur guatemaltekischen Grenze, ca. US$1,50. Die Abzweigung zur Grenze erfolgt an der Kreuzung Entre Ríos. Insgesamt beträgt die Fahrtstrecke zur Grenze rund 40 km, ca. 1 1/4 Std.

Man sollte die Grenze möglichst vor 15 Uhr passieren, um nicht im honduranischen Grenzort CORINTO hängen zu bleiben (Grenze ist von 6–18 Uhr geöffnet). Von der guatemaltekischen Grenze aus fahren Pickups zum honduranischen Grenzposten und ein weiteres Fahrzeug bringt einen nach Corinto, von wo aus die Weiterreise nach Omoa, Puerto Cortéz oder La Ceiba möglich ist. Die Straße auf honduranischer Seite ist nur teilweise asphaltiert. Wer ganz früh in Puerto Barrios startet, kann mit etwas Glück die 15-Uhr-Fähre von La Ceiba nach Roatán erreichen und ziemlich sicher die 16.30 Uhr Fähre von La Ceiba nach Utila (Abfahrtszeiten der Fähren vorher checken!).

Schneller und bequemer ist es, ein Taxi für den Grenzübergang zu benutzen, dass für rund US$7 p.P. von Puerto Barrios bis Corinto fährt. Meist warten bereits Taxis an der Bootsanlegestelle nach und von Livingston sowie vor der *Migración.*

Naturschutzgebiet Cerro San Gíl

Zwischen der Bahía de Amatique und dem Río Dulce liegen die Bergkette **Montañas del Mico** mit dem **Cerro San Gíl** (1267 m) als höchstem Punkt. Sie ist von Guatemalas einzigem immerfeuchten tropischen Regenwald bedeckt, denn die feuchtwarme Brise aus der Karibik regnet sich an den Hängen ab. Die Niederschlagsmenge von rund 4000 mm verteilt sich auf ca. 200 Tage im Jahr. Das 19 335 ha große Reservat ist die Heimat von zahlreichen vom Aussterben bedrohten Tierarten wie dem Jaguar oder Tapir. 350 Vogelarten haben Naturschützer gezählt. Daneben versorgt das Naturschutzgebiet die Hafenstädte Puerto Barrios und Santo Tomás de Castilla über den Río de las Escobas mit sauberem Trinkwasser.

Dank der unermüdlichen Bemühungen der privaten Naturschutzorganisation *FUNDAECO* konnte das Gebiet bisher vor einer ausufernden Abholzung bewahrt werden. Seit Ende der 80er Jahre werden die meisten der im Reservat lebenden Menschen in Projekten mit dem Waldschutz vertraut gemacht. Bislang ist das Konzept von *FUNDAECO* aufgegangen. Das Naturschutzgebiet Cerro San Gíl kann mit der Genehmigung von *FUNDAECO* besucht werden. Übernachtet wird in einfachen Hütten mit mehreren Betten, das Essen wird in einem benachbarten Dorf zubereitet. Auf Wanderwegen kann ein kleiner Teil des Reservats besichtigt werden. Informationen bei: *FUNDAECO,* 19. Av. A 0-89, *Vista Hermosa II,* ✆ 24404609 📠 24404615, 💻 www.fundaeco.org.

Von Puerto Barrios nach Quiriguá

Etwa 15 km südlich von Puerto Barrios an der Kreuzung **Entre Ríos** passiert man die Abzweigung der neuen Straße nach Honduras und bei KM 244,5 in **La Ruidosa** die Abzweigung der Hauptstraße CA 13 in Richtung Norden zum Río Dulce und weiter in den Petén.

Morales und Bananera

Etwa 1500 m weiter westlich zweigt von der Atlantikstraße die 3 km lange Zufahrt zu den beiden Gemeinden Morales und Bananera ab, die im Laufe der Jahre zusammengewachsen sind. Hier befand sich einst das Hauptquartier der berüchtigten **United Fruit Company**.

Die Corozopalme

Auf den kahlen Weiden in der Provinz Izabal fällt einem gelegentlich eine Baumart auf, die von den Rinderbaronen vor dem Abholzen bewahrt wurde – die Corozopalme, die im Deutschen unter dem Namen Cohunepalme *(Orbignya cohune)* bekannt ist. Dieses verdankt sie ihren vielseitigen Verwendungsmöglichkeiten. So werden aus ihren essbaren, stark ölhaltigen Früchten Speise- und Schmieröle gewonnen. Aus den Schalen lässt sich Holzkohle und aus den Samen Seife herstellen. Mit den Blättern der Palme können Dächer gedeckt werden, obwohl hierfür geeignetere Palmarten existieren. Überdies wird die Corozopalme von Vögeln als Nistplatz und ihre Samen als Nahrungsquelle geschätzt. Und sollte der Baum eines Tages doch gefällt werden, so zeigt er sich auch hier von seiner nützlichen Seite: Palmherz, das zarte Innere, ist eine Delikatesse, und lässt man Zucker im jungen Stumpf gären, fermentiert die Flüssigkeit zu alkoholhaltigem Palmwein.

Auch heute noch erstrecken sich außerhalb der beiden Orte jede Menge Bananenplantagen, die inzwischen den Besitzer gewechselt haben. In Morales und Bananeras gehört es bereits zu den aufregendsten Aktivitäten, den Bus zu wechseln. Wer hier übernachten muss, findet ein paar passable Unterkünfte.

Übernachtung

Mansión del Viajero, Calle de atrás s/n, bei der *Farmacia del Centro* rechts von der Hauptstraße in Morales abbiegen, ✆ 79478940, günstige Zimmer mit oder ohne AC. ❷–❸
Hotel La Fuente, an der Hauptstraße in Morales, schräg gegenüber von *Fuente del Norte,* ✆ 79477073, 📠 79478407, sauberes Hotel mit TV und AC. ❹
Hotel del Centro, an der Hauptstraße in Morales, gegenüber *Bancafé,* ✆ 79477520, teuer, aber nicht schlecht. Zimmer mit kleinem Kühlschrank und AC. ❹

Sonstiges

GELD – ***Banrural*** hat einen *Visa*- und *Mastercard*-Geldautomaten, und ***Bancafé*** hat einen Visa Geldautomaten. Beide Banken liegen entlang der Hauptstraße.

Transport

BUSSE – Die Busgesellschaften *Fuente del Norte* und *Litegua* unterhalten jeweils ein Büro an der Hauptstraße in Morales.
GUATEMALA-STADT (245 km, 4 Std.), *Fuente del Norte* fährt mehrmals täglich zwischen 8.30 und 17 Uhr, ebenso wie *Litegua,* deren Busse zwischen 2.30 und 15.30 Uhr in Morales halten.
SANTA ELENA,Petén (ca. 4 Std.), mehrere *Fuente-del-Norte*-Busse zwischen 6 und 19.30 Uhr.
JUTIAPA (4 Std.), um 9 und 9.30 Uhr fährt *Fuente del Norte.*
EL SALVADOR (ca. 9 Std.) via JUTIAPA und Grenzübergang San Cristóbal, 1x tgl. mit *Fuente del Norte* um 10.30 Uhr.
Sonst kann man auch mit einem *Microbus* bis zur Atlantikstraße fahren und einen beliebigen Bus in beide Richtungen nehmen.

Mariscos und Playa Dorada

Im weiteren Streckenverlauf ist der Regenwald überwiegend großen Weiden und Bananenplantagen gewichen. Die Atlantikstraße folgt dem Unterlauf des *Río Motagua* in mehr oder weniger großem Abstand durch das breite, fruchtbare Schwemmland.

Ein lohnenswerter Abstecher führt von **La Trinchera**, 28 km westlich von **La Ruidosa**, über eine asphaltierte Straße nach 14 km vorbei an Gummiplantagen zum Izabal-See. Das kleine Fischerdörfchen **Mariscos** ist unter der Woche eine Oase der Ruhe – anders an Wochenenden, wenn einheimische Familien jeden freien Fleck am Seeufer besetzen.

Dies gilt auch für das 4 km weiter westlich gelegene **Playa Dorada**, das ebenfalls über eine asphaltierte Straße zu erreichen ist. Der größte Teil des „goldenen Strandes" ist in Privatbesitz und der Öffentlichkeit nicht mehr zugänglich.

Übernachtung und Essen

Hotel Karilinda, entlang der Hauptstraße am Seeufer, ✆ 53069421, einfache Zimmer, teilweise nur mit dünnen Holzwänden abgetrennt, teures Restaurant. ❷

Hotel Marinita, entlang der Hauptstraße am Seeufer, ✆ 79497104, kleine Zimmer mit und ohne Bad, Restaurant am See. ❷

Dennys Beach, ein paar Bootsminuten nordöstlich von Mariscos an der Punta Brava, ✆ 53980908, ✉ dennysbeach@hotmail.com, ruhige Anlage mit eigenem Strand. Unterkunft in einfachen Hütten, Zelt oder Hängematte. Wer nicht nur relaxen möchte, kann reiten, segeln, schwimmen oder sich ein Kajak mieten. Die Besitzer sind von Mariscos aus über den Radiokanal VHF 63 zu erreichen und können den Wassertransport arrangieren.

Transport

Zwischen der Atlantikstraße und Mariscos verkehren Kleinbusse alle 30 Min. Die Fähre nach El Estor hat ihren Dienst eingestellt. Ein Charterboot kostet rund US$70 für bis zu 4 Pers.

Quiriguá

Bei KM 204,5 zweigt eine Erdstraße zur 4 km entfernten Ruinenstätte Quiriguá ab. Nach wenigen hundert Metern überquert sie die Überreste der ehemaligen Eisenbahnverbindung zwischen Puerto Barrios und der Hauptstadt. Heute wird der überwucherte Schienenstrang fast ausschließlich von Fußgängern benutzt. Hinter der stillgelegten Bahnlinie betritt man das Reich der Bananen. Kilometerweit erstreckt sich die **Del-Monte-Plantage** in allen Richtungen.

Auf dem Weg zu den Ruinen kreuzt wenig später eine Art Mini-Schwebebahn den Weg. Eine Schranke senkt sich, und ein Arbeiter, der auf einem Stuhl sitzt, zieht mit Hilfe eines kleinen Dieselmotors eine lange Reihe Bananenstauden zur Verpackungsanlage. Hier werden die Stauden zerteilt, sortiert, in Desinfektionslösung gewaschen, mit einem Konservierungsmittel besprüht, etikettiert, gewogen, verpackt und verladen, das Ganze im Akkordtempo bei schwül-heißen Temperaturen. Befragt man die Arbeiter und Arbeiterinnen zu ihren Arbeitsbedingungen, kommt wenig Kritik: Alle sind froh in wirtschaftlich schwierigen Zeiten einen Job zu haben, bei dem sie einen Lohn erhalten, der ca. doppelt so hoch wie der Mindestlohn ist (s.S. 107, Wirtschaft). Die *Del-Monte*-Verpackungsanlage kann kostenlos besichtigt werden. Fotografieren ist erlaubt, Filmen nicht.

Bananen

Die Pflanzen brauchen sieben bis neun Monate, bevor sie Früchte tragen, die dann weitere drei Monate reifen. Danach stirbt die Pflanze ab. Die Stämme sind untereinander mit Seilen festgezurrt, um Stürmen besseren Widerstand entgegensetzen zu können. Ein Plastiksack schützt die Staude und lässt sie schneller reifen. Verschiedenfarbige Bändchen markieren den unterschiedlichen Reifegrad der Bananen, die das ganze Jahr über geerntet werden.

Staat im Staat – Die Geschichte der United Fruit Company

Die Geschichte der Bananenfirma begann im Jahr 1885, als Schiffskapitän Baker und Hafenspediteur Preston im gleichnamigen Ort die *Boston Fruit Company* gründeten. Sie verkauften in den USA Bananen aus Jamaika, Kuba und der Dominikanischen Republik. Da die Nachfrage recht bald das Angebot überstieg, beschlossen die Geschäftsleute, Land für eigene Bananenplantagen in Mittelamerika zu kaufen, um so einen konstanten Nachschub der begehrten Früchte zu gewährleisten.1899 schlossen sich die *Boston Fruit Company* und Minor Keith zur *United Fruit Company* zusammen. Keith, Eisenbahnkonstrukteur in Mittelamerika, brachte Konzessionen für Eisenbahnlinien und die Postbeförderung sowie einen großen Landbesitz mit ein. Land war im unerschlossenen karibischen Tiefland in jener Zeit günstig zu haben; die Regierungen waren froh, überhaupt etwas dafür zu bekommen.

Das Betriebskapital der *United Fruit Company* wuchs in den folgenden Jahrzehnten auf über US$200 Mio. an, und die Firma hatte sich neben Honduras, Nicaragua, Panama und Kolumbien vor allem in Guatemala ausgebreitet. Außer mit Bananen handelte die *UFCO* noch mit anderen Früchten, mit Zucker, Tropenhölzern und Bodenschätzen. In Guatemala besaß sie über 100 000 ha fruchtbares Land und kontrollierte das Post- und Telefonwesen. Darüber hinaus brachte sie Häfen und den Schiffsverkehr, Eisenbahnlinien sowie die Stromversorgung unter ihre Kontrolle. Zudem brauchte *la frutera,* wie sie genannt wurde, keine Steuern zu zahlen. Als das Unternehmen im Jahr 1930 auch noch den Besitz ihres größten Konkurrenten Samuel Zamurrey aufkaufte, war sie schon seit langem größter Arbeitgeber, Landbesitzer und größter Exporteur Guatemalas. Während der Weltwirtschaftskrise Anfang der 30er Jahre schaffte es der charismatische Zamurrey, sich an die Spitze des Unternehmens zu setzen und den Einfluss der *UFCO,* die jetzt *el pulpo* (die Krake) genannt wurde, weiter zu vergrößern.

Erste dunkle Wolken zogen für den Monopolisten nach der Oktoberrevolution in Guatemala im Jahr 1944 am Horizont auf. Der Unmut der Bevölkerung und der Arbeiter gegen die Machenschaften der *UFCO* wuchs. Dem Volk aus der Seele sprach der damalige Arbeits- und Wirtschaftsminister der Regierung Arbenz:

„Die *United Fruit Company* ist der Hauptfeind des Fortschritts in Guatemala, seiner Demokratie und aller auf seine wirtschaftliche Befreiung gerichteten Anstrengungen."

Steuerforderungen der Regierung hatten die prompte Entlassung von 4000 Arbeitern zur Folge. Die Lage eskalierte, als die Regierung Arbenz 1953/54 brachliegendes Land der *UFCO* im Zuge der Landreform und als Garantie für nicht erfüllte Lohnforderungen entlassener Arbeiter beschlagnahmte. Das Erstaunliche dabei: Nicht das Unternehmen selbst protestierte gegen diese Maßnahmen, sondern das Außenministerium der USA. Dies zeigte auf eindrucksvolle Weise, wie die wirtschaftlichen Interessen einflussreicher US-Politiker mit den Geschicken der *United Fruit Company* verflochten waren. 1954 organisierten höchste politische Kreise in den USA den Sturz der Regierung Arbenz, indem sie Söldner nach Guatemala einmarschieren ließen. Doch unter internationalem Druck begannen sich die USA von der *United Fruit Company* zu distanzieren: Das US-Justizministerium initiierte ein Anti-Trust-Verfahren gegen die Monopolgesellschaft. Die Prozesse, die sich bis 1958 hinzogen, führten schließlich zur Auflösung der Firma. Die *UFCO* musste einen Großteil ihres Grundbesitzes an einheimische Firmen abtreten und verlor die Rechte an der Eisenbahnlinie zwischen der Hauptstadt und Puerto Barrios.

Die Ruinen von Quiriguá

Wie eine grüne Oase liegen die Ruinen von Quiriguá im letzten Waldstück weit und breit. Das Besondere der Anlage sind weniger die eher bescheidenen Bauwerke, als die fantastischen Stelen. Die steinernen Bildsäulen gehören zu den größten der gesamten Maya-Welt und sind definitiv ihr Eintrittsgeld wert.

Geschichte

Quiriguá war schon in der Frühklassik um 250 v. Chr. besiedelt. Davor waren wahrscheinlich bereits Stämme aus dem Norden Mexikos entlang der Karibiküste in die Region gelangt und hatten sich mit den hier lebenden Gruppen vermischt. In Stelen und Altäre eingravierte Details zeigen Einflüsse aus El Tajín in Veracruz und aus Cotzumalguapa an der guatemaltekischen Pazifikküste.

Erste Monumente aus der klassischen Phase datieren aus dem 5. Jahrhundert. Man glaubt, dass Quiriguá im Jahr 426 durch einen Vertreter des ersten Königs von Copán gegründet wurde, diese honduranische Ruinenstätte (s.S. 398) befindet sich nur 40 km Luftlinie entfernt. Quiriguá entwickelte sich zu einem wichtigen Handelszentrum, das Warenströme zwischen Copán, der Karibik, dem Hochland und dem Petén koordinierte. Zusätzliche Bedeutung erlangte der Ort durch den Vertrieb von Jade aus den Steinbrüchen im Motagua-Tal. Für rund 300 Jahre stand Quiriguá mit seinen rund 2000 Bewohnern unter dem Einfluss seines weitaus größeren Nachbarn Copán.

Diese Abhängigkeit ging allerdings seinem Ende entgegen mit der Machtübernahme von Donnerhimmel, dem 14. Herrscher von Quiriguá. Obwohl er selbst durch die Dynastie von Copán eingesetzt worden war, etablierte er Beziehungen zu Calakmul, einem Erzfeind Copáns und seines Verbündeten Tikal. Die Beziehungen beider Orte verschlechterten sich rapide. Es kam zu einem bewaffneten Konflikt, aus der Quiriguá als Sieger hervorging. Am 23. April 738 nahm Donnerhimmel den Herrscher von Copán, Achtzehn Kaninchen, gefangen. Wenige Tage später werden die Ereignisse auf den Stelen in beiden Städten unterschiedlich bewertet. Während man in Quiriguá von einer öffentlichen Opferzeremonie auf der großen Plaza berichtet, heißt es in Copán, der König sei im Kampf gefallen.

Die siegreiche Rebellion erzeugte eine wirtschaftliche und politische Freiheit, die sich in massiver Bautätigkeit sowie der Errichtung von Stelen und Skulpturen äußerte. In der Folgezeit versuchte Quiriguá seine wachsende Macht durch neue Bündnisse und Heiratsallianzen zu konsolidieren.

Obwohl Quiriguá während mehrere Dekaden aufblühte, war es nicht immun gegen die gewaltigen Änderungen, die die Welt der Maya bedrohten. Das letzte skulptierte Datum stammt aus dem Jahr 810. Zu Beginn des 10. Jahrhunderts lag die Stadt verlassen da. Ihre Bewohner waren nach und nach Richtung Norden abgewandert. Anhand eines Fundstücks konnten Forscher nachweisen, dass um die Mitte des 10. Jahrhunderts eine Gruppe Einwanderer aus dem Norden vorübergehend in Quiriguá lebte, wenig später aber in Richtung Honduras aufbrach.

1840 entdeckten der amerikanische Diplomat Stephens und der Zeichner Catherwood die Ruinen, die sie ähnlich wie jene von Copán käuflich erwerben wollten. Im festen Glauben, die US-Regierung stecke hinter der Kaufabsicht, forderte der Besitzer des Grundstücks eine völlig überzogene Summe. Das Geschäft kam nie zustande. Zusätzlich bekannt wurde Quiriguá durch die Fotografien des britischen Archäologen Alfred Maudsley, dessen Bilder zum Ende des 19. Jahrhunderts veröffentlicht wurden. Zwischen 1910 und 1914 führte die *Carnegie Institution* in Washington Ausgrabungsarbeiten durch, die von der *United Fruit Company* unterstützt wurden, und von 1974–79 waren die Archäologen der *Pennsylvania University* mit systematischen Ausgrabungen beschäftigt.

Sehenswertes

Die drei in Quiriguá gefundenen Baugruppen stammen aus verschiedenen Epochen. Die Zentren A und B liegen jeweils mehrere hundert Meter weit vom Hauptteil der Anlage – der Gruppe C – entfernt. Sie stammen aus der frühen Besiedlungszeit des Ortes und sind kaum restauriert.

In der **Gruppe A** fanden Archäologen 1922 die **älteste Stele** der gesamten Anlage aus dem Jahr 692, die allerdings nur 2 m misst. Die Gruppe B besteht aus drei kleinen Hügeln, die ehemalige Fundamente andeuten. Freigelegt wurden nur eine Plattform und eine Stele. Im Osten der **Gruppe C** liegt die **Hauptplaza** mit Stelen und Steinquadern sowie die vierfach überbaute **Akropolis**.

Zoomorph B in den Ruinen von Quiriguá

In Quiriguá hat man inzwischen ein **Besucherzentrum** und kleines **Museum** gebaut. In ihm sind einige Originalstücke ausgestellt. Am Eingang zu den Ruinen befinden sich einige einfache *comedores,* ein Parkplatz und Toiletten. Es regnet oft in Quiriguá, auch ein Mückenmittel leistet gute Dienste. ⏲ 8–16.30 Uhr, US$3,40.

Stelen

Erst nachdem die Gruppe C fertiggestellt worden war, begannen die Herrscher von Quiriguá damit, regelmäßig Stelen in Auftrag zu geben. 751–805 wurden alle fünf Jahre Stelen errichtet (nur von 771–775 war der Abstand vier Jahre). Die länglichen, bebilderten Steinmonumente bestehen aus einem rötlich-braunen Sandstein, der aus einem ca. 4 km entfernten Steinbruch in der Nähe des Río Motagua stammt.

Die tonnenschweren Quader wurden von den Maya über Holzrollen zu ihrem Bestimmungsort transportiert. Die Stelen, die den jeweiligen Machthabern als Medium der politischen Selbstdarstellung dienten, erreichen Höhen von über 10 m bei einem Gewicht von über 50 Tonnen. Ähnlich wie in Copán wurden die Stelen auf der **Hauptplaza** der Gruppe C errichtet.

Die Stelen A, C, D, E, F, H und J zeigen Herrscher Donnerhimmel. **Stele A** und **C** wurden gleichzeitig im Jahr 705 errichtet. **Stele D**, sicherlich eines der schönsten Beispiele altamerikanischer Steinmetzkunst, ist auf der guatemaltekischen 10-Centavo Münze abgebildet. Sie zeigt auf ihrer Nord- und Südseite den Herrscher. Auf der Ost- und Westseite sieht man Datumsangaben, Hieroglyphentexte zur Geschichte und zur Beziehung des Königs zu den Göttern.

Stele E aus dem Jahr 771 ist mit 10,67 m und 65 Tonnen die größte und schwerste Stele der gesamten Maya-Welt. Auf **Stele F** ist der 14. Herrscher von Quiriguá mit einem Spitzbart zu erkennen. **Stele H** ließ er 751 als erstes Steinmonument seiner Amtszeit errichten. **Stele J** stammt aus dem Jahr 756 und scheint als Vorlage für **Stele I** (804) gedient zu haben. Auf letzterer und auf der ebenfalls recht kleinen **Stele K** (805) ist der Herrscher Jadehimmel zu sehen, der im Jahr 802 den Thron bestieg.

In Stephens Reisebericht *Incidents of Travel in Central America, Chiapas and Yucatán* sind einige hervorragenden Zeichnungen der Stelen von Quiriguá abgebildet.

Zoomorphe

Ab 780 ging man über zur Setzung von großen Steinblöcken, so genannten Zoomorphe. Die 3–4 m langen Steinquader zeigen mythische Wesen mit charakteristischen Zügen einzelner Tiere. So ist auf **Zoomorph B** aus dem Jahr 780 ein riesiges Tier in Form einer Schildkröte abgebildet. Oftmals stellen die Steinblöcke eine dynastische Erbfolge dar. Aus dem Rachen des Erdungeheuers, auch kosmisches Monster genannt, kommt der Herrscher als Symbol für seine Thronbesteigung hervor. Zu sehen ist auch, wie der verstorbene König als tanzende Figur mit einer Jaguarmaske (Symbol der nächtlichen Sonne) in die Erde eintaucht, während sein Nachfolger in Vogelgestalt (Symbol der Tagsonne) aus ihr emporsteigt.

Himmelsende, der Sohn von Donnerhimmel, ließ 785 den **Zoomorph G** in Gedenken an seinen Vater errichten. Sehenswert sind auch die **Zoomorphen O und P** am Ostrand der Plaza unterhalb der Akropolis. Sie stammen aus den Jahren 790 bzw. 795. Vor ihnen ist jeweils ein reich verzierter Altarstein aufgestellt.

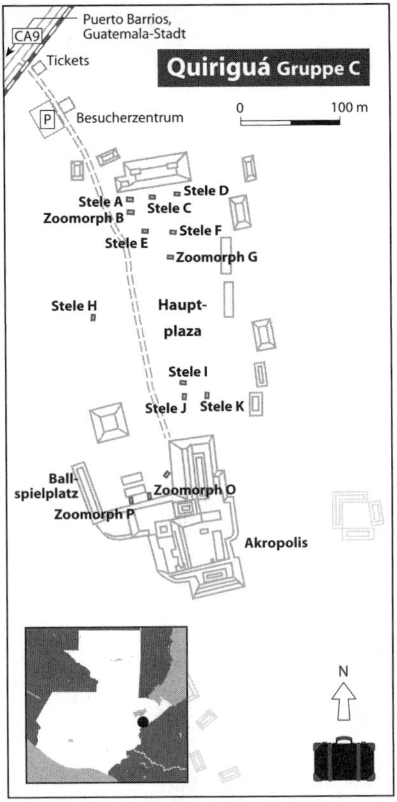

Übernachtung und Essen

Alle Unterkünfte liegen im etwas heruntergekommenen kleinen Ort Quiriguá, rund 4 km von den Ruinen entfernt. Früher befand sich hier ein international bekanntes Tropenhospital der *United Fruit Company*.

Hotel Eden, am Bahnhof. Der Name täuscht, denn es ist nur eine reine Notunterkunft. ❶

Hotel Royal, C. Principal, ✆ 79473639, brauchbare Zimmer mit oder ohne Bad. Zimmer mit warmem Wasser im Bau. Das Hotel hat ein ganz ordentliches Restaurant, das auch Vegetarisches serviert. ❷–❸

Hotel Santa Mónica, am KM 200 der Atlantikstraße, bei der Tankstelle, Einfahrt zum Ort Los Amates, ✆ 79473602, Zimmer mit Bad und Ventilator, Restaurant. ❷

Transport

Wer über ein eigenes Fahrzeug verfügt, biegt bei KM 204,5 zur Ruinenstätte ab. Der Ort Quiriguá besitzt einen separaten Eingang, nicht weit davon entfernt. Alle Busse entlang der Atlantikstraße halten auf Wunsch an der Abzweigung nach Quiriguá. Von hier fahren in unregelmäßigen Abständen Busse, Pickups und Traktoren zur Ruinenstätte, die auch in ca. 45 Min. zu Fuß zu erreichen ist. Wer vom Ort Quiriguá zu Fuß zur Ruinenstätte möchte, braucht nur den Gleisen Richtung Puerto Barrios rund 1 km zu folgen und trifft dann auf die Straße zur Anlage.

Für günstige Taxis nach Quiriguá im *Hotel Royal* nachfragen.

Der Osten

In den Urwäldern der **Sierra de las Minas** wandern

Das ungewöhnliche paläontologische Museum in **Estanzuela** besuchen

Dem „schwarzen Christus" von **Esquipulas** einen Besuch abstatten

Einen Abstecher zur Maya-Stätte **Copán** in Honduras unternehmen

Die selten besuchte **Laguna de Ayarza** entdecken

An der Kraterlagune des **Vulkans Ipala** zelten

Der Osten des Landes – der *Oriente* – gehört noch immer zu den weißen Flecken auf der touristischen Landkarte. Wer mehr als nur einen oberflächlichen Eindruck von der Vielfalt Guatemalas bekommen möchte, sollte auch in dieser Region ein paar Tage verbringen. So gut wie alle sehenswerten Orte sind dank der guten Straßen und des dichten Busnetzes einfach zu erreichen. Ein Ausflug nach **Copán**, der Ostgrenze des Maya-Reichs, rundet eine mehrtägige Erkundungstour durch Guatemalas Osten ab.

Zum *Oriente* zählen die fünf *departamentos* **El Progreso**, **Zacapa**, **Chiquimula**, **Jalapa** und **Jutiapa**. Das gebirgige Land, das nicht mehr die Höhen des *altiplano* erreicht, wird von drei Bergzügen dominiert: Im Westen sind es die Ausläufer der **Sierra Madre**, im Norden ist es die **Sierra de las Minas** und im Osten die **Sierra del Merendón**. Die stark erodierten Vulkane im Übergangsgebiet zum pazifischen Flachland erreichen nur noch Höhen von 1000 bis 2000 m.

Der Osten gehört zu den trockensten und heißesten Gebieten des Landes und ähnelt besonders in den Monaten Januar bis Mai zum Teil einer Wüstenlandschaft. Während der Regenzeit und kurz danach präsentiert sich das Gebiet hingegen in sattem Grün. Daher eignen sich besonders die Monate Juli/August und November/Dezember für einen Besuch.

Im *Oriente* leben fast ausschließlich Ladinos. Der indianische Bevölkerungsanteil liegt unter 5%. Enklaven von einigen tausend Pokomchí-Indianern befinden sich in der Provinz Jalapa, und in der Provinz Chiquimula leben isoliert einige Chortís.

Alle fünf Ostprovinzen sind traditionell landwirtschaftlich ausgerichtet. Es ist das Land der *vaqueros* – der Cowboys. Nirgendwo sonst in Guatemala sieht man so viele Lederstiefel und Cowboyhüte. Stierkämpfe und Pferdeshows stehen auf dem Programm der meisten größeren Fiestas. Den Ladinos und Ladinas des *Oriente* wird besonders viel Temperament nachgesagt, und der *Machismo* ist hier besonders ausgeprägt.

Von Quiriguá nach Río Hondo

Nur rund 4 km von Quiriguá entfernt passiert man den wenig interessanten Ort **Los Amates**, ein großes Agrarzentrum ohne ein touristisches Angebot. Benannt wurde das Städtchen nach zwei großen *Amate*-Bäumen. Aus der Rinde dieser zur Ficus-Familie zählenden Baumart gewannen die Maya ein dünnes Schreibpapier, auf dem auch die erhaltenen gebliebenen Maya-Codices aufgezeichnet sind. Am 3. Mai findet in Los Amates das Patronatsfest des heiligen Kreuzes statt. Im Ort gibt es einige Unterkunftsmöglichkeiten wie z.B. die *Hospedaje San Antonio*.

Wenige Kilometer westlich von Los Amates erreicht man die Provinz Zacapa. Die Landschaft wird merklich trockener, die ersten Kakteen tauchen auf. Zwischen der Ortschaft **Gualán** und Río Hondo liegen beiderseits der Straße große Felsbrocken über mehrere Kilometer verteilt. Es sind die Überreste einer gewaltigen Geröllawine, die sich vor Jahrtausenden aus der mächtigen **Sierra de las Minas** (s.S. 386) löste. Der imposante Gebirgszug, der parallel zur Atlantikfernstraße verläuft, erstreckt sich über mehrere Provinzen. Die Flüsse aus den Bergen, die in regelmäßigen Abständen zu überqueren sind, verwandeln sich während der Regenzeit immer wieder in reißende Ströme und spülen oftmals Teile der Hauptstraße weg.

Bei KM 136 wird die Abzweigung **Río Hondo** erreicht. Hier zweigt die Landstraße CA 10 Richtung Honduras und El Salvador in die Provinzhauptstädte Zacapa und Chiquimula sowie zur Pilgerstätte Esquipulas ab. Über eine Nebenstrecke gelangt man zu den sehenswerten Ruinen von Copán in Honduras. An der Abzweigung gibt es jede Menge einfacher *comedores* und ein paar schlichte Herbergen. Regelmäßiger Busverkehr besteht in alle Richtungen.

Von Río Hondo nach Guatemala-Stadt

Nur wenige Kilometer in Richtung Guatemala-Stadt passiert man den **Río Pasabién**. Aufgrund der günstigen Lage zwischen der Hauptstadt, der Karibiküste sowie Copán und Esquipulas haben sich hier einige recht komfortable Hotels angesiedelt. Darunter ist das *Hotel Longarone,* KM 126,5 Atlantikstraße, ✆ 79347126, 📠 79347035, sehr beliebtes Hotel in einer weitläufigen Anlage, zwei Pools und Restaurant, Zimmer mit und ohne AC. ❺

In der Nähe des Hotels befindet sich die **Licorera Zacapaneca**. In der modernen Destillationsanlage wird der beste Rum des Landes produziert.

Der langjährig gereifte *Zacapa Centenario* hat schon viele internationale Auszeichnungen erhalten. Folgt man dem Río Pasabién flussaufwärts, gelangt man nach wenigen hundert Metern zu einem *balneario,* in dem man sich im kalten, erfrischenden Flusswasser abkühlen kann.

Teculután

Die schnurgerade Straße passiert wenig später bei KM 120 die Tankstellen, Obststände, Restaurants und einige Hotels des Ortes Teculután, dessen Zentrum etwas abseits liegt. In der Umgebung werden auf bewässerten Feldern Tabak und Honigmelonen angebaut. In Guatemala ist dies die einzige Region, in der Weintrauben wachsen. Sie kommen als Obst auf den Markt und werden nicht zu Wein verarbeitet.

San Agustín Acasaguastlán

Die Landschaft wird nun immer trockener, und am Straßenrand sind immer öfter **Kakteen** und kleine **Kalebassenbäume** *(jícaro, palo de morro)* zu sehen. Letztere erkennt man an den grünen, kugelförmigen Früchten, die direkt am Stamm und an den Ästen wachsen. Etwa 4 km vor El Rancho entfernt zweigt eine 4 km lange Straße zum kleinen Dorf San Agustín Acasaguastlán ab. Das hübsche Dorf, das bereits zur Provinz El Progreso gehört, lag zu Kolonialzeiten auf der Handelsroute zwischen dem Hochland und der Karibik. Die früher hier ansässigen *Pipil*-Indianer sind ausgestorben. Reste präkolumbischer Besiedlung findet man einige Kilometer entfernt in der kleinen Ruinenanlage **Guaytán**.

Übernachtungsmöglichkeit bietet das ***Turicentro Guaytán,*** ✆ 79451514, ein großes Hotel mit Pool und viel Betrieb am Wochenende. ❷

Transport

Busse nach GUATEMALA-STADT verlassen San Agustín A. zwischen 3 und 7 Uhr morgens sowie um 12 Uhr ab Parque Central. Kleinbusse verkehren ständig zur Atlantikstraße. Die unregelmäßigen Transportmöglichkeiten in die Sierra de las Minas beschränken sich auf Pickups und Lastwagen.

Sierra de las Minas

San Agustín Acasaguastlán ist der Ausgangspunkt für Ausflüge in die einmaligen Nebelwälder der Sierra de las Minas im Norden. Der Gebirgszug mit

Der Osten
0
20 km
Puerto Barrios
Quiriguá
Los Amates
Doña Maria
2035
Panimá
Matanzas
Sto. Toribio
Tinajas
Tzé
Co. La Cucaracha
2992
RESERVA DE LA BIOSFERA SIERRA DE LAS MINAS
3015 Co. Raxón
Sierra de las Minas
Motagua
Gualán
Jones
Tempisque
La Lima
Co. El Pinalón
2962
Teculután
Pasabién
Rio Hondo
CA9
3
Los Albores
Hato
Teculután
Estanzuela
Zacapa
San Agustín Acasaguastlán
San Cristobál Acasaguastlán
Isumatlán
Huité
Cabañas
Sta. Rosalía
1716
La Unión
1690
San Pedro Sula
El Rancho
El Jícaro
San Vicente
CA9
El Progreso (Guastatoya)
CA10
Grande
CA11
El Florido
Copán Ruinas
Sta. Rita
Copán
Jocotán
Camotán
1800
Jalapa
San Diego
1839
Tacó
Chiquimula
San Juan Ermita
HONDURAS
2176
Volcán Jumay
Los Chorros
Jalapa
San José
Vado Hondo
Olopa
San Jorge
1560
San Jacinto
Jalapa
San Pedro Pinula
Montaña de Pinula
San Luís Jilotepeque
18
Ipala
Quetzaltepeque
Colima
Volcán de Ipala
1650
1874
Padre Miguel Junction
Esquipulas
Mal Paso
CA10
ramundo
S. Manuel Chaparrón
Concepción Las Minas
Agua Caliente
Santa Fe
Sta. Rosa de Copán
Monjas
Agua Blanca
Frio
Volcán Alzatate
Volcán Tahual
1716
Sta. Catarina Mita
Co. Montechristo
2350
Ayarza
Volcán Suchitán
2042
Anguiatú
Nueva Ocotepeque
PARQUE NACIONAL TRIFINO
CA12
19
El Progreso
Asunción Mita
La Palma
Jutiapa
El Encumbrado
Quesada
CA1
Lago de Guija
El Amate
1446
Lag. de Atescatempa
S.Cristóbal Frontera
Atescatempa
Tejutla
Los Hoyos
1776
Volcán Chingo
Nueva Concepción
Chalatenango
EL SALVADOR
CA1
CA12
Moyuta
Valle Nuevo
Santa Ana
Chalachuapa
Ahuachapan
San Juan de Opico
Sierra Apaneca Ilamatepec
Pedro de Alvarado
La Hachadura
Concepción de Ataco
CA8
Apaneca
Volcán de Sta. Ana
CA12
2365
Lago de Coatepeque
Apopa
San Salvador
1910
Volcán de Izalco
San Salvador

einer Länge von ca. 130 km und einer Breite von bis zu 30 km stellt die natürliche Barriere zwischen den Flusstälern des Río Polochic im Norden und dem Río Motagua im Süden dar. Er umfasst zahlreiche Vegetationszonen, die von wenig mehr als Meereshöhe bis knapp über 3000 m reichen (*Cerro Raxón* 3015 m). Hier leben rund 70% aller in Guatemala vorkommenden Tierarten, darunter fünf Raubkatzenarten und der Nationalvogel Quetzal. Aufgrund der hohen Niederschlagsmengen von bis zu 4000 mm jährlich, hat sich eine abwechslungsreiche Fauna entwickelt, die sogar artenreicher als die der Regenwälder des Petén ist. Die Sierra de las Minas ist das größte Wasserreservoir des Landes. 63 Flüsse entspringen hier und versorgen insbesondere die Bewässerungsanlagen der trockenen Südseite mit dem Leben spendenden Nass. Ihren Namen erhielt die Bergkette aufgrund ihrer Jade- und Marmorvorkommen, die bereits von den Maya abgebaut wurden.

Heute ist das 140 300 ha große Naturschutzgebiet, das der guatemaltekische Kongress 1990 zum **Biosphärenreservat** erklärte, durch Brandrodung und illegalen Holzeinschlag in seiner Existenz bedroht. Während es für die meisten *campesinos* dabei einzig um das Überleben ihrer Familien geht, bereichern sich große Holzfirmen schamlos an den Reichtümern der Berge. Und diese Unternehmen verteidigen „ihre" Waldgebiete professionell. So mussten Journalisten der Tageszeitung *Siglo XXI* im Februar 1995 während der Recherche für einen Artikel zur Waldzerstörung unverrichteter Dinge aus dem Gebirgsmassiv abziehen. Kurz nachdem sie auf Reifenspuren großer Traktoren gestoßen waren, wurden sie von bewaffneten Männern aufgefordert, das Gebiet zu verlassen. Zuvor hatten ihnen Bewohner von San Agustín A. berichtet, dass täglich durchschnittlich 20 mit Holz beladene Lkws die Sierra verlassen würden. Obwohl die Täter bekannt waren, griffen die Behörden nicht ein.

Dass weite Teile des einmaligen Waldgebietes noch stehen, ist überwiegend den unermüdlichen Bemühungen der Naturschutzorganisation *Defensores de la Naturaleza* zu verdanken, die unter anderem mit Spendengeldern des WWF ein großes Teilstück der Sierra de las Minas verwalten. Inzwischen ist das Gebiet an zwei Stellen für Besucher zugänglich. Der erste Eingang befindet sich im Westen und ist über den Ort **Chilascó** in der Provinz Baja Verapaz (s.S. 299) zu erreichen, der zweite rund 22 km nördlich von San Agustín heißt **Los Albores**. Der Ort ist auch während der Trockenzeit nur mit dem Geländewagen zu erreichen. Besonders in der Regenzeit ist das hoch in den Bergen gelegene Dorf manchmal ganz von der Außenwelt abgeschnitten. Die beste Zeit für einen Besuch sind daher die Monate Januar bis März. *Defensores de la Naturaleza* hat im Schutzgebiet auf 2540 m Höhe eine wissenschaftliche Station (**La Cabaña**) aufgebaut, in der man auch in Mehrbettzimmern übernachten kann. Nachts kann es dort oben sehr kalt werden. Mit Niederschlägen ist das ganze Jahr über zu rechnen. Erfahrene Wanderer mit guter Ausrüstung können in 2–3 Tagen von Los Albores bis nach Chilascó (oder umgekehrt) durch eines der ursprünglichsten Waldgebiete Mittelamerikas wandern.

Weitere Informationen über das Schutzgebiet bei *Fundación Defensores de la Naturaleza*, 7. Av. 7-09, Z. 13, Guatemala-Stadt, ✆ 24408138, 📠 23640212, ✉ info@defensores.org.gt, 💻 www.defensores.org.dt. In San Agustín Acasaguastlán (auch für Chilascó zuständig) ✆/📠 79457237, ✉ chilasco@defensores.org.gt.

El Rancho

Bei KM 85 trifft die Straße aus dem Alta Verapaz bei El Rancho auf die Atlantikfernstraße. Die Abzweigung ist eine geschäftige Umsteigestation mit Tankstellen und jeder Menge Essenständen. Eine Spezialität, die alle fliegenden Händler anbieten, sind Cashew-Nüsse. In der Gegend um El Rancho kann man inmitten der ausgedörrten Landschaft gelegentlich noch den einen oder anderen **Guajakbaum** *(Guayacán;* lat. *Guaiaucum sanctum)* mit seinen auffälligen lila Blüten bewundern. Das extrem harte Holz ist für seine Langlebigkeit bekannt und wird daher gerne als Bauholz oder für Möbel genutzt.

El Progreso

Hinter El Rancho beginnt der lange Aufstieg aus dem Motagua-Tal Richtung Guatemala-Stadt. Langsame Lastwagen blockieren den Verkehr, gewagte Überholmanöver zerren an den Nerven. Nach dem ersten Anstieg bei KM 75 liegt unten im Tal die Hauptstadt der gleichnamigen Provinz El Progreso wie eine Oase in der trockenen Umgebung. Der alte Name des Städtchens Guastatoya ist weiter hin sehr gebräuchlich. Die Gegend, in der zu Beginn der Kolonialzeit verschiedene indianische Ethnien lebten, wird heute zu 98% von Ladinos dominiert. Die heiße Provinzhauptstadt hat sich zu einem properen, wenn auch touristisch uninteressanten Städtchen mit einem modernen, sauberen **Parque Central** gemausert. Übernachtung ist möglich im *Hotel Casa Guastatoya,* Parque Central, ✆/℻ 79451589, große Zimmer, Restaurant, Pool. ❷

Busse nach Guatemala-Stadt fahren alle 30 Min. zwischen 4 und 17 Uhr.

Sanarate

Der weitere Verlauf der landschaftlich eintönigen Strecke Richtung Guatemala-Stadt bringt wenig Sehenswertes. Nach der Abzweigung Richtung Jalapa bei Sanarate passiert man die größten Zementwerke des Landes, die *Cementos El Progreso*. Der Fortschritt, wie sich *El Progreso* übersetzt, geht in diesem Gebiet mit großflächiger Umweltzerstörung einher. Die Zementwerke, die ihre Monopolstellung im Land bisher erfolgreich verteidigen konnten, haben ganze Berge abtragen lassen. Zum fragwürdigen Ausgleich legten sie entlang der Straße Eukalyptuspflanzungen an.

Von Río Hondo nach Chiquimula

Wenige hundert Meter südlich der Abzweigung überquert man auf der CA 10 den **Río Motagua**. Bei KM 139 steht eine **Gedenktafel** für die Opfer des schweren Bebens von 1976, dessen Epizentrum im Motagua-Graben lag.

Estanzuela

Der kleine Ort bei KM 141 wäre nicht weiter erwähnenswert, befände sich hier nicht ein wenig beachtetes, aber umso sehenswerteres Museum. Das **Museo de Paleontolgía, Arqueología y Geología** stellt neben dem 3,60 m hohen Skelett eines *Mastodonten* – einem Vorfahren des Elefanten – weitere Überreste von Tieren aus prähistorischen Zeiten aus. Zusätzlich wurde eine Maya-Grabstätte aus der Umgebung nachgebaut. Das Museum befindet sich in gutem Zustand und wird leider viel zu selten besucht.

Vom Ortseingang in Estanzuela folgt man der Straße durch den Ort, die nach ca. 10 Minuten direkt zum Museum führt. 🕓 8–17 Uhr, Eintritt frei.

Erdbeben

Wie würde Guatemala ohne die schweren Erdbeben aussehen, von denen es regelmäßig heimgesucht wird? Immer wieder hat die unruhige Erdkruste das Land zerstört und für immense Schäden gesorgt. Grund hierfür ist die Lage Guatemalas auf drei verschiedenen tektonischen Platten. Während die im Pazifik liegende Kokosplatte unter die nordamerikanische und karibische Platte driftet, verschieben sich diese beiden im Landesinneren gegeneinander, wodurch in Ost-West-Richtung verlaufende Gräben entstehen. Der Bekannteste ist der Motagua-Graben. Er war das Epizentrum des schweren Erbebens vom 4. Februar 1976 mit einem Wert von 7,5 auf der Richterskala, bei dem etwa 25 000 Menschen starben, rund 80 000 verletzt und über 1 Mio. obdachlos wurden.

Im Januar 2001 erschütterten mehrere schwere Beben die Region. Während der Schaden in Guatemala gering blieb, waren im Nachbarland El Salvador über 800 Tote zu beklagen.

Zacapa

Die Provinzhauptstadt Zacapa liegt 3 km östlich der Hauptstraße CA 10. Seine Blütezeit hatte der Ort vor etwas mehr als hundert Jahren am Kreuzungspunkt der Eisenbahnlinie Puerto Barrios – Guatemala und der Nebenstrecke Zacapa – El Salvador. 1898 fuhr die erste Eisenbahn durch Zacapa, doch die goldenen Zeiten des Schienenverkehrs sind lange vorbei, und Zacapa ist in seiner wirtschaftlichen Bedeutung längst vom nahe Chiquimula übertroffen worden. In Zacapa sind alteingesessene Großgrundbesitzer zu Hause. In der gesamten Provinz leben überwiegend Ladinos. Dank der künstlichen Bewässerung gedeiht in der heißen und trockenen Region eine Vielzahl von Feldfrüchten. Hauptanbauprodukt ist Tabak, der in aller Regel in die USA verkauft wird. Einfuhrbeschränkungen und Zollschranken machen den Pflanzern aber schwer zu schaffen. Außer Tabak produziert die Provinz Obst, Zuckerrohrschnaps, Rindfleisch und Milcherzeugnisse. In geringem Umfang wird Jadeit und Marmor abgebaut. In der Provinzhauptstadt auf 230 m Höhe, die zu den heißesten Städten Guatemalas (Rekordtemperatur 45 °C) zählt, gibt es keine besonderen Sehenswürdigkeiten. Für Eisenbahnfreaks lohnt das **Museo del Ferrocarrill**, das im Bahnhof untergebracht ist und mit vielen liebevollen Details versucht, längst vergangene Zeiten wieder lebendig zu machen. ⌚ tgl. 7–12 und 14–17 Uhr, Eintritt frei. In Zacapa gibt es *Visa*- und *Mastercard*-Geldautomaten.

Übernachtung und Essen

Die Auswahl ist in Teculután oder Chiquimula um einiges größer.
Hotel de León, 16. Av. 11-07, Z. 1, ✆ 79410265, sehr billig, sauber. ❶
Hotel Miramundo, 17. Av. 5-41, Z. 3, ✆ 79412674, 📠 79410157, etwas sterile, düstere Atmosphäre, Restaurant. ❸

Transport

Alle Busse fahren vom Busterminal am Ortseingang ab.
Busse nach GUATEMALA-STADT verlassen den Ort stündlich zwischen 3 und 9 Uhr.
Kleinbusse bringen einen jederzeit zur Hauptstraße CA 10, von der aus man nach COPÁN über CHIQUIMULA oder nach RÍO HONDO gelangt. Der letzte Bus aus ESQUIPULAS Richtung Hauptstadt passiert die Abzweigung nach Zacapa gegen 18 Uhr.
Von Zacapa nach PUERTO BARRIOS fahren 3–4 Busse tgl. zwischen 11.30 und 13 Uhr (4 Std.).
Nach CHIQUIMULA (30–40 Min.) fahren Kleinbusse in halbstündigen Intervallen zwischen 5.30 und 18.30 Uhr

Chiquimula

Hinter Zacapa überquert die Straße einen kleinen Pass, bevor sie in das weite Tal von Chiquimula hinab führt. Die gleichnamige Provinzhauptstadt auf 370 m Höhe ist nach 22 km erreicht. Das quirlige, umtriebige Städtchen hat sich in den letzten Jahren zu einem wichtigen Handelsplatz mit einem täglichen **Markt** gemausert. Die strategische Lage macht den Ort zur wichtigsten Stadt der Region. Von hier gelangt man über gut ausgebaute Straßen südwestlich zum Vulkan Ipala und weiter nach Jutiapa oder Jalapa. Richtung Osten bestehen Verbindungen nach Copán in Honduras, und südlich von Chiquimula kann man nach Esquipulas, Honduras oder El Salvador weiterreisen. Da viele Reisende hier übernachten, hat sich ein reichhaltiges Hotelangebot entwickelt. Sehenswürdigkeiten hat der vorwiegend von Ladinos bewohnte Ort allerdings keine zu bieten.

Übernachtung

Hotel Dario, 8. Av. 4-40, Z. 1, ✆ 79420192, sehr unterschiedliche Zimmer mit oder ohne Bad, billig. ❶
Hotel Victoria, 2. C./10. Av., Z. 1, ✆/📠 79422732, in der Nähe des Busterminals, günstig. ❷
Hotel Hernandez, 3. C. 7-41, ✆/📠 79420708, sauber, empfehlenswert. ❷–❸
Hotel Posada Don Adán, 8. Av. 4-30, Z. 1, ✆ 79420549, gepflegt, ruhig, manchmal von Gruppen belegt. ❸
Hotel Central, 3. C. 8-30, Z. 1, ✆ 79420118, AC, TV, kleines Bad. ❸

Essen

Trotz der großen Auswahl gibt es wenig Empfehlenswertes. Billig isst man wie immer in den *comedores* am Markt.
Restaurante El Tesoro, an der Südseite der Plaza, Chinese mit moderaten Preisen.
Supermarkt Paiz, an der Nordseite der Plaza.

Transport

BUSSE – Busse starten rings um den Markt im Bereich 10./11. Av. und 1./2. C.
GUATEMALA-STADT (169 km, 3 Std.), *Rutas Orientales,* ✆ 79426529, und *Transportes Guerra,* ✆ 79420564, beide in der 11. Av., ständige Abfahrten zwischen 3.30 und 17.45 Uhr.
ANGUIATÚ, Grenze nach El Salvador (54 km, 1 Std.), Minibusse fahren alle 15 Min. von 5–18 Uhr am Markt ab.
EL FLORIDO, Grenze nach Honduras, Copán (58 km, 1 1/2 Std.), Abfahrten um 5.30, 7.30, 10, 14.30, 16.30 und 17.15 Uhr. Ein Taxi zur Grenze kostet rund US$20.
ESQUIPULAS (52 km, 3/4 Std.), Kleinbusse fahren ständig vom Markt zwischen 5 und 18 Uhr.

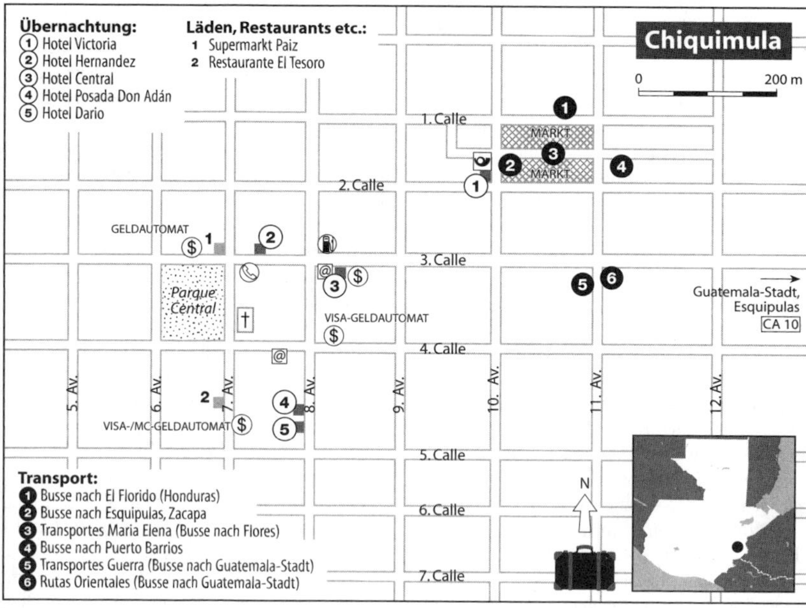

FLORES (385 km, 6 Std.), *Transportes María Elena* fährt um 6, 10.30 und 15 Uhr. Alle Busse passieren die Brücke am Río Dulce.
JALAPA über Ipala (78 km, 3 Std.), stündliche Abfahrten bis ca. 16 Uhr am Markt. Fahrtzeit nach Ipala ca. 1 1/2 Std.
JOCOTÁN (3/4 Std.), Kleinbusse fahren regelmäßig bis 17.15 Uhr. In Jocotán kann man in einen Bus zur honduranischen Grenze umsteigen
PUERTO BARRIOS über Quiriguá (192 km), mehrere Busse tgl. bis ca. 15 Uhr. Zum Río Dulce umsteigen an der Kreuzung La Ruidosa.
ZACAPA, RÍO HONDO (30–40 Min.), Kleinbusse ab dem Markt in halbstündigen Intervallen zwischen 5.30 und 18.30 Uhr.

TAXIS – Kosten im Stadtbereich ca. US$2.

Von Chiquimula nach Esquipulas

Folgt man der CA 10 Richtung Süden, gelangt man nach 9 km nach **Vado Hondo**. Links zweigt eine Straße ab, die über **Jocotán** zur Grenze nach Honduras und weiter zu den Ruinen von **Copán** führt (s.S. 398). Geradeaus passiert man nach ca. 22 km die Abzweigung nach Ipala.

Kurz darauf ist der kleine Ort **Quetzaltepeque** – übersetzt: „Quetzalhügel" – auf 650 m Höhe erreicht. Hier leben *Chortí*-Indianer (s.S. 395), die Kaffee und Zuckerrohr auf fruchtbaren Böden anbauen. In Quetzaltepeque kann man noch immer beobachten, wie *panela* (Zuckerrohrmelasse) traditionell hergestellt wird. Zunächst wird der in Mühlen abgepresste Zuckerrohrsaft in Holzöfen erhitzt. Die dabei entstehende dicklich-braune Flüssigkeit wird in Holzformen *(tablones)* gegossen. Abgekühlt werden die runden oder viereckigen Klumpen als Süßmittel auf den Märkten verkauft. Die *tablones* sind ein beliebtes Souvenir und werden auf allen Touristenmärkten angeboten. Vom 10.–12. Dezember feiern die Bewohner von Quetzaltepeque das **Patronatsfest zu Ehren des heiligen Franziskus**. Er besitzt eine eigene *cofradía* (Laienbruderschaft), die die Fiesta ausrichtet. Bei dieser Gelegenheit besuchen Gesandschaften der *cofradías* von Esquipulas und Jocotán den Ort. Umgekehrt erwidert die *cofradía* des heiligen Franziskus den Besuch am 25. Juli, dem Tag des heiligen

Jakobus, des Schutzpatrons von Esquipulas und Jocotán.

Nach rund 35 km ist die Gabelung **Padre Miguel Junction** erreicht. Rechts sind es 19 km zur Grenze nach El Salvador (Grenzstation: **Anguiatú**), links gelangt man nach 14 km auf einer kurvenreichen Strecke nach **Esquipulas**. Sobald man den Ausläufer der **Sierra del Merendón** überquert hat, gelangt man in das breite Tal von Esquipulas.

Esquipulas

Wer den tief im Osten gelegenen Ort auf 950 m Höhe aufsucht, tut dies in der Regel nur um die beliebteste Pilgerstätte in Zentralamerika zu besuchen. Schon von weitem sind die vier weißen Türme der imposanten **Basílica de Esquipulas** über den Dächern zu erkennen. Aus der Nähe betrachtet lässt sich die Existenzberechtigung des geschäftigen, kleinen Ortes auf eine unscheinbare Holzfigur zurückzuführen, den *cristo negro* – den schwarzen Christus – der Gläubige in Scharen anzieht.

Mitte Januar erreicht das etwas grotesk wirkende Spektakel seinen Höhepunkt. Am Haupttag, dem 15. Januar, bevölkern Tausende *romeristas* – Pilger – den Ort. Der große, gepflegte Park vor der Kirche verwandelt sich in eine Zeltstadt, in der Familien unter einfachen Plastikdecken hausen. Hier wird gekocht, geschlafen und gelebt. Die Basilika ist überfüllt. Über die Treppenstufen rutschen dicht gedrängt Pilger auf Knien in das geräumige Bauwerk. In seinem Inneren stehen, sitzen oder knien die Menschen dicht gedrängt vor den Heiligenbildern und entzünden Kerzen, um ihren Bitten Gehör zu verschaffen. In diesen Tagen hat die Kirchenverwaltung nur Personal angestellt, um die Unmengen von Wachs auf dem Kirchenboden zu entfernen. Am Seiteneingang warten die Menschen geduldig in einer mehrere hundert Meter langen Schlange, bis sie zur schwarzen Christusfigur gelangen, die hinter dem silbernen Altar in einer Glasvitrine zu sehen ist. Kaum haben sie sich verbeugt und bekreuzigt, schieben von hinten bereits die nächsten Pilger nach – eine spirituelle Massenabfertigung.

Nachdem die Gläubigen die Basilika verlassen haben, decken sie sich mit den üblichen Mitbringseln ein, dem bunten Strohhut, der mit künstlichen Blumen und Früchten verziert ist, etwas heiligem Lehm und ein paar Girlanden, *gusanos* (Würmer) genannt, die sich vor allem Autofahrer kaufen. Im bunt geschmückten, gesegneten Fahrzeug geht es dann unter dem Schutz der Heiligen zurück – Pilgerfahrt statt Unfallversicherung.

Während die einen noch beten, wenden sich die anderen bereits den leiblichen Genüssen zu. Überall werden Speisen und Süßigkeiten angeboten, der Markt und die Restaurants sind zum Bersten gefüllt. Wer sein Hotelzimmer nicht lange im Voraus reserviert hat, kann sich die Suche nach einer Bleibe schenken.

Schon in den vergangenen Jahrhunderten war der Ort eine beliebte Wallfahrtsstätte. Forscher vermuten, dass hier schon vor der spanischen Eroberung ein indianisches Heiligtum stand. Damals lebten Payaqui-Indianer im Tal des Río Lempa, deren Anführer Esquipulas sich den Spaniern 1530 freiwillig ergab und so Namengeber des Orts wurde.

Gegen Ende des 16. Jahrhunderts erteilten die Spanier dem berühmten Bildhauer Quirio Cataño den Auftrag, eine Christusfigur aus schwarzem Holz zu schnitzen. 1595 präsentierte er sein Meisterwerk, das mit seinem dunklen Teint helfen sollte, mehr Indígenas in die Kirche zu locken. Richtig „kultig“" wurde Esquipulas ab dem Jahr 1737, als die wundersame Christusfigur den Bischof von Guatemala – Luís Pardo de Figueroa – von einer chronischen Krankheit befreite. Dieser ließ zum Dank die 1759 vollendete Kirche errichten und sich selbst unter ihrem Altar beisetzen. Bereits Mitte des 19. Jahrhunderts, so berichtete der Diplomat und Reisende John Lloyd Stevens, versammelten sich in friedlichen Zeiten regelmäßig rund 80 000 Menschen am 15. Januar in Esquipulas. 1961 erhob Papst Johannes der XXIII. das Bauwerk zur Basilika.

Doch die Pilgerstätte ist nicht nur wegen des schwarzen Christus bekannt. Seit 1986 trafen sich die mehrmals Präsidenten aller mittelamerikanischen Staaten zu Friedensgesprächen in Esquipulas. Die daraus resultierenden Abkommen Esquipulas I und II dienten der wirtschaftlichen Integration und Demokratisierung. Heute werden von Esquipulas aus gemeinsame Drei-Länder-Projekte im Grenzgebiet zwischen Guatemala, Honduras und El Salvador koordiniert. Dazu gehört beispielsweise die Verwaltung des 8000 ha großen Parque Nacional Trifino.

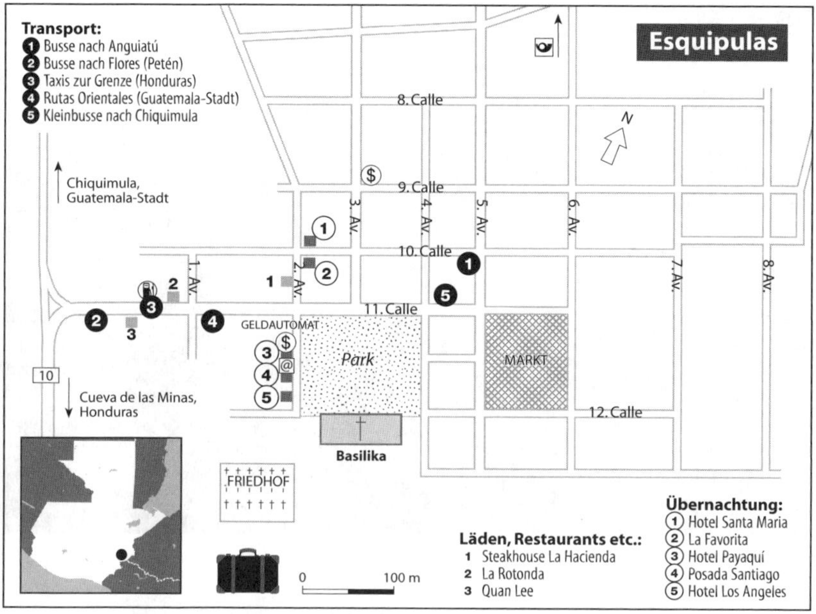

Heiliger Lehm

Ein beliebtes Mitbringsel aus Esquipulas für alle Daheimgebliebenen ist *tierra bendita* – gesegnete Erde. Aus einer nahe gelegenen Tonkuhle wird feiner, heller Lehm in kleine Barren gepresst, die mit Figuren verziert werden. Von den Priestern gesegnet, werden sie als Mittel gegen Magenbeschwerden aller Art empfohlen. Der Ton, der hauptsächlich Kieselerde, Eisenoxid und Aluminium enthält, kann verkocht oder aber roh verzehrt werden.

Wer Esquipulas etwas ruhiger erleben möchte, sollte den Ort unter der Woche aufsuchen. Außer dem 15. Januar werden noch folgende Festtage begangen: Am 9. März wird die Fertigstellung der Christus-Statue gefeiert und am 25. Juli das Patronatsfest des heiligen Apostels Jakobus.

Wer etwas mehr Zeit mitbringt, kann außer der Basilika den **Centro Turístico Cueva de las Minas** besuchen. Der Eingang befindet sich ein paar hundert Meter südlich hinter dem Friedhof an der Straße nach Honduras. Von hier sind es rund 500 m bis zu einer kleinen Höhle und dem **Río Milagro**. In dem angeblich Wunder wirkenden Wasser baden viele Einheimische.

Wer Richtung Honduras unterwegs ist, gelangt nach rund 10 km zur Grenzstation **Agua Caliente**. Auf honduranischer Seite kann man über Nueva Ocotepeque und Santa Rosa de Copán zu den Ruinen von Copán fahren.

Der Weg ist deutlich länger als die Strecke über Vaho Hondo, führt aber durch eine sehenswerte Berglandschaft.

Übernachtung

Angesichts der Größe des Ortes ist das Zimmerangebot enorm. Die Unterkünfte sind allerdings alle überteuert, und die Qualität ist bescheiden. Erhöhte Preise an Wochenenden sind normal. Während der Hauptpilgerzeit um den 15. Januar herum ist eine vorherige Reservierung unbedingt notwendig!

Hotel Santa María, 10. C. und 2. Av., ✆ 54096709, brauchbare Billigunterkunft. ❶

Die Basilika von Esquipulas

Hotel Los Angeles, 2. Av., an der Basilika, ✆ 79430607, recht günstige Zimmer mit Ventilator, TV. ❷
La Favorita, Ecke 2. Av./10. C., ✆ 79431175, akzeptabel. ❷–❸
Posada Santiago, 2. Av., ✆ 79432023, Zimmer mit Ventilator, Telefon, TV und gegen Aufpreis von US$7 mit AC. Am Wochenende verdoppeln sich die Preise! ❸–❺
Hotel Payaquí, 2. Av., direkt an der Basilika, ✆ 79431143, ℻ 79431371, angenehme Zimmer; Pool, Restaurant, TV, Parkplatz. ❺

Essen

Es gibt unzählige Restaurants und *comedores* in Esquipulas, die für guatemaltekische Verhältnisse teuer sind.
Gutes Essen gibt es im ***Steakhouse La Hacienda***, 2. Av. 10-20, Z. 1, und in ***La Rotonda*** neben der *Shell*-Tankstelle (unten Fast Food, oben Restaurant). Einfach und billig isst man beim Chinesen ***Quan Lee***, schräg gegenüber der Tankstelle. Gut, billig und reichhaltig frühstücken lässt es sich an den Ständen direkt an der Basilika.

Transport

Rutas Orientales fährt alle 30 Min. von 4.30–18 Uhr ab GUATEMALA-STADT über Chiquimula. Die Busse um 6.30, 7.30, 13.30 und 15 Uhr haben AC (ohne Aufpreis).
AGUA CALIENTE, honduranische Grenze: Taxis fahren ständig, wenn sie voll sind (US$2 p.P.), Chartertaxi ca. US$7 zur Grenze nach Honduras.
ANGUIATÚ, Grenze El Salvador, *Transportes Karlita*, 5. Av., ✆ 79431567, alle 30 Min. zwischen 6 und 18 Uhr.
CHIQUIMULA (52 km, 3/4 Std.), Kleinbusse fahren ständig an der 11. C. zwischen 5 und 18 Uhr ab.
FLORES, Petén (ca. 8 1/2 Std.), *Transportes María Elena*, 11. C., ✆ 79430957, Abfahrten um 4.30, 8.30 und 13.30 Uhr.

Von Vado Hondo nach Copán Ruinas (Honduras)

9 km südlich von Chiquimula zweigt bei Vado Hondo eine Nebenstraße zur Grenzstation **El Florido** ab. Die landschaftlich reizvolle und komplett asphaltierte Strecke führt ungefähr auf halbem Weg an den Schwesterdörfern **Jocotán** (= Ort der

Jocote-Pflaume) und **Camotán** (= Ort der Süßkartoffel) vorbei, die überwiegend von *Chortí*-Indianern bewohnt werden. Beide Orte liegen am Río Copán, der weiter nördlich Río Grande genannt wird, und der in den Río Motagua mündet. Ein Besuch von Jocotán lohnt sich besonders sonntags, am Marktag. Dann sieht man noch gelegentlich Frauen in einheimischen Trachten. Die bunten Röcke und Blusen sind nicht wie sonst üblich gewebt, sondern genäht. Die Männer tragen eine einfache weiße Hose zu einem weißen, langärmeligen Hemd. Auf dem Markt findet sich ein breites Sortiment an handwerklichen Produkten aus Agaven- und Palmfasern – unter anderem Seile, Körbe, Taschen, Hängematten und Besen. Bevorzugtes Anbauprodukt der Region ist neben Zuckerrohr der Tabak. Auf dem Weg zur Grenze erstreckt sich links eine kleine Kaschu-Plantage, wo die bei uns als Cashew bekannten Nüsse geerntet werden. Aus den Früchten, den Kaschuäpfeln, wird ein herb-säuerliches Erfrischungsgetränk und aus den Nussschalen Öl hergestellt, das zu Kunstharz weiterverarbeitet werden kann.

Übernachtungsmöglichkeit besteht im ***Hotel Katu Sukchij***, Jocotán, Nähe Parque Central, ✆/℡ 79462431, sauber, mit Restaurant. ❷

Grenzformalitäten

GELD – Die Ausreisegebühr auf guatemaltekischer Seite beträgt außer für Tagesvisa US$1,30 und die Einreisegebühr auf honduranischer Seite US$1. Auf beiden Seiten der Grenze stehen Geldwechsler bereit. Wer US-Dollar oder Quetzales in die honduranische Währung Lempira tauschen möchte, bekommt auf honduranischer Seite einen geringfügig besseren Kurs. Quetzales werden in Copán als Zahlungsmittel akzeptiert – der Kurs ist allerdings schlecht.

ÖFFNUNGSZEITEN – Die Grenze, die nur aus je einem Schlagbaum, den Flaggenmasten und ein paar Wellblechhütten besteht, ist von 7–17 Uhr geöffnet.

TAGESVISA – Wer am selben Tag wieder nach Guatemala zurückkehren möchte, bekommt gegen eine geringe Gebühr (US$3–4) von den guatemaltekischen Behörden ein Tagesvisum, das lediglich zum Besuch von Copán berechtigt. Das Visum besteht aus einem kleinen Stück Papier, das man besser nicht verlieren sollte. Es wird auf der honduranischen Seite lediglich abgestempelt. Bei der Wiedereinreise nach Guatemala gibt man das Papier ohne weitere Zahlungen ab.

Transport

Von GUATEMALA-STADT zur Grenzstation EL FLORIDO muss man in CHIQUIMULA umsteigen. Dort fahren Kleinbusse die 58 km in rund 90 Min. bis zur Grenze, Abfahrten um 5.30, 7.30, 10, 14.30, 16.30 und 17.15 Uhr. Ein Taxi zur Grenze kostet rund US$20. Der letzte Bus nach Chiquimula fährt gegen 15 Uhr an der Grenze ab.
Von ANTIGUA gibt es die Möglichkeit, mit Shuttle-Bussen direkt nach Copán zu gelangen (s.S. 180, Transport Antigua).

Die Chortí – die vergessenen Maya

Im äußersten Südosten der Provinz Zacapa, in der Provinz Copán (Honduras) und im Nordosten der Provinz Chiquimula leben isoliert und wenig beachtet die Chortí-Maya. Ihre Sprache, die sie selber *tcor tí,* nennen stammt vom *Chol* ab, einem Idiom, das heute nur noch von Maya-Gruppen in den mexikanischen Provinzen Tabasco und Chiapas gesprochen wird. Aufgrund unzureichender archäologischer Funde ist bis heute nicht eindeutig geklärt, woher die Chortí kommen und wann sie in ihr heutiges Siedlungsgebiet gelangt sind. Daher ist es auch nicht völlig auszuschließen, dass sie – wie von manchen Wissenschaftlern behauptet – die Gründer der Maystädte Copán und Quiriguá sind. Zumindest zum Zeitpunkt der spanischen Eroberung bevölkerten Chortí das Tal von Copán. Ihr ursprüngliches Siedlungsgebiet, das vom Río Motagua bis nach El Salvador reichte, schrumpfte während der Kolonialzeit zusehends. Heute leben etwa 50 000 Chortí in Guatemala. Die rund 4000 Chortí, die auf honduranischer Seite überwiegend im Copán-Tal wohnen, haben ihre eigene Sprache inzwischen verloren.

Ökologische Probleme im Copán-Tal

Im Tal von Copán scheinen sich alle Sünden der Vergangenheit zu wiederholen. Wie schon bei den klassischen Maya, werden die natürlichen Ressourcen von einer ständig wachsenden Bevölkerung überbeansprucht. Wälder weichen einer sich ausbreitenden Landwirtschaft, die die Böden in wenigen Jahren auslaugt. Selbst an den steilsten Hängen werden Mais und Bohnen angebaut. Die Folgen: Erosion und Flutkatastrophen. Sollte sich nicht bald Grundlegendes an dieser Situation ändern, werden auch die Bewohner des 21. Jahrhunderts das Tal in nicht allzu ferner Zukunft verlassen müssen.

Copán Ruinas

Im Tabakdorf, das 12 km von der Grenze nach Guatemala und 1 km von den Ruinen von Copán entfernt liegt, dreht sich inzwischen fast alles um den Tourismus. Dennoch hat es sich mit seinen gepflasterten Straßen und den roten Ziegeldächern seine beschauliche, koloniale Atmosphäre bewahren können. Nach einem Besuch der Ruinen lohnt sich ein Ruhetag in dem sympathischen Ort. Verschiedene Geschäfte in der Nähe der Plaza locken mit honduranischem Kunsthandwerk, und am Markt werden handgedrehte Zigarren im Dutzend zu Spottpreisen angeboten.

Von der **Schule** aus, einem ehemaligen Militärstützpunkt, vier Blocks nördlich der Plaza, hat man einen schönen Blick in die Umgebung. Wer Action braucht, dem bieten verschiedene Veranstalter Ausflugsprogramme an. Reiten, Wandern, Besuch der heißen Quellen oder ein Trip zum Lago Yojoa – die Auswahl ist groß.

Übernachtung

Hotel Posada Honduras, nahe des *Hotels Los Gemelos,* ☏ 6514082, gute Billigvariante mit oder ohne Bad. ❶

Hotel Los Gemelos, einen Block unterhalb der *Banco de Occidente,* ☏ 6514077, 📠 6514315, Langzeitfavorit unter Travellern; Gemeinschaftsbad, sehr sauber. ❶–❷

Hotel Café Via Via, neben der *Tunkul Bar,* ☏ 6514652, kleines, von Belgiern geführtes Hotel, das oft voll ist. Sehr saubere Zimmer mit Bad. Gutes Restaurant und Bar. ❷–❸

Hotel Posada, gegenüber dem *Hotel Marina Copán,* ☏ 6514070, 📠 6514059, ✉ laposada@hotelmarinacopan.com, große, angenehme Zimmer, zum Teil mit Bad. ❸

Hotel Los Jaguares, an der Nordwestecke der Plaza, ☏ 6514451, 📠 6514075, ✉ jaguares@copanhonduras.org, schöne Zimmer, netter Patio. ❹

Hotel Marina Copán, an der Nordwestecke der Plaza, ☏ 6514070, 📠 6514477, 💻 www.hotelmarinacopan.com, das Beste, was Copán Ruinas zu bieten hat, Pool, Sauna, Zimmer mit AC und TV, Restaurant und Bar. ❼–❽

Essen

Llama del Bosque, alteingesessenes Spezialitätenrestaurant.

Tunkul Bar und Restaurant, gegenüber von *Llama del Bosque,* große Portionen, Fleisch-, Pasta- und vegetarische Gerichte.

Cafeteria Vamos a ver, selbstgebackenes Brot, verschiedene Käsesorten, gute Suppen und günstige Preise.

Café Via Via, Tagesgerichte mit vegetarischen Optionen.

Café Velchez, guter Cappuccino.

La Casa de Todo, nette Gartenatmosphäre, Frühstück, Mittag- und Abendessen.

Sonstiges

GELD – ***Unibanc,*** Geldautomat *(Visa* und *Mastercard)* bei der ***Banco Credomatic,*** Geld tauschen kann man bei der ***Banco de Occidente*** und der ***Banco Atlándida.***

INTERNET – ***Maya Connections,*** einen Block südlich vom Park, bietet Telefon-, Fax- und Internetservice sowie eine Wäscherei, Kopien und Bücher.

Copán Net, Nähe *Maya Connections.* Internet kostet US$1,20–1,50/Std.

KUNSTHANDWERK – ***Asociación Nacional de Artesanos de Honduras,*** Mercado de Artesanía, Pabellon Maya, an der Nordseite des Parque

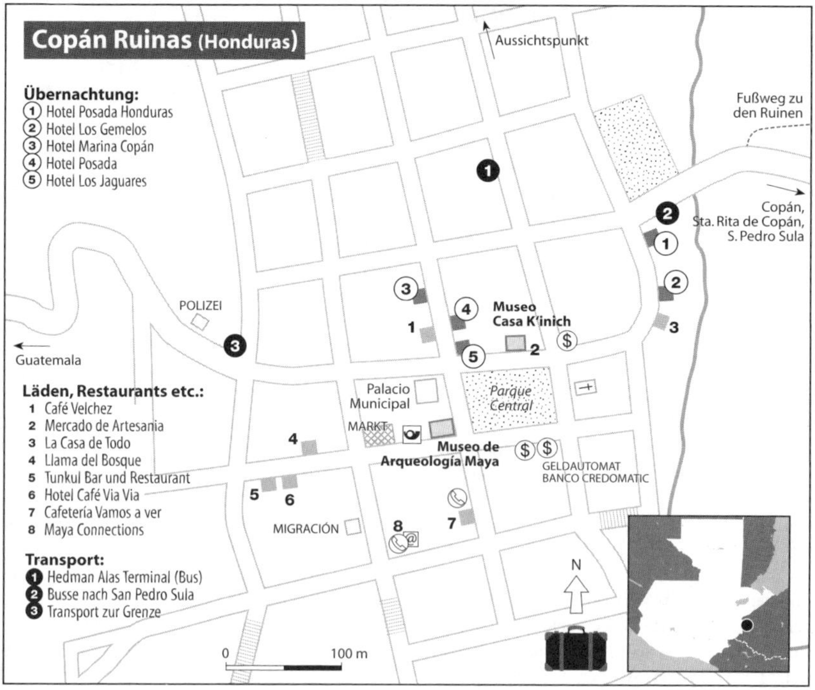

Central, Strohhüte, Schnitzarbeiten, Hängematten etc.

MIGRACION – Das Büro der Einwanderungsbehörde liegt 1 1/2 Blocks südwestlich der Plaza, ⌚ Mo–Fr 7–16.30 Uhr.

MUSEEN – An der Plaza liegt das ***Museo de Arqueología Maya***, das nach der Ruinenbesichtigung die Eindrücke mit weiteren archäologischen Stücken komplettiert. ⌚ Mo–Sa 8–16 Uhr, US$2. Die ***Casa K'inich*** ist ein interaktives archäologisches Museum, das pädagogisch ausgerichtet und daher besonders Kindern zu empfehlen ist. ⌚ Mo–Fr 8–12.30 und 13–17, Sa 8–12 Uhr, Eintritt frei.

POST – Westlich der Plaza.

SPRACHUNTERRICHT – ***Guacamaya Spanish Academy***, ✆/℻ 6514533, 💻 www.guacamaya.com.

Ixbalanque Spanish School, ✆ 6514432, 💻 www.ixbalanque.com.

TELEFON – ***Hondutel***, südwestlich der Plaza. ***Maya Connections***, s.o. Internet.

WÄSCHEREIEN – ***Maya Connections***, s.o. Internet.

Transport

Seit die Straße beiderseits der Grenze asphaltiert worden ist, hat sich die Fahrtzeit für die 60 km von Chiquimula nach Copán beträchtlich verkürzt (ca. 90 Min).
Staub- bzw. Schlammschlachten gehören der Vergangenheit an.
Busse und Pickups bedienen laufend die Strecke zwischen der Grenze und COPÁN.
Von COPÁN RUINAS fahren Pickups bis ca. 16 Uhr zur Grenze.

Eine teure, aber bequeme Art von ANTIGUA nach Copán zu gelangen, sind Shuttle-Busse (Adressen s.S. 180, Serviceteil Antigua). Auch das honduranische Transportunternehmen *Hedmann Alas* fährt von Antigua aus über Guatemala-Stadt (mit Zubringer aus Antigua) über Copán nach San Pedro Sula. Der Terminal liegt zwei Blocks nördlich der Plaza. Ihr Shuttle von Antigua fährt um 4 Uhr los (Abfahrt in Guatemala-Stadt im klimatisierten Luxusbus um 5 Uhr, Ankunft in Copán 10 Uhr, 240 km). Zurück geht es um 13.30 Uhr mit Ankunft um 19.30 Uhr in Antigua (18 Uhr in Guatemala-Stadt). Fahrpreis Antigua–Copán US$41, Guatemala-Stadt US$35.

Die Ruinen von Copán

Die Maya-Stadt Copán gehört zu den herausragenden Sehenswürdigkeiten Honduras. Aufgrund ihrer Nähe zu Guatemala und der inzwischen guten Verkehrsanbindung sollte ein Besuch Copáns auf keiner Reise fehlen. Wird Tikal oftmals als das New York der Maya-Welt bezeichnet, so nennt man Copán das Athen oder auch das Paris der Maya. Die sehr gut restaurierte Stätte beeindruckt weniger durch seine Größe, als vielmehr durch eine Fülle von bildhauerischen Kostbarkeiten, die ihresgleichen suchen.

Der Bedeutung Copáns war sich schon John L. Stephens, der bekannte Diplomat und Reisende, bewusst, der Copán im Jahr 1839 besuchte. Beim Anblick der ersten kunstvoll gearbeiteten Stele, die er im Dickicht des Regenwaldes fand, wurde ihm schlagartig klar, dass es sich bei den Ureinwohnern des amerikanischen Kontinents nicht um Wilde gehandelt haben konnte. Stephens kaufte Copán damals inklusive aller Bauten für US$50. Der Besitzer hielt ihn ob des hohen Preises für verrückt und willigte ohne Zögern ein.

Mehr als anderthalb Jahrhunderte später schlagen Eintritt, eine geführte Tour, eine Tunnelbesichtigung und der Museumsbesuch fast mit demselben Betrag zu Buche. Zehntausende von Touristen strömen jährlich in das Tal von Copán, um die eindrucksvollen Errungenschaften einer vergangenen Kultur zu bewundern. 1980 erklärte die *UNESCO* die Ruinenstätte zum Weltkulturerbe der Menschheit.

Geschichte

Das Copán-Tal wurde bereits im ersten Jahrtausend vor Christus besiedelt. Nachweise erster Bautätigkeit stammen aus dem 1. Jahrhundert v. Chr. Das Tal mit seinem milden Klima bot den damaligen Bewohnern ideale Lebensbedingungen. Jedes Jahr überschwemmte der Copán-Fluss das Tal und lagerte fruchtbaren Schlamm ab, der reichhaltige Ernten sicherstellte. Obsidian- und Lehmvorkommen ermöglichten die Herstellung von Werkzeugen und Keramiken. Die Jadesteinbrüche des Motagua-Tals lagen in der Nähe, und die gesamte Gegend war dicht bewaldet.

Erst mit der Gründung der Dynastie von Copán im Jahr 426 n. Chr. durch den Herrscher Blauer-Quetzal-Papagei begann der Aufstieg Copáns zur wichtigsten Stadt im Süden des Maya-Gebiets. Alle seine Nachfolger bezogen sich in numerischer Reihenfolge auf diesen ersten König. 16 Herrscher folgten Blauer-Quetzal-Papagei auf den Thron und regierten Copán während der darauf folgenden 400 Jahre. Große Bedeutung erlangte der 12. Herrscher, Rauch-Ixim-Gott-K, der Copán 67 Jahre lang von 628–695 regierte. Er verwandelte Copán in eine Großmacht innerhalb des Maya-Reichs. Unter seiner Herrschaft erreichte der Einflussbereich der Dynastie seine größte Ausdehnung.

Achtzehn Kaninchen, sein Nachfolger, gelangte 695 als 13. Herrscher an die Macht. Er schien hauptsächlich damit beschäftigt gewesen zu sein, sich gegen den aufbegehrenden Adel in seinem Königreich zu behaupten. Jener Adel begann nämlich die Notwendigkeit eines göttlichen Herrschers in Frage zu stellen, indem er sich – wenn auch nicht auf öffentlichen Plätzen – eigene Tempel und Steinmonumente errichten ließ. Achtzehn Kaninchen kompensierten seine mangelnden Führungsqualitäten mit der Errichtung glanzvoller Stelen und Gebäude, die ihn als Herrscher legitimieren sollten. Die ganze Propaganda nützte dennoch wenig: Im Jahr 738 nahm ihn der Herrscher von **Quiriguá** bei einem Feldzug gefangen, um ihn kurz darauf zu opfern.

Dies hatte erstaunlicherweise keine Auswirkungen auf die weitere politische Entwicklung Copáns. Quiriguá war zu klein, um längerfristig Einfluss auf den großen Nachbarn auszuüben. Zudem sah sich der Adel Copáns darin bestätigt, die Götter auch ohne König gnädig stimmen zu können. Die

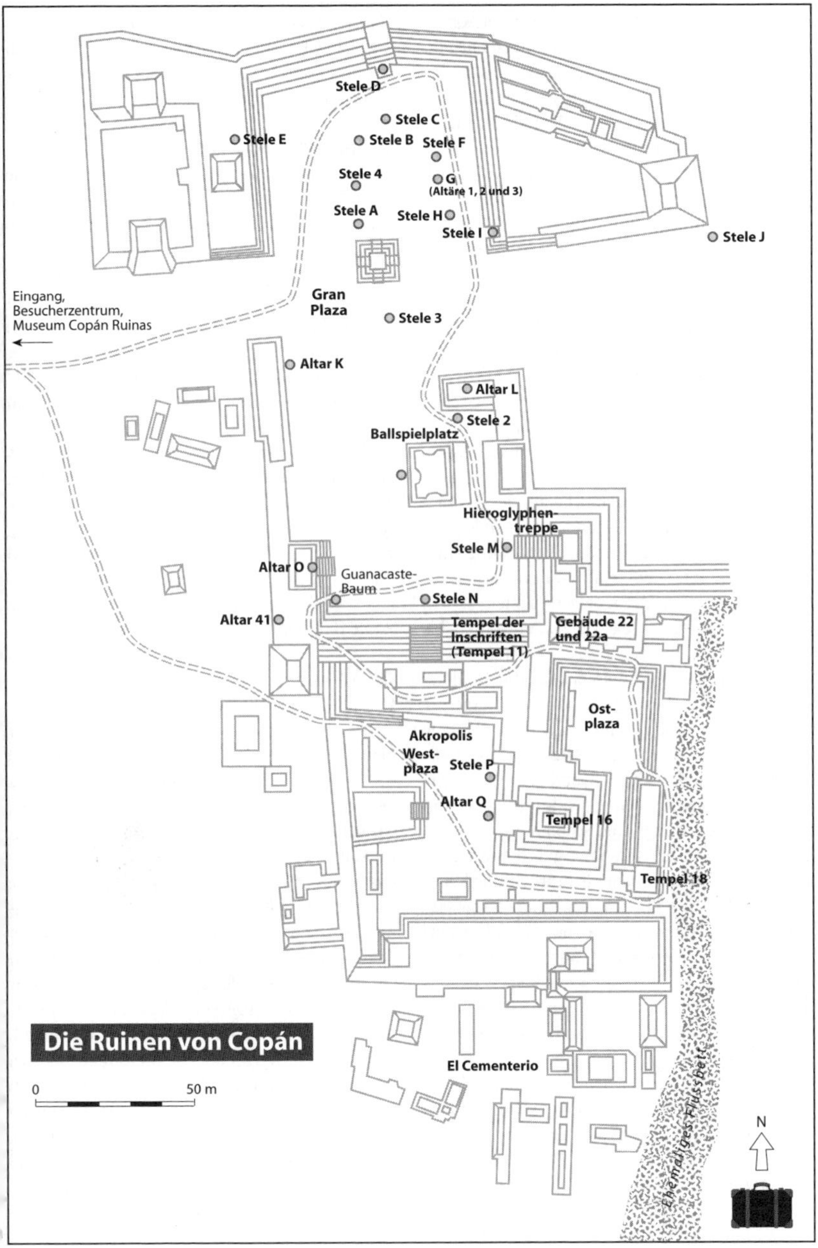
Stele D
Stele C
Stele E
Stele B
Stele F
Stele 4
G
(Altäre 1, 2 und 3)
Stele A
Stele H
Stele I
Stele J
Eingang,
Besucherzentrum,
Museum Copán Ruinas
Gran
Plaza
Stele 3
Altar K
Altar L
Stele 2
Ballspielplatz
Hieroglyphen-
treppe
Stele M
Altar O
Guanacaste-
Baum
Stele N
Altar 41
Tempel der
Inschriften
(Tempel 11)
Gebäude 22
und 22a
Ost-
plaza
Akropolis
West-
plaza
Stele P
Altar Q
Tempel 16
Tempel 18
Die Ruinen von Copán
0
50 m
El Cementerio
Ehemaliges Flussbett
N

DER OSTEN

Machtposition der Nachfolger von Achtzehn Kaninchen war ähnlich schwach. Obwohl ihnen noch die Errichtung fantastischer Bauwerke wie das der berühmten Hieroglyphentreppe unter dem 15. Herrscher Rauchmuschel gelang, sahen sie sich einer Anzahl von Widrigkeiten gegenüber, die sie auch mit noch mehr Opfergaben oder höheren Tempelpyramiden nicht mehr in den Griff bekamen.

Im Tal von Copán lebten inzwischen rund 20 000 Menschen. Die Bevölkerungsdichte im 12 ha großen Zentrum war auf 3000 Einwohner pro Quadratkilometer angestiegen. Die Zahl der Adligen – mit politischem Amt oder ohne – die von der einfachen Bevölkerung ernährt werden musste, war ebenso sprunghaft gewachsen. Ein Großteil des fruchtbaren Bodens in Flussnähe war inzwischen bebaut. Um die Bevölkerung zu ernähren, mussten auch Waldgebiete an Steilhängen gerodet werden. Immer mehr Holz wurde zum Brennen von Kalk, einem unerlässlichen Baustoff, benötigt. Die Situation spitzte sich zu: Skelettfunde aus dem 8. Jahrhundert belegen, dass Mangelernährung und Krankheiten unter der einfachen Bevölkerung zugenommen hatten. Archäologen fanden zudem überdurchschnittlich viele Grabstätten von 10- bis 16-Jährigen.

Der Sohn von Rauchmuschel, Yax Pac, 16. Herrscher von Copán, bestieg den Thron 763. Auch er konnte den ökologischen und sozialen Niedergang nicht aufhalten. Selbst der Altar Q, den er als Machtsymbol anfertigen ließ, und der die gesamte Herrscherabfolge bis zum ersten König von Copán zeigt, änderte daran wenig. Schon die 15 Jaguare, die er jedem seiner Vorfahren opferte, waren ein Beweis für die immer näher heranrückende Krise, denn mehrere von ihnen waren eines Herrschers unwürdige Jungtiere, die unter normalen Umständen niemals geopfert worden wären. Yax Pac hatte dennoch Glück im Unglück: Seine Regierungszeit dauerte lange genug, um sich seinen Platz in der Geschichte zu sichern, und er starb rechtzeitig, um den finalen Kollaps nicht miterleben zu müssen. Dieses Schicksal blieb seinem Thronfolger U-Cit-Tok vorbehalten: Noch während ein Künstler den Altar L am Ballspielplatz zu seiner Inthronisation am 10. Februar 822 anfertigte, kollabierte das Herrschaftssystem von Copán, und das Steinmonument wurde nie fertig gestellt. Innerhalb der nächsten zwei Jahrhunderte wanderten rund 90% der Bevölkerung aus Copán ab. Der Rest hielten sich noch einige Jahrzehnte in dem ökologisch verwüsteten Tal auf, bevor der Regenwald die Ruinen endgültig für sich eroberte.

Sehenswertes

Der Eingang zur Anlage liegt an der Hauptstraße ca. 20 Gehminuten von Copán Ruinas entfernt. Am Parkplatz ein kleiner Souvenirladen und eine Cafeteria.

Im gegenüber liegenden **Besucherzentrum** befindet sich ein kleines Modell der Anlage, Toiletten und der Eintrittskartenschalter. Von hier führt ein 200 m langer Weg zum Eingangshäuschen an der Nordwestseite der Anlage, wo die Eintrittskarten kontrolliert werden und sich die Besucher in ein Register eintragen.

Für einen **Rundgang** bieten sich zwei Optionen an: Route A führt östlich zur großen Plaza mit den Stelen und passiert den Ballspielplatz sowie die Hieroglyphentreppe. Dort beginnt der Aufstieg zum Tempel 11, bevor man über die Ostplaza und um Tempel 16 herum zur Westplaza mit Altar Q gelangt, wo der Abstieg zur Ausgangsstelle beginnt. Route B verläuft in entgegengesetzter Richtung.

Gran Plaza

Der auf drei Seiten von Tribünen umgebene Platz diente als öffentlicher Versammlungsort. Redner benutzten wahrscheinlich die kleine Pyramide in der Mitte der Plaza als Plattform. Da man hier das gemeine Volk am ehesten beeindrucken konnte, wurden auf der Plaza die meisten **Stelen** errichtet (4, A, B, C, D, F, H, J). Manche Forscher bezeichneten diesen Ort sogar als steinernen Wald. Er diente vor allem der Selbstinszenierung von Achtzehn Kaninchen, dem 13. Herrscher von Copán. Er ist auf den meisten der Stelen verewigt. Lediglich **Stele I** an der Ostseite der Plaza hatte sein Vater im Jahr 677 errichten lassen. An der Westseite steht ein wenig erhöht auf einer kleinen Plattform die **Stele E** (618) des 11. Herrschers. Bei **Stele H** soll es sich um eine Darstellung der aus Quiriguá stammenden Frau von Achtzehn Kaninchen handeln. An einigen Stelen lassen sich die Reste roter Farbe ausmachen, die darauf hindeuten, dass wohl alle Stelen bemalt waren. Auf der Ostseite stehen die drei **Altäre G 1, G 2** und **G 3** dicht beieinander. Sie wurden unter Yax Pak in den Jahren 800, 795 und 766 errichtet.

Entdeckung und Restaurierung der Ruinen von Copán

1576 Bericht des Spaniers **Don Diego García de Palacio** an König Philip II., in dem er die überwucherten Ruinen beschreibt.
1689 Der Historiker **Francisco Antonio Fuentes y Guzmán** entdeckt den Bericht von García.
1834 Offizielle Expedition der guatemaltekischen Regierung unter der Leitung des eingebürgerten Iren **Juan Galindo** (John Gallagher).
1839 Der amerikanische Forschungsreisende **John Lloyd Stephens** und der englische Zeichner **Frederick Catherwood** halten sich mehrere Wochen in den Ruinen auf.
1881 Aufgrund der Berichte von Stephens stattet der britische Archäologe **Alfred Maudslay** der Anlage einen kurzen Besuch ab.
1885–1902 Maudslay startet ein mehrjähriges Ausgrabungsprojekt.
1935 Ein Forschungsprojekt des *Washington Carnegie Institute* beinhaltet die Umleitung des Copán-Flusses, um die Anlage vor Überschwemmungen zu bewahren.
1975 Weitere Ausgrabungs- und Restaurierungsarbeiten durch das *Peabody Museum* der *Harvard University* und dem *Instituto Hondureño de Antropología e Historia.*

Auf ihnen sind Darstellungen doppelköpfiger Schlangen (G 3) und eines Krokodils mit zwei Köpfen, das die Erde symbolisiert (G 1 und G 2), zu sehen. Unter der Grasnarbe fand man Überreste einer Stuckschicht, die einstmals die ganze Plaza bedeckte.

Der Ballspielplatz

Vorbei an **Stele 3** des 12. Herrschers, gelangt man am Südende der Plaza zum Ballspielplatz. Er ist der größte und am besten erhaltene seiner Art in Mittelamerika. Hier liegt der unvollendete **Altar L**, der mit dem Jahr 822 das letzte Datum Copáns trägt. Die Anlage, die dem rituellen Ballspiel diente, wurde mehrfach überbaut. Die sichtbare Version stammt von Achtzehn Kaninchen aus dem Jahr 738. Von oben kann man sehr schön die drei Papageienköpfe auf beiden Seiten sehen, die wahrscheinlich als Treffersteine benutzt wurden. Sie könnten auch eine Hommage von Achtzehn Kaninchen an den Dynastiegründer Blauer-Quetzal-Papagei gewesen sein. Von den Gebäuden auf beiden Seiten des Ballspielplatzes glaubt man, dass sie den Spielern als Umkleidekabinen dienten.

Die Hieroglyphentreppe

Das Bauwerk südlich des Bauspielplatzes gehört zu den herausragenden Besonderheiten Copáns. Auf 63 Steintreppen ist der längste bekannte Hieroglyphentext der Maya-Welt verewigt. 200 Jahre Stadtgeschichte Copáns von 544–744 finden sich auf rund 2200 Glyphen wieder. Das monumentale Werk gab der 15. Herrscher Rauchmuschel während seiner Amtszeit in Auftrag. In regelmäßigen Abständen ließ Rauchmuschel lebensgroße Portraits seiner Vorgänger in der Mitte der Treppe errichten. Bisher konnten die Forscher allerdings nur das untere Drittel der Steinstufen originalgetreu rekonstruieren. Zum Schutz vor äußeren Einflüssen hat man ein riesiges Stoffdach über der Treppe angebracht. An ihrem Fuß steht die **Stele M** aus dem Jahr 756, die möglicherweise Rauchmuschel selber darstellt. Der Glyphentext berichtet von einer Sonnenfinsternis im gleichen Jahr. Ausgrabungen im Schacht nebenan brachten im Jahr 1989 wertvollen Jadeschmuck und Keramiken aus dem Grab eines frühen, nicht eindeutig identifizierten Herrschers zum Vorschein. Nur wenige Meter weiter westlich ließ Rauchmuschel im Jahr 761 die **Stele N** am Fuß der Akropolis errichten. Auf ihr erwähnte er neben seiner eigenen (749) auch die Krönung seines Vaters (738).

Tempel 11 und die Ostplaza

An der Südwestseite der Plaza kann man einen Teil des **Drainagesystems** der Plaza Richtung Copán-Fluss und einen riesigen **Guanacaste-Baum** bewundern. Dahinter halten die gewaltigen Stämme einer jahrhundertealten **Ceiba** das Mauerwerk der zerfallenen Gebäude mit riesigen Wurzeln zusammen. Auf einer Treppe gelangt man zunächst zu **Tempel 11** (Tempel der Inschriften) und dann zur **Ostplaza**. Die letzte Überbauung der Struktur ließ Yax Pak im Jahr 769 anfertigen. Das Gebäude wird auch Tempel der Inschriften genannt, da seine Türrahmen allesamt mit Hieroglyphen bedeckt sind.

Östlich dieses Tempels säumen zwei interessante Bauwerke die Nordseite der Ostplaza. Beim **Gebäude 22a**, das an der Kopfseite eine Verzierung in Form einer geflochtenen Palmmatte trägt, handelt es sich um das Versammlungs- bzw. Rathaus *(popol na)* der Herrscher von Copán. Das nebenan liegende **Gebäude 22** ist mit eindrucksvollen Göttermasken versehen. Es diente dem 13. Herrscher wahrscheinlich zur Durchführung von Zeremonien oder als Thronsaal. Von hier oben hat man einen sehr schönen Blick auf die große Plaza und den Ballspielplatz. Auf der **Ostplaza** wird der Blick des Besuchers beinahe automatisch auf die beiden tanzenden Steinjaguare auf der Westtreppe gelenkt. Deutlich sind die Vertiefungen auf ihren Körpern zu sehen, die einst mit Obsidianplättchen ausgefüllt waren, um die Flecken auf der Haut nachzustellen. Auf der Plaza wurden kleinere Empfänge für hochgestellte Persönlichkeiten veranstaltet. Auch östlich dieser Plaza lagen weitere Gebäude, die allerdings vom Río Copán vor seiner künstlichen Umleitung weggespült wurden.

Auf dem Weg um die Südseite des Tempels 16 passiert man den kleinen **Tempel 18** (810 n. Chr.). Es handelt sich möglicherweise um die Grabkammer von Yax Pak, der mehrfach in kriegerischer Uniform dargestellt ist. Im Süden liegt die wenig erforschte Friedhofsgruppe **El Cementerio**, in der zahlreiche Gräber gefunden wurden.

Die Westplaza

Eingerahmt von Tempel 16 auf der Ostseite und Tempel 11 auf der Nordseite, zeigt die Westplaza eine Vielzahl interessanter Altäre und Stelen. Herausragend ist **Altar Q**, den Yax Pak 776 direkt vor der Haupttreppe des Tempels 16 aufstellen ließ. Die Replik (das Original steht im Skulpturenmuseum) zeigt auf seinen vier Seiten die gesamte Herrscherfolge der Dynastie von Copán. Die Darstellung beginnt im Uhrzeigersinn auf der Westseite mit dem ersten Herrscher und endet auf derselben Seite mit dem 16. Herrscher, Yax Pax. Auf der oberen Seite sind wichtige Daten aus der Regierungszeit der abgebildeten Herrscher eingraviert. Unter dem Altar fand man die Skelette von 15 Jaguaren und von Papageien.

Bei einer Untersuchung des Inneren von **Tempel 16** stießen die Wissenschaftler auf ein sehr gut erhaltenes Bauwerk, das sie in Anlehnung an seine Bemalung **Rosalila-Tempel** nannten. Eine komplett bemalte Nachbildung des Tempels ist der zentrale Blickfang des Skulpturenmuseums.

Zwei **Tunnel** wurden für Besucher geöffnet, um ihnen Einblicke in Überbauungen, Grabräume und Stuckmasken zu geben. Der **Túnel Rosalila** führt von der Südwestseite der Ostplaza tief unter den Tempel 16 bis zum Original Rosalila-Tempel. Zu sehen sind Reste der einstigen Bemalung und eine Sonnengottmaske über dem Eingang. Der **Túnel De Los Jaguares**, der an der Ostseite des Tempels 16 beginnt, ist mit 700 m der längere von beiden. In ihm gelangt man zum **Galindo-Grab**, das 1834 entdeckt wurde. Der Ausflug ins Tempelinnere ist mit US$12 nicht gerade billig. Klaustrophobisch veranlagte Menschen sollten ihn meiden.

Die Südseite des Tempels 11 wird als Portal zur Unterwelt *xibalba* gedeutet. Das Gebäude wurde 773 in der Regierungszeit von Yax Pak fertig gestellt.

Las Sepulturas

Eine interessante Ergänzung eines Copán-Besuchs ist der Abstecher zum Wohnkomplex Las Sepulturas, rund 2 km nordöstlich der Hauptgruppe. Die Anlage, die durch eine Zeremonialstraße mit dem Stadtzentrum verbunden war, erhielt ihren Namen durch die vielen Gräber, die man hier fand. Archäologen entdeckten über 40, um elf Innenhöfe gruppierte Gebäude. Hier lebten der niedrige Adel und wahrscheinlich Steinmetze und Architekten. Zu sehen sind neben den Fundamenten Überreste einer Hieroglyphenwand aus dem Jahr 786, deren Textinhalt sich auf Yax Pac bezieht. Eine weitere Darstellung zeigt Puah Tun, den Schutzherren der Schreiber.

Weitere Monumente und das Museum

In der Umgebung von Copán finden sich noch weitere Monumente mit Namen wie **El Bosque** (2 Std. Rundwanderung), **Los Sapos** (2–3 Std. Rundwanderung) oder **La Pintada** (3–4 Std. zu Pferd). Auch wenn die Orte unter archäologischen Aspekten weniger interessant sind, lohnen sie als Ausflugsziel, denn sie warten zudem mit schönen Ausblicken oder Naturerlebnissen auf.

Im 1996 eröffneten Skulpturenmuseum **Museo Lítico de Copán** am Parkplatz sind in einer riesigen Halle Originalskulpturen, Stelen, Reliefs und andere Kostbarkeiten zu sehen. In der Mitte steht eine originalgetreue Nachbildung des Rosalila-Tempels. ⌚ 8–16 Uhr, US$5.

Seit ein paar Jahren kann man rund 700 m **Tunnel** unter dem Tempel 16, dem Rosalila-Tempel, begehen. Dafür muss man allerdings US$10 lockermachen. Ein Guide begleitet die maximal zehn Besucher, die einen Blick auf die Originalstuckschicht des Tempels und ein Maya-Grab werfen können.

Besuch der Anlage

GUIDES – Im Besucherzentrum warten Guides, die bei Bedarf Rundgänge in verschiedenen Sprachen anbieten. Einige von ihnen legen allerdings weniger Gewicht auf wissenschaftliche Genauigkeit als vielmehr auf durchaus unterhaltsame Geschichten. Eine zweistündige Führung kostet US$20.

REISEZEIT – Die beste Zeit für einen Besuch der Anlage ist frühmorgens, bevor die Reisegruppen eintreffen und die Temperaturen noch erträglich sind. Für einen gründlichen Rundgang sollte man 2–3 Std. veranschlagen. ⌚ 8–17 Uhr.

Ipala

Rund 90 Busminuten südlich von Chiquimula liegt der kleine Ort Ipala, ein wichtiger Verkehrsknotenpunkt. Von hier führen Straßen in die Provinzen Jalapa und Jutiapa. Während Ipala selbst nur von wenig Interesse ist, befindet sich wenige Kilometer entfernt ein von ausländischen Touristen bisher wenig beachtetes landschaftliches Juwel: Der einfach zu erreichende Vulkan Ipala besitzt einen wunderschönen Kratersee und an seiner Ostseite einen dichten subtropischen Trockenwald.

Übernachtung und Essen

Hospedaje Ipala Real, 2. C./2. Av. 1-96, Z. 3, ☏ 79428001, 10 Min. zu Fuß vom Zentrum, nahe der Bahnlinie, ruhig, sauber, Parkplatz, Taxi zum Hotel US$2. ❶–❷

Restaurante El Scheick, in der Nähe des Zentrums.

Transport

Am Ortseingang fahren Kleinbusse regelmäßig nach CHIQUIMULA, JALAPA und JUTIAPA.

Vulkan Ipala

Der 1650 m hohe Vulkan besitzt einen wunderschönen Kratersee. Er liegt auf 1493 m Höhe, hat einen Durchmesser von rund 600 m und ist ca. 15 m tief.

Der Aufstieg beginnt bei KM 165 an der Hauptstraße Richtung Jutiapa auf der Westseite des Vulkans. An der Bushaltestelle bei der Einfahrt zum Dorf El Sauce zweigt auf 840 m Höhe ein Weg ab. Die erste Hälfte des Aufstiegs erfolgt entlang einer schlechten Schotterpiste zum Dorf **Chaparroncito** auf 1100 m Höhe. Bis dorthin fahren auch Geländewagen. Der Parkplatz befindet sich am oberen Dorfende. Ab hier folgt man den weißen Markierungen, die zunächst geradeaus und weiter oben in Serpentinen zum See führen. Gehzeit insgesamt

2–2 1/2 Std. Eine alternative Route beginnt im Dorf **Agua Blanca** südlich des Vulkans. Das Kontrollhäuschen der Umweltbehörde *CONAMA,* die den 2012 ha großen Naturpark verwaltet, liegt direkt am Kraterrand. Die engagierten Parkwächter begleiten Besucher auf Wunsch durch den Wald um den See (Gehzeit ca. 2 Std.). Der Kraterbereich ist ein beliebter Platz zum Zelten. Besonders an Wochenenden übernachten hier Scharen von Einheimischen. Unter der Woche ist es wesentlich ruhiger. Momentan wird kein Eintritt verlangt.

Wie viele andere Naturschutzgebiete hat auch der Vulkan Ipala mit ökologischen Problemen zu kämpfen. Der See dient den umliegenden Ortschaften als Trinkwasserreservoir. Da der Bedarf in den letzten Jahren ständig angestiegen ist, verliert der See jährlich rund 1 m an Tiefe.

Von Ipala nach Jalapa

Auf der teilweise asphaltierten Straße passiert man nach rund 14 km **San Luís Jilotepéque** und nach weiteren 18 km **San Pedro Pinula.** In beiden Dörfern wird *Pokomam* gesprochen. Sehenswert ist die Plaza in San Luís mit ihren großen Ceiba-Bäumen und den Nachbildungen von Stelen aus Copán. Sonntags findet hier ein großer Markt statt. Rund 3 km außerhalb des schmucken San Pedro Pinula zweigt bei einer himmelblau gestrichenen Kirche ein Weg zur beliebtesten Badestelle der Provinz Jalapa ab: **Los Chorros** besteht aus mehreren Becken, über die sich ein klarer Fluss ergießt. Er mündet später in den Río Jalapa, der zum Baden ungeeignet ist. Von der Hauptstraße zur Badestelle sind rund 1 1/2 km zurückzulegen. Die Entfernung von San Pedro nach Jalapa beträgt 17 km. In beiden Dörfern gibt es einfache Übernachtungsmöglichkeiten. Zwischen Ipala und Jalapa verkehren regelmäßig Kleinbusse.

Jalapa

Die ruhige, sympathische Provinzhauptstadt liegt in einem breiten Tal auf 1362 m Höhe. Jalapa war nach der Zerstörung Antiguas als mögliche neue Hauptstadt im Gespräch. Die unzureichende Wasserversorgung machte diese Pläne jedoch zunichte. Das Städtchen liegt 90 km östlich der Hauptstadt, inmitten von schroffen Bergketten und weiten Tälern. Aufgrund der unterschiedlichen Höhenlagen kann ein breites Spektrum an landwirtschaftlichen Produkten geerntet werden. Hier gedeihen neben Kaffee, Kartoffeln, Mais und Bohnen auch Bananen, Maniok, Tabak und Zuckerrohr. Eine weitere wichtige Einnahmequelle ist die Viehzucht. Der Hartkäse und die Butter aus Jalapa genießen einen guten Ruf. Unter den kunsthandwerklichen Produkten sind die Palmflechtarbeiten und die glasierte Keramik hervorzuheben. Das spielerische Temperament der *Jalapeños* kommt bei den verschiedenen **Fiestas** zum Ausdruck. Man misst sich beim Rodeo und beim Stierkampf, spielt Karten oder verwettet sein Geld beim Hahnenkampf. Das Patronatsfest von Jalapa findet vom 2. bis 5. Mai zu Ehren des heiligen Kreuzes statt. In **Monjas** steigt während der Fiesta vom 7. bis 9. Februar ein überregional bekanntes Rodeo *(jaripeo).*

Übernachtung und Essen

Hotel Casa del Viajero, 1. Av. 0-70, ✆ 79224086, angenehmes und günstiges Hotel mit eigenem Restaurant. ❷

Hotel Villa Plaza I, 1. C. 0-70, Z. 2, ✆ 79224805, gute Zimmer, Restaurant. ❸

Transport

Jalapa kann von der Hauptstadt aus auf gut asphaltierten Straßen über SANARATE (91 km) oder JUTIAPA (173 km) angefahren werden. Die Verbindung über Sanarate ist deutlich kürzer und schneller. Die westlich von Jalapa verlaufende Piste über MATAQUESCUINTLA Richtung SAN JOSÉ PINULA wird selten befahren und ist sehr zeitintensiv.

Der **Busterminal** liegt neben dem Markt. Nach GUATEMALA-STADT bestehen von 3–17 Uhr halbstündliche Verbindungen via Jutiapa oder Sanarate. In der Hauptstadt fahren die Busse nach Jalapa an der 22. C., zwischen 1. und 2. Av. der Zone 1 ab.

Jutiapa

Für die meisten Besucher ist das südöstlichste *departamento* Guatemalas wenig mehr als nur eine Durchgangsstation. Trotz seiner reizvollen Landschaft hat die Provinz kaum touristische Sehenswürdigkeiten zu bieten. Jutiapa besitzt ausgedehnte Täler, acht Vulkane (darunter den Vulkan Suchitán)und mehrere Seen. Obwohl die Provinz bis an den pazifischen Ozean reicht, führt keine Straße ans Meer. Von großer verkehrspolitischer Bedeutung sind die drei Grenzübergänge in das benachbarte El Salvador.

Vor der *Conquista* war das Gebiet von *Pipil*- und *Xinca*-Indianern besiedelt, die während der Kolonialzeit ausgerottet wurden. Lediglich das *Xinka* besitzt noch ein paar Dutzend Sprecher. Der Anteil der Indígenas an der Gesamtbevölkerung des *departamentos* beträgt nur rund 5%. Ähnlich wie in der Provinz Jalapa hat sich in Jutiapa eine vielfältige Landwirtschaft etabliert, die in ihrer Bedeutung nur von der Viehzucht und der Milchproduktion übertroffen wird.

Die nicht gerade attraktive Provinzhauptstadt Jutiapa auf einer Höhe von 906 m dient vorwiegend als Handelsplatz und lokaler Verkehrsknotenpunkt. Wer gerne wandert, sollte den **Vulkan Suchitán** rund 20 km nordöstlich von Jutiapa besteigen. Herausragende Eigenschaften des 2042 m hohen erloschenen Vulkans sind seine zahlreichen Gipfel und sein dichter Nebelwald im Gipfelbereich – und dies in einer der heißesten und waldärmsten Gegenden Guatemalas. Der von ausländischen Touristen selten besuchte Vulkan kann über Jutiapa erreicht werden. Von dort führt eine Straße nach El Progreso (ca. 12 km) und weitere 7 km zum Dorf Suchitán, von wo aus der rund dreistündige Anstieg am kleinen Parque Central beginnt. Die Dorfbewohner können den Weg zum Vulkan zeigen, oder man fragt nach einem Guide. Der Aufstieg führt zunächst durch Felder, bevor man auf der dem Ort Suchitán abgewandten Seite des Vulkans in den Nebelwald mit seinen Farnen, Bromelien und Orchideen eintaucht. Dieser Ausflug ist eine gute Gelegenheit für abenteuerlustige Traveller, abseits der bekannten Routen zu wandern. Die An- bzw. Abreise muss selbst organisiert werden. Wer früh von Guatemala-Stadt startet, kann den Trip an einem Tag machen. Sinnvoller sind allerdings zwei Tage mit einer Übernachtung in Jutiapa. Mindestens 2 l Wasser pro Person sowie lange Hosen, festes Schuhwerk und ein warmes Kleidungsstück mitbringen.

Übernachtung

Hotel Glorymar, 5. Av. 3-54, Z. 3, ✆/℡ 78441956, netter Innenhof, etwas kleine Zimmer. ❷
Hotel Los Arcos, 2. C. 5-44, Z. 3, ✆ 78441736, sauber. ❸

Cuilapa

Eine Abfahrt bei KM 61 und eine weitere bei KM 65 führen nach Cuilapa, der Hauptstadt der Provinz Santa Rosa, das einige Kilometer abseits der Panamericana CA 1 liegt. Das **Denkmal** mit dem großen Bogen weist den Ort als angeblichen geografischen Mittelpunkt von ganz Amerika aus. Dadurch wird er allerdings nicht sehenswerter.

In der Umgebung des Ortes befinden sich durchaus lohnende Ausflugsziele, die jedoch mit öffentlichen Verkehrsmitteln nur umständlich zu erreichen sind. Direkt hinter KM 65 führt die wenig befahrene Nationalstraße 16 Richtung **Chiquimulilla** und an den Pazifik.

Nach etwa 17 km passiert man bei KM 85 die Abzweigung einer Schotterpiste zum **Ixpaco-See** am Fuß des knapp 2000 m hohen Vulkans **Tecuamburro**. In den 60er Jahren hatte hier ein amerikanisches Unternehmen Schwefel abgebaut und dabei den See und seine heißen Quellen zwischenzeitlich ausgetrocknet. Heute hat er seinen ursprünglichen Wasserpegel wieder erreicht. Das Wasser und der mineralhaltige Lehm sind in der Region als Heilmittel bekannt.

Die wunderschöne **Laguna Ayarza** liegt nordöstlich von Cuilapa in einer zerklüfteten Bergregion und ist über **Barberena** und **Nueva Santa Rosa** zu erreichen. Aufgrund der dünnen Besiedlung ist das Wasser des Sees bisher sauber geblieben. In der Regenzeit gelangt man nur mit dem Geländewagen dorthin. Das Gebiet, das bereits zur Provinz Santa Rosa gehört, ist noch nicht touristisch erschlossen. Pickups und einige wenige Busse verkehren zwischen Nueva Santa Rosa und **Ayarza**, der größten Siedlung am See.

Übernachtungsmöglichkeit besteht in der ***Posada K-Luy***, Cuilapa, gegenüber der Schule, ✆ 78865372, sauber, ordentlich, Parkplatz, TV. ❷

Es gibt ständigen Busverkehr entlang der Hauptstraße in alle Richtungen.

Von Cuilapa nach El Salvador

In **El Molino**, wenige Kilometer östlich von Cuilapa gabelt sich die Straße. Die CA 1 führt über Jutiapa und Asunción Mita zur Grenzstation **San Cristóbal Frontera**. Sie ist Teil der Panamericana. Der etwas heruntergekommene Ort **Asunción Mita** war bereits vor der Ankunft der Spanier gegründet worden. In der Kolonialzeit diente er als Handelsposten auf dem *Camino Real* nach Panamá. Kurz vor Erreichen der Grenze passiert man die **Laguna Atescatempa**.

Über die südlicher verlaufende, schnellere CA 8 gelangt man nach **Valle Nuevo** und über die CA 2 parallel zum Pazifik über Taxisco und Escuintla zum Grenzort **Ciudad Pedro de Alvarado**. Alle Grenzübergänge sind in der Regel tgl. von 6–21 Uhr geöffnet.

Transport

Über die CA 8: Busse aus GUATEMALA-STADT erreichen die Grenze bis ca. 20 Uhr. Zurück geht es alle 30 Min. in ca. 3 Std. über Jalpatagua, Cuilapa und Barberena.
Über die CA 1: Der letzte Bus in die Hauptstadt verlässt den Grenzort gegen 15 Uhr.
Über die CA 2: Es fahren ständig Busse zwischen 4 und 16 Uhr in die Hauptstadt; Fahrtzeit ca. 4 Std.

Von Cuilapa nach Guatemala-Stadt

Bei KM 54 durchfährt man das recht wohlhabende Dorf **Barbarena**. Ganz in der Nähe befindet sich die kleine **Laguna El Pino**. Das Naherholungsgebiet bei KM 47,5 mit Picknickplätzen und Grünanlagen liegt 1,5 km von der Hauptstraße entfernt. Der Eintritt beträgt US$0,30.

Schon 15–20 km vor Guatemala-Stadt erstrecken sich rechts und links der Straße neue Vororte, die mit guter Luft, viel Grün und Sicherheit werben. Tatsächlich sind in den letzten zwei Jahrzehnten viele betuchte Hauptstädter in dieses Gebiet gezogen. Nach **Fraijanes** passiert man die Abzweigung zur umstrittenen Strafvollzugsanstalt Pavón, deren Insassen immer wieder mit spektakulären Ausbrüchen von sich reden machen. Kurz darauf ist Guatemala-Stadt erreicht. Besonders nachts beeindruckt der Blick auf das endlose Lichtermeer, bevor sich die Straße in langen Kurven in die Hauptstadt hinabwindet. Den besten Blick hat man auf der rechten Seite des Busses.

Das pazifische Tiefland

Im wilden **Pazifik** baden

An kilometerlangen **schwarzen Sandstränden** spazieren gehen

In **Monterrico** helfen, Schildkröten zu schützen

In der Brandung von **Sipacate** surfen

Die frühklassische Ruinenstätte **Abaj Takalik** besuchen

Eine Bootsfahrt durch die Mangrovenwälder bei **Tilapa** unternehmen

Auf den ersten Blick präsentiert sich die rund 250 km lange und bis zu 80 km breite pazifische Tieflandebene – *Costa Sur* genannt – wenig spektakulär. Der heiße, tropisch grüne Küstengürtel, der von der Grenze zu El Salvador im Südosten bis nach Mexiko im Nordwesten reicht, verläuft parallel zur Vulkankette des Hochlands und bildet eine natürliche Grenze zwischen diesen beiden geographischen Zonen. Äußerst fruchtbare Böden und kilometerlange schwarze Sandstrände an der Küste verdanken ihre Existenz vulkanischen Ablagerungen. Auf den trockengelegten Sumpfgebieten und abgeholzten Regenwäldern der Feuchtsavanne wurden große Ländereien, charakterlose Städte und wenig attraktive Ferienorte angelegt.

Die guatemaltekische Pazifikküste wurde um 1500 v. Chr. von Völkern aus dem heutigen Mexiko besiedelt. Diese Übergangskulturen zwischen den Olmeken, einer Hochkultur an der mexikanischen Golfküste, und den Maya hatten bereits erstaunliche Fähigkeiten in der Bearbeitung von Stein und der Herstellung von Keramiken entwickelt und besaßen ein Kalender- und Schriftsystem. Mitte des ersten Jahrtausends n. Chr. überrannten die **Pipiles**, ein kriegerisches nordmexikanisches Volk, die Küste und drückten der Region ihren Stempel auf. Die Überreste ihrer Zivilisation zeigten den Archäologen, dass sie ein aus Mexiko stammendes Kalendersystem benutzten und von dort übernommene Götter verehrten. Sie errichteten kleinere Zeremonialzentren mit niedrigen aufgeschütteten Pyramiden. Anscheinend mussten sich die Pipiles später selbst vor den vordringenden Völkern wie den Quiché und Cakchiquel bis in den Osten Guatemalas und das heutige El Salvador zurückziehen.

In präkolumbianischen Zeiten war **Kakao** das wichtigste Anbauprodukt des pazifischen Tieflands. Er wurde als Getränk der Götter verehrt, und seine Bohnen dienten auch den Maya als Währung. Kakao war auch in der Kolonialzeit neben dem Farbstoff Indigo ein bedeutendes Exportprodukt, doch das tropische Klima und die damit einhergehenden Krankheiten verhinderten eine Produktion größeren Ausmaßes. Die eigentliche Erschließung der Region begann erst Mitte des 19. Jahrhunderts mit dem einsetzenden **Kaffeeboom**. Besonders an

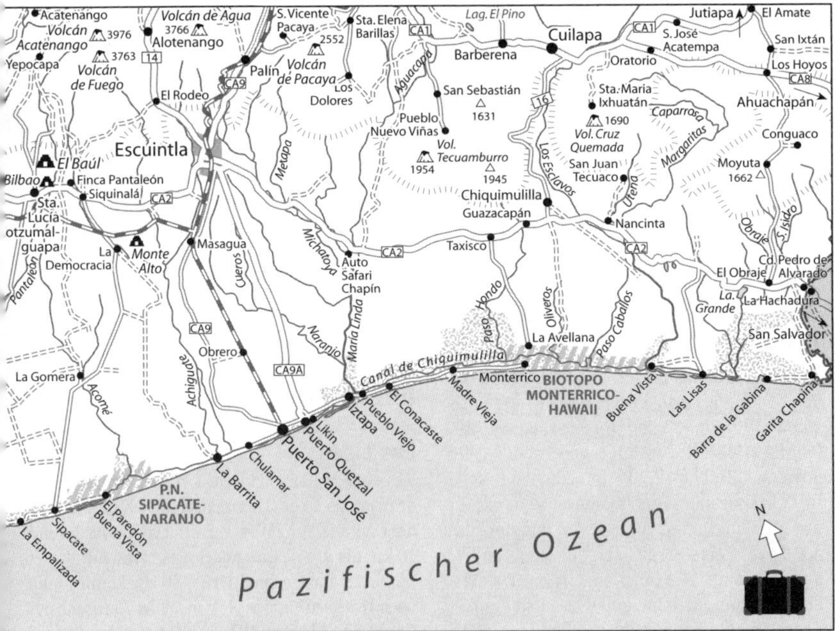

den Südabhängen der Vulkane, der so genannten *Bocacosta,* wurden große Kaffeeplantagen angelegt. Später setzten sich **Bananen** und **Zuckerrohr** in der Tiefebene durch. Die exportorientierte Landwirtschaft rechtfertigte 1880 den Bau einer Eisenbahnverbindung zwischen dem Pazifikhafen San José und Guatemala-Stadt.

Heute hat sich das fruchtbare pazifische Tiefland zu einem der wichtigsten Devisenbringer des Landes entwickelt. Nachdem die Produktion von Baumwolle wegen Krankheitsbefall inzwischen gänzlich eingestellt wurde und sich die Bananenproduktion überwiegend auf die Karibikseite verlagert hat, wurde die Lücke vor allem durch den Anbau von Zuckerrohr (s.S.. 410) geschlossen. Guatemala zählt inzwischen zu den weltweit größten Zuckerproduzenten. Hinzu kommen Agrarprodukte wie Gummi und Palmöl sowie eine große Anzahl tropischer Früchte wie Ananas, Mango und Papaya. Die Landwirtschaft, zumeist auf ladino-dominiertem Großgrundbesitz, kann nur mithilfe indianischer Wanderarbeiter überleben. Jahr für Jahr kommen Hunderttausende Indígenas aus dem Hochland in das pazifische Tiefland, um die Kaffee- und Zuckerrohrernte einzubringen. Sie leben meist für mehrere Monate mit ihren Familien auf den Fincas der Großgrundbesitzer.

Große Flächen Küstenregenwald wurden den Monokulturen, großen Rinderherden und endlosen Maisfeldern geopfert. Heute zeugen nur noch ein paar mächtige Ceiba- und Conacaste-Bäume am Straßenrand von seiner einstigen Pracht. Immer häufiger beeinflussen auch die Waldzerstörungen im nahen Hochland die Pazifikebene: In der Regenzeit können die vielen Flüsse auf der Pazifikseite die infolge der Erosion zu schnell abfließenden Wassermassen nicht mehr aufnehmen, so dass es zu Überschwemmungen kommt.

Die wenig sehenswerten Städte der Küstenebene haben ihren kolonialen Charakter fast vollständig verloren. Viele sind in den letzten Jahren explosionsartig angewachsen und wurden ausschließlich funktional ausgerichtet. Auch an den Stränden wird kräftig gebaut. Der Pazifik ist für viele guatemaltekische Familien zum **Ferienziel** geworden, an dem man seine Wochenenden und seinen Urlaub verbringt. Zurück bleiben enorme Müllberge, die allerdings niemanden wirklich zu stören scheinen. Begünstigt wurde der zunehmende Strom urlaubsbedürftiger Guatemalteken auch durch das sehr gute Straßennetz der Tieflandebene. Zwischen Escuintla und Palín gibt es sogar eine mehrspurige Autobahn, für deren Benutzung eine Maut verlangt wird. Auf der gut ausgebauten Pazifikstraße CA 2 gelangt man zügig nach Mexiko oder El Salvador.

Zuckerrohr als alternative Energiequelle?

Zuckerrohr besteht zu rund 70% aus Wasser und zu je 15% aus Zucker und Pflanzenfaser. Vor allem die Faser verschmutzte und verstopfte früher nach dem Auspressen als Abfall die Flüsse. Inzwischen verbrennen alle guatemaltekischen Zuckerfabriken die Faserreste in speziellen Hochtemperaturöfen, treiben mit dem Dampf Turbinen an und decken auf diese Weise bereits seit Jahren ihren Eigenbedarf an elektrischem Strom. Da der Zuckeranbau zunimmt, entstehen immer größere Mengen Faserreste, die Ende der 90er Jahre bereits rund 20% des guatemaltekischen Energiebedarfs deckten. Diese innovative, regenerierbare Energiequelle mit guten Wachstumsperspektiven wird weltweit sonst nur in den USA und Südafrika eingesetzt. Die Vorteile liegen auf der Hand: Es muss weniger teures Dieselöl, das bislang noch zur Stromerzeugung benötigt wird, importiert werden, was wiederum zur Verbesserung der Handelsbilanz beiträgt. Bei wachsendem Bedarf können neue Arbeitsplätze in der Zuckerindustrie geschaffen werden, und bei der Installierung entsprechender Filter profitiert auch die Natur. Doch um die Anbauflächen auszuweiten, muss mehr Land gerodet werden – die Reste des verbliebenen Pazifikregenwalds sind bedroht. Zudem ist die Monokultur Zuckerrohr sehr anfällig für Krankheiten. Um diese zu verhindern, müssen die Zuckerrohrproduzenten jede Menge Schädlingsbekämpfungsmittel einsetzen. Somit wird die billige Energie mit einem hohen Einsatz von teurer Chemie erkauft.

Hauptattraktion ist der Pazifische Ozean, der seinem Namen allerdings überhaupt keine Ehre macht, denn er gebärdet sich überwiegend wild. Wegen der meterhohen Wellen und starken Unterströmungen ist das Baden gefährlich. Dafür sind die Surfbedingungen ausgezeichnet. Neben den langen, breiten Sandstränden bietet das Tiefland am Pazifik weitere lohnenswerte Ziele. Sie reichen vom Besuch archäologischer Stätten und von Mangrovenwäldern bis hin zu Aktivitäten wie Hochseefischen und Rafting.

Von El Salvador nach Escuintla

Las Lisas

Wer vom guatemaltekischen Posten Ciudad Pedro de Alvarado an der Grenze nach El Salvador aus auf der CA 2 Richtung Westen fährt, erreicht nach rund 20 km die Abzweigung nach Las Lisas. Auf dieser schnurgeraden, asphaltierten Straße kommt man nach 18 km zu einigen Hütten an der Nordseite des **Canal de Chiquimulilla**, wo der Bus wendet und man sein Fahrzeug parkt. Der ca. 100 km lange künstliche Wasserweg, der in den 30er Jahren des 20. Jahrhunderts angelegt wurde, verläuft von Sipacate in der Provinz Escuintla bis zur Grenze nach El Salvador.

Ein kleines Motorboot bringt Besucher auf die andere Seite nach Las Lisas. Das kleine, am breiten Pazifikstrand liegende Fischerdorf strahlt eine wohltuende Ruhe aus. Nur das dumpfe Grollen der Wellen ist zu hören. Zu tun gibt es nicht sehr viel: Schwimmen, Sonnenbaden und Meeresfrüchte essen zählen zu den wichtigsten Beschäftigungen der Besucher. Selbst am Wochenende sind die Strände im südöstlichen Zipfel des Landes nicht besonders voll, und unter der Woche sind sie sogar richtiggehend leer.

Übernachtung und Essen

Der Ort ist so klein, dass die Hotels problemlos zu finden sind. Während der Osterwoche verdoppeln sich die Zimmerpreise!
Hotel Barillas, nicht direkt am Meer, kleine, einfache Zimmer mit Gemeinschaftsbad. ❶

Hotel Puerta del Mar, am Meer, die sehr warmen Zimmer sind etwas größer als im *Hotel Barillas*, haben aber nur einfache Spanplattenwände. ❷ Am Strand befinden sich mehrere einfache Restaurants, die Meeresfrüchte und Fisch zu moderaten Preisen anbieten. An die Hygiene darf man keine zu großen Ansprüche stellen. Süßwasser ist hier ein kostbares Gut.

Transport

Jede Stunde fährt ein Bus die 18 km bis zur CA 2 und weiter bis nach CHIQUIMULILLA. An der Kreuzung kommen regelmäßig Busse von oder nach GUATEMALA-STADT vorbei.

Chiquimulilla

Von Las Lisas zurück auf der CA 2 passiert man rechterhand nach rund 37 km die Abzweigung zur Ruta Nacional 16. Die wenig befahrene Verbindung in das östliche Hochland bietet schöne Ausblicke und führt zunächst nach Chiquimulilla. Der touristisch unbedeutende Ort ist ein wichtiger regionaler Warenumschlagplatz und Verkehrsknotenpunkt. Wer hier landet und etwas Zeit vor der Weiterfahrt hat, sollte sich auf dem **Markt** umsehen, denn dort werden qualitativ hochwertige Lederarbeiten wie Machetenscheiden oder Reitsättel angeboten. Wer in Chiquimulilla übernachten möchte, findet hier einfache Unterkünfte.

Im Gebiet um Chiquimulilla leben noch einige Nachfahren der **Xinka**. Die nicht zu den Maya-Ethnien zählende Volksgruppe, die vor der Ankunft der Spanier im Gebiet der heutigen Provinz Santa Rosa lebte, wurde nach der *conquista* fast vollständig von Krankheiten vernichtet, die Europäer eingeschleppt hatten. Die wenigen Überlebenden wurden während der Kolonialzeit entweder versklavt oder umgesiedelt, was ihren kulturellen Untergang beschleunigte. Heute ist ihre Sprache akut vom Aussterben bedroht – Xinca wird nur noch von wenigen Dutzend älteren Bewohnern der Provinzen Santa Rosa und Jutiapa gesprochen.

Transport

Vom kleinen Terminal in Plaza-Nähe verkehren stündlich Busse nach GUATEMALA-STADT über Taxisco und Escuintla sowie zur Grenze nach El Salvador oder nach Cuilapa über die landschaftlich reizvolle RN 16.

Taxisco

Taxisco, 10 km westlich von Chiquimulilla am südlichen Fußende des 1945 m hohen Vulkans **Tecuamburro** gelegen, ist ein ruhiges landwirtschaftlich geprägtes Dorf. Während der Kolonialzeit ging es hier lebhafter zu, da der Ort an der Handelsroute nach El Salvador lag. Damals führten alle Wege über eine aus dem Jahr 1595 stammende Brücke, die den weiter östlich verlaufenden Río Los Esclavos überquerte. In Taxisco wurde Juan José Arévalo (1904–90) geboren, der Guatemala nach der erfolgreichen Revolution gegen den Diktator Ubico von 1945–51 als Präsident führte.

Wer mit öffentlichen Verkehrsmitteln zum beliebten Badeort Monterrico fahren möchte, muss hier in der Regel umsteigen (letzter Bus nach Monterrico gegen 18 Uhr, ca. 30 Min. Fahrtzeit). Einfache Übernachtungsmöglichkeiten sind vorhanden.

Zwischen Taxisco und Escuintla liegt bei KM 87,5, ca. 30 km südöstlich von Escuintla, der **Club Auto Safari Chapín**. Der private Safaripark mit einheimischer und internationaler Tierwelt ist beliebtes Wochenendausflugsziel guatemaltekischer Familien, die hier picknicken, im Pool der Anlage baden und die exotische Tierwelt bestaunen. ⌚ Di–So 9–17 Uhr, US$3.

Monterrico

In beide Richtungen erstreckt sich ein kilometerlanger schwarzer Sandstrand, zudem der grandiose Blick über die Weiten des Pazifischen Ozeans mit einer eindrucksvollen Brandung und im Hinterland das große Naturschutzgebiet mit Mangroven, Wasservögeln und unzähligen kleinen Kanälen – fantastische Sonnenuntergänge und ein einfaches, sympathisches Fischerdorf: Das ist Monterrico, ein idealer Ort, um ein paar Tage auszuspannen. Doch ein Geheimtipp ist das beschauliche Örtchen am tosenden Pazifik schon längst nicht mehr. Vor allem an Wochenenden tummeln sich hier viele Einheimische, und die Unterkünfte sind rasch belegt. Dann rasen Jeeps und Sandbuggys über den Strand, und die Müllberge, vor allem am Strand di-

Fischer in Monterrico

rekt vor der Ortschaft, wachsen bedenklich an. Wer es ruhig und einsam mag, der sollte unter der Woche kommen. Besonders in der Regenzeit von Mai bis November benötigen Monterrico-Besucher ein Mückenmittel, eventuell auch ein Moskitonetz, denn die Netze der Hotels sind oftmals löchrig.

Während eines Besuchs von Monterrico sollte man es nicht versäumen, dem **Biotópo Monterrico-Hawaii** einen Besuch abzustatten. Das 2800 ha große Naturschutzgebiet besteht zu 70% aus Wasser. Das übrige umfasst Mangrovenwälder, Schilfgras und einen Sandstreifen. Das Biotop bietet u.a. Wasservögeln, Fischen, Garnelen, Schildkröten, Leguanen und Kaimanen einen einmaligen Lebensraum. Für wenig Geld lässt sich eine Bootstour mit Hilfe der Touristeninformation *CAT,* über *Iguana Tours* bzw. das Besucherzentrum des Biotops arrangieren. Wer Vögel sehen und der Hitze entfliehen möchte, sollte früh aufstehen. Das kleine **Besucherzentrum** nördlich der Hotels wird vom *Centro de Estudios Conservacionistas* der San-Carlos-Universität unterhalten *(CECON-USAC),* 🕓 8–12 und 14–17 Uhr, US$1,10. Neben einer kleinen Bibliothek und einigen Schautafeln enthält es Zuchtbecken mit kleinen Kaimanen, Leguanen und Schildkröten.

Übernachtung

Mit der Beliebtheit des kleinen Badeorts hat in den letzten Jahren auch das Zimmerangebot zugenommen. Große Luxushotels oder Ferienanlagen sucht man in Monterrico bislang vergebens. Besonders an Wochenenden und in den Ferienwochen empfiehlt sich eine Reservierung. So gut wie alle Hotels erhöhen am Wochenende (Fr und Sa) die Preise. Monterrico ist generell nicht billig. Einige Unterkünfte am Hauptstrand oder der Hauptstraße sind zwar recht günstig, bestehen aber meist aus Holzverschlägen. Sie werden vorwiegend von guatemaltekischen Familien frequentiert.

ENTLANG DER C. PRINCIPAL – ***Posada Don Sebastián,*** beim Internetcafé, einfache, kühle Zimmer mit Bad. ❷
Hotel La Palma, an der Hauptstraße, ✆ 58173911, kleine, sympathische Anlage, Zimmer mit Bad und Ventilator. ❷–❹

WESTLICH DER C. PRINCIPAL – ***Hotel El Delfin,*** am Strand, ✆ 57026701, relativ große Anlage, die ungemütlich wirkt. Dafür ist es billig. Pool, Restaurant. ❷

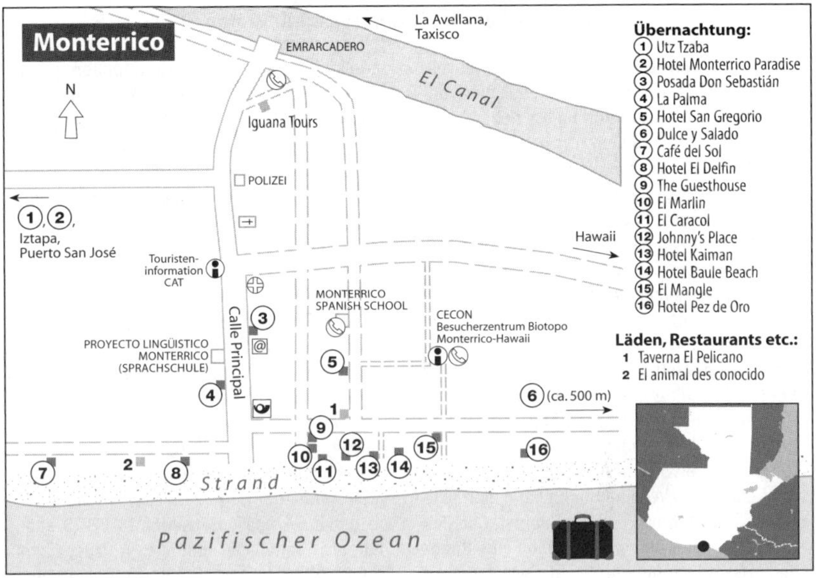

Café del Sol, am Strand, ✆ 58100821, 💻 www.cafe-del-sol.com, unter guatemaltekisch-schweizerischer Leitung, ordentliche Zimmer mit Moskitonetzen, Nr. 5 mit Meeresblick, Pool; Restaurant mit schweizerischer Küche. ❸–❹

Hotel Monterrico Paradise, 2 km westlich von Monterrico im Dorf El Pumpo, an der Straße nach Iztapa, ✆ 55673777, Bungalowanlage mit Pool und Restaurant, geräumige Zimmer mit Ventilator. ❺

Utz Tzaba, 3 km westlich von Monterrico, 800 m von der Straße nach Iztapa, ✆ 53189452, 💻 www.utz-tzaba.com, ruhig am Meer gelegene Luxusanlage. ❻–❼

ÖSTLICH DER C. PRINCIPAL – ***The Guesthouse,*** ✆ 55603847, billigste Herberge östlich des Zentrums, einfache Zimmer mit Ventilator und Moskitonetz, Gemeinschaftsbad, Poolbenutzung im nebenan gelegenen Hotel *El Marlin* gegen Aufpreis. ❶

Monterrico Spanish School, nahe *CECON*-Büro, ✆ 54965347, vermietet einfache Zimmer mit Bad und Ventilator zu günstigen Preisen. ❷

Hotel Kaiman, am Strand zwischen *Baule Beach* und *Johnny's Place,* ✆ 56179880, etwas dunkle Zimmer, Pool, Restaurant mit Holzofenpizza. ❷

El Caracol, am Strand, ✆ 55855592, einfache Zimmer, man kann den Pool vom Nachbar-Hotel *Marlin* gratis nutzen. ❸, 5-Bett-Z. p.P. US$7.

Dulce y Salado, am Strand, 500 m östlich des *Pez de Oro,* ✆ 55176208, von Italienern geführte großen Anlage mit Pool und geräumigen, sauberen Zimmern, am Wochenende nur Halbpension, 🕓 So Abend und Mo geschlossen; italienisches Restaurant. ❸, mit Halbpension ❺

El Mangle, am Strand, ✆ 55146517, saubere Zimmer mit Moskitonetz und Ventilator, Garten, Restaurant, Aussichtsplattform mit Hängematten. ❸

Hotel Baule Beach, am Strand, ✆ 55374802, eines der älteren Hotels in Monterrico, zu teuer für das, was es bietet. Pool, Restaurant, einfache Zimmer, Preisnachlass für kleine Gruppen. ❸

El Marlin, beim *Caracol,* ohne Strandzugang, ✆ 55603847, etwas enge Anlage, Zimmer ok, Pool, Bar, Restaurant. ❸–❹

Johnny's Place, am Strand, ✆ 58120409, Bungalows oder einfache Zimmer mit kleinen Pools davor, Bar, Restaurant, Beachvolleyball. ❹

Schwere Zeiten für Meeresschildkröten

Der Strand von Monterrico ist für Meeresschildkröten ein wichtiger Platz für die Eiablage. Drei Arten, darunter die bis zu 2 m lange und 900 kg schwere Lederrücken-Schildkröte *(Dermochelys coriace)*, legen hier zwischen Juni und Februar – Hauptmonate sind August und September – bis zu 150 Eier pro Tier ab. Der Versuch von Naturschutzorganisationen, die Eier vor den Zugriffen der Einheimischen zu bewahren, scheint aussichtslos. So gut wie alle Eier werden das Opfer von Plünderern, was inzwischen die Existenz der Tiere bedroht. An manchen Tagen sind nachts mehr Menschen am Strand unterwegs als tagsüber. Die unterhaltsame Gegenmaßnahme der Naturschützer, den Schildkröten mit *Adopt-a-turtle*-Wettbewerben zu helfen, funktioniert nur bedingt: An Wochenenden kann man eine kleine Schildkröte, die in der Zuchtstation des Biotops ausgebrütet wurde, gegen eine Spende (US$1,30) „adoptieren" und sie kurz darauf in einem Wettlauf gegen ihre Artgenossen ins Meer entlassen. Die bei Touristen beliebte Hilfsaktion nützt zwar den veranstaltenden Naturschutzorganisationen, ihre schmalen Budgets aufzustocken, den Schildkrötenbabys allerdings weniger, denn sie werden oftmals tagelang in Plastikbehältern gefangen gehalten. Dabei verbrauchen sie die für das Überleben im Meer so dringend gebrauchte Energie. Frisch geschlüpfte Schildkröten schwimmen bis zu 24 Stunden ohne Pause, um an einen sicheren Nahrungsplatz zu gelangen. Zudem vermindert das Aussetzen der Schildkröten bei Tageslicht ihre Überlebenschancen, da die Tiere leichte Beute von Vögeln und Raubfischen werden.

Wer die Tiere bei der Eiablage beobachten möchte, sollte auf Taschenlampe und Blitzlicht verzichten. Grelles Licht stört die Orientierung der Tiere und setzt sie unnötigem Stress aus. Wer den Schildkröten im Biotópo Monterrico-Hawaii wirklich helfen möchte, hat dazu zwei Möglichkeiten. Im *Centro de Estudios Conservacionistas (CECON)*, ✆ 53953279 in Monterrico, und bei *Arcas* in Hawaii, ✆ 78202073, kann mal als Freiwilliger bei der Aufzucht von Schildkröten helfen. Beide Organisationen entlassen zusammen Jahr für Jahr rund 20 000 junge Schildkröten ins Meer. Mehr Informationen erhält man direkt bei den Organisationen oder über das Freiwilligennetzwerk *PMG* in Antigua (s.S. 195).

Hotel San Gregorio, in der Nähe der *Taverna El Pelícano*, ✆ 22384690, ✆ 22535289, eher auf guatemaltekische Bedürfnisse eingestellt, mit TV und AC, eine hohe Mauer umgibt das zweistöckige Gebäude und den Pool. ❺

Hotel Pez de Oro, am Strand, ✆ 23683684, teurer als die umliegende Konkurrenz, dafür aber auch eine der angenehmsten Unterkünfte. Das schönste Zimmer befindet sich im 2. Stock und hat eine eigene Veranda sowie Blick aufs Meer. Kleiner Pool, Hängematten, Restaurant. ❺–❻

Essen und Unterhaltung

Die meisten Hotels am Strand haben ein eigenes Restaurant. Mit am besten isst man in der ***Taverna El Pelícano,*** hinter *Johnny's Place*. Fisch und Meeresfrüchte sind nicht ganz billig. 🕒 12–14, 17–21 Uhr, Mo und Di geschlossen.

Gut ist das Essen im ***Pez de Oro*** und im ***Dulce y Salado*** (authentischer Italiener). Schweizer Küche bekommt man im ***Café del Sol***.

Nur durchschnittlich ist das Essen hingegen im ***Baule Beach*** und im ***Kaiman***.

In den einfachen *comedores* im Ort gibt es sehr guten, billigen Fisch.

Das Nachtleben findet in Monterrico nur an Wochenenden statt. Momentan ist im ***El animal desconocido*** am meisten los, 🕒 tgl. ab 20 Uhr.

Sonstiges

FREIWILLIGENARBEIT – ***Centro de Estudios Conservacionistas (CECON)***, ✆ 53953279 in Monterrico, und *Arcas* in Hawaii, ✆ 78202073.

GELD – Es gibt immer noch keine Bank oder einen Geldautomaten; mit etwas Glück kann man ein paar Dollars – zu einem miserablen Kurs – in einem der Hotels tauschen.

INFORMATIONEN – ***CAT,*** an der C. Principal, neue Einrichtung, die gute Infos für Touristen bereithält, ⏲ tgl. 10–16 Uhr (soll ausgeweitet werden).

INTERNET – An der C. Principal, neben der *Posada San Sebastián.*

MEDIZINISCHE VERSORGUNG – Eine kleine Gesundheitsstation *(puesto de salud)* liegt schräg gegenüber der Touristeninformation *CAT.*

TELEFON – Am Bootssteg in der ***Tienda La Estancia,*** bei der Verwaltung des Reservats ***CECON-USAC*** und international in der Sprachschule ***Monterrico Spanish School.***

TOUREN – **Kanutouren**: Zu buchen über die Touristeninfo *CAT,* über *CECON* oder den Veranstalter *Iguana Tours.* (Nicht direkt an der Bootsanlegestelle bei selbst ausgewiesenen Guides kaufen!) Die Preise für Kanutouren im Reservat liegen für bei ca. US$7 p.P. (mind. 2 Pers.), nur eine Person US$10. Die Touren beginnen je nach Sonnenaufgang zwischen 5 und 5.30 Uhr. Dauer ca. 90 Min.
Reiten: Über das *Café del Sol* oder an Wochenenden direkt am Strand organisieren, ca. US$7/Std.
Fahrradverleih: In der *Monterrico Spanish School,* US$1,50/Std.
Schildkrötenbeobachtung (Juli–November): Über *CECON* oder die *Monterrico Spanish School.*

SPRACHUNTERRICHT – ***Monterrico Spanish School,*** in Nähe des *CECON*-Büros, ✆ 54965347, ✉ monterricospanishschool@yahoo.com, US$120 inkl. Familienaufenthalt und 20 Std. Unterricht/Woche.
Proyecto Lingüistico Monterrico, an der C. Principal.

Transport

Monterrico ist auf zwei Strecken zu erreichen:
A) Mit dem Bus über Escuintla, Taxisco nach LA AVELLANA. Hier wartet ein Boot *(lancha),* das Reisende in weniger als einer halben Stunde für US$0,50 nach Monterrico bringt. Eine *viaje express* (Charter) kostet US$7. Abfahrtszeiten 7x tgl. zwischen 7.30 und 18.30 Uhr. Die letzte Fähre ist nicht immer sicher.
Wer mit dem eigenen Fahrzeug unterwegs ist, kann es entweder in La Avellana auf einem überdachten Parkplatz abstellen oder es per Autofähre (US$8) nach Monterrico mitnehmen. Der letzte Bus nach La Avellana verlässt TAXISCO um 18 Uhr (Fahrtzeit ca. 30 Min).
Falls von La Avellana kein Boot mehr nach Monterrico fahren sollte, kann immer eins gechartert werden.
B) Seitdem die Straße zwischen IZTAPA und Monterrico asphaltiert ist, gelangt man auch auf dieser Route recht schnell nach Monterrico. Allerdings ist der Río María Linda per Fähre (US$0,25) (auch Autos, US$2,70) zu überqueren. Am Ostufer des Flusses liegt PUEBLO VIEJO. Von hier fahren 4x tgl. Busse (zwischen 7 und 16.30 Uhr) nach Monterrico.
Von Monterrico zurück fahren ca. 7 *lanchas* ab 5.30 bis ca. 16 Uhr nach LA AVELLANA, wo ein Anschlussbus wartet, der nur bis TAXISCO fährt (ca. alle 90 Min., zwischen 7.30 und 16.30 Uhr). Dort kann man Richtung GUATEMALA-STADT umsteigen. Um 4 und 6 Uhr morgens verlässt LA AVELLANA ein Direktbus Richtung Guatemala-Stadt.
Von ANTIGUA fahren Shuttle-Busse nach Monterrico (ca. US$7).
Wer auf dem Chuiquimulilla-Kanal per *lancha* bis nach LAS LISAS im Osten oder nach IZTAPA im Westen reisen will, muss ein Boot chartern, das allerdings um einiges teurer als der Bus ist.

Hawaií

Nur rund 20 km östlich von Monterrico liegt das kleine Fischerdorf Hawaií, das bislang vom Hoteltourismus verschont geblieben ist. Allerdings werden gerade die ersten Anlagen errichtet.

Hier ist der Sitz von **ARCAS**, einer Organisation, die sich um die Aufzucht von Schildkröten bemüht und in der man als Freiwilliger arbeiten kann. Nach Hawaií fahren tgl. 4 Busse, Fahrtzeit ca. 30 Min.

Escuintla

Die mit rund 50 000 Einwohnern größte Stadt des pazifischen Tieflands liegt am Kreuzungspunkt der Pazifikstraße CA 2 und der Hauptstraße von Guatemala-Stadt zum Pazifikhafen San José. Escuintla wurde auf den Überresten einer alten Siedlung der Pipiles errichtet, wird aber heute gänzlich von Ladinos dominiert.

Einen bleibenden Eindruck hinterlässt die wenig anziehende, heiße Stadt weniger durch ihre Ausstrahlung oder Sehenswürdigkeiten als vielmehr wegen des geschäftigen, umtriebigen Menschenschlags, der dort lebt. Die Hauptstadt der gleichnamigen Provinz liegt im Zentrum eines der wirtschaftlich aktivsten Gebiete. Neben der Leichtindustrie, einer kleinen Raffinerie, der Rinderzucht und dem Obstanbau trägt in besonderem Maße das Zuckerrohr dazu bei. Über 70% der landesweiten Produktion werden hier angebaut. Aufgrund seiner strategischen Lage hat sich Escuintla zu einem wichtigen Handelsplatz und Verkehrsknotenpunkt entwickelt.

Übernachtung und Essen

Bis auf das Hotel *El Merendero* befinden sich alle erwähnten Hotels in der Nähe des Busterminals.

Hotel Rosario, 4. Av. 11-46, ✆ 78891526, sehr unterschiedliche Zimmer, an denen der Zahn der Zeit sichtbar nagt, günstig. ❶

Hotel Las Rosas, 4. Av. 11-21, ✆ 78880122, akzeptable Zimmer, auch mit Bad. ❶–❷

El Merendero, KM 57,5, Av. Las Américas 9-80, Z. 3 ✆ 78881459, sauber, die Zimmer ohne AC bieten ein sehr gutes Preis-Leistungs-Verhältnis. ❸

Hotel Costa Sur, 12. C. 4-13, Z. 1, ✆ 78881819, Zimmer mit AC, TV; Parkplatz und Restaurant. ❸

Motel y Restaurante Sarita, Av. Las Américas 15-32, Z. 3, direkt am Kreisverkehr, ✆/📠 78881959, Pool, gutes Restaurant und leckeres Eis. ❺–❻

Transport

In GUATEMALA-STADT passieren Busse nach Escuintla die Kreuzung EL TRÉBOL von 4–19 Uhr ca. alle 30 Min. Zurück fahren diese Busse von der Plaza in Escuintla.

Der Terminal in Escuintla liegt an der 4. Av., ca. 300 m vor dem großen Kreisverkehr beim *Motel y Restaurante Sarita.* Von hier starten Busse in alle Richtungen.

Busse zur mexikanischen Grenze passieren die Stadt im Norden und halten an der *Esso*-Tankstelle gegenüber der *Banco Uno.*

Puerto San José

Eine neue zweispurige Autobahn führt von Escuintla schnurgerade in das ca. 50 km entfernte Puerto San José an der Pazifikküste. Der 1853 gegründete, ehemals wichtigste Hafen des Landes hat ähnlich wie Puerto Barrios an der Atlantikküste an wirtschaftlicher Bedeutung verloren. Im- und Export werden inzwischen über den wenige Kilometer östlich gelegenen Containerhafen **Puerto Quetzal** abgewickelt. Noch immer kann man am Hafen die weit ins Meer ragende, baufällige Hafenmole begehen und von dort einen Blick auf das zerfallene ehemalige Bahnhofs- und Zollgebäude werfen. Wenn es auch unter der Woche ziemlich ruhig zugeht, so ändert sich das an Wochenenden und während der Weihnachts- bzw. Osterferien. Dann bevölkern Familien aus den großen Städten die schwarzen Sandstrände, füllen Hotels und Restaurants. Ein Besuch von San José lohnt sich als Tagesausflug für alle diejenigen, die wenig Zeit haben, aber dennoch ihr Guatemala-Bild mit einem Besuch der Pazifikküste abrunden möchten. Der **Wasserpark Aqua Magic** liegt links von der Av. 30 de Junio am Strand.

In östlicher Richtung erreicht man nach 5 km die Ferienanlage **Likin**, ein angelegtes Resort mit privaten Wochenendhäusern, Straßen und Kanälen. Unter der Woche tut sich hier nicht viel, aber am Wochenende bringen Boote die Gäste über den Chiquimulilla-Kanal an den Strand.

Übernachtung und Essen

Puerto San José hat ein großes – auf guatemaltekischen Geschmack ausgerichtetes – Angebot wenig einladender Unterkünfte, die obendrein viel zu teuer sind für das, was sie bieten. Der zusätzliche Preisanstieg an Wochenenden und

Garífuna aus Livingston

Guatemaltekische Karibikküste

Laguna de Ayarza

Souvenirverkauf in Esquipulas

Fischer in Champerico

Mangrovenwälder an der Pazifikküste

während der Ferien lässt den Ort noch unattraktiver erscheinen. Wen es dennoch für eine Nacht oder länger hierher verschlägt, findet nachfolgend eine kleine Auswahl an Adressen.

***Posadas del Quetzal I&II*, (I)** Av. 30 de Junio, Z. 1, in der Stadt ✆ 78812494, **(II)** Barrio Miramar, am Strand, ✆ 78811892. Beide Hotels haben fast die gleichen Preise, die von Mai–Dez (Ausnahme Weihnachten und Neujahr) deutlich billiger sind als in der übrigen Zeit; Holzbungalows mit Ventilator, Bar, Restaurant. ❺
Die Auswahl an Strandrestaurants ist enorm. Guten Fisch und Meersfrüchte gibt es im ***Papillon*** und im ***Costa Grande*** am Strand.

Transport

Busse verkehren stündlich zwischen dem Busterminal in der Zone 4, GUATEMALA-STADT, und der Plaza in Puerto San José (120 km, ca. 3 Std.). Viele fahren von San José an LIKIN vorbei (wer aussteigen will, sollte dem Fahrer Bescheid geben) und weiter nach ITZAPA.

Iztapa

Der Ort 13 km östlich von Puerto San José an der Mündung des Río María Linda diente den Spaniern unter Pedro de Alvarado im 16. Jahrhundert als Hafen. Mit dem Bau des Hafens in San José versank Iztapa recht schnell in der Bedeutungslosigkeit. Auch hier lebt man vorwiegend von Fischfang und lokalen Tourismus. Außerdem hat sich der Ort einen Namen bei Hochseesportfischern gemacht. Der nur per Boot erreichbare Strand ist nicht so überlaufen wie der von Puerto San José. Wer über den Río María Linda zum Schwesterort **Pueblo Viejo** übersetzt (US$0,30, Autos US$2,70), erreicht von dort nach ca. 30 km Monterrico über eine gut asphaltierte Straße.

Übernachtung

Hotel Brasilia, ✆ 78814964, einfache Zimmer mit und ohne Bad, sehr günstig. ❶
Hotel Sol y Playa Tropical, ✆ 78814365, etwas zu teuer, Pool. ❸

Von Escuintla nach Retalhuleu

La Democracia

Rund 25 km westlich von Escuintla zweigt im wenig interessanten **Siquinalá** eine asphaltierte Straße Richtung Pazifikküste ab. Sie erreicht nach weiteren 11 km den Ort La Democracia mitten in einem großen Zuckerrohranbaugebiet, in dem früher auch Viehzucht betrieben wurde.

Verwundert erblicken Besucher rund um die Plaza massive Steinskulpturen mit dicken Bäuchen und kindlichen Gesichtern. Sie wurden nicht weit vom Ort entfernt auf einem Privatgelände in **Monte Alto** und **El Transito** ausgegraben. Die „dicken Jungs“, wie sie von den Einheimischen genannt werden, haben wenig gemein mit den Stelen der Maya-Welt. Sie ähneln auf verblüffende Weise Olmekenskulpturen aus der viel weiter nördlich gelegenen Region um Villahermosa am Golf von Mexiko. Wie und wann sie nach Guatemala gelangten, wird in Expertenkreisen weiterhin heftig diskutiert. Die Steinmonumente könnten aber, zeitlich gesehen, alle übrigen archäologischen Funde in Guatemala in den Schatten stellen. Ihr Alter soll nämlich bei rund 4000 Jahren liegen. Weitere Fundstücke aus der Region kann man in einem **Museum** an der Plaza besichtigen. 🕒 8–12 und 14–17 Uhr, US$1,50.

Es gibt keine Unterkünfte in La Democracia, man übernachtet daher besser in Escuintla, Santa Lucía Cotzumalguapa oder am Strand in Sipacate.

Sipacate

Das kleine Fischerdorf liegt rund 45 km südwestlich von La Democracia und ist bekannt für seine guten Surfwellen. Einmal jährlich werden hier sogar internationale Surfmeisterschaften ausgetragen. Zum Strand von Playa Sipacate gelangt man vom Ort Sipacate aus nur mit dem Boot. Da der Chiquimulilla-Kanal hier endet, kann man den Strand des rund 4 km weiter westlich liegenden Dorfes **La Empalizada** allerdings mit dem Pkw oder zu Fuß erreichen.

Rund 8 km östlich von Sipacate gelangt man zum bei Einheimischen beliebten Strand **El Paredón**, den man ebenfalls nach einer kurzen Bootsfahrt erreicht. Sipacate liegt am westlichen Ende des Nationalparks Sipacate-Naranjo, einem 2000 ha großen Mangrovenschutzgebiet, in das Charterboottouren angeboten werden.

Übernachtung

Übernachten kann man im ***Rancho Carrillo,*** am Strand gelegen und nach kurzer Bootsfahrt von Sipacate aus zu erreichen, ✆ 58902614, 55171069, Bungalows in verschiedenen Qualitätsstufen, kleiner Pool, Restaurant. ❷–❹.

In El Paredón kann man im ***El Paredón Surf Camp,*** ✆ 55645741, 💻 www.elparedonsurfcamp.tripod.com, günstig aber sehr einfach in Hängematten oder Doppelstockbetten mit Gemeinschaftsbad übernachten. Es gibt ein Restaurant und man kann Surfunterricht nehmen ❶–❷.

Transport

Sipacate wird mehrmals täglich von Siquinalá aus (kleiner Ort zwischen Escuintla und Santa Lucia C.otzumalguapa entlang der Pazifikstraße CA 2) mit Bussen und Kleinbussen angefahren. Zum Strand El Paredón fahren ebenfalls regelmäßig Kleinbusse von Sipacate aus.

Santa Lucía Cotzumalguapa

Folgt man dem weiteren Verlauf der Pazifikküstenstraße CA 2, gelangt man 33 km westlich von Escuintla nach Santa Lucía Cotzumalguapa. Das Zentrum des kleinen Städtchens liegt nördlich der Hauptstraße. Ursprünglich siedelten Pipil-Indianer in dieser Region. Sie wurden noch vor der Ankunft der Spanier von den Cakchiqueles vertrieben, die wie andere Hochlandvölker ein Auge auf die fruchtbaren Böden der pazifischen Tiefebene geworfen hatten. Den spanischen Eroberern, die sich zunächst mit den Cakchiqueles verbündeten, folgten Missionare des Franziskanerordens. Zu jener Zeit entstanden eine Reihe neuer Kirchen und Siedlungen. Der wirtschaftliche Aufschwung des Gebiets um Santa Lucía Cotzumalguapa wurde, wie auch in anderen Pazifikregionen, Mitte des 20. Jahrhunderts durch den großflächigen Anbau von Zuckerrohr eingeläutet. Nur wenige Kilometer östlich des Ortes liegt die größte Zuckerfabrik ganz Mittelamerikas, der **Ingenio Pantaleón**. Die Anlage erzeugt rund ein Drittel der guatemaltekischen Zuckerproduktion.

Doch Santa Lucía Cotzumalguapa allein wäre wohl kaum der Erwähnung in einem Reiseführer wert, wenn sich in seiner Umgebung nicht einige Sehenswürdigkeiten befänden, die vor allem das Herz von Archäologen und Freunden alter Kulturen höher schlagen lassen: Versteckt auf den enormen Feldern der Zuckeroligarchie finden sich die Überreste vergangener Zivilisationen, und zwar auf den Grundstücken der Finca El Baúl, der Finca Bilbao und der Finca Las Ilusiones (s.u.). Auch auf der **Plaza** von Santa Lucía C. sind einige Steinmonumente zu bewundern.

Übernachtung und Essen

Hospedaje Reforma, 4. Av. 4-71, in der Nähe der Plaza, freundlicher Besitzer, einfach, aber für den Preis ok, alle Zimmer mit Ventilator und Gemeinschaftsbad. ❶

Hotel El Turista, 3. Av. 6-24, ✆ 78825018, teurer, dafür Zimmer mit Bad. ❷

Caminotel Santiaguito, KM 90,4 der CA 2, ✆ 78825435, 📠 78822585, beliebtes Durchgangshotel, in dem auch viele Einheimische absteigen, geräumige Zimmer mit AC, gutes Restaurant, Bar, Pool, Reservierung sinnvoll. ❺

Transport

Die *Pullman*-Busse, die alle 15 Min. zwischen GUATEMALA-STADT und der mexikanischen Grenze verkehren, halten bei Bedarf in allen Orten entlang der CA 2. Von der Abzweigung der CA 2 bei der 3. Av. bis zum Ortskern von Santa Lucía Cotzumalguapa sind es etwa 15 Gehminuten. *Camionetas* verlassen den Ort stündlich nach Guatemala-Stadt (ca. 90 km, rund 2 Std., letzter Bus gegen 16 Uhr). Abfahrtort ist der Terminal, wenige Blocks von der Plaza entfernt. Wer wenig Zeit hat und wem lange Fußmärsche in großer Hitze zuwider sind, der sollte ein Taxi zur Besichtigung der drei Hauptsehenswürdigkeiten nehmen. Die Fahrer warten an der Plaza und nehmen für die Besichtigung rund US$15.

Finca Bilbao

Nur wenige hundert Meter von Santa Lucía C. entfernt liegen die Überreste eines Zeremonialzentrums aus der Zeit um 600 n. Chr. Entdeckt wurde es erst 1860, als man den tropischen Regenwald rodete, um Kaffee anzubauen. Einige der beim Pflügen der Felder freigelegten **Steinmonumente** wurden gestohlen, andere gelangten auf offiziellem Weg ins Ausland. So wurden 1880 unter anderem 9 der schönsten Stelen nach Deutschland verkauft. Acht von ihnen sind im Museum für Völkerkunde in Berlin zu bewundern, während die neunte Stele beim Verladen im Hafen von Puerto San José auf dem Meeresgrund versank. Die Darstellungen auf den gefundenen Monumenten lassen eine Verwandtschaft mit ähnlichen Abbildungen vermuten, die an der Golfküste Mexikos entdeckt wurden. Auffällig sind die stilistischen Übereinstimmungen wie beispielsweise die rituellen Ballspieler auf Flachreliefs. In beiden Kulturen finden sich Darstellungen von Menschenköpfen unter einer Art Helm aus Tierfell. Auch bei Verzierungen auf Knieschützern für das Ballspiel zeigen sich Parallelen.

Noch heute lassen sich auf den verbliebenen steinernen Zeitzeugen, die aufgrund ihres hohen Gewichts nicht abtransportiert werden konnten, Menschen beim Ballspiel erkennen, ebenso Kakaobohnen als Währung, Kalenderzeichen und Zahlsymbole. Die Pipiles benutzten zur Darstellung ihrer Ziffern nur Punkte und Kreise und nicht, wie die Maya, auch Linien. Das dient als weiteres Indiz dafür, dass die Bewohner der Pazifikküste mehr mit den Völkern des heutigen Mexikos als mit den Maya gemein hatten.

Der Weg zu den verstreut in den Zuckerrohrfeldern liegenden Steinmonumenten ist nicht einfach zu finden. Am Besten fährt man mit einem Taxi dorthin. Wer zu Fuß unterwegs ist, findet in der Nähe der Steine meist Kinder, die einem *las piedras*, wie die Steine hier genannt werden, gegen ein kleines Trinkgeld bereitwillig zeigen.

Finca El Baúl

Das Gelände der Finca liegt einige Kilometer nördlich des Zentrums und hat zwei Sehenswürdigkeiten zu bieten, ein kleines **Museum** mit archäologischen Fundstücken aus der Region und die Opferstätte El Baúl. Das Museum befindet sich direkt bei der Zuckerfabrik der Finca. Man erreicht sie nach 6 km, wenn man der 3. Av. Richtung Norden folgt. Nach 3,3 km hält man sich an eine Gabelung links. Die Straße zur Rechten führt zur Finca El Tarro. An der Finca meldet man sich beim Pförtner.

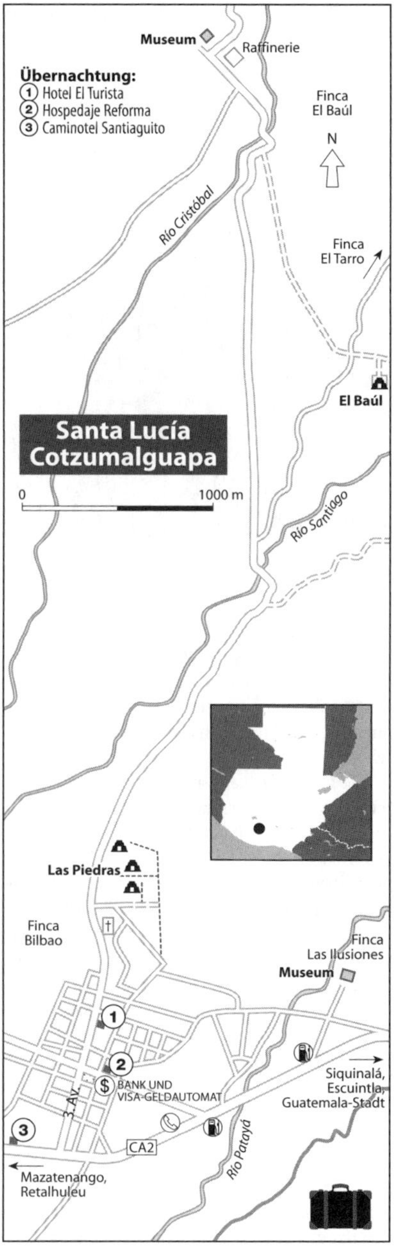

An der Pazifikküste

🕓 7–17 Uhr, Eintritt frei. Gelegentlich verkehren Kleinbusse zwischen der Finca und Santa Lucía C. Ansonsten ist man auf Taxis angewiesen oder steigt in die *Camioneta* nach Rio Santiago bzw. Colonia Maya und fragt den *ayudant* nach dem weiteren Weg.

Die *Camioneta* kann auch nehmen, wer zur **Opferstätte El Baúl**, der zweiten Attraktion der Finca, möchte. Wer sich auf dem Rückweg vom „Museum" nach Santa Lucía C. befindet, sieht nach dem Überqueren der Brücke über den Río Cristóbal linkerhand einen unbefestigten Feldweg durch Zuckerrohrfelder abzweigen. Diesem folgt man 1,1 km und überquert die Asphaltstraße zur Finca El Tarro. Nach weiteren 300 m taucht ein kleiner, bewaldeter Hügel auf (wer direkt von Santa Lucía C. zur Opferstätte möchte, nimmt an der oben beschriebenen Gabelung den rechten Weg zur Finca El Tarro, folgt diesem ca. 1,5 km und biegt rechts auf den Feldweg ein, danach weiter wie oben beschrieben). Der Aufstieg auf die künstliche Plattform erfolgt von der Südseite her. Oben angelangt, sind zwei Steinmonumente zu sehen. Bei dem einen handelt es sich um eine **Steinplatte**, die an einen Baum gelehnt ist. Auf dem Flachrelief ist eine Figur abgebildet, die von kreisförmigen Datumsangaben umgeben ist. Ihr gegenüber steht ein halb im Erdboden versunkener, plastisch wirkender, rußgeschwärzter **Steinkopf**. Er besitzt zwei große, leere Augenhöhlen, Augenbrauen und ein breites kerzenwachsverkrustetes Stirnband. Dieses Monument nennen die Einheimischen *Dios Mundo* (Weltgott). Vor beiden Monumenten stehen kleine Altäre, auf denen Einheimische Weihrauch, Kerzen und gelegentlich auch Hühnerblut opfern. Der Ort verbreitet eine eigentümlich mystische Atmosphäre. Nach El Baúl kommen vor allem Indígenas, die auf den Zuckerrohrplantagen als Erntehelfer arbeiten, und die den Ort als Naturaltar für ihre religiösen Rituale benutzen. Oft sind es Frauen, die neben einer guten Ernte auch für zahlreichen Nachkommen und eine reibungslose Geburt beten. Wer Gelegenheit hat, ein solches Ritual zu beobachten, sollte sich respektvoll im Hintergrund halten und nur mit Zustimmung der Anwesenden fotografieren.

Finca Las Ilusiones

Der dritte Ort in der Umgebung von Santa Lucía C., an dem archäologische Fundstücke der Region ausgestellt sind, ist die Finca Las Ilusiones. Wer der

Hauptstraße aus dem Ort Richtung Osten zur CA 2 folgt und den Río Patayá überquert, sieht beim KM 87,5 ein Schild mit der Aufschrift „museo". Folgt man der hier abzweigenden unbefestigten Straße Richtung Norden, erreicht man nach ca. 500 m das **Privatmuseum** der Finca Las Ilusiones. Hier sind hunderte kleiner Steinmonumente und Keramiküberreste ausgestellt. Wer den Aufseher mit dem Schlüssel nicht antrifft, kann einige Steinmetzarbeiten und Stelen bewundern, die im Freien auf dem Platz vor dem Museumsgebäude stehen. ⏲ 7–16, US$1,30.

Die Finca Las Ilusiones ist von der Plaza in Santa Lucía C. zu Fuß in ca. 30 Minuten oder mit dem Taxi zu erreichen.

Provinz Suchitepéquez

Wenige Kilometer westlich von Santa Lucía Cotzumalguapa beginnt die kleine Provinz Suchitepéquez. Schon während der Kolonialzeit war die Region bekannt für ihre fruchtbare Erde, und auch heute noch werden hier Kaffee, Kardamom und Kakao, Mais, Bohnen und Reis sowie Zuckerrohr, Bananen und Kautschuk geerntet. Die Provinz ist stark ladino-geprägt, nur in den nördlichen Höhenlagen dominieren Quichés bzw. etwas weiter östlich einige zugewanderte Cakchiqueles. Touristisch gesehen ist Suchitepéquez absolutes Niemandsland. Selbst die Pazifikküste wird vorwiegend von einheimischen Touristen frequentiert.

Die bekanntesten der schwarzen Sandstrände heißen **Tecojate**, **El Semillero** und **El Tulate**. Bei allen drei handelt es sich um kleine, heiße Fischerdörfer, die neben einer enormen Brandung und leckeren Meeresfrüchten wenig Interessantes bieten.

Die Infrastruktur ist in allen Orten gleichsam bescheiden. Die Übernachtungsmöglichkeiten sind einfach, allerdings verkehren Busse regelmäßig zur Pazifikstraße CA 2. Mitten in der weiten Tieflandebene der Provinz Sacatepéquez liegt **Pueblo Nuevo Tiquisate**, das ehemalige Hauptquartier der *United Fruit Company,* heute ein unbedeutender, für Touristen langweiliger Ort.

Bekannt wurde der Landkreis auch durch Andrés Girón. Der katholische Priester hatte 1986 die Bewegung *Asociación Nacional de Campesinos Pro Tierra* gegründet, die sich für landlose Bauern einsetzte. Im Mai desselben Jahres war der kampflustige *padre* an der Spitze von ca. 15 000 *campesinos* nach Guatemala-Stadt gezogen, um vor dem Präsidentenpalast Kredite für die Gründung von Kooperativen zu fordern.

Rund 23 km westlich von Santa Lucía Cotzumalguapa zweigt eine wichtige Verbindungsstraße an der Kreuzung **Cocales** in das Hochland zum Atitlán-See ab. Eine Alternative zu dieser Route ist eine weiter westlich verlaufende, weniger befahrene und teilweise unbefestigte Straße Richtung Atitlán-See. Sie führt über die indianische Siedlung **Chicacao** nach Santiago Atitlán.

Ganz im Westen der Provinz Suchitepéquez liegt die Hauptstadt **Mazatenango**. Während der Ort entlang der Pazifikstraße laut, hektisch und wenig ansehnlich ist, geht es in der Zone um die Plaza im Zentrum deutlich ruhiger und angenehmer zu. Dennoch gibt es kaum Gründe, hier länger als nötig zu verweilen. Wer im Februar oder März in Mazatenango sein sollte, kann den einzigen Karneval Guatemalas erleben, der eine Woche lang feuchtfröhlich und mit einem großen Umzug gefeiert wird.

Übernachtung und Essen

Hotel Costa Rica, 1. Av. 7-00, ✆ 78720642, einfach und günstig. ❶

Hotel Santa Barbara, 12. C. 5-37, ✆ 78720449, gegenüber dem alten Bahnhof, etwas ab vom Schuss, dafür bekommt man auch Zimmer mit Bad und TV. In der Nähe befindet sich eine Billardkneipe. ❷

Hotel San Luis, 7. C. 5-35, ✆ 78721701, etwas zentraler an der Hauptstraße gegenüber dem Markt, saubere Zimmer mit Bad und TV, Parkplatz. ❸

Hotel Alba, im Westen der Stadt, an der Pazifikstraße CA 2, ✆/℻ 78724248, angenehmes Hotel mit Restaurant und Parkplatz. ❹

Transport

Busse in alle Richtungen verkehren regelmäßig ab dem Busterminal in der Nähe des Marktes. *Pullman*-Busse halten an den Tankstellen entlang der Pazifikstraße CA 2.

Retalhuleu

Die Hauptstadt der gleichnamigen Provinz ist mit rund 40 000 Einwohnern der bedeutendste Ort im westlichen Teil des pazifischen Tieflands. Der Name des Städtchens bedeutet soviel wie „Zeichen auf der Erde". Ob damit die Trennlinie gemeint ist, die Pedro de Alvarado hier einst mit seinem Schwert zwischen den rivalisierenden Mam und Quiché zog, ist historisch umstritten. Fest steht aber, dass der Ort 1825 infolge der Zusammenlegung der benachbarten Dörfer San Antonio Retalhuleu und Santa Catarina Sacatepéquez entstand. Heute wird er oftmals schlicht „Reu" genannt. Obwohl der Ort ähnlich wie andere Pazifikstädte nicht allzu viel Sehenswertes zu bieten hat, hebt er sich aufgrund seiner wichtigen strategischen Lage und seines relativen Reichtums ein wenig von den übrigen Städten der Region ab. Die Atmosphäre ist ruhig und gelassen, die Plaza im Zentrum ist schmuck. Wer sich für archäologische Funde interessiert, sollte dem **Museo de Arqueología y Etnología** im Rathaus *(municipalidad)* einen Besuch abstatten. Neben den Stein- und Keramikfunden, die verschiedenen Epochen zugeordnet sind, lohnt sich ein Blick auf die Fotoausstellung im ersten Stock: Die Aufnahmen, die bis ins 19. Jahrhundert zurückreichen, zeigen, wie sehr sich das Stadtbild im Laufe der Geschichte veränderte, und demonstrieren die unterschiedlichen Bemühungen der betuchteren Bewohner, inmitten einer ländlich orientierten Plantagenwirtschaft eine bürgerliche Oase zu schaffen. 🕓 Mo–Sa 8.30–17.30, So 9–12.30 Uhr; US$1,30.

Retalhuleu ist ein guter Ausgangsort für Ausflüge in die Umgebung. Dazu gehört ein Besuch des Pazifikhafens Champerico ebenso wie ein Abstecher zur Ausgrabungsstätte Abaj Takalik (s.S. 423). Wer Süßwasser bevorzugt, mit Kindern unterwegs ist oder einfach eine Abkühlung braucht, findet wenige Kilometer nördlich von Retalhuleu entlang der Straße nach Quetzaltenango bei KM 180,5 den Wasser- und Freizeitpark **Parque Acuático Xocomil**.

9 km nordöstlich von Retalhuleu liegt beim KM 175 die Abzweigung El Zarco Junction. Hier beginnt die landschaftlich reizvolle Strecke Richtung Norden durch das Tal des Río Salamá ins Hochland. Die Straße überwindet auf ihren 47 kurvigen Kilometern bis Quetzaltenango mehr als 2000 Höhenmeter.

Übernachtung

Das Angebot an Billigunterkünften ist bescheiden und wenig anheimelnd. Die beiden günstigsten Hotels sind nur sehr anspruchslosen Travellern zu empfehlen.

Hotel Pacífico, 7. Av. 9-29, beim Busterminal, heruntergekommen und ohne Ventilator. ❶

Hotel Hillman, 7. Av. 7-99, genauso heruntergekommen, Zimmer mit Bad, aber ohne Ventilator. ❶

Anexo Posada de Don José, auf der gleichen Straßenseite wie die *Posada Don José*, an der Ecke zum Park, ✆ 77710851, günstige Zimmer mit TV und Ventilator. ❸

Hotel Astor, 5. C 4-60, Z. 1, ✆/℻ 77710475, ✉ hotelastor@terra.com.gt, schönes Hotel mit Schwimmbad und Restaurant, Zimmer mit AC und TV. Organisiert auch Touren nach Champerico, El Tulate und Abaj Takalik an. Empfehlenswert. ❺

Hotel Posada de Don José, 5. C. 3-67, Z. 1, ✆ 77713354, ℻ 77714176, 💻 www.don-jose.com, beliebtes Hotel mit Pool, Restaurant und AC. ❺

Essen

Brauchbares Essen findet sich an der Plaza.
In der ***Cafetería La Luna*** bekommt man auch Frühstück, im ***El Volován*** Kuchen und gefüllte Teigtaschen.
Wer sich selbst versorgen möchte, kann sich im Supermarkt ***La Torre Frescura*** auf der 5. Av. mit Lebensmitteln eindecken.

Transport

Pullman-Busse fahren alle 15 Min. nach GUATEMALA-STADT (186 km, ca. 3 Std.) und zur mexikanischen Grenze, CIUDAD TECÚN UMÁN (78 km, ca. 1 1/2 Std.).
Die Busse 2. Klasse nach Quetzaltenango fahren regelmäßig vom Terminal Ecke 10. C./7. Av., Z. 1, im Norden von Retalhuleu, ab.
Alle anderen Busse, z.B. nach Champerico, El Tulate oder El Asintal (Abaj Takalik), fahren regelmäßig ab dem Terminal in der Zone 5 im Süden der Stadt.

Champerico

Wer der Kälte Quetzaltenangos entfliehen möchte und den schnellstmöglichen Weg zum Meer wählt, der landet über Retalhuleu in Champerico. Die letzten 38 km führen dabei von Retalhuleu auf einer schnurgeraden Straße direkt an die Küste. Von der Geschäftigkeit gegen Ende des 19. Jahrhunderts, als der aufblühende Kaffeehandel den jungen Hafen belebte, ist heutzutage wenig zu spüren. Nur noch ein paar Fischer werfen ihre Netze von der rostigen Hafenmole aus, die einen interessanten Blick auf den endlos erscheinenden schwarzen Sandstrand und die Palmdächer der Strandrestaurants bietet. Am Wochenende wird Champerico lebendiger: Dann bevölkern guatemaltekische Familien den Strand. Wie an der übrigen Küste, sollte man sich auch hier vor den hohen Wellen und den starken Unterströmungen in Acht nehmen. Die meisten Besucher unternehmen nur einen Tagesausflug nach Champerico, doch für Übernachtungsmöglichkeiten ist gesorgt.

Übernachtung

Hotel Miramar, 2. C./Av. Coatepeque, ✆ 77737231, einfache Zimmer mit Bad und Ventilator. ❷

Hotel El Diamante, 1. C./Av. Retalhuleu, ✆ 77737330, empfehlenswertes Hotel mit Restaurant in Strandnähe, alle Zimmer mit Bad, TV und Ventilator. ❸

Transport

Busse verkehren regelmäßig zwischen CHAMPERICO und QUETZALTENANGO bzw. RETALHULEU. Der letzte Bus nach Retalhuleu fährt gegen 18 Uhr in Champerico ab.

Von Retalhuleu zur mexikanischen Grenze

Abaj Takalik

Nur 15 km nordwestlich von Retalhuleu liegt in einem kleinen subtropischen Wäldchen auf ca. 600 m Höhe der **Parque Arqueológico Abaj Takalik**. Kaffee-Fincas und Zuckerrohrfelder umgeben die Ausgrabungsstätte, die inzwischen bequem über eine asphaltierte Straße zu erreichen ist. Das 9 km^2 große Gelände wurde 1888 entdeckt. Aber erst nachdem der Besitzer der Finca Margarita der Regierung ein 7,7 ha großes Stück Land zur Verfügung stellte, konnte ein Archäologenteam des Nationalinstituts für Kultur und Anthropologie mit den Ausgrabungsarbeiten beginnen. Der Name der Anlage stammt aus der Quiché-Sprache und bedeutet „stehender Stein".

Die Geschichte Abaj Takaliks reicht bis in die mittlere Präklassik (800–300 v. Chr.) zurück. Die Siedlung war ein wichtiges Handelszentrum zwischen der Küste und dem Hochland. Die Anlage weist einen starken olmekischen Einfluss auf. Vorfahren der Maya haben Abaj Takalik im 1. Jahrhundert n. Chr. erreicht. Die älteste datierte Stele (Nr.5) stammt aus dem Jahr 126 n. Chr. und ist damit 166 Jahre älter als das älteste Monument dieser Art, das in Tikal gefunden wurde (Stele Nr. 29 aus dem Jahr 292). Man nimmt an, dass Abaj Takalik eine der ersten Orte an der Pazifikküste war, an dem die Bewohner bearbeitete Steinskulpturen zu einer öffentlichen und religiösen Kunstform entwickelten. Obwohl die gesamte Anlage 9 künstlich angelegte, in die Landschaft eingepasste **Plattformen** (Terrassen), 71 künstliche **Hügel** sowie 204 bearbeitete **Monumente** aus vulkanischem Andesit und Basalt umfasst, ist von ihr nicht mehr allzu viel zu sehen. Die Überreste der empfindlichen Lehmbauten befinden sich z.T. in einem sehr schlechten Zustand, und die starken Regenfälle tun ein Übriges. Interessant sind hingegen die ungewöhnlichen **Steinskulpturen**. Sie zeigen Darstellungen mit olmekischen und präklassischen Aspekten der Maya-Kultur. Ihre dickbauchigen Motive stellen Frösche und Kröten (Symbole der Fruchtbarkeit), eine Eule (Symbol für Unterwelt und Tod), einen Alligator und einen Olmekenkopf mit dem Kosenamen „Babyface" dar. Darüber hinaus stammen einige einmalige Fundstücke aus Abaj Takalik: **Jademasken** in Gesichtsgröße, die in einem polychrom bemalten, zylindrischem Gefäß auf der Anlage gefunden worden sind. Drei dieser Masken sind im Museo Nacional de Arqeología y Etnología in Guatemala-Stadt zu sehen.

Außer der Ausgrabungsstätte ist ein kleines **Museum** zu besichtigen. Die Arbeiter stellen sich gegen ein kleines Trinkgeld bereitwillig als Führer durch die Anlage zur Verfügung. Eine Übersichts-

Ruinenstätte Abaj Takalik

karte ist bisher leider noch nicht erhältlich. Man bekommt eine Info-Broschüre auf Spanisch oder Englisch. ⏲ 7–17 Uhr, US$3,40.

Transport

Abaj Takalik ist über die Pazifikstraße CA 2 zu erreichen. Bei KM 190,5 zweigt die Straße zum 4,5 km entfernten kleinen Ort El Asintal (Schild) ab. Von hier aus sind es weitere 4,5 km bis zur Ruinenstätte.
Wer mit öffentlichen Verkehrsmitteln anreist, sollte einen Bus nach EL ASINTAL ab dem Terminal in Retalhuleu nehmen (alle 30 Min. von 5–18 Uhr). Von El Asintal aus verkehren regelmäßig Kleinbusse *(ruleteros)* und Pickups zum Eingang der Anlage.

Coatepeque

Dieses wichtige Zentrum der Kaffeeverarbeitung ist der letzte größere Ort vor der mexikanischen Grenze. Der „Schlangenhügel", so die Übersetzung des Ortsnamens, wirkt wie ein hektisches, schwülheißes Durcheinander von Menschen, Fahrzeugen und Waren. Wer hier stranden sollte, findet dennoch ein überraschend gutes Hotelangebot.

Übernachtung

Hotel Margarita, 4. Av. 4-35, Z. 1, ✆ 77758122, nahe am Park, einfache Zimmer mit Bad und Ventilator. ❷
Hotel Santiago, 6. C. 8-27, Z. 1, ✆/℻ 77751315, ordentliche Zimmer, gutes Preis-Leistungs-Verhältnis, Restaurant. ❸
Mansión Residencial Coatepeque, 0 Av. 11-51, Z. 2, ✆ 77752018, ℻ 77752026, angenehme Zimmer, Restaurant und Schwimmbad. ❸
Hotel Virginia, Pazifikstraße KM 223, ✆/℻ 77750562, Bungalows mit AC, Restaurant, Schwimmbad und Parkplatz. ❺

Essen

Gutes Essen gibt es in der 5. C. am Park. Sehr beliebt ist das ***El Venado*** mit chinesischer Küche. Daneben befinden sich das ***Fuegos*** (2. Stock) und das ***La Olla***, wo man auch frühstücken kann.

Transport

Es bestehen Busverbindungen nach QUETZALTENANGO über Colomba und San Martín Sacatepéquez, zu den Grenzorten EL CARMEN und TECÚN UMÁN sowie nach RETALHULEU und GUATEMALA-STADT. Außerdem halten alle *Pullman*-Busse am Terminal.

Tilapa

Bei **Tecún Umán**, nur rund 14 km vor der Grenze nach Mexiko, zweigt östlich von Pajapita eine asphaltierte Straße Richtung Pazifik nach Tilapa ab. Obwohl sich Touristen nur selten hierher verirren, lohnt ein Besuch des Küstenstreifens besonders für Naturliebhaber. Auf einer Fläche von 1243 ha erstreckt sich das **Naturschutzgebiet El Manchón** entlang der Pazifikküste. Es umschließt wichtige Eiablagestätten der Meeresschildkröten, Sümpfe und sehenswerte Mangrovenwälder, die einer Vielzahl von Tieren Nahrung und Heimat bieten. Der Tourismus in Tilapa steckt noch in den Kinderschuhen, doch wer etwas herumfragt, findet immer einen Bootsmann, der durch die Kanäle und Lagunen fährt. Einfachste Übernachtungsmöglichkeiten sind vorhanden. Busse fahren regelmäßig und mehrmals täglich von Tilapa nach Coatepeque und zurück.

Von Tilapa aus kann man sich mit dem Boot nach **Ocós** an der Mündung des Río Naranjo bringen lassen. Hier siedelten einst Mam-Indígenas und vor ihnen bereits von 1250–1150 v. Chr. kleine, sesshafte Dorfgemeinschaften der sogenannten Ocós-Kultur. Sie lebten vom Fischfang und der Landwirtschaft. Diese Menschen gehörten zu den ersten Siedlern an der guatemaltekischen Pazifikküste. Heute liegt das trostlos wirkende Ocós am Ende einer schlechten Straße, die von endlosen Ölpalmpflanzungen gesäumt ist. Von Ocós gelangt man per Bus direkt zur Grenzstadt Tecún Umán.

Tecún Umán

Das geschäftige Grenzstädtchen liegen am Río Suchiate. Die Atmosphäre mit billigen Hotels und Bars, Geldwechslern und einer Menge zwielichtiger Gestalten ist typisch für viele Grenzübergänge. Dreirädrige Fahrradtaxis, die im Zentrum die Taxis ersetzen, bahnen sich ihren Weg durch den chaotischen Verkehr. Die etwa 3 km außerhalb der Stadt liegende Grenze ist 24 Stunden geöffnet. Man erreicht sie per Taxi oder Fahrradtaxi. Der mexikanische Grenzort heißt **Ciudad Hidalgo**. Auf mexikanischer Seite fahren Kleinbusse bis ca. 19 Uhr in das 38 km entfernte Tapachula (ca. 40 Min. Fahrtzeit).

Informationen zur Grenze **El Carmen** im Kapitel Nordwestliches Hochland, s.S. 270.

Übernachtung

Hotel Don José, 3. Av. 2-14, Z. 1, ✆ 77768164, gepflegtes Hotel mit Parkplatz, Zimmer mit Bad, TV und AC. ❸

Viele günstige Hotels und *Hospedajes* befinden sich entlang der 3. Av. und in den kreuzenden Seitenstraßen.

Transport

Pullman-Busse haben ständige Abfahrten nach GUATEMALA-STADT mit Halt in allen größeren Städten entlang der Pazifikstraße CA 2.

Anhang

Sprachführer Spanisch

Aussprache

Die Aussprache der Vokale entspricht dem Deutschen.

c	vor **e**, **i** mit stimmlosem „s" wie in Bus: *centro, cinco* vor **a**, **o**, **u** wie „K" in Kind: *cola, casa*
ch	stimmlos wie in Qua**tsch**: *cheque, cucaracha*
g	vor **a**, **o**, **u**, wie deutsches „G" in Gans: *ganso, golpe, gusano* vor **e**, **i** wie deutsches ch in Fach: *genio, gigante*
gu	wie „g", vor **a** wird das **u** ausgesprochen: *guardia*
h	ist immer stumm
j	wie „ch" in Fach: *junta, Japón*
ll	Einheitslaut von „l" und „j" wie in Familie: *llamada, pollo*
n	am Wortende wie „ng" in Hang: *solución, revolución*
ñ	wird „nj" gesprochen wie im französischen Champa**gn**er: *campaña, mañana*
qu	vor den Vokalen **e** und **i** wird **qu** wie in **K**eil (ohne „u") ausgesprochen: *quema, quien* Ansonsten wie im Deutschen
r	gerolltes Zungenspitzen-r: *Carril, tigre, tragar*
s	besonders zwischen den Vokalen scharf wie in „besser": *grasa* weiche Aussprache vor den Konsonanten **b**, **d**, **g**, **l**, **m**, **n**, **r** und **v**: a*sma, ósmosis*
ü	wird nach **g** wie u ausgesprochen: *cigüeña*
v	wie ein schwaches „b": *vaya, venado*
x	vor Vokalen meist wie „gs": *exacto*. Vor Konsonanten meist wie scharfes „s": *experto* Ortsbezeichnungen in Guatemala wie „sch" in Schuhe: *Xela* (Quetzaltenango)
y	am Wortende wie „i": *hay*. Sonst wie „j": *coyote*
z	stimmloses „s" wie „ß": *zopilote*

Betonung

→ Im Spanischen wird die vorletzte Silbe betont, wenn das Wort auf einen **Vokal, n** oder **s** endet: *vaso, farmacia, joven.*

→ Alle anderen mehrsilbigen Wörter werden auf der letzten Silbe betont: *cantar, sondeo.*

→ Ein Akzent markiert die zu betonende Silben aller Ausnahmen der beiden vorangegangenen Regeln: *día, revolución.*

→ Zur Unterscheidung von gleichen Wörtern werden einige Wörter mit Akzent geschrieben: *está* (er, sie ist) – *esta* (diese), *sí* (ja) – *si* (wenn), *tú* (Du) – *tu* (Dein).

→ Fragewörter schreibt man mit Akzent: *quíen? cuándo? cómo?*

Satzzeichen

Frage- und Ausrufesätze werden im Spanischen mit einem umgekehrten Frage- bzw. Ausrufezeichen begonnen und beendet: *¿donde estás?*

Rechtschreibung

Im Spanischen werden grundsätzlich alle Wörter klein geschrieben. Ausnahmen: Der Satzanfang, Eigennamen und Titel, Namen von öffentlichen Gebäuden, Plätzen u.Ä. Außerdem Bezeichnungen für Gott und verwandte Begriffe sowie Haupt- und Eigenschaftswörter in Überschriften und Buchtiteln.

Das Allerwichtigste

ja / nein	*sí / no*
bitte / danke	*por favor / gracias*
Verzeihung	*Perdón*
Entschuldigen Sie bitte!	*Disculpe!*
Darf ich?	*Con permiso?*
Tut mir Leid.	*Lo siento.*
Willkommen.	*Bienvenidos.*
Hallo!	*Hóla!*
Guten Tag! (bis mittags)	*Buenos días.*
Guten Tag! (bis zur Dunkelheit)	*Buenas tardes.*
Guten Abend!	*Buenas noches.*

ANHANG

Wie geht's?	*Que tal? Como está?*
gut / sehr gut / mäßig / schlecht	*bien / muy bien / regular / mal*
Bis später.	*Hasta luego.*
Bis morgen.	*Hasta mañana.*
Auf Wiedersehen.	*Adiós.*
Ich spreche kein Spanisch.	*No hablo español.*
Ich heiße ...	*Me llamo ...*
Ich bin Deutsche(r) / Österreicher(in) / Schweizer(in)	*Soy alemán (alemana) / austriaco (austriaca) /suizo (suiza).*
mit / ohne	*con / sin*
wo / wann	*donde / cuando*
Es gibt ...	*Hay ...*

Orientierung und Transport

Wo ist der Busbahnhof?	*Donde está la terminal de buses?*
Wie weit ist es bis zum Hotel?	*A que distancia se encuentra el hotel?*
Wie weit ist es bis zum Markt?	*Cuánto tarda hasta el mercado?*
links / rechts / geradeaus	*a la izquierda / a la derecha / recto*
Es ist weit / nah.	*Está lejos / cerca.*
um die Ecke / zurück	*a la vuelta / atrás*
hier / dort	*aqui / allí*
Das Restaurant befindet sich zwei (Straßen-) Blocks von hier.	*El restaurante está a dos cuadras de aqui.*
Haltestelle	*parada*
Ich möchte aussteigen.	*Quiero bajar.*
Stadtzentrum	*centro*
Stockwerk	*piso*
Gebäude	*edificio*
Keller	*sótano*
Ampel	*semáforo*
Kreuzung	*cruce*
geöffnet / geschlossen	*abierto / cerrado*
Straße (meist in Ost-West-Richtung)	*calle*
(Pracht-) Straße, Allee (meist Nord-Süd Richtung)	*avenida*

Im Hotel

Haben Sie ein Zimmer frei?	*Hay cuartos / tiene habitaciónes?*
... mit Einzelbett	*... con cama sencilla*
... mit zwei Betten	*... con dos camas*
... mit einem breiten Bett für zwei Personen	*... con una cama matrimonial*
... mit Privatbad / Gemeinschaftsbad	*... con baño privado / general*
Alles belegt / alles voll.	*Todo ocupado / todo lleno.*
Ja, es gibt noch Platz.	*Sí, hay espacio.*
... für eine Nacht	*... para una noche*
Wie teuer ist die Übernachtung?	*Cuanto cuesta la noche?*
Kann ich das Zimmer sehen?	*Puedo ver el cuarto?*
Könnten Sie mir ein anderes Zimmer zeigen?	*Me podría enseñar otra habitación?*
Das Zimmer ist nicht gereinigt worden.	*No arreglaron el cuarto.*
Die Toilette / die Dusche funktioniert nicht.	*El inodoro / la ducha no funciona.*
Es gibt kein heißes Wasser.	*No hay agua caliente.*
Geben Sie mir bitte noch eine Decke.	*Déme otro poncho (chamarra), por favor.*

Im Restaurant

Die Karte, bitte.	*La carta, por favor.*
Gibt es ein Tagesgericht?	*Hay un menu del día?*
Einen Tisch für vier Personen, bitte.	*Una mesa para cuatro personas, por favor.*
Ich möchte ein Bier trinken.	*Quiero tomar una cerveza.*
Ich esse kein Fleisch.	*No como carne.*
Nur eine Portion Reis, bitte.	*Una orden de arroz solamente, por favor.*
Ist das alles?	*Solamente, es todo?*
Noch einen Ananassaft ohne Eis, bitte.	*Otro jugo de piña sin hielo, por favor.*
Gibt es Nachtisch?	*Hay postre?*
Prost!	*Salud!*
Guten Appetit!	*Buen provecho!*
Die Rechnung, bitte.	*La cuenta, por favor.*
inklusive Trinkgeld	*servicio incluido*
Messer	*cuchillo*
Gabel	*tenedor*
Löffel	*cuchara*
Wo ist die Toilette, bitte?	*Donde está el baño, por favor?*
Es gibt kein Toilettenpapier.	*Se acabó el papel higiénico.*
Es gibt keine Seife.	*No hay jabón.*

Beim Einkaufen

kaufen / verkaufen	*comprar / vender*
billig / teuer	*barato / caro*
Wie viel kostet das?	*Cuanto vale esto?*
Das ist zu teuer.	*Es demasiado caro.*
handgemacht	*hecho a mano*
Preisnachlass	*rebaja*
Qualität	*calidad*
Menge	*cantidad*
Kann ich dieses Hemd anprobieren?	*Puedo probar esta camisa?*
tauschen, wechseln	*cambiar*

Polizei, Bank, Post, Telefon und Behörden

Man hat mich überfallen.	*Me asaltaron.*
Man hat mir mein Geld und mein Gepäck gestohlen.	*Me han robado mi dinero y mi equipaje.*
Ich habe meinen Reisepass verloren.	*Perdi mi pasaporte.*
Ich brauche eine Bescheinigung für meine Versicherung.	*Necesito una con stancia para mi seguro.*
Dieb	*ladrón*
Polizei	*policía*
Vergewaltigung	*violación*
Bank	*banco*
Geld	*dinero*
Bargeld	*dinero en efectivo*
Reisescheck	*cheque de viaje*
Wechselkurs	*tasa de cambio*
Konto	*cuenta*
Überweisung	*transferencia*
Schalter	*ventanilla*
Münze	*moneda*
Schein	*billete*
Post	*correos*
Brief / Postkarte	*carta / tarjeta postal*
Paket	*paquete*
Gewicht	*peso*
Briefmarke / Stempel	*sello*
Telefonanruf	*llamada telefónica*
R-Gespräch	*llamada por cobrar*
Wie viel kostet ein dreiminütiger Anruf in die Schweiz?	*Cuanto cuesta una llamada de tres minutos a Suiza?*
Büro	*oficina*
Dokument	*documento*
Visum	*visa*
Reisepass	*pasaporte*
Personalausweis	*cédula de vecindad*
Name / Nachname / Geburtsdatum	*nombre / apellido / fecha de nacimiento*
Unterschrift	*firma*
Botschaft	*embajada*

Beim Arzt

Ich fühle mich schlecht.	*Me siento mal.*
Ich hatte einen Unfall.	*Tuve un accidente.*
Hier tut es mir sehr weh.	*Aqui me duele mucho.*
Ich brauche ein Medikament.	*Necesito un medicamento.*
Ich brauche einen Arzt.	*Necesito un doctor.*
Wo ist das Krankenhaus?	*Donde está el hospital (la clinica)?*
Gibt es hier eine Privatklinik?	*Hay una clinica privada por aquí?*
Wo gibt es eine Apotheke?	*Donde hay una farmacia?*
Fieber	*fiebre, temperatura*
Durchfall	*diarrea*
Kopfschmerzen	*dolor de cabeza*
Bauchschmerzen	*dolor de estomago*
Infektion	*infección*
Schwangerschaft	*embarazo*
Erkältung / Schnupfen	*resfrio*
Husten	*tos*
sich übergeben	*vomitar*
Ich benötige eine ärztliche Bescheinigung für meine Versicherung	*Necesito un informe médico para mi seguro.*

Zahlen

1	*uno, una*
2	*dos*
3	*tres*
4	*cuatro*
5	*cinco*
6	*seis*
7	*siete*
8	*ocho*
9	*nueve*
10	*diez*
11	*once*
12	*doce*
13	*trece*
14	*catorce*
15	*quince*
16	*dieciséis*

17	*diecisiete*
18	*dieciocho*
19	*diecinueve*
20	*veinte*
21	*veintiuno*
22	*veintidos*
30	*treinta*
31	*treintayuno*
40	*cuarenta*
50	*cincuenta*
60	*sesenta*
70	*setenta*
80	*ochenta*
90	*noventa*
100	*cien*
101	*cientouno*
200	*doscientos*
300	*trescientos*
400	*cuatrocientos*
500	*quinientos*
600	*seiscientos*
700	*setecientos*
800	*ochocientos*
900	*novecientos*
1000	*mil*
1001	*miluno*
2000	*dos mil*
10 000	*diez mil*

Ordnungszahlen

1.	*primero*
2.	*segundo*
3.	*tercero*
4.	*cuarto*
5.	*quinto*
6.	*sexto*
7.	*séptimo*
8.	*octavo*
9.	*noveno*
10.	*décimo*

Wochentage

Montag	*lunes*
Dienstag	*martes*
Mittwoch	*miércoles*
Donnerstag	*jueves*
Freitag	*viernes*
Samstag	*sábado*
Sonntag	*domingo*

Monate

Januar	*enero*
Februar	*febrero*
März	*marzo*
April	*abril*
Mai	*mayo*
Juni	*junio*
Juli	*julio*
August	*agosto*
September	*septiembre*
Oktober	*octubre*
November	*noviembre*
Dezember	*diciembre*

Zeit, Datum

Wie spät ist es?	*Que hora es?*
Es ist ein Uhr.	*Es la una.*
Es ist vier Uhr.	*Son las cuatro.*
Es ist viertel nach drei.	*Son las tres y cuarto.*
Es ist halb sechs.	*Son las cinco y media.*
Es ist viertel vor sechs.	*Son las seis menos cuarto.*
heute / morgen / übermorgen	*hoy / mañana / pasado mañana*
gestern / vorgestern	*ayer / anteayer*
jetzt / später	*ahora / más tarde*
früh / spät	*temprano / tarde*
sofort / gleich	*inmediato / ahorita*
Datum	*fecha*
Was für ein Datum haben wir heute?	*Que fecha tenemos hoy?*

Typisch Guatemaltekisches

In Guatemala wird die zweite Person Plural (Ihr, Euch) nicht verwendet. Stattdessen wird die dritte Person Plural *(ustedes)* verwendet. Selbst Eltern sprechen ihre Kinder oftmals mit *usted / ustedes* an. Unter Freunden ist die Anrede *vos* anstelle des *tu* (Du) gebräuchlich. Handelt es sich um mehrere Personen, wird der Ausdruck *muchá* verwendet.

canche	Blonde(r), Spitzname der Guerilla
chafa	Angehöriger des Militärs
chicle	Kaugummi
choca	25-Centavo-Münze
chompipe	Truthahn
chucho	Hund
chulo	schön, hübsch

chupar einen heben, sich besaufen
chingar ärgern, belästigen
comida típica einheimisches Essen
cómo no! Natürlich! Selbstverständlich!
cusha illegal gebrannter Schnaps
fíjese! Stellen Sie sich mal vor! (Sätze, die auf diese Art und Weise beginnen, deuten an, dass etwas nicht funktioniert hat oder funktionieren wird und dienen meist als vorweggenommene Entschuldigung)
huevón Faulpelz
jalón Mitfahrgelegenheit
gancho Haarnadelkurve
len ein Centavo (kleinste Geldeinheit
maldito! Verflucht! Verdammt!
para servirles / a sus ordenes zu Ihren Diensten
patojo / patoja kleiner Junge / kleines Mädchen
pilas! Klasse! Super!
pisto Geld
puchica! Ausruf des Erstaunens, etwa: Menschenskinder!
pobrecito! Der Ärmste!
qué le vaya bien! Auf Wiedersehen, wörtlich: Dass es Ihnen gut gehen. möge.
qué onda? Was geht ab? Was ist los? Was machst Du gerade?
seño Abkürzung für *señora* (Frau)
socado volltrunken
tener leche Glück haben
vaya! In Ordnung! Okay!

Kleiner Sprachführer indianische Sprachen

Deutsch	**Quiché**	**Cakchiquel**	**Kekchí**	**Mam**
Guten Tag				
zu einem Mann	*Saqarik tat*	Xsaqër tata	*Ch'owo'*	Qlax teye tat
zu einer Frau	*Saqarik nan*	Xsaqër nan	*Ch'ona'*	Qlax teye nan
Wie geht's?	*A utz awach*	La ütz awäch	*Chan xawil Ma sa laach'ool*	Tze'n ta'ye
Gut, danke.	*Utz, maltiox*	Ütz maltiox	*Sa linch'ool b'aniox*	B'a'n chjonte
Ich heiße ...	*A Lu'nub'i' in ...*	Nub'i a Luu' ...	*Aj Lu' link' ab'a' ...*	... nb'i' y
ja	*Je'*	Ja'	*Hehe'*	Ja'ko
nein	*Je'taj*	Manäq	*Ink'a'*	Mi'jo
danke	*Maltiox*	Matiox	*B'aniox*	Chjonte
bitte	*Chab'ana'toq'ob*	Tab'ana' utzil	*B'aanu usilal*	Najsame
Entschuldigung	*Chakuya' numac*	Takuyu' jub'a	*Chakuy inmaak*	Najsame
Adios / Tschüss	*Kinb'e na*	Ta chajij awi'	*Chawil awib'*	Noj peet
lecker	*Ko'l ki'*	Ütz ki'	*Saasa*	Txu'txj
Eins	*Jun*	Jun	*Jun*	Jun
Zwei	*Keb'*	Ka'i'	*K'iib'*	Kab'e
Drei	*Oxib'*	Oxi'	*Oxib'*	Oxe
Vier	*Kajib'*	Kaji'	*Kaahib'*	Kiaje
Fünf	*Job'*	Wo'o'	*Hoob'*	Jwe'

ANHANG

arisches Wörterbuch
A–Z

Allgemeines

comida	Essen
desayuno	Frühstück
almuerzo	Mittagessen
cena	Abendessen
entrada	Vorspeise
plato fuerte	Hauptgericht
postre	Nachtisch
ensalada	Salat
harina	Mehl
trigo	Weizen
pan (integral)	(Vollkorn-) Brot
mantequilla	Butter
menú	Speisekarte, Menü
queso	Käse
carne	Fleisch
pescado	Fisch
sopa	Suppe
verduras	Gemüse

Eiergerichte

huevos revueltos	Rühreier
huevos tibios	weiche Eier
huevos duros	hart gekochte Eier
huevos con jamón	Eier mit Schinken
huevos con tocino	Eier mit Speck
huevos fritos/estrellados	Spiegeleier
huevos rancheros	Eier mit Tomaten-, Paprika-, Zwiebelsoße

Fisch / Meeresfrüchte

almejas	Muscheln
bacalao	Dorsch
camarónes	Garnelen
cangrejo, jaiba	Krebs
concha	Venusmuschel
corvina	Meerrabe
langosta	Languste
mojarra	beliebter Flussspeisefisch
róbalo	Wolfsbarsch
tiburón	Haifisch

Fleischgerichte

bistec	Beefsteak
cabra	Ziege
carne de res	Rindfleisch
carne molida	Hackfleisch
cerdo	Schwein
chuleta	Kassler
conejo	Kaninchen
cordero	Lamm
costilla	(Schweine-) Rippchen
guisado	Eintopf
higado	Leber
lengua	Zunge
lomo, lomito	Steak
pato	Ente
pavo	Truthahn
pechuga	Brust
pollo	Hähnchen
ternera	Kalb

Gemüse

aguacate	Avocado
apio	Sellerie
ayote	eine Kürbisart
cebolla	Zwiebel
chilacayote	Riesenkürbis
chile pimiento	süße Paprika
col / repollo	Kohl
col de Bruselas	Rosenkohl
coliflor	Blumenkohl
elote	Maiskolben
flor de Izote	Blüte der Riesenpalmlilie
frijoles	schwarze Bohnen
güicoy	eine Kürbisart
güisquil	birnenförmiges, an Ranken wachsendes Gemüse
haba	Saubohne (wird u.a. auch geröstet verzehrt)
hongos	Pilze
lechuga	Kopfsalat
maíz	Mais
miltomate	kleine, grüne Tomatenart
pacaya	bitter schmeckendes Gemüse der gleichnamigen Palme
papa (la)	Kartoffel
pepino	Gurke
plátano	Koch- oder Mehlbanane
rábano	Radieschen
remolacha	Rote Beete

tomate	Tomate
tomate de arbol	Baumtomate
yuca / casava	Maniok
zanahoria	Möhre

Getränke

agua	Wasser
agua mineral	Mineralwasser
agua, gaseosa	Softdrink (Coca-Cola, Pepsi etc.)
aguardiente	Zuckerrohrschnaps
atól	heißes Getränk aus Mais oder Reis, mit Zucker und Zimt veredelt
café con leche	Milchkaffee
café negro	schwarzer Kaffee
caldo de frutas	Rumtopf mit Früchten aus Salcajá (Nähe Quetzaltenango)
cerveza (del barril)	Bier (vom Fass)
chicha	lokal gebrauter Alkohol aus vergärten Früchten
chocolate caliente	heißer Kakao (meist mit Wasser zubereitet)
cuba libre	Coca-Cola mit Zuckerrohrschnaps
cusha	illegal gebrannter Schnaps
horchata	süßes Reiswasser mit Zimt
jugo	Fruchtsaft
licuado	Fruchtsaft mit Milch oder Wasser
pinol	mit Wasser aufgekochter gerösteter Mais, mit Rohrzucker gesüßt
ponche de frutas (con piquete)	Fruchtpunsch, der zur Weihnachtszeit getrunken wird (mit einem Schuss Zuckerrohrschnaps)
refresco	dünnes Erfrischungsgetränk aus kaltem Fruchttee oder -sirup
rompopo	Eierlikör aus Salcajá (Nähe Quetzaltenango)
ron	Rum
tascalate	Getränk aus Reis und Schokolade
té	Tee
vino	Wein

Gewürze, Kräuter, Essig, Öl

aceite	Öl
aceitunas	Oliven
achiote	Orleansbaum (Gewürz zum Einfärben von Speisen)
ajo	Knoblauch
albahaca	Basilikum
canela	Zimt
cardamomo	Kardamom
culantro	Koriander
hierbabuena	Pfefferminz
manzanilla	Kamille
perejil	Petersilie
pimienta	Pfeffer
pimienta española	Paprikagewürz
pimienta gorda	Nelkenpfeffer
sal	Salz
vinagre	Essig

Nachtisch / Süßigkeiten

arroz en leche	Milchreis
azúcar	Zucker
borrachos	Kuchen in Alkohol
buñuelos	süße Teigkugeln mit Honig
champurradas	Sesamkekse
chicle	Kaugummi
ensalada de frutas	Obstsalat
flan	Karamellpudding
galletas	Kekse
helado	Speiseeis
manjar blanco	eine Art Karamellspeise
miel	Honig
panqueques	Pfannkuchen
pastel	Kuchen
plátanos en mole	Kochbananen in würziger Schokoladensoße

Obst / Früchte

anona	Anone / Zimtapfel
banano	Banane
cacao	Kakao
carambola	Sternfrucht
cereza	Kirsche
chicozapote	kleine Breiapfelfrucht
ciruela	kleine Pflaumenart
coco	Kokosnuss
durazno	Pfirsich
frambuesa	Himbeere

fresa	Erdbeere
granadilla	Passionsfrucht
guanabana	Riesenanone
guayaba	Guave
higo	Feige
jocote	Jocote-Pflaume
limón	Limone
macadamia	Macadamianuss
mango	Mango
manzana	Apfel
marañon	Kaschufrucht (Cashewnuss)
melón	Honigmelone
mora	Brombeere
naranja	Orange
níspero	Mispelfrucht
pan de arbol	Brotfrucht
papaya	Papaya
pera	Birne
perote	Birnenapfel
piña	Ananas
pitaya	Kaktusfrucht
sandia	Wassermelone
tamarindo	Tamarinde
toronja	Grapefruit
tuna	Kaktusfrucht
uva	Weintraube
zapote	Breiapfelfrucht

Spezialitäten

albóndigas	Fleischklöße
bacalao	Dorsch in Anchovis-, Oliven-, Tomatensoße (nur freitags während der Fastenzeit)
ceviche	roher Fisch, Garnelen oder Muscheln in einer Limonen-Zwiebel-Marinade
chile rellenos	mit Hackfleisch gefüllte Paprika
chirmol	Tomatensoße, mit Zwiebeln Limone, Knoblauch, Koriander o. Minze gewürzt
ejote	grüne Bohnen mit Ei paniert
empanadas	gefüllte Teigtaschen (süß oder pikant)
enchilada	gerollte, weiche Tortilla mit Fleisch- oder Hähnchenfüllung
fiambre	riesengroßer Salat mit über 40 Zutaten, Fleisch, Würsten und Meeresfrüchten (nur an Allerheiligen, 1. November)
frijoles	schwarze Bohnen: als Mus *(frijoles volteados)* oder ganz serviert *(frijoles parados)*
guacamole	Avocadopüree
kak'ik	würzige Truthahnsuppe (vorwiegend Provinz AltaVerapaz)
pacaya	Gemüse der Pacaya-Palme mit Ei paniert
paches	eine Art Tamal (s.u.) aus Kartoffeln mit oder ohne Chili
pepián de pollo	Hühnchen in einer dunklen, aromatischen Soße aus über 10 Zutaten
sopa de frijoles negros	schwarze Bohnensuppe mit Zwiebeln, Knoblauch und Kräutern
taco	knusprige Tortilla mit geschnetzeltem Fleisch und etwas Salat
tamal	gekochter und mit Huhn oder Truthahn gefüllter länglicher Maiskloß
tapado	Meeresfrüchteeintopf mit Kokosmilch (nur an der Karibikküste)
tortillas	aus Maisteig hergestellte kurz über dem Feuer gebackene Fladen, die zu jeder Mahlzeit gehören

Suppen

caldo	(Rind-) Fleischbrühe
consomé	Hühnerbrühe
cremas	Tütensuppen
sancocho	Fleischeintopf
sopa de arroz	Reissuppe
sopa de fideos	Nudelsuppe
sopa de lentejas	Linsensuppe
sopa de tomate	Tomatensuppe
sopa de verduras	Gemüsesuppe

Zubereitung

a la parilla	gegrillt
al ajillo	in Knoblauch gebraten
al horno	gebacken
asado, frito	gebraten
bien cocido	Fleisch: gut durch
cocido	gekocht
crudo	roh
empanizado	paniert
picante	scharf
rico, sabroso, delicioso	lecker, schmackhaft
salado	versalzen
termino medio	Fleisch: medium

Glossar

Adobe – luftgetrocknete Lehmziegel, die zum Hausbau dienen, oft mit Stroh vermischt
Aguardiente – starker Alkohol, der aus Zuckerrohr destilliert wird
Aguas – übergeordneter Begriff für alle Softdrinks (Coca-Cola, Pepsi, Sprite etc.)
Alcalde – Bürgermeister
Amate – mexikanischer Feigenbaum *(Ficus spp.)*, dessen getrocknete Rinde den Mayas als Papier diente
Aldea – kleine Siedlung, Dorf
Altiplano – Hochland Guatemalas
Atole – beliebtes warmes Getränk mit prehispanischer Tradition, das oft aus Maismehl, Zucker, Salz und etwas Milch hergestellt wird
Azulejo – glasierte Zierkachel
Balneario – Badeanstalt
Barranco – Schlucht
Barrio – Stadtviertel, Häuserblock
Barrio marginado – Slumviertel
Boca Costa – immergrüne Vegetationszone (Höhenangabe!) zwischen der Vulkankette im Osten und der Pazifikebene im Westen, Hauptkaffeeanbaugebiet des Landes
Brujo – wörtlich: Hexer, Schamane, Maya-Priester, der auch die dunkle Seite der Magie beherrscht
Cabecera – Provinzhauptstadt
Cacique – Anführer, Stammeschef
Campesino – Kleinbauer
Camioneta – 2.-Klasse-Bus
Cantina – keine Kantine, in der man Mittagessen bekommt, sondern eine Art Bar, in der heftig getrunken wird
Caracol – Meeresschnecke *(Strombus giga)*, Blasinstrument, das auch zur Übermittlung von Nachrichten diente
Cayuco – Einbaum, Kanu
Chapín – Spitzname der Guatemalteken, der auf der Figur Juan Chapín aus dem Roman *Un viaje al otro mundo* von Jose Millá (1822–82) basiert
Ceiba –Nationalbaum Guatemalas *(Ceiba petandra)*, gehört zur Gattung der Wollbaumgewächse
Chac – Regengott der Mayas
Champa – einfache Wellblechhütte
Chicle – Kaugummirohstoff aus dem Saft des Chicozapote-Baums *(Manilkara achras)*
Chujkajau – Schamane
Cofradía – religiöse, hierarchisch aufgebaute Bruderschaft, die über einen bestimmten Heiligen wacht. Dabei verschmelzen christliche und heidnische Praktiken. Die C. hat auch Einfluss im zivilen Bereich
Comal – runde Platte aus Ton oder Metall, auf der Tortillas gebacken werden
Comedor – einfaches Esslokal, meist ohne Speisekarte
Conquista – Eroberung Amerikas durch die Spanier
Costumbre – Traditionen und Rituale der Hochland-Indianer mit religiös-kultureller Bedeutung
Departamento – Provinz
Don, Doña – intimere, respektvollere Anrede für Herr bzw. Frau
Encomienda – durch die spanische Krone an verdiente Eroberer erteiltes Recht, in einem festgelegten Gebiet frei über die indianischen Arbeitskräfte zu verfügen und von diesen Tribute einzufordern. Im Gegenzug war der *encomendero*, der Besitzer dieses Rechts, verpflichtet, die ihm zugeteilten Indígenas zu zivilisieren und christianisieren
Finca – großes Landgut
Garífuna – Nachfahren karibischer Indios und afrikanischer Sklaven. Sie wurden nach einer Revolte von der Insel St. James nach Roatán deportiert. Von dort verbreiteten sie sich an der Karibikküste von Belize bis Nicaragua. Sie selbst nennen sich Garinagu und nennen ihre eigene kreolische Sprache Garífuna
Glyphe – Schriftzeichen der Maya in Bildform
Gringo – allgemeine Bezeichnung für weißhäutige

Ausländer, die nur selten als Beleidigung gebraucht wird
Ha'ab – Sonnenjahr der Maya mit 365 Tagen
Hospedaje – einfaches Hotel
Huipil – traditionelle Bluse der Indígena-Frauen
Indígenas – Bezeichnung für die Nachfahren der Mayas in Guatemala
Indio, Indito – abwertende Bezeichnung für die Nachfahren der Mayas
I.V.A. – *Impuesto al Valor Agregado:* guatemaltekische Mehrwertsteuer, zurzeit 12%
Jaspe – spezielle Färbetechnik der Indígenas, bei der bestimmte Stellen des Stoffes vor dem Eintauchen in das Färbebad abgebunden werden; somit ergibt sich ein Muster
Kopal – Harz des Kopalbaumes, das als Weihrauch bei religiösen Handlungen verbrannt wird
Ladinos – Mestizen, spanisch-indianische Mischlinge
Machete – Buschmesser
Machismo, Macho – übersteigertes Männlichkeitsgefühl, Mann mit diesem Gefühl
Marimba – eine Art Xylophon, guatemaltekisches Nationalinstrument
Maximón – in verschiedenen Hochlanddörfern verehrter Heiliger in Form einer Holzpuppe
Mecapal – Stirngurt aus Leder, mit dem Lasten getragen werden
Metate – Granitroller, um Maiskörner zu Maismasse zu verarbeiten
Milpa – Maisfeld
Morería – Produktions- sowie Verleihstätte von Kostümen und Masken für traditionelle Tänze
Municipio – Gemeindebezirk, Landkreis
Nahual – heiliger Schutzgeist der Indígenas in Form eines Tieres
Naturales – andere Bezeichnung für Indígenas
Panela – zu Klumpen gegossene Zuckerrohrmelasse, die als Zuckerersatz benutzt wird
Parque Central, Plaza Mayor – das Zentrum in fast jedem Ort
Patio – (Innen-) Hof
Patrón – Chef, Arbeitgeber, Aufseher eines Großgrundbesitzers
Repartimiento – von den Spaniern in der Kolonialzeit verwendetes Verteilungssystem von vorwiegend indianischen Arbeitskräften
Señor, Señora, Señorita – Herr, Frau, Fräulein
Stele – meist länglicher, frei stehender Stein, der an einer oder mehreren Seiten mit Darstellungen verziert ist
Tejido – Webarbeit
Temascal – indianisches Schwitzbad
Terrateniente – Landbesitzer
Tienda – Laden, kleines Geschäft
Típicas – Oberbegriff für traditionelles Kunsthandwerk, das an Touristen verkauft wird
Traje – traditionelle Bekleidung, Tracht
Tzolkin – Wahrsagekalender der Maya mit einem Zyklus von 260 Tagen
URNG – *Unidad Revolucionaria Nacional Guatemalteca:* ehemalige Dachorganisation der vier Guerillagruppen Guatemalas, nach dem Friedensschluss 1996 demontiert und in eine politische Partei verwandelt, die inzwischen aufgelöst wurde

Bücherliste

Sachbücher

Guatemala. Ein Land auf der Suche nach Frieden (versch. Hrsg., Brandes&Apsel/Südwind, 2. Auflage 2004) Sehr umfassender Blick hinter die Kulisse eines Landes, das versucht die Wunden eines 30-jährigen Bürgerkriegs zu schließen. Die meisten der Autoren haben in Guatemala gelebt und/oder in der Entwicklungszusammenarbeit bzw. Guatemala-Solidarität gearbeitet.
Guatemala. Der Krieg und die Kinder (verschiedene Autoren, Lamuv 2003). Das Deutsche Komitee des Kinderhilfswerks der Vereinten Nationen (UNICEF) dokumentiert die systematische Verfolgung, Verschleppung und Ermordung von Kindern während des Bürgerkriegs in Guatemala.
Enkelin der Maya (Rigoberta Menchú, Lamuv 1999) Autobiografisches Werk der Friedensnobelpreisträgerin.
Geliebter Comandante (Jennifer Harbury, München 1998) Umstrittenes Werk der nordamerikanischen Autorin, die laut eigenen Angaben die Witwe des guatemaltekischen Guerilleros Efraim Bamáca ist.
Kampf der Kleinsten. Kinder in Lateinamerika. 21 Reportagen aus Guatemala (Andreas Boueke, Horlemann 1998) Erschütternde Kinderschicksale aus einer Welt, die Kinder in Europa so nicht kennen.
Leben in Guatemala (Rigoberta Menchú, Lamuv

ANHANG

1998) Der 1983 im Original erschienene Bericht stammt aus einem Interview der Quiché-Indígena mit der venezolanischen Autorin Elisabeth Burgos-Debray. Darin erzählt Menchú von ihrem Leben, von Traditionen, harter Arbeit und den leidvollen Erfahrungen während des Bürgerkriegs. Pflichtlektüre für Guatemala-Besucher.

Die Erben der Maya – Indianischer Aufbruch in Guatemala (Raimund Allebrand Hrsg., Horlemann 1997) Ein Muss für alle, die sich über die heutige Situation der Nachfahren der Maya informieren wollen. Zunächst wird die Geschichte und Kultur der Maya beleuchtet, dann der politische Aufbruch der indigenen Bevölkerung Guatemalas analysiert. Abgerundet wird das Buch mit dem Vortrag eines Maya-Intellektuellen, der für sein Volk politische Rechte einfordert.

Myrna und Helen (José Flores, Bremen 1997) Auch heute noch kämpft Helen Mack vor guatemaltekischen Gerichten für die Verurteilung der Mörder ihrer Schwester Myrna, die den Militärs zum Opfer fiel.

Los Alemanes en Guatemala 1820–1944 (Regina Wagner, Guatemala 1996) Ausführliche, mit vielen Details und Fotos versehene Dokumentation über die Geschichte der Deutschen in Guatemala. Leider nur in spanischer Sprache erhältlich.

Guatemala. Ende ohne Aufbruch, Aufbruch ohne Ende? (Fridolin Birk Hrsg., Vervuert 1995) Der Schwerpunkt der verschiedenen Beiträge zu Gesellschaftspolitik, Wirtschaft und Kultur in Guatemala liegt auf den Lebensumständen der indigenen Bevölkerung.

Handbuch der Dritten Welt – Band 3 Mittelamerika und Karibik (Dieter Nohlen, Franz Nuscheler Hrsg., 1995) Kurze Länderberichte, die einen guten, wenn auch nicht mehr ganz aktuellen Überblick über die Region liefern.

Klage der Erde – der Kampf der Campesinos in Guatemala (Rigoberta Menchú, Lamuv 1993) Geschichte der Bauerngewerkschaft CUC, deren Vorsitzende die Autorin 1993 war.

Aufstandsbekämpfung in Guatemala – Demokratisierung als Waffe der Militärs (Informationsstelle Guatemala und Medico International; Schmetterling Verlag 1991) Ins Deutsche übersetzter Bericht der Guatemaltekischen Kirche im Exil aus dem Jahr 1989. Er beschreibt von den guatemaltekischen Militärs entworfene und durchgeführte Programme zur Aufstandsbekämpfung und ihre dramatischen Folgen für die Zivilbevölkerung.

Die offenen Adern Lateinamerikas (Eduardo Galeano, Hammer 1991) Klassiker, der die Geschichte Lateinamerikas bis zur Gegenwart kritisch beleuchtet.

Aufstand der Kulturen – Konfliktregion Zentralamerika: Guatemala, El Salvador, Nicaragua (Leo Gabriel, dtv 1988) Strukturanalyse des Krisenherdes Zentralamerika, aufgelockert durch persönliche Erlebnisberichte.

Bananenkrieg. CIA-Putsch in Guatemala (S. Schlesinger, S. Kinzer, Rotpunkt, Zürich 1986) Bis in die allerletzten Details recherchiertes Buch über die Machenschaften der United Fruit Company und der CIA, die schließlich 1954 zum Sturz der Regierung Arbenz führten.

Wie in der Nacht die Morgenröte. Tagebuch einer guatemaltekischen Guerilla (Payeras, Mario, Zürich 1985) Bericht des Kommandanten der Guerillagruppe EPG über Kampf und Leben zu Beginn der 70er Jahre.

Romane und Erzählungen

Die Maismenschen (Miguel Angel Asturias, Lamuv 1992) Mit dem von ihm eingeführten Stilmittel des „magischen Realismus" stellt Asturias den Konflikt zwischen der mystischen Welt der Maya-Nachfahren und den kapitalistischen Interessen der Großgrundbesitzer dar.

Weekend in Guatemala (Miguel Angel Asturias, Rotpunkt, Zürich 1988) In diesem Roman verarbeitet der Autor die tragischen Ereignisse des Jahres 1954, als der gewaltsame Sturz der Regierung Arbenz die aufblühende Demokratie in Guatemala beendete.

Sturm (Miguel Angel Asturias, Lamuv 1993) Erster Teil der Bananentriologie, in der Asturias die Machenschaften der United Fruit Company als Teil des US-amerikanischen Imperialismus in Guatemala beschreibt. Zu dieser Reihe gehören auch **Der grüne Papst** (2. Teil) und **Die Augen der Begrabenen** (3. Teil).

Das Kind aus Guatemala. Geschichte einer Adoption (Hans-Uwe Jürgensen, Berlin 1999) Ein deutsches Paar muss einen Anwalt einschalten, bevor es ihm gelingt, das vorgesehene Adoptivkind in Guatemala zu finden und mit nach Deutschland zu nehmen.

Die verlorene Rache (Rodrigo Rey Sosa, Zürich 2000) Thriller, der sich um die Entführung eines reichen guatemaltekischen Unternehmersohns dreht, der seinen Entführer Jahre später stellt.

Die Henker des Friedens (Rodrigo Rey Sosa, Wagenbach 2003) Spannender Roman über die Folgen des guatemaltekischen Bürgerkriegs.

Maya

Die unbekannte Welt der Maya. Das Geheimnis ihrer Kultur entschlüsselt (Linda Schele, David Freidel, München 1991) Wenn die beiden ultimativen Maya-Experten ihre neuesten Forschungsergebnisse veröffentlichen, dann werden Zusammenhänge deutlich, und es wird die mysteriöse Vergangenheit der Maya lebendig.

Das Geheimnis der Maya-Schrift. Ein Code wird entschlüsselt (Michael D. Coe, Hamburg 1997, z.Zt. ist nur das Original **Breaking the Maya Code** erhältlich, New York 1992) Spannend und gleichzeitig unterhaltsam rollt der Autor die lange Suche nach der Decodierung der Maya-Zeichen auf.

Welt und Umwelt der Maya. Aufstieg und Untergang einer Hochkultur (Herbert Wilhelmy, München 1990). Der Autor befasst sich mit den Umständen, die den Maya ein Leben im Tiefland ermöglichte und analysiert unterschiedliche Ursachen für den Zusammenbruch ihrer Kultur.

Chactun – Die Götter der Maya (Christian Rätsch Hrsg., Eugen Diederichs Verlag 1986) Einführung in die Kosmologie und die komplizierte Götterwelt der Maya.

Popol Vuh: Das Buch des Rates (Wolfgang Cordan, Eugen Diederichs Verlag) Die „Bibel“ des Volks der Quiché-Maya schildert deren mythologische Entstehungsgeschichte, den Aufstieg und Untergang.

Guatemala, Belize, Honduras und El Salvador. Maya-Städte und Kolonialarchitektur in Mittelamerika (DuMont Kunstreiseführer, Köln 1999) Der Schwerpunkt des Buches liegt auf Guatemala und seinen Maya-Stätten.

Die Welt der Maya (Geo Special Nr.5/Oktober 1993) Guter Einstieg in das Leben der Maya von damals und ihrer Nachfahren von heute mit sehenswerten Fotos.

Der heilige Kalender der Maya (Pietro Bandini, Heyne 1998) Ausführliche Erklärung der verschiedenen Kalendersysteme, der Bedeutung der Glyphen für Tage, Monate usw. und der Zusammenhänge zwischen Kalender und Mythologie bei den Maya.

Die Maya. Weber der Zeit, Spieler des Universums (Magda Wimmer, Goldmann 2000) Wird im ersten Teil des Buches auf die mythologische Vorstellungswelt, die Geschichte sowie Prophezeiungen und Spiritualität der Maya eingegangen, so befasst sich der zweite Teil mit praktischen Informationen zum Kalendersystem. Mit einem Vorwort von Rigoberta Menchú Tum.

Die Maya. Geschichte, Kultur, Religion (Berthold Riese, C.H. Beck 1997) Kompakte Einführung zum Thema Maya im praktischen Reiseformat.

Märchen, Erzählungen und Legenden

Legenden aus Guatemala (Miguel Angel Asturias, Suhrkamp 1973) Ein Klassiker des guatemaltekischen Literaturnobelpreisträgers.

Der Zwergenkönig von Uxmal – Im Märchenland der Maya (Hans Siwik, Susanne Schwarz, Herder 1994) Zehn wunderschöne Maya-Märchen, versehen mit stimmungsvollen Fotografien.

Legenden der Maya (Antonio Medíz Bolio, manesse im dtv 1992) Ein Maya-Nachfahre erzählt sieben alte Geschichten aus Yucatán.

Ojer Tzij: Erzählungen der Maya-Indianer Guatemalas aus dem Stamm der Quiché (1995) Illustrierte und bebilderte Erzählungen und Sagen aus verschiedenen Regionen der Provinz Quiché.

Historische Berichte

Incidents of Travel in Central America, Chiapas and Yucatan, Vol. I+II (John Lloyd Stephens, Dover Publications, New York 1969, Original 1841) Reisebuchklassiker des 19. Jahrhunderts mit fantastischen Zeichnungen von Frederick Catherwood.

Bericht von der Verwüstung der Westindischen Länder (Bartolomé de las Casas, Hans Magnus Enzensberger Hrsg., Insel/Suhrkamp 1981) Deutsche Übersetzung des Berichts de la Casas an die spanische Krone aus dem 16. Jahrhundert. Darin beschreibt der Dominikanermönch schonungslos die schlechte Behandlung der Ureinwohner Amerikas durch die spanischen Eroberer während der Kolonialzeit.

Bericht aus Yucatán (Diego de Landa, Reclam 1990) Der Franziskanermönch schrieb diesen Bericht im Jahr 1566, nachdem er selbst angeordnet hatte, alle Schriftstücke der Maya zu verbrennen.

Natur

The Birds of Tikal (Frank B. Smithe, Natural History Press 1966) Sehr ausführlicher und gut illustrierter Vogelführer (in Guatemala erhältlich).
Quetzal (Thor Janson, Editorial Artemis Edinter 1992) Der Nationalvogel Guatemalas, dargestellt in vielen schönen Fotos (in Guatemala erhältlich).
Farbatlas Tropenpflanzen. Zier- und Nutzpflanzen (Andreas Bärtels, Ulmer 1993) Die wichtigsten Tropenpflanzen werden mit Kurzsteckbrief und Foto vorgestellt.
Zum Beispiel „Kaffee" (Günter Neuberger u.a., Lamuv 1991) Ein lehrreicher Blick hinter die Kulissen des wichtigsten traditionellen Anbauprodukts Guatemalas.

Bildband

A Mayan Struggle. Portrait of a Guatemalan People in Danger (Vince Heptig, mit einem Vorwort von Rigoberta Menchú Tum, Maya Media Publishing, Fort Worth, Texas, USA 1997) Eindrucksvolle Bilder aus dem Leben der Maya-Nachfahren und der Zeit des Bürgerkriegs (erhältlich in Guatemala).

Info-Zeitschriften

¡Fíjate!, Rahel-Varnhagen-Str.15, 79100 Freiburg, ✉ fijate@web.de, 💻 www.guatemala.de/Fijate, 14-tägig erscheinendes Nachrichtenheft zu Guatemala in deutscher Sprache, das vom Verein Solidarität mit Guatemala e.V. herausgegeben wird und per Abonnement zu beziehen ist.
ila, Heerstraße 205, 53111 Bonn, ✉ ila@ila-bonn.de, 💻 www.ila-bonn.de, Zeitschrift der Informationsstelle Lateinamerika, die zehnmal jährlich erscheint.

Videos

Bis auf „Die Tochter des Puma" sind alle nachfolgend erwähnten Videos über autofocus in Berlin zu beziehen, 💻 www.videowerkstatt.de.
Ojalá. Hoffnung auf ein neues Land (Regie: Uli Stelzner und Thomas Walther, 1992) Der Dokumentarfilm beschreibt das Leben guatemaltekischer Bauern in mexikanischen Flüchtlingslagern und ihre Hoffnung auf Rückkehr in ihr Heimatland.
Romper el cerco. Flüchtlinge eines verdeckten Krieges (Regie: Uli Stelzner und Thomas Walther, 1994) Film über Opfer, Flüchtlinge und Verfolgte des guatemaltekischen Bürgerkriegs.
Die Zivilisationsbringer. Deutschtum in Guatemala (Regie: Uli Stelzner und Thomas Walther, 1997) Sehenswerter Dokumentarfilm mit vielen Interviews über die zwiespältige Geschichte und Rolle der Deutschen in Guatemala.
Die Tochter des Puma (Regie: Ulf Hultberg, Kinder- und Jugendfilmzentrum in Deutschland, Mainz 1994) Dokumentarischer Spielfilm, dessen Geschichte auf dem Massaker beruht, das guatemaltekische Regierungstruppen im Juli 1982 auf dem Landgut San Francisco in der Provinz Huehuetenango verübten.

Index

ANHANG

ANHANG

ANHANG

ANHANG

T

U/Ü

Abkürzungsverzeichnis

✉	E-Mail-Adresse
📠	Faxnummer
🕓	Öffnungszeiten
✆	Telefonnummer
💻	Website
AC	Klimaanlage
Av.	Avenida
C.	Calle
CA	Carretera Americana (Fernstraße)
Di	Dienstag
Do	Donnerstag
Fr	Freitag
ha	Hektar
km	Kilometer
KM	Kilometerstein
m	Meter
Mi	Mittwoch
Mio.	Millionen
Min.	Minuten
Mrd.	Milliarden
Mo	Montag
p.P.	pro Person
Q	Quetzales
RN	Ruta Nacional (Nationalstraße)
Sa	Samstag
So	Sonntag
Std.	Stunden
TV	Fernseher
Z.	Zona (Zone)

Wissenswertes im Kasten

Ich danke

Martina Hahn, Birgit Deick und Hans-Joachim Herrmann für das unermüdliche Überarbeiten der Rohfassungen. Bei Ulf Uhlig bedanke ich mich für die logistische Unterstützung und bei Thomas Richter für das spontane Engagement bei der Münzfotografie. Weiteres Fotomaterial steuerten Jim Sim, Klaus Hüttl, David Unger, der Reiseveranstalter Viaventure und Volker Lehmann von Beyond Pictures bei.

In Guatemala trugen Hartmut Schostak, Heike Burba, Barbara Freiberg sowie Lili und Benedicto in Flores auf ihre Weise zum Gelingen dieses Reiseführers bei. Das guatemaltekische Tourismusinstitut INGUAT war mit Informationen und Zahlenmaterial hilfreich ebenso wie Lucrecia Bauer von der Naturschutzorganisation Defensores de la Naturaleza, Rafael Buc Quej von der Akademie der Maya-Sprachen Guatemalas ALMG, Adolfo Cruz von Aventuras Naturales und Teresa Noel Gutiérrez García von ECOTEC.

Bei der Recherche zur 2. Auflage haben Christoph Heckhausen, Isabell Glass, Andreas Stör und Holger Kolbien von Godoy Consult mit wichtigen Beiträgen geholfen.

Tausend Dank auch an die vielen Leser, die sich die Mühe gemacht haben, mit ihren Briefen zur Aktualisierung des Reiseführers beizutragen.

Über den Autor

Seit mehr als zwölf Jahren lebt und arbeitet Diplombetriebswirt Frank Herrmann die überwiegende Zeit des Jahres in Guatemala. Dies hat es dem 42-Jährigen ermöglicht, das Land aus den unterschiedlichsten Blickwinkeln zu sehen. So hat er während seiner Arbeit im Tourismus tief im Regenwald verborgene Mayastätten ebenso kennen gelernt wie im Rahmen seiner Entwicklungshilfeprojekte den schweren Alltag der indianischen Landbevölkerung.

Kartenverzeichnis

ANHANG